A Literatura no Brasil

Afrânio Coutinho

Foi professor, fundador, diretor, organizador da
Faculdade de Letras da Universidade Federal
do Rio de Janeiro (UFRJ).

Criou e presidiu a Oficina Literária Afrânio Coutinho (OLAC),
localizada em sua residência,
com uma biblioteca de 100 mil volumes.

Afrânio Coutinho
DIREÇÃO

Eduardo de Faria Coutinho
CODIREÇÃO

A Literatura no Brasil

4 *Era Realista e Era de Transição*

global
editora

© Afrânio dos Santos Coutinho, 1996

8ª Edição, Global Editora, São Paulo 2023

Jefferson L. Alves – diretor editorial
Jiro Takahashi – editor executivo
Flávio Samuel – gerente de produção
Jefferson Campos – assistente de produção
Victor Burton – capa
A2 Comunicação – projeto gráfico e diagramação
Danilo David – arte-final

Dados Internacionais de Catalogação na Publicação (CIP)
(Câmara Brasileira do Livro, SP, Brasil)

A Literatura no Brasil : era realista e era de transição : volume 4 : parte II : estilos de época / Afrânio Coutinho ; Eduardo de Faria Coutinho. – 8. ed. – São Paulo, SP : Global Editora, 2023. – (A literatura no Brasil ; 4)

ISBN 978-65-5612-380-6 (obra completa)
ISBN 978-65-5612-364-6

1. Literatura brasileira - História e crítica I. Coutinho, Afrânio. II. Coutinho, Eduardo de Faria. III. Série.

22-130513   CDD-B869.09

Índices para catálogo sistemático:
1. Literatura brasileira : História e crítica   B869.09

Eliete Marques da Silva - Bibliotecária - CRB-8/9380

Obra atualizada conforme o
NOVO ACORDO ORTOGRÁFICO DA LÍNGUA PORTUGUESA

global
editora

Global Editora e Distribuidora Ltda.
Rua Pirapitingui, 111 — Liberdade
CEP 01508-020 — São Paulo — SP
Tel.: (11) 3277-7999
e-mail: global@globaleditora.com.br

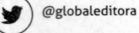

globaleditora.com.br   @globaleditora
/globaleditora   @globaleditora
/globaleditora   /globaleditora
blog.grupoeditorialglobal.com.br

Direitos reservados.
Colabore com a produção científica e cultural.
Proibida a reprodução total ou parcial desta obra sem a autorização do editor.

Nº de Catálogo: **2044**

"Tudo pelo Brasil, e para o Brasil."
Gonçalves de Magalhães

"Since the best document of the soul of nation is its literature, and since the latter is nothing but its language as this is written down by elect speakers, can we perhaps not hope to grasp the spirit of a nation in the language of its outstanding works of literature?"

Leo Spitzer

"Não há dúvida que uma literatura, sobretudo uma literatura nascente, deve principalmente alimentar-se dos assuntos que lhe oferece a sua região; mas não estabelecemos doutrinas tão absolutas que a empobreçam. O que se deve exigir do escritor, antes de tudo, é certo sentimento íntimo, que o torne homem do seu tempo e do seu país, ainda quando trate de assuntos, no tempo e no espaço."

Machado de Assis

Este tratado de história literária complementa a Enciclopédia de Literatura Brasileira, *dirigida por Afrânio Coutinho e J. Galante de Sousa.*

São Paulo, agosto de 1997

SUMÁRIO

A LITERATURA NO BRASIL

VOLUME 4

PLANO GERAL DA OBRA (Seis volumes)............................ VIII

SEGUNDA PARTE
ESTILOS DE ÉPOCA
Era realista

31. REALISMO. NATURALISMO. PARNASIANISMO................... 4
32. A CRÍTICA NATURALISTA E POSITIVISTA....................... 21
33. A FICÇÃO NATURALISTA.. 68
34. A RENOVAÇÃO PARNASIANA NA POESIA 90
35. MACHADO DE ASSIS... 153
36. RAUL POMPEIA... 176
37. JOAQUIM NABUCO. RUI BARBOSA............................. 185
38. EUCLIDES DA CUNHA... 206
39. LIMA BARRETO. COELHO NETO................................ 221
40. O REGIONALISMO NA FICÇÃO................................... 237
BIBLIOGRAFIA SOBRE REALISMO, NATURALISMO E
PARNASIANISMO... 312

Era de transição

41. SIMBOLISMO. IMPRESSIONISMO. MODERNISMO............ 316
42. PRESENÇA DO SIMBOLISMO..................................... 402
43. O IMPRESSIONISMO NA FICÇÃO................................ 497
44. A CRÍTICA SIMBOLISTA... 524
45. SINCRETISMO E TRANSIÇÃO: O PENUMBRISMO............ 548
46. SINCRETISMO E TRANSIÇÃO: O NEOPARNASIANISMO... 601
47. A REAÇÃO ESPIRITUALISTA...................................... 619
BIBLIOGRAFIA SOBRE O SIMBOLISMO............................. 646

PLANO GERAL DA OBRA
(Seis volumes)

VOLUME 1

PRELIMINARES

Prefácio da Primeira Edição (1955)
A questão da história literária. A crise de métodos. Conceitos. Relações com a crítica. Métodos histórico e estético. Tipos de história literária. A periodização. Conceito de geração. Comparação entre as artes. Historiografia e estilística. Estilo individual e estilo de época. Periodizações brasileiras. Definição e caracteres da literatura brasileira. Influências estrangeiras. Conceito, plano e caracteres da obra.

Afrânio Coutinho

Prefácio da Segunda Edição (1968)
Revisão da história literária. Conceito literário da obra. Que é estético. A obra literária em si. Estética e Nova Crítica. Periodização por estilos literários. História literária e trabalho de equipe. Conciliação entre a História e a Crítica. História e Literatura. Autonomia Literatura. Literatura e vida. Arte e social. A Crítica e o problema do Método. O método positivo. A Crítica não é gênero literário. A Nova Crítica. Para a crítica estética. Equívocos sobre a Nova Crítica. Forma e conteúdo.

Espírito profissional. Princípios no Princípio. Concepção estilística. O demônio da cronologia. Vantagens da periodização estilística. O início da literatura brasileira. Literatura colonial. O Barroco. Bibliografia.

Afrânio Coutinho

Prefácio da Terceira Edição (1986)
Encerramento do Modernismo e início do Pós-Modernismo. As vanguardas. Novos rumos da Literatura Brasileira. Autonomia e Identidade Literárias.

Afrânio Coutinho

Prefácio da Quarta Edição (1997)
1. LITERATURA BRASILEIRA (INTRODUÇÃO)
Origem. Barroco. A literatura jesuítica. Neoclassicismo, Arcadismo, Rococó. Nativismo. Romantismo. Realismo-Naturalismo. Parnasianismo. Simbolismo. Impressionismo. Regionalismo. Sincretismo e transição. Modernismo. Gêneros Literários. Lirismo. Ficção. Teatro. Crônica. Crítica. Outros gêneros. Caráter do nacionalismo brasileiro.

Afrânio Coutinho

Primeira Parte
GENERALIDADES

2. O PANORAMA RENASCENTISTA
Que é o Renascimento. Mudanças operadas. O humanismo em Portugal.
Hernâni Cidade

3. A LÍNGUA LITERÁRIA
A transplantação da língua portuguesa e a expressão literária no Brasil-colônia. A consolidação de uma norma linguística escrita. A feição brasileira da língua portuguesa e os movimentos literários: a polêmica nativista no Romantismo; a posição dos escritores e o purismo dos gramáticos no Realismo-Naturalismo; a língua literária no Modernismo e sua plenitude e maturidade pósmodernista.
Wilton Cardoso

4. O FOLCLORE: LITERATURA ORAL E LITERATURA POPULAR
Colheita e fontes da literatura oral. Importação europeia. Os contos. As lendas e os mitos. A poesia. O desafio. A modinha. Os autos populares. Os jogos infantis. A novelística.
Câmara Cascudo

5. A ESCOLA E A LITERATURA
A educação na história da literatura. O ensino colonial. Missionários e civilizadores. O aprendizado da língua. Meios de transmissão de cultura. Escola humanística. D. João Vl. Ensino superior. Tradição literária do ensino.
Fernando de Azevedo

6. O ESCRITOR E O PÚBLICO
A criação literária e as condições da produção. Literatura, sistema vivo de obras. Dependência do público. Diversos públicos brasileiros. Literatura e política. Nativismo e associações. Indianismo. Independência. O Estado e os grupos dirigentes. Escritor e massa. Tradição e auditório.
Antonio Candido

7. A LITERATURA E O CONHECIMENTO DA TERRA
Literatura de ideias e literatura de imaginação. Literatura ufanista. Retratos do Brasil. Política e letras. Modernismo e folclore. Nacionalismo linguístico.
Wilson Martins

8. GÊNESE DA IDEIA DE BRASIL
A descoberta do mundo novo aos olhos dos europeus renascentistas. Pero Vaz de Caminha e sua *Carta*. O mito do paraíso terrestre. A catequese dos índios. A antologia cultural e a revelação do Brasil. A exaltação da nova terra. Visão edênica. As repercussões na Europa. Primeiras descrições.
Sílvio Castro

9. FORMAÇÃO E DESENVOLVIMENTO DA LÍNGUA NACIONAL BRASILEIRA
Período de formação. Pontes culturais. Os jesuítas. Humanismo novo-mundista. Os indígenas. Processos linguísticos. Consolidação do sistema: séc. XVII. A reação lusófila: Pombal, o Arcadismo, as escolas régias, o séc. XIX. O Modernismo e a língua brasileira. Enfraquecimento da norma gramatical. Conclusão.
José Ariel Castro

VOLUME 2

Segunda Parte
ESTILOS DE ÉPOCA
Era barroca

10. O BARROCO
Ciclo dos descobrimentos. Quinhentismo português. Mito do Ufanismo. Caráter barroco da literatura dos séculos XVI a XVIII. O termo classicismo. O conceito da imitação. Gregório de Matos e a imitação. O primeiro escritor brasileiro: Anchieta. O Barroco, etimologia, conceito, caracteres, representantes. Barroco no Brasil. O Maneirismo.
Afrânio Coutinho

11. AS ORIGENS DA POESIA
Raízes palacianas da poesia brasileira. Anchieta. A sombra da Idade Média. Os Cancioneiros. Poesia épico-narrativa: a *Prosopopeia*. Início do Barroco. *A Fênix Renascida. Júbilos da América.* Início do Arcadismo.
Domingos Carvalho da Silva

12. A LITERATURA JESUÍTICA
O jesuíta. O teatro hierático medieval e o auto. A estética jesuítica. O Barroco. Gil Vicente. Anchieta. A língua tupi. A obra anchietana. Nóbrega.
Armando Carvalho

13. ANTÔNIO VIEIRA
Vieira brasileiro. As transformações da língua portuguesa. O estilo de Vieira. O barroquismo de Vieira. A arte de pregar. Traços estilísticos. Pensamento e estilo. Alegorismo. Antíteses. Hipérbole. Originalidade.
Eugênio Gomes

14. GREGÓRIO DE MATOS
O Recôncavo no século XVII. Barroquismo. Gregório e a sátira. Visualismo. Estilo Barroco. Caracteres Barrocos.
Segismundo Spina

15. O MITO DO UFANISMO
Aspectos do Barroquismo brasileiro. O ufanismo. Botelho de Oliveira e o Barroco. Polilinguismo. Cultismo. Estilo barroco de Botelho. Nuno Marques Pereira e a narrativa barroca.
Eugênio Gomes

Relação do Naufrágio
Cândido Jucá Filho

16. A ORATÓRIA SACRA
Importância da oratória na Colônia. O Barroquismo. Eusébio de Matos. Antônio de Sá. Características estilísticas.
Carlos Burlamáqui Kopke

17. O MOVIMENTO ACADEMICISTA
Papel das academias no movimento cultural da Colônia. Barroco acadêmico. Principais manifestações, cronologia e variedades do movimento academicista. Academia Brasílica dos Esquecidos. Academia Brasílica dos Renascidos. Academia dos Seletos. Academia Científica. Academia dos Felizes.
José Aderaldo Castelo

Era neoclássica

18. NEOCLASSICISMO E ARCADISMO. O ROCOCÓ
O Classicismo e as escolas neoclássicas. Correntes racionalistas e "ilustradas". O Brasil do século XVIII. A diferenciação e consolidação da vida na Colônia. O surgimento de novos cânones. A origem da Arcádia e a influência dos árcades italianos. A Arcádia lusitana. Os "árcades sem arcádias". O Rococó.
Afrânio Coutinho

19. A LITERATURA DO SETECENTOS
O Setecentismo: Neoclassicismo e reação antibarroca. A ideologia da época. O Iluminismo. A ideia de Natureza. O Bom Selvagem. Pré-romantismo.
António Soares Amora

20. O ARCADISMO NA POESIA LÍRICA, ÉPICA E SATÍRICA
O lirismo arcádico. O Rococó. Cláudio, Gonzaga, Alvarenga, Caldas Barbosa, Sousa Caldas; poesia narrativa: Basílio. Durão. *As Cartas Chilenas*. Melo Franco.
Waltensir Dutra

21. PROSADORES NEOCLÁSSICOS
Matias Aires, Silva Lisboa, Sotero.
Cândido Jucá Filho

22. DO NEOCLASSICISMO AO ROMANTISMO
Hipólito, Mont'Alverne, João Francisco Lisboa.
Luiz Costa Lima

VOLUME 3

Segunda Parte

ESTILOS DE ÉPOCA

Era romântica

23. O MOVIMENTO ROMÂNTICO
Origens do movimento. Definição e história da palavra. O Pré-romantismo. A imaginação romântica. Estado de alma romântico. Caracteres e qualidades gerais e formais. Os gêneros. As gerações românticas. O Romantismo no Brasil: origem, períodos, caracteres. O indianismo. Significado e legado.
Afrânio Coutinho

24. OS PRÓDROMOS DO ROMANTISMO
Início do Romantismo. O Arcadismo e o Préromantismo. A vida literária na Colônia. A era de D. João VI: a renovação cultural nos diversos aspectos. José Bonifácio. Borges de Barros. A imprensa. As revistas literárias. Maciel Monteiro. Gonçalves de Magalhães.
José Aderaldo Castelo

25. GONÇALVES DIAS E O INDIANISMO
Gonçalves Dias e o Romantismo. O Indianismo: origem e diversos tipos. O lirismo gonçalvino. O poeta dramático e o poeta épico. Linguagem poética. Intenções e exegese. A poética de Gonçalves Dias. Originalidade e influências. *Sextilhas de Frei Antão*. Prosa poemática. Contemporâneos e sucessores. Bittencourt Sampaio, Franklin Dória, Almeida Braga, Bruno Seabra, Joaquim Serra, Juvenal Galeno.
Cassiano Ricardo

26. O INDIVIDUALISMO ROMÂNTICO
Ultrarromantismo e individualismo lírico. Álvares de Azevedo. Imaginação, psicologia, subjetivismo. O byronismo. Junqueira Freire, Casimiro de Abreu, Fagundes Varela,

Bernardo Guimarães, Aureliano Lessa, Laurindo Rabelo, Francisco Otaviano.
    Álvares de Azevedo (*Eugênio Gomes*)
    Junqueira Freire (*Eugênio Gomes*)
    Casimiro de Abreu (*Emanuel de Morais*)
    Fagundes Varela (*Waltensir Dutra*)

27. CASTRO ALVES
Antecessores. A década de 1870. Hugoanismo. Pedro Luís, Tobias Barreto, Vitoriano Palhares, Luís Delfino. A poesia e a poética de Castro Alves. Realismo. Narcisa Amália, Machado de Assis, Quirino dos Santos, Carlos Ferreira, Siqueira Filho, Melo Morais Filho. Sousândrade.

Fausto Cunha

28. JOSÉ DE ALENCAR E A FICÇÃO ROMÂNTICA
Romantismo e Romance. Precursores. O primeiro romance brasileiro. Lucas José de Alvarenga, Pereira da Silva, Justiniano José da Rocha, Varnhagen, Joaquim Norberto, Teixeira e Sousa, Macedo, Alencar. A obra alencariana: romances urbano, histórico, regionalista. Bernardo Guimarães, Franklin Távora, Taunay, Machado de Assis. Características estruturais do romance romântico: influências da literatura oral, do teatro, do folhetim. Características temáticas: solidão, lealdade, amor e morte, natureza, nacionalidade. Legado do romance romântico.

Heron de Alencar

29. A CRÍTICA LITERÁRIA ROMÂNTICA
Origens. O ideário crítico: sentimento da natureza; ideias da nacionalidade e originalidade: Santiago Nunes Ribeiro, Joaquim Norberto. Indianismo. Macedo Soares, José de Alencar. Definição de "escritor brasileiro". Início da historiografia literária. Literatura da fase colonial. Problema da periodização. Sociedades e periódicos. Machado de Assis crítico: sua doutrina estética, sua prática. Outros críticos.

Afrânio Coutinho

30. MANUEL ANTÔNIO DE ALMEIDA
Romantismo ou Realismo? Influência de Balzac. Obra picaresca, influência espanhola. *As Memórias* e *O Guarani*. O Romantismo dominante. Fortuna da obra.

Josué Montello

VOLUME 4

Segunda Parte
ESTILOS DE ÉPOCA
Era realista

31. REALISMO. NATURALISMO. PARNASIANISMO
Movimentos literários do século XIX. Critério de periodização literária. Realismo e Naturalismo. Sistema de ideias da época: o materialismo, o cientificismo, o determinismo. Estética e poética do Realismo e do Naturalismo: definição e caracteres. O Parnasianismo. Histórico da situação no Brasil. As academias. Introdução das novas correntes no Brasil.

Afrânio Coutinho

32. A CRÍTICA NATURALISTA E POSITIVISTA
Ideário crítico da era materialista. Fundo filosófico: Comte, Taine, Spencer. Positivismo, evolucionismo, monismo, mecanicismo, determinismo, ambientalismo, cientificismo. A geração de 70 e a renovação brasileira. A Escola do Recife. Rocha Lima, Capistrano de Abreu, Araripe Júnior, Sílvio Romero.

Afrânio Coutinho

José Veríssimo (*Moisés Vellinho*)

Outros críticos: Franklin Távora, Valentim Magalhães. A herança romeriana. A História Literária: Ronald de Carvalho, Artur Mota. João Ribeiro. Impressionismo crítico.

Afrânio Coutinho

33. A FICÇÃO NATURALISTA
Origens do Naturalismo no Brasil: Inglês de Sousa, Aluísio Azevedo, Celso Magalhães, José do Patrocínio. Do Realismo ao Naturalismo: de Balzac a Zola. Influxo da ciência. A polêmica naturalista no Brasil. Papel de Eça de Queirós. Anticlericalismo, combate ao preconceito racial, à escravidão, à monarquia e ao puritanismo da sociedade em relação ao problema sexual. Aluísio Azevedo, Inglês de Sousa. Júlio Ribeiro. Adolfo Caminha. Outros naturalistas. Naturalismo e regionalismo.

Josué Montello

34. A RENOVAÇÃO PARNASIANA NA POESIA
A reação antirromântica. Poesia filosófico-científica. Teixeira de Sousa, Prado Sampaio, Martins Júnior. Poesia realista urbana: Carvalho Júnior, Teófilo Dias, Afonso Celso, Celso Magalhães. Poesia realista agreste: Bruno Seabra, Ezequiel Freire. Poesia socialista: Lúcio de Mendonça, Fontoura Xavier, Valentim Magalhães. Advento do Parnasianismo: Artur de Oliveira, Machado de Assis, Gonçalves Crespo, Luís Guimarães; Alberto de Oliveira, Raimundo Correia, Olavo Bilac, Vicente de Carvalho; Machado de Assis, Luís Delfino, B. Lopes. Poetas menores e epígonos: Rodrigo Otávio, Artur Azevedo, Filinto de Almeida, Silva Ramos, Mário de Alencar, João Ribeiro, Guimarães Passos. Venceslau de Queirós, Emílio de Meneses, Zeferino Brasil, Augusto de Lima, Luís Murat, Raul Pompeia, Francisca Júlia, Magalhães de Azeredo, Goulart de Andrade. Características da forma parnasiana.

Péricles Eugênio da Silva Ramos

35. MACHADO DE ASSIS
Importância do escritor, sua vocação artística. Atitude em face das escolas literárias. As fases de sua evolução estética. O poeta. Os primeiros romances: desenvolvimento do seu processo narrativo. Contar a essência do homem. Os grandes romances. O contista.

Barreto Filho

36. RAUL POMPEIA
Formação e iniciação literárias. Classificação. Impressionismo. Técnica da composição. Doutrina estética e processo de captação da realidade. Prosa artística: os Goncourts. Visualismo: influência da pintura. A técnica da miniatura. Estilo.

Eugênio Gomes

37. JOAQUIM NABUCO. RUI BARBOSA
O Parnasianismo na prosa: a oratória, o gosto pelo estilo requintado. Joaquim Nabuco e a campanha abolicionista. Nabuco escritor, estilista, pensador, orador.

Luís Viana Filho

Rui Barbosa e a campanha republicana. Rui, político ou homem de letras. O escritor, o orador, o homem público. A reação vernaculizante e a pureza da língua. Primado da eloquência. Missão social. Mestre da arte de falar e escrever.

Luís Delgado

38. EUCLIDES DA CUNHA
Definição de Euclides e de *Os sertões*. Obra de arte da linguagem, epopeia em prosa. Realismo, espírito científico. O estilo euclidiano. O poeta e o ficcionista em *Os sertões*. Seu senso do coletivo, a obsessão da palavra. Expressionismo e impressionismo. Interpretação do Brasil.

Franklin de Oliveira

39. LIMA BARRETO. COELHO NETO
O Naturalismo retardatário. Lima Barreto: o homem na obra. Conflito entre a estética e a revolução. O romancista. Sentimento de inferioridade racial e social.

Eugênio Gomes

Coelho Neto: posição do escritor. Obsessão com o Brasil. Seu realismo. A sua teoria da palavra, seu vocabulário. Retrato nacional.
Otávio de Faria

40. O REGIONALISMO NA FICÇÃO
Conceito de Regionalismo: evolução da ideia de incorporação do *genius loci* à literatura. Regionalismo e Realismo. As regiões culturais e os ciclos literários regionais. Influência das regiões no desenvolvimento da literatura brasileira. Ciclos: nortista, nordestino, baiano, central, paulista, gaúcho.
Afrânio Coutinho

Ciclo nortista
Caracteres. Fases: naturalista, com Inglês de Sousa e Veríssimo; do "inferno verde", com Euclides, Alberto Rangel; ufanista, com Raimundo Moraes, Carlos Vasconcelos, Alfredo Ladislau, Lívio Cesar, Jorge H. Hurly; modernista, com Abguar Bastos, Lauro Palhano, Dalcídio Jurandir, Eneida de Morais, Araújo Lima, Gastão Cruls, Osvaldo Orico, Francisco Galvão, Viana Moog, Peregrino Júnior, Aurélio Pinheiro, Ramaiana de Chevalier, Oséas Antunes, Nélio Reis, Ildefonso Guimarães, Lindanor Celina, Odilo Costa Filho. Ferreira de Castro.
Peregrino Júnior

Ciclo nordestino
Caracteres. Franklin Távora e a "Literatura do Norte". Adolfo Caminha, Rodolfo Teófilo, Antônio Sales, Domingos Olímpio, Araripe Júnior, Emília de Freitas, Pápi Júnior, Francisca Clotilde, Oliveira Paiva, Ana Facó, Fonseca Lobo, Gustavo Barroso, Teotônio Freire, Carneiro Vilela, Faria Neves Sobrinho, Zeferino Galvão, Olímpio Galvão, Mário Sete, Lucílio Varejão, Carlos D. Fernandes.
Aderbal Jurema

Ciclo baiano
Características: As diversas áreas: san-franciscana, cacaueira, garimpo, pastoreio, alambique, praia. Rosendo Muniz Barreto, Xavier Marques, Lindolfo Rocha, Fábio Luz, Cardoso de Oliveira, Afrânio Peixoto, Anísio Melhor, Nestor Duarte, Martins de Oliveira, Rui Santos, Dias da Costa, Jorge Amado, Clóvis Amorim, Herberto Sales, James Amado, Emo Duarte, Elvira Foepell, Santos Morais. (Adonias Filho).
Adonias Filho

Ciclo central
Características: Bernardo Guimarães, Felício dos Santos, Afonso Arinos, Avelino Fóscolo, Aldo Luís Delfino dos Santos, Amadeu de Queirós, João Lúcio, Abílio Velho Barreto, Godofredo Rangel, Aristides Rabelo, Afonso da Silva Guimarães, Guimarães Rosa, Mário Palmério, Nelson de Faria, Carvalho Ramos, Bernardo Élis, José J. Veiga, Gastão de Deus, Ivan Americano, Veiga Neto, Pedro Gomes de Oliveira, Domingos Félix de Sousa, Eli Brasiliense.
Wilson Lousada

Ciclo paulista
Garcia Redondo, Batista Cepelos, José Agudo, Ezequiel Freire, Monteiro Lobato, Veiga Miranda, Amando Caiubi, Valdomiro Silveira, Cornélio Pires, Albertino Moreira, Jerônimo Osório, Oliveira e Sousa, Leôncio de Oliveira, Salviano Pinto, Léo Vaz, Hilário Tácito. Os modernistas.
Edgard Cavalheiro

Ciclo gaúcho
Caldre Fião, Bernardino dos Santos, Apolinário Porto Alegre, Aquiles Porto Alegre, Alberto Cunha, Carlos Jansen, Oliveira Belo, Alcides Maia, Roque Calage, Simões Lopes Neto, Darci Azambuja, Ciro Martins, Érico Veríssimo, Ivan Pedro Martins, Contreiras Rodrigues, Otelo Rosa, Vieira Pires, Viana Moog.
Augusto Cesar Meyer

Era de transição

41. SIMBOLISMO. IMPRESSIONISMO. MODERNISMO

Uma literatura em mudança: oposição Parnasianismo – Simbolismo. Valorização do Simbolismo e sua influência. Origens do Simbolismo. Definição e caracteres. Cronologia do Simbolismo no Brasil: os diversos grupos e figuras. Impressionismo: gênese, caracteres, influências. O Impressionismo no Brasil. A incorporação do nacional à literatura. Desintegração e aventura: preparação do Modernismo: antecedentes europeus e nacionais. Expressionismo. O "moderno" em literatura: definição e caracteres. A Revolução Moderna no Brasil: definição, antecedentes, eclosão. A Semana da Arte Moderna. Futurismo e Modernismo. Modernismos brasileiro, português e hispano-americano. Graça Aranha. Os grupos e correntes do Modernismo. Regionalismo. Gilberto Freyre. As revistas e os manifestos teóricos. Cronologia e caracteres do Modernismo. Mário de Andrade. Saldo e legado do movimento: problema da língua; poesia; ficção; crônica; teatro; crítica.

Afrânio Coutinho

42. PRESENÇA DO SIMBOLISMO

A explosão Cruz e Sousa. A primeira e a segunda gerações simbolistas. No Paraná, Minas Gerais, Bahia. Nestor Vítor, Gustavo Santiago, Oliveira Gomes, Colatino Barroso, Antônio Austregésilo, Neto Machado, Carlos Fróis, Artur de Miranda, Silveira Neto, Tibúrcio de Freitas, Saturnino de Meireles, Félix Pacheco, Carlos D. Fernandes, Gonçalo Jácome. Narciso Araújo, Pereira da Silva, Paulo Araújo, Cassiano Tavares Bastos, Castro Meneses, Rocha Pombo, Gonzaga Duque, Mário Pederneiras, Lima Campos, Dario Veloso, Emiliano Perneta, Silveira Neto, Guerra Duval, Júlio César da Silva, Leopoldo de Freitas, Venceslau de Queirós, Batista Cepelos, Jacques D'Avray, José Severiano de Resende, Alphonsus de Guimaraens, Viana do Castelo, Edgard Mata, Adolfo Araújo, Mamede de Oliveira, Pedro Kilkerry, Francisco Mangabeira, Álvaro Reis, Durval de Morais, Astério de Campos, Marcelo Gama, Ernâni Rosas, Eduardo Guimarães. O poema em prosa: Raul Pompeia. A ficção simbolista: Virgílio Várzea, Alfredo de Sarandi, Graça Aranha, Rocha Pombo, G. Duque. O teatro simbolista. Legado do Movimento.

Andrade Murici

43. O IMPRESSIONISMO NA FICÇÃO

O Impressionismo: caracteres. Penetração no Brasil. A ficção impressionista: Raul Pompeia, Graça Aranha, Adelino Magalhães. Influências e repercussões.

Xavier Placer

44. A CRÍTICA SIMBOLISTA

Os críticos do Simbolismo. Nestor Vítor. A crítica de arte: Gonzaga Duque, Colatino Barroso. Outros críticos: Gustavo Santiago, Frota Pessoa, Elíseo de Carvalho, Pedro do Couto, Severiano de Rezende, Tristão da Cunha, Felix Pacheco.

Andrade Murici

45. SINCRETISMO E TRANSIÇÃO: O PENUMBRISMO

O fenômeno da transição em história literária. Sincretismo. Epígonos do Parnasianismo e do Simbolismo. Penumbrismo. Ronald de Carvalho, Mário Pederneiras, Gonzaga Duque, Lima Campos, Álvaro Moreira, Felipe D'Oliveira, Eduardo Guimarães, Homero Prates, Guilherme de Almeida, Ribeiro Couto. (Rodrigo Otávio Filho).

Rodrigo Otávio Filho

46. SINCRETISMO E TRANSIÇÃO: O NEOPARNASIANISMO

Os epígonos do Parnasianismo e o Neoparnasianismo. Júlia Cortines, Francisca Júlia,

Carlos Magalhães de Azeredo, Belmiro Braga, Amadeu Amaral, Luís Carlos, Martins Fontes, Humberto de Campos, Da Costa e Silva, Artur de Sales, Gilca Machado, Hermes Fontes, Augusto dos Anjos, Raul de Leôni, Olegário Mariano, Adelmar Tavares, Batista Cepelos, Catulo Cearense, Luís Edmundo, Múcio Leão, Nilo Bruzzi, Bastos Tigre, José Albano.

Darci Damasceno

47. A REAÇÃO ESPIRITUALISTA
A Reação Espiritualista e seus antecedentes. A Companhia de Jesus e o humanismo espiritualista. A educação na Colônia. Desenvolvimento das Letras. Sentido religioso da vida. Espiritualismo definido e indefinido. Romantismo: ecletismo e sentimentalismo espiritual. A Escola do Recife e a desespiritualização da inteligência. A Questão Religiosa. Início da Reação Espiritualista: Carlos de Laet, Padre Júlio Maria. No Simbolismo. Farias Brito. No Pré-Modernismo. No Modernismo. Leonel Franca, Jackson de Figueiredo. O grupo de *Festa*. Durval de Morais. O espiritualismo contemporâneo. (Alceu Amoroso Lima).

Alceu Amoroso Lima

VOLUME 5

Segunda Parte
ESTILOS DE ÉPOCA
Era modernista

48. A REVOLUÇÃO MODERNISTA
Antecedentes do Movimento Modernista. Atualização das letras nacionais. A Guerra de 1914. Os futuristas de 1920. A palavra "futurismo". A Semana de Arte Moderna de 1922: organização, realizações. Depois da Semana: consequências e repercussão. Os diversos grupos modernistas: "Antropofagia", "Pau-Brasil". "Verdamarelo", "Anta". Congresso Brasileiro de Regionalismo, no Recife, 1926. Principais livros do Modernismo. Encerramento do ciclo revolucionário: 1930.

Mário da Silva Brito

49. O MODERNISMO NA POESIA
Modernismo em poesia: definição. Fase da ruptura: a geração de 1922. Periodização. A Semana de Arte Moderna. Diretrizes da Renovação. Futurismo. Grupo paulista: "Pau-Brasil", "Verdamarelo", "Anta", "Antropofagia". Mário de Andrade. Oswald de Andrade. Menotti del Picchia, Guilherme de Almeida. Sérgio Milliet. Cassiano Ricardo. Raul Bopp. Luís Aranha. Rodrigues de Abreu. Grupo carioca: Manuel Bandeira. Ronald de Carvalho. Álvaro Moreira. Ribeiro Couto. Felipe D'Oliveira. Manuel de Abreu. Grupo de *Festa*: Tasso da Silveira. Murilo Araújo. Cecília Meireles. Francisco Karam. Grupo mineiro: *A Revista*. Carlos Drummond de Andrade. Emílio Moura. Abgar Renault. João Alphonsus. Pedro Nava. Grupo *Verde*: Ascânio Lopes. Rosário Fusco. Enrique de Resende. Guilhermino César. Francisco Peixoto. Grupo gaúcho: Augusto Meyer. Grupo do Nordeste: Ascenso Ferreira. Joaquim Cardoso. Gilberto Freyre. Câmara Cascudo. Jorge Fernandes. Jorge de Lima. Grupo baiano: Eugênio Gomes. Carvalho Filho. Hélio Simões. Pinto de Aguiar, Godofredo Filho. Sosígenes Costa. Expansão do Modernismo: Américo Facó. Dante Milano. Edgard Braga. Segunda fase: Augusto Frederico Schmidt. Murilo Mendes. Vinicius de Moraes, Mário Quintana. Henriqueta Lisboa. Geração de 45:

Bueno de Rivera. João Cabral. Domingos Carvalho da Silva. Geraldo Vidigal. José Paulo Moreira da Fonseca. Geir Campos. Lêdo Ivo. Maria da Saudade Cortesão. Péricles Eugênio da Silva Ramos. Concretismo: Haroldo de Campos. Augusto de Campos. Décio Pignatari. Ronaldo Azevedo. Ferreira Gullar. A forma da poesia moderna.

Péricles Eugênio da Silva Ramos

50. VANGUARDAS
Concretismo. Neoconcretismo (*Albertus da Costa Marques*)
Poesia-Práxis *(Mário Chamie)*
Poema-Processo *(Álvaro Sá)*
Arte-Correio *(Joaquim Branco)*

51. O MODERNISMO NA FICÇÃO
I. Antecedentes:

As duas linhagens da ficção brasileira: legado do século XIX. O Modernismo. Pioneiros do ciclo nordestino: Franklin Távora, José do Patrocínio, Rodolfo Teófilo, Oliveira Paiva, Domingos Olímpio, Gustavo Barroso, Mário Sette. Outros precursores do regionalismo modernista. O romance carioca do Modernismo. Adelino Magalhães. Classificação da ficção modernista: corrente social e territorial; corrente psicológica e costumista. A explosão modernista. Rachel de Queirós. Gastão Cruls. Marques Rebelo. Ciro dos Anjos.

Afrânio Coutinho

II. Experimentalismo:

Mário de Andrade, Oswald de Andrade, Menotti del Picchia, Plínio Salgado, Alcântara Machado (*Dirce Côrtes Riedel*)
Ribeiro Couto (*J. Alexandre Barbosa*)

III. Regionalismo:

José Américo, José Lins do Rego, Jorge Amado (*Luiz Costa Lima*)
Graciliano Ramos (*Sônia Brayner*)

IV. Psicologismo e Costumismo:

José Geraldo Vieira (*Antônio Olinto*)
Cornélio Pena (*Adonias Filho*)
Érico Veríssimo (*Antônio Olinto*)
Lúcio Cardoso (*Walmir Ayala*)
Otávio de Faria (*Adonias Filho*)
Josué Montello (*Bandeira de Melo*)

V. Instrumentalismo:

Guimarães Rosa (*Franklin de Oliveira*)
Clarice Lispector, Adonias Filho (*Luiz Costa Lima*)

VI. Situação e Perspectivas:

José Cândido de Carvalho, Herberto Sales, Mário Palmério, Bernardo Élis, Jorge Medauar, Ascendino Leite, Macedo Miranda, Geraldo França de Lima, João Antônio, Rubem Fonseca, José Louzeiro, Nélida Piñon, Samuel Rawet, Osman Lins, Autran Dourado, Jorge Moutner, Dalton Trevisan, José J. Veiga, Geraldo Ferraz, Assis Brasil.

Ivo Barbieri

52. A CRÍTICA MODERNISTA
A crítica e o Modernismo. As várias gerações e os gêneros modernistas. A crítica sociológica. Tristão de Athayde. João Ribeiro e Nestor Vítor. As Revistas. A crítica Social. Mário de Andrade. Outros críticos. A crítica estética. Eugênio Gomes.

Wilson Martins

A Nova Crítica. Congressos de Crítica. Movimento editorial.

Afrânio Coutinho

VOLUME 6

Terceira Parte
RELAÇÕES E PERSPECTIVAS

53. NOTA EXPLICATIVA
Divisão da obra. Características. Conceitos sociológico e estético. Literatura literária. O valor da História Literária.
Afrânio Coutinho

54. EVOLUÇÃO DA LITERATURA DRAMÁTICA
Inícios do teatro: os jesuítas, Anchieta. Alencar, Martins Pena, Gonçalves de Magalhães. No Naturalismo: França Júnior, Artur Azevedo, Machado de Assis, Roberto Gomes, Coelho Neto, Cláudio de Sousa. Joracy Camargo, Oswald de Andrade. O teatro moderno. A renovação: o Teatro Estudante; Pascoal Carlos Magno, Guilherme Figueiredo, Oduvaldo Viana, Magalhães Júnior, Ariano Suassuna, Jorge Andrade, Dias Gomes, Millôr Fernandes, Nelson Rodrigues, Silveira Sampaio. O teatro infantil: Maria Clara Machado. Lúcia Benedetti. Os atores: João Caetano, Apolônia Pinto, Leopoldo Fróes, Procópio Ferreira, Cacilda Becker, Maria Della Costa, Tônia Carrero, Fernanda Montenegro, Sérgio Cardoso, Paulo Autran, Jardel Filho. Dulcina de Morais. Principais companhias.
Décio de Almeida Prado

55. EVOLUÇÃO DO CONTO
Primeiras manifestações. No Romantismo: Álvares de Azevedo, B. Guimarães. Machado de Assis: sua técnica. No Naturalismo: Aluísio Azevedo, Medeiros e Albuquerque, Coelho Neto, Domício da Gama, Artur Azevedo. Regionalistas: Valdomiro Silveira, Afonso Arinos, Simões Lopes Neto, Alcides Maia, Darci Azambuja, Telmo Vergara, Viriato Correia, Gustavo Barroso, Eduardo Campos, Monteiro Lobato, Carvalho Ramos. No Modernismo: Adelino Magalhães, Mário de Andrade, Alcântara Machado, Ribeiro Couto, João Alphonsus, Marques Rebelo, Guimarães Rosa. Novas tendências.
Herman Lima

56. LITERATURA E JORNALISMO
No jornalismo político: a era da Independência. A era regencial. O Segundo Reinado. A imprensa acadêmica. A propaganda republicana. A era republicana. Polemistas e planfletários.
Américo Jacobina Lacombe

57. ENSAIO E CRÔNICA
Ensaio e crônica – gêneros literários. Definição e caracteres. Conceito de crônica. A crônica e o jornal. Histórico e evolução da crônica – Romantismo. Francisco Otaviano, Manuel Antônio de Almeida, José de Alencar, Machado de Assis, França Júnior, Pompeia, Bilac, Coelho Neto, João do Rio, João Luso, José do Patrocínio Filho, Humberto de Campos, Orestes Barbosa, Álvaro Moreira e a *Fon-Fon*. Berilo Neves, Osório Borba. Genolino Amado, Benjamin Costallat. Henrique Pongetti, Peregrino Júnior, Manuel Bandeira, Antônio de Alcântara Machado, Carlos Drummond de Andrade, Rachel de Queiroz, Rubem Braga. Classificação da crônica. Problemas da crônica: linguagem e estilo, crônica e reportagem, literatura e filosofia. Autonomia do gênero. Importância na literatura brasileira. Outros gêneros afins: oratória, cartas, memórias, diários, máximas, biografia. Gilberto Amado, Lúcio Cardoso.
Afrânio Coutinho

58. LITERATURA E FILOSOFIA
Incapacidade para os estudos filosóficos. Ausência de correntes de pensamento. Filosofia e Literatura. Século XIX, marco inicial. A

independência intelectual. Romantismo. Silvestre Pinheiro Ferreira, Gonçalves de Magalhães, Mont'Alverne, Eduardo Ferreira França, Tobias Barreto, Soriano de Sousa, Sílvio Romero. Os Positivistas. Capistrano de Abreu, Euclides da Cunha, Farias Brito, Jackson de Figueiredo, Vicente Licínio Cardoso, Graça Aranha, Paulo Prado, Tristão de Athayde, Euríalo Canabrava, Miguel Reale, Artur Versiane Veloso. *Revista Brasileira de Filosofia. Kriterion.*

Evaristo de Morais Filho

59. LITERATURA E ARTES
Os estilos de época. Inter-relações das artes. Barroco e Pós-Barroco. Neoclassicismo. Romantismo, Realismo, Parnasianismo. Impressionismo e Simbolismo. Modernismo.

José Paulo Moreira da Fonseca

60. LITERATURA E PENSAMENTO JURÍDICO
O século XVIII e a transformação jurídica do Estado. A vinculação da literatura com o direito. O arcadismo mineiro e os ideais jurídicos da burguesia. Gonzaga. *As Cartas Chilenas* e os Direitos Humanos. As eleições e a ideia da representação e assentimento popular. O constitucionalismo liberal. José Bonifácio. As faculdades de Direito de Recife e São Paulo focos de produção literária. Escritores e juristas. Rui Barbosa.

Afonso Arinos de Melo Franco

61. LITERATURA INFANTIL
Que é Literatura Infantil? Fontes. Folclore. Evolução e principais autores e obras. O século XIX e a moderna literatura infantil. Uso na educação. Aparecimento no Brasil: Livros didáticos e traduções. Diversos gêneros. Monteiro Lobato. Teatro infantil. Literatura religiosa. Histórias em quadrinhos. Revistas e jornais.

Renato Almeida

62. O VERSO: PERMANÊNCIA E EVOLUÇÃO
Debate histórico: a metrificação. Os tipos de verso. As regras. Do Barroco ao Simbolismo. O Modernismo e a mudança no sistema. Conclusões.

Mário Chamie

CONCLUSÃO

63. O PÓS-MODERNISMO NO BRASIL
Pós-Modernismo e a produção literária brasileira do século XX: Guimarães Rosa, Clarice Lispector, João Cabral de Melo Neto. A ficção brasileira dos anos 70 e 80: José J. Veiga, Murilo Rubião, Lygia Fagundes Telles, Nélida Piñon, Edla van Steen, Maria Alice Barroso. O Poema-Processo e a Arte-Postal.

Eduardo de Faria Coutinho

64. A NOVA LITERATURA BRASILEIRA
(O romance, a poesia, o conto)
Definição e situação da nova literatura brasileira. O ano de 1956: a poesia concreta, Geraldo Ferraz, Guimarães Rosa. No Romance: Herberto Sales, José Cândido de Carvalho, Osman Lins, Autran Dourado. Os novos. Adonias Filho, Clarice Lispector. Na Poesia: João Cabral. Poesia Concreta: Décio Pignatari, Haroldo de Campos, Augusto de Campos, Ferreira Gullar, José Lino Grunewald, Reinaldo Jardim, Ronaldo Azeredo. Edgard Braga, Pedro Xisto. Invenção. Poesia-Práxis: Mário Chamie. Poemas-Processo: Wlademir Dias Pino. No Conto: Samuel Rawet, Dalton Trevisan, José J. Veiga, José Louzeiro, Luís Vilela, Jorge Medauar, Rubem Fonseca, José Edson Gomes, Louzada Filho.

Assis Brasil

65. A NOVA LITERATURA
(Década de 80 / Anos 90)
Escritores de maior atividade nesse período. Escritores veteranos pós-modernistas.

Romancistas e contistas mais novos. Poetas veteranos em atividade. Poetas de província. Poetas novos com ligação com as vanguardas. A Poesia Alternativa dos anos 80.
Assis Brasil

66. VISÃO PROSPECTIVA DA LITERATURA NO BRASIL
Uma história predominantemente nacional. A crise da transição. Morfologia da exaustão. Emergência da paraliteratura. A voragem do consumo. A crônica. Alternativas vanguardistas. O signo radical. Indicações prospectivas.
Eduardo Portella

67. HISTORIOGRAFIA LITERÁRIA EM NOVO RUMO
Posição desta obra na historiografia literária brasileira. As várias fases da história literária no Brasil: a antológica e bibliográfica, a historicista, a sociológica. Varnhagen. Sílvio Romero. Outros historiadores. Orientação estética: *A Literatura no Brasil*, um compromisso anti-romeriano. Sua posição, suas características, suas consequências. O ensino literário. A crítica e a história literária.
Afrânio Coutinho

68. AINDA E SEMPRE A LITERATURA BRASILEIRA
As teorias das origens. A expressão da Literatura Brasileira. Nossa Literatura. Independência literária. Uma literatura emancipada. Raízes culturais. O Barroco na América.
Afrânio Coutinho

69. AINDA E SEMPRE A LÍNGUA BRASILEIRA
Língua Portuguesa. Denominação da língua. Que é Língua Brasileira? Ensino da Língua. O professor de Língua. O processo de descolonização. Busca de identidade. Nossa língua. Por uma filologia brasileira. A revolução linguística. A nossa língua. O Português do Brasil. A língua que falamos. A língua do Brasil. O idioma e a constituição. Purismo e classe. Purismo linguístico.
Afrânio Coutinho

70. VISÃO FINAL
O "neoparnasianismo" da geração de 45. A procura de novos cânones. As revistas de vanguarda. A fase transitória dos congressos. As décadas de 50 e 60 – *Grande sertão: veredas*. A nova feição da crítica. A Poesia Alternativa pós-60. Fim do Modernismo.
Afrânio Coutinho

BIOBIBLIOGRAFIA DOS COLABORADORES
Aderbal Jurema. Adonias Filho. Afonso Arinos de Melo Franco. Afrânio Coutinho. Albertus Marques. Alceu Amoroso Lima. Américo Jacobina Lacombe. Álvaro de Sá. Andrade Murici. Antonio Candido. Antônio Olinto. Antônio Soares Amora. Armando Carvalho. Assis Brasil. Augusto Meyer. Bandeira de Melo. Barreto Filho. Cândido Jucá Filho. Carlos Burlamáqui Kopke. Cassiano Ricardo. Darci Damasceno. Décio de Almeida Prado. Dirce Côrtes Riedel. Domingos Carvalho da Silva. Edgard Cavalheiro. Eduardo de Faria Coutinho. Eduardo Portella. Emanuel de Morais. Eugênio Gomes. Evaristo de Morais Filho. Fausto Cunha. Fernando de Azevedo. Franklin de Oliveira. Herman Lima. Hernâni Cidade. Heron de Alencar. Ivo Barbieri. João Alexandre Barbosa. José Aderaldo Castelo. José Ariel Castro. José Paulo Moreira da Fonseca. Josué Montello. Luís da Câmara Cascudo. Luiz Costa Lima. Luís Delgado. Luís Viana Filho. Mário Chamie. Mário da Silva Brito. Matoso Câmara Jr. Moisés Vellinho. Otávio de Faria. Peregrino Júnior. Péricles Eugênio da Silva Ramos. Renato Almeida. Rodrigo Otávio Filho. Segismundo Spina. Sílvio Castro. Sonia Brayner. Xavier Placer. Walmir Ayala. Waltensir Dutra. Wilson Lousada. Wilson Martins. Wilton Cardoso.

ÍNDICE DE NOMES, TÍTULOS E ASSUNTOS

A LITERATURA NO BRASIL

Neste Volume
PARTE II / *ESTILOS DE ÉPOCA*
Era realista / Era de transição

No Volume 1
PRELIMINARES
PARTE I / *GENERALIDADES*

No Volume 2
PARTE II / *ESTILOS DE ÉPOCA*
Era barroca / Era neoclássica

No Volume 3
PARTE II / *ESTILOS DE ÉPOCA*
Era romântica

No Volume 5
PARTE II / *ESTILOS DE ÉPOCA*
Era modernista

No Volume 6
PARTE III / *RELAÇÕES E PERSPECTIVAS*
CONCLUSÃO
Biobibliografia dos Colaboradores
Índice de Nomes, Títulos e Assuntos

Segunda Parte
ESTILOS DE ÉPOCA
Era realista

31. *Afrânio Coutinho*
REALISMO. NATURALISMO. PARNASIANISMO

Movimentos literários do século XIX. Critério de periodização literária. Realismo e Naturalismo. Sistema de ideias da época: o materialismo, o cientificismo, o determinismo. Estética e poética do Realismo e do Naturalismo: definição e caracteres. O Parnasianismo. Histórico da situação no Brasil. As academias. Introdução das novas correntes no Brasil.

1. Três grandes movimentos literários de prosa e poesia floresceram durante a segunda metade do século XIX, penetrando pelo século XX: o Realismo, o Naturalismo e o Parnasianismo. Ao adotar o critério literário de divisão periódica pelos movimentos e estilos, procura escapar a presente obra ao escolho da divisão meramente cronológica, geralmente arbitrária, ou, ao menos, sem sentido estético-literário. Os marcos cronológicos, quando aqui se impõem, são meros pontos de referência, assinalando a marcha das ideias e das tendências. Acima de tudo, o que releva fixar são os caracteres específicos dos movimentos, seu estilo, suas ideias diretoras, suas concepções filosóficas, estéticas e poéticas, seus programas, seus representantes mais típicos, suas obras. Sem descurar o conteúdo espiritual, o denominador comum de definição deve ser literário, isto é, o estilo que predominou, emprestando forma literária a um autor ou escola. Os elementos históricos, sociais e biográficos, a não ser naquilo e naqueles que possam contribuir para explicar o desenvolvimento mental de um autor, são relegados para plano secundário, como simples acidentes ocasionais, em relação à obra, cuja análise, interpretação e julgamento importam acima de tudo. Como método, o ideal a que se visa é aliar a história à crítica, aquela subordinada ao ponto de vista da segunda, que é a finalidade suprema do estudo do fenômeno literário. Devem-se encarar o Realismo e o Naturalismo como movimentos específicos do século XIX. Porquanto, antes de se concretizarem numa época histórica, eles eram categorias estéticas ou temperamentos artísticos, tendências gerais da alma humana em diversos tempos, como Classicismo e Romantismo, surgindo o Realismo sempre que se dá a união do espírito à vida, pela objetiva pintura da realidade. Dessa forma, há Realismo na Bíblia e em Homero, na tragédia e comédia clássicas, em Chaucer, Rabelais e Cervantes, antes de aparecer em Balzac, Stendhal

e Dostoiévski. Do mesmo modo, o Naturalismo existe sempre que se reage contra a espiritualização excessiva, como em certas expressões do erotismo barroco ou na ficção naturalista do século XIX.

O século XIX é um campo onde se cruzam e entrecruzam, avançam e recuam, atuam e reagem umas sobre as outras, ora se prolongando ora opondo-se, diversas correntes estéticas e literárias. E, embora constitua um bloco homogêneo o grupo aqui estudado, o período é também atravessado pelo filete romântico-simbolista. Se há, portanto, época que se recusa a uma periodização precisa e a mostrar nitidez de fronteiras entre os movimentos, é o século XIX. Estes misturam-se, as figuras literárias nem sempre apresentam uma fisionomia nítida quanto a colorido estético, o mais das vezes vestem roupagens diferentes no curso de sua evolução literária, quando não usam, no mesmo instante, os caracteres de escolas diversas ou opostas. Esse fenômeno que é geral, no Brasil torna-se mais corriqueiro, dadas as circunstâncias naturais de sua vida na época, e em virtude do atraso com que sempre repercutem entre nós os movimentos espirituais, e ainda porque as transformações aqui não se realizam organicamente, de dentro para fora, como resultado da própria evolução da consciência nacional, mas como reflexo de ideias-forças de origem estrangeira.

De fato, o século XIX é uma grande encruzilhada de correntes literárias. O Romantismo não terminou e já se fazem notar os traços do Realismo; e mesmo certas de suas vivências, reforçadas, constituíram características realistas e naturalistas. Por outro lado, o Simbolismo o prolongará no esforço por levar a literatura cada vez mais dentro da intimidade humana, nesse longo processo de interiorização que caracteriza a evolução literária ao se aproximar de nossos dias. A velha oscilação pendular entre Classicismo e Romantismo, entre objetividade e subjetividade, mais do que nunca, e talvez jamais com tanta frequência, teve lugar nessa época. Realismo-Naturalismo-Parnasianismo, componentes de uma mesma família de espírito, reagiram contra o Romantismo, sem embargo de receberem dele muitos de seus elementos. Por sua vez, outro filho do Romantismo, o Simbolismo, em nome do indivíduo contra a sociedade, opôs-se àquele grupo. A oscilação e o entrecruzamento dessas correntes fizeram-se perceber no Brasil de modo marcante na obra de muitos escritores que iniciaram sua formação ou mesmo sua carreira literária no Romantismo e que vieram a transformar-se em representantes do Realismo ou Naturalismo, muitos sem perder a marca original. Não só na prosa, senão também na poesia essa mistura se observa: muitos parnasianos mostram-se fiéis a formas românticas ou avançam pelo Simbolismo.

O grupo de correntes aqui estudadas ocupa uma época cultural da maior relevância no Brasil, a segunda metade do século XIX. Por circunstâncias históricas, nacionais e internacionais, coincidindo com o advento da civilização burguesa, democrática, industrial e mecânica, e com a nova penetração da ciência no mundo das ideias e da prática por meio da biologia, os valores que a representam produziram um impacto tão grande no espírito ocidental que o dominaram quase por completo, mormente no Brasil, onde recalcaram de todo para um plano secundário a tendência oposta, a ponto de quase não se notar a presença contemporânea do Simbolismo, cuja importância só muito mais tarde foi notada e registrada.

O sistema de ideias e normas que caracterizou aquela época exerceu tal influência no Brasil dos fins do século XIX e começos do XX que a sua marca até hoje ainda se faz notar em muitos espíritos. Daí a importância da época e a necessidade de uma redefinição geral, indispensável à devida compreensão de sua expressão literária.

De modo geral, 1870 marca no mundo uma revolução nas ideias e na vida, que levou os homens para o interesse e a devoção pelas coisas materiais. Uma geração apossou-se da direção do mundo, possuída daquela fé especial nas coisas materiais. É a "geração do materialismo", como a denominou, em um livro esplêndido, o historiador americano Carlton Hayes. A revolução ocorreu primeiro no espírito e no pensamento dos homens e daí passou à sua vida, ao seu mundo e aos seus valores. Intelectualmente, a elite apaixonou-se do darwinismo e da ideia da evolução, herança do Romantismo e, de filosofia, o darwinismo tornou-se quase uma religião; o liberalismo cresceu e deu os seus frutos, nos planos político e econômico; o mundo e o pensamento mecanizaram-se, a religião tradicional recebeu um feroz assalto do livre-pensamento. Essa era do materialismo (1870-1900) foi uma continuação do iluminismo e do enciclopedismo do século XVIII e da Revolução, acreditou no "progresso" indefinido e ascensional e no desenvolvimento constante da civilização mecânica e industrial. Acreditou no impulso humanitário, conciliando a educação da massa e o socialismo com o culto do poder político e da glória militar e nacional. As massas emergiram ao plano histórico, de posse dos progressos materiais e políticos. A ciência, o espírito de observação e de rigor forneciam os padrões do pensamento e do estilo de vida, porquanto se julgava que todos os fenômenos eram explicáveis em termos de matéria e energia, e eram governados por leis matemáticas e mecânicas. O vasto processo de "mecanização do trabalho e do pensamento" (Hayes) refletiu-se tanto na vida material como nas diversas ciências físicas, naturais, biológicas, sociais. A biologia, com a teoria determinista, e sua promessa de melhoria de saúde e raça, conquistou uma voga dominadora. Problemas de hereditariedade, de embriologia, de estrutura celular, de bacteriologia, seduziram os espíritos. O darwinismo, a evolução e a doutrina da seleção natural imprimiram direção às pesquisas não somente da biologia, mas também da psicologia e das ciências sociais. Outro dado importante foi a ascensão da psicologia científica com seus métodos de laboratório, mais um elo da cadeia de união da biologia com a física, para mostrar a base física do pensamento, da conduta e da afinidade do homem com os animais (Hayes).

Foram enormes e profundas as repercussões desse clima espiritual nas ciências sociais. Para a geração que entrava na maioridade intelectual em 1870, o positivismo de Augusto Comte, que vinha dos anos de 30 a 40, oferecia singular atração, sintônico que era com o espírito da época. Repelindo qualquer explicação última, qualquer finalismo teológico ou metafísico, e concentrado sobre o fatalismo científico, exaltou a ciência social ou sociologia como a rainha das ciências, dando-lhe como método e princípios os mesmos que caracterizavam as ciências físicas. Os estudos sociológicos, dirigidos pelo positivismo, orientaram-se para a coleta de fatos, sintetizando-os e formulando leis e tendências para explicar a conduta e evolução da sociedade humana. Spencer viu a sociedade como um organismo em evolução, e a luta pela existência como um constante antagonismo entre as forças sociais. Os historiadores esposaram os pontos de vista da sociologia, e interpretaram a história como a resultante de movimentos sociais, de evolução de forças e instituições sociais, e procuraram salientar a influência do fenômeno econômico e buscar a origem das sociedades atuais nos troncos primitivos.

A partir do momento em que se constituiu a ciência social, que Comte batizou de sociologia e Spencer emancipou, ela recebeu o impacto de outras ciências, por um fenômeno muito comum que é a aplicação dos métodos e princípios de uma a outra. As ciências sociais aliaram-se às ciências naturais, físicas e biológicas: economia, sociologia, estatística, biologia, psicologia, ciências naturais, geografia, antropologia e etnografia. Interrelacionaram-se no estudo dos fatos humanos e sociais, consoante os postulados do positivismo de Comte. E geraram o evolucionismo de Spencer, o ambientalismo de Taine, o materialismo psicológico de Wundt e Lombroso.[1]

Assim, o acontecimento mais importante da história da cultura no século XIX foi a convergência da biologia e da sociologia, que derramou por toda parte, na observação e interpretação da vida, a atitude evolucionista. A revolução biológica efetuada por Darwin, que destarte reforçou a tendência historicizante do espírito romântico, colocou a biologia num posto de direção do pensamento, mudando as concepções e os métodos científicos, no sentido naturalista: o homem foi integrado no ambiente natural com origem e história natural. Ao receber o impulso da biologia, graças a Comte e Spencer, as ciências sociais tomaram-lhe conceitos e analogias. As leis científicas passaram a ser deduzidas do princípio fundamental da evolução. Concebeu-se o mundo como um processo de crescimento e evolução. A ideia de evolução espalhou-se largamente como a maior e a mais sedutora das crenças românticas. É o novo ideal científico, a noção revolucionária do século, cuja presença é constante na sua vida intelectual e nas crenças dos homens. A sociedade foi encarada, sob o influxo da biologia, como um organismo composto de células em funcionamento harmônico e obedecendo às leis biológicas de crescimento e morte. Ao interesse pela história do passado, pela tradição, característico do romantismo, acrescentaram-se a atitude biológica e o método evolucionista, a ideia de mudança e desenvolvimento contínuo, de evolução e progresso. Do senso romântico da importância do tempo, do passado e das origens, transitou-se naturalmente para a noção de crescimento e desenvolvimento, de evolução e progresso. Em suma, pela metade do século, a biologia e a sociologia coligaram-se na ideia de evolução, em consequência do trabalho de Darwin, Comte e Spencer, e o darwinismo biológico e social sintonizado com teorias mecanicistas em física e química teve seu ponto alto em Haeckel, cuja popularidade foi enorme. Os princípios mecanicistas de explicação penetraram nas ciências do homem e da sociedade, reduzindo os processos de vida a fórmulas químicas.

Outro resultado dessa convergência da biologia e das ciências sociais foi o relevo dado a outra ideia essencial do darwinismo, a de que "as circunstâncias externas determinam rigidamente a natureza dos seres vivos, inclusive o homem, e de que nem a vontade nem a razão podem agir independentemente de seu condicionamento passado" (Hayes). É a noção da onipotência do ambiente, ou *milieu* de Comte e Taine. O homem é parte integrante da ordem natural, e seu corpo tanto quanto seu espírito se desenvolvem e atuam debaixo de seu condicionamento total e inevitável. O ambientalismo, contribuição da antropogeografia aos estudos sociais no século XIX, contaminou a mente dos historiadores da civilização e da cultura, em seguida aos trabalhos de Lamarck, Buffon, Cuvier e à obra de geógrafos como Ritter, Kohl, Peschel, Reclus, Ratzel. Foi por meio de Buckle e de Taine que a noção se popularizou e se tornou um lugar-comum da crítica histórica e da crítica de artes e letras. Nesse ponto, a influência de Taine, inclusive ou sobretudo no Brasil, é avassaladora.

Esse foi, pois, o *zeitgeist*, o espírito da época, a concepção geral da vida que a dominou e lhe deu fisionomia espiritual típica: culto da ciência e do progresso, evolucionismo, liberalismo, iluminismo, determinismo, positivismo, contra-espiritualismo, naturalismo. Esse é o complexo espiritual que caracterizou a "geração do materialismo".

A infusão dessa concepção na literatura fez-se pelo Naturalismo ou, por outras palavras, o Naturalismo foi o movimento que deu forma literária àquelas teorias. No romance, Zola transformou as suas personagens em títeres, sem livre-arbítrio, a que um ambiente e uma força hereditária inelutavelmente imprimiam caráter, ações, destino. Na crítica, Taine reduziu a interpretação das obras de arte à compreensão do meio, da raça, do momento em que se produziram.

Esse cientificismo comunicou feitio próprio ao Naturalismo. Todavia, Realismo, Parnasianismo e Naturalismo, como revoltas contra o subjetivismo romântico, participam do mesmo espírito de precisão e objetividade científica, de exatidão na descrição, de apelo à minúcia, de culto do fato, de rigor e economia de linguagem, de amor à forma, e só distingue o Realismo do Naturalismo o aparato cientificista deste último, sua união à biologia e ao determinismo da herança e do ambiente.

2. O conhecimento da estética e da poética realista-naturalista resultará da fixação de seus caracteres. Como definir os dois temperamentos ou estilos artísticos? Em primeiro lugar, vejamos a definição dos termos.

A palavra *realista* deriva de *real*, oriunda do adjetivo do baixo latim *realis*, *reale*, por sua vez derivado *deres*, coisa ou fato. Real+ismo (sufixo denotativo de partido, seita, crença, gênero, escola, profissão, vício, estado, condição; moléstia, porção) é palavra que indica a preferência pelos fatos e a tendência a encarar as coisas tais como na realidade são. Em literatura, Realismo opõe-se habitualmente a idealismo (e a Romantismo), em virtude da sua opção pela realidade tal como é e não como deve ser. Assim, em crítica literária, como refere M. C. Beardsley, no *Dictionary of World Literature*, de J. T. Shipley, o termo designa as obras literárias modeladas em estreita imitação da vida real e que retiram seus assuntos do mundo do real, encarado de maneira objetiva, fotográfica, documental, sem participação do subjetivismo do artista. A palavra entrou na literatura pela mão de Champfleury quando editou em 1857 um volume de ensaios que vinha publicando desde 1843, e nos quais expunha a doutrina realista. Pela mesma época, circulava uma revista de arte do crítico Duranty, chamada *Le Realisme*. Mas foi a publicação de *Madame Bovary* (1857) de Flaubert que assegurou o triunfo do Realismo em França, mais tarde confirmado, em pintura, pelo uso que fez Courbet do termo no prefácio ao catálogo de sua exposição (1885).

Já a literatura ocidental vinha, como mostrou Auerbach, evoluindo no sentido da incorporação gradativa da realidade. Em todo o caso, só no século XIX é que, em rebeldia contra o idealismo romântico, relacionado com a classe alta, o Realismo logrou impor a pintura verdadeira da vida dos humildes e obscuros, os homens e mulheres comuns que estão habitualmente em torno de nós, vivendo uma vida compósita, feita de muitos opostos, bem e mal, beleza e feiura, rudeza e requinte, sem receio do trivial e do monótono.

Embora opostos em muitos sentidos, como já se acentuou, o Realismo e o Romantismo propendem para o mesmo alvo, continuam-se em vez de se oporem. Rousseau tentara mostrar que a natureza era boa, e que o homem era naturalmente bom. Consequentemente, nenhum obstáculo deveria ser oposto ao livre exercício de suas virtudes elementares. Todas as peias e órgãos de restrição deveriam ser abolidos como males inumanos: sociedade, leis, religião, estado, instituições, razão, eis toda sorte de entraves à livre manifestação da bondade natural e dos impulsos naturalmente bons.

Caracteres do Realismo. É impossível uma definição completa do Realismo, que é antes um temperamento, uma tendência, um estado de espírito, do que um tipo ou gênero literário acabado. Ele existe sempre que o homem prefere deliberadamente encarar os fatos, deixar que a verdade dite a forma, e subordinar os sonhos ao real. Todavia, pode-se descrever as suas qualidades dominantes, as suas características principais, e o faremos de acordo com o trabalho de A. Hibbard, *Writers of the Western World* (Boston, 1942).

1) — O Realismo procura apresentar a verdade. Esse tratamento verdadeiro do material, essa verossimilhança no arranjo dos fatos selecionados, unificados, apontando numa direção, é essencial, e se traduz também no uso de emoção, que deve fugir ao sentimentalismo ou artificialidade. Essa qualidade ainda aparece no modo de apresentar as partes: o realismo não se submete a uma visão demasiado ordenada da vida, o que lhe parece artificial, pois a vida tem um ritmo irregular.

2) — O Realismo procura essa verdade por meio do retrato fiel de personagens. As personagens do Realismo são antes indivíduos concretos, conhecidos, do que tipos genéricos. Os incidentes do enredo decorrem do caráter das personagens, e os motivos humanos dominam a ação. São seres humanos completos, vivos, cujos motivos, razões de ação, emoções, o Realismo retrata e interpreta. Daí a relação com a psicologia, o Realismo tendo tido a sorte de coincidir com o desenvolvimento da ciência da alma humana. Por isso, realizou-se em duas direções: para o corpo e a vida exterior, e para o espírito e a vida interior.

3) — O Realismo encara a vida objetivamente. Não há intromissão do autor, que deixa as personagens e os circunstantes atuarem uns sobre os outros, na busca da solução. O autor não confunde seus sentimentos e pontos de vista com as emoções e motivos das personagens.

4) — O Realismo fornece uma interpretação da vida. Retratando objetivamente a vida, o Realismo, todavia, dá-lhe sentido, interpreta-a. A acumulação de fatos, pelo método da documentação, não é tudo na atitude realista: a seleção e a síntese operam buscando um sentido para o encadeamento dos fatos. Daí a preferência pela narração em vez da descrição.

5) — O Realismo retrata a vida contemporânea. Sua preocupação é com homens e mulheres, emoções e temperamentos, sucessos e fracassos da vida do momento. Esse senso do contemporâneo é essencial ao temperamento realista, do mesmo modo que o romântico se volta para o passado ou para o futuro. Ele encara o presente, nas minas, nos cortiços, nas cidades, nas fábricas, na política, nos negócios, nas relações conjugais, etc. Qualquer motivo de conflito do homem com seu ambiente ou circunstantes é assunto para o realista.

6) — O Realismo retira a maior soma de efeitos do uso de detalhes específicos. Até agora, vimos as qualidades realistas quanto aos assuntos e conteúdo. O Realismo tem também uma técnica e um método específico. Assim é que a precisão e a fidelidade na observação e na pintura são essenciais características realistas. Usam-se detalhes aparentemente insignificantes na pintura de personagens e ambientes. E esses detalhes devem ser reunidos e harmonizados, para dar a impressão da própria realidade. Recolhidos os fatos, há que dar-lhes

certo arranjo de acordo com um propósito artístico, a fim de criar uma unidade especial.

7) — A narrativa realista move-se lentamente. Pela própria natureza da técnica, que é minuciosa, e pelo maior interesse na caracterização do que na ação, o realista dá a impressão de lentidão, de vaivéns, de marcha quieta e gradativa pelos meandros dos conflitos, dos êxitos e fracassos.

8) — O Realismo apoia-se sobretudo nas impressões sensíveis, escolhe a linguagem mais próxima da realidade, da simplicidade, da naturalidade.

3. Quanto ao Naturalismo, é um Realismo a que se acrescentam certos elementos que o distinguem e tornam inconfundível sua fisionomia em relação a ele. Não é apenas um exagero ou uma simples forma reforçada do Realismo, pois que o termo inclui escritores que não se confundem com os realistas. É o Realismo fortalecido por uma teoria peculiar, de cunho científico, uma visão materialista do homem, da vida e da sociedade.

A palavra Naturalismo é formada de natural + ismo, e significa, em filosofia, a doutrina para a qual na realidade nada tem um significado supernatural, e, portanto, as leis científicas, e não as concepções teológicas da natureza, é que possuem explicações válidas; em literatura, é a teoria de que a arte deve conformar-se com a natureza, utilizando-se dos métodos científicos de observação e experimentação no tratamento dos fatos e das personagens.

O termo entrou na crítica literária por volta de 1850, na Fiança, mas somente nos arredores de 1880 é que assumiu posição definitiva, quando Émile Zola e seu grupo o adotaram, nas *Soirées de Médan*, daí, por sua influência, irradiando-se para o mundo. O desenvolvimento da ciência, com sua fórmula biológica da evolução e da ligação do homem à "natureza", as reformas políticas, as tendências realistas na literatura com Balzac, Stendhal, Flaubert, as teorias de Taine sobre o ambientalismo na interpretação das origens da arte, tudo conduzia a colocar o Naturalismo na ordem do dia, com a sua visão científica, social, do homem em relação com o meio e com a herança. Entusiasmado com a leitura da obra de Claude Bernard, *Introduction à l'étude de la médicine expérimentale* (1865), Zola elaborou uma aplicação das suas teorias à literatura e, no seu livro *Le roman expérimental* (1880), levantou um paralelo das ideias do mestre com a sua teoria do romance naturalista, asseverando que o método do cientista deveria tornar-se o do escritor. "O romance experimental (...) substitui o estudo do homem abstrato e metafísico pelo do homem natural, sujeito a leis físico-químicas e determinado pela influência do meio." Assim ficou estabelecido, como teoria dominante da literatura naturalista, o determinismo, para o qual "as deliberações morais são determinadas ou são o resultado direto das condições psicológicas e outras" de natureza física. O homem nada é senão uma máquina guiada pela ação de leis físicas e químicas, pela hereditariedade e pelo meio físico e social.

Como os realistas, porém, os naturalistas procuraram a verdade, desdenharam do sentimentalismo, preocuparam-se com a época contemporânea e construíram seus livros sobre o fundamento dos fatos precisamente observados e fielmente recolhidos, ao mesmo tempo que os seus enredos e narrativas se moviam com lentidão. Aumentaram o interesse pela sociedade e sobretudo pelas suas camadas mais baixas, e puseram mais ênfase na liberdade de expressão.

O crítico M. C. Bearsdley registra três sentidos para o termo: 1) é referente a obras que exibem acentuado interesse e amor pela natureza e beleza natural; 2) é relativo a obras que se pautam por uma estreita fidelidade à natureza, e neste sentido é equivalente de Realismo; 3) refere-se (e este é o sentido mais geral) a obras que, de modo implícito ou explícito, exprimem um conceito naturalista da vida, em oposição ao conceito humanista e religioso, e, em consequência, acentuam o aspecto fisiológico do homem, seu parentesco com os animais, a transitoriedade e a futilidade, bem como a origem irracional e egoística de seus ideais, e o retratam de maneira irônica, lúgubre e nos seus aspectos sórdidos e vis.

Há, pois, diferenças fundamentais entre os dois, como mostra ainda Hibbard: 1) A visão da vida no Naturalismo é mais determinista, mais mecanicista: o homem é um animal, presa de forças fatais e superiores sem efeito e impulsionado pela fisiologia em igualdade de proporções que pelo espírito ou pela razão; 2) O naturalista observa o homem por meio do método científico, impessoal e objetivamente, como um "caso" a ser analisado; 3) O naturalista denota inclinação reformadora: a sua preocupação com os aspectos da inferioridade visam à melhoria das condições sociais que a geraram; 4) O naturalista, com sua preocupação científica, declara-se de interesses amplos e universais, nada é desprovido de importância e significado como assunto, nada que esteja na natureza é indigno da literatura. Essa universalidade e fidelidade ao fato, a todos os fatos, conduz o Naturalismo a certo amoralismo, certa indiferença. Não importa a opinião sobre os atos, mas os atos em si mesmos.

Em conclusão, o Realismo é a tendência literária que procura representar, acima de tudo, a verdade, isto é, a vida tal como é, utilizando-se, para isso, da técnica da documentação e da observação contrariamente à invenção romântica. Interessado na análise de caracteres, encara o homem e o mundo objetivamente, para interpretar a vida. Utilizando-se das impressões sensíveis, procura retratar a realidade graças ao uso de detalhes específicos, o que faz que a narrativa seja longa e lenta e dê a impressão nítida de fidelidade aos fatos. A estética realista procura atingir a beleza sob os disfarces do comum e do familiar, no ambiente local e na cena contemporânea.

Do ponto de vista da estrutura, a ficção realista se distingue pelo predomínio da personagem sobre o enredo, da caracterização sobre a ação, do retrato de indivíduos e da crônica de suas vidas sobre os incidentes, estes aliás decorrentes das próprias motivações humanas.

O Realismo empresta particular atenção aos aspectos técnicos, estruturais e formais, de narrativa e composição. No particular da forma, o realista reitera o ideal clássico da pureza, da medida e da contenção, chegando mesmo à exaltação da beleza da expressão, como *écriture artiste*, em Flaubert e alguns representantes da segunda geração realista francesa, a contraparte do ideal parnasiano da arte pela arte.

O Naturalismo acentua as qualidades do Realismo, acrescentando uma concepção da vida que a vê como o intercurso de forças mecânicas sobre os indivíduos, resultando os atos, o caráter e o destino destes da atuação da hereditariedade e do ambiente. O espírito de objetividade e imparcialidade científicas faz com que o naturalista introduza na literatura todos os assuntos e atividades do homem, inclusive os aspectos bestiais e repulsivos da vida, dando preferência às camadas mais baixas da sociedade. Pelo método documental, pelo uso da linguagem simples, direta, natural, coloquial, mesmo vulgar, e dos dialetos das ciências e profissões, o Naturalismo procura representar toda a natureza, a vida que está próxima da natureza, o homem natural.

4. Quanto ao Parnasianismo, foi o movimento correspondente em poesia ao Realismo-Naturalismo.

Surgiu na França para designar os poetas que se reuniram na publicação das antologias de poesia chamadas *Le Parnasse Contemporain*, lançadas em três fases, em 1866, em 1871 e em 1876. Os poetas mais famosos da escola foram: Gautier, Baudelaire, Leconte de Lisle e Banville. O nome de Parnasse (em português Parnaso, Parnasiano, Parnasianismo) vem de Parnassus, monte da Fócida, na Grécia, onde, segundo a lenda, residiam os poetas. Por extensão é uma espécie de morada simbólica dos poetas, e designa também o conjunto de poetas de uma nação. Inspirado na estética da "arte pela arte" de Gautier, reflete o Parnasianismo o mesmo movimento pendular que fez seguir uma corrente objetivista e classicizante ao subjetivismo romântico. Também ele se subordinou ao ideal científico da objetividade e mesmo ao positivismo filosófico. Patrocina a pintura de incidentes históricos e fenômenos naturais, em versos impassíveis e perfeitos, com forma rigorosa e clássica, com motivos também clássicos. A poesia é descritiva, com exatidão e economia de imagens e metáforas. Esse realismo classicizante em poesia teve grande fortuna, especialmente no Brasil, certamente pela facilidade que os fazedores de verso encontraram na sua poética, mais de técnica do que de inspiração, mais formal do que essencial. O Parnasianismo no Brasil penetrou muito além dos seus limites cronológicos, paralelamente ao Simbolismo e mesmo ao Modernismo, sobretudo constituindo uma subescola de poesia, muito generalizada nas províncias das letras.

5. Deve-se à influência francesa a penetração das ideias "modernas" do século XIX no Brasil. Foi larga e profunda a influência francesa. Os ideais do

século, os princípios libertinos e sediciosos, a "mania francesa", sacudidos pela Revolução, pelo Iluminismo, pelo movimento crítico da Enciclopédia, traduzidos em doutrinas de libertação filosófica, de racionalismo, de materialismo, de emancipação política e social, no sentido nacionalista, abolicionista e republicano, desde cedo no século varriam o país de norte a sul. Os canais de circulação das ideias naquela época funcionavam eficazmente por toda parte, entre eles a maçonaria, instrumento poderoso e tenaz de propagação e agitação de doutrinas. Era ela que concorria para favorecer a circulação clandestina de livros proibidos, "sediciosos", que, a despeito da vigilância dos órgãos de censura, tinham curso pelo Brasil inteiro, constituindo até ricas e famosas bibliotecas, como a do Padre Agostinho Gomes, na Bahia, e a do Cônego Luís Vieira da Silva, em Mariana, como mostrou Eduardo Frieiro, em *O diabo na livraria do Cônego*, a respeito do segundo.

De modo que, no que respeita às ideias, foi a influência francesa que marcou a vida do país, aqui e ali pontilhada de certos matizes ingleses, em consonância, aliás, com a tonalidade geral francesa.

Três grandes questões de caráter político-social-religioso agitaram o país na segunda metade do século: a questão servil, a questão religiosa e a questão militar. Em todas sente-se a influência daquelas ideias, que constituíam o espírito do tempo, daquela agitação intelectual que apaixonava os homens de pensamento. Testemunham a marcha das ideias de laicização, de materialismo, de racionalismo, de anticlericalismo, de naturalismo, que constituiriam o património intelectual da "geração do materialismo" e da época que se abriu pelos idos de 70.

No plano propriamente intelectual — aliás não se pode separar este dos outros, o político, o religioso, o social, que todos se entrelaçavam — a agitação tomava forma em todas as províncias. No início da década de 70, o Brasil inteiro se sentia arrastado pela onda das ideias que sacudiam a época. Diversos focos de fixação tinham, porém, papel de maior relevo: as academias. É bem de avaliar-se a ação social e intelectual que desempenharam no Império provinciano as escolas jurídicas instituídas em 1827 em São Paulo e Olinda (esta última transferida para Recife em 1854), papel idêntico ao que exercia a Faculdade de Medicina da Bahia, fundada em 1808 e transformada em 1815. Aqueles centros de cultura, num terreno sem vida intelectual, subordinado aos centros da Metrópole, "se não foram suficientes para operarem transformações profundas na mentalidade colonial",[2] exerceram o papel de polos de atração e de ebulição intelectual, por intermédio dos quais a mocidade inteligente e inquieta do país se punha em contato com os grandes centros europeus de produção cultural, plasmando ao mesmo tempo a consciência de nossa unidade e de nossa autonomia intelectuais.

Expressões dessa ebulição foram a "Academia Francesa" do Ceará e a "Escola do Recife". A primeira viveu de 1872 a 1875, fundada por jovens intelectuais da província nortista, Rocha Lima, Capistrano de Abreu, Tomás Pompeu, Araripe Júnior, Xilderico de Faria, Lopes Filho, etc. O Ceará é fértil em academias, associações, grêmios, de grande função na sua vida intelectual. A "Academia" fora o desdobramento de outra associação, de 1870, a "Fênix Estudantil", e a ela seguir-se-ão outras, o "Gabinete de Leitura" (1875), com o mesmo grupo acrescido de Paula Nei, Domingos Olímpio, Rodolfo Teófilo, Guilherme Studart, Clóvis Beviláqua, e, mais tarde ainda, a "Padaria Espiritual" (1892). Estes os pontos altos do movimento de fermentação intelectual do Ceará, movimento de cunho filosófico e literário.[3]

A "Escola do Recife", como a designou Sílvio Romero, desenvolveu-se na capital nordestina em torno da Faculdade de Direito, tendo como principais propugnadores Tobias Barreto e Sílvio Romero, e atuando por toda a segunda metade do século, como um vigoroso centro de agitação intelectual, nas três fases da divisão consagrada de Sílvio: a literária e poética da década de 60, a crítico-filosófica de 1870-1877-1878, e a jurídica de 1878 em diante.[4]

Outros focos intelectuais eram constituídos por São Paulo, Rio de Janeiro, Bahia.[5]

Em todos predominava a atmosfera de pensamento "moderno", a mesma que agitava toda a América Espanhola, e Portugal, onde suscitou o movimento de reação de Antero de Quental, Eça de Queirós, Ramalho Ortigão, Teófilo Braga, em 1865, a famosa polêmica coimbrã do Bom Senso e Bom Gosto.[6]

Como sublinha José Veríssimo, a época assiste a um florescimento invulgar dos estudos e da preocupação com a educação. De modo que tudo favoreceu aquela vasta revisão de valores e postulados que iria colocar na primeira plana o pensamento "moderno": as doutrinas positivistas, ortodoxa e heterodoxa de Littré, o biologismo de Darwin, o evolucionismo de Spencer, o determinismo de Taine, a concepção histórica de Buckle, o monismo de Kant, Schopenhauer e Haeckel.

Há que pôr em relevo neste ponto uma influência das mais profundas e vastas que atuaram na mentalidade literária brasileira do tempo: a do escritor português José Maria Eça de Queirós (1845-1900). A batalha do Realismo contra o Romantismo travava-se em Portugal desde 1865, com a Questão Coimbrã, continuada em 1871 com as conferências do Cassino Lisbonense. Num Brasil dominado pelo sentimentalismo, pelo estilo ora alambicado, ora campanudo do Romantismo, e com uma vida literária ainda sem os necessários travamentos, foi enorme a repercussão que teve e um dos fatores da transformação, por aquele tempo, aqui operada. Em 1875, publicava Eça de Queirós *O crime do Padre Amaro*, e pouco depois *O primo Basílio* (1878). Era a realização da estética realista-naturalista na ficção, e através deles e da ligação constante que manteve com o Brasil pela imprensa e pelas relações com o mundo literário, a figura fascinante de Eça situou-se como um dos numes tutelares da vida intelectual brasileira. Sua influência na literatura se fez sentir em toda parte nas obras surgidas então, e muito tempo depois ainda se pôde verificar, na temática, na maneira, no estilo, na ironia.

Dentro dessa atmosfera, a literatura evoluiu no Brasil do Romantismo para o Realismo-Naturalismo. Por volta de 1880, a transformação estava efetuada e começaram então a aparecer os primeiros frutos. É de 1881 *O mulato* de Aluísio Azevedo. Daí avante, é na linha ora do Realismo, ora do Naturalismo, que se exprime a ficção, conto ou romance. Às vezes, em escritores como Machado de Assis, que nunca se deixou levar para os exagerados tons naturalistas, e que reagiu mesmo contra a fórmula de Eça no estudo crítico que lhe dedicou, encontraram, todavia, guarida muitos pontos de vista doutrinários e certas colocações estéticas do Naturalismo. De modo geral, porém, o Naturalismo, como escola, não durou mais que a década de 80. O que se encontra mais comumente na ficção da época são as suas impregnações aqui e ali.

Não fossem este ou aquele livro realizado de Aluísio Azevedo, Adolfo Caminha, Domingos. Olímpio, um ou outro conto, regional ou não, e páginas esparsas por toda parte, poderia asseverar-se que o Naturalismo foi um movimento gorado no Brasil. Ao contrário, tendo-se ensaiado antes dele por intermédio do costumbrismo e do picaresco de matriz espanhola, que aqui se aclimaram através dos romances de folhetim, e que se refletiram tão evidentemente na obra de Martins Pena e Manuel Antônio de Almeida, de Lima Barreto e Cardoso de Oliveira, e na do próprio Machado de Assis, influência essa em nossa ficção que ainda está por ser devidamente pesquisada; tendo aparecido sob a forma de transição, entremeado nos romances de Taunay ou de Franklin Távora, ou mesmo, sob color de um Realismo pequeno ou miúdo, na linguagem coloquial e na observação da vida corriqueira e dos costumes de Macedo,[7] o Realismo, mitigado, mais equilibrado, sem compromissos exagerados com a ciência e a biologia determinista, produziu desde o começo da década de 80 — as *Memórias póstumas de Brás Cubas* são de 1881 — as mais elevadas e independentes expressões da nossa ficção, prolongando-se muito além da fase estritamente naturalista, e imprimindo um vigor novo à literatura no Brasil.

Fenômeno idêntico ocorreu na França, onde o Naturalismo dos Zola e Goncourt não sufocou a linhagem mais antiga dos realistas Balzac, Stendhal e Flaubert, que foi, afinal, a que prevaleceu como a mais plena manifestação da ficção francesa. Na Inglaterra, não encontrou clima o Naturalismo estrito, tendo predominado o Realismo, mais consentâneo com o espírito inglês e a mentalidade vitoriana. Ora a forma realista, ora a naturalista, tiveram curso na Rússia, na Alemanha, na Itália, na Espanha, em Portugal e nos Estados Unidos.

No nosso século, fora e também dentro do Brasil, o Realismo constitui a principal tendência da literatura, e o uso das técnicas realistas é uma convenção generalizada, seja nas feições mais puras e moderadas, seja em formas combinadas com os elementos técnicos e temáticos do Simbolismo, do Impressionismo, do Expressionismo, seja sob as manifestações do Neonaturalismo ou Neorrealismo populista, socialista e existencialista.

6. Na segunda metade do século XIX, os elementos sociais, econômicos e políticos que constituíam o arcabouço da civilização brasileira, a própria estrutura da sociedade, sofriam franca e radical transformação. De uma sociedade agrária, latifundiária, escravocrata, aristocrática, passava-se para uma civilização burguesa e urbana, fase preparatória da industrialização, mas já formadora de um marginalismo populacional, senão de um pequeno proletariado urbano. Paralela a essa revolução econômico-social, processava-se, como mostraram os trabalhos de Gilberto Freire, idêntica transformação no campo da psicologia e antropologia sociais: a conquista de cartas de branquidade pela população mestiça e a sua ascensão à participação ativa e larga na vida social, política e intelectual.

Época intensamente política, a oratória, política, parlamentar e sagrada, era então a forma de atividade intelectual de mais destaque e popularidade. Quanto, porém, à mentalidade literária propriamente, enquanto a poesia foi o gênero predileto dos românticos, a prosa de ficção constituiu o meio de realização literária por excelência, o que obriga a fazer convergir para o romance e o conto a investigação acerca do conteúdo e métodos do espírito realista.

Em conformidade com a estética geral do Realismo, os ficcionistas realistas brasileiros dão maior interesse à pintura de personagens, à caracterização e à descrição de sua vida, do que à organização da trama. Dentro desse princípio geral, no entanto, seguem diversas modalidades de padrões. O padrão biográfico, em que uma personagem, masculina ou feminina, avulta sobre as demais e sobre o quadro de vida que a envolve, tudo servindo para dar relevo aos traços essenciais do protagonista ou para mostrá-lo em situações trágicas ou cômicas; os padrões de história familiar e de grupo social privado (residências coletivas, pequenos aglomerados, grupos de parentesco e amizade); o padrão regional, reunindo os indivíduos das ocupações ou castas sociais de uma região; o padrão ambiental, acentuando as relações entre um quadro geográfico e a população que o habita; o padrão psicológico, que analisa os elementos combinados para produzir e resolver uma situação subjetiva.

Pode-se afirmar que duas direções marcaram a evolução do Realismo no Brasil: a corrente social, atraída pelos problemas sociais, pelos temas urbanos, contemporâneos, pelos materiais comuns da vida cotidiana, e segundo a qual o Realismo às vezes descamba para o Naturalismo, quando assume posição filosófica e se submete à luz de uma "teoria"; e o movimento regionalista, que põe em relevo a cor local, o papel da Terra, que é a verdadeira personagem dessa literatura. Também no regionalismo, o Realismo com frequência se encontra com o Naturalismo. Em contato com as durezas e a melancolia da vida rural brasileira, surgiram o pessimismo, o desencanto, a desesperança, que levaram facilmente à aceitação do determinismo geográfico e da inutilidade de uma luta inglória contra forças inelutáveis e irredutíveis, portanto conduzindo à negação do livre-arbítrio. Criou-se a convicção de um laço determinista entre a terra e a conduta humana, entre ela e o próprio destino humano, que foi uma formulação brasileira da abordagem realista-naturalista ao problema das relações entre o homem e o ambiente. A literatura regional brasileira é uma verdadeira saga da terra e da sua vitória sobre o homem.

O Realismo brasileiro teve ainda outro papel no que diz respeito ao processo de nacionalização da língua. A evolução que vinha de longe, e que o Romantismo acentuara, o Realismo consolidou. Incorporando à literatura áreas de expressividade regionais, profissionais, populares, e a não ser em Machado de Assis que criou um estilo, e ao contrário dos mestres franceses da escrita artística, mais inclinado a reproduzir a experiência real na sua frescura imediata, sem fetichismo classicizante e mesmo com relativa indiferença formal, o Realismo concorreu para o desenvolvimento de um estilo em fala nativa. Dando incremento ao processo de independência da expressão, prosseguiu, pela mão de seus epígonos, a nacionalização da literatura. Coincidindo com o início do trabalho de valorização, análise e interpretação da realidade brasileira, graças aos estudos antropológicos, etnográficos, folclóricos, sociológicos, históricos e linguísticos, o Realismo olhou para o mundo brasileiro, ensinou o escritor brasileiro a tratar esteticamente do material autóctone, não mais com o sentimentalismo romântico, e com ele a literatura finca pé definitivamente no solo pátrio, conquista que o Modernismo (1922) veio ratificar de vez.

7. Ao termo deste capítulo de história das ideias e de história da literatura, é-nos lícito olhar para trás. Se a configuração do período não nos aparece com precisos contornos e se ele não se nos mostra fechado, como um compartimento estanque, todavia, conhecidas as suas diversas coordenadas, impõe-se a constatação da unidade do estilo que o domina: um estilo uniforme, marcado por um sistema de pensamento, que dirige, aliás, todas as manifestações da cultura, por um corpo específico de valores e de ideias, por uma forma própria de arte. Sobretudo foi a fase em que um temperamento literário — o Realismo — encontrou em estado de plenitude um gênero literário flexível e plástico — o romance, e se lhe adaptou como o que melhor correspondia aos seus propósitos estéticos.

*

Não havendo rigorosa cronologia que respeitar, pois obras naturalistas ou realistas surgiram concomitantemente, o estudo da matéria incluirá o grupo dos romancistas naturalistas típicos: Aluísio Azevedo, Inglês de Sousa, Júlio Ribeiro e Adolfo Caminha. Em posição singular estão Machado de Assis e Raul Pompeia, os quais, não obstante revelarem aqui e ali impregnações naturalistas, são realistas independentes no caso de Pompeia posta em realce essa independência pelos entretons impressionistas que marcam peculiarmente a sua obra. Vêm, em seguida, Lima Barreto e Coelho Neto, que participam do espírito naturalista.

Pode-se mesmo afirmar que raros foram os escritores do final do século XIX e começos do XX que não se deixaram contaminar das ideias diretoras do Naturalismo. Mesmo a obra de Machado de Assis dele está impregnada, pois, cioso de sua independência e reagindo contra os seus exageros, não ficou imune à sua influência e soube tirar dele o que podia servir ao seu molho, para empregar a sua própria expressão.

O Realismo-Naturalismo no Brasil encontrou excelente campo de realização na matéria regional. No contato com a técnica e a argúcia do espírito realista-naturalista, logrou algumas criações que ocupam lugar definitivo em nossa história literária. Daí a necessidade de se estudarem com minúcias as diversas variedades regionais da ficção e as contribuições que deu a seiva local ao conjunto de nossa literatura. Desde os primeiros livros, por exemplo, do regionalismo nordestino, a influência da estética realista e naturalista é patente. Assim o é em *Os retirantes*, de José do Patrocínio, nos livros de Rodolfo Teófilo e no *Luzia-Homem*, de Domingos Olímpio, este considerado o último dos romances naturalistas típicos, dentro do regionalismo.

Entre os gêneros literários, o conto é um instrumento de maior utilidade nas mãos dos nossos escritores realistas e naturalistas, muitos tendo-se ensaiado nessa forma, ou mesmo havendo-se nela realizado, elevando-a às mais puras e perfeitas criações, seja na linha psicológica, seja na da análise de costumes. Posto que historicamente se tenha libertado, o gênero muito deve aos princípios do Realismo, ainda em nossos dias, quando tenta incorporar ou absorver outras técnicas e experiências, impressionistas ou expressionistas.

Por outro lado, o teatro brasileiro, originário da colonização, mais ou menos estacionário durante a fase colonial, ressurge no dealbar da época realista-naturalista, atravessando-a, a despeito de não receber do complexo doutrinário e estético que a caracteriza um influxo marcante, nela se integra por vários pontos de articulação.

Por último, a forma poética do Realismo-Naturalismo, denominada aqui Parnasianismo, pelo modelo francês, é por demais importante entre nós, pela massa de cultores e pelo alto valor de alguns deles, para não merecer um cuidado especial. Haverá ainda que incluir o estudo das figuras de Rui Barbosa, Euclides da Cunha e Joaquim Nabuco bem representativos do espírito realista e parnasiano.

No que respeita à crítica, é grande a importância da era positivista e materialista no Brasil. Sílvio Romero, José Veríssimo, Araripe Júnior, Capistrano de Abreu, e outros críticos menores, como Valentim Magalhães, Artur Orlando, Rocha Lima, constroem toda uma crítica, bem representativa da época e que teve influência duradoura na literatura. Merece, pois, atenção especial o estudo da crítica e ideias literárias que ilustraram e informaram o período.

NOTAS

1. Cf. Ogden e Goldenweiser. *The social sciences and their interrelations*. Boston, 1927; Barnes (ed.). The history and prospects of social sciences. New York, 1925.
2. Cf. F. de Azevedo. *A cultura brasileira*, p. 212.
3. Cf. Barreira. *História da literatura cearense*. Fortaleza, 1948.
4. Cf. S. Romero, *História da literatura brasileira*. 5. ed. Rio de Janeiro, 1954, 5 v.; H. Lima. *Tobias Barreto*, São Paulo, 1939; C. Beviláqua, *História da Faculdade de Direito de Recife*. Rio de Janeiro, 1927, 2 v.; J. Veríssimo. História da literatura brasileira. Rio de Janeiro, 1916.
5. Cf. J. Veríssimo. *História da literatura brasileira*. Rio de Janeiro, 1916; S. Vampré. *Memórias para a história da Academia de São Paulo*. São Paulo, 1924, v; G. Muniz. *A Medicina na Bahia*, Salvador, 1922 e *Memória histórica da Faculdade de Medicina da Bahia*, Bahia, 1940.
6. Cf. J. Veríssimo, op. cit., p. 343; F. de Figueiredo. *História da literatura realista*. Lisboa, 1914; Forjaz de Sampaio, A. M. P. *História da literatura portuguesa ilustrada*. Porto, v. 4, p. 185.
7. Cf. J. M. Macedo. *A moreninha*, Prefácio de Antonio Candido. São Paulo: Liv. Martins, 1952 (Biblioteca de Literatura Brasileira n. 7).

32. *Afrânio Coutinho*
A CRÍTICA NATURALISTA E POSITIVISTA*

Ideário crítico da era materialista. Fundo filosófico: Comte, Taine, Spencer, etc. Positivismo, evolucionismo, monismo, mecanicismo, determinismo, ambientismo, cientificismo. A geração de 70 e a renovação brasileira. A Escola do Recife. Rocha Lima, Capistrano de Abreu, Araripe Júnior, Sílvio Romero, José Veríssimo. Outros críticos: Franklin Távora, Valentim Magalhães, etc. A herança romeriana. A História Literária: Ronald de Carvalho, Artur Mota, etc. João Ribeiro. Impressionismo crítico.

IDEÁRIO CRÍTICO

O lençol comum de ideias da época materialista, aberta no Brasil na década de 70, frutificou em um corpo de doutrinas de explicação e crítica do fenômeno artístico e literário.

A palavra de ordem que invadiu a vida intelectual foi a *ciência*. Esgotado o Romantismo, a crítica romântica tendo atingido uma crise insuperável, o culto da ciência toma posse dos espíritos, de um lado negando todo transcendente e, de outro, proclamando com Renan que "o futuro da ciência" é o próprio futuro do pensamento humano. Desta maneira, se conhecer é a função primordial do espírito, cabe-lhe conhecer por processos que só a ciência controla, porque se baseiam, antes de tudo, na investigação das causas dos fenômenos e suas leis de funcionamento.

---

* Para a crítica no Brasil, ver: Academia Brasileira de Letras. *Curso de Crítica*. Rio de Janeiro, 1956; *Introdução ao Estudo da Literatura Brasileira*. Org. Brito Broca e J. Galante de Sousa. Rio de Janeiro: Instituto Nacional do Livro, 1963; Lima, Alceu Amoroso. "A crítica Literária no Brasil". *Decimália*, Rio de Janeiro, Biblioteca Nacional, 1958; Marques, Xavier. *Ensaios*, v. I. Rio de Janeiro, Publ. Academia Brasileira, 1944; Martins, Wilson. *A crítica literária no Brasil*. São Paulo: Dep. Cultural, 1952: 2. ed. 1984. 2v.; Coutinho, Afrânio. *Crítica e poética*. Rio de Janeiro: Liv. Acadêmica, 1968; *Caminhos do pensamento crítico*. Rio de Janeiro: Pallas, 1980. 2v.

Para a crítica literária, esta ciência que impera será doravante a sociologia. E por meio dela a história das civilizações, a filologia, as ciências religiosas, a biologia, preparando o terreno para a economia, a psicologia.

Acredita-se geralmente que, mediante o espírito positivo da ciência, a crítica adquire um instrumental de análise e valorização até então desconhecido.

O conceito clássico de beleza absoluta e universal foi posto em xeque como fundamento do juízo crítico. As obras valem pelo que exprimem da sociedade que as produziu, da moral e da religião, da vida social e econômica, da raça e do meio geográfico. Devem ser estudadas e interpretadas *relativamente* a sua época.

Hipólito Taine (1828-1893) foi o mais importante bastião na ruptura de águas. Em 1857, publicou um livro sobre *Les philosophes classiques*, no qual se lança contra o ecletismo filosófico então dominante na França. Sua influência crescerá enormemente, irradiando-se pelo Ocidente. Para ele, todos os produtos do espírito e todos os fatos históricos obedecem a uma lei comum: originam-se (daí a crítica *genética*) da ação mecânica de três fatores essenciais: duas constantes, a "raça" e o "meio"; e um princípio de evolução, o "momento". Essa trindade tainiana, já assinalada antes por Montesquieu e Madame de Staël, estabelecida por ele no prefácio à *Histoire de la littérature anglaise* (1864) e mais a ideia da "faculté maîtraisse" que explicaria o gênio individual dos escritores, serão o dogma crítico, a que se juntaram algumas variantes, acentuando os autores esse ou aquele membro da fórmula, de acordo com a ciência preferida, fosse a biologia, a sociologia, a geografia. Isso constituiu o *determinismo* geográfico, biológico ou sociológico, que caracterizou de modo geral a filosofia crítica das últimas décadas do século XIX, a que se acrescentaria o determinismo psicológico em que invadiria a crítica biográfica de Sainte-Beuve. Ao intuitivismo e subjetivismo românticos, e sob a égide do positivismo, os "cientistas" da crítica, Taine à frente, em França, com Hennequin, Bourget, Brunetière, e os outros oriundos de diferentes horizontes, pretenderam opor uma atitude científica, uma mentalidade objetiva e vigorosa, que não se conformava com a simples leitura da obra e a análise da biografia do autor, mas que procurasse explicar, antes de julgar, e sobretudo estabelecesse a ligação da obra com as condições ou fatores que lhe deram nascimento e sua essencial relatividade.

A obra foi assim vista como um produto contingente, histórico, psicológico, social. A explicação crítica teria que partir da análise dessa infraestrutura, à luz de método objetivo de elucidação científica, tal como ocorre com a análise físico-química e biológica dos fenômenos naturais. Às ciências do homem deveriam ser aplicados os métodos e técnicas das ciências naturais e experimentais.

Essa orientação da crítica é o que se pode chamar a "crítica sociológica", de cunho positivista, naturalista, materialista, determinista, e foi ela que dominou as últimas décadas do século XIX e primeiras do XX. Foram introduzidas na crítica, interligadas intimamente, algumas noções novas, o histórico, o científico, o realístico, o sociológico. Em lugar do idealismo, a metade do século dava lugar à dialética das forças materiais puras, regidas por leis genéticas e pela mística do progresso. Tudo girava em torno do organismo social. Reinava a influência do positivismo, como filosofia fundada sobre a experiência e os métodos da ciência. Augusto Comte (1798-1875) declarara que a humanidade havia deixado os estados teológico e metafísico para entrar no estado positivista, em que os conhecimentos positivos eram baseados na certeza racional e científica. A confiança na ciência é uma verdadeira fé, substituindo a religião e a metafísica. E a ciência é o sistema, o método, o rigor, a classificação, o determinismo, a causa, a lei.

Além do positivismo, ortodoxo de Comte e heterodoxo de Littré, outras doutrinas deram colorido especial à era materialista: o evolucionismo de Spencer; o monismo de Kant, Schopenhauer e Hartman, e, depois, de Haeckel e Noirée; a geografia de Peschel e Ratzel; a história de Buckle; a física e a química mecanicistas e materialistas; a biologia de Darwin, com as noções básicas de evolução, ambiente e meio, e seleção natural, acentuando a dependência dos seres vivos às circunstâncias externas; a psicologia de laboratório, unindo a física e a biologia para mostrar a base física do pensamento e da conduta humana e a afinidade do homem com os animais.

Essa mentalidade cientificista e materialista, difundida pelo positivismo, repeliu a explicação última das coisas e qualquer finalismo teológico ou metafísico, exaltando o estudo social pela sociologia, considerada a rainha das ciências, para a qual se criaram um método e princípios vindos das ciências físicas. O fatualismo científico ou simples coleta de fatos dominou as ciências. Importava acima de tudo não o valor do fato, mas a sua armazenagem em vastos repositórios que substituíram a interpretação. Em sociologia, em história relevava a simples descoberta de pequenos dados ou fatos. A conduta humana e a evolução da sociedade constituíram a maior preocupação. Spencer viu a sociedade como um organismo em evolução e a luta pela existência como um constante antagonismo entre as forças sociais. Os pontos de vista da sociologia foram introduzidos nos estudos de história e de literatura. A origem da sociedade atual e do homem foi buscada nos troncos primitivos através da antropologia, da etnologia, da arqueologia, do folclore, ou no fator econômico, através da economia.

Esse foi o ideário filosófico a que se deveu o cânon crítico da era materialista.

No Brasil, a geração que se iniciava na vida intelectual a partir de 1870 foi toda ela, nos diferentes centros intelectuais do país, impregnada desse espírito de época.

SITUAÇÃO HISTÓRICA

O quadro geral da época materialista foi traçado no capítulo 31 sobre o Realismo, o Naturalismo e o Parnasianismo. O espírito do tempo, agitado por poderosa geração intelectual, caracterizou-se, a partir de então, pelo predomínio das ideias de materialismo, naturalismo, racionalismo, cientificismo, laicização, anticlericalismo. Procedeu-se a uma vasta revisão de valores e postulados, que colocou em primeira plana o pensamento "moderno": as doutrinas positivistas, de Comte e Littré, o biologismo de Darwin, o evolucionismo de Spencer, o determinismo de Taine, a concepção historiográfica de Buckle, o monismo de Kant, Schopenhauer, Haeckel.

No início da década de 70, o Brasil encontrava-se em plena efervescência renovadora. O Romantismo estava esgotado. A mocidade vanguardista, influenciada pelas ideias francesas, concentrada nas academias recém-fundadas de Direito e Medicina, em Olinda, São Paulo, Bahia, ou em grupos e sociedades intelectuais, como ocorreu no Ceará, desfechou uma campanha cerrada contra tudo o que representava o acervo idealista e romântico da época anterior.

Dos mais destacados foram os grupos de Fortaleza e de Recife. A "Academia Francesa", entre 1872 e 1875, reuniu a fina flor da juventude intelectual cearense, como Rocha Lima, Capistrano de Abreu, Tomás Pompeu, Araripe Júnior, Xildérico de Faria, Lopes Filho, a que se acrescentaram depois, em outros agrupamentos, Paula Nei, Domingos Olímpio, Rodolfo Teófilo, Guilherme Studart, Clóvis Beviláqua. No Recife, floresceu a famosa "Escola do Recife", denominação que lhe deu um de seus líderes, Sílvio Romero. Para ele, a "Escola" teve três fases: a poética, na década de 60, a crítico-filosófica de 1870-1877-1878, e a jurídica, de 1878 em diante. Na Bahia, em torno da Faculdade de Medicina, desenvolveram-se os estudos e pesquisas no campo das ciências biológicas e médicas, segundo a orientação experimental e positiva. No Rio de Janeiro e São Paulo, iguais tendências orientavam os jovens para a disseminação dos postulados materialistas e positivistas e para a poesia realista e científica.

Em 1880, o Romantismo, ou a "escola subjetiva", estava morto. Começava-se uma nova era, dominada pelo espírito filosófico, científico, de cunho materialista, naturalista, determinista. Por sua vez, o Brasil entrara num momento de grandes transformações sociais e econômicas. Era a própria estrutura da sociedade brasileira que mudava, dando início à industrialização, por sobre a tradicional composição agrária, latifundiária, aristocrática.

Assim, a literatura evoluiu do Romantismo para o Realismo-Naturalismo. Por volta de 1880, a implantação da nova ordem estava clara. No romance, com as obras realistas ou naturalistas de Machado de Assis, Aluísio Azevedo, Inglês de Sousa, Adolfo Caminha, etc. Na poesia, as escolas realista, filosófica, científica, socialista, e, afinal, parnasiana substituíram o subjetivismo romântico.

Na crítica literária, igual modificação se opera. As doutrinas críticas e poéticas informadoras do período tornam-se cada vez mais atuantes.

Como expressão de um fenômeno geracional típico, a década de 70 iniciou-se, em vários centros intelectuais, com as mesmas tendências, mas independentemente. Exemplo foi o que ocorreu em Fortaleza e em Recife. Em ambas as cidades, provenientes da Europa, as correntes avançadas de pensamento determinaram modificações profundas, orientando os jovens no sentido contrário ao que predominava até então.

Como ficou demonstrado em outro ponto,[1] os movimentos de Fortaleza e Recife tiveram origem independente.

Em Fortaleza, em 1870 reuniu-se o grupo da Fênix Estudantil e depois, em 1872, o da Academia Francesa, com jovens de 15 a 20 anos, condiscípulos do Ateneu, na década de 60. Eram Rocha Lima, o mais entusiasta, Capistrano de Abreu, Tomás Pompeu, Lopes Filho, Xildérico de Faria, Araripe Júnior, Paula Nei, Domingos Olímpio, Rodolfo Teófilo, Guilherme Studart, Clóvis Beviláqua, etc.

Sílvio Romero esforçou-se tenazmente para supervalorizar o papel da, por ele batizada, "Escola do Recife", no centro da qual colocava a figura de Tobias Barreto. A seu ver, a "Escola" foi, no Brasil, o centro propulsor das "ideias modernas", que revolucionaram a cena intelectual do país, de norte a sul. Era evidente o seu intuito de dar ênfase à posição de Tobias, por ele oposto, primeiro a Castro Alves, e, depois, a todos os escritores brasileiros, personificados em Machado de Assis. Essa situação teve como consequência exagerar o papel da impropriamente chamada "Escola do Recife" na renovação intelectual do Brasil. Em verdade, o que ela fez também o fizeram paralelamente outros centros intelectuais do Norte e do Sul.

O caso de Fortaleza é exemplo. O desenvolvimento intelectual na cidade por volta de 1870 é idêntico ao do Recife, mas sem a influência desta, pois se processou de maneira paralela. Essa tese foi defendida e comprovada no trabalho sobre Euclides, Capistrano e Araripe, e em outro de Ivan Lins sobre Clóvis Beviláqua.[2]

Afirma Sílvio que a "Escola do Recife" teve a função de bomba propulsora da renovação intelectual brasileira, na dependência da qual estiveram os demais centros culturais.

Ora, a questão é fácil de ser esclarecida à luz da cronologia. Afirmou Sílvio que a "Escola do Recife" teve uma primeira fase, até 1870, de característica puramente poética na linha do hugoanismo, com Castro Alves e Tobias Barreto; a esta seguiu-se a fase crítico-filosófica, de 1870 a 1877-1878. E é ainda Sílvio quem informa que só de 1873 em diante, especialmente em 1875, com o seu concurso, durante o qual lançou a famosa tirada de que "a metafísica está morta", é que se foram firmando os postulados que constituíram a ideologia da "Escola". Até 1871, essa doutrina não existia. O próprio Sílvio, em exame retrospectivo, com o espírito reforçado, naturalmente, pelo desejo de encontrar os traços precursores em seus trabalhos, confessa que, de 1869-1870 em diante, o que ele chama "as novas doutrinas e intuições" se entremostram em um ou outro de seus artigos e que não tinham qualquer influência ou repercussão por aquele tempo. Não poderiam por isso haver impressionado, vagos e isolados que eram (se é que tinham de fato existência apreciável) a quem, como Rocha Lima, estava a par de tudo o que de mais novo se produzia na Europa. Rocha Lima e Capistrano estiveram no Recife, porém entre 1869 e 1871, portanto numa época em que tais doutrinas da "Escola" não tinham tomado corpo. E quando isso ocorreu, aconteceu em toda parte, por igual e ao mesmo tempo. Não é possível, em consequência, falar em mera repercussão do grupo de Recife sobre o movimento intelectual cearense, o qual já possuía consistência própria e, por suas características, mostra evidentes diferenças em relação ao recifense. Aquilo que têm doutrinariamente de comum resultou da evolução ou surgimento paralelo.

Quando Capistrano e Rocha Lima estiveram em Recife, bem como outros cearenses, já levaram consigo as qualidades e as tendências que desenvolveriam depois, não como reflexo da ideologia recifense, mas como resultado do movimento literário e filosófico de todo o século XIX, ao mesmo espírito que existia na Bahia, no Rio de Janeiro, em São Paulo, em toda a América espanhola e em Portugal. Herança da Enciclopédia e da Revolução, que encaminhará o pensamento para o contraespiritualismo. Portanto, o movimento de Fortaleza, ao iniciar-se a década de 1870, é do mesmo teor e sob a mesma inspiração e influências do que agitou os demais centros intelectuais do Brasil, Recife inclusive. Apenas Recife era uma caixa de ressonância maior devido à Faculdade de Direito, que agia como centro de agitação e debate intelectual. Contudo, há ainda outro aspecto para salientar o caráter autônomo do desenvolvimento cearense em relação ao do Recife. É a diferença de matizes entre um e outro. No Ceará, o movimento se corporificava em torno de sociedades e academias de debate, conferências e tertúlias, numa tradição que remonta aos "outeiros", de 1813, e de colorido fortemente local. Em 1870, foi fundada a Fênix Estudantil e, em 1872, a Academia Francesa, em torno das quais voejava o grupo composto por Rocha Lima, Capistrano, Tomás Pompeu e outros. Dominava um clima espiritual de anticlericalismo, racionalismo, laicismo, maçonaria, materialismo, libertação filosófica. A influência marcante no grupo era a francesa, inclusive no cognome da academia, o que constitui o primeiro indício da diferença para com a doutrina principal da Escola do Recife, de colorido predominantemente germânico. O germanismo de Tobias jamais contaminou o grupo cearense. A base comum das doutrinas recifenses eram o monismo de Haeckel e o evolucionismo de Spencer, além do positivismo ortodoxo e heterodoxo e da orientação cientificista nos estudos. Mas os cearenses colocaram ao lado de Comte e Taine os ingleses Spencer e Buckle, este último de grande papel em Capistrano, que, por outro lado, dava muita importância à sociologia repelida por Tobias e à geografia de Ratzel e outros alemães — o que escapou a Tobias.

De qualquer modo, o grupo cearense, pelo que representou na época e pelo desenvolvimento por que passaram alguns de seus membros, como Capistrano e Araripe Júnior, teve origem e evolução autônoma em relação à "Escola do

Recife". Foi o que ocorreu com Clóvis Beviláqua. Clóvis confessou-se devedor da "Escola do Recife". Mas ao chegar em Recife, já ia com o espírito dirigido para o conjunto doutrinário, cujo centro foi o positivismo, pois, ainda em Fortaleza, em 1873-1874, estudante do Liceu, "teve a sua atenção despertada pelo notável movimento lítero-filosófico" de sua cidade, então em plena efervescência, produzida por "aqueles moços patriotas e entusiastas da causa das letras", como ao grupo se referiu Heráclito Graça, então presidente da Província, em seu relatório de 1875. Referia-se ao movimento da Academia Francesa de 1872, da Escola Popular, expresso também no jornal maçônico *A Fraternidade*, fundado em 1873. Era o sopro do Iluminismo, em pregações pela soberania popular, liberdade religiosa, instrução pública, emancipação e educação da mulher.

Portanto, quando de 1873 em diante a "Escola do Recife" investe para a frente, no Ceará também já se afirmavam os pressupostos doutrinários que caracterizariam a escola e a época intelectual materialista até o final do século, em todo o país. No caso de Clóvis, se sua dívida é confessada à "Escola do Recife", o fato é compreensível se levarmos em conta que sua ligação à mesma foi na terceira fase, a jurídica, aspecto a que a contribuição da escola não foi desdenhável, no seu caso. Mas, quanto às tendências gerais, filosóficas, já as levou de Fortaleza.

Idêntica afirmação pode-se fazer em relação à Bahia. As pesquisas de Antônio Caldas Côni sobre a história da Medicina na Bahia[3] mostram-nos que o positivismo apareceu, possivelmente em primeiro lugar, na Bahia, ao redor de sua famosa e já importante Faculdade de Medicina, em teses de Medicina, a começar pela de Justiniano da Silva Gomes, de 1844, quando somente a partir de 1869 Recife mostra interesse pelas ideias de Comte e outros.

Da influência dessas ideias e da polêmica entre o positivismo e o espiritualismo então despertada é que surge a Escola Tropicalista Baiana, primeira grande escola de pesquisa científica aplicada à Medicina em moldes modernos, dela foram as contribuições e descobertas de interesse mundial no campo das doenças tropicais, e dela se derivou a renovação dos estudos médicos brasileiros.

Não foi, assim, do Recife que surgiu a nova mentalidade, influenciada pelas "ideias modernas", a que o país deveu a grande transformação de sua cultura e da sua civilização, frutificada nos movimentos intelectuais, artísticos e políticos das duas últimas décadas do século XIX e começos do XX.

Aliás, José Veríssimo, um dos representantes dessa mentalidade nova, debatendo a teoria romeriana, já assinalou o fato de que as "ideias modernas" tanto começaram em Recife quanto em todo o resto do país, todo ele varrido àqueles decênios de 40 a 60 por um sopro renovador, que iria frutificar vitoriosamente na geração de 1870, inaugurando a era materialista. Ao mesmo tempo que o Recife, os outros centros intelectuais do país estavam sendo contaminados pelos ideais renovadores, e talvez sem os exageros do germanismo a que se deixaram arrastar os líderes da "Escola do Recife". O Brasil inteiro participou do movimento. Afirmou ele ainda que "no Ceará (...) formava-se um grupo literário (...) ledor de Spencer, Buckle, Taine e Comte, e entusiasta das novas ideias. Esse grupo ficou estranho à influência da Escola e precedeu de dez anos a do Recife".[4]

De um lado, as ideias do século, agitadas pela Renovação, pelo Iluminismo, pelo movimento crítico da Enciclopédia, traduzidos em movimentos de libertação filosófica, racionalismo e materialismo, de contraespiritualismo e de emancipação política e social; de outro, em consequência dessa mesma agitação intelectual, a eclosão da propaganda abolicionista e republicana, a questão religiosa e a batalha entre a religião e o espírito laicizante, anticlerical e racionalista, em cuja propagação teve papel relevante a maçonaria.

III — ROCHA LIMA

Capistrano de Abreu disse de seu conterrâneo e companheiro ser "a mais fulgurante estrela do Ceará"[5] Inteligência brilhante, voraz ledor. Aos 17 anos, Rocha Lima (1855-1878), com Capistrano, junta-se a outros jovens entusiastas e apaixonados das lides do espírito e fundam a "Academia Francesa" (1872-1875), agremiação intelectual que teve grande papel na divulgação das ideias características do final do século. Em 1870, já se havia reunido outra sociedade, a "Fênix Estudantil". Em ambas há a marca da tradição cearense dos "outeiros" e "academias", a que mais tarde se juntaria a "Padaria Espiritual".

A natureza da organização é peculiar, sem similar com o que ocorreu no Recife. A Academia Francesa era uma sociedade informal, sem diretoria, reunindo-se nas residências dos membros, sobretudo na de Rocha Lima, e nessas reuniões um dos sócios fazia uma preleção sobre qualquer assunto ou expunha as doutrinas do último livro que lera. Ao que informou Araripe Júnior, "não tardou que as conversações se fizessem jornal e o jornal tribuna", acrescentando que o movimento contra o clero chegou a abalar a opinião. Imbuídos do messianismo da instrução popular, ideal da época, criaram uma escola popular noturna, para pobres e operários, na qual, além do ensino elementar, trataram das questões da época, em ciência, filosofia, religião, problemas sociais, história, crítica literária. Ficaram famosas as palestras realizadas pelo grupo sobre soberania popular, liberdade religiosa, instrução pública e feminina, eletricidade, o Papado, etc. Em 1873, foi inaugurado pelo grupo o jornal maçônico *A Fraternidade*, desaparecido em 1875.

É, pois, o movimento em torno da Academia Francesa uma afirmação peculiar ao meio cearense, de desenvolvimento relativamente autônomo em relação ao do Recife. Foi a consequência lógica da evolução literária da província, graças ao bom ensino que lá então se fazia, e da influência das ideias da época. Continuou-se com outras agremiações, não só na capital como em cidades do interior.[6]

Com o seguir uma evolução paralela, o corpo de ideias, se era o mesmo, oferecia certas diferenças. E a mais notável era o "germanismo" do grupo recifense em contraposição ao "francesismo" do cearense.

Raimundo Antônio da Rocha Lima, no parecer de Capistrano de Abreu, não chegou a escrever a obra de crítico para a qual estava superiormente dotado. Diz ele que "a sua ilustração excepcional, a fantasia encarnadora, seu estilo cintilante, seu espírito luminoso não puderam assumir forma definitiva". Essas palavras pertencem ao prefácio que escreveu para a coleção de seus ensaios, *Crítica e literatura*, e reproduzido nos *Ensaios e estudos*.

Na série dos estudos, perpassam as várias ideias da época, bem como os seus numes tutelares. São Taine, Comte, Littré, Stuart Mill, Vacherot, Spencer, Darwin, Kant, Hume, Buckle, Claude Bernard, ao lado da ideia da evolução, da filosofia positiva, da crença na educação popular, da questão da religião, da influência mesológica, da independência da mulher, da concepção da história científica, do primado da sociologia. Os princípios a que se filiara procurou aplicar ao estudo de figuras literárias do dia, como José de Alencar e Guerra Junqueiro. São ensaios diversos em que revela uma cultura vasta, no terreno literário e filosófico. Analisa as obras, situa-as no meio, estuda os seus componentes, como o personagem, o estilo, a psicologia, o enredo. São primícias de um espírito sério, cultivado, aplicado às ideias e à arte, rico de sensibilidade artística.

CAPISTRANO DE ABREU[*]

---

[*] João Capistrano de Abreu (Maranguape, CE, 1853 — Rio de Janeiro, 1927), fez os primeiros estudos no Ateneu Cearense e no Seminário Episcopal. Inteligência invulgar e grande capacidade de estudo, em 1874 começou a publicar os primeiros trabalhos, depois de abandonar o curso de Direito, em Recife. Começou a fazer crítica literária, dedicando-se depois aos estudos históricos. Publica no *Jornal do Comércio* o necrológio de Varnhagen, quando chamou a atenção dos intelectuais para os seus dotes de historiador. Notabilizou-se nesse terreno, tornando-se o maior historiador brasileiro. Foi professor de história do Colégio Pedro II e alto funcionário da Biblioteca Nacional.

Bibliografia
Capítulos da História Colonial. 1907; *O descobrimento do Brasil*. 1929; *Caminhos antigos e povoamento do Brasil*. 1930; *Ensaios e estudos*, 1ª série, 1931; 2ª série, 1932; 3ª série, 1938; *Primeira visita do Santo Oficio às partes do Brasil: Confissões da Bahia*, 1935 (Introdução e Notas); *Denunciações de Pernambuco*. 1929 (Introdução e *Notas*); *Denunciações da Bahia*. 1925 (Introdução e Notas); *Correspondência*, Rio de Janeiro, 1954.

Consultar
Coutinho, Afrânio. *Euclides, Capistrano e Araripe*. Rio de Janeiro, 1959 (2ª ed. RJ, Edições de Ouro, 1967); Matos, Pedro Gomes de. *Capistrano de Abreu*. Fortaleza, 1953; Rodrigues, José Honório. *História e historiadores braslepros*. São Paulo, Fulgor, 1965.

Os primeiros trabalhos de Capistrano de Abreu, que se tornaria o maior historiador brasileiro, foram no campo da crítica literária. Tinha ele vinte e poucos anos e fazia parte da plêiade brilhante de cearenses da geração de 1870. Seus ensaios sobre Casimiro de Abreu, Junqueira Freire, Rocha Lima, Camões, sobre a literatura brasileira contemporânea, a que se acrescentariam, mais tarde, outros sobre Pompeia, Eduardo Prado, sem falar em alguns sobre assuntos históricos, estão reunidos nos *Ensaios e estudos I*. Constituem uma atividade juvenil e marginal de sua vida de historiador. Mas revelam um crítico dotado de singular capacidade, segurança e sensibilidade.

As suas ideias centrais provêm do acervo doutrinário da época, enfeixadas pelo positivismo, determinismo, evolucionismo. Comte, Spencer, Darwin, Buckle, Taine, Ratzel, Peschel são os mestres, desde cedo apreendidos.

Para Capistrano, "a literatura é a expressão da sociedade", "é um fato social", havendo "estreita relação entre o elemento social e o literário".[7] "A evolução ou dissolução deste traduzem a evolução, ou dissolução daquele." Afirmar que é expressão da sociedade implica para ela "a regularidade dos fenômenos sociológicos, a possibilidade de seu estudo científico". Por outro lado, declara sua "crença no determinismo sociológico; a convicção de que a sociedade brasileira é regida por leis fatais; a esperança de descobrir estas leis". E acrescenta, "a literatura é a expressão da sociedade, e a sociedade a resultante de ações e reações, de ações da Natureza sobre o Homem, de reações do Homem sobre a Natureza". E aponta o roteiro de seu estudo: "Em primeiro lugar, tratarei das influências físicas no Brasil; em segundo lugar, da sociedade que medrou sob essas influências e da literatura que exprime essa sociedade."

Quanto à crítica, pensa que há dois métodos: o método qualitativo e o quantitativo. "O primeiro considera o *produto* e fixa-lhe o valor apelando para uma idealidade. O segundo considera o *processo*, o característico, os antecedentes da realidade. Um julga; outro define. Aquele procura a beleza e a perfeição; este procura o estado psíquico e social."

E anuncia que sua preferência vai para o método quantitativo, que implica o determinismo sociológico.

Seu ensaio, inspirado em Buckle, Stuart, Glennie, Taine, Comte, Spencer, procura mostrar a influência das forças físicas — o clima, o alimento, o solo — na formação da sociedade brasileira e do caráter dos homens. São expressões dessa influência os contos populares, a música, a modinha. Todas essas formas exprimem o caráter do brasileiro: "indolente e exaltado, melancólico e nervoso", são os traços do povo brasileiro conforme o fizeram "as forças e aparências da natureza". Outro fator importante seria a raça, que é mais que um agente físico, pois atua pelo agente psicológico, fator que agiu desde os tempos primitivos, criando os sentimentos antagônicos de inferioridade a Portugal, nos tempos coloniais, e de superioridade na independência, tudo isso traduzido nos contos populares. A civilização portuguesa transformou-se ao mudar de meio físico.

Como se traduziu na literatura? Pela ação da lei do consenso social. Segundo a lei da evolução artística de Comte, há um estado progressivo da literatura, música e arquitetura, sendo que, na literatura, a poesia foi anterior ao romance e o drama. O próprio estilo brasileiro é resultado idêntico. E conclui que o princípio íntimo e o caráter social da arte são inseparáveis e deles, em comércio conjugado, nascerá a literatura brasileira do porvir.

Com tais premissas, Capistrano estuda o que ocorreu no Brasil colonial e independente em termos de literatura. Ao lado de considerações gerais, encara os casos de Casimiro de Abreu e Junqueira Freire, em artigos da mesma época.

Aponta os elementos que concorreram para a fatalidade dos caracteres da poesia de ambos. Mostra como em Casimiro convergem uma concepção da arte e uma emoção estética, no caso a Natureza ou emoção naturalista, e um subjetivismo tendente às afeições ternas, meigas; do outro lado, o determinismo das circunstâncias da vida e do influxo do meio, que conduz implacavelmente a modos de sentir e exprimir-se. O sentimentalismo de Casimiro, o seu ar plangente, a sua tristeza, melancolia e desengano, refletiam experiências vividas em situações patológicas esmagadoras.

Junqueira Freire é vítima de um temperamento nervoso e bilioso que cedo perturbou a sua mente, cansada por fatores desconhecidos.

A um gênio como Camões tampouco reconhece a capacidade de escapar à influência ou pressão do meio, a que ele cedeu, aderindo a todo o aparato erudito do humanismo classicizante, da imitação da antiguidade, do naturalismo, dominantes no Renascimento.

No autor de *Os lusíadas*, por outro lado, havia um fator orgânico e psicológico, a predominância das sensações ópticas, em cuja origem devia estar a perda de um olho. Daí a sua grande impressionabilidade à luz, à cor, à massa, ao movimento.

Não foge Capistrano aos seus postulados fundamentais. O ambientalismo de Comte e Taine aí está presente como um pressuposto a que se ligam as suas interpretações e a sua visão do fenômeno literário e sua evolução no Brasil. Sua crítica não continuou a exercer-se além dos anos de adolescência.

Da sua interpretação literária brasileira ficou, no entanto, uma contribuição importante: foi dos primeiros a chamar a atenção para o estudo dos contos populares, para a gênese dos quais esboçou uma teoria extremamente feliz e ainda hoje válida: a da formação orgânica da epopeia, graças à aglutinação de tradições gerais, outrora flutuantes, impessoais, e que se agrupam em torno de um herói, como Robin Hood, Renard ou Pedro Malazarte.

ARARIPE JÚNIOR[*]

[*] Tristão de Alencar Araripe Júnior (Fortaleza, CE, 1848 — Rio de Janeiro, 1911). Em criança residiu em Bragança, PA, e Vitória, ES. Aos 12 anos morou em Recife, sempre acompanhando o pai, magistrado. Estudou humanidades, e, aos 21 anos, recebe o grau de Bacharel em Direito, no Recife. De 1869 a 1871, esteve em Santa Catarina, e, entre 1872 e 1875, no Ceará como juiz de direito de Maranguape. Em 1880, fixou-se no Rio de Janeiro, dedicando-se ao jornalismo, à advocacia, tendo sido também funcionário público e Consultor Geral da República, de 1903 a 1911. Foi membro da Academia Brasileira de Letras e do Instituto Geográfico e Histórico.

Bibliografia

FICÇÃO: *Contos brasileiros.* 1868; *O ninho do beija-flor.* 1874; *Jacina, a marabá.* 1875; *Luizinha.* 1878; *O reino encantado,*1878; *Os gauianás*; *Quilombo dos Palmares*; *Xico Melindrodo.* 1882; *Miss Kate.* 1909. ENSAIO E CRÍTICA: *Carta sobre a literatura brasílica.* 1869; *José de Alencar.* 1882; *Dirceu.* 1890; *Gregório de Matos.* 1893; *Don Martín García Mérou.* 1895; *Movimento literário de 1893 — Crepúsculo dos povos.* 1896; *Ibsen.* 1911. DIVERSOS: *Função normal do terror nas sociedades cultas.* 1891; *Deteriora Sequor.* 1894; *Diálogo das novas grandezas do Brasil.,* 1909; *Pareceres.* 1911-1913. Além de numerosos artigos e ensaios em jornais e revistas. A sua produção crítica está reunida em: *Obra crítica de Araripe Júnior.* Direção de Afrânio Coutinho, 4 v. Rio de Janeiro: Casa de Rui Barbosa, Centro de Pesquisas, 1958-1966.

Consultar

Abreu, Capistrano de. "Jacina". Fortaleza (CE), 1875. In *Constituição*; Amora, Manuel Albano. "Araripe Júnior no Ceará". Fortaleza (CE), 1949, In *Almanaque do Ceará,* p. 75; Barreira, Dolor. *História da literatura cearense.* Fortaleza (CE), 1948, Editora Instituto do Ceará, v. I, p. 85; Barroso, Gustavo. "O Centenário de Araripe Júnior", conferência. In *Jornal do Comércio*, RJ, 18 julho 1948; Carpeaux, Otto Maria. *Pequena bibliografia crítica da literatura brasileira,* 2ª edição. Rio de Janeiro, *1955.* Serviço de Documentação do MEC, p. 187; Castelo, José Aderaldo. *Biografia literária de Araripe Júnior.* Fortaleza (CE), 1949. Editora Instituto do Ceará (Separata da *Revista do Instituto do Ceará,* 1948; Coutinho, Afrânio. *Euclides, Capistrano e Araripe.* Rio de Janeiro, MEC, 1959; Dória, Escragnolle. "Araripe Júnior". In *Revista da Academia Cearense.* 1913. Tomo XVIII, p. 100; Grieco, Agripino. *Evolução da prosa brasileira.* RJ, 1933. Ariel Editora, p. 215; Leão, Múcio. "A crítica de Araripe Júnior", conferência. RJ, 1955. In *Jornal do Comércio*, RJ, 28/8/1955; Lima, Abreu Amoroso. "Nota sobre a evolução literária no Brasil", conferência. In *Revista da Academia Brasileira de Letras*, v. 52, p. 73, set./dez. 1936; Martins, Wilson. *A crítica literária no Brasil.* São Paulo, 1952. Departamento de Cultura, p. 87; Mérou, Martín García. *El Brasil Intelectual.* Buenos Aires, 1900. Félix Lajouane, Editor, p. 207-258: Mota, Artur. "Perfis Acadêmicos". Rio de Janeiro, 1929. In *Revista da Academia Brasileira de Letras,* n. 92; Pacheco, Félix. Discurso de Recepção na Academia Brasileira de Letras, in *Discursos acadêmicos.* Rio de Janeiro: Civilização Brasileira, 1935. v. II, 1907-1913, p. 315; Romero, Sílvio. *História da literatura brasileira.* 3. ed. Rio de Janeiro: Livraria José Olympio, 1943. t. IV, p. 89 e t. V. pp. 264-443; Sales, Antônio. "Os nossos acadêmicos". In *Revista Brasileira*, 3ª fase. t. X, p. 148; Studart, Barão de. *Dicionário biobibliográfico cearense.* Fortaleza: Tip. Minerva, 1915. v. III. p. 166-171; Veríssimo, José, *Estudos da literatura brasileira.* 1ª série. Rio

Do grupo que em Fortaleza, no início da década de 70, constituiu um foco de intensa agitação intelectual, destacou-se Araripe Júnior.

Sua evolução intelectual é bem representativa do estado mental dos brasileiros ao iniciar-se a segunda metade do século XIX. A consciência nacional, após a Independência, viera desenvolvendo-se na consolidação da tradição nativista. Na literatura, o movimento se concretizou na busca da nacionalização literária, como afirmação da autonomia brasileira. A liberdade da imprensa e a vulgarização da instrução tiveram um papel dinamizador.[8] O Romantismo foi o movimento em cujo seio essas tradições nacionalizantes se corporificaram e dominaram. O processo de autonomia dirigiu a literatura para a realidade física e social brasileira, para as grandes emoções coletivas e fastos do passado. Esse processo encontrou no índio o motivo que atuaria como ideia-força na literatura e mesmo na vida social. Foi o *indianismo* ou valorização e idealização do índio, seu tipo, sua poesia, sua cosmogonia, sua mitologia. Do indianismo, a literatura caminhou para a posse do país, e dele se originou a importante literatura regional, através de etapas como o sertanismo, o caboclismo, o regionalismo, daí resultando a apreensão da realidade brasileira pela literatura.

O Romantismo, nesse particular, continuou-se pelo Realismo, no divisor de águas da década de 70. O indianismo perdeu o ímpeto criador como movimento, mas desdobrou-se noutros sentidos, com outras motivações e técnicas. Os dois movimentos, em vez de se oporem, encontraram-se na mesma valorização do nacional, consolidando de vez a autonomia literária brasileira.

Essa preocupação nacionalista dominou a segunda metade do século, isto é, o propósito de criar uma literatura *brasileira*, com caráter e cor locais, com um conteúdo peculiar. A *inteligentzia* da época não pôde fugir ao seu fascínio, fossem as gerações românticas de 1836 a 1870, fosse a geração materialista de 1870.

Araripe Júnior não foi exceção à regra geral. Aos vinte anos, sob o pseudônimo de Oscar Jagoanharo, no *Correio Pernambucano*, depois reunidos no volume *Contos brasileiros* (1868), dá a lume alguns contos que refletem essa preocupação, defendendo no prefácio a sua orientação artística, ao dizer que o seu espírito foi aberto para as "coisas de nossa terra", e as "belezas americanas" sob a influência de Chateaubriand, Cooper, Alencar, Gonçalves Dias. Mais tarde, na *Carta sobre a literatura brasílica* (1869), e em outros trabalhos, já mostrando a sua tendência para a crítica literária, reafirma a sua posição em favor da literatura de cunho nativista, devendo, a seu ver, os escritores buscar a inspiração na natureza ambiente, nas tradições dos indígenas, nos fastos históricos nacionais, em vez de se entregarem à literatura "afrancesada" de imitação.

---

de Janeiro: H. Garnier Livreiro-Editor, 1901. p. 216; *Idem. Letras e literatos*. Rio de Janeiro: Livraria José Olympio Editora, 1936. p. 26; *Idem. História da literatura brasileira*. Rio de Janeiro: Livraria Francisco Alves & Cia., 1929. p. 345-408.

Era a defesa da "literatura brasílica", não apenas de inspiração indígena, mas brasileira, produto da civilização mestiça.

Essa mesma orientação Araripe explora em diversos livros de ficção, editados entre 1874 e 1882, a começar por *O ninho do beija-flor*. Nessa fase, o seu espírito era voltado predominantemente para a ficção. Já se esboçam, todavia, o futuro crítico e o cronista.

De sua formação resultou uma constante intelectual, que caracterizará toda a sua carreira de crítico: a preocupação nacional, a busca de uma literatura nacional ou de um caráter brasileiro para a literatura. Esse traço de sua personalidade intelectual, o "brasileirismo", coincidiu com o feitio de toda a geração que, na década de 70, implantou o realismo na ficção e o materialismo e determinismo na doutrina crítica. Do Romantismo ao Realismo, prolongando-se pelo século XX, a determinação do critério de nacionalidade, a definição do que deve ser a literatura brasileira tornam-se uma das constantes da crítica brasileira. A obra crítica de Araripe Júnior é disso um exemplo dos mais altos e marcantes.

O conteúdo doutrinário dessa crítica decorreu do determinismo cientificista do Realismo, da doutrina positivista do ambientalismo, da filosofia historiográfica de Buckle, da trindade tainiana do meio, raça e momento, em que veio desaguar o localismo regionalista oriundo do Romantismo.

A sua primeira ideia mestra, que aliás é comum à geração, é a do nacionalismo como norma de criação literária e critério crítico. No prefácio aos *Contos brasileiros* (1868), em artigo sobre um livro de contos de Emílio Zaluar (1868), na *Carta* (1868), em ensaios sobre Juvenal Galeno (1872), sobre José de Alencar (1872), e afinal nos livros sobre José de Alencar (1882) e Gregório de Matos (1894), e nos demais trabalhos da época, é o veio nacionalista que inspira os seus comentários e juízos.

Da tríade tainiana, ao contrário de Sílvio Romero, que preferia a raça como principal fator explicativo da origem do fenômeno literário, para Araripe era o meio que imprimia caráter original ao produto artístico. Era o *genius loci*, característico e indefinível, que exercia o maior impacto diferenciador sobre o homem e sua arte.

O nativismo de Araripe teve ainda expressão no combate permanente ao domínio intelectual, jornalístico e financeiro que ainda exerce a cultura portuguesa no Brasil. Araripe é um lutador que engrossou as correntes antilusas, ao lado de Raul Pompeia e outros.

A preferência de Araripe Júnior pelo fator "meio físico" ou "terra" na diferenciação nacional, segundo a estética de Taine, por ele declaradamente esposada, embora sem ortodoxia, está sobretudo discutida na série sobre Sílvio Romero (1882), em debate que se desdobra daí por muitos anos.

Confessa-se disposto a só aceitar os "fatores" como "fórmulas imaginárias de agrupamentos" e não como absolutos que se aplicariam à interpretação como se fossem receitas fixas.

Assim, em vez de o elemento negro, como queria Sílvio Romero, ser o principal na formação do povo brasileiro, tanto ele como o indígena influíram no processo. Por outro lado, é o meio o principal, porquanto pela ação e reação, o meio físico, "o único fator estável", exerce a sua ação permanentemente, e não apenas na época da formação racial. "Por causa do meio, surge a raça; a raça modifica o meio; e o meio modificado reage já de modo diferente sobre o modificador." Desenvolveu então a ideia da "obnubilação brasílica". "Os portugueses que primeiro povoaram o Brasil perdiam até a noção da pátria." E assim, "o português, quando pisou o Brasil, foi logo condenado a ser substituído por alguma novidade". "Posso afirmar (...) que coisa alguma teve tanta força assimiladora como a deslocação do solo, os novos aspectos do país e o clima — o clima principalmente."

Mas adota uma posição relativista, acreditando que não se deve exagerar a importância de um só fator, pois é variável de acordo com o país que se estuda. Apoia-se em Buckle para afirmar a dupla ação dos fenômenos exteriores sobre o espírito e deste sobre aqueles, da natureza sobre o homem e do homem sobre a natureza, do que se originam os acontecimentos. Nos séculos XVI e XVII, o meio físico é o grande fator, forçando a adaptação do homem à natureza. Daí que o meio realiza a modelagem do homem e de suas produções. A imaginação reflete a natureza ambiente. A terra dá peculiaridade ao lirismo, impedindo ao mesmo tempo que a literatura brasileira seja simétrica, disciplinada, ordenada, mas antes "uma convulsão entremeada de períodos de repouso", em consonância com a desordem tropical.

Esse nativismo reuniu-se ao credo realista para reforçar a incorporação da realidade brasileira à literatura. O escritor deveria retratar aquilo que melhor conhecia, isto é, a região em que vivia, e que constituía a sua experiência: o povo local, sua vida, seus costumes, sua fala. As regiões brasileiras, com seus aspectos típicos, passaram a ser reproduzidas com fidelidade, dando nascimento a uma literatura regionalista de "cor local". Essa a consequência do conceito positivista e realista da literatura, ao colocar ênfase na experiência pessoal e nos materiais nativos. A literatura deveria ser o instrumento de compreensão do homem na sociedade, deveria ser portanto a expressão ou o produto do homem e da sociedade — meio, raça, momento. Se a literatura retratava a sociedade ou a "realidade", cabia à crítica, como critério de aferição de valores, a verificação do grau de fidelidade dessa arte à realidade, pois, quanto mais "verdadeira", mais fiel ao ambiente, à realidade física e moral, mais elevada seria. Daí o uso do método científico, indutivo, ter sido o defendido por essa crítica, um método rigoroso e objetivo, infenso ao sentimentalismo e à falsificação da vida.

Ao lado dessa filosofia estética, é mister assinalar o conceito da crítica em Araripe. A concepção que dominava no século XIX, herança da poética neoclássica, englobava como literatura todas as atividades do espírito: história, jornalismo, filosofia, etc.

A partir desse conceito amplo de gêneros literários, atualmente repelido, era também ampla a fórmula corrente acerca da crítica. Desde que tudo era literatura, cumpria à crítica o exame e julgamento de tudo, desde o romance e o lirismo até os estudos etnográficos, o que exigia para o crítico uma cultura enciclopédica. Era a fórmula vigente, nos grandes rodapés dos jornais. A crítica não era uma atividade exclusivamente literária, dado que literatura era tudo o que se escrevia e imprimia. Araripe obedecia a essa norma. Sua produção crítica objetivou trabalhos os mais variados, ora literários puros, ora filosóficos, ora jurídicos. Fazia a crítica consoante a concepção ampla, dominante em seu tempo, e tudo o que se publicava merecia a sua atenção e e o seu juízo. Esse conceito encontra a oposição da tendência atual da teoria poética e crítica, a qual, no particular da crítica, evoluiu para a especificação de sua natureza, função e finalidade, abandonando aquela orientação ampla, em favor de um conceito restrito e de cunho estritamente literário. Crítica literária passou a ser entendida como exclusivamente "literária", isto é, aplica-se aos livros de literatura, os que são produto da imaginação criadora, artística, — o romance, a epopeia, o lirismo, o drama, o ensaio — e não a todas as manifestações do espírito.

Araripe Júnior sempre confessou a sua dívida forte a Taine. Também não escondeu a influência recebida do evolucionismo spenceriano. Mas, o que releva assinalar para mostrar a universalidade de seu espírito e que o faz colocar em plano muito alto na história da crítica brasileira, é a sua vasta cultura e preparo em todos os pontos de vista da exegese moderna". Sua mente crítica foi reforçada pelo "estudo comparado dos críticos vigentes", pela meditação de Aristóteles, Longino, Horácio, Quintiliano, Lessing, como afirma no prefácio de Gregório de Matos. Nada despreza, tendendo para uma espécie de ecletismo, em que entrava também a imaginação.

Na sua crítica, não se prendia a expor, mas interpretava, discutindo ideias gerais e filosofia estética, doutrinas críticas e poéticas.

Era dotado de larga cultura literária, não lhe oferecendo segredos as grandes obras-primas literárias. Daí a possibilidade de estudos comparativos entre as obras de literatura brasileira e estrangeira.

Aplicando-se à prática literária, Araripe estudou diversas figuras brasileiras. Escudado no método tainiano, embora, como confessou no prefácio ao *Ibsen*, com liberdade e espírito crítico, apontou o homem e a obra de Gregório de Matos como representativos do meio baiano na fase de formação da sociedade mestiça, povoada de aventureiros, aos quais aplicava a sua sátira ferina, expressão, ao mesmo tempo, do espírito nativista e rebelde da colônia.

Araripe Júnior, neste e noutros livros, revela-se senhor de boa psicologia nas análises dos seus modelos e suas obras. O próprio método de Taine, para ele, "baseia-se na lógica e no desenvolvimento psicológico natural". Fortalecido por outras leituras, Spencer, Kant, Comte e outros, inspirado na alegria interior, a sua atividade, na crítica militante, adquiriu uma visão dirigida "à psicologia dos autores", procurando "inclinar-se para a região das influências de cultura", buscando investigar "as correlações dos estilos e as suas influências à distância, no tempo e no espaço". Em consequência, são os estudos importantes sobre Raul Pompeia, sobre a evolução da tragédia desde Ésquilo a Shakespeare e a Ibsen.

Um traço marcante da crítica de Araripe é o seu conhecimento da técnica literária. Em diversos trabalhos, sua análise das obras revela-se bem fundamentada por seguro entendimento da teoria dos gêneros, bebida no estudo dos grandes modelos literários de todas as literaturas. Vejam-se, por exemplo, seus estudos sobre Aluísio Azevedo, Pompeia, Gonzaga, Machado de Assis, Flaubert e outros.

O próprio processo literário é analisado na intimidade, seja no texto da poesia lírica, seja no de prosa de ficção. Demonstra preocupação com a natureza do fenômeno estético, aliás estudado em diversas oportunidades, por esse ou aquele ângulo.

Trata-se, portanto, de um crítico literário, que, como raramente ocorre no Brasil, possuía uma doutrina coerente acerca do fenômeno estético em geral e do literário em particular, inspirada sem dúvida nas teorias do seu tempo, mas guardando em relação a elas certa independência e certa liberdade. Não era um crítico impressionista, como se afirmou muito tempo. Sua crítica não era uma simples impressão, porém um ato reflexivo, baseado em doutrina e visando ao julgamento do valor estético à luz de critérios e padrões que não das simples impressões subjetivas. Em sua obra estão inequívocas demonstrações de sua atitude antiimpressionista.[9] Sua prática de crítica foi a realização de um espírito em cujo embasamento estava uma sólida armadura doutrinária e um corpo de princípios e critérios de análise e aferição literária. Não se deve entender essa assertiva como se fora um ortodoxo. Embora participando do movimento de ideias que renovaram a sua época, incorporando-as à sua cultura, jamais foi um adepto irrestrito e incondicional do cientificismo nem do evolucionismo. Os ideais científicos da época eram, no seu espírito, temperados pela tendência predominantemente estética de seu temperamento.

Mas a própria análise do fenômeno estético procurava submeter a teorias e leis em voga ou recebidas com os últimos livros que a sua curiosidade insaciável o levava a absorver, e que emprestava às suas lucubrações um tom transcendente que José Veríssimo acoimou de "metafisismo crítico". Nessa fórmula está a diferença entre ele e Veríssimo. É um falso pressuposto, aliás, o que tem prevalecido na apreciação de Araripe Júnior, Sílvio Romero e José Veríssimo, reunidos sob a mesma rubrica. São muito diferentes, a despeito de educados no mesmo corpo de ideias.

Em Sílvio há o predomínio de uma concepção sociológica da literatura, que via como um fenômeno produto da sociedade e da natureza, por elas explicado e interpretado; sua concepção é antes de história da cultura tal como se traduz pelas obras literárias, tomando estas mais como documentos ou expressões da sociedade.

Veríssimo era um beletrista, um moralista da literatura, sobre a qual tem meditações avisadas e pertinentes, mas sem a sensibilidade e a cultura literárias suficientes para o ajuizamento que não fosse o do pedagogo e do simples comentador jornalístico, sem originalidade, gosto e objetividade, sem um conhecimento profundo e uma filosofia do fenômeno literário; nenhum equívoco é maior do que apontá-lo como um exemplo de crítica estética, se não quisermos confundi-la com a superficialidade e a leveza. Sua crítica é interpretativa, à base do bom senso e de critérios tradicionais, comentário marginal e epidérmico, e sua história não chega a ser uma história, mas um conjunto de capítulos que são uma série de ensaios mais ou menos isolados, sem maior nexo a uni-los nem uma filosofia da evolução literária.

Araripe era um espírito muito mais cultivado na literatura universal, sem o unilateralismo de Sílvio e as deficiências de Veríssimo, e, se as bases do seu pensamento foram as mesmas de Sílvio, a sua insatisfação não o deixou imobilizar a ponto de jamais perder a independência, repelindo a rigidez doutrinária e apelando sempre para a revisão de conceitos: daí certa impressão de inconstância, irregularidade e falta de ordem ou plano em sua produção, o que em verdade resultava de uma cultura mais variada e de uma propensão ao ecletismo ou de familiaridade e inspiração nos mais diferentes mestres da crítica ou da estética; e daí também o uso em suas abordagens críticas de fatores históricos, biográficos, psicológicos, ao lado de biológicos e genéticos, sem falar nos elementos estéticos e técnicos da literatura, tão de seu conhecimento, e sem referir ainda o recurso, tão de seu temperamento, à imaginação e intuição, que a muita gente pareceu simples impressionismo, mas que no conjunto dessas qualidades, torna lícito um juízo mais lisonjeiro, como o crítico mais completo dos três. Isto se documenta nos seus estudos sobre Pompeia, Aluísio, Alencar, Gonzaga, Euclides, Cruz e Sousa, e nos ensaios sobre a tragédia, de Ésquilo a Ibsen e a Dostoiévski. Denotam o crítico seguro, arguto, consciente, culto, sobretudo possuindo uma concepção nítida do fenômeno literário, em sua natureza e autonomia estéticas; o que não sucedeu com nenhum dos outros dois.

SÍLVIO ROMERO*

* Sílvio Vasconcelos da Silveira Ramos Romero (Lagarto, SE, 1851 — Rio de Janeiro, 1914). Primeiras letras em escola pública na cidade natal, humanidades no Rio de Janeiro, de 1863 a 1868, quando vai para Recife cursar a Faculdade de Direito, vindo a diplomar-se em 1873. Aí se liga a Tobias Barreto, seu conterrâneo, então na quarta série da Academia, desencadeando um movimento intelectual por ele mesmo denominado "Escola do Recife". Colabora na imprensa, com poesia, crítica e polêmica. Diplomado, e após ligeira estada em Sergipe, tenta o magistério em Recife, fazendo concurso no Colégio das Artes e na Faculdade, nesta para obter o título de doutor. Muda-se para o Rio de Janeiro, foi juiz no interior do Estado e fixa-se na Capital Federal. Faz jornalismo, polêmica, crítica, ensaio, magistério. Espírito combativo, era um panfletário vigoroso. Combateu Machado de Assis, José Veríssimo, defendendo sempre a glória de Tobias Barreto, contra Castro Alves e contra os intelectuais da Corte. Sua formação cultural de autodidata não lhe proporcionou rigorosa coerência de pensamento, mas se notabilizou pela seriedade, inconformismo ante as rotinas, paixão das ideias novas, gosto do estudo, espírito crítico e metódico. Foi membro da Academia Brasileira de Letras e foi das maiores figuras intelectuais do Brasil.

Bibliografia

CRÍTICA E HISTÓRIA LITERÁRIA: *A literatura brasileira e a crítica moderna*. 1880; *Introdução à história de literatura brasileira*. 1882; *O naturalismo em literatura*. 1882; *Estudos de literatura contemporânea*. 1884; *Valentim Magalhães*. 1885; *História da literatura brasileira*. 1888, 1901; *Luís Murat*. 1890; *Novos estudos da literatura contemporânea*. 1897; *Machado de Assis*. 1897; *Martins Pena*. 1897; *Ensaios de sociologia e literatura*. 1900; *Parnaso sergipano*. 1904; *Pinheiro Chagas*. 1904; *Evolução da literatura brasileira*. 1905; *Evolução do lirismo brasileiro*. 1905; *Outros estudos de literatura contemporânea*. 1905; *Compêndio de história da literatura brasileira*. 1906; *Euclides da Cunha*. 1907; *Quadro sintético da evolução dos gêneros na literatura brasileira*. 1909; *Da crítica e sua exata definição*. 1909; *Minhas contradições*. 1909; *Zeverissimações ineptas da crítica*. 1910. FOLCLORE: *Contos populares do Brasil*. 1882; *Contos populares do Brasil*. 1883; *Estudos sobre a poesia popular brasileira*. 1889. ETNOGRAFIA: *Etnografia brasileira*. 1888; *A sátira portuguesa*. 1906, etc.; *América Latina*. 1906. POLÍTICA E ENSAIO SOCIAL: *O Brasil Social*. 1908; *Provocações e debates*. 1909; etc. FILOSOFIA: *A filosofia no Brasil*. 1878; *Doutrina contra doutrina*. 1894; etc. POESIA: *Cantos do fim do século*. 1878; *Últimos arpejos*. 1883. *A História da literatura brasileira* (1. ed. 1888, 2. ed. 1901) teve 3. ed. organizada por Nelson Romero. Rio de Janeiro: Livraria José Olympio Editora, 1943, 5 v. A 5. ed. é de 1953.

Consultar

Academia Carioca de Letras. Homenagem a S. R. *J. Comércio*, RJ, 23/4/1951; Adonias Filho. "S. R., um crítico em nosso tempo". *J. Letras*, RJ, julho 1954; Adonias Filho. "Atualidade de S. R." *J. Comércio*, RJ, 10/11/1957; Adonias Filho. "S. R.". *J. Comércio*, RJ, 3/4/1960; "Afetos e ojerizas de SP". *Letras e Artes*, RJ, 22/4/1951; Almeida, Renato. "S. R. e os folcloristas brasileiros". *Letras e artes*, RJ, 22/4/1951; Almeida, Renato. "O folclorista S. R.". *A Tarde*, Salvador, 21/4/1951; Araripe Júnior. "O Dr. S. R. e o seu novo livro "*Obra crítica de Araripe Júnior*. Rio de Janeiro: Casa de Rui Barbosa, 1958; Araripe Júnior. "Sílvio Romero polemista". *Obra crítica de Araripe Júnior*. Rio de Janeiro: Casa de

No século XIX, criada a sociologia por Augusto Comte, deu-se logo um

Rui Barbosa, 1963; Alvarenga, Otávio Melo. "Duas histórias da literatura". *Diário São Paulo*, 14/11/1954; *Autores e livros* (Supl. *A Manhã*). RJ, v. VI, n. 15, 7/5/1944; Barata, Mário. "S. R. e a arquitetura". *Correio da Manhã*, RJ, 24/6/1951; Barata, Mário. "S. R. e as artes plásticas". *Diário Notícias*, RJ, 25/7/1954; Barbosa, Francisco de Assis. "S. R. na intimidade". *Diretrizes*, RJ, 21/5/1942; Barreto, Plínio. "Livros novos". *O Jornal*, RJ, 1943; Barreto, Plínio. "Da literatura brasileira". *O Estado São Paulo*, 1/8/1954; Barreto Filho. "Um panorama literário". *Diário Notícias*, RJ, 1/8/1943; Barreto Filho. "Crítica naturalista". *Diário Notícias*, RJ, 8/8/1943; Barros, Jaime de. "A crítica e os críticos". *O Jornal*, RJ, 3/10/1943; Barroso, Gustavo. "S. R., o folclorista". *J. Comércio*, RJ, 20/5/1951; Barroso, Gustavo. "S. R., o folclorista". *J. Comércio*, RJ, 22/5/1951; Barroso, Gustavo. "S. R. e o folclore do Brasil e do mundo". *J. Comércio*, RJ, 9/9/1951; Beviláqua, Clóvis. *Sílvio Romero*. Lisboa: A Editora, 1905; Bezerra, Alcides. "Sílvio Romero o pensador e o sociólogo". Rio de Janeiro, Publ. Arquivo Nacional, XXXIII, 1936; Broca, Brito. "A crítica parlamentar de S. R.". *A Manhã*, RJ, 10/12/1950; Broca, Brito. "O Naturalismo político de S. R.". *A Manhã*, RJ, 17/12/1950; Calazans, José. "S. R. e o romance político". *J. Bahia*, Salvador, 9/6/1963; Calmon, Pedro. "História da Literatura". *Correio do Povo*, Porto Alegre, agosto 1943; Calmon, Pedro. "S. R.". *J. Comércio*, RJ, 22/4/1951; Candido, Antonio. *Introdução ao Método Crítico de Sílvio Romero*. São Paulo, 1945 (2. ed. São Paulo, Conselho Estadual de Cultura, 1966); Carneiro, Édson. "O etnólogo S. R.". *Cultura*, RJ, n. 5; Cascudo, Luís da Câmara. "O Regresso de S. R.". *Diário Notícias*, RJ, 26/8/1948; Castelo Branco, Cristino. "S. R.".*J. Comércio*, RJ, 6/5/1945; Cerqueira, Carlindo. "A atualidade literária de S. R.". *Gazeta Comercial*, Juiz de Fora, 28/4/1954; Correia, Roberto Alvim. *Anteu e a Crítica*. Rio de Janeiro: José Olympio, 1948; Costa, Batista da. "S. R. visto por seu filho". *Correio da Manhã*, RJ, 17/7/1954; Coutinho, Afrânio, *A tradição afortunada*. Rio de Janeiro: José Olympio, 1968; Delgado, Luís. "S. R.". *J. Comércio*, Recife, 25/7/1954; Diegues Júnior, Manuel. "Cantos e contos populares". *Estado da Bahia*, Salvador, 4, 11/7/1954; Freitas, Bezerra de. "Um historiador do pensamento brasileiro". *Diário Notícias*, RJ, 7/11/194 3; Freyre, Gilberto. "O gigante S. R.". O *Cruzeiro*, RJ; 9/7/(?); Gonçalves, Álvaro. "Sílvio e a crítica". *Vamos Ler*, RJ, 26/8/1943; Guimarães, Artur. *Sílvio Romero de perfil*. Porto: A. Souza, 1915; Holanda, Sérgio Buarque de. "Sílvio Romero". *Diário Carioca*, RJ, 15/4/1951; Jobim, Danton. "S. R.". *Diário Carioca*, RJ, 22/4/1951; Lima, Hermes. "S. R. e a história da literatura". *Correio da Manhã*, RJ, nov. 1943; Lima Hermes. "A voz de S. R.". *Diário Notícias*, RJ, 5/8/1951; Lipner, Elias, "Reabilitação de S. R.". *Comentário*, RJ, v. 4, n. 20, 1964; Labieno, *Vindictal*. Rio de Janeiro, 1898; Lacerda, Carlos. "S. R. reeditado". *J. Letras*, RJ, junho, 1954; Lacerda, Jorge. "S. R.".*J. Comércio*, RJ, 22/4/1951; Leão, Múcio. "Uma reedição do S. R.". *A Manhã*, RJ, 22 out., 5 nov. 1943, refr. *Autores e Livros*, RJ, V, 14 nov. 1943; *Idem*. *A Manhã*, RJ, 5, 12, 19 dez.. 1º jan. 1944, refr. *Autores e Livros*, RJ, VI, n.0 2, 9 jan. 1944; Linhares, Temístocles. "S. R. e a literatura brasileira". *Correio Paulistano*, SP, 22/11/1949; Lousada, Wilson. "História e crítica". *O Jornal*, RJ, 31/10/1943; Machado Filho, Ana da Mota. "O folclorista S. R.". *Diário Notícias*, RJ, 6/8/1951; Martins, Wilson. *Interpretações*. Rio de Janeiro: José Olympio, 1946; Martins, Wilson. *Crítica literária no Brasil*. São Paulo: Dep. Cultural, 1952; Martins. Wilson. "Dois marginais". *O Estado São Paulo*, 20/3/1965; Mendonça, Carlos Sussekind de. *Sílvio Romero, sua formação intelectual*. São Paulo: Cia. Editora Nacional, 1938; Mendonça, Carlos Sussekind de. "S. R., o homem e a obra". *J. Comércio*, RJ, 12/4/1951; Mendonça, Carlos Sussekind de. *Sílvio*

fato importante, que foi a convergência desta ciência e da biologia. As ciências sociais nasceram envoltas pela doutrina evolucionista. Processava-se a revolução biológica devida a Darwin no meado do século. A perspectiva naturalista colocou o homem dentro de um ambiente natural, dando-lhe origem e história naturais, contra o transcendentalismo espiritualista. As ciências naturais, pela mão de Comte e Spencer, pediram à biologia seus novos conceitos e as leis científicas foram deduzidas do princípio geral da evolução. O mundo foi concebido como um processo em crescimento e evolução. Essa a crença que

---

Romero de corpo inteiro. Rio de Janeiro: Min. Educação Cultura, 1963; Mérou, Martins García. *El Brasil Intelectual*. Buenos Aires: E. Lajouane, 1900; Mota filho, Cândido. "S. R.". *J. Comércio*, RJ, 15/5/1951 e 10/6/1951; Nogueira, Rui. "R. contra Machado". *Correio Paulistano*, SP, 2/6/1948; Orlando, Artur. *Ensaios de crítica*. Recife: Tip. D. Pernambuco, 1904; Pereira, Lúcia Miguel. "Um mestre jovem". *Correio Manhã*, RJ, 21/8/1949; Pereira, Lúcia Miguel. "O legado de S. R." *Correio Manhã*, RJ, 22/4/1951; Pereira Filho, Emanuel. "S. R., o historiador". *Gazeta do Povo*, Curitiba, 18/7/19 54; Picanço, Macário de Le mos. "S. R. e Tobias Barreto". *J. Comércio*, RJ, 23/9/1951; Rabelo, Sílvio. "Um bom depoimento". *Correio da Manhã*, RJ, 15/2/1944; Rabelo, Sílvio. "Carta a O. Tarquínio de Sousa". *Correio da Manhã*, RJ, 30/3/1944; Rabelo, Sílvio. "Formação provinciana". *O Jornal*, RJ, 15/4/1944; Rabelo, Sílvio. "Homem simples e direito". *O Jornal*, RJ, 9/5/1944; Rabelo, Sílvio. *Itinerário de Sílvio Romero*. Rio de Janeiro: José Olympio, 1944; Rabelo, Sílvio. "Reflexões fáceis". *O Jornal*, RJ, 20/12/1945; Rabelo, Sílvio. "Boas virtudes portuguesas". *O Jornal*, RJ, 12/1/1945; Queiroz, Rachel de. "Sílvio". *Diário de Notícias*, RJ, 14/8/1949; Reale, Miguel. "S. R. e os problemas da filosofia". *Rev. Brasileira de Filosofia*. São Paulo, 1951; Rego, Costa. "A história da literatura brasileira". *Correio da Manhã*, RJ, nov. 1943; Rego, José Lins. "Intenções de S. R.". *O Jornal*, RJ, 12/11/1954; Rego Neto, Frederico. "Para compreender S. R.". *J. Comércio*, RJ, 2/4/1944; Reis, António Simões dos. *Bibliografia da História da literatura brasileira de Sílvio Romero*. Rio de Janeiro: Zélio Valverde, 1944; Rizzini, Jorge. "S. R. desfigurado". *Correio Paulistano*, SP, 30/5/1954; Rizzini, Jorge. "S. R. e Veríssimo: dois conceitos de crítica". *Correio Paulistano*, SP, 1/8/1954; Rizzini, Jorge. "Dois conceitos de literatura". *A Gazeta*, SP, 10/5/1957; Rocha, Hildon. "Dois críticos, duas tendências". *Para Todos*, RJ, nov. 1956 (2ª quinzena); Romero, Edgard de Araújo. A obra de S. R.". *O Homem Livre*.; Romero, José. "S. R.". *J. Comércio*, RJ, 22/4/1951; Romero, Nelson. *Homenagem a Sílvio Romero*. Rio de Janeiro: Tip. Rev. Tribunais, 1918; Romero, Nelson. "História da literatura de S. R.". *O Jornal*, RJ, 4/6/1939; Romero, Nelson. *A história da literatura brasileira*. Rio de Janeiro: José Olympio, 1944; Romero, Nelson. A história da literatura brasileira de S. R.". *Correio da Manhã*, RJ, 7/8/1949; Romero, Nelson. "S. R.". *J. Comércio*, RJ, 4/5/1951; Roquete Pinto, E. "S. R.". *J. Comércio*, RJ, 6/5/1951; Silva, Quirino, da. "S. R.". *Diário Noite*, SP, 11/2/196 3; Silveira, Junot. "A simplicidade de S. R.". *A Tarde*, Salvador, 21/4/1951; Sodré, Nelson Werneck. "Crítica e Estética". *Correio Paulistano*, SP, 17/4/1955; Sodré, Nelson Werneck. "Erudição e literatura". *Correio Paulistano*, SP, 23/4/1955; Sousa, António Loureiro de. "S. R., o crítico". *A Tarde*, Salvador, 21/4/1951; Souza, J. B. Melor. "S. R. o mestre, o pensador e o patriota". *J. Comércio*, RJ, 8/4/1951; Veiga, Glaucio. "Os concursos de S. R." *Nordeste*, Recife, jan-fev. 195 0; Veríssimo, José. *Estudos de literatura brasileira*, VI, Rio de Janeiro: Garnier, 1907.

dominou, como o ideal do século, impregnando toda a vida intelectual. Sob o influxo da biologia, a sociedade foi concebida como um organismo composto e células em funcionamento harmônico e obedecendo às leis biológicas de crescimento e morte. Ao culto romântico do passado juntou-se a ideia da mudança e desenvolvimento contínuos, da evolução e progresso. Assim, esse novo ideal científico, identificado com Darwin, Spencer e Comte, reunindo sociologia e biologia, criando o darwinismo biológico e social, recebeu ainda o impacto das teorias mecanistas e materialistas da física e da química. A explicação do homem e da sociedade ficou reduzida quase a fórmulas químicas. O homem ficou presa do ambiente, que se tornou onipotente, reduzidas a sua vontade e razão a serem determinadas pelo *milieu* de Comte e Taine. O seu corpo e o seu espírito nascem e se desenvolvem sob o império da ordem natural, sob um condicionamento fatal. A interpretação da história da cultura e da civilização, das artes e literaturas, da vida de homens e de artistas, ficam reduzidas à investigação e explicação do meio — social, biológico, geográfico, segundo a famosa trindade tainiana. Já foi visto como essa ideologia penetrou no Brasil e se tornou dominadora a partir da década de 70, dela participando a *inteligentzia* da época. O seu predomínio na mente dos pensadores, críticos, estetas, por influência especialmente de Taine, foi avassalador.

Também Sílvio Romero obedeceu a seus ditames na obra de exegese e interpretação da cultura brasileira que empreendeu. Crítico e historiador da literatura, da filosofia, do pensamento jurídico, sua obra é uma vasta tentativa de submeter as manifestações do espírito e a organização social brasileira às doutrinas acima resumidas de que foi um adepto fervoroso.

Encarada à distância, perde o estrito caráter de crítica e história literárias para assumir o cunho de história social ou da cultura. As obras literárias não tinham para ele um significado estético. Não eram monumentos literários, porém documentos, através dos quais ele estudava e interpretava a sociedade e o homem brasileiros. Hoje, é dessas obras gigantescas, de importância fundamental para a cultura brasileira e a interpretação do passado, mas que devemos conhecer e estudar para discordar. É indispensável, mas como ponto de partida para direções diferentes. É uma obra que não mais corresponde às atuais necessidades científicas, mas que não pode ser dispensada como base de informes e sugestões, por haver sido a que, no dizer de Antonio Candido, estabeleceu o cânon da história literária brasileira. Está a exigir uma atitude de meio-termo, nem repulsa nem exaltação acrítica. A vasta obra de Sílvio Romero, conforme a classificação por ele mesmo feita, compreende: crítica e história literária, folclore, etnografia, política e estudos sociais, filosofia, poesia. Procurou valorizar o acervo de criação folclórica, as lendas, os mitos, os contos, a poesia populares, no pressuposto de maior autenticidade desse material anônimo para a verdadeira interpretação da alma brasileira. Estudou os componentes raciais do povo, pondo em relevo o resultado da fusão de raças, a miscigenação, através da qual se atingira o verdadeiro protótipo nacional, o mestiço, que ele via presente em todo brasileiro, quando não no sangue, na cultura. Procurou interpretar a cultura brasileira como um produto de forças exteriores, colocando a literatura em dependência da natureza e da sociedade, em obediência às doutrinas positivistas e evolucionistas. A arte não passaria de um "produto" das forças extra-artísticas, daí que sua crítica ficou o modelo da interpretação sociológica, dele partindo uma influência que se estendeu até quase a metade do século XX, na crítica e história literárias. Ainda acadêmico já se impregnara das chamadas "ideias novas" que constituíram a paixão da sua geração; Darwin, Spencer, Comte, Buchner, Buckle, Haeckel, Taine, Ratzel, foram os seus mestres na formação de um materialismo, um naturalismo e um evolucionismo acobertados pelo espírito científico apanágio da época. Seu conceito da crítica e da historiografia literárias basearam-se desta maneira no determinismo biológico e sociológico, no evolucionismo darwiniano, no naturalismo e cientificismo aplicados à análise e interpretação do fenômeno literário. Para ele a história literária era "a história natural da sociedade e das letras". Sua grande história literária definiu como "um trabalho naturalista" baseado no fundamento étnico e popular para explicar o caráter nacional, estabelecendo os elementos de "uma história natural de nossas letras", "as condições de nosso determinismo literário, as aplicações da geologia e da biologia às criações do espírito", afirma na introdução à *História da literatura brasileira*.

Seu critério valorativo está colocado na definição do ambiente nativo dos escritores. Para ele, a história do Brasil "é antes a história da formação de um tipo novo pela ação de cinco fatores, formação sextiária em que predomina a mestiçagem. Todo brasileiro é um mestiço, quando não no sangue, nas ideias. Os operários deste fato inicial têm sido: o português, o negro, o índio, o meio físico e a imitação estrangeira. Tudo quanto há contribuído para a diferenciação nacional deve ser estudado, e a medida do mérito dos escritores é este critério novo. Tanto mais um autor ou um político tenha trabalhado para a determinação do nosso caráter nacional, quanto maior é o seu merecimento. Quem tiver sido um mero imitador português, não teve ação, foi um tipo negativo."[10]

Esse critério nacionalista na aferição crítica derivava do seu "americanismo", concebida a literatura como produto da raça mestiça. A ideia de raça é o principal elemento de sua teoria, ao contrário de Araripe, que valorizava mais o meio físico. A princípio foi, para ele, o negro o principal elemento na formação étnica do brasileiro. Mais tarde, o mestiço o substituiu. Se a literatura, segundo os cânones realistas, deveria buscar a realidade, não podia perder de vista que a realidade brasileira não era lusa, nem negra, nem índia, mas sim mestiça. A literatura brasileira era uma harmonização com o caráter do povo e é brasileira porque reflete o caráter mestiço da civilização, daí ser original. Para ser nacional e original, ela tinha que "acostar-se ao gênio, ao espírito popular". Esse conceito levou-o a valorizar as produções folclóricas e a pesquisar os fatores condicionantes da nacionalização literária: a raça, os meios social e geográfico. Sua grande *História* é em especial um estudo das condicionantes ou determinismos que fundamentaram o aparecimento da literatura brasileira. Constituiu a análise e o julgamento de toda a produção escrita do povo, de acordo com a tese de que todo documento escrito é literatura. Um resultado imediato dessa posição foram as pesquisas sobre o folclore e criações e tradições populares, como testemunho do processo de mestiçamento cultural, base da originalidade brasileira, pois são um espelho do complexo de caráter do povo, do sincretismo de sua formação cultural, nacionalidade e originalidade.

Sua crítica, assim, confundiu-se com as ciências sociais, com a etnografia, a sociologia, porquanto era no âmago da vida social que buscava as raízes e gênese da criação literária. Era por isso uma crítica genética. Em vez de uma história *literária*, seu grande livro é antes uma enciclopédia de conhecimentos sobre o Brasil, a origem e evolução de sua cultura, nas raízes sociais e étnicas. Como obra de crítica falta ao seu autor sensibilidade estética, serenidade e objetividade. Daí a falência no julgamento de casos individuais, prejudicada pelo temperamento e pela paixão.

A importância da figura intelectual de Sílvio Romero leva-nos perguntar quais os aspectos válidos e os superados de sua obra e doutrina.

Evidentes são os pontos que não resistirão à análise feita à luz do atual estado da cultura. Ei-los:

1. FILOSOFIA E CONCEITO ESTÉTICO

Suas ideias traduzem um compromisso profundo com a ideologia da época: o antiespiritualismo, o anti-idealismo (e antirromantismo), o cientificismo, o materialismo, o positivismo, o naturalismo, o determinismo, o progressismo, o fatualismo, o mesologismo ou ambientalismo; a sociologia e a psicologia unidas à biologia. De acordo com esse complexo doutrinário, fixou ele

a) uma concepção da literatura:
"Para tanto é antes de tudo mister mostrar as relações de nossa vida intelectual com a história política, social e econômica da nação; será preciso deixar ver como o descobridor, o colonizador, o implantador da nova ordem de coisas, o português em suma, foi-se transformando ao contato do índio, do negro, da natureza americana, e como, ajudado por tudo isso, e pelo concurso de ideias estrangeiras, se foi aparelhando o brasileiro, tal qual ele é desde já e ainda mais característico se tornará no futuro.

Pretendo escrever um trabalho naturalista sobre a história da literatura brasileira. Munido do critério popular e étnico para explicar o nosso caráter nacional, não esquecerei o critério positivo e evolucionista da nossa filosofia social quando tratar de notar as relações do Brasil com a humanidade em geral.

"(...) Porque para mim a expressão literatura tem a amplitude que lhe dão os críticos e historiadores alemães. Compreende todas as manifestações da inteligência de um povo: — política, economia, arte, crenças populares, ciências... e não, como era de costume supor-se no Brasil, somente as *belas-letras*, que afinal cifravam-se quase exclusivamente na poesia."

(*História da literatura brasileira*)

"Em mim o caso literário é complicadíssimo e anda tão misturado com situações críticas, filosóficas, científicas e até religiosas que nunca o pude delas separar."

(De João do Rio, *O momento literário*)

b) uma concepção da história literária:
"A história da literatura brasileira não passa, no fundo, da descrição dos esforços diversos do nosso povo para produzir e pensar por si; não é mais do que a narração das soluções diversas por ele dadas a esse estado emocional; não é mais, em uma palavra, do que a solução vasta do problema do nacionalismo.
(...) indicam-se os elementos de uma história natural de nossas letras; estudam-se as condições do nosso determinismo literário, as aplicações da geologia e da biologia às criações do espírito."

(*Hist. da literatura brasileira*)

"Há outros fatos a que vamos rapidamente nos referir e que perfazem a história em sua face mais íntima, naquilo que os alemães chamam a *história cultural*, querendo significar com esta palavra a criação e desenvolvimento das instituições que se referem à vida interna, econômica e artística duma nação."

(*Id.*)

"Não resta a menor dúvida que a história deve ser encarada como um problema de biologia: mas a biologia aí se transforma em psicologia e esta em sociologia."

(*Id.*)

c) uma concepção da crítica:
"A parte da lógica aplicada, que, estudadas as condições que originam, e as leis que regem o desenvolvimento de todas as criações do espírito humano, científicas, artísticas, religiosas, políticas, jurídicas e morais, aprecia as obras dos escritores que de tais fatos se ocuparam. Cremos ser este o exato conceito da crítica e que dela não se poderia dar melhor definição."

(*Id.*)

"A darwinização da crítica é uma realidade tão grande quanto é a da biologia.

(*Id.*)

"Era apenas a ilação lógica do concurso das diversas raças no espetáculo de nossa história, problema peculiar de etnografia brasílica, base de todos os meus trabalhos de crítica literária."

(*Id.*)

Tais conceitos são inaceitáveis, se encararmos o fenômeno artístico em geral e o literário em particular segundo uma perspectiva estética, como fenômenos autônomos expressos na obra em si, e não como produtos de circunstâncias extraliterárias. Por outro lado, a sua teoria ampla da literatura choca-se com a tendência da moderna poética a restringir os gêneros literários àqueles estritamente literários (romance, lirismo, drama, etc.). Por isso, à história literária estaria, ao contrário do que ele admitia, restrita ao estudo desses gêneros, unida à crítica, numa crítica poética, literária, e não biológica ou determinista.

2. MÉTODO

a) O método crítico por ele adotado na análise literária, em consequência de seu conceito, é a subordinação do estudo literário à verificação dos elementos extrínsecos. Sendo a literatura tributária do social, a raiz de sua explicação estaria nos fatores genéticos — meio, raça, momento.

Não se faz mister insistir na inadequação desse método quando encaramos a literatura nos seus elementos intrínsecos, cabendo à crítica sobretudo o exame desses elementos, como os que dão especificidade ao fenômeno literário.

b) Outro aspecto importante do problema metodológico não devidamente considerado por Sílvio Romero é o da periodização, questão relevante em história geral e história literária. Como se pode ver em diversos pontos da sua introdução, a atitude que o caracteriza no particular é de completo ceticismo, negando qualquer importância ao mesmo,[11] ao admitir a possibilidade de vários critérios de periodização e ao declarar, no prefácio da segunda edição de *História*, "não fazer o autor grande cabedal da que propôs no texto do livro e destas que aí ficam".

Ora, a um historiador, semelhante posição invalida o seu trabalho, tratando-se de problema fundamental e não arbitrário.

3. JUÍZOS CRÍTICOS

Pelas razões acima aduzidas relativas ao falho critério do autor e às deficiências de temperamento e formação, são insustentáveis os juízos críticos individuais sobre a grande maioria dos autores estudados. Destacam-se nesse particular os referentes a Machado de Assis, Castro Alves e Tobias Barreto.

Salvam-se alguns julgamentos certos, sem dúvida, como a respeito de Anchieta como primeiro escritor brasileiro, de Vieira como brasileiro, da importância dos poetas árcades, etc.

Em que parece ainda válida a contribuição romeriana?

a) Em primeiro lugar, em meio ao diletantismo nacional, é um exemplo de seriedade intelectual, de espírito científico no estudo literário, de dedicação ao trabalho, de fidelidade a si mesmo. Sua obra é uma construção monumental, em que pese a sua inatualidade. Foi quem estabeleceu a crítica e a história literárias em bases sistemáticas e técnicas, e o quadro dos escritores brasileiros desde os dos tempos coloniais. Como diz Antonio Candido, firmou o cânon da história literária brasileira, quaisquer que sejam as mudanças de julgamento crítico acerca de livros e escritores.

b) Consolidou o conceito de que a realidade brasileira deve ser a base da literatura. É a confirmação do nacionalismo literário, pelo qual se vinham batendo todos os teóricos através dos três séculos.[12] E como realidade brasileira, foi quem firmou a noção de que ela não é lusa, nem negra, nem indígena, porém mestiça. "É antes a história da formação de um tipo novo pela ação de cinco fatores, formação sextiária em que predomina a mestiçagem. Todo brasileiro é um mestiço, quando não no sangue, nas ideias. Os operários deste fato inicial têm sido: o português, o negro, o meio físico e a imitação estrangeira."

(*História da literatura brasileira*)

É claro que tal critério, válido como definição da civilização brasileira, torna-se inadequado como padrão de aferição literária, como ele propôs à crítica brasileira.

c) A literatura sendo uma harmonização, com o caráter do povo, e refletindo o cunho mestiço da civilização, é natural a valorização das produções folclóricas, testemunho do processo de mestiçamento cultural base da originalidade. "Poesia é no povo. Poesia para mim é água em que se refresca a alma e esses versinhos que por aí andam, muito medidos, podem ser água, mas de chafariz, para banhos mornos em bacia, com sabonete inglês e esponja. Eu, para mim, quero águas fartas, rio que corre ou mar que estronde. Bacia é para gente mimosa e eu sou caboclo, filho da natureza, criado ao sol" (Discurso de Recepção a Osório Duque Estrada, na Academia Brasileira de Letras).

No capítulo VII de sua *História*, estão as bases do estudo folclórico, bem como os lineamentos doutrinários: Coligiu nos *Cantos populares do Brasil* e nos *Contos populares do Brasil* o material esparso e indicou nos *Estudos sobre a poesia popular brasileira* o método, mostrando como o patrimônio popular brasileiro é mais rico do que o dos portugueses por ter reunido este ao dos índios e negros.

d) Confirmou os postulados tradicionais do nacionalismo brasileiro. "Não é nacional quem o quer; é nacional aquele que a natureza faz, *ainda que o não processe ostensivamente*. (...) O que desejo é que o na- (...) Em uma palavra, um caráter nacional não se procura, não se inventa, (...) Em uma palavra, um caráter nacional não se procura, não se inventa, não se escolhe, nasce espontaneamente, bebe-se com o leite da vida, respira-se no ar da pátria. E nós temos esse caráter nacional. (...) O que eu desejo é que o nacionalismo passe do anelo vago para o fato subjetivo, que ele apareça espontâneo. O poeta pode mostrar-se brasileiro tanto no manejo de um assunto geral, universal, quanto no trato de assuntos nacionais."

(*Ibd.*)

Compare-se essa doutrina com a de Machado de Assis e outros do século XIX, para ver-se quão unânime era o pensamento crítico relativamente a esse problema.[13] É a maior constante do pensamento brasileiro, vinda desde o ufanismo do século XVI e XVIII, e ainda hoje viva. Foi o que bem exprimiu Gilberto Freyre ao dizer: "Na verdade o que Sílvio Romero nos deixou nesse livro monumental foi a afirmação do devido poder de desenvolver uma literatura diferente da portuguesa. Uma literatura reflexo da nossa cultura mestiça e expressão da nossa condição de americanos."

Essa a imensa importância de sua contribuição, e nisso está a explicação do segredo que a faz ainda hoje válida e indispensável ao conhecimento do Brasil. É um monumento ao esforço gigantesco e plurissecular do brasileiro por adquirir uma consciência autônoma e por criar uma literatura nova, peculiar, original.

E ainda há uma lição positiva a registrar. Nada se faz de grande sem paixão. Na grande personalidade de Sílvio, foi à custa de uma intensa paixão intelectual, graças a uma imensa força de afirmação e realização que ele soube imprimir a sua marca na cultura brasileira. Não respeitou preconceitos, soube sozinho enfrentar as ideias feitas e estabelecidas, os corrilhos, grupos e capelas, fez derrubar muito castelo de aparência poderosa, investiu corajoso contra as falsidades e os reacionários, numa luta sem tréguas de toda a vida. Típico exemplo dessa atitude desassombrada foi o famoso episódio da defesa de tese em Recife. Durante a arguição, um dos examinadores mencionou a metafísica, ao que ele sublinha "A metafísica não existe mais... Vá estudar e aprender que a metafísica está morta." "E quem a matou foi o senhor?" retruca o lente. "Foi o progresso, a civilização", responde Sílvio, retirando-se da sala com doestos à congregação. Sem julgar o mérito da teoria defendida, o que o episódio reflete é a atitude de independência, de liberdade intelectual, de rebeldia criadora, que foi o seu apanágio.

JOSÉ VERÍSSIMO*

* José Veríssimo Dias de Matos (Óbidos, PA, 1857 — Rio de Janeiro, 1916). Foi professor secundário, crítico militante, exercendo intensa atuação na vida literária do seu tempo, cuja ideologia absorveu, muito embora sem exclusivismos. Foi membro fundador da Academia Brasileira de Letras. Amigo de Machado de Assis, teve, no entanto, acuidade e independência para ser o primeiro crítico de sua obra.

Bibliografia

CRÍTICA E HISTÓRIA LITERÁRIA: *Estudos brasileiros*, 2 séries. Belém, 1889, Rio de Janeiro: Laemmert, 1894; *Estudos de literatura*, 6 séries, Rio de Janeiro: Garnier, 1901-1907; *Homens e coisas estrangeiras*, 3 séries. Rio de Janeiro: Garnier, 1902-1908; *Que é a literatura: outros escritos*. Rio de Janeiro: Garnier, 1907; *História da literatura brasileira*. Rio de Janeiro: Francisco Alves; 1916; *Letras e literatos*, Rio de Janeiro: José Olympio, 1936. DIVERSOS: *Cenas da vida amazônica*. Lisboa: Tavares Carvalho, 1886; *Questões de limites*. Belém, 1889; *Educação nacional*. Belém, 1890; *A Amazônia*. Rio de Janeiro: Ed. J. Brasil, 1892; *A pesca na Amazônia*. Rio de Janeiro: Alves, 1895; *O século XIX*. Rio de Janeiro: Ed. Gazeta de Notícias, 1899; *A instrução pública e a imprensa*. Rio de Janeiro, *Livro do centenário*, 1900: etc. *José Veríssimo*. Crítica, Rio de Janeiro: Agir, 1958 (Col. Nossos Clássicos, 21); Centenário de José Verissimo. Rio de Janeiro, *Rev. do Livro*, n. 5, março, 1957.

Consultar

Adonias Filho. Ainda José Veríssimo, RJ, *J. Comércio*, 26/10/1957; Assis, Machado de. *Crítica literária*. Rio de Janeiro: Garnier, 1924; Athayde, Tristão de. "Sobre Veríssimo". RJ, *Diário de Notícias*, 28/4/1957; Athayde, Tristão de. "Jackson de Figueiredo e José Veríssimo". RJ, *Diário de Notícias*, 25/6/1961; *Autores e Livros*. Supl. Lit. de *A Manhã*, RJ, 31/5/1942; Bandeira, Manuel. "José Veríssimo". RJ, *Letras e Artes*, 12/6/1949; Barata, Mario. Reflexões de J. Veríssimo sobre arte". RJ, *Diário de Notícias*, 5/5/1957; Barbosa, João Alexandre. "Um outro Veríssimo". *O Estado São Paulo*, 25/2/1967; Belo, José Maria. "J. V.". *J. Brasil*, RJ, 14/3/1957; Broca, Brito. "Vinte e cinco anos de crítica militante". *C. Manhã*, RJ, 7/4/1957; Campos, Humberto. *Carvalhos e Roseiras*. Rio de Janeiro: Jacobsen, s.d.; Candido, Antonio. "J. V. e a educação". *O Estado São Paulo*, 17/4/1957; Carpeaux, Oto Maria. "O passado e as auroras". *C. Manhã*, RJ, 4/10/1958; Carvalho, Pereira de. *Os Membros da Academia Brasileira de Letras em 1915*, RJ, 1915; Castelo, José Aderaldo. "Biobibliografia de J. V.". *O Estado S. Paulo*, 13/4/1957; "O centenário de J. V.". *O Estado São Paulo*, 7/4/1957; "O centenário de J. V.". *C. Manhã*, RJ, 6/4/1957; Coutinho, Afrânio. "José Veríssimo, prós e contras". *Diário Notícias*, RJ, 13/3/1966; Couto, Pedro do. *Páginas de crítica*, Lisboa, 1906; Eneida. "Há cem anos nascia J. V.". *Diário de Notícias*, RJ, 7/4/1957; Eneida. "O que pensam os críticos de hoje do crítico de ontem". *Diário de Notícias*, RJ, 19/5, 16/6/1957; Falcão, Rubens. "J. V.". *O Globo*, RJ, 21/3/1966; Faria, Alberto. "Discurso". *Rev. Acad. Brasil. Letras*, n. 19-20, Rio de Janeiro, 1931; Freire, Ambal. "Curso de Crítica". Rio de Janeiro: Publicações da Academia Brasileira de Letras, 1956; Guimarães, Reginaldo. "J. V. e os estudos de Antropologia Cultural". *J. Comércio*, RJ, 9/6/1957; Lins, Álvaro, *Jornal de Crítica*, 3ª série. Rio de Janeiro: José Olympio, 1944; Lins, Álvaro. "O primeiro

Na Colônia Militar de Óbidos, à margem superior do baixo Amazonas, à sombra da fortaleza erguida pouco antes de seu nascimento, o futuro escritor viveu os primeiros anos de sua infância. Os grossos muros do baluarte, avultando pesadamente no espaço, em contraste com o encolhido casario do lugarejo, deviam ter-se imposto vivamente à imaginação silenciosa do menino. Se muito depois, com os atropelos que se seguiram à implantação do novo regime, o militarismo iria despertar fundas reservas no espírito liberal do cidadão, que também fora dos que "sonharam" com a República, é de supor que o ambiente de disciplina em que desabrochou sua infância doentia e impressionável tenha tido parte decisiva na formação dos rijos hábitos de austeridade que foram a grande marca de sua vida.

Essa influência, estimulada por uma educação igualmente austera, terá sido tão imperiosa que contra ela nada poderia nem mesmo a deliquescência do clima equatorial. Além disso, entregue, desde cedo, como quem cumpre um grave dever, às lides do ensino, a que se consagraria até o fim de seus dias, a autodisciplina do magistério seria chamada a consolidar definitivamente a exemplar severidade de sua formação. Mais tarde, quando se mudou para o Rio de Janeiro, estaria de todo imunizado contra os perigosos filtros que empapam a atmosfera carioca. O certo é que o que mais impressiona em sua obra crítica, quase toda realizada no ambiente movediço, resvaladio da nossa metrópole, é a constância de um espírito inflexível, sempre em guarda contra o jogo furta-cor das transigências. Seus juízos e conceitos poderão ser contestados por diferentes razões, mas nunca por cederem a compromissos que não os de seu ofício.

---

crítico do *Correio da Manhã*". *C. Manhã*, RJ, 15/6/1951; Martins, Wilson. *A crítica literária no Brasil*. São Paulo: Dep. Cultura, 1952; Martins, Wilson. "O crítico J. V.". *O Estado São Paulo*, 13/4/1957; Melo, Homem de. "Discursos". *Rev. Acad. Brasil. Letras* n. 64, Rio de Janeiro, abril 1927; Montello, Josué. "O educador Veríssimo". *J. Brasil*, RJ, 14/4/1960; Montenegro, Olívio. "Um crítico brasileiro". *O Jornal*, RJ, 15/6/1958; Montenegro, Olívio. "Um crítico independente". *O Jornal*, RJ, 7/9/1958; Montenegro, Olívio. "Apresentação". In Nossos Clássicos; Peregrino Júnior. "J. V. de carne e osso". *J. Comércio*, RJ, 21, 28/4/1957; Pereira, Astrogildo. "J. V. e o perigo americano". *Imprensa Popular*, RJ, 12/5/1957; Pereira, Astrogildo. "J. V. sem nenhuma ilusão americana". *Imprensa Popular*, RJ, 19/5/1957; Pereira, Lúcia Miguel. "Cenas da vida amazônica". *O Estado São Paulo*, 17/4/1957; Pimentel, Osmar. "Um anjo de guarda-chuva". *O Estado São Paulo*, 13/7/1957; Pontes, Joel. *O aprendiz de crítica*. Recife: Prefeitura Municipal, 1955; Prisco, Francisco. *José Veríssimo. Sua vida e suas obras*. Rio de Janeiro: Bedeschi, 1937; Ramos, Maria Luísa. "A psicanálise interpreta o crítico". *Estado Minas*, BH, 28/4/1957; Rego, José Lins do. "Ainda Veríssimo". *O Jornal*, RJ, 8, 10 e 13/4/1957; Rizzini, Jorge. "Sílvio Romero e José Veríssimo, dois conceitos de literatura". *C. Paulistano*, SP, 1/8-1954; Sales, Antônio. "Os nossos acadêmicos". *Revista Brasileira*, RJ, 1897, I, p. 146; Tourinho, Eduardo. "Para a biocrítica de J. V.". *J. Comércio*, RJ, 28/4/1957; Vellinho, Moisés. "J. V. e o purismo". *Organon*; Veríssimo, Inácio José. *José Veríssimo visto por dentro*. Manaus: Edições Governo do Estado do Amazonas, 1966.

Quem não o conhecesse de perto mal poderia adivinhar que sob a timidez aparente de suas maneiras, sob a sua mesquinha compleição física, se retesava um espírito de singular enfibratura, a marchar quase sozinho em meio pouco propício à dureza de seu modo de ser e de agir. Nesse meio sem consistência, ele procurou ser, e o foi de fato, um ponto de cristalização, um nódulo de ativa resistência moral e profissional. Compreende-se, por isso mesmo, o mal-estar que sua prolongada atuação em nossa vida literária despertou entre seus contemporâneos, e o mundo de ressentimentos que desencadeou. Pode-se dizer que a repercussão dessas reações, tantas vezes injustas ou absurdas, chegou até aos nossos dias. Foi preciso que desaparecessem os últimos remanescentes das gerações que viveram debaixo de sua incansável vigilância crítica, para que se iniciasse, através da revisão impessoal de sua obra, o processo de justa reabilitação do escritor culto, honesto e indômito que tanto animou e dignificou a atividade literária de seu tempo.

Em verdade, José Veríssimo não nasceu para as amizades fáceis. Natureza enfermiça, reservado por temperamento, e até por precaução, não gostava de expandir-se nem mesmo com os amigos. Ele era o primeiro a denunciar seus parcos dons de sociabilidade, e o fazia sem o menor propósito de emendar-se.[14] Por outro lado, os vícios, os maus hábitos dos nossos círculos literários, que ele frequentemente pontuava com azedume, hão de ter contribuído mais que tudo para endurecê-lo no seu retraimento. Quem se dispunha a julgar a obra de seus contemporâneos, sem exclusão dos amigos, com implacável isenção, não iria transigir com os autores que, segundo uma de suas objurgatórias, se davam ao desfrute de pedir à crítica "não um julgamento, mas um reclamo"...[15]

Inabalável nas suas disposições, jamais o crítico se refugiou no comodismo do silêncio ou nas omissões deliberadas. Embora suas atividades tenham coincidido, por largo tempo, com uma época de depressão espiritual, a julgar, dia após dia, as manifestações de uma literatura que Joaquim Nabuco tinha por "desocupada" e que, segundo o arrasador depoimento de Sílvio Romero, não deixava à crítica senão o melancólico trabalho de operar no vácuo,[16] nada disso impediu que José Veríssimo tenha praticado este ato de patriótica humildade: jamais depôs a pena. Não raro ele pagou de si mesmo, com o risco de seu próprio crédito, o preço da mediocridade alheia. Nem assim ele cedia nem recuava. Qualquer livro, por mofino que fosse, podia contar de antemão com o seu registro. Não se confiasse, porém, na simpatia gratuita do crítico: este ignorava de maneira quase agressiva a arte de soprar vaidades. Entendia que de outra forma estaria violando os deveres de quem se achava empenhado a fundo na grave tarefa de contribuir com sua quota para dignificar a condição do homem de letras no Brasil e enriquecer o teor de uma literatura que estava tomando corpo debaixo de vicissitudes culturais incertas e difusas.

Entretanto, e ao contrário do que diz a fama, José Veríssimo não era um crítico de cara amarrada, rabugento, que desconhecesse instantes de bom humor ou de ironia. Se a missão que ele tomou sobre os ombros traía de certo modo os hábitos do pedagogo, nem por isso ele se julgava obrigado a esconder a palavra mordaz que por vezes lhe vinha ao espírito. A verdade é que a aguda malícia com que de quando em quando temperava seus comentários havia de arder mais na pele dos autores que as mais severas restrições críticas. Quando o olho de José Veríssimo topava, de repente, com o ponto fraco do escritor, duas ou três palavras ferinas lhe bastavam para denunciá-lo. O diletantismo, a versatilidade infecunda de Medeiros e Albuquerque, por exemplo, mereceram-lhe a mordaz observação de que este escritor, festejado e temido como poucos em seu tempo, dava a impressão de que concebia sem esforço e gerava sem dor...[17] E Coelho Neto? Ao passo que todo o mundo se estarrecia diante de seu estilismo impenitente, esparramado por mais de cem volumes, o que José Veríssimo via na mobilização de tanto aparato verbal era apenas o vão empenho de escamotear a inocuidade que reinava por baixo de tudo. Numa palavra, "uma complicação sem complexidade"...[18] Mas se Coelho Neto, "sôfrego de novidades", se atirava a tudo que servisse para acrescentar-lhe os falsos cabedais, já Afonso Celso pecava por excesso de timidez, fruto de sua "ingênua devoção", "interesseiramente" votado à salvação da alma, as aventuras da forma lhe cheiravam a "preocupações pecaminosas" e era preciso fugir às "pompas diabólicas" do estilo...[19]

Nem os ídolos eram poupados às farpas do crítico. Quando surgiram as primeiras reações ao parecer de Rui Barbosa sobre o projeto do Código Civil, foi nestes ímpios termos que ele assinalou o acontecimento: "Passado o primeiro momento da estupefação causada pela queda daquele penedo filológico no charco da nossa ciência do vernáculo, começaram as primeiras vozes de desagravo."[20] Aliás, as páginas em que José Veríssimo glosa a polêmica desencadeada pelo "penedo" são todas elas picadas da mais saborosa verve. E é num desabafo jovial que ele exclama, já agora alvejando também o professor Carneiro Ribeiro: "Para escritores ignorantes como eu, esta briga é um consolo. Como erram os mestres! Como ignoram os sábios!"[21]

Mas o crítico também sabia render-se. Quando apareceu *Canaã*, por exemplo, ele se deixou vencer pelo vigor e novidade do romance. "Há em Graça Aranha excesso de viço — observa — mas a exuberância é o vício dos fortes, e abençoados os defeitos que apenas são o exagero das qualidades."[22] Se José Veríssimo negou direitos de cidadania às mediocridades de seu tempo, devemos reconhecer que nunca passou sem o estímulo de seu louvor nenhuma das figuras que efetivamente contribuíram para aumentar o peso específico do nosso patrimônio espiritual. Veja-se o caso de Machado de Assis. Tantas vezes mal compreendido em vida, e até depois de morto, pode-se dizer que José Veríssimo madrugou no reconhecimento de sua enorme importância. O caráter representativo da obra machadiana já se encontra agudamente assinalado nas páginas do crítico. Em lugar de um corpo estranho desviando o curso natural da nossa ficção, o que José Veríssimo viu e proclamou, ao mesmo tempo em que punha em evidência a vinculação universal do escritor, foi a íntima integração de sua obra no processo vital da literatura brasileira: os romances e contos que nos legou, elaborados no silêncio com que se constrói contra as erosões do tempo, são, conforme a soberba conclusão crítica do autor de *Estudos de literatura*, nada mais que o supremo coroamento do impulso com que os mestres do Romantismo se lançaram à procura da nossa alforria espiritual.[23]

Votado aos livros com paixão, a meticulosa curiosidade mental de José Veríssimo o trazia em estreito contato com diferentes ramos do conhecimento humano. Frequentava diversas literaturas estrangeiras, inclusive as de língua inglesa, e através de revistas literárias europeias se mantinha em assíduo comércio com os movimentos espirituais do Velho Mundo. A impressão que nos deixa a leitura de seus livros é que nenhum assunto costumava apanhá-lo desprevenido ou desarmado. Essa riqueza e versatilidade de informação que ele usava com seriedade e comedimento, sem ostentações ociosas, era revelada sobretudo no trato dos grandes escritores, nacionais ou estrangeiros. Nessas ocasiões ele podia libertar-se da aparente estreiteza de seu horizonte crítico, dando a impressão de que se transfigurava e crescia. Há mais de meio século, quando D'Annunzio galgara a plenitude da fama, deste lado do Atlântico José Veríssimo, em estudo que é um modelo de acuidade crítica,[24] já descobria com vivo desempenho os pés de barro do semideus. Mais tarde, muitos tiveram que recolher as vozes de seu destempero laudatório. Se na hora da palinódia o nosso crítico ainda fosse vivo, não tinha por que retratar-se: havia sido dos primeiros que sentiram as limitações de uma arte flamante mas destituída de vitalidade interior. Outra grande página, animada de singular vibração, foi a sugerida pela morte de Zola. Para José Veríssimo, o desaparecimento do famoso romancista roubava à França "o último de seus homens universais", aquele que na sua terra e no seu tempo fora dos que "melhor deram à dor e às aspirações humanas uma expressão imortal e sagrada".[25] Também se poderiam lembrar outros ensaios, como os que o historiador da nossa literatura dedicou a Chateaubriand, a Ruskin, a Tolstoi, ao Padre Antônio Vieira — este tão maltratado —, a Eça de Queirós. Qualquer deles dá bem a medida da capacidade e das virtualidades do crítico. Em relação aos valores brasileiros, são inúmeros os capítulos reveladores de sensibilidade e perspicácia, bastando lembrar, além dos já citados, os que tratam de Gonzaga, Basílio da Gama, Gonçalves Dias, Casimiro de Abreu, José de Alencar, Taunay, Joaquim Nabuco, Olavo Bilac, Euclides da Cunha, Alcides Maia e tantos mais, quer nos *Estudos*, quer na *História da literatura brasileira*. São páginas que acusam, qualquer delas, estes atributos constantes na obra do escritor: lucidez, compenetração crítica, autonomia de julgamento.

Mas a acuidade de José Veríssimo por vezes ia além do estrito âmbito literário. Em artigo escrito por volta de 1900, ao tempo em que o mundo parecia tão seguro em si e de si mesmo, ele levou sua clarividência ao ponto de antecipar-se ao futuro e aos acontecimentos. Foi quando pressentiu que a Rússia, sem tradição literária nem filosófica, desarmada culturalmente, seria o campo de eleição para a sementeira e irrupção das novas doutrinas revolucionárias.[26] Aqui ele iria retificar as previsões do próprio Marx, que pensara em todas as hipóteses, menos na inclusão da Rússia, obscuramente agrária, entre os países expostos à experiência do comunismo.

Embora desde cedo se tenha inclinado para a crítica, a qual lhe absorveria, com o tempo, todas as atividades do espírito, José Veríssimo excursionou também noutros domínios das letras e mesmo das ciências. No desejo de erguer o nível cultural e social do extremo Norte, o incansável animador de tantas coisas interessou-se ativamente por todos os problemas da região amazônica, tendo escrito notável ensaio sobre as *Populações. indígenas e mestiças da Amazônia*. Já noutro domínio, sua obra *A educação nacional* reveste tal importância que mereceu estas palavras consagradoras de Carneiro Leão: "Num país como o nosso, sem educação e sem diretriz, este livro é uma espécie de evangelho, que todos deviam meditar e possuir."[27] Antes de tomar o rumo definitivo da crítica, José Veríssimo ensaiou-se no conto com êxito, através de *Cenas da vida amazônica*, enfileirando-se entre os precursores do Naturalismo no Brasil.

Ninguém contesta os pontos vulneráveis da obra de José Veríssimo. Um deles: o estilo. Neste particular, poderia até parecer, a um juízo menos atento, que ele não desse maior importância à arte da palavra. No entanto, suas exigências quanto à legitimidade literária dos elementos do estilo pode-se dizer que estavam em permanente vigília. Considerando a ausência do ensino de literatura nos programas oficiais de seu tempo, ele chegou a admitir que a crítica assumisse, nessa matéria, certa função pedagógica. É que a literatura, para ele, devia possuir o seu verbo próprio, uma tessitura em que não houvesse lugar senão para as palavras que traíssem, quanto possível, a frescura das fontes populares ou carregassem consigo a palpitação do uso corrente. Apesar de tudo, porém, é inegável que José Veríssimo nunca logrou dominar a língua como desejava. Infelizmente, faltava-lhe o que tanto o seduzia num Eça de Queirós ou num Machado de Assis: o dom da língua. Sua dicção vulgarmente não se recomenda pela fluência, pelo tato literário, pelo bom gosto. Salvo passagens ou tópicos não muito encontradiços, o estilo costuma sair-lhe espesso e incolor, sem falar em certos deslizes que ele era o primeiro a condenar nos outros. Duvida-se, aqui ou ali, tenha sido o próprio José Veríssimo quem uma vez tentou mover a teimosia dos puristas e levá-los a aceitar, de uma vez por todas, aquilo que ele chamou, com tanta riqueza de intenção, a "disciplina dos fatos".[28] Foram talvez as penas e os embaraços que o crítico sentia nos seus embates com a língua que lhe inspiraram a extravagante suspeita de que nós os brasileiros não éramos rigorosamente autônomos no uso do idioma que a fatalidade histórica nos legou...[29]

Entretanto, se pelo revestimento literário José Veríssimo deixa a desejar, ainda assim não ficou comprometida a importância de sua perseverante atuação ao longo de quase trinta anos. Com todos os seus defeitos de forma, a obra crítica que lhe devemos, desdobrada em quatorze volumes, é dessas que podem encher, só por si, um dos capítulos básicos da crítica literária no Brasil. Nem seria justo desconhecer que seu estilo, lado a lado com os defeitos apontados, e de certo modo atenuando-os, mostra virtudes que não deixam de contribuir para o excitante interesse que seus estudos ainda despertam. Uma dessas virtudes, não muito encontradiças entre nós, é a ausência de vãos efeitos verbais, é a expressão direta, a serviço de um pensamento que traduz elevado senso de disciplina interior, pensamento enxuto e sem voltas, que vai logo ferindo o assunto e descobrindo a intenção viva do autor. Não sei se não seria injusto exigir mais que isto do escritor infatigável, cuja condição de crítico militante o obrigava, dia por dia, ao longo de quase trinta anos, a descer aos jornais, para comentar sem prévia escolha os livros que iam aparecendo, poucos deles capazes de desmentir a teoria do vácuo literário concebida por Sílvio Romero. Como quer que seja, apesar das contradições entre o que recomendava e o que fazia, com referência à linguagem, eram oportunas e cheias de sabedoria suas observações avulsas a respeito dos problemas do idioma.

José Veríssimo não tinha filiação filosófica que o confinasse neste ou naquele sistema, apesar de haver ensaiado seus primeiros voos na clausura do comtismo. Chegou a reconhecer a legitimidade da reação metafísica sob a inspiração de Bergson,[30] mas o racionalismo, em que consolidara sua formação, satisfaria, até o fim, a modéstia de seu apetite filosófico. Foi, antes de tudo, um livre-pensador, refratário a todas as formas de opressão, e esta atitude o levaria, no terreno da crítica, a um sadio ecletismo. Desconfiava das classificações e dos sistemas fechados. Também se guardava das generalizações. O senso da relatividade era de suas faculdades a que ele mais procurava proteger a fim de se pôr a salvo de contaminações extremadas. Daí que as ideias e princípios que o nortearam em seu roteiro crítico nunca aparecem armados em teoria. Como numa semeadura difusa, fertilizam um pouco por toda parte o numeroso campo de seus estudos. Se o crítico era duro com os autores, por vezes até implacável nas suas reservas ou nos seus epigramas, sabia ser maneiroso no trato com as ideias e construções doutrinárias. Aqui, seus movimentos eram cautos e medidos.

No tempo em que o império do cientificismo invadiu até o campo da poesia, e ainda se brigava no Brasil pela legitimidade deste ato de violência, já Veríssimo condenava até mesmo as veleidades de uma crítica científica, embora defendesse com bravura os foros da crítica em relação aos gêneros literários.[31] O certo é que seus juízos, alguns tão terminantes, em geral traíam o fundo impressionista inevitável nas elaborações do espírito. Mas nem por ceder ao impressionismo a crítica poderia ignorar "o conjunto de princípios derivados da meditação da vasta obra literária de trinta séculos". Mesmo porque entre esses princípios, produto de uma experiência multissecular, e o subjetivismo do crítico, não há conflitos nem incompatibilidades irremediáveis. Cumpria, isto sim, que o crítico, honestamente compenetrado de seu ofício, não só não ignorasse tais princípios, mas procurasse viver em perfeita intimidade com eles.[32] Buscando, assim, compor os extremos, José Veríssimo pôde realizar uma obra doutrinariamente conciliatória, isenta de preconceitos.

Um dos sonhos que ele acalentou ao lançar-se na crítica, se bem que desde logo pusesse em dúvida sua viabilidade, foi estabelecer aquilo a que chamou a "lei estética do nosso romance". Para chegar até aí ele empregaria, *mutatis mutandis*, a técnica já tentada em antropologia com o fim de fixar o padrão de determinado grupo racial. Pensava, assim, aproximar, confrontar, superpor uns aos outros os nossos romances característicos, eliminar-lhes o que fosse arbitrário ou ilegítimo, e depois, isolado o componente tipicamente nacional de cada um, deduzir, se possível, a lei que procurava.[33] Como se vê, o plano era por demais ambicioso e estava, além de tudo, em flagrante desproporção com a escassez da matéria-prima até então produzida.

Pode-se levar o sonho do crítico à conta de seu entusiasmo pelo movimento romântico. Uma das constantes de sua obra foi mesmo o reconhecimento da superioridade do Romantismo sobre as correntes ulteriores e da legitimidade de sua inspiração nacional. Apesar de sublinhar o equívoco sociológico do indianismo, o que José Veríssimo pôs insistentemente em evidência na criação dos românticos foi sua forte vinculação com o meio, a plena correspondência de sua intenção emancipacionista com as aspirações gerais de uma pátria recém-nascida, a buscar com sofreguidão a contraprova espiritual de sua autonomia política. Nem é outra, para José Veríssimo, a lição da literatura de todos os tempos senão "construir a unidade moral da nação."[34] Firmado neste pensamento, ele investia a literatura em órgão essencial da nacionalidade, superior às contingências da política e da própria história.[35]

Se aquele plano do crítico nunca passou de um devaneio da mocidade, em compensação é impressionante a insistência com que ele procurou estimular na criação literária o fermento brasileiro, vendo nisto uma condição sem a qual a nossa literatura não chegaria a conquistar um lugar ao sol. Essa insistência anima e polariza todo o seu pensamento crítico em relação ao nosso destino literário. E é aqui que José Veríssimo e Sílvio Romero se aproximam estreitamente um do outro, apesar de tantos desencontros e abalroamentos. A originalidade dos nossos escritores estava, para o autor dos *Estudos de literatura*, na razão direta de sua fidelidade substancial à condição de brasileiros e de sua obediência às "imposições inconscientes de seu passado e do seu meio."[36] Por isso mesmo José Veríssimo não se cansava de condenar o nosso espírito de imitação, que tanto havia de acentuar-se a partir do naturalismo. "Uma cultura," — disse ele admiravelmente — "quaisquer que sejam os socorros do estrangeiro, só se faz com o gênio nacional.[37] E num de seus últimos trabalhos, aparecido em livro póstumo, ele ainda reclama severamente dos nossos escritores "um estilo que ajude a feição nacional do nosso romance".[38] Não se confundisse, porém, sua predicação com a de um estreito nativismo. O que ele queria, em suma, é que concebêssemos e tratássemos os velhos temas universais, invariáveis em essência, dentro do nosso clima natural e cultural, observadas as refrações impostas pela nova experiência social e histórica. Será este o meio, segundo a ideia pela qual ele se antecipara ao pensamento hoje dominante de sermos ao mesmo tempo "nacionais e humanos, particulares e universais".[39] A cultura dessa "coisa acaso indefinida mas real, que é o íntimo e inconsciente nacional, produto da história, da raça, da geografia, dos instintos tradicionais",[40] é que nos preserva contra a contaminação cosmopolita, que, esta sim, compromete e desumaniza uma literatura. Sem o caráter brasileiro, concebido nestes largos termos, a literatura deixa de revestir uma expressão representativa, a expressão de uma coletividade política e sociologicamente definida. Fora disso, caímos no abstracionismo cosmopolita que, sendo a negação do nacional, é ao mesmo tempo a contrafação do universal.

Este o pensamento que presidiu ao rigoroso inventário a que José Veríssimo submeteu o lastro da nossa tradição literária através de sua notável *História da literatura brasileira*, em cujos capítulos ele pôde acompanhar com certo calor a evolução do sentimento nacional na obra dos nossos escritores e poetas, auscultando, como ele mesmo disse, sob as manifestações de uma "retórica" inicialmente ainda portuguesa, as pulsações de um coração que já fosse brasileiro,[41] até o processo de libertação iniciado com o Romantismo e rematado em Machado de Assis. Se outra não é, segundo o crítico, a função da literatura senão representar em suas relações morais e sociais o que há de íntimo e próprio de um povo,[42] nem por isso fica relegada sua imanência social e humana. Pelo contrário, através de seu caráter peculiarmente nacional é que se há de resguardar essa imanência.

Sem restringir a plenitude do fenômeno literário, o que José Veríssimo pretendia de nossa literatura é que ela se erguesse, que se mantivesse fiel à memória de si mesma e com isso pudesse impor sua identidade.

OUTROS CRÍTICOS

À era naturalista e positivista pertencem ainda diversos críticos de menor significação. Cabe assinalar, aliás, a riqueza da geração em críticos, formados segundo os cânones então vigentes, com a força e sedução que os caracterizava. A época era marcada por uma tendência a valorizar o polígrafo, isto é, o escritor que borboleteava por todos os assuntos. Era o primado do amadorismo, e por "literatura" entendia-se tudo, podendo qualquer intelectual ou profissional liberal — médico, advogado, engenheiro — dar-se ao prazer de incursionar pela literatura — fosse por meio de obras de criação na poesia ou na ficção, fosse pela crítica literária. O próprio caso de Sílvio Romero é disso exemplo típico, como também o de Araripe Júnior. Demonstração de erudição em vários setores da vida intelectual constituía argumento de superioridade. E não surpreendiam provas como a de Rui Barbosa relativamente ao problema da linguagem quando da polêmica com Carneiro Ribeiro em torno da redação do Código Civil.

A crítica ainda aguardaria para tornar-se uma atividade profissional, exclusiva e autônoma. Àquela época, em maioria era um passatempo de estudiosos mais ou menos informados. Por isso, pululuram críticos e eruditos, todos obedientes às ideias materialistas e positivistas, de que Sílvio Romero foi o grande modelo e influência.

Assim, Franklin Távora (1842-1889), no limiar da época, tomou parte na polêmica em torno de José de Alencar, ao lado de José Feliciano de Castilho, nas *Cartas a Cincinato* (1870), Joaquim Nabuco (1849-1910) estudou *Camões e os Lusíadas* (1872) e *Castro Alves* (1873). Tobias Barreto (1839-1889) foi, para Sílvio Romero, o fundador da "Escola do Recife", e os seus trabalhos estão reunidos nos *Ensaios e estudos de filosofia e crítica* (1875) e *Estudos alemães* (1883). A Rui Barbosa (1849-1923) devem-se trabalhos sobre Castro Alves no decenário de morte (1881) e sobre *Swift* (1887).

Valentim Magalhães (1859-1903) merece referência mais enfática não pelo valor de sua contribuição à crítica, mas pelo papel de sua presença na vida literária do final do século XIX. Jornalista, poeta, contista, romancista, crítico, teatrólogo, a obra numerosa que deixou não corresponde ao renome adquirido no tempo e à influência que exerceu. Fundador e diretor da revista *A Semana* (1885-1889 e 1893-1895), jornalista de intensa atividade, crítico militante, sua posição, foi, durante 25 anos, de verdadeira liderança entre os contemporâneos e os novos, o que explica o seu prestígio, pois a obra legada em vários gêneros não revela qualidades superiores de escritor. Na crítica, além da colaboração em *A Notícia*, em *A Semana* e na *Gazeta de Notícias*, deixou: *Escritores e escritos* (1894), *A literatura brasileira* (1896), *Notas à margem* (1887-1888). É um crítico superficial, um comentarista de livros, sendo que o segundo volume é de mera divulgação.

Aderbal de Carvalho escreveu *O naturalismo no Brasil* (1894). Artur Orlando (1858-1916), jurista e ensaísta, publicou *Ensaios de crítica* (1886), *Filocrítica* (1886), *Ensaios* (1904), *Novos ensaios* (1905), e Adolfo Caminha (1867-1897) as *Cartas literárias* (1895). Oliveira Lima (1867-1928) escreveu um excelente *Aspectos da literatura colonial* (1896), Clóvis Beviláqua (1859-1945), *Épocas e individualidades* (1889), Almáquio Diniz[43] (1880-1937), *Zoilos e estetas* (1908), *Sociologia e crítica* (1910), *Da estética na literatura comparada* (1911), *Moral e crítica* (1912), *A relatividade na crítica* (1923), Tito Lívio de Castro (1864-1890), *Questões e problemas* (1913).

Presentes ainda na época naturalista e positivista, mais ou menos identificados com os seus princípios de ordem, como herdeiros ou epígonos, a maioria aceitando a norma tainiana de mistura com retrospectos ou roteiros biográficos, ou então reduzindo a crítica a simples comentários impressionistas, a polêmicas ou a estudos eruditos, foram diversos escritores. Assim Antônio Sales (1868-1940), Múcio Teixeira (1858-1926), Lafaiete Rodrigues Pereira (1834-1917), Chichorro da Gama (1862-1929), Solidônio Leite (1867-1930), Sousa Bandeira (1865-1917), Coelho Neto (1864-1934), Euclides da Cunha (1868-1909), João do Rio (1881-1921), Guilherme Studart (1856-1938), Alberto de Faria (1869-1925), Medeiros e Albuquerque (1867-1934), Luís Murat (1861-1929), Artur Guimarães (1871-1931), Alfredo Pujol (1865-1930), Júlio Barbuda (1853-1937), etc.

A HERANÇA ROMERIANA

A figura de Sílvio Romero, graças à sua forte personalidade, à sua constante presença na vida intelectual do país e à importância de sua obra, tornou-se o símbolo da era materialista na crítica literária.

Os conceitos por ele estabelecidos e o prestígio da ideologia canalizada pela influência de grandes nomes estrangeiros tornaram-se o pão de cada dia de pensadores e críticos, não só do final do século XIX, senão também nas primeiras décadas de XX.

A literatura como um fenômeno de cunho social e a crítica literária como uma atividade sociológica constituíram postulados pacíficos da inteligência brasileira. Ninguém os discutia nem os punha em dúvida. Todos encaravam a literatura como um produto da raça, do meio e do momento e julgavam homens e obras à luz desse critério.

Foi mister aguardar a metade do século, depois da revolução modernista, para que outra visão se introduzisse na consideração do fenômeno literário.

Até um José Veríssimo, tenaz adversário de Sílvio, não escapou à marca das ideias por ele veiculadas. Sua obra está vinculada aos mesmos conceitos. E a própria *História da literatura brasileira*, escrita com o propósito de ser uma réplica à de Sílvio, não passa de um reflexo no que respeita às teorias informadoras. É bem verdade que pretende independência de conceito acerca do que é literatura, que para ele é arte literária. Além disso, não confunde a literatura ou belas letras com as atividades ou gêneros intelectuais, contrariamente à teoria romeriana. Tampouco faz "praça de filosofia ou estética sistemática". Por isso, os apologistas de Veríssimo supõem ver nele um crítico estético, naturalmente baseados em sua profissão de fé favorável à literatura como belas letras ou arte literária. Mas, como demonstrou Osmar Pimentel,[44] não possuindo um conceito seguro sobre a estética nem sobre a literatura, confundia Veríssimo o estético com a polidez da expressão e do estilo, e "tinha uma noção apenas acadêmica e parcial de estética", "identificando criação literária com estilo convencionalmente acadêmico", e grandeza literária com "perfeição formal de estilo acadêmico".

Além disso, incapaz de enveredar por uma concepção verdadeiramente estética do fenômeno literário, por deficiência de cultura filosófica e estética, mas tendo que reagir contra Sílvio Romero, ficou Veríssimo preso a uma contradição fundamental, como ainda acentua Osmar Pimentel, ao realizar na sua obra uma conciliação entre o beletrismo neoclássico e a fórmula tainiana de raça, meio e momento.

Resultou que a sua *História* não passa de uma série de ensaios biográficos, na base daquela fórmula, em que a superficialidade não pode ficar despercebida. Em verdade, com tal ausência de um coerente método crítico, e preso às suas contradições, Veríssimo não passa de um crítico impressionista, dentre os muitos que encheram as primeiras décadas do século XX, tanto na crítica militante quanto na história literária.

Na mesma linha de fundamentar a análise da literatura brasileira no exame dos fatores externos que lhe condicionaram a gênese, foi Ronald de Carvalho (1893-1935). Poeta, crítico, historiador literário, sua *Pequena história da literatura brasileira* (1919) procurando corrigir alguns dos juízos de Sílvio Romero, não foge às suas normas gerais. A "Introdução" é uma nova colocação do problema dos fatores condicionantes e na periodização segue Sílvio. A diferença está no estilo, que, no último, é de um real artista da palavra, e no ajuizamento sobre autores, agora mais crítico. Nos ensaios críticos, de *Estudos brasileiros* (1924-1931, 3 v.) e *O Espelho de Ariel* (1922), é um impressionista.

Artur Mota (1879-1936) publicou uma *História da literatura brasileira* (1930, 2 v.) e uma série de perfis de escritores em *Vultos e livros* (1921) e na *Revista da Academia Brasileira de Letras,* nos quais se baseia no mesmo princípio, ao procurar determinar o influxo dos fenômenos sociológicos e do momento histórico, como fundamento da explicação literária, e que constituem a parte estática, para depois estudar a biografia dos escritores e suas obras, parte dinâmica. Têm grande realce em sua obra os elementos da erudição, especialmente a bibliografia ou levantamento dos livros e autores, e a classificação em gêneros e épocas. Na introdução, estuda, como Sílvio Romero, os antecedentes europeus, o meio físico, a raça, a literatura folclórica, a psicologia nacional, o meio econômico. A periodização adotada é de teor organicista, no modelo do século XIX. Deu, porém, um passo avante na historiografia literária, ao valorizar a bibliografia, embora ainda sem a devida técnica. Seus juízos críticos, todavia, não merecem fé. Os capítulos sobre os autores não passam de meros relatos biográficos e bibliográficos, com julgamentos por vezes ingênuos. A despeito disso, é uma obra útil, pelo acervo de informações e roteiros de estudo.

Durante esse período, até o advento do Modernismo, e depois, a crítica e a história literária não fugiram a esses cânones: Taine de mistura com o eruditismo ou o impressionismo.

Dessa forma, a tradição naturalista da crítica sociológica, prolongou--se por toda a primeira metade do século XX, produzindo ainda, depois do Modernismo, a vertente marxista, com Nelson Werneck Sodré.[45]

Ainda na história literária, os próprios livros didáticos, como os de Júlio Barbuda (1859-1937), de Afrânio Peixoto (1876-1947), de Jorge Abreu, bem como os trabalhos de Liberato Bittencourt (1869-1948), não se desviam da regra.

JOÃO RIBEIRO[*]

---

[*] João Batista Ribeiro de Andrade Fernandes (Laranjeiras, SE, 1860 — Rio de Janeiro, 1934), filólogo, historiador, jornalista, folclorista, poeta, professor, ensaísta, crítico literário, fez os estudos primários e de humanidades em Aracaju e na Bahia. Em 1881, chega ao Rio de Janeiro, onde se dedica ao jornalismo e ao ensino. Professor do Colégio Pedro II e funcionário da Biblioteca Nacional. Bacharel em Direito em 1894. Fez várias viagens pela Europa. Membro da Academia Brasileira de Letras.

Bibliografia

POESIA: *Versos*. 1890. FILOLOGIA E DIDÁTICA: *Gramática portuguesa*. 1886; *Dicionário gramatical*. 1889; *Estudos filológicos*. 1902; *Frases feitas*. 2 séries, 1908, 1909; *A língua nacional*. 1921; *Curiosidades verbais*. 1927. HISTÓRIA: *História do Brasil*. 1900. CRÍTICA E ENSAIOS: *Páginas de estética*. 1905; *O fabordão*. 1910; *O folclore*. 1919; *Notas de um estudante*. (s.d.); *Colmeia*, 1923; *Cartas devolvidas*. 1926; *O elemento negro*. (s.d.); *Goethe*. 1932. EDIÇÕES E ANTOLOGIA: *Obras poéticas de Cláudio Manuel da Costa*. 1903; *A arte de furtar*. 1907; *Teatro de Antônio José*. 1910-1911; *Autores contemporâneos*. 1896; *Páginas escolhidas da Academia Brasileira*. 1903; *Seleta clássica*. 1905; *Satíricos portugueses*. 1910. FICÇÃO: *Floresta de exemplos*. 1931.

A obra crítica está sendo publicada pela Academia Brasileira, segundo plano e organização de Múcio Leão: *Obras de João Ribeiro: Crítica, clássicos e românticos*. 1952; *Os modernos*. 1952; *Poetas, Parnasianismo e Simbolismo*. 1957; *Autores de ficção*. 1959; *Críticos e ensaístas*. 1959; *Filólogos*. 1961; *Historiadores*. 1961.

Como fontes para o estudo de J. R, ver: Múcio Leão. *João Ribeiro — Ensaio biobibliográfico*. Rio de Janeiro: Publicações da Academia Brasileira, 1954; *João Ribeiro. Trechos escolhidos*, por Múcio Leão. Rio de Janeiro: Liv. Agir, 1960. (Ambos com larga informação bibliográfica); *Autores e livros* (Supl. *A Manhã*), RJ, 12 jul. 1942 e 16 abril 1944.

Consultar

(Além dos referidos nas fontes acima): Azevedo Filho, Leodegário. "J. R. e a teoria gramatical brasileira". *Diário de Notícias*, RJ, 30/12/1962; Bandeira, Manuel. "Floresta de exemplo". *Jornal do Brasil*, RJ, 17/5/1959; Borba, José César. "J. R. e os modernos". *O Jornal*, RJ, 27/12/1942; Broca, Brito. "J. R. e a crítica do Modernismo". *Correio da Manhã*, RJ, 25/6/1960; Carpeaux, O. M. "O exemplo do velho". *O Estado São Paulo*, 21/7/1962; Carvalho, Jairo Dias. "JR e o folclore". *Diário de Notícias*, RJ, 18/8/1963; Devinelli, Carlos, *Diretrizes de João Ribeiro*. Rio de Janeiro" Liv. F. Alves, 1961;

Pela intensa atividade, durante as três primeiras décadas do século XX, nos terrenos da crítica, erudição, folclore, filologia, história e pela rica personalidade, João Ribeiro merece consideração especial, formando, como sugere Múcio Leão, a tetralogia dos críticos brasileiros da fase. Formado na época materialista, mas forrado de sólida base humanística e dotado de temperamento conciliante e moderador, de bom gosto literário e sensibilidade artística, apurados na educação europeia, propenso à tolerância e ao acolhimento das novidades literárias e ao aplauso às vanguardas, João Ribeiro não é um representante típico da escola. Respeitava, sem dúvida, os seus cânones fundamentais, o materialismo e o positivismo aplicados à pesquisa e à interpretação. Era antes um representante da mentalidade positivista de origem alemã, quanto ao método da investigação e. da análise eruditas. Era um *scholar* na acepção germânica, que tanta influência teve na produção universitária ocidental do século XIX. De acordo com essa orientação, era amigo do fato e da minúcia, e exercia o mister com zelo e probidade, na pesquisa das fontes, das influências, dos dados históricos e biográficos, na descoberta e desenrolar das pistas, no estabelecimento de textos literários. Era um sábio, com uma extremada sensibilidade poética e agudo senso crítico.

De todos os críticos até ele, foi o mais bem dotado para sentir a poesia. Para ele, como demonstrou Cassiano Ricardo, "a poesia escapa a todos os processos de análise, como a própria vida, sempre misteriosa e incompreensível". E insistiu: "Coisa inútil é arrazoar em matérias tão sutis, cuja lógica invisível e recôndita é sempre inacessível aos nossos rígidos valhacoutos de regras e preceitos da técnica comum." A sua ideia da crítica de poesia era de que

---

Feder, E. "As críticas de JR". *Correio da Manhã*, RJ, 26/4/1953; Gomes, Eugênio. "João Ribeiro". *Correio da Manhã*, RJ, 6/8/1960; Hampejs, Zdenek. "Filólogos brasileiros: J. R.". *Jornal do Comércio*, RJ, 16/7/1961; Leão, Múcio. *João Ribeiro* (Estudos críticos). Rio de Janeiro: Ed. Alba, 1934; Leão, Múcio. "Os erros de J. R.". *Jornal do Brasil*, RJ, 6, 13/7/1959; Leão, Múcio. *João Ribeiro*. Rio de Janeiro: Liv. São José, 1962; Linhares, T. "A volta de J. R.". *O Estado de São Paulo*, 19/9/1964; Martins, Wilson. *A crítica literária no Brasil*. São Paulo: Dep. Cultura, 1952; Martins, Wilson. "A crítica de J. R.". *O Estado de São Paulo*, 9/8/1953; Martins, Wilson. "O humanista displicente". *O Estado de São Paulo*, 23/1/1965; Meyer, Augusto. "João e o *fabordão*". *Correio da Manhã*, RJ, 19/11/1955; Meyer, Augusto. "João Ribeiro ensaísta". *O Estado de São Paulo*, 10/9/1960; Moreira, Vivaldi. "No centenário de J. R.". *Jornal do Comércio*, RJ, 5, 12/5/1963; Ribeiro, Joaquim. *Rui Barbosa e João Ribeiro*. Rio de Janeiro: Casa de Rui Barbosa, 1958; Ribeiro, Joaquim. "J. R. e a filologia portuguesa". *Diário de Notícias*, RJ, 14/8/1960; Ribeiro, Joaquim. "Interpretação de J. R.". *Diário de Notícias*, RJ, 2/9/1962; Ricardo, Cassiano. "João Ribeiro e a crítica do pré-modernismo". In *Curso de Crítica*. Rio de Janeiro: Academia Brasileira, 1956; Riedel, Dirce. "A técnica em J. R.". *Jornal do Comércio*, RJ, 4/8/1963; Sena, Homero. "O esconderijo de Ariel". *Correio da Manhã*, RJ, 20/6/1962; Sodré, Nelson Werneck. "A propósito de J. R.". *Correio Paulistano*, 29/11/1953.

não devia tentar "desconjuntá-la" para interpretá-la. Há na poesia, segundo ele, algo demoníaco ou angélico, que foge à análise e à compreensão vulgar.

Como acentua ainda Cassiano Ricardo, assim concebendo a poesia, João Ribeiro foi um crítico lúcido dos poetas parnasianos e simbolistas e, depois, soube compreender os modernistas. Seus estudos sobre Raimundo Correia, Olavo Bilac e Alberto de Oliveira ainda são válidos, máxime o seu juízo acerca da superioridade de Raimundo sobre Bilac. Mas, teve ele liberdade suficiente para mostrar a exaustão do Parnasianismo, ao iniciar-se a reação modernista. Em artigo de 1917, já aponta aos poetas parnasianos o caminho do silêncio, advogando uma reforma radical na literatura, com uma poesia nova, diversa da anterior. Com esse espírito aberto e essa tolerância para com o novo, soube ele compreender e saudar o aparecimento da equipe de poetas jovens que surgiram sob a égide do futurismo, do Modernismo.[46]

As ideias básicas de João Ribeiro estão no volume das *Páginas de estética* (1905). Mostra-se aí o arguto filósofo da arte e da literatura, mais tarde aplicado ao estudo e valoração de poetas e prosadores. Antes, aliás, já se pronunciara sobre esses problemas, no discurso de recepção na Academia Brasileira de Letras, em 1898. Sua crítica prática, iniciada em 1888, nos rodapés de *A época* (1888), e passando depois por *O País* (1891), *O Imparcial* (1917) e *Jornal do Brasil* (1927), embora pecando pela abundância que o levava por vezes à superficialidade e por certa propensão à boa vontade, sempre se pautou pelo bom gosto e pelo senso crítico.

Herdeiro dos críticos do século XIX, timbrou em valorizar a literatura brasileira, como expressão autônoma, diferenciada da portuguesa, pondo em relevo a superioridade das figuras representativas da poesia do Romantismo, do Parnasianismo, do Simbolismo. Quanto à língua, este foi outro aspecto de sua posição, dada a sua autoridade de filólogo e gramático, dos mais inteligentes e liberais. Para ele, a língua falada em Portugal e no Brasil oferecia diferenças profundas, que exigiam reconhecimento científico. Não teve receio mesmo de proclamar a existência de uma língua brasileira, pois "a nossa gramática não pode ser inteiramente a mesma dos portugueses".

No estudo que lhe dedica, mostra Múcio Leão[47] as qualidades e defeitos de sua crítica, muitos dos quais decorrentes do temperamento e da formação intelectual do escritor. Espírito móbil, inconstante, dubitativo, cético, reticente, amigo do vago e da nuance, como define Múcio Leão, era João Ribeiro propenso à incoerência, à inconstância, à volubilidade. Exerceu a crítica toda a vida sem acreditar na crítica, pelo receio dos erros desta e também por não acreditar nos sistemas. Não dava muito valor à produção literária brasileira, daí o seu enfado no ter que fazer o registro regular dessa produção. Tolerante e benévolo, tendia à aceitação de tudo, inclusive da mediocridade, encarando as obras literárias nacionais com a brandura, a bonomia e a ironia dos céticos, ao mesmo tempo com certa irreverência e malícia.

Depois de ter defendido, na passagem do século, uma reação clássica para as letras brasileiras, na fase iniciada em 1917, em *O Imparcial*, coloca-se ao lado da renovação, que, aliás, vinha pregando havia anos, o que levou Cassiano Ricardo a situá-lo como o verdadeiro precursor do Modernismo. Em artigo de 1918, afirma ele: "Busquei inspirar, na poesia, a necessidade de novas fontes, reduzidas até há pouco ao culto excessivo de um novo gongorismo métrico e da perfeição técnica — coisa excelente em si mesma, mas esconderijo certo e valhacouto de miséria, quando falta o sentimento (...). Os próceres do Parnasianismo foram grandes, mas não podem responder pelo rastilho de imitadores ridículos e fatigantes."

Era o ataque ao marasmo em que deu a onda de epígonos do Parnasianismo, espalhados de norte a sul do país, e exigindo uma mudança radical, que ele advogou. "Na prosa pedi a simplicidade de expressão, que não exclui a beleza, a poesia e o ornato das imagens ou a veemência do sentimento. Não tive outro intuito que o de criticar com a mais entranhada severidade essa espécie de ênfase *meetinqueira* a que chamam — prosa artística ou literária — que não passa de decrépita e inchada retórica de mau gosto, de péssimo gosto, armada à descuidosa parlapatice dos néscios e dos incautos."

Era o programa de uma necessária "renovação poética e o comedimento e quase sensatez da linguagem literária".[48]

Assim ao lado da busca de compreensão e do estímulo aos novos, João Ribeiro exerceu o mister da crítica militante (durante quase 50 anos) ora com benevolência ora com severidade, mas sempre com o ar enfadado de quem executa uma tarefa que não aprecia. Suas opiniões e juízos saem ao sabor do seu bom senso, da sua formação intelectual e da sua inquietação renovadora, do seu conhecimento das técnicas literárias, sem rigorismo e absolutismo. É um típico impressionista, à imagem de Anatole France e Jules Lemaître, a registrar as impressões de um espírito cultivado, relativista e de bom gosto. E, como tal, não constituem propriamente juízos os seus pronunciamentos críticos, porém reações individuais ante as obras que lê. São opiniões, em grande número de casos. Ele mesmo o disse: "Estamos todos cansados de dizer que a crítica não julga em última instância e que, bem entendido, não passa de noticiário e de rápido serviço de informação" (*O Estado de S. Paulo*, 1º out. 1930).

"Não tinha, como não tenho ainda, nenhum dogmatismo filosófico ou literário. Não fiz gramatiquices pedantescas. Não tive, como não tenho, nenhuma atitude magistral" (*O Imparcial*, 18 out. 1921).

IMPRESSIONISMO CRÍTICO

Nessa linha do impressionismo, a João Ribeiro junta-se, nas três primeiras décadas do século XX, toda uma plêiade de escritores que exercem a crítica literária, seja de maneira esporádica, seja sistematicamente. O momento era de sincretismo, ecletismo e diletantismo. A influência vinha de Anatole France e Jules Lemaître: o bom gosto ditava a apreciação, o ceticismo evitava os cânones e critérios estéticos. A crítica era uma impressão, não um julgamento, e valia na medida do preparo e dos dotes de quem a exercia. Foi mister esperar a revolta modernista para que se iniciasse uma reação contra essa atitude.

Estão nesse caso: Alcides Maya (1878-1944), Magalhães de Azeredo (1872-1963), Raul de Azevedo (1875-1957), Elísio de Carvalho (1880-1925), Mário de Alencar (1872-1925), Xavier Marques (1861-1942), Olavo Bilac (1865-1918), Gilberto Amado (1887), Jackson de Figueiredo (1891-1928), Plínio Barreto (1882-1958), José Maria Belo (1886-1959), João Pinto da Silva (1889-1950), Tasso da Silveira (1895-1968), Sud Menucci (1892-1948), Celso Vieira (1878-1954), Andrade Murici (1895), Ronald de Carvalho (1893-1935), Amadeu Amaral (1875-1929), Afrânio Peixoto (1876-1947), Constâncio Alves (1862-1933), Tristão da Cunha (1878-1942), Agripino Grieco (1888), Povina Cavalcanti (1898), Múcio Leão (1898), Duque Estrada (1870-1927), Vicente Licínio Cardoso (1889-1931), Fernando de Azevedo (1894), Cândido Mota Filho (1897), Elói Pontes (1889-1967), Humberto de Campos (1886-1934), etc.

A reação se encarnaria em Tristão de Athayde, Mário de Andrade, Henrique Abílio e se integra como a crítica do Modernismo,[49] e se desdobraria no movimento da Nova Crítica.

BALANÇO

A era materialista, Sílvio Romero à frente com a sua obra e sua figura imponentes, afirmou a importância fundamental da crítica. Difundiu-se em geral o gosto da crítica. E ela, por efeito de sua ligação com as ciências e com o espírito científico, engrandeceu a literatura. *A História* de Sílvio Romero, além de estabelecer o mapa da literatura brasileira, deu-lhe personalidade e impôs o seu reconhecimento geral.

Em seguida ao período, outros valores surgiram. A própria ideia do relativismo, que recebeu do Romantismo e reforçou, ensinando que as obras só valem relativamente à sua época, porquanto elas exprimem a sociedade que as produziu, com sua moral, costumes e ideal humano, trouxe profunda consequência. As obras são o que são, o que representam, ensinou então Renan, não podendo pois a crítica julgá-las no absoluto ou abstrato, mas no que elas encerram. A crítica seria apenas a compreensão.

Daí foi fácil o passo para Anatole France e Jules Lemaître. Em vez de compreender, a crítica visaria a se divertir com os livros, a gozar dos seus prazeres. A faculdade crítica por excelência passou a ser o gosto individual e a crítica se reduziria ao registro de impressões sutis e refinadas, momentâneas e gratuitas. Foi o primado do diletantismo. Introduziu-se o impressionismo crítico. O Brasil não fugiu à evolução geral.

NOTAS

1. Afrânio Coutinho. *Euclides, Capistrano e Araripe*. Rio de Janeiro: MEC, 1959 (2. ed. Rio de Janeiro: Edições de Ouro, 1968). Repr. em *Conceito de literatura brasileira*. Rio de Janeiro: MEC, 1976; (2. ed. Liv. Acadêmica, 1960; 3. ed. Petrópolis: Vozes, 1981.
2. Apresentado ao III Congresso Nacional de Filosofia, São Paulo, 1959.
3. Ver *Cadernos brasileiros*, RJ, julho-agosto, 1965, artigo a propósito do trabalho de Ivan Lins. Ver também: Antônio Caldas Côni. *A Escola Tropicalista baiana*. Bahia: Livraria Progresso, 1952.
4. *História da literatura brasileira*, p. 345.
5. In *Ensaios e estudos I*. Rio de Janeiro: Briguiet, 1931, p. 123. A obra de Rocha Lima foi reunida pelos amigos após sua morte, aos 23 anos, no volume: *Crítica e literatura*. Maranhão: Tip. do País. 1878. Houve 3ª edição: Crítica e literatura. Fortaleza: Imprensa Universitária do Ceará, 1968. Com o Prefácio de Capistrano de Abreu e Introdução e Notas de Djacir Menezes.
6. Ver Afrânio Coutinho, *op. cit.*, para mais detalhes, sendo daquele estudo o essencial da exposição acima.
7. Essas ideias estão expressas no ensaio "A Literatura Brasileira Contemporânea", de 1875, e reproduzido em *Ensaios e Estudos I*, pp. 59-107.
8. Ver sobre o assunto: Afrânio Coutinho. *Euclides, Capistrano e Araripe*, antes referido, e *A Tradição afortunada*. Rio de Janeiro: José Olympio, 1968.
9. Ver Afrânio Coutinho, Euclides, etc. "Araripe Júnior e o nacionalismo literário", cap. 9 (ver nota 1.)
10. *História da literatura brasileira*. 5. ed. Rio de Janeiro: Liv. José Olympio Editora, 1953, v. I, cap. 1, p. 55-6.
11. Ver "Introdução geral" desta obra, cap. sobre periodização.
12. Ver Afrânio Coutinho. *A tradição afortunada*. Rio de Janeiro: José Olympio, 1968.
13. Ver Afrânio Coutinho, *op. cit.*
14. Ver Machado de Assis. *Correspondência*. Rio de Janeiro: W. M. Jackson Inc. Editores, 1938. p. 159-192.
15. Ver José Veríssimo. *Estudos de literatura*. Rio de Janeiro: H. Garnier, 1910. IV, p. 233.
16. Ver Sílvio Romero. *História da literatura brasileira*. 3. ed. Rio de Janeiro: Livraria José Olympio Editora, 1943. V, p. 258.
17. Ver José Veríssimo. *Estudos de literatura*. Rio de Janeiro: H. Garnier, 1903, p. 259.
18. Id., Ibd., p. 7.
19. Id., Ibd., V. p. 124-125.
20. Id., Ibd., VI, p. 116.
21. Id., Ibd., VI, p. 121.
22. Id., Ibd., V, p. 27-34.
23. Id. *História da literatura brasileira*. Rio de Janeiro: Livr. Francisco Alves, 1916. p. 42-7-435; Id. *Letras e literatos*. Rio de Janeiro: Livr. José Olympio Editora, 1936. p. 35, 132-138.
24. Id. *Homens e coisas estrangeiras*. Rio de Janeiro: H. Garnier, 1902. p. 322-333. 25 Id. Ibd. II. p. 265-275.
25. Id. Ibd. II. p. 265-275.
26. Id. Ibd., I. p. 225.
27. Ver Francisco Prisco, *op. cit.*, p. 71.

28 Ver José Veríssimo. *Estudos de literatura*. VI, p. 87.
29 Id., Ibd., p. 6 e IV, p. I 13.
30 Ver José Veríssimo. *Letras e literatos*, p. 39 e ss; 152 e segs.
31 Id. *Que é literatura*. p. 52.
32 Id., Ibd., p. 74-75.
33 Id. *Estudos brasileiros*, II, p. 107.
34 Id. *Homens e coisas estrangeiras*, I, p. 59.
35 Id. *Estudos de literatura*, I, p. 206.
36 Id., Ibd., p. 276; *Homens e coisas estrangeiras*, I. p. 59.
37 Id. *Estudos de literatura*, III, p. 214.
38 Id. *Letras e literatos*, p. 16.
39 Id. *Homens e coisas estrangeiras*, I, p. 367.
40 Id. *Estudos de literatura*, III, p. 299.
41 Id. *História da literatura brasileira*, p. 23-178.
42 Id., Ibd., p. 275.
43 Sobre Almáquio Diniz, ver: *Bibliografia de Almáquio Diniz*. Org. Alfeu Diniz Gonçalves e Zoláquio Diniz. Rio de Janeiro, 1953.
44 Osmar Pimentel, "Um anjo de guarda-chuva". *O Estado de São Paulo* (Supl. Lit.), 13 jul. 1957. Ver também Afrânio Coutinho, "Veríssimo, Prós e Contras", in *Diário de Notícias*, RJ, 13/3/1966.
45 Ver "Prefácio da Segunda Edição", v. I, desta obra, p. XII.
46 A sua posição em face aos poetas modernistas está no volume: *Obras de João Ribeiro*. Crítica. Os modernos. Rio de Janeiro: Publicações da Academia Brasileira, 1952.
47 Múcio Leão. *João Ribeiro*. Rio de Janeiro: Livraria São José, 1962. Cap. III, "A crítica de João Ribeiro".
48 Múcio Leão, *op. cit.*, p. 157.

33. *Josué Montello*
A FICÇÃO NATURALISTA

Origens do Naturalismo no Brasil: Inglês de Sousa, Aluísio Azevedo, Celso Magalhães, José do Patrocínio. Do Realismo ao Naturalismo: de Balzac a Zola. Influxo da ciência. A polêmica naturalista no Brasil. Papel de Eça de Queirós. Anticlericalismo, combate ao preconceito racial, à escravidão, à monarquia e ao puritanismo da sociedade em relação ao problema sexual. Aluísio Azevedo. Inglês de Sousa. Júlio Ribeiro. Adolfo Caminha. Outros naturalistas. Naturalismo e regionalismo.

ORIGENS DO NATURALISMO NO BRASIL

O romance naturalista no Brasil tem, para as suas origens, nas histórias de nossa literatura, duas datas: 1877 e 1881, as quais correspondem, respectivamente, à publicação de *O coronel sangrado*, de Luís Dolzani (pseudônimo de Inglês de Sousa), e de *O mulato*, de Aluísio Azevedo.

Não obstante a circunstância de ter vindo a lume quatro anos depois de *O coronel sangrado*, foi o romance de Aluísio Azevedo que verdadeiramente assinalou, em nossas letras, a presença da nova escola literária, com o rumor e debate que então provocou, de Norte a Sul do país.

Antes de *O mulato* ser divulgado em sua reduzida edição de província, em São Luís do Maranhão, outro romance naturalista merecera a letra de fôrma, é certo que não em sua totalidade, mas pelo menos em alguns de seus capítulos mais expressivos. Referimo-nos a *Um estudo de temperamento*, do maranhense Celso Magalhães, que José Veríssimo acolheu na *Revista Brasileira* e cuja divulgação foi interrompida com o desaparecimento dessa publicação periódica.

Cronologicamente, portanto, Inglês de Sousa e Celso Magalhães arrebatam a Aluísio Azevedo o mérito da implantação do Naturalismo no Brasil. Temos de reconhecer, no entanto, que essa precedência é acontecimento obscuro, sombreado ainda mais pela mediocridade de ambas as manifestações artísticas.

No estudo que dedicou a Inglês de Sousa, ao analisar a literatura brasileira no período de 1870 a 1920, Lúcia Miguel Pereira avisadamente assinala que *O coronel sangrado* é naturalista não na técnica, mas no espírito.

Quanto ao romance de Celso Magalhães, poder-se-á dizer precisamente o contrário: que é naturalista não no espírito, mas na técnica, embora não alcance, na sua contextura e no seu desdobramento, aquele supremo poder de captação da verdade objetiva, que era o intuito manifesto da escola de Zola.

Somente em 1888, com *O missionário*, Inglês de Sousa apareceria como o naturalista de intenção e feitio, que se inspirava no figurino imposto à literatura do tempo pelo criador dos *Rougon-Macquart*. Antes dessa data, não denota o romancista brasileiro filiação evidente, senão de modo coincidente ou acidental.

Com Aluísio Azevedo ocorre fenômeno diverso: apesar do sabor marcadamente romântico de algumas de suas cenas capitais, *O mulato* é romance naturalista, no seu processo, no seu espírito combativo, na sua cópia da realidade objetiva, no seu todo de documento da vida de província, ao lado da preocupação de fixar tipos em que se espelham os temperamentos que determinam o desenvolver da narrativa. Por isso mesmo, num relance, a crítica da época identificou a novidade do romance e lhe assinalou os merecimentos, reconhecendo, unanimemente, a presença do Naturalismo, nessa história de província em que Aluísio, muito moço, no verdor dos vinte e quatro anos, dera expansão ao seu talento e ao seu inconformismo, com a evidente intenção de contribuir polemicamente para a revisão dos valores sociais de seu tempo e de sua terra.

Quer-nos parecer, assim, que, não obstante a precedência de Inglês de Sousa e Celso Magalhães, é com Aluísio Azevedo, nas páginas de *O mulato*, em 1881, que verdadeiramente se inicia, como movimento e afirmação literária, o Naturalismo brasileiro.

DO REALISMO AO NATURALISMO

Conforme se mostrou na Introdução desta obra, a palavra Naturalismo, comportando conceituações mais ou menos precisas no plano da filosofia, é termo de conceituação variável no plano da história e da crítica literária.

Frequentemente confundido com o Realismo, mesmo entre os mais autorizados historiadores da literatura, o Naturalismo é movimento literário ulterior: envolve, na literatura francesa, onde em verdade se inicia, as tendências dominantes no romance e no teatro, a partir de 1870. Marca-lhe o advento a obra de Émile Zola, seu chefe incontestável e sua figura de mais rica significação intelectual.

"O Naturalismo", escreve P. Martino, "prolonga o Realismo, para afirmá-lo e exagerá-lo." E Flaubert depõe, numa carta a Tourgueneff, em 1877: "Depois dos realistas, tivemos os naturalistas e os impressionistas."

É preciso observar, entretanto, que a distinção assim estabelecida e que atribui ao Naturalismo o período de esplendor e decadência do Realismo não se acha assentada em termos definitivos.

Fácil seria demonstrar que, na documentação literária correspondente aos dois movimentos, a confusão se mantém, sem que se possa chegar a uma conclusão com base nos textos relativos ao período polêmico do Realismo e do Naturalismo. O próprio Zola contribuiu para a imprecisão do termo, quando, ao estudar as figuras exponenciais do romance naturalista, arrolou sob essa denominação os romancistas de ambas as tendências na seguinte ordem: Balzac, Stendhal, Flaubert, os irmãos Goncourt, Daudet, além de outros de menor significação ou nenhuma importância.

Embora agrupados na denominação geral de romancistas naturalistas, cada um desses escritores apresenta direção própria, que o distingue dos demais. A obra de Balzac diferencia-se, nos seus objetivos e no seu processo, da obra de Stendhal, da mesma forma que a deste não se harmoniza com a de Flaubert, e a de Flaubert com a dos irmãos Goncourt e a de Zola ou a de Daudet. Apenas um ponto as identifica: o intuito da transposição da realidade objetiva, em termos de criação romanesca.

Todos eles buscam captar a seu modo a realidade circundante, mesmo quando, como no caso de Stendhal, se comprazem em estudar-lhe os reflexos no mundo interior. Enquanto os Goncourt e Zola assenhoreiam-se do mundo objetivo, através de penosas anotações do cotidiano, Stendhal faz de si mesmo o objetivo da observação e da experiência que irá reviver e recriar nos seus mundos de papel impresso. Em Balzac, essa realidade é um milagre de intuição genial, que o romancista visualiza nas alucinações de sua fantasia.

O certo é que, em qualquer deles, através do recurso da pesquisa direta e paciente ou por via da intuição criadora, não mais subsiste o mundo convencional que o Romantismo idealizara: o romancista caminha em terra firme, por vezes como espectador um tanto frio do mundo que vibra à sua volta.

Essa ânsia da verdade conduz a literatura, sensivelmente, do campo da arte para o campo da ciência, a ponto de pretender-se atribuir ao romance, com a lição do criador dos *Rougon-Macquart*, o caráter extravagante de uma experimentação científica, que teria como laboratório a imaginação disciplinada e o espírito de observação do romancista.

Balzac abrira caminho a essa confusão falaciosa, ao pretender aplicar ao mundo da *Comédia humana*, que lhe latejava nas veias, a ciência de Cuvier e Geoffroy Saint-Hilaire.

Em Zola, a confusão se acentua, quase a sufocar-lhe o gênio literário ao peso dos equívocos a que o arrastam noções precipitadas, hauridas nos compêndios e tratados então em voga. Compenetrado de que o seu ofício de romancista era o "estudo dos temperamentos e das modificações profundas do organismo sob a pressão do meio e das circunstâncias", contenta-se com a veleidade de amoldar às suas narrativas o método experimental preconizado por Claude Bernard. E não se arreceia de proclamar, com uma fatuidade um tanto cômica, que o romance em breve se converteria numa ciência, com os seus alicerces solidamente plantados na psicologia.

Tendo encontrado nos Goncourt, com *Germinie Lacerteux*, o roteiro que o levaria ao tipo de romance ajustado à sua vocação e rebeldia, Zola prolonga esse caminho e acaba por acentuar, com o monumento de sua obra, as características diferenciadoras do Naturalismo.

Desta maneira, sem dúvida, é Zola quem realmente representa o movimento, pela indiscutível condição de liderança a que se alça, tanto pela extensão e coerência de sua obra quanto pela combatividade de seu temperamento polêmico, profundamente afirmativo e desassombrado.

De Balzac a Zola, o Realismo se transforma em Naturalismo. A liberdade de imaginação, que se estendera ao longo do movimento romântico, restringe--lhe o campo de ação à realidade circundante. Daí a originalidade da *Comédia humana*. O romance tende a ser a confrontação da arte e da vida. Stendhal propõe um símile expressivo, para definir essa tendência: o romance seria um espelho ao longo de um caminho. Com Zola, a simples transposição da realidade, processada através das observações do romancista, não satisfaz. Nos *Rougon-Macquart*, o mundo das personagens tem a sua lógica, por derivação sucessiva de episódios e tipos, de tal sorte que, a certa altura, esse mundo nos transmite a sensação de que o romancista, após iniciar a sua obra, lhe assiste ao desenvolvimento natural, como se ela dispusesse então de fluxo de vida próprio.

FEIÇÃO POLÊMICA DO NATURALISMO BRASILEIRO

Em 1878, ao escrever pela segunda vez sobre *O primo Basílio*, publicado em Lisboa nesse ano, Machado de Assis acentuou, na resposta às reações suscitadas pela severidade de seu primeiro artigo, que a nova escola literária, de que Eça de Queirós era um dos epígonos, contava já, entre nós, mais de um férvido religionário.

Os mestres franceses do movimento eram aqui comentados e discutidos, embora sem provocar até então, em nossa literatura, prosélitos ou discípulos, com o testemunho de obras merecedoras de atenção.

Daqui partira, num reparo de Machado de Assis, o desagradável confronto entre *O crime do padre Amaro*, de Eça, e *La faute de l'abbé Mouret*, de Zola, o que compeliu o romancista português a retrucar azedamente, no prefácio escrito para a segunda edição de seu livro, com a afirmação de que somente uma obtusidade córnea ou má-fé cínica consideraria como plágios ocasionais os dois romances.

Zola, Flaubert, os irmãos Goncourt, Daudet tinham aqui, ao iniciar-se o derradeiro quartel do século passado, os seus leitores, e mesmo os seus devotos, não sendo de estranhar, por isso, que ante a rispidez da crítica de Machado de Assis, surgissem os defensores de Eça de Queirós, em tom polêmico que obrigaria o crítico a uma nova investida para esclarecer melhor a severidade de seu julgamento.

Por outro lado, o próprio Eça, com o êxito de seu primeiro romance, conquistara no Brasil os seus primeiros fiéis, e estes lhe aplaudiam o estilo, o sarcasmo, a maneira, o inconformismo e a índole combativa.

Mais do que simples manifestação literária, o Naturalismo consubstanciava uma reação social, com seus ataques a instituições e figuras, a usos e costumes. Daí o seu feitio polêmico, que o distingue do Realismo, e lhe dá, por vezes, um acentuado conteúdo político. Enquanto o Realismo propendia a um registro fiel da realidade, servindo à verdade no presente, como a História a serve no passado, o Naturalismo tomava uma atitude de luta aberta, denunciando aquilo que, na sociedade do tempo, reclamava reforma ou destruição.

Eça de Queirós, em *O crime do padre Amaro*, não se circunscreve, ao contrário do que deixou afirmado, a urdir e tramar no romance uma intriga de clérigos e beatas, à sombra de uma velha Sé de província portuguesa. Mais do que isto, assume ele uma atitude marcadamente anticlerical, que evoluiria a uma reação ampla aos valores da religião e da Igreja, na sátira candente de *A relíquia*.

O Realismo comedido, que se limita à cópia da realidade circundante, apanhando-lhe os aspectos característicos, não constituía uma novidade em nossas letras. Em pleno Romantismo, tivéramos um Martins Pena, a fixar no teatro a sociedade que se agitava à sua volta, com tipos bem marcados e inconfundíveis: as sinhazinhas, os moleques, os noviços, os magistrados. No romance as *Memórias de um sargento de milícias*, de Manuel Antônio de Almeida, haviam guardado fielmente, na despretensiosidade de seu estilo, o Rio de Janeiro dos meirinhos e das procissões, dos milicianos e do Vidigal, com um sabor de novela picaresca.

O Naturalismo, com seu sentido polêmico, tenderia a ultrapassar os limites de uma simples transposição do mundo objetivo que o Realismo proporcionava. Poderia assumir uma posição de combate: contra os padres, contra o preconceito de cor, contra o puritanismo da sociedade imperial.

No entanto, durante algum tempo, o Naturalismo fez apenas ardorosos adeptos. Não encontrou prosélitos que lhe aceitassem as lições, embora tudo parecesse propender a seu aproveitamento como instrumento de luta, numa sociedade que se debatia sob a pressão de problemas de excepcional complexidade, como a abolição do cativeiro, a implantação da República, a questão religiosa. A imprensa do tempo reflete bem a agitação determinada pelo inconformismo vigente: o tom violento dos artigos de jornal, a disseminação da caricatura, os discursos parlamentares.

Diferentemente do que ocorrera no jornal e na tribuna, a literatura de romances é anódina, sem cor política ou social. O que então circula é ainda legado da geração romântica de Alencar, Bernardo Guimarães e Joaquim Manuel de Macedo, em cujas obras as grandes questões sociais se refletem de modo vago ou falso. Machado de Assis, prestes a iniciar a grande fase que teria nas *Memórias póstumas* seu marco inconfundível, exime-se de uma participação ostensiva nas lutas do tempo: preocupado com os problemas eternos da alma humana, distrai-se em pesquisar-lhe as galerias secretas, sem dar maior atenção aos problemas transitórios da humanidade. Taunay, com a pena molhada no tinteiro com que George Sand escrevera os seus romances campestres, escreve o doce idílio de *Inocência* (1872), a que não falta, ao lado da doçura de uma suave tonalidade romântica, a nitidez do descritivo que marca a paisagem sertaneja. Franklin Távora, pouco depois, tenta assumir atitude mais vigorosa, quando extrai dos dramas e dos quadros nordestinos o tipo do bandoleiro, na figura de *O Cabeleira* (1876), já incorporada à tradição popular.

O primeiro reparo a acentuar, no panorama do Naturalismo brasileiro, é que três problemas interessaram mais de perto suas figuras de maior expressão: a luta contra a Igreja, a reação ao preconceito de cor e a questão sexual. Outros poderiam ser igualmente lembrados — como o da exploração do homem pelo homem, na questão da expansão latifundiária, mas sem a importância daqueles, nas obras perduráveis que assinalam em nossas letras a presença do Naturalismo.

Em carta a Rodrigues de Freitas, escrita a propósito da crítica que este fizera a um de seus romances, esclarece Eça de Queirós que aquilo a que visava o Naturalismo, na fotografia e mesmo na caricatura do mundo burguês, era apontar este ao escárnio, à gargalhada e ao desprezo do mundo moderno e assim preparar-lhe a ruína.

O romancista naturalista, em razão dessa disciplina, não precisava assumir a atitude do pregador, no seu intuito rebelde: bastava-lhe a transposição da realidade, na sua crueza, na sua brutalidade e nos seus atos vis, para que daí se inferisse a necessidade da transformação social que era o alvo da Revolução.

No período em que o Naturalismo se implanta no Brasil, ainda permanecem sem solução alguns dos problemas que se haviam esboçado ou acentuado no correr das gerações românticas. Sobretudo o da escravidão. No entanto, o tema não inspira a um só dos grandes romancistas da nova escola. Somente de maneira episódica aludem eles ao problema da abolição, que empolga o país. Orientados em outras direções, deixaram de lado o grande e doloroso assunto que lhes estava debaixo dos olhos e reclamava seu pintor literário.

O feitio combativo do movimento circunscreveu-se, de preferência, em nossas letras, à pintura de usos e costumes, frequentemente usando a deformação caricatural que atendia diretamente aos fins revolucionários.

Aluísio Azevedo, Inglês de Sousa, Júlio Ribeiro e Adolfo Caminha, as quatro figuras representativas do Naturalismo brasileiro, inclinaram-se pela cópia da realidade, com um ou outro traço de tinta violenta e crua. Aos quatro faltou a ironia corrosiva com que Eça, na pintura da sociedade portuguesa, atendeu a seus propósitos de demolição. Em compensação, souberam dispor da observação meticulosa, por vezes apaixonada, que, se não serviu a atrair a atenção para a reforma do mundo burguês, pelo menos fixou indelevelmente alguns instantes brasileiros, com aquela fidelidade nítida que faz do romance o espelho do tempo e da vida.

ALUÍSIO AZEVEDO[*]

[*] Aluísio Tancredo Gonçalves de Azevedo (São Luís do Maranhão, 1857 — Buenos Aires, 1913) viveu largos anos como escritor profissional, ingressando em 1895 na carreira diplomática, como cônsul. Casou-se com uma senhora argentina, de quem teve um filho, Pastor Azevedo Luquez, escritor em espanhol e português. Foi um dos fundadores da Academia Brasileira de Letras.

Biografia

TEATRO: *Os doudos* (comédia). 1879; *Flor de lis* (opereta). 1882; *Casa de Orares* (comédia). 1882; *O mulato* (drama), 1884; *Venenos que curam* (comédia). 1886; *O caboclo* (drama). 1886; *Fritzmack* (revista). 1889; *A República* (revista). 1890; *Um caso de adultério* (comédia). 1891; *Em flagrante* (comédia). 1891. O teatro foi sempre de parceria com Arthur Azevedo e E. Rouède. ROMANCE: *Uma lágrima de mulher*. 1879; *O mulato*, 1881; *Memórias de um condenado*. 1886; *Mistérios da Tijuca*. 1882; *Casa de pensão*. 1884; *Filomena Borges*. 1884; *O homem*. 1887; *O coruja*. 1889; *O cortiço*. 1890; *A mortalha de Alzira*. 1894; *Livro de uma sogra*. 1895. CONTOS: *Demônios*. 1893; *Pegados*. 1897. As *memórias de um condenado* foram reeditadas com o título de *A Condessa Vésper*. 1902; e *Mistério da Tijuca* passou a ser *A girândola de amores*. 1900. INÉDITO: *Agonia de uma raça*. As *obras completas* foram editadas por M. Nogueira da Silva. Rio de Janeiro: Briguiet, 1939-1941. 14 v. Nova Ed.: *Obras completas de Aluísio Azevedo* (Com est. introd.) São Paulo: Liv. Martins Ed., 1961 etc., 14 vols.: *Aluísio Azevedo. Trechos escolhidos*. Org. J. Montello. Rio de Janeiro: Agir. 1963 (Nossos Clássicos).

Consultar

Araripe Júnior. *A terra* de Zola e *O homem* de A. A. In *Obra crítica de Araripe Júnior*. Vol. 1. Rio de Janeiro: Casa Rui Barbosa, 1960; Assis, Machado de. *Crítica literária*. Rio de Janeiro: Jackson, 1942; *Autores e livros*, v. 2, n. II, 5/5/1942; Azevedo, Raul de. "Aluísio Azevedo, a obra e o homem". *J. Comércio*, RJ, 7 maio 1950; Broca, Brito. "A correspondência de A. A.". *Correio da Manhã*, RJ, 3 março 1956; Carvalho, Aderbal de. *O Naturalismo no Brasil*. São Luís do Maranhão: J. Ramos, 1894; Castro, J. Aderaldo. *Aspectos do romance brasileiro*. Rio de Janeiro: MEC, 1961; Dantas, Paulo, *Aluísio Azevedo, um romancista do povo*. São Paulo: Melhoramentos, 1954; Garbuglio, José C. "Um Mulato e dois Raimundos". *O Estado de São Paulo*, Supl. Lit.; 8 jun. 1963; Gomes, Eugênio. "O hibridismo estético de A. A.". *Correio da Manhã*, RJ, 4 set. 1954; idem. *Aspectos do romance brasileiro*. Bahia: Progresso, 1958; Lins, Álvaro. "Dois naturalistas". *O romance brasileiro de 1752 a 1930*. Rio de Janeiro: O Cruzeiro, 1952; Magalhães Júnior, R. "Aspectos singulares de uma vida de escritor". *Correio da Manhã*, RJ, 13 abr. 1957; Magalhães Júnior, R. "O Centenário de A. A.". *Jornal do Brasil*, RJ, 29 dez. 1957); Magalhães Júnior, R. *Artur Azevedo e sua época*. 3. ed. São Paulo: Martins, 1966; Maia, Alcides. "Discurso de posse" (In *Discursos acadêmicos*, Rio de Janeiro, Ac.

A principal figura do romance naturalista brasileiro é, incontestavelmente, pelo valor e extensão de sua obra, Aluísio Azevedo. E com esta circunstância a acentuar a significação de sua mensagem de escritor: continua ele a ser lido hoje por força de seus merecimentos literários, apesar de haver passado de moda o tipo de romance em que exprimiu a sua vocação de criador de tipos e fixador de ambientes.

Excluindo-se *O esqueleto*, que não parece tenha sido escrito pelo romancista maranhense — não obstante achar-se hoje incluído, por iniciativa de M. Nogueira da Silva, na edição de suas obras completas —, onze romances, de variada importância, nos legou Aluísio Azevedo.

Nesses onze romances, a grande vocação de ficcionista, que foi Aluísio Azevedo, fielmente se reflete, ora realizando obras-primas, como *O cortiço* e *Casa de pensão*, ora resvalando para o folhetim destituído de importância literária, como *A mortalha de Alzira* ou *Girândola de amores*. Em 1880, ao publicar *Uma lágrima de mulher*, seu primeiro romance, Aluísio não deixa pressentir o romancista que irá surgir pouco depois, com uma obra definitiva que o consagrará como o grande escritor de feição naturalista: *O mulato*.

Destituído de valor ponderável como obra literária, *Uma lágrima de mulher* se reveste de especial significação na biografia do romancista: é o livro que marca a transição do gosto da pintura para o gosto da literatura, na vida de seu autor.

É sabido que, antes de se fazer escritor, Aluísio revelara acentuados pendores para o desenho e a pintura. Em 1876, deslocara-se ele de São Luís do Maranhão, sua cidade natal, para o Rio de Janeiro, com a intenção de conseguir na Corte os meios necessários para estudar pintura na Itália. Tudo que consegue, nesse primeiro embate com a metrópole, é firmar-se como caricaturista, nas páginas combativas de *O Mequetrefe* e *O Fígaro*. Pouco depois, ei-lo de volta ao Maranhão. E aí escreve e publica *Uma lágrima de mulher*, livro que tem

---

Brasileira, 1935. v. 3); Martins, Wilson. "Um romance brasileiro". *O Est. São Paulo*, Supl. Lit. 21 out. 1961; Moisés, Massaud. "O cortiço". *O Est. São Paulo*, Supl. Lit. 4 jan. 1964; Menezes, Raimundo de. *Aluísio Azevedo. Uma vida de romance*. São Paulo: Martins, 1958 (com vasta bibliografia); Moisés, Massaud. "Alguns aspectos de Aluísio Azevedo". *Revista do Livro*, n. 16. RJ. Inst. Nac. Livro, dez. 1959; Monte Ilo, Josué. "Como A. A. se fez romancista". (In *Histórias da vida literária*. Rio de Janeiro: Nosso Livro, 1944); Montello, Josué. "Origens de A. A.". *Cultura*, RJ, n. I, set/dez. 1948; Montenegro, Olívio. *O romance brasileiro*. Rio de Janeiro: José Olympio, 1938; Mota, Artur. *Vultos e livros*. São Paulo, 1921; Pereira, Lúcia Miguel. *Prosa de ficção*. Rio de Janeiro: José Olympio, 1950; Pereira, Lúcia Miguel. "O silêncio de Aluísio". *O Est. de São Paulo*, Supl. Lit. 25 maio 1957; Silva, Nogueira da. "Diversos prefácios na Edição da Briguiet". Rio de Janeiro:, 1939-1941); Simon, Michel. "O centenário de A. A;". *Correio da Manhã*, RJ., 13 abr. e 5 maio 1957; Sousa, J. C. "O Rio de Janeiro de A. A.". *J. Brasil*, RJ., 16 set. 1965); Veríssimo, José. *Estudos de Literatura Brasileira*. I. Rio de Janeiro, 1901; Vidal, Barros. "A. A. através das cartas que escreveu". *J. Commercio*, RJ, 27 jan. 1963).

como cenário uma das ilhas de Lipari, no mar de Sicília. Extremamente romântico nas suas personagens e no seu ambiente, num estilo canhestro, sustenta a tese de que "na província os sonhos são mais nus e verdadeiros e as almas mais humanas e firmes".

Com *O mulato*, escrito no ano seguinte, o próprio romancista encarrega-se de desmentir a tese de *Uma lágrima de mulher*.

Entre o primeiro e o segundo romance, no período que separa a publicação dos dois livros, o romancista alterara por inteiro o seu estilo, a sua compreensão da arte literária, o seu processo de narrar, ao mesmo tempo que, modificando a sua compreensão da vida de província, se atirava contra ela, com toda a veemência da sua juventude e de sua índole polêmica.

Esta modificação ocorreu sob a influência de numerosos fatores, não sendo o menor deles a circunstância de que, nesse período, o romancista fez a aprendizagem decisiva de seu ofício e tomou contato com os dois romances que Eça de Queirós até então publicara: *O crime do padre Amaro* e *O primo Basílio*.

Eça abriu a Aluísio o caminho para o Naturalismo. Não sendo um naturalista ortodoxo, o romancista português proporcionava um modelo de romance que conciliava a arte e a polêmica, sem os exageros da falsa ciência a que Zola era levado na sua concepção do romance experimental. O sinal mais evidente da influência de Eça parece, por esse tempo, ter sido a disseminação da luta anticlerical, de que *O crime do padre Amaro*, com o seu sarcasmo, o seu espírito de caricatura e a veemência de seu protesto, seria uma espécie de facho na marcha da reação aos poderes da Igreja.

Não será fora de propósito observar que, nos grandes naturalistas brasileiros, com exceção apenas de Júlio Ribeiro, cuja obra naturalista, *A carne*, nada denuncia como impregnação da maneira e do processo de Eça de Queirós, se reflete o mesmo espírito de luta aberta aos sacerdotes católicos: em Aluísio, em Caminha, em Inglês de Sousa.

Antes de atirar-se ao romance naturalista, Aluísio Azevedo é o panfletário intimorato que, num jornal anticlerical, agride veementemente, com a força destruidora empregada por Eça contra os padres de Leiria, algumas das mais conhecidas figuras do clero de São Luís do Maranhão. A reação da Igreja não se faz esperar. Em breve, o jovem Aluísio se vê atacado, não somente num jornal de clérigos — *Civilização* — como ainda nas folhas conservadoras da cidade. Acoimam-no de doido, tentam calar o panfletário por todos os modos, inclusive com a intimidação pessoal e o recurso à Justiça. Mas Aluísio não recua nem se cala.

É em plena campanha contra os padres que sai a lume, em São Luís, o primeiro romance naturalista de Aluísio: *O mulato*. O livro reflete o ambiente de luta que envolvia o romancista. No desenho das personagens, na pintura do ambiente, na escolha dos tipos e no jogo das situações, o romancista deixa transparecer o seu ânimo rebelado. Sobretudo na sua luta contra o preconceito de cor, numa terra muito ciosa da limpidez das linhagens e que apurava a brancura das epidermes com um rigor alfandegário. Além de ferir esse preconceito, Aluísio prolonga os seus ataques ao clero através da caricatura de um mau sacerdote, o Cônego Diogo.

Não obstante haver declarado no prefácio à segunda edição de *O mulato* que redigira seu livro sem se preocupar com a escola de que o livro procedia, a verdade é que Aluísio por duas vezes escreveu esta sua obra, e somente na segunda forma lhe deu a exata feição naturalista, superando o feitio romântico, anteriormente seguido em *Uma lágrima de mulher*. A superação não seria total: em muitos de seus aspectos, *O mulato* ainda paga o seu tributo ao romantismo. Mas é, incontestavelmente, por sua pintura fiel da vida de província, pelo desembaraço no aproveitamento de certas cenas apanhadas ao cotidiano, pela espontaneidade de dialogação e por seu espírito de combate, uma obra dentro da linha revolucionária em que o Naturalismo colocava a narração romanesca.

No primeiro esboço do romance, à sua figura central é o Cônego Diogo, diferentemente do que ocorreria na versão definitiva, na qual a principal personagem é o mulato Raimundo. Por esta alteração se conclui que o romance, no seu esboço, nada mais era que um libelo contra o clero. No fim dos originais dessa primeira versão de *O mulato*, há uma curiosa relação de palavras que parece indicar no romancista a preocupação de fazer do romance, à maneira de Zola, uma obra de ciência: são vocábulos soltos, apanhados à terminologia científica, de que o romancista se aproveita no texto do romance.

O mulato, embora consolide o nome de Aluísio Azevedo no romance brasileiro, incompatibiliza-o com a sua província e compele o romancista a retornar à Corte, desta vez para se dedicar ao desenho e à caricatura.

A circunstância de ter de viver da pena vai influir, de maneira sensível, na produção do romancista. Não podendo manter-se unicamente das obras trabalhadas com paciência, nos vagares da meticulosidade artística que era de seu desejo, Aluísio tem de escrever ao sabor das solicitações do folhetim de jornal. E é nesta tarefa secundária que irá dispersar boa parte de seu talento de romancista. Obrigado a atender ao gosto do público, escreve *Mistério da Tijuca*, *Memórias de um condenado*, *Filomena Borges*, *A mortalha de Alzira*. Mas a verdade é que, nos intervalos desta produção sem importância, o romancista de *O mulato* desenvolve a obra de que este romance é o ponto de partida. E saem-lhe da pena: *Casa de pensão*, *O homem*, *O Coruja*, *O cortiço*, *Livro de uma sogra*. Nestes cinco romances, Aluísio procura fazer obra séria e trabalhada, à altura de seu renome e de sua vocação. Em dois destes livros falhará sensivelmente: *O homem* e *Livro de uma sogra*, com a agravante de ter empregado no primeiro o seu mais decidido esforço para ajustar-se, em linha ortodoxa, às diretrizes técnicas do Naturalismo, enquanto o segundo resvalou para o romance de tese.

Casa de pensão e *O cortiço*, assinalemos desde já, situam-se no ponto mais alto da curva que descreve a evolução da obra de Aluísio Azevedo.

Senhor da técnica do romance, apanha o romancista um caso verídico da crônica policial da cidade e daí desenrola a meada que criará algumas das figuras mais interessantes de sua galeria humana, na estrutura romanesca de *Casa de pensão*. Neste romance, Aluísio vive a experiência de um provinciano que se desloca de São Luís do Maranhão para o Rio de Janeiro e se deixa envolver pelos ardis e ciladas da metrópole.

Na variedade das personagens e na trama da narrativa, Aluísio revela-se em *Casa de pensão* o admirável dominador de cenas que irá escrever, seis anos depois, o melhor romance de aglomerado humano da literatura brasileira, que é *O cortiço*.

Livro singular, pela força da narrativa, pelo choque dos tipos em contraste, pela numerosidade das figuras, *O cortiço* tem algo daquele contraste potencial épico de Zola nas páginas de *Germinal*. Nesse romance, Aluísio Azevedo realizou a obra que lhe dá lugar definitivo na novelística brasileira, nela espelhando o Rio de Janeiro do último quartel do século, com seus pardieiros e suas habitações coletivas.

Correntemente arrolado na rubrica das obras secundárias do prosador maranhense, *O Coruja* parece ter sido elaborado sob o impulso da instantaneidade criadora que presidiu à redação dos romances de folhetim que Aluísio disseminou na imprensa da Corte. Mas a verdade é que o livro, embora derivado dessa escrita de afogadilho, está longe de pertencer à categoria dos trabalhos perecíveis em que se enquadram *A mortalha de Alzira* e as *Memórias de um condenado*. Alcides Maia foi o único grande crítico a chamar a atenção para a alta importância de *O Coruja*, assinalando-lhe o valor não apenas no panorama da bibliografia de Aluísio, mas dentro do panorama geral de nossa literatura, ao afirmar que, na sua estranha personagem central, há uma criatura de arte que roça pelo símbolo e não tem rival no romance brasileiro.

INGLÊS DE SOUSA*

Depondo no inquérito que João do Rio promoveu através da *Gazeta de Notícias* e em seguida reuniu no volume *O momento literário*, Inglês de Sousa afirmou que os autores que mais contribuíram para a sua formação literária foram Erckmann-Chartrian, Balzac, Dickens, Flaubert e Daudet. Nessa relação não figuram, assim, Émile Zola, que parece ter-lhe inspirado o argumento de *O missionário*, e Eça de Queirós, que o impressionou com o ritmo de seu estilo. Por que Erckmann-Chartrian?

Hábeis fixadores de tipos e costumes alsacianos, Erckmann-Chartrian deixaram obra copiosa no conto, no romance e no teatro. Antes que Zola empolgasse o público parisiense, eram eles que dominavam esse público, com o Realismo comedido de suas narrativas singelas. Seu mérito derivava da fidelidade com que transplantavam da vida real para o papel literário as paisagens e as figuras da Alsácia. Em certa fase, adjudicaram à singeleza dessas narrativas decisivo cunho político que mais lhes acentuou a aceitação popular. Com uma peça de feitio realista, *O amigo Fritz*, despertaram o entusiasmo de Zola, que nela descobriu a primeira manifestação considerável do Naturalismo no teatro moderno e a esse respeito escreveu um artigo que equivalia a uma consagração.

Em Erckmann-Chartrian, Inglês de Sousa deve ter encontrado o ponto de partida para os livros que, sob a rubrica de *Cenas da vida do Amazonas*, escreveu

---

* Herculano Marcos Inglês de Sousa (Óbidos, Pará, 1853 — Rio de Janeiro, 1918), advogado de renome, foi mais conhecido por seus trabalhos jurídicos que por sua obra literária.
Ocupou a presidência das províncias do Espírito Santo e Sergipe. Pertenceu à Academia Brasileira de Letras, de que foi fundador.

Bibliografia

ROMANCE: *História de um pescador*. 1876; *O cacaulista*. 1876; *O coronel sangrado*. 1877; *O missionário*. 1888. CONTOS: *Contos amazônicos*. 1892. DIREITO: *Direito comercial*.

Consultar

Andrade, Oswald. de. "Dois Emancipados" (In *O romance brasileiro de 1752 a 1930*. Rio de Janeiro: O Cruzeiro, 1952); Araripe Júnior. "Prólogo a *O missionário*" (In *Obra crítica de Araripe Júnior*. Rio de Janeiro: Casa Rui Barbosa, 1960. v. II.); *Autores e livros*, v. I, n. 4, 7 set. 1941; Holanda, Aurélio Buarque de. I. S. (Prefácio à 3. ed.). Rio de Janeiro: José Olympio, 1946; Holanda, Sérgio Buarque de. I. S. (In *O romance brasileiro de 1752 a 1930*). Rio de Janeiro: O Cruzeiro, 1952; Josef, Bela, *Inglês de Sousa*. Rio de Janeiro: Agir., 1963 (Nossos Clássicos); Marques, Xavier. "Elogio de I. S." (In *Discursos acadêmicos*). Rio de Janeiro: Civilização Brasileira, 1936. v. 5; Montenegro, Olívio. *O romance brasileiro*. Rio de Janeiro: José Olympio, 1938; Rodrigo Otávio Filho. *Inglês de Sousa*. Rio de Janeiro: Academia Brasileira, 1955.

em Pernambuco e em São Paulo, entre 1875 e 1876, quando concluía o seu curso jurídico, e que publicou logo em seguida, com o pseudônimo de Luís Dolzani.

O coronel sangrado é o que melhor revela os pendores de romancista em Inglês de Sousa. E é ainda aquele que confere a seu autor uma preeminência cronológica, na história do romance naturalista em nosso país. Embora as duas outras obras tenham sido escritas sob o signo da mesma orientação, faltar-lhes-ia consistência literária para se afirmarem na categoria de marco do Naturalismo brasileiro. Daí o destaque conferido a *O coronel sangrado*. Mas a verdade é que, mesmo neste romance, não há ainda o naturalista "de intenção e processo, que só afloraria muitos anos depois com a experiência de *O missionário*.

Não obstante achar-se longe da Amazônia, Inglês de Sousa situa nessa região, que era a terra de seu nascimento, o ambiente de suas narrativas. *O coronel sangrado*, embora correspondendo a uma narração completa, entrosa-se em *O cacaulista*, de que constitui desdobramento. *História de um pescador*, por sua vez, conforme indicação de seu prefácio, articular-se-ia a outros romances da série *Cenas da vida amazônica*, sem prejuízo de sua ação distinta. Mais tarde, os *Contos amazônicos* e *O missionário* ajustar-se-iam à unidade do mesmo esquema, cuja estruturação nos faz lembrar as divisões em que Balzac acomodou o Realismo polimorfo da *Comédia humana*.

De qualquer forma, não se pode negar que os romances de Inglês de Sousa anteriores a *O missionário* fogem ao Romantismo então vigente em nossa literatura. E o curioso é que, apesar de terem como cenário a Amazônia, esses romances fixam mais o homem que a selva, como se esta, com a sua opulência, não interessasse ao romancista, que desejava apenas surpreender e apreender o elemento humano, nas suas lutas e nas suas fraquezas, nos seus caracteres e nas suas determinações.

Quase um decênio depois de aparecido *O mulato* é que Inglês de Sousa publica o romance que correspondia, na sua obra de romancista, ao livro de maturidade: *O missionário*. Livro grande e derramado, contém ele, segundo depoimento de seu autor, cerca de cem páginas a mais que o tomam espesso e palavroso. O Realismo dos romances anteriores afirma-se neste romance dentro das coordenadas do Naturalismo ortodoxo. A tese central do romance, que deriva dos seus episódios e ainda das palavras de seu texto, é a influência da hereditariedade no homem, tal como ocorre nos romances de Zola, na série famosa dos *Rougon-Macquart*. Dele diria Araripe Júnior que é um livro que entontece, embriaga e farta como uma bebida forte do Amazonas. E um crítico moderno, Olívio Montenegro, considerá-lo-ia como o romance mais organicamente vivo e completo da escola naturalista no Brasil. Mas a verdade é que o livro, não obstante os louvores que sempre suscitou, transmite a impressão de obra antiquada, sem harmonia no seu contexto, com algumas figuras realmente vivas a se imporem através da floresta de palavras em que se acha diluída a ação romanesca.

No estilo de *O missionário* identificou Aurélio Buarque de Holanda a presença de Eça de Queirós. Numa ou noutra passagem, certamente. Mas não no conjunto da narrativa, a que falta frequentemente a fluidez e a harmonia que Eça deixava em cada período que lhe escorregava da pena. Possivelmente mais no anticlericalismo do livro, que teria sido inspirado em fonte comum. Em *O missionário*, como em *O crime do padre Amaro*, há a presença das ideias que caracterizaram, na França, a chamada geração de 1850, cerradamente refratária ao clero. Sem dispor do sarcasmo do romancista português, a índole polêmica do romancista brasileiro reveste-se da feição épica que permite associar *O missionário* a *La faute de l'abbé Mouret*, não somente na semelhança das situações, mas principalmente no tom narrativo, sempre a querer resvalar para o grandioso, bem ao gosto de Zola.

Inglês de Sousa deve ter haurido no romance de Zola o modelo do Padre Antônio de Morais de seu romance. Em *La faute de l'abbé Mouret*, o Padre Sérgio, cura de Artaud, vive para a perpétua adoração da Virgem e o exercício de seu apostolado, tal como o Padre Morais em Silves. Sacerdote às direitas, o misticismo arrasta o Padre Sérgio às portas da loucura ou da morte. Mas o doutor Pascal o salva, para conduzi-lo a um lugar maravilhoso, em plena floresta virgem e que é uma espécie de paraíso terrestre. Nesse local de cura, o Padre Sérgio conhece Albina, que, na sua inocência e na sua pureza, o orienta em direção à felicidade, pelos caminhos da mútua ternura e da mútua descoberta. No momento da posse, ambos são perturbados pelo irmão Arcângias, que reaviva no clérigo o seu passado e o reconduz a Artaud. No romance de Inglês de Sousa, o paraíso do romance de Zola tem a sua cópia na floresta virgem a que o Padre Antônio de Morais é levado, na loucura de sua missão catequista. A Albina de Zola apresenta-se, aqui, com nome de Clarinha, no romance de Inglês de Sousa. Na mameluca adolescente, encontrada no recesso da selva, o padre reata os caminhos da sensualidade que o fervor religioso havia reprimido por muitos anos. De seu idílio com Clarinha, é ele afastado quando se vê obrigado a regressar a Silves. Nesse ponto, os dois romances, com as suas similitudes flagrantes, se distanciam nas suas soluções: enquanto o Padre Sérgio resiste aos apelos de Albina e se dedica exemplarmente à obra de seu sacerdócio, o Padre Antônio de Morais continua a coabitar com a mameluca, sem prejuízo de seu ofício religioso como vigário de Silves.

As semelhanças não invalidam o romance de Inglês de Sousa: servem apenas para comprovar, na intercorrência dos motivos, a influência direta de Zola no romancista de *O missionário*. Nesse ponto é Inglês de Sousa o naturalista que mais de perto seguiu no Brasil as lições do criador dos *Rougon-Macquart*. E com este reparo: jamais aludiu ele a Zola entre os autores que teriam influído na sua formação literária.

JÚLIO RIBEIRO[*]

É de Sílvio Romero a observação de que pelo menos três romances naturalistas se pautam pelo modelo de *O homem*, de Aluísio: Azevedo, *Hortênsia*, de Marques de Carvalho, *O cromo*, de Horácio de Carvalho, e *A carne*, de Júlio Ribeiro.

Não somente no processo de composição esses romances se assemelham, dentro dos lineamentos comuns da escola: o que sobretudo os identifica, de acordo com o reparo de Sílvio Romero, é a extraordinária similitude da heroína central de cada um deles. A Magdá, de Aluísio, parece ter sido o figurino da Ester, de *O cromo*, da Hortênsia, do livro de Horácio de Carvalho, e da Lenita, de *A carne*.

Mas Júlio Ribeiro, na carta dirigida a Zola e que serve de antelóquio um tanto ridículo ao seu romance, isenta-se naturalmente da possível influência de Aluísio Azevedo, ao insinuar a sua condição de discípulo direto do romancista francês. A reverência de Júlio Ribeiro a Zola, assim publicamente manifestada, apagaria os vestígios da filiação de Lenita a Magdá, se esses vestígios não fossem por demais evidentes. É certo que, em contraposição, se poderia lançar o argumento de que, antes de escrever *A carne*, Júlio Ribeiro por mais de uma vez revelara a intimidade da obra do épico de *Germinal*. A verdade é que *A carne*, posterior a *O homem*, em muitos pontos denota uma identidade de situações ou de motivos que confirma a suposição da influência direta de Aluísio Azevedo.

Foi certamente a índole polêmica, mais do que a vocação de ficcionista, que orientou Júlio Ribeiro para o romance naturalista. Romancista apagado de *O padre Belchior de Pontes*, só voltaria ele ao romance, mais de dez anos depois, para então firmar-se como o naturalista sensacional de *A carne*.

---

[*] Júlio César Ribeiro Vaugham (Sabará, Minas Gerais, 1845 — Santos, 1890) filho de pai norte-americano, foi jornalista e professor. Notabilizou-se sobretudo como gramático.

Bibliografia

ROMANCE: *O padre Belchior de Pontes*. 1876-1877; *A carne*. 1888. DIVERSOS: *Cartas sertanejas*. 1885; *Gramática portuguesa*. 1881; *Procelárias* (trabalhos em periódicos).

Consultar

Autores e livros. v. 4, n. 11, 4/4/1943; Domas Filho, João. *Júlio Ribeiro*, Belo Horizonte: Cultura Brasileira, 1945; Lins, Álvaro. Dois naturalistas (In *O romance brasileiro de 1752 a 1930*. Rio de Janeiro, 1952); Mota, Artur. Júlio Ribeiro (In *Revista da Academia Brasileira de Letras*, n. 166, 1935).

Nos processos e no feitio de combate do Naturalismo, encontraria Júlio Ribeiro oportunidades de expansão de seu temperamento de inconformado, sempre em luta contra o meio e a sociedade em que vivia.

Muito antes de ser intensificada em todo o país a campanha em favor da abolição, Júlio Ribeiro se colocava abertamente ao lado do elemento servil, não aceitando anúncios sobre escravos fugidos em seu jornal de Sorocaba. Quando ainda eram sólidos os alicerces da monarquia, atirou-se ele contra o regime, desfraldando a bandeira da pregação republicana. E, assim que foi proclamada a República, rompeu ruidosamente com o Partido Republicano Paulista, em períodos de indignação extrema. A palavra candente ajustava-se-lhe ao feitio rebelado. Intransigente nas suas opiniões, Júlio Ribeiro defendia-as colericamente, mesmo quando dizia absurdos, como ao afirmar, num artigo de jornal, que Lopes de Mendonça, em *O duque de Vizeu*, era superior a Corneille e a Shakespeare. As *Procelárias* e as *Cartas sertanejas* atestam-lhe o temperamento impulsivo e a embocadura de panfletário, cujas manifestações mais ríspidas se acham contidas nos artigos com que revidou, numa prosa de crispações camilianas, a crítica implacável do Padre Sena Freitas ao seu romance naturalista.

Para escrever *A carne*, no ambiente pudico da sociedade paulista do tempo do império, fazia-se necessária essa predestinação à polêmica. Menos para armar escândalo do que para expandir a sua índole combativa, Júlio Ribeiro atira ao papel as cenas lascivas de Lenita e, através da crueza com que consegue captá-las, desfere os rudes golpes que a revolta lhe inspira contra o meio em que se sente amesquinhado ou diminuído.

Dos três romances que *O homem* teria inspirado, foi o de Júlio Ribeiro o único a sobreviver. E o interessante é que, inferior na forma e no processo ao livro de Aluísio, logo alcançou a popularidade que o deste não conseguiu atingir e ainda hoje perdura no gosto do público, muitos anos após o seu aparecimento, em sucessivas edições continuamente esgotadas, a que se deve acrescentar a consagração da tela, como a derradeira vitória póstuma de um livro que, tido e havido como um mau romance, resiste ao tempo e sobrevive galhardamente ao fluir das gerações.

Nenhum livro brasileiro congregou, como *A carne*, desde a hora de seu aparecimento, as mais contraditórias opiniões. Se José Veríssimo, com desassombro, acoimou a obra de "parto monstruoso de um cérebro artisticamente enfermo", Tito Lívio de Castro, na mesma época, externava esta opinião entusiástica: "O Naturalismo está vitorioso e a vitória é assegurada por *A carne*."

Meio século depois, Álvaro Lins considera Júlio Ribeiro um autor fora da literatura, enquanto Manuel Bandeira, no seu discurso de recepção na Academia Brasileira, reconhece que *A carne* merecia ficar, como em verdade ficou, ao lado de tantos outros romances do Naturalismo e do Romantismo. E a verdade é que tudo no livro como que o predispõe à condenação da crítica, a começar pela pretensão didática do narrador que, em muitos trechos, mais parece interessado em dar uma aula, nos esbanjamentos de uma erudição de compêndio, do que fazer viver personagens e cenas, no drama da narrativa.

Não é pela circunstância de conter alguns episódios eróticos, narrados com certa vivacidade de cores, que o romance de Júlio Ribeiro constitui um desencontro flagrante entre a sua nomeada e o seu valor: esse desencontro advém do absurdo daqueles episódios no desdobramento da narrativa. Dir-se-ia, em muitos passos, que o romancista, no intuito de insubordinar-se a convenções e preconceitos, acentuara as cenas lascivas, sem se dar conta que a Lenita, no seu desespero de animal em cio, foge ao desenvolvimento lógico que lhe fora pré-traçado nas linhas estruturais da ação romanesca.

Ao romance falta a armação teatral que conduz o interesse do leitor ao fim do entrecho. Também se ressente de uma acentuada esquematização das personagens, que são deste ou daquele feitio, que agem desta ou daquela forma, não porque se apresentem assim na sequência natural da ação, mas porque assim o declarara o narrador, numa leve indicação passageira ou sumária. A dialogação nada tem da fala coloquial surpreendida ao vivo: é conversa escorreita, por vezes de tom pretensioso e didático. Não lhe encontramos, por outro lado, aquele sabor da epopeia que deparamos a cada passo na obra de Zola, em cuja pena os episódios considerados escabrosos se entrosam logicamente na ação e dela intimamente participam como peças essenciais.

Esses episódios, ocorrentes no romance de Júlio Ribeiro, são menos do sensualismo de Lenita do que da intenção do romancista em descrevê-los com rudeza de tintas. São eles que dominam a ação, assinalando-lhe os pontos altos. Se não se entrosam harmoniosamente no desdobramento normal da narrativa, nem por isso deixam de possuir aquela vivacidade do descritivo que faz de cada leitor uma testemunha presencial, embora invisível e omissa, na ação que se desenrola.

Tais cenas um tanto cruas parecem-nos a verdadeira razão de ser da sobrevivência do romance de Júlio Ribeiro. O livro não se impõe por sua força literária. Nem pelo vigor de suas personagens. Ou pelo interesse de sua ação geral. A única razão, a assegurar-lhe perenidade, estará no vigor de suas cenas eróticas. *A carne* é obra proibida que se descobre quase sempre na adolescência. Por isso, raramente se lhe dará atenção aos possíveis merecimentos literários. O que se observa, com a curiosidade de quem devassa o caminho interdito, é o sensualismo que se desprende do livro, derramado ao longo de suas páginas sob o pretexto — que talvez haja sido sincero — do Naturalismo mais audaz e corajoso. Esse sensualismo é ponto de contato natural entre as gerações que se sucedem. E é disto que se aproveita possivelmente o romance de Júlio Ribeiro, daí derivando a sua perenidade, a despeito de todo o mal que dele se tem dito, em mais de meio século.

ADOLFO CAMINHA[*]

Temperamento singularmente combativo, Adolfo Caminha, desaparecido aos trinta anos, é o último, em data, dos grandes naturalistas brasileiros. E, em certo sentido, o mais audaz. Ao publicar *A normalista* (1892), seu primeiro romance, já Aluísio Azevedo, Inglês de Sousa e Júlio Ribeiro haviam trazido a lume as obras que os recomendam como figuras exponenciais no Naturalismo em nossa literatura. *O missionário* fora publicado quatro anos antes. *O cortiço* saíra em 1890. E havia quatro anos, exatamente, *A carne* era lida e discutida. *A normalista*, seguindo a mesma esteira, não trazia contribuição especial que a recomendasse. Se não era superior a *O cortiço* ou *O missionário*, não era inferior a *A carne*. Teria, como este, os defeitos de algumas cenas pintadas com cores vivas demais, porém sobressaía pela transplantação fiel e natural da vida de província e maior vigor na fixação dos temperamentos e dos caracteres.

Antes de *A normalista*, Adolfo Caminha havia publicado dois pequenos livros: um, de versos — *Voos incertos*; outro, de contos, ou melhor, de duas novelas — *Judite* e *Lágrimas de um crente*. Dos versos do adolescente, Laudelino Freire aproveitaria o soneto que reuniu numa coletânea do gênero. Das duas novelas, de feitio acentuadamente romântico, Artur Azevedo, sem grande severidade, apenas pôde dizer que esperava ver o seu autor, de futuro, brilhar em obras menos bisonhas.

Se a vocação literária, revelada nos livrinhos anteriores, explica o romancista, o espírito de reação talvez explique, no seu ânimo de luta e na sua intenção caricatural, o naturalista que com ele despontou. *A normalista*, conforme já se acentuou, trai o acre sabor da revolta: revolta do homem contra o meio que o desagrada e hostiliza.

---

[*] Adolfo Ferreira Caminha (Aracati, Ceará, 1867 — Rio de Janeiro, 1897) chegou a segundo-tenente, na Marinha, demitindo-se em 1890, e ingressando no funcionalismo público.

Bibliografia

ROMANCE: *A normalista*. 1892; *Bom crioulo*. 1895; *A tentação*. 1896. CONTOS: *Judite* e *Lágrimas de um crente*. 1887. VIAGENS: *No país dos ianques*. 1894. CRÍTICA: *Cartas literárias*. 1895.

Consultar

Araripe Júnior. *A normalista* (In *Obra crítica de Araripe Júnior*. Rio de Janeiro: Casa de Rui Barbosa, 1960. v. II); *Autores e livros*, v. 4, n. 14, 2/5/1943; Cavalcanti, Waldemar. "O enjeitado Adolfo Caminha" (In *O romance brasileiro de 1752 a 1930*. Rio de Janeiro, 1952); Broca, Brito. "Contos Inéditos de A. C.". *A Gazeta*, São Paulo, 17/7/1954); Ribeiro, Saboia. *O romancista Adolfo Caminha*. Rio de Janeiro: Pongetti, 1967.

Oficial de Marinha, publica Adolfo Caminha, na *Gazeta de Notícias*, do Rio de Janeiro, com a sua assinatura, um veemente artigo de protesto aos castigos corporais a bordo dos navios de guerra. E faz pública a sua profissão de fé republicana. Logo depois, numa viagem a Fortaleza, apaixona-se por uma senhora casada. E decide-se a viver com ela. Tudo se faz para o dissuadirem desse propósito, que ia de encontro à moral burguesa da província. Adolfo Caminha não muda de deliberação. Rogam-lhe, intimidam-no, tentam assassiná-lo, incomodam o Ministro da Marinha para que diretamente interfira no caso. E Caminha, ante as ameaças e intimidações, prefere abandonar a farda a deixar a criatura a quem se uniu por paixão.

A normalista nasce nesse clima de lutas. Nos seus tipos e nas suas situações, reage o romancista às hostilidades da cidade pequena, através do traço caricatural que a desfigura. Mas, em algumas cenas, o romancista de vocação superpõe-se ao homem revoltado e o panfleto adquire a grandeza das criações autênticas, como no capítulo em que Maria do Carmo se entrega a João da Mata.

Três anos depois do aparecimento de *A normalista*, Adolfo Caminha publica *Bom crioulo*. E deixa neste novo romance o melhor testemunho de sua grande vocação de romancista. A revolta da província é substituída em *Bom crioulo* por uma audácia mais firme e ampla, que não mais se restringe aos estreitos horizontes da cidade pequena: tomando como tema um caso de homossexualidade, vai aos limites extremos da transposição literária dessa degenerescência, com um requinte de minúcias que constrange e repugna. Mas em meia dúzia de cenas o narrador é um mestre perfeito de seu ofício, notadamente quando, com a mesma pena revoltada com que escrevera o artigo de protesto às torturas corporais na Marinha, descreve o negro Amaro castigado a chicotada, até que seu corpanzil desaba como um fardo bambo sob a ponta do azorrague que o banhou de sangue. É certo que o mar não tem neste romance marítimo a força de uma personagem. Mas há nas suas páginas um quadro novo, de cores firmes e naturais, que eleva *Bom crioulo* à condição de obra perdurável.

Ao contrário do que se tem escrito, não nos parece que *Tentação*, o terceiro e último romance de Adolfo Caminha, seja dominado pela exaltação republicana. O conteúdo político, neste livro, é parte mínima: nem se pode dizer que o romancista haja tomado partido, porquanto, se uma de suas personagens propugna pela causa da República, a outra defende a Monarquia, além de se derramar em grande parte da narrativa o sentimento de respeito e veneração do povo à família imperial. Ninguém fixou em romance o carinho popular à figura de Pedro II, como Caminha o fez, em páginas que mais pertencem à história, por seu sabor de verdade, do que à ficção, por seu poder de verossimilhança. Mas *Tentação* não vale apenas por esse aspecto. O entrecho da obra é fraco: faltam-lhe densidade e força. Sobra-lhe, contudo, certo sabor de desencantamento lírico e por vezes uma admirável condensação no descritivo, como no trecho em que, ao descrever a Rua do Ouvidor numa hora de confusão, a compara a um formigueiro incendiado. *Tentação* é o romance em que Adolfo Caminha faz o louvor da Província, contrapondo-se assim a si mesmo, na caricatura de tipos e costumes de *A normalista*. No casal de provincianos que se desloca para o Rio e aqui só encontra a falsidade e a hipocrisia, Caminha como que se penitencia de haver zombado da Província, no seu primeiro romance. Há qualquer coisa das *Ilusões perdidas*, de Balzac, no desapontamento que assalta Adelaide e Evaristo. E é pena que, nessa obra derradeira, em que redescobre a Província, Adolfo Caminha se tenha querido vingar de Valentim Magalhães, ao fazer-lhe a caricatura, frequentemente insultuosa e desafiadora, no tipo de Valdevino Manhães, "diretor da Revista Literária e autor de muitíssimos livros, de muitíssimas obras, entre as quais o poema herói-cômico 'Juca Pirão', paródia ao 'Y-Juca-Pirama', de Gonçalves Dias". A intenção da desforra fez reviver o polemista que parecia espreitar em Caminha os movimentos do romancista, com o intuito de atenuar-lhe a força e desviar-lhe a vocação.

De qualquer modo, seja no conto, forma que cultivou no começo da vida, seja sobretudo no romance, em que se firmou sua verdadeira vocação de ficcionista, foi na tendência realista e naturalista que se realizou Caminha, na valorização dos instintos sobre os sentimentos, e dos traços e reações fisiológicas para definição da alma e do caráter das personagens.

LEGADO DO NATURALISMO

Não se pode afirmar que foi com o Naturalismo, através de seu processo de captação da realidade objetiva, que se fixaram pela primeira vez no romance brasileiro os nossos tipos e os nossos costumes. Antes de Aluísio Azevedo, Júlio Ribeiro, Inglês de Sousa e Adolfo Caminha, já a nossa vida urbana, com as suas peculiaridades mais destacadas, se espelhava no romance. Em pleno Romantismo brasileiro, José de Alencar pinta a vida na Corte, nos perfis de mulher de sua galeria copiosa. Taunay, Bernardo Guimarães, Macedo, Franklin Távora são hábeis pintores da vida brasileira, e isto para não falar em Manuel Antônio de Almeida, em cujas *Memórias de um sargento de milícias*, de tanto sabor picaresco, há um Realismo enxuto, sóbrio, de tintas firmes e definitivas. Inspecionando a alma de suas personagens, Machado de Assis, em lugar de fixar diretamente as paisagens, contempla-as através dos olhos das figuras de seus contos e romances.

Antes do Naturalismo, havia, assim, em nossas letras, um Realismo discreto, sem exageros ou excessos, a que o Naturalismo veio dar maior vigor, com um colorido por vezes brutal. A obra de Balzac, construída no curso dos vinte anos em que se elabora o nosso Romantismo, não influiu efetivamente em nossa literatura: há um ou outro traço acidental, sem maior significação, da presença do criador de Vautrin em nossas letras. O dom de ver, observou certa vez um dos mestres do romance naturalista, é menos comum que o dom de criar. Se tínhamos olhos para captar os costumes e as tradições brasileiras, transplantando-as para romances e contos, ficávamos dentro do convencional sempre que os tipos se movimentavam, com os seus sentimentos e os seus problemas, no ambiente que lhes destinávamos.

O Naturalismo contribuiu poderosamente para destruir o convencionalismo do elemento humano do romance brasileiro. Essa herança romântica como que se desbarata, ou pelo menos se enfraquece, após o advento do romance naturalista. É verdade que o Naturalismo criou outras figuras convencionais, com a sua preocupação falaciosa de fazer ciência. Em breve os tipos se repetiam, uniformes e estereotipados, conforme. se viu na reprodução instantânea da Magdá de *O homem*. Esse abuso foi um bem, porquanto retificou a nova escola nos seus exageros.

Não será fora de propósito lembrar alguns nomes de romancistas, muitos deles de vocação autêntica, que foram sacrificados pelo crepúsculo do Naturalismo. Horácio de Carvalho, Pardal Mallet, Papi Júnior, Rodolfo Teófilo, José do Patrocínio, Marques de Carvalho, António de Oliveira, Batista Cepelos, Faria Neves Sobrinho. A. de Paiva, Aderbal de Carvalho, Tomás Alves Filho, Carneiro Vilela, Virgílio Brígido, Carmen Dolores, Antônio de Sales, Canto e Melo podem ser evocados, no levantamento da escola naturalista no Brasil.* É bem verdade que de muitos deles ficaram mais os nomes que

---

* Informações sobre estes autores:
 – Pardal Mallet (Bagé, RS, 1864 — Caxambu, MG, 1894): *O hóspede,* 1894; *Lar.* 1888.
 – Papi Júnior (Rio de Janeiro, 1854 — Fortaleza, 1934): *Simas.* 1898; *Gêmeos.* 1914; *Sem crime.* 1920: *A casa dos azulejos.* 1927; *Almas excêntricas.* 1931.
 – Rodolfo Teófilo (Salvador, 1853 — Fortaleza, 1932): *A fome.* 1890; *Os brilhantes.* 1895; *Maria Rita.* 1897; *O paroara.* 1899; *O conduru.* 1910; *O reino de Kiato.* 1922.
 – José do Patrocínio (Campos, RJ, 1853-1905): *Mota Coqueiro.* 1877; *Os retirantes.* 1879; *Pedro Espanhol.* 1884.
 – Batista Cepelos (Cotia, SP, 1872 — Rio de Janeiro, 1915): *O vil metal.* 1910.
 – Horácio de Carvalho (Itabira, MG, 1857 — São Paulo, 1933): *O cromo.* 1888.
 – Faria Neves Sobrinho, J. (Recife, 1872 — Rio de Janeiro, 1927): *O hidrófobo.* 1892; *Mórbus.* 1898 (2 v.).
 – Domingos Olímpio (Sobral, CE, 1851 — Rio de Janeiro, 1906): *Luzia-Homem.* 1903.
 – Carneiro Vilela, Jr. (Recife, 1848-1913): *A emparedada da Rua Nova* (2. ed.) 1936 (3 v.).
 – Carmen Dolores (Rio de Janeiro, 1852-1910): *Gradações.* 1897; *Um drama na roça.* 1907; *A luta.* 1911; *Almas complexas.* s.d.
 – Antônio Sales (Paracatu, CE, 1868 — Fortaleza, 1940): *Aves de arribação.* 1913; *O babaquara.* 1912.
 – Canto e Melo, P. C. (Jaguarão, RS, 1866 — São Paulo, 1935): *Alma em delírio.* 1909; *Mana Silvéria.* 1913; *Relíquias da memória.* 1920; *Recordações.* 1923.
 – Marques de Carvalho, J. (Belém, 1866-Nice, França, 1910): *Hortência.* 1888; *Sóror Maria* 1891; *Entre ninfeias.* 1896; *O livro de Judite.* 1899.

as obras, sendo que algumas vezes até os nomes com dificuldade sobreviveram até os nossos dias. Em todo caso, representam eles o elemento de ligação entre fases distintas da literatura brasileira.

Na literatura corrente, o Naturalismo é um processo plenamente ultrapassado, mas muitas de suas lições podem ser rastreadas ao longo das obras que, refletindo realidades regionais, se pautam pelas coordenadas do Realismo, embora com uma liberdade de criação que supera as limitações impostas pelo Naturalismo, na sua miragem do romance experimental.

– Antônio de Oliveira (Sorocaba, SP, 1874 — São Paulo, 1953): *Vida burguesa*. 1896; *Sinhá*. 1898.
– Aderbal de Carvalho (Niterói, RJ, 1872-1915): *A noiva*. 1888; *Segredos do coração*. 1892.
– Tomás Alves Filho (Rio de Janeiro, 1830-1895).
– Virgílio Brígido (Imperatriz, CE, 1854-Rio de Janeiro, 1920): *Contos do amanhecer*. 1879.

34. Péricles Eugênio da Silva Ramos
A RENOVAÇÃO PARNASIANA NA POESIA

A reação antirromântica. Poesia filosófico-científica. Teixeira de Sousa, Prado Sampaio, Martins Júnior. Poesia realista urbana: Carvalho Júnior, Teófilo Dias, Afonso Celso Magalhães. Poesia realista agreste: Bruno Seabra, Ezequiel Freire. Poesia socialista: Lúcio de Mendonça, Fontoura Xavier, Valentim Magalhães. Advento do Parnasianismo: Artur de Oliveira, Machado de Assis, Gonçalves Crespo, Luís Guimarães; Alberto de Oliveira, Raimundo Correia, Olavo Bilac, Vicente de Carvalho; Machado de Assis, Luís Delfino, B. Lopes. Poetas menores e epígonos: Rodrigo Otávio, Artur Azevedo, Filinto de Almeida, Silva Ramos, Mário de Alencar, João Ribeiro, Guimarães Passos, Venceslau de Queirós, Emílio de Meneses, Zeferino Brasil, Augusto de Lima, Luís Murat, Raul Pompeia, Francisca Júlia, Magalhães de Azeredo, Goulart de Andrade. Características da forma parnasiana.

A reação ao Romantismo, no Brasil, não foi inaugurada pelos poetas parnasianos. Precederam-nos os adeptos da poesia filosófico-científica, da poesia realista e da chamada poesia socialista. Para compreender o Parnasianismo, portanto, temos de passar em breve revista essas correntes.

1. POESIA FILOSÓFICO-CIENTÍFICA

Datam de 1870, pelo menos — quando Sílvio Romero (1851-1914) publicou no periódico *Crença*, do Recife, o artigo "A poesia dos Harpejos poéticos"[1] — as ambições de fazer composições diversas das que, até então, eram usuais em nosso meio. Queria Sílvio que os poetas tivessem a intuição genérica da crítica do tempo, demonstrando conhecer os grandes princípios da filosofia geral e o espírito renovador da ciência do século XIX; mas não desejava que a poesia se fizesse didática. "O poeta" — impunha o autor de *Cantos do fim do século* (1878) — "deve ter as grandes ideias que a ciência de hoje certifica em suas eminências; não para ensinar geografia ou linguística, pré-história ou matemática, mas para elevar o belo com os lampejos da verdade, para ter a certeza dos problemas além das miragens da ilusão."[2]

Se esse era o escopo, no entanto a realização, tal como se acha compendiada em *Cantos do fim do século*, não foi eficaz. Para começar, Sílvio revelou-se e confessou-se,[3] formalmente, um discípulo do hugoanismo, tal como vinha sendo praticado no Brasil. Sua expressão, portanto, permaneceu romântica, e, o que é pior, nebulosa: isso lhe prejudicou irremediavelmente o nível artístico. Tal deficiência, aliás, foi assinalada por Machado de Assis.

Machado de Assis cogitou do livro de Sílvio Romero no estudo "A nova geração", publicado em 1879 na *Revista Brasileira* e reproduzido em *Crítica*. Assim se referiu aos *Cantos do fim do século*: "Que o Sr. Romero tenha algumas ideias de poeta não lho negará a crítica; mas logo que a expressão não traduz as ideias, tanto importa não as ter absolutamente. Estou que muitas decepções literárias originam-se nesse contraste da concepção e da forma; o espírito, que formulou a ideia, a seu modo, supõe havê-la transmitido nitidamente ao papel, e daí um equívoco. No livro do Sr. Romero achamos essa luta entre o pensamento que busca romper do cérebro, e a forma que não lhe acode ou só lhe acode reversa e obscura: o que dá a impressão de um estrangeiro que apenas balbucia a língua nacional".

Desse desajuste entre a ideia e a sua expressão é testemunha o próprio Sílvio, quando explica o que teve por escopo ao escrever a poesia "A alma", de que eis as três últimas estrofes:

> O céu brilhante dessa plaga helênica
> Sopra a bafagem perfumosa e amena;
> E lá dos astros desce o encanto fúlgido,
> A paz, a calma, a mansidão serena,
> E com os enleios de sereia lânguida,
> E com os arroubos de bacante louca,
> Todos os sonhos, palpitantes, túmidos
> Abrem as asas...
> A amplidão é pouca!...
>
> É d'Alma a empresa. Que expansões suaves!
> Assim Homero devassava a sorte;
> Platão entrava na sortida, às vezes,
> Trazendo sempre mais um raio forte.
> Aqui da América, n'agitada arena,
> Cada um suspiro traz um céu no fundo,

> A cada ideia não sacia um astro,
> Que nós sentimos vacilar o mundo...
> Ah! nós provamos que o tufão, que passa,
> Traz-nos de longe alguma nova infinda;
> Que a flor aberta à madrugada amável
> Sabe um segredo que não disse ainda.
> Voai, desejos, aquecei-vos todos
> À luz sagrada deste sol que brilha;
> Mas que parece que também procura
> Doutras grandezas a sonhada trilha!

A ambição de Sílvio, nessa poesia, era, segundo ele disse (*História da literatura brasileira*, volume e edição citados, p. 285), combinar o mito da Psique da velha Grécia com as esperanças e ousadias da jovem América, "aliança do passado e do futuro, espécie de símbolo do progresso". Mas há nas estrofes "suspiros" e outras debilidades que desnaturam a ideia de Sílvio, tornando-a flácida e imprecisa. Muitos versos são em si mesmos vagos, como o 2º, o 3º e o 4º da 2ª estância transcrita, de modo que o poeta, em conjunto, não soube atingir o objetivo a que visava. Compreende-se, pois, a crítica de Machado de Assis.

Outros adeptos da poesia científica, segundo os recenseia o próprio Sílvio Romero, foram Teixeira de Sousa, Prado Sampaio e Martins Júnior (1860-1904), este o mais importante do grupo. Tendo estreado em 1879 com *Estilhaços*, versos com que colaborou nas "Vigílias literárias" de Sílvio Romero, Martins Júnior publicou depois *Visões de hoje* (1881) e *Tela policroma* (1893), justificando esteticamente sua doutrina no opúsculo *A poesia científica, escorço de um livro futuro* (1883). Em sua faceta mais original, Martins Júnior cultuou o positivismo e a ciência, querendo substituir pela verdade científica a imaginação romântica. Por isso mesmo exaltava a

> Intuição sem par da Poesia que sente
> O sopro da ciência intumescer-lhe o peito.

e via os poetas modernos como

> ...espíritos
> Que já não vão correndo erradios, atrás
> Da sereia fatal dita Imaginação
> Ou Fantasia, e têm no sensório a visão
> Nítida do Real e da Verdade.

Apesar desse desprezo pela imaginação, Martins Júnior demonstrava às vezes poder verbal e capacidade de jogar com metáforas expressivas:

> ... como um corisco em mãos do velho
> Jove fuzilava, bramia o rubro oitenta e nove.

Mas seus versos, as mais das vezes, não possuíam equilíbrio, e suas imagens nem sempre eram guiadas pelo bom gosto, fatores esses que não lhe permitem atribuir lugar de muito relevo em nossa Literatura.

2. POESIA REALISTA

Paralelamente a essa poesia científica, no Norte, desenvolveu-se principalmente no Sul, em São Paulo e no Rio, a poesia realista, que, baseada na observação, não admitia a idealização romântica. Certos temas, tratados pelos românticos de maneira espiritual ou discreta, como o do amor, descambam agora, violentamente, para o sexo; pormenores, que não se acreditava possuírem interesse poético, são expostos em toda a sua crueza ou inexpressividade.

Era o que Machado de Assis ("A nova geração", *in Crítica literária*, p. 231) acusava numa composição de Alberto de Oliveira, "Interior", constante das *Canções românticas*. Nessa poesia, Alberto abordava o tema do menino que acorda de noite, assustado; a mãe, para tranquilizá-lo, amamenta-o. Pois bem, no final da composição surgem cães magros que "uivam tristemente trotando o lodaçal". Ora, esclarecia Machado, "entre esse incidente e a ação interior não há nenhuma relação de perspectiva; o incidente vem ali por uma preocupação de realismo; tanto valera contar igualmente que a chuva despregava um cartaz ou que o vento baloiçava uma corda de andaime. O Realismo não conhece relações necessárias, nem acessórias, sua estética é o inventário".

Deve-se reconhecer, todavia, que o Realismo teve origem, no Brasil, em pleno Romantismo: Álvares de Azevedo assina composições realistas na segunda parte da *Lira dos vinte anos*; Fagundes Varela o seguiu em "Arquétipo", tornou-se mestre do Realismo campesino em "Mimosa", ou continuou cultivando o próprio Realismo humorístico de extração azevediana em "Antonico e Corá" ou "Leviandades de Cíntia"; até Castro Alves tem "Uma página da escola realista".

O que caracteriza a "Ideia nova" não é pois tanto o Realismo em si nem o Socialismo, mas o fato de seus adeptos já não quererem ser românticos e de procurarem novo tipo de dicção, que conseguiram ainda antes do Parnasianismo. A dicção de Carvalho Júnior, por exemplo, já não é romântica, nem a de Fontoura Xavier, Valentim Magalhães e tantos outros.

Conforme o seu ângulo de observação, a poesia realista, no Brasil, pode dividir-se em urbana e agreste.

A — Poesia realista urbana — Os nomes que merecem relevo no Realismo urbano de nossa poesia são, no Sul, os de Carvalho Júnior (1855-1879), Teófilo

Dias (1854-1889) e Afonso Celso (1860-1938) aos quais se pode juntar, no Norte, o de Celso Magalhães (1849-1879).

Celso Magalhães não foi poeta inteiramente realista; as notas românticas dominam a sua poesia. Seus alexandrinos, como em "Glórias" (I, III, IV), são de tipo espanhol; sua dicção é ainda, na maior parte das vezes, pronunciadamente concorde com a da corrente dominante na época em que publicou seu livro (*Versos*, 1867-1870, São Luís, 1870).

Todavia, não só procura adequar-se à vida moderna, como professa um ideal de beleza diverso do romântico. O uso da observação se patenteia num poema de 1873, "Quadro artístico" (composto, não obstante, em alexandrinos espanhóis):

> A cena é numa sala pequena e atravancada;
> uma mesa redonda de livros empilhada,
>
> um piano de um lado, e de outro um velador,
> uma estante com livros, mobília multicor,
>
> garrafas de cerveja, charutos e bolinhos,
> cigarros sobre a mesa, o piano de mansinho
>
> a gemer sob os dedos dum inspirado artista;
> cinco sujeitos sérios, cravada e atenta a vista
>
> no teclado que brota harmonias tristonhas,
> ou então se alvorota em volatas risonhas.
>
> No mocho a fronte erguida, um rapaz aloirado,
> com um charuto na boca, olhar vivo, inspirado,
>
> improvisa; distante, um outro, no sofá,
> de mão no queixo, absorto, embevecido está.
>
> Os cigarros apagam-se esquecidos, e, frias,
> no chão as cinzas caem ao som das harmonias.
>
> Na secretária, um outro, escutando esses trinos,
> escreve numa tira alguns alexandrinos.
>
> Artistas todos são, e ali, naquela sala,
> emudeceram todos; somente o piano fala.

O inventário, como diria Machado, é aqui completo. Nível artístico mais elevado atingiu Francisco Antônio de Carvalho Júnior (1855-1879), cujos remanescentes literários foram coligidos e publicados em 1879 por Artur Barreiros. Suas poesias líricas, em número de 22, foram uma parte, *Hespérides*, desses *Escritos póstumos*, que receberam o título geral de *Parisina*.

Os dotes de observação de Carvalho Júnior não se limitam ao simples relatório, mas vêm penetrados por algo de exótica ou excentricamente transfigurador, como no soneto "Lusco-fusco":

> Da alcova na penumbra andavam flutuando
> Em tênue confusão fantasmas indecisos,
> Gerados ao fulgor da luz reverberando
> Nos límpidos cristais e nos dourados frisos.
>
> Era como um sabat fantástico e nefando!
> Das velhas saturnais talvez tivesse uns visos
> A enorme projeção das sombras vacilando
> Esguias e sutis sobre os tapetes lisos.
>
> Havia no ambiente uns mórbidos perfumes;
> Os bronzes, os *biscuits* se olhavam com ciúmes,
> Nos *dunkerques*, de pé, por dentro das redomas.
>
> Enquanto eu, sem temor, ao lado de uma taça,
> Um conto oriental relia entre a fumaça
> De um charuto havanês de excêntricos aromas.

O título maior da notoriedade de Carvalho Júnior está no modo material, e por vezes violento, com que encarou as mulheres e as relações entre os sexos. A esse respeito são bem conhecidos os versos (nos quais há nítida influência de Baudelaire) de um soneto verdadeiramente polêmico, "Profissão de fé":

> Odeio as virgens pálidas, cloróticas,
> Belezas de missal que o romantismo
> Hidrófobo apregoa em peças góticas,
> Escritas nuns acessos de histerismo.
>
> Sofismas de mulher, ilusões óticas,
> Raquíticos abortos do lirismo,
> Sonhos de carne, compleições exóticas,
> Desfazem-se perante o realismo.

> Não servem-me esses vagos ideais[4]
> Da fina transparência dos cristais;
> Almas de santa e corpo de alfenim.
>
> Prefiro a exuberância dos contornos,
> As belezas da forma, seus adornos,
> A saúde, a matéria, a vida enfim.

E devem ter causado indignação, na época, certas imagens de "Antropofagia", por certo as que induziram Machado de Assis[5] a julgar a poesia de Carvalho Júnior "por vezes repulsiva a priapesca":

> Mulher! ao ver-te nua, as formas opulentas
> Indecisas luzindo à noite, sobre o leito,
> Como um bando voraz de lúbricas jumentas,
> Instintos canibais refervem-se no peito.

Grosseiro ou não o Realismo de Carvalho Júnior, o certo é que não se lhe podia negar o talento: "poeta, e de raça", dele dizia Machado; "bela cena" — de um de seus sonetos afirmava Sílvio Romero — "tanto quanto a pintura de situações de um grosseiro Realismo pode ser bela."[6]

Teófilo Dias (1854-1889) revela na primeira parte do seu livro mais representativo — *Fanfarras* (1882) — a dupla influência de Baudelaire e de Carvalho Júnior, incluindo-se, portanto, na corrente geral do Realismo.[7] A influência do autor de *Les fleurs du mal* sobre Teófilo Dias é flagrante. Se em *Sed non satiata* o poeta francês escreve

> Quand vers toi mes désirs partent en caravane,
> Tes yeux sont la citerne ou boivent mes ennuis,

o sobrinho de Gonçalves Dias glosa a imagem em "Sulamita":

> Teu lábio é fonte, onde em beijos
> Mata a sede devorante
> A caravana arquejante
> Dos meus cansados desejos.

Outras passagens, de resto, não deixam margem a dúvida quanto à sugestão que os versos de Baudelaire exercem sobre o espírito do jovem autor de *Fanfarras*. Assim, se Baudelaire registra (*Chanson d'après-midi*):

> Quelquefois, pour apaiser
> Ta rage mystérieuse,
> Tu prodigues, sérieuse,
> La morsure et le baiser,

e fala, na mesma poesia, em "philtres" e "ton oeil doux comme la lune"... logo Teófilo, também num único poema, "Esfinge", se refere a "filtro" e pratica o oximoro "teus olhos — negras luas", para afinal denunciar a contaminação:

> Para estancar os desejos
> Que teu sangue tantalizam,
> Teus lábios prodigalizam
> Dentadas por entre beijos

Mesmo metricamente e no tom vocabular Teófilo Dias se deixou atrair por Baudelaire, como patenteiam as quintilhas de "O leito", que reproduzem o esquema — a b a a b 12 — de *La chevelure*.

No que se refere à influência de Carvalho Júnior, há dela, também, traços reveladores nas *Fanfarras*. Assim no vocabulário, cheio de novidades comuns em ambos os casos: se Carvalho Júnior fala em "corpo elástico" ou em "corpo de cascavel, elétrico" e usa largamente de adjetivos proparoxítonos como "magnético", "frenético", "mórbido", "fantástico" e outros do mesmo tipo, Teófilo emprega também "dorso elétrico", "turbilhões elásticos" e abusa igualmente dos adjetivos esdrúxulos, o que concede a ambos os poetas um forte ar de parentesco literário, corroborado aliás por outros característicos. Como vimos, Carvalho Júnior preferia "a saúde, a matéria, a vida enfim"; Teófilo, em "O Leito", canta os eflúvios "de um corpo virginal e cheio de saúde"; em "Antropofagia", o poeta de *Hespérides* vê seus instintos "como um bando voraz de lúbricas jumentas"; em *A matilha*, o cantor das *Fanfarras* compara seus "sôfregos desejos" a uma "feroz matilha".

Se tirássemos essa nota sensual, também violenta em Teófilo Dias e responsável por seu realismo, mesmo assim *Fanfarras* não seria um livro parnasiano, como tantas vezes se declarou. Como veremos, a segunda parte do volume se inclui na "poesia socialista" da época, o que a deixa muito longe da "arte pela arte", típica de Gautier e dos parnasianos; e, mesmo na primeira parte, Teófilo não emprega, como os discípulos de Leconte de Lisle, o *mot juste*, pouco se lhe dando a propriedade e a precisão vocabulares e o travamento orgânico da composição. Se João Ribeiro, falando de B. Lopes em 1889,[8] adverte que a crítica tirava partido das adjetivações impróprias do poeta de *Sinhá Flor*, como "pés gemedores" e "linhas madrigalescas", como classificar entre os parnasianos quem, como Teófilo Dias, muito antes de B. Lopes, se referia a um "corpo musical", ao "hino" de uns pés, ou então ao sentimento que se "lê" nas catedrais?

Não significa isso, no entanto, que sua poesia não tenha repercutido entre os parnasianos; Raimundo Correia, por exemplo, considerava os *Cantos tropicais* e as *Fanfarras* superiores a todas as obras publicadas num espaço de dez anos, exceto os *Sonetos e poemas* de Alberto de Oliveira e as *Poesias* de Bilac.[9] Teófilo, por vezes, dá-nos mesmo a impressão de prenunciar o lirismo da Via Láctea, se escuta uma flor murmurejar: "Silêncio! é nossa irmã que passa", e tem notas precursoras até mesmo do Simbolismo. Assim pela fluidez de seu ritmo, por seu colorido, e sobretudo por suas frequentes aliterações:

"Esse fluido fugaz, fátuo, vivo, ideal";

"Do morno mar da morte a embala sobre o dorso";

"Com que nos suga o sangue a sede da mulher";

"E enquanto fora o murmúrio morno
mórbido o vento abafa nos bambus";

"Multiplicando a forma, a luz, ferindo o espaço,
rota em fitas de fogo, em largas refrações";

"Aquele amor cruel e carinhoso
como acre aroma absorto na textura", etc.

Neste último exemplo, observe-se, aliteram em *a* cinco vocábulos e três abrem com *e*. Intricamento semelhante, em nossa poesia, só mais tarde, com Cruz e Souza, deixaria de causar surpresa.

A linha sensualista do Realismo brasileiro, isto é, a linha de Carvalho Júnior e Teófilo Dias, explica ainda certas notas do nosso Parnasianismo, como a "Satânia" ou "De volta do baile" de Bilac, e não se veria esgotada dentro de um decênio: as *Canções da decadência* de Medeiros e Albuquerque, por exemplo, compostas entre 1883 e 1887, ostentam um realismo sexual cruamente exposto.

Mas o nosso Realismo urbano possui também uma linha em que, a pretexto de expor "o que a realidade possa ter de mais comum, atual e condenável", a moral, como frisou um teórico da época, substituiu a poesia.[10] Foi em parte o que sucedeu com Afonso Celso (*Telas sonantes*, 1879) cujas historietas metrificadas deixam perceber amiúde a intenção, não diretamente expressa, de condenar os costumes vigentes e a desumanidade das pessoas bem-situadas na vida. A esse respeito, é eloquente, por exemplo, o "Esboço": uma senhora, no teatro, se comove profundamente com a peça representada; de volta ao lar, onde o criado a espera, cruciado pela dor de saber o filhinho agonizante e ansioso por ir vê-lo, não se abala o mínimo que seja com aquele "drama vivo". Pelo contrário,

> Soltou um ah! de gelo, e como a olhasse o velho,
> Pedindo-lhe talvez no transe algum conselho,
> Disse com abandono,
> De indiferença cheia,
> Que podia ir velar do filho o extremo sono;
> Mas que fosse primeiro à mesa pôr a ceia.

Tal diretriz foi ensejada por historietas como *A resposta do inquisidor* ou *Arrependida* de Gonçalves Crespo (1846-1883), cuja influência, no Brasil, foi extensa e profunda.[11] Quadros como "A esmola", "Inocência" ou "Na fazenda", constantes de *Devaneios* (1876) já traíam, em Afonso Celso, o fascínio do autor das *Miniaturas*.

B — *Poesia realista agreste* — Gonçalves Crespo, no seu livro de estreia, possui cenas em que descreve realisticamente a vida nas fazendas brasileiras. Tais, por exemplo, "A sesta", "Canção", "Ao meio-dia", "Na roça". Dessas poesias é reflexo, em nosso meio, o soneto "Na fazenda", de Afonso Celso (*Devaneios*):

> Dorme ainda a fazenda: ao longo da varanda
> Repousa o boiadeiro em couros estendidos;
> Desponta no horizonte aurora frouxa e branda
> No meio do terreiro um cão solta ganidos!
>
> Mas nisso de repente escutam-se alaridos
> Dum sino que desperta estruge a voz nefanda;
> Começam a soar conversas e balidos
> E a ordem de rigor que rude aos negros manda!
>
> Chegou o começar das lides e trabalhos
> Ressoam do feitor os brados e os ralhos:
> A boiada desfila à porta do curral
>
> Os pretos esfregando os olhos sonolentos
> Levando samburás lá vão a passos lentos
> Da porta da senzala ao denso cafezal

A influência de Gonçalves Crespo, conjugada a certa linha ingenuamente campesina de alguns dos nossos românticos, como Bruno Seabra (1837-1876) (*Flores e frutos*, 1862), Ezequiel Freire (*Flores do campo*, 1874) e outros poetas, alguns dos quais, como Sousa Pinto, já da corrente da observação,[12] é que viria explicar a aparição dos *Cromos* (1881) de Bernardino da Costa Lopes (1859-1916), livro em que o Realismo agreste, no Brasil, atingiu o ponto mais alto (excluído, como é óbvio, Fagundes Varela, poeta de envergadura superior). Alguns dos "cromos" de B. Lopes possuem inegável graciosidade, razão por que se fizeram largamente conhecidos. Tal, por exemplo, o de nº XXV:

> Na alcova sombria e quente,
> Pobre de mais, se não erro,
> Repousa um moço doente
> Sobre uma cama de ferro.
>
> Pede-lhe baixo, inclinada,
> Sua mulher — que adormeça,
> Em cuja perna curvada
> Ele reclina a cabeça.
>
> Vem uma loira figura
> Com a colher de tintura,
> Que ele recusa, num ai!
>
> Mas o solícito anjinho
> Diz-lhe com riso e carinho:
> — Bebe que é doce, papai!

Outros, embora menos difundidos, são igualmente graciosos, como o de nº XIX:

> A casinha — o sol dobrando,
> Projetora sombra na frente,
> Onde o casal inocente
> Está sorrindo e brincando.
>
> Vai a menina cantando,
> Medita o irmão... de repente
> Safa-se aos pulos, contente
> Como graúna de um bando.
>
> Chega ao portal pequenino
> A mãe, que a olhar quase cai,
> Soltando, pálida, um grito...
>
> É que o travesso menino
> Com as chilenas do pai
> Tenta montar no cabrito.

Para quem conhece, ainda hoje, os bairros pobres da periferia, em certas cidades de nosso interior, "cromos" como o de n? XXXVI constituem verdadeiros retratos fotográficos:

> Domingo. A casa de palha
> Abre as janelas ao sol;
> Na horta o dono trabalha
> Desde que veio o arrebol;
>
> E a companheira, de grampo
> No cabelo em caracol,
> Na erva enxuta do campo
> Estende um claro lençol...
>
> o ribeiro cristalino
> Bebem as aves; o sino
> Chama os cristãos à matriz;
>
> Entra a mulher... mas da porta
> Fala, meiga, para a horta:
> — Vamos à missa, Luís?

E nesse tom prossegue todo o livro, cuja segunda edição (1896) foi aumentada com os sonetos de n⁰ˢ XLVI a LXVI e outras poesias, entre as quais os 21 perfis femininos das "Figuras".

3. POESIA SOCIALISTA

Nos fins do decênio de 60, e mais nitidamente a partir de 1870, a poesia socialista corresponde no Brasil à que se praticava em Portugal, como consequência da famosa "questão coimbrã". Nessas condições, podem definir-se as aspirações dos poetas brasileiros da época com as próprias palavras de Antero de Quental:

> Os poetas da atual geração veem-se (...), rasgado aquele véu fantástico da "sentimentalidade" (...), em face de uma sociedade que eles não compreendem, porque ela mesmo a si se não compreende bem, mas que os não quer escutar senão com a condição de lhe falarem daquilo que a interessa e a preocupa, de se inspirarem da sua via real e das suas verdadeiras aspirações.

Ora, essas aspirações, tais como eram captadas ou imaginadas aquém e além-mar, se dirigiam para a República e o anticatolicismo, razão por que os "socialistas" passaram, num só bloco, a descompor a Monarquia e a Igreja. Acreditava-se ainda, por influência do Positivismo e de outras correntes de pensamento, na humanidade, no trabalho, na consciência, no saber, no progresso, na justiça social, donde as notas otimistas, ao contrário do pessimismo romântico, que já Machado de Assis descortinava na poesia dos novos.[13]

A poesia socialista foi revigorada pelo Realismo, embora este observasse a vida vulgar e aquela procurasse traduzir as aspirações da época. Donde o fato de a primeira, como no caso de Afonso Celso, ser utilitária apenas por contraste, ao passo que o segundo o era diretamente e, ainda mais, com caráter provocador e polêmico. Era isso mesmo que, embora noutros termos assinalava Aníbal Falcão no prefácio das *Opalas* (1884) de Fontoura Xavier: "Ao passo que uns reproduzem a vida vulgar, outros, sentindo, embora presos à corrente geral do Realismo, a soberana importância do assunto, buscam traduzir as aspirações, as ânsias, as blasfêmias e a vaga esperança do moderno viver social."[14]

Pelo menos desde 1872, com a publicação de *Névoas matutinas*, de Lúcio de Mendonça (1854-1909), começam a ressoar insistentemente, em São Paulo e no Rio, o antimonarquismo e as notas republicanas. O tom geral do livro de Lúcio era ainda romântico; mas nele figura uma poesia, O Tiradentes, datada de 1871, que reflete a "Ideia nova", como se pode ver por estes excertos.

> — Terra da Pátria! no teu céu nublado
> Inda não houve sol... só têm brilhando
> Conjurações — auroras boreais!
>
> Mas vai-se iluminando o céu do mundo...
> Aurora redentora, sol fecundo,
> A República vai-se erguendo já!
> Em breve a sua luz — a liberdade —
> A face da remida humanidade
> Da sombra — realeza — lavará.
>
> Então da Pátria no Partenon puro,
> Vós, mártires benditos do futuro,
> Os louros populares cingireis!
> Hás de surgir, ó plêiade sagrada,
> Quando última rolar ensanguentada
> A coroa satânica dos reis!

No prefácio de seu livro seguinte, *Alvoradas* (1875), explicando o título, adverte o poeta: "Alvoradas são também os toques militares com que se despertam do sono os soldados. Não poderiam chamar-se assim os clamores da minha poesia, obscura sentinela republicana, bradando aos soldados da causa santa que é tempo de acordar?" A poesia política de Lúcio de Mendonça acha-se compendiada em *Vergastas*, livro composto de 1873 a 1889, e onde se encontra a vigorosa sátira contra um ex-republicano que ingressara no Senado Imperial:[15]

> ....
> Quiseste enodoar ao mesmo tempo, traste!
> A blusa popular com que se apresentaste.
> ....
> Refere a tradição que um déspota romano
> Fez cônsul um cavalo. O nosso soberano,
> Calígula jogral, tirano bonachão,
> Para nos aviltar, fez senador um cão!

No seu já tantas vezes citado ensaio "A nova geração", refere-se Machado de Assis a dois poetas, Fontoura Xavier (de que cita poesias avulsas e em opúsculo, *O régio saltimbanco*) e Valentim Magalhães (1859-1903) — que já a essa altura havia publicado livros como *Ideias de moço* (1878), em colaboração com Silva Jardim, a quem pertence a parte em prosa, e *Cantos e lutas* (1879) — nos quais seguira a corrente socialista. Fontoura Xavier (1856-1922), que só mais tarde publicaria as suas *Opalas*, era republicano e anticatólico; ateu, fazia praça de suas ideias em qualquer oportunidade, às vezes desabusadamente, como sucedeu no enterro de Carvalho Júnior. À beira-cova, Fontoura Xavier saiu-se com uma despedida em que há as seguintes quadras:

> Um instante, coveiro!... O morto é meu amigo
> E, como vês, cheguei para dizer-lhe adeus;
> Depois podes levá-lo... a Satanás... contigo!
> Que sei não pretende a salvação de Deus.
>
> Vim despedir-me pois!... a morte já começa
> A martelar caixões na porta dos ateus!...
> — Sentido, batalhões! caiu uma cabeça!...
> Que importa uma vitória às legiões de Deus?![16]

Para Valentim Magalhães, como assinala Machado, a ideia nova era "o céu deserto, a oficina e a escola cantando alegres, o mal sepultado, Deus na consciência, o bem no coração, e próximas a liberdade e a justiça".

As mesmas ideias repontam das poesias de Afonso Celso, que conjuga, nas já citadas *Telas sonoantes* (1879) o Realismo ao Socialismo.

Não tem razão José Veríssimo quando toma as *Telas sonantes* como o primeiro ensaio do Parnasianismo brasileiro (*Estudos de literatura brasileira*, 2ª série, Rio de Janeiro, 1901, p. 285). O "motivo objetivo e impessoal dos poemas" ainda não indica o Parnasianismo, porém simplesmente a reação realístico-social ao Romantismo.

Tanto isso é verdade que no prefácio de *Devaneios* (1876) Afonso Celso como que se desculpa de ser da "escola lírica", isto é, romântica: "Reconheço" — diz ele — "a extrema utilidade da poesia social que congrega os povos, encarece o assunto, e como que imprime nas produções um caráter genérico e despido de egoísmo"; mas — acrescenta — "não me acho ainda com aprumo bastante para tentar a senda difícil do Socialismo". Isso significa que, naquele ano, o Socialismo já tinha foros de doutrina poética em São Paulo e Rio de Janeiro. No seu livro seguinte — *Telas sonantes* — Afonso Celso iria tentar a "difícil senda", sem recear, por outra parte, macular mais completamente as asas "no pó dos realismos".

Curioso é, porém, que Afonso Celso possua, em *Devaneios*, uma composição de matizes parnasianos. Trata-se da poesia "Susana", em que o tema é exótico (bíblico) e tratado de maneira plástica (reflexo, talvez, de "Nera", de Gonçalves Crespo, para não falarmos de autores franceses):

> Ao corpo de Susana a linfa da corrente
> Envolve num abraço e beija docemente.
>
> As ondas do regato às ondas do cabelo
> Ondulam a gemer... talvez de fundo zelo...
>
> A vaga quer cobri-la: — em volta se avoluma...
> Qual tem maior alvura, o corpo ou a branca espuma?
>
> No colo alabastrino as águas murmurantes
> Desatam um colar de gotas cintilantes.
>
> Na fronte divinal esplendem diademas
> De pingos cujo brilho imita finas gemas.
>
> No álveo do regato areia fina e clara
> Ao pé da linda hebreia encobre fina e avara.
>
> Se acaso a sedutora o corpo seu mergulha
> O rio arfa e se alteia... após triste marulha.
>
> Da bela israelita aos lânguidos sorrisos
> Respondem do regato os palpitantes frisos.
>
> Mas nisso de repente — além, dentre os palmares

> Cintilam sobre ela uns lúbricos olhares.
>
> Medrosa ela estremece e cheia de receio
> Oculta com a mão o peregrino seio.
>
> Nas faces o rubor, levada pelo espanto,
> Mergulha e logo a vaga envolve-a qual um manto.
>
> Depois do banho sai, confusa e amedrontada,
> Levando gotas mil na pele acetinada.
>
> Traduz-se em seu semblante um medo que contrista:
> As vestes vai buscar da plaga entre os abrolhos;
>
> Julgando que não ver também é não ser vista
> Encruza as mãos no seio e fecha os lindos olhos.

Tanto se encantou Afonso Celso com essa poesia que a retocou e republicou nas *Telas sonantes*, sob o nome de "Quadro bíblico"; novos retoques e nova publicação, em "Rimas de outrora" ("Quadros bíblicos" II).

Assim em "Tributo eterno", onde, dirigindo-se às estrelas, ameaça:

> De vós que só restais do vasto espólio
> Dalgum deus que faliu farei um sólio
> Que a moral de Jesus mais deslumbrante.
>
> Que as cortes do céu, entre mil bravos,
> Rendam preitos, humildes como escravos,
> Às graças infernais da minha amante.

Noutras poesias, em que mais puramente ostenta a ambição de "metreficar (*sic*) crateras", canta a oficina — "templo da indústria" —, o "deus-trabalho", o homem — "rei popular nas cheias praças", — a queda dos preconceitos, o malho, soltando

> ... um colar de chispas fulgurantes
> Que são estrelas para os céus da indústria,

o calor das chamas e das claridades

> ... que há de animar um dia
> O corpo são da nova humanidade,

a "nova crença", a cujo "luar"

>Soa o clangor da tuba do progresso,

ou recrimina os "Cruzados do moderno Vaticano", que desejam "um Cristo altivo e sem clemência", quando os adeptos da "nova crença" o querem "doce e terno".

As mesmas notas repontam das *Fanfarras* (2ª parte), onde Teófilo Dias se revela ateu e antimonárquico. Dirigindo-se à Cruz, exprobra-a:

> Podes deixar cair, desanimada, os braços!
> — Já não existe um Deus, que veja dos espaços
> Teu gesto de terror, de súplica sombria!

Em "O século caminha", avisa aos Césares que é tarde, não mais existem coroas nem brasões,

> E os livros feitos pó, virá uma só crença,
> E unidos se verão, numa harmonia imensa,
> Os crentes de Jesus, de Buda e do Corã.

Outras vezes, sua voz assume tons definitivamente proféticos. Assim quando avisa que "o tufão popular"

> ....há de varrer........
> Do solo americano o trono e a realeza,

e, dirigindo-se ao Imperador:

> Hão de vos apontar, vos perdoando o crime,
> Em vez do cadafalso, a senda do desterro.

A mesma diretriz socialista anima a segunda parte das *Sinfonias* (1883) de Raimundo Correia. Poesias como "O povo", "A ilha e o mar", "Ao poder público", "O tiro do canhão", "Luís Gama" e "Os dois espectros" não deixam qualquer dúvida a esse respeito: Raimundo era republicano e anticlerical, e até adepto do "Império universal", como deixou claro em "O tiro do canhão":

> O tiro do canhão demarca a propriedade
> E o domínio que tem no mar cada nação;
> Desenvolva-se o ardor, cresça a velocidade,
> Multiplique-se o impulso ao tiro do canhão!

> E dum mar a outro mar, varando os ares, una
> As nações, e rebente a baliza fatal!
> Seu estrondo será o estrondo da Comuna,
> Será a aclamação do Império universal!

Ora, é claro que tal poesia, interessada como era, deveria provocar reação. E foi essa reação que favoreceu o advento do Parnasianismo — uma forma de fuga ao ambiente, com sua teoria da "arte pela arte" e seus temas exóticos —, e, um pouco mais tarde, do Simbolismo, este ainda mais marcadamente "torre de marfim" e bem mais espiritual.

O ADVENTO DO PARNASIANISMO

Tinha-se por certo, no final do decênio de 1870 a 1880, que a "escola subjetiva" deixara de existir no Brasil. Em 1878, no prefácio aos *Cantos do fim do século*, proclamava Sílvio Romero que o Romantismo já era "um cadáver, e pouco respeitado"; no ano seguinte, Machado de Assis o tomava como "um dia que verdadeiramente acabou"; em 1882, finalmente, Tomás Delfino chasqueava:

> Morto! morto! desgraça! é morto o Romantismo![17]

Mas se o Romantismo estava morto em 1878, não havia ainda surgido o Parnasianismo. Para sua implantação em nossa terra contribuíram diretamente Artur de Oliveira e indiretamente Machado de Assis, bem como, por meio de seus livros, Gonçalves Crespo e Luís Guimarães.

1. A INFLUÊNCIA DE ARTUR DE OLIVEIRA

A influência de Artur de Oliveira (1851-1882) foi larga e extensa sobre os poetas "novos" do Brasil, a partir de 1877. Embora não tenha deixado obra perdurável,[18] "*le père de la foudre*" trouxe de Paris as novidades literárias e portanto o Parnasianismo, com o culto de Théophile Gautier, Leconte de Lisle, Banville, Sully-Prudhomme e outros poetas, que ele lia e difundia entre os jovens da época. É o que afirma Alberto de Oliveira[19] e é o que confirma o fato de a primeira poesia das *Canções românticas* (1878) do próprio Alberto, dedicada a Artur de Oliveira, poder ser tomada como a primeira mostra do Parnasianismo, em nosso meio. O tema de "Aparição nas Águas" — assimilação de uma banhista a Vênus —, apesar da imprecisão vocabular com que ainda lutava Alberto, é, pelo exotismo, pela intenção plástica, pela "arte pela arte" que reponta das estrofes, uma antecipação parnasiana do poeta. É o que parecem certificar estes excertos:

Vênus, a ideal pagã que a velha Grécia um dia
Viu esplêndida erguer-se à branca flor da espuma,
 — Cisne do mar Iônio,
 Desvendado da bruma,
Visão, filha talvez da ardente fantasia
 De um cérebro de deus:

Vênus, quando eu te vejo a resvalar tão pura
 Do largo oceano à flor,
Das águas verde-azuis na úmida frescura,
 Vem dos prístinos céus,
 Vem da Grécia, que é morta,
Abre do azul a misteriosa porta
E em ti revive, ó pérola do Amor!

É como um sonho imenso de gigantes,
Cortado de relâmpagos de assombros,
Esse espasmo em que fico, quando vejo
Desatar-se no olímpico de um beijo
Os teus longos cabelos ondeantes
Sobre o mármore santo dos teus ombros!
Há um como abrir de Ilíadas augustas
No sidérico espaço que dominas, [etc.]

Outros poemas do livro, como o ídolo" e "O mês de outubro", já se afiguram mais parnasianos do que realistas, e o mesmo sucede com "Tarde romântica", onde o arrolamento se diverte para uma plasticidade em que há tons exóticos:

Obliquamente o sol, em púrpuras velado,
Fere com um beijo morno o crespo transparente,
E aos hálitos da luz o tépido ambiente
Envolve-se num véu prismático e doirado.

Trescala o incenso, a mirra, o cravo recendente
Nas jarras orientais; então do cortinado,
Medrosa, abrindo os véus, num gesto namorado,
Ei-la a Bacante nua! a Sílfide ridente!

Faz-se agora, talvez, como um mistério estranho...
A carne sensual, refrigerada ao banho,
Toma os crivos, a renda, os folhos, o cetim;

> Enquanto n'água fresca e láctea e perfumada,
> O róseo sabonete, a flor purpureada,
> Desbrocha entr'alva espuma a ponta de carmim.

Apesar do título do seu livro de estreia, Alberto de Oliveira já possuía, pois, matizes parnasianos em seus versos. E, o que é mais revelador, atacava o Romantismo (no soneto "Toilette lírico"):

> Poetas do lirismo condenado!
> Eu quero vos colher no som doentio
> A esse *spleen* matutino o desfastio,
> Com as carícias do ar romantizado.

Não se deve dizer, com isso, que *Canções românticas* já fosse um livro definidamente parnasiano. Anunciavam apenas o Parnasianismo, pois havia na época uma forte indecisão de rumos, a que não seria estranho, por certo, o próprio Artur de Oliveira: sabido é que este incluía no seu culto, ao lado de Gautier e Leconte, também Victor Hugo e Baudelaire, raízes, em nosso meio, da poesia socialista e realista. Tanto é verdade que os caminhos parnasianos começaram a ser trilhados confusamente, que Teófilo Dias como que desculpava Alberto de ter escrito um livro de poesias somente líricas: "Quem tem o direito — indagava ele[20] — de prejulgar que Alberto de Oliveira nunca empunhará os látegos febris da poesia socialista, para sarjar fundo as entranhas corruptas do mundo moral?"

Fontoura Xavier, de resto, dava o mesmo conselho a Teófilo Dias (que, como vimos, o seguiu nas *Fanfarras*), dirigindo-lhe a poesia "À liça":[21]

> Bardo! o cantar somente o colo nu da amante
> Não diz co'a evolução do século gigante!
>
> Enquanto tu sorris
> De uns olhos sensuais,
> Nos lôbregos covis,
> Nas furnas imperiais,
>
> Acende a realeza a cólera tigrina
> E sedenta e feroz! na luta que a domina
> Arroja-se de encontro à nossa irmã Justiça
> Tentando-a sepultar no chão da enorme liça!
>
> E, sabes, a Justiça é o sol da Nova-Ideia,
> A Musa varonil da homérica epopeia!

Alberto de Oliveira, dando-se por achado com a admoestação de Fontoura Xavier a Teófilo Dias, saiu-se em *Canções românticas* com um soneto — dedicado ao primeiro — em que afirmava de sua poesia o que ela não era, mas por certo aspirava a ser:

> Eu não leio somente a história dos amantes,
> Os ternos madrigais que o coração suspira;
> Não vivo só de olhar a lírica safira
> De amadornado céu, nas noites gotejantes.
>
> Também ei me enlevar, se, em sacrossanta ira,
> O Bem calca com os pés os Vícios arrogantes,
> E, como tu, folheio a lenda dos gigantes,
> E sei lhes dar também uma canção na lira.

2. O PAPEL DE MACHADO DE ASSIS

Ora, aqui é que entra em cena Machado de Assis: "O Sr. Alberto de Oliveira pode folhear a lenda dos gigantes; mas não lhes dê um canto, uma estrofe, um verso; é o conselho da crítica. Nem todos cantam tudo; e o erro talvez da geração nova será querer modelar-se por um só padrão".[22] Que Alberto de Oliveira ouviu Machado e não Teófilo Dias, provam-no as *Meridionais* (1883), livro que já reúne poesias das mais notáveis de Alberto e constitui um espelho do que seria, em sua fase criadora, o Parnasianismo brasileiro. Confirma essa impressão, de resto, o próprio fato de Machado ser o prefaciador do volume, e, no prefácio, explicar: "a exortação (...) da minha crítica tem aqui uma resposta, (...) o conselho não foi desprezado."

Se a pregação crítica de Machado de Assis deu assim resultados imediatos quanto à eleição, por Alberto de Oliveira, dos caminhos mais adequados ao seu temperamento, outros pontos da doutrina estética de Machado — por ele expostos em artigos, cartas e prefácios a livros de estreantes, como as exigências clássicas de correção métrica e gramatical, de precisão vocabular e economia de figuras[23] — só mais tarde viriam a ser totalmente acatadas, constituindo mesmo o dorso da doutrina formal parnasiana.[24]

No início — é bom que o frisemos, para que os fatos sejam reconstituídos tais como se passaram — os parnasianos, em geral, tanto colocavam defeituosamente os pronomes como não se preocupavam muito com os hiatos e a consequente frouxidão dos versos. Só posteriormente se sairiam com a balela de que o Parnasianismo visou ao "restabelecimento das boas normas de escrever versos" e foi "protesto contra o enxovalho da língua", como disse Alberto de Oliveira em sua conferência sobre "O Soneto Brasileiro" e repetiu em sua entrevista a Prudente de Morais, neto.

Em *Canções românticas*, *Meridionais* e mesmo em *Sonetos e poemas*, embora menos, os pronomes são mal colocados; o mesmo se dá nas *Sinfonias* de Raimundo Correia ou no *Relicário* de Vicente de Carvalho, e em geral em todos os poetas do tempo. Eis alguns exemplos:

Alberto de Oliveira, *Canções românticas*:

"Se não viram-te as asas alvejantes";
"O silêncio da dor que enrosca-se à caveira";
"Que a Dor crave-te mais sua lanceta aguda";
"Que morda-te da Angústia a garra envenenada"; [etc.]

Sonetos e poemas:

"Te olhando, te interrogando,
Te amando";

"Loiras imagens — pequenas
Abelhas da ideia — voai!
Com os vítreos pés das Camenas
Me rodeai!", [etc.]

Raimundo Correia, *Sinfonias*:

"Eu, forte, não perdi-me nem perdi-te";
"Deixa que escoem-se os anos";
"E o beijo que eu pedi-te e que nunca me deste", [etc.]

Vicente de Carvalho, *Relicário*:

"Que foi-te a vida mais do que uma breve";
como que aliviou-se"
"quando abate-me a coragem
O desalento que dá-nos", [etc.]

No começo, como dissemos, também os parnasianos não se preocupavam muito com os versos frouxos. Alberto de Oliveira (que mais tarde atacou a "flacidez" romântica) os possui, por hiato. Assim os seguintes, de *Canções românticas*:

"E ao abrir das rosas do oriente
Do antro azul sobre a iria) torrente" (decassílabos);
"O arcanjo da Fé, o querubim da Crença" (alexandrino);
"E sob teus pés que aroma"
"E onde o coqueiro esguio" (heptassílabos).

A RENOVAÇÃO PARNASIANA NA POESIA

Os erros de grafia e acentuação, como "Illyada", "á uma", "Peian", "Heracle", são comuns em Alberto, até mesmo nos *Sonetos e poemas*.

Nas 2ªˢ edições de suas primeiras poesias, os parnasianos corrigiram a colocação dos pronomes, desprezando as composições que não conseguiram emendar.

A questão, inexistente em geral para os românticos, surgiu no Brasil com as críticas de Castilho José a José de Alencar, por volta de 1871-1872, e foi reaberta por um dos "novos" de voz ativa na confraria dos antirromânticos, Artur Barreiros. Daí por diante, os parnasianos começaram a preocupar-se crescentemente com a colocação dos pronomes e a pureza da língua. Alberto de Oliveira, no fim da sua vida, fez-se um verdadeiro purista.

3. A INFLUÊNCIA DE GONÇALVES CRESPO. LUÍS GUIMARÃES

Contribuíram também para iluminar os rumos dos que tateavam nas encruzilhadas os livros de Gonçalves Crespo (1846-1883), brasileiro residente em Portugal, que em muitas poesias de *Miniaturas* (1871) e *Noturnos* (1882) — volumes finalmente acabados quanto à forma — se mostrara seduzido pelos temas exóticos e pinturescos, e sobretudo os *Sonetos e rimas* (1880) de Luís Guimarães Júnior (1845-1898).

Luís Guimarães, que provinha da escola subjetiva, já havia entregado à estampa, em 1869, uma coletânea, *Carimbos*, nitidamente romântica. A epígrafe desse livro prefigurava as ambições que o poeta nutria na ocasião:

"*Aimer, prier, chanter, voilà toute ma vie.*"

e a dedicatória não disfarçava a dição e os sestros românticos:

As folhas deste livrinho
Guarda, ó Mãe, no seio teu:
São aves: — dá-lhes um ninho —
São anjos: — fecha-os no céu!

O volume inteiro, aliás, não escondia aquele tom sentimental e adocicado, o tipo de construção e de imagens representativo do Romantismo brasileiro. Assim, Luís Guimarães repetia os seus antecessores:

Se eu me lembro de ti?! Esquece acaso
A planta o orvalho que alentou-a um dia?

ou se embevecia de maneira meio piegas com "A sepultura dela":

> Nas longas noites estivais calmosas,
> Ao terno olhar da fugitiva estrela,
> Toda coberta de sereno e rosas,
> Como é formosa a sepultura dela!

Com os *Sonetos e rimas*, sua ambição já era diversa, segundo revelava a orgulhosa epígrafe horaciana: "Aere perennius", "mais duradouro do que o bronze". O tipo de dicção muda, desaparecem quase que totalmente os tiques da denguice romântica, para repontarem os dons do homem que sabia ver. Tal acuidade, de resto, foi excelentemente ressaltada por Fialho d'Almeida, no prefácio à segunda edição do volume (1886): "Este lírico, gasto pela poesia do coração, educou os olhos para a compensação de descrever, no dia em que já não pudesse amar. E neste ponto o parnasiano fica, com extraordinárias qualidades de paleta e cinzel — um refinado. Que talvez pudesse dizer, como o Charles Demailly dos Goncourt — je suis un homme pour qui le monde visible existe." Existiam portanto para Luís Guimarães cidades como Londres, Paris, Veneza, Olinda, Sorrento — que ele via e evocava em seus versos; existiam a lua e o sol no mar, as estrelas ("como um bando de letras luminosas"); a mata virgem, a noite tropical, o jaguar, a madrugada na roça; a escrava, o arsenal... E os sonetos iam crescendo em número e na qualidade pinturesca e descritiva, como em "Paisagem":

> O dia frouxo e lânguido declina
> Da Ave Maria às doces badaladas;
> Em surdo enxame as auras perfumadas
> Sobem do vale e descem da colina.
>
> A juriti saudosa o colo inclina
> Gemendo entre as paineiras afastadas;
> E além nas pardas serras elevadas
> Vê-se da lua a curva purpurina.
>
> O rebanho e os pastores recortando
> Os meandros da mata lentamente,
> Voltam do pasto num tranquilo bando;
>
> Suspira o rio tépido e plangente,
> E pelo rio as vozes afinando
> As lavadeiras cantam tristemente.

Outras vezes a nota da terra era menos presente, assumindo as quadras e tercetos um cunho exoticamente antigo ou medieval. Assim em "Nera":

> Aos sinistros clarões de Roma que se abisma,
> Nero tange feliz a lira e canta e cisma...
> A cidade convulsa é como um rubro oceano
> Que rastejando lambe a púrpura ao tirano,

e assim em "Soneto romântico":

> Soam ao longe as trompas vencedoras;
> Vibra o *hallali* na mata gloriosa:
> Latem os cães, e a cavalgada airosa
> Das elegantes, fortes caçadoras.
>
> Cabelo ao ar, altivas, tentadoras,
> Qual de Diana a escolta poderosa,
> Persegue a fera, e açula jubilosa
> As matilhas cruéis e vingadoras.
>
> No entanto, a castelã, triste e isolada,
> À sombra dos frondosos arvoredos,
> Pálida, loira, casta e enamorada,
>
> Passeia ouvindo uns matinais segredos,
> E como a Margarida da balada,
> Desfolha um malmequer entre os seus dedos.

Luís Guimarães, algumas vezes, possui notas que parecem anunciar ou explicar os quadros descritos de Raimundo Correia, como nos tercetos de "Noite tropical":

> Rompe o luar, ensanguentado e informe,
> Brotam fantasmas da savana nua...
> E, de repente, um berro desconforme
>
> Parte da mata em que o luar flutua,
> E a onça, abrindo a rubra fauce enorme,
> Geme na sombra, contemplando a lua.

Outras vezes, sua dição antecipa a de Vicente de Carvalho:

> O coração que bate neste peito,
> E que bate por ti unicamente,
> O coração, outrora independente,
> Hoje humilde, cativo e satisfeito,

parecendo, aliás, que o vate santista deve ao soneto "Eva", de Luís Guimarães, o ponto de partida para as estrofes de "A invenção do diabo".

Verdade é que nos *Sonetos e rimas* ainda há notas românticas perceptíveis; mas, descontadas estas, fica-nos o livro como o primeiro marco verdadeiramente importante na implantação do Parnasianismo no Brasil.

Outros se seguiriam: *Sinfonias* (1883), de Raimundo Correia; *Meridionais* (1884) e *Sonetos e poemas* (1885), de Alberto de Oliveira; *Versos e versões* (1887), também de Raimundo, e finalmente *Poesias* (1888) de Olavo Bilac. Por volta de 1886, começa a aparecer nos jornais e revistas a designação de "parnasianos" aplicada aos nossos poetas,[25] naquele mesmo ano, como vimos, Fialho d'Almeida capitulara Luís Guimarães como parnasiano;[26] daí por diante, a corrente se faz vitoriosa e os termos "parnasiano" e "parnasianismo" são incorporados normalmente ao vocabulário de nossa crítica.

A fase criadora do Parnasianismo brasileiro se estende até a inauguração do Simbolismo, com a publicação dos *Broquéis* (1893), de Cruz e Sousa; ou melhor, criadores foram os parnasianos que já haviam publicado livros até essa data. O Parnasianismo dobrou o século, alimentado não só pelos próprios poetas renovadores como por uma extensa legião de epígonos de bem menor envergadura.

4. ALBERTO DE OLIVEIRA[*]

Além das *Canções românticas*, *Meridionais* e *Sonetos e poemas*, Alberto de Oliveira (1859-1937) publicou *Versos e rimas* em 1885 e reuniu esses livros, exceto o primeiro, em *Poesias* (edição definitiva, 1900), volume de que faziam

---

[*] Antônio Mariano Alberto de Oliveira (Saquarema, RJ, 1859 — Niterói, 1937).

Bibliografia

POESIA: *Canções românticas*. 1878; *Meridionais*. 1884; *Sonetos e poemas*. 1885; *Versos e rimas*. 1895; *Poesias* (1879-1897). 1900; *Poesias*. 2ª série (1898-1903), 1906; *Poesias*, 2 vs. 1912 (São as edições de 1902 e 1906, com algumas modificações e acréscimos); *Poesias*, 3ª série (1904-1911). 1913; *Poesias*. 4ª série (1912-1925). 1927; *Ramo de árvore*. 1922; *Poesias escolhidas*. Org. por Jorge Jobim. Rio de Janeiro: Civilização Brasileira, 1933; *Póstuma*. 1944. Publicou ainda: *Lira Acaciana*. 1900 (Col. Angelo Bitu — nome suposto).

Consultar

Arruda, Breno. *Ramo de flor*: ensaio sobre a poesia de Alberto de Oliveira. Rio de Janeiro: Tip. Jornal do Comércio, 1928; *Autores e livros*, v. 2, n. 8, 6/3/1942; Mota, Artur. "Alberto de Oliveira". *Revista da Academia Brasileira de Letras*, n. 78, junho, 1928 e n. 79, julho, 1928); Oliveira Viana, Francisco José. *Pequenos estudos de psicologia social*. Cia. Ed. Nacional, 1942; Vítor, Nestor. *A crítica de ontem*. Rio de Janeiro, 1919.

parte, também, "Por Amor de uma Lágrima" e "Livro de Ema". Em 1911, deu a lume *Poesias* (segunda série); a terceira série das *Poesias* é de 1913, e a quarta de 1927.

A primeira série das *Poesias*, como se viu, excluía as *Canções românticas*, e os outros livros sofreram supressões e retoques; só na edição de 1912 as *Canções românticas* passaram a figurar na primeira série, embora extremamente reduzidas e ostentando modificações nos versos em maior número e intensidade do que *Meridionais* ou *Sonetos e poemas*.

O soneto "Toilette lírico", por exemplo, assim figurava na 1ª edição de *Canções românticas*:

>Trovadores do campo amadornado,
>Afinai a garganta ao desafio,
>E tecei com os do vento pelo rio
>Uns idílios ao nítido azulado.
>
>Poetas do lirismo condenado!
>Eu quero vos colher no som doentio
>A esse *spleen* matutino o desfastio,
>Com as carícias do ar romantizado.
>
>Trovadores, cantai! O alpestre monte
>Já do seio cerrado do horizonte
>Sacode as grandes barbas alvadias;
>
>À moderna se veste a natureza,
>E de um novo banquete à lauta mesa
>Ouço as risadas das manhãs vadias!

O mesmo soneto, sob o nome "No campo", lê-se como segue em *Poesias* (edição melhorada), 1ª série, 1912:

>Trovadores do campo ora acordado,
>Afinai a garganta ao desafio
>E tecei com o do vento, selva e rio,
>Um epinício ao sol alto e dourado.
>
>Seja-me ao coração agora dado
>O grande gozo matinal sadio;
>Fuja de vez de mim tédio e fastio...
>É tão lindo este azul ilimitado!

> Trovadores, cantai! O alpestre monte
> Já pelos ares livres do horizonte
> Sacudiu para longe a névoa fria.
>
> Entraja-se de gala a Natureza,
> E como de um banquete à lauta mesa,
> Ouço as risadas da manhã vadia.

De modo geral, tem-se assinalado que a poesia de Alberto de Oliveira passou por duas fases[27] Na primeira delas, o poeta procurou conformar-se com o espírito do Parnasianismo francês, adotando temas exóticos e uma certa impersonalidade no tratamento desses temas; na segunda fase, voltou-se para a descrição da natureza brasileira (especialmente a fluminense) e não se preocupou com refrear o sentimento. Paralelamente a essa evolução, notou-se uma outra: a linguagem foi-se fazendo mais correta, quanto ao seu casticismo, chegando a complicar-se afinal com fortes inversões, conceitos e arcaísmos. A isso chamava Alberto "um leve perfume de coisas antigas no estilo": o poeta caminhou, portanto, da França para o Brasil, quanto aos temas; e, quanto à língua, do Brasil para Portugal.

Com essa preocupação, e com a preocupação, que o assaltou, de versificar com riqueza, variedade, e tersamente, Alberto teve que arrostar um perigo, o de tombar na simples metrificação da prosa. Tal perigo, que já começava a insinuar-se nos *Sonetos e poemas*, acabou por impor-se e vencer o poeta, muita vez, nas últimas séries de suas poesias. Nessas condições, o livro artisticamente mais equilibrado do mestre parnasiano, aquele em que há menos prosa metrificada, são as *Meridionais*, no qual há notas e imagens cujo encanto o poeta nunca mais chegou a atingir. Não significa isso, porém, que Alberto, até o fim de sua vida, deixasse de revelar uma ou outra diretriz original — como a da ingenuidade, em "Alma em flor", o desespero ou a melancolia da vida passada, nos seus últimos versos — ou não mais atingisse, poeticamente, pontos altos: pelo contrário, estes coroam sua vida até a velhice, mormente nalguns sonetos.

Observe-se, contudo, quanto ao fundo, que não se deve tomar a linha evolutiva de Alberto como inteiramente bipartida no que se refere ao amor à natureza e ao cunho descritivo de sua poesia; já em *Meridionais* havia notas indicativas do caminho que o poeta viria afinal a seguir, e que está como que prefixado no Soneto "Magia Selvagem". Mas essas notas se fazem decisivas a partir do livro *Terra natal* (1900-1901), onde poemas como "O Paraíba", "Pedra-Açu" ou "Saudade de Petrópolis", particularizando acidentes e cidades com seus nomes próprios, confirmam inteiramente a propensão de Alberto de ver a natureza circundante e descrevê-la com *verdade* para o senso comum — requisito que na época se encarecia, embora, muitas vezes, redundasse em detrimento da poesia e benefício da prosa dentro dos versos.

Alberto de Oliveira foi exímio sonetista; suas composições maiores, geralmente em alexandrinos, quase nunca têm o mesmo valor de seus sonetos. Pelos exemplos, que damos abaixo, se terá uma noção do caráter e da evolução de sua poesia.

1) Da *primeira fase* — imagens sugestivas, sentimento contido, exotismo, graça, linguagem às vezes nobre, mas sem arcaísmo — eis três amostras: o soneto II ("Sobre a montanha") de "Manhã de caça" (*Meridionais*), "Última deusa"(*Sonetos e poemas*) e "Paganismo" (*Versos e rimas*).

SOBRE A MONTANHA
Quando às cimas da serra, precintada
De errantes faixas, de hibernais neblinas,
Cheguei, ouvindo as trompas argentinas
Buzinando à matilha alvoroçada;

Meu cavalo, que as sôfregas narinas
Dilata à luz da matinal jornada,
Longe avistando a estrela da alvorada,
Nitre, bufando e sacudindo as crinas.

E eu fito absorto o quadro do Levante:
Rompe-se a noite, o dia triunfante
Crava um raio dos montes na muralha;

E os touros mugem na campina fria,
E o vento, como o herói de uma batalha,
Rufa nos vales o tambor do dia.

ÚLTIMA DEUSA
Foram-se os deuses, foram-se, em verdade;
Mas das deusas alguma existe, alguma
Que tem teu ar, a tua majestade,
Teu porte e aspecto, que és tu mesma, em suma.

Ao ver-te com esse andar de divindade,
Como cercada de invisível bruma,
A gente à crença antiga se acostuma,
E do Olimpo se lembra com saudade.

De lá trouxeste o olhar sereno e garço,
O alvo colo onde, em quedas de ouro tinto,
Rútilo rola o teu cabelo esparso...

Pisas alheia terra... Essa tristeza
Que possuis é de estátua que ora extinto
Sente o culto da forma e da beleza.

PAGANISMO
Lembra-me ainda: o bosque era tão verde, a areia
Tão fina, e em torno a voz das árvores. Ninguém.
Ninguém. E enquanto ao pé cantava uma sereia
N'água, n'água ambos nós cantávamos também.

Nus, descalços, com os pés da linfa sobre a veia,
Todo o rio, que o céu no vítreo olhar retém,
Corríamos, à luz de que se veste e arreia
O bosque, e a mais o amor levava-nos além.

E a água nos festejava os corpos e dizia:
"Voai, nadai dentro em mim! Quero o vosso calor!
A água eu sou do deserto, eternamente fria!"

E Hérmia, coroada ali de liana aberta em flor,
Hérmia do rio azul nas duas mãos bebia
E dava-me a beber do rio azul do amor.

2) A *segunda fase* — que já possui o perfume de coisas antigas" a que se referia Alberto, e que ostenta o cheiro da terra e a verdade das descrições — pode ser exemplificada com "Palermo" (de *Alma livre*) e o ninho" (de *Terra natal*):

PALERMO
Viu nestas águas morta, o corpo frio
Boiando errante à fúria da procela,
Palemo, o pescador, a Ulânia bela.
Filha de Alceu, mimosa flor do rio.

Deu-lhe a desesperança de perdê-la
Ao seu perdido amor tal desvario,
Que em mais não cuida do que em ter o esguio
Caniço na água, e o pensamento nela.

Acompanha com os olhos na corrente
O anzol e a ideia — árdua, incessante lida!
Nem o estar só, nem o mau tempo o assombra:

Nem horas conta, que o seu mal latente
Alheio a tudo o traz e à própria vida.
Curvo a pescar a sua própria sombra.

O NINHO

O musgo mais sedoso, a úsnea mais leve
Trouxe de longe o alegre passarinho,
E um dia inteiro ao sol paciente esteve
Com o destro bico a arquitetar o ninho.

Da paina os vagos flocos cor de neve
Colhe, e por dentro o alfombra com carinho;
E armado, pronto, enfim, suspenso, em breve,
Ei-lo balouça à beira do caminho.

E a ave sobre ele as asas multicores
Estende, e sonha. Sonha que o áureo pólen
E o néctar suga às mais brilhantes flores;

Sonha... Porém de súbito a violento
Abalo acorda. Em torno as folhas bolem...
É o vento! E o ninho lhe arrebata o vento.

3) Na *terceira fase*, que é a fase final de Alberto, o sentimento desborda e transfigura as coisas; existe nos sonetos ora um ar encantatório, como em "Maré de equinócio" (de *Céu noturno*), ora uma expressão de desespero ("Floresta convulsa", de *Alma das coisas*), ora finalmente o pungir melancólico da saudade, como em "A casa da rua Abílio" (de *Câmara ardente*).

MARÉ DE EQUINÓCIO
(À morte de Haydée)

Não foi a água do mar que, num descuido,
A arrebatou no banho, em manhã fria.
Vede que é lua, corre em tudo um fluido,
Reluz a praia, aviva-se a ardentia.

Foi a alma da maré que ao vê-la, cuido,
Da caverna marítima sombria
Saiu, largada a trança de ouro fluido,
E treda e linda a lhe acenar, sorria.

Foi ela que a levou; não a choremos!

Não morreu, não! Vai, como em branda sesta,
Longe, embalada em seu batel sem remos;

Solto o cabelo à flor da espádua nua,
Vai à festa das águas, vai à festa
Que faz com as vagas no alto-mar a lua.

FLORESTA CONVULSA
Floresta de altas árvores, escuta:
Em minha dor vim conversar contigo.
Como no seio do melhor amigo,
Descanso aqui de tormentosa luta.

Troncos da solidão intata e bruta,
Sabei... Ah! que porém, como em castigo
Vos estorceis, e o som do que vos digo
Vai morrer longe em solitária gruta.

Que tendes, vegetais? remorso?... crime?...
Açoita-vos o vento, como um bando
De fúrias e anjos maus, que nós não vemos?

Mas explicai-vos ou primeiro ouvi-me,
Que a um tempo assim braceando, assim gritando,
Assim chorando, não nos entendemos.

A CASA DA RUA ABÍLIO
A casa que foi minha, hoje é casa de Deus,
Traz no topo uma cruz. Ali vivi com os meus,
Ali nasceu meu filho; ali, só, na orfandade
Fiquei de um grande amor. Às vezes a cidade

Deixo e vou vê-la em meio aos altos muros seus.
Sai de lá uma prece, elevando-se aos céus:
São as freiras rezando. Entre os ferros da grade,
Espreitando o interior, olha a minha saudade.

Um sussurro também, como esse, em sons dispersos,
Ouvia não há muito a casa. Eram meus versos.
De alguns talvez ainda os ecos falarão,

E em seu surto, a buscar o eternamente belo,

Misturados à voz das monjas do Carmelo.
Subirão até Deus nas asas da oração.

5. RAIMUNDO CORREIA[*]

Em seu livro de estreia (*Primeiros sonhos*, 1879), Raimundo Correia vibrava ainda o alaúde romântico.[28] Verdade é que num soneto pregava as excelências da Ideia Nova, isto é, da reação socialista:

O cérebro febril da ardente juventude
É um vulcão também; a luz da Nova Ideia
Há de romper de lá em súbita explosão!

Atlético lutar! Tomba a decrepitude!
Mas das ruínas vis da sórdida Pompeia
A cidade — Progresso — há de surgir então!

Mas Raimundo, efetivamente, só faria poesia nova a partir de seu segundo livro (*Sinfonias*, 1883), cuja segunda parte já analisamos como típica da poesia socialista.

Na primeira parte do volume, o poeta ostenta alguns traços realistas, como em "Bosquejo" ou no soneto "Après le combat", em que versa um tema

---

[*] Raimundo da Mota Azevedo Correia (Mogúncia, MA, 1859 — Paris, 1911).

Bibliografia

POESIA: *Primeiros sonhos.* 1879; *Sinfonias.* 1883; *Versos e versões,* 1887; *Aleluias,* 1891. *Poesias.* 1. ed. 1898; 2. ed. 1906; 3. ed. 1910; 4. ed. 1922. *Poesias completas.* Org. por Múcio Leão, São Paulo: Cia. Ed. Nacional, 1948, 2. v. *Poesia completa e prosa.* Ed. Valdir Ribeiro do Val. Rio de Janeiro: Aguilar, 1961.

Consultar

Cruz, Osvaldo. Elogio de Raimundo Correia. *In Discursos acadêmicos.* Rio de Janeiro, 1935, v. 2); Leão, Múcio. Prefácio das *Poesias completas.* Cia. Editora Nacional, 1948; Sequeira, F. M. Bueno de. *Ramindo Correia.* Rio de Janeiro: Academia Brasileira de Letras, 1942.

A data usualmente aceita do nascimento de Raimundo Correia é 1860; a data de 1859 foi estabelecida por Antônio Constantino, à vista de certidão constante dos arquivos da Faculdade de Direito da Universidade de São Paulo. A questão está hoje inteiramente dirimida: Raimundo nasceu mesmo em 1859. V. Waldir Ribeiro do Val. *Vida e obra de Raimundo Correia.* Rio de Janeiro, 1960.

anteriormente tratado por Carvalho Júnior, ou ainda em "Na penumbra", que denuncia também contaminação pela linha Carvalho Júnior-Teófilo Dias:

> Nesse ambiente tétrico, enervante,
> Os meus desejos quentes, irritados,
> Circulavam-te a carne palpitante
> Como um bando de lobos esfaimados.

Mas a poesia da primeira parte de *Sinfonias*, em geral, não fazia arrolamentos nem inventários; os dons de observação de Raimundo eram guiados por um critério preciso de depuração, que transformava as suas descrições em algo de sóbrio e expressivo. Era o que se notava em tantos de seus sonetos, hoje peças de antologia, como "O Anoitecer" e "A Cavalgada". A presença do artista era também denunciada pelo uso sugestivo dos epítetos, como logo no primeiro soneto do livro, "As pombas", no qual se falava em madrugada "*sanguínea* e fresca" ou em "*rígida* nortada". Com o tempo, Raimundo desenvolveu essa tendência de empregar o vocábulo mais significativo no contexto, de forma que alguns de seus sonetos, como "Citera" ou "Banzo", são o que de mais alto produziu o nosso Parnasianismo no que se refere ao senso das virtualidades vocabulares.

Por essas razões, não se podia tomar *Sinfonias* como um livro realista, embora Realismo, em 1883, fosse o termo crítico do dia: o volume refugia às diretrizes da corrente, em sua parte mais original. Como caracterizá-lo? Aluísio Azevedo falava em "novidade", "congraçamento sutil do lirismo e do Realismo", num tentame de situar o livro no panorama da poesia brasileira.[29] Ora, o que não se podia perceber, na época, é que *Sinfonias*, em sua face mais peculiar, já eram uma coletânea de poesias parnasianas. Raimundo, aliás, confessou mais tarde que já a esse tempo sofria a influência dos parnasianos franceses, de que era "um sincero e fervente entusiasta".[30]

E se isso se deu com *Sinfonias*, em seus livros posteriores — *Versos e versões* (1887) e *Aleluias* (1891) — nada mais fez do que confirmar a diretriz parnasiana inicial. Em *Poesias* (1898) Raimundo selecionou as produções desses livros e deu-lhes redação definitiva, acrescentando-lhes algumas novas.

A nota mais constante da poesia de Raimundo Correia é um agudo sentimento da transitoriedade das coisas, que o faz mover-se frequentemente num pensamento antitético e o levaria finalmente ao amargor do pessimismo. As coisas passam, como passa a mocidade sem que nada a possa deter:

> E o vinho do prazer em nossa taça
> Verte-nos ela, verte-nos e passa...
> Passa, e não torna atrás o seu caminho. ("O vinho de Hebe");
> Oh! borboleta, para! Oh! mocidade, espera! ("Ser moça"...)

Passam também os sonhos:

> No azul da adolescência as asas soltam,
> Fogem... Mas aos pombais as pombas voltam,
> E eles aos corações não voltam mais... ("As pombas").

como passam a própria guerra e a carnificina:

> Sobre estes robles inda paira a imagem
> Da morte; aqui tombaram, cento e cento,
> Pilhas de heróis, e o fulvo Leão cruento
> Rugiu ébrio de sangue e de carnagem... ("A selva do leão").

Passam os homens e as belas viagens ("Peregrinas"):

> Vejo-as inda a passar, pálidas, belas;
> Ouço-lhes inda as vozes amorosas,
> Falando aos vales: — que estendal de rosas!
> E aos céus falando: — que porção de estrelas!
>
> Almas em flor, e ressoando nelas.
> Doce, a gusla das aves, em radiosa,
> Manhãs a arder em púrpura, e, cheirosas,
> A orvalhar-lhes as cândidas capelas...
>
> Iam atrás de uma ilusão, de um ninho,
> De uma nuvem, de um eco... e, já prostradas,
> Vejo-as todas em meio do caminho...
>
> Chora-as o sol das mesmas alvoradas;
> E ei-las dormindo, ao capitoso vinho
> Dessas lágrimas de oiro embriagadas.

Na realidade, não há o que não passe: o Nada "tudo (...) engole, tudo, e nada o satisfaz", adverte o poeta em "Nirvana"; mas, enquanto vive, que resta ao homem fazer, ao assistir diariamente à derrocada de seus sonhos? — Chorar, chorar apenas ("Saudade"):

> Aqui outrora retumbaram hinos;
> Muito coche real nestas calçadas
> E nestas praças, hoje abandonadas,
> Rodou por entre os oropéis mais finos...

> Arcos de flores, fachos purpurinos,
> Trons festivais, bandeiras desfraldadas,
> Girândolas, clarins, atropeladas
> Legiões de povo, bimbalhar de sinos...
>
> Tudo passou! Mas dessas arcarias
> Negras, e desses torreões medonhos,
> Alguém se assenta sobre as lágeas frias
>
> E em torno os olhos úmidos, tristonhos,
> Espraia, e chora, como Jeremias,
> Sobre a Jerusalém de tantos sonhos!...

A ciência é uma desilusão ("Desilusão"), os homens reproduzem continuamente uma "luta antiga e bestial" ("Meditações"), entre a piedade e a inveja não há meio termo ("Jó"), tudo é dor — "Existir é sofrer" — e o próprio amor, perpetuando a vida, perpetua o sofrimento ("Amor criador"). Nessas condições, não há na superfície do planeta

> Paz de espírito e essa íntima alegria
> Que debalde entre os homens se procura ("Horácio Flaco"),

e portanto só a morte nos poderá trazer paz:

> ... não tentes achar
> O homem que........
> Conseguiu repousar antes da morte! ("À sombra da morte").

Certamente haverá alguns breves lenitivos em meio à angústia, como o amor ("O monge") ou a esperança ("Green Spot"):

> Da atroz Verdade o incêndio não devasta
> Teus sólios de âmbar e esmeralda, e a imensa
> Paisagem de ouro e carmesim, suspensa
> No horizonte que, além, foge e se afasta...

Nem a dor impedirá o poeta de comover-se, se pensa nos infelizes ou nas meninas dos orfanatos:

> Quando rezais, às horas do sol-posto,
> A "Ave-Maria" assim, no azul parece
> Sorrir-se a Virgem-Mãe aos desvalidos;

a ilusão é-lhe também necessária para encobrir a insuportável verdade ("Nua e crua"), ou então a integração dionisíaca com a natureza ("Anima chloridis"):

> Rola a foice de Ceres luminosa
> No azul... Flora, vens já, que a alma te sente
> No éter fino, na luz, na água, na umbrosa
> Selva, e em tudo te aspira avidamente.
>
> Vens... Na brisa odorífera e orvalhosa,
> Passas... Abre o puníceo cravo ardente,
> Abre a magnólia esplêndida, abre a rosa,
> Abre o alvíssimo lírio, redolente...
>
> Passas... Que incenso o corpo teu vapora!
> Resinas, flores... tudo na ampla nave
> Do templo de Vertuno, estila e cheira.
>
> Deixa-me, ébrio de ti, deixa-me, Flora,
> Haurir-te a essência, o espírito suave.
> E, em êxtases, beber tua alma inteira

De qualquer forma, porém, a realidade afigura-se tão má ao poeta, que as coisas boas ele as toma como simples sonho: assim em "Ixion" e em "Sonho Turco".

A par dessas diretrizes autênticas do seu espírito, é de ver que, vez por outra, Raimundo Correia se entregou a composições ditadas pelo simples desejo de brilhar trabalhadamente, com uma expressão arrevesada e postiça: "Versos a um artista", "Ode parnasiana" e poucas poesias mais refletem essa tendência, que é seguramente a menos feliz do autor de "Tristeza de Morno", como seria, também, a menos feliz de Alberto de Oliveira ("Ode cívica"). Se assinalarmos, ainda, que a graciosidade de raro em raro informa algumas poesias de Raimundo ("Madrigal", "Primaveril", "Beijos do céu", "Passeio matinal"), teremos passado em revista as principais características de seus versos.

6. OLAVO BILAC*

Quando Olavo Bilac (1865-1918) estreou com suas *Poesias* (1888), já se falava abertamente em Parnasianismo no Brasil. Prestigiado por Alberto de Oliveira e Raimundo Correia, que anunciaram, num artigo conjunto, a aparição de seu livro,[31] Bilac beneficiou-se da decisão de rumos que já então havia e pôde abrir o seu volume com a famosa "Profissão de fé" em que pregava o trabalho formal e o culto do estilo:

> Quero que a estrofe cristalina,
> Dobrada ao jeito
> Do ourives, saia da oficina
> Sem um defeito:
>
> Assim procedo: minha pena
> Segue esta norma,
> Por te servir, Deusa serena,
> Serena Forma!
>
> Celebrarei o teu ofício
> No altar: porém,
> Se inda é pequeno o sacrifício,
> Morra eu também!
>
> Caia eu também, sem esperança,

---

* Olavo Brás Martins dos Guimarães Bilac (Rio de Janeiro, 1865 — Rio de Janeiro, 1918).

Bibliografia:

POESIA: *Poesias* (1884-1887) (Panóplias. Via Láctea. Sarças de fogo). 1888; *Bob*. 1897; *Sagres*, 1898; *Poesias* (Panóplias. Via Láctea. Sarças de fogo. Alma inquieta. As viagens. O caçador de esmeraldas). 1902; *Tarde*. 1919; *Poesias*. 7. ed. rev. (Os livros da ed. de 1902, e mais *Tarde*), 1921. PROSA: *Crônicas e novelas*. 1894; *Crítica e fantasia*. 1904; *Conferências literárias*, 1906; *Conferências literárias*. 1912; *Discursos*. 1915; *Ironia e piedade*. 1916; *Últimas conferências e discursos*. 1924; e numerosa obra didática, em colaboração com Guimarães Passos, Coelho Neto, Manuel Bonfim, etc.

Consultar:

Amaral, Amadeu, Elogio de Olavo Bilac (In *Discursos acadêmicos*. Rio de Janeiro: Civilização Brasileira, 1936, v. 4); Carvalho, Afonso de. *Poética de Olavo Bilac*. 1934, 2. ed. Rio de Janeiro: José Olympio, 1945; Melo Nóbrega. *Olavo Bilac*. Coeditora, 1939; Pontes, Elói. *A vida exuberante de Olavo Bilac*. Rio de Janeiro: José Olympio, 1944, 2 v.

Porém tranquilo,
Inda, ao cair, vibrando a lança,
Em prol do Estilo!

Mais tarde, sem repudiar essa Profissão (Bilac, até o fim de sua vida, preconizou a correção do verso e da língua), o poeta, percebendo que a forma não pode constituir, só por si, um fim ou um programa, e que a poesia, muitas vezes, é um horizonte inatingível, exprimiu essa luta pela conquista da expressão num soneto não menos famoso, "Inania verba":

Ah! quem há de exprimir, alma impotente e escrava,
O que a boca não diz, o que a mão não escreve?
— Ardes, sangras, pregada à tua cruz, e, em breve,
Olhas, desfeito em lodo, o que te deslumbrava...

O Pensamento ferve, e é um turbilhão de lava:
A Forma, fria e espessa, é um sepulcro de neve...
E a Palavra pesada abafa a Ideia leve,
Que, perfume e clarão, refulgia e voava.

Quem o molde achará para a expressão de tudo?
....

Mais tarde ainda, no fim de sua vida, definiu o que entendia por boa forma e bom estilo: não o lavor aparente, mas a simplicidade como resultado do lavor ("A um poeta"):

Longe do estéril turbilhão da rua,
Beneditino, escreve! No aconchego
Do claustro, na paciência e no sossego,
Trabalha, e teima, e lima, e sofre, e sua!

Mas que na forma se disfarce o emprego
Do esforço; e a trama viva se construa
De tal modo, que a imagem fique nua,
Rica mas sóbria, como um templo grego.

Não se mostre na fábrica o suplício
Do mestre. E, natural, o efeito agrade.
Sem lembrar os andaimes do edifício:

Porque a Beleza, gêmea da Verdade.

> Arte pura, inimiga do artifício.
> É a força e a graça na simplicidade.

A essa altura, a teoria formal de Bilac era a grande teoria clássica; a mesma teoria que Machado de Assis já havia defendido a partir de quando começara a exercer o papel de crítico. Bilac, de resto, desde o seu livro de estreia se revelara antes simples do que complicado, e, isso, seguramente, é uma das causas explicativas da extensa receptividade que tiveram e ainda têm os seus versos. Julgar que a nota erótica é a responsável direta pelo favor popular que sempre o acompanhou não é perceber com justiça o fenômeno Bilac: sua poesia sensual não tinha novidade quanto ao fundo, pois derivava de Baudelaire e do Realismo brasileiro; o que houve foi que Bilac deu às sugestões da época o prestígio de sua expressão, e com essa fórmula atingiu o êxito.

Na primeira edição de suas *Poesias* (que incluíam "Panóplias", "Via Láctea" e "Sarças de fogo") o poeta ostentava diretrizes díspares, apenas unificadas por uma expressão fácil e ao mesmo tempo elegante: suas imagens e metáforas eram acessíveis e moderadas, suas comparações de tipo clássico, isto é, de forte nexo entre os termos real e ideal; o processo que individualizava sua dição residia nas leves inversões e no timbre retórico de suas figuras de palavra. Em "Panóplias" e "Sarças de fogo" cultuou a objetividade; e em "Via Láctea" se entregou ao lirismo, isto é, a um subjetivismo no entanto antes de extração clássica (o tom do decassílabo de Bilac, na "Via Láctea", é muito próximo do decassílabo de Bocage) do que romântica. Bilac, aliás, não queria ser romântico; também ele condenava o "uso profissional e imoderado das lágrimas" ("Via Láctea", XI):

> Ai de mim, se de lágrimas inúteis
> Estes versos banhasse, ambicionando
> Das néscias turbas os aplausos fúteis!

Por isso mesmo — porque já não aceitava o Romantismo — as alusões que se encontram em seu primeiro livro vinculam-se no Brasil maiormente[32] a Luís Guimarães ("...via/Surgir de cada canto uma lembrança..."; "...uma divina mão deixou vazada/No eterno bronze"), a Raimundo Correia ("o mal que havia dentro em mim secreto") ou a Teófilo Dias ("...o chão, sob os seus passos murmurando,/Segue-a de um hino", e outros trechos), e fora do Brasil a Baudelaire, na nota sensual, ou a Heredia, numa ou noutra reminiscência, como na conhecida de "Satânia" ao Recif de Corail":[33]

> E corais mais brilhantes e mais puros
> Que a rubra selva que de um tírio manto
> Cobre o fundo dos mares da Abissínia...

No volume de estreia de Bilac, de modo geral, já se encontram todas as preocupações do Parnasianismo brasileiro e um roteiro de sua evolução a objetividade para o subjetivismo; a preocupação da riqueza métrica, patente na adoção de formas fixas importadas, como o pantum e o rondel; o uso do *mot juste*, isto é, do termo preciso; a arte pela arte; a correção da língua (embora houvesse enganos de acentuação) e do verso, embora este pecasse de quando em quando pela dureza e raramente pela cacofonia; a firme economia do poema, com a rigorosa adequação das partes ao todo.

Em 1898 Bilac publicou o poemeto *Sagres* e em 1902 a segunda edição de suas *Poesias*, acrescidas de "Alma Inquieta", "As Viagens" e "O Caçador de Esmeraldas"; *Tarde* foi publicada postumamente, em 1919.

Por "Alma Inquieta", embora o poeta continuasse a linha sensual de sua poesia, já começava a perpassar um leve sopro de contemplação e de indulgência em "Midsummer's Night's Dream" ou "Vanitas", diretriz essa que culminaria, em *Tarde*, com uma atitude filosófica em face da vida. Da mesma forma, começariam a insinuar-se nos versos de "Alma Inquieta" os temas da vida gasta, da velhice e da saudade, mais constantes em *Tarde*.

Em "As Viagens" e o "Caçador de Esmeraldas", Bilac voltou às evocações históricas; "O Caçador de Esmeraldas", poemeto construído sobre a desilusão e morte do bandeirante Fernão Dias, tem sido tomado como padrão de sua nota épica: e, nessas condições, combatido por aqueles que apreciam apenas o Bilac lírico, como João Ribeiro.[34] Dizia este que a parte épica da poesia de Bilac estava condenada ao olvido, e outros, ainda hoje, veem em "O Caçador de Esmeraldas" apenas prosa metrificada.[35] Na realidade, o poemeto é profundamente representativo do espírito do Parnasianismo brasileiro; e Bilac, ao escrevê-lo, reafirmou seus dotes de poeta (imaginando e exprimindo intensivamente fragmentos de vida) e seus dons de artista, apenas desmentidos por leves inadvertências, como no eco do terceiro com o segundo verso da primeira estrofe da parte IV:

> Adoça-se-lhe o olhar, num fulgor indeciso:
> Leve, na boca afiante, esvoaça-lhe um sorriso...
> — E adelgaça-se o véu das sombras. O luar(...).

Em *Tarde*, finalmente, Bilac revela a inquietação de seu pensamento, preocupando-se com o problema da morte do sentido da existência. Assim, em "Sperate, creperi!" duvida:

> Não afirmo, não nego. É vão o estudo.
> Quero clamar de horror, porque duvido:
> Mas, porque espero — espero, e fico mudo.

As notas da esperança em outra vida ressoam por muitos de seus versos, como no final de As árvores", em "Introibo!", em "Os sinos":

> Tangei! Torres da fé, vibrai os nossos brados!
> Dizei, sinos da terra, em clamores supremos,
> Toda a nossa tortura aos astros de onde vimos,
> Toda a nossa esperança aos astros aonde iremos!

"O tear" é uma esplêndida amostra de seu sentimento da inanidade da existência e da mesquinhez da vida individual no concerto dos seres e dos tempos:

> A fieira zumbe, o piso estala, chia
> O liço, range o estambre na cadeia;
> A máquina dos Tempos, dia a dia,
> Na música monótona vozeia.
>
> Sem pressa, sem pesar, sem alegria,
> Sem alma, o Tecelão, que cabeceia,
> Carda, retorce, estira, asseda, fia,
> Dobra e entrelaça, na infindável teia.
>
> Treva e luz, ódio e amor, beijo e queixume,
> Consolação e raiva, gelo e chama,
> Combinam-se e consomem-se no urdume.
>
> Sem princípio e sem fim, eternamente
> Passa e repassa a aborrecida trama
> Nas mãos do Tecelão indiferente...

e "O vale" é um belo exemplo de sua resignação ante os frutos de seu próprio trabalho:

> Sou como um vale, numa tarde fria,
> Quando as almas dos sinos, de uma em uma,
> No soluçoso adeus da ave-maria
> Expiram longamente pela bruma.
>
> É pobre a minha messe. É névoa e espuma
> Toda a glória e o trabalho em que eu ardia...
> Mas a resignação doura e perfuma
> A tristeza do termo do meu dia.

> Adormecendo, no meu sonho incerto
> Tenho a ilusão do prémio que ambiciono:
> Cai o céu sobre mim em pirilampos...
>
> E num recolhimento a Deus oferto
> O cansado labor e o inquieto sono
> Das minhas povoações e dos meus campos.

Noutros sonetos, como "As estrelas", Bilac atingia matizes bucolicamente encantatórios:

> ....
> Vagarosas estrelas! passo a passo,
> O aprisco desertando, às mil e mil,
> Vindes do ignoto seio do redil
> Num compacto rebanho, e encheis o espaço...
>
> E, enquanto, lentas, sobre a paz terrena,
> Vos tresmalhais tremulamente a flux,
> — Uma divina música serena
>
> Desce rolando pela vossa luz:
> Cuida-se ouvir, ovelhas de ouro! a avena
> Do invisível pastor que vos conduz...,

e em "As ondas" demonstrava estar na plenitude de sua capacidade vocabular:

> Entre as trêmulas mornas ardentias,
> A noite no alto-mar anima as ondas.
> Sobem das fundas úmidas Golcondas,
> Pérolas vivas, as nereidas frias:
>
> Entrelaçam-se, correm fugidias,
> Voltam, cruzando-se; e, em lascivas rondas,
> Vestem as formas alvas e redondas
> De algas roxas e glaucas pedrarias.
>
> Coxas de vago onix, ventres polidos
> De alabastro, quadris de argêntea espuma,
> Seios de dúbia opala ardem na treva;
>
> E bocas verdes, cheias de gemidos,

> Que o fósforo incendeia e o âmbar perfuma,
> Soluçam beijos vãos que o vento leva...

Olavo Bilac foi, quanto à uniformidade de sua expressão, que jamais teve flagrantes deslizes de gosto, o mais equilibrado dos parnasianos brasileiros: daí o fato de poder ser tomado, sem risco de grave injustiça, como o mais representativo deles.

7. VICENTE DE CARVALHO[*]

O quarto grande poeta da geração foi Vicente de Carvalho (1866-1924), que, tendo publicado *Ardentias* (1885) e *Relicário* (1888), só mais tarde, com *Rosa, rosa de amor* (1902) e *Poemas e canções* (1908) viria alcançar notoriedade como poeta. Seus dois primeiros livros, realmente, não lhe revelavam ainda a personalidade, nem primavam pela correção da língua; uma ou outra composição, que se poderia dizer parnasiana, não denunciava a feição própria que a sua poesia viria posteriormente a assumir. Assim, por exemplo, o soneto "Madrugada pagã", de *Relicário*:

> A loura deusa das manhãs radiosas
> Que inflora o campo e sonoriza os ninhos,
> Surge, espalhando à beira dos caminhos
> Giestas em flor e pétalas de rosa.
>
> Abre Amalteia flórida as copiosas
> Tetas; ondulam no ar os passarinhos;
> Langues, as messes curvam-se aos carinhos
> Das matutinas virações maviosas.

---

[*] Vicente Augusto de Carvalho (Santos, SP, 1866 — São Paulo, 1924).

Bibliografia

POESIA: *Ardentias*. 1885; *Relicário*. 1888; *Rosa, rosa de amor*. 1902; *Poemas e canções*. 1908, 2. ed. 1909; 15. ed., 1954. Ver ainda: F. Cunha. *Vicente de Carvalho*, Rio de Janeiro, Agir, 1965 (Nossos Clássicos, n. 81).

Consultar

Carvalho, Maria da Conceição Vicente de Carvalho, Arnaldo Vicente de. *Vicente de Carvalho* (Rio de Janeiro: Academia Brasileira de Letras, 1943). Cunha, Euclides da. Prefacio da 1. ed. de *Poemas e canções*. São Paulo: Saraiva, 1954; Souza, Cláudio de. Elogio de Vicente de Carvalho. (In *Discurso acadêmicos*. Rio de Janeiro: Civilização Brasileira, 1936. v. 6). Vieira Hermes. *Vicente de Carvalho*. São Paulo, 1943.

> Ergue-se em meio do murtal virente
> A voz de Pã que se escoar parece
> Em catadupa trémula e sonora;
>
> E, como ouvindo a música dolente,
> Vénus empalidece, empalidece...
> E desmaia entre as púrpuras da aurora.

Já com *Rosa, rosa de amor* e *Poemas e canções* estamos em face de um poeta acabado, cuja ambição, apesar de seu forte lirismo e da ironia que às vezes lhe permeava as estrofes, era ser formalmente parnasiano. Seu desejo, segundo se lê numa nota à primeira edição dos *Poemas e canções*, era com efeito "exprimir menos mal, isto é, em frases simples e corredias, com imagens sóbrias e mais ou menos claras e fiéis, ideias concebidas com lógica, sentimentos sinceros, impressões recebidas". Mais adiante, repelia as frases complicadas e as palavras meramente decorativas; noutros termos, Vicente apreciava a simplicidade e o *mot juste*, não diferindo portanto sua teoria formal da de Machado de Assis ou Bilac; isso de falar em "sentimentos sinceros" já em 1908 nada tinha de antiparnasiano, pois que o Parnasianismo, em nosso meio, evoluiu da objetividade para a expressão do sentimento, quando não se deu o caso de certos poetas, como Bilac, estrearem revelando simultaneamente ambas as tendências.

A clareza de Vicente de Carvalho é responsável pelo fato de algumas de suas poesias, como "A flor e a fonte", figurarem até em primeiros livros de leitura, não obstante possuam real qualidade poética:

> "Deixa-me, fonte!" Dizia
> A flor, tonta de terror.
> E a fonte, sonora e fria,
> Cantava, levando a flor.
>
> "Deixa-me, deixa-me, fonte!"
> Dizia a flor a chorar:
> "Eu fui nascida no monte...
> "Não me leves para o mar".
>
> E a fonte, rápida e fria,
> Com um sussurro zombador,
> Por sobre a areia corria,
> Corria levando a flor.
>
> "Ai, balanços do meu galho,
> "Balanços do berço meu;

"Ai, claras gotas de orvalho
"Caídas do azul do céu!..."

Chorava a flor, e gemia,
Branca, branca de terror,
E a fonte, sonora e fria,
Rolava, levando a flor.

"Adeus, sombra das ramadas,
"Cantigas do rouxinol;
"Ai, festa das madrugadas,
"Doçuras do pôr do sol;

"Carícia das brisas leves
"Que abrem rasgões de luar...
"Fonte, fonte, não me leves,
"Não me leves para o mar!..."

As correntezas da vida
E os restos do meu amor
Resvalam numa descida
Como a da fonte e da flor...

Vicente de Carvalho, se cultivou o lirismo amoroso, se moveu para os poemetos de tipo épico ou de evocação histórica, como em "Fugindo ao cativeiro" ou "A partida da monção", foi por excelência o poeta do mar, como tantas vezes já se assinalou. Nesse sentido, algumas de suas poesias, como "Palavras ao mar", ostentam uma carga lírica em verdade veemente:

Mar, belo mar selvagem
Das nossas praias solitárias! Tigre
A que as brisas da terra o sono embalam,
A que o vento do largo eriça o pelo!
Junto da espuma com que as praias bordas,
Pelo marulho acalentada, à sombra
Das palmeiras que arfando se debruçam
Na beirada das ondas — a minha alma
Abriu-se para a vida como se abre
A flor da murta para o sol do estio.

Quando eu nasci, raiava
O claro mês das garças forasteiras;

> Abril, sorrindo em flor pelos outeiros,
> Nadando em luz na oscilação das ondas,
> Desenrolava a primavera de ouro:
> E as leves garças, como as folhas soltas
> Num leve sopro de aura dispersadas,
> Vinham do azul do céu turbilhonando
> Pousar o voo à tona das espumas...

Mesmo no lirismo amoroso de Vicente, a visão do mar interfere e polariza as imagens, como em "Olhos verdes". O poeta, aliás, tinha um agudo senso perceptivo dos espetáculos simples da natureza, como deixou patente em "De manhã" — III:

> A inspiração de um poeta é como solo inculto
> Que à toa se abre em flor:
>
> Todo esse turbilhão de ideias em tumulto
> Que, nem eu sei porque, rimei com tanto ardor,
> Veio-me de ter visto
> — Pela janela do meu quarto de doente —
> Que maravilha?
>
> Isto:
> Um trecho muito azul de céu alvorescente;
> Um pedaço de muro engrinaldado de hera;
> E, resumo feliz de toda a Primavera,
>
> Ao leve sopro de uma aragem preguiçosa,
> O balanço de um galho embalando uma rosa...

A cambiante irônica de Vicente de Carvalho, que é também um dos traços distintivos de sua poesia, ressalta à evidência de composições tais como "Da carteira de um doudo" ou "Carta a V.S.", e quase se faz caricata em "Fantasias do luar", por exemplo. Essa ironia chega a insinuar-se em suas próprias poesias de amor, dando a impressão de que Vicente de Carvalho, ao contrário de Raimundo Correia, passou pela vida com um sorriso nos lábios.

8. A POSIÇÃO DE MACHADO DE ASSIS, LUÍS DELFINO, B. LOPES

I — *Machado de Assis* — Se de alguém se pode afirmar que tenha sido o precursor do Parnasianismo brasileiro, foi este, sem margem de dúvida, Joaquim Maria Machado de Assis (*q.v.*). Não só por sua crítica — a qual, como vimos, influiu na mudança de rumos da corrente realístico-social para o Parnasianismo — mas ainda por sua poesia, correta quanto à língua e correta quanto à forma desde o seu primeiro livro — *Crisálidas* —, Machado prenunciou o Parnaso indígena. Ao falarmos em correção de forma, não se julgue que estejamos aceitando o argumento de Alberto de Oliveira de que os parnasianos reagiram contra as incorreções românticas; a forma do Romantismo não foi incorreta, foi apenas diferente da forma parnasiana. E isso por uma simples razão: em 1851 Antônio Feliciano de Castilho publicara o seu *Tratado de metrificação portuguesa*, no qual catalogara certas formas de versos e desprezara outras; as primeiras foram as que se tomaram canônicas para o nosso Parnasianismo, caindo as segundas, como o alexandrino espanhol, em rápido esquecimento em nosso meio: Fagundes Varela e Castro Alves foram os últimos poetas de importância a usá-lo. Em seu lugar, veio o alexandrino francês, que Castilho[36] já usara em "*Excavações poéticas*" (1844) e registrou depois no *Tratado*, silenciando sobre o espanhol. Daí por diante, o alexandrino francês começou a insinuar-se em nossa poesia, com Teixeira de Melo (*Sombras e sonhos*, 1858), Bruno Seabra (*Flores e frutos*, 1862) e Machado de Assis (*Crisálidas*, 1864). Este soube usar tão bem a novidade que Castilho o chamou, como não se ignora, "príncipe dos alexandrinos".

No setor formal, Machado de Assis ainda influiu sobre as gerações antirromânticas por meio do *triolet*, que foi na mão destas uma terrível arma de combate.[37] Essa forma fixa foi importada por Machado de Assis, que a empregou em *Falenas* (1870), na poesia "Flor da mocidade". Daí talvez derive (mas não se esqueçam de Banville e Leconte) o gosto parnasiano pela importação das formas fixas (Bilac foi buscar na França o rondel e o pantum, Alberto de Oliveira tentou rejuvenescer o vilancete, Raimundo Correia praticou numerosas variedades do soneto, com tercetos à frente, entremeados de metros desiguais, etc., modalidades essas de soneto que também usaram, parcialmente, Luís Delfino e o próprio Machado).

A musa de Machado de Assis, em *Crisálidas*, *Falenas*, e ainda em *Americanas* (1875) era romântica; mas desde *Crisálidas* sua expressão aliava à metrificação pós-castilhana um certo senso de medida que a distanciava do que Wilhelm Giese chama "as desordens da irrupção sentimental dos românticos".[38] Com a "Lira chinesa" de *Falenas*, Machado de Assis começou a sentir as atrações do exotismo; "Uma ode de Anacreonte", do mesmo livro, confirma essa atração, ressoando os seus alexandrinos como alexandrinos parnasianos. Se *Americanas* reproduzem a tendência indianista do nosso Romantismo, embora com outra forma, já em *Ocidentais*, nas *Poesias completas* (1901), desaparecem de todo em todo as tonalidades românticas de Machado de Assis; seus versos já representam o Parnasianismo brasileiro. São desse livro suas composições mais famosas, como o "Círculo vicioso", "A mosca azul", o "Soneto de Natal". O poeta, a essa altura, se mostrava tomado por uma "filosofia negra da vida",[39] isto é, por um sentimento de cansaço e um pessimismo basilar que o faziam ver a existência dominada pela crueldade e pelo mal, como consta de "Suave Mari Magno" e "No alto".

A nota da saudade, finalmente, encontraria expressão num de seus sonetos finais, na formosa e humana dedicatória de *Relíquias de casa velha* à esposa morta ("A Carolina"):

> Querida, ao pé do leito derradeiro
> Em que descansas dessa longa vida,
> Aqui venho e virei, pobre querida,
> Trazer-te o coração de companheiro.
>
> Pulsa-lhe aquele afeto verdadeiro
> Que, a despeito de toda a humana lida,
> Fez a nossa existência apetecida
> E num recanto pôs um mundo inteiro.
>
> Trago-te flores — restos arrancados
> Da terra que nos viu passar unidos
> E hoje mortos nos deixa e separados.
>
> Que eu, se tenho nos olhos malferidos
> Pensamentos de vida formulados,
> São pensamentos idos e vividos.

Por sua estrutura, por sua rigorosa economia, as composições de Machado de Assis, desde *Crisálidas*, são composições de um clássico; compreende-se, pois, por que prenunciou o Parnasianismo (no que este reflete o Classicismo) e por que, sendo no início moderadamente romântico pela expressão, terminou perdendo os matizes românticos dessa expressão. Machado nada mais fez do que seguir os ditames de seu próprio temperamento.

II — *Luís Delfino* — Luís Delfino dos Santos* começou a estampar versos, em periódicos da época, a partir de 55 ou 56, segundo afirma Sílvio Romero, que

---

* Luís Delfino dos Santos (Desterro, SC, 1834 — Rio de Janeiro, 1910). Doutorou-se em medicina (1857) e exerceu a clínica a vida toda. Foi político, e militou na imprensa. Poeta dos mais fecundos, foi muito admirado pelos contemporâneos.

Bibliografia

POESIA: *Poemas*. 1928; *Algas e musgos*. 1927; *Poesias líricas*. 1934; *Íntimas e Aspásias*. 1935; *Angústia do infinito*, 1936; *Atlante esmagado*. 1936; *Rosas negras*. 1938; *Esboço da*

o vê, até 1879 ou 1880, como semicondoreiro; se até aí publicara pouco, no período parnasiano começa a fazê-lo torrencialmente, conforme assinala o mesmo Sílvio Romero;[40] mas sempre em jornais e revistas. Ora, há poucos anos, parte dessas produções foi reunida em mais de dez volumes; porém os poemas não trazem a data nem o local em que foram pela primeira vez dados a lume, razão por que não se pode fazer uma ideia precisa da evolução do poeta. Assinale-se apenas que, em sua longa existência, Luís Delfino foi considerado grande tanto pelos últimos românticos como pelos parnasianos e até pelos simbolistas. Entre os românticos, Teixeira de Melo lhe dedica a poesia LX de *Sombras e sonhos* (1858), em que fala até de "gênio":

> Sim! tua estrela inundará de fogo
> — Diamante eternal — o azul do espaço,
> Com seu manto de luz cegando a minha
> Que a aurora apaga sem deixar-lhe um traço!
>
> Dessa urna d'oiro em que teu gênio mora
> Solta a torrente aos alcantis da terra!
> Banha essas flores que por ti rebentam —
> Botões de glória que o porvir descerra!

Nos albores do Parnasianismo, em 1885, um inquérito de *A Semana* lhe dá o primeiro posto entre os poetas vivos do Brasil; e Félix Pacheco assevera que foi admirado pelos simbolistas, que o opunham à trindade parnasiana.[41]

Quanto aos críticos, uns, como Sílvio Romero, situam-no entre os nossos poetas como "o de mais imaginação, o de surtos mais possantes, e talvez o de vocabulário mais rico"; outros, como José Veríssimo, veem nele apenas "um insigne virtuose do verso antes que grande poeta". Sílvio, aliás, assinala que Luís Delfino foi sempre, substancialmente, um romântico.[42] E essa nos parece ser, realmente, a constante de sua poesia, embora Luís Delfino possa ter tido avulsamente matizes parnasianos, como o exotismo das *Levantinas* de *Algas e musgos*, I. Entre esses sonetos exóticos, um se difundiu mais do que os outros, o "Capricho de Sardanapalo":

---

epopeia americana, 1939; Arcos de triunfo. 1940; *Imortalidades.* 3 v. 1941-1942; *Posse absoluta.* 1941; *O Cristo e a adúltera.* (s. d.).

Consultar

Amado, Gilberto. *Chave de Salomão.* Rio de Janeiro, 1914: *Autores e livros.* v. 2, n. 16, 17/5/1942; Gomes, Eugênio. *Prata de casa.* Rio de Janeiro, 1953: Grieco, Agripino. *Evolução da poesia brasileira.* Rio de Janeiro, 1932.

Não dormi toda a noite! A vida exalo
Numa agonia indômita e cruel!
Ergue-te, ó Radamés, ó meu vassalo!
Faço-te agora amigo meu fiel...

Deixa o leito de sândalo...
A cavalo! Falta-me alguém no meu real dossel...
Ouves, escravo, o rei Sardanapalo?
Engole o espaço! É raio o meu corcel!

Não quero que igual noite hoje em mim caia...
Vai, Radamés, remonta-te ao Himalaia,
Ao sol, à lua... voa, Radamés,

Que, enquanto a branca Assíria aos meus pés acho,
Quero dormir também, feliz debaixo
Das duas curvas dos seus brancos pés!...

"Cadáver de virgem", outro de seus sonetos, e talvez o mais conhecido de todos, pode também ser capitulado como parnasiano:

Estava no caixão como num leito,
Palidamente fria e adormecida;
As mãos cruzadas sobre o casto peito,
E em cada olhar sem luz um sol sem vida.

Pés atados com fita em nó perfeito,
De roupas alvas de cetim vestida,
O torso duro, rígido, direito,
A face calma, lânguida, abatida...

O diadema das virgens sobre a testa,
Níveo lírio entre as mãos, toda enfeitada,
Mas como noiva que cansou da festa...

Por seis cavalos brancos arrancada,
Onde vais tu dormir a longa sesta
Na mole cama em que te vi deitada?

Mas Luís Delfino nem sempre sabia refrear a imaginação, que efetivamente era nele exuberante, padecendo suas composições de uma certa imprecisão vocabular, de uma falta de congruência ou travamento interior que lhes retira aquele ar de coisa acabada típico do Parnasianismo francês e de nosso Parnasianismo, no que este também possui de objetivo e plástico. Isso para falarmos de seus sonetos e composições líricas, pois nos hinos e poesias cívicas e políticas de *Angústia do infinito* a nota romântica é por vezes ainda mais ostensiva, não faltando também a esse volume, noutras peças, o matiz realista, por incoerente que isso possa parecer. É que Luís Delfino, em sua poesia copiosa e vária, revela as diversas diretrizes por que passou a poesia brasileira, do Romantismo ao Simbolismo. O final de *Banho ao luar*, por exemplo, afigura-se desta última corrente:

> Foi uma noite à límpida lagoa,
> Que para recebê-la se enfeitara:
> Não é que o Olimpo ainda hoje se esboroa
> E dele cai um deus, que lá ficara?
>
> E ao saber que ele iria ao banho, voa,
> E forra o lago e acende-o, como uma ara;
> Azuis lá dentro e os astros arranjara,
> E clarões moles, que por selvas coa.
>
> Ela nas margens deixa a roupa: nua,
> Como quem entra numa festa lauta,
> Lasciva, entre o tinir dos sóis flutua.
>
> Com um e outro correndo inerme e incauta:
> Cai-lhe aos pés Pã, lacera-a a unha da lua.
> E há uns ais pelo céu de sons de flauta...

No encanto, na confusão de planos de muitas de suas imagens e metáforas, isto é, em sua sinestesia, Luís Delfino é um poeta digno de toda a atenção.

III — *B. Lopes* — Bernardino Costa Lopes (1859-1916). Poeta igualmente imaginoso, seduzido pelo brilho e pela cor, de figuras ainda mais ardentes do que Luís Delfino (que em geral fica no meio-tom, não atingindo, como B. Lopes, o clamor das sonoridades, coloridos e fulgurações), a posição do autor de *Cromos* (1881) é também multivalente em nossa poesia. Se em *Cromos*, como dissemos, B. Lopes cultivou o realismo agreste, em seus livros posteriores — *Pizzicatos* (1886), *Dona Carmen* (1890), *Brasões* (1895), *Sinhá Flor* (1889), *Vai de lírios* (1900), *Helenos* (1901), *Patrício* (1904), e *Plumário* (1905) — sua posição já se faz mais complexa, repartindo-se entre o Realismo, o Parnasianismo e o Simbolismo.

Em *Pizzicatos*, B. Lopes espelha a dissolução *fin de siècle* das classes elegantes, falando em viscondessas, barões e outros nobres, e terminando os poemas de modo humorístico; poder-se ia falar em Realismo urbano, tal a exatidão de detalhes e o espírito de observação, se as cenas e as personagens não fossem imaginadas antes que contempladas.[43] Não obstante, tal é a significação dos pormenores e tal o espírito de crítica social, *a contrário*, contidos nos poemas, que, tomando-se as viscondessas e duquesas como simples metáforas de burguesas mundanas e elegantes, o livro pode e deve ser capitulado como realista.

Dona Carmen já é um livro que flutua entre o Parnasianismo — predominante — e o Simbolismo — insinuado —, cheio de tons exóticos e medievalescos em que tinem as imagens e os vocábulos sonoros. Em "Brasões" a expressão se faz mais definitivamente triunfal, cheia de rimas ricas, versos cantantes, palavras seletas: certamente o Parnasianismo de B. Lopes não conheceu a sobriedade de imagens requerida por Bilac ou Alberto de Oliveira, mas suas figuras são sempre controladas pelo contexto: o travamento da composição que faltava a Luís Delfino se acha presente em B. Lopes, de modo que podemos falar em Parnasianismo. Tanto mais que a escola, em França, não excluiu, como excluiu em Bilac e Alberto, o senso romântico da cor.

Bernardino Lopes se embriagava com a luz, o colorido, os sons:

> Domingo. O verde embaixo, o azul em cima
> E o cristal da manhã vibrando ao meio;
> O sol parece um guiso do oiro, cheio
> Da alegria sonora de uma rima.

e além disso sentia a atração dos vocábulos cantantes, como se vê logo no "Pórtico":

> Espadim de Romeu feito em Verona,
> Posto ao lado do cinto de áureas trenas,
> Afivelado pelas mãos pequenas
> De apaixonada e virginal madona;
>
> Balcão, cheio de rosas e arabescos,
> Onde um mavioso bandolim se ouvia
> Lá pela noite langorosa e fria...
> Versos tremidos e madrigalescos;
>
> Torreões de opala, alcovas de escarlata
> Abertas para o amor e para a neve,
> Quando exalava o Cós, ardente e leve,
> Nas aurifauces ânforas de prata;
>
> Diáfanas, doces castelãs e mestas

Damas de honor à espreita dos amantes
Na gelosia verde dos mirantes,
Coroadas de pálidas giestas;

Dóceis faisões de venezianos paços,
E outras aves reais de adorno e fama
Pavoneando a pluma-íris e lhama,
Na balaustrada ebúrnea dos terraços:
Cetinosas espáduas, nucas de oiro. [etc.]

As rimas eram também caprichosamente selecionadas por B. Lopes, como em "Mameluca":

A que aí anda, esguia mameluca,
De olhos de amêndoa e tranças azeviche,
Tem uns ares fidalgos da Tijuca
E petulantes trajos a Niniche.

É justo, é natural que ela capriche
Em mostrar o cabelo, a espádua, a nuca
E essas pálpebras roxas de derviche,
Como um goivo aromal que se machuca.

Abre às soalheiras, em sanguíneo estofo,
A escandalosa e original papoula
Do para-sol clownesco, álacre e fofo:

E o lírio do alto, quando espia o glabro
Rosto oval da cabocla, abre a caçoula.
E a via-láctea acende em candelabro!

A parte final de *Brasões* ostenta versos monótonos, octossílabos e eneassílabos cesurados uniformemente na quarta sílaba, cuja música Sílvio Romero reprovava, atribuindo-a à influência do Guerra Junqueiro de "Os simples". Os mesmos ritmos se repetem em *Sinhá Flor*, livro marcadamente simbolista, repleto de evocações litúrgicas:

....
Canta a sonora boca dos sinos,
Oh! Tenda Branca dos pequeninos!
A via-láctea teu manto estrele,
Que estrelas pisam teus pés divinos,

> E a eles sobem responsos e hinos,
>   Regina Coeli!
>
> A que áurea festa tocante assisto
> Oh! doce! Oh! triste! sacra Baunilha!
> Teu rosto amado recende e brilha,
> E eu para amar-te somente existo.
> Sob o teu manto ninguém se humilha,
> Que a todos cobres, Oh! Mãe e Filha
>   De Jesus Cristo!
>
> Sarça florida que a vista encanta!
> ....
> Pomba do Egito, misericórdia!
> ....
> Estrela d'Alva que me alumia,
> Sol da alegria, Luar da tristeza,
> De Deus esposa, dos Céus princesa,
> Velário aceso do Grande Dia!

Em *Sinhá Flor*, livro de sonetos, a colocação simbolista é dominante, mas em *Helenos* e *Plumários* volta a se impor a tônica do Parnasianismo sobre a nefelibata, embora esta de espaço ainda reponte. Mas o tom parnasiano prevalece na grande maioria dos sonetos, como se pode ver pelo "Atrium" de *Helenos:*

> Entrai. Vede-me as quadras e os tercetos,
> A escultura do Verso, o íris da Rima.
> Passei da forma a caprichosa lima.
> Sobre o coral e a opala dos Sonetos.
>
> Entrai. Vede-me os mármores facetos,
> Panóplias, e armas de elegante esgrima;
> Sèvres, Bizâncios em que a Ideia prima,
> O zodíaco de oiro e os lírios pretos.
>
> Vede-me a régia pedraria, em chispa,
> A águia infernal do amor de garra crispa,
> O aviário, rico em melodia e pluma;
>
> Vede o exotismo, a chinesia de Arte...
> Mas, ide! Esmerilhai por toda parte,
> E que não vos escape coisa alguma!

A poesia de B. Lopes, exceto a de *Cromos*, não foi em geral compreendida na época; apenas um ou outro crítico, como João Ribeiro, o colocava ao lado de Bilac, Raimundo e Alberto. Mesmo posteriormente, continuou-se a aceitar dele apenas a parte regida exclusivamente pela cor local ou pelas confissões biográficas, como os sonetos "Praia" ou "Berço", realmente expressivos, aliás.[44]

9. POETAS MENORES. EPÍGONOS PARNASIANOS DE ALGUM INTERESSE

Os outros poetas da geração parnasiana — entre os quais Rodrigo Otávio (1866-1944), Artur Azevedo (1855-1908), Francisco Filinto de Almeida (1857-1945), Silva Ramos (1853-1930), Mário de Alencar (1872-1925), João Ribeiro (1860-1934), Guimarães Passos (1867-1900), Venceslau de Queirós (1865-1921), Emílio de Meneses (1867-1918), Zeferino Brasil (1870-1942), Augusto de Lima (1860-1934), Luís Murat (1861-1929), Raul Pompeia (1863-1895)[45] — não tiveram a importância dos anteriores. A mesma coisa pode ser dita dos epígonos do Parnasianismo, isto é, dos que estrearam após o advento do Simbolismo. Merecem referência especial, em virtude de alguns aspectos formais de suas composições, Magalhães de Azeredo, Francisca Júlia e Goulart de Andrade.

Carlos Magalhães de Azeredo (1872-1963) estreou com *Procelárias* (1898); mas o seu livro mais curioso não é esse, e sim *Odes e elegias* (1904), no qual tentou aclimar em português os "metros bárbaros" de Carducci. Magalhães de Azeredo não transpôs todas as experiências prosódicas do poeta italiano; ao contrário, nele não se encontram os hexâmetros e pentâmetros acentuais com um número de sílabas variável. Os dísticos de Magalhães de Azeredo que ostentam novidade formal possuem o primeiro verso de quinze sílabas (hexâmetros) e o segundo variando de acordo com as composições: 13, 11, 10 ou 8 sílabas. O hexâmetro de *Odes e elegias* sempre se decompõe num verso de seis sílabas (grave ou esdrúxulo, e de esquema métrico variável), mais um de oito sílabas, de ordenação rítmica rigorosa: um iambo seguido de dois anapestos. O seu verso de treze sílabas corresponde ao nosso alexandrino de tipo espanhol, e o decassílabo é heroico ou sáfico; o de onze sílabas se desdobra num hexassílabo grave seguido de um tetrassílabo, e o de oito sílabas é sempre golpeado na segunda, quinta e oitava sílabas. Magalhães de Azeredo usou ainda um outro metro bárbaro em composições regulares, o verso de treze sílabas desdobrável em dois redondilhos, o primeiro menor e grave (cinco sílabas), o segundo perfeito ou maior (7 sílabas). Eis um exemplo da poesia "bárbara" de *Odes e elegias* ("Afinidades", dísticos de 15 e 13 sílabas):

> A ânfora equilibrando, com graça real, na cabeça,
> vai a jovem Romana pelo pórtico umbroso.

> Pura pobreza veste-a, do leve corpete às sandálias:
> mas que tesouro as formas! nos gestos que harmonia!
>
> No pórtico ergue os olhos, passando, a uma grega Afrodite,
> e por instinto sente: Somos da mesma raça...

Francisca Júlia (1871-1920) publicou dois livros: *Mármores* (1895) e *Esfinges* (1903). Sua poesia merece referência por ser a única, em nosso meio, que se adapta a todas as condições do Parnasianismo francês: com efeito, é plástica e sonora; a poetisa professou a arte pela arte, conheceu o *mot juste*, desejou a austeridade formal e sobretudo timbrou em ser impassível, coisa de que os outros parnasianos brasileiros não fizeram questão. Ela mesma proclama ser esse o seu intuito em "Musa impassível" (1):

> Musa! um gesto sequer de dor ou de severo
> Luto jamais te afeie o cândido semblante!
> Diante de um Jó, conserva o mesmo orgulho, e diante
> De um morto, o mesmo olhar e sobrecenho austero.
>
> Em teus olhos não quero a lágrima; não quero
> Em tua boca o suave e idílico descante.
> Celebra, ora um fantasma anguiforme de Dante,
> Ora o vulto marcial de um guerreiro de Homero.
>
> Dá-me o hemistício d'ouro, a imagem atrativa,
> A rima cujo som, de uma harmonia crebra,
> Cante aos ouvidos d'alma; a estrofe limpa e viva;
>
> Versos que lembrem, com seus bárbaros ruídos,
> Ora o áspero rumor de um calhau que se quebra,
> Ora o surdo rumor de mármores partidos.

Encantada com o Parnasianismo francês, Francisca Júlia chegou a costear decididamente Heredia, como nos sonetos "Dança das centauras" e "Os argonautas": — não por simples imitação, mas para demonstrar que "podia" fazer poemas parnasianos, que não temia o confronto com Heredia sob o ponto de vista da expressão. O que desejava era construir versos "másculos" — como no fim do século passado pareceram os seus —, que ombreassem com os do mestre francês.

Mais tarde, Francisca Júlia mudou seu modo de pensar, optando por uma poesia de cunho moralizante, mas também cheia de um apuro formal que, já então, não mostrasse os andaimes do edifício.[46]

Goulart de Andrade (1881-1936)[*] tem, com suas *Poesias* (1ª série, 1907; 2ª série, 1911), interesse puramente formal; com efeito, empregou a rima com consoante de apoio ("Forte abandonado") e versou numerosas formas fixas, como o rondei, o rondó, o gazel, o vilancico, o vilancete, a balada e o canto real, correspondendo, assim, ao apelo parnasiano de "aperfeiçoara métrica".

10 — CARACTERÍSTICAS DA FORMA PARNASIANA

Não comporta este ensaio um exame pormenorizado dos característicos que a forma parnasiana ostenta no conjunto de nossa poesia. Aqui vão, contudo, alguns pontos específicos.

1) De modo geral, no que se refere à expressão, os poemas parnasianos podem reportar-se a sentimentos e estados subjetivos de espírito, mas deles se exclui absolutamente a "sentimentalidade "romântica.

2) O verso alexandrino de tipo francês — que começara a ser usado no Brasil pelos últimos românticos — se faz usual com seu modelo clássico, isto é, como se fosse o resultado da junção de dois hexassílabos, dos quais o primeiro agudo, ou, no ocaso de ser grave, com sinalefa obrigatória na 7ª sílaba. Apenas no caso do Parnasianismo esse esquema foi desobedecido: assim por Alberto de Oliveira, em algumas peças da 4ª série de suas *Poesias*.

3) O verso decassílabo, muitas vezes monótono entre os românticos, que o usavam insistentemente com o esquema sáfico, perde esse caráter de monotonia, em virtude da chamada "lei da mobilidade das cesuras" (de Manuel do Carmo).

4) O verso hendecassílabo e o eneassílabo, muito usados pelos românticos, caem em quase total hibernação, por serem monótonos com sua acentuação na 2ª, 5ª, 8ª e 11ª sílabas e 3ª, 6ª e 9ª; o uso do verso de 8 sílabas, por outro lado, se faz mais frequente.

5) O verso branco ou solto, isto é, sem rima, sofre quase completo abandono; apenas o usaram uma ou outra vez Bilac ("Satânia"), Alberto de Oliveira ("No seio do cosmos") e poucos poetas mais.

6) O sistema de contagem das sílabas, para o efeito de designação dos versos, passa por mudança, e isso por influxo de A. F. de Castilho e dos manuais franceses que começaram a ser compulsados: ao tempo do Romantismo, contava-se sempre uma sílaba final átona, existisse ou não, ou fosse proparoxítona a palavra final do verso; assim o decassílabo, etc., dizendo-se que tinham, respectivamente, 11 e 10 sílabas.

7) A sínérese se faz quase que de rigor, e o mesmo se dá com a sinalefa, e isso por horror ao hiato, adquirido no trato com os manuais franceses.

---

[*] Sobre Goulart de Andrade: *Autores e livros*. V. 7, n. 14, 22/10/1944.

8) Se o verso romântico era muitas vezes frouxo, o verso parnasiano cai amiúde no vício oposto, fazendo-se duro, áspero ou confragoso, isto é, cheio de tônicas, de choques de tônicas e de sinalefas; assim os versos de Alberto de Oliveira:

"Não viu subir o sol alto ao zênite, onde arde",
"Ver quando em quente estio expira ao dia o prazo",
"E onde ora abre na flor, sorri, palpita, acena", [etc.]

9) Começa a existir a preocupação da rima rica, isto é, rara, ou de preferência combinando categorias gramaticais diferentes: um substantivo devia rimar com um adjetivo, um verbo, um advérbio, uma conjunção, e não rimar com outros três substantivos. Condenam-se as rimas pobres e a homofonia das rimas. Alberto de Oliveira, no crepúsculo do Parnasianismo, usou a assonância ou rima toante, de velha tradição na língua.

10) As formas fixas passam a prevalecer: o Parnasianismo é o reinado do soneto, e vão-se buscar além-mar formas como o rondel, o rondó, o pantum (de origem malaia, vulgarizado por Victor Hugo e Leconte de Lisle), o gazel (árabe) ou se rejuvenescem formas caducas da língua, como o vilancete e o vilancico. Tais formas por vezes são modificadas: assim Venceslau de Queirós usa "biolets" em vez de "triolets". O soneto não foi empregado apenas em suas formas regulares, mas em quase que todas as suas modalidades possíveis, exceto as preciosísticas do cultismo.

11) Assinale-se que o Parnasianismo brasileiro é antes um rótulo do que uma exata correspondência com o Parnasianismo francês. Exclui a objetividade como traço definidor, bem como o cientificismo e a descrição do quotidiano e da vida nas cidades à moda realística. Por isso mesmo os nossos parnasianos, se de início tiveram matizes realísticos ou sociais, quando se fizeram definidamente parnasianos deles se despojaram. O Parnasianismo no Brasil é assim uma disciplina estilística de grupo, de feição clássica, e com leis precisas, como a de economia de meios.

NOTAS

1 Esse artigo, diz Sílvio, "apresentava pela primeira vez (no Brasil) a ideia da poesia fundada no criticismo contemporâneo, e combatia, consequência lógica, o romantismo choroso e o indianismo brasileiro". Cf. *Cantos do fim do século*. Rio de Janeiro, 1878, p. 242; *História da literatura brasileira*. 4. ed., organizada e prefaciada por Nelson Romero. Rio de Janeiro, 1949, V, p. 281 e ss. e 429.
2 *Cantos do fim do século*. Prefácio, p. 22.
3 *Op. cit.*, p. 239-240.
4 A colocação pronominal de Carvalho Júnior é a da maior parte dos românticos e não diverge da que seria usada pelos parnasianos, como veremos na devida altura deste ensaio.
5 "A nova geração", in *Crítica literária*, p. 207.
6 Machado de Assis, *op. cit.*, p. 205; Sílvio Romero, *História da literatura brasileira*, V, p. 292.
7 No Brasil, tomava-se Baudelaire, na época, como realista. Cf. Machado de Assis. A nova geração, *op. cit.*, p. 198.
8 Artigo publicado em julho na *Revista Brasileira*: reproduzido em Autores e livros, III, n. 12, p. 178.
9 Artigo datado de 2/4/1889; em *Autores e livros*, V. n. 16, p. 252.
10 Paulo Antônio do Vale. *Noções de arte poética*. São Paulo, 1884, p. 64 e s.
11 Machado de Assis a registou, a propósito de ambos livros de Afonso Celso. Op. cit., p. 215. "O esboço" foi também glosado pelo crítico.
12 Sílvio Romero inclui Sousa Pinto entre os realistas de Pernambuco, citando dele, em sua *História da literatura brasileira*, 4a ed., V, p. 290, uma poesia, "Flor agreste", que já possui o tom de B. Lopes.
13 *Op. cit.*, p. 189.
14 A Questão coimbrã data de 1865-1866, e a poesia social (ou socialista, como de preferência se diz) pode-se afirmar que nasceu coincidentemente no Brasil pela mesma época. Em Portugal, como cá, haviam surgido manifestações "socialistas", mesmo em livro, antes de 1865. A ereção da estátua de Pedro I, no Rio de Janeiro, ensejou manifestações antimonarquistas em verso, como comprova a poesia "A estátua equestre", de Fagundes Varela (*Noturnas*, 1861). Varela também possuía manifestações antiescravagistas — indiretas, em "Mauro, o Escravo" (de *Vozes d'América*, 1864), ou diretas, mais tarde, em "À Bahia", de *Contos meridionais*, 1869, poesia que pode remontar a quatro anos antes. Da mesma forma, as estrofes de Pedro Ivo", nas quais Castro Alves. pela boca do herói, exalta a República, trazem a data de 1865. Noutras composições de *Espumas flutuantes* (Bahia, 1870), Castro Alves revela que o seu ideal era a liberdade, contra qualquer tipo de opressão. *A cachoeira de Paulo Afonso* e os fragmentos de *Os escravos*, com a nota social mais vigorosa de Castro Alves, a abolicionista, vieram a lume em 1876, data em que já era forte, no Sul, a corrente socialista.
O Socialismo foi antirromântico, isto é, "contrário ao lirismo pessoal, à sentimentalidade; se Castro Alves o praticou, e era romântico, não significa isso que mais tarde não se tomasse o socialismo como um alter ego" do Realismo (é o que acima diz expressamente Aníbal Falcão), e portanto como forma de reação antirromântica. De qualquer modo restaria a combater em Castro Alves o subjetivismo e a idealização romântica.
15 São esses os versos que Sílvio Romero (*op. cit.*, V, p. 292) sente não ter à mão para citar.

16 Cf. Luís Delfino, *Arcos de triunfo*. Rio de Janeiro: 1940, p. 97. O 4º verso está assim mesmo: há provável diérese em "sei" (se-i), 2 sílabas.
17 Manuel Bandeira. *Antologia dos poetas brasileiros fase parnasiana*. Rio de Janeiro, 3. ed., 1951, p. 14. No prefácio, Bandeira acompanhou pelos jornais e revistas da época o combate dos "novos" ao Romantismo, e a reação dos adeptos da escola em agonia.
18 Seus *Dispersos* foram reunidos por Luís Filipe Vieira Souto e publicados pela Academia Brasileira de Letras em 1936, com prefácio de Afrânio Peixoto. As principais informações sobre sua vida e personalidade encontram-se aí e nos *Papéis avulsos* de Machado de Assis ("O anel de Polícrates", com a nota D no fim do volume), bem como em Arthur Mota, *Vultos e livros*, I, São Paulo, 1921.
19 Entrevista concedida a Prudente de Morais, neto: publicada em *Terra Roxa* (setembro de 1926) e reproduzida em *Autores e livros*, II, n. 8, p. 122: "O chamado Parnasianismo saiu das largas algibeiras das calças inglesas de Artur de Oliveira". Da influência de Artur, além de vários testemunhos, temos o indício das dedicatórias. Muitos foram os poetas seus contemporâneos que lhe dedicaram um livro ou uma poesia: Alberto de Oliveira, além de "Aparição nas águas", toda a 2ª parte de *Meridionais* — em sua memória; Teófilo Dias (tradução de "O albatroz", de Baudelaire, em *Cantos tropicais*); Afonso Celso ("Poema de todos nós", em *Telas sonantes*; Machado de Assis ("A Artur de Oliveira Enfermo"). Até de Fontoura Xavier, não fosse a morte, ele teria prefaciado as *Opalas*.
20 Carta a Artur Barreiros. Em Alberto de Oliveira. *Poesias*. 1ª série. Rio de Janeiro, 1912, p. 6.
21 *Opalas*, Pelotas [e] Porto Alegre, 1884, p. 31.
22 "A Nova Geração", ibidem, p. 228.
23 Essas exigências encontram-se espalhadas pelas críticas de Machado, desde a apreciação de *Iracema* e a carta a José de Alencar a propósito de Castro Alves até ao prefácio de *Meridionais*.
24 É vê-lo em Olavo Bilac: saudação a Alberto de Oliveira em 28 de abril de 1917, constante de *Últimas conferências e discursos*, 1924.
25 Manuel Bandeira, *op. cit.*, p. 8.
26 Na realidade, já Araripe Júnior, em 22 de julho de 1882, concordava com Fialho de Almeida em que Luís Guimarães era parnasiano (v. *Obra crítica de Araripe Júnior*, Rio de Janeiro, 1o vol., 1958, p. 281). A opinião de Fialho já era conhecida pelo nosso crítico, portanto, quatro anos antes da 2ª edição dos *Sonetos e rimas*. Os dados de Manuel Bandeira devem pois ser recuados — para passarmos a aceitar a data de 1886 simplesmente como a do início da generalização do uso do vocábulo, em sua aplicação aos nossos poetas.
27 Cf. José Veríssimo, "As poesias de Alberto de Oliveira", in *Autores e livros*, II, n. 8, p. 116; Alberto de Oliveira, *ibidem*, p. 123: "Foi ele (a poesia) que em meus dias de moço, enveredando eu por errado caminho, em busca de um ideal de beleza longínquo, tomou-me da mão e saiu a mostrar-me ao pé, em nossa terra, maravilhas em que bem pouco eu havia atentado".
28 A data usualmente aceita do nascimento de Raimundo Correia é 1860; a data de 1859 foi estabelecida por Antônio Constantino, à vista de certidão constante dos arquivos da Faculdade de Direito da Universidade de São Paulo. A questão está hoje inteiramente dirimida: Raimundo nasceu mesmo em 1859. V. Waldir Ribeiro do Val. *Vida e obra de Raimundo Correia*. Rio de Janeiro, 1960.

29 Artigo publicado em *A Folha Nova*, de 24 fevereiro de 1883, e reproduzido em *Poesias completas de Raimundo Correia*, organização, prefácio e notas de Múcio Leão, São Paulo, 1948, v. II, p. 398.
30 Nota à 1. ed. das *Poesias*: I, p. 271 da ed. de Múcio Leão.
31 *O Vassourense*, 4/4/1886; (In *Autores e livros*, VI, n. 7, p. 111).
32 Maiormente, porque é possível descortinar traços de românticos como Álvares de Azevedo (*O Conde Lopo*, 1886) em Bilac: v. Péricles Eugênio da Silva Ramos. Introdução a *Poesias Completas de Álvares de Azevedo*, São Paulo, 1957, p. 25.
33 A essa reminiscência se refere Alberto de Faria, *Aérides*, 1918, no seu estudo sobre o soneto de Heredia.
34 Cf. *Autores e livros*, I, n. 20, de 28/12/1941, p. 435.
35 Euríalo Canabrava, "Crítica e julgamento estético", em *Revista Brasileira de Poesia*, São Paulo, junho de 1953, p. 37.
36 Anteriormente a Castilho, Bocage usara em Portugal o alexandrino francês. Cf. Alberto de Oliveira, "O verso alexandrino na poesia brasileira", *Almanaque brasileiro Garnier*, Rio de Janeiro, 1914, p. 249-251. V. ainda Péricles Eugênio da Silva Ramos, *O verso romântico*, São Paulo, 1959, p. 39-49.
37 Entre outros, Teófilo Dias, Fontoura Xavier, Raimundo Correia, Artur Azevedo e Adelino Fontoura o usaram, geralmente com finalidade satírica ou jocosa.
38 Artigo traduzido por João Ribeiro e reproduzido em *Autores e livros*, I, n. 7, 28/9/41. p. 101.
39 Tristão de Athayde, "Migalhas inéditas", *ibidem*, p. 113.
40 No *Livro do centenário* — 1500-1900.
41 Cf. *Autores e livros*, II, n. 16, p. 247, e p. 455 do n. de 28/12/41.
42 *História da literatura brasileira*, ed. cit. V. p. 269. Arguto ensaio sobre o poeta é o de Eugênio Gomes, em *Prata de casa*, Rio de Janeiro, 1953, p. 55-59.
43 O Realismo dos *Pizzicatos* teve antecessores, p. ex. em Adelino Fontoura (1859-1884), do qual certas poesias trazem um Realismo humorístico que prenuncia esse dos *Pizzicatos*.
44 B. Lopes, contudo, não foi poeta de nível artístico regular. Por vezes, o mau gosto compromete seus versos.
45 Raul Pompeia, contudo, merece destaque, por sua curiosa tentativa de escrever poemas em prosa (*Canções sem metro*, 1900) numa geração mais preocupada com o lavor do verso. O livro — de tom em geral pessimista, inclui composições baseadas na exegese popular das cores, trabalhos sobre as estações, elementos da natureza, atividades humanas como a indústria e o comércio, etc. Alguns desses poemas em prosa deixam transparecer paciente labor formal, como, por exemplo, a "História de amor".
46 Para detida análise da poesia de Francisca Júlia, v. Péricles Eugênio da Silva Ramos, *Poesias* de Francisca Júlia, São Paulo, 1961.

Bibliografia Sobre o Parnasianismo:
a) Obras Gerais:
Bruneau, C. *La langue et le style de l'École Parnassienne*. Paris, 1946; Martino, P. *Parnasse et Symbolisme*. Paris, 1938; Souriau, M. *Histoire du Parnasse*. Paris, 1929.

No Brasil:
Alencar, Mário de. *Revista Academia Brasileira de Letras*, n. 33, p. 10-11; Amora, A. Soares. "Os parnasianos... e o resto". *Estado de São Paulo*, Supl. Lit. 1º fev. 1964; Araripe Júnior. *Obra crítica*, 4 v. Rio de Janeiro: Casa Rui Barbosa, 1958-1964;

Bandeira, Manuel. *Antologia dos poetas brasileiros da fase parnasiana*. Rio de Janeiro, 1940; Bilac, Olavo. *Últimas conferências e discursos*. Rio de Janeiro, 1924; Machado de Assis. *Crítica literária*. Rio de Janeiro, 1938; Magalhães, Valentim. *A literatura brasileira*. Lisboa, 1896; Montalegre, Duarte de. *Ensaio sobre o Parnasianismo brasileiro*. Coimbra, 1945; Oliveira, Alberto de. Entrevista em *Terra Roxa* (Repr. in *Autores e livros*, II, n. 8); Pacheco, João. *O realismo*. São Paulo. Cultrix, 1963; Ramos, Péricles Eugénio da Silva. *Panorama da poesia brasileira*. Vol. III. Parnasianismo. São Paulo: Civilização Brasileira, 1959; Ramos, Péricles Eugênio da Silva. "Princípios parnasianos". *Estado São Paulo*, Supl. Lit. 16 out. 1965); Ramos, Péricles Eugênio da Silva. *Poesia Parnasiana*. Antologia. São Paulo: Melhoramentos, 1967; Safady, Neif. "Para uma revisão do Parnasianismo" *Estado de S. Paulo*, Supl. Lit. 7 jan. 1967); Veríssimo, José. *História da literatura brasileira*. Rio de Janeiro, 1916.

35. Barreto Filho
MACHADO DE ASSIS

Importância do escritor, sua vocação artística. Atitude em face das escolas literárias. As fases de sua evolução estética. O poeta. Os primeiros romances: desenvolvimento do seu processo narrativo. Contar a essência do homem. Os grandes romances. O contista.

No decurso de uma atividade literária ininterrupta, que durou desde 1855, quando publicava os seus primeiros versos na revista *Marmota*, até o aparecimento de seu último livro, o *Memorial de Aires*, em 1908, representa Machado de Assis[*], no Brasil, o primeiro e o mais acabado modelo do homem de letras autêntico.

---

[*] Joaquim Maria Machado de Assis (Rio de Janeiro, 1839-1908) nasceu no morro do Livramento, sendo seu pai, carioca, de cor escura, pintor de paredes, porém homem de alguma instrução, e sua mãe portuguesa da Ilha de São Miguel. Perdendo esta aos dez anos, o pai casa-se com Maria Inês, que se encarregou de sua criação, ainda depois da morte dele, em 1851. Foi sempre autodidata. Começou como aprendiz-tipógrafo na Imprensa Nacional, depois revisor na Livraria de Paula Brito e no *Correio Mercantil*, e a seguir redator no *Diário do Rio de Janeiro*. Casa-se, aos trinta anos, com Carolina Augusta de Novais, moça portuguesa educada e de família de intelectuais. Esta faleceu em 1904 e não lhe deu filhos. Ingressando no funcionalismo público, Machado de Assis ocupou sucessivamente todos os postos, desde amanuense até diretor-geral de Contabilidade, em 1902, no Ministério da Viação.

Bibliografia

TEATRO: *Queda que as mulheres têm pelos tolos.* (adaptação). 1861; *Desencantas.* (fantasia dramática) 1861; *Teatro.* v. 1, 1863; *Quase ministro* (comédia). 1864; *Tu, só tu, puro amor.* 1881; *Teatro.* 1910. POESIA: *Crisálidas.* 1864; *Falenas.* 1870; *Americanas.* 1875; *Poesias completas.* 1901. ROMANCE: *Ressurreição.* 1872; *A mão e a luva.* 1874; *Helena.* 1876; *Iaiá Garcia.* 1878; *Memórias póstumas de Brás Cubas.* 1881; *Quincas Borba.* 1891; *Dom Casmurro.* 1900; *Esaú e Jacó.* 1904; *Memorial de Aires.* 1908. CONTOS: *Contos fluminenses.* 1870; *Histórias da meia-noite.* 1873; *Papéis avulsos.* 1882; *Histórias sem data.* 1884; *Várias histórias.* 1896. NOVELA: *Casa velha.* 1900. CRÍTICA: *Crítica.* 1910. DIVERSOS: *Páginas recolhidas* (contos, ensaios, crônicas, etc.). 1899; *Relíquias de casa velha* (contos, crônicas, ensaios, comédias, etc.) 1906; *Outras relíquias.* 1910; *A semana.* 1914; *Novas relíquias.* 1932; *Correspondência.* 1932. As edições em vida do autor eram da Livraria Garnier; em 1936, W. M. Jackson, do Rio de Janeiro, publicou as *Obras completas* em 31 volumes, já em 5ª edição, 1952. Salvo indicação em contrário, as citações de Machado referem-se à edição da Jackson, sendo de notar que as diversas tiragens dessa mesma edição têm paginação diferente.

A obra dispersa do autor tem sido recolhida e editada recentemente. Assim Raimundo Magalhães Júnior publicou pela Civilização Brasileira: *Contos esparsos* (1956), *Contos esquecidos* (1956), *Contos recolhidos* (1956), *Contos avulsos* (1956), *Diálogos e reflexões de um relojoeiro* (1956), *Contos e crônicas* (1958), *Crônicas de Lélio* (1958). Jean-Michel Massa: *Dispersos de Machado de Assis* (Rio de Janeiro: Instituto Nacional do Livro, 1965). A Academia Brasileira de Letras: *Adelaide Ristori* (Folhetins) (Rio de Janeiro, 1955). J. Galante de Sousa: *Poesia e prosa* (Rio de Janeiro: Civilização Brasileira, 1957); *A ideia de Ezequiel Maia; Sales; Mariana* (Rio de Janeiro: Org. Simões, 1954, 3 v.)

A Livraria Agir Editora, na coleção Nossos Clássicos (n. 37, 38, 48, 69, 70, 82), seleções de romances, crítica, teatro, crônicas, contos e poesias, com prefácios, cronologias, notas, bibliografias.

A Comissão Machado de Assis, órgão oficial encarregado da edição crítica de M. A., vem elaborando essas edições, cujas caracteristicas são apresentadas por Antônio Houaiss, nos trabalhos citados nesta bibliografia, tendo sido publicada a edição crítica de *Memórias póstumas de Brás Cubas* (Rio de Janeiro: Instituto Nacional do Livro, 1960).

Mais recente é: *Obra completa*. Org. Afrânio Coutinho. Rio de Janeiro: Aguilar, 1959 (2. ed: 1962), 3 v. (com censo de personagens, repertório de topônimos, registro onomástico, bibliografias, numerosos estudos críticos).

As fontes para o estudo de M.A. são: Sousa, J. Galante de. *Bibliografia de Machado de Assis*. Rio de Janeiro: Instituto Nacional do Livro, 1 955; Idem. *Fontes para o Estudo de Machado de Assis*. Rio de Janeiro: Instituto Nacional do livro, 1958 (2. ed. 1969); *Exposição Machado de Assis*. Rio de Janeiro: Min. Educação e Cultura, 1939; Biblioteca Nacional, *Exposição comemorativa do Sexagésimo aniversário do falecimento de J. M. Machado de Assis*. Rio de Janeiro: Biblioteca Nacional, 1968 (com vasta bibliografia ativa e passiva, ilustr., etc.); Jean-Michel Massa. *Bibliographie descriptive, analytique et critique de Machado de Assis*. Rio de Janeiro: São José, 1965: Idem. *La Bibliotheque de Machado de Assis*. Revista do Livro, RJ, 21-22, mar.-jun. 1961); Pati, Francisco. *Dicionário de Machado de Assis*. São Paulo, 1958.

Consultar

Athayde, Tristão de. *Três ensaios sobre Machado de Assis*. P. Bluhm, 1941; *Autores e livros*. v. I, n. 7, 28/9/1941; Barreto Filho, J. *Introdução a Machado de Assis*. Agir, 1947; Casassanta, Mário. *Machado de Assis e o tédio à controvérsia*. Amigos do livro, 1934: Coutinho, Afrânio. *A filosofia de Machado de Assis*. Vecchi. 1940: *Exposição Machado de Assis*. Ministério da Educação e Saúde, 1939; Gomes, Eugênio. *Influências inglesas em Machado de Assis*. Tip. Regina, 1939 e *Espelho contra espelho*. Ilê, 1949; Graça Aranha. *Machado de Assis e Joaquim Nabuco*. 2. ed. Briguiet. 1942; Labieno, *pseud.* de Lafaiete Rodrigues Pereira. *Vindiciae*. 3. ed. José Olympio, 1940; Matos, Mário. *Machado de Assis*. Cia Editora Nacional, 1939; Maia, Alcides. *Machado de Assis*. Algumas notas sobre o humor. Jacinto Silva, 1912; Peregrino Júnior. *Doença e constituição de Machado de Assis*. José Olympio, 1938; Pereira, Lúcia Miguel. *Machado de Assis*. Cia Editora Nacional, 1936; Pontes, Elói. *A vida contraditória de Machado de Assis*. José Olympio,

1939; Pujo, Alfredo. *Machado de Assis*. 2. ed. José Olympio, 19 34; Romero, Sílvio. *Machado de Assis*. 2. ed. José Olympio, 1936.
E, também: Abreu, Modesto de. *Biógrafos e críticos de Machado de Assis*. (Linguagem e estilo). Recife, 1959; Arnulfo, Irmão M. *A arte velada de Machado de Assis*. Porto Alegre: Champagnat, 1958; Barbosa, Francisco de Assis. *Machado de Assis em miniatura*. São Paulo: Melhoramentos, 1957; Belo, José Maria. *Retrato de Machado de Assis*. Rio de Janeiro: A Noite, 1952; Brandão, Otávio. *O niilista Machado de Assis*. Rio de Janeiro: Simões, 1958; Broca, Brito. *Machado de Assis e a política e outros estudos*. Rio de Janeiro: Simões, 1957; Caldwell, H. *The Brazilian Othello of Machado de Assis*. Berkeley: University of Califomia Press, 1960; Câmara Jr., J. Matoso. *Ensaios machadianos*. Rio de Janeiro: Acadêmica, 1962; Cardoso, Wilton. *Tempo e memória em Machado de Assis*. Belo Horizonte, 1958; Carvalho Filho, Aloísio de. *Machado de Assis e o problema penal*. Bahia: PUB, 1959; Carvalho Filho, Aloísio de. *O processo penal de Capitu*. Salvador: Imp. Regina, 1963; Castelo, José Aderaldo. *Ideário crítico de Machado de Assis Revista de História*, SP, n. II, 1952); Castelo, José Aderaldo. *Aspectos do romance brasileiro*. Rio de Janeiro: MEC, 1961; Castelo, José Aderaldo. *Realidade e ilusão em Machado de Assis*. São Paulo: 1965; Chediak, Antônio José. *Introdução ao texto crítico de Quincas Borba*. Supl. da *Revista do Livro*. RJ; Cordeiro, Francisca de Basto. *Machado de Assis que eu vi*. Rio de Janeiro: São José, 1961; Cordeiro, Francisca de Basto. *Machado de Assis na intimidade*. Rio de Janeiro: Pongetti, 1965: Coutinho, Afrânio. *A filosofia de Machado de Assis e outros ensaios*. Rio de Janeiro: São José, 1959; Coutinho, Afrânio, *Machado de Assis na literatura brasileira*. Rio de Janeiro: São José; 1960 (2. ed. 1966); Federação das Academias de Letras do Brasil. *Machado de Assis*. (Diversos autores. 2 v. Rio de Janeiro: Briguiet, 1939 e 1940; Fonseca, Gondim da. *Machado de Assis e o hipopótamo*. Rio de Janeiro: Fulgor, 1960; Gomes, Eugênio. *Aspectos do romance brasileiro*. Bahia: Progresso, 1958; Gomes Eugênio. *Machado de Assis*. Rio de Janeiro: São José, 1958; Gomes, Eugênio. *O enigma de Capitu*. Rio de Janeiro: José Olympio, 1967; Grieco, Agripino. *Machado de Assis*. Rio de Janeiro: José Olympio. 1959; Houaiss, Antônio. *Plano do dicionário das obras de Machado de Assis* (Separata). *Revista do Livro*, RJ.; Houaiss, Antônio. *Introdução ao texto das Memórias póstumas de Brás Cubas*. RJ, Supl. *Revista do Livro*, 1959; Lacerda, Virgínia Cortes de. "Machado de Assis e a ficção moderna". *Leitores e livros*. RJ, v. 8, n. 29, jul./set. 1957); Lacerda, Virgínia Cortes de. "Machado de Assis e a teoria da arte". *Leitores e livros*. RJ, v. 9, n. 33, jul./set. 1958); *Machado de Assis e a Itália*. São Paulo: Inst. Cultural Ítalo-Brasileiro, 1961; *Machado de Assis*. Por Peregrino Jr., Cândido Mota Filho, Eugênio Gomes, Aloísio de Carvalho Filho. Bahia: Progresso, 1959; *Machado de Assis et son oeuvre littéraire*. Paris: Michaud, 1909; Machado, José Bittencourt. *Machado of Brazil*. New York: Bramerica, 1953; Magalhães Júnior, RM. *Machado de Assis desconhecido*. Rio de Janeiro: Civilização Brasileira, 1957; Magalhães Júnior, R. *Machado de Assis, funcionário público*. Rio de Janeiro: Ministério Viação, 1958; Magalhães Júnior, R. *Ao redor de Machado de Assis*. Rio de Janeiro: Civilização Brasileira, 1958; R. *Ideias e imagens de Machado de Assis*. Rio de Janeiro: Civilização Brasileira, 1956; Magalhães Júnior, R. Martins, Luís. *Machado de Assis* (Antologia c/ introdução). São Paulo: Iris, 1961; Melo, Gladstone Chaves de. *Machado de Assis, defensor do homem*. Coimbra, 1964; Meyer, Augusto. *Machado de Assis*. Rio de Janeiro: São José, 1958; Montello, Josué. *O presidente Machado de Assis*. São Paulo: Martins, 1961; Montenegro, Abelardo. *Tobias Barreto e Machado de Assis*. Fortaleza, 1954; Moreira, Thiers Martins, *Quincas Borba ou o pessimismo irônico*. Rio de Janeiro: São José, 1964;

A sua importância, na vida intelectual brasileira, não encontra paralelo, pela qualidade e abundância da obra e pelo caráter inconfundível do escritor, que atravessou incólume todos os movimentos e escolas, constituindo um mundo à parte, um estilo composto de técnicas precisas e eficazes, e uma galeria de tipos absolutamente realizados e convincente.

Não foi o ofício de escrever, para esse espírito singular, que chamou a si a tarefa de interpretar a vida por intermédio da expressão literária, em um mero passatempo, nem a satisfação episódica da necessidade de exprimir movimentos eventuais da sensibilidade. Mas sim o exercício cotidiano, tornado habitual, de aproveitar a experiência de todos os dias no trabalho paciente e constante de modelá-la em formas mentais, cada vez mais acabadas e perfeitas.

Encontra-se em sua arte, ao mesmo tempo equidistante dos excessos sentimentais do Romantismo e da frieza do Naturalismo, o traço próprio das grandes vocações artísticas: a capacidade de fazer objetos perfeitos, aptos a provocar no espectador aquela suspensão admirativa e essa espécie de sabor particular que o espírito encontra nas obras do espírito.

Não se obtém esse efeito pela comunicação direta do sentimento, muito menos na reprodução servil daquilo que os realistas e os naturalistas chamavam de real ou natural, mas na objetivação perfeita de formas mentais que se incorporam a uma matéria adequada, criando entidades novas, conjuntos significativos e coerentes.

Neves, O. Santos. "Aspectos do artesanato literário de M. A.". *Organon*, Porto Alegre, 3, 1961; Pacheco, Armando Correia. *Machado de Assis romancista*. Washington: U. Panamericana, 1954; Paula-Freitas, Luís. *Perfil de Machado de Assis*. Rio de Janeiro: Ancora, 1947; Pereira, Astrojildo. *Machado de Assis*. Rio de Janeiro: São José, 1959; Pimentel, A. Fonseca. *Machado de Assis*. Roma, 1968; Pimentel, A. Fonseca. *Machado de Assis e outros estudos*. Rio de Janeiro: Pongetti, 1962; Pinto, Correia. *Machado de Assis*. Rio de Janeiro: Pongetti, 1958; Pontes, Joel. *Machado de Assis e o teatro*. Rio de Janeiro: SNT, 1960; Relatório da Comissão de Machado de Assis (Separata). *Revista do Livro*. RJ, n. 13, março 1959; *Revista do Livro* (Edição Comemorativa). Ano III, n. 11, RJ, set. 1958; *Revista da Sociedade dos Amigos de Machado de Assis*. 8 números, RJ, 1958-1968; Riedel, Dirce Cortes. *O tempo no romance machadiano*. Rio de Janeiro: São José, 1959; Rosa, Alberto Machado da. *Eça, discípulo de Machado?* Rio de Janeiro: Fundo de Cultura, 1963; Silva, H. Pereira da. *A megalomania literária de Machado de Assis*. Rio de Janeiro: Aurora, 1949; Silva, H. Pereira da. *Sobre os romances de Machado de Assis*. Rio de Janeiro: Sedegra, 1961; Silva, H. Pereira da. *Diálogos com Machado de Assis*. Rio de Janeiro: Pongetti, 1964; Soares, Maria Nazaré Lins. *Machado de Assis e a análise de expressão*. Rio de Janeiro: Instituto Nacional do Livro, 1968; Táti, Miécio. *O mundo de Machado de Assis*. Rio de Janeiro: Secretaria de Educação e Cultura, 1961; Velinho, Moisés. *Machado de Assis*. Rio de Janeiro: São José 1960; Viana Filho, Luís. *A vida de Machado de Assis*. São Paulo: Martins, 1965; Xavier, Lindolfo. *Machado de Assis no tempo e no espaço*. Rio de Janeiro: Coeditora Brasília, 1940. (Nas bibliografias acima não foram incluídos os numerosos artigos aparecidos em jornal. Para isto ver as fontes antes indicadas.)

Exige um esforço de composição que é toda a virtude do artista e o aperfeiçoa em sua personalidade na mesma proporção em que as suas obras se aprimoram.

Machado foi exatamente fiel a essa concepção sobranceira do ofício de escrever e pôde por isso, em sua longa vida, realizar-se como um tipo humano superior e deixar a melhor obra literária produzida no Brasil.

Costuma-se admitir na obra de Machado de Assis a distinção de duas fases: uma, encerrada com o romance *Iaiá Garcia*, publicado em 1878; outra que se inicia com as *Memórias póstumas de Brás Cubas*, em 1881, até o *Memorial de Aires* em 1908.

Esse esquema tem a vantagem de assinalar a brusca mutação do romancista, como resultado da crise espiritual dos 40 anos e da ocorrência de grave moléstia que o deslocou para Friburgo. Seria indiscutível, se não houvesse na fase anterior, caracterizadas por tentativas frustras na poesia, no teatro e no romance, algumas excelentes produções no gênero do conto e outros modos menores.

No primeiro período, deve-se ainda considerar os seus ensaios poéticos e dramáticos, e as tentativas do romancista. A obra poética é fraca. É poeta medíocre, e não tem ilusões sobre isso. A poesia corresponde a uma necessidade de expressão que ainda não encontrou linguagem, mas as suas realizações são precárias. Destaca-se, no seu primeiro livro, o poema intitulado "Musa Consolatrix", e os "Versos a Corina". Tudo muito correto, muito castiço, numa bela língua cantante e clara, mas sem infusão poética. Permanece um jogo verbal, dentro de sentimentos convencionais, muito longe daquela norma de Rilke, de que os versos não são sentimentos, mas experiências. Falta-lhes, justamente, o caráter único, novo, imprevisto, do momento poético autêntico. São meras ressonâncias, que se destacam da produção ambiente pela virtuosidade artística e a qualidade verbal superior. E são essas qualidades extrínsecas que impressionam e lhe asseguram uma posição predominante nas letras com a publicação desse livro.

O volume *Falenas*, de 1870, também não é melhor, tendo-se apenas a registrar, como curiosidade, um poema em francês — "Un vieux pays" — um país de blasfêmia e de prece, de esperança e de dúvida, muito ao sabor baudelairiano. Às vezes surgem estrofes delicadas, como essa primeira quadra do poema "Menina e moça", aliás excluído pelo autor quando reuniu as poesias num só volume, e que guarda para nós um certo encanto de quando a ouvimos cantar ou recitar nos salões da infância:

> Está naquela idade inquieta e duvidosa,
> Que não é dia claro e é já o alvorecer;
> Entreaberto botão, entrefechada rosa,
> Um pouco de menina e um pouco de mulher.

O seu outro volume de poesias, as *Americanas*, publicadas em 1875, constituem a sua única transigência com o mito literário do índio, em torno do qual o romantismo fez tantas variações. O poema "Niani", escrito em linguagem arcaica, mostra a sua virtuosidade no domínio da língua, surpreendente receptividade às influências e habilidade para os pastichos.

As *Ocidentais*, de 1900, encerram as suas peças mais conhecidas, o "Círculo vicioso", e "A mosca azul", como as traduções audaciosas e felizes do poema "O corvo", de Edgar Poe, "To be or not to be", o conhecido monólogo de Shakespeare, e um longo trecho do Canto XXV do Inferno de Dante, a cena da transmutação dos condenados em serpentes, toda em tercetos rimados.

As peças de teatro escritas nessa época também não valem senão pelo que anunciam do escritor futuro. Além da crítica teatral e literária, da comédia, da crônica e da poesia, Machado está tentando também a novela e o conto no *Jornal das Famílias*. A maioria dessas produções aparece depois em volume: nos *Contos fluminenses*, livro publicado em 1870,[1] e em *Histórias da meia-noite*, publicado em 1873. Esses primeiros contos são mofinos, tateantes, com acertos eventuais. Seriam possivelmente, como sugere Lúcia Miguel Pereira, "novelas escritas sob a premência da colaboração em data fixa, para fazer dinheiro apressadamente". Peças de principiante, são construídas de material escolhido arbitrariamente, sem a verificação íntima de seu valor, e primariamente trabalhado. Valem pelo equilíbrio que procura estabelecer entre a tendência romântica e a realista, no tratar o tema amoroso, que é o predominante. Os seus retratos femininos ainda são muito românticos, embora muito menos do que o modelo comum. Há um toque diferente que se lhes acrescenta: "Notava-lhe principalmente, além da beleza, certa severidade triste no olhar e nos modos."[2]

E já reponta, por entre a narrativa de situações vulgares e diálogos menos comunicativos, aquele desejo de ir realmente à alma da personagem, o gosto da análise psicológica em profundidade: "Não era o coração que se empenhava, era a imaginação. A imaginação perdia-me; a luta do dever e da imaginação é cruel e perigosa para os espíritos fracos. Eu era fraca. O mistério fascinava a minha fantasia."[3]

Tempera ainda o romantismo, desde os primeiros contos, com o neutralizante que tanto utilizou para evitar a ênfase e o transbordamento sentimental — o humorismo. Humor de má qualidade, mas que sempre serve para retificar os excessos de sentimentalismo, e dar um cunho realista e objetivo às difusas impressões que procura organizar em narrativas. É essa linha que lhe está secretamente reservada. Machado irá longe, como contador de histórias, etapa e preparação para o grande romancista. A sua atividade multiforme não significa dispersão, mas experimentação das forças em direções variadas, que adiante terão a sua confluência natural nos romances e nas novelas da maturidade, depois de enriquecidas de contribuições diferentes.

O seu primeiro romance, *Ressurreição*, aparece em 1872. Está naquela fase calma em que a vida corre sem incidentes, consolidando-se sob o ponto de vista material, depois de seu ingresso na carreira burocrática, em 1873, como oficial da Secretaria da Agricultura. Tem o futuro garantido, liberto da preocupação da subsistência. A esposa Carolina e a casa do Cosme Velho completam o sóbrio e digno ambiente para o escritor. Vida calma e regular, o mesmo trajeto diário, para a repartição, as mesmas horas de trabalho intelectual, os jogos familiares à noite, o gamão ou o xadrez, um pouco de vida social, alguns amigos seletos, eis a existência de quem, "podendo, com o seu valor, ter aspirado a tudo, contentou-se com uma austera simplicidade".[4]

Ressurreição, embora fraco, tecido de incidentes tirados ao ambiente do Romantismo europeu, é uma curiosa tentativa de romance psicológico. Deslocando o interesse do acontecimento objetivo para o estudo dos caracteres, essa novela aparecia numa linha diferente, e conserva para nós um indiscutível ar de modernidade. Ainda mergulhado na influência do ambiente, muitos traços do romance machadiano já se definem. O livro é feito sob a invocação de uns versos de Shakespeare, a propósito da indecisão e da dúvida, que nos fazem perder o bem que poderíamos obter, pelo medo de alcançá-lo. O enredo é a história de um indeciso na conquista da viúva Lívia, que já é uma dessas figurinhas tão numerosas em sua obra, "que ele esculpia meticulosamente, servindo-se da matéria-prima admirável e duradoura que foi tomar à oficina dos grandes clássicos".[5]

Esta ainda não estará tão perfeitamente esculpida, mas já se veem indicações do vigor e do relevo que outras virão a possuir.

O dito de Shakespeare vem justificar a sua iniciativa, que lhe parecia ousada. Depois de acalentar, longamente, a ideia de romance, possivelmente durante anos, é essa uma espécie de travessia do Rubicão. A sua ambição era criar o mundo que se agitava dentro dele. O conto, que já vinha explorando, não lhe dava a medida exata da criação, e o tipo de romance existente não correspondia aos seus desígnios exigentes. Entrando em contato com as novelas de Stendhal e Xavier de Maistre, e impregnado do teatro, germina nele uma forma diferente, que o leva a essa primeira tentativa, ousando um livro sem a dinâmica própria do romance corrente. "Não quis fazer romance de costumes: tentei o esboço de uma situação e o contraste de dois caracteres; com esse simples elemento busquei o interesse do livro."

Já está aí em germe o processo que se desenvolverá, ampliando-se, a partir de *Brás Cubas*. Por enquanto, é a descoberta de um filão, que ainda por muito tempo não será devidamente aproveitado. Os outros romances que se seguem, *A mão e a luva*, *Helena* e *Iaiá Garcia*, recaem na imitação dos moldes existentes. Triunfa neles a tendência geral, volta a predominar a influência do ambiente, e o impulso de penetração psicológica é estancado pelo jogo das situações romanescas, desenrolando-se no belo quadro social do segundo reinado. Em

Ressurreição fora descoberto um desvio promissor nessa estrada batida; neste, o escritor se retrata, e volta ao caminho regular, recusando-se a ouvir o convite de seu demônio interior para aventuras estranhas. Por isso é que o primeiro romance de Machado, embora inferior àqueles que se seguiram nessa fase de transição, quanto à estrutura e ao desenvolvimento, tem um gosto diferente, porque nele palpita o espírito de análise que animará a sua obra definitiva, mas que sofre um eclipse nos outros livros dessa série.

Procedendo por sucessivos ajustamentos ao fim que tinha em vista, Machado reflete intensamente sobre o problema estético. Nessa linha de considerações encontra-se o ensaio, denominado "Instinto de nacionalidade" escrito em 1873 para uma revista de Nova York. A exatidão com que abordou o problema da possibilidade de uma arte nacional, precisando a dosagem que deve haver entre a influência local e a universalidade do espírito na obra literária, ou entre a influência do povo e o trabalho do estilo, nos revela um admirável ensaísta dessa espécie de temas. Para a nossa literatura em formação esse tema era particularmente importante, e estava lançado na cena, pelo preconceito dos nossos poetas e romancistas de fazer uma literatura de conteúdo nacional. Românticos e naturalistas, neste como em muitos outros pontos confundidos, procuravam a cor local, naqueles idealizada, e nestes engrossada por um pincel menos leve. Somente Machado de Assis conservava o segredo clássico e meditava a obra universal que iria ser depois a mais brasileira de todas. "Não há dúvida que uma literatura, sobretudo uma literatura nascente, deve principalmente alimentar-se dos assuntos que lhe oferece a sua região; mas não estabeleçamos doutrinas tão absolutas que a empobreçam. O que se deve exigir do escritor, antes de tudo é certo sentimento íntimo, que o torne homem de seu tempo e de seu país, ainda quando trate de assuntos remotos no tempo e no espaço."[6]

Os poetas que inserem na sua poesia, como era frequente, os nomes das flores e dos pássaros, podem ter "uma nacionalidade de vocabulário" e nada mais. Mostra em seguida como deve ser admitida a contribuição do povo na elaboração da língua literária, contra a errônea tendência de reproduzir no diálogo a linguagem vulgar, pretendendo com isso aumentar a verossimilhança e a naturalidade das cenas: "A influência popular tem um limite; e o escritor não está obrigado a receber e dar curso a tudo o que o abuso, o capricho e a moda inventam e fazem correr. Pelo contrário, ele exerce uma grande parte de influência a este respeito, depurando a linguagem do povo e aperfeiçoando-lhe a razão."[7]

Chegara a esse justo equilíbrio à custa da retificação de iniciativas falsas, como é o caso de uma novela regionalista do volume *Histórias da meia-noite*, publicado em 1873.

A sua técnica de escritor iria apurar com essas reflexões estilísticas. De fato, nos romances que se seguiram a *Ressurreição* há um progresso continuado, mas é como se fossem altos exercícios de composição. O jogo dos caracteres se reduz ao típico e nunca chega ao pessoal. Os caracteres se definem pelos sentimentos genéricos, pela ambição, pelo amor, pela gratidão.

Entretanto, já em *Helena* adquire o escritor desenvoltura e fluência e vão repontando aqui e ali as soluções estilísticas, o modo próprio de dizer que o distingue de todos. Certas frases já adotaram o torneado de sabor clássico tão característico da sua língua: "Deixemos a cada idade a sua atmosfera própria, e não antecipemos a da reflexão, que é tornar infelizes os que ainda não passaram do puro sentimento."[8]

Esses retoques estilísticos vão atenuando o Romantismo, e emprestando um interesse lateral, que vem do comentário à ação e aos tipos, e supera a atração difusa e enfadonha das cenas, dos diálogos e das situações. *Iaiá Garcia* é o mais bem escrito e organizado da série. Respira o ambiente da grande família do segundo reinado, a sua vida calma e composta, a cordialidade das relações sociais e a doçura dos costumes. Nesse livro já existem figuras bem lançadas, particularmente a de Estela, em quem se encontra aquela coerência moral que ele exigia nas personagens de romance.

O que há nesses livros é ausência de tensão. O espírito está repousado e funcionando num ritmo frouxo. É uma voz sonolenta que se exprime, numa espécie de automatismo ou hábito de escrever. Todo o esforço está concentrado nos recursos técnicos, a sua preocupação é, por equívoco, produzir livros dentro das regras da arte, isto é, acompanhando os padrões do romance, e desistindo do caminho divergente que fora indicado em *Ressurreição*.

O trabalho, nessas condições, era, como dissemos, um equívoco no desenvolvimento de seu espírito, e não podia saturar a sua profunda necessidade de verdadeira criação. O senso crítico porém estava sempre vigilante, e lhe dava logo a medida de suas deficiências. O seu ouvido sensível registrava os próprios desafinamentos: "Dê um pouco de poesia à vida, mas não caia no romanesco; o romanesco é pérfido."

Enquanto combate a nova estética do Naturalismo, e se acomoda como pode aos modelos românticos, como cronista da cidade vai desenvolvendo uma outra linha literária, cuja graça principal está no comentário, no modo de dizer, na reflexão oportuna. De 1871 a 1873 na *Semana Ilustrada*, e de 1876 a 1878 na *Ilustração Brasileira*, e em *O Cruzeiro*, temos a sua contribuição assídua no registro dos fatos correntes.

A preparação machadiana, durante todos esses anos de esforço paciente e reflexão tranquila, vai bruscamente frutificar no período da doença, de 1878 a 1879, coincidindo com a idade crítica dos quarenta anos, no primeiro grande romance *Memórias póstumas de Brás Cubas*, que revela a influência dos humoristas ingleses, mas para o qual ele reivindica, apesar dos modelos, a indiscutível originalidade: "Há na alma deste livro, por mais risonho que pareça, um sentimento amargo e áspero, que está longe de vir de seus modelos. É taça que pode ter lavores de igual escola, mas leva outro vinho."

Machado descobriu enfim a sua vocação verdadeira: contar a essência do homem, em sua precariedade existencial. As suas personagens não apresentam mais uma estrutura moral unificada e típica. São antes seres divididos consigo mesmos, embora sem lutas violentas, já naquele estado em que a cisão interna entra no declive dos compromissos e da instabilidade de caráter. O homem não é mais aquele ser responsável dos romances anteriores; é um joguete de forças desconhecidas. O seu livre-arbítrio está limitado não só pelos obstáculos que a natureza indiferente oferece, mas pelas contradições e perplexidades internas. A duplicidade da consciência moral é revelada a cada passo, e encontra uma esplêndida expressão no episódio de Brás Cubas com Virgília, antigo amor da adolescência, que ele vem encontrar casada, numa noite de baile.

"Um livro perdeu Francesca; cá foi a valsa que nos perdeu", explica o herói do romance. Valsaram muitas vezes, na equívoca situação interior que haveria de reacender a velha paixão. No dia seguinte, com a alma alvoroçada, Brás Cubas encontra na rua uma moeda perdida, que o autor introduz ali para servir de pretexto à análise de um desses compromissos morais. É que o nosso herói, restituindo a moeda ao seu dono, tem a oportunidade de praticar uma boa ação, de efeitos compensatórios e calmantes para a consciência dividida, que procura no compromisso a própria conciliação: "Minha consciência valsara tanto na véspera que chegou a ficar sufocada, sem respiração; mas a restituição da meia dobra foi uma janela que se abriu para o outro lado da moral; entrou uma onda de ar puro e a pobre dama respirou à larga. Ventilai as consciências! não vos digo mais nada."[9] O mesmo homem, porém, que se apressara em restituir uma moeda perdida, encontra depois um pacote de cinco contos, e adota um procedimento diferente. Entra num estado de ruminação mental em torno da obrigação de devolvê-los, e acaba cedendo à lógica do adiamento e se habituando à ideia de guardá-los para uma boa aplicação.

Um de seus motivos mais insistentes na crítica moral é uma lei que poderíamos chamar de restituição ou da compensação em série. Os seres estão de tal modo encadeados no universo que utilizam, segundo as suas necessidades ou seu capricho, aqueles que estão colocados no elo imediatamente inferior, enquanto estes últimos, sem que possam alcançar ou compreender sequer os móveis da ação que padecem, exercem a mesma pressão arbitrária sobre os outros, ainda menos classificados, que se acham sob o seu domínio. O capítulo intitulado "A borboleta preta", das *Memórias póstumas de Brás Cubas*, é uma ilustração da teoria. Apoderando-se do animal que vem pousar descuidado no quarto, o homem o trata de acordo com o mesmo capricho superior e arbitrário com que ele próprio é manejado pelas forças que o excedem e que ele não conhece. Apontando ação compensatória do déspota o escritor acrescenta a sarcástica reflexão: "Vejam como é bom ser superior às borboletas!"

As relações humanas obedecem a essa lógica. Dominados e oprimidos pelos que estão em cima, os homens se compensam oprimindo e dominando os que estão em situação inferior. A ação opressora, uma das manifestações do mal no universo, se propaga regularmente em sentido vertical, sem outro motivo que o da compensação do mal sofrido. É muito eloquente, nesse particular, a cena em que o negro Prudêncio, que fora libertado recentemente pelo senhor, é encontrado a vergastar um outro negro que adquirira para ser seu escravo. Prudêncio não se cansa de usar de seu capricho sobre o infeliz que lhe pede clemência, chamando-o de senhor. Brás Cubas intervém, conseguindo terminar o castigo, e conclui o episódio pensando: "Era um modo que Prudêncio tinha de se desfazer das pancadas recebidas — transmitindo-as a outro. Vejam as sutilezas do maroto."[10] Investigando essas camadas de caráter, que a vida altera, conserva ou dissolve, conforme a resistência delas, o seu humanismo moralista vai destarte apontando a fragilidade dos propósitos, as veleidades, as acomodações e a estranha complacência da consciência humana em face do mal. O caso de dona Plácida, no mesmo romance, é um modelo de alteração insensível da consciência no sentido da aceitação de um mal a princípio recusado. Brás Cubas precisa de alguém para conservar e manter em bom estado a casinha que instala na Gamboa para abrigar os seus encontros furtivos com Virgília. Dona Plácida é uma viúva pobre e honesta, que lhe deve favores, porque o nosso herói é daqueles caracteres fluidos, nos quais se misturam o bem e o mal e cujo egoísmo não se pode distinguir da intenção desinteressada. A viúva é ideal para o ofício, mas a sua repugnância em exercê-lo é a princípio forte. Machado faz o leitor acompanhar a corrupção lenta dessa virtude, que se vai arruinando, em gradação contínua, num mitridatismo moral que a necessidade e o interesse estimulam, até chegar à habitação e mesmo ao gosto do arranjo. Brás Cubas em troca provê a segurança de seu futuro, e faz-lhe um pecúlio de cinco contos, aqueles mesmos que ele guardou para uma boa aplicação, e encerra o incidente de Dona Plácida comunicando singelamente ao leitor: "Foi assim que lhe acabou o nojo."

Estava preparado o quadro para a "vida de delícias, de terrores, de remorsos, de prazeres que rematavam em dor," em que ambos faziam a experiência singela de "uma hipocrisia paciente e sistemática," para encontrar no fim de tudo, como nos diz esse livro sombrio, "o resto do resto que é o fastio e a saciedade."[11]

Brás Cubas, nas suas memórias, revê e recompõe a vida como um insólito pesadelo, o trânsito entre dois mistérios, durante o qual o homem se agita, se debate à procura do prazer dos sentidos e da ventura do coração, mas só encontra no fundo das coisas a miséria moral, o mal físico e a morte, pois aquilo que parece um momento a poesia e a verdade da vida, as emoções da infância ou a beleza de Marcela que o levara à inconsequência e ao desatino, passam ou se convertem nos contrários. A solidariedade fraternal com a sua irmã Sabina não é tão sólida e sincera que resista a uma questão material de herança: "Jogos pueris, fúrias de criança, risos e tristezas da idade adulta, dividimos muita vez esse pão da alegria e da miséria, irmãmente, como bons irmãos que éramos. Tal qual a beleza de Marcela, que se esvaiu com as bexigas."[12]

A atmosfera do livro, apesar do sarcasmo, é lúgubre e macabra, e ele mesmo o classifica como um livro enfadonho, que "cheira a sepulcro, e traz certa contração cadavérica".[13] Pode-se censurar nele o abuso de artifícios, a desordem da construção e a excentricidade de alguns temas, que o fazem por momentos antipático e de mau gosto. Mas não se pode deixar de reconhecer que é uma obra nova na nossa literatura, trabalhada num plano superior do espírito, uma verdadeira estreia de um escritor que estava incubando em trabalhos de diversão, para aparecer agora em toda a pujança do talento, equipado com os recursos adquiridos pelo esforço de anos!

Depois de *Brás Cubas* decorreram dez anos até que esse lento incubador publicasse o seu segundo grande romance. No intervalo aparecem os livros de contos e novelas: *Papéis avulsos* (1882) e *Histórias sem data* (1884). São coletâneas de trabalhos publicados, mas dispersos, obedecendo a uma seleção que exclui grande parte da produção dos respectivos períodos. Podem-se destacar estes: "O alienista", "Teoria do medalhão", "A chinela turca", "Dona Benedita", todos no primeiro dos volumes citados. *Histórias sem data* é uma coleção de pequenas obras-primas, da mais variada qualidade.

Quincas Borba, que aparece em 1891, é muito mais rico de vida e substância humana que o romance anterior. É o mais arejado dos seus livros, e o que apresenta a melhor dramatização. A atitude sarcástica e falsa do *Brás Cubas* cede o lugar a uma severa dramaticidade, que suporta a medida do trágico. O herói do livro, um bom e plácido mineiro, que recebe por testamento a herança do filósofo louco do *Humanitismo*, vem para o Rio e se apaixona por Sofia, acabando por perder a fortuna, o amor e a razão. É uma sentença inexplicável, essa que atinge sem motivo a alma ingênua de Rubião, o que lhe empresta a grandeza do herói trágico no sentido antigo, vencido pela fatalidade.

A motivação psicológica da ação das personagens é muito mais fina e sutil. Sofia, por exemplo, tem uma complexidade maior que Virgília, as suas ações emergem de um fundo irracional que ilustra melhor a precariedade e a incerteza do ser humano, do que o jogo simplista das causas evidentes que move as personagens do primeiro romance.

A margem de compromissos e equilíbrios precários de que é feita a figura singular de Sofia, aparece nesse trecho, que nos dá uma ideia do tom do *Quincas Borba*: "Assim; pois, o que parecia vontade imperiosa reduzia-se a veleidade pura, e com algumas horas de intervalo, todos os maus pensamentos se recolheram às suas alcovas. Se me perguntardes por algum remorso de Sofia não sei que vos diga. Há uma escala de ressentimento e de reprovação. Não é só nas ações que a consciência passa gradualmente da novidade ao costume, e do temor à indiferença. Os simples pecados de pensamento são sujeitos a essa mesma alteração e o uso de cuidar nas cousas afeiçoa tanto a elas — que, afinal, o espírito não as estranha nem as repele. E nestes casos há sempre um refúgio moral na isenção exterior, que é, por outros termos mais explicativos, o corpo sem mácula."[14]

Já estamos longe das janelas da consciência, que se abrem para ventilá-la. Aquela passagem do *Brás Cubas* é uma pilhéria que nos faz rir. Esse estudo moral é a meditação austera de um diretor espiritual, que sabe medir toda a extensão da fragilidade humana.

Os homens, aqui, já não são sistematicamente maus como nas *Memórias póstumas*. Já se pode ter uma piedade isenta de acrimônia em face de Rubião tomado de uma paixão insensata pela magnífica figura de Sofia, com "o busto bem talhado, estreitei embaixo, largo em cima, emergindo das cadeiras amplas como uma grande braçada de flores sai de dentro de um vaso."[15]

As figuras torpes são claramente delineadas, como a de Palha, marido de Sofia, cúpido, astuto, desleal, revelado com uma segurança magistral nas cenas equívocas com a mulher, particularmente numa obscura conversa, lasciva, de um absoluto acerto como obra psicológica, em que ele mostra uma curiosidade mórbida de saber se o corpo da mulher teria sido entrevisto e admirado por Rubião. Há, porém, a boa figura de Dona Fernanda, que se diz ter sido oriunda de uma pessoa real, de grata recordação para o escritor, modelo de compreensão e de fidalguia.

Rubião enlouquece por fim, depois de dilapidar a fortuna e de resistir ao seu amor impossível. A indiferença da bela senhora em face de sua desgraça, a cena pasmosa da loucura que se declara, o pobre louco apupado nas ruas pelas crianças, entre as quais uma havia que ele salvara, tempos atrás, de um atropelamento, compõe o ambiente da única tragédia genuína que o trágico Machado de Assis pôde compor. A sua conclusão proclama a indiferença universal diante da dor humana, e o abandono do homem de qualquer auxílio sobrenatural: "O Cruzeiro, que a linda Sofia não quis fitar, como lhe pedia Rubião, está assaz alto para não discernir os risos e as lágrimas dos homens."

Respectivamente em 1896 e 1899, são publicados os livros de contos *Várias histórias* e *Páginas recolhidas*. São algumas obras-primas e numerosas narrativas excelentes, indicativas do alto domínio do gênero que o escritor havia alcançado. Uma experiência substancial da vida e do homem alimenta essas páginas. Tem-se a impressão de que tudo é fácil para a sua mestria. Um tipo, uma anedota, uma atmosfera lhe bastam, para que surjam prontos e confeccionados, dos subterrâneos da evocação, aqueles exemplares de magníficas narrações. Machado de Assis está pejado de histórias, como as velhas mangueiras quando resolvem fazer vingar a sua safra.

Há de tudo, nesse gênero menor, que foi talvez a vocação e a capacidade real do romancista. São as pequenas novelas, os apólogos, registros de momentos psicológicos, ou a criação de uma simples atmosfera poética. Em *Páginas recolhidas* acha-se o célebre conto "Missa do galo", em que nada se passa aparentemente; há duas personagens que pousam, um adolescente, que aguarda a missa da meia-noite e uma senhora, que não conseguiu dormir. O tumulto interior transparece numa conversa sem sentido, de palavras espaçadas e longos silêncios:

"Nunca pude entender a conversação que tive com uma senhora, há muitos anos, contava eu dezessete, ela trinta", assim começa a narração, continuada depois como uma linha musical insinuante, que nos leva a uma inquietação dolorida e saudosa dos nossos próprios dezessete anos. Conceição, a senhora da "Missa do galo" é o mesmo arquétipo feminino de "Uns braços", é a mulher no momento de sua maturação, que atrai como para um desaguadouro o filete inquieto e sem profundidade da sensualidade nascente. "Magra embora, tinha não sei que balanço no andar, como quem lhe custa levar o corpo."

E logo, completando a sugestão: "Não estando abotoadas, as mangas caíram naturalmente, e eu vi-lhe metade dos braços, muito claros e menos magros do que se poderiam supor."[16]

Eis aí com que precisão e delicadeza o escritor condensa a figura que está posta na cena, vista de longe como num remoto palco da memória, mergulhado na penumbra. Essa figura se move e nós a acompanhamos com a mesma concentração daquele adolescente espantado que ele descreve.

Segue-se, na linhagem dos grandes romances, o *Dom Casmurro*, publicado em 1900. Munido de uma apurada técnica literária, ele vai iniciar a exploração da vida, olhada em resumo, do cimo desse planalto em que a velhice começa. O herói do romance nos relata de início como mandou reproduzir, peça por peça, em outro bairro, a antiga casa de Matacavalos, quieta, acolhedora, cheia de coisas velhas e consagradas pelo uso.

"O meu fim evidente", explica ele, "era atar as duas pontas da vida e restaurar na velhice a adolescência". Os bustos pintados nas paredes, no gosto dos tempos idos, não conseguiam, porém, a renovação da planta em novas frondes, e contemplavam-no como para lhe aconselhar: "Uma vez que eles não alcançavam reconstituir-lhe os tempos idos, pegasse da pena e contasse alguns. Talvez a narração me desse a ilusão, e as sombras viessem perpassar ligeiras, como ao poeta, não o do trem, mas o do Fausto: Aí vindes outra vez, inquietas sombras?"

Contentando-se já com a ilusão e sem aquela convicção metafísica que dá à técnica de Proust um ar de eficácia, o solitário *Dom Casmurro* consegue invocar as imagens do passado, mas não a sua sensação, e por isso a tentativa fica tocada de uma melancolia incurável e pungente. Em raros momentos ele chega a descobrir a magia daquela memória afetiva que repete a sensação antiga. É o caso, por exemplo, do pregão das cocadas, que ressuscita a cena de uma conversa com Capitu, a companheira e namorada de infância: "Já agora creio que os pregões de rua, como os opúsculos de seminário, encerram casos, pessoas e sensações; é preciso que a gente os tenha vivido e conhecido no tempo, sem o que tudo é calado e incolor."

Nunca nas letras brasileiras foi possível igualar as cenas idílicas entre Bentinho e Capitu, quando eles escrevem os nomes no muro do quintal, ou quando ele lhe penteia os cabelos por brincadeira, chegando sem querer à surpresa do primeiro beijo. Os dois caracteres se definem e contrastam desde o início com absoluta nitidez. A Capitu dos "olhos de cigana oblíqua e dissimulada" prevalece sobre o companheiro mais tímido e insciente dos assuntos do coração, sempre que é necessário deliberar e remover algum obstáculo do destino de ambos. Capitu é o caráter mais forte. Pensa e decide por ele. É o seu gênio da maquinação que salva o frágil amor, ameaçado pela promessa de Dona Glória, mãe de Bentinho, de mandá-lo para um seminário. Capitu contorna a dificuldade, e Bentinho irá para o seminário, mas não chegará a ordenar-se porque a vocação era ela.

O livro é feito de pequenas cenas e incidentes, uma urdidura cerrada, obedecendo muito à estrutura de uma peça teatral, na entrada e saída das personagens, nos diálogos curtos e breves. Mas seria uma peça à qual se incorporou o trabalho dos bastidores, e as indicações da movimentação cênica. Isso lhe dá um aspecto único. É um gênero novo, estritamente machadiano.

Consegue com isso uma extraordinária condensação e economia de meios. As personagens são numerosas, todas muito bem articuladas entre si, e trazendo cada uma delas a marca inconfundível de uma pessoa humana, na sua trivial originalidade. Isso acontece mesmo com a prima solteirona de Bentinho, criatura esquisita, que se move de modo incidental, polarizada para as coisas ocultas, adivinhando e espreitando o que os outros não veem, mesmo os mistérios de Bentinho com a astuciosa Capitu. É uma criatura ávida das emoções dos outros, quando as investiga minuciosamente, como no caso do sobrinho: "Creio que prima Justina achou no espetáculo das sensações alheias uma ressurreição vaga das próprias."

Bentinho, diante do primeiro grave dilema de sua vida — Capitu ou o seminário — pensa em recursos complicados e impraticáveis. Sonha, por exemplo, ir solicitar do Imperador que interceda junto a dona Glória, no sentido de devolvê-lo a Capitu. Esta, porém, nem chega a considerar tais hipóteses, e mergulha nas suas reflexões muito mais eficientes e práticas. Capitu afinal emerge da sua concentração com um plano a longo prazo, baseado sobre uma aparente conformação ao desejo de dona Glória, a ida provisória para os estudos do seminário, ganhando o tempo necessário para minar no espírito da boa senhora a ideia da ordenação. Tudo se fará por meio de um sistema complicado de alianças com pessoas da família e do seu próprio poder de insinuação: "O! minha doce companheira da meninice, eu era puro e puro fiquei, e puro entrei na aula de São José, a buscar de aparências a investidura sacerdotal, e antes dela, a vocação. Mas a vocação eras tu, a investidura eras tu."

É peça essencial desse plano o agregado José Dias, que fora conquistado para o serviço dos namorados pela perspectiva de uma viagem à Europa, acompanhando Bentinho. Este deveria abandonar afinal o seminário para estudar leis em Coimbra. Com o tempo e a influência de José Dias, dona Glória acabaria por se convencer. Essa nova personagem é um tipo à Molière, uma nova encarnação do Tartufo. Mas é a sua variante brasileira e genuinamente machadiana: não há nesse livro nenhuma personagem que não seja rigorosamente do seu mundo particular.

No seminário, Bentinho trava relações com Ezequiel de Sousa Escobar, que será companheiro durante longos anos de vida. Esse Escobar se parece de longe a certas personagens equívocas de Dickens. A caracterização dessa como das outras figuras do livro é feita por via indireta, acumulando pequenos fatos, gestos que parecem insignificantes, mas que são denunciadores. De um modo geral, Machado não os apresenta, mas os denuncia, como se estivesse reunindo uma prova indiciária. Escobar, por exemplo, tem um modo de andar com os pés afastados, o que é apenas um dos seus sestros. São defeitos que passam despercebidos, mas que ele se corrige rapidamente, quando é advertido, fornecendo uma demonstração eloquente de que "um homem pode corrigir-se muito bem dos defeitos miúdos".

Entre os episódios cruzados em que o livro é rico, fica-nos na lembrança a cruel história do Manduca, um rapazinho leproso, que sustenta com Bentinho uma polêmica sobre a guerra da Crimeia. O caso é opressivo e constitui um dos melhores exemplos da veia trágica de Machado, que em geral se desconhece, porque anda sempre misturada com o cômico, "pretendendo chegar à fusão da comédia e da tragédia operada por Shakespeare sob a forma do drama".[17]

O domínio dos processos artísticos chegou, nesse livro, a uma alta classe, de modo que eles não perturbam a pureza da narração, como acontece em *Brás Cubas*. A verdadeira história é um veio oculto, que vai correndo fora da nossa percepção imediata, mas em contato estreito com os nossos pressentimentos. O essencial é apenas induzido e se passa discretamente como nos seus grandes contos, em "Missa do galo", por exemplo. A utilização de um sistema de infiltrações na consciência do leitor, a atmosfera de insinuação constante e discreta, mantém o interesse suspenso até às últimas páginas, quando se produz subitamente a revelação de um segredo que podíamos ter descoberto antes. Todo o trabalho do escritor é um ajustamento ou dosagem de circunstâncias e elementos psicológicos, a fim de formar um ambiente enigmático de adivinhações, impedindo entretanto que se determinem prematuramente.

O primeiro contato de Escobar com a família de Bentinho e com Capitu traz uma alteração que não se consegue precisar. É como se houvesse ocorrido a conjunção de astros maléficos. O escritor prefere compará-la ao trabalho de um contrarregra, dirigindo a entrada das personagens, e nos adverte de que "o destino, como todos os dramaturgos, não anuncia as peripécias nem o desfecho".

A força inapelável que maneja as criaturas já se chama aqui o destino, e é a mesma das tragédias antigas. É ela que os combina segundo leis que não nos é dado conhecer, e a sua presença é suficientemente forte nesse livro, para lhe dar o caráter de uma pequena tragédia, que não chega à grandeza porque foge ao plano do sublime e da exemplaridade moral. Foi a cota de sacrifício ao Naturalismo que Machado de Assis teve de pagar, essa diminuição da natureza humana, que não lhe permitia concebê-la em momentos e atitudes de grandeza, a não ser em algumas situações do *Quincas Borba*.

Para resumir, diremos que os artifícios de Capitu e Bentinho deram pleno resultado, e que ambos vieram a casar, para gáudio não somente deles, mas de todos, inclusive de dona Glória, que outra coisa não queria no fundo senão se desembaraçar de sua promessa. Escobar, por sua vez, casa-se com uma amiga de Capitu, e os dois casais atravessam a vida numa intimidade crescente, têm filhos e prosperam.

Outras personagens se movem em torno dessas figuras principais, e vão ajudando a pô-las em destaque cênico. Tudo é disposto para uma relação preconcebida entre aqueles quatro seres que o destino escolheu para com eles montar uma de suas peças, e aos quais maneja na sombra, o infalível contrarregra.

Nascendo-lhe o primeiro e único filho, que vem a chamar-se Ezequiel, em honra do amigo, Capitu e Bentinho se entregam à alegria de sua criação. De tudo participa Escobar, e a vida continua, até que subitamente se produz a tragédia que já se passava no romance, mas que não víamos, porque existia aninhada no segredo dos corações, de forma irrevelada e discreta. A morte súbita de Ezequiel Escobar, o amigo e compadre, no banho de mar, desfaz subitamente o engano daquelas vidas. É um desnudamento das consciências, dando lugar à aparição das coisas ocultas. A atitude patética de Capitu em face do cadáver do amigo esgota e confirma as dúvidas recentes de Bentinho, quando vinha notando a semelhança crescente do pequeno Ezequiel com o morto. Vê-se afinal a substância mesma do livro que é a infidelidade de Capitu.

Essa infidelidade excede o conflito moral que os romances exploram no adultério. O livro não tem semelhante vulgaridade. É uma falha mais radical, uma traição à infância, uma negação da poesia da vida, tanto mais dura, quanto se tem a impressão de que tinha de ser assim. É essa a conclusão do escritor, a moralidade da história, se assim podemos dizer, pois tudo bem considerado, a Capitu de agora já estava toda inteira na doce companheira da meninice, que riscava a carvão, para entrelaçá-los eternamente, os nomes de ambos, no muro do quintal.

Muito se tem discutido sobre essa crueldade machadiana. Tem-se indagado por que teria ele resolvido transformar o idílio da infância numa infidelidade revoltante. A resposta está um pouco naquele programa traçado anteriormente no conto — "Lágrimas de Xerxes". A realidade da vida lhe parecia tão absurda e decepcionante, que o homem não tem o direito de colocar em coisa alguma um sentimento de triunfo, porque "toda epifania receberá essa nota de sarcasmo", a fim de que o homem não ponha a sua complacência em nenhuma realidade, pois no fundo das coisas se encontra uma infidelidade radical: a incapacidade delas em saturar a aspiração de absoluto do coração humano. Infiel é a vida. Capitu é a imagem da vida.

A segurança e o apuro a que chegaram a linguagem e a construção machadianas vão agora resplender num livro de 1904, *Esaú e Jacó*. É como se fosse um largo e grande exercício, esse romance de linhas severas, repousado, em que a superior mestria dispensa o tema da paixão, do excepcional, para jogar com os sentimentos regulares. As personagens perdem aqui a excentricidade que tinha auxiliado a muitos deles anteriormente a viver e a interessar; são humanos e modestos, e apesar de tudo, anda no livro uma atmosfera velada, uma fuga para fora do tempo, uma perspectiva sobranceira sobre as contingências da vida, produzindo-lhe uma ressonância antiga, um gosto da obra lapidar, do objeto perfeitamente modelado. Tem-se a impressão de que há uma influência manual na sua confecção e acabamento. Ele chega finalmente ao objetivo, e se reúne à grande família dos espíritos que podem fazer alguma coisa independente da matéria pobre que manipulam, trabalhando pelo júbilo de inventar a forma e de acabá-la perfeitamente; daqueles a quem é dado chegar ao *divertimento* e estarem ainda aí construindo coisas sólidas. Essa narração é um exercício, mas como os cânones, ou as lições do "Cravo bem temperado".

Aparece aqui o Conselheiro Aires, velho diplomata aposentado, que encarna certo aspecto do espírito machadiano, aquele que o fez merecer a denominação de um Sócrates sem doutrina. É o espírito machadiano depois de suprimir a inquietação metafísica. Subsistem a ternura humana, a condescendência, a compreensão, e ao mesmo tempo a maledicência, a pilhéria, o apurado bom-gosto e uma sutil sentimentalidade.

O Conselheiro olha as coisas com uma perfeita isenção, que não é de modo algum indiferença, mas ausência de emoção. Retira delas para seu uso o puro interesse de um humanista, mas conserva a alma igual, porque esse interesse é distante e não inclui um compromisso pessoal com os acontecimentos. Vem daí a sedutora impressão que nos deixa essa figura polida, culta, viajada, vivendo num outro tempo, e que aproveita agora os anos de disponibilidade para levar uma existência oblíqua de espectador, ao mesmo tempo experimentado e pueril, da vida que se agita em torno dele.

Revestido de atributos arcaicos, tudo nele é vetusto, mas leve e amável. A sua divisa não seria nunca uma frase moderna, mas um salmo, que ele gostava de recitar calado, parte pelo sentido, parte pela linguagem velha: "Alonguei-me fugindo e morei na soledade."

As citações com que procura definir o caráter dos dois gêmeos que explicam o título do livro, são tiradas de Homero, e para maior proporção e equilíbrio, uma será da *Ilíada*, e a outra da *Odisseia*. A primeira é o dístico de Paulo: "Musa, canta a cólera de Aquiles, filho de Peleu, cólera funesta aos gregos, que precipitou à estância de Plutão tantas almas válidas de heróis, entregues os corpos às aves e aos cães..."

E a outra é de Pedro: "Musa, canta aquele herói astuto, que errou por tantos tempos, depois de destruída a Santa Ilion."[18]

O velho Conselheiro é viúvo, estado que será o de Machado ainda nesse mesmo ano. Carolina, a sua companheira da longa vida, estímulo e colaboradora da obra, mal pôde ler o livro que era publicado pouco antes de sua morte. A viuvez de Aires não tem a dramaticidade da outra, a do escritor, e é dada como já antiga, de modo a não perturbar os seus movimentos atuais. Acentua-lhe apenas a condição de solitário, vivendo sozinho com o criado, numa casa do Catete, e explorando os bairros e os logradouros "que acordavam nele uma infinidade de ecos, como se fossem as próprias vozes antigas".[19]

A solidão é um dos filtros que ele prova longamente, apesar de confessar que "tudo cansa, até a solidão".

Não se resolve a abandoná-la, e atender à insistência de uma irmã, para morar com ela. As relações de ambos são ternas e distantes, e à queixa de mana Rita de que ele preferia viver com estranhos, respondia o Conselheiro: "Que estranhos? Não vou viver com ninguém. Viverei com o Catete, o Largo do Machado, a praia de Botafogo e a do Flamengo, não falo das pessoas que lá moram, mas das ruas, das casas, dos chafarizes e das lojas. Há lá coisas esquisitas, mas sei eu se venho achar em Andaraí uma casa de pernas para o ar, por exemplo? Contentemo-nos do que sabemos. Lá os meus pés andam por si. Há ali cousas petrificadas e pessoas imortais, como aquele Custódio da Confeitaria, lembra-se?"[20]

O *divertimento*, núcleo do livro, é montado sobre a oposição de caracteres dos dois gêmeos Pedro e Paulo, que já vimos definidos por Homero, filhos de Natividade, uma antiga influência sentimental do Conselheiro. A tessitura do livro consiste em contrastar os dois caracteres e as suas reações respectivas, perante situações variadas e acontecimentos históricos diversos, como a emancipação dos escravos e a proclamação da República. Apesar de gêmeos ou talvez por isso mesmo, sentem e interpretam os fatos sempre em contradição, e se colocam necessariamente em campos adversários. Tudo acompanhado de perto pelas reflexões do velho Aires e pelas suas intervenções, como uma espécie de grande preceptor dos filhos de Natividade. Há na aceitação do encargo uma fraqueza sentimental, para atender ao pedido de Natividade: "A alma do velho entrou a ramalhar não sei que desejos retrospectivos".[21]

Pedro é monarquista e conservador, Paulo republicano e revolucionário. Enquanto aquele compra numa loja o retrato de Luís XVI, o outro adquire o de Robespierre. Vão assim num contraponto que só encontra uma resolução e uma coincidência: ambos querem a mesma moça, Flora, que afinal acaba morrendo, sem se decidir por nenhum dos dois, confundindo-os na sua consciência moribunda.

O ano de 1904, em que vem à luz *Esaú e Jacó*, é também o da morte de sua esposa Carolina. O velho Machado é afinal abatido pela fatalidade, depois de uma vida tranquila de burocrata e de escritor, alimentada pelas alegrias privadas e nunca severamente perturbada pelo sofrimento, a não ser o que vem da simples reflexão sobre a existência. Mas ainda assim, como um inseto que recomeça, por instinto, ao trabalho de reparação da teia desfeita, procura refazer o tecido com o trabalho literário, cujo fruto derradeiro e amadurecido é o *Memorial de Aires*. O livro já não tem mais enredo, é uma pura música interior fluindo velada de sua saudade e de seu espírito e deixando que a bondade e a simpatia humana se desenvolvam francamente. A história propriamente que se conta é a de dois idílios: o do casal Aguiar e o da viúva Fidélia com Tristão. Esses dois últimos nomes são escolhidos meio simbolicamente, mas o livro não tende para a dramatização completa, com a perfeita articulação e movimento de pessoas. O seu interesse é mais íntimo e mais de índole poética.

Além dessas quatro figuras há outras, todas debuxadas com uma sobriedade e estilização de vinhetas. Todas têm um ar antigo e nobre como a das miniaturas de outras eras. O Conselheiro Aires e a sua mana Rita são como os bastidores da débil ação que se desenrola, e que não vai além de encontros, conversas, jantares e visitas, produzindo atmosferas e estados psicológicos. É mais um comentário da vida, e um poema à alegria simples e natural, ao sentimento comum. Ele, que outrora procurou no excepcional ou no excêntrico o interesse para as suas histórias, acaba descobrindo a poesia do cotidiano. O maledicente idealizador de Capitu e de Virgília termina por descobrir dona Carmo e Fidélia.

O velho Aires é o autor desse memorial, em que os fatos e os seus comentários vão sendo registrados. Aquele lirismo retrospectivo que o caracteriza desde *Esaú e Jacó*, como se ele procurasse reviver nos outros as sensações extintas, brota com vivacidade na sua afetuosa contemplação da jovem viúva Fidélia. O tema do Fausto está bulindo no coração do velho, mas de um Fausto que não chega a ceder à tentação, e em que a nostalgia da mocidade fica no estado frustro e não vai admitir compromissos com as forças demoníacas. Sente-se porém a tentação, que se converte, desvitalizada pelo ceticismo e por uma natureza mais contemplativa do que ativa, em pura veleidade, num sentimento misto, que se reconhece impotente e que empresta uma graça tocante ao seu interesse por Fidélia.

A história do casal Aguiar é uma apologia da vida privada, com ser ao mesmo tempo a evocação de sua própria vida ao lado de Carolina, que é o modelo confessado de dona Carmo. O pudor das coisas íntimas fá-lo, porém, escrever a Mário de Alencar, que aludira ao fato, pedindo que o não divulgue:

"Aproveito a ocasião para lhe recomendar muito que, a respeito do modelo de Dona Carmo, nada confie a ninguém: fica entre nós dois."[22]

Os traços com que ele consegue o fino esboço dessa vida a dois, sem nada de espetacular, são intencionalmente simples e destituídos de toda acentuação impertinente. O escritor está trabalhando com uma mão leve, que não conhece mais a ênfase nem a inflação sentimental. Quando o marido declara que os dois possuíam o único e grande ressentimento de não terem filhos, o Conselheiro censura no seu diário esses exageros expressivos e o melhor elogio que tem para dona Carmo é declarar: "É das poucas pessoas a quem nunca ouvi dizer que são 'doidas por morangos', nem que 'morrem por ouvir Mozart'. Nela a intensidade parece estar mais no sentimento que na expressão."[23]

Isso nos dá uma amostra das exigências de sobriedade a que ele tinha chegado, e que praticava exemplarmente, não somente como homem mas nos seus livros e em particular no *Memorial*, onde não se encontra nenhuma situação, nenhum sentimento, nenhuma reflexão sublinhada além de sua medida.

Vejamos a impressão que nos deixa da vida do casal, logo às primeiras páginas do livro: "Sei que não é seguro julgar por uma festa de algumas horas a situação moral de duas pessoas. Naturalmente a ocasião aviva a memória dos tempos passados, e a afeição dos outros como que ajuda a duplicar a própria. Mas não é isso. Há neles alguma cousa superior à oportunidade e diversa da alegria alheia. Senti que os anos tinham ali apurado e reforçado a natureza, e que as duas pessoas eram, ao cabo, uma só e única. Não senti, não podia sentir isso logo que entrei, mas foi o total da noite."[24]

Esse clássico acaba operando com um material imponderável, simples até o desnudamento. Mas o senso da medida e a segurança da graduação e do ritmo conferem aos elementos acentuados um peso particular. Tudo é aproveitado completamente no que tem de essencial, desprezado o supérfluo e o circunstancial. É uma seleção deixada muitas vezes à ação estilizadora da memória, acusando ele próprio por vezes a consciência desse processo: "Mas agora é tarde para transcrever o que ele disse; fica para depois, um dia, quando houver passado a impressão, e só me ficar de memória o que valer a pena guardar."[25]

O seu espírito chegou aqui a um estado de apuro em que imita ou se confunde com a sabedoria popular. A sua palavra sobre cada coisa vem repassada daquela simplicidade e concisão de que é feito o ditado, a expressão ao mesmo tempo única e geral. O *Memorial* está cheio dessas delícias, e as próprias construções castiças respiram essa linguagem arcaica que o povo muitas vezes conserva, e esse modo meio jocoso e sério de apreciar as coisas, que é o patrimônio do senso comum. Nada resta das suas antigas complicações, após a depuração final de seu espírito e de seu estilo. Ele perde por fim o que tinha de pessoal, para se confundir na alma coletiva do povo. O seu sistema de ideias constitui um patrimônio comum, que se comunica a todos, produzindo-se a surpresa de um encontro entre o grande trabalho de erudição e de cultura e o insondável sentimento da comunidade. Eis por que a sua influência é cada vez mais ampla e profunda.

O *Memorial* é melancólico, mas é um depoimento em favor da vida. A presença ausente de Carolina continua a criar nele, no fundo dele, uma expectativa que transparece na sua correspondência e que o Conselheiro Aires reproduz, referindo-se à esposa morta: "Quando eu morrer irei para onde ela estiver, no outro mundo, e ela virá ao meu encontro."[26]

Enviando o *Memorial* a Nabuco, em carta de 1º de agosto de 1908, e falando da Academia, Machado sente que vai morrer: "Não há vaga, mas quem sabe se não a darei eu?"

O pensamento da morte não o abandona mais, e o envolve na sua expectativa dolorida. O cansaço de viver e ao mesmo tempo a saudade da vida vão se alternando e compondo-se no corpo e no espírito. Torna-se sensível e fácil de comover, e se refugia no carinho dos amigos para se animar nos seus últimos dias. "É a transfiguração. Machado de Assis começa a morrer. E, na longa e triste agonia a dor o transformara. A petulância do espírito foi convertida em mansidão, a ironia, em piedade, a desconfiança em abandono, a dúvida em esperança de outra vida."[27]

Mário de Alencar é quem o acompanha mais de perto nessa peregrinação, confortando-o, animando-o, mas sem lhe poder dar esse penhor de fé e esperança que ele próprio não possuía. O que Machado mais temia era o sofrimento físico, "que anula o valor moral e afeia e entorpece a criatura".

Conta-nos ainda Mário, a esse propósito, ter ouvido dele as seguintes palavras, sobre a morte de um amigo, que definem a sua preocupação: "Levou tempo a morrer de uma moléstia grave. Uma moléstia grave não se contenta de uma merenda ligeira, à ponta de uma mesa; não, ela quer comer sentada e a fartar, e devagarinho, saboreando..."[28]

Além do mal antigo da epilepsia, que recrudescera nesses últimos tempos, vieram outros e mais graves, informa-nos Mário, resumindo a sua situação moral em face da morte próxima da seguinte forma: "Ao pé da morte doía-lhe a saudade da vida e ele não tinha coragem de viver."

É mais ou menos o que diz o Conselheiro Aires, explicando a sua participação na ternura de dona Carmo pelos filhos adotivos que se casam: "Eu deixei-me ir atrás daquela ternura, não que a compartisse, mas fazia-me bem. Já não sou deste mundo, mas não é mau afastar-se a gente da praia com os olhos na gente que fica".[29]

Os seus últimos momentos não têm nenhuma dramaticidade. Expirou no dia 29 de setembro de 1908, cercado de amigos velhos e novos, mas sem que estivesse ali, no modesto chalé do Cosme Velho, a sua meiga Carolina, para ajudá-lo a morrer. Esse seu voto não foi cumprido.

NOTAS

1. Nas Obras Completas há um volume 2 dos *Contos Fluminenses*. Este é póstumo e encerra trabalhos muito posteriores, até 1891.
2. "Miss Dollar", in *Contos fluminenses*. v. 1º, p. 18.
3. "Confissões de uma viúva moça", in *Contos fluminenses*. v. 1º, p. 210.
4. Lúcia Miguel Pereira. *Machado de Assis*, p. 162.
5. Constâncio Alves. Figuras, p. 44.
6. "Instinto de nacionalidade", in *Crítica literária*.
7. *Idem*.
8. *Iaiá Garcia*, p. 231.
9. *Memórias póstumas*, p. 167.
10. *Idem*, p. 260.
11. *Idem*, p. 170.
12. *Idem*, p. 155.
13. *Idem*, p. 219.
14. *Quincas Borba*, p. 346.
15. *Idem*, p. 77.
16. *Páginas recolhidas*, p. 96-97.
17. *Crítica teatral*, p. 77.
18. *Esaú e Jacó*, p. 162.
19. *Esaú e Jacó*, p. 123.
20. *Esaú e Jacó*, p. 121.
21. *Esaú e Jacó*, p. 116.
22. *Correspondência*, p. 288.
23. *Memorial de Aires*, Rio de Janeiro, Garnier, p. 33.
24. *Idem*, p. 16.
25. *Idem*, p. 26.
26. *Idem*, p. 10.
27. Graça Aranha. *Machado de Assis e Joaquim Nabuco*, p. 75.
28. Mário de Alencar. *Alguns escritos*, p. 29.
29. *Memorial*, Rio de Janeiro, Garnier, p. 256.

36. *Eugênio Gomes*
RAUL POMPEIA

Formação e iniciação literárias. Classificação. Impressionismo. Técnica da composição. Doutrina estética e processo de captação da realidade. Prosa artística: os Goncourts. Visualismo: influência da pintura. A técnica da miniatura. Estilo.

A exemplo de Manuel Antônio de Almeida, com quem partilha a singular fortuna de subsistir vigorosamente como romancista por causa de um só livro, Raul Pompeia* é outro escritor impermeável

---

*   Raul d'Ávila Pompeia (Angra dos Reis, RJ, 1863 — Rio de Janeiro, 1895). Formou-se em direito, mas dedicou-se ao jornalismo político. Ocupou vários cargos públicos de relevo, inclusive a diretoria da Biblioteca Nacional, no governo do Marechal Floriano Peixoto. Suicidou-se em 25 de dezembro de 1895.

Bibliografia

A principal fonte é: *Exposição comemorativa do nascimento de Raul Pompeia*. Rio de Janeiro: Biblioteca Nacional. 1963.
Ficção: *Uma tragédia no Amazonas*, 1880. Poemas em prosa: *Canções sem metro*. Edição póstuma, 1900. Romance: *O Ateneu*. 1888. Folhetins: *As joias da coroa*. Gazeta de Notícias, 1883; *Alma morta Gazeta da Tarde*, 1888. Inéditos: *Agonia*, *A mão de Luís Gama* e outros. A *Revista da Academia Brasileira de Letras* reproduziu diversos contos e o romance *As joias da coroa*, sob o título geral de "Prosas esparsas" (n. 14, julho 191 20; n. 15, outubro 1920; n. 16, dezembro 1920; n. 17, março de 1921).
O Clube do Livro de São Paulo publicou: *As joias da coroa* (1962) e *Uma tragédia no Amazonas* (1964), em péssimas reproduções.
A produção completa de R. P. está reunida em *Obras*, org. por Afrânio Coutinho. Rio de Janeiro: Civilização Brasileira, 1981-1983, 10 v. (Introd., bibliografia, notas).

Consultar

Andrade, Mário de. Raul Pompeia. *O Ateneu*. (In *O romance brasileiro de 1752 a 1930*. Rio de Janeiro: O Cruzeiro, 1952, repr. in *Aspectos da literatura brasileira*. São Paulo: Martins, 1943); Araripe Júnior. "Raul Pompeia, *O Ateneu* e o romance psicológico" (In *Obra crítica de Araripe Júnior*. Rio de Janeiro: Casa de Rui Barbosa, 1960. v. II); Araripe Junior. "Raul Pompeia como esteta" (In *Obra crítica de A. J.* Rio de Janeiro: Casa de Rui Barbosa, 1963. v. II; Athayde, Tristão de. Política e Letras (In *À margem da história da República*. Rio de Janeiro: Anuário do Brasil, 1924; *Autores e Livros*. v. I, n. 19, RJ, 21/12/1941; Barros, Jaime de. *Espelho dos livros*. Rio de Janeiro: José

a classificações literárias. Parnasiano? Realista? Naturalista? Psicologista? Impressionista? As diferentes classificações que lhe têm sido atribuídas evidenciam a complexidade do artista.

Sua frenética atividade de jornalista militante, desde os tempos escolares, especialmente na campanha da Abolição e da República, entremeava-se de intensiva produção de trabalhos literários, ensaios, contos, fantasias, romances ou novelas, uns inconclusos, outros simplesmente fragmentários. Em jornal publicara também, desde 1883, as *Canções sem metro*, constituídas de historietas, poemas em prosa, divagações, às quais dedicava excepcional carinho, polindo-as e repolindo-as infatigavelmente.

Olympio, 1936; Belo, José Maria. *Estudos críticos*. Rio de Janeiro: Jacinto, 1917: Broca, Brito. *Raul Pompeia*. São Paulo, Melhoramentos, s.d.; Castelo, José Aderaldo. "Raul Pompeia. O Ateneu e o romance modernista". *Anhembi*, SP. IV, n. 45, agosto 1954); Castrioto, H. "Raul Pompeia, precursor de Freud". *Rev. Acad. Fluminense Letras*, I, out. 1949); Coelho Neto. "Reminiscências". (In *Frutos do Tempo*. Bahia: Catilina, 1920); Coutinho, Afrânio. *Recepção de A. C. na Academia Brasileira de Letras*. RJ, 1962; Figueira, Fernando. *Digressões*, RJ, Anuário do Brasil, 1923; Freire, Sampaio. *Ensaios críticos*. Campinas: Garraud, 1915; Gama, Domício da. "Elogio de R. P.". (In *Discursos acadêmicos*. Rio de Janeiro: Civilizaçãp Brasileira, 1934. v. 1); Gomes, Eugênio. *Prata da casa*. Rio de Janeiro: A Noite, 1953; Gomes, Eugênio. *Aspectos do romance brasileiro*. Bahia: Progresso, 1958; Gomes, Eugênio, *Visões e revisões*. Rio de Janeiro: Inst. Nac. Livro, 1958; Ivo, Ledo. *O universo poético de Raul Pompeia*. Rio de Janeiro: São José, 1963; Linhares, Temístocles. *Raul Pompeia. Trechos escolhidos*. Rio de Janeiro: Agir, 1958 (Nossos Clássicos); Martins, Luís. "O mistério *Ateneu*". *O Estado de São Paulo*. 19 e 26 junho 1965; Martins, Wilson. "Arredores de Pompeia". *O Estado de São Paulo*, 15 fev. 1964; Melo, Virgínius da Gama e. "Romantismo em Pompeia". *O Estado de São Paulo*, 15 fev. 1964); Melo, Virgínius da Gama e. "O ser e querer ser em *O Ateneu*". *O Estado de São Paulo*, 7 março 1964); Melo, Virgínius da Gama e. "O tema e a fase em *O Ateneu*". *O Estado de São Paulo*, 21 março 1964; Montenegro, Olívio de. *O romance brasileiro*. Rio de Janeiro: José Olympio, 1938; Oliveira, Franklin de. "Nota marginal". *Correio da Manhã*, Rio de Janeiro, 27 março 1959); Pereira, Lúcia Miguel. *Prosa de ficção*. Rio de Janeiro: José Olympio, 1950; Placer, Xavier. "O impressionista Raul Pompeia". *Jornal Comércio*. Rio de Janeiro, 27 outubro 1963); Pontes, Elói. *A vida inquieta de Raul Pompeia*. Rio de Janeiro: José Olympio, 19 35; Ramos, Maria Luísa. *Psicologia e estética de Raul Pompeia*. Belo Horizonte: 1958; Rego, José Lins do. *Conferências no Prata*. Rio de Janeiro: Casa do Estudante, 1946; Rodrigo Otávio. "Raul Pompeia". *Revista Brasileira*, II, 5, 1896); Rodrigo Otávio. *Minhas memórias dos outros*. Rio de Janeiro: José Olympio, 1934; Santiago, Silviano. "*O Ateneu*; condições e perquirições". *Minas Gerais*, Supl. Lit. 12 out., 2 nov., 1968; Schmidt, Afonso. *O canudo*, São Paulo: Clube do Livro, 1963; Torres, Artur de Almeida, *Retrato psíquico de Raul Pompeia*. Niterói, 1967; Torres, Artur de Almeida, *Raul Pompeia* (Estudo psicoestilístico). Niterói, 1968; Vítor, Nestor. *A crítica de ontem*. Rio de Janeiro: Leite Ribeiro, 1918.

Sobre R. P. ver o vol. da Coleção Fortuna Crítica dir. por Afrânio Coutinho: *Raul Pompeia*, org. Eduardo de Faria Coutinho, n. 7, Rio de Janeiro, Civilização Brasileira, 1985.

Desse conjunto, porém, *O Ateneu* irrompe como um daqueles gênios mágicos dos contos orientais que, imprevistamente, saltam do bojo de um vaso e tomam as mais extraordinárias proporções.

Narrado na primeira pessoa, inicia-se esse romance expressivamente com as palavras do pai de Sérgio: "Vais encontrar um mundo, disse-me meu pai, à porta do Ateneu. Coragem para a luta." O que se segue é a história do colegial em choque com aquele mundo onde ingressara timidamente em seus onze anos de idade pela mão do pai. Chama-lhe o narrador "uma crônica de saudades", mas no passado que evoca tão peculiarmente, misturam-se alegrias e tristezas, entusiasmos e decepções e, sobrenadando a todos os sucessos, um resíduo incomportável de náusea, tédio e indignação. Sérgio é um revoltado e, na sua narrativa, o que predomina são os sentimentos de reação contra a rotina escolar e as convenções protocolares ou burocráticas que a revestem de um aparato refalsado. E não é só isso, a vida de internato, que era o antigo e tradicional Colégio Abílio, do Barão de Macaúbas, o contato diuturno com os colegas, tão diferentes entre si, as discórdias e brigas em que se empenha, as cenas ignominiosas ou brutais que presencia ou em que participa involuntariamente, tudo isso lhe revela aspectos subterrâneos e torpes da psicologia ou da conduta humana que o atordoam, espicaçando-lhe o ânimo da luta, até fazê-lo refugiar-se em si mesmo, irritadamente como uma pequena fera acuada por seus perseguidores. As notas dominantes do romance são com efeito o rancor e a sátira, dirigidos para quase todos os lados, mas principalmente contra o diretor do internato, cuja severidade pedagógica já se define pelo nome de Aristarco.

Nessa narrativa em que o elemento autobiográfico transparece de maneira às vezes enérgica, sobressai um estilo verdadeiramente peculiar e novo. É o estilo mais saliente do romance brasileiro, no século XIX, desde José de Alencar. O de Machado já predominava, mas com aquela expressão comedida e fria que, significativamente, Pompeia censurava em Merimée.

Araripe Júnior surpreendeu a atitude insofrida e tantas vezes agressiva que predomina n'*O Ateneu*, denominando-lhe o estilo de gesticulante. É aliás, um traço de identidade do processo estético do romancista com o dos naturalistas da linha divergente de Zola, os irmãos Goncourt, sobretudo. O estilo de Pompeia é, em suma, a *lorgnette* que os introdutores da "prosa artística" recomendavam, e, graças a esse instrumento, a realidade, vista através do temperamento do romancista brasileiro, não tinha jamais a exatidão e a frieza de uma fotografia.

Aluízio Azevedo, que se colocara voluntária e entusiasticamente à sombra de Zola, incidiu nesse inconveniente que procurava às vezes atenuar colorindo a realidade com as tintas já gastas do Romantismo.

Tal qual o do autor d'*O guarani*, o estilo de Pompeia era o de um homem de índole forte e assomada, que as campanhas jornalísticas e políticas só fizeram exacerbar e, consequentemente, na ficção de um e outro, deflagram reações de caráter individual fatais à verossimilhança de um tipo ou de uma cena.

O romancista de *O Ateneu* não evitava essa intromissão e, até pelo contrário, procurava justificá-la esclarecendo: "Para que a obra de arte seja completa, é preciso que, na enumeração literária das notas de análise, existam os parênteses da personalidade do escritor, manifestados pelo modo especial de sentir e pelo processo original de dizer — a eloquência própria. São os parênteses da personalidade, nos momentos dramáticos da narração, ou nos trechos de pitoresco descritivo, que constituem a vida das páginas de estilo."

Não há dúvida, que, deste modo, Raul Pompeia defendeu princípio temerário, mas que lhe era um imperativo natural, dada sua índole. Repetindo o que um dos Goncourts afirmava de si mesmo, ele poderia atribuir-se o intrépido papel de São João Batista da nervosidade moderna em nossas letras.

Outro conceito esclarecedor de suas tendências e processos é o de que "no estilo de um romance não deve haver a nudez do incolor". Realmente, a cor era quase tudo para Pompeia, e, no fazê-la prevalecer no seu estilo, agiu com a mais viva sinceridade consigo próprio.

Não menos expressivo esse outro postulado estético do romancista: "Gênero Goncourt, gênero Stendhal. Nem uma coisa, nem outra. O estilo gradua-se proporcionalmente ao tema. Estilo representativo de uma ideia, estilo representativo de uma sensação. Desenho e tinta. Ou variando a metáfora: impossível fazer de um monocórdio uma orquestra."

Aí está em síntese a arte impressionista de Pompeia, que, diga-se de passagem, deve mais à técnica dos irmãos Goncourt do que se poderia inferir desse conceito.

Não se deve subestimar a insistência com que o escritor se refere à eloquência, em suas teorias do romance. Seu estilo apresenta gradações neste sentido que chegam às vezes e mesmo frequentemente à gesticulação, como observado pelo crítico Araripe Júnior.

Não seria demasiado afirmar que Raul Pompeia não foi melhor romancista senão porque o fenômeno estético o preocupava de maneira extremamente aguda. A utilização de estilos diversos ou múltiplos, como é o caso do *Ulisses* de James Joyce, raramente poderá imprimir unidade orgânica à ficção. Mesmo a unidade de impressão estará ameaçada, embora a habilidade do artista venha a talhar o romance como as vestes do arlequim que, não obstante a diversidade de cores, representa algo de inconfundível. A verdade é que *O Ateneu* refoge à uniformidade estilística, sem que se perceba, salvo mediante observação proposital, que, em sua composição, entraram vários traços de procedência diversa. Entre esses traços pode distinguir-se frequentemente o do estilo jornalístico, na sua dinâmica trivial, surgindo em algumas passagens como uma vegetação incontida e irrefreável. A decomposição desses diferentes estilos de *O Ateneu* será indispensável a quem desejar apreender a técnica de composição do singular romancista que, atraído em sua insaciável curiosidade estética por diferentes direções, parece haver sido tentado a levar o romance por todas elas. Junte-se a essa provável e temerária disposição a circunstância de que *O Ateneu* teria sido elaborado dia a dia para o jornal, no correr de três meses, conforme o testemunho de Domício da Gama. Embora Elói Pontes tenha encontrado entre os papéis de Pompeia muitas notas concernentes à narrativa, remontando à época de seus estudos no Recife, é fora de dúvida que o frenesi com que escreveu o romance terá sido o maior responsável por sua *melée* estilística. O autor das *Histórias curtas* relata ainda outro episódio não menos típico da versatilidade de Raul Pompeia e que se refletiria inevitavelmente em sua técnica. "Um dia encontrei-o que estudava a teoria das vibrações. Neste estudo encontro eu toda a estética e a própria vida, explicava ele, porque a arte reproduz vibração, e vibrar é viver."

Domício da Gama indica a seguir exemplos da aplicação dessa teoria em algumas *Canções sem metro*. Não precisava recuar a elas; *O Ateneu* também mostra os efeitos dessa teoria tão sedutora para o temperamento vibrátil do escritor.

Se Raul Pompeia fugiu deliberadamente a certas imposições da arte experimentalista, não escapara de todo às do espírito científico que a insuflava. Era inevitável que viesse a recair nessa concepção mecanicista da vida, certo mais favorável à sua estética, que exigia a linha, a cor, o movimento, para se realizar integralmente. Exemplo dessa concepção, entre positivista e lírica, é o que surge em certa altura da conferência do Dr. Cláudio, em *O Ateneu*: "O coração é o pêndulo universal dos ritmos. O movimento isócrono do músculo é como o aferidor natural das vibrações harmônicas, nervosas, luminosas, sonoras. Graduam-se pela mesma escala de sentimentos e as impressões do mundo. Há estados de alma que correspondem à cor azul, ou às notas graves da música; hárpons brilhantes como a luz vermelha, que se harmonizam no sentimento com a mais vívida animação."

Em princípio, é temerário atribuir-se a um romancista as ideias e teorias que ele põe na boca de suas personagens, mas a filosofia estética disseminada nessa conferência se concilia perfeitamente com a do romance.

Antes de procurar em Pompeia o psicólogo, como têm feito ultimamente alguns críticos, seria irrecusável observar se a sua percepção da vida ou da personalidade humana não estava comprometida pelo preconceito estético ou científico que colocava os seres e as coisas sob determinado ângulo.

Fator igualmente restritivo para a capacidade de penetração psicológica em Raul Pompeia era o ressentimento, senão o rancor ou ódio, que deu impulso às suas evocações do educandário e de seus mestres e condiscípulos, entre os quais o diretor de *O Ateneu* é o para-raios, representado sob o aspecto grotesco de um demiurgo utilitário e ridículo.

O perfil de Aristarco define de maneira tão significativa a arte e os desígnios do romancista que a observação de seus traços deve preceder qualquer outro exame. "Nas ocasiões de aparato é que se podia tomar o pulso ao homem.

Não só as condecorações gritavam-lhe do peito como uma couraça de grilos: Ateneu! Ateneu! Aristarco todo era um anúncio. Os gestos, calmos, soberanos, eram de um rei — o autocrata excelso dos silabários; a pausa hierática do andar deixava sentir o esforço, a cada passo, que ele fazia levar adiante, de empurrão, o progresso do ensino público; o olhar fulgurante, sob a crispação áspera dos supercílios de monstro japonês, penetrando de luz as almas circunstantes — era a educação da inteligência; o queixo, severamente escanhoado, de orelha a orelha, lembrava a lisura das consciências limpas — era a educação moral. A própria estatura, na imobilidade do gesto, na mudez do vulto, a simples estatura dizia dele: aqui está um grande homem... não veem os côvados de Golias?!... Retorça-se sobre tudo isto um par de bigodes, volutas maciças de fios alvos, torneadas a capricho, cobrindo os lábios, fecho de prata sobre o silêncio de ouro, que tão belamente impunha como o retraimento fecundo do seu espírito — teremos esboçado, moralmente, materialmente, o perfil do ilustre diretor. Em suma, um personagem que, ao primeiro exame, produzia-nos a impressão de um enfermo, desta enfermidade atroz e estranha: a obsessão da própria estátua."

Esse perfil é obra de um miniaturista irritado e não se deve esperar que, em tais circunstâncias, o psicólogo ceda à verdade humana refreando o instinto deformador. Mas, aí está a arte de Pompeia, em suas características principais: a frase pinturesca e vivaz, as imagens ou expressões e adjetivos imprevistos, o senso plástico do desenho caricatural provocado pela mordacidade irônica.

O perfil de Aristarco procede enfim de uma ótica espiritual caprichosa, excêntrica e maligna, cuja incidência em vários tipos e cenas transmite à narrativa o mais estranho frêmito.

Sendo francamente de um visual, as descrições de Pompeia distinguem-se entretanto por certas minúcias de efeito artístico que as tornam igualmente características de um novo processo de captação da realidade.

Não há dúvida de que havia em Raul Pompeia um psicólogo agudíssimo, e várias passagens de *O Ateneu* o evidenciam, mas a versatilidade artística, quando não o traço mordaz, disfarçava-lhe ou mesmo anulava-lhe as sondagens da alma humana, fazendo sobressair antes o rebrilhamento da ideia ou do estilo.

A caça às sensações tomava-lhe quase todo o campo de percepção, naturalmente por um imperativo irrefugível. O fisiológico tinha fatalmente que se sobrepor ao psicológico em sua narrativa. Estava, aliás, em função da chamada estética fisiológica, como Aluísio Azevedo, embora mais seduzido pelo setor da arte experimentalista, da qual o romancista maranhense não tomara conhecimento.

Esse pendor era justificável, tendo-se na lembrança que os mestres da "prosa artística" não timbraram em fixar as sensações impunemente, pois alguns deles se dedicavam a isso por causa do histerismo de que eram portadores. Raul

Pompeia também sofreu essa neurose, refletida em várias de suas volições, até o desfecho trágico de sua existência, quando resolveu suicidar-se com um tiro em pleno coração.

A influência dos Goncourts sobre o romancista brasileiro obedeceu portanto a inelutável propensão, correspondente a uma identidade psíquica bem caracterizada através de suas criações artísticas. A volúpia do colecionador que fazia os Goncourts transportarem o gosto e as técnicas das artes plásticas para o estilo do romance não impunha a Pompeia nenhum esforço de adaptação: ele era um artista nato que escrevia ou desenhava com igual destreza e refinamento. Estava aparelhado para assimilar a lição daqueles mestres da prosa artística de que "a ciência do romancista não é de tudo escrever, mas de tudo escolher".

Consequentemente, o pormenor, a mímica, os gestos, os tiques, o particular, passavam a ter mais importância para o romancista do que as grandes massas e o geral. Era enfim a subversão de valores da narrativa em cuja fixação o pincel fino ou o bico da pena do miniaturista substituía a broxa gorda do Naturalismo à Zola.

A narrativa de Pompeia regurgita de exemplos dessa técnica em que prevalece o toque impressionista, sucedendo-se consecutivas notações concernentes a elementos pictóricos ou gráficos. Curioso o enlevo mais pictórico do que intelectual do romancista pelas cartas geográficas, pelas gravuras e, sobretudo, pelos selos de correio, a que dedica espaço considerável numa digressão que revela menos o espírito do colecionador que a impressão visual de quem se entretém indefinidamente com as diferenças de matizes e de cores nessas coisas. Sua preocupação com as estampas é por fim tão dominadora que o escritor constantemente recai no vezo de desenhar com as palavras, quando não é levado a reanimar alguma gravura, como sucede com a de Rosália, incorporando-a à narrativa como uma personagem.

É verdade que os Goncourts recomendavam "escrever para os olhos", mas isso era um modo de restringir a ação psicológica, quando se tratasse de criação romanesca. Raul Pompeia seguiu essa recomendação até o excesso. Não satisfeito de ilustrar os textos com os desenhos, que lá se veem, cometeu extravagâncias de toda a natureza em sua tendência a impor a gravura sob diferentes meios através de sua escrita. Várias de suas personagens adquirem por isso os contornos e a fixidez de estampa, a principiar por Aristarco, que, numa ironia implacável, apresenta como um cartaz. "Como um cartaz que experimentasse o entusiasmo de ser vermelho", sublinha.

A visão tomara-se para o romancista um sestro inevitável a se refletir em suas criações, às vezes deploravelmente.

O autor de *O Ateneu* foi enfim, no Brasil, o representante mais típico da *peinturite*, doença literária assim denominada e que Paradol definiu "como a alusão a uma obra plástica substituindo a visão direta e a fixação puramente literária da vida". Esse mal vinha do Romantismo e dominava ainda alguns realistas ou naturalistas, sobretudo os Goncourts.

Sente-se que Raul Pompeia não deixava escapar nada que provocasse mesmo de leve essa percepção dirigida e especiosa. Semelhante atitude mental era responsável por muitos símiles e imagens prefixadas pela ótica do desenhista, quando não do caricaturista. Assim, no episódio do quinto capítulo, em que o criminoso aparece "manietado, amarrado de mil maneiras por cintos de couro, como as múmias no envoltório de liras. A comparação não é feliz, mas revela uma percepção particularíssima. Peculiar, efetivamente, era a percepção artística de Pompeia que havia de influir sobre o estilo do romance, adicionando-lhe algumas modalidades que inovaram sensivelmente a sintaxe literária desse gênero em nosso país.

Sua estética designadamente fisiológica estava saturada de um intelectualismo vertiginoso que, embora na raiz de frescas aquisições francesas, devia chocar então pelo ineditismo. Perturbadora agudeza a que imprimiu à observação de certas sensações traindo em geral uma tendência mórbida às imagens e metáforas relacionadas com a tortura física, o sangue, o sofrimento.

Sua arte em minudenciar a realidade com o predomínio do valor pictórico é arte de filigrana e chinesice, na qual, porém, frequentemente interfere o espírito escarninho, como a da caricatura do aluno paranaense: "um caturra barrigudinho, fronte de novilho, miniatura de arrieiro, brutal e maroto..."

Compreende-se a constância do traço em Pompeia; era o recurso punitivo de Sérgio contra todos os que entravam na esfera crepitante de seu ressentimento de colegial. Estaria nesse caso a velha empregada responsável por um dos dormitórios e da qual o romancista traçou uma caricatura à Daumier.

Multiplicam-se os exemplos desse realismo artístico em que o grotesco, se não procede de um impulso satírico irreprimível, parece só ter o objetivo de chocar pelo inopinado de sua interferência na pintura.

Mediante esse processo, o que a Natureza tem de belo e imponente pode deformar-se de maneira inimaginável, adquirindo os aspectos mais estranhos, conforme os caprichos da percepção intelectualizada, como ocorre no início do sétimo capítulo de *O Ateneu*.

Para onde quer que estivesse voltada a percepção do romancista, a realidade apresentava transfigurações imprevisíveis, porque a sua ótica era estritamente individual. Cartas geográficas, selos do correio, instrumentos musicais, o laboratório de peças anatômicas, os assados do almoço na festa campestre, a vegetação, tudo isso é observado e descrito de maneira peculiaríssima, impondo-se, até em suas minúcias, como valores novos de uma estética requintada.

Tratando-se de uma narrativa destinada a reconstituir um ambiente de internato escolar e em que as personagens são quase todos meninos, não seria com a escala de grandeza que o romancista havia de recordar esse "piccolo mondo". O binóculo de Lilliput, e não outro, era o que convinha; o diminuto, o minúsculo, o mínimo, enfim. E, não há dúvida, Raul Pompeia trabalhava como miniaturista, utilizando-se de um estilo que adquiriu seguidamente o papel de verdadeiro instrumento de precisão para captar valores que reduziu a proporções infinitesimais.

Pompeia não teve, é claro, a ideia de fazer os seus adolescentes se conduzirem como adultos, e a psicologia de muitos deles foi bem surpreendida, mas torna-se visível sua ascendência sobre Sérgio ou melhor a superposição da mentalidade do adulto que escreveu o romance sobre a do menino a quem atribui pensamentos, ideias e expressões que ele não podia ter. Sérgio é, em consequência, um híbrido de menino e homem que vinga mais pela experiência cultural do romancista do que por sua autenticidade no tempo e no espaço como personagem. A verdade é que o romancista atraiu o menino para sua órbita com tal gana de colecionar e intelectualizar as suas reações que o que havia de espontâneo e inocente no colegial é fatalmente instituído pelo que estava no pensamento amadurecido do escritor. A aura sensual que envolve tão suavemente a figura de Ema, na evocação da narrativa, é um exemplo disto; ultrapassa o que se poderia atribuir a uma imaginação juvenil, sem embargo de conhecermos que o menino Sérgio, ou aquele que ela devia representar, não era sexualmente normal.

Examinando as reações psicológicas do romancista através desse menino, admirava-se Mário de Andrade que Pompeia não tivesse sequer manifestado um momento de revolta contra o pai que o encafuara no Ateneu. O que não significa dizer que o rancor inconfessável da criatura contra o criador não o tivesse dominado através do processo de *trabafer* que aí se deu. Sua revolta descarrega-se toda contra a autoridade paterna transferida para o educador. Eis tudo. Coerentemente, não atacava o pai, mas Aristarco, que era o agente imediato de sua opressão. Em suma, o cunho punitivo de *O Ateneu* dá a esse romance algo de pessoal e intensivo que o torna uma das expressões verdadeiramente singulares da ficção brasileira.

37. *Luís Viana Filho e Luís Delgado*
JOAQUIM NABUCO — RUI BARBOSA

O Parnasianismo na prosa: a oratória, o gosto pelo estilo requintado. Joaquim Nabuco e a campanha abolicionista. Nabuco escritor, estilista, pensador, orador. Rui Barbosa e a campanha republicana. Rui, político ou homem de letras. O escritor, o orador, o homem público. A reação vernaculizante e a pureza da língua. Primado da eloquência. Missão social. Mestre da arte de falar e escrever.

Nascidos no mesmo ano, com antecedência do primeiro em meses, os fados destinaram Joaquim Nabuco e Rui Barbosa a ser duas das mais altas figuras da vida cultural e política brasileira. Formados os espíritos no clima do Romantismo liberal, caminhando paralelamente no sentido das reformas que o século pregava, exerceram atuação na campanha abolicionista, e Rui na republicana. Mas às ideias românticas se acrescentariam as doutrinas que formaram o complexo ideológico da geração realista e naturalista de 1870, e, no plano literário, as preocupações formais e estilísticas do Parnasianismo, sobretudo em Rui, em quem o gosto da palavra, da sonoridade verbal, do rebuscado e inusitado no estilo são bem o exemplo, na prosa política, da concepção estilística que dominava os espíritos nos dois decênios à volta de 1900, e que levava escritores como Coelho Neto e Euclides da Cunha, além do próprio Rui, à técnica da coleção de palavras raras (registradas em caderninhos e mesmo no punho da camisa) para uso oportuno, ou que fez Rui Barbosa ler o dicionário de Cândido de Figueiredo, traindo nos seus discursos no Senado, pelo predomínio das palavras de inicial igual, a marcha da leitura.

Espíritos, afinal, parnasianos, fosse na atitude de elegância apolínea, de requinte aristocrático, de idealismo moral e espiritual, fosse no gosto arcaizante, no formalismo artístico e na reação vernaculizante,[1] movimento classicista que é mister integrar no complexo estilístico do Parnasianismo. Fosse ainda na preferência pelo gênero oratório, pela eloquência.

JOAQUIM NABUCO[*]

Dos nossos clássicos do século XIX, já que à perenidade de algumas das suas obras lhe dá direito a figurar entre estes, Joaquim Nabuco, pela linguagem, é, certamente, aquele de menos sabor lusitano. É que, embora apaixonado por Camões, que estudou desde a juventude, e sobre o qual deixou algumas páginas de admiração, marcou-o fundamente a influência de escritores franceses, especialmente Chateaubriand e Renan. Ele próprio o confessaria: "Não revelo nenhum segredo dizendo que, insensivelmente a minha frase é uma tradução

---

[*] Joaquim Aurélio Barreto Nabuco de Araújo (Recife, 1849 — Washington, EUA, 1910), filho do Conselheiro e Senador do Império José Tomás Nabuco de Araújo, estudou humanidades no Colégio Pedro II e direito em São Paulo e em Recife, onde se diplomou (1870). Jornalista, adido de Legação em Washington e Londres, deputado-geral, tornou-se o principal líder parlamentar da abolição da escravatura no Brasil. Amigo de Machado de Assis, a quem votou afetuosa dedicação (veja-se Graça Aranha, *Machado de Assis e Joaquim Nabuco*), Joaquim Nabuco foi um dos principais elementos na fundação e organização da Academia Brasileira de Letras, sendo eleito primeiro-secretário perpétuo. Perante o Rei da Itália, que fora escolhido árbitro, defendeu os direitos do Brasil, na questão de limites com a Guiana Inglesa. Era Embaixador do Brasil em Washington, quando faleceu.

Bibliografia

Camões e Os lusíadas. Rio de Janeiro, 1872; *Amour et Dieu*. Paris, 1874; *O abolicionismo*. Londres, 1883; *Balmaceda*. Rio de Janeiro, 1895; *A intervenção estrangeira durante a revolta*. Rio de Janeiro, 1896; *Um estadista do Império*. Rio de Janeiro, 1897-1899; *Minha formação*. Rio de Janeiro, 1900; *Escritos e discursos literários*. Rio de Janeiro, 1901; *Pensées détachées et souvenirs*. Paris, 1906; *Obras completas*, XIV vols. Edição organizada por Celso Cunha, S. Paulo, 1947-1949; *A defesa do direito do Brasil, na questão da Guiana Inglesa*, compreende a *Memória*, a *Réplica*, e a *Tréplica*, num total de 18 volumes, incluídos os volumes de mapas. Ver ainda: *A polêmica Alencar-Nabuco*. Ed. Afrânio Coutinho. Rio de Janeiro: Tempo Brasileiro, 1965.

Consultar

Autores e livros (Supl. Lit. *A Manhã*). Rio de Janeiro. II. n. 4 e 5, 1 e 8/2/1942; Belo, José Maria. *Inteligência do Brasil*. 2. ed. São Paulo, 1935; Cardim, Elmano. *Joaquim Nabuco, homem de imprensa*, Rio de Janeiro, 1944; Coelho, Henrique. *Joaquim Nabuco*. São Paulo, 1922; Fernandes, Aníbal. *Joaquim Nabuco, cidadão do Recife*. Recife, 1950; Graça Aranha, J. P. *Machado de Assis e Joaquim Nabuco*. São Paulo, 1923; Leão, Múcio. *Joaquim Nabuco*. Rio de Janeiro, 1950; Nabuco, Carolina. *A vida de Joaquim Nabuco*. São Paulo, 1928; Rego, Alceu Marinho. *Nabuco*. Rio de Janeiro, 1951; Viana Filho, Luís. *A vida de Joaquim Nabuco*. Rio de Janeiro, 1952; idem. *Rui & Nabuco*. Rio de Janeiro, 1949; Vieira, Celso. *Joaquim Nabuco*. São Paulo, 1949.
Para a bibliografia completa, ver: Ministério das Relações Exteriores. *Bibliografia de Joaquim Nabuco*. Rio de Janeiro, 1952.

livre, e que nada seria mais fácil do que vertê-la outra vez para o francês do qual ela procede."

Aliás, em alguns casos, ele escreveria e publicaria em francês: (*Amour et Dieu/ Le droit au meurtre/ Pensées detachées et souvenirs*). E, para acentuar essa "suscetibilidade" à influência francesa, acrescenta: "o purismo português, esse, sim, é que, até tornar-se uma segunda natureza literária, exige uma constante vigilância, a retificação exata de todo o trabalho de aquisição intelectual".

Assim, sem se amparar no purismo da linguagem, Nabuco, a exemplo do que ocorre com os escritores em condições idênticas, estava destinado a malograr, ou ser um reformador, um desses escritores que, de tempos em tempos, dão um sopro de renovação nas formas e convenções da linguagem literária, aproximando-a da linguagem falada sem a degradar ou privar de certas belezas e harmonias. De fato, no Brasil, ele é um desses reformadores. Desligado de todos os preconceitos, parecendo colocar a clareza do pensamento e a facilidade da frase acima de todas as convenções, representa alguma coisa de novo, entendido e admirado pelas várias hierarquias intelectuais. No particular, ele realiza, em parte, o que Eça de Queirós fez em Portugal: espana a poeira da linguagem.

Contudo; apesar das incursões pela poesia, pelo jornalismo e pelo panfleto político (*O povo e o trono*, sob o pseudônimo de Juvenal; e *O partido ultramontano*), não foi como escritor que começou a se impor no campo da inteligência: a este precedeu o orador.

Quanto à poesia foi pouco mais do que inocente pecado da mocidade. Pecado tão ao gosto da época e do qual, nas quatro últimas décadas do século passado, raros escaparam, dentre os estudantes das escolas superiores. Aos quinze anos, fascinado por Pedro Luís, o declamado autor d'*Os voluntários da morte*, compôs Nabuco *O gigante da Polônia*, ode editada em luxuoso folheto, e à vista da qual Machado de Assis, crítico benévolo, diria não faltar ao autor, "vocação nem espontaneidade". Mais tarde, em 1874, no curso de romântica viagem pela Europa, Nabuco se sentiu dominado pela "febre poética". E, entre Nápoles e Ouchy, que lembrava Byron e Chateaubriand, compôs os versos reunidos sob o título de *Amour et Dieu*.

Por certo, não era a poesia o forte de Joaquim Nabuco. Com rara e nobre lucidez, e como se desejasse antecipar-se aos seus críticos, escreveria: "O que me enganava nos meus versos, parecendo-me sonoro e elevado, não pertencia à poesia, pertenceria à eloquência." E sublinhava: "O fato é que não possuo a forma do verso, na qual a ideia se modela por si mesma e donde sai o timbre próprio da verdadeira rima, que nenhum artifício pode imitar."

No entanto, esse período de elaboração poética representou útil aprendizagem, não somente por haver feito avultar a ambição literária, que então suplantava a política, mas também por haver, indiretamente, preparado a frase, a cadência, a própria eloquência do orador, que iria desabrochar do poeta malogrado. Justamente por não possuir a "forma do verso", Nabuco, para abrir as portas da poesia, deve ter sido obrigado a penoso esforço, que iria desde a composição das imagens até à concepção das hipérboles. E tudo isso como que significa o amanho do terreno, no qual se vão, insensivelmente, depositando os elementos necessários à germinação do tribuno.

O parlamento, porém, é que revelaria o orador. Morto o velho Nabuco de Araújo justamente na época em que os liberais ascendiam ao poder, após dez anos de ostracismo, tocou a Joaquim Nabuco, graças ao apoio do Barão de Vila Bela, uma cadeira na representação da Província de Pernambuco na Assembleia Geral. A verdade, porém, é que o próprio Vila Bela, patrono da candidatura, não acreditava no futuro do jovem Nabuco, o elegante *Quincas o Belo*. Dar-lhe-ia, porém, uma oportunidade. E, surpreendentemente, ele será, até o fim do Império, uma das vozes mais ouvidas e mais aplaudidas de todo o país.

Não raro o tempo transforma oradores grandemente admirados pelos seus contemporâneos em sombras inexpressivas, cujo êxito nos custa compreender. A falta da nota emocional do ambiente, da figura do orador, da sua voz e da sua mímica, como que priva os discursos de moldura indispensável. Indispensável até em Cícero. Como sentirmos a primeira das *Catilinárias* em toda a sua intensidade sem evocarmos "a situação do orador e daqueles diante dos quais ele vai falar"? De Nabuco, orador, não há, dentre os que o ouviram, quem não lhe evoque a bela, alta, e elegante figura (dele, na mocidade, não faltou quem dissesse que se poderia repetir o que Helvetius dissera de Chamfort — que era belo como o amor), bem como a voz, tão cheia de harmonias. Magalhães de Azeredo, que o conheceu quando se iniciava, assim o retratou: "Ainda lhe escuto a voz cheia, às vezes veludosa, às vezes um pouco brusca, suscitando aplausos e protestos na Assembleia; ainda lhe vejo a alta figura, ao mesmo tempo apolínea e hercúlea, que, como a Bíblia diz de Saul, excedia dos ombros para cima todas as que se lhe agrupavam em redor." Tudo isso é a moldura. O quadro eram aqueles discursos inflamados, cheios de farpas e imagens, e que arrebatavam o auditório. Lendo-os, não somente aquilatamos as virtudes do orador, que transpõe o tempo, mas, sobretudo, bem compreendemos o entusiasmo suscitado na época em que foram proferidos. Veja-se, por exemplo, esse final do discurso com que estreou na Câmara, e pronunciado quando o partido liberal, dividido, parecia vacilar quanto ao rumo a escolher: "Senhores, o partido liberal parece hoje em uma condição difícil, uma posição que é eterna, uma posição que teve sempre as mesmas dificuldades, e que a imaginação grega representou bem na fábula de Hércules encontrando-se entre dois caminhos, com duas figuras — uma a do prazer, outra a do dever; uma oferecendo-lhe uma vida feliz e fácil, outra uma vida áspera e de sacrifícios."

Tais imagens arrebatavam o auditório. Eram estudadas, preparadas, "representadas" de antemão, pois, avesso às improvisações, Nabuco tinha o bom hábito de recitá-las com antecedência. Não era Demóstenes, modelo universal da oratória, infenso aos perigos das improvisações?

Aliás, justamente por serem pensados, meditados, é que aqueles tropos de eloquência, tão frequentes nos discursos de Joaquim Nabuco, não se perdem no vazio de meras palavras. São palavras que vestem ideias, e por isso mesmo sobrevivem. Assim, ainda a propósito das divergências que o separaram, em 79, da política do ministério, eis como se refere à bandeira liberal: "Ela é ainda a mesma bandeira que Péricles arvorou no Pnyx, a mesma que os Gracchos levantaram no Forum; é a bandeira da *Reforma*, é a bandeira do Edito de Nantes, é a bandeira dos Direitos do Homem... é a bandeira, senhores, da emancipação dos servos na Rússia, assim como é a bandeira de Washington defronte dos muros de Richmond. Em nosso país foi a bandeira da Inconfidência, a bandeira de 1817, a bandeira do Ipiranga... mas essa bandeira liberal, em que durante os dez últimos anos esteve escrito o dístico — Reforma ou Revolução; em que nós escrevemos a eleição direta, a liberdade religiosa, a emancipação dos escravos, não é a que tremula nas mãos do Sr. Presidente do Conselho..."

Não há exagero em dizer-se que nesse pequeno trecho encontramos um modelo de boa oratória parlamentar: a simplicidade e a clareza da frase; a evocação histórica adequada; o contraste natural entre as promessas e as realizações do partido; e, sobretudo isso, a ideia liberal — objetivo precípuo da oração — a ressumar de cada linha da maneira mais eloquente, embora sem agredir o adversário, que é apenas constrangido numa incômoda posição contraditória.

Os maiores triunfos oratórios Nabuco o alcançariam na campanha abolicionista, da qual talvez tenha sido a figura que mais avultou na imaginação popular. O que é extraordinário, tratando-se de um intelectual, não fora a circunstância de aliar aos predicados pessoais a sua alta hierarquia social. Afinal, ele é o senhor que renuncia e, mais do que isso, se opõe vigorosamente aos privilégios da sua classe. Atitude tão surpreendente que alguns, a princípio, a tomam como simples arma demagógica. Sílvio Romero, que mais tarde se retrataria, assim se referiu a Nabuco, no início da campanha abolicionista: "É uma nova sereia mentirosa e falaz." Como acreditar que aquele *dandy* bem-nascido se fizesse o campeão da liberdade dos escravos?

A causa, no entanto, não somente o apaixonaria a ponto de se dispor por ela a todos os sacrifícios, mas lhe inspiraria as mais formosas orações, quer no parlamento, quer fora dele. Até o fim, em 1888, ele estará sempre na estacada, falando, conclamando, lutando. *Clama ne cesses*. E o extraordinário, e que deve ser acentuado, é que o orador, embora versando o mesmo tema — a escravidão —, consegue renovar-se, encontra novas formas, novas imagens, novos argumentos. Alcança assim novos adeptos e novos admiradores. E não custa imaginarmos o efeito que produziu, no Recife, entre o povo, uma frase como esta, que atira no meio de um dos comícios da memorável campanha de 84: "Vós, homens pobres, como quereis que os poderosos se compadeçam de vós, se não tendes compaixão para entes ainda mais infelizes e desamparados do que vós mesmos!" O certo é que, no correr da batalha abolicionista, logra estas duas coisas, que talvez sejam a pedra de toque da grandeza do orador: nem se analisa, nem deixa de imprimir nos discursos marcado cunho literário. E isso, se não aumenta a glória do lutador político, é decisivo na sobrevivência das suas orações.

Da altura que alcançara, na opinião nacional, ao tornar à Câmara em 1887, bem o dizem estas observações de Afonso Celso, seu colega de parlamento: "Fascinava; os próprios adversários que tamanhas superioridades irritavam reconheciam-lhe e proclamavam-lhe o imenso valor. Acorria gente de todas as condições, numerosas senhoras para vê-lo e ouvi-lo. As galerias o aclamavam. Mal o presidente proferia a frase regimental: tem a palavra o Sr. Joaquim Nabuco — corria um calafrio pela assistência excitada; eletrizava-se a atmosfera. A oração não tinha um curso contínuo e seguido: fazia-se por meio de jatos. Nabuco disparava um pedaço mais ou menos longo, rematado por uma citação justa, uma bela imagem, um *môt à la fin*. Parava, descansava, consentia que se cruzassem os apartes e os aplausos. Olímpico, sobrepujando a multidão com a avantajada estatura, manuseava vagarosamente as notas, sorria, os olhos entrefechados, refletia, aguardava a cessação do rumor, desprezava os apartes ou levantava o que lhe convinha, e, de repente partia em novo arremesso. Mal descerrava os lábios, restaurava-se o silêncio. Nem era possível detê-lo mais. Continuasse o ruído e a portentosa voz, a vertiginosa dicção de Nabuco prestes o abafariam. As perorações, de ingente sopro lírico, eram cuidadosa e habilmente preparadas. Para aí a imagem mais pomposa, a declaração de maior alcance, o gesto mais teatral. Provocavam estrepitosas ovações nas galerias."

Sempre na mesma altitude, Nabuco vai até ao 13 de maio, quando José do Patrocínio assim lhe retranca o perfil: "É ele o triunfador. Tem os cabelos ainda emplastados de suor e de pétalas. Ereto, imóvel, estático, ali está grande e solene, como há de ser guardado na memória da gratidão nacional." E Patrocínio, ao esboçar esse retrato, talvez ainda tivesse nos ouvidos a bela frase com que Nabuco, liberal, recebera João Alfredo, conservador, mas que ia fazer a Abolição: "Não, Senhor Presidente, não é este o momento de se fazer ouvir a voz dos partidos. Nós nos achamos à beira da catadupa dos destinos nacionais e junto dela é tão impossível ouvir a voz dos partidos, como seria impossível perceber o zumbir dos insetos atordoados que atravessam as quedas do Niágara."

Contudo, não seria apenas a escravidão a rolar na "catadupa dos destinos nacionais". Também o Império rolaria pouco depois. E, como se lhe houvesse apagado a flama interior, que se movia no campo político, Nabuco, gradativamente, se retrai e se isola, ao mesmo tempo que um suave ceticismo envolve a alma amargurada do idealista. Ele próprio escreverá: "Lutas de partido: *meetings* populares, sessões agitadas da Câmara, tiradas oratórias, tudo isso me parecia pertencer à idade da cavalaria..."

Esse estado de espírito esmaga o tribuno. E o orador, como se a sua obra tivesse concluída, ou, feita a abolição, não mais tivesse onde se nutrir, cede lugar ao escritor. Mas, do mesmo modo que o poeta prepara o caminho para o orador, este como que aprimoraria as virtudes do escritor em cujas páginas ainda será possível descobrir o eco do tribuno.

E, embora ainda o vejamos aparecer aqui ou ali na defesa das instituições desaparecidas, Nabuco se deixa absorver quase inteiramente pelas investigações históricas com que irá realizar a antiga aspiração de escrever uma biografia do pai. Também escreverá algumas reminiscências, mais tarde enfeixadas nesse pequeno grande livro, talvez único em língua portuguesa, e que é *Minha formação*. Desse fecundo período, no qual a solidão tira do historiador e do artista tudo quanto pode dar, são *Um estadista do Império* e a *Minha formação*. Trabalhos de gêneros diferentes, dão a medida do estilista, que, despindo-se dos arroubos do tribuno, e das liberdades do poeta, alcança a simplicidade da forma a par da segurança e da beleza das imagens. Realmente, nesses volumes da idade madura, o escritor atinge o apogeu, a uma luz nova, que torna o pôr do sol tão belo quanto a alvorada (Luís Viana Filho).

Sem ser propriamente um literato, Nabuco, em todos os campos a que foi levado, na maioria dos casos por aquele espírito que José Veríssimo chamou de "fundamentalmente político", imprimiu um indelével cunho literário. Na poesia, na sociologia, na tribuna, em tudo enfim quanto palmilhou lá está a marca do gigante. Mas, onde essas virtudes mais se aprimoraram, mostrando, a par do vigor do pensador, toda a riqueza de imaginação, o bom gosto, a graça do escritor, foi sem dúvida na *Minha formação* e no *Um estadista do Império*. Aí o pensador e o artista como que alcançam a sua plenitude. Vejamos, por exemplo, esse trecho inicial sobre *Massangana*: "O traço todo da vida é para muitos um desenho da criança esquecido pelo homem, mas ao qual ele terá sempre que se cingir sem o saber... Pela minha parte acredito não ter nunca transposto o limite das minhas quatro ou cinco primeiras impressões... Os primeiros oito anos da vida foram assim, em certo sentido, os de minha formação, instintiva ou moral, definitiva... Passei esse período inicial, tão remoto, porém, mais presente do que qualquer outro, em um engenho de Pernambuco, minha província natal. A terra era uma das mais vastas e pitorescas da zona do Cabo... Nunca se me retira da vista esse pano de fundo que representa os últimos longes de minha vida. A população do pequeno domínio, inteiramente fechado a qualquer ingerência de fora, como todos os outros feudos da escravidão, compunha-se de escravos, distribuídos pelos compartimentos da senzala, o grande pombal negro ao lado da casa de morada, e de rendeiros, ligados ao proprietário pelo benefício da casa de barro que os agasalhava ou da pequena cultura que ele lhes consentia em suas terras.

No centro do pequeno cantão de escravos levantava-se a residência do senhor, olhando para os edifícios da moagem, e tendo por trás, em uma ondulação do terreno, a capela sob a invocação de São Mateus. Pelo declive do pasto árvores isoladas abrigavam sob sua umbela impenetrável grupos de gado sonolento. Na planície estendiam-se os canaviais cortados pela alameda tortuosa de antigos ingás carregados de musgos e cipós, que sombreavam de lado a lado o pequeno rio Ipojuca. Era por essa água quase dormente sobre os seus largos bancos de areia que se embarcava o açúcar para o Recife; ela alimentava perto da casa um grande viveiro, rondado pelos jacarés, a que os negros davam caça, e nomeado pelas suas pescarias. Mais longe começavam os mangues que chegavam até à costa de Nazaré... Durante o dia, pelos grandes calores, dormia-se a sesta, respirando o aroma, espalhado por toda a parte, das grandes tachas em que cozia o mel. O declinar do sol era deslumbrante, pedaços inteiros da planície transformavam-se em uma poeira d'ouro; a boca da noite, hora das boninas e dos bacurais, era agradável e balsâmica, depois o silêncio dos céus estrelados majestoso e profundo. De todas essas impressões nenhuma morrerá em mim. Os filhos de pescadores sentirão sempre debaixo dos pés o roçar das areias da praia e ouvirão o ruído da vaga. Eu por vezes acredito pisar a espessa camada de canas caídas da moenda e escuto o rangido longínquo dos grandes carros de bois..."

Essa página de evocação da primeira infância tem merecido a honra das antologias. Não é, porém, a única a que se poderia atribuir essa láurea. Coletânea de artigos autobiográficos publicados no *Comércio de São Paulo*, em 1895, aos quais reuniu Nabuco outras recordações, *Minha formação*, como livro de memórias, oferece a originalidade de não obedecer a uma ordem cronológica, e, portanto, não apresentar os fatos e as lembranças dentro de uma sequência. Sob esse aspecto, poderíamos até dizer que é um livro desativado. O que não impede seja um livro encantador, quer pelo equilíbrio, tão difícil de conseguir no gênero, quer pelas notas de simpatia humana de que está fundamente marcado. Nesse caso, por exemplo, está o que escreveu nos capítulos "Meu pai" e o barão de Tautphoeus" ambos impregnados de extraordinária força evocativa, que bem revela o poder do memorialista.

Assim, dotado de raro senso estético, e tocado por uma nota de suave e discreto lirismo, Nabuco escreveu maravilhosamente numa língua que nada tinha de castiça. "Desdenhou a correção portuguesa" — disse dele Graça Aranha — "e escreveu esplendidamente em uma feliz linguagem incorrecta." A observação é exata. Numa linguagem em que sobrepõe a tudo a nitidez e a harmonia da frase. É, aliás, o que explica tenha Nabuco enviado a Graça Aranha estas impressões sobre *Os sertões*: "Vou ler o *Japão*. Quanto a *Os sertões* não pude. Não é o caso somente de empregar a expressão *tão expressiva* — "Les arbres êmpechent de voir la forêt; é também o caso de dizer que a floresta impede de ver as árvores. É um imenso cipoal."

Ao que replicara Graça Aranha: "É muito verdadeira a sua observação sobre o cipoal de *Os sertões*. Ainda assim naquela coivara há fogo brilhante e forte, faíscas transmissoras de incêndio." Nabuco e Euclides, no entanto, almas profundamente diversas, dificilmente se compreenderão.

Cabem aqui algumas linhas sobre o *Um estadista do Império*, obra inspirada, quanto ao seu plano, no livro de Bañados Espinoza sobre o infortunado Presidente Balmaceda. Com ela realizou Nabuco um trabalho que nasceu clássico. E até hoje ainda nada se escreveu de melhor sobre o Segundo Reinado.

A cada passo os perfis emergem em traços nítidos, vigorosos, e que nunca mais se esquecem. O de Zacarias, por exemplo, é imortal: "A sua posição lembra a de um navio de guerra, com os portalós fechados, o convés limpo, os fogos acesos, a equipagem a postos, solitário, inabordável, pronto para a ação."

E sobre Cotegipe: "Nenhum tinha a sua vivacidade, a sua adivinhação, a sua graça, a sua facilidade e compreensão das coisas; ao lado dele os outros parecem morosos, carregados, tristes, de outra raça, como jurisconsultos ou senadores romanos diante de um leve sofista ateniense."

Não são, porém, apenas os retratos que dão ao livro o encanto em que as belezas do estilo se aliam à austeridade do historiador. Os conceitos são justos, precisos, às vezes impecáveis. Este é célebre: "A fatalidade das revoluções é que sem os exaltados não é possível fazê-las, e com eles é impossível governar."

E as próprias épocas parecem condensadas em frases que o tempo não desbota. Dir-se-ia que entrando pela História encontrara Nabuco o seu terreno predileto.

Entretanto, dominado pela natural inquietação do artista, Nabuco jamais se satisfez com a própria criação. Quando ainda o envolvem os aplausos pela publicação de *Um estadista do Império*, ele deixa cair, no seu *Diário* íntimo, esta frase sobre a obra imortal que desejaria ter escrito: "Talvez um poema em prosa como *Os mártires*. Uma obra ante a qual o artista pudesse exclamar confiante: 'Il y avait quelque chose là.'"

E por ocasião da publicação de *Minha formação*: "No todo, porém, a sensação de vazio, de insuficiência, de decepção, de enfado, que estou certo mesmo a obra mais genial, tivesse eu escrito as mais belas páginas de Chateaubriand ou de Renan, me havia de causar..."

Insatisfação que diz bem do artista, e que talvez explique, pelo menos em parte, as tentativas que fez em vários gêneros literários. Do período posterior à queda da monarquia são, além dos dois volumes acima citados, *A intervenção estrangeira durante a revolta*, *Balmaceda*, *L'option*; e os *Pensées detachées et souvenirs*, volume de pensamentos, que alguns consideraram a obra fundamental do espírito de Nabuco. Isso sem falarmos em *O direito do Brasil*, defesa dos nossos direitos no caso dos limites com a Guiana Inglesa, e sobre o qual Rui Barbosa, tão sensível à limpidez do estilo, diria que pelas qualidades "de crítica, de argumentação, de lógica, de bom senso, de clareza, de tino e de amenidade, elegância, brilho" "em matéria tão seca, tediosa e longa" seria esse trabalho porventura, a "mais notável expressão" do talento de Nabuco.

O mais importante é que através de uma existência por vezes agitada, quase sempre dominada pela vocação política, Nabuco, talvez involuntariamente, conservou indefectível fidelidade às boas letras. Nele, "o talento literário realçou de tal maneira a feição política, que era a principal do seu espírito, que fê-lo um verdadeiro, um grande escritor". Um grande escritor que é também um grande pensador, e em cujas obras descobrimos a personalidade do estilista, que vaza as suas ideias em fórmulas exatas, claras e agradáveis. À profundeza dos conceitos ele soube associar a elegância da forma. E, em resumo, é isso que nos dá a medida da sua figura literária.

RUI BARBOSA[*]

---

[*] Rui Barbosa (Salvador, 1849 — Petrópolis, 1923), depois de cursar direito em Recife, bacharelou-se na Faculdade de São Paulo. Iniciando a carreira política na Bahia, fez-se deputado em 1879, passando daí em diante a residir no Rio de Janeiro. Fora da Câmara, em 1889 empreendeu uma campanha jornalística ("A queda do Império"), da qual sai para o Ministério da Fazenda no Governo Provisório. Aí, é parte principal na implantação do federalismo e do regime de separação entre a Igreja e o Estado, num espírito que explicará num discurso de encerramento de aulas no Colégio Anchieta, de Nova Friburgo, em 1903; realiza, sobretudo, a constitucionalização do país. Deixa o governo em 1891 — janeiro. Sua oposição a processos políticos legalmente injustificáveis leva-o a uma admirável atividade forense que assenta o princípio do controle judiciário, amplia o conceito de *habeas corpus* e fixa os limites do estado de sítio. Isso, e a atividade no parlamento e, ainda mais, na imprensa (*Jornal do Brasil*, em 1893) levam-no ao exílio. Escreve as *Cartas de Inglaterra*. Ao regressar, funda o Partido Republicano Conservador e ergue a bandeira da revisão constitucional que sustentará até o fim da vida. Sua atuação em Haia, seus discursos a propósito da guerra europeia de 1914 e a conferência que pronunciou em Buenos Aires, em 1916, sobre os deveres dos neutros na guerra, aplicam à vida internacional os princípios inspiradores de sua atuação na vida interna do país, tanto nas atividades já citadas quanto nas que se seguiram ininterruptamente e que culminaram nas jornadas de 1910 (civilismo) e 1919.
Pertenceu à Academia Brasileira de Letras, de que foi Presidente.

Bibliografia

A obra de Rui Barbosa, imensa e dispersa, pertence à bibliografia política e jurídica, antes que à literária. A sua reunião em *Obras completas* e *Obras seletas* vem sendo oficialmente empreendida, de modo criterioso, pela Casa de Rui Barbosa, o que facilitará o seu acesso.

1 — OBRAS PRINCIPAIS PUBLICADAS EM VIDA DO AUTOR
O Papa e o Concílio. 1877; *Relatório do Ministro da Fazenda*. 1891; *Finanças e política da República*. 1892; *Os atos inconstitucionais do Congresso e do Executivo ante a Justiça Federal*. 1893; *Cartas de Inglaterra*. 1896; *Anistia inversa*. 1896; *Posse dos direitos pessoais*. 1900; *Réplica às defesas da redação do projeto do Código Civil*. 1904; *O Acre Setentrional. Reivindicação do Estado do Amazonas*. 1906; *Actes et discours*. 1907; *Eleição Presidencial*.

1910-1922; *Páginas literárias.* 1918; *Cartas políticas e literárias.* 1919; *Oração aos moços.* 1920; *A queda do Império,* 1921.

II — OBRAS COMPLETAS

Pelos decretos legislativos 4.789, de 2/1/1924, e 16.651, de 3/10/1924, foi o Governo autorizado a adquirir, e adquiriu, a propriedade intelectual das obras de Rui Barbosa, passando, pois, ao Estado, os respectivos direitos autorais.

O decreto 3.668, de 30/9/1941, que dispôs sobre a publicação das *Obras completas de Rui Barbosa,* determinou fosse adotado um plano cronológico (de 1871 a 1923), que abrangerá cinquenta volumes, desdobráveis em tomos, se assim o exigir o número ou a extensão dos trabalhos, precedidos de prefácios e acompanhados de notas, sempre que se tornarem necessários ao esclarecimengo bibliográfico.

A Casa de Rui Barbosa, incumbida de dar execução ao plano, já publicou (1958): Vol. I — 1865-1871 — Tomo I. Primeiros Trabalhos; Vol. VI — 1879 — Tomo I. Discursos Parlamentares; Vol. VII — 1880 — Tomo I. Discursos Parlamentares; Vol. VIII — 1881 — Tomo I. Trabalhos Diversos; Vol. IX — 1882 — Tomo 1. Reforma do Ensino Secundário e Superior; Tomo II. Discursos e Trabalhos Parlamentares; Vol. X — 1883 — Tomos I a IV. Reforma do Ensino Primário; Vol. XI — 1884: Tomo I. Discursos Parlamentares. Emancipação dos Escravos; Tomo II — 1886 — Tomo I. Lições de Coisas; Vol. XIV — 1887 — Tomo I. Questão Militar. Abolicionismo. Trabalhos Jurídicos. Swift; Vol. XVI — 1889 — Tomos I a VII — Queda do Império; Vol. XVII — 1890 — Tomo I. A Constituição de 1891; Vol. XVIII — 1891 — Tomo I. Discursos Parlamentares. Jornalismo; Tomos II a IV. Relatório do Ministro da Fazenda; Vol. XIX — 1892 — Tomo I. Discursos Parlamentares; Tomo II. Discursos e Trabalhos Parlamentares; Tomos III e IV. Trabalhos Jurídicos; Vol. XX-1893 — Tomo I. Visita à Terra Natal. Discursos Parlamentares. Tomos II a IV. Jornal do Brasil; Vol. XXII — 1895. Tomo I. Discursos Parlamentares. Trabalhos Jurídicos; Vol. XXIII — 1896 — Tomo I. Cartas de Inglaterra; Vol. XXIV — 1897 — Tomo I. O P. R. Conservador; Tomos II e III: Trabalhos Jurídicos; Vol. XXV — 1898 — Tomos I a III. A Imprensa; Tomos IV e V. Trabalhos Jurídicos; Tomo VI. Discursos Parlamentares; Tomos III e IV. A Imprensa; Vol. XXVII — 1900 — Tomo I. Rescisão de Contrato. Preservação de uma Obra Pia; Tomo II. Trabalhos Jurídicos; Tomo III. Disc. Parlamentares; Vol. XXVIII — 1901 — Tomo I. Disc. Parlamentares; Vol. XXIX — 1902 — Tomo I. Parecer sobre a Redação do Código Civil; Tomos II e III. Réplica; Tomo V. Disc. Parlamentares; Vol. XXX-1903 — Tomo I. Disc. Parlamentares; Vol. XXXI — 1904 — Tomo 1. Disc. Parlamentares; Tomos II e III.

Trabalhos Jurídicos; Tomo IV. Limites entre o Ceará e o R. G. Norte; Vol. XXXII — 1905 — Tomo I. Disc. Parlamentares; Vol. XXXIX — 1912 — Tomo I. O Caso da Bahia; Vol. XL — 1913 — Tomo I. Cessões de Clientela; Vol. XLVI — 1919 — Tomos I e II. Campanha Presidencial.

III — OBRAS SELETAS

Até 1958 foram publicados:
I — Tribuna Parlamentar. Império (1952); II — Tribuna Parlamentar. República (1954); III — Tribuna Parlamentar. República (1955); IV — Tribuna Parlamentar. República (1955); V — Tribuna Parlamentar. República (1956); VI — Campanhas Jornalísticas. Império (1869-1889) — (1956); VII — Campanhas Jornalísticas.

República (1893-1899) — (1956); VIII — Campanhas Jornalísticas. República (1899-1918) (1957); IX — Tribuna Judiciária (1958); X —Trabalhos Jurídicos (1961); XI —Trabalhos Jurídicos (1962).

Consultar

IV — PUBLICAÇÕES DA CASA DE RUI BARBOSA:
Amora, Paulo. *Roteiro de Rui*, 1957; Baleeiro, Aliomar. *Rui, um estadista no Ministério da Fazenda*, 1952; Bastos, Humberto. *Rui Barbosa, ministro da independência econômica do Brasil*, 1949; Batista Pereira, Antônio. *Rui Barbosa em Santos*, 1956; Belo, José Maria. *Rui Barbosa*, 1956; Bittencourt, Clemente Mariani. *Rui Barbosa*, 1949; Benítez, Justo Pastor. Traducción de *Antologia de Rui Barbosa*. Selección y notas de Luís Viana Filho, 1954; Brito, Lemos. *Rui Barbosa e a igualdade das soberanias*, 1954; Cardim, Elmano. *Rui Barbosa, o jornalista da República*, 1941; Carmo, J. A. Pinto do. *Rui Barbosa e o Dom Quixote*, 1949; Carneiro, José Fernando. *Rui Barbosa defensor da liberdade e da família*, 1954; Carneiro, Levi. *Dois arautos da democracia*, 1954; Carvalho, Antônio Gontijo de. *Rui estudante*, 1949; Carvalho Brito. *O Civilismo em Minas*, 1948; Carvalho Filho, Aluísio de. *Cultura e liberdade*, 1956; Casa de Rui Barbosa. *Conferências* I, II, III, IV; Castro, Aluísio de. *Recordações de Rui Barbosa*, 1956; Chiacchio, Carlos. *Cronologia de Rui*, 1949; Costa, Antônio Joaquim da. *Rui Barbosa na intimidade*, 1949; Dantas, San Tiago. *Dois momentos de Rui Barbosa*, 1949; *Rui Barbosa e o Código Civil*, 1949; Delgado, Luís. *Rui Barbosa*, 1956; Duarte, C. Amazonas. *A atualidade de Rui Barbosa*, 1949; Fontoura, João Neves da — *A conferência de Haia*, 1952; Freire, Laudelino. *Rui*, 1958; Gomes, Ordival Cassiano. *O pai de Rui*, 1949; Leme, Ernesto. *Rui e São Paulo*, 1949; Lacerda, Virgínia Corte Real, Regina Monteiro. *Rui Barbosa em Haia*, 1957; Lacombe, Américo Jacobina. *Rio Branco y Rui Barbosa* (Versión Cast. de J. Alarcón Fernández), 1955; *Rui Barbosa e a primeira Constituição da República*, 1949; Leme, Ernesto. *Rui Barbosa e a Faculdade de Direito de São Paulo*, 1954; Lima, Herman. *Rui e a caricatura*, 1949; Lourenço Filho. *À margem dos "Pareceres" de Rui sobre o ensino*, 1945; Lopes, Murilo Ribeiro. *Rui Barbosa e a Marinha*, 1953; Magalhães. Dario de Almeida, *Rui Barbosa no Supremo Tribunal*, 1949; Meireles, Cecília. *Rui. Pequena história de uma grande vida*, 1949; Melo, Leopoldo Cunha. *Discurso*, 1949; Miranda, Floresta de. *Rui Barbosa and England*, 1954; Morais, M. S. Mendes de. *Repertório da Réplica de Rui Barbosa*, 1950; Moura, Américo de, *Rui e a Réplica*, 1949; Nery, Fernando. *Rui Barbosa (1849-1923)*, 1949; Nogueira, Rubem. *Rui Barbosa e a técnica da advocacia*, 1956; Orico, Osvaldo. *Momentos estelares de Rui Barbosa*, 1954; Palha, Américo. *História da vida de Rui Barbosa*, 2. ed., 1954; Pereira, M. F. Pinto. *Rui, grandeza d'alma*, 1949; Pinto, Edmundo da Luz. *Rui Barbosa, patrono dos advogados brasileiros*, 1956; Pires, Homero. *Anglo American political influences on Rui Barbosa* (Transl. by Sylvia Medrado Clinton), 1949; Readers, Georges. *Rui Barbosa et la France*, 1949; Reale, Miguel. *Posição de Rui Barbosa no mundo da filosofia*, 1949; Rebel, Pereira, *Rui em Haia*, 1954; Ribeiro, Joaquim. *Rui Barbosa e João Ribeiro*, 1958; Rosa, Rubem. *Rui Barbosa e o Tribunal de Contas*, 1949; Scelle, Georges; Delorenzo Neto, Antônio. *Commemoration du Centenaire de Rui Barbosa*, 1953; Schmidt, Augusto Frederico. *Rui Barbosa defensor do homem*, 1942; Silva, Alberto, *Virtudes de Rui Barbosa*, 1956; Silva, Edmundo de Macedo Soares e. *Rui Barbosa*, 1949; Simon, Michel. *Ruy*, 1949; Smith, Carleton Sprague. *Os livros norte-americanos no pensamento de Rui Barbosa*, 1945; Sousa, J. Ferreira de. *Rui, paraninfo de*

Entre os episódios mais conhecidos da vida de Rui Barbosa, encontra-se

bacharéis, 1949; Sousa, Maria Mercedes Lopes de. *Rui Barbosa e José Marcelino,* 1950; Sousa, Roberto Pinto de. *Rui, o financista,* 1949; Strowski, Fortunat. *Le livre français dans la bibliotheque de Ruy Barbosa,* 1941; Viana Filho, Luís. *Antologia de Rui Barbosa,* 1953.

V — OUTRAS PUBLICAÇÕES

Alves, Constâncio. *Discurso,* 1918; 1912; Arrais, R. de Monte. *Cidadão de dois mundos. Rui Barbosa, numa síntese interpretativa,* 1952: Batista Pereira, Antônio. *Rui Barbosa e o Rio Grande do Sul,* 1923; idem. *Rui Barbosa e o Supremo Tribunal,* 1923; idem. *Diretrizes de Rui Barbosa,* 1932; *Rui Barbosa, Catálogo de suas obras,* 1929; Cardoso, Clodomir. *Rui Barbosa,* 1926; Carneiro Ribeiro. *Ligeiras observações sobre as emendas do Dr. Rui Barbosa feitas à redação do Projeto do Código Civil,* 1917; Corrêa, Dom F. Aquino. *Rui Barbosa e os moços,* 1941; Delgado, Luís. *Rui Barbosa* (Tentativa de compreensão e de síntese), 1945; Ferreira, S. J., Pe. Antônio. *Rui Barbosa em face da religião,* 1918; Figueiredo, Fidelino. *A personalidade literária de Rui Barbosa,* 1942 (In *Brasília,* vol. I); Lacombe, Américo Jacobina. *Formação literária de Rui Barbosa,* 1954; Ledo, João. *Vocabulário de Rui Barbosa,* 1924, 1949; Lima-Barbosa, Mário de. *Rui Barbosa na política e na história,* 1916; idem. *Rui Barbosa. De la conference de la Haye à la guerre des Nations,* s.d.; Lima, Carlos Henrique da Rocha. *Através da "Oração aos moços"* (Tentativa de interpretação estilística de Rui Barbosa), 1949; Logothétis, Achille. *Rui Barbosa,* 1955; Mangabeira, João. *Rui. O estadista da República,* 1943; Marques, Xavier. *Letras acadêmicas,* 1933; Melo, Gladstone Chaves de. *A língua e o estilo de Rui Barbosa,* 1950; Mendes Neto, João. *Rui Barbosa e a lógica jurídica,* 1943; Nazareth, Meneses. *Rui Barbosa, sua vida e sua obra,* 1915; Moniz Sodré. *Rui Barbosa perante a história,* 1919; Morais, Antão de. *Rui Barbosa,* 1923; Mota Filho, Cândido. *Rui Barbosa, esse desconhecido...,* 1942; Nery, Fernando. *Rui Barbosa e o Código Civil,* 1931; idem. *Rui Barbosa,* 1932; Nóbrega, Arthur Raggio. *Rui Barbosa,* 1918; Nogueira, Rubem. O *advogado Rui Barbosa,* 1949; idem. *História de Rui Barbosa,* 1954; Pinto, Pedro A. *Regências de verbos na Réplica de Rui Barbosa,* 1952; Pires, Homero. *Rui Barbosa, escritor e orador,* 1922; *As influências políticas anglo-americanas em Rui Barbosa,* 1942; Rebelo Gonçalves. *A eloquência de Rui Barbosa,* 1941 (In *Brasília,* 1942). Ribeiro, João. *Rui Barbosa,* 1918; Sá Nunes, José de. *Comentários à* Réplica *de Rui Barbosa,* s.d.; Silva, Collemar Natal. *Rui Barbosa em seu tempo e em seu meio,* 1928; Soares, Vital. *Rui, jurista e advogado,* 1918; Viana Filho, Luís. *A vida de Rui Barbosa,* 1941.

Publicações entre 1958 e 1969:
Vol. XIII — 1886 — Tomo II: Trabalhos Diversos (Questão do Convento da Ajuda. Abolição de Atravessadores. Homenagem a José Bonifácio; Vol. IV — 1888 — Tomo I. Trabalhos Diversos (O Ano Político. Abolicionismo. Trab. Jurídicos); Vol. XX — 1893 — Tomo V. Trabalhos Jurídicos (Os Atos Inconstitucionais. Habeas-Corpus, Pareceres); Vol. XXIII — 1896 — Impostos Interestaduais (Polêmica com Américo Cavalcanti); Vol. XXVI — 1899 — Tomo V. A Imprensa; Vol. XXVI — 1899 — Tomo VI. A Imprensa; Vol. XXVI — 1899 — Tomo VII. A Imprensa; Vol. XXXII — 1905 — Tomo II. Trabalhos Jurídicos (*O impeachment* na Const. da Bahia — etc.); Vol. XXXII — 1905 — Tomo III. Código Civil — Parecer Jurídico; Vol. XXXIII — 1906 — Tomo II. Trabalhos Jurídicos; Vol. XXXIV — 1907 — Tomo I. Discursos parlamentares; Vol. XXXIV — 1907 — Tomo II. A Segunda Conferência da paz; Vol. XXXV — 1908

o que ocorreu em 1918, quando se houve de celebrar o cinquentenário de sua carreira pública, iniciada oficialmente com um discurso de saudação ao político José Bonifácio, o Moço, a propósito de atitudes deste na substituição do gabinete ministerial de Zacarias. Pretendeu-se, de começo, dar às festas o cunho de uma comemoração puramente literária. E Rui protestou: seu jubileu não era literário, mas cívico. "... Esses cinquenta anos não me decorreram na contemplação do belo, nos laboratórios da arte, no culto das letras pelas letras. (...) A minha vida toda se desdobra nos comícios e nos tribunais, na imprensa militante ou na tribuna parlamentar, em oposições ou revoluções, em combate a regimes estabelecidos e organização de novos regimes. (...) É uma vida inteira de ação, peleja ou apostolado."

Assim falou ele, quando inauguraram seu busto na Biblioteca Nacional. E tendo recordado, passo a passo, o que vivera, resumiu: "Uma existência vivida assim nos campos de batalha, tecida assim, toda ela, dos fios da ação combatente, não se desnatura da sua substância, não se desintegra dos seus elementos orgânicos, para se apresentar desvestida e transmudada naquilo que ela tem menos, na mera existência de um homem de letras. Como quer que se encare, boa ou má, é a de um missionário, é a de um soldado, é, a de um construtor. As letras nela entram apenas como a forma da palavra que reveste o pensamento, como

---

— Tomo I. Discursos parlamentares; Vol. XXXV — 1908 — Tomo II. Trabalhos Jurídicos (Os privilégios exclusivos); Vol. XXXVI — 1909 — Tomo I. Excursão eleitoral; Vol. XXXVII — 1910 — Tomo I. Excursão eleitoral; Vol. XXXIX — 1912 — Tomo II. Trabalhos Jurídicos (Pareceres); Vol. XL — 1913 — Tomo II. Trabalhos Jurídicos (acumulações, etc.); Vol. XL — 1913 — Tomo III. Trabalhos Jurídicos; Vol. XL — 1913 — Tomo IV. Discursos parlamentares (O caso do Amazonas); Vol. XL — 1913 — Tomo V. Discursos parlamentares e jornalismo (Entrevistas); Vol. XLII — 1915 — Tomo I. Limites interestaduais; Vol. XLIII — 1916 — Tomo II. Trabalhos Jurídicos; Vol. XLV — 1918 — Tomo I. Questões de portos no Brasil; Vol. XLVIII — 1921 — Tomo I. (Cláusula enquanto bem servir).

Sobre Rui:
Publicações posteriores a 1958;
Correspondência do Cons. M. P. de Sousa Dantas, 1962; Rui Barbosa. *Trechos escolhidos*. Rio de Janeiro: Agir, 1962 (Nossos Clássicos, n. 67); *Homenagem a Rui Barbosa* (Exposição na Casa de Rui Barbosa, com excelente documentário). Rio de Janeiro, 1967. Almeida, Isaías Alves de. *Vocação pedagógica de Rui*. Rio de Janeiro, 1959; Bandeira, Carlos Viana. *Lado a lado de Rui*. Rio de Janeiro, 1960; Fontoura, João Neves da. *Rui Barbosa, Orador*. Rio de Janeiro, 1960; Jorge, Salomão. *Um piolho na asa da águia*. São Paulo, 1965; Magalhães Jr., R. *Rui, o homem e o mito*. Rio de Janeiro, 1965; Melo, J. Soares de. *Rui e a questão Dreyfus*. São Paulo, 1968; Orico, Osvaldo. *Rui, o mito e o mico*. Rio de Janeiro, 1965; Real, Regina Monteiro. *Rui Barbosa em Buenos Aires*. Rio de Janeiro, 1969; Ribeiro, Fernanda Leite. *A Ruiana da Universidade de Brasília*. Rio de Janeiro, 1967; Universidade Federal da Bahia. *Presença de Rui na vida brasileira*. Salvador, 1967; Vilas-Boas, N. Bastos. *A Rui o que é de Rui*. RJ, 1958.

a eloquência que dobra o poder das ideias, como a beleza aparente que reflete a beleza interior, como a condição de asseio que lhe dá clareza às opiniões, que as dota de elegância, que as faz inteligíveis e amáveis."[2]

Seria esse o julgamento de Rui Barbosa sobre a sua posição na história das letras nacionais: julgava-se um político, amando a sua língua e procurando fazê-la correta e expressiva por ver nisso condição de um bom trabalho.

No entanto, várias circunstâncias convergem para tornar menos simples o problema.

Em primeiro lugar, a mesma circunstância de não ser ele o único nem, talvez, o melhor juiz sobre o assunto. A medida de sua capacidade, não seria ele, provavelmente, o mais apto a fornecê-la. E seria o caso de se indagar se um homem que tanto influiu em nossa consciência coletiva, que teve uma irradiação pessoal jamais igualada em nossa história, que se fez uma espécie de ídolo, sinônimo na crença popular de inteligência e talento, não teria de ser também mestre nosso num empenho que tanto está em nossa índole, apesar do que andamos a dizer e fingir: o empenho de falar certo e, às vezes, até, de falar bonito.

É evidente, por outro lado, que Rui se preocupou com isso, de um modo, vamos dizer, profissional. O esforço do seu contemporâneo Machado de Assis pela boa linguagem era muito menos visível, escondendo-se na rigorosa e perfeita simplicidade do seu estilo. Mas, em Rui, como em Vieira, há um ostensivo gosto, uma como volúpia na demora com que pensa os termos, com que escolhe e arranja as frases. Ele é artista, quer sê-lo.

Reflexo da primeira circunstância apontada, uma terceira aparece: o clamor de seus discípulos ou admiradores. Seja um João Leda, do fundo de sua província amazônica, escrevendo, em 1923: "A unanimidade crítica consagrou Rui Barbosa o máximo escritor da nossa língua, nos dois países que a falam."[3] Seja Luís Viana Filho, trinta anos depois: "O escritor [...] tira da palavra escrita toda a beleza, todas as harmonias que é possível. Ora, é severo, ora suave, ora irônico, ora sarcástico. E é sempre perfeito."[4]

Sem dúvida, surgem vozes discordantes — e são vozes que se podem fazer irreverentes e agressivas. Desconte-se, porém, a necessária manifestação de sensibilidades pessoais de outro molde, e ver-se-á que em tais restrições há muita repulsa aos exageros do louvor comum. Pois, na verdade, a impressão geral é a de que Rui Barbosa é um monumento na paisagem de nossa literatura, um monumento distante, desconhecido, complicado. Que poucos têm vontade de ir ver. Mas, que todos sabem que existe.

*

Para alcançar o sentido do que ele fez literariamente, é mister olhar o gênero que escolheu.

Foi ele, antes de mais nada, um orador.

E cabem aqui, por judiciosas, as palavras de Lúcia Miguel Pereira: "Natureza extrovertida de lutador, de homem ativo e enérgico, não foi levado apenas pelas injunções do ofício que Rui Barbosa encontrou na oratória a sua completa e admirável expressão; só nessa mistura dos dons mais puramente intelectuais e das virtudes práticas que o discurso bem entendido se manifestaria inteiramente a sua vocação."[5]

O característico do orador é ter diante de si um público a escutá-lo e a sofrer a sua influência. Um poeta está só consigo. Um romancista move-se entre seres imaginados, seus personagens. Um orador enfrenta uma multidão, com o desejo de dominá-la e sob o risco de perdê-la. A essa multidão esforça-se por transmitir suas ideias, pelo gesto, pelo tom, pela vida. Um fundo de vitalidade e um ar de publicidade são notas dominantes na arte do orador que não pode ser nunca um recolhido, que tem sempre de ser um expansivo, um aberto. Tais notas estarão presentes também na representação teatral, se bem que em outro registro: pois aqui é espetáculo o que, ali, é persuasão e convencimento. Num paralelo fácil, poder-se-ia dizer que o orador vive a sua oração para convencer, ao passo que o ator conversa e contracena para mostrar que vive e como vive.

O artista da oratória, arte assim feita de exteriorizações, sujeita-se, por isso, de modo muito particular ao gosto da assembleia e ao espírito do tempo. É o preço da atenção que lhes irá merecer. Mas, será o prêmio, também.

A esse respeito, pôde Rui Barbosa falar, com deleite e vaidade, numa conferência que escreveu e é documento de seu estilo mais ornado e precioso: "Pouco se me dará, de que, entre certa laia de gente, se abocanhem de estopadas estes meus colóquios com o povo, quando os que deles se maçam não vêm a ser, afinal, senão os que eles amassam. Em vez de os desapreçar por excesso nas dimensões, como a gêneros de refugo, nos quais, com a quantidade, apenas varia o custo do carreto, muito mais justo seria havê-los na estima em que os deve cotar a honra do acolhimento com que sempre me têm distinguido, em condições extraordinárias de apreço e aplauso, todos os auditórios entre os quais até agora se me deu azo de falar. Não negaria eu, decerto, quanto vai de temeridade em me alongar tanto quanto da medida usual me tenho alongado, quando me abalanço a falar, como tantas vezes me tem acontecido, a multidões, por três e quatro horas a fio. Mas, não será menos certo que, durante essas três ou quatro horas de enfiada, me têm elas sempre escutado a pé quedo, não a se espreguiçarem, não cochilando, bocejando ou sussurrando, mas atento, comovendo-se, exaltando-se, indignando-se comigo, sublinhando, ponteando, interrompendo, a cada período, a cada momento, às vezes frase a frase, com os sinais mais calorosos de adesão, com aplausos gerais, com apartes de solidariedade que não raro vão até além da intenção do orador; e, ao acabar de cada um desses meus estirões que a incansável acrimônia dos meus desafetos pinta como chorros de palavreado, o recinto contém ainda a mesma concorrência do começo, não aumentada porque já de princípio mais não comportava."[6]

Não se tratará, porém, somente, das assembleias, no plural — esta ou aquela, no Senado, no Teatro Lírico ou no campo de São Cristóvão: tratar-se-á da geração. Pois, quando Rui fala no Politeama, escuta-o o Brasil inteiro; quando fala em Buenos Aires, é o mundo todo que o está ouvindo. Se não houver afinamento psicológico e moral, de sentimentos e de objetivos, entre o orador e o seu tempo, não haverá oratória. Um indivíduo que escreve livros pode aguardar o advento da humanidade que o entenda e aprecie; um que faz discursos, ou será ouvido agora, ou não o será nunca.

À luz dessa dependência, tem-se a observar que Rui Barbosa foi de uma época em que a tendência geral de nossa cultura não ia para a sobriedade.

Nascido dois anos depois de Castro Alves, o ambiente de sua juventude é o do Romantismo dito condoreiro. Engrandecimentos artificiosos da imaginação e da expressão enchem o ar, são comuns, constituindo aquela "fofice nacional" a que aludia o pouco protocolar Sílvio Romero. Mesmo quando havia conteúdo sob as palavras, com que fervor não se entregavam a elas um Coelho Neto, um Euclides da Cunha! Afetações disto ou daquilo, do pensamento, da elegância ou do drama, marcavam a obra de escritores como Graça Aranha, Afrânio Peixoto, Júlio Ribeiro. Havia exemplos em contrário, é certo, e a respeito do maior deles, Machado de Assis, o curioso, socialmente, seria — mais do que a sua grandeza própria — o acatamento, o prestígio de que vivia cercado, nesse ambiente. Pois, a imensa maioria dos vultos representativos olhava outros horizontes, buscava outros padrões.

Se tal inclinação para a solenidade e a pompa se fazia notar nos estilos, havia, quanto à técnica da linguagem, uma preocupação gramatical a que Rui pagou largo tributo, por um lado, e deu enorme incremento, por outro, ao discutir o projeto do Código Civil. Afinal, surgiu um verdadeiro polemista nesses bate-bocas, nessas rezingas. A impressão causada pela *Réplica* assinala a culminância do gênero, consolida alguma coisa do que ficaria (provavelmente porque devesse mesmo ficar) desses debates tão velhos entre nós. O que aparecesse depois iria configurar-se miúdo e anacrônico.

No entanto, o que — mesmo na época — parece haver feito melhor justiça ao pleito entre Rui e Carneiro Ribeiro é um inteligente e malicioso trabalho de José Veríssimo. Da discussão, extrai Veríssimo uma "lição de moral literária": "Cumpre, em matéria da língua portuguesa, sermos moderados e modestos nos nossos juízos, muito cautelosos e prudentes em afirmar o nosso saber e ainda mais em marcar os erros aos outros. Por pouco que eles conheçam os clássicos, raro será que não achem nestes com que se justifiquem e defendam".[7]

E, mais diretamente, com relação a Rui Barbosa e Carneiro Ribeiro: "Sustentando frequentemente doutrinas opostas e contrárias, ambos esses doutores se apoiam nos melhores escritores da língua, nos quais cada um deles acha documentos favoráveis à sua causa. E, o que é singular e me leva ao atrevimento de duvidar da ciência filológica dos dois adversários, é que, reconhecendo-o, não lhes vem nunca, nem a um nem a outro, a ideia lógica, natural, comezinha, de estudar o fato disputado em si mesmo e na sua evolução na língua, na sua significação e, se posso dizer assim, na sua psicologia."[8]

São palavras a aproximar das de um especialista moderno de muito conceito, Gladstone Chaves de Melo, ao negar a Rui a qualidade de filólogo, posto que lhe reconheça a de mestre da língua "porque se aprimorou na arte de bem dizer", porque estudou à larga e a fundo seu idioma, sondando-lhe os recursos, perscrutando-lhe o gênio, investigando-lhe os modos de exprimir, os giros sintáticos, a opulência vocabular", tendo "a paixão da palavra, o gosto da sinonímia, a obsessão do termo justo, o garbo do luxo verbal, a agilidade expressional de desdobrar e tresdobrar o mesmo pensamento em variadas manifestações. Era da família de Cícero e de Vieira".[9]

As modas do tempo facilitaram, portanto, a Rui expandir-se num rumo em que chegou, algumas vezes, a passar da medida justa. Ou da medida que, ao nosso gosto, seria justa... Pois, conviria também procurar as balanças em que se aferisse o cuidado de grandeza daqueles anos, podendo fazer-se grandiloquência e superfluidade, e a preocupação de leveza nestes nossos, podendo ficar na banalidade e no superficialismo.

Mas o ponto de partida da jornada estava nele: no gênero que escolheu — e que escolheu menos por uma preferência gratuita do que por uma exigência dos seus ideais e do seu gênio.

*

Cumpre citar de novo Lúcia Miguel Pereira, no prefácio já aludido: "Não será nem de leve diminuir Rui Barbosa dizer que foi, acima de tudo, um jurista e um cidadão, que a sua concepção da vida foi essencialmente jurídica e política."[10]

No centro de tudo, é preferível dizer que havia uma concepção moral. Uma concepção que, ao longo da existência, ele veio aclarando e definindo cada vez mais, descobrindo-lhe a índole e as fontes, até poder resumi-la naquele documento de prodigiosa intensidade espiritual que foi o discurso de agradecimento, depois da missa campal, nas festas do jubileu, em 11 de agosto de 1918: "Da vitória do bem não duvidei jamais porque nunca me vacilou a crença na vossa justiça" — isto é: na justiça de Deus.

Essa vitória do bem que é verdade, justiça e fraternidade, viveu Rui a convocar não só seu povo senão ainda todos os povos a promovê-la. E aqui estava o núcleo da sua atuação jurídica e política, a origem do seu civismo.

No referido discurso, impressionante demonstração do grau de limpidez e energia que a sua arte lograva atingir, Rui Barbosa aproxima as suas festas e o fim da guerra na Europa rejubilando-se de caber-lhe "a dita sem preço de ver, no esboçar-se da vitória dos povos contra os déspotas, na confissão do valor dos pequenos pelos grandes Estados, na próxima união das nações, o amanhecer desses ideais de legalidade e direito, de tolerância e democracia, de paz e fraternidade, que os vossos evangelhos nos entremostram há mais de mil e novecentos anos". E não era isso também o que ele intentara criar na sua pátria? Não era isso o que pedia a Deus fizesse florescer nela? "Se os governos do país cobrarem o sentimento dos seus deveres. Se os seus cidadãos adquirirem a consciência dos seus direitos. Se os seus homens de Estado mudarem de costumes. Se a sua política se regenerar dos seus pecados mortais. Se as suas leis começarem a ser observadas. Se o seu povo se assenhorear dos seus recursos, exercitar as suas forças, recuperar a sua autoridade, tomar nas suas próprias mãos o seu destino. Para que não nos desonremos e percamos traindo os vossos mandatos. Para que nos conselhos das nações nos não caiba apenas um assento de complacência. Para que na elaboração da humanidade porvindoura não entremos como elemento negativo."[11]

Quem examina a biografia de Rui Barbosa não pode deixar de sentir a sinceridade com que ele serviu a ideais assim altos e generosos. Defendeu-os com sacrifício de ambições e honras, entre exílios e injúrias, com risco da vida. Rugia, como um leão, a demonstrar a coerência e a boa fé com que a eles se dedicava, quando os adversários queriam feri-lo nesse que sabiam ser seu ponto sensível.

E resulta que, pondo a totalidade do coração na luta por objetivos de tamanha importância, o tom de Rui Barbosa é, normalmente, um tom de grandeza. É no mármore que ele trabalha e são grandes conjuntos orquestrais, no vigor de todos os instrumentos, que lhe dão voz. Américo Jacobina Lacombe, que tão íntima e profundamente o conhece, teve uma frase feliz, um pouco a outro propósito, falando dessa "obra que foi feita para a estatuária gigantesca, para as massas, para a distância".[12]

Pode-se, por isso, discordar literariamente de Rui quando intenta pôr na sua pauta melodias mais leves ou mais doces.

Talvez nem mesmo a sua ironia, tão louvada, fosse, em regra, bem-sucedida. Os famosos apólogos não parecem cair sobre o alvo com a rapidez e a segurança que dariam o máximo efeito. Os vocábulos antigos, os procurados sinônimos travam o bote. O que serve a Rui é o ataque direto, golpe ostensivo, a estocada.

Assim também nos seus artigos para a imprensa diária, há muito peso e densidade, de vez em quando. São ensaios ou arrazoados, com frequência. Apelam, mais do que seria razoável, para recursos tipicamente tribunícios.

Mesmo sem esquecermos quantos anos passaram sobre todos esses escritos, mudando os hábitos mudando e as almas, somos forçados a receber sob reserva a segunda parte da legenda que Sílvio Romero, no *Quadro sintético da evolução dos gêneros na literatura brasileira*, após ao nome de Rui: "Sua prosa tem todas as modulações, todos os tons, todos os aspectos, conforme o assunto e o sentimento da ocasião." Quanto à primeira parte da legenda, sim: "Rui Barbosa, este tem tantas qualidades que só se poderia definir dizendo que é, como Vitor Hugo na França, o primeiro talento verbal da nossa raça."[13]

O primeiro talento verbal... Ou, mais do que isso, numa expressão mais nobre e respeitável: a primeira eloquência. Uma eloquência determinada pelo assunto que nele foi único: a elevação do seu povo, a organização da sua nacionalidade, a condução de sua gente — quando não de todos os homens — a planos superiores de civilização e moralidade. Determinada também pelo seu completo domínio sobre a língua que falou e sobre a arte que escolheu, a oratória. Determinada ainda, e sobretudo, pela sua grandeza humana, pessoal. Pois, só um grande coração poderia realizar a tarefa que ele realizou.

Literariamente, Rui Barbosa tem de ser estudado partindo-se da sua alma, da sua vida. E aí se encontrará, possivelmente, a raiz das diferenças de opinião sobre o assunto: os que o encaram como fabricante de lavores, como artífice, gostarão ou não, segundo a formação que tiveram, a sensibilidade que têm; para uns, será "sempre perfeito"; para outros, um cansativo e torturado retórico. Mas, os que olharem, antes de tudo, a missão social que ele assumiu, render-se-ão, admirados, à exatidão, à intensidade, ao acerto, à harmonia, à beleza com que ele disse as coisas que quis dizer. A marca de toda arte está nesse ajustamento. E sob esse aspecto Rui Barbosa foi efetivamente um dos nossos maiores e melhores literatos. Pois, uma literatura não se faz notar apenas pela graça e pela sutileza, pela docilidade com que se presta a exprimir devaneios. Sua virtude não é só a simplicidade: pode ser a pompa e a veemência, em certas horas. Nem só o violino é musical, senão também o órgão.

As páginas fracas ou excessivas que escreveu e os elementos perecíveis de uma obra tão ligada à mutável realidade social, foram largamente evocadas aqui, precisamente para que, diante disso, avultasse, pela perfeição e pela quantidade, a outra parte, a que faz de Rui Barbosa, em nossa língua, um mestre dificilmente igualável na arte de falar e escrever. Sua eloquência nos ensinou até que ponto a nossa língua pode servir à fortaleza da alma, à generosidade viril, à execução dessas duras empresas em que as nações se salvam da desordem, das tiranias e, mais do que isso, da descrença.

NOTAS

1. Ver a propósito: Joaquim Ribeiro. *Rui Barbosa e João Ribeiro*. Rio de Janeiro: Casa de Rui Barbosa, 1958.
2. *Novos discursos e conferências*. Coligidos e revistos por Homero Pires. São Paulo: Livraria Acadêmica, 1933, p. 415, 417.
3. João Leda, *Vocabulário de Rui Barbosa*, 2. ed. Manaus, 1949. p. 23.
4. Luís Viana Filho. *Rui Barbosa — Antologia*. Rio de Janeiro: Casa de Rui Barbosa, 1953, p. V.
5. Lúcia Miguel Pereira. Prefácio as *Cartas de Inglaterra*. Vol. XXIII, tomo I, das *Obras completas* de Rui Barbosa. Rio de Janeiro: Ministério de Educação e Saúde, 1946, p. XV.
6. *A imprensa e o dever da verdade*. Bahia, 1920, p. 11-12.
7. José Veríssimo. *Estudos de Literatura Brasileira*. 6a série. Rio de Janeiro: Garnier, 1907, p. 121.
8. Id., ibid., p. 163.
9. Gladstone Chaves de Melo. *A língua e o estilo de Rui Barbosa*. Rio de Janeiro: Organização Simões, 1950, p. 19-20.
10. In *Cartas de Inglaterra*, prefácio, p. XII.
11. *Novos discursos e conferências*, p. 408.
12. Américo Jacobina Lacombe. Rui Barbosa. Biblioteca do Pensamento Vivo. São Paulo: Livraria Martins, 1944, p. 17.
13. Sílvio Romero. *História da literatura brasileira*. 5 ed. Rio de Janeiro: Livraria José Olympio, 1954, p. 1987.

38. *Franklin de Oliveira*
EUCLIDES DA CUNHA

Definição de Euclides e de Os sertões. Obra de arte da linguagem, epopeia em prosa. Realismo, espírito científico. O estilo euclidiano. O poeta e o ficcionista em Os sertões. Seu senso do coletivo, a obsessão da palavra. Expressionismo e impressionismo. Interpretação do Brasil.

Nascidos no mesmo ano, com antecedência do primeiro em meses, os fados destinaram Joaquim Nabuco e Rui Barbosa a ser duas das mais altas figuras da vida cultural e política brasileira. Formados os espíritos no clima do Romantismo liberal, caminhando paralelamente no sentido das reformas que o século pregava, exerceram atuação na campanha abolicionista, e Rui na republicana. Mas às ideias românticas se acrescentariam as doutrinas que formaram o complexo ideológico da geração realista e naturalista de 1870, e, no plano literário, as preocupações formais e estilísticas do Parnasianismo, sobretudo em Rui, em quem o gosto da palavra, da sonoridade verbal, do rebuscado e inusitado no estilo são bem o exemplo, na prosa política, da concepção estilística que dominava os espíritos nos dois decênios à volta de 1900, e que levava escritores como Coelho Neto e Euclides da Cunha,[*] além do

---

[*] Euclides Rodrigues Pimenta da Cunha (Santa Rita do Rio Negro, RJ, 1866 — Rio de Janeiro, 1909) fez as primeiras letras em diversos colégios na Bahia (Colégio Carneiro Ribeiro) e no Rio de Janeiro (Colégio Aquino) e matriculou-se, em 1886, na Escola Militar, da qual foi desligado em 1888 em virtude de um gesto de rebeldia para com o Ministro da Guerra. Fez também o curso de engenharia, e com a República, tendo sido desde cedo ardoroso republicano, foi readmitido ao Exército, para novamente deixar o serviço militar, em 1896. Dedicou-se à engenharia civil e ao jornalismo, em São Paulo e no Rio de Janeiro. Em missão de imprensa, seguiu para Canudos, a fim de fazer a cobertura da rebelião sertaneja de Antônio Conselheiro para *O Estado de São Paulo*.
Tendo chegado ao teatro das operações em 1º de outubro de 1897, assiste aos últimos dias do combate e à queda do arraial. Antes em Salvador, documenta-se exaustivamente levando tudo o que lhe caía ao alcance a respeito da região e dos antecedentes e primeiros momentos da luta. Foi o material que servir ia para elaborar o seu grande livro *Os sertões* (1902), que teve início nas reportagens e correspondências remetidas para o seu jornal.
Em 1898, dirigindo a reconstrução de uma ponte em São José do Rio Pardo (São Paulo), encontra o grande amigo e estímulo de sua vida, Francisco Escobar, entregando-se então à redação do livro. Trabalha ainda em várias cidades de São Paulo, e em

1907, sob a chefia do Barão do Rio Branco, passa a trabalhar no Itamarati, fazendo parte de várias e importantes missões na Amazônia, em serviços de demarcações de fronteiras, quando empreende arrojadas penetrações na região. Em 1908, fixa-se no Rio de Janeiro, em vida mais calma, exercendo atividades intelectuais. Faz concurso, em 1909, para o Colégio Pedro II, e pouco depois, a 15 de agosto, por questões de família, é assassinado a tiros de revólver, na estação de Piedade.

CRÍTICA: A crítica brasileira e estrangeira, que têm reconhecido em *Os sertões* um dos livros mais significativos e altos da literatura e da cultura nacionais, a obra precisamente que assegurou autonomia e maioridade à inteligência nacional, têm visto nele ora o seu sentido nacionalista, ora os aspectos de ciência natural, de geografia, de etnografia e antropologia, de sociologia, de história social, ora os aspectos artísticos literários e estilísticos, justamente os que têm sido ressaltados nos anos mais recentes, situando o livro antes como uma obra literária do que científica.

É assim um dos livros mais estudados da literatura brasileira e, por certo, um dos que maior influência têm exercido. A sua fortuna crítica é, pois, imensa.

Sem falar na biografia do autor, que tem sido esquadrinhada minuciosamente devido ao caráter trágico de sua vida e do seu fim.

O Grêmio Euclides da Cunha é uma instituição fundada por amigos e admiradores para estudar-lhe a obra e exaltar-lhe a memória e hoje sua maior atividade é em São José do Rio Pardo. O Grêmio publicou, de 1915 a 1939, uma *Revista*, que é fonte fundamental dos estudos euclidianos.

Bibliografia

Os sertões (Campanha de Canudos). 1902; *Relatório da comissão mista brasileiro-peruana de reconhecimento do Alto Purus*. 1906; *Castro Alves e seu tempo*. 1907; *Peru-versus-Bolívia*. 1907; *Contrastes e confrontos*. 1907; *À margem da História*. 1909; *Cartas de Euclides da Cunha a Machado de Assis*. 1931; *Euclides da Cunha a seus amigos*. 1938; *Canudos* (Diário de uma Expedição). 1939.

Deixou ainda numerosos artigos e ensaios esparsos, prefácios e um caderno de versos. Edgard Sussekind de Mendonça elaborou um plano de suas obras completas em 12 volumes. Euclides da Cunha. *Obra completa*. Rio de Janeiro: Cia. José Aguilar Editora, 1966, 2 vols. organizada sob a direção de Afrânio Coutinho (com vasta documentação, estudos, bibliografia, vocabulários, etc.).

Há traduções de *Os sertões* para o inglês, o francês, o espanhol e o dinamarquês.

Consultar

É vasta a bibliografia sobre Euclides da Cunha, quer encarando a vida, quer examinando a obra. As principais fontes bibliográficas são:

Francisco Venâncio Filho. *Euclides da Cunha*. Ensaio bibliográfico. Rio de Janeiro: Academia Brasileira, 1931.

Idem. *Euclides da Cunha*. Rio de Janeiro: Instituto Brasileiro de Geografia e Estatística, 1949.

Idem. *A glória de Euclides da Cunha*. São Paulo: Cia. Editora Nacional, 1940 (Brasiliana).

Simões dos Reis, "Através da imprensa" (in *Euclides*. Rio de Janeiro, 15 agosto 1940, n. 12, tomo 2).

próprio Rui, à técnica da coleção de palavras raras (registradas em caderninhos e mesmo no punho da camisa) para uso oportuno, ou que fez Rui Barbosa ler

---

Artur Mota. *Vultos e livros*. São Paulo, Monteiro Lobato, 1921. Indicam-se abaixo alguns dos principais trabalhos:
Araripe Júnior. "*Os sertões*". *J. Comércio*, 27 fev. 1903; idem. "Dois grandes estilos" (in *Contrastes e confrontos*. Lisboa, 1907); idem. "Dois vulcões extintos". *J. Comércio*, ago. 1909; idem. "Discurso a Afrânio Peixoto". *Rev. Acad. Bras. Letras*. n. 7, 1912; Assis, Dilermando de. *A tragédia da Piedade*. Rio de Janeiro, 1951; Athayde, Tristão, de. *Primeiros Estudos*. Rio de Janeiro, 1948; *Autores e livros*. Supl. Lit. *A Manhã*. Vol. III, n. 5, 16 ago. 1942; e n. 6, 23 ago. 1942; Belo, José Maria. *Inteligência do Brasil*. São Paulo, 1935; Cardoso, V. Licínio. *Figuras e conceitos*. Rio de Janeiro, 1924; idem. *À margem da história do Brasil*. São Paulo, 1938; Chiacchio, Carlos. *Euclides da Cunha. Aspectos singulares*. Suplemento *Jornal de Ala*. Bahia, 11 jan. 1940; *Comemorações Euclidianas*. São Paulo, 1946 e 1947; Coutinho, Afrânio. "*Os sertões*, obra de ficção". *Studia*. Rio de Janeiro, Col. Pedro II, n. 4, dez. 1953. (Repr. in *Conceito de literatura brasileira*, cit.); David, Geo B. *Novas luzes sobre Euclides da Cunha*. Rio de Janeiro, 1945; *Dom Casmurro* (revista), Rio de Janeiro, maio 1946 (número especial); *Euclides* (revista), Rio de Janeiro, 15 ago. 1940; Fortes, Herbert Parentes. *Euclides da Cunha, o estilizador da nossa História*. Rio de Janeiro, 1958; Freyre, Gilberto. *Perfil de Euclides e outros perfis*. Rio de Janeiro, 1944; idem. *Atualidade de Euclides*. Rio de Janeiro, 1941; Gicovate, M. *Euclides da Cunha*. São Paulo, 1952; Gomes, Eugênio. *Visões e revisões*. Rio de Janeiro: INL, 1959; Grieco, Agripino. *Evolução da prosa brasileira*. Rio de Janeiro, 1933; Melo, Dante de. *A verdade sobre Os sertões*. Rio de Janeiro, 1958; Peixoto, Afrânio. *Poeira da estrada*. Rio de Janeiro, 1918; Peregrino, Umberto. *Vocação de Euclides da Cunha*. Rio de Janeiro, 1954; idem. *Os sertões como história militar*. Rio de Janeiro, 1956; Pinto, Pedro A. *Os sertões de Euclides da Cunha: vocabulário e notas lexicológicas*. Rio de Janeiro, 1930; idem. *Brasileirismos e supostos brasileirismos de* Os sertões. Rio de Janeiro, 1931; Pontes, Elói. *A vida dramática de Euclides da Cunha*. Rio de Janeiro, 1938; *Por protesto e adoração. In Memoriam de Euclides da Cunha*. Rio de Janeiro, 1919 (estudos de Afrânio Peixoto, Araripe Jr., Alberto Rangel, Basílio de Magalhães e outros); Putman, Samuel. "Brazil's Greatest Book" (in trad. americana *Revolution in the Backlands*. Chicago, 1945); Rabelo, Sílvio, *Euclides da Cunha*. Rio de Janeiro, 1947; Rangel, Alberto. *Rumos e perspectivas*. São Paulo. 1934; *Revista da Academia Brasileira de Letras*. Rio de Janeiro, agosto 1929 (número consagrado a E. C.); *Revista do Grêmio Euclides da Cunha*. Rio de Janeiro, 1915-1939; Rodrigues, A. da Gama. *Euclides da Cunha, Engenheiro*. São Paulo, 1956; Romero, Sílvio. "Discurso de recepção" (in *Provocações e debates*. Rio de Janeiro, 1910); Roquete Pinto, E. *Ensaios brasilianos*. São Paulo, 1940; idem. *Seixos rolados*; Sampaio, Teodoro. "À memória de Euclides". *Revista Instituto Geográfico Histórico Bahia*, 1919; Silva, João Pinto da. *Vultos do meu caminho*. 1ª série. Porto Alegre, 1918; idem. 2ª série. Porto Alegre, 1926; Sousa Bandeira. *Páginas literárias*. Rio de Janeiro, 1917; Venâncio Filho, Francisco. *Euclides da Cunha*. Ensaio biobibliográfico. Rio de Janeiro: Academia Brasileira, 1931; idem. *Euclides da Cunha a seus amigos*. São Paulo, 1938; idem. *Euclides da Cunha*. Rio de Janeiro: IBGE, 1949; idem. *A glória de Euclides da Cunha*, São Paulo, 1940; Veríssimo, José. "A Campanha de Canudos". *Estudos de literatura brasileira*. V. Rio de Janeiro, 1910: Morais, C. Dante de. "E. C., homem trágico". *Rev. Brasileira*. Rio de Janeiro, n. 21-22, jan./fev. 1958.

o dicionário de Cândido de Figueiredo, traindo nos seus discursos no Senado, pelo predomínio das palavras de inicial igual, a marcha da leitura.

Em um ensaio sobre Goethe e a Alemanha, Croce sugere que os grandes poetas não são intérpretes de seu tempo ou país. Ao contrário, os que se fazem críticos de seu tempo ou de seu país, os que se opõem à sua época, discordam dos padrões vigentes, realizando sua obra em dissonância com tudo o que caracteriza o meio mental e até humano em que vivem. É o caso de Dante em relação aos florentinos; de Cervantes com a Espanha; e Goethe com os alemães. É, entre nós, o caso de Machado de Assis, Raul Pompeia e Euclides da Cunha. Um exame, ainda que ligeiro, da obra de cada um deles mostra como se discanciam profundamente dos cânones artísticos e éticos então dominantes no Brasil.

Como sinal da grandeza de *Os sertões* Alberto Rangel nele via "o gosto sintético dos esquemas e o sentido bifário das antíteses", além da riqueza estilística na qual assinalou, como traço de força, "as precipitações, os retornos, os saltos, os refreios de sua composição literária". Vicente Licínio Cardoso definiu-o como "o Brasil ao ar livre". Roquete Pinto estimou-o como "o livro maior da nossa produção, no sentido de que nele se retratam as qualidades e as faltas da terra". Era, foi, é, "livro escrito para a alma ardente de um povo inquieto". Para Afrânio Peixoto, ele é "apenas o livro que conta o efeito dos sertões na alma de Euclides". Raja Gabaglia, ao apreciá-lo, contentava-se com a visão euclidiana do geógrafo, enquanto, para Roquete, sua importância resultava "da introdução do espírito científico na literatura histórica". Afonso Arinos de Melo Franco surpreendeu em Euclides, "na sua mais patética manifestação, a tragédia do desenvolvimento entre a força intelectual renovadora e o meio social retardatário".

Que é *Os sertões?* José Maria Belo responde: "Um livro grave, onde se agitam alguns problemas capitais da nossa vida política e social." Como "um estudo social do nosso povo firmado até certo ponto na observação direta", compreendeu-o Sílvio Romero, que disse: "De *Os sertões* pode-se tirar uma lição de política, de educação demográfica, de transformação econômica, de remodelamento social". Basílio de Magalhães considerou Euclides "mais preparado do que os seus antecessores para compreender os elementos fundamentais de nossa nacionalidade". Domício da Gama testemunha: "Euclides sabia tudo. Sabia o que eu sabia em letras e mais toda a sociologia e a economia e a política de um pensador enciclopédico. Era a realização de um verdadeiro homem de letras reforçado por um sábio que Fichte preconizara." Tristão de Athayde colocou como os dois grandes livros destes últimos 50 anos *Um estadista do Império*, de Nabuco, e *Os sertões*. Sousa Bandeira pôs toda ênfase de sua visão euclidiana na imagem do sociólogo. Escreve Gilberto Freyre: "Seria um erro ver na paisagem do grande livro um simples capítulo de geografia física e humana do Brasil que outro poderia ter escrito com maior precisão nas minúcias técnicas e maior clareza pedagógica de exposição. A paisagem que transborda *d'Os sertões* é outra: é aquela que a personalidade angustiada de Euclides da Cunha precisou exagerar para completar-se e exprimir-se nela; para afirmar-se — junto com ela — num todo dramaticamente brasileiro em que os mandacarus e os xique-xiques entram para fazer companhia ao escritor solitário, parente deles no apego quixotesco à terra e na coragem de resistir e clamar por ela. Resistir quando todos desistem. Resistir sempre. Clamar no deserto. Clamar pelo deserto. De modo que é Euclides, mais do que a paisagem, que transborda dos limites do livro científico *d'Os sertões*, tornando-o um livro também de poesia..."

Livro também de poesia... Afrânio Coutinho foi mais longe: "... *Os sertões* são uma obra de ficção, uma narrativa heroica, uma epopeia em prosa, da família de *Guerra e paz*, da *Canção de Roland*, e cujo antepassado mais ilustre é a *Ilíada*."

Livro de poesia, sim; narrativa heroica, sim; epopeia em prosa, perfeito. E porque certo tudo isto, é preferível repetir sobre *Os sertões* o que do *Quixote* disse Helmut Hatzfeld: obra de arte da linguagem. Neste conceito cabe o de poesia, hoje entendida como arte essencialmente verbal: arte da palavra.

Quando Afrânio Coutinho refere-se "ao trabalho artístico de transfiguração operado na mente do escritor", está possibilitando o enquadramento de *Os sertões* na categoria de *obra de arte da linguagem*. Está neste fato a sua força. Está também nisto a sua fraqueza — no ponto em que, paradoxalmente, Euclides acomodou-se aos cânones de uma época de verbalismo. Inclusive por este duplo aspecto a definição de *Os sertões* como *obra de arte da linguagem* corresponde melhor à natureza intrínseca do livro do que aquela que o caracteriza como *obra de ficção*. O primeiro a usar esta definição a respeito do livro de Euclides — revela Oto Maria Carpeaux na sua *Pequena bibliografia crítica da literatura brasileira* — foi João Ribeiro. José Veríssimo também falaria em *romance*, a respeito de *Os sertões*.

O livro de Euclides fixa não só o conflito entre a hinterlândia e o litoral, conflito de culturas, choque de etnias. Fixa a crise de uma nação, crise na estrutura econômica e política de um país, e crise das diretrizes da ação social do brasileiro. Conflito de infraestrutura dado na fragmentação vertebrária do Brasil. Todo este quadro de choque, contorção e convulsão é revelado numa clave de grandeza romana, numa prosa imperial, de período marcado pelo dinâmico crescendo das grandes massas sonoras. De onde já se ter falado, talvez com certa impropriedade, de barroquismo a respeito de Euclides. Barroquismo que estaria caracterizado pelas catacreses, antíteses, a construção assindética, certa tendência para o uso do *adynaton* — tudo o que contribui para dar à prosa de Euclides certo ar "fanático", certa feição de estilo imantado pelo magnetismo das forças polares. Barroquismo manifesto nas combinações de imagens dissimilares; na aproximação de palavras que se repelem; na descoberta de semelhanças ocultas em coisas que antes se mostravam díspares; na apresentação do impossível como possível; na progressão imaginativa substituindo a progressão lógica; na intensificação do pormenor; na tendência para a apreensão das imagens em seu momento tensorial mais fremente, qualquer coisa como captação de uma parada brusca no núcleo mesmo do movimento. Depois, o espesso, o coeso, o compacto. O amor do monolítico e da construção monumental. Ainda a tendência para o escultural, o convulso, os traços ásperos, os ângulos mais agudos, os relevos mais agressivos, as arestas mais contundentes. A ausência quase total de nuances, matrizes, inflexões. Nenhuma capacidade para modular — tendência exclusiva ou quase exclusiva para agrupar massas, volumes — nada de meios-tons.

Sobretudo Euclides mostra-se bem pouco brasileiro nas suas virtudes grandes, virtudes de espírito maior: horror à improvisação; culto da responsabilidade intelectual; amor à dignidade do espírito; noção da missão ética, social, humanística do escritor.

Força. Grandeza. Clássico? No sentido em que Thomas Mann define o clássico: "grandeza só, nenhum refinamento."

Poder de concentração, condensação. Sua riqueza, uma saturação. Substância, intensidade, consistência. Rigor estilístico: fuga do superficial e do fácil. Árdua procura: observação direta, representação exata. Nada de romantismo difuso, de relaxamento, de convencionalismo, de pensamento raso. Tampouco de indigência de linguagem. Rigor e vigor expressivos: objetividade, apego físico ao concreto.

Imaginação autêntica: aderida ao fato. Domício da Gama constatou: "Os fatos positivos eram para ele apenas como o lastro de segurança de sua imaginação." Virtudes de escritor fortalecido pela incorporação da disciplina científica, da ordem técnica ao patrimônio puramente literário. Daí seu realismo, não naturalístico, direto, mas radiográfico. Diria: realismo "sumeriano", porque rebentando no épico.

Para José Veríssimo *Os sertões* "é ao mesmo tempo o livro de um homem de ciência, um geógrafo, um etnógrafo; de um homem de pensamento, um filósofo, um sociólogo, um historiador; e de um homem de sentimento, um poeta, um romancista, um artista". Para Sílvio Rabelo, "uma transcrição muitas vezes incompleta, mas outras vezes genial, de uma paisagem física e humana que há quatro séculos esperava o seu observador, e o seu intérprete". Para João Guimarães Rosa, Euclides "tirou à luz o vaqueiro, em primeiro plano e como o essencial do quadro — não mais mero paisagístico, mas ecológico". E acrescenta: "As páginas de Euclides rodaram voz, ensinando-nos o vaqueiro, sua estampa intensa, seu código e currículo, sua humanidade, sua história rude. E tinha conteúdo e direção o que Euclides comunicava em seus superlativos sinceros, na qualidade que melhor lhe cabia dar, nesta nossa largueza descentrada, de extremas misturas humanas, numa incomedida terra de sol e cipós."

Estilo desenfreado — disse Araripe Júnior — "estilo cataclismal e talvez o mais apropriado para descrever os acontecimentos anormais, as revoluções sociais e os desastres dos caracteres". E, ainda de Araripe, sobre Euclides: "Conjunto de qualidades artísticas e de preparo científico posto a serviço de uma alma de poeta."

Essas últimas transcrições de autores brasileiros, de tão diversificada índole, visam a mostrar concordância quanto ao tópico em que todos reconhecem, expressa ou indiretamente, a existência do poeta no autor de *Os sertões* — do poeta e até do ficcionista.

Estamos outra vez em face da tese de Afrânio Coutinho: *Os sertões* "como obra de ficção", e não como obra de arte da linguagem. Justifica Afrânio Coutinho sua tese dizendo que "o que sobreleva a tudo é a sua parte artística — no plano, no conteúdo trágico, na apresentação dos tipos, na movimentação interna, no estilo. O que há nele é um vasto afresco da vida sertaneja em um instante de crise dramática. O sopro de tragédia que lhe varre as páginas é antes da linha das grandes tragédias literárias do que das frias descrições históricas. O *patos* trágico é o motor central que lhe move a intimidade dos sucessos, tal como na obra do grande russo."

Com efeito, não é só a capacidade de Euclides de penetrar a psicologia das massas que lhe caracteriza a vocação de romancista posta em ação em *Os sertões*.

Essa capacidade de fazer psicologia coletiva pode ser até traço de sua incapacidade para ver individualmente o mundo do sujeito, da mesma forma pela qual vê o mundo do objeto. Talvez a sua impossibilidade de atuar através dos meios-tons, a sua menor sensibilidade para as nuances, as transições mais finas, as distinções mais sutis. Uma certa impotência discriminatória, no sentido de incapacidade para apreensão do mais delicado e do mais tênue. Gilberto Freyre viu bem — Euclides é mais Euclides quando trata de "tipos sociais mais densos e mais rebeldes à simplificação".

Onde Euclides mostra sua vocação de ficcionista, de romancista, é na sua capacidade para *movimentar* massas, jogá-las sinfonicamente, larga e numerosamente.

Tanto no movimento de massa quanto no movimento do indivíduo cuja estrutura psicológica possa valer como paradigma. É ver os retratos de Pajeú, Lalau, Pedrão, João Grande, etc. Mas, em matéria de retrato, sua riqueza maior é quando encontra tipos-síntese como o Conselheiro — homens que valem como um mural —, de uma época, de uma situação, de uma humanidade. O que esses retratos oferecem, na sua composição, como mergulho nos subsolos étnicos, culturais, religiosos, psíquicos — mergulho na subterraneidade humana mais escura —, eis o que atrai, polariza, imanta Euclides. Há um passo de *Os sertões* em que Euclides fala da flora que, castigada pelas estiagens, enterra os caules no solo. Este é também seu movimento psicológico ideal — descida às camadas mais fundas, aos lençóis mais profundos. Se o retrato de Moreira César é uma obra-prima, é porque, nesse retrato, aquele militar "socializa "uma série de características das forças mandadas ao crime de Canudos, contra o qual ele, Euclides, se rebelou, e, por isto, fez de *Os sertões,* o seu "livro vingador".

É o coletivo que Euclides busca sempre, até no individual. O coletivo que ele sabe apreender magistralmente nos movimentos de massa — a marcha das expedições, a retirada de tropas batidas, a travessia de Cocorobó. Na descrição da natureza nordestina é ainda assim que age.

Ao assinalar os aspectos de deserto, de sertão, e o esparso da vegetação, é o *vazio* que, como espaço trágico, o impressiona. Também a natureza, para ele, não está só nos cactos, no mandacaru, na cabeça-de-frade, na caatinga, nos carrascais, no agreste, no carandazal, nos movongos — ela está por trás dos homens, dentro dos jagunços. "Quem sitiava o exército?" perguntava Araripe Júnior. "Ninguém. A natureza. As circunstâncias."

Acerta Afrânio Coutinho quando diz que Euclides criou, em *Os sertões*, o seu próprio padrão estrutural, seu cânone arquitetônico. Este cânone consagra sua tendência para a monumentalidade, o escultural, o brônzeo. Compõe, escreve sob o signo do colossal, dos grandes volumes, das massas gigantescas. De onde seu gosto pelo discursivo e o retórico — sua pletora verbal.

A obsessão da palavra pela palavra — eis sua força e, por vezes, sua debilidade. A palavra — entidade que o impelia para o campo da criação poética. Está no *ABC of Reading,* de Ezra Pound: "... Poetry because it is the most concentrated form of verbal expression." Em carta dirigida a Harriet Monroe, Pound diz: "Language is made out of concrete things." A linguagem de Euclides: concreta, dura, áspera, costurada de realidades — as trágicas realidades brasileiras. Se é certo, como diz o grande poeta, que Roma cresceu com o idioma de César, certo é também que o Brasil cresceu com o *estilo de cipó* de Euclides. Cresceu, no sentido em que tomou consciência de seus problemas mais vitais.

Vários autores já acentuaram a presença de vocábulos técnicos embutidos na prosa de Euclides como responsáveis, ou corresponsáveis pelo vigor de seu estilo. Certos traços de precisão, concisão, exatidão decorrem desse fato. Mas o poder de sua frase corre também por conta da adoção de outros recursos de natureza mais tipicamente literária: a utilização dos valores sônicos idênticos, de base consonantal ou vocálica; o emprego da reduplicação vocabular; o uso da antítese continuada; o apelo à hipérbole, ao paradoxo, ao oximoro. Sobretudo, à sua tendência incoercível para jogar com os adjetivos ou transformar quase tudo em adjetivo, ou a quase tudo dar função qualificativa.[1]

De certos recursos para produzir energia, obter relevo da frase, utilizava-se magistralmente Euclides. Um deles: a omissão do artigo definido. Sempre que lhe era possível apelava para tal técnica; evitava também, quanto possível, o emprego das preposições que, em geral, assinalam relações lógicas de inteligência em vez de relações afetivas. Em compensação, outro gosto seu era o da preposição *com* — e isto porque, além de sua dureza sônica, ela serve melhor à expressão de sensações visuais —, e Euclides, como muralista, esforçava-se ao máximo para transformar a visualidade em instrumento de captação e fixação tanto do mundo objetivo quanto do mundo subjetivo. Sua lei era transformar sensações e impressões em imagens plásticas, em realidade esculturais, arquitetônicas.

Outro traço de sua prosa e, mais do que de sua prosa, de sua particular maneira de ver o mundo, era tomar a qualidade pelo objeto; transformar a qualidade no próprio objeto — efeito ou resultado obtido, via de regra, pela substantivação do adjetivo.

Este apego ao adjetivo, ou à função qualificativa, Euclides o estendia aos próprios verbos, cuja função não era só de acionar a frase, dinamizar o tecido expressivo. Na sua prosa vê-se constantemente o gerúndio funcionando como adjetivo — o tempo verbal dura para qualificar a ação ou o objeto.

O emprego da coordenação polissindética que aparece logo na primeira página de *Os sertões* — a repetição de conjunções como elemento de integração das partes construídas — mostra o seu cuidado em evitar o ritmo lento dos períodos. Revela sua preocupação em imprimir maior velocidade e rapidez à frase — mas não só para obter movimento ininterrupto de dicção como para obter, também, maior intensificação afetiva, Maior tensão. Ainda para obter esta maior potencialização afetiva, esta forte concentração de poderes emocionais, extralógicos — operação estranha num engenheiro, num homem de formação positiva, mas vencido pela coisa-maior que é a Arte — Euclides procurava usar, à inglesa, à germânica, o adjetivo antecedendo o substantivo, pois nestes casos, o adjetivo encerra uma apreciação afetiva, alude mais à emoção despertada pelo objeto do que à própria qualidade ou realidade do objeto, enquanto o adjetivo posposto contém apenas uma apreciação lógica do objeto.[2]

Outros recursos euclidianos de busca de energia: o uso de expletivas. Na procura da concisão: o emprego da elipse. Na construção da harmonia: o hipérbato.

Toda a arte de Euclides oscila entre expressionismo e impressionismo. Quando ele atua expressionisticamente, não nos oferece as coisas, mas as ideias das coisas, a ideia do objeto — pensa e sente subjetivamente as coisas. De onde sua tendência para a personificação, a espiritualização do inanimado, a simbolização, a dessexualização. Gilberto Freyre observou bem: "Atraía-o o anguloso, o ossudo, o hirto dos relevos ascéticos. Dos tipos e dos cenários sertanejos, ele destaca os relevos mais duramente angulosos em palavras também duras, quase sem fluidez nenhuma e como que assexuais."

Da técnica impressionista, tomava Euclides o processo de despojar as coisas das correções e retificações lógicas que o homem introduz nos objetos.

A qualidade passava então à condição de representação primeira e imediata. De onde sua tendência panteísta, seu animismo e o seu realismo mítico como método de penetração na realidade. De onde também o seu gosto da onomatopeia, na elaboração estilística, isto é, na representação literária da realidade. Há, em Euclides, como sinal de sua concepção mítica do universo, uma tendência constante para a antropomorfização. Tudo ele vivifica, numa ânsia de extrair do universo um mistério trágico que não está nas coisas, a não ser como doação de seu ser aos objetos.

O estudo pormenorizado de sua elaboração metafórica conduz à identificação de seu realismo como sendo de ordem mítica — na translação de sentido Euclides inclui um evidente elemento de personificação das coisas. No apelo ao vocábulo científico Euclides procurava seu ideal de exatidão expressiva. Seu estilo "científico" tem, em poesia, um correlato na literatura brasileira: Augusto dos Anjos. Condicionado pelo monismo materialista, havia em Augusto dos Anjos a mesma tendência para a hipertrofia dos sentimentos, o gosto de exagerar, a preferência pelos valores plásticos. "Não tinha", diz Gilberto Freyre num estudo cheio de finas observações, à obsessão das palavras suaves nem das vogais sempre doces."

E acrescenta, não sendo difícil concordar com ele: "Limitava-se às formas convencionais do verso, é certo, mas uma aspereza toda sua, uma angulosidade de expressão servida pelo seu conhecimento de palavras duramente científicas, dá aos seus poemas um audacioso sabor mais para os olhos do que para os ouvidos. Em muitos de seus versos a aspereza de sons não é evitada ou mesmo disfarçada, mas procurada; Augusto dos Anjos tira, às vezes, efeitos verdadeiramente surpreendentes de dissonâncias, de combinações fonéticas extravagantes, de consoantes julgadas antimusicais e antipoéticas pela maioria dos versejadores em língua portuguesa e até de polissílabos pedantemente científicos. Há nele alguma coisa que faz pensar em Euclides da Cunha."

Pela cortante nitidez do estilo, a incisividade da ideia, o vigor combativo, a capacidade plástica, os traços impressionísticos de sua prosa, um outro autor que se aproxima de Euclides, e desta vez como precursor, é Raul Pompeia.

A preocupação de concisão "científica" Euclides a destruía, em parte, pelo tom enfático, retórico, eloquente que sistematicamente procurava comunicar à sua prosa poemática, pois nada mais anticientífico do que a ênfase verbal, a intumescência estilística, a inflação retórica.

Luxo vocabular e luxo sintático. Sua frase estruturava-se preferencialmente na ordem inversa. A enunciação de seu pensamento era dada mais sistematicamente através de processos tortuosos, provocados pela parataxe (a litania das copulativas); e a hipotaxe; enfim, pelos recursos que tornam a frase áspera. Seu gosto de afirmar excluía de sua prosa o uso do subjuntivo, o modo por excelência da dúvida, da incerteza. Gilberto Freyre anotou que, pelo amor às sentenças maciças, às generalizações grandiosas, às sínteses sonoras, via-se Euclides impedido de escrever "um *talvez*" — nunca em sua prosa aparece "um *a não ser que*, um *entretanto* a quebrar-lhes em curvas — em curvas irônicas". Carlos Dante de Morais acentua este "gosto de exagerado rigor, de excessivo movimento, trepidação e ruído"; gosto que leva as frases a atropelarem-se "em disparada nervosa".

A atividade mental exige, em Euclides, para sua manifestação, um grande aparato verbal, pouco compatível com seu ideal de concisão científica. É provável que, de seu desejo de influir, de atuar no auditório derivasse a feição discursiva, e até a sua eloquência espraiada na ondulação sonora, movida pelo seu imenso poder de irradiação verbal. Euclides procurava *acelerar* a frase pelo uso, entre outros recursos: do infinito substantivado (técnica segura para provocar a ideia de força, de condensação, de movimento, de ação contínua, de energia). Mas, ao mesmo tempo que assim procedia, dava à frase uma duração suspensa, alçava-a longa no tempo, alcançando esse resultado através do gerúndio (tempo para a ação em curso) e do emprego binário ou ternário dos adjetivos, antepostos ou pospostos em série.

Fala-se muito na riqueza estilística de Euclides. Em verdade, ele dispõe de uma grande reserva vocabular, desde termos e palavras de sabor arcaico à surpresa dos neologismos. Mas a riqueza verdadeira de um escritor não está no menor ou maior número de seu vocabulário; antes, na forma pela qual atrita as palavras, obtendo deste atrito efeitos inusitados, fazendo com que, pelo imprevisto das combinações, as palavras pareçam novas. Em certo sentido, a leitura de Euclides revela mesmo certa pobreza: ele descobriu determinados processos de construir a frase, de estruturar o estilo, e sempre os repete. A fórmula, a mecânica da composição é sempre a mesma — e, bem feitas as contas, todo o seu processo de escrever não é mais que um laborioso processo de adjetivar. Wilson Martins já mostrou como, em Euclides, todas "as categorias gramaticais, o substantivo e o verbo, os advérbios e as expressões prepositivas, tudo é chamado frequentemente a desempenhar e a preencher uma função qualificativa".

Diante do mundo adusto do sertão, ou da explosão verde da Amazônia, mantinha Euclides a mesma atitude verbal. Transformava a um e outro em ingredientes de sua grandiloquência. De uma eloquência que somente continua viva porque sustentada pela sua poderosa consciência social — a consciência ética que levou Euclides a banir da literatura seu sentido diletante, para à literatura dar espírito de missão. Euclides — "o Artista" — disse Alberto Rangel — "cuja exaltação se explica por ter um caráter em ação".

Espírito formado sob o influxo do positivismo, empolgado pelas convicções do fatalismo geográfico e antropológico, muito preso aos cânones do materialismo mecanicista — publicou *Os sertões* em 1902 e só em 1904, em

"Um velho problema", inserido em *Contrastes e confrontos*, tangenciou o materialismo dialético — Euclides não chegou a dar importância devida aos fatores econômicos na exegese de Canudos. Quando saiu da área da interpretação geográfica e racial foi para cair na explicação psiquiátrica, apoiado no maranhense Nina Rodrigues.[3]

No entanto, no episódio da rebelião sertaneja, como um de seus pontos de deflagração, está o gesto de Antônio Conselheiro mandando ao povo que queimasse os editais da Câmara Municipal sobre cobrança de impostos. Alie-se a esse fato, que é de pura circunstância, outro, mais permanente e de mais funda atuação: a natureza feudal da estrutura agrária brasileira. Tinha, de certo modo, senão consciência, pelo menos intuição da índole da revolta — pelo menos de um de seus traços — o latifundiário Barão de Geremoabo quando se referia à seita de comunismo", da qual seria chefe o Conselheiro.

Qual a organização social de Canudos? A de um socialismo primitivo, rudimentar. Em troca do que recebia dos fanáticos e jagunços, Antônio Conselheiro lhes dava tratos de terra que eram cultivados em benefício comum. O "mutirão", instituição agrária de ajuda coletiva, tinha pleno curso em Canudos. Essa feição socialista não passou despercebida à resenha do *Hachette*, de Paris, para o ano de 1897: "le communisme en même temps que le rétablissement de la monarchie" — seria o ideal do Conselheiro. Se já ao tempo do Conselheiro a Bahia estava convulsionada pelas guerrilhas de jagunços, como observou o próprio Euclides, não surpreende que, embora em estado informe, Canudos apresentasse características ou, pelo menos, traços, laivos de revolta agrária.

A *Revolta dos Alfaiates*, de 1798, mostra, desde os tempos coloniais, na Bahia, a existência de correntes e de uma atmosfera senão revolucionária, no mínimo de inconformismo social.

Ao movimento de 1798 Afonso Rui, seu melhor historiador, classifica-o como "a primeira revolução social brasileira".

É um equívoco: a primeira revolução social, de nítida marca econômica, ocorreu em 1684: a revolta de Bequimão, no Maranhão, contra o estanco — "pela opressão que trazia aos povos".[4]

A objeção que se poderia fazer contra uma interpretação de Canudos como revolta agrária só poderia apoiar-se no seu alto teor messiânico. Mas a Guerra dos Camponeses, na Alemanha, paradigma histórico das rebeliões agrárias, não acusa a influência religiosa dos anabatistas?

Engels, no ensaio que lhe dedicou, e que, no assunto, é modelo de exegese marxista, censurou Zimmermann justamente porque, na análise do *Bauernkrieg*, "não chegou a apresentar as questões religiosas".

Euclides, que, dois anos após a publicação de *Os sertões*, enriquecia seu instrumentalismo sociológico, com a visão econômica dos fatos sociais, como o demonstra o ensaio de *Contrastes e confrontos*, provavelmente teria encontrado, nesta angulação, elementos e meios para superar o materialismo mecanicista — geográfico, racial — que hoje compromete o seu grande livro. Contra o que está, porém, superado ou obsoleto em sua análise, reage *Os sertões* pelo que nele há de permanente: seu caráter de obra de arte literária.

O grande papel que Euclides representou no Brasil foi o de fundador de nossa consciência crítica: revelou ao Brasil o sertão da mesma forma pela qual nos iria depois revelar a Amazônia, nas páginas de *À margem da história*. Euclides chegou a pensar em seu segundo "livro vingador": *Um paraíso perdido* — este seria o título, e a temática, a Amazônia. Vários ensaios de *À margem da história* equivalem a capítulos desse livro frustrado. Outro tanto se poderia dizer dos ensaios "Conflito inevitável", "Contra os caucheiros", "Entre o Madeira e o Javari", os quais constituem parte de *Contrastes e confrontos*. "Terra sem história", com que abre *À margem da história*, poderia ser considerado como "exercício" para *Um paraíso perdido*. Outro "exercício" seria "Um clima caluniado". Todos esses ensaios, reunidos ao estudo sobre Floriano, às páginas sobre viação férrea e a revolta da Esquadra (estes últimos de *Contrastes e confrontos*), apresentam um Euclides da Cunha mais maduro que em *Os sertões*, maturidade indicada inclusive na estrutura estilística, mais condensada, de uma economia literária mais contida. Há uma maior decantação de forma, embora em um que outro passo irrompa o antigo e agreste Euclides. Essas virtudes maduras atingem seu momento mais alto nas páginas serenamente vigorosas de *Peru versus Bolívia*.

A obra de Euclides ainda espera uma mais demorada visão de conjunto.

Já o mesmo não ocorre com a vida civil do escritor, sobre a qual dispomos de dois livros básicos: *A vida dramática de Euclides da Cunha*, de Elói Pontes; e *Euclides da Cunha*, de Sílvio Rabelo. A correspondência do escritor foi também tratada com carinho por Francisco Venâncio Filho. Pacientes pesquisas sobre as fontes de *Os sertões* têm sido feitas por José Calazans. Sobre as atividades políticas de Euclides — a de socialista militante — José Aleixo Irmão reuniu documentação destinada a contestar depoimentos de Pascoal Artese, Elói Pontes, Sílvio Rabelo, Gilberto Freyre e Venâncio Filho. A despeito do que possa informar aquele pesquisador paulista, há e não pode ser desprezada a profissão de fé socialista de Euclides — o ensaio "Um velho problema". Por outro lado, sem que isso importe em diminuição, para o prestígio de seu grande livro, temos de reconhecer que *Os sertões* é um livro socializado": ele teria sido impossível sem a colaboração direta de José Escobar, Teodoro Sampaio — e indireta, de Orville Derby, Nina Rodrigues, Gonzaga de Campos.[5]

A "mimesis" brasileira, a representação literária de nossa realidade, na desnorteadora complexidade de seus problemas — "o verdadeiro Brasil nos aterra", diz um trecho de *Contrastes e confrontos* — pulsa com tanta clareza e veemência na obra de Euclides que ela continua sendo um dos mais agudos instrumentos críticos de penetração e julgamento do Brasil. É talvez a mais alta interpretação social do Brasil feita em termos de arte.

NOTAS

1   Sobre esse assunto, ver o estudo de estilística de Herbert Parentes Fortes em: *Euclides, o estilizador de nossa história*. Rio de Janeiro, 1958.
2   Numa carta a Godofredo Rangel, incluída em *A barca de Gleire*, diz Monteiro Lobato: "Euclides evita prepor o adjetivo ao substantivo, o que contraria a lógica da percepção cerebral". E, depois de citar alguns exemplos, afirma: "Ora, em Euclides não há adjetivos prepostos aos substantivos." Tome-se um significativo estilema euclidiano — um que valha como exemplo paradigmático de sua construção. Diz ele: ... a feição de largos plainos ondulados, desmedidos". É exemplo dos mais típicos do processo de cunhagem fraseológica de Euclides. Nele assinalam-se um adjetivo preposto e dois pospostos. A carga qualificativa, a que traduz a emoção despertada pelo objeto, pela coisa plainos, está no adjetivo preposto largos. Os outros dois adjetivos, pospostos, figuram como cláusula rítmica, pura e simplesmente — tanto assim que o último adjetivo posposto — desmedidos — limita-se apenas a reforçar a ideia plástico-emocional contida no adjetivo preposto. O adjetivo correspondia melhor ao tipo visual de Euclides — respondia com maior exatidão ao seu temperamento emocional. Não significa isso que não empregasse ele outro processo — o do adjetivo posposto, ou ainda a combinação dos dois métodos.
    Tudo dependia da necessidade rítmica da frase. Aliás, na mesma carta Lobato refere-se à "sóbria e vigorosa beleza de seu estilo" — e *sóbria* não parece o adjetivo mais adequado para definir a estética euclidiana.
3   Nina Rodrigues, "A loucura epidêmica de Canudos". In *As coletividades anormais*. Rio de Janeiro: Civilização Brasileira, 1939.
4   Sobre a matéria, consultar João Francisco Lisboa, Perdigão Malheiros, João Ribeiro, Rodolfo Garcia.
5   Depoimentos de Francisco Venâncio Filho em *A glória de Euclides da Cunha* e *Euclides da Cunha a seus amigos*; de Carlos Chiacchio, em *Euclides da Cunha, aspectos singulares*; e de Gilberto Freyre, em *Perfil de Euclides e outros perfis*, sem falar nas pesquisas de José Calazans.

39.
LIMA BARRETO *Eugênio Gomes*
COELHO NETO *Otávio de Faria*

O Naturalismo retardatário. Lima Barreto: o homem na obra. Conflito entre a estética e a revolução. O romancista. Sentimento de inferioridade racial e social. Coelho Neto: posição do escritor. Obsessão com o Brasil. Seu realismo. A sua teoria da palavra, seu vocabulário. Retrato nacional.

LIMA BARRETO[*]

Atraído, por alguns fatores irrecusáveis, às lutas de reivindicação transportadas para a estética pelo Naturalismo, a que não fugiu de todo, Lima Barreto teve como afã absorvente a crítica social. Por isso mesmo, era levado a praticar frequentemente a literatura em função do jornalismo e, neste, o panfleto é que melhor se ajustava às suas disposições. Seus escritos, em geral, contêm os resquícios de suas amarguras, de suas decepções e de suas revoltas, quase sempre de maneira ostensiva, o que concorreu para

---

[*] Afonso Henriques de Lima Barreto (Rio de Janeiro, 1881-1922) seguiu o curso de engenharia até o segundo ano e, mediante concurso, foi nomeado amanuense na Secretaria de Guerra.

Bibliografia

ROMANCE: *Recordações do escrivão Isaías Caminha*. 1909; *Triste fim de Policarpo Quaresma*. 1915; *Numa e a ninfa*. 1915; *Vida e morte de M. J. Gonzaga de Sá*. 1919; *Clara dos Anjos*. 1948. CONTOS: *Histórias e sonhos*. 1920. DIVERSOS: *Os brunzundangas*. 1922; *Bagatelas*. 1923. As *Obras completas* de Lima Barreto pertencem à Editora Brasiliense, São Paulo.

Consultar

Autores e livros. v. 4, n. 13, 18/4/1943; Idem. v. 4, n. 17, 23/5/1943; Barbosa, F. de Assis. *A vida de Lima Barreto*. Rio de Janeiro: José Olympio, 1952; Pereira, Astrojildo. Romancista da cidade (*In O romance brasileiro de 1752 a 1930*. Rio de Janeiro, 1952); Serpa, Phocion. *Lima Barreto*, Sauer, 1943.

tumultuar sua obra de ficção, infiltrando-lhe elementos estranhos e prejudiciais à realidade do romance.

Seus extravasamentos de ressentido não obedeciam a nenhuma conveniência, certamente por efeito de uma neurose, exacerbada após a alucinação de seu pai e, mais tarde, pela dipsomania, tão responsável por seus desregramentos de vida.

O fato é que Lima Barreto atraiu para si o inconsciente coletivo da gente de cor, em sua época, quando, entretanto, muitos outros mestiços de talento ocupavam posições de relevo na sociedade, nas letras e na alta política do país. De outro modo não se compreende que tivesse dado tão exageradas proporções a uma luta de. competições que, embora cruel e inumana a certos aspectos, só podia abater os fracos e inaptos.

Deliberadamente empenhado em ridicularizar sem tréguas a sociedade, cujo desdém o feriu tão fundamente, desde suas primícias Lima Barreto procurava converter a literatura numa verdadeira arma de combate. Mas o esforço mais penoso que teve de sustentar, durante os seus vinte anos de atividade literária, foi o que despendeu de qualquer modo, mas sempre negligentemente, para fazer dessa arma um instrumento poderoso. Sua luta com a forma foi a grande luta interior de sua vida desordenada e irregular, menos pela ânsia de imprimir-lhe apurado refinamento artístico do que para a tornar maleável às solicitações de seu vago mas exaltado idealismo redencionista.

Embora sem repudiar os estilistas da literatura ocidental, de Flaubert a Anatole France, e, embora palpitando por uma forma catalisadora e viril que lhe permitisse impor-se como uma espécie de Rousseau à consciência nacional, em quase toda sua produção há indícios flagrantes do afogadilho com que escrevia, arrematando precipitada e impacientemente os seus trabalhos, premido quase sempre pela necessidade de ganho.

Entre o gosto estético e o espírito revolucionário travara-se nele um conflito que, juntamente com os encontrados impulsos de caráter emocional, explicam os desconcertantes contrastes e desníveis de toda sua obra de ficção.

"Leia sempre os russos", recomendava, em carta, a um escritor estreante, em 1919. "Dostoiévski, Tolstoi, Turgueneff, um pouco de Gorki — mas sobretudo o Dostoiévski da *Casa dos mortos* e do *Crime e castigo*." Quando emitiu esse conselho, já havia realizado quase toda sua obra, mas sua impregnação de literatura eslava, especialmente de Dostoiévski, vinha de longe, como se pode inferir da atmosfera espiritual e, concretamente, de algumas passagens do romance *Recordações do escrivão Isaías Caminha*. Essa impregnação nunca se processava apenas literariamente àquela época e, com o correr dos anos, Lima Barreto evoluiu até o socialismo radical. Em sua condição humana, de humilhado e ofendido, os resíduos de indignação e revolta acumulados longamente constituíam o *humus* favorável à germinação fácil de teorias e doutrinas que mais profundamente pudessem determinar a transformação social com que sonhava.

"É chegada no mundo", escrevia ele em 1918 "a hora de reformarmos a sociedade, a humanidade, não politicamente, que nada adianta; mas socialmente, que é tudo". Embora sempre de maneira tumultuária e confusa, as ressonâncias de suas palpitações revolucionárias percorrem-lhe toda a obra, de modo que, por esse aspecto, apresenta um tônus singular em nossa literatura romanesca, anteriormente à deflagração do movimento modernista.

A linha do idealismo em Lima Barreto descreveu muitas curvas, tornando-se por vezes ziguezagueante, segundo os caprichos de seu espírito, o que reflete não só o que havia de negligente na sua personalidade como a ausência de uma formação filosófica sistematizada.

Com a preocupação de transmitir mais viva força à agitação de ideias e às reações que o induziam a prescrever uma reforma antes social que política para a humanidade, é que Lima Barreto fez as suas primeiras tentativas para escrever um romance. Tudo leva a crer que tenha sido inicialmente *Clara dos Anjos*. Não foi simples nem fácil a experiência. A primeira versão, iniciada em 1904, resumiu-se em alguns esboços de capítulos. Alguns anos depois, submeteu o tema às proporções de um conto publicado em 1919. Retomando-o posteriormente, Lima Barreto fez a novela que, ainda sob o mesmo título, saiu depois de sua morte em vários números da *Revista Sousa Cruz*, entre 1923 e 1924. No seu diário, confessa o romancista que o tema desse romance, com o qual esperava escrever a história da escravidão negra no Brasil, perseguiu-o sempre, não tendo podido jamais dominá-lo a contento. O enredo de *Clara dos Anjos* é o caso mais ou menos banal de uma jovem mestiça do subúrbio arrastada à perdição por um branco que, embora rufião comum, pertencia a uma família que se presumia importante devido a ter um de seus membros na diplomacia. No desenvolvimento desse enredo, Lima Barreto não procurava dissimular sequer as suas simpatias e prevenções, mas, não obstante isso, os tipos e os cenários de suas preferências, na atmosfera popular da vida suburbana, vão-se impondo com uma força de verossimilhança que o reabilita do sectarismo de suas tendências. Através dessa novela, a que veio a ficar reduzido o romance tão ambiciosamente planejado, trava-se conhecimento com a humanidade mais típica de Lima Barreto, constituída, na sua maior parte, de mestiços, gente simples, divertida e pitoresca, carteiros, funcionários da Guerra, empregados no comércio, seresteiros e poetas de arrebatado estro, como o Leonardo Flores, em quem o romancista pôs muito de si mesmo, quando lhe resumiu o drama de vida nesta frase: "Nasci pobre, nasci mulato."

Nessa novela ou antes, em seus projetos nunca desenvolvidos, já predominavam os pontos de vista que levariam Lima Barreto a fazer do romance um libelo contra tudo aquilo que caísse na órbita de sua inconformidade com o mundo.

O fecho da narrativa define bem o teor do fatalismo que a impregna do começo ao fim, como uma força verdadeiramente inelutável. Clara dos Anjos tinha acabado de apelar inutilmente para a mãe de Cássio. Considerava-se inteiramente desgraçada e volta-se agora para a própria mãe. Narra-lhe, entre soluços, a humilhação por que acabara de passar, vendo-se por fim enxotada da casa dos pais de seu sedutor. "Num dado momento, Clara ergueu-se da cadeira em que se sentara e abraçou muito fortemente sua mãe, dizendo, com um grande acento de desespero: Mamãe! Mamãe! — Que é minha filha? — Nós não somos nada nesta vida."

O plural aí restringe-se evidentemente a quem nasceu pobre e mulato, segundo aliás a frase intencional de Leonardo Flores, já referida.

O romance de estreia, *Recordações do escrivão Isaías Caminha*, projeta o mesmo sentimento de fundo racial de *Clara dos Anjos*, com a circunstância de que, nessa ficção, a vítima do mundo social é um homem, o mestiço Isaías Caminha. Por fugir talvez à repetição de cenários, trouxe-o o romancista, não do subúrbio, mas de um estado vizinho, o que era um modo de surpreender-lhe as reações de desajustado social em frente a certos círculos da cidade, onde se fazia sentir de maneira mais incômoda a opressão exercida pelas classes privilegiadas ou mais favorecidas. A ação é a odisseia de um rapaz mestiço, que vem de sua província para o Rio de Janeiro com a ideia atravessada na cabeça de reabilitar-se de um nascimento humilde e espúrio, tornando-se doutor. O diploma de uma escola superior seria a carta de libertação entressonhada por esse grilheta do preconceito social. Mas impotente para quebrar os seus grilhões e, portanto, condenado a não ultrapassar o limite estreito de sua classe obscura e menosprezada, Isaías Caminha retorna como um vencido à obscuridade do rincão natal. Na fixação da pequena tragédia dessa personagem que, uma vez no Rio, embarafusta na carreira jornalística, Lima Barreto quis porventura vingar-se de humilhações e contrariedades sofridas, de modo que, mostrando a vida de um jornal por dentro; o que na verdade objetiva era apontar à irrisão certas personalidades de identidade facilmente reconhecível que militavam na imprensa da época, diretores, jornalistas e homens de letras, uns e outros, sob a mira da sua pontaria.

Atabalhoadamente, o fluxo da sátira invade todos os ângulos da realidade do romance, atingindo de um modo ou de outro as personagens em geral, inclusive o próprio Isaías Caminha, sem embargo de sua semelhança em vários aspectos com o romancista, sobretudo pela filosofia fatalista e pela percepção particularíssima dos fatos da vida cotidiana.

Acotovelam-se nesse bruaá de vida atordoante algumas figuras de intelectuais e jornalistas profissionais que, apesar de todas as distorções da sátira contundente de Lima Barreto, não são apenas títeres, como o esteta Floc, a quem transferiu de algum modo a sua tortura de escritor, e o russo Gregorovitch, do qual o Dr. Bogoloff é outra personificação sardônica. Nesse romance, com manifesta interferência direta do romancista, depara-se um desabafo revelador de sua invencível sedução pelo mundo do jornal, atribuído a Isaías Caminha:

"Nos meus primeiros meses de reportagem foi quando amei mais ativamente a vida. Não porque me visse adulado pelos almirantes e capitães de mar e guerra, mas porque senti bem a variedade onímoda da existência, a fraqueza dos grandes, a instabilidade das cousas e o seu fácil deslizar para os extremos mais opostos. Dois meses antes era simples contínuo, limpava mesas, ia a recados de todos; agora, poderosas autoridades queriam as minhas relações e a minha boa vontade. E toda essa modificação tão imprevista no meu viver, viera-me do suicídio do Floc."

Aclara-se bem esse trecho quando se percebe que Floc era o esteta, cujo desaparecimento implica a valorização do jornalista, do repórter. É, enfim, uma passagem altamente simbólica do drama intelectual vivido pelo romancista, colocado entre a estética e o jornalismo.

Apesar do tom polêmico que o convulsiona, o romance é a história de um fracasso moral, caracterizado, aliás, no momento em que, já restituído à sua província, Isaías Caminha reflete, recapitulando a sua aventura: "Lembrava-me de que deixara toda a minha vida ao acaso e que a não pusera ao estudo e ao trabalho com a força de que era capaz. Sentia-me repelente, repelente de fraqueza, de decisão e mais amolecido agora com o álcool e com os prazeres... Sentia-me parasita, adulando o diretor para obter dinheiro... Às minhas aspirações, àquele forte sonhar da minha meninice eu não tinha dado as satisfações devidas. A má vontade geral, a excomunhão dos outros tinham-me amedrontado, atemorizado, feito adormecer em mim o Orgulho, com seu cortejo de grandeza e de força. Rebaixara-me, tendo medo de fantasmas e não obedecera ao seu império."

Frise-se que em nenhum outro romance de Lima Barreto é tão manifesta, como nesse, a influência de Dostoiévski, embora revelada apenas de maneira circunstancial.

Às primeiras palavras do prefácio do narrador imaginário, Augusto Machado, pode-se já surpreender o espírito que norteou a elaboração do romance *Vida e morte de M. J. Gonzaga de Sá*, o qual, embora iniciado entre 1906 e 1907, somente apareceu em livro mais de dez anos depois. O que se diz ali é que a ideia de escrever essa "monografia" nasceu-lhe da leitura de biografias de um autor interesseiro, mas que, contrariamente a este, em vez de biografias de ministros, entendera fazer as dos escribas ministeriais. A gênese do romance resulta assim de um despique e, consequentemente, sua ação já inclui o fel da sátira pessoal.

Burocrata, "cético, regalista, voltairiano", Gonzaga de Sá identifica-se com o romancista, além dessa particularidade, pela volúpia de perambulação urbana. Tudo se passa ao ar livre, por assim dizer, nesse romance, que é bem de um escritor que se gabava de viver na rua mais de quatorze das vinte e quatro horas do dia. Gonzaga de Sá é o andejo filosófico que se faz acompanhar sempre de um interlocutor indulgente, com o qual se abre de maneira peculiar, por vezes como se estivesse falando para dentro. Em suas conversas vão-se introduzindo os temas, as paisagens e os tipos que assinalam certas singularidades da época e, desse modo, tem-se a visão do tempo e da cidade através de um temperamento motejador e excêntrico.

Circunscreve-se a narrativa a farrapos ou fragmentos de conversa que biógrafo e biografado mantêm em seus encontros e o estilo, algo flutuante, é aquele, de toda a obra de Lima Barreto, que melhor se adapta à sua maneira geralmente desleixada. Mas entre os elementos da narrativa encontram-se as mesmas motivações e os mesmos temas que repercutem frequentemente na ficção de Lima Barreto: a) O horror ao esnobismo, ao postiço, cujo símbolo habitual era o "botafoguense doutorado". Em consequência, para vencer, para ultrapassar a vulgaridade, o mulato precisava conquistar um anel de grau. Por isso, Gonzaga de Sá pensa em vingar as humilhações de seu compadre Romualdo, fazendo do afilhado um Tito Lívio de Castro, negro, mas doutor. b) Mal dissimulado jacobinismo ou simples xenofobia, caracterizada pelas reações da personagem contra a sociedade cosmopolita de Petrópolis ou vendo passar as mundanas francesas na Rua Gonçalves Dias. c) Identificação com o fundo autóctone da raça através do orgulho com que Gonzaga de Sá proclama querer a cidade, o país, com os seus tamoios, os seus negros e os seus mulatos. d) Revolta contra a doçura de índole que amolece o homem brasileiro, particularmente o herói do romance, desarmando-o para enfrentar os preconceitos. e) Desabafo contra o mundo burocrático, no qual o símbolo mais irrisório nesse romance é o Dr. Xisto Beldroegas. f) O conceito da vida como um conto de vigário, em razão do qual o romancista era levado a ver, no mecanismo da sociedade, um enredado de conluios contra os inermes e, mais particularmente, contra os mestiços desfavorecidos da sorte.

De tais sentimentos nutriu-se francamente o *Triste fim de Policarpo Quaresma*. Outro burocrata, esse, um falso major da Guarda Nacional, subsecretário do Arsenal de Guerra, que tinha o rigor da pontualidade e vivia isolado, em companhia da irmã, numa casinha do subúrbio. Quaresma, apesar de seu feitio de homem morigerado, passa por algumas transformações imprevistas. Uma delas quando começa a tomar lições de violão com o seresteiro Ricardo Coração dos Outros, com grande espanto da vizinhança que via nele a personificação da respeitabilidade. Com isso, rasga-se melhor a vida suburbana, no romance, com as serenatas, as festas, os namoricos e os jogos de cartas que reúnem os parceiros mais curiosos. Tem-se assim um flagrante da "alta sociedade suburbana" que o romancista procurava contrastar com a de Botafogo, em detrimento naturalmente desta última. Quaresma, que é algo letrado, como Gonzaga de Sá, sai de suas leituras com a ideia fixa de fazer implantar-se no Brasil o tupi-guarani como língua oficial. Esse traço de ardor nacionalista valeu-lhe uma popularidade crescente, logo derivada para o ridículo. Afinal, vai parar com a sua teoria no hospício de alienados, de onde o pacífico homem sairia alguns meses depois com outra ideia fixa: a de comprar um sítio, o que faz em seguida, transformando-se em agricultor. Crescem-lhe no cérebro estupendos projetos de inovações no trato da terra, mas nisso explode a revolta da esquadra e Quaresma, além de telegrafar a Floriano Peixoto incitando-o à luta, vai pessoalmente oferecer-lhe os serviços. Na confusão do momento, entregam-lhe, apesar de sua alegação de que não era militar, o comando de um batalhão. Em um combate, sai ligeiramente ferido e é depois mandado para certa ilha, onde permanece como uma espécie de carcereiro dos prisioneiros de guerra. Ainda por efeito de confusão, paga enfim com a vida o desaforo de haver representado contra os fuzilamentos de inimigos do regime. Esse romance, em que o tema da frustração sobressai de maneira pitoresca, mas nem por isso menos pungente, particulariza-se pela sátira contra o militarismo, tendo por alvo direto a figura do Marechal de Ferro, com os exageros de uma caricatura vingadora. O que não impede de projetar vigorosamente o arrivismo político em sua forma aguda e violenta, com a descrição de cenas em que se operava a ação do governo contra os insurretos da Marinha e a nota humorística da confusão comum às emergências de guerra ou de amotinações, em que a força desapoderada do instinto subverte os valores estabelecidos, atingindo-os indiferentemente.

A novela *Numa e a ninfa*, extraída de um conto deste título publicada inicialmente em folhetins, no jornal *A Noite*, foi escrita em vinte e poucos dias, confessa o romancista, acrescentando menos decerto por empáfia do que para justificar as suas deficiências: "Não copiei nem recopiei sequer um capítulo." Trata-se de uma *charge* destinada a produzir efeito em determinada fase de efervescência política, na qual é submetido a ridículo a personagem Numa, um deputado medíocre, genro de certo chefe influente que o maneja à vontade, enquanto a mulher (Ninfa) o trai com um primo a quem faz escrever os discursos que o marido profere na Câmara. Nesse crivo de ironias e sarcasmos entram outros tipos característicos da época: Fuão Bandeira, português, metido em coisas de jornal; o General Manuel Forfaible; Lucrécio Barba de Bode, um cafuzo da Cidade Nova, cabo eleitoral, com grande prestígio em várias repartições; o russo Dr. Bogoloff, que depois de algumas peripécias de vida, até o extremo de ir morar em casa do cafuzo, adquire grande notoriedade por causa de um plano de reforma que o leva à direção do Departamento de Pecuária Nacional. Esse Bogoloff, que é um tipo caricatural, prolonga-se em outros trabalhos de Lima Barreto, e como o jornalista Gregoroff, em outro sentido, serviu-lhe de máscara para instalar em mais de um de seus romances ou contos uma ideia pessimista sobre o desenvolvimento agrário do Brasil. Novela simplesmente circunstancial, elaborada esbaforidamente, *Numa e a ninfa* está aquém de qualquer outra obra de ficção de Lima Barreto, apesar de algumas passagens serem bem típicas de sua maneira despachada e vívida.

O repórter leva a melhor aí que o romancista, o que de resto acontece numa parte nada reduzida de sua ficção.

Tal como sucedeu com a ideia de *Clara dos Anjos* no início de sua vida literária, teve o romancista a ocupar-lhe obstinadamente o espírito, em seus últimos tempos, o projeto de um romance: *O cemitério dos vivos*, para o qual esperava trasladar a impressão patética de seu convívio com os loucos. Desse projeto ficaram apenas alguns capítulos como destroços do naufrágio de uma vida cujo desarvoramento nada pôde impedir.

COELHO NETO*

* Henrique Maximiniano Coelho Neto (Caxias, MA, 1864 — Rio de Janeiro, 1934) aos seis anos veio para o Rio de Janeiro, onde estudou e chegou a frequentar a Faculdade de Direito. Mas dedicou-se ao jornalismo, casando-se em 1890 com D. Maria Gabriela Brandão. Desempenhou cargos públicos, foi deputado federal, lecionou colaborando intensamente na imprensa durante toda a vida. Ocupou a presidência da Academia Brasileira de Letras em 1926. Em concurso promovido pelo *O Malho*, em 1928, foi eleito "Príncipe dos prosadores brasileiros".

Bibliografia

ROMANCE: *A capital federal*. 1893; *Miragem*. 1895; *O rei fantasma*. 1895; *Inverno em flor*. 1897; *O morto*. 1898; *O paraíso*. 1898; *O rajá de Pendjab*. 2 v., 1898; *A conquista*. 1898; *Tormenta*. 1901; *Turbilhão*. 1906; *Esfinge*. 1908; *Rei negro*. 1914; *O polvo*. 1924; *Fogo-fátuo*. 1929. NOVELA: *Praga*. 1894; *Sertão*. 1896; *Treva*, 1906. CONTOS: *Rapsódias*. 1891; *Baladilhas*. 1894; *Fruto proibido*. 1895; *Álbum de Calibã*. 2 v., 1897; *Romanceiro*. 1898; *Seara de Rute*. 1898; *A bico de pena*. 1904; *Água de Juventa*. 1905; *Jardim das Oliveiras*. 1908; *Vida mundana*. 1909; *Cenas e perfis*. 1910; *Banzo*. 1913; *Melusina*. 1913; *Conversas*. 1922; *Vesperal*. 1922; *Contos da vida e da morte*. 1927; *Velhos e novos*. 1928; *A cidade maravilhosa*. 1928; *Vencidos*. 1928. CRÔNICAS: *O meio*. 1889; *Bilhetes postais*. 1894; *Lanterna mágica*. 1898; *Por montes e vales*. 1899; *Versas*. 1917; *A política*. 1919; *Atlética*. 1920; *Frutos do tempo*. 1920; *O meu dia*. 1922; *Frechas*. 1923; *Às quintas*. 1924; *Feira livre*. 1926; *Bazar*. 1928. FÁBULA E LENDA: *Fabulário*. 1907; *Imortalidade*. 1926. NARRATIVA: *A descoberta da Índia* (narrativa histórica). 1898; *As sete dores de Nossa Senhora* (narrativa bíblica). 1907; *Mistério do Natal* (narrativa bíblica). 1911. REMINISCÊNCIAS: *Mano*. 1924; *Canteiro de saudades* 1927. BALADAS, APÓLOGOS, etc.: *Hóstia*. 1898; *Apólogos*. 1904; *Saldunes* (ação legendária). 1900. POEMA DRAMÁTICO: *Pelo amor*. 1897. TEATRO: *Teatro*, II e III. 1907; *Teatro*, IV. 1908; *Teatro*, I. 1911; *Teatro*, V. 1918; *Teatro*. VI, 1924. CONFERÊNCIAS E DISCURSOS: *Conferências literárias*. 1909; *Palestras da tarde*. 1912; *Falando*. 1919; *Orações*. 1923; *Livro de prata*. 1928. DIDÁTICOS: *América* (Educação moral e cívica). 1897; *Contos pátrios* (em colaboração com Olavo Bilac). 1904; *Compêndio de literatura brasileira*. 1905; *Pátria brasileira* (em colaboração com Olavo Bilac). 1909. *Breviário cívico*. 1921. A obra numerosa de Coelho Neto foi publicada por editores diversos, inclusive Lello, do Porto, e Laemmert, do Rio de Janeiro. *Obra seleta*. Rio de Janeiro: Aguilar, 1958.

Em nossa história literária, passado e presente compreendidos, a obra de Coelho Neto avulta (mais de 120 volumes), variada e rica: romancista com forte dom criador, contista que faz ressurgir ante nós a pujança da nossa natureza e a hostilidade do meio em oposição à debilidade e à inconsistência das criaturas que contra ele se debatem. Seu caso literário começa a ser compreendido, situado num plano de objetividade crítica, sem partidarismos e preconceitos. Dotado de extraordinária imaginação e de grande força criadora, naturalmente eloquente e podendo servir-se, ao correr da pena, de um inexcedível vocabulário (calculado mais ou menos em vinte mil palavras), Coelho Neto pode ser considerado, no domínio da prosa, um escritor dos mais completos, devendo seus romances e crônicas, contos e críticas, e mesmo suas peças de teatro, ser colocados entre os melhores dos nossos melhores autores. Dele disse Machado de Assis que "é dos nossos primeiros romancistas, e, geralmente falando, dos nossos primeiros escritores".[1]

Natureza de grande isolado literário, nenhuma escola pode reivindicá-lo para engrossar as suas hostes. Aliás, sua maior força foi justamente essa de ter conseguido pairar sempre acima das escolas e dos grupos: vivendo da pena e vivendo para a pena, jamais cedeu à sedução capelas literárias. Escreveu por escrever, sem se preocupar em saber como a posteridade o iria rotular.[2]

Sua vida, atribulada e difícil, foi um exemplo vivo de amor à arte e fidelidade à condição de escritor. Se a fama lhe sorriu, se conseguiu a independência econômica pelos livros, tudo isso lhe veio "por acréscimo", sem que jamais nele o clérigo traísse ou fraquejasse. Foi um exemplo para os nossos homens de letras essa jamais desmentida fidelidade, tão rara no mundo em que vivemos.

Escritor, cem por cento escritor, não se deixou no entanto encerrar na "torre de marfim" da sua invulgar imaginação. Fortemente dotado daquele "instinto de nacionalidade" que, nas imediações de 1873, constituía para Machado de Assis o principal característico da nossa literatura,[3] tinha os olhos voltados para o Brasil e para os seus problemas, sofria com eles, ansiava por solucioná-los ou vê-los resolvidos. A par de inúmeros livros educacionais, breviários cívicos, onde a todo instante se mostra "preocupado com os destinos da nacionalidade",[4] a obra inteira reflete a mesma preocupação, a mesma obsessão com tudo o que é brasileiro. As coordenadas de seus principais livros de ficção são sempre a nossa história ou a nossa natureza — aqui *A conquista*, *Fogo fátuo*, a parte

---

Consultar

Autores e livros. v. 4, n. 12, 11/4/1943; Broca, Brito. Coelho Neto, romancista (In *O romance brasileiro de 1752 a 1930*. Rio de Janeiro, 1952); Coelho Neto, Paulo. *Coelho Neto*. Rio de Janeiro: Z. Valverde, 1942; Fontoura, João Neves da. *Elogio de Coelho Neto*. Ultramar, 1944; Morais, Péricles de. *Coelho Neto e sua obra*. Porto: Lello, 1926; Mota, Artur. *Vultos e livros*. São Paulo, 1921.

evocativa da proclamação da República em *Miragem*, da Revolta da Esquadra em *O morto*, ali *Rei negro, Sertão, Treva, Banzo*.

Eis por que, não obstante as profundas diferenças de formação e de espírito, há que situar Coelho Neto na mesma grande corrente naturalista, aqui e ali fortemente impregnada de dionisismo, de um Gonçalves Dias e de um José de Alencar, de um Castro Alves, e de um Euclides da Cunha. Se as influências diretas que sofreu não foram estas (e sabemos que é na Bíblia e em Shakespeare, nos clássicos gregos e nas *Mil e uma noites*, em Eça de Queirós em Camilo Castelo Branco, e em Maupassant e em Flaubert, nos Goncourt e em Théophile Gautier que devemos falar a respeito de influências), se seu entusiasmo mais imediato não ia naquela direção genuinamente nacional (e sabemos perfeitamente quanto caminhava no sentido da beleza clássica ou no do realismo da nova escola francesa), nada disso impede que seu vulto global se aproxime muito desses grandes eloquentes da nossa literatura, verdadeiros homens-rios, extensos e caudalosos, ricos e possantes como a nossa natureza, homens que falavam alto e como que testemunhavam, a cada uma de suas palavras, a natureza esplendorosa que estava neles e estava pôr detrás deles, que os criara e como que os empurrava para a frente na ânsia de que a reproduzissem, fixando-a, engrandecendo-a, erigindo-lhe a grande estátua barroca em que se visse enfim eternizada.

Noutro sentido aliás não fala o próprio Coelho Neto quando, afastando de sua formação qualquer influência direta desse ou daquele mestre, dessa ou daquela escola, declara: "Para a minha formação literária não contribuíram autores, contribuíram pessoas. Até hoje sofro a influência do primeiro período da minha vida no sertão. Foram as histórias, as lendas, os contos ouvidos em criança, histórias de negros cheios de pavores, lendas de caboclos palpitando encantamentos, contos de homens brancos, a fantasia do sol, o perfume das florestas, o sonho dos civilizados... Nunca mais essa mistura de ideais e de raças deixou de predominar, e até hoje se faz sentir no meu ecletismo. A minha fantasia é o resultado da alma dos negros, dos caboclos e dos brancos. É do choque permanente entre esse fundo complexo e a cultura literária que decorre toda a minha obra."[5]

E, para completar o retrato desse verdadeiro centro de conversão de nossas principais tendências, a quem todavia, se tentou acoimar de pouco brasileiro, de "aportuguesado", vale a pena citar ainda aqui a imagem que nos dá da língua portuguesa. É um instante de entusiasmo, único, decisivo, em que o sentimos pintando a própria imagem quando procura falar apenas da língua que possui como um grande mestre: "Selva selvagem, híspida, frondosa, mais terrível na sua grandeza do que a brenha escura e úmida da Germânia, que Tácito descreveu em estilo forte; emaranhada selva, cujo arvoredo robusto cresce sobre o resíduo milenar de culturas extintas; selva temerosa e linda em que se aprumam troncos e curvam-se em redouças, cipoais floridos; selva que assombra e encanta, que amedronta e seduz, que atroa e murmura; selva brutal, alcatifada de flores; selva alagada em pauis cobertos de açucenas cândidas; selva em que caracolam catadupas sonoras; selva reticulada de rios e ribeiros; selva abrigo de feras e de pássaros; selva que freme e galreia, que retumba e canta, que envenena e reanima, misteriosa, formosíssima e aterradora selva, assim és tu para o mundo, encantadora língua portuguesa."[6]

Afirmara Maupassant que "seja o que for que se pretenda exprimir, não há senão uma palavra para o dizer, um verbo para o animar e um adjetivo para o qualificar". À sombra desse princípio, penetremos agora nisso que se pode chamar a teoria da palavra de Coelho Neto — o mistério fundamental da sua obra, esse cujo desconhecimento motivou o maior número de confusões que foram ditas ou escritas a seu propósito.

É ele próprio, aliás, quem oferece a chave do mistério quando diz, na fundamental entrevista concedida a João do Rio no fim do primeiro decênio deste século: "Tenho a respeito da palavra uma teoria: a palavra falada é a palavra viva, livre, solta de todas as cadeias, capaz de por si só definir, pintar, colorir, a palavra escrita é a palavra agrilhoada, morta, sem a expressão imediata. A primeira tem a intenção que é tudo e a inflexão que é a realidade da intenção. A palavra escrita vive do adjetivo, que é a inflexão. Daí a grande necessidade de disciplinar o vocabulário."[7]

E um pouco mais adiante, completa o pensamento: "A questão não é de vocabulário; é de disciplina. Os russos têm uma porção de dicionários de soldados e para nada lhes serve o possuí-los. Eu consegui disciplinar o vocabulário. Dada uma certa impressão, concluída uma ideia, posso sentar-me e escrever. A ideia sai vestida e os termos exatos juntam-se no perfeito reflexo da impressão. Estou a tomar uns ares dogmáticos... Perdoa. É quase uma confissão. Vem desse esforço que foi a pouco e pouco desbastando do meu estilo os guisos de muitos adjetivos para substituí-los por um só, exato."[8]

O termo "exato"... Eis, sem dúvida, o ponto vital da obra de Coelho Neto e, também, a pedra de escândalo dos seus detratores. Conhecendo a insuficiência da palavra escrita — e nós que vivemos no século da imagem sabemos até que extremos de intransigência foi levado o processo da palavra em si, escrita ou falada, desde Nietzsche até Marcel Jousse, — tentou animá-la, colori-la, verificá-la, dar-lhe a inflexão sem a qual jamais poderia exprimir adequada, exata, perfeitamente, o que ia na sua mente fabulosamente rica e variada, nessa mente de ático que certamente subscrevia a acusação de Bilac, seu companheiro de boêmia e sonho:

> O Pensamento ferve, e é um turbilhão de lava:
> A Forma, fria e espessa, é um sepulcro de neve...
> E a Palavra pesada abafa a Ideia leve
> Que, perfume e clarão, refulgia e voava.[9]

Daí, também sem a menor dúvida, a extraordinária importância que o adjetivo adquiriu na sua obra — o adjetivo que é o único recurso de que o escritor pode lançar mão para despertar a palavra do seu sono de pedra e morte. Sem ele, a frase é como um corpo sem nervos. Pois é o próprio autor quem nos explica: "Nas palavras as vogais constituem, a bem dizer, o esqueleto, as consoantes fortes são os músculos, as brandas defluem como o sangue, os nervos são a inflexão, a alma é a ideia."[10]

Escapa aos limites desse estudo uma análise mais aprofundada dessa teoria da palavra e, sobretudo, o recurso da citação de trechos comprovativos do bem acertado dos conceitos emitidos (*v.g.* o trecho já citado da selva selvagem). Nela, porém, reside a explicação de sua estética da linguagem, que se opõe à teoria vulgarizada de que Coelho Neto foi um empolado, um rebuscado, um gongórico, um cego apologista do culto do estilo pelo estilo. Se talvez tenha começado a sua carreira literária em pleno entusiasmo pelos esplendores da forma pela forma,[11] não é menos verdade que logo se retrai e começa o processo de simplificação e desbastamento do estilo a que se refere e que, através da busca do "termo exato", vai levá-lo à perfeição estilística de uma *Miragem* e de um *Turbilhão*.[12]

Essa evolução, esse esforço de aperfeiçoamento, não somos nós quem o inventou, nem é apenas o próprio autor quem o proclama. Se na época José Veríssimo talvez tenha sido o único a não percebê-lo ou a mal entendê-lo, obcecado que andava com "a falta de unidade espiritual da obra",[13] não faltaram os que o proclamaram e no mais persuasivo dos tons. De um deles é esse testemunho seguro: "Coelho Neto, hoje (1910), não ama a palavra pela raridade, pela velhice ou pelo exotismo — a palavra pela palavra — ama-a pela clareza, pela exatidão, pela precisão, por essa força imitativa e dizer do que o tem feito criar numerosíssimas e expressivas onomatopeias."[14]

E adiante: "...não é um retórico, nem um declamador. Ele estima e preza a palavra como corpo magnífico da ideia, como flor cuja semente germina no cérebro. Não é, por isso, um vazio e empolado arengador, em quem a palavra pegue de estaca na boca, e saia espumante, como um produto dos lábios, a desinquietar as tubas. Não ama na palavra apenas o barulho que ela faz, como os histriões amam os guisas da gargalheira. Ninguém mesmo repudia com mais asco a oratória tamborilesca, a pirotécnica verbosa — esses excessos de secreção salivar. Não será, por conseguinte, nessa esgoelada e oca acepção Coelho Neto, um tribuno, ou um discursador, mas é, no mais nobre, no mais sóbrio e no mais belo significado do termo: um eloquente — já que melhor qualificativo não sei para essa sua surpreendente e encantadora arte de escrever falando."[15]

O mal de Coelho Neto foi que a sua teoria da palavra, da busca do termo exato, coincidiu com o seu invulgar, verdadeiramente extraordinário vocabulário. Buscando o termo exato, Coelho Neto o encontrava sempre — e o usava.

Sua não é a culpa de que, nem sempre, seus leitores estejam aptos a entender o seu vocabulário, como é o caso também com relação a Euclides, Camilo, Aquilino Ribeiro, para só falar em alguns maiores e sem sequer entrar no problema dos regionalismos. Daí a estranheza, o incontrolável movimento de mau humor e, raro, a reprovação sistemática. Mas, onde o bem fundado desse julgamento? Onde a justiça?

Que muitas vezes Coelho Neto abusava, que não raro havia outro termo igualmente exato e mais simples, mais agradável de ouvir, é bem possível. Esse senão era inevitável num escritor que possuía um vocabulário de mais ou menos vinte mil palavras. A esse propósito vale relembrar, com Paulo Coelho Neto,[16] um detalhe relatado por Martins Fontes. Certa vez, ele, Coelho Neto e Euclides da Cunha, conversavam, "sobre verbos luminosos e ardentes da nossa língua". Tomando de papel e lápis, Martins Fontes anotou, lembrados por Coelho Neto, 218 desses verbos. Isto é, iniciando a lista: "Abrilhantar, aureolar, acender, aclarar, arcoirisar, adurir, assoleimar, afuzilar, acalorar, alumbrar, abrasar, aloirar, alumiar, aluziar, alvorear, aluzir, alvorar, alvorecer, aurorar, aurorescer, etc." Pergunto agora, em síntese: podendo servir-se, natural e desembaraçadamente (escrevia de um jato, sem corrigir o que lhe brotava da mente) desse imenso vocabulário, o teórico do termo exato lograria escrever livros de leitura fácil e superficial?

Não resta a menor dúvida de que, na extensa e variadíssima obra de Coelho Neto — "o mais fecundo prosador da língua portuguesa, em todos os tempos", como dirá dele Humberto de Campos, já em 1928[17] —, nem tudo é da mesma qualidade literária, nem tudo merece sobreviver. Nada de extraordinário nisso, aliás. Vivendo da pena e vivendo em condições muitas vezes difíceis, forçoso era escrever continuadamente, e, com frequência, escrever de encomenda, sem tempo sequer para uma revisão mais séria. Inúmeros dentre seus livros foram escritos em redações de jornais, às pressas — e alguns dos melhores, como *Miragem* (1895) ou *Inverno em flor* (1897).[18] O mesmo sucedeu, aliás, com os maiores vultos da literatura universal, e basta lembrar as figuras atormentadas de Balzac e Dostoiévski, sempre às turras com os seus credores e editores, para nos dar uma ideia da batalha que Coelho Neto deve ter sustentado e da desigualdade que fatalmente haveria de condicionar a sua obra. Não importa. Acaso em Balzac ou em Dostoiévski tudo é da mesma qualidade? Autor de mais de setecentos contos e apólogos, de uns dezessete ou dezoito romances, de mais de quarenta peças de teatro, de centenas de crônicas, Coelho Neto jamais poderia apresentar o mesmo nível qualitativo em todas as suas produções. Nem se poderia sonhar em exigir dele um rendimento de verdadeira máquina.

Nem creio que ninguém, razoavelmente, o queira exigir. Escandalizam-se muitos, no entanto, com a sua diversidade, a sua inconstância em relação a determinados gêneros. Assim, não seria concebível, aos olhos de muitos, que o autor de *Turbilhão* e *Rei negro* fosse o mesmo de *O rajá de Pendjab* e de *O rei fantasma*. Nem que o autor de *Sertão* e *Treva* se perdesse nas páginas de *Álbum de Caliban* ou de *O Arara*.

Numa obra com a vastidão da de Coelho Neto, só o que é realmente grande importa. Esqueçamos o resto, essas poucas "facilidades" a que o autor talvez tenha sido impelido pelas imposições de uma dura realidade material. Esqueçamos mesmo os próprios *divertissements* — que Coelho Neto os teve, verdadeiros momentos de descanso e preparação, como os maiores escritores os tiveram, principalmente depois da produção de suas obras de maior importância. E não nos detenhamos senão naquilo que realmente conta e que é muito e de um enorme valor literário. Façamos, tão grande quanto necessária, a "parte do sacrifício", mas tenhamos bem firme na mão o que nos restar, toda a vasta messe de grandes livros que assegura a sobrevivência de Coelho Neto nas nossas letras.

Não seria possível aqui uma análise detalhada dessa imensa obra. A simples enumeração dos contos a reter, a descrição dos principais romances e peças de teatro, certamente nos levaria longe. Diga-se apenas que, unindo romance, conto e teatro numa mesma visão do homem e de suas realidades, a obra de Coelho Neto se apresenta como um retrato da nossa vida nacional no difícil período que vai do fim do século passado ao início do atual.[19]

Retrato total, verdadeira síntese da nossa existência como povo. Retrato total, posto que não limitado ao aspecto histórico — como se poderia inferir das leituras isoladas de *Capital Federal*, *A conquista*, *Fogo-fátuo*, *Miragem* (parte relativa à Proclamação da República), *O morto* (parte relativa à Revolta da Esquadra). Retrato total, posto que também não circunscrito pelas coordenadas psicológicas — como se poderia concluir das leituras de *Miragem*, *O morto* (as partes não fundamentalmente históricas), *Turbilhão*, *Inverno em flor*, *Tormenta*, *Esfinge* ou dos contos: "Água de Juventa", "Desapontamento", "Confidência", "Viúvas", etc., ou de peças de teatro: "Quebranto", "Neve ao sol", "A muralha", "O dinheiro", etc. Retrato total, posto que não se limitando à vida intensa e complexa das cidades, e especialmente da Capital Federal — como se poderia concluir das obras de ficção citadas — invadiu a nossa selva e a nossa alma primitiva, não só no grande romance que é *Rei negro*, como numa série de contos famosos ("Praga", "Os Velhos", "Bom Jesus da Mata", "Banzo", "A tapera", "Mau sangue", "Assombramento", "Firmo, o vaqueiro", "Os pombos", etc.) que formam o encanto básico dos três volumes definitivos: *Sertão*, *Treva e Banzo*, obras de seguro cunho nacional e felizmente preservadas de qualquer vislumbre de regionalismo sistemático.

Deu-nos assim Coelho Neto, conservando-se inabalavelmente fiel à sua verdade artística, um panorama completo da nossa realidade mais íntima desde os anos que antecederam a República até o primeiro quarto desse século, uma vez que, dessa época em diante, sua obra começa a declinar, a princípio sob a pressão do sofrimento decorrente da morte do filho e da esposa, depois pelos efeitos da doença final.

Mais livre do que Aluísio Azevedo, que, embora tão rico de possibilidades pessoais, era escravo de fórmulas literárias apertadas e estéreis, ou do que Machado de Assis, sem dúvida mais penetrante, mais fino na análise psicológica, porém, demasiado constrangido pela timidez dos seus voos hesitantes de eterno "miniaturista das covardias humanas", na expressão feliz de Humberto de Campos; mais criador no verdadeiro sentido da expressão (como Camilo em relação a Eça), legou-nos Coelho Neto uma grande obra. Dele bem disse Péricles de Morais:[20] "Esse artista é, sobretudo, um criador. Possuindo, como todos os artistas, uma natureza intuitiva e o senso da vida, a sua arte revela sempre uma atitude humana com o próprio ritmo secreto da vida. Daí o poderoso romancista, com a visão introspectiva das almas e de suas psicologias, com o sentimento pessoal da natureza, com a singular emoção dos aspectos e das coisas, de onde reconstrói a trama de suas criações."

NOTAS

1   Machado de Assis. *A Semana*, ed. Jackson, II, p. 415.
2   Daí, provavelmente, a celeuma levantada em torno dessa rotulação. Entre outras opiniões, lembremos: o último dos românticos e o primeiro dos realistas" (Péricles de Morais), "um romântico atrasado" (José Maria Belo), sem esquecer as acusações de José Veríssimo: "Mistura incoerente de tendências estéticas" ou "versatilidade estética ", etc. (*Estudos de literatura brasileira*, 1).
3   Machado de Assis, "Instinto de nacionalidade", in *Crítica literária*.
4   Péricles de Morais. *Coelho Neto e a sua obra*, p. 60.
5   João do Rio, Coelho Neto, in *O momento literário*, p. 53.
6   Coelho Neto. *Versos*, p. 73.
7   João do Rio, *op. cit.*, p. 54.
8   João do Rio, *op. cit.*, p. 55.
9   *Apud* Lúcia Miguel Pereira. *Cinquenta anos de literatura*, p. 6.
10 Coelho Neto, A Palavra (in *Páginas escolhidas*, p. 137).
11 Não nos esqueçamos que é em *Rapsódias*, de 1891, que encontramos, logo *in limine*, a famosa profissão de fé de que tanto se serviram e abusaram os adversários do romancista: "Por ela o meu sangue, toda minha alma para resguardá-la — é o meu amor, é o meu ídolo ideal — a Formosa."
12 Brito Broca, Coelho Neto Romancista (in *O romance brasileiro*, p. 237-241).
13 José Veríssimo. *Estudos de literatura brasileira*. I.
14 Manuel de Sousa Pinto, Coelho Neto, in *Terra Moça*, p. 280.
15 Manuel de Sousa Pinto, *op. cit.*, p. 281.
16 Paulo Coelho Neto. *Coelho Neto*, p. 49-50.
17 Humberto de Campos. *Crítica*, I, p. 78.
18 Paulo Coelho Neto, *op. cit.*, p. 33.

19 É curioso lembrar aqui que Coelho Neto, ao ser sagrado Príncipe dos Prosadores Brasileiros, confessou que o seu grande sonho de mocidade fora escrever uma vasta e uniforme História do Brasil. Comentando esse desabafo, Humberto de Campos, longe de deplorar o insucesso do plano monumental, escreve: "Imaginoso, ele teria feito, sem o querer, não a História do Brasil, mas o Romance do Brasil" (*Crítica*, I, p. 77). No mesmo sentido falam os anseios literários de Anselmo Ribas, personagem de *A conquista e de Fogo-fátuo* que encarna o próprio autor, sonhando com uma "obra monumental", "toda a história da Pátria condensada em uma série de romances". Ora, que é na verdade, a obra de Coelho Neto, senão e realização fragmentada desse vasto ciclo idealizado? Longe de descobrir nela o destino frustrado de um romancista, como pretende Brito Broca (*op. cit.*, p. 227), vejamos antes a limitação a uma época restrita daquilo que fora idealizado em relação a toda a História do Brasil — mais um desses planos utópicos que a mocidade engendra e aos quais a vida se encarrega de dar conteúdo real.

20 Péricles de Morais, *op. cit.*, p. 156.

40. *Afrânio Coutinho*
O REGIONALISMO NA FICÇÃO

Conceito de Regionalismo: evolução da ideia de incorporação do genius loci *à literatura. Regionalismo e Realismo. As regiões culturais e os ciclos literários regionais. Influência das regiões no desenvolvimento da literatura brasileira. Ciclos: nortista, nordestino, baiano, central, paulista, gaúcho.*

Desde o Romantismo, com a valorização do *genius loci*, um fato da maior significação foi a crescente importância do Brasil regional. As influências geográficas, econômicas, folclóricas, tradicionais, que deixaram traços marcantes e características distintivas na vida, costumes, temperamento, linguagem, expressões artísticas, maneiras de ser e sentir, agir e trabalhar. fizeram-se perceber na vida intelectual brasileira desde que a consciência nacional brotou para a independência política e cultural. Há, porém, uma diferença essencial entre o regionalismo tal como era visto pelos românticos e o que foi posto em prática pelas gerações realistas. Em José de Alencar, Gonçalves Dias, Bernardo Guimarães, o regionalismo é uma forma de escape do presente para o passado, um passado idealizado pelo sentimento e artificializado pela transposição de um desejo de compensação e representação por assim dizer onírico. Essa modalidade de regionalismo incorre numa contradição ao supervalorizar o pitoresco e a cor local do tipo, ao mesmo tempo que procura encobri-lo, atribuindo-lhe qualidades, sentimentos, valores que não lhe pertencem, mas à cultura que se lhe sobre põe. Já se assinalou que o índio de Alencar era um europeu de tanga e tacape.

Coincidindo, como ficou salientado na introdução desta obra, com o movimento de valorização, análise e interpretação da realidade brasileira, o Realismo deu prosseguimento àquela marcha introspectiva proveniente do Romantismo, mergulhando na magma nacional à procura da compreensão de seus valores e motivos de vida, e, ao mesmo tempo, buscando nele as fontes de nutrição e inspiração intelectual. Desvestiu-se, porém, a mentalidade do país, sob o influxo realista, daquele saudosismo e escapismo românticos, para considerar a existência contemporânea e o ambiente vizinho.

Do simples localismo ao largo regionalismo literário, há vários modos de interpretar e conceber o regionalismo. Há quem o veja aliado à mediocridade e à estreiteza, confundindo-o destarte com o provincianismo de mau sentido, que é deformante tanto quanto o cosmopolitismo é uma contrafação do universalismo. É um regionalismo confinante, autossuficiente, que provoca a rivalidade entre as regiões e tem um conteúdo de limitação e oposição.

Outra concepção é a que reduz o regionalismo a sinônimo de localismo literário, a literatura regional não passando da exploração e exposição do pitoresco, das formas típicas, do colorido especial das regiões. É outra forma de escapismo romântico, ou então é próprio de épocas e civilizações cansadas que se refugiam no passado ou no pitoresco local.

De acordo com George Stewart,[1] podemos definir o regionalismo de duas maneiras. Num sentido largo, toda obra de arte é regional quando tem por pano de fundo alguma região particular ou parece germinar intimamente desse fundo. Neste sentido, um romance pode ser localizado numa cidade e tratar de problema universal, de sorte que a localização é incidental. Mais estritamente, para ser regional uma obra de arte não somente tem que ser localizada numa região, senão também deve retirar sua substância real desse local. Essa substância decorre, primeiramente, do fundo natural — clima, topografia, flora, fauna, etc. — como elementos que afetam a vida humana na região; e em segundo lugar, das maneiras peculiares da sociedade humana estabelecida naquela região e que a fizeram distinta de qualquer outra. Esse último é o sentido do regionalismo autêntico.

Graças ao senso da verdade do Realismo, a mentalidade literária brasileira perdeu o sentimentalismo na consideração da regionalidade, e passou a compreender que o regionalismo literário consiste, no dizer de Howard W. Odum,[2] em apresentar o espírito humano, nos seus diversos aspectos, em correlação com o seu ambiente imediato, em retratar o homem, a linguagem, a paisagem e as riquezas culturais de uma região particular, consideradas em relação às reações do indivíduo, herdeiro de certas peculiaridades de raça e tradição. Foi com o Realismo que se tomou conhecimento de que a cultura regional, conforme acentua B. A. Bodkin,[3] pode oferecer à literatura "um assunto (a paisagem física e cultural, os costumes locais, lendas, mitos, tipos, linguagem, etc.), uma técnica (modos de expressão nativos e populares, estilo, ritmo, imageria, simbolismo), um ponto de vista (a ideia social de uma sociedade e os valores culturais movidos pela tradição, que exerce o papel de liberadora e não de confinante)".

Desse jeito, a massa regional brasileira forneceu aos escritores realistas ampla fonte de assuntos, sugestões, linguagem nativa, tipos humanos, formas de conflito social e moral.

*

Ao encarar, neste passo, a literatura brasileira como parte de uma cultura regionalmente diferenciada e inter-regionalmente relacionada, fica implícito o reconhecimento da importância do conceito de regionalismo para a crítica e a história literária, aliás já por outrem aplicado, haja vista Viana Moog.[4] No particular, não há que esquecer também os trabalhos de Gilberto Freyre, no que diz respeito à interpretação sociológica,[5] sem falar nos mais antigos de Euclides da Cunha, Capistrano de Abreu, Tavares Bastos. Deve-se também ter presente, além dessa importante tradição de estudos regionalistas no Brasil, a mais recente orientação da nova ciência do regionalismo, como poderoso instrumento de pesquisa e estudos históricos, segundo os desenvolvimentos que vem tendo, nos últimos anos, nos Estados Unidos.

É que o Brasil não escapou à lei geral de desenvolvimento das civilizações e culturas evoluídas "logicamente de pontos de partida regionais, crescendo de domínio a domínio, desde a unidade elementar ou grupo regional". É natural, pois, a aplicação da teoria ao estudo da sua organização nacional e de sua história, inclusive a cultural e literária. Os movimentos de penetração e alargamento da terra; a independência; o federalismo e o municipalismo; os ciclos econômicos; as rivalidades entre os diversos estados no controle do poder federal; as alternativas de domínio das várias províncias acompanhando as vicissitudes do poder econômico; as oposições Norte e Sul, província e metrópole, interior e costa; as especializações regionais de cultura e civilização com paisagem cultural e artística própria, com até um tipo humano, psicológica e socialmente diferenciado, formas de cozinha, de arte e de língua peculiares; até mesmo um tipo de homem-fronteira, o mestiço, que vem lutando por expandir a sua área de participação, ascendendo para uma posição de destaque político, social e cultural; eis uma série de exemplos do que nos seria lícito chamar a ação da "fronteira" e das "seções" ou "regiões" — para empregar a terminologia do historiador norte-americano Frederick J. Turner, o pioneiro dessa teoria de interpretação histórica —, exemplos na organização e na evolução brasileiras de regionalismo econômico, político, social ou intelectual.

Sem outra base que o espírito de rivalidade e revanche, Franklin Távora traçou, em 1876, no prefácio de *O Cabeleira*, o manifesto do que ele designou como a "Literatura do Norte", e que tentou realizar na sua obra de ficção. Sua batalha por dividir a literatura brasileira em duas seções, Norte e Sul, tinha fundamento naquele espírito regionalista mesquinho e estreito, acima referido, feito de autossuficiência, de isolacionismo, de complacência e orgulho com os aspectos inferiores e medíocres da região, ao qual cabe melhor a denominação de provincianismo. Todavia, a atitude de Franklin Távora encerra o sinal de uma tomada de consciência do problema, e que, no seu caso, se levantava em face do regionalismo romântico de Alencar.

Daí por diante, toda uma produção literária surge do laboratório regional. De norte a sul do país, escritores aparecem procurando captar em prosa, com a máxima veracidade, os temas, os costumes, os tipos, a linguagem, das várias regiões de que, geograficamente, se compõe o país. Cria-se, inclusive, um tipo de herói — o herói regional — de estatura quase épica em seus aspectos de super-homem, em luta contra um destino fatal, traçado pelas forças superiores do ambiente.

Há que não esquecer ainda um aspecto tipicamente brasileiro do regionalismo: o sertanismo, a valorização e idealização do sertão e do tipo do sertanejo. Desde o movimento romântico, e sucedendo ao indianismo, esse filão atravessa de ponta a ponta o nosso regionalismo. No início, era um processo de idealização e sentimentalismo, de feitio otimista, através do qual o sertão é visto somente no seu aspecto róseo, o sertão bom e saudável, povoado de criaturas boas, sadias e vigorosas, de almas puras. É o Brasil supostamente mais brasileiro. Numa fase mais tardia, esse sertanismo corrompeu-se no caipirismo, representação caricatural e grotesca, cujos tipos constituíram uma enorme galeria do nosso romance e teatro, até os nossos dias. O Juca Mulato é o símbolo poético da idealização sentimental, enquanto o Jeca Tatu é a representação realista do sertanejo ou caipira, corroído pela desesperança e pela doença. De qualquer modo o sertanismo é uma reação nativista mais vigorosa do que o indianismo, e sobretudo mais autêntica, porque baseada numa realidade nacional mais entrosada na trama de nossa civilização.

O essencial, todavia, nessa literatura regional, é que não se põe em xeque a unidade do país, o comum lastro de origem lusa, e que aqui se amalgamou com as contribuições indígena e negra, e, mais tarde, com as alienígenas diversas. O regionalismo é um conjunto de retalhos que arma o todo nacional. É a variedade que se entremostra na unidade, na identidade de espírito, de sentimentos, de língua, de costumes, de religião. As regiões não dão lugar a literaturas isoladas, mas contribuem com suas diferenciações para a homogeneidade da paisagem literária do país.

Não interessa ao estudo literário a divisão regional geográfica, baseada no critério das regiões naturais. O que importa aqui são as regiões culturais, marcadas pela importância que tiveram como focos regionais de produção literária, embora a divisão que resulta da aplicação desse critério não se afaste muito da que foi estabelecida pelo Conselho Nacional de Geografia, em 1944, como base para as pesquisas geográficas.

As regiões culturais ou literárias, encaradas no estudo do tema, constituem outros tantos ciclos de literatura regional, da forma seguinte:

a) Ciclo nortista;
b) Ciclo nordestino;
c) Ciclo baiano;
d) Ciclo central;
e) Ciclo paulista;
f) Ciclo gaúcho.

A esses se poderia juntar uma espécie de subciclo, constituído do Rio de Janeiro e zona suburbana, que é uma verdadeira pequena província literária, onde se abeberaram Lima Barreto, J. M. Macedo e até Machado de Assis.*

*

---

* *Bibliografia (Regionalismo)*

a) Obras gerais:

Babcock, C. M. *The American Frontier*. New York, 1965; Bodkin, B. A. "Regionalism: cult or culture?". *English Journal*, XXV, 3, March 1936); Brun, C. *Le Régionalisme*. Paris, 1911; Davidson, D. *The Attack on Leviathan*. Chapel Hill, 1938; Gooch, R. K. *Regionalism in France*. New York, 1931; Hauser, H. *Le Probleme du Régionalisme*. Paris, 1924; Hintze, Hedwig. "Regionalism" (in *Encyclopedia of the Social Sciences*. Vol. 13-14. New York: Macmillan, 1934; *I'll Take my Stand*. New York, 1930; *In Search of the Regional Balance of America*. Social Forces, XXIII, 3, march 1945; Odum, H. W., H. I. Moore. *American Regionalism*. New York, 1938; *Regionalism in America*. ed. M. Jensen. Madison, 1952; *Saturday Review of Literature*. Números especiais sobre Regionalismo Americano. May 16, 1942; September 19, 1942; January 23, 1943; May 22, 1943; October 30, 1943; January 6, 1945; *Southern Renascence*. ed. L. D. Rubin, R. B. Jacobs. Baltimore, 1953; Stewart, G. "The Regional Approach to Literature". *College English*, April 1948; Turner, F. J. *The Significance of Setions in American History*. New York, 1923; Turber, F. J. *The Frontier in American Civilization*. Boston, 1956:Vila Serra, J. *El Regionalismo in España*. Valencia, 1919: Vitta, C. *Il Regionalismo*. Florence, 1923.

b) Trabalhos sobre o regionalismo no Brasil:

A fonte principal é: *Introdução ao estudo da literatura brasileira*. Org. Brito Broca e J. Galante de Sousa. Rio de Janeiro: Instituto Nacional do Livro, 1963, p. 167.

Outros trabalhos:

Almeida, José Mauricio Gomes de. *A tradição regionalista no romance brasileiro*. Rio de Janeiro: Achiamé, 1980. Castelo, J. Aderardo. "F. Távora e o regionalismo". *Estado de S. Paulo*, Supl. Lit., 21 nov. 1959; Diegues Júnior, M. *Regiões culturais no Brasil*, 1960; Freyre, Gilberto. *Região e tradição*. Rio de Janeiro, 1941; Freyre, Gilberto. "Romantismo e realismo". *Correio da Manhã*, RJ, 30 jan. 1941; Freyre, Gilberto. "A propósito do regionalismo". *Correio Manhã*, RJ, 15 jul. 1941; Freyre, Gilberto. *Continente e ilha*. Rio de Janeiro, 1943; Freyre, Gilberto. *Manifesto regionalista de 1926*. Recife, 1952; Meyer, Augusto. "Pré-regionalismo". *D. Carioca*, RJ, 17 maio 1953; Moog, Viana. *Uma interpretação da literatura brasileira*. Rio de Janeiro, 1943; Pereira, Lúcia Miguel. *Prosa de ficção*. Rio de Janeiro, 1950; Rabelo, Sílvio. "Província e nação". *O Jornal*, RJ, 5 dez. 1943; Rabelo, Sílvio. "Norte e Sul". *O Jornal*, RJ, 7 mar. 1944; Rocha, Tadeu. *Modernismo & Regionalismo*. Maceió, 1964; Silveira, Alcântara. "Sobre regionalismo literário". *Correio da Manhã*, RJ, 12 e 26 jan. 1952; Sodré, N. Werneck. "O problema do regionalismo". *Correio Paulistano*, SP, 13 dez. 1953.

Ao analisar a larga influência que teve a província regional na formação e no desenvolvimento da literatura brasileira e a contribuição regionalista ao Realismo, chega-se à convicção de que a literatura se revigora sempre que fica próxima de suas raízes, e tanto mais quanto mais profundas estas mergulharem no solo.

Em todos os tempos, e ainda em nossos dias, os focos locais atuam como fontes fecundas de cultura, de variedade, de estímulos espirituais e artísticos. A literatura, no Brasil, fenece — ou os escritores — sempre que se distancia daquelas fontes locais.

Por outro lado, é através do particular que a arte atinge o geral, do individual que se alarga no humano. É o que afirma André Gide, acentuando: ao particularizarem-se é que os grandes artistas criadores alcançam uma comum humanidade profunda. Comentando esse pensamento de Gide, o crítico espanhol José Bergamin cita, para confirmar essa filosofia da universidade através do regional e do individual, um brocado espanhol que resume tudo: *"El patio de mi casa es particular; cuando llueve se moja como los demás."*

CICLO NORTISTA
(por Peregrino Júnior)

Caracteres. Fases: naturalista, com Inglês de Sousa e Veríssimo; do "Inferno Verde", com Euclides, Alberto Rangel; ufanista, com Raimundo Moraes, Carlos Vasconcelos, Alfredo Ladislau, Lívio César, Jorge H. Hurly; modernista, com Abguar Bastos, Lauro Palhano, Dalcídio Jurandir, Eneida de Morais, Araújo Lima, Gastão Cruls, Osvaldo Orico, Francisco Galvão, Viana Moog, Peregrino Júnior, Aurélio Pinheiro, Ramaiana de Chevalier, Oséas Antunes, Nélio Reis, Ildefonso Guimarães, Lindanor Celina, Odilo Costa Filho, etc. Ferreira de Castro.

O homem que penetra a Amazônia — o mistério, o terror, ou, se se quiser, o deslumbramento da Amazônia — escuta desde logo uma voz melancólica: a voz da terra. Abandonado na vastidão potâmica das águas fundas, dos igarapés e igapós paludiais, das ásperas florestas compactas, perdido naquele estranho mundo de assombração, acossado pelo desconforto do calor sem pausa e pela agressão da mata insidiosa, com seus bichos, suas febres, suas sombras, seus duendes, ele logo de entrada recebe um golpe terrível, e desde então trava a luta mais trágica da vida, que é a adaptação ao meio cósmico. As forças que o esmagam — forças telúricas de aparência indomável — são um convite permanente à retirada e ao regresso. Paraíso dos aventureiros, dos charlatães, dos mercadores e dos flibusteiros, a Amazônia em geral não retém ninguém, expulsa os seus desbravadores, que dela, no entanto, se recordam sempre com temor e nostalgia ao mesmo tempo. Daí o destino nômade dos seus habitantes, que dificilmente ali se fixam e permanecem. O homem é, na selva, o intruso descrito por Euclides, sempre insatisfeito e instável, esperando a hora de enriquecer para voltar, para fugir, para se libertar, em suma... Afinal de contas, só o caboclo — fatalista, taciturno e triste —, na inércia do seu conformismo congênito, ali fica, e não quer sair. O homem daquele mundo é assim um "ser destinado ao terror e à humilhação diante da Natureza". Todos, de resto, nativos e adventícios, vivem lá num estado permanente de perplexidade, que explica a atitude literária de quantos viram de perto a Amazônia. Filhos da terra, como Inglês de Sousa e José Veríssimo, ou adventícios, como Euclides da Cunha e Alberto Rangel, todos, nos seus depoimentos, refletem essa perplexidade, que é afinal uma consequência natural daquilo que Ronald de Carvalho denominou "a panfagia formidável da selva bárbara". Tudo se entredevora, nessa panfagia dos seres e das coisas. "Os rios saltam dos pleitos e engolem as terras marginais. Pululam, nas fermentações dos mangues e igapós, milhões de insetos, desde a borboleta ao pium voraz. A sombra de certas árvores é mortífera e há grandes corolas que se abrem como bocas esfaimadas. Somente o homem se encontra deslocado, nesse monstruoso divertimento das forças elementares. O sentimento confuso dessa luta permanente, vindo através do índio totemista, do africano fatalista e do português nostálgico, povoou de fantasmas a alma brasileira. Ficamos atônitos, ante o destino. A dor e a volúpia embriagaram o nosso espírito."[6]

Como se salientou na Introdução, o regionalismo, no Brasil, nasceu, em grande parte, sob o signo desse dramático embate entre a terra e o homem. Daí também o importante papel que na literatura regional da Amazônia desempenhou sempre a Natureza. A principal personagem de quase todos os livros sobre a Amazônia é a paisagem. Isto é, a Natureza, que embora áspera e agressiva, apontando inexorável o caminho da volta, em verdade fascina e deslumbra. Há uma fatalidade geográfica que conduz o homem da mesopotâmia brasileira ao grave mistério dos mitos e à estranha poesia dos "casos". A Natureza, que é na Amazônia ao mesmo tempo terror, beleza e magia, explica a vocação lírica e a tendência mística do homem. A imaginação do homem amazônico é uma diátese geográfica: mergulha suas raízes no próprio ventre da terra. Para compreendê-la é essencial o conhecimento do clima psicológico que a gerou. O caráter do habitante da planície é a saturação das suas próprias inquietações. Comprimido entre duas terríveis melancolias: a do rio e a da floresta, ele se volve para si mesmo — e, contraindo-se na angústia da introversão, foge à realidade cósmica pela imaginação, que gera os mitos e as lendas, os fantasmas e os talismãs, os espantos, os duendes, as superstições, todo o encantamento do fabulário caboclo do Inferno Verde.

Por todos os lados a monotonia dos mesmos horizontes — chatos, fechados e tristes —, ora fugindo rasos na linha indolente das águas mansas, ora erguendo-se para o alto no verde vertical das florestas bravas. Repetindo-se indefinidamente na sombra das matas que enterram as raízes nos pântanos coagulados dos igapós; nas águas turvas de óleo pesado dos igarapés e dos paranás; nos barrancos moles e desbeiçados que as enchentes lambem, destroem e carregam sem cessar; na marcha viscosa daquelas imensas "cobras-grandes" sem pressa dos rios escuros e tristes... — a terra amazônica amedronta e cansa pela monotonia invariável do grandioso. E sob a sombra daquelas matas desconformes, em cujo coração não chega jamais a luz das estrelas; com os pés atolados no tijuco podre dos pauis; atento ao quiriri trágico das solidões verdes da água e da floresta o homem amazônico, calado, resignado e melancólico, só tem um refúgio: o seu mundo interior. E destarte o sortilégio da paisagem — bela mas aterradora — excita-lhe a imaginação, levando-a à evasão espiritual da música e da poesia, ao convívio secreto dos deuses e dos fantasmas... São os ruídos obscuros das florestas e dos rios que cantam nas vozes subterrâneas do seu mundo interior: no seu fabulário, na sua teogonia, na sua mitologia bárbara e bela. Para entender a linguagem maravilhosa do homem amazônico, é preciso "descer ao chão e escutar com amor os corações subterrâneos".[7]

Ao inventariar os livros regionalistas inspirados na vida e na paisagem da Amazônia, se alguma coisa nos surpreende, mais do que a sua abundância, é sob certos aspectos a sua uniformidade: quase todos mostram (e isto não acontece apenas com os livros de ficção, mas até mesmo com os de pura observação científica como os dos naturalistas e sociólogos) um rebarbativo tumulto verbal e uma inevitável fuga lírica. Péricles de Morais,[8] num ensaio sobre "os intérpretes da Amazônia", afirmou que "aquilo não é assunto para escritores medíocres". Talvez por um singular fenômeno subconsciente, procurando escapar a esse terrível demônio da mediocridade, a maioria deles se atira sem medida e sem hesitação à caça de uma originalidade violenta e rebarbativa, e passa a escrever em "estilo hipertenso e tortuoso". Esse estado de espírito impediu que alguns dos regionalistas mais bem-dotados da Amazônia escrevessem com naturalidade e fluência, usando as palavras adequadas para a fixação de imagens singelas e claras.

Em todos eles, porém, malgrado tudo, a realidade ocupa o primeiro plano, tanto na pintura dos quadros e dos fatos, como na dos tipos e caracteres. O Naturalismo impôs-lhes as suas marcas. Mas um naturalismo barroco.

O regionalismo, na Amazônia, como de resto todo o regionalismo brasileiro, desde Simões Lopes Neto, Afonso Arinos e Valdomiro Silveira, teve tendência nitidamente realista. Não obstante a pluralidade de caminhos, havia em todos os nossos escritores regionalistas da Amazônia um traço comum de parentesco, como já se assinalou: o estilo arrevesado, herdado de Euclides da Cunha, e a paixão da Natureza, em cuja descrição todos se comprazam sem medida. Para isto muito contribuiu a ausência de limites nítidos entre a selva e a cidade, que lhes facilitou e estimulou o trabalho de construção literária. A fusão do urbano com o rural é tão ostensiva, na Amazônia, que a floresta ali começa muitas vezes à porta das casas, o que permite a intimidade permanente da cidade com a selva, misturando as lendas e os costumes do caboclo do "sítio" com os costumes e as tradições das gentes da "praça". Por isso mesmo ao lado da evocação da natureza, deram-nos eles também a descrição exata de tipos, tradições, costumes, fala, peculiaridades de toda ordem, o que concedeu às suas obras capacidade de duração e importância documental.

Aguda foi a observação de Machado de Assis[9] — e válida também para o regionalismo — de que a busca da realidade, em nossas obras de ficção, foi uma constante literária, "a substância, não menos que os acessórios", reproduzindo "geralmente a vida brasileira em seus diferentes aspectos e situações".

E nos regionalistas da Amazônia, sem levar em conta sestros já apontados, comuns a quase todos eles, "os costumes locais e a natureza grande e rica, quando não é só áspera e dura, servem de quadro a sentimentos ingênuos, simples e algumas vezes fortes".[10] Ao lado do aspecto ecológico, o sentido humano e social, com a fixação da psicologia linear daquela pobre gente abandonada e esquecida, de condições morais e materiais desgraçadíssimas, na frase incisiva de José Veríssimo,[11] constituem o conteúdo substancial da literatura regional da Amazônia.

*

Quatro foram os surtos regionalistas na Amazônia: o primeiro, marcado pela influência do Naturalismo, deu-nos as obras de Inglês de Sousa e Veríssimo; o segundo, sob o signo de Euclides da Cunha, produziu Alberto Rangel e seus epígonos; o terceiro, de sentido ufanista (Raimundo Morais, Alfredo Ladislau, Jorge Henrique Hurly) forjou principalmente uma brilhante geração de ensaístas, sociólogos e folcloristas; o quarto, enfim, datando do Modernismo e do Pós-modernismo, deu-nos alguns ficcionistas e ensaístas diferentes (Abguar Bastos, Dalcídio Jurandir, Araújo Lima, Gastão Cruls, Viana Moog).

Na primeira fase — a dos homens da terra — mais fidelidade ao real, mais autenticidade, um comovido amor à gente e aos seus costumes.

Já na segunda — a de influência de Euclides — o que se vê é o deslumbramento da Natureza e a embriaguez verbal. É a fase "Inferno Verde": estilo torturado, descrição da terra e do homem num certo tom grave e triste de espanto, de exaltação, de perplexidade.

A terceira — novamente pertence aos homens da Terra Verde — é a dos livros *Na planície amazônica*, *País das pedras verdes*, *Terra imatura*; reação nativista contra a noção de "Inferno Verde": bairrismo exasperado, criando, com a tese do "clima caluniado", da "terra explorada e detratada", a literatura "Paraíso verde". Lirismo fácil e falso. Mas informação copiosa, original e segura. Observação fidedigna. Contudo, as marcas fortes de Euclides — contra o qual, ao fim de contas eles reagem — está paradoxalmente viva e presente no estilo castigado, retorcido e enfático dos autores. É uma fase nitidamente barroca.

Por fim, a fase, chamemo-la "modernista": mais orgânica, mais direta e objetiva — o social, o humano, o econômico —, o documentário, em vez da paisagem. Nem "paraíso" nem "inferno"... Nem tanto à terra, nem tanto ao mar. Isenta, comedida e realista.

Ao lado das figuras primaciais desses períodos, muitas figuras secundárias e acessórias, de filiação difícil, que nem por isto deixam de ter sua parcela de interesse, poderiam e deveriam ser citadas. Como se sabe, no regionalismo, muita coisa de escassa importância literária tem grande significação sociológica, isto é, vale pela documentação e pela informação. O aparecimento da literatura de índole regionalista, na Amazônia, é marcado por dois grandes nomes: Inglês de Sousa e José Veríssimo, ambos, por singular coincidência, nascidos na mesma cidade: Óbidos — a Terra Pauxi, de tão ilustres tradições.

As obras de Herculano Marcos Inglês de Sousa (1853-1918) (*q.v.*), obedecem a uma intenção geral: a de fixar *cenas da vida do Amazonas*. São em conjunto documento ecológico e sociológico importante, estudando a pesca, a extração do cacau, a vida política, religiosa e social do interior do Pará.

O missionário (1888), que a crítica muito tem louvado, é um romance denso e forte, mas prolixo, monótono, enfadonho, sem grande vivacidade. Contudo, um documentário exato e minucioso da vida amazônica. Mais vivos sem dúvida e mais palpitantes e concisos são os seus contos da Amazônia. "Acauan", "O baile do judeu", "O rebelde", "Quadrilha de Jacó Patacho" são escritos com arte mais segura e lúcida. "O rebelde" e "O voluntário" têm certo tom de panfleto.

Araripe Júnior, prefaciando *O missionário*, notava: "Não há livro escrito sobre o Amazonas que se não ressinta de um colorido singular. É ao maravilhoso dessas tintas que devem todo o seu valor artístico os livros de Emile Carry, de Gomes de Amorim, de Agassiz, de Bates, de Herbert Smith".

A arte de Inglês de Sousa é simples, o estilo pobre, a fatura despretensiosa. O excesso naturalista de pormenores torna-lhe a obra cansativa e tediosa. Homem de observação e de análise, só quando se liberta um pouco das regras rígidas do Naturalismo, esquecendo as leis da hereditariedade e do meio, é que se torna mais interessante, dando-lhe quadros palpitantes da vida social e humana das pequenas cidades do interior do Pará.

José Veríssimo de Matos (1857-1916), filho de Óbidos, como Inglês de Sousa, e vocação singular de crítico e analista, começou sua carreira de escritor escrevendo impressões e quadros da vida amazônica. Em 1878, publicou os *Quadros paraenses*; no mesmo ano, *Viagem ao sertão*; em 1888, *As cenas da vida amazônica*; em 1895, *A pesca na Amazônia*.

Veríssimo fez de suas "Cenas "um autêntico documentário: costumes, tradições, tipos, fala, paisagens. Anotação exaustiva de tudo.

Estudioso atento e honesto da vida amazônica, Veríssimo era, mais do que um ficcionista, um sociólogo. Contudo, Machado de Assis elogiou-lhe as *Cenas da vida amazônica* sem reservas. Em "O boto", embora interessante, dilui-se a trama da narrativa nos pormenores das descrições de costumes. Já em "O crime do tapuio" a narração seca e fluente dá uma palpitação humana de vida ao falso crime. "Os esbocetos", ainda que escritos com mau gosto, são entretanto documento muito vivo de tipos e costumes do Pará.

Falando das *Cenas da vida amazônica*, Machado de Assis[12] comenta: "Narrador e observador", José Veríssimo soube ser também "um paisagista e um miniaturista", o que não logrou Sainte-Beuve quando enveredou um dia pela ficção.

Segundo Machado, três pelo menos das quatro novelas em que se divide o livro "são pequenos dramas completos": "O boto", "O crime do tapuio" e a "Sorte de Vicentina". Não obstante o seu estilo frouxo e pesado, Veríssimo dá-nos da vida amazônica quadros animados e coloridos. Pena é, como confessa Machado, que tenha deixado logo um terreno que soube arrotear com fruto.

A seguir, sobrevém o romance amazônico de Rodolfo Teófilo (1853-1932): *O paroara* (1899). Rodolfo Teófilo não conhecia a Amazônia. Mas seu livro, apesar do desleixo verbal do autor, é vivo, dando-nos imagem palpitante do êxodo cearense das secas e da escravidão dos seringais, nas solidões verdes do Amazonas.

Longo tempo, após o aparecimento de Inglês de Sousa e José Veríssimo, permaneceu a literatura regional da Amazônia em completo recesso.

Quando Euclides da Cunha publica *À margem da História*, supervaloriza-se literariamente a Amazônia e recrudesce o interesse pelo regionalismo. Na época em que Terêncio Porto, nos seus contos românticos, tão enfáticos e palavrosos, repetia Coelho Neto, sem nenhum interesse pela sua terra e pela sua gente, iniciou-se a reação regionalista. Em geral, os regionalistas eram gente da cidade, que olhavam, curiosos e espantados, a vida rural, ou viajantes apaixonados, que estacavam, maravilhados, diante do sortilégio da Planície Verde, e fixavam, nos seus cadernos de notas, tipos, paisagens, tradições, costumes, linguagem, toda sorte de peculiaridades da terra amazônica. Seguindo a esteira do autor de *Os sertões*, e repetindo-lhe os cacoetes literários — o estilo retorcido, sonoro e difícil —, surgem então Alberto Rangel, Carlos Vasconcelos, Raimundo Morais, Alfredo Ladislau... Só se sabia escrever sobre a Amazônia em tom maior: grandiloquente, enfático, declamatório. O drama da terra e do homem — isto é, a panfagia Amazônica de que falava Ronald de Carvalho — exigia aqueles excessos verbais, a hipérbole das imagens, o luxo do estilo. Alberto Rangel dava-nos *Inferno verde*, com prefácio de Euclides da Cunha.

Este escritor foi, depois de longo hiato de silêncio literário, quem restaurou, no plano da ficção, o interesse pelos temas amazônicos.

Descreve Alberto Rangel (1871-1945), em estilo rígido, inquieto e castigado, o pungente realismo do *Inferno verde* (1908). Algumas de suas páginas são fortes e poderosas, embora muitas delas se percam no puro jogo verbal do seu estilo peculiaríssimo. *Inferno verde* marcou uma época. "O tapará", a "Terra caída", "O Maibi" foram largamente imitados, com o seu estilo emaranhado, telúrico e opulento. Território que não concede intimidade a ninguém, natureza misteriosa e sombria — selva poderosa, cheia de segredos e assombrações —, a Amazônia passou a ser o tema preferido do lirismo brasileiro...

J. Coutinho de Oliveira publica em 1916 uma coleção de *Lendas amazônicas*, boa contribuição folclórica, para só em 1951 dar a lume outro livro do gênero: *Folclore amazônico*.

Em 1921, surge um livro singular sobre a Amazônia: o romance *Deserdados*, de Carlos de Vasconcelos (1881-1923). Descendendo literariamente de Alberto Rangel e Euclides da Cunha, Carlos de Vasconcelos herdou deles os cacoetes verbais: um estilo arrevesado, agreste e duro. O romance evoca aspectos impressionantes da rude vida dos seringais, com seus crimes, suas misérias, suas perversões e suas brutalidades. Um realismo arrepiante, que se compraz na narração de tudo quanto é infra-humano e subnormal, num desfile pungente de misérias físicas e morais. Mas vale como documentação de costumes daquele tesouro romântico da floresta, que fala fácil à curiosidade e à ambição dos homens, com seus horrores sem termo...

Lívio César escreve em 1921 um livro de contos regionais: *Sararacas*. Um amazônida ilustre, Alfredo Ladislau, reagindo contra "os detratores" da Amazônia, lança um livro de apologia da Planície: *Terra imatura* (1923). Retomando de Euclides da Cunha a ênfase verbal e de Alberto Rangel alguns temas sedutores, Alfredo Ladislau faz sensação com o livro, que não sendo de ensaios, não é também de ficção, mas cujo conteúdo de estudos, evocações e cenários, constitui importante depoimento sobre a terra e a gente da Amazônia.

Tendo vivido alguns anos no interior do Amazonas, o escritor português José Maria Ferreira de Castro (1898) publica um grande romance amazônico: *A selva* (1930). Depoimento veraz sobre a terra e a gente que ele conheceu de perto. O seringueiro — condenado às galés perpétuas da floresta — vive e palpita no drama pungente desse belo livro. Poucas obras tão exatas na fixação do homem e da terra da Amazônia. Raros escritores brasileiros conseguiram dar-nos da Amazônia um quadro tão denso, colorido e dramático.

Enfileirando-se entre os escritores da Amazônia, outro estrangeiro, o colombiano José Estásio Rivera, em *La voragine*, traz-nos da paisagem e da vida amazônica um quadro belo e poderoso: aquela floresta agressiva, áspera, esmagadora; aquelas águas, numerosas e traiçoeiras; aqueles homens bárbaros e tristes, perdidos na selva "sadica y virgen"... Ele denuncia também, como Ferreira de Castro, as torpezas e os crimes que a floresta esconde. O seu livro é libelo, é protesto, é denúncia e grito de revolta, contra o abandono do homem — aquele pária jogado à mercê dos aventureiros, exploradores e frios tiranos sem entranhas, criminosos e rapaces, que exploram os seringais da Amazônia.

Importante é a contribuição de Lauro Palhano, que publica em 1931 *O gororoba* (romance da vida proletária), e em 1935, *Marupiara* (romance dos seringais), além de um conto estranho, *Xanduô* estampado na *Vida literária*. Esses livros de Lauro Palhano valem como rico documentário da vida humilde e dura do trabalhador na Amazônia — nos *gaiolas*, nas levas de *retirantes*, nos *seringais*, nas cidadezinhas perdidas da selva, nos bairros pobres da capital.

De Eneida de Morais tivemos em 1930 um livro lírico sobre a Amazônia — *Terra verde*. É mais do que tudo um canto alegre e ardente, uma louvação literária da Amazônia. Posteriormente, em capítulo de suas memórias, pinta quadros mais autênticos e válidos do Pará, com singular talento.

Humberto de Campos, em 1932, no seu livro *O monstro e outros contos*, evoca a Amazônia trágica e bela que ele conheceu na intimidade, fixando-a nos contos "Herodes", "Catimbau", "O seringueiro" e "Retirantes".

É de 1932 o aparecimento do primeiro romance de Abguar Bastos: *A Amazônia que ninguém sabe*, depois republicado com outro nome: *Terra de Icamiaba*. A seguir publica Abguar Bastos: *Certos caminhos do mundo* (1936), *Romance do Acre* e *Safra* (1937). Almas, costumes, tipos e panoramas são as contribuições que, sem trair a verdade, seus romances nos oferecem em tom simbólico, na síntese de um estilo alegórico. Mas os fatos, estes são, nos seus romances, como ele mesmo confessa, apenas uma síntese de duas realidades. No seu primeiro livro coloca-nos ele diante de um drama simbólico: o do homem perdido na selva com os olhos num ideal. O segundo romance de Abguar Bastos é a história do homem da castanha; o terceiro é a história do homem do Acre; no quarto transcreve a vida da selva, dolorosa e triste. Apesar do seu estilo algo dannunziano, palpita-lhe na obra um sopro comovido de humanidade, diante do drama social do homem da Amazônia, cujos soluços ele soube escutar.

Raimundo Morais (1875-1941), o autor de *Na planície amazônica* e de *No país das pedras verdes*, comandante de gaiola, jornalista e comentador político, grande conhecedor dos homens e das coisas da Amazônia, depois de uma série de estudos e ensaios muito instrutivos, escritos com bravura, vigor e capricho, deu-nos dois romances de costumes amazônicos: Os *igaraúnas* (1938), costumes paraenses, e *Mirante do baixo-Amazonas* (1939), sem maior interesse como romances mas muito ricos de informações e documentos.

Refletindo as influências do meio físico e social, Aurélio Pinheiro (1883-1938) fixou, em dois romances, cenas e cenários do Amazonas: *Gleba tumultuária* (1937) e *Em busca do ouro* (1938). Cor local, tintas excessivas. Mas observação útil e copiosa da terra e da gente.

Sem nunca ter posto os pés na Hileia, Gastão Cruls (1888) homem de imaginação solta, deu-nos, em 1925, *A Amazônia misteriosa*. Embora sem conhecer ao tempo a Amazônia, pintou-a com colorido exato, e dentro dela situou um singular romance de aventura, para depois, visitando-a, conferir as sugestões da imaginação e fazer dois livros de impressões secas e informação autêntica: *A Amazônia que eu vi* (1930) e *Hileia amazônica* (1944).

Ramaiana de Chevalier, com seu estilo "hipertenso e tortuoso", publicou em 1935 um romance amazônico — *No circo sem teto da Amazônia* —, livro pletórico, compósito e desregrado, que procura fixar, com muitos termos científicos e muitos neologismos ásperos, o drama social do seringueiro.

Outro romance perseguindo o mesmo tema foi o de Francisco Galvão — *Terra de ninguém* (1934) — onde todos mandam, onde todos exploram e são explorados, onde a lei é o bacamarte.

Osvaldo Orico (1900), em 1937, editou dois saborosos livros de temas amazônicos: o seu interessantíssimo *Vocabulário de crendices amazônicas* (1937) e *Seiva* (1937), romance da Amazônia.

Um jovem escritor paraense, Dalcídio Jurandir Ramos Pereira, surge em 1941 com um curioso romance — *Chove nos campos de Cachoeira* — em que evoca a gente, a paisagem, a vida de sua cidade natal. A seguir, em 1947, publica ele o seu segundo romance — *Marajó* —, que revela os costumes dos madeireiros e dos fazendeiros, a áspera vida social da ilha, com o vigor e a audácia de um historiador social. Do escritor cearense Joaquim Braga Montenegro (1907) recolhemos, em 1946, do livro *Uma chama ao vento* um conto regional da Amazônia: "O vento, o desejo e o rio", em que fixa episódio de uma viagem em navio *gaiola*.

O escritor Clodomir Viana Moog (1906) tendo vivido algum tempo no Amazonas, editou em 1936, um livro de impressões: *O ciclo do ouro negro*, importante para quem estuda o regionalismo na Amazônia pela soma considerável de observações e dados, e imagens que nos ministra sobre a terra, a gente, a vida e o destino da Planície. Embora não seja obra de ficção, mas estudo antropogeográfico, é o de Araújo Lima: *Amazônia, a terra e o homem* (1932), livro sempre atual e digno de leitura.

Em 1943, Oséas Antunes deu-nos, em Belém, um romance muito discutido: *O quarteirão*. Nélio Reis apareceu também com dois romances: *Subúrbio* (1937), e *O rio corre para o mar* (1941), que se caracterizam pela vivacidade do diálogo e pelo pitoresco dos tipos.

Publicaram, ainda, obras de caráter regionalista sobre a Amazônia: Ernesto Cruz (*Da roça* — contos e lendas); Georgenor Franco (*Ouro e lama* — contos); Luís Teixeira Gomes, pseud. *Jacques Flores* (*Cuia pitinga* e *Panela de barro*); Sandoval Lage (*Quadros da Amazônia*); Bruno de Meneses (*Candunga* — romance, *Maria Dagmar* — novela, e *Batuque* poemas regionais); Acrísio Mota (*Vingança de tapuia* — contos); Francisco Manuel Brandão (*Terra Pauxi*); Juvenal Tavares (*A vida na roça, Casos e casos*).

Dos autores mais recentes, surgidos depois da década de 1960, há alguns que devem ser citados com particular atenção: Álvaro Maia, com o seu livro *Gente dos seringais*; Ildefonso Guimarães, com *Histórias sobre o vulgar* e *Senda bruta*; Lindanor Celina, com o romance *Menina que vem de Itaiara*; Leandro Tocantins, com *O rio comanda a vida* e *Santa Maria de Belém do Grão-Pará*;

Virgínio Santa Rosa, que publicou um romance-reportagem sobre o Tocantins: *A estrada e o rio*; o goiano Eli Brasiliense, com *Rio Turuna* e o maranhense Odilo Costa Filho, autor de *A faca e o rio*. *Histórias sobre o vulgar* e *Senda bruta* são livros que se singularizam, na produção literária do Norte, pelo estilo e pela originalidade do processo de narrar. São contos que retratam a vida urbana de Belém e a do interior do Pará, penetrando-lhe o sentido humano e social, o que torna válidas as narrações valorizadas pela ágil arte de contar do escritor que é Ildefonso Guimarães. Lindanor Cetina, em *Menina que vem de Itaiara*, fixa uma nítida imagem, colorida e exata, do cotidiano pobre de uma cidadezinha da zona bragantina, vivendo tristemente seus elementares problemas humanos e sociais entre o rio e a estrada de ferro que já lá se foi... Lindanor Celina revela autêntica vocação para o romance de costumes. *Rio Turuna*, de Eli Brasiliense, é a saga da vida dramática das cabeceiras do Tocantins. Mas o que a Amazônia inspirou de mais importante, embora apenas em parte, nos últimos tempos, foi uma das melhores novelas que têm surgido no Brasil pós-modernista: *A faca e o rio*, do piauiense-maranhense Odilo Costa Filho. É uma pequena tragédia rural do Norte — densa e essencial escrita num estilo depurado, correto e lírico, que revela no autor a plenitude de seus dons literários e torna a leitura do livro um puro encantamento para os que sabem amar os seus achados felizes — hoje tão raros — da arte de bom escrever. O autor soube, numa língua saborosa e pessoal, exprimir o sentido dramático do amor e a profunda poesia, doce e melancólica, das solidões verdes do Norte. Fez desta arte um grande livro.

Nunes Pereira, antropólogo e pesquisador, dotado de aguda vocação literária, publicou livros de sua especialidade que, pela seriedade, importância, escorreita linguagem e ágil estilo, merecem menção especial: *Bahia*, *Os índios Marié* e outros ensaios de antropologia.

Recapitulando tudo quanto se publicou na Amazônia, em matéria regionalista (e muita coisa foi citada, diga-se de passagem, pela convicção de que, no dizer de Augusto Meyer,[13] ainda quando carecessem de valor literário, esses trabalhos regionalistas teriam de impor-se pelo valor documental) será mister relacionar também duas obras que, embora de raízes amazônicas, excederam o âmbito do regionalismo, e se situaram num plano ecumênico, porque trouxeram, pela sua importância literária, uma contribuição transcendente às letras amazônicas. Queremos referir-nos ao poema *Cobra Norato* (1931), de Raul Bopp (1898), e ao *Macunaíma* (1928), tão estranho e singular, de Mário de Andrade (1893-1945), que se situam entre as obras mais importantes que a Amazônia inspirou.*

---

* É evidente que nesse quadro faz falta um escritor de excepcional representatividade na ficção amazônica: Peregrino Júnior. Autor de *Puçanga* (1929), *Matupá* (1933), *Histórias da Amazônia* (1936), *A mata submersa* (1906), reunidos em um só volume — *A mata submersa e outras histórias da Amazônia* (Rio de Janeiro, J. Olímpio, 1960), revela-se

CICLO NORDESTINO
(por Aderbal Jurema)

Caracteres. Franklin Távora e a "Literatura do Norte". Adolfo Caminha, Rodolfo Teófilo, Antônio Sales, Domingos Olímpio, Araripe Júnior, Emília de Freitas, Pápi Júnior, Francisca Clotilde, Oliveira Paiva, Ana Facó, Fonseca Lobo. Gustavo Barroso, Teotônio Freire, Carneiro Vilela, Faria Neves Sobrinho, Zeferino Galvão, Olímpio Galvão, Mario Sete, Lucílio Varejão, Carlos D. Fernandes.

A prosa de ficção nordestina, pela segunda metade do século XIX, refletiu, com acentuado sabor sociológico, alguns dos mais vivos aspectos da nossa formação cultural, ainda sob a influência direta da literatura francesa. Eram os escritores do Nordeste influenciados pelo ambiente de independência política no que se relacionava com a antiga corte portuguesa. Marcados pelas lutas nativistas, que tiveram na região compreendida entre Alagoas e Ceará, e principalmente na província de Pernambuco, o seu quartel-general em vigília cívica quase permanente, os romancistas e poetas nordestinos mantinham estreita ligação com o que se publicava na França, embora as modas parisienses, dadas as condições econômico-sociais dessas províncias brasileiras, sempre chegassem com uma dezena de anos de atraso.

O regionalismo, na prosa de ficção brasileira de fins do século XIX e começos do século XX nasceu, sem dúvida, sob o signo do Romantismo, para, depois, misturar-se às receitas naturalistas e realistas, sob a influência de Zola e Eça de Queirós. Daí encontrarmos, nos principais romances de autores nordestinos daquela época, uma mistura de estilos e de tratamento ora romântico, ora naturalista, não apenas nos temas romanticamente idealizados como também na técnica pronunciadamente folhetinesca.

Romancistas lógicos, apegados aos fatos históricos ou às observações superficiais da sociedade em que viviam, nenhum deles, foi, em realidade, um grande ficcionista capaz de rivalizar com alguns dos mais destacados nomes da novelística nordestina contemporânea. Nem dramáticos nem líricos, eram os romancistas do chamado grupo nordestino uns bem-intencionados fazedores de romances. Salvam-se algumas obras, como de Domingos Olímpio, em

---

Peregrino Júnior o contista fiel à linhagem dos ficcionistas amazônicos, com a sua força em retratar a natureza violenta e sua argúcia em analisar as personagens em luta contra o meio. Fixando ao mesmo tempo os costumes da região, apontam os seus contos para o desumano da situação das populações ribeirinhas. O homem, preso à geografia hostil, tragado pela água, impotente diante da natureza, é o elemento dramático que enche suas páginas. É, além disso, um contista senhor de sua técnica, e um captador da realidade linguística da região (A. C.).

Luzia-Homem; de Oliveira Paiva em *D. Guidinha do poço*; de Franklin Távora em *Lourenço*; de Antônio Sales em *Aves de arribação*, ou de Adolfo Caminha, em *A normalista*.

Literatura mais descritiva, paisagística, do que psicológico-social, a prosa de ficção nordestina daquela época estava em perfeita correspondência com a nossa incipiente formação literária. Oscilavam os seus autores entre o sentimento romântico circundante e a didática naturalista. Românticos por formação intelectual, os escritores brasileiros da segunda metade do século XIX lutavam tremendamente com a falta de cultura literária sistematizada, impregnados, como estavam, da formação jurídica das escolas do Recife e de São Paulo, os dois centros culturais quase únicos no Brasil. A prosa de ficção nordestina refletia, no estilo precioso e na lógica científica das opiniões, o formalismo das letras jurídicas de seus autores, quase todos eles alunos ou ex-alunos das Faculdades de Direito do Recife ou de São Paulo. Quando um deles se detinha nos temas com algum senso de pesquisa e de análise, como Rodolfo Teófilo, era devido à formação científica que recebera ao diplomar-se em farmácia na Bahia. Daí a fraqueza literária e a quase ausência de um genuíno sentido ecológico em seus trabalhos, regionais pelo ambiente, mas quase europeus ou internacionais pelo sentimento com que interpretavam os homens e as coisas que se movimentavam em suas histórias. Regionalistas geograficamente situados, mas culturalmente distantes da alma e da vida de sua gente, embora defendessem com ardor, como Franklin Távora,[14] a autonomia da província.

Após a divulgação dos livros de Zola e Eça, o regionalismo nordestino se transforma em realismo de folhetim.

Não se pode deixar, ao fazer o levantamento da ficção nordestina, de começar pelo nome do pioneiro Franklin Távora.* Embora nascido no Ceará, o autor

---

*   João Franklin da Silveira Távora (Baturité, CE, 1842 — Rio de Janeiro, 1888). Bacharelou-se em direito, mas dedicou-se à administração pública, à política e ao jornalismo.

Bibliografia

ROMANCE: *Os índios do Jaguaribe*. 1862; *A casa de palha*. 1866; *Um casamento no arrabalde*. 1869; *O Cabeleira*. 1876; *O matuto*. 1878; *Sacrifício*. 1879 (In *Revista brasileira*); *Lourenço*. 1881. *O Cabeleira, O matuto, Lourenço* e *Um casamento no arrabalde* formam a série Literatura do Norte. CONTOS: *A trindade maldita*. 1861. TEATRO: *Um mistério de família*. 1861; *Três lágrimas*. 1870. CRÍTICA: *Cartas a Cincinato*. 1870. HISTÓRIA: *História da revolução de 1817* e *História da revolução de 1824*, que foram destruídas pelo autor. LENDAS: *Lendas e tradições populares*. 1878 (In *Ilustração brasileira*).

Consultar
Autores e livros, v. 2, n. 3, 25/1/1942; Beviláqua, Clóvis, Franklin Távora (In *Revista da Academia Brasileira de Letras*, julho, 1912, n. 9, p. 12-52). Pereira, Lúcia Miguel.

de *Os índios do Jaguaribe* (1862), seu primeiro e único romance em moldes indianistas,[15] é um escritor de formação nitidamente pernambucana, ou melhor, recifense, com todas as qualidades e defeitos do ambiente literário da tradicional Faculdade de Direito, onde se bacharelou em ciências jurídicas e sociais.

Depois de ter iniciado uma polêmica com Alencar, aliando-se ao escritor português José Feliciano de Castilho, Franklin Távora, que não perdoava a projeção metropolitana do autor de *Iracema*, em carta-prefácio ao romance *O Cabeleira* (1876), o primeiro da fase que denominou de "Literatura do Norte", lançou as bases literárias desse movimento provinciano com as seguintes palavras: "Noite e Sul são irmãos, mas são dois. Cada um há de ter uma literatura sua, porque o gênio de um não se confunde com o do outro. Cada um tem suas aspirações, seus interesses, e há de ter, se já não tem, sua política."

Recentemente, ocupando-se desse tema, José Aderaldo Castelo observa que, "sem dúvida, as ideias de Franklin Távora merecem reparos. Contudo, desdobramento da interpretação de Alencar, (...) elas já podem ser julgadas como esboço das ideias de fundamento sociológico, de interpretação das tendências regionalistas da nossa literatura, desenvolvidas de 1923 em diante, com Gilberto Freyre. Podemos dizer que, então, como hoje, já se pensava, criticamente, numa criação literária, que, voltada para a paisagem brasileira, procurasse reconhecer a sua unidade através das diversidades regionais, como na teoria de Gilberto Freyre, aceita por José Lins do Rego. E essa teoria, como acabamos de comprovar, deve ser necessariamente filiada ao pensamento crítico da época romântica, com Alencar e Franklin Távora, aos quais se juntam as realizações de Bernardo Guimarães e do Visconde de Taunay, também portadores de idênticas atitudes".[16]

Fiel àquelas "aspirações" e "interesses", Franklin Távora estudou algumas lutas nativistas de Pernambuco que se transformaram em histórias romanceadas. Ele mesmo é quem o afirma: "Mas desgraçadamente estas cenas não são geradas pela minha fantasia. São fatos acontecidos há pouco mais de um século." Daí a história de um bandido nordestino ter sido o assunto de seu primeiro romance da "Literatura do Norte". Em estilo de relatório forense conta: "O Cabeleira chamava-se José Gomes, e era filho de um mameluco por nome Joaquim Gomes, sujeito de más entranhas, dado à prática dos mais hediondos crimes."[17] Há, no entanto, certo sabor folclórico em suas páginas nem sempre monótonas, quando transcreve um ABC da época em que se desenrola a ação do romance:

Três romancista regionalistas: Franklin Távora, Taunay e Domingos Olímpio (In *O romance brasileiro de 1752 a 1930*. Rio de Janeiro, 1952).

Por causa desse romance, Távora brigou com Alencar, nas *Cartas a Cincinato*, em 1870.

> Fecha a porta, gente,
> Cabeleira aí vem,
> Matando mulheres,
> Meninos também.[18]

Antes de ter publicado *O Cabeleira*, escrevera um pequeno romance de costumes sob o título de *Um casamento no arrabalde* (1869), com explicativo subtítulo "História do tempo em estilo de casa". Trata-se de uma história simples sem nenhuma agudeza psicológica, mas que ainda hoje pode ser lida com prazer justamente pelo tom de conversa com que descreve a vida familiar no Recife da segunda metade do século passado. Do mesmo tipo é o romance *A casa de palha* (1866), publicado em folhetim no *Jornal do Recife*, com a diferença de que a ação se passa no meio rural.

Ao romance *O Cabeleira* seguiram-se *O matuto* (1878) e *Lourenço* (1881), ambos decalcados em episódios da guerra dos Mascates, constituindo os dois uma só história. No *Lourenço*, sobretudo, demonstrou possuir qualidades de narrador, embora sacrifique o realismo de suas personagens à velha influência romântica tão bem caracterizada na sua obra de estreia *A trindade maldita* (1861), contos à maneira de Álvares de Azevedo, de um romantismo fantástico, mais pensado do que propriamente vivido.

Sílvio Romero destaca *Lourenço* como o melhor romance de Franklin Távora, enquanto Lúcia Miguel Pereira se fixa em *Um casamento no arrabalde*.[19]

Vale destacar aqui que o romancista da "Literatura do Norte" não fez parte do movimento literário denominado "Padaria Espiritual", de Fortaleza, e que os três últimos romances da série "Literatura do Norte" foram escritos no Rio de Janeiro.

Da "Padaria Espiritual" e do Centro Literário, de caráter nativista, saíram romancistas como Adolfo Caminha, Rodolfo Teófilo, Antônio Sales, todos eles marcados pelo espírito regionalista da época. Com Domingos Olímpia, Araripe Júnior, Emília de Freitas, Pápi Júnior, Francisca Clotilde, Oliveira Paiva, Ana Facó, João Miguel da Fonseca Lobo, formam o grupo romântico-realista do Ceará entre 1878 e 1914.

Adolfo Caminha (*q.v.*) surpreendeu o meio provinciano da terra natal com o romance *A normalista* (1892), onde se revela um exagerado ledor de Zola. Um crítico recente de Adolfo Caminha, Valdemar Cavalcanti, embora reconheça que em *A normalista* ele se revela um fantástico eciano, é da opinião de que esse qualificativo não lhe diminui o mérito "porque não se descobre intenção de pasticho ou de passiva imitação".[20]

As personagens do romance de Adolfo Caminha foram tiradas da sociedade de Fortaleza em seu tempo, principalmente pessoas implicadas no drama pessoal do autor, vítima de uma grande paixão pela esposa de um seu colega de farda.

Passando a residir no Rio de Janeiro, em consequência daquele episódio tumultuoso, que lhe transtornara a vida, obrigando-o a deixar a Marinha, o romancista, a despeito das dificuldades econômicas de toda ordem com que teve de lutar, publicou mais, além de vários contos na imprensa, *No país dos yankees* (1894), impressões dos Estados Unidos, durante a viagem de instrução no navio-escola *Almirante Saldanha, Cartas literárias* (1895), crítica, *Bom crioulo* (1895), romance, e *Tentação* (1896), novela.

Seu conterrâneo Saboia Ribeiro teve ocasião de publicar três trabalhos,[21] focalizando com muita propriedade a figura e a obra de Adolfo Caminha. De *A normalista* diz ele que, "de fato, o romance era o ajuste de contas do escritor com o meio cearense — aquele meio que não contemporizava com ele, quando tivera a ousadia de unir-se livremente a uma senhora casada, afrontando a sua sociedade escandalizada. Caminha, com efeito, vingava-se, então, ressuscitando um episódio ocorrido lá, já meio esquecido, com personagens facilmente identificáveis na capital cearense. A intenção de ferir é mais que manifesta".[22] De respeito ao *Bom crioulo*, enquanto não seja um romance totalmente *à clef*, o ensaísta reconhece que existem certas indicações de que Adolfo Caminha "pôs nele intenções oblíquas, desde que elegera um tema a capricho, o homossexualismo na vida de bordo".

Ocupando-se desse romance, Lúcia Miguel Pereira acentua que "neste é que (A. C.) se revela romancista autêntico e livre, este é que nos faz lamentar a sua morte prematura. Não que o livro seja isento de franquezas, das quais a principal é certamente a ausência de poesia. Nessa novela de paixão e morte, passada em grande parte no mar, raramente se sente um sopro lírico, raramente a ressonância poética alteia as criaturas rastejantes que nela se movem". Isso não impede porém que a autora de *Prosa de ficção* reconheça que "esse livro, ousado na concepção e na execução, forte e dramático, humano e verdadeiro, é, a despeito dos senões apontados, com *O cortiço*, o ponto alto do naturalismo. Há, porém, nele uma grandeza, uma terrível grandeza, a que só por momentos atingiu Aluísio Azevedo. Denso, cerrado, sombrio, o seu ambiente todo parece augurar as explosões do vício e do crime".[23]

Relativamente a *Tentação*, no entanto, há um evidente equívoco de sua parte, quando o classifica de "mera ilustração do ódio do autor, republicano, pela gente do Império".[24] Em realidade, trata-se, antes, de um verdadeiro interlúdio às apóstrofes que representam, na sua essência, *A normalista* e *Bom crioulo*. Mais certo anda o mesmo Saboia Ribeiro, quando diz que "*Tentação* foi uma bonança naquela tempestade. O livro encarta-se na linha de observação dos demais. Será, se quiserem, um romance de costumes burgueses, entretecido de certo espírito de sátira e crítica social."[25]

Ao contrário de Adolfo Caminha que fez romance naturalista citadino, o baiano por acidente, porque cearense de quatro costados, Rodolfo Teófilo (1853-1932) foi um escritor apaixonado pelo campo. Seu primeiro romance, *A fome* (1890), é a dramatização de observações sobre as secas que assolam periodicamente o Ceará, sua terra adotiva. Em *A fome*, Teófilo procura focalizar, dentro da linha regionalista, a tragédia da família sertaneja acossada pela seca, ao mesmo tempo que se serve do romance para lançar o seu protesto veemente contra a incúria dos governos em relação às abandonadas populações sertanejas. *Os brilhantes* (1895), seu segundo romance, é uma tentativa de estudo psicológico do cangaceiro nordestino, tomando por protagonista o bandoleiro cearense Jesuíno Brilhante, que é tratado simpaticamente, numa interação natural do autor com o ambiente, pois o cangaceiro também o foi, em vida, pelos sertanejos.

Já no terceiro romance, *Maria Rita* (1897), episódios do Ceará colonial, como ele mesmo esclarece em epígrafe, a sua incursão pelos domínios da história romanceada é menos feliz do que em *Os brilhantes*. Trata-se de um enredo baseado em história e lenda, em torno de uma personagem do meio rural cearense, que, segundo depoimento de contemporâneos, existiu em carne e osso. Mas, o mais bem-acabado romance de Rodolfo Teófilo, conforme alguns críticos de nosso tempo, é o livro *O paroara* (1899), onde focaliza o drama da miragem amazônica no cearense sedento.

Ocupando-se desse autor, Nestor Vítor, em 1915, frisou muito bem as principais características de sua obra de romancista, quando diz que "seus heróis tomam sobre os ombros trabalhos hercúleos, lutam com dificuldades quase sobre-humanas, arrostam perigos tremendos. Não é que de si não ambicionem o sossego. Mas a natureza é tão ingrata e tão caprichosa com eles, e os outros homens combatem-nos com teimosia tal e tanto ardil, põem-lhes no caminho tão inopináveis alçapões, sujeitam-nos a provas tão múltiplas e tão infernais, que eles não têm remédio senão andar numa roda-viva, escalando montanhas, abismando-se em precipícios, embora com vigor, agilidade e boa sorte indispensáveis para cumprir bem seu fadário, a tudo escapando até o fim da fabulação". Nesses homens e mulheres, recriados pelo autor, Nestor Vítor reconhece que são bem nossos patrícios, "principalmente bem cearenses, embora, a verdade se diga, com certo carregar de mão". Quanto ao seu estilo, apesar de "harmonioso e concorde", "não tem elegância; é pelo contrário acentuadamente descuidoso e rude, embora, aqui e ali, na realidade poético. Isso não é só por negligência e desdém, é, ainda, por deficiente cultura literária que se nota no autor. Vê-se, suas leituras prediletas são os livros de ciências físicas e naturais, de medicina e de sociologia; afora esses, os da romântica de capa e espada, ou de qualquer modo imaginosa, geralmente porém sem outro mais alto valor"[26] — observações, de fato, inteiramente ponderáveis, quando se considera em seu conjunto a obra literária de Rodolfo Teófilo. E não se esqueçam as incisivas palavras de José Veríssimo, quando, ao ocupar-se da literatura provinciana, pelos idos de 1907, se refere aos seus romances que, na sua opinião, "sem embargo de graves defeitos de composição e de forma, são dos melhores que temos hoje e superiores mesmo aos de Alencar, pela intensidade e verdade com que reproduzem a vida local e sertaneja."[27]

De Antônio Sales (1868-1940), o crítico Tristão de Athayde, em posfácio à segunda edição em 1929 de *Aves de arribação* (1913), diz que tem centelhas do gênio de Flaubert e que soube imprimir universalidade às personagens desse romance sem, no entanto, perderem elas as características de origem. Herman Lima, por sua vez, afirma que *Aves de arribação* é uma fiel interpretação literária da vida rural cearense, em algumas cenas do sertão e das pequenas cidades do interior.[28]

Embora se trate de romance regional, o autor nunca se deixa levar pelo prurido das longas descrições paisagísticas do gênero. Seu estilo é simples, mas dotado de uma vivacidade e colorido que lhe emprestam uma atualidade que os anos decorridos ainda não conseguiram tirar-lhe. Acresce ainda, como observa Raquel de Queirós, no prefácio da sua terceira edição, publicada pela Universidade do Ceará (1965), que, "além do lugar muito especial que merece na literatura, pela sua alta categoria, tem uma originalidade, em se tratando de romance nordestino, e, mais que nordestino, cearense. É um livro que, passado todo no interior do Ceará, não diz uma palavra sobre seca! As paisagens que descreve são sempre as verdes campinas, os riachos correndo, os tabuleiros em flor. Nada do Ceará esquelético e faminto, o Ceará das secas e dos retirantes". Quanto aos tipos fixados em suas páginas, têm uma flagrante personalidade, são encontráveis a cada passo nas paragens fixadas pelo autor.

Antônio Sales deixou um romance inacabado, *Estrada de Damasco*.

Embora um tanto rústico no estilo, Domingos Olímpio Braga Cavalcanti (1850-1906), com *Luzia-Homem* (1903), tornou-se o mais conhecido e discutido romancista do "ciclo das secas". Pela primeira vez, na literatura brasileira, fazia-se de uma mulher a personagem central de um romance nas condições de Luzia, quase um virago, nas mãos do autor, mas sem perder a feição feminina tão característica da mulher sertaneja, embora às vezes aparentemente masculinizada para melhor suportar a adversidade do meio físico.

"Na fixação dessa figura, Domingos Olímpio teve mão de mestre sem descaídas" — frisa Herman Lima.[29] Nenhum traço lhe falta, a partir da hora em que Luzia nos aparece, através da anotação assombrada do francês Paul: "Passou por mim uma mulher extraordinária, carregando uma parede na cabeça."[30] Em todos os seus atos exteriores, como na forte carnação dos membros poderosos, a que não era alheia, porém, nenhuma das graças mais feiticeiras da sua condição de mulher, Luzia, em todas as suas reações emocionais, não trai nunca o seu sexo. "Trazia a cabeça sempre velada por um manto de algodãozinho, cujas ourelas prendia aos alvos dentes, como se, por um requinte de casquilhice, cuidasse com meticuloso interesse de preservar o rosto dos raios do sol e da poeira corrosiva..."[31] Quando recebe os cravos vermelhos que o namorado lhe oferta, como prenda mimosa das mais raras no aceso da seca, ruboriza-se como eles, ao pô-los nos cabelos, num gesto de instintiva e airosa feminilidade."

Com esse romance, conseguiu Domingos Olímpio uma notoriedade que não é fácil no público brasileiro, graças à força descritiva de que é possuidor e à segurança no diálogo curto e incisivo. *Luzia-Homem* é um romance que muito bem se enquadra na prosa de ficção nordestina do século atual, não só pelas suas qualidades formais como, também, pelo conteúdo da história. Se quiséssemos fazer uma comparação com alguns romances posteriores a 1922 poderíamos dizer que *A bagaceira*, de José Américo de Almeida, e *Os corumbas*, de Amando Fontes, são da mesma linhagem literária do *Luzia-Homem*.

Homem do *terroir*, como nos pinta Antônio Sales, entremeando a sua palestra de saborosos ditos sertanejos, a cada momento, apesar de afastado longos anos do torrão natal,[32] um ano depois da edição de *Luzia-Homem*, iniciava Domingos Olímpio, na revista *Anais*, por ele fundada em 1904, no Rio de Janeiro, a publicação de outro romance de costumes fluminenses, do qual diz ainda Herman Lima: "Procurando fixar uma época de transição entre os primeiros dias do Império e os primeiros tempos da República, num meio inteiramente desconhecido pelo escritor provinciano, como era a vida nos salões do Paço de São Cristóvão e em certos solares da aristocracia nutrida pelas bênçãos dos Braganças, o romance (...) constitui flagrante retrocesso na arte do romancista, pelo seu íntimo parentesco com as novelas urbanas mais românticas de Macedo e Alencar."

Acontece ainda que, sendo Domingos Olímpio republicano histórico, seu livro padece de um mal de origem, quando, em vez de explorar o lado pícaro de certo artificialismo das situações pseudoaristocráticas de alguns personagens, procura antes envolvê-los num clima de simpatia difícil de contagiar.

Na mesma revista, às vésperas da sua morte, iniciava ele uma novela de ambiente amazônico, *O uirapuru*, da qual, infelizmente, só se conhecem onze capítulos, bastantes, todavia, para mostrar vigorosamente sua volta ao claro realismo de seu primeiro livro.

A literatura ruralista de Tristão de Alencar Araripe Júnior (1848-1911) não alcançou a mesma projeção da de Domingos Olímpio com um único romance. Juiz Municipal de Maranguape, delicia-se com a paisagem da serra de Maranguape e reflete, em seus folhetins de *A casinha de sapé*, publicada no Ceará sob o pseudônimo de Luisinha, nome da personagem principal, todas as qualidades e defeitos de uma titubeante prosa campesina, como afirma o crítico cearense Abelardo F. Montenegro. Depois seguem-se *Um motim na aldeia* (1877) e *O cajueiro do Fagundes* (1911), onde retrata tipos da classe média brasileira com um tom de ferina ironia. São folhetins mais aproximados do gênero conto do que propriamente romances.

Ao tratar do naturalismo brasileiro em *Prosa de ficção*, Lúcia Miguel Pereira tem estas palavras de acentuada acrimônia a respeito de um romancista do grupo nordestino, cuja obra tem sido quase sempre desse modo injustamente subestimada:

"Os casos de deformações literárias sendo mais evidentes nos escritores secundários, convém lembrar *O Simas*, do cearense Pápi Júnior, que, escrito em 1898, se enquadra no Naturalismo, pelas descrições de certas cenas e sobretudo pela importância dada ao 'temperamento' da personagem central, mas cuja trama é do mais puro romantismo. O seu autor daria mais tarde, em 1914, outro livro, *Gêmeos*, onde às duas tendências aqui notadas juntaria, pelo arrevesamento da linguagem, a herança dos nefelibatas. Todos esses elementos, que se superpõem, sem se fundirem, tornam os romances de Pápi Júnior interessantes como material de estudo, e talvez como reconstituição de aspectos da vida carioca e cearense. É esse o seu único valor."

Não menos rigoroso é Tristão de Athayde quando diz não ter acreditado na "fama de Pápi Júnior".

Trata-se realmente de um escritor de poderosa capacidade criadora, autor, além dos livros citados, de mais dois romances de cenários os mais diversos e de trama por completo independente e movimentada — *Sem crime* (1920) e *A casa dos azulejos* (1927).

Como Rodolfo Teófilo, Antônio Pápi Júnior (1854-1934), nasceu fora do Ceará, para onde foi, natural do Rio de Janeiro, aos vinte anos, como praça do exército. Lá ficou o resto da vida, integrado de todo na vida da capital cearense, onde desenvolveu múltiplas atividades, como guarda-livros, comerciante, professor e diretor de uma empresa teatral, além de teatrólogo, contista e romancista, acima de tudo.

Estreando com *O Simas*, que é seu grande romance, apesar de todos os defeitos, principalmente os cacoetes lusitanos de que padece toda sua obra, porém não lhe conseguem anular, de maneira alguma, a força e a vibração do *pathos* em que se envolvem as suas figuras, traçadas sem vacilações de interpretação psicológica, dele disse Frota Pessoa: "É superabundante, mas tem vigor e intrepidez de análise."[33]

O Simas, reconstituindo os cenários de Fortaleza, principalmente nos seus aspectos sociais, tem, a despeito daquelas falhas, páginas de soberba dramatização, muitas vezes à altura das melhores de Eça de Queirós.

Esta foi, aliás, a grande influência de que Pápi Júnior jamais conseguiu livrar-se (enquanto por outro lado muito preso aos modismos estilísticos de Fialho d'Almeida), embora não chegasse nunca ao servilismo de qualquer *pastiche*. Mas, o corte dos seus romances, a apresentação das figuras e do meio, traem a cada passo a grande presença do mestre português, em quase obsessão, que foi, afinal, o maior *handicap* do malogrado escritor. No entanto, fixando, nos romances *Gêmeos* e *A casa de azulejos*, cenários do Rio do começo do século, na captação de ambientes de tristeza e desalento, em seus bairros mais pobres, na Santa Casa e no Hospital dos Lázaros, ou em casas de pensão suspeitas, ou em recantos requintados, como os salões de clubes e de residências abastadas, de *O Simas* e *Sem crime*, Pápi Júnior justificou sempre as incisivas palavras de Frota Pessoa, que representam, em última instância, o melhor rótulo de sua arte literária, realmente estranha e desnorteante.

A seu respeito, Nestor Vítor acentuou também certas particularidades que lhe completam em definitivo a personalidade, quando diz que "seu romance de estreia tem, não há negar, páginas comparáveis a telas magistrais, de tão luminosas, vibrantes, arejadas e fundas nas suas perspectivas, quer se trate das coisas, quer se trate dos seres. São ótimos filmes da vida cearense. Vê-se que elas foram feitas com a boa alegria, com a saúde espiritual que os trabalhos de arte representam. Mas, aqui e ali, o pulso fraqueja, recorrendo a preciosismos de mau gosto, que denotam a artificialidade do processo. (...) Digamos francamente: o mal é que a natureza de Pápi Júnior é bem diversa da do seu paradigma (Eça): ele não é absolutamente um *snob* nem um ironista". Apesar de tudo isso, "com os seus defeitos apontados e o mais que ainda se lhe possa como se lhe pode censurar", afirma o crítico paranaense que *O Simas* "é dos melhores romances que se têm produzido no Brasil"[34]

Manuel de Oliveira Paiva (1861-1892), cujo romance *Dona Guidinha do poço* somente em 1952 foi publicado na íntegra e recebeu aplausos da crítica brasileira, é o escritor da classe média do Nordeste. Surgiu nas letras de sua terra em 1889, com o folhetim *A afilhada*, publicado no jornal *Libertador*, de Fortaleza, de 6 de fevereiro a 29 de abril. Para Lúcia Miguel Pereira, o romance *Dona Guidinha do poço* "deveria figurar em nossa literatura no mesmo plano de *Inocência* e *Luzia-Homem*, vencendo talvez pela densidade psicológica a primeira e pela fluidez de linguagem a segunda".[35] E Abelardo F. Montenegro é de parecer que Oliveira Paiva, com *A afilhada* e *D. Guidinha do poço*, está para o Ceará na mesma proporção que José de Alencar para o Brasil.[36] Em realidade, dos grupos da "Academia Francesa" e "Padaria Espiritual", é Oliveira Paiva o romancista de melhor estilo e de mais aguda observação psicológica. *D. Guidinha do poço* representa, na novelística nordestina, a primeira tentativa séria.

A terra cearense é realmente antecipadora na prosa de ficção de autoria feminina no Brasil. Emília de Freitas, Francisca Clotilde e Ana Facó são três nomes que a história literária não apenas cearense, mas nordestina, pode apresentar como as primeiras mulheres que escreveram romances numa época em que o patriarcalismo urbano e rural limitava a educação da mulher ao piano, ao bordado e a algumas frases em francês, quando não à cozinha e às novelas periódicas nos oratórios domésticos.

De Emília de Freitas (1855-1908), professora emigrada para o Amazonas, a única obra conhecida é o romance *A rainha do ignoto*, que tem por cenário, segundo Abelardo F. Montenegro, o Ceará e o Amazonas, embora o Barão de Studart informe que ela publicou outro romance com o título de *O renegado*.[37]

Também professora era Ana Facó (1855-1926), folhetinista sob o pseudônimo de Nitio-Abá, autora de *Rapto jocoso* e *Nuvens*, romances filiados à velha escola romântica. Seus livros foram publicados, depois de sua morte, em Fortaleza (1937-1938).

Como quase todos os romancistas cearenses da segunda metade do século XIX, Francisca Clotilde Barbosa Lima (1862-1935) fez sua estreia, na literatura local, publicando contos. Em seguida, já neste século, lança à publicidade seu romance *A divorciada* (1902), livro que revela a influência dos ideais feministas da rio-grandense do norte Nísia Floresta, e que tiveram, em Fortaleza, uma receptividade intelectual muito intensa. O romance de Francisca Clotilde, defendendo uma tese audaciosa para a época, provocou na imprensa de sua terra uma violenta polêmica entre conservadores e progressistas.

Autor de mais de uma centena de livros, tendo incursionado com segurança e brilho por todos os gêneros literários, ficção, sociologia, história, folclore, crônica, memorialismo, poesia, doutrina política e oratória, Gustavo Dodt Barroso (1888-1959), estreou com o livro *Terra de sol* (1912), ensaio de interpretação da natureza e dos costumes do norte (hoje nordeste), ainda insuperado. O livro teve uma repercussão das mais vibrantes, por parte da crítica e do público leitor, comemorativa do seu cinquentenário de lançamento. Essa estreia propiciou a Gustavo Barroso uma larga ressonância no cenário das letras nacionais, sucedendo-se daí por diante uma atividade literária somente comparável entre nós à de Coelho Neto. Embora sua contribuição mais importante seja inegavelmente no campo da sociologia sertaneja e do folclore, marcou em definitivo sua passagem pela ficção, com meia-dúzia de romances e livros de contos, estes entre os melhores de nossa novelística, especialmente *Praias e várzeas* (1915), *Mula sem cabeça* (1922) e *Alma sertaneja* (1923), fixando figuras e ambientes dos sertões e das praias natais, que ele conhecia e amava profundamente, poder-se-ia mesmo dizer organicamente. Não se pode esquecer, porém, noutro gênero, a coletânea de contos medievais *Pergaminhos* (1923), em cujas páginas revivem figuras, cenários e histórias de um tempo remoto, admiravelmente fixadas, no toque exato de usos, costumes e indumento. De assunto vário e de épocas diversas, de ação nacional e universal, citem-se ainda *A ronda dos séculos* (1920), *Mulheres de Paris* (1933) e *Cinza do tempo* (s.d.), sempre de excelente qualidade literária. No romance, deixou ele *A senhora de Pangim* (1940), de fundo lendário, *Tição do inferno* (1926), *O santo do brejo* (1933) e *Mississipi* (1961). Relacionando-se com o tema do cangaceirismo e do fanatismo sertanejos, o segundo e o terceiro são narrativas de vigorosa trama e de forte colorido local, em ritmo quase cinematográfico, de viva linguagem marcadamente nordestina, a despeito de certos descuidos de elaboração em *Tição do inferno*, com a indevida intromissão de trechos interpretativos, inteiramente descabidos na técnica do romance contemporâneo. Quanto ao último, aparecido postumamente, é um fecho magnífico ao ciclo literário de Gustavo Barroso, dedicado, como

Terra de sol, ao Ceará. Trabalhado com muito apuro novelístico, é uma crônica impressiva da vida de Fortaleza no começo do século, quer dizer, dos tempos da infância e adolescência do autor, cuja retentiva de fatos, pessoas e aspectos da sua terra era na verdade prodigiosa, atestada ainda em seus três livros de memórias, que constituem justamente um dos pontos mais altos da sua copiosa bagagem — *Coração de menino* (1939), *Liceu do Ceará* (1940) e *Consulado da China* (s.d.). Naquele romance, mesmo que o cronista pudesse prevalecer em certas páginas sugestivas, a trama novelesca é muito bem estruturada, as figuras debuxadas com vigor de mestre, de excelente corte psicológico e movimentada humanização de seus personagens.

Enquanto o Ceará foi pródigo em romancistas e contistas, Pernambuco, o centro intelectual mais vivo do Nordeste brasileiro, sempre se ressentiu de ficcionistas natos. Daí o caso de Franklin Távora, vindo do Ceará, de Carlos D. Fernandes, da Paraíba, de Teotônio Freire, do Rio Grande do Norte.

Colocado entre o romance de costumes e o de caráter meramente folhetinesco, encontra-se o romancista pernambucano Joaquim Maria Carneiro Vilela (1846-1913). Carneiro Vilela estreou com um livro de versos *As margaridas* (1872), passou à história curta com *Noivados originais* (1893), dedicando-se em grande parte ao romance, que publicou em folhetins, onde revela a influência direta de Eugênio Sue até no título de um deles: *Os mistérios da rua da Aurora*. Este foi publicado em *A província*, em 1891; é de 1875, no *Jornal da Tarde*, *Mistérios do Recife*. Dele ainda: *Iná* (1879); *Noêmia* (1894); *A gandaia* (1899) e mais: *O esqueleto*, *Um drama íntimo*, *Era maldita*, *Eterno tema* e *Os filhos do governador*.

Bacharel em ciências jurídicas e sociais, o autor de *A emparedada da rua Nova* (2. ed., 1936) escrevia dois a três folhetins diários, "leitura, então, muito apreciada", como nos informa um seu contemporâneo mais jovem, o historiógrafo Mário Melo. Principal fundador da Academia Pernambucana de Letras, ainda hoje chamada a "Casa de Carneiro Vilela", o romancista pernambucano denuncia, em seus livros, uma cultura literária já superada para a época em que escreveu os seus contos e novelas. Pequeno burguês no espírito e na vida real, foi Carneiro Vilela um folhetinista típico do Recife de 1900, no seu estilo arrevesado mas popular; anticlericalista, fazia questão de se mostrar como tal nas próprias páginas de seus romances.

Contemporâneo de Carneiro Vilela, o rio-grandense do norte Teotônio Freire (1864-1917), de formação pernambucana, revelou-se dentro da linha romântico-naturalista que é uma constante nos escritores da prosa de ficção nordestina do fim do século XIX. *Passionária* (1897) e *Regina* (1899) são os dois romances que conseguiram sua inclusão na história das letras pernambucanas. Além de versos em livros e nos jornais pernambucanos, é autor de *Flâmulas* (1904), coletânea de contos.

Oito anos mais velho que Teotônio Freire, Faria Neves Sobrinho (1872-1927) estreou, na literatura pernambucana com o volume de contos *O hidrófobo* (1896), e, logo em seguida, publicou *Morbus* (1896), romance patológico, como o próprio autor esclarece em subtítulo. Trata-se de uma obra escrita aos 21 anos de idade, sob intensa influência de Zola e muito preocupada com a trindade "Mundo, diabo e carne". Faria Neves Sobrinho foi um poeta que tentou o romance sem êxito. Daí o seu nome estar mais ligado, hoje, à história da poesia pernambucana do que à prosa de ficção. *Quimeras* (1890) e outros livros de versos deram grande popularidade ao seu nome como sonetista.

Contemporâneos de Teotônio Freire e Faria Neves Sobrinho foram Zeferino Galvão e Olímpio Galvão, nomes esquecidos na prosa de ficção de Pernambuco.

Zeferino Galvão (1864-1924) foi um fervoroso adepto do romance histórico à Dumas (Pai) e chegou a escrever um romance, em três volumes, sobre a corte de Luís XIV, e outro, o *Eulampio Corvo* (1909), narrando as peripécias de um brasileiro nas campanhas napoleônicas da invasão da Rússia. São dele: *O inconfidente*; *O cadete Bonifácio* (1911); *Mirza*; *Heloísa d'Arlemont*, trilogia, *A Corte de Provença* (1918); *O mosteiro de Nimes* (1920) e *A guerra dos camisardos*. Cumpre anotar que o seu romance de costumes *O cadete Bonifácio*, embora abuse da linguagem caipira, tem algum valor documentário.

Já Olímpio Euzébio de Arroxeias Galvão (1874-1915), mais modesto nos temas, restringiu-se à novela folhetinesca. Publicou a novela *O Guilherme* (1895); *Silvana*, folhetim em *O Nacional*, de Maceió, em 1898 e no *Jornal do Recife*, em 1900; e a novela *Gaspar e Lucila* em *O Município*, de Aracaju, em 1893.

Outro escritor que tentou, sem êxito, o romance foi o ensaísta Manuel Arão (1875-1930). Em *Transfiguração*, história de um estudante sertanejo que possuía taras ancestrais, o autor se perde em estiradas românticas que são apenas composições escolares. Seguem-se: *Adúltera* (1897); *Magdá* (1898) e *O claustro* (1919).

Embora sem grandes surtos nem ímpetos, Mário Sete (1886-1950) deixou uma coleção de romances apreciável, a começar por *Senhora de engenho* (1920), que lhe trouxe de logo uma grande nomeada em todo o Brasil, alcançando várias edições. Profundo conhecedor da história e da vida social de Pernambuco, especialmente do Recife, ele foi, a seu modo, um precursor, como acentuava Oscar Mendes, poucos meses antes da sua morte, em longo estudo publicado na *Folha de Minas*, reivindicando para a sua obra, "no que diz respeito à fixação de nossos costumes regionais, um lugar de mais destaque do que tem tido, uma vez que enriqueceu nossa literatura de tantos livros plenos de substância humana, e ecoantes de grandes problemas humanos".

Realmente, não se deve esquecer que, seis anos antes do aparecimento de *A bagaceira*, de José Américo de Almeida, como observa ainda aquele ensaísta, o escritor pernambucano, antecipando-se também ao *Manifesto regionalista* de

Gilberto Freyre, trazia já para os seus romances a vida na zona dos canaviais, a linguagem do matuto nordestino, com seus modismos regionais e sua sintaxe sugestiva, "traçando quadros de real utilidade para os estudiosos de nossos fenômenos sociais, desejosos de conhecer muito daquela vida patriarcal que Gilberto Freyre estudaria à luz de modernas ideias e novos processos e métodos sociológicos".

Movimentando com muita agilidade e argúcia as suas figuras, traçando a paisagem com vivo colorido e nitidez, Mário Sete incorporou às nossas letras de ficção muitas páginas de sugestiva beleza, quer nos seus romances, em particular no já citado, ou em *O vigia da casa grande* (1924), *A filha de dona Sinhá* (1926), *As contas do terço* (1929), *Os Azevedos do poço* (1938) e *Seu Candinho da farmácia* (1933), este último justamente muito bem-estruturado, de forte vinco personalístico nos tipos, talvez mesmo o melhor deles; quer nos seus contos, reunidos em *Sombras de baraúnas* (1927) e *João Inácio* (1928); quer nas suas deliciosas crônicas retrospectivas de *Maxambombas e maracatus* (1938), *Anquinhas e Bernardas* (1938), *Barcas a vapor* (1940) ou *Arruar*, esplêndido panorama do Recife do 1900, justamente louvado entre muitos por Gilberto Freyre.

Outro romancista pernambucano, do mesmo modo injustamente esquecido, a despeito da sua novelística da melhor categoria, pelo conteúdo e autenticidade psicológica e vigor da trama romanesca, é Lucilo Varejão (1892-1965), autor de *O destino de Escolástica* (s.d.), *De que morreu João Feital* (1922), *O lobo e a ovelha* (1946) e *Passo errado* (1946), romances, além dos volumes de contos da mesma excelente linha ficcional, *Teia dos desejos* (1924), laureado pela Academia Brasileira de Letras, *Adão* (s.d.), e de *Figura e paisagem*, ensaios.

Lucilo Varejão incorpora-se ao grupo dos cultores do romance psicológico dentro da universalidade das paixões e do roteiro dos destinos recriados por ele, com perfeito domínio do gênero. Sua linguagem é sóbria, o estilo claro e fluente, o recorte das figuras em traços incisivos, sempre de grande ressalto humano, sendo esse, justamente, o ponto mais alto da sua contribuição ao romance do nordeste contemporâneo.

A Paraíba concorreu para o movimento realista com a figura trepidante de Carlos Dias Fernandes (1874-1942), panfletário, poeta e romancista. Embora tivesse viajado pelo Norte e vivido seus últimos dias no Rio de Janeiro, Carlos D. Fernandes foi, em todas as suas manifestações literárias, um homem tipicamente provinciano. Daí o tom satírico de sua prosa e de sua poesia, onde procura sempre castigar os companheiros de província não apenas nos editoriais políticos, como também nos epigramas. Os seus romances *A renegada* (1928) e *Os cangaceiros* revelam duas tendências. No primeiro, a naturalista à Zola, tipo *A carne*, de Júlio Ribeiro, e no segundo, a regionalista-realista nos moldes do romance *Os brilhantes*, de Rodolfo Teófilo. É de 1934 *Fretana*, romance autobiográfico, onde aparecem as figuras principais do Simbolismo, a cuja geração pertenceu. *Vindicta* é de 1936.

Cumpre assinalar que a maioria dos romancistas aqui focalizados estreou no conto. O conto, pela facilidade de publicação nos jornais da capital dos estados do Nordeste, era uma espécie de exercício literário obrigatório para o romancista nordestino da época. Não apenas o conto, mas também o romance, fabricado aos pedaços para atender o dia a dia do folhetim dos jornais da província.

Com o Modernismo, o regionalismo nordestino passou a representar um papel do maior relevo nas letras nacionais, tanto na prosa como na poesia. Dos escritores que o ilustraram se falará em outra parte desta obra.

CICLO BAIANO
(por Adonias Filho)

Características: As diversas áreas: sanfraciscana, cacaueira, garimpo, pastoreio, alambique, praia. Rosendo Muniz Barreto, Xavier Marques, Lindolfo Rocha, Fábio Luz, Cardoso de Oliveira, Afrânio Peixoto, Anísio Melhor, Nestor Duarte, Martins de Oliveira, Rui Santos, Dias da Costa, Jorge Amado, Clóvis Amorim, Herberto Sales, James Amado, Emo Duarte, Elvira Foepell, Santos Morais, Adonias Filho.

Apesar das tentativas anteriores — Manuel Carigé, Sérgio Cardoso, Cirilo Elói, João Gumes —, sem maiores consequências para a configuração literária do regionalismo baiano, apenas com Rosendo Muniz Barreto e Xavier Marques se iniciou propriamente o ciclo da terra.

A captação invadiria a orla marítima e o agreste sertanejo, revelando as pequenas comunidades, detendo-se no grupo territorial local, convergindo sobre o homem na representação de quase todos os aspectos da sua restrita e peculiar vida social. Realizar-se-ia a sondagem em uma crescente penetração geográfica, sumarizando costumes e hábitos, condições econômicas e políticas, o painel no conjunto como uma extraordinária decoração, o mundo baiano retalhado em todas as áreas, da bacia sanfranciscana ao sul cacaueiro, do garimpo ao pastoreio, da pesca litorânea ao alambique. Repercutindo em enorme variedade, o grupo de ficcionistas conseguiria caracterizar, e de modo indiscutível, o que rigorosamente se possa denominar o "romance baiano".

No amplo curso evolutivo que abrange mais de meio século, numa constância talvez explicável em consequência da própria atração artística oferecida pela terra — seus elementos históricos, a tensão social romanesca, as diversas comunidades rurais definidas, o estado sociológico conflitual —, pôde esse romance dispor de qualidades e dados comuns que logo o identificam como um dos blocos mais densos na literatura brasileira.

Transformar-se-á, acompanhando o ritmo da ficção nacional, adquirindo maior segurança técnica, uma estrutura adequada, jamais prejudicando a forma em sua natureza dinâmica. E, por isso mesmo, será mais realista ou menos psicológico, dependendo sua expressão estética da percepção individual do romancista.

Mas, em toda sua carreira, na oscilação a que estão sujeitos os movimentos literários, não escapará um só momento à paisagem da Bahia. A terra é o eixo irredutível em torno do qual se concentra o panorama normal. Permitindo a regularidade episódica, como se viesse de sua imanência a orientação para os romancistas, reflete-se na humanidade das figuras. no jogo da trama que por vezes se traduz em comédia ou drama, simples aventura ou dolorosa tragédia. Sobre esse fundo impressivo, o romance baiano torna-se uma narrativa flagrante, objetiva e direta.

Temos o primeiro exemplo em Rosendo Muniz Barreto (1845-1897), que, sendo essencialmente poeta, e apesar do lirismo tão sensível em sua prosa, já denunciava em *Favos e travos* (1872) o sentimento pela natureza, enorme firmeza no desenho paisagístico, precisa simplicidade de forma. Com esse único romance, discretamente convertendo a realidade em um texto literário de pura observação, mobilizou os elementos que se expandiriam, jamais porém se divorciariam dos ficcionistas baianos.

Em verdade, Xavier Marques[*] fixa a impressão local e será impossível afastá-la como peça tecnicamente fundamental. Estreando com os contos de *Simples histórias* (1886), publicando a seguir outros livros, apenas com *Jana e Joel* (1899) alargará esse espaço técnico. É um marinista, sua sensibilidade

---

[*] Francisco Xavier Ferreira Marques (Ilha de Itaparica, Bahia, 1861 — Salvador, 1942). Dedicou-se ao jornalismo, foi funcionário público e exerceu os mandatos de deputado estadual e federal. Ocupou, em 1919, a vaga de Inglês de Sousa na Academia Brasileira de Letras.

Bibliografia

POESIA: *Temas e variações*. 1884; *Insulares*. 1896. ROMANCE: *Uma família baiana*. 1888; Boto & C. 1897 (reeditado em 1922 com o título *O feiticeiro*); Praeiros — *Jana e Joel*. 1899; *Pindorama*. 1900; *Holocausto*. 1900; *O sargento Pedro*. 1902; *A boa madrasta*. 1919; *As voltas da estrada*. 1930. NOVELAS: Praeiros — *Maria Rosa* (seguida da narrativa o arpoador", 1902). CONTOS: *Simples histórias*, 1886; *A cidade encantada*. 1919; *Terras mortas*. 1936. BIOGRAFIA: *Vida de Castro Alves*. 1911. ENSAIOS: *A arte de escrever*. 1913; *Ensaio histórico sobre a Independência*. 1924; *Cultura da língua nacional*. 1933; *Letras acadêmicas*. 1933; *Ensaios*, 1944. 2 v.

Consultar

Autores e livros. v. 1, n. 17, 7-12-1941; Figueiredo, Jackson de. "Xavier Marques". Tip. Baiana, 1913, 2. ed., 1916; Gomes, Eugênio. "Xavier Marques" (In *O romance brasileiro de 1752 a 1930*. Rio de Janeiro, 1952; Idem, *Prata de casa* e *Aspectos do romance brasileiro*; Vítor, Nestor, *Três romancistas do Norte*. Rio de Janeiro: Tip. Jornal do Comércio, 1915.

plástica reproduzindo a ilha de Itaparica. Estilista, no sentido acadêmico, como no romance histórico *Pindorama* (1900), em *A boa madrasta* (1919) e nos contos de *A cidade encantada* (1919), não sacrifica porém a naturalidade e nem por isso sua visão se perturba em face da paisagem. Cenarista de entretons, é, todavia, um excelente criador de tipos. Erguem-se, vivos em nossos olhos, os seus *Praieiros* (1902). *O sargento Pedro* (1902), menos lírico que *Jane e Joel*, mantém o nível que se prolongará até *As voltas da estrada* (1931) e *Terras mortas* (1936).

A ficção de Xavier Marques, porém, em altos e baixos, contando com um livro insignificante como *Holocausto* (1900), denuncia um escritor pouco reflexivo, adversário do nevoeiro, que insiste na apresentação dos tipos como o aspecto móvel da paisagem. Vencido pelo rigor da linguagem, ele próprio um cultor da língua, esmaga em si mesmo a mensagem para favorecer o estilo parnasiano. É imperdoável, para esse visualista, a introversão. Responsável pela carreira inicial do romance baiano, debruçado sobre os costumes e os cenários, Xavier Marques quase não transfigura o que enxerga. O primeiro a reconhecer e a trabalhar, sem qualquer dúvida, a força plástica que escapa do complexo cultural da Bahia. Os elementos novelísticos — as imagens em série que absorvem o mar e os pescadores, a sociedade provinciana, os negros e sua religiosidade — são tomados ao vivo para que o testemunho se faça. E, no fundo desse mundo poderoso em sua própria complexidade, o romancista de tal modo registra que, não perdendo os detalhes, ergue o que se pode aceitar como documento. Na minuciosa auscultação, porém, se os romances comprovam por um lado a exterioridade que reflete a vivência baiana, pelo outro revalorizam aquela vivência através das colocações literárias. É possível que Xavier Marques a si mesmo se definisse, reconhecendo o próprio visualismo, quando julga inadmissível a ausência — escreverá a propósito de Machado de Assis — "a paisagem tropical fortemente colorida e iluminada".

A paisagem, porém, nem sempre será "colorida e iluminada". Lindolfo Rocha (1862-1911), que estreara com uma novela sem maior importância, *Iacina* (1907), e se exercitara numa série de contos de esplêndido sabor sertanejo como *O vaqueirinho*, encarregar-se-ia de revelar, em um só romance, a paisagem vazia e morta da caatinga. *Maria Dusá* (1910), pela penetração e a linguagem, é legitimamente o primeiro romance baiano a impor a realidade em toda uma firme violência dramática. A seca não pesa como um flagelo, mas se ergue como uma maldição bíblica. Não sendo um "romance de costumes", como o denominou o romancista, *Maria Dusá* é a reprodução, em sua parte posterior, da vida social, ainda primitiva nas lavras. Os garimpeiros são aí expostos no trabalho, em suas paixões, as grunas descobertas, detalhe a detalhe, na aspereza do seu mecanismo.

Em Lindolfo Rocha, porém, o que sobretudo impressiona é a permanência no plano interior, a lenta escavação psicológica, a imersão jamais anulando a paisagem, intencionalmente feita para não mutilar a fisionomia da terra. É pessoal, em *Iacina*, o temperamento. Maria Dusá é uma mulher de alma ao sol, de reações inconfundíveis, os nervos expostos. Em *O pequeno lavrador* (1911, 2 v.), livro de leitura escolar e propaganda agrícola, sob a forma romanceada, põe-se em relevo esse amor da gleba, que tanto distingue a sua ficção.[38]

Encontrar-se-ia quase, em virtude dessa preocupação social, com Fábio Lopes dos Santos Luz (1864-1938) que, com certa antecipação na novelística política, lançava por assim dizer as balizas do romance de tese. O autor de *Novelas* (1902) denunciava o ficcionista do *Ideólogo* (1903). Em um tom discursivo, ao mesmo tempo idealista e ingênuo, tentava o protesto contra o sistema social que lhe parecia injusto. Essas qualidades de precursor, porém, se esgotariam em *O ideólogo*. As novelas de *Virgem Mãe* (1910) restabeleceriam o fundo paisagístico baiano, Fábio Luz jamais conseguindo os resultados pictóricos de Xavier Marques e Lindolfo Rocha. A atração regional, que marca definitivamente os ficcionistas da Bahia, alargar-se-ia em *Xica Maria* (1901) e *Elias Barrão* (1915), novelas presas ao heroísmo cotidiano e banal.

Mas a impressão local, em admirável carreira descritiva, ressurgiria com J. M. Cardoso de Oliveira (1865) em um livro indispensável ao conhecimento dos costumes da época. Reanima-se a velha cidade do Salvador, o clima de humorismo e pitoresco compondo o ambiente movimentado e vivo. *Dois metros e cinco* (1905), o único romance de Cardoso de Oliveira, sem a menor dúvida um pouco autobiográfico, prenhe de reminiscências, é sobretudo a história de uma das mais humanas personagens na galeria da novelística baiana. Os traços psicológicos se ajustam lentamente e quando se completam, na exibição de um temperamento singular, vemos Marcos Parreira em plena posse da inteligência e dos nervos. Com acentuada inclinação para o cômico, influência talvez de Cervantes e Molière, e do picaresco espanhol, Cardoso de Oliveira abusa por vezes do anedótico. Seu livro, porém, valorizando a personagem como um caráter, imprimiu uma das coordenadas mais estáveis ao romance da Bahia.[39]

Seduzia-o a mesma *scenery* que impele à especulação estética e, na Bahia, atrai sobretudo os pintores. A inteligência criadora não mais dispensará essa decoração plástica. Vamos reencontrá-la, em uma distribuição formal mais perfeita, nos romances de Afrânio Peixoto.[*] É um mestre na criação de figuras

---

[*] Júlio Afrânio Peixoto (Lençóis, BA, 1876 — Rio de Janeiro, 1947). Exerceu a medicina, foi professor, ocupou cargos públicos e eletivos, pertenceu à Academia Brasileira de Letras. Polígrafo, deixou considerável bibliografia; aqui se arrolam apenas os romances.

Bibliografia

ROMANCE: *A esfinge*. 1911; *Maria Bonita*. 1914; *Bugrinha*. 1922; *As razões do coração*. 1925; *Fruta do mato*. 1920; *Uma mulher como as outras*. 1928; *Sinhazinha*, 1929. *Obras completas*. Rio de Janeiro, 1944. *Romances completos*. Org. de Afrânio Coutinho. Rio de Janeiro: Editora José Aguilar, 1962. As Edições de Ouro têm republicado seus

femininas: Maria Bonita, Bugrinha, Sinhazinha. Há efetivamente em todas estas mulheres, fiéis ao meio rural e representativas de uma sociedade patriarcal, algo da paisagem que as envolve e já refletem o natural sentimentalismo das populações do interior brasileiro. Romancista autêntico, parcialmente sacrificado por uma complexa atividade resultante da indiscutível vocação humanista, Afrânio Peixoto conseguiu realizar uma coerente obra de ficção. Eliminando o excesso verbal, sem descuidar-se do estilo, manteve os seus livros em um visível fluxo de espontaneidade. *Maria Bonita* (1914), que abre na ficção baiana a saga do cacau, não ilustra apenas o poder do romancista em levantar cenas, criar situações e acionar episódios. Ilustra principalmente o ficcionista receptivo que, face à realidade, apanha-a sem deformá-la. Retratista, no sentido em que não altera as cores, divide com a capacidade documentária sua vocação de psicólogo a buscar o caráter para a personagem. Em sua personagem, que vem da vida para a reinvenção ficcional — e com exemplo em Maria Bonita —, há personalidade. Levantá-la, como na caracterização de Joaninha, em *Fruta do mato* (1920), é uma constante na obra de Afrânio Peixoto. Mas que surpreende na base dessa caracterização é precisamente a ampliação conseguida quando à personalidade incorpora — confirmando a figura literária — os elementos regionais decorrentes do complexo cultural. Maria Bonita na região do cacau ou Bugrinha, de *Bugrinha* (1922), na região lavrista reprojetam costumes e normas do interior baiano em suas próprias vidas. Dir-se-á o mesmo de *Sinhazinha* a confirmar, além da fixação humana, como se desdobra a ação, coordena-se a trama, todos os dados se articulando com equilíbrio, proporcionais, exatos.

Esse romancista, que pôde captar a vida social do interior baiano em imensa variação de aspectos, não limitaria a ficção ao círculo rural. Expressiva sua participação na temática urbana e, nela estreando com *A esfinge* (1911), vem distendê-la em *As razões do coração* (1925) que, não sendo rigorosamente um romance de costumes, constitui completa abordagem da grande cidade. E abordagem que, permanecendo em *Uma mulher como as outras* (1928), comprova em Afrânio Peixoto a vocação documentária dos romancistas baianos.

Mas, se Cardoso de Oliveira e Lindolfo Rocha já cogitavam da linguagem típica, a dialogação tornou-se mais popular com o avanço, os romancistas posteriores se preocupando com o "acento baiano". A contribuição dialetológica,

---

romances. Ver também: *Afrânio Peixoto, Romance*. Org. Luís Viana Filho. Rio de Janeiro: Agir, 1963 (Nossos Clássicos, 71).

Consultar

Figueiredo, Jackson de. *Afirmações*. Centro D. Vital, 1924; Giesse, Wilhelm. Afrânio Peixoto, romancista (In *Revista da Academia Brasileira de Letras*, n. 130, out., 1932); Ribeiro, Leonídio. *Afrânio Peixoto*. ed. Condé, 1950. Para mais informes, ver edições Aguilar e Agir.

consequência imediata do geografismo literário — completará o cenário e robustecerá a ficção na total projeção do regionalismo. A montagem, como em Anísio Melhor (1885-1955), de indiscutível importância linguística, enraíza-se também no chão, algumas vezes se desenvolvendo numa perspectiva histórica.

Marinista como Xavier Marques — e essa aproximação não a deixou passar o crítico Carlos Chiacchio, — é em *Maria Lúcia* (1912) que Anísio Melhor* vai revelar a simples vida dos barqueiros e pescadores. Os motivos folclóricos, que emprestam certa continuidade a todos os seus livros, presentes na novela *Almas enfermas* (1918), constituem uma das estruturas na sua ficção. O lastro decisivo, porém, como em *Maria do Céu* (1938), nós o encontraremos na ficção dos costumes do povo, em sua existência cotidiana, o percurso se fazendo através da narração direta e sugestiva. Mas em *Maria Cabocla* (1936), talvez o mais completo dos seus romances, revolve o passado, realizando o romance histórico, situando-o em uma pequena faixa geográfica. Identificam-se o romancista e o historiador na composição de uma crônica que tudo retrata, dos conflitos entre povoados e vilas aos tipos humanos, juízes, meirinhos, o tapuia, o cigano, o marçano.

Em outro caminho, embora tão atento à paisagem quanto Anísio Melhor, com evidente preocupação sociológica, situando-se entre os neorrealistas, Nestor Duarte (1903-1970) fixou num flagrante as condições sociais de uma parte da massa rural baiana. Não sendo reportagem, *Gado humano* (1937) é um documentário em raros momentos transfigurado pela ficção. Mais um reformador social e menos um romancista, a crua intensidade do seu romance, exibindo a gleba áspera e os servos tristes, atinge a relação entre o homem e o ambiente físico. O romancista, porém, surgiria em *Tempos temerários* (1958) quando a inflexão dialética, consequência do quadro social, não consegue obscurecer os elementos literários em sua autenticidade. As figuras, vivendo problemas ideológicos e políticos, refletem parte da condição humana na inquirição dos valores psicológicos. E, adentro desse reconhecimento social e interior — que há de permanecer como um testemunho no julgamento do nosso tempo —, a validade artística da linguagem que se articula com a estrutura plástica do romance. Prossegue robustecida, com Nestor Duarte, a relação entre o homem e o ambiente físico.

Essa relação, que em Lindolfo Rocha já se manifestava de um modo rígido, subordinando a tessitura literária ao arrolamento de realidades como a seca e o garimpo, tornar-se-ia mais ampla porque informativa, predominante porque explicativa de uma estrutura regional em todos os seus elementos típicos. É provável que a tenha favorecido, indo ao encontro da tendência dos romancistas baianos para o regionalismo, o próprio movimento modernista em seu excesso nativista. O meio físico, que tantas vezes auxiliará a sensibilidade poética,

---

* Sobre Anísio Melhor ver: *Diário Oficial*, Salvador, 7 maio 1985.

sempre um cenário composto, integrar-se-á definitivamente no homem, o romancista aceitando-o como uma chave para o destino da personagem.

O sociologismo, dele em parte resultante como em Nestor Duarte, alargará naturalmente as possibilidades do romance no campo da pesquisa, visando à apreensão do grupo social, principalmente sua organização e seus contatos. Será curioso observar a diferenciação entre os grupos, o meio físico determinando um tipo de sociedade com a gravitação social definida. Na descrição regional, o romancista revelará sempre as peculiaridades. fugindo à expansão geográfica, como em Cardoso de Oliveira para situar-se, como D. Martins de Oliveira, em uma área caracterizada.

Inicialmente focalizando traços, em contos que armazenavam observações e sondavam as águas lendárias do São Francisco, D. Martins de Oliveira pôde reprojetar literariamente, como em barro do mesmo rio, uma grande zona do vale que ainda permanece isolado no deserto. *No país das carnaúbas* (1931) e *Marujadas* (1936), nos cortes bruscos que caracterizam o conto, já vemos as primeiras peças do cenário, sobretudo o homem em seus nervos indomáveis e seu temperamento místico. Jogando com a natureza sem deformá-la, é com o senso do verdadeiro que transporta para o romance *Caboclo d'água* (1938) as matrizes psicológicas do povo ribeirinho. Mas o livro que melhor constitui a decifração do comportamento emocional em uma manifestação coletiva — no conjunto que o autor denominou "ciclo do rio São Francisco" — é o romance *Os romeiros* (1942). A peregrinação é mística, legítima procissão que irmana o jagunço, o pastor e o romeiro, que identifica na mesma fé o habitante da caatinga ao do brejo. A personagem não se individualiza, mas, resultado da atitude religiosa, transfigura-se em uma personalidade coletiva. Irradia-se a esperança em torno de uma crença, a imaginação que trabalha é uma só, move-se apenas um corpo que pratica ritualmente a cerimônia. E a verdade é que o romancista mostra na cena um dos aspectos mais singulares do temperamento ribeirinho, essa devoção que oscila entre a fé e a superstição que flutua nas águas do grande rio.

Também participa do ciclo do São Francisco o romance *Água barrenta* (1953), de Rui Santos (1906), revelando particularmente aspectos da vida do "beiradeiro" no rio. Mas, se em *Água barrenta* o romancista não denuncia qualquer tendência para a interiorização — o retrato no romance se fazendo sobre a realidade, em percepção visual, o fundo paisagístico se erguendo como um cenário —, já em *Teixeira Moleque* (1960) é o psicológico que, com a mesma linguagem, abre um novo caminho. É certo que no primeiro romance, movendo socialmente uma região frente às situações episódicas, não teve como evitar o interesse pela criatura humana. Esse interesse, ampliado psicologicamente, explica *Teixeira Moleque* como romance de uma personagem. Trabalhando uma figura, animando-a em outra área baiana, Rui Santos configura um caráter em tamanha densidade humana que não compromete a vida.

Essa contribuição sociológica, a ser continuada nos romances de Jorge Amado e Herberto Sales, não encontrará eco nos contos de Dias da Costa (1907). Em *Canção do beco* (1939), apesar da transposição da vida real para a ficção realizar-se fora de qualquer artificialismo, é o compromisso com a própria existência comum que impede a decomposição de um detalhe no conjunto social. Suas histórias humanas, submersas na sobriedade que contém o drama, permitem que as vejamos como imagens inalteráveis que emocionam, é verdade, mas não revoltam. O interesse é este da apresentação do acontecimento com naturalidade. Não retira uma nota, não força um elemento, não interfere no espetáculo que por si mesma a vida engendra e exibe.

Mas o fundo regional, sempre em função do sociologismo — a caracterização de uma área com o seu grupo social distinto, — logo ressurgirá nos romances de Jorge Amado (1912). O clima urbano, com o qual envolveria *País do carnaval* (1932), *Suor* (1934), *Jubiabá* (1935), *Mar morto* (1936), *Capitães de areia* (1937), *Gabriela, cravo e canela* (1960) e as novelas de *Os velhos marinheiros* (1961) seria em *Cacau* (1933), *Terras do sem fim* (1942) e *São Jorge dos Ilhéus* (1944) absorvido pela paisagem rural. Mas, quer mostrando o desbravamento ao sul da Bahia na execução de uma saga cacaueira ou quer exibindo aspectos característicos da cidade do Salvador — seu proletariado, o drama dos saveiristas, a infância abandonada, a presença do negro, — Jorge Amado não dispensa um certo sopro lírico. É inevitável, em todos os seus livros, o testemunho com a imagem da terra. Esse encontro, entre o romancista e a terra, se responsável pelo reconhecimento episódico na linha de certo realismo, é causa imediata da preocupação social de Jorge Amado. A força que irrompe, e já pressentida no romance de estreia *País do carnaval*, não perde a carreira em sua própria expansão. E, se o romancista a disciplina como em *Cacau* e *Suor*, quer enquadrando as cenas ou quer contendo o impulso poético, liberta-se em *Mar morto*, *Terra do sem fim* e *São Jorge dos Ilhéus*, configurando um cancioneiro na estrutura mesma da novelística. A preocupação social, porém — que o testemunho sustenta a ponto de incorporar o povo como personagem e sua fala na linguagem literária — transborda para atingir ostensiva humanização. O mar, as terras do cacau e a cidade de Salvador não existem como palcos de narrativas ou suportes de aventuras. Existem efetivamente, em sua inteira representação plástica, como bases necessárias para que o romancista prove aquela humanização se fazendo o criador de tipos.

A humanização se desenvolve gradativamente, de romance a romance, em processo que, partindo dos tipos sociais, alcança a personagem para caracterizá-la em uma dimensão própria. Os saveiristas, os capitães de areia, os jagunços do cacau cedem lugar primeiro ao herói social — com exemplo em *Jubiabá* — e depois ao herói literário. Este, a partir de *Gabriela, cravo e canela*, à proporção em que psicologicamente se personaliza, concentra mais literariamente o romance sem eliminar os vínculos com o complexo cultural baiano. As três personagens — Gabriela, Quincas Berro D'Água e Vasco Moscoso de Aragão — que correspondem aos dois livros posteriores — *Gabriela, cravo e canela* e *Os velhos marinheiros*, que abrange as novelas *A morte e a morte de Quincas Berro D'Água* e *A completa verdade sobre as discutidas aventuras do comandante Vasco Moscoso de Aragão, Capitão de longo curso* —, se revalorizam a novelística de Jorge Amado, alteram o testemunho precisamente porque a experiência individual predomina na humanidade das figuras. Surgem os dados que articulam os recursos e os episódios em função daquela experiência: o detalhe psicológico, o processo da comédia, a caracterização definitiva. Mas, condicionando o romance e as novelas ao círculo clássico da personagem, Jorge Amado não deforma o cancioneiro que se ergue — fundindo todos os romances — em torno da Bahia.

Essa irrecusável continuidade panorâmica, que vem de Xavier Marques, não desaparecerá. A impressividade continuará em Clóvis Amorim (1912) no romance *O alambique* (1934), inteiramente voltado para os atritos sociais mas de onde escorre, como a aguardente, o interior baiano numa forte simplificação dos costumes.

Prosseguirá em Herberto Sales (1917), que retoma o tema de Lindolfo Rocha, modernizando-o, erguendo a área baiana do garimpo em um círculo que se expressa na linguagem clara, literariamente refletido em episódios primitivos e trágicos. *Cascalho* (1944), romance que não dispõe de qualquer lirismo inútil, fecha-se em uma estrutura sólida e de tal modo inquire os costumes, as instituições, os *folkways*, que regionalmente revela uma comunidade na tradição da sua aventura, em sua organização rural, no heroísmo até há pouco tempo selvagem dos seus chefes locais. A mesma aventura que ressurge em *Além dos marimbus* (1961) agora um dos romances definitivos, não apenas no documentário baiano, mas em toda a ficção documentária brasileira. Entremostrando a vida dos madeireiros, com o cenário lavrista ao fundo, se a ação episódica é áspera e poderosa, o escritor supera o romancista na linguagem incensurável. O exemplo de Xavier Marques, neste particular, não se perdeu. Herberto Sales, um estilista desde *Cascalho*, apossa-se da língua como um artesão — impondo inflexão clássica na expressão moderna — e converte efetivamente o romance em obra de arte. Essa língua, assim trabalhada, valoriza a paisagem sem traí--la em suas cores. É que retorna, com Herberto Sales, em toda sua significação literária, o elemento descritivo. O romancista, que prossegue robustecendo o artesanato em grande valorização da linguagem, no romance *Dados biográficos do finado Marcelino* (1965) toma a cidade de Salvador como ambiente, e nos contos de *Histórias ordinárias* (1966) prova a preocupação psicológica.

Mas o descritivo, que no romance baiano mantém uma espécie de intercurso, permanece em James Amado (1922) quando, em *Chamado do mar* (1949), penetra com desenvoltura na zona cacaueira. O lado de fora, a praia e o cacau, não perturba o lado de dentro, a criatura e os problemas humanos.

Lírico por vezes, reproduzindo uma paisagem regional e típica, James Amado por outras se isola para abrir, no romance, os círculos de exame e análise. As reações interiores — como o medo e o crime — processam-se entre os sentidos e os nervos. E não evitam, porém, que o romancista seja extrovertido em sua percepção retomando o mundo em volta para reafirmar a linha descritiva do romance baiano. A mesma linha que, ainda no sul cacaueiro, encontra em Emo Duarte (1920-1967), com *Porto da esperança* (1960), um outro intérprete que alarga a saga do grupo novelístico de Ilhéus. É um pouco da vida da cidade, precisamente da vida intelectual, que o romancista converte em ficção reafirmando, mais uma vez, o documentário baiano. À margem desse documentário quem permanece é Elvira Foepell (1923-1988), em plena introversão, provando o subjetivismo no romance *Muro frio* (1961). E também Santos Morais (1920), que, com *Menino João* (1959), estreou como romancista a participar da temática carioca. Em Santos Morais, porém, o que possamos chamar as constantes literárias do romance baiano permanecem a denunciar sua integração no grande e poderoso agrupamento novelístico.

Tudo o que importa, porém, no romance baiano, é a ilustração exterior, a fixação da paisagem social, o impressionante enraizamento na terra. Os romancistas não fecham os olhos, não limitam os sentidos e, precisamente porque aceitam sem disfarce o oferecimento da vida e das coisas, não se recolhem a uma atitude intelectiva. Inutilmente buscaremos um analista de paixões, um lógico, alguém que aprisione a ficção no círculo de um debate íntimo, uma questão metafísica, uma explicação subjetiva. A supressão desse plano — inconsciente porque acompanha a novelística em toda a evolução, de Xavier Marques a James Amado — decorre sem a menor dúvida do transbordamento da própria terra, sua luz, as cores, a poderosa atmosfera plástica. Para o romancista, a noção que o sentimento estético impôs, e ao qual não pôde fugir, foi a do espaço.

O espaço simultaneamente geográfico e social, mas o espaço que facilitava a captação na posterior coordenação de um quadro. O regionalismo, aliás, em sua penetração literária, surge dessa necessidade em não ultrapassar uma topografia. Fecha-se horizontalmente e vai adquirir na pintura o segredo da reprodução, com fidelidade, embora ao artista pertença o direito de impor sua personalidade, quer preferindo um estilo quer selecionando uma forma.

A sucessão desses quadros, em série, não concede apenas a continuidade ao romance baiano, mas assegura uma certa homogeneidade que leva um romancista ao outro, aproximando-os, muitas vezes o fundo panorâmico e a temática estabelecendo o encontro. É bem a relação a ser observada, por exemplo entre Xavier Marques e Jorge Amado. O marinista de *Jana e Joel* encontrar-se-á com o marinista de *Mar morto* e o documentarista da religiosidade negra em *O feiticeiro* não estará longe do documentarista de *Jubiabá*. A mesma relação a ser verificada entre Xavier Marques e Anísio Melhor e, em outro exemplo ilustrativo, entre Lindolfo Rocha e Herberto Sales, *Maria Dusá* e *Cascalho* como quadros diferentes que se movem em torno da mesma paisagem.

    A correlação não será apenas de fundo, em uma perspectiva exterior. Distender-se-á mais profundamente no âmago da ficção, forçando qualidades comuns, associando dados persuasivos, compondo uma identidade. É visível o entusiasmo pela personagem em uma representação heroica, desenvolvendo-se os aspectos regionais em função de sua aventura humana. Não esqueceremos, nessa posição tradicionalmente literária, o Sargento Pedro e Marcos Parreira, Elias Barrão e Jubiabá. A incontestável preferência, porém, tenderá para a personagem feminina — a galeria dessas figuras, no romance baiano, enriquecendo decisivamente a novelística brasileira.

    A praieira Jana, de Xavier Marques, ressurgirá em Maria Lúcia, de Anísio Melhor. Lindolfo Rocha, após Iacina, conseguirá com Maria Dusá a caracterização definida, excepcional, o perfil humano não traindo a correspondência artística. Fábio Luz, com Xica Maria, trabalhará um temperamento simples. Mas Afrânio Peixoto irá mais longe e, penetrando na complexidade da psicologia feminina, vendo-a em sua diversidade, povoará a ficção com Maria Bonita, Bugrinha e Sinhazinha. Encerrar-se-á o círculo com Maria do Céu e Maria Cabocla, de Anísio Melhor.

    Os pontos de convergência no romance baiano, porém, desaparecerão em face do denominador comum que é a terra em seu extraordinário poder de inspiração. Os ficcionistas não dispõem de força para contorná-la e seus recursos imaginários nela se integram, reprojetando-a, nesse esforço em vencer uma realidade invencível. O chão, que em sua crosta sustenta o material artístico — as paisagens, o mar, a ilha, o rio, a seca e o garimpo, o cacaual e o sertão, — constitui uma espécie de embasamento para a novelística. Em nenhum outro alicerce, como este, o regionalismo se firmará com autenticidade. E em nenhuma outra fonte encontrará os veios que o transformem em um corpo tão maciço quanto o romance baiano.

    É desse regionalismo que vem a expressão própria, a mensagem geográfica — absorvendo processos históricos e sociológicos — distinguindo-se quando vai fundir-se no leito do romance brasileiro. A característica regional, como a figuração mais sólida, não permite que o romance baiano se desintegre, os romancistas e seus livros indo preencher classificações na ficção nacional. O critério de escola seria indefensável, absurda qualquer tentativa para situar Lindolfo Rocha como um naturalista ou Afrânio Peixoto como um neorromântico. Mesmo no agrupamento regionalista, talvez o mais amplo na ficção brasileira, o romance baiano será facilmente reconhecido. Certos elementos, como vimos, apenas ele possui. E de outro núcleo não sabemos que, congregadas as parcelas, possa apresentar semelhante homogeneidade, continuidade e duração.

    Realmente singular, no conjunto, essa configuração. Trabalhado e construído com lentidão, de 1 872 a 1962 recebendo a influência da mudança social em uma dinâmica por vezes precipitada, sobrevivendo à movimentação literária por vezes revolucionária como no caso do Modernismo, erguendo-se à sombra de vocações e temperamentos estéticos os mais opostos, é realmente singular a concentração que manteve, concretizando-se por inteiro, *in diviso*, em uma só laje. A distância social, em sua mais rígida significação, não conseguiria separar Rosendo Muniz Barreto de Fábio Luz, ou Cardoso de Oliveira de Anísio Melhor. Era como se uma perspectiva pessoal, de cima, orientasse os romancistas.

A força dessa congregação, pois, é o que universaliza o romance baiano. A terra, tantas vezes descoberta com rudeza e lirismo, nas mutações sucessivas, não traduz apenas uma faixa do mundo. Mas abriga uma humanidade que se integra na condição comum, sua psicologia e seu destino interessando, sua presença literária bastando para explicar universalmente o homem.

Fundindo-se no regionalismo brasileiro, acompanhando as linhas análogas, é possível que permaneça no clima normal, a legitimidade artística resultando da comunhão do homem com a sua terra.

*

Não aparece no estudo sobre o romance baiano o nome de Adonias Filho (1915), autor dos romances *Os servos da morte* (1946) e *Memórias de Lázaro* (1952), por motivos óbvios. Estes romances de sentido universal, sem embargo enquadram-se na moldura regional, buscando na terra a seiva inspiradora e informadora de suas personagens e da vida que vivem. Dominados por um violento sentimento trágico e por uma aguda penetração psicológica, seus romances têm a densidade dos grandes dramas de conteúdo, diríamos, religioso. Esses sentimentos caracterizam inclusive a relação do homem com a terra, que, sobretudo no segundo livro, é uma presença fatal, avassaladora, simbólica, em face da qual o homem desaparece, imolado.

Do ponto de vista técnico, a obra ficcionista de Adonias Filho é das mais avançadas da moderna ficção brasileira. Num fundo de realismo, consegue projetar todas as conquistas da nova técnica romanesca. É um romancista sensível à evolução do romance e às profundas modificações nele introduzidas pelo Simbolismo, pelo Impressionismo, pelo Expressismo, pelo Super-realismo, pelo cinema. Sobretudo recursos como o símbolo e a alegoria, e a linguagem metafórica, dão a marca do princípio estrutural desses romances. Há neles, é verdade, uma fidelidade às fórmulas realistas nas descrições de circunstância e de detalhes de ambiente, e no fatalismo geográfico. Mas, fugindo ao realismo, eles nos dão uma visão da realidade, em vez de seu exato retrato, e isso, mormente na pintura das personagens, graças ao uso de imagens e metáforas, mais próprias da poesia dramática, que respeitam e nos dão a impressão nítida da unidade da personalidade. O resultado é um mundo estranho, no qual as personagens têm um significado antes simbólico e mítico. O autor conseguiu ainda desenvolver recursos de expressão e estilo, altamente originais, adaptados à violência interior que caracteriza o movimento e a ação dos romances, um estilo em que predomina a musicalidade, a densidade, o travamento sintático, a imagem e o sentenciosismo de sentido profético. Adonias Filho é o criador de um mundo trágico e bárbaro, de mistério e violência, varrido por um sopro de poesia.

Mas a obra romanesca do escritor cresceu em importância numérica, vindo a lume os romances *Corpo vivo* (1962), *O forte* (1965), *Léguas da promissão* (1968), *Luanda Beira Bahia* (1971), *As velhas* (1977), *Fora da pista* (1978), *O Largo da Palma* (1981), *Noites sem madrugada* (1983). E diversos livros de ensaio e crítica. Mas as suas características essenciais, a capacidade dramática e a trágica ao lado do sopro poético e fidelidade à terra também se desenvolveram, assim como se requintaram as qualidades estilísticas. (A.C.)

CICLO CENTRAL
(por Wilson Lousada)

Características: Bernardo Guimarães, Felício dos Santos, Afonso Arinos, Avelino Fóscolo, Aldo Luís Delfino dos Santos, Amadeu de Queirós, João Lúcio, Abílio Velho Barreto, Godofredo Rangel, Aristides Rabelo, Afonso da Silva Guimarães, Guimarães Rosa, Mário Palmério, Nelson de Faria, Carvalho Ramos, Bernardo Élis, José J. Veiga, Gastão de Deus, Ivan Americano, Veiga Neto, Pedro Gomes de Oliveira, Domingos Félix de Sousa, Eli Brasiliense.

Há quem julgue que só se vinculam à literatura regionalista as obras nas quais a fixação de tipos, folclore, costumes e linguagem locais for a característica principal, generalizando fatores socioculturais de onde poderá estar afastado, por exclusão tácita, o agente criador dessas obras no seu papel básico de coordenação e integração do elemento humano. Em relação aos fatores citados, fatores extrínsecos — tipos, costumes, linguagem — obras regionalistas também exigem de preferência ambientes necessariamente rurais, onde os elementos da civilização urbana estejam quase ausentes ou só se revelem em proporção muito reduzida, de forma a não comprometerem padrões específicos de cultura sociologicamente vigentes na comunidade, ou seja, de forma a não comprometerem aquilo que se poderia chamar, num sentido global, de "estilo de vida" tipicamente telúrico. No que se refere à linguagem, por exemplo, nem sempre ela estará em condições de definir, literariamente falando, por si só, a ficção regionalista na sua integral autenticidade. Modismos, giros sintáticos, locuções, termos restritos a determinadas áreas geográficas — muitas vezes oriundos das formas de trabalho mais comuns à região — nem sempre bastam para determinar a cor local de contos, novelas ou romances, se falta ao conjunto da obra verdadeiro espírito regionalista, que se mede antes de tudo pelo comportamento do homem no seu meio natural, pela ecologia em suma. Ainda aqui, portanto, o elemento humano é o centro de interesse da obra, aglutinando à sua volta os demais caracteres secundários, isto é, paisagem, costumes, tradições, linguagem. Cabe acentuar, além disso, que os excessos regionalistas em matéria de linguagem — defeito muito comum em nossa literatura — quando não justificados pelo comportamento humano em termos de arte literária, conduzem não raro a uma desfiguração profunda da realidade, ou a uma caricatura dessa realidade, considerando-se que a ficção não admite a cópia servil do que foi visto ou observado, o que dispensaria evidentemente a colaboração do escritor na sua tarefa de criação artística. A linguagem local, por isso mesmo, nem sempre pode ser tomada como elemento definidor de regionalismo literário, pelo menos se considerada como fator isolado, ainda que se aceite, no caso brasileiro, a divisão dialetal proposta por Antenor Nascentes. O ilustre filólogo reconhece dois dialetos básicos, norte e sul, com os subdialetos amazônico e nordestino, ao norte, e baiano, fluminense, mineiro e sulista ao sul. Vista desse enfoque linguístico, onde os dialetos são considerados "línguas regionais apresentando entre si coincidência de traços linguísticos fundamentais" (cf. J. Matoso Câmara Jr., *Dicionário de filologia e gramática*, Rio de Janeiro, 1964), a literatura brasileira de ficção, salvo nas grandes comunidades urbanas de padrões nitidamente ocidentalizados pela cultura, seria quase toda ela regionalizada, agrupando-se inclusive dentro de um critério altamente geográfico. No entanto, embora formulada dentro dessa característica linguística dialetal, boa parte dela continuaria escapando a esse enquadramento, desde que abandonados outros fatores de identificação firmados nos costumes, tradições, paisagens, folclore e formas típicas de cultura popular não contaminadas pela civilização tecnológica, ou ainda por decisão consciente de seus autores mais nacionais ou universalistas. O conceito de literatura regional, por isso mesmo supõe certa flexibilidade capaz de escolher formas divergentes e não padronizadas, muito embora não se possa confundir *literatura regionalista* com *regionalismo geográfico ou social*. O certo, aliás, é que nesse terreno a verdade ainda está no justo meio-termo, no equilíbrio entre as necessidades de integração dos personagens no seu meio físico e social, e as necessidades, também severas, de ajustamento do estilo ficcional à natureza da obra ou do autor, consideradas ainda as reações que a narrativa deve provocar nos momentos oportunos e desejados.

Esse equilíbrio entre o personagem de ficção, o meio físico-social e a linguagem dialetal, dentro de uma estrutura literária unificada, raras vezes tem sido alcançado. Alguns exemplos felizes, no entanto, poderão ser apontados a partir de 1852, quando estreava na literatura o precursor dos regionalistas do grupo central, isto é, o mineiro Bernardo Joaquim da Silva Guimarães (1825-1884) (*q.v.*).

Realmente, ao autor de *O seminarista* concedeu Ronald de Carvalho o privilégio de ter sido o introdutor do regionalismo em nossa literatura, com o que está de acordo João Alphonsus num estudo em *O romance brasileiro*, dedicado ao ficcionista de *A escrava Isaura*. Historicamente, pelo menos, parece incontestável essa posição de Bernardo Guimarães, antes de tudo nas páginas de *O ermitão de Muquém* (1869), *Lendas e romances* (1871), *O garimpeiro* (1872), *O índio Afonso* (1873) e *A filha do fazendeiro* (1872). Toda a sua obra em prosa, aliás, reflete de algum modo o estilo da vida sertaneja, apoiada principalmente no descritivo paisagístico, mas sem fugir às tradições e lendas das terras do planalto central, povoadas de vaqueiros, tropeiros e rudes senhores de fazendas.

Ao viajar para Goiás, quando nomeado juiz municipal de Catalão, e aí permanecendo cerca de quatro anos, Bernardo Guimarães obteve um conhecimento direto de homens, costumes e paisagens ainda muito condicionados por fatores rurais dos mais primitivos, ásperos e violentos cenários onde uma população naturalmente rala se refugiava em hábitos enraizados, de mistura com lendas e abusões que o escritor ia recolhendo da voz do povo. Claro está, por outro lado, que também a voz do povo lhe chegaria impregnada de características locais de linguagem, de modismos e locuções, que sua pena não deixou de registrar como elementos de identificação, embora sempre inferiores à paisagem, o verdadeiro *leitmotiv* de quase todos os nossos melhores prosadores e poetas do romantismo.

Sucedendo a Bernardo Guimarães, na linhagem regionalista mineira, a figura imediata que se apresenta é a de Joaquim Felício dos Santos, cuja obra mais importante e conhecida, *Memórias do Distrito Diamantino*, embora pertencendo ao domínio da história documental, não faz esquecer a contribuição do autor à ficção regionalista de sua província natal. Proprietário e redator do *Jequitinhonha*, jornal por ele fundado em Diamantina a 30 de dezembro de 1860, Joaquim Felício dos Santos faz desse periódico sua tribuna literária, histórica e política, nele publicando, em folhetins, não só *As memórias*, editadas em livro em 1868, como também diversas novelas de caráter regionalista, sob a influência do romantismo e do indianismo peculiar à escola. Entre seus títulos no gênero, apontam-se *Os invisíveis* (1861); *Cenas da vida do garimpeiro João Costa* (1862), obra inacabada; *Brás* (1862); *O poção do Moreira* (1862); *Um manuscrito velho* (1863); *O Acaba-mundo* (1863); *O capitão Mendonça* (1863); e *Acayaca*, romance indígena, único dos seus trabalhos de ficção que também apareceu em livro. Escrito em folhetins de 1862 a 1863, reapareceu em volume em 1866, estimulado talvez pela voga indianista começada na prosa alencariana de *O guarani*. Felício dos Santos, embora novelista menor dentro de uma perspectiva rigorosamente literária, ofereceu entretanto ao regionalismo mineiro contribuição válida do ponto de vista histórico, folclórico e linguístico. Se a sua ficção é crônica histórica romanceada, sua prosa reflete no entanto formas de trabalho típicas nas zonas auríferas e diamantíferas de Minas Gerais, hábitos, costumes, tradições e paisagens que se estendem inclusive ao planalto goiano, região tributária de estilos quase idênticos de vida econômica, social e linguística, dentro da área de influência do subdialeto mineiro a que se refere Antenor Nascentes.

O que não se encontra em Felício dos Santos como novelista ou romancista regional, isto é, o que nele representa antes quantidade do que qualidade, vamos encontrar na obra de Afonso Arinos de Melo Franco* cuja celebridade no gênero repousa praticamente sobre um livro único. Realmente, toda a glória de Afonso Arinos, na ficção regionalista, vem dos contos reunidos em *Pelo sertão*: "Assombramento", "A esteireira", "Pedro barqueiro", "Manuel Lúcio" e "Joaquim Mironga". Com esses contos e mais algumas páginas de *Histórias e paisagens*, constituiu Afonso Arinos o principal de sua obra de regionalista, em que se percebe, apesar de algumas deficiências de caráter secundário, a autenticidade dos tipos e dos cenários.

Se bem que Valdomiro Silveira tenha estreado no *Correio Popular* de São Paulo em 1891, com um conto regional, como lembra Agenor Silveira no prefácio de *Os caboclos*, Afonso Arinos, cujo livro somente apareceu em 1897, constitui o genuíno pioneiro desse gênero no Brasil. Isso advém não somente por ter a contribuição de Valdomiro permanecido esparsa em jornais de sua terra, até a publicação daquele livro, em 1920, como porque, excessivamente dialetal, restrita em demasia a determinada zona do *hinterland* paulista, a obra do escritor de *Lereias* e *Nas serras e nas furnas* não teve nunca, no resto do país, a repercussão inicial dos contos de Arinos, coisa tanto mais natural quando se considere que o livro do evocador dos sertões de Minas já se tornara famoso, de norte a sul, no momento em que Monteiro Lobato lançou, afinal, a edição de *Os caboclos* (1920). É mister não esquecer, também, que justamente três dos melhores contos de *Pelo sertão* tinham saído antes, em 1895, na conhecida e prestigiosa *Revista Brasileira* de José Veríssimo.

Um crítico de hoje, Eduardo Frieiro, escreveu em *Letras mineiras* que os nossos regionalistas, "incapazes de verdadeira comunicação com a realidade humana, estilizam o sertanejo, o caipira, o matuto, o capiau, o jagunço,

---

* Afonso Arinos de Melo Franco (Paracatu, MG, 1868 — Barcelona, Espanha, 1916).

Bibliografia

CONTOS: *Pelo sertão*, 1898. A primeira edição é de Laemmert, as demais de vários editores. ROMANCE: *Os jagunços* (folhetins no *Comércio de São Paulo*, 1898, e, em livro, no mesmo ano): *O mestre de campo*. 1918. DIVERSOS: *Notas do dia*. 1900; *Lendas e tradições brasileiras*. 1917; *Histórias e paisagens*. 1921. Deixou um romance inacabado: *Ouro, ouro*. A *Obra completa* foi editada em 1969, pela Editora José Aguilar para o Conselho Federal de Cultura e o Instituto Nacional do Livro (com "Introdução" de Afonso Arinos de Melo Franco, cronologia, bibliografia, ilustrações).

pintando-os invariavelmente fortes, honrados, bravos e varonis. Fabricou-se deste modo, o sucedâneo poético do bom selvagem de Rousseau, romantizado pelos nossos indianistas". Se a observação nem sempre procede, aplica-se no entanto a diversos escritores regionalistas de ontem e de hoje, muito embora compensada em vários deles pela verossimilhança das reações das personagens em relação com o ambiente no qual evoluem. No caso particular de Afonso Arinos, por exemplo, verifica-se que a observação não se justifica. Suas personagens não se enquadram a rigor naquela estilização a que se refere Eduardo Frieiro, colocando-se em sua maioria dentro de uma realidade humana e literária perfeitamente aceitável. O Manuel Alves do conto "Assombramento", para apenas citar um caso, nada tem de estilizado. O próprio Pedro Barqueiro, cuja bravura é naturalmente posta em destaque, não invalida a autenticidade dos tipos criados por Afonso Arinos. Sua coragem, sua extraordinária força física não lhe romantizam a personalidade, que o autor soube preservar de quaisquer exageros.

É que o regionalismo de Afonso Arinos, se não tinha raízes profundamente firmadas no próprio cerne de um homem de permanente contato com o "terroir", em consequência da vida europeia levada em grande parte pelo escritor mineiro, nem por isso, no entanto, era ele menos apegado ao rincão nativo. "Nasci no sertão", proclamava ele, orgulhosamente, na polêmica travada no Rio, em 1894, a propósito de certa estranheza de um comentarista da Corte ante a violência de seu conto "A esteireira", premiado em segundo lugar num concurso da *Gazeta de Notícias*, naquele ano. No particular, de fato, não havia nele nada daquela atitude com alguma coisa do turista ansioso por descobrir os eventos peculiares de cada lugar que visita, sempre pronto a extasiar-se ante as novidades e a exagerar-lhes o alcance", como assinala Lúcia Miguel Pereira, a propósito de certos regionalistas que conferem às exterioridades — conduta social, linguagem, etc. — uma importância exclusiva, numa busca ostensiva do exótico e do estranho.

O regionalismo de Arinos vinha de mais longe, dum profundo atavismo que lhe trazia o sangue de desbravadores de matas e de serras, dum imanente sentido de terra natal, do caráter da paisagem e da *genes* patrícia, isso tudo que ele sonhava desde cedo em transferir para os seus escritos, segundo suas próprias palavras: "Um pouco das impressões colhidas na natureza alpestre, selvática e brumosa do grande planalto central do Brasil, um pouco do perfume da charneca, das paixões bravias desses homens que moram a duzentas léguas do litoral, sem lei nem grei; habitadores de tugúrios à beira dos rios onde palhoças batidas de vendavais, penduradas em vales estreitos, sem outros tetos que não a folha do indaiá ou do baguaçu, sem outras paredes que não vigas de pau a pique, unidos, dormindo em jiraus sobre couros de jaguares ou de lobos."

Não lhe feria assim a retina, em visos de novidades alvissareiras, nenhuma daquelas cenas do viver rural que lhe enchera os dias da meninice e que, fora do Brasil, no longo convívio das capitais civilizadas, a saudade lhe permitia reconstituir a qualquer momento, em palestras inesquecíveis com os amigos encontrados no estrangeiro, numa vivência perenemente prolongada na memória do coração. Homem de índole profundamente cordial, duma grande simplicidade de modos e de sentimentos, apesar de todo o fino verniz da longa e lenta impregnação europeia, altamente transfiguradora, Arinos pôde deixar-nos, assim, uma obra em que o Brasil se retrata substancialmente, em tipos e paisagens, em sentimentos e emoções, sem perder, contudo, no mínimo, o sentido universal, o sinete das paixões naturais, a marca da criatura humana autêntica de qualquer quadrante do mundo.

Suas personagens comportam-se como criaturas comuns, sem ilogismos específicos, sem facetas de exceção, o que não impede nos deixem as suas histórias de homens do sertão imagens de inesquecível recorte, em tipos permanentes, pelo teor lógico e emocional com que, acima de tudo, vivem na sua evocação. Assim o caso, acima de todos, dos heróis de suas obras-primas — obras-primas que o são também do conto brasileiro de todos os tempos —, o bandoleiro da evocação do velho Flor, naquela maravilhosa narrativa de "Pedro barqueiro", e o velho trapeiro Joaquim Mironga, escravo para sempre da saudade do patrãozinho, pastorando o gado miúdo das estrelas. É que homens e coisas do sertão viviam para ele em função da gleba maternal, penetrados e nutridos da alma nativa. "Arinos tinha a paixão da paisagem sertaneja e o culto das nossas coisas e tradições, disse José Maria Belo (...). Arinos não obedece a um sentimento artificial de nacionalismo. Conheceu e amou a vida brasileira. A primeira impressão que as suas novelas nos causam é que foram escritas por uma alma sincera e boa. Não se trata de simples clichês, que a memória vai reproduzindo lentamente, embelezando-os com os velhos artifícios da técnica literária. Vêm de uma fonte mais pura, do próprio coração, da correspondência comovida entre a sua alma e a alma rude do meio físico, em que este nasceu e se fez." Manuel Alves, o Flor, Joaquim Mironga, Lúcio, são criaturas reais, mas trazem consigo um sinete imanente da vida específica do mundo perdido do interior brasileiro, os seus sentimentos, as suas crenças, os seus anelos, os seus pavores e assombrações. Isso tudo, porém, sem um propósito deliberado do autor em lhes explorar o animismo primitivo, a estrutura rudimentar do húmus telúrico — antes, transfigurando-os, na criação artística, pelo alto sentido de poesia e de emoção humana de que se revestem todas as suas criações, no "décor" do ambiente sertanejo de que nos sabe transmitir também o sentido espiritual, em páginas de sóbria e harmoniosa beleza literária. Encheu-lhe a alma o sertão, e a sua obra foi a sua alma, acentua Tristão de Athayde. Nunca se fartou de o repetir e seus livros aí estão para prová-lo. Não escrevendo, como todo verdadeiro artista, para seguir esta ou aquela corrente literária, e apenas para traduzir livremente o que tinha na alma, filia-se entretanto a sua obra, naturalmente e sem preconceito, a uma grande corrente da nossa literatura — *o sertanismo*.

Sé considerarmos ainda, no caso de Afonso Arinos, a naturalidade do autor e não o cenário da obra, merece também citação seu romance *Os jagunços*, escrito em folhetins no *Comércio de São Paulo* em 1897 e publicado em volume no ano seguinte, figurando como editor Antônio da Rocha Ribeiro. Arinos assina o livro, tal como assinara o folhetim, com o pseudônimo de Olívio de Barros, adotado ao que parece por medida de cautela numa época ainda carregada de paixões políticas. Monarquista convicto e focalizando no livro o grave episódio da rebelião de Canudos, Afonso Arinos não quis comprometer-se, dando inclusive à obra o subtítulo de novela sertaneja e substituindo a denominação verdadeira de Canudos por Belo Monte. Romanceando um acontecimento atualizado, a campanha de Canudos, mas desconhecendo o sertão baiano na sua autenticidade física e social, Afonso Arinos não poderia dar a esse episódio o mesmo vigor narrativo, a mesma vivência que se observa nos contos do *Pelo sertão*, nascidos inclusive de uma adesão afetiva ao meio e aos homens que neles se configura. Mas o regionalismo da obra, ainda que ultrapasse as fronteiras da província natal do autor, e apesar da realidade histórica do episódio e da sua extrema proximidade no tempo, não chega a ficar comprometido, malgrado certas deficiências do argumento e dos últimos vestígios de um romancista já definitivamente superado.

Com o desaparecimento de Afonso Arinos, o regionalismo mineiro entrou numa espécie de compasso de espera, apesar de um ou outro nome capaz de reter a atenção da crítica. Entre esses nomes a serem lembrados a partir de 1916, data do falecimento do contista de *Pelo sertão*, muitos provavelmente não sobreviverão do ponto de vista literário. Ficarão, talvez, como exemplo das vicissitudes do gênero através dos tempos, sem no entanto aquela marca visível que aponta os verdadeiros criadores no terreno da ficção.

Avelino Fóscolo, autor de *O mestiço*, *O caboclo* (1902), *A capital* e *O jubileu*, todos romances, é o primeiro a ser citado. Com obra mais numerosa, na qual se destaca o romance *Terras sem dono* (1928) surge Aldo Luís Delfino dos Santos (1872), carioca de nascimento mas cuja obra de ficção quase toda tem por fundo de cenário o interior mineiro. *Terras sem dono* é romance de natureza social, girando sobre questões de terras entre dois fazendeiros e moradores de um arraial, em que o autor apresenta o problema do latifúndio através de um fio de enredo. Abundante pela quantidade, embora de qualidade literária inferior, a obra de Aldo Delfino revela diversos aspectos regionais mineiros em *Cabra curado*, *Pelo tempo da moagem*, *José Miguel*, *Tia Manoela*, *Diamantina* e *Nhô Chico*, romances e novelas; em *Lendas e ruínas* e *Por campos e carrascais*, contos; e *Nas estradas*, episódios sertanejos.

A obra de Amadeu de Queirós (1873-1955), mineiro de Pouso Alegre radicado em São Paulo, se não é toda ela de caráter regionalista, oferece no entanto algumas perspectivas felizes e nítidas do gênero, que o autor cultivou dentro de padrões tradicionais. Estreando tardiamente, aos 50 anos,

Amadeu de Queirós deixou no entanto obra bastante numerosa e diversificada, incluindo o romance, o conto e a novela. Autodidata, farmacêutico prático em sua cidade natal — pequeno burgo agrícola —, Amadeu de Queirós dividiu-se entre a ficção regionalista e a ficção psicológica, em ambas adotando a linha conservadora na forma e no estilo. Cioso da vernaculidade, do escrever correto, Amadeu de Queirós não se julgaria autorizado a tomar atitudes heterodoxas na sintaxe ou nas figuras e nos tropos de linguagem, preferindo quase sempre os caminhos retos às trilhas aventurosas na selva das palavras. Romancista em *Praga de amor*, *A rajada*, *Catas*, *A voz da terra* e *João*, nos dois últimos é que Amadeu de Queirós revela a vivência de um autêntico regionalismo, partindo das observações colhidas em seu pequeno mundo de Pouso Alegre. Mas sua força maior de regionalista está sem dúvida nos contos reunidos no volume *Os casos do Carimbamba*, mais tarde reeditados com o título de *Histórias quase simples* (contos escolhidos), prefácio de Ruth Guimarães. Nessas páginas realmente típicas da vida rural mineira, rural mas não propriamente sertaneja, Amadeu de Queirós retrata alguns costumes locais característicos, fixando inclusive a linguagem própria do homem do campo, tanto no vocabulário específico quanto na construção da frase. Mas nesses contos de *Os casos do Carimbamba*, a maior contribuição do autor está no vocabulário regional e no levantamento de tipos humanos ligados à terra ou dela dependentes, incluindo-se no primeiro caso a própria expressão "carimbamba", com o significado de "curandeiro", ao lado de vários outros termos relacionados com o boi, a terra, o carro e a paisagem local.

Outro ficcionista a ser lembrado é João Lúcio Brandão (1880), autor de *Bom viver*, *Pontes & Cia.* (1912) e *A flor de uma raça* (1930). Em *Pontes & Cia.* (2. ed., 1944), João Lúcio apresenta-nos tipos bastante característicos e curiosos: tropeiros, o boticário, o vigário e um vendeiro lusitano inevitavelmente apaixonado por uma bela mulata.

Abílio Velho Barreto (1883) escreveu *A noiva do tropeiro* (1942), história algo prejudicada pelo sentimentalismo, embora valiosa pela observação de costumes. Digno de nota, entretanto, é José Godofredo de Moura Rangel (1884-1951), amigo fraterno de Monteiro Lobato, autor de *Vida ociosa* (1920), dos contos de *Andorinhas* e *Os humildes* (1944), e da novela *A filha* (1929). A respeito de seu livro principal, *Vida ociosa*, romance da vida mineira, fez Eduardo Frieiro o seguinte julgamento: "*Vida ociosa*, espécie de diário íntimo de um juiz da roça, em cujas páginas, vazadas em linguagem modelar, se retraçavam tipos e se fixavam quadros da vida campesina, com raro poder de observação e emoção."

Aristides Rabelo, com o romance *O hóspede* (1921), e Afonso da Silva Guimarães, com os contos de *Ossa mea* (1905), são dois nomes e livros que devem ser lembrados na ficção mineira, embora não se possam filiar a um regionalismo ortodoxamente caracterizado pelo meio rural.

O ponto alto, porém, da ficção regionalista em Minas e no Brasil está contido na grande arte de João Guimarães Rosa (1908-1967), estreante em 1946 com os contos de *Sagarana*, em cujas páginas a arquitetura literária — forma e estilo —, a observação de costumes e o vigor da análise em relação aos personagens encontram o mais justo equilíbrio, sobretudo naquelas duas obras-primas que são "O burrinho pedrês" e "A hora e vez de Augusto Matraga". Recebido pela crítica como o criador de uma nova língua literária brasileira, Guimarães Rosa confirma em sua obra posterior, aumentando-o, o impacto de um estilo regionalista inteiramente original, conscientemente trabalhado e rigorosamente ajustado aos objetivos de seu pensamento. Aparentemente, mas só na aparência seu mundo é exclusivamente regional, é mineiro, é brasileiro. Partindo do microcosmo provinciano dos "gerais", onde o homem e a paisagem se fundem num todo inseparável, ecologicamente ligados, Guimarães Rosa caminha certo e firme para o universal através das personagens — jagunços, vaqueiros, miúdo povo do sertão em homens, mulheres, meninos —, dando-lhes a dimensão metafísica que jamais qualquer outro escritor brasileiro soube alcançar. E é realmente nessa condição que o autor de *Sagarana* consegue atingir o vértice de sua grandeza literária, transmitindo aos seres por ele criados, em estado de ficção, a capacidade de superarem o primitivismo de sua condição humana individual e social. Em verdade, o autor descobre neles a vivência imanente do espírito encoberto pela matéria rude, biológica, pelos atos exteriores, e lhes dá assim uma nova dimensão insuspeitada pelos que os veem quase que só racionalmente. Daí seu caminhar para o universal, no sentido desta observação do crítico Antonio Candido a propósito de *Grande sertão: veredas*:[40] "A experiência documentária de Guimarães Rosa, a observação da vida sertaneja, a paixão pela coisa e o nome da coisa, a capacidade de entrar na psicologia do rústico — tudo se transformou em significado universal graças à invenção, que subtrai o livro da matriz regional, para fazê-lo exprimir os grandes lugares comuns, sem os quais a arte não sobrevive: dor, júbilo, ódio, amor, morte, para cuja órbita nos arrasta a cada instante, mostrando que o pitoresco é acessório e, na verdade, o Sertão é o Mundo."

Para que se compreenda melhor o autor de *Sagarana*, entretanto, é necessário acompanhá-lo em cada uma das etapas de sua obra, sem que isso implique reconhecer, obrigatoriamente, um processo evolutivo de aperfeiçoamento do autor de livro para livro. *Sagarana* (1946), seu primeiro trabalho, é seguido de *Corpo de baile*, novelas, e *Grande sertão: veredas*, romance, ambos de 1956; *Primeiras estórias*, 1962; e *Tutameia*, 1967. Cada uma dessas obras é um mundo em si, íntegro, irredutível. Elas não se escalonam no tempo dentro de um critério que implique a superioridade da última sobre a imediatamente anterior, guardando todas sua individualidade característica, malgrado esse ou aquele denominador comum que possa identificá-las entre si. Mas é certo que *Sagarana*, *Corpo de baile* e *Grande sertão: veredas* distinguem-se de *Primeiras estórias* e *Tutameia* em termos de composição e estrutura, ainda que o virtuosismo estilístico do autor não tenha sofrido nenhuma solução de continuidade do primeiro para o segundo grupo das obras citadas. O que se pode observar, no entanto, e infelizmente a morte inesperada do autor jamais nos permitirá chegar a uma conclusão objetiva, é que a ficção de Guimarães Rosa, a partir de *Primeiras estórias*, propunha-se novos caminhos ainda mal entrevistas, mas de qualquer forma já distanciados de contos como "A hora e vez de Augusto Matraga" ou de novelas como "Miguilin", "Buriti" e outras de *Corpo de baile*. Vasto como é o tema, no entanto, não cabe por isso neste inventário discuti-lo em aprofundamento de ideias. Cumpria porém anotá-lo, como fonte suspeita de transformações inéditas a se operarem num futuro já agora definitivamente eliminado, mas onde a imaginação do crítico e do leitor poderá correr livre no terreno das hipóteses mais audaciosas.

O mundo-sertão de Guimarães Rosa, denso, místico, carregado de símbolos, erguido numa arquitetura linguística constituída em cores e sons, mas onde a carga afetiva e lírica não deixa nunca de estar associada a um clima noturno, cede lugar, na obra de Mário Palmério (1916), a uma estrutura objetiva e pragmática, aberta e não fechada, extrovertida e diurna na sua luminosidade onde os contrastes de claro-escuro pouco se percebem. Sua obra de estreia *Vila dos confins* (1956) — marcada por características regionalistas linguístico-dialetais importantes, dentro de um mundo físico menos primitivo que o dos "gerais", vale ainda pela nítida documentação de costumes políticos, que é na realidade o substrato de sua estrutura. Bastante rica na configuração de certos tipos marcantes nas pequenas comunidades do interior mineiro, que em certos casos são verdadeiros estereótipos, o livro de estreia de Mário Palmério ganha substância pela sua própria linearidade, apesar de certos defeitos de composição ou de estrutura que não invalidam entretanto seus valores autenticamente ficcionais. O segundo romance do autor — *Chapadão do bugre* (1965) —, evoluindo ainda em torno do mesmo eixo regional, e com as mesmas características dialetais de linguagem, obedece também aos mesmos objetivos de observação de costumes políticos, embora com o recuo de alguns anos sobre a ação de *Vila dos confins*. Em ambos os romances, a grande contribuição do autor repousa principalmente na linguagem regional vocabular e na apresentação de tipos vinculados à política municipal, desde o predatório coronel latifundiário capaz de arregimentar todo um corpo eleitoral a serviço de seus interesses, até certas figuras complementares que incluem não só capangas assalariados como ainda a numerosa fauna dos que representam o poder do Estado nas pequenas comunidades interioranas. Nas duas obras, entretanto, são as mesmas, praticamente, as áreas geográficas e sociais em que se desenvolve a ação, e as mesmas portanto as áreas dialetais, muito embora no tempo histórico *Chapadão do bugre* preceda *Vila dos confins* pelo menos uns 40 anos, apoiado inclusive, ao que parece, num acontecimento verdadeiro recriado pela ficção.

Colocado numa posição literária mais tradicionalista e conservadora, embora sem vínculos maiores com seus antecessores históricos — um Bernardo Guimarães ou um Afonso Arinos —, Nelson de Faria (1902) estreia em 1960 com os contos de *Tiziu*, estórias do nordeste mineiro onde nasceu e viveu até os 15 anos. Escritor em plena maturidade, Nelson de Faria incorporou à literatura regionalista mineira não só um vocabulário e uma sintaxe dialetais renovados em suas origens — a zona de pecuária próxima às fronteiras do Estado da Bahia — como ainda certos tipos humanos representativos de toda a área geoeconômica central, focalizados entretanto de um ponto de vista onde predomina a adesão afetiva. Na verdade, em seus contos de estreia e naqueles que reuniu em *Bazé* (1965), revela o autor de *Tiziu* perfeita identificação com as personagens e o ambiente de suas estórias, identificação que é antes de tudo produto da mais autêntica vivência. A terra e o homem, bichos e plantas nele vivem em profundidade, teluricamente, participantes de um mundo indivisível em suas raízes comuns, que alimentam o escritor e o artista na sua unidade psicológica, social e cultural. Mas o regionalismo de Nelson de Faria não ficou restrito ao conto, como gênero literário, ampliando-se no romance *Cabeça-torta*, de 1963, onde na opinião de um crítico, delineia-se "a história de um transe de cultura, um estilo de vida antigo sendo absorvido e eliminado aos poucos por outro, novo e dominador".

O regionalismo goiano, inserindo-se em parte na mesma área geoeconômica em que se movimentam os escritores de Minas Gerais, apesar do desequilíbrio histórico cultural que se manifesta a favor destes últimos, não oferece, por isso mesmo, margem a uma transição violenta entre os dois grupos, que na verdade se completam e interpenetram. De certo modo, os ficcionistas goianos, com algumas características próprias, prolongam no espaço, ainda que numericamente inferiores, as formas, os temas e os estilos de algumas áreas regionalistas de Minas, sobretudo a dos gerais, tal como ocorreu inversamente aos mineiros, cabendo lembrar no caso o exemplo de um Bernardo Guimarães, fortemente impregnado dos costumes, das paisagens e do complexo social goiano, onde permaneceu, como se sabe, cerca de quatro anos como juiz municipal de Catalão. Significativamente, o mesmo se deu com Afonso Arinos, parte de cuja infância foi também passada em Goiás. Em ambos os casos, a mudança de cenários, sobretudo na época, pouca ou nenhuma alteração deve ter causado aos dois escritores, um e outro caminhando no mesmo rumo da ficção curta, onde aliás os elementos comuns a mineiros e goianos, como tipos sociais característicos e definidores, seriam naturalmente o vaqueiro e o tropeiro, e como fatos socioeconômicos os ainda substantivos comuns tropas e boiadas. Por isso mesmo, não deixa de ser expressivo, como sintoma de unidade e de coesão literária em torno de um eixo comum, tematicamente falando, que o primeiro grande livro do regionalismo de Goiás associe em seu título — *Tropas e boiadas* — aquelas duas realidades socioeconômicas regionais, a primeira significando um elemento de trocas e comunicações dentro da realidade brasileira desde o século XVIII, e a segunda a base de um sistema de produção comum a largas faixas do território nacional, e particularmente ativa na área central do país.

Se *Tropas e boiadas* é o primeiro grande livro regionalista de Goiás, seu autor — Hugo de Carvalho Ramos,* é também o primeiro grande escritor daquela província e, sem a menor dúvida, um dos mais importantes da nossa literatura regional de ficção.

Autor de um livro único, tal como Afonso Arinos, Hugo de Carvalho Ramos sobreviveu a essa condição através da autenticidade de sua mensagem formal e substantiva, onde a crítica já assinalou, inclusive, a dualidade de influências entre o apelo da realidade sertaneja de sua terra natal e o apelo interior de seu temperamento psicologicamente enfermo, responsável aliás pelo fim trágico de sua existência. Oscilando entre o fantástico e o natural, entre o intelectualismo de um léxico inovado ou arcaizante e o sensualismo das denotações paisagísticas, como observou Darcy Damasceno, o autor de *Tropas e boiadas* deixou em seus contos reflexos das leituras de Hoffmann e Poe, através do clima psicológico de suas histórias e, conforme já assinalou a crítica, de Coelho Neto e Euclides da Cunha através de sua realização estilística. Não obstante esse amálgama de influências diversas, a soma de tantas parcelas não desfigurou sua personalidade literária, não deturpou sua profunda identificação com a realidade do sertão goiano visto no elemento humano, na paisagem ou na linguagem dialetal. Embora caracterizada pelo enriquecimento artístico deliberado e quase virtuosístico, fruto daquelas influências já apontadas de Coelho Neto e Euclides, a prosa de *Tropas e boiadas* traduz com fidelidade a influência do meio regional goiano, seu estilo de vida, seus costumes e sua configuração geoeconômica, quer do ponto de vista léxico quer do ponto de

---

*   Hugo de Carvalho Ramos (Goiás, GO, 1895 — Rio de Janeiro, 1921). Viveu no Rio de Janeiro, depois de infância no interior, fez o curso jurídico na Capital Federal, mas não o completou. Fez jornalismo, publicou seus contos a princípio em jornais. Era de temperamento retraído, ensimesmado, com tendência à solidão e à misantropia. Suicidou-se.

Bibliografia

Tropas e boiadas, 1917 (contos); *Obras completas*. 2 vols. São Paulo: Cia. Editora Panorama, 1950 (com biografia, estudos críticos de Tasso da Silveira, Gomes Leite, Sílvio Júlio, Antônio Torres, Medeiros e Albuquerque, Jackson de Figueiredo, Viriato Correia, Andrade Murici, Agripino Grieco). A edição reúne *Tropa e boiadas*, *Plangências*, poesias, crítica, correspondência, etc.; *Trechos escolhidos*. Org. Afonso Félix de Sousa. Rio de Janeiro: Agir, 1959 (Nossos Clássicos, n. 33). (Contém apresentação, cronologia, bibliografia, referências.); *Tropas e boiadas*. Rio de Janeiro: José Olympio, 1965 (com introdução de Cavalcanti Proença e Biografia de Vitor de Carvalho Ramos, ilustrações).

vista humano e consequentemente social. Um estudo lexicológico da prosa de Hugo de Carvalho Ramos, metodizado, que ainda não se fez, seria de grande importância para a análise estilística da sua ficção, vincada como já se viu de influências divergentes, onde se interpenetram o preciosismo vocabular e sintáxico de Coelho Neto e Euclides da Cunha, o regionalismo naturalista do meio físico e social, e o clima noturnamente dramático nascido de um psiquismo ultrarromântico em conflito com o primitivismo das criaturas e da paisagem agreste, rude e ao mesmo tempo visualmente evocadora e excitante. Nos contos de *Tropas e boiadas*, aliás como em tantas outras obras regionalistas, será fácil observar-se o fenômeno migratório de certas palavras radicadas ou nascidas em áreas diferentes da goiana, como por exemplo numerosos gauchismos relacionados com as atividades da pecuária, fruto talvez do velho intercâmbio de tropas entre o sul e os centros paulistas, mineiros e mato-grossenses, tendo como epicentro a antiga vila de Sorocaba, com uma ou outra divergência semântica aleatória em razão da fauna, da flora ou de outras atividades de produção. Mas não serão apenas palavras em trânsito de uma para outra área, sobretudo do sul para o centro, as que se podem arrolar nas páginas densas e fortes de Hugo de Carvalho Ramos, pois nelas há, também, reminiscências arcaizantes que os contatos com a civilização urbana não destruíram, e a presença de mitos folclóricos igualmente migrantes de seus primitivos centros de irradiação, levados pelo afluxo de aventureiros em busca das pepitas flamejantes. Ao lado de outros, por exemplo, seria o mito da Mãe do Ouro, que Luís da Câmara Cascudo informa ter vindo do sul para leste, entrando no Rio Grande do Sul pelas Missões, e que Hugo de Carvalho Ramos registra em 1918 junto à cidade de Bonfim, em seu estado natal, justificando assim o intercâmbio folclórico na nossa geografia mítica. Assim, reunindo nas páginas de *Tropas e boiadas* todo um universo regional que M. Cavalcanti Proença classificou de documentarista, Hugo de Carvalho Ramos pôde no entanto inscrevê-lo definitivamente em nossa literatura de ficção, malgrado esse caráter pragmático anotado pelo crítico, ou talvez por isso mesmo. É certo, porém, que a sobrevivência da obra única de Hugo de Carvalho Ramos, apesar do *preciosismo* estilístico que lhe atribuem sob a influência parnasiana de Coelho Neto, deve-se na realidade ao requinte formal de sua prosa, compensado no entanto, estreitamente compensado, pela corrente telúrica que lhe vinha direta dos cerrados e chapadões do planalto goiano, através das personagens que ele soube criar ou transfigurar nos poderosos e nos humildes, nos tropeiros ou coronéis, nos vaqueiros ou peões.

A transição entre a obra de Hugo de Carvalho Ramos e a de Bernardo Élis, entre a publicação de *Tropas e botadas*, em 1917, e a de *Ermos e gerais*, em 1944, apresenta um vazio literário de 27 anos, pelo menos do ponto de vista da ficção no conto e no romance. Mas se o regionalismo goiano esperou mais de um quarto de século pelo sucessor do grande contista de "A bruxa dos marinhos", não esperou em vão. Bernardo Élis (1915), tanto quanto seu predecessor, é também natureza essencialmente dramática, preferindo as tonalidades violentas e realistas. Estreando no conto com *Ermos e gerais*, em 1944, desde o título B. Élis revela a natureza específica de suas histórias curtas, o grande anfiteatro geográfico central aberto ao homem desde o século XVIII na corrida ao ouro, substituída depois no mesmo cenário pelas boiadas, pelos vaqueiros ou pelos jagunços, todos nascidos da grande economia pastoril. Herdeiro da tradição começada por Hugo de Carvalho Ramos, de um regionalismo do Oeste que é quase um pan-regionalismo no seu veículo linguístico, Bernardo Élis, apesar da identificação com seu antecessor na abordagem de temas ligados ao mesmo ambiente social, geográfico e econômico, dele se afasta sob a influência de dois fatores. O primeiro é o movimento modernista de 22, e suas repercussões no campo estilístico — prosa e poesia — e na perspectiva cultural brasileira, que se libertam do ufanismo, das fórmulas literárias estereotipadas, do individualismo romântico, da oratória inconsequente e vazia, de uma carga muito mais emotiva e convencional do que realmente histórica. Não que o modernismo possa ser encarado como o ponto final da nossa libertação intelectual, porque bastante comprometido ainda pelo espírito romântico, mas porque foi o ponto de partida de um processo que substitui o monólogo pelo diálogo, a acomodação pelo conflito, a passividade pelo dinamismo. Apesar de alguns inesperados recuos, da sobrevivência de certos resíduos parnasianos a corromperem o tecido elaborado já no pós-modernismo, a porta que se abriu em 22 não mais se deixou fechar, e dessa resistência, desse arejamento que conduziu ao debate de ideias, a realidade brasileira conseguiu impor-se aos que a procuravam, honestamente, através da literatura. Sem pretender o domínio absoluto do social sobre o estético, porque ambos se completam por interação, o que se verificou na ficção brasileira, a partir de 1922, foi a conquista de uma realidade anterior latente e orgânica, embora às vezes desfigurada pelos excessos dialetais ou pitorescos na área regionalista, com prejuízo da perspectiva humana, ou pela fuga deliberada à problemática nacional. O certo, porém, é que embora continuasse lavrando o mesmo campo de seu antecessor, Bernardo Élis já o fazia através de um instrumento linguístico completamente livre de preconceitos, renovado em sua sintaxe, agressivo, flexível e inconformista. Daí o despojamento da prosa do autor, sua maior "rusticidade", a liberdade de sua fraseologia, sua oralidade característica, contrastando com o virtuosismo estilístico de Hugo de Carvalho Ramos, *fin de siècle*, quase que naturalmente antológico, embora sem prejuízo da autenticidade do sentimento local, conforme observa Afonso Félix de Sousa. A essa liberdade de movimentos no terreno da linguagem, que é ainda poderosamente regional na sua estrutura, na sua vivência, na sua identificação com o suporte físico dos chapadões centrais, acrescente-se o segundo fator de diferenciação: o nítido conceito de uma literatura de crítica social, em que Bernardo Élis aponta a miséria e a degradação a que ficam sujeitas as populações sertanejas de Goiás, exploradas pelos grandes proprietários de terras, vitimadas pela ignorância e pelo pauperismo, mergulhadas na superstição. Duro e impetuoso, o autor de *Ermos e gerais* pouco se deixa seduzir pela descrição paisagística, indo diretamente aos fatos, às criaturas ou aos acontecimentos. O homem, socialmente falando, é que é o objeto de sua visão, de sua análise, como o faz em *O tronco*, romance (1956), *Caminhos e descaminhos* (1965) e *Veranico de janeiro* (1966), contos, e ainda o romance *A terra e as carabinas*, publicado em folhetins em jornais goianos entre 1950 e 1951. Fiel à tradição de um mundo físico e social que une as barrancas do São Francisco às campinas e cerrados de Goiás, marcado simbolicamente pela presença das marruás e dos buritis, ou das aroeiras e dos vaqueiros, Bernardo Élis define sua literatura pelo protesto, pela denúncia, pela crítica, dedicando-a, como faz no romance *O tronco*, aos "humildes vaqueiros, jagunços, soldados, homens, mulheres e meninos sertanejos mortos nas lutas dos coronéis e que não tiveram sequer uma sepultura". Mas o crítico social, apesar dessa característica, também não refoge ao clima sombrio e terrífico que assinalou Hugo de Carvalho Ramos — leiam-se contos como "O diabo louro", "As morféticas", "André louco", e "A enxada" — e embora por diferentes caminhos, ambos conduzem o leitor ao núcleo de uma realidade que só a arte poderia trazer a debate.

Mas não é Bernardo Élis, na geração pós-modernista, o único nome a ser destacado entre os ficcionistas goianos dentro da dinâmica regionalista. Estreando em 1959 com *Os cavalinhos de Platiplanto* José J. Veiga (1915), fugindo embora à perspectiva regional ortodoxa, revelou-se no entanto um dos mais originais talentos criadores no domínio do conto, e confirmou essa originalidade e a posse de notáveis recursos estilísticos nas páginas da novela *A hora dos ruminantes*, editada em 1966. São escassas nesse escritor as marcas do regionalismo puritano, e nele não será possível identificarmos um elo na corrente entre o passado e o presente na ficção goiana. Cronologicamente, sua geração é a mesma que revelou um Bernardo Élis no conto e no romance, ou um Afonso Félix de Sousa na poesia. Mas literariamente sua filiação é transnacional, embora se reconheça, em *Os cavalinhos de Platiplanto* e *A hora dos ruminantes*, o clima psicológico do ambiente sertanejo, aqui e ali presente em reminiscências objetivas, inclusive pelo léxico característico de uma vivência rural ou semirrural. Porque o mundo de José J. Veiga, apesar de construído sobre o grotesco e o onírico, absurdo e simbólico, tem na verdade como capital subterrânea a vila de Manarairema, que surge primeiro no conto "A espingarda do rei da Síria" e retorna na admirável novela *A hora dos ruminantes*. Entre essas duas etapas de sua obra — *Os cavalinhos de Platiplanto* (1949) e *A hora dos ruminantes* (1966) — a fonte secreta da imaginação criadora de José J. Veiga continuou sendo Manarairema, fora de tempo e de espaço, e as raízes da novela já estariam aflorando no conto "A usina atrás do morro", do primeiro livro do autor. Na sua visão pessimista do mundo embora não incorporado à tradição regionalista goiana, ao mesmo tempo social e telúrica, José J. Veiga é no entanto uma grande revelação de ficcionista, que seria lamentável ficasse limitada, numérica, a tão modesta contribuição, dois livros, sendo como é qualitativamente de primeira ordem.

Dentro de perspectiva naturalmente conservadora, recordem-se ainda os nomes de Gastão de Deus, autor de *Páginas goianas*; Ivan Americano, que escreveu *Lendas e encantamentos do meu sertão*; Veiga Neto, que reuniu as principais expressões da literatura de seu estado em *Antologia goiana*, e Pedro Gomes de Oliveira, regionalista de *Contos esparsos*, do qual Vítor Coelho de Almeida, em *Goiás*, afirmou: "Suas magníficas narrativas têm sabor local, regionalista, e são traçadas em estilo goiano. Descuidoso de limar a pena, que corre naturalmente sobre o papel, e não retoca o que está escrito, Pedro Gomes dá-nos, em *Na cidade e na roça*, páginas de uma naturalidade deliciosa, descrevendo fatos, tipos populares, e referindo contos genuinamente goianos. O leitor percorre com interesse todas as páginas desse livro, ri-se gostosamente inúmeras vezes, e, chegando ao fim, lamenta não ser mais farto o volume. Outro belo livro de Pedro Gomes, recentemente editado, chama-se *Pito aceso*."

Finalmente, em torno da revista *Agora*, reuniram-se os nomes mais representativos da nova geração goiana, tais como Oscar Sabino Júnior, o contista Domingos Félix de Sousa (1923), Afonso Félix de Sousa (1925), poeta; e Eli Brasiliense, romancista de *Pium*.

CICLO PAULISTA
(por Edgard Cavalheiro)

Garcia Redondo, Batista Cepelos, José Agudo, Ezequiel Freire, Monteiro Lobato, Veiga Miranda, Amando Caiubi, Valdomiro Silveira, Cornélio Pires, Albertino Moreira, Jerônimo Osório, Oliveira e Sousa, Leôncio de Oliveira, Salviano Pinto, Léo Vaz, Hilário Tácito. Os modernistas.

O aparecimento de Monteiro Lobato, em 1918, com o livro de contos regionais, *Urupês*, não constitui somente acontecimento sem precedentes na literatura paulista, como fixa, com muita nitidez, uma linha divisória, tornando essa obra afortunada não apenas marco assinalado, mas sobretudo ponto de partida, caminho aberto aos que vieram depois. Até Monteiro Lobato a ficção paulista tateara indecisa diversos rumos, e dessas tentativas muito pouco restou digno de um severo recenseamento. O Romantismo fora, pelo menos por estes lados, um movimento acentuadamente poético, e o Naturalismo, por sua vez, não teve senão um ou outro cultor sem capacidade de proselitismo, como Júlio Ribeiro (1845-1890) (*q.v.*). Além de Júlio Ribeiro, poder-se-ia mencionar Pedro de Castro Canto e Melo (1866-1934), naturalista meio retardatário que durante muitos anos publicou, com certa regularidade, quase uma dezena de romances. Riograndense de nascimento, veio muito novo para São Paulo, aqui construindo vida e obra literária. Seu melhor livro é *Mana Silvéria* (1913), que apesar de excessivamente preso ao figurino de Zola, vale por alguns tipos, bem-lançados. Nos outros volumes, como *Alma em delírio* (1909), *Relíquias da memória* (1920), ou *Recordações* (1923), para citarmos os principais, não atingiu Canto e Melo a mesma sobriedade e precisão, perdendo-se em elucubrações de gosto duvidoso, apesar de que um tema como o de *Alma em delírio* (estudo de alcoólatras) pudesse proporcionar-lhe páginas de vida mais densa. Melhor andou em *Relíquias da memória*, onde revive o passado, num tom meio romanesco, ao qual não faltam notas cheias de poesia e sentimento.

Se o Naturalismo pouco ofereceu à literatura paulista, o Simbolismo foi inteiramente negativo: nada se encontrará, entre os cultores dessa escola, digno de referência.

Estudando a ficção brasileira, após o Simbolismo, Lúcia Miguel Pereira observou, com muito acerto, que, com exceção de um Lima Barreto, o mais não passou de puro diletantismo de alguns espíritos bem-dotados, mas aos quais a angústia da criação jamais atormentou. Exemplo típico dessa fase literária que o historiador classifica como de "sorriso da sociedade", é o do paulista Manuel Ferreira Garcia Redondo (1854-1916) autor de *Arminhos* (1882), *Carícias* (1895), *A choupana das rosas* (1897), *Salada de frutas* (1907) e *Cara alegre* (1912), obras nas quais dificilmente se descobrirá uma página trepidante de vida, estuante de emoção.

Se em Garcia Redondo nada denuncia uma vocação, não é esse o caso de Manuel Batista Cepelos (1872-1915), mais conhecido como poeta, mas que publicou um romance — *O vil metal* (1910) — estudo do meio argentário de São Paulo e da ação corruptora do dinheiro. A prosa de Batista Cepelos é boa. Alguns tipos convencionais, muita influência de Eça, mas tudo denotando a estreia de um prosador seguro, bem-dotado. Infelizmente ao publicar *O vil metal*, a vida de Cepelos estava próxima do fim. Suicidar-se-ia algum tempo depois, deixando inéditos o poema dramático *Maria Madalena* e o volume de contos *Sensações da vida*.

Contemporâneo de Batista Cepelo é o hoje inteiramente esquecido José Agudo, autor de certa nomeada na época, que em meia-dúzia de volumes procurou descrever cenas da vida paulistana. *Gente Rica* (1922), *Gente audaz* (1913), *O Dr. Paradol e seu ajudante* (1913), *Amor moderno* (1915), *Pobre rico* (1917) e *Pedra que fala...* (1919) são os títulos de seus livros, perdidos no tempo.

Em pouco mais se resumia a ficção paulista: um Ezequiel Freire (1849-1890) que, em trabalhos como *Pedro Gobá* ou *Gosto de sangue*, se pronunciara um regionalista de primeira ordem, falecera havia muito, não deixando senão um *Livro póstumo* (1920), em que poesia, crônica e contos se misturam num *in memoriam* melancólico; ou então um Vicente Augusto de Carvalho (1866-1924), prosador de *Páginas soltas* (1911) e *Luisinha* (1924), e que, tendo dado em *O sertanejo* a medida de um possível grande contista, refugiara-se depois na poesia. Para a poesia, aliás, iam quase todos os estreantes. "Estrear, escreveria Monteiro Lobato em 1917, virou sinônimo de vir a público com uma plaquete de sonetos na mão. Ou por preguiça, ou por arrastamento promovido pela fulguração de Bilac, o caso foi que a prosa decaiu como coisa de somenos. E liberta das influências epidêmicas, a prosa que ainda se faz, se não denuncia vincos alheios, também não se exime dos velhos vícios nacionais. Frouxa, enxundiosa, molenga, espapaçada, sem ossos nem nervos... É o conto sem ação, a novela sem movimento, o romance fio d'ovos no começo, no meio e no fim..."

Havia, naturalmente, prenúncios de novos rumos literários. A grande guerra de 1914 obrigara o país a voltar-se para si mesmo, numa inquieta tentativa de análise e afirmação de que são exemplos a Liga Nacionalista, a campanha pelo saneamento, o serviço militar obrigatório e, na literatura propriamente dita, a procura de temas e cenários regionais. A fundação da *Revista do Brasil*, em 1916, com um programa nacionalista, possibilitaria, dentro em breve, o aparecimento de alguns espíritos novos e o debate de problemas essenciais ao conhecimento e progresso do país. Tornaria possível principalmente a estreia de Monteiro Lobato,* que a partir do terceiro número começa a nela publicar os contos que irão constituir *Urupês*.

---

* José Bento Monteiro Lobato (Taubaté, SP, 1882 — São Paulo, 1948). Formou-se em Direito, mas dedicou-se de início à agricultura, tornando-se editor em 1918.

Bibliografia

CONTOS: *Urupês*. 1918; *Cidades mortas*. 1919: *Negrinha*. 1920; *A onda verde*. 1921; *Mundo da lua*, 1923; *O macaco que se fez homem*. 1923. ROMANCE: *O choque das raças, ou o presidente negro*. 1926. CORRESPONDÊNCIA COM GODOFREDO RANGEL: *A barca de Gleyre*. 1943. LITERATURA INFANTIL: *Lúcia, ou a menina de narizinho arrebitado*. 1921: *O saci*. 1921; *Fábulas*. 1922; *O marquês de Rabicó*. 1922; *A caçada da onça*. 1924; *Viagem ao céu*. 1932; *História do mundo para criança*. 1933; *Novas reinações de Narizinho*. 1933; *Aritmética da Emília*. 1935; *Geografia de Dona Benta*. 1935; *Memórias da Emília*. 1936; *Serões de Dona Benta*. 1937; *Histórias da tia Anastácia*. 1937; *O poço do Visconde*., 1937; *O minotauro*. 1939; *O pica-pau amarelo*. 1939; *A chave do tamanho*. 1942; *Os doze trabalhos de Hércules*, 1944.

Em 1946 a Editora Brasiliense Ltda., São Paulo, publicou as *Obras completas* de Monteiro Lobato, em 30 volumes sendo 13 volumes de Literatura Geral e 17 volumes de Literatura Infantil.

Consultar

Cavalheiro, Edgard. Introdução da edição de *Urupês*. Liv. Martins, 1944; Cavalheiro, Edgard. *Monteiro Lobato. Vida e obra*. 2 vols. São Paulo: Cia. Editora Nacional, 1955; Conte, Alberto. *Monteiro Lobato, o homem e a obra*. ed. Brasiliense, 1948; Loiola, Leônidas de. *Urupês e o sertanejo brasileiro*. Tip. de A República, 1919; Neves, Artur.

Enquanto vivera no interior, Lobato produziu muito, quase nada divulgou, numa sede de aperfeiçoamento, numa incontida ânsia de dar logo de início o melhor de si mesmo. "Ou dou uma coisa que preste, que esborrache o indígena, ou não dou coisa nenhuma", escrevera ele, alguns anos antes, a Godofredo Rangel. E realmente assim irá acontecer. *Urupês* (1918) cai como uma bomba na pasmaceira do ambiente literário da Pauliceia e do próprio país. O êxito de livraria, apesar das dificuldades oriundas de um péssimo sistema de distribuição, foi instantâneo. A primeira, segunda e terceira edições sucederam-se rápida e ruidosamente; e enquanto o público absorvia, deliciado, o contista, acendia-se na imprensa uma celeuma rumorosa em torno do "Jeca Tatu". Acontecera que Monteiro Lobato lançara um tipo destinado a provocar discussões sem conta, a fazer carreira, a permanecer como um dos poucos "tipos" da literatura brasileira. Uns queriam que o Jeca fosse verdadeiro, representasse a expressão mais pura do nosso caipira; outros acoimaram a criação de falsa, de exagerada. Consumiu-se tinta à vontade nos debates, e até volumes apareceram com o intuito de contradizer tal idealização ou retrato verídico. E aconteceu ainda a citação de Rui Barbosa, que veio tirar o debate do terreno sociológico e literário, levando-o para a arena política, onde as paixões são mais suscetíveis de explosões e as repercussões bem mais profundas. Dentro de algum tempo a confusão era geral; perderam-se de vista as intenções do autor, esquecia-se de que *Urupês* não passava de uma profissão de fé, um grito contra o falso caboclismo de chapéu de palha rebatido à testa e camisa aberta ao peito. Esquecia-se de que a literatura brasileira da época fora definida por um dos seus mais altos expoentes como "sorriso da sociedade", e que Lobato surgira com uma série de trabalhos que nada denunciavam daquele estado de espírito. O contista convivera com os caboclos das margens do Paraíba, vira-os acocorados, incapazes de ação, tristes e desalentados, espiando a vida com olhares vagos, de sonâmbulos. *Urupês*, no fundo, pretendia ser uma advertência. Trágica, enérgica, desapiedada, mas necessária advertência. Caricatura, talvez; com alguma maldade, sem dúvida. Anos depois o escritor faria uma autoexegese honesta, severa, explicando as condições psicológicas que motivaram a deformação da figura do Jeca. Ele se penitencia, dizendo que por um defeito de criação, não via a miséria humana, ou apenas a via sob um aspecto estético.

"Quando comecei a sentir em todo o seu horror o drama da miséria humana (de que o Jeca não passa de humilde ilustração) era tarde — minha obra literária já se havia cristalizado e morto estava o interesse pelas letras."

No mais aceso do debate em torno de *Urupês*, alguns críticos estranharam o interesse do público pelo livro afortunado. E ainda hoje não faltam os que torcem o nariz e se mostram céticos quanto à permanência no quadro

---

Introdução da edição ônibus de *Urupês*. ed. Nacional, 1943; Sales Brasil. *A literatura infantil de Monteiro Lobato*. Bahia: Progresso, 1957.

da literatura brasileira da obra de *conteur* do autor de "A colcha de retalhos". Esquecem, sem dúvida, o estilo inteiramente novo com que Lobato fazia a sua aparição. A maneira original e pitoresca com que lançava as suas histórias. E a flagrante realidade dos tipos e cenas que trazia para as páginas dos seus livros. Ele não vinha falar do matuto com imagens mitológicas, e a força do seu estilo (traindo a princípio certo ranço camiliano, quando a moda era Eça) não existia, como em tantos outros regionalistas, por força de vocábulos regionais, e longe das suas narrativas o simplesmente pitoresco como prato de resistência. O que Monteiro Lobato apresentava com *Urupês* era mais do que um mero reajustamento. Era quase uma revolução. O ranço camiliano, o espírito pouco afeito às pesquisas, sobretudo linguísticas, e a nenhuma disciplina — tônica dominante da sua personalidade — impediram-no de se tornar chefe de grupo, de formar discípulos ou escolas. Mas a prosa não constituía toda a inovação trazida por Monteiro Lobato. Em *Urupês*, além do riquíssimo e apropriado vocabulário, havia outra coisa muito importante: o sentimento humano, o largo sopro de vida com que o contista envolvia os seus "casos". Nada de falsa literatice tão em moda, da superafetação bombástica, do palavreado vazio, e sim literatura da boa, fonte não somente de emoção e sabedoria, mas também de humanidade, de calorosa simpatia e compreensão para com o homem rural e a terra brasileira. Ele, na verdade, descobria o homem do interior do Brasil. Acrescente-se, ainda, que o contista "contava" em verdade histórias, com inocultável bom gosto literário, indiscutida vocação para o *métier* e absoluto domínio do assunto e da língua. *Urupês* teve consequências extraliterárias, pois levou Monteiro Lobato a fundar uma casa editora, da qual nasceria a indústria do livro no Brasil. Mas não é toda a ficção de Monteiro Lobato, nem mesmo um "dó de peito ", pois em seguida publica *Cidades mortas* (1919), em que, a nosso ver, se encontra o melhor Lobato nos seus melhores processos, senão de grande colorista, de manchista feliz, que sabe, como acentuou Agripino Grieco, sublinhar ou pôr em versalete o interesse substancial da narração, que sabe degustar as tolices alheias com uns ares tranquilamente profissionais de saboreador de bons vinhos. Mas *Cidades mortas*, além das pequenas manchas que fixam de forma indelével o drama de uma cidadezinha que estacionou diante do progresso, enfeixa ainda algumas das suas melhores histórias. O estilo do autor, neste volume, já se apresenta despido das galas camilianas, e a técnica do conto já não lhe oferece mistérios a serem desvendados. Era, sem dúvida, uma renovação, um arejamento da literatura brasileira. O claro e incontrolável riso que muitos dos trabalhos provocavam no leitor mais impassível, seria, na opinião de um crítico, o grande propagador de suas virtudes junto à massa ledora do país. É então o grande "cartaz" nacional, e obras como *Negrinha* (1920), *A onda verde* (1921), *O macaco que se fez homem* (1923) e *Mundo da lua* (1923) são publicadas, numa sucessão imprevista de êxitos. "Por que o público gosta de mim dessa maneira?" pergunta Lobato a Godofredo Rangel. A pergunta tem encontrado muitas respostas. Para alguns, o permanente tom de ironia, de sarcasmo, a anedota quase sempre vislumbrada em suas páginas. Para outros, a preocupação de satirizar, de ridicularizar. Outros ainda, consideram no não o contador de histórias, e sim o crítico de costumes, ferino e impiedoso. O tom caricatural, tantas vezes empregado, seria também responsável pela popularidade do escritor, havendo ainda quem lhe explique o êxito pelo caráter de oposição sistemática à rotina e aos preconceitos literários e extraliterários, tão sensível em tudo quanto lhe saiu da pena. Por outro lado, não faltam os que levam tudo à conta da sensibilidade romanesca (que vai até o pateticismo lacrimejante) de contos como "Boca torta", "Chóóó-Pan!", "Búgio Moqueado" e "Os faroleiros".

Mas, por estas ou aquelas qualidades, ou pela soma de todas elas, o contista Monteiro Lobato dignifica o gênero, eleva-o às alturas que, entre nós, só em Machado de Assis poderemos encontrar paralelo. E quando tudo fazia prever novas obras, eis que o escritor descobre outro filão: a literatura infantil. A primeira historieta narrando as aventuras de *Lúcia, a menina do narizinho arrebitado*, aparece em 1921, e logo em seguida, ainda no mesmo ano, escreve *O saci*, e anuncia *Fábulas* (1922) e *O marquês de Rabicó* (1922). Até então, literatura infantil era coisa rara por estas plagas. As historietas de Monteiro Lobato agradam a petizada, e por muitos anos, até o fim da vida escreverá livros para as crianças. Embora sem plano preconcebido, realiza uma obra ímpar no gênero. Cria o sítio do Pica-pau Amarelo, inventa a Emília, uma boneca que pensa e fala como gente grande, traz para o sítio um autêntico rinoceronte, transforma um simples sabugo de milho num sábio, o Visconde de Sabugosa. A saga infantil de Monteiro Lobato não tem semelhante mesmo na literatura universal, uma vez que autores de grandes livros há inúmeros, mas outro que tenha, como ele, construído, em torno de um mesmo ambiente e com praticamente as mesmas personagens, todo um ciclo de aventuras que se estende por duas dezenas de volumes, não será fácil apontar. Grande parte desses livros não escondem a preocupação didática — *História do mundo para crianças* (1933), *Geografia de Dona Benta* (1935), *Aritmética de Emília* (1935), etc. — mas mesmo tais volumes não excluem de maneira alguma o mundo maravilhoso em que tempo e realidade se confundem com sonhos e absurdos, em que mistérios e impossíveis são resolvidos com pós mágicos ou frases cabalísticas.

Na produção de Monteiro Lobato, além dos contos e novelas infantis, há também um romance, *O choque das raças*, ou *O presidente negro* (1926). Meio à Wells, o livro focaliza os Estados Unidos no ano 2228, quando se daria um choque entre a raça branca e a negra. Esta última, cujo índice de proliferação é maior, alcançaria a branca e a derrotaria nas urnas, elegendo um presidente negro. O romance nada acrescenta ao renome de quem assinara histórias como "O jardineiro Timóteo", "A colcha de retalhos", "O comprador de fazendas", "Tragédia de um capão de pintos", "Pedro Pichorra", "O espião alemão", "Gramática viva" e outros.

Se a obra do ficcionista Monteiro Lobato é a que em traços rápidos assinalamos, bem mais rica e complexa é a vida do valente e intrépido lutador, que em artigos e crônicas, libelos e panfletos, profligou mazelas e se bateu com uma constância e generosidade raras pela solução dos grandes problemas nacionais. De sua pena saíram gritos candentes em prol do saneamento do Brasil e pela implantação do voto secreto em nossas terras; cabe-lhe a glória de ter aberto caminho ao livro brasileiro; e problemas máximos da Nação — ferro e petróleo — tiveram-no como o grande e incansável precursor.

A ação de Monteiro Lobato — como escritor a princípio, depois como editor — propiciara todo um surto novo nas letras de São Paulo, levando mesmo o crítico João Pinto da Silva a falar em "Escola Paulista". A Lobato cabe o lançamento de muitos daqueles que integraram a "Semana da Arte Moderna". Oswald de Andrade diria, mais tarde, que *Urupês* fora o verdadeiro marco zero desse movimento de renovação literária, embora seu autor fosse o mais acérrimo inimigo das teorias apregoadas pelos modernistas. Mas entre 1918 e 1922, sua influência é muito viva, e a ficção paulista gravita, de certa forma, à sua volta. Escritores como Veiga Miranda, Amando Caiubi, Valdomiro Silveira, Cornélio Pires ou Albertino Moreira sentem, senão a influência, pelo menos a presença e o estímulo do contista, e realizam uma literatura mais ou menos enquadrada no espírito que caracteriza boa parte da produção lobatiana, ou seja, um regionalismo que procura fixar tipos, costumes e linguajar típicos, sem visíveis influências alienígenas.

Da obra de João Pedro da Veiga Miranda (1881-1935), autor de *Pássaros que fogem* (1908), *Redenção* (1914), *Mau olhado* (1919), *A serpente que dança* (1925), *Os três irmãos siameses* (1926) e *Maria Cecília e outras histórias* (1930), um bom exemplo é *Mau olhado,* cujo enredo decorre todo ele dentro do quadro agreste da vida roceira. "Tudo ali é genuinamente nacional. Nenhum tipo, como nenhuma cena, entremostra arte alienígena, copiada inconscientemente", opina sobre este livro Monteiro Lobato.

De Amando Franco Soares Caiubi (1886) além do volume de contos *Noites de plantão* (1923), temos *Sapesais e tigueras* (1921), em que costumes e cenas do interior são fixados com a preocupação então dominante de aliar o Naturalismo (embora retardatário) a um regionalismo sadio, dotado de melhores intenções. Valdomiro Silveira (1873-1941) só publicou *Os caboclos*, em 1920, mas suas histórias começaram a ser escritas e divulgadas pela imprensa desde 1891, tornando-o, dessa forma, um dos pioneiros, sem dúvida alguma, da literatura regional brasileira. Trazendo para a ficção cenas e tipos, costumes e paisagens da roça, e sobretudo o linguajar caboclo, Valdomiro Silveira deu acolhida a todos os modismos e construções do vocabulário e da sintaxe cabocla, como se pode ver ainda em *Nas serras e nas furnas* (s.d.), *Mixuangos* (1937) e *Lereias* (1945).

Na linha do autor de *Os caboclos*, podemos filiar Cornélio Pires (1884) autor de *Quem conta um conto* (1919), *Conversas ao pé do fogo* (1919) e *Cenas e paisagens da minha terra* (1920), livros em que, de par com anedotas, contos, histórias, cenas de costumes, aparecem observações originais sobre os nossos caipiras, distinguindo entre eles os diversos tipos, as variantes étnicas e sociais. E também Albertino Moreira (1892), que conta em *Voo nupcial* (1920) a história de uma roceirinha que se deixa levar de engodos e trava relações íntimas com o tropeiro a quem a mãe deu hospedagem. Mas tanto neste como em *Poiso da estrada* (1940), o que importa ao autor são os costumes da gente do interior.

Ao recensearmos livros e autores desse período, surgem nomes como Jerônimo Osório, Oliveira e Sousa, Leôncio de Oliveira ou Salviano Pinto, autores de obras que espelham o tom dominante na ficção. *Ana Rosa* (1920), de Jerônimo Osório, narra as vicissitudes de uma caipirinha paulista: em torno do seu casamento desenrola-se uma tragédia de que são protagonistas um colono de origem italiana e um caboclo. *Piraquaras* (1921), de Oliveira e Sousa, reúne alguns contos de caráter regional sobre caipiras das margens do Paraíba do Sul. *Vida roceira* (1918), de Leôncio de Oliveira, enfeixa uma série de contos em que se patenteiam usos, costumes e linguagem interiorana. E finalmente *Redimidos* (1918), de Salviano Pinto, passado numa fazenda de café, entre escravos e senhores, tendo como fundo uma frágil história de amor entre o filho do fazendeiro e uma pupila deste, simples pretexto para a descrição de aspectos da atividade social, econômica e política da lavoura cafeeira em período de transição.

Fugindo inteiramente ao tom dominante na época, quebram a monotonia e valorizam a ficção paulista dois esplêndidos volumes: *O professor Jeremias* (1920) de Leo Vaz (1890) — pseudônimo de Leonel Vaz de Barros — também autor de *Ritinha e outros casos* (1922), e *Madame Pommery* (1919), de Hilário Tácito (1885), pseudônimo de José Maria de Toledo Malta. Ambos mais próximos de Machado de Assis do que de Monteiro Lobato, ambos sem preocupações regionalistas, embora escritores "locais". O primeiro, narrando com humor e bom estilo a vidinha apagada de um mestre-escola; o segundo, descrevendo com graça picante aspectos da boêmia dos grandes senhores da capital paulista. Mas embora "locais" estão enquadrados dentro daquele regionalismo em que o predomínio de tipos, costumes e linguagem não mais exigem como principal atributo o pitoresco, quase sempre caracterizado por modismos e cacoetes. Regionalistas autênticos, dos que compreendem e aceitam os indivíduos como síntese do meio a que pertencem.

A partir de 1922 a ficção paulista se integra no chamado "Movimento Modernista", no qual serão figuras preeminentes escritores como Ribeiro Couto, Oswald de Andrade, Paulo Setúbal, Antônio de Alcântara Machado, Afonso Schmidt, Plínio Salgado, Menotti Del Picchia, Mário de Andrade e outros.

CICLO GAÚCHO
(por Augusto Cesar Meyer)

Caldre Fião, Bernardino dos Santos, Apolinário Porto Alegre, Aquiles Porto Alegre, Alberto Cunha, Carlos Jansen, Oliveira Belo, Alcides Maia, Roque Calage, Simões Lopes Neto, Darci Azambuja, Ciro Martins, Érico Veríssimo, Ivan Pedro Martins, Contreiras Rodrigues, Otelo Rosa, Vieira Pires, Viana Moog.

O Regionalismo literário, que era uma fragmentação do nacionalismo romântico, denotando pendores pela observação exata, a que mais tarde se mistura a influência do Naturalismo, refletia também no Rio Grande do Sul as condições de um meio então quase extremado, como expressão geográfica e econômica, do resto do país. O relativo insulamento, manifestado a princípio em complexos culturais mais ou menos definidos, não deixou de pesar sobre a vida política. Somavam-se portanto vários fatores, naquela zona geográfica de transição, para dar-lhe um cunho inconfundível, agravado desde logo pelas dificuldades de comunicação com o Norte. Ao medonho deserto de mais de seiscentas léguas, a que se referia Saint-Hilaire, ajunte-se o espantalho da barra do Rio Grande, na expressão de João Pinto da Silva, "espécie de Adamastor submerso, devorador de homens e de navios", para formar uma ideia da paisagem histórica, animada lentamente pela penetração de paulistas e lagunistas, até encravar-se na costa arenosa a esquadrilha de José da Silva Pais, o fundador do Presídio. Sirva isto apenas de referência à formação tardia do Rio Grande do Sul e suas condições de fronteira aberta, durante muito tempo, à invasão e às influências do Prata.

O documento literário mais antigo, no extremo Sul, é um soneto satírico, de fins do século dezoito, certamente obra de algum dragão ou voluntário, cansado de esperar pelo soldo e farto de engolir as areias da vida do Rio Grande. Vem reproduzido em *Mosaico e Silva*, de Camilo Castelo Branco. O poeta anônimo falava nas "brisas de vento leste e minuano", concluindo:

> Dizem que há nos campos muitos gados;
> Esta é do Rio Grande a habitação
> Onde purgando estou os meus pecados.

Mas o primeiro documento literário digno de menção, na história do regionalismo gaúcho, e de interesse especial para o estudo de nosso vocabulário, é o "Soneto monarca, com termos usados pelos gaúchos da campanha", anterior à revolução de 1835. Foi publicado por José Antônio do Vale Caldre e Fião (1813-1876). É o precursor do romance regional gaúcho, com *A divina pastora* (1837) e principalmente *O corsário* (1851) romance de aventuras, bastante descosido em seus episódios, mas já com aproveitamento de temas locais e descrições de usos e costumes. Foi reproduzido em folhetins no jornal *O Pelotense*, dos anos de 1852 e 1853. Registrou o autor os seguintes gauchismos: *poncho, vaqueano, estancieiro, charque, guasca* (um guasca deste continente), *onças* (moedas), *farrapos, farrupilha, minuano, monarca das coxilhas, churrasco, chiripá, guaiaca, chilenas, tentos, fuá, malacara, cuê pucha!, codilhado.*

Logo após, começa a franca assimilação da paisagem humana do Rio Grande no movimento regionalista iniciado pela Sociedade Partenon Literário. Se anteriormente, como vimos, já se esboçava na ficção uma tendência "costumista", só a contar desse movimento a literatura rio-grandense tomou pé no regionalismo, como as novelas e contos de José Bernardino dos Santos, Apolinário e Aquiles Porto Alegre, Alberto Cunha e um pouco mais tarde, Carlos Jansen e Oliveira Belo. Veja-se como um deles, Alberto Cunha, pelotense que usava o pseudônimo de Vítor Valpírio, numa espécie de manifesto ou programa literário, criticava um artigo de Joaquim Nabuco, na *Revista do Partenon Literário* de novembro de 1872: "A nossa literatura não deve continuar a ser cediça imitação da portuguesa, como prega o Dr. Nabuco... O Brasil literário a imitar Portugal... Afigura-se ver um bom gaúcho dos pagos rio-grandenses, acostumado ao churrasco mal-assado e ao saboroso matambre, nos apuros terríveis de engolir o apetitoso caldo verde de Balbão ou São Cosme, naquelas saudosas noites de espadelada do Milho; ou ter de sorver respeitável tigela de caldo d'unto, lábios que conhecem o sabor da caúna que verdeia no côncavo da cuia prateada! Ai, guasca que bailas no rancho colmado de sapé, ao saudoso descante da viola, com as morenas chinocas, o teu voluptuoso tatu, a tua tirana, ou o entusiástico caranguejo, que grotesca figura não farias de poncho, chiripá e chilenas, na roda dos rapazes d'aldeia, a sapatear com as Marias e Teresas as mais requebradas figuras da cana-verde!"

Aproximem-se essas páginas, expressivamente intituladas "Contos rio-grandenses", do famoso depoimento de Apolinário Porto Alegre, divulgado por Augusto Daison, em que descreve o seu espanto, numa faina de farinhada, diante da pitoresca descompostura de um peão que rusgava com seu companheiro de trabalho; parecia-lhe indispensável recomeçar pela base os seus estudos. E isso define o estado de espírito que devia prevalecer por muito tempo entre os nossos regionalistas, citadinos curiosos do particularismo da vida campeira, do seu linguajar imprevisto, de usos e costumes, tendências e tradições, em contraste com a mentalidade pracista, transplantada do Oriente para as terras americanas.

O tema de "O monarca das coxilhas", do gaúcho como sugestão literária, tipo romanesco ou motivo poético, ainda não foi devidamente estudado. Antes de Alencar e Apolinário Porto Alegre, não só aparece na poesia (v. *Soneto Monarca*) como já é levado ao palco; em 1867, lança a tipografia do *Jornal do Recife* um volume de cento e oitenta e cinco páginas, de autoria de César de

Lacerda, intitulado: *O monarca das coxilhas*, com o subtítulo *Drama de costumes da Província do Rio Grande do Sul*.

A primeira novela regional de Apolinário Porto Alegre (1844-1904), *O vaqueano*, saiu na *Revista Mensal da Sociedade Partenon Literário*, segunda série, julho a novembro de 1872, e parece ter sido escrita em 1869, antes da publicação de *O gaúcho*, de Alencar. Mas a influência de Alencar logo ressalta, inclusive no pitoresco falar dos índios Guaicanãs. É uma novela ingênua, de sabor muito romântico, cheia de altos e baixos, frouxa de substância psicológica, desigual e às vezes preciosa na forma, escrita provavelmente para exemplificar a boa orientação do autor em seu programa literário. A exemplo de Caldre Fião, aproveitou sugestões episódicas da revolução farroupilha; abre a narrativa com um diálogo entre Canabarro e Garibaldi. Revelou-se de melhor qualidade literária o seu livro de contos *Paisagens* (1874) e contendo: "Mandioca", "Pilungo", "Os botiazeiros", "O valeiro", "A tapera", "O monarca das cochilhas". Sobre este último conto, escrevia o jovem Alcides Maia, em 1897: "O monarca das cochilhas, Sancho Escafusa, expansivo e simples, é um tipo mais vivo, mais real [...] que o gaúcho de Alencar, Manuel Canho, esse ser fantástico, criação mórbida de um espírito doente."

Mas, sem dúvida, a novela mais original de Apolinário é justamente a menos citada, *Feitiço de uns beijus* (1873), deve ser considerada, aliás, a nossa primeira novela de ambiente porto-alegrense. Saborosa e realista, a descrição do armazém poderia figurar nas *Memórias de um sargento de milícias*. Da obra de Apolinário, fragmentária e esparsa, aproveitou sobretudo o exemplo de uma vida inteira dedicada aos ideais do Partenon Literário. Não lhe faltavam qualidades de ficcionista; mas o polígrafo que havia nele não permitiu que se desenvolvesse o escritor de ficção. Certo é que Apolinário e José Bernardino dos Santos abriram caminho à novelística rio-grandense. Bernardino dos Santos, o outro pioneiro do regionalismo gaúcho, publicou na *Revista do Partenon* e em *Murmúrios do Guaíba* o romance *A doida* e o drama histórico *Frei Cristóvão de Mendonça*, além de uma novela intitulada *Os serões do tropeiro*.

Convém citar ainda as novelas *A mãe de ouro*, de Alberto Cunha (1873), e *O patuá*, de Carlos Jansen (1879), ambas de argumento sugerido pelo folclore, os mitos da *A mãe do ouro* e a superstição da invulnerabilidade pela posse de um amuleto. Como em *O crioulo do pastoreio*, de Apolinário, apreciável é a parte descrita, com aproveitamento de costumes locais: as carreiras de cancha reta, o rodeio e os serviços de campo, a atafona, a cura da bicheira por simpatia, uma caçada de tigre, o descante à viola. Alberto Cunha também foi o primeiro a introduzir na ficção o tema da charqueada, já então num desígnio de crítica social e combate aos abusos do trabalho escravo, como podemos ver em seu conto "Pai Felipe" (1874), na *Revista do Partenon*. Em 1878, Luís Alves Leite de Oliveira Belo publica o seu "esboço de um romance brasileiro", intitulado *Os farrapos*, em que a revolução farroupilha serve de estrutura a uma primeira tentativa de romance histórico. Essa obra foi reproduzida em 1896, sob a forma de folhetins, pelo *Correio do Povo*.

Quando, portanto, a partir de 1910, toma vulto o regionalismo gaúcho, com o aparecimento das primeiras obras de Alcides Maia, Roque Calage e Simões Lopes Neto, já se havia formado um ambiente favorável a essa corrente da literatura de ficção; configurou-se de algum modo naquele movimento iniciado pelo Partenon Literário uma fase preparatória, que poderia considerar-se o pré-regionalismo gaúcho. Não legou nenhuma obra definitiva, ou mesmo de grande importância, mas carreou materiais, preparou a sensibilidade para a mais afinada compreensão de uma literatura de fundo nativista ou costumista. E não pesou pouco nessa preparação de ambiente a influência da poesia popular, de um lado, difundida e logo imitada em certa forma de poesia gauchesca, e do outro, a assimilação dos seus motivos na poesia regionalista de Múcio Teixeira (1858-1926) (*Novos ideais*, 1880) e Bernardo Taveira Júnior (*Provincianas*, 1886). Como observou Sílvio Romero ao prefaciar o livro de Múcio Teixeira, o que caracteriza estes poetas é uma nota realista, paralela ao realismo de *conteurs* e romancistas de fins do século passado. Leia-se, por exemplo, o prefácio de Teixeira Júnior, datado de 1873: traçou ali uma crítica impiedosa do gauchismo fantasioso de Alencar.

Com o ano 1910, acentua-se nova tendência regionalista, agora sob o influxo do Naturalismo. De fato, a contar de então, o regionalismo gaúcho entra em seu período culminante, uma espécie de "idade do couro". Foi às vezes absorvente o seu prestígio, a ponto de cair no perigo da mesmice. Havia chapas irritantes para o diálogo, a paisagem, os temas. O pitoresco ameaçava devorar tudo, criando um sub-regionalismo sem densidade humana. O maior defeito estava na prenoção de um gauchismo típico, fixado em padrões convencionais. Apesar de tantas sugestões novas, um preconceito vesgo e saudosista acabou empobrecendo o movimento, como já limitara de modo lamentável a pesquisa folclórica. De qualquer modo, quando for lançada uma antologia do regionalismo gaúcho, nas suas escalas principais não serão revelados apenas alguns nomes de segunda ordem. Bastaria citar, na ficção, Alcides Maia, Simões Lopes Neto, Darci Azambuja e Ciro Martins, sem esquecer o Érico Veríssimo de *O tempo e o vento*, em que a expressão regionalista se retempera em novos moldes.

Na obra regionalista de Alcides Maia,* *Ruínas vivas* (1910), *Tapera* (1911) e *Alma bárbara* (1922) logo se impõem o dom evocativo, a riqueza dos segundos

---

*   Alcides Castilho Maia (São Gabriel, RS, 1878 — Rio de Janeiro, 1944).

Bibliografia

Estudos e ensaios: *Pelo futuro*. 1897; *O Rio Grande independente*. 1898; *Através da imprensa*. 1900; *Machado de Assis*. 1912; *Crônicas e ensaios*. 1918: *Romantismo*

planos, a verdade dos detalhes, a acuidade nervosa com que são reproduzidas impressões fugitivas de paisagens e emoções. Embora publicado aos trinta anos, *Ruínas vivas*, romance gaúcho, foi escrito no primeiro ardor da mocidade, com a exuberância de um precoce. Prejudica-o, sem dúvida, certa falta de perspectiva no conjunto, e o amor à minúcia, a prosa opulenta, de sabor euclidiano, obrigam o leitor a aguçar a atenção período a período, página a página, com prejuízo da leitura corrida. Por isso mesmo, *Ruínas vivas* é sobretudo riqueza dos pormenores, impressionismo irisado, complexidade psicológica. Cada capítulo assume a importância de um todo completo: o delírio de Chico Santos, o admirável enterro, a cena das carreiras, o coro funerário das reses, à morte de Carmen sucedem-se como quadros fechados na sua moldura, e nem sempre sentimos que é preciso reatar o fio da ação, por se tratar de um romance. Mas o empastamento descritivo com que pintou certas figuras não impede o traço mordente, nem a delicadeza do matiz psicológico; há momentos em que a intuição do escritor penetra a fundo naquelas almas obscuras, fica-nos a impressão de um flagrante revelador, a desvendar um pouco do seu complexo de sentimentos insuspeitáveis e recalcados. A história de Miguelito, que as circunstâncias empurram para o crime e a revolta, é um grave estudo de psicologia social, e com *Ruínas vivas*, superando o regionalismo descritivo e pitoresco, Alcides Maia deu nova densidade humana à ficção regional do extremo Sul. Com todos os seus defeitos, de forma e estrutura, pela influência que exerceu e as qualidades que lhe restam, deve ser considerado marco importante da literatura gaúcha. *Tapera*, com prefácio de Coelho Neto, é o livro mais lido de Alcides Maia; juntamente com alguns contos de *Alma bárbara*, representa o momento culminante, como equilíbrio e vigor expressivo, da sua obra de ficcionista. Bastariam os contos "Por vingança", "Guri", "Chinoca", "Velho conto" e "Estaqueado" para consagrá-lo admirável *conteur*, embora ele próprio considerasse o livro uma simples coleção de "cenários gaúchos" e "páginas de saudade, guardadas numa pasta". Personalidade forte e complexa, temperamento romântico, Alcides Maia, verdadeiro caudilho das letras rio-grandenses, era da raça dos que não cabem nos seus livros, e sem a dedicação de Gregório da Fonseca, jamais teria reunido em volume os contos de *Alma bárbara*. Se não

---

e naturalismo. 1926. ROMANCE: *Ruínas vivas.* 1910. CONTOS: *Tapera.* 1911. *Alma bárbara.* 1922.

Consultar

Júlio, Sílvio. "Os contos de Alcides Maia" (In *Revista das Academias de Letras.* n. 35, julho, 1941); Meier, Augusto. *Prosa dos pegos.* Martins, 1943: Mota, Artur. *Vultos e livros.* Monteiro Lobato & Cia., 1921; Silva, João Pinto da. *História literária do Rio Grand e do sul.* Porto Alegre: Porto Alegre: Globo. 19 30: Velinho, Moisés. *Letras da Província.* Globo, 1944.

chegou a dar, mesmo na obra de ficção, a síntese definitiva que prometia em pleno vigor do talento, nem por isso deixou de ser o grande mestre de mais de uma geração.

João Simões Lopes Neto* escritor municipal, na oportuna definição de Carlos Reverbel, conquistou lentamente a posição que lhe era devida, após a morte, de um dos maiores regionalistas do Brasil e um dos maiores *conteurs* americanos. Seu nome já é conhecido além das fronteiras do estado e começa a figurar em coletâneas organizadas no estrangeiro. Observa Moisés Velinho: "O interesse humano de suas lendas e contos, a profunda poesia da terra que emana de suas páginas impressionantes asseguram-lhe um posto especial na história do regionalismo rio-grandense. Sua obra é dessas que resistirão ao tempo." Há na sua obra um manancial de poesia e verdade. Na sua identificação com as fontes da tradição oral, descobrimos o selo da unidade psicológica, um comportamento necessário e inevitável. Simões Lopes foi, por ensejo e instinto, o intérprete das tendências e tradições do nosso homem do campo. Seu intuito era contribuir para a fixação do populário gaúcho, mas o medíocre folclorista acabou em poeta, usada a palavra no sentido lato, pois foi ele, em essência, o poeta gaúcho e o momento culminante do regionalismo sul-rio--grandense, que ainda é, bem ou mal, a única nota característica na produção literária do Sul. O que parece extraordinário no seu caso é o problema de estilo que conseguiu resolver. Entre o linguajar e a estilização, não notamos solução de continuidade. O pequeno mundo, que aparece nas páginas vivas que traçou, acha-se banhado numa atmosfera de horizonte aberto, se bem não mude a linha desse horizonte, que é sempre a moldura da campanha riograndense. Dentro do quadro, o momento histórico e a natureza, o acessório e o universal, a nota pitoresca e o substrato humano equilibram-se como parcelas de um só todo. A edição em volume de *Casos do Romualdo* (1952) veio revelar-nos outro aspecto da sua personalidade, o fantasista e humorista que já se delineava em alguns contos. A vivacidade da imaginação de Romualdo chega a sugerir-nos o

---

* João Simões Lopes Neto (Pelotas, RS, 1865 — Pelotas, RS, 1916).

Bibliografia

CONTOS: *Contos gauchescos*. 1912; *Lendas do Sul*. 1913; *Contos gauchescos e lendas do Sul*. 1926, ed. crítica por Aurélio Buarque de Holanda. Porto Alegre: Globo, 1949; *Casos do Romualdo*. 1952.

Consultar

Holanda, Aurélio Buarque de. "Linguagem e estilo de Simões Lopes Neto" (Introdução da edição crítica); Meier, Augusto. Prefácio da edição crítica; Silva, João Pinto da. *História da literatura do Rio Grande do Sul*. Porto Alegre: Globo, 1930.

movimento de um desenho animado. A mentira puxa mentira e anda com botas de sete léguas, na imaginação desse Münchausen crioulo, mas as criações mais desvairadas são expostas com minúcias de narrador escrupuloso, o que provoca um singular efeito de contraste, como se Romualdo fosse o guarda-livros da mitomania. A estas obras de criação pessoal, e embora não caiba nos limites de um capítulo de história literária, convém acrescentar o *Cancioneiro gaúcho*, valiosa coletânea de poesia popular, em que Simões Lopes Neto coligiu e salvou todo um acervo de documentos folclóricos ameaçados de esquecimento.

Mais cronista do que *conteur*, Roque Calage (1888-1921) produziu muito, porém a produção reunida em volume ressentiu-se da absorvente atividade jornalística em que sempre andou empenhado, com dedicação e probidade. Mas seria injusto não reconhecer que, nos seus momentos melhores, foi um honesto narrador de cenas e costumes crioulos. Discípulo de Alcides Maia, na arte da ficção, estreou-se naquele mesmo ano de 1910 com *Escombros*, publicando ainda *Terra gaúcha* (1914), *Crônicas e contos* (1920), *Quero-quero* (1927), *Rincão* (1924). Com o seu grande conhecimento das cousas do pago, é de lamentar não desse o melhor do esforço à pesquisa folclórica, a exemplo de Cezimbra Jacques. Sua contribuição mais útil foi, sem dúvida, o *Vocabulário gaúcho*.

O mesmo encanto das rodas galponeiras, centro vivo da tradição oral gaúcha, sugere a um estudante de Encruzilhada, nas pausas do curso acadêmico, entre o mate e a anedota, uma série de cantos admiráveis, publicados com o título *No galpão* (1925). O sucesso foi imediato, e nenhuma obra de autor gaúcho alcançou até hoje a mesma consagração da popularidade, nem tantas edições amiudadas. Era mais que uma estreia vitoriosa, o reatamento da tradição literária gauchesca em novos moldes, sobretudo a revelação de um verdadeiro mestre do conto; surgia em Darci Pereira de Azambuja (1903) uma espécie de primo-irmão de Simões Lopes Neto, cuja memória, aliás, invocara na dedicatória do livro. Limpidez de estilo, veracidade e fluência da narrativa, uma discreta poesia, sempre contida e equilibrada, de vez em quando um pouco de paisagem, mas só o essencial, e principalmente o gosto de contar sem preocupações de explicar, sem a interferência do autor cioso de psicologia que notamos, por exemplo, em Alcides Maia, são qualidades que justificam e consolidam a popularidade da obra-prima de Darci Azambuja.

Ciro Martins, que em *Campo fora* (1934) ainda se mantinha dentro dos limites tradicionais do regionalismo, enveredou depois por caminhos mais largos, criando uma nova perspectiva para a sua novela de ambiente, em que subordinava tudo aos valores psicológicos e a uma preocupação social cada vez mais aguda. Assim, veja-se a evolução que vai de *Sem rumo* (1937) a *Porteira fechada* (1944), passando por *Enquanto as águas correm* (1939) e *Mensagem errante* (1942). Logo tomou cantata, clinicando e observando, com o duro problema das populações marginais, e a reação, numa sensibilidade tão vibrátil, embora dissimulada em fleuma, só podia ser muito profunda, como de fato aconteceu. Daí a nota inquietante que, desde *Sem rumo*, vem predominando em sua obra e provocou esse extraordinário solilóquio, cheio de pudor, mas grave e às vezes pungente: a novela *Enquanto as águas correm*. Já em seu livro de estreia, em que a espaços ainda se acusava a influência de Alcides Maia, percebia-se a marca de um escritor de raça; mas na primeira parte de *Mensagem errante*, intitulada *A campanha*, parece que atingiu um perfeito equilíbrio de estilo: é a poesia da infância na campanha que revive em suas páginas. A obra de Ciro Martins parece abrir uma fase nova na história do regionalismo rio-grandense. Se é verdade que a preocupação dos problemas sociais despontava de há muito no romance e em vários contos de Alcides Maia, conquistou agora posição de relevo, transformando-se *em leitmotiv*, senão propriamente em tese e veículo de propaganda política.

Será difícil falar de *Fronteira agreste* (1944), o primeiro livro de Ivan Pedro de Martins, exclusivamente em termos de crítica literária. Foi um acontecimento em nosso regionalismo e é um grito generoso de revolta contra a exploração do pobrerio. Não chega a articular-se em romance, como observou Moisés Velinho. Escrevendo na meia língua em moda, o autor não teve medo de inventariar as cousas; atulha o espaço reservado à imaginação do leitor com pormenores implacáveis. Na sua sofreguidão de contar e revelar, acaba esquecendo a importância do que se deve apenas sugerir. Mas, com todos os seus defeitos, esse livro tão áspero e impuro vive de uma vida intensa. *Fronteira agreste* é por vezes de uma verdade irritante mas incontestável. Como documentário da vida fronteiriça, descontados alguns excessos, e os momentos de ênfase, parece realmente da maior importância. *Caminhos do Sul* publicado dois anos depois, representa uma sensível descaída.

Ficaria incompleta esta tentativa de um histórico da ficção regional do Rio Grande do Sul sem a resenha de outros nomes e títulos: Félix Contreiras Rodrigues, *Farrapo, Memórias de um cavalo* (1935); João Fontoura, *Nas cochilhas* (1912), *Umbu* (1929), *Rancho Grande* (1939); Vieira Pires, *Querência* (1925); João Maia, *Pampa* (1925); Rivadávia Severo, *Visão do Pampa* (1936); Antenor Morais, *Na fazenda* (1935); Otelo Rosa, *Os amores de Canabarro* (1935); Pedro Wayne, *Charqueada* (1937).

Farrapo, de Contreiras Rodrigues, e *Os amores de Canabarro*, de Otelo Rosa, publicados por ocasião do Centenário da Revolução de 1835, poderão dar testemunho da influência que até hoje exerce o decénio farroupilha sobre a imaginação dos escritores gaúchos. Retomavam assim as tentativas dos fundadores do Partenon Literário e de Oliveira Belo. Em *Farrapo*, livro desigual mas cheio de seiva crioula e, às vezes, de poesia evocativa, a exemplo de Tolstoi na sua deliciosa novela *Kholstomier*, o autor cede a palavra a um cavalo velho e rico de experiência, que conta a sua história aos outros matungos do potreiro, inclusive as aventuras de Bento Gonçalves, seu dono. Ganharia muito o livro se o autor podasse a exuberância da narrativa, cortando vários episódios inúteis e algumas digressões cansativas. Aproveitando um parêntese pitoresco da crônica farroupilha, os amores de Canabarro e a famosa Papagaia, deu-nos Otelo Rosa a única novela histórica bem-nascida que possui o Rio Grande. O historiador gaúcho soube dar vida a esse caso de rabo de saia, temperando com a fantasia a tradição histórica; outro exemplo conhecido é o de Simões Lopes Neto, em seu conto "Duelo de farrapos".

Dos outros autores enumerados acima, o mais expressivo é Vieira Pires, que infelizmente faleceu sem dar à estampa os seus melhores contos, os da maturidade, todos eles refletindo a vida praieira do Rio Grande e a sua experiência entre os pescadores da costa. Um desses contos, realmente notável pelo realismo sóbrio, apareceu num dos últimos números da *Província de São Pedro*. Os contos de *Querência*, embora publicados muito mais tarde, foram compostos por Vieira Pires ainda nos seus tempos de acadêmico. Há entre eles uma notável página sugerida pela faina dos saladeros, intitulada "Mar de Sangue", onde os tripeiros e serventes, esverdinhados e nojentos, até parece "que se vestem de buchos revirados pelo avesso"... Com essa e outras páginas de valor, além das qualidades de observação que denotam, *Querência* é uma das boas contribuições para a literatura regional do Rio Grande.

Não caberá no quadro certamente o último romance de Érico Veríssimo apesar de aparentado, em mais de um episódio, com certos aspectos do regionalismo típico, tal como se definiu na obra dos seus maiores representantes. Mas vale assinalar aqui o vigor, o renovo, a profundidade de horizonte histórico e o sabor mais humano que lhe conferiu esse inesperado retorno às fontes tradicionais da sua terra. Do grande romance poderiam destacar-se trechos e capítulos inteiros como frutos de uma longa elaboração literária, que vai entroncar na literatura regionalista do Rio Grande do Sul.

Ainda algumas palavras apenas, para lamentar que, decorridos tantos anos, não se integrem na mesma corrente nem a vida colonial, nem a faixa costeira, nem o Planalto e o Oeste, com sua nova onda migratória. Quando muito caberia aqui, a título de tímida exceção, a novela de Clodomir Viana Moog (1906), *Um rio imita o Reno* (1939). Mas força é repisar, com a teima cansativa de quem não aprende nunca a aceitar uma verdade humilhante: um preconceito vesgo e saudosista restringiu e empobreceu de modo lamentável a expressão literária do regionalismo gaúcho, que poderia ser tão rico.

NOTAS

1. The Regional Approach to Literature (In *College English*, April, 1948).
2. H. W. Odum e H. E. Moore. *American regionalism*. New York, 1938; *Regionalism in transition*, separata de *Social Forces*, 1942-1943.
3. Regionalism: Cult or Culture? (In *English Journal*, XXV, n. 3, March, 1936).
4. Cf. *Uma interpretação da literatura brasileira*. Rio de Janeiro, 1943.
5. Cf. especialmente *Região e tradição*. Rio de Janeiro, 1941; *Continente e ilha*, Rio de Janeiro, 1943; *Manifesto regionalista de 1926*. Recife, 1952.
6. In *Pequena história da literatura brasileira*.
7. Abguar Bastos. *Terra de Icamiaba*. Rio de Janeiro: Adersen, 1932.
8. Péricles de Morais. *Legendas e águas-fortes*. Manaus: Livraria Clássica, 1935. p. 9.
9. Machado de Assis. *Crítica literária*. Rio de Janeiro: W. M. Jackson, 1944. p. 141.
10. Machado de Assis. *Crítica*. Rio de Janeiro: Livraria Garnier, 1910. p. 189.
11. José Veríssimo. *Estudos de literatura brasileira*. 4a série. Rio de Janeiro: Garnier, 1910. p. 259.
12. Machado de Assis. *Crítica*. Rio de Janeiro: Garnier, 1910, p. 188.
13. Augusto Meyer. *Prosa dos pagos*. Rio de Janeiro, São José, 1960, p. 15.
14. F. Távora, Carta-prefácio de *O Cabeleira*.
15. Por causa desse romance, Távora brigou com Alencar, nas *Cartas a Cincinato*, em 1870.
16. "Franklin Távora e o regionalismo" (In *Suplemento Literário do Estado de São Paulo*, São Paulo, 21-11-1959.)
17. F. Távora, *O Cabeleira*, p. 17.
18. F. Távora, *op. cit.*, p. 17.
19. Sílvio Romero, *História da literatura brasileira*, v. 5, p. 96; Lúcia Miguel Pereira, Prosa de ficção, p. 41.
20. V. Cavalcanti, "O enjeitado Adolfo Caminha". (In *Revista do Brasil*, Rio de Janeiro, maio, 1941, p. 159.)
21. S. Ribeiro. *Roteiro de Adolfo Caminha*. Rio de Janeiro: Livraria São José, 1957; *Alguns aspectos de Adolfo Caminha (à margem da sua obra e vida)*. Rio de Janeiro: edição do autor, 1964; *O romancista Adolfo Caminha*. Rio de Janeiro: Pongetti, 1967.
22. S. Ribeiro, *op. cit.*, p. 65.
23. Lúcia Miguel Pereira. *História da literatura brasileira*. Vol. XII. Prosa de ficção (de 1870 a 1920). Rio de Janeiro: Livraria José Olympio Editora, 1950, p. 169.
24. *Op. cit.*, p. 172.
25. *Op. cit.*, p. 75.
26. Perfis de escritores nacionais — Conferência realizada na Biblioteca Nacional, em 30/10/1915 (In *Anais da Biblioteca Nacional do Rio de Janeiro*, vol. XL, Rio de Janeiro, 1918).
27. J. Veríssimo. *Que é literatura? Outros escritos*. Rio de Janeiro, Paris: H. Garnier, Livreiro-Editor, 1907.
28. Herman Lima. *Leitura* (revista). Rio de Janeiro, abril, 1947.
29. H. Lima. *Domingos Olímpio*. Rio de Janeiro: Livraria Agir Editora, 1961, p. 13.
30. D. Olímpio. *Luzia Homem*. Rio de Janeiro: Tip. da Comp. Litotipografia, 1903, p. 6.
31. D. Olímpio. *Op. cit.* p. 7.
32. L. M. Pereira. *Op. cit.*, p. 120.
33. F. Pessoa. *Crítica e polêmica*. Rio de Janeiro: Artur Gurgulino, editor, 1902.

34 N. Vítor. "Perfis de escritores nacionais" (In *Anais da Biblioteca Nacional do Rio de. Janeiro*, vol. XL, 1918.) Rio de Janeiro: Oficinas Gráficas da B. Nacional. 1923. p. 236-237.
35 L. M. Pereira, *op. cit.*, p. 195.
36 Abelardo F. Montenegro. *O romance cearense*. Fortaleza: Tip. Royal, 1953. p. 68.
37 Abelardo F. Montenegro, *op. cit.*, p. 78.
38 Sobre Lindolfo Rocha, cf.: Bruzzi, Nilo. *O homem de Maria Dusá*. Rio de Janeiro, 1953; Carvalho Filho, Aloísio, *et al. Lindolfo Rocha*. Rio de Janeiro, 1953; Freyre, Gilberto. "Um romance esquecido". *Correio da Manhã*, 28/11/1941. Nova edição de Maria Dusá. Rio de Janeiro, Instituto Nacional do Livro, 1969. Org. por Afrânio Coutinho, com introdução, cronologia, bibliografia. Nova edição: Livros de Ouro. 1985.
39 Sobre Cardoso de Oliveira, cf.: Coutinho, Afrânio. "Dois metros e cinco". (*Diário de Notícias*, 14/3/1954); Eneida. *Alguns personagens*. Rio de Janeiro, 1954.
40 In *Diálogo*, novembro de 1957.

BIBLIOGRAFIA SOBRE REALISMO, NATURALISMO E PARNASIANISMO

1) Obras gerais

Auerbach, E. *Mimesis: la realidad en la literatura*. México: Fondo de cultura econômica, 1950.

Babbitt, I. *Masters of French criticism*. Boston: Houghton Mifflin, 1912.

Baker, J. E. (ed.). *The reinterpretation of Victorian literature*. Princeton: Princeton University Press, 1950.

Barnes, H. E. *An intellectual and cultural history of the Western world*. New York: Reynal and Hitchcock, 1941.

Barzum, J. *Darwin, Marx, Wagner*. Boston: Little, Brown, 1941.

Becker, G. J. *Documents of Modern Literary Realism*. Princeton: University Press, 1963.

Beuchat, Ch. *Histoire du naturalisme français*. Paris: Corrêa, 1949. 2 v.

Billy, A. *L'époque* 1900. Paris: Tallandier, 1951.

Bonzon, A. *Esquisses parnassiennes*. São Paulo: O Papel, s.d.

Bourget, P. *Essais de psychologie contemporaine*. Paris: Plon. 1893. 2 v.

Braga, Teófilo. *As modernas ideias na literatura portuguesa*. Lisboa: 1892.

Brandeis, G. *Las Grandes Corrientes de la Literatura en el siglo XIX*. Buenos Aires, 1946. 2 vols.

Bruneau, Ch: *La langue et le style de l'école parnassienne*. Paris: Tournier, s.d.

Brunetière, F. *Le roman naturaliste*. Paris: C. Levy, 1893.

Brunetière, F. *L'évolution des genres*. Paris: Hachette, 1890.

Buckley, J. H. *The Victorian temper*. Cambridge, Mass.: Harvard University Press, 1951.

Campos, J. *Historia universal de la literatura*. Madri: Pegaso, 1946.

Clouard, H. *La poésie française moderne*. Paris: Gauthier-Villars, 1924.

Cogny, P. *Le naturalisme*. Paris: Presses Universitaires, 1953.

Decker, C. R. *The Victorian conscience*. Londres: Twayne, 1952.

Deffoux, L. *Le naturalisme*. Paris: Oeuvres Representatives, 1929.

Diccionario de la Literatura Española. 2. ed. Madri: Revista de Occidente, 1953.

Dingle, H. *Science and literary criticism*. Londres: Nelson, 1949.

Dumesnil, R. *Le reálisme*. Paris: Gigord, 1936.

Dumesnil, R. *L'époque réaliste et naturaliste*. Paris: Tallandier, 1945.

Figueiredo, F. de. *História da literatura realista*. Lisboa: Livraria Clássica, 1914.

Forjaz de Sampaio, A. *História da literatura portuguesa ilustrada*. Porto: F. Machado, v. 4.

Friedell, E. *A cultural history of the modern age*. New York: A. Knoff, 1930, 3 v.

Guérard, A. L. *Literature and society*. Boston: Lothrop, Lee and Shepard, 1935.

Hayes, C. J. H. *A generation of materialism* (1871-1900). New York: Harper, 1941.

Hennequin, E. *La Critique Scientifique*. Paris, 1888.

Holloway, J. *The Victorian sage*. Londres, Macmillan, 1953.

Huxley, J.; Hardy, A. C.; Ford, E. B. (ed.). *Evolution as a Process*. Londres: G. Allen and Unwin, 1954.

James, H. *The art of fiction*. New York: Scribners, 1934.

Krikorian, Y. H. (ed.). *Naturalism and the human spirit*. New York: Columbia University Press, 1944.

Lalou, R. *Histoire de la litterature française contemporaine*. Paris: Presses Universitaires, 1947, 2 v.

Leavis, F. R. *The great tradition*. Londres: Chatto & Windus, 1948.

Levin, H. (ed.). *A symposium on realism*. In *Comparative literature* (Eugene, Oregon. University of Oregon), III, n. 3 Summer, 1951.

Lukács, G. *Studies in European realism*. Londres: Hilway, 1950

Lukács, G. *Saggi sul Realismo*. Turim, 1950.

Lukács, G. *La Signification présente du Réalisme critique*. Paris: Gallimard, 1960.

Martino, P. *Le naturalisme français*. Paris: Colin, 1945.

Martino, P. *Parnasse et symbolisme*. Paris: Colin, 1938.

Mead, G. H. *Movements of thought in the nineteenth century*. Chicago: University of Chicago Press, 1936.

Perry, B. *A study of prose fiction*. Boston: Houghton Mifflin, 1930.

Pratt, J. B. *Naturalism*. New Haven: Yale University Press, 1939.

Praz, M. *La crisi dell'eroi nel romanzo vittoriano*. Florença: Sansoni, 1952.

Randall Jr., J. H. *The making of the modern mind*. New York: Houghton Mifflin, 1940.

Romero, S. *O naturalismo em literatura*. São Paulo: Tipografia da província, 1882.

Routh. H. V. *Towards the twentieth century*. New York: Macmillan, 1937.

Russell, B. *Histoire des idées au XIXe siècle*. Paris: Gallimard, 1938.

Saraiva, A. J. *História da literatura portuguesa*. Lisboa, 1950.

Saraiva, A. J.; Lopes, O. *História da literatura portuguesa*. Porto, s.d.

Shipley, J. T. (ed.). *Dictionary of World Literature*. New York: Philosophical Library, 1943.

Souriou, M. *Histoire du parnasse*. Paris: Spes. 1929.

Schücking. L. L. *Sociology of literary taste*. Oxford: University Press, 1944.

Thibaudet, A. *Histoire de la littérature française de 1789 à nos jours*. Paris: Stock, 1936.

Tieghem, Paul van. *Histoire littéraire de l'Europe et de l'Amérique*. 2. ed. Paris: Colin, 1946.

Tindall, W. Y. *Forces in modern British literature* (1885-1946). New York: A. Knopf, 1947.

Trevelyan, G. M. (ed.). *Ideas and Beliefs of the Victorians*. Londres: Sylvan Press, 1949.

Turnell, M. *The novel in France*. Londres: Hamilton, 1950.

Vines, S. *A hundred years of English literature*. Londres: G. Duckworth, 1950.

Weinberg, B. *French realism: the critical reaction*, 1830-70. Chicago: Chicago University Press, 1937.

Whitehead, A. N. *Science and the modern world*. New York: Macmillan, 1925.

Zola, E. *Le roman expérimental*. Paris: Charpentier, 1880.

Zola, E. *Les romanciers naturalistes*. Paris: Charpentier, 1881.

2) Principais figuras influentes:

Balzac

Abraham, P. *Créatures chez Balzac*. Paris: Gallimard, 1931.

Bardèche, M. *Balzac romancier*. Paris: Plon, 1940.

Béguin, A. *Balzac visionnaire*. Genebra: Skira, 1946.

Faguet, E. *Balzac*. Paris, Hachette, 1913.

Forest, H. V. *L'esthétique du roman balzacien*. Paris: Presses universitaires, 1950.

Guyon, B. *La création littéraire chez Balzac*. Paris, Colin, 1951.

Preston, E. *Recherches sur la technique de Balzac*. Paris: Paillart, 1926.

Flaubert

Albalat, A. *Gustave Flaubert et ses amis*. Paris: Plon, 1927.
Dumesnil, R. *En marge de Flaubert*. Paris: L. de France, 1928.
Dumesnil, R. *Gustave Flaubert*. Paris: Desclée de Brouwer, 1932.
Faguet, E. *Flaubert*. Paris, Hachette, s.d.

Goncourt

Ricatte, R. *La création romanesque chez les Goncourt*. Paris: Colin, 1953.
Sabatier, P. *L'esthétique des Goncourt*. Paris: Hachette, 1920.

Maupassant

Togeby, K. *L'oeuvre de Maupassant*. Paris: Presses Universitaires, 1954.

Stendhal

Bardèche, M. *Stendhal romancier*. Paris: Table Tonde, 1947.
Caraccio. A. *Stendhal: l'homme et l'oeuvre*. Paris: Boivin, 1951.
Hazard, P. *La vie de Stendhal*. Paris: Gallimard, 1927.
Le Breton. A. *Le rouge et le noir de Stendhal*. Paris: Mellottée, 1950.
Martineau, H. *Le coeur de Stendhal*. Paris: A. Michel, 1952.
L'oeuvre de Stendhal. Paris: A. Michel, 1951.
Martino, P. *Stendhal*. Paris: Boivin, 1934.
Prevost, J. *La création chez Stendhal*. Paris: Mercure de France, 1951.
Rod, E. *Stendhal*. Paris: Hachette, s.d.
Thibaudet, A. *Stendhal*. Paris: Hachette, 1931.

Taine

Chévrillon, A. *Taine: formation de sa pensée*. Paris: Plon, 1932.
Giraud, V. *Essai sur Taine*. Paris: Hachette, 1901.
Hennequin, E. *La critique scientifique*. Paris: Perrin, 1888.
Kahn, S. *Science and aesthetic judgment: a study in Taine's critical method*. Londres: Routledge and Kegan Paul, 1953.

Zola

Doucet, F. *L'esthétique de Zola et son application à la critique*. La Haye: Smith, 1923.
Hemmings, F. W. J. *Émile Zola*. Oxford: Clarendon Press, 1953.
Josephson, M. *Zola e seu tempo*. São Paulo: Companhia Editora Nacional, 1946.
Robert, G. *La terre d'Émile Zola*. Paris: Les Belles Lettres, 1952.
Robert, G. *Émile Zola*. Paris: Les Belles Lettres, 1952.
Zévaès, A. *Zola*. Paris: Nouvelle Revue Critique, 1945.

3) No Brasil:

Além das obras de Sílvio Romero, José Veríssimo, Araripe Júnior, ver:
Carvalho, Aderbal de. *O Naturalismo no Brasil*. Maranhão, 1894.
Lima, Hermes. *Tobias Barreto*. São Paulo: Editora Nacional, 1957.
Miguel Pereira, Lúcia. *Prosa de ficção* (De 1870 a 1920). Rio de Janeiro: José Olímpio, 1950.
Magalhães, Valentim. *A literatura brasileira, 1870-1895*. Lisboa, 1896.
Pacheco, João. *O Realismo*. São Paulo: Cultrix, 1963.
Sodré, Nélson Werneck. *O Naturalismo no Brasil*. Rio de Janeiro: Civilização Brasileira, 1965.

SEGUNDA PARTE
ESTILOS DE ÉPOCA
Era de transição

41. *Afrânio Coutinho*
SIMBOLISMO IMPRESSIONISMO MODERNISMO

Uma literatura em mudança: oposição Parnasianismo-Simbolismo. Valorização do Simbolismo e sua influência. Origens do Simbolismo. Definição e caracteres. Cronologia do Simbolismo no Brasil: os diversos grupos e figuras. Impressionismo: gênese, caracteres, influências. O Impressionismo no Brasil. A incorporação do nacional à literatura. Desintegração e aventura: preparação do Modernismo — antecedentes europeus e nacionais. Expressionismo. O "moderno" em literatura: definição e caracteres. A Revolução Moderna no Brasil: definição, antecedentes, eclosão. A Semana de Arte Moderna. Futurismo e Modernismo. Modernismos brasileiro, português e hispano-americano. Graça Aranha. Os grupos e correntes do Modernismo. Regionalismo. Gilberto Freyre. As revistas e os manifestos teóricos. Cronologia e caracteres do Modernismo. Mário de Andrade. Saldo e legado do movimento: problema da língua; poesia; ficção; crônica; teatro; crítica, etc.

UMA LITERATURA EM MUDANÇA

1. Dominava a cena artística brasileira o sistema de ideias e normas estéticas implantado pela poderosa geração de 1870, e que constituíram o complexo estilístico do Realismo-Naturalismo-Parnasianismo.[1] Até 1890, era incontestado o domínio dessa estética, em que prosa e poesia se acumpliciaram na objetiva pintura da realidade, expressão do interesse geral da época pelas coisas materiais. Desde então, porém, ideias novas começam a circular, a contaminar espíritos inquietos, mudança que não passou despercebida a um crítico sagaz, Araripe Júnior.[2] O cansaço e o anquilosamento da velha escola já se faziam notar, com evidente-queda da produção

e da criatividade segundo os moldes naturalistas. É verdade que a vitória sobre o Romantismo não havia sido completa, e o período fora atravessado pelo filete romântico, tendo mesmo a própria estética realista-naturalista herdado traços e caracteres do Romantismo. Mas, se os elementos românticos tiveram alguma vida, naquela fase, esta foi de natureza latente, até ressurgir, mais tarde, sob a forma do Simbolismo, como uma revanche da subjetividade contra a objetividade, da interiorização contra a exteriorização, do indivíduo contra a sociedade. Esse entrecruzamento de correntes estéticas constitui a dinâmica do século XIX. em seu último quartel. O aparecimento do Simbolismo não logrou afastar a corrente naturalista-parnasiana, ao contrário foi por ela abafado, sob certos aspectos, não tendo logrado senão escassamente impor-se ao registro crítico, e a importância só muito mais tarde foi reconhecida. Resultou que, como movimentos poéticos, o Parnasianismo e o Simbolismo, fenômenos literários diversos na atitude espiritual, na linguagem geracional e no estilo de expressão, permaneceram muito tempo ora paralelos, ora misturando-se. Escritores houve que se caracterizaram pelas impregnações parnasianas e simbolistas. De modo que, nenhum tendo conseguido afastar o outro, penetraram ambos pelo século XX, continuando o Parnasianismo isolado em certas figuras de epígonos, ou constituindo, de mistura com elementos do Simbolismo, uma fase de poesia de transição e sincretismo, que, de 1910 a 1920, preparou o advento do Modernismo.

Mas o Simbolismo, além de sua importância própria, como movimento independente, pelas altas figuras que inspirou no crepúsculo do século XIX, teve um grande papel como fertilizante do espírito literário em geral, e promotor de singular transformação na prosa, inclusive de ficção. Foi Araripe Júnior quem primeiro registrou essa tendência finissecular:

> Esse encontro da última obra do poeta de *O guarani* com as primeiras tentativas de misticismo literário do Brasil força-me a externar uma ideia, que talvez cause pena a muitos entusiastas do Realismo de Zola.
>
> A poesia, que o Naturalismo expelira do romance nacional, a título de análise e de estudo de caracteres, parece que vai por algum tempo reconquistar os redutos abandonados. Coelho Neto já em alguns de seus trabalhos deu a nota característica da fase nova. E esse retorno ao amor da natureza, ao lirismo da vida, ao sonho acordado, à tendência natural para a lenda e para a confusão do real com o ideal, será entre nós tão fácil quanto em todo o escritor nacional há um poeta lírico, de ordinário pouco inclinado a trabalhos de observação aturada, e que é sempre obrigado a deformar a sua índole para empreender estudos analíticos, se o microscópio por acaso não lhe oferece as ilusões dos infinitamente pequenos. Se, porém, é fácil prever a influência da imaginação poética nas obras que se tem de produzir em futuro próximo, dificílimo seria determinar desde já a forma que deverão tomar os livros em prosa destinados a descrever em concreto a vida brasileira, dependentes

como somos ainda e imediatamente das correntes caprichosas do pensamento europeu.[3]

E, como crítico de agudas antenas, Araripe Júnior aponta em seguida às gerações novas do Brasil o caminho da ampliação de horizontes, para buscar inspiração nos novos exemplos fornecidos pelos russos e escandinavos, Tolstoi, Dostoiévski, Ibsen, Bjornson, nos quais fugiriam das tendências mórbidas da última estética e dos "livros cansativos dos psicólogos franceses". Seriam os autores reconhecidos mais tarde como alguns dos luzeiros da nova estética, e que tanta influência viriam a ter no desenvolvimento posterior da arte literária.

2. Essa transformação que se operou na prosa, e que tão bem ficou entrevista por Araripe Júnior, era a resultante de um processo estético consistente na confluência do Simbolismo com o Naturalismo, vindo a produzir em prosa o que hoje conhecemos pelo nome de Impressionismo, processo que viria influir na gênese do Modernismo. Em vez de desaparecerem e de nascerem novos, os estilos estéticos se fecundam mutuamente e se transformam, resultando aos poucos, novas formas, que jamais são totalmente novas, porque integram muitos elementos das anteriores.

É nítida, na literatura, após 1890, essa superação do Realismo naturalista, através da introspecção e do Simbolismo, a despeito de ser um fato que passou mais ou menos despercebido até bem pouco tempo. A esse respeito, mesmo a posição de Machado de Assis revela-se sobremodo significativa. Posto que tenha recebido impregnações da ideologia positivista e da técnica naturalista, Machado jamais se deixou vencer, devedor confesso ao leite romântico,[4] tendo mesmo produzido a melhor crítica aos romances naturalistas de Eça de Queirós, páginas magistrais ainda hoje válidas como exemplo modelar de crítica de cunho estético. A doutrina realista-naturalista absoluta não era o clima ideal para um escritor como Machado de Assis, antes um transfigurador da realidade do que um mero retratista, antes o criador de uma obra semelhante à vida do que uma cópia da realidade. Desta maneira, usando embora alguns dos processos da escola, como o método autobiográfico, a observação da realidade, a técnica dramática da narração, a estrutura orgânica, certa frouxidão de enredo, visando à aproximação da realidade e a um retrato do homem, Machado tinha clara consciência da diferença entre a arte e a vida, o que já o distanciava dos ortodoxos realistas e naturalistas. Diferentemente deles, Machado sabia encarar a literatura como um corpo de símbolos e convenções, sem cuja manipulação se torna inartístico o uso que ela faz dos elementos da vida. Ele sabia que a missão do artista era, à custa daqueles símbolos, artifícios e convenções, criar um mundo especial, semelhante ao real, que despertasse uma ilusão da vida, sem ser a vida. É claro que esse mundo tinha que ser verossímil, mas de uma verossimilhança mais profunda, porque mais universal, bastando para captá-la e representá-la mostrar a realidade através de pequenos flagrantes representativos, devidamente selecionados e estruturados, que comunicassem a impressão do efeito total.

Há uma diferença de grau e de matéria, bem como de tratamento, na obra de Machado em relação ao típico naturalista. Sobretudo a paisagem dominante é a do espírito humano, a região misteriosa e vária, a cuja sondagem especializou sua arte, transfigurando suas perspectivas em mitos e símbolos. Machado embarcou numa tendência da literatura àqueles decênios terminais do século, a tendência a vascuthar a vida interior do indivíduo, para o que; aliás, se continuavam a usar as técnicas realistas da observação exata. A ficção introspectiva e psicológica vinha colocar na liça uma nova espécie de realidade, da qual não estavam longe a faculdade inventiva e a fantasia, e a que Machado aliou uma radical visão trágica da existência.

A evolução de Machado de Assis, acompanhando a marcha da literatura, faz-se evidente no sentido de um Realismo transfigurado, de um Realismo alargado pelo Simbolismo e pela mitologia. O fato é tanto mais sensível quanto mais o escritor se aproxima do final da carreira libertando-se, no curso de um esforço consciente, das cadeias naturalistas. Mostrou-o à exação Eugênio Gomes[5] como a "floresta de símbolos", que atravessou o espírito do romancista desde *Brás Cubas*, se acentuou em *Esaú e Jacó* "de maneira significativa e excitante", tendo passado "a pensar por imagem ou metáfora, e esta, ainda quando sutil, pode dissimular com o pitoresco o sentido metafísico ou alegórico da criação artística", enriquecido seu universo de um idealismo moral, povoado de símbolos do Bem e do Mal. Assim é em *Esaú e Jacó* (1904), e assim muitos de seus contos: um mundo de símbolos e alegorias. A sua fidelidade à técnica realista fazia com que ele mergulhasse no contemporâneo a fim de colher o material da vida que, atingindo o inconsciente, se transformaria num símbolo de arte. Suas crônicas documentaram esse fato: muitos assuntos observados no cotidiano, recolhidos na leitura do *fait divers* dos jornais, iriam servir-lhe como material para crônicas, depois desdobrados em contos ou introduzidos nos romances, perdendo-se no caminho como realidade e ganhando em intangível artístico, através de diversos estratos de significado. O fato era assim escamoteado, rejeitado como fato, transformado em substância estética. Era a vida salvando-se pela arte, adquirindo perenidade, mudando de forma e estrutura, revelando, através da arte, os seus segredos íntimos, a sua verdade eterna e profunda, dela e da natureza humana.

Essa religião da arte ou essa vitória da vida pela arte encontrará verdadeira apoteose na mensagem final inscrita no *Memorial de Aires* (1908). Aqui a arte o salva, o redime, humaniza-o. "O sofrimento fez-se arte do *Memorial*", disse Graça Aranha. Machado converteu-se à humanidade, à vida, reconciliando-se com o sentido poético da existência, com o mundo moral, com a vida espiritual.[6]

3. Se na prosa se operava a superação da estética naturalista na direção do Impressionismo, na poesia o processo transformador se fez sentir indisfarçável. Na prosa, além da obra final de Machado de Assis, deu lugar à produção de Raul Pompeia e Graça Aranha, e a toda uma galeria de ficcionistas cujos livros estão impregnados dos mesmos valores estéticos, que conduziriam ao Modernismo.

Na poesia, depois do Simbolismo da primeira fase, a nova corrente multiplica-se em diversos movimentos que enchem o período de sincretismo e transição do início do século XX.

Ao romper a década de 1890, diversos moços inquietos e descontentes com a nota literária dominante, que era a do Naturalismo-Parnasianismo, reuniram-se no Rio de Janeiro em torno de novos ideais estéticos e literários, conhecidos como "decadentistas", de inspiração francesa. Era o advento do Simbolismo brasileiro, e no jornal *Folha Popular*, em 1891, o grupo, constituído principalmente de B. Lopes, Oscar Rosas, Cruz e Sousa, Emiliano Perneta, lançou o primeiro manifesto renovador, tendo como signo mallarmeano um fauno. Como assinala Araripe Júnior no ensaio aludido, e que constitui o melhor registro da mudança no seu início, já desde 1887 haviam tido penetração entre nós as ideias "decadentistas" oriundas da França, e que se manifestavam pelas "sutilezas de um hieratismo gramatical, em que a sintaxe passava por caprichosos truncamentos para a obtenção de certos e determinados efeitos", pelo gosto da mitologia, da metafísica, do ocultismo e do invisível, a serem exprimidos pelo poeta como se fosse um mago. Essa tendência estava sendo recebida como "arma de demolição da escola naturalista de Zola", continua Araripe e assim a corrente invadiu o noticiário.

Além do grupo do Rio de Janeiro, de 1891, no Ceará outra plêiade de jovens, em 1892, fundava uma sociedade literária, chamada "Padaria Espiritual", também dedicada ao culto das excentricidades da nova arte. Estava, destarte, lançado no Brasil o movimento simbolista, e, em 1893, Cruz e Sousa inaugurou-o com livros: *Missal* e *Broquéis*.

SOB O SIGNO DO SÍMBOLO

1. *Origens do Simbolismo*. Nem toda literatura que usa o símbolo é simbolista. A poesia universal é toda ela na essência simbólica. Os símbolos povoam a literatura desde sempre. Bastava que o homem procurasse exprimir-se de forma indireta e pela representação figurativa, fugindo à linguagem prática e à fixação do visível.[7] Todavia, ao longo da década de 1890, desenvolveu-se em França um movimento estético a princípio apelidado "decadentismo" e depois "Simbolismo".[8] Por muitos aspectos ligado ao Romantismo e tendo tido berço comum com o Parnasianismo,[9] o Simbolismo gerou-se como uma reação contra a fórmula estética parnasiana, que dominava a cena literária durante a

década de 1870 ao lado do Realismo e do Naturalismo, defendendo o impessoal, o objetivo, o gosto do detalhe e da precisa representação da natureza, a preferência pela forma em detrimento do conteúdo, a ênfase no descritivo exterior, no fatual, na pintura do lugar-comum e do cotidiano.[10]

Posto não constituísse uma unidade de métodos, antes de ideais, o Simbolismo procurou instalar um credo estético baseado no subjetivo, no pessoal, na sugestão e no vago, no misterioso e ilógico, na expressão indireta e simbólica. Como pregava Mallarmé, não se devia dar nome ao objeto, nem mostrá-lo diretamente, mas sugeri-lo, evocá-lo pouco a pouco, processo encantatório que caracteriza o símbolo.

O berço tanto do Simbolismo como do Parnasianismo, afirma-o Cornell,[11] é o primeiro volume do *Parnasse Contemporain* (1866), não só por alguns de seus colaboradores, que formam entre os antepassados comuns aos dois movimentos, como também por dar guarida aos primeiros vagidos daquela "emoção íntima", que seria um dos mais típicos elementos simbolistas. É assaz curioso esse fenômeno da história literária moderna em que dois movimentos, unidos na origem, identificados ou misturados pelos seus elementos formais e ideológicos na obra dos mesmos artistas, divergem à medida que avançam no tempo, e se tornam paralelos e adversários.

É Baudelaire (1821-1867) o grande precursor do Simbolismo, aquele Baudelaire de quem Rimbaud, em 1871, dando início ao culto baudelairiano que se tomaria a nova religião, afirmou ser "le premier voyant, roi des poètes, un vrai dieu".[12] Antes, porém, de Baudelaire, é a Edgar Allan Poe (1809-1849) que se atribuiu a paternidade do movimento, pela sua influência em Baudelaire. A estes, é mister acrescentar Verlaine (1844-1896), Rimbaud (1854-1891), Mallarmé (1842-1899), como os maiores responsáveis pela transformação poética, para falar, como fez Chiari,[13] nas fontes remotas e antecedentes filosóficos do movimento, que havia muito vinham preparando "the mystic and idealistic approach to literature" segundo o qual a arte não seria comunicação ou informação, mas "a fonte de fortes experiências emocionais e a revelação do mistério do mundo".[14]

Schopenhauer e Hegel formam a sua principal base filosófica, e Wagner e o romance russo são outras influências decisivas.

A década de 70 é realista e parnasiana, ao passo que a de 80 se toma decadentista e simbolista, cultivando uma poesia de sugestão e musicalidade, correspondências e inter-relações de sentidos, e uma vida literária marcada pela excentricidade, artifício, insânia. A mudança é gradual, e se evidencia com a crescente influência de Baudelaire, Mallarmé, Verlaine e Rimbaud, como os grandes mestres da poesia não objetiva e não descritiva. Por volta de 1880, espalha-se a ideia de decadência, caracterizada em 1881 por Paul Bourget em um artigo em que ele identifica o estado de decadência com Baudelaire, místico, libertino e analisador, típico de uma série de indivíduos "incapazes de encontrar seu lugar próprio no trabalho do mundo", lúcidos para com "a incurável máscara de seu destino", pessimistas e individualistas extremos, querendo submeter o mundo às suas necessidades íntimas, e sentindo a época como de crise e enfado, fadiga e degenerescência, dissolução e má consciência. O decadentismo, tal como foi representado em *À rebours* de Huysmans, com seu famoso personagem Duc des Esseintes, refletia profunda revolta contra a sociedade burguesa seu conceito da moral familiar.[15] Depois de 1885, e do artigo de Moréas, o termo foi sendo substituído pelo de "simbolismo", que afinal prevaleceu no uso corrente, embora aqui e ali ainda se continuasse a empregar o primeiro.

Além dos grandes pioneiros, Baudelaire, Verlaine, Mallarmé e Rimbaud, enquadram-se no Simbolismo os seguintes nomes: Laforgue, Corbière, Samain, Le Cardonnel, Guérin, Maréas, Ghil, Maeterlinck, Villiers de L'Isle, Adam, Régnier, Huysmans, Stuart Merrill, Dujardin, Fontainas, Moekel, Francis Jammes, Vielé-Griffin, Paul Fort, Verhaeren. Fenômeno tipicamente de origem francesa, teve no entanto caráter centrífugo, irradiando-se por todo o Ocidente, impregnando outras literaturas. Sobretudo, deixou uma herança muito forte, analisada por C. M. Bowra,[16] através de cinco individualidades poéticas que, do final do século XIX, invadiram o século XX: Valéry, Rilke, George, Blok e Yeats, às quais se poderiam acrescentar, como herdeiros dessa ou daquela forma do Simbolismo, Proust, Apollinaire, Claudel. Na Inglaterra, o movimento similar foi o esteticismo de Rossetti, Pater e Wilde. Na Escandinávia, Ibsen (1828-1906). Como movimento, o Simbolismo durou até os últimos anos do século XIX, com sintomas de nítido declínio depois de 1896.

Sua contribuição à literatura foi imperecível, havendo quem lhe empreste a categoria de movimento mais importante, pelo seu aspecto positivo e pela herança legada, da poesia moderna. Bowra salienta a mudança havida na poesia europeia depois de 1890, devida ao Simbolismo. Cornell assinala as novas possibilidades e poderes advindos à poesia depois das experiências dos anos de 1885 e 1898, experiência que a enriqueceu de múltiplas formas de expressão através de poemas em prosa, verso livre e prosa metafórica. O sentimentalismo romântico foi de todo extirpado da poesia, bem como o didatismo, a banalidade, o puro descritivismo. Foi assim um movimento de singular importância, com repercussão internacional e a distância.

2. *Definições e caracteres*. Não é fácil definir o Simbolismo, nem deduzi--lo de doutrinas com um programa de propósitos definidos e coerentes e unidade de métodos. Seus representantes uniram-se por certos ideais comuns, e outros elementos díspares, de significado independente. Primeiramente, o Simbolismo foi uma reação contra o Realismo, o Naturalismo e o Positivismo, e contra o Parnasianismo na poesia. Como observa Martino, foi uma revolta contra o espírito positivista em todos os setores: arte, moral, filosofia.

Por outro lado, representa o Simbolismo "o resultado final de um desenvolvimento que se iniciou com o Romantismo, isto é, com a descoberta da metáfora como célula germinal da poesia, descoberta que conduziu à riqueza da imagística impressionista; mas assim como se distanciou do Impressionismo por causa de sua visão materialista do mundo, e do Parnasianismo em virtude de seu formalismo e racionalismo, ele repeliu o Romantismo devido ao seu emocionalismo e ao convencionalismo de sua linguagem metafórica".[17]

E acrescenta Hauer: "Em certos aspectos o Simbolismo pode ser considerado a reação contra toda a poesia anterior; ele descobriu algo que ainda não havia sido conhecido ou enfatizado antes: a 'poesia pura', a poesia que surge do espírito irracional, não conceitual da linguagem, oposto a toda interpretação lógica. Para o Simbolismo, a poesia nada mais é do que a expressão daquelas relações e correspondências, que a linguagem, abandonada a si mesma, cria entre o concreto e o abstrato, o material e o ideal, e entre as diferentes esferas dos sentidos."

O Simbolismo foi assim uma forma do espírito romântico, sob certos aspectos uma sua continuação, um Romantismo indireto e extremado, tanto quanto ele fugindo do mundo exterior por acreditar que só é real aquilo que é refletido pela consciência individual. Destarte, para o Simbolismo o que importa são os estados de alma e destes somente os que podem ser conhecidos — os seus próprios. Daí a sua religião do eu, a forte nota individualista, oposta à filosofia social — e a religião das sensações em lugar da filosofia da estética. E como decorrência natural desses dois princípios, as atitudes antirracionais e místicas, o tom idealista e religioso, a tendência ao isolamento, o respeito pela música, a teoria das correspondências sensoriais, a religião da beleza. A poesia foi separada da vida social, confundida com a música, explorando o inconsciente, à custa de símbolos e sugestões, preferindo o mundo invisível ao visível, querendo compreender a vida pela intuição e pelo irracional, explorando a realidade situada além do real e da razão.

Sendo a vida misteriosa e inexplicável, como pensavam os simbolistas, era natural que fosse representada de maneira imprecisa, vaga, nebulosa, ilógica, ininteligível e obscura. A coisa em si não lhes parecia o elemento principal a exprimir, mas o símbolo da coisa e suas essências inerentes, alguns de seus aspectos essenciais e particulares, em vez do todo.

Em lugar da expressão direta, incapaz de captar as essências internas e os sentimentos mais intimamente pessoais, o Simbolismo usava processos indiretos, associações de ideias, representadas por feixes de metáforas e símbolos. O poeta, assevera Hauer, devia exprimir algo que escapava a uma forma definida e não podia ser abordado por uma rota direta. Aquilo a que visavam, informa Bowra, era a captação de uma experiência sobrenatural das coisas visíveis, daí que toda palavra é um símbolo, usado não pelo propósito comum, mas pelas associações, que evoca uma realidade situada além dos sentidos. Por isso, insiste Hauer, o poeta tomou-se "vidente", cujos sentidos abandonam sua função normal. A essência do Simbolismo, afirma ainda Bowra, é a ênfase num mundo de beleza ideal e a convicção de que ele é realizado através da beleza. Donde a atitude religiosa do Simbolismo, que encontra na prática de seu ofício o estado de êxtase idêntico ao da contemplação e oração.

Além do símbolo, como representação da vida, a poesia simbolista retirava grande efeito dos elementos musicais, tonais e rítmicos, bem como da cor. Foi uma das características da época simbolista a fusão da música, pintura e literatura. Reintroduzir a música na poesia, realizar por palavras o que as notas faziam na música, através da sugestão e evocação, criando uma atmosfera, eis o que idealizava o simbolista.

A primazia do eu individual, das impressões íntimas, a fuga das emoções vulgares, a concentração nas visões interiores constituem, como assinala ainda Bowra, entre outros, um traço típico do Simbolismo, responsável pela atitude de isolamento da sociedade, de aristocracia intelectual e de recusa à ação. O ideal simbolista é a torre de marfim e o seu herói típico o Duc des Esseintes do *À rebours* de Huysmans, em busca de retiro onde pudesse fugir às vilezas do mundo.

Em resumo, com Hibbard,[18] podemos caracterizar o Simbolismo pelos seguintes elementos:

a) elemento intelectual: conteúdo relacionado com o espiritual, o místico e o subconsciente;

b) concepção mística da vida;

c) interesse maior pelo particular e individual do que pelo geral ou universal;

d) tom altamente poético;

e) procura escapar da realidade e da sociedade contemporânea;

f) conhecimento intuitivo e não lógico;

g) ênfase na imaginação e fantasia;

h) a Natureza é desprezada em troca do místico e do sobrenatural;

i) arte pela arte;

j) Pouco interesse pelo enredo e ação, na narrativa;

l) As personagens são seres humanos em momentos incomuns; por isso, o interesse recai no espírito íntimo das pessoas;

m) Procura selecionar os elementos que contribuem para a fantasia ou os que apresentam a essência em vez da realidade;

n) Uma linguagem ornada, colorida, exótica, poética, em que as palavras são escolhidas pela sonoridade, ritmo, colorido, fazendo-se arranjos artificiais de partes ou detalhes para criar impressões sensíveis, sugerindo antes que descrevendo e explicando.

Aparecido em meio a um mundo dominado pelo positivismo, mecanicismo e Naturalismo, um mundo baseado no ideal realista da objetividade, o Simbolismo constituiu uma reação contra a ordem mecânica e científica em nome do indivíduo, seu valor intrínseco e sua realidade subjetiva. Foi uma nova revolta do indivíduo, um novo Romantismo. Sua obra foi da maior importância, tendo reformado a poesia desde então, quiçá toda a literatura. A esse respeito, declara Edmundo Wilson, "a história literária de nosso tempo é em grande parte a do desenvolvimento do Simbolismo e da sua fusão ou conflito com o Naturalismo".[19] E Oto Maria Carpeaux: "Como toda a poesia moderna tem no Simbolismo o seu ponto de partida".[20]

3. *O Simbolismo no Brasil: cronologia e características*. Movimento de cunho idealista, o Simbolismo teve que enfrentar no Brasil a atmosfera de oposição e hostilidade criada pelo *Zeitgeist* realista e positivista dominante desde 1870. O prestígio do Parnasianismo, que condicionou inclusive a fundação da Academia Brasileira de Letras (1896), não deixou margem para que se reconhecesse o movimento simbolista e avaliasse o seu valor e alcance, tão importantes que a sua repercussão e influência remotas são notórias em relação à literatura modernista. Assim, entre nós, são expressões de Oto Maria Carpeaux "o Simbolismo, apesar de ter produzido um Cruz e Sousa e um Alphonsus de Guimaraens, foi estrangulado".[21] E noutro ponto, afirma ainda o mesmo crítico: "O Simbolismo brasileiro recebe só hoje a devida consideração, negligenciado como era sob o regime artificialmente prolongado do Parnasianismo, que significou a retirada da poesia do mundo do colonialismo artificialmente prolongado. O Modernismo, Simbolismo inconsciente a meu ver, possibilitou a transformação do Simbolismo privado em poesia pública".[22]

De qualquer modo, abafado pela ideologia dominante, o Simbolismo surgiu no Brasil sob forte oposição, e seus adeptos foram pejorativamente cognominados nefelibatas.[23]

É mister mencionar aqui a eclosão de idêntico movimento em Portugal, onde, a partir de 1890 e igualmente em pleno clima parnasiano-realista, foram surgindo as obras simbolistas de Eugênio de Castro, Guerra Junqueiro, Antônio Nobre, Cesário Verde, João Barreira, que tiveram influência no Simbolismo brasileiro, conforme registra Andrade Murici.

Mas a entrada do Simbolismo no Brasil foi diretamente da França, como relata Araripe Júnior, por intermédio de Medeiros e Albuquerque, que, desde 1887, recebera os livros dos decadentistas franceses. Em 1891, o manifesto da *Folha Popular* congrega os principais cultores das novas ideias estéticas. A crítica da época reagiu diversamente em relação às novas tendências. Araripe Júnior tentou compreendê-las com isenção, o que não ocorreu com José Veríssimo; Adolfo Caminha, Sílvio Romero e Nestor Vítor sentiram a singularidade e a importância de Cruz e Sousa, mas Alphonsus de Guimaraens e os demais tiveram que aguardar muitos anos para um julgamento à altura e uma compreensão do significado de sua obra.

O movimento simbolista brasileiro desenvolveu-se por ondas sucessivas de gerações, de que oferece notícia e classificação Andrade Murici.[24]

Além do movimento propriamente dito, e dos grupos a que deu origem, como os do "penumbrismo" e "dandismo", o Simbolismo inspirou artistas de períodos posteriores.

O Simbolismo impregnou ainda mesmo alguns parnasianos adversários do movimento, como Alberto Oliveira e Coelho Neto, e os neoparnasianos de maior significação, como Augusto dos Anjos e Raul de Leoni. E é a germes simbolistas que se deve também o impulso inicial de muitos poetas da geração transicional que vieram, afinal, realizar-se em pleno Modernismo, como Manuel Bandeira, Mário de Andrade, Onestaldo de Pennafort, sem falar na linha espiritualista do Modernismo, o grupo de *Festa*, Cecília Meireles, Tasso da Silveira e outros.

Por volta de 1910, tanto o Simbolismo como o Parnasianismo estavam estagnados, resultando daí uma fase de transição e sincretismo, durante a qual epígonos ainda se esforçavam por poetar segundo os cânones gastos e superados. Reinava uma atmosfera de dúvida e hesitação. Certa inquietação, porém, fazia pressentir reformas radicais, que estavam como que no ar.

DO REALISMO AO IMPRESSIONISMO

1. Ao longo da década de 1880, o Naturalismo declina como movimento literário, acompanhando a crise do Positivismo e do Materialismo. Ao mesmo tempo, crescia uma onda de reação idealista, humanismo e religiosidade, gerada pelo cansaço com a crua pintura da realidade e com a crença de que arte e natureza se identificam. Passou a era da natureza, disse o personagem de Huysmans, como a sintetizar o estado de espírito. Desse entrechoque de tendências estéticas desenvolve-se um novo estilo, que se tornou comum às diversas artes, predominando em toda a Europa na última década do século XIX. A pintura sobrepujou as demais artes, emprestando-lhes as suas próprias características e elementos — a luz, a cor, o ar — e fazendo com que elas recorressem a formas picturais de expressão. Foi o Impressionismo[25] esse tipo de estilo que dominou as artes ocidentais no período referido. Na pintura e na música, tem sido estudado amplamente, e sua importância reconhecida como o último grande estilo de unidade universal. Na literatura, contudo, o fenômeno só recentemente vem sendo caracterizado como um período estilístico, com sua individualidade bem marcada, não obstante a dificuldade de isolá-lo completamente do Realismo-Naturalismo, no seu início, e do Simbolismo, no outro extremo.

A sua gênese, como fenômeno literário, dá-se no seio do Realismo-Naturalismo, de que ele é um produto. Em verdade, o Impressionismo é uma forma do Realismo, resultante de sua transformação por efeito das variações estéticas e culturais do fim do século e da reação idealista. É o produto da fusão de elementos simbolistas e realístico-naturalistas. A reprodução da realidade, de maneira impessoal, objetiva, exata, minuciosa, constituía a norma realista;

para o impressionista, a realidade ainda persiste como foco de interesse, mas, ao contrário, o que pretende é registrar a impressão que a realidade provoca no espírito do artista, no momento mesmo em que se dá a impressão. O mais importante no Impressionismo é o instantâneo e único, tal como aparece ao olho do observador. Não é o objeto, mas as sensações e emoções que ele desperta, num dado instante, no espírito do observador, que é por ele reproduzido caprichosa e vagamente. Não se trata de apresentar o objeto tal como visto, mas como é visto e sentido num dado momento. Ao contrário, portanto, do Realismo, há colaboração da subjetividade na arte impressionista, e foi graças a esse elemento que o Impressionismo se destacou do Realismo, como estilo peculiar de arte, confundindo-se, no final, com o Simbolismo, na tendência para a reespiritualização da arte. No Impressionismo, o real é visto através de um temperamento, pelas sensações e impressões que desperta, num singular momento que passa. Ao transferir o registro das relações externas para o das relações internas, isto é, das impressões despertadas no espírito pelo contato com as coisas, cenas, paisagens ou pessoas, os impressionistas introduziram um mundo novo na literatura.[26]

2. *Características*. Se se quiser sintetizar numa fórmula filosófica a essência da atitude impressionista, esta deverá ser, como sugeriu Arnold Hauser, a ideia de Heráclito de que o homem não mergulha duas vezes no rio da vida em eterno movimento para diante. Os fenômenos jamais são os mesmos nesse constante fluxo. Daí, como acentua Hauser, o domínio do momento sobre a continuidade e a permanência, pois a realidade não é um estado coerente e estável, mas um vir a ser, um processo em curso, em crescimento e decadência, uma metamorfose. Dessa teoria decorre o método impressionista que é a captação do momento, do fragmentário, do instável, do móvel, do subjetivo. A noção de tempo, aliás, constitui o centro do pensamento e da arte impressionistas, como acentua Hauser, uma concepção nova do tempo, que teve expressão na filosofia de Bergson e no romance de Proust. É toda a experiência da realidade que se modifica, pois através do fluir do tempo e da soma dos diversos momentos de nossa mutável realidade existencial é que logramos a integração da nossa vida espiritual. O presente é o resultado do passado, daí a necessidade de recordar, reviver, ressuscitar o passado perdido.

A técnica impressionista é o "pontilhismo", ou pintura com palavras, captando a realidade não em estado de repouso, mas nas impressões e no conhecimento afetivo de aspectos e partes do real.

De acordo com Addison Hibbard, em seu livro *Writers of the Western World*, podem ser resumidas do seguinte modo as características da literatura impressionista:

a) Registro das impressões, emoções, sentimentos, despertados na alma do artista, através dos sentidos, pelas cenas, incidentes, caracteres. Emoções e sentimentos, estados de alma são mais importantes que enredo e narrativa, e o efeito suplanta a estrutura. Em vez da relação causal exterior entre indivíduos e acontecimentos, o que importa é a relação interna evocada na mente do artista; em vez de uma sequência objetiva de causa e efeito, uma lógica diferente, subjetiva, pessoal, vaga e inconsequente. Em vez das coisas, as sensações das coisas;

b) Ênfase na revelação do momento. O que procura captar, graças a uma exposição instantânea, é a essência do momento, do incidente ou paisagem, interpretado pelo espírito e pelo estado de alma do artista. Destarte, aparece mais do espírito do observador do que do mundo exterior;

c) Valorização da cor, dos efeitos tonais, da atmosfera. Esse traço revela a influência da pintura. As cenas e situações são quebradas e reunidas de novo, salientando-se apenas os detalhes que interessam ao efeito em vista. Por outro lado, os episódios não são apresentados como se fossem conhecidos, mas antes como são vistos ou sentidos. É a percepção visual do instante;

d) Reprodução de emoções, sentimentos, atitudes individuais. O impressionista é um poeta, lidando com estados de alma, emoções momentâneas, cores, sons. É a vida interior em todos os seus mais requintados matizes que lhe interessa retratar;

e) Violação da estrutura e convenções tradicionais da técnica da narrativa. O enredo é retorcido, subordinado ao estado de alma, que, assim, dá lugar a uma técnica própria de narração. Não são os acontecimentos que importam acima de tudo, porém o deleite das sensações e emoções criadas; a unidade, a coerência, o suspense são condicionados à atmosfera, às sensações, às cores e qualidades tonais de que deriva o efeito total. Os elementos literários cedem o lugar aos aspectos pictóricos. As massas quebram-se em detalhes. Daí certa impressão de vago, difuso, obscuro, sem sentido, sem começo nem fim;

f) a natureza é interpretada, a paisagem inventada, antes que vista e descrita objetivamente;

g) a verdade do impressionista é a *sua* verdade, num determinado momento. A vida sendo mudança constante — uma mesma paisagem é diferente em horas diversas do dia —, ao artista cumpre captar os estados de alma criados no contato desse fluxo, as pessoas e os episódios em seu resvalar contínuo;

h) sentimento, emoções, sensações suplantam os aspectos intelectuais. A razão cede o passo às sensações.

Ao lado dessas qualidades gerais, a arte impressionista criou um estilo que é, por assim dizer, a técnica de expressão adequada à reprodução desses estados. A reprodução impressionista da realidade consiste na captação do instantâneo e do único. Há, portanto, uma concepção linguística do Impressionismo, que foi muito bem estudada por Amado Alonso e Raimundo Lida.[27]

Se, como acentuam aqueles estudiosos do problema, não há uma linguagem impressionista,[28] há, todavia, uma linguagem usada pelos escritores impressionistas, exprimindo um conteúdo impressionista.

Desta maneira, apontam-se os seguintes traços preferenciais de estilo, sintaxe, figuras, cuja constelação, e não o seu uso isolado, caracteriza o

Impressionismo: a) impassibilidade e impersonalidade, mesmo na reprodução de notações subjetivas, e visando à captação objetiva das percepções sensoriais e instantâneas; b) sintaxe esquemática, oposta à sintaxe estruturada, clássica, e em que, como afirmam Alonso e Lida, se abandonam a estrutura regular da frase, a ordem lógica, as ligações conjuntivas subordinantes e coordenantes; c) a ordem inversa da frase, o anacoluto; d) a supressão da conjunção, que liberta e anima a frase; e) o modo imperfeito, que visa a dar ao leitor a impressão de que assiste ou testemunha os fatos descritos, ficando a ação, por assim dizer, "mobilizada aos olhos do leitor" (Brunetière); f) uso largo da metáfora e do símile; g) linguagem expressiva, colorida e sonora; h) linguagem da fantasia e imaginação, liberdade de expressão, animação, riqueza de imagens. Pela expressão *écriture artiste* ficou identificado o conjunto de qualidades formais da tendência.

3. Com a estética dos Goncourt (1851-1870) é que se deu a transformação do Realismo-Naturalismo no Impressionismo, ficando eles como os fundadores e representantes típicos do novo estilo. As exposições de pintura impressionista foram entre 1874 e 1886, embora já viessem de mais longe os sinais da renovação. Pissarro (1830-1903), Manet (1832-1883), Degas (1834-1917), Monet (1840-1926), Renoir (1841-1919), Rodin (1840-1917), são alguns dos pintores impressionistas mais notórios, ao lado de músicos como Debussy (1862-1918), Ravel (1875-1937), Respighi (1879-1937).

Arte de cunho pictórico, o Impressionismo literário acompanha a técnica dominante na pintura com o "pontilhismo", o "divisionismo", acumulando sensações isoladas, detalhes, para a captação de um mundo de aparências efémeras, que o leitor apreende, depois sintetizando, somando os aspectos parciais. O impressionista "inventa" paisagens, que parecem mais autênticas do que a realidade.

No fim do século, o Impressionismo tomou-se o movimento literário mais fecundo em prosa de ficção, penetrando pelo século XX. São suas expressões mais altas: Henry James (1843-1916), Pierre Loti (1850-1923), Joseph Conrad (1857-1924), Anton Tchecov (1860-1904), Stephen Crane (1871-1900), Marcel Proust (1871-1922), Katherine Mansfield (1888-1923), Thomas Wolfe (1900-1938). Antes deles, em pleno século XIX, pode-se captar a técnica impressionista no estilo de Flaubert, em Baudelaire, Verlaine, Rimbaud, e sobretudo nos irmãos Goncourt e Daudet. Em Portugal, é Fialho de Almeida (1875-1911) o representante típico, particularmente o contista.

4. De mistura com as forças desencadeadas pelo Impressionismo, pelo Simbolismo e pela reação idealista e desmaterializante, para o fim do século a atmosfera foi impregnada de correntes artísticas e atitudes filosóficas que emprestaram à época uma fisionomia bem marcada. De um lado, o movimento esteticista, que encara a obra de arte como um fim em si mesmo, "não somente um jogo autossuficiente, cujo encanto pode ser destruído por qualquer propósito exterior extraestético, não somente o mais belo presente que a vida tem

a oferecer, para o gozo do qual o homem deve preparar-se primordialmente, mas também, em sua autonomia, sua falta de consideração por tudo o que estiver fora de sua alçada, um padrão para a vida, para a vida do diletante", que passa a ser o ideal da época.[29] O esteticismo implica, no dizer ainda de Hauser, o esforço de fazer da vida uma obra de arte, algo inútil, supérfluo, extravagante, dedicado à beleza pura, à contemplação passiva, "arte pela arte".

De par com o esteticismo, e com ele amalgamado, invade os espíritos um sentimento de desgosto, tédio, repulsa, pelo mundo do real, da natureza, uma ânsia por um mundo ideal e fictício, um subjetivismo e misticismo, uma atitude de reação contra a sociedade burguesa, com sua moral estreita. Esse complexo de sentimentos foi batizado como "decadência", "decadentismo"; e "decadentes" os homens que o exprimiram. Deu margem ao aparecimento da "boêmia", que encarnava a reação antiburguesa, e do "exotismo", busca de mundos novos para onde se pudesse escapar. Tinha-se a impressão de que se vivia em fim de época, em estado de crise, de degenerescência e fadiga. Mas, ao contrário de outras épocas de decadência, os homens de então encontravam orgulho nessa situação de abismo em que pensavam viver. Baudelaire, Verlaine, Gautier, Nerval, Huysmans, Wilde, Rimbaud, Barbey d'Aurévilly foram os modelos e inspiradores dessa moda, que deu tão singular colorido à vida artística do fim do século.

Dessa maneira, o quadro da literatura na passagem do século mostra o Impressionismo como herdeiro e continuador do Realismo; o Simbolismo, prolongamento do Romantismo, e em que invadiu o "decadentismo"; o Parnasianismo, expressão do Realismo-Naturalismo na poesia. Vale acentuar que o Realismo não desapareceu; ao contrário, foi o movimento que modelou a literatura contemporânea, o moderno espírito literário, penetrando no século XX, através do Impressionismo, do Expressionismo, e, em certos países, do Regionalismo. Será difícil muitas vezes separar ou identificar em certas expressões literárias da época as formas impressionistas, expressionistas e simbolistas, tantos são os elementos em que se misturam e confundem.

5. No Brasil, a primeira grande repercussão do Impressionismo é em Raul Pompeia. Discípulo dos Goncourt, adepto da *écriture artiste* e da prosa poética, depois de formar o espírito na doutrina do Naturalismo, recebeu a influência da estética simbolista e só encontrou plena e satisfatória expressão dentro dos cânones do Impressionismo. A evolução de Machado de Assis revela uma independência em relação aos postulados do Naturalismo positivista que o conduz ao mesmo clima impressionista, característico de sua fase final. Graça Aranha denota, em *Canaã*, a mesma impregnação impressionista, e como ele outros escritores da época não puderam escapar ao dualismo — de um lado, os laços ao Realismo (ou mesmo Naturalismo), do outro a influência simbolista. Coelho Neto, Afrânio Peixoto e muitos outros, que escapam, por certos aspectos, das classificações comuns, traem a forma impressionista. O caso de Adelino Magalhães não pode doutro modo ser explicado e interpretado.

Assim, o Impressionismo é um conceito literário, de uso e compreensão recentes, que auxilia a interpretação de diversos escritores outrora inclassificados, e de uma época tida como marginal ou secundária, mas que ofereceu uma contribuição duradoura à literatura brasileira moderna. Escritores como Pompeia, Graça Aranha, Adelino Magalhães constituem os marcos de uma corrente estética antigamente sem classificação.

Não tendo havido, no Brasil, as condições sociais e as transformações econômicas geradas pela industrialização (que só ocorreu muito mais tarde), não encontrou o Naturalismo, no século XIX, o ambiente próprio a sua florescência maior. A época não oferecia as condições de receptividade necessárias ao seu desenvolvimento. Por isso, foi um movimento frustrado, que só produziu poucos frutos e não de alta qualidade. Não havia, além disso, a preocupação com a ciência aplicada e técnica, daí que só tiveram guarida entre os naturalistas brasileiros as teorias biológicas. Destarte, somente depois de 1930, já em pleno clima de transformação industrial, é que surgiram as circunstâncias sociais propícias ao Naturalismo. Nessa época, entretanto, a ideologia que informou o Naturalismo — Neonaturalismo — que surgiu não foi mais a do positivismo cientificista, porém, a da luta social decorrente da proletarização industrial. A forma literária que procurou expressá-la foi o Realismo ou Naturalismo socialista.

De modo que, em suma, o desaparecimento do Naturalismo da escola de Zola não implicou a morte do Realismo, que se desdobrou e transformou no Impressionismo, e mais tarde renasceu sob a forma, aparentada com o Naturalismo positivista, do Realismo socialista. Há que assinalar, ademais, que o Realismo encontrou, no Brasil, uma temática e uma situação ideais para desenvolver-se precisamente a partir das últimas décadas do século XIX, no movimento regionalista.[30]

Nos albores do século XX, a literatura brasileira mergulha em uma fase de transição e sincretismo, em que confluem elementos do Parnasianismo, Simbolismo, Impressionismo. Esse estilo de transição, a que se deve o tom incaracterístico da fase de 1910-1920, revela predomínio de traços ora parnasianos, ora simbolistas, ora impressionistas. Mas a importância da fase é inegável, pois ela traía a transformação que se processava, e que desaguará no Modernismo. Outras tendências estéticas se lhe somam, Expressionismo, Futurismo, Dadaísmo, Super-realismo, conduzindo à revolução modernista, que assim foi, por todos esses esforços, preparada.

Sem ter tido, portanto, a nitidez de contornos da época modernista espanhola, a fase simbolista-impressionista decadente brasileira, de 1890 a 1910, revelou os mesmos valores estéticos: intimismo, misticismo, esteticismo, individualismo, gosto do mistério, da interiorização.

Por outro lado, não se pode separar essa tendência da corrente parnasiana, que atravessa o período estreitamente ligada à primeira, a ponto de se misturarem seus elementos em diversos autores. A linha parnasiana resiste e domina, prolongando-se por toda uma galeria de epígonos até próximo do dealbar modernista. No Brasil, ela suplantou as outras tendências, a ponto de, na época, o movimento simbolista passar despercebido, a sua importância só muito mais tarde tendo sido reconhecida, graças à influência que a sua herança teve sobre certos aspectos do Modernismo. O desapreço ou ao menos a desatenção com que a época tratou o Simbolismo, excepcionalmente reconhecido apenas por um grande crítico, Araripe Júnior, está bem expresso no fato de que a Academia Brasileira de Letras não acolheu, na sua fundação (1896), nenhum dos representantes do Simbolismo, rechaçados para segundo plano. Foi no seio da grande geração parnasiana, então no apogeu e no controle da vida literária, que se recrutaram os fundadores da Academia.

Assim, o Simbolismo e o Parnasianismo, na poesia, prolongam-se, com características menores, por ondas de transição neoparnasianas e neossimbolistas, que preparam o advento do Modernismo.

A INCORPORAÇÃO DO NACIONAL

A época estudada neste passo, situada entre as últimas décadas do século XIX e o meado do século XX, assistiu, além do mais, a um movimento de integração da inteligência, da cultura, das artes e letras, com a realidade brasileira. Correspondeu esse movimento ao processo de conquista da maturidade mental e da maioridade do brasileiro como povo autônomo. A independência de 1822 não cortara completamente as amarras com a Metrópole, continuando esta a exercer a sua ação colonialista através da aristocracia social e econômica, mais ou menos lusófila, que dominava a Monarquia; através da poderosa colônia financeira lusa a que estavam subordinados o comércio, o sistema bancário, a imprensa; através da influência intelectual, pois ainda exerceu durante o século XIX forte fascínio a cultura portuguesa sobre os espíritos, a despeito das novas modas oriundas da França. A Regência (1830-1844), primeiro esboço de movimento republicano, foi uma tentativa de autonomismo que não vingou. Mas foi só da República (1889) que adveio a divisão definitiva entre Portugal e o Brasil. A República, com a "sua capacidade de criar Brasil dentro do Brasil", na feliz expressão de Gilberto Amado,[31] clareou a nossa consciência de ser brasileiros, propiciou-nos a capacidade de fixar a resposta de autodefinição, depois de um século de perguntas e pesquisas sobre o que era ser brasileiro e quais as características da nacionalidade e da literatura nacional.

A busca da nacionalidade para a literatura brasileira foi um tema que preocupou absorventemente a mentalidade de nossos homens de letras no século XIX, especialmente na sua segunda metade, tornando-se uma constante crítica, como já o assinalou Soares Amora.[32] Esse movimento de nacionalismo literário procurava buscar "símbolos que traduzam literariamente a nossa vida social", como muito bem definiu Araripe Júnior,[33] e encontrou em José de Alencar o intérprete genial, num esforço consciente por dar corpo às próprias tendências.

Esse era o problema da procura dos elementos que diferenciavam o país novo em relação ao colonizador. Era o problema de ser brasileiro, problema novo em literatura, problema de país novo, de cultura resultante da transplantação de uma cultura tradicional para uma região nova. Era a busca de resposta à pergunta da autodefinição nacional, da autoidentificação, isto é, do conjunto de qualidades e defeitos que tornam o brasileiro diferente dos outros povos e, ao mesmo tempo, igual a todos os outros brasileiros.

Tal estado de alma era comum no homem do século XIX, nada mais natural, portanto, do que traduzir-se pela voz de todos os artistas e pensadores conscientes e responsáveis. De Joaquim Norberto a Sílvio Romero e Araripe Júnior, de José de Alencar a Raul Pompeia e Afonso Arinos, todos sentiam a necessidade de imprimir um cunho nacional, brasileiro, à literatura que se produzia no Brasil, fosse por via do indianismo, do sertanismo, do regionalismo, fosse qual fosse o símbolo daquele "instinto de nacionalidade" a que se referiu e que tão bem caracterizou Machado de Assis, como sendo o ideal literário do momento (1873).

O resultado, como disse Araripe Júnior, "foi o movimento de diferenciação mais enérgico que temos tido". Nem sempre os contemporâneos compreenderam devidamente o seu alcance. Mas os reacionários, portugueses e brasileiros saudosistas, acorrentados econômica e mentalmente a Portugal, estes nunca se enganaram quanto ao dever de se mobilizar contra a tendência, no que defendiam a própria causa e interesses. Assim, desde cedo investiram contra Alencar, negando-lhe tudo mormente pela pena de escribas importados. Já para o final do século, contudo, máxime depois da República, a onda nativista alastra-se, a despeito da firmeza dos bastiões lusófilos. Comenta Araripe Júnior: "Indispensável era que houvesse alguma vítima para que um novo mundo de ideias brasílicas surgisse". O espírito colonial não havia morrido, "a cada derrota muda de acampamento, mascarando as suas operações, e, no fim, é sempre ele que recolhe os despojos, e, pelas finanças, mantém em estado de sítio as consciências". Só a mudança de regime consolida definitivamente a vitória sobre o colonialismo, a despeito das resistências deste, que se prolongou até os primeiros anos do século XX, através dos jornais e das editoras, ainda procurando a inteligência portuguesa exercer pressão sobre a vida intelectual brasileira.[34]

Em 1902, um acontecimento ímpar foi o grito de liberdade intelectual. Ao lançar *Os sertões*, naquele ano, Euclides da Cunha produziu um impacto que teve o dom de nos atirar de um só golpe no Brasil, de nos forçar olhos adentro a realidade brasileira, que alguns "cosmopolitas" procuravam disfarçar, mantendo-nos presos à miragem europeia, por sentimento de inferioridade colonial (a que se sujeitavam tanto europeus quanto brasileiros).

É verdade que o acontecimento não se produziu no vácuo, resultando antes de um longo processo evolutivo. Não há, talvez, outra linha de pensamento mais coerente, mais constante e mais antiga do que a nacionalista, nem outra que reúna maior número de grandes figuras de nossa inteligência. Gregório de Matos, a primeira voz de nosso barroquismo crioulo, defendendo a gente da terra contra o unhate e o colono postiço; o Padre Vieira, a grande voz brasileira que reivindicou os nossos direitos junto aos donos do mundo; Botelho de Oliveira, Rocha Pita, Vicente do Salvador, os primeiros a falar de nossos frutos, dos nossos feitos, de nossos hábitos; os acadêmicos, que já se consideravam "brasílicos" "esquecidos" dos portugueses, num evidente assomo de irredentismo; os inconfidentes, os neoclássicos e os românticos, estes últimos já se expressando de forma e numa língua independentes e pensando com autonomia, como Alencar. Daí por diante, a onda não mais se detém, com os grandes pensadores e construtores da independência política e da Regência, os grandes jornalistas e oradores desse período, da Abolição e da República; com a ideologia da era realista das três últimas décadas do século XIX, a época da nossa "renascença", pela sua importância extraordinária em nossa vida mental e histórica, como impulsionadora de nossa maioridade. E depois, Euclides da Cunha, e mais tarde o grande desaguadouro modernista, na década de 1920, culminando com a Revolução de 1930.

Se acompanharmos com cuidado essa evolução, veremos como há uma marcha constante no sentido da integração do país e de sua gente em si mesmos, de um aprofundamento no magma nacional, de uma prospecção na realidade de nossa civilização, uma civilização diferente, diferenciada nos trópicos pela ação de elementos só aqui estabelecidos. Uma característica, porém, do nacionalismo brasileiro, quer se traduza na ordem espiritual ou física, é que não se faz, a não ser na fase diga-se heroica de nossa vida, "contra" nenhum país ou povo. Ao contrário, ele é essencialmente assimilador. Todas as contribuições exteriores são bem-vindas e transformadas, pela ação aculturadora e miscigenante, em elementos que se dissolvem no todo. É, portanto, afirmativo o nosso nacionalismo, nisso que, em vez de opor-se, procura voltar-se para si próprio, buscando definir-se, aprofundar a consciência de nossas forças e fraquezas, virtudes e defeitos, para afirmar-se, de maneira positiva, em vez de imobilizar-se em atitude negativa e reacionária, própria dos povos esgotados. O que pretende o nacionalismo brasileiro é afirmar o Brasil.

Em síntese, o nacionalismo cultural brasileiro encontra expressão em diversas teses, defendidas intermitentemente através de nossa história: pensar no Brasil, interpretá-lo, procurar integrar a cultura na realidade brasileira, enfatizar os valores de nossa civilização e as qualidades regionais de nossa cultura, dar relevo às nossas coisas, pôr em destaque as nossas características raciais, sociais, culturais, reivindicar os direitos de uma fala que aqui se especializou no contato da rugosa realidade, eis alguns dos temas que constituem verdadeiras constantes de nossa história intelectual.

No que respeita à literatura, o pensamento central foi muito bem definido por Araripe Júnior:[35] nacionalizar a literatura, sem desprezar a contribuição estrangeira, clássica e moderna. Dessa fusão de elementos é que surgirá a cultura nova, com características próprias, graças à incorporação das qualidades nativas do povo, que vivifica a herança cultural importada. Nesta parte do globo, um aglomerado humano desenvolveu uma civilização peculiar, com emoções e sentimentos, pensamentos e aspirações, gerados em uma situação histórica e geográfica específica. Não podia deixar de criar uma cultura diferente, embora fecundada pela herança cultural do Ocidente.

Esse esforço de diferenciação existiu no Brasil desde a aurora de sua civilização, e a literatura que aqui se produziu, a partir de Gregório de Matos, é diferente da portuguesa. No que concerne ao problema do que seja e de quando começou a literatura brasileira, duas teorias caracterizam a nossa história literária. Para uma, a que dominou muito tempo, não se separavam, nos tempos coloniais de nossa civilização, as duas produções do Brasil e Portugal, considerando-se em bloco, como se fossem uma só, "literatura portuguesa", dentro da qual pequenos capítulos enquadravam os "casos" ocorridos no Brasil. Tal perspectiva acostumou uns e outros a encarar o passado literário português como comum a Portugal e Brasil, "clássicos" luso-brasileiros, patrimônio de uma cultura comum, vazada numa mesma língua.

À outra corrente não passou despercebida a linha nacionalizante diferenciadora que desde muito cedo atuou no Brasil, surgida com o primeiro homem que aqui assentou pé. Aos portugueses figurava-se como carecedora de individualidade a literatura brasileira da era colonial, porque lhes escapou a substância da revolução que se viera operando na colônia, na mente dos homens que para aqui se transferiram ou aqui nasceram. Revolução tão importante que, desde o primeiro momento, havia transformado a mentalidade dos habitantes, através de mudança da sensibilidade, motivações, interesses, reações, maneiras de ser e agir novas provocadas pela nova situação histórica e geográfica.

Os românticos, mormente Alencar no que tange à tomada de consciência doutrinária do problema, tentaram enxergar o divisor de águas, e pode-se afirmar que esse problema é uma constante da crítica e teoria literária romântica. Mais tarde, Araripe Júnior fez dele uma de suas preocupações maiores, estabelecendo a investigação do traço nativista como um critério da historiografia literária brasileira. Seus companheiros da crítica realista e naturalista, Sílvio Romero e José Veríssimo, também se distinguiram pelo apreço ao critério nacionalista aplicado à aferição e avaliação da literatura brasileira. Araripe Júnior chegou a criar uma teoria para explicar o fenômeno da diferenciação. Foi o que ele designou, de modo original, como o princípio da *obnubilação*,[36] que procurou aplicar ao estudo da formação do caráter e da literatura brasileira, lei que, segundo ele, foi bastante forte e atuante nos dois primeiros séculos. Os colonos, à medida que se afastavam da costa e pequenos povoados, regrediam à condição primitiva, esquecendo o estado de civilizados, a fim de adaptar-se ao meio e habituar-se à luta com os silvícolas. Tal processo não podia deixar de modificar profundamente o homem, criando um novo homem, sob todos os aspectos. Poderíamos, porventura, considerá-lo um simples continuador do europeu? Como afirmou Ortega y Gasset, um homem novo gerou-se desde o primeiro instante em que o colono pôs o pé no novo mundo. Foi o americano, o brasileiro. A sua fala, sensibilidade, emoções, poesia, música, tinham de ser, e foram, diferentes, diferenciadas, desde o início. Nada têm de comum com o que se produzia, no mesmo momento, na Europa. Desde o primeiro século, máxime no segundo, falava-se, sentia-se, cantava-se, no Brasil, de maneira diferente. Desde o século XVII, já não são uma literatura, a portuguesa e a brasileira. Nossos escritores são poucos, mas são nossos, diversos dos portugueses. Os escritores portugueses já não são nossos. Constituem duas literaturas distintas.

Essa corrente de pensamento nacionalista, que reconheceu de logo a autonomia da literatura brasileira, era um filete sempre vivo e presente, mas reprimido pela força econômica, pela propaganda dos interesses intelectuais, pelos preconceitos antibrasileiros de alguns *snobs* que renegavam a pátria em nome de falsos valores civilizados (confundindo civilização com Europa).

Foi mister chegarmos ao século XX e à capacidade da República de "fazer Brasil dentro do Brasil", para que ela vingasse definitivamente e forçasse o "retorno" intelectual dos exilados que, posto aqui residissem, existiam espiritualmente fora. Em consequência, espalhou-se a convicção de que o Brasil pode ser "vivido" intelectualmente, e, com a matéria-prima que oferece, recriado artisticamente. É o que têm feito artistas do porte de Villa-Lobos, Portinari, Pancetti, Monteiro Lobato, Jorge Amado, José Lins do Rego, Mário de Andrade, Manuel Bandeira, ou, no passado, Gonçalves Dias, José de Alencar, Castro Alves, Machado de Assis, Cruz e Sousa, Alberto de Oliveira.

Portanto, "nacionalizar a literatura, sem contudo perder a cultura clássica e a nobre emulação dos monumentos estrangeiros" (Araripe Júnior), eis o ideal do pensamento literário nacionalista. E por nacionalizar entenda-se absorver e captar as peculiaridades da situação sócio-histórico-geográfica, fazendo-as viver como "símbolos que traduzam literariamente a nossa vida social" (Araripe Júnior).[37] Assim fizeram no passado nossos maiores escritores, e assim o fazem os do presente.

Para *Os sertões* Euclides da Cunha canalizou toda essa tradição em favor da valorização do nacional na literatura. Através da investigação das origens, dos fatores étnicos, das características e hábitos de vida social, das modulações dialetais, dos mitos e lendas que povoam a imaginação popular e originários das cosmogonias índia e negra e da tradição cristã e ibérica, da cosmovisão e aspirações do homem que aqui vive, das suas meditações em face do mundo e da vida, foi-se acumulando todo um corpo de dados, fatos, estudos, ensaios, teorias, que constituem o que se batizou, com muita propriedade e felicidade, de "brasiliana" ou estudos brasileiros. Será difícil apontar noutra cultura tão importante, vasta e substanciosa soma de estudos como a que oferece a nossa "brasiliana", que ocupa um setor relevante de nossa história cultural, num plano em que se misturam e cooperam entre si a literatura, a filosofia, a história, a sociologia, a antropologia, a etnografia, a geografia, a linguística, a economia, etc., criando quase um gênero intelectual desconhecido de outros povos. De Frei Vicente do Salvador a Varnhagen, a Nina Rodrigues, a Batista Caetano, a Euclides da Cunha, a Alberto Torres, a Oliveira Viana, a Artur Ramos, a Roquete-Pinto, a Gilberto Freyre, é toda uma linhagem de pensamento e pesquisa acerca da terra e da gente brasileiras, para conhecer e revelar o país e o povo, a fim de dar aos brasileiros a consciência da sua civilização e cultura, e consolidar a sua fisionomia.

Essa pesquisa, essa interpretação, essa redescoberta, essa definição do Brasil, que é a função da "brasiliana", e, ao mesmo tempo, a essência de nosso nacionalismo — conhecer o Brasil para afirmá-lo tal como é —, atingiu no século XX o pleno apogeu, paralelamente à fase de maioridade mental a que chegou o Brasil.

Com *Os sertões* romperam-se todas as barreiras à plena afirmação do nativismo brasileiro, segundo o qual, acima de tudo, a arte se nacionaliza como resultado da impregnação e incorporação do ambiente em que se produz, sem que isso signifique a aceitação da noção determinista à Taine de que a arte é um produto do meio e da raça.

Pôs-se a literatura, desde então mais do que nunca, à procura do nacional, para a sua incorporação. O movimento regionalista, que teve importância crescente desde o fim do século XIX, proporcionou um matiz interessante a esse plano, colocando à disposição da ficção e da poesia o material peculiar às diversas regiões brasileiras.[38] Sua importância não pode ser subestimada, mormente levando-se em conta a utilização feliz das técnicas realistas pelo regionalismo.

Quaisquer que sejam os coloridos estéticos com que porventura se distinga, a literatura brasileira no século XX é atravessada por uma corrente central — a preocupação com a brasilidade, sua busca, sua representação artística. Esse sentimento de brasilidade, a mais forte herança cultural brasileira, tornou-se o tema central da literatura contemporânea, sobretudo depois do Modernismo. Todo o movimento modernista caracterizou-se por essa preocupação nacionalista, explorado o assunto nas suas diversas coordenadas.

Contudo, e resumindo-a numa fórmula, a outra qualidade essencial do nativismo brasileiro é o respeito dos laços culturais que prendem a cultura brasileira à ocidental. Nenhum escritor responsável defendeu a ruptura desses laços, sempre advogando, ao contrário, a manutenção do vaivém, do intercurso com as fontes estrangeiras da cultura, pois de nenhum modo pode a genuína arte nacional vicejar num ambiente de ignorância e de suposta virgindade de alma. O que fazem os grandes artistas — um Machado de Assis, um José Lins do Rego — é aproveitar a matéria-prima, local, segundo aquele "instinto de nacionalidade" que o primeiro definiu, subordinando-a ao processo transfigurador, de acordo com os grandes mestres e modelos. O verdadeiro nacionalismo é aquele que ressalta da fecundação exercida pelo espírito universal no magma nacional. Ninguém mais inglês do que Shakespeare, e ninguém mais universal. É segredo do artista realizar essa operação de maneira superior. Seu espírito é um laboratório onde se processa o encontro e de onde emana a obra de arte, graças ao que se forma uma literatura original, com qualidades peculiares na temática, na forma, no sentido, na imagística, que a fazem distinta de todas as outras, embora irmanadas no cultivo das mesmas tradições genéricas. É, pois, na intercomunicabilidade que as literaturas logram enriquecer-se e fecundar-se mutuamente. Contanto que sejam respeitadas as características nacionais peculiares, pela influência alienígena, que é sempre estimulante quando é legítima e quando é genuíno o espírito que a recebe. A literatura não é um bólide solto no espaço. É uma grande continuidade e uma grande contiguidade. Liga-se ao passado e ao contemporâneo. Ao local e ao universal.

Tal doutrina e a prática correspondente têm sido o privilégio das gerações que preencheram os quadros da literatura brasileira no século XX. Entre os marcos dessa evolução figuram os nomes de Euclides da Cunha, Monteiro Lobato, Mário de Andrade, José Lins do Rego, para referir apenas alguns falecidos.

DESINTEGRAÇÃO E AVENTURA

1. *Antecedentes europeus*. Atingido no Brasil o estado de impasse que caracteriza, como ficou definido acima, o período pós-simbolista e pós-parnasiano, de 1910 a 1920, período de sincretismo e transição, que produziu algumas figuras importantes como Augusto dos Anjos, José Albano, Raul de Leoni, Hermes Fontes, a literatura coloca-se sob o signo da desintegração e da aventura, fazendo os espíritos inconformistas e de vanguarda soar os clarins revolucionários.

Tristão de Athayde definiu muito bem esse momento de passagem, registrando com justeza o fenômeno da continuidade da linha simbolista através de algumas figuras que penetraram pelo Modernismo:

> Ribeiro Couto estreava na aurora do Modernismo, no caso anterior ao da "Semana" de São Paulo. Vinha, como Raul de Leoni, trazer à geração que surgia os últimos raios do sol simbolista que se deitava no horizonte. Era a despedida de um mundo que morria. Era o adeus à poesia sutil, interior, nostálgica, que representava, no plano poético, o desmoronamento de um mundo histórico. No ano

seguinte rompiam as fanfarras da revolução literária. As vozes do Simbolismo moribundo, um Raul de Leoni, um Felipe de Oliveira, um Guilherme de Almeida, um Álvaro Moreira, um Marcelo Gama, um Ribeiro Couto, um Manuel Bandeira, um Ronald de Carvalho, um Hermes Fontes, um Olegário Mariano, pareciam condenadas a ficar encerradas nas urnas do esquecimento. Eram vozes de um mundo do silêncio, quando o mundo dos clamores violentos é que parecia entrar em cena, definitivamente, desbancando para sempre as vozes do silêncio. A poesia, porém, assim como é infância ou não é poesia, também é silêncio, mistério, pureza, ou não é poesia. E aqueles que realmente tinham uma mensagem poética a trazer ao mundo novo, que os clangores modernistas anunciavam em 1922, venceram facilmente a vaga da moda. E reapareceram, por lá da onda, nadando em pleno mar (...).[39]

Por toda a parte, aliás, varre a literatura ocidental, ao mesmo tempo, a fúria demolidora. Quebram-se ídolos, destroem-se cânones, desacreditam-se padrões tidos como tradicionais. A crise espiritual e moral, acompanhada do estrondo produzido pela velha ordem social e política em derrocada, a que a Grande Guerra de 1914-1918 deu lugar, eram testemunhos de um homem profundamente abalado nos seus alicerces espirituais e na sua concepção da vida, mundo e destino. A arte não podia deixar de trair esse estado de *désarroi*, de desavoramento, perplexidade e abalo interiores.

As velhas confianças na razão e no conhecimento puro cederam lugar a uma inquietude e a um sentimento trágico da vida, a uma concepção agônica da existência, em que se encontram o pensamento de um Nietzsche, um Unamuno, um Péguy, um Spengler,[40] testemunhos da ruptura que provocara, no final do século XIX, a reação espiritualista contra o cientificismo e o positivismo. A era da confiança tranquila na ordem científica e técnica fora duramente desafiada e destruída pela realidade da guerra. A superioridade da "civilização", no sentido otimista e absoluto em que foi concebida pelo Iluminismo e Progressismo do século XIX, também decepcionou, e, na palavra de Paul Valéry, verificou-se que as civilizações também eram mortais. Novos mundos foram abertos ou reabertos à investigação de ciências que não haviam sido previstas pelo espírito exato do século XIX — o mundo do inconsciente (Freud), da intuição e dos dados da consciência (Bergson), da inquietação religiosa, dos valores éticos e estéticos.[41]

Um novo complexo ideológico e literário estava em curso, quando o impacto produzido pela Grande Guerra de 1914-1918 veio acelerar o seu processo de gestação. Decorreu daí o fenômeno da inquietude e niilismo, estado de desequilíbrio, que teve, segundo Crémieux, expressão em formas as mais diversas: o "dadaísmo" (Tzara, 1916); o "super-realismo" ou "suprarrealismo"(Bréton, 1924), (antirrealismo, aspiração ao absoluto, recurso ao inconsciente, recusa da inteligência lógica para atingir a autenticidade do ser, eis as qualidades principais que Benjamin Crémieux lhe atribui);[42] a literatura de evasão pela viagem, aventura, sonho; a busca do eu profundo, pela introspecção psicológica, que conduziu à dissociação da personalidade; o culto da sinceridade total, através das reconstituições pela memória.

Fora de França, o "futurismo" foi outro dos movimentos de vanguarda que caracterizaram a época de negações e rebeldias, com repercussão internacional. Criado em Milão, pelo Manifesto de 1909, por Marinetti, foi o que desencadeou mais agitação e influência, defendendo o culto ao perigo, à energia, ao movimento, à audácia, à velocidade, como fontes de lirismo. Para isso, julgou necessário, destruir a sintaxe tradicional, defendendo o emprego do substantivo, ao lado do verbo somente no infinitivo, abolindo-se o adjetivo e o advérbio, e substituindo a pontuação por sinais matemáticos e musicais. Advogava a desumanização da obra de arte, a renovação das imagens e metáforas para a poesia. O futurismo aproxima-se do dadaísmo e do super-realismo, e de outras tendências de vanguarda da época, tais como o cubismo e o ultraísmo.[43] Todos esses "ismos" que infestaram a cena literária ocidental de 1910 a 1930, foram reações contra o esgotamento e o cansaço ante o peso da tradição literária ocidental. Eram janelas que se abriam para o futuro, preocupação que absorvia os espíritos. Eram atitudes violentas de destruição e negação do passado, que consideravam morto e inútil, tentativas de regresso à inocência primitiva ou infantil. Eram glorificações da técnica e do mundo mecânico, fonte única de dinamismo. Eram a libertação de todos os freios e formas tradicionais. Além de Marinetti (1876-1944), há que citar, à frente dos movimentos renovadores, Tristán Tzara (1896), Guillaume Apollinaire (1880-1918), André Bréton (1896), Louis Aragon (1897), Paul Eluard (1895-1953), etc.

Outra tendência estética de suma relevância durante essa fase revolucionária foi o Expressionismo, surgido como uma continuação do Impressionismo (Pós-impressionismo). Originária de uma escola alemã de pintura, para a qual "o pintor deveria tentar uma expressão direta de suas emoções", irradiou-se a corrente por outros países e outras artes, sobretudo a música e a literatura. Seu princípio é a insurreição expressional, pois não é o artista quem expressa, são os próprios elementos que se expressam a si mesmos. Cézanne (1839-1906), Gauguin (1848-1903), Van Gogh (1853-1890), Matisse (1869), Picasso (1881), na pintura, e Schonberg (1874) e Darius Milhaud (1892), na música, são algumas figuras que se manifestaram através do Expressionismo.

Em literatura, a estética expressionista encontrou sobretudo na Alemanha maior campo de realização.

Consiste o Expressionismo num subjetivismo total. Ao contrário do Impressionismo, em que a origem da inspiração é exterior, provocando no espírito do artista a impressão que é, em seguida, reproduzida, o Expressionismo põe em relevo a consciência pessoal, que supera qualquer consideração referente a ação, personagem ou ambiente. Em lugar de reproduzir as impressões despertadas no seu espírito pelo mundo exterior, como no Impressionismo, o expressionista representa suas próprias visões, sentimentos, emoções, intuições. Em vez de imitar, ele "expressa" o que tem dentro de si. No Expressionismo, o movimento é de dentro para fora, o poema, o drama ou a narrativa passam a conter a própria visão do artista; o impressionista pinta o que vê num determinado momento, sob tal estado de alma, ao passo que o expressionista representa o próprio estado de alma, as associações e respostas que residem em seu espírito, que o constituem, que são o seu espírito. O que lhe interessa não é a realidade exterior, porém a interpretação pessoal, feita pelo seu espírito, dessa realidade. O mundo exterior é desprezado, em troca da reação individual a esse mundo. Sua realização é "ditada" pela alma. Enredo e personagem, por serem exterioridades, não importam à narrativa. Quanto à caracterização, o que interessa não são as personagens nas suas exterioridades, mas o que se passa no seu espírito. Extremo subjetivismo, o Expressionismo é uma forma altamente intelectualizada de arte, tendendo para o abstrato, para o intelectualismo, em que a inteligibilidade nem sempre é a característica, dada a dificuldade para o leitor de penetrar no mundo abscôndito do artista, nem sempre acessível à representação verbal. Uma das técnicas mais em voga entre os expressionistas é o *stream of consciousness*, o fluxo de consciência, monólogo interior ininterrupto, tipo de narrativa em que é o próprio espírito que se retrata nas suas mutações, no seu fluir, nas ações que nele ocorrem, como é o caso do *Ulisses* de James Joyce. Por isso, o Expressionismo literário é uma forma de literatura psicológica, em que as profundezas subconscientes da alma são dissecadas e retratadas com minúcias. O estilo usado é abstrato, simbólico, contorcido, associativo e sugestivo.[44]

O Impressionismo e o Expressionismo encontram-se mui comumente associados no mesmo escritor ou na mesma obra. James Joyce (1822-1941), Virginia Woolf (1882-1941), T.S. Eliot (1888), Eugene O'Neill (1888-1953) apontam-se como os mais famosos e influentes expressionistas, a que se podem acrescentar ainda Karel Capek (1890-1938), Franz Kafka (1883-1924), Nikolai Yevreinov (1879).

2. *Da revolta à renovação.* Cessada a refrega, encerrado o processo de liquidação do pós-guerra, iniciou-se a construção de uma nova ordem, em que se capitalizaram os resultados do experimentalismo do período anterior. A um balanço atual, vista em conjunto e de uma perspectiva universal, a época apresenta-se com unidade, de que participam as várias artes pintura, arquitetura, escultura, gravura, música e a literatura, numa rede de inter-relações e influências recíprocas.[45] Certas características gerais, certas constantes, certos elementos que sobraram, certos reequilíbrios entre a tradição e a mudança constituem indícios de uma continuidade entre o antigo e o novo, mas não escondem a existência de uma forma nova de arte e literatura, de um estilo ou período novo.

Esse conjunto de traços é o que se pode definir como o "moderno" em literatura, ou como a literatura moderna.

Em nosso tempo, aliás, tudo propende a marcar a época de "modernidade", de modo a poder defini-la como uma época "moderna" em oposição às épocas "antigas". Como toda época moderna, ela se preocupa mais com a demolição e substituição dos valores e convicções da era anterior, e vive voltada para o futuro, em vez de imobilizar-se conformada na contemplação do passado e suas aquisições como se o mundo fosse fixo e definitivamente estruturado; à tradição, opõe o progresso, a renovação constante nas artes, ciências, cultura, filosofia; à imitação dos modelos e ao império da autoridade, prefere os direitos da razão, do livre exame, da investigação, da criação pessoal; a desconfiança na ciência, em nome da primazia do conhecimento literário ou humanístico, substitui pela supremacia da inteligência, para o domínio científico da natureza, para ampliar os benefícios da técnica em todos os campos, para o progresso mecânico; a despeito de um pensamento de superioridade em relação às épocas anteriores, domina o moderno um sentimento de provisoriedade e transitoriedade, que o toma instável e inquieto.

Particularizando essa descrição da atitude "moderna", especialmente no que respeita ao espírito artístico e literário, vamos encontrar a valorização de diversas categorias que a colocam em antítese às épocas "antigas". Em vez da universalidade e do absoluto, o que lhe importa é o particular, o local, a circunstância, o pessoal, o subjetivo, o relativo, o detalhe, a multiplicidade; em lugar da permanência, é a mudança, a diversidade, a variedade; ao absoluto, prefere o relativo, à Verdade, muitas verdades; às normas absolutas, o relativismo e a diversidade da experiência artística e dos casos individuais; à estabilidade, o movimento; à Natureza, a natureza humana (depois de o século XIX haver enquadrado o homem na natureza voltou-se ao homem propriamente); à descrição e revelação do mundo exterior, o sentimento da existência subjetiva; fugindo à tradição de nobreza, dignidade e decoro, incorporou os assuntos baixos e sujos, a realidade cotidiana, o terra a terra, o circunstancial e particular. Bem típica dessa mentalidade é a frase de Proust, em que, numa conversa com H. Nicholson, lhe exigia o romancista que ele precisasse os fatos, particularizasse.[46]

Dessa maneira fixado o conceito de moderno, e mostrada a evolução das artes e letras até essa altura, é chegado o momento de verificar se dessa evolução, e sob o signo dessa modernidade, é possível apontar algumas características distintivas ou aquisições definitivas da literatura. Fecundada pelas heranças romântica e realista e pela contribuição simbolista, e revivificada pelas experiências da fase dos "ismos" — dadaísmo, super-realismo, futurismo, expressionismo — a literatura atingiu, no Ocidente, um estágio em que se podem apontar certas constantes estruturais e ideológicas que lhe emprestam homogeneidade aos traços fisionómicos.

Essas qualidades da literatura contemporânea podem resumir-se, de acordo ainda com A. Hibbard,[47] nas seguintes categorias:

a) O autor ausenta-se da narrativa. Ao contrário da ficção oitocentista, a ficção contemporânea consegue a impressão de realidade, procurando ser impessoal, mantendo-se os autores fora da obra, quando muito no espírito das personagens:

b) A ação e o enredo perderam a importância, em favor das emoções, estados mentais e reações das personagens;

c) A temática passou dos assuntos universais para os particulares, individuais e específicos;

d) O princípio de seleção do material expandiu-se para incluir todos os motivos e assuntos;

e) A caracterização variou, aumentando o interesse pelos estados mentais, pela vida profunda do eu, em vez de pelas ações exteriores. Por outro lado, a maneira de apresentação é diferente, a análise e construção do caráter se fazendo por acumulação, em rápidos instantâneos significativos, ou pela apresentação da própria consciência em operação (fluxo da consciência). Em vez de o autor fazer o retrato, a personagem vive e assim o leitor a conhece e julga;

f) A literatura tomou-se cada vez mais subjetiva, interiorizada e abstrata, construída de experiências mentais, interiores, da vida do espírito;

g) A sugestão e a associação, a expressão indireta, são os meios de veicular a experiência.

Outra característica importante da literatura contemporânea é apontada por Gaetan Picon:[48] a literatura deixa de ser provincial, as diversas literaturas tendem para a unidade, cada uma revelando a necessidade de entrar em contato com o conjunto do que se faz em torno e do que se fez no passado, constituindo uma ordem total, universal, tal como foi definida por T. S. Eliot.

Ao descrever "esse novo estilo da literatura", Gaetan Picon, depois de mostrar as condições da nova literatura, analisa o romance, mostrando a metamorfose por que passou o gênero narrativo. A despeito das sobrevivências, na passagem do século a evolução é nítida. Primeiramente, a aparição de uma prosa de arte, a *écriture artiste*, e de um romance em que as coisas têm menos importância que a maneira de dizê-las, "compensando a insuficiência do objeto pelo excesso da forma". O Simbolismo concorreu também para criar uma concepção mágica e simbólica da realidade, que deixou de ser "a aparência material e o encadeamento estreitamente de terminado dos fenômenos sociais e físicos", para construir um mundo profundo ou transcendente. Daí este outro aspecto do romance contemporâneo, a investigação psicológica, a dissecação dos motivos e caracteres, a inquirição das profundidades do eu e do inconsciente. O romance moderno, diz por último Picon,

> é uma pesquisa e uma experiência da linguagem, uma certa ordem a pôr entre as palavras, e não o reflexo ilusório do real que nos é fornecido. O romancista sabe agora que trabalha sobre as palavras, não sobre as coisas. Sem dúvida, com essas

palavras, ele tem que falar das coisas (...). [A sua visão do mundo] ele não recebe nem da escuta de vozes interiores, nem da contemplação de coisas reais: ele a conquista criando uma linguagem.[49]

Quanto ao estilo da nova poesia, que tem no Simbolismo a fonte máxima, também se apontam certos traços definidores.

Ela também é feita de palavras, é a criação poética da linguagem; ela incorporou ao poético a realidade total. Selden Rodman assim resume os traços da modernidade em poesia:[50]

a) imagens crescentemente modeladas em língua quotidiana;
b) ausência de inversões, apóstrofes bombásticas, rimas convencionais;
c) sequência de imagens livre de lógica e causa e efeito, antes baseada na associação;
d) ênfase no habitual e não no cósmico;
e) interesse pelo inconsciente;
f) interesse pelo homem vulgar;
g) interesse pela ordem social, em oposição ao céu e à natureza.

A REVOLUÇÃO MODERNA NO BRASIL

1. *Definição*. A literatura "moderna", no Brasil, é o que se denomina o Modernismo, termo que se vai fixando na historiografia literária para designar o período estilístico inaugurado com a "Semana de Arte Moderna" (1922) e vindo até o meado do século. Modernismo, assim, não é apenas o movimento restrito à Semana de 1922, mas abrange toda a época contemporânea.[51]

A palavra "Modernismo" já havia sido usada antes por José Veríssimo, na sua *História da literatura brasileira*. Mas o conjunto de ideias por ele assim caracterizadas é o que constitui as correntes do positivismo, transformismo, evolucionismo, materialismo, da época realista e naturalista. Então, a expressão não pegou, ficando Realismo e Naturalismo para designar aquele período, enquanto se passou a usar "Modernismo" em referência à época iniciada pelo movimento de 1922.[52]

A princípio o movimento foi sendo designado por "futurismo" e futuristas os seus autores, circulando a palavra no Brasil desde 1915, e, em 1921, Oswald de Andrade, em artigo retumbante, ainda chamava Mário de Andrade de "O meu poeta futurista".[53] Todavia, a palavra usada no começo, como se pode ver nos artigos de 1920 e 1921 de Menotti del Picchia e Oswald de Andrade, passou a despertar a oposição dos corifeus do movimento, que não aceitavam a confusão com o de Marinetti,[54] e reagiam contra o epíteto, empregado a seguir, sobretudo pelos adversários, com intuito de ridículo.[55] A própria designação da Semana de 1922, incluindo a palavra "moderna", já é um indício de que a outra não era aceita. "Arte moderna" e "espírito moderno" aparecem também nos títulos das conferências de Graça Aranha de 1922 e 1924. Mas a irritação, sobretudo de Mário de Andrade, atingiu o auge em 1925 por ocasião da colaboração modernista ao jornal *A Noite*, do Rio de Janeiro. Primeiro o título da seção seria "O mês futurista", contra o que protestou Mário de Andrade, levando o jornal a mudá-lo para "O mês modernista que ia ser futurista". Novo protesto de Mário, e então adotou-se o cabeçalho "O mês modernista", e aí colaboraram os grandes do movimento. Dessa maneira fixaram-se definitivamente as denominações de "Modernismo" e "modernista".

Outra distinção importante a fazer-se é relativamente à palavra "Modernismo", tal como se entende no Brasil e Portugal e nas literaturas de língua espanhola. Entre os povos de língua portuguesa, "Modernismo" é o movimento de após a Grande Guerra de 1914-1918, nascido em reação contra o estado de decadência parnasiana. Já nas literaturas espanhola e hispano-americanas, Modernismo designa o movimento surgido nas duas últimas décadas do século XIX, no Novo Mundo e irradiado para a Espanha, fundindo tendências simbolistas e parnasianas, individualistas e decadentistas, realistas e idealistas, intimistas e místicas, provincianas e cosmopolitas, e que ocupou uma larga área daquelas literaturas, com Ruben Dario à frente. Corresponde ao pré-rafaelismo inglês e ao Impressionismo francês.[56]

2. *Antecedentes*. Em confronto com o estado de conformismo, estagnação e apatia de certos setores da década de 1910 a 1920. nota-se também nessa fase, em alguns espíritos avanguardistas e inconformados, um anseio de renovação. Não poderia o Brasil, num mundo encurtado pelos modernos e rápidos meios de comunicação, furtar-se ao contágio da inquietação universal.

Tem sido, aliás, um pouco subestimada a fase anterior ao Modernismo. Na verdade, foi durante ela que germinaram as sementes do movimento estourado em 1922. O Modernismo não surgiu de vez em 1922, e em bloco. Esse é um fato que tem sido assinalado pelos que melhor fizeram o levantamento do movimento, como Tristão de Athayde e Wilson Martins. Veio sendo ele preparado ao longo daqueles anos. Essa importante fase de transição, que Tasso da Silveira mui justamente caracterizou como de "sincretismo", encerra todos os germes que irão desenvolver-se no Modernismo, e precisamente a esse espírito de sincretismo é que se deve a sua capacidade de gestar o movimento.[57] Sincretismo de elementos simbolistas e parnasianos, que afastou nitidamente os seus representantes da marca oficial da literatura, tipicamente expressa num Bilac e num Alberto de Oliveira, a quem se deve o domínio do Parnasianismo até mesmo depois da eclosão modernista, criando, com Coelho Neto, a frente contra a qual se teria que atirar a vanguarda revolucionária do Modernismo.[58]

O sincretismo não teve força para criar um movimento mas gerou o ambiente que preparou a irrupção do Modernismo. Sem o espírito que espalhou de insatisfação ante as convencionalidades estabelecidas, e sem ter contribuído para abrir a mentalidade brasileira ao sopro de novidades artísticas que varriam a atmosfera europeia, talvez o Modernismo não houvesse vindo a termo no tempo justo. O fenômeno foi muito bem posto em relevo por Tasso da Silveira, ao referir-se à tendência de cada uma das mais autênticas vocações artísticas do período, por não encontrarem possibilidade de realização num movimento estético unificante, a "rodopiar sobre si mesma, elaborando sua síntese própria, fundindo cada uma na unidade de sua arte, os elementos em mais profunda afinidade com o seu temperamento próprio".[59] E justamente daí decorre a inclinação sincretista ou sintética, a que se devem muita vez a dificuldade e a hesitação no classificar certas figuras como Raul de Leoni, ora arroladas como parnasianas ora como simbolistas, porquanto na sua arte se misturam os elementos de uma e de outra escola. E este outro fato: entre os que irão ocupar posição de relevo no Modernismo, há os que se iniciaram tentando essa síntese, e os que vieram seja da herança parnasiana, como Mário de Andrade, seja do legado simbolista, como Manuel Bandeira, seja os que tentaram uma nova linha, de fundo simbolista, na direção intimista, como o *penumbrismo* de um Ribeiro Couto dos primeiros tempos. Ou, ainda, como Ronald de Carvalho, que, de uma *Luz gloriosa* simbolista (1914), involuiria para o parnasianismo de *Poemas e sonetos* (1919), um "retrocesso do símbolo ao parnaso", como disse Tristão de Athayde em "Ano Zero", característico desse momento de confusão e hesitação "em que admirações de fundo [são] retificadas pela forma parnasiana".

Não é, portanto, para ser esquecida a importância capital da fase sincretista, sem dúvida o veículo de muitas tendências inovadoras que constituíram o clima pré-modernista.

Mas há outros fatos que prepararam a revolução modernista ou que contribuíram como precursores para o seu advento. Fatos isolados, encarnados em figuras de escritores que, dessa ou daquela maneira, semearam a revolta ou o inconformismo contra os tabus e os postulados estabelecidos, em que se baseavam os "passadistas", como vieram a ser cognominados os opositores da renovação.

Apoiado nos estudos de Mário da Silva Brito, publicados em *Anhembi*, oferece Antônio Soares Amora a seguinte sucessão de momentos significativos anteriores à Semana de Arte Moderna de 1922, e já no rumo deliberado da renovação:

> De 1912 a 1915 Oswald de Andrade, em São Paulo, procura criar, através da Imprensa e com sua ação pessoal, a consciência de renovação modernista europeia; em 1913 Lasar Segall realiza em São Paulo sua primeira exposição, de pintura expressionista, não logrando ainda influir na opinião pública; em 1914, o mesmo ocorre com a primeira exposição, também em São Paulo, de Anita Malfatti, influenciada pelo impressionismo alemão; em 1914, *O Estado de S. Paulo* publica no Brasil o primeiro artigo sobre o Futurismo, do Prof. Ernesto Bertarelli, "As lições do Futurismo"; em 1915, no Rio, Luís de Montalvor, português, e Ronald de

Carvalho, idealizam a revista *Orfeu*, revista luso-brasileira, de espírito nitidamente modernista; em 1916 Alberto de Oliveira, na Academia Brasileira de Letras, afirma a consciência das novas tendências do espírito e da arte, inclusive do Futurismo; em dezembro de 1917, Anita Malfatti, recém-chegada dos Estados Unidos, realiza sua segunda exposição, em São Paulo; agora já francamente modernista, Anita é injusta e severamente criticada por Monteiro Lobato (*Paranoia ou mistificação?*), que representa o conservadorismo; nessa altura só Oswald de Andrade e Mário de Andrade defendem e apoiam o espírito renovador da jovem pintora; ainda em 1917 vários poetas novos começam a impor-se: Mário de Andrade, *Há uma gota de sangue em cada poema*; Manuel Bandeira, *A cinza das horas*; Menotti del Picchia, *Moisés* e *Juca Mulato*; Guilherme de Almeida, *Nós*; Murilo Araújo, *Carrilhões;* ainda em 1917, as primeiras manifestações das influências da revolução russa: greve operária em São Paulo; pronunciamentos de simpatia pela nova ideologia e início de sua propaganda; em 1918, no Rio, Andrade Murici, no ensaio crítico *Alguns poetas novos*, chama a atenção do público para a renovação que se operava na poesia brasileira; em 1920, em São Paulo, "descobre-se" o sentido renovador da obra que Brecheret iniciava: em fins de 1921, realiza-se na Livraria de Jacinto Silva, onde se reunia habitualmente um grupo de jovens escritores e artistas (Guilherme de Almeida, Oswald de Andrade, Di Cavalcanti), uma reunião literária para ouvir a leitura de *Era uma vez...* de Guilherme de Almeida. Nessa reunião assentou-se a ideia da Semana de Arte Moderna.[60]

Ainda há que considerar, todavia, outros marcos dessa evolução pré-modernista, através da qual a inquietação estética veio preparando o terreno para o movimento. Em ensaio acerca da origem do movimento, registra Brito Broca com muita justeza a transformação que se vinha processando:

A rebeldia modernista — embora assumindo um aspecto radical se desligasse dos seus precursores — já estava sendo anunciada, desde 1910, pela obra de alguns escritores que se insurgiam contra a rotina, o alheamento da realidade brasileira, tudo aquilo que o movimento modernista ia tenazmente combater.[61]

Desde a publicação, em 1909, das *Recordações de Isaías Caminha*, de Lima Barreto, sucederam-se os sinais, acentua Brito Broca, de aparecimento de valores novos nas letras, com evidente espírito inconformista. Gilberto Amado (1887), a partir de 1912, nos ensaios e crônicas reunidos depois nos livros *Chave de Salomão* (1914), *Grão de areia* (1919), *Aparências e realidades* (1922), traça, "frequentemente, análises lúcidas do fenômeno social brasileiro, num estilo ático, sem sobras, que não exclui certos assomos de emoção". Antônio Torres (1885-1934) e Lima Barreto (1881-1922) bateram-se "contra tudo quanto entre nós exprimia artificialismo, imitação estrangeira, frivolidade, literatice".

No plano propriamente artístico, "o espírito de pesquisa, o anseio de novas formas, de novas dimensões estéticas já podiam ser assinalados nos últimos anos que precederam a Semana de Arte Moderna". É assim que, no terreno da ficção, Adelino Magalhães (1887) antecederia de muito os modernistas com "a desarticulação das formas clássicas da narrativa, as sínteses ousadas, o estilo fragmentário" dos seus *Casos e impressões* (1916) e *Visões, cenas e perfis* (1918), com os quais se situa como um legítimo precursor.

Quanto à poesia, a busca era angustiosa, vocações legítimas hesitando entre as formas parnasianas e simbolistas. Outro precursor, Manuel Bandeira (1886-1968), ensaiava o verso livre, e com *A cinza das horas* (1917) e *Carnaval* (1919), em que inseriu o poema "Os sapos", pelo qual os modernistas logo se tomaram "de amores", como ele mesmo disse no *Itinerário de Pasárgada*, toma-se uma espécie de encruzilhada estética entre o passado e o moderno. Murilo Araújo lança *Carrilhões* (1918) e *A cidade de ouro* (1921), e Ribeiro Couto (1898-1963) chefia uma reação de inspiração simbolista, de cunho intimista, sutil, nostálgica, "penumbrista", de chuva, garoa e sombras, de que o seu *Jardim de confidências* (1921) é testemunho. Pertencendo ao grupo de inspirados inicialmente no Simbolismo, e que vieram ter papel de relevo no Modernismo, é mister assinalar: Álvaro Moreira (1888-1964), Filipe de Oliveira (1891-1932), Ronald de Carvalho (1893-1935), Rodrigo Otávio Filho (1892-1969).

Entre os membros da velha guarda, houve quem desse também sinal de insatisfação: João Ribeiro (1860-1934), em 1917, atacava Olavo Bilac e Alberto de Oliveira, apontando a sua arte como "fora do tempo".[62]

A linha nacional e regionalista do Modernismo não surgiu igualmente de modo abrupto, mas como o prolongamento de tendência anterior, que remonta entre outros, a Afonso Arinos (1868-1916), Simões Lopes Neto (1865-1916), Monteiro Lobato (1882-1948), Gastão Cruls (1888-1959). A "realidade brasileira" já havia sido descoberta, e ao Modernismo coube valorizá-la num tom revolucionário, responsável pela sua definitiva integração.

O caso de Monteiro Lobato é curioso, porquanto, jamais havendo aderido ao Modernismo, tendo-o mesmo hostilizado a princípio na pessoa dos próceres paulistas do movimento (protestou contra a exposição de Anita Malfatti, em 1917, classificando-a de "paranoia ou mistificação"), Lobato deve ser incluído no rol dos precursores da renovação estética, pelo sentido de nacionalização de sua obra, pelo cunho regionalista da *Revista do Brasil*, sob sua direção, pela valorização do homem brasileiro do sertão, o caipira, o Jeca Tatu, a cuja novidade não foi indiferente o próprio Rui Barbosa, com Coelho Neto e Alberto de Oliveira, o símbolo do passadismo no juízo dos corifeus da revolução moderna. Foi no seu discurso famoso de 1918 que Rui atirou para o proscênio, concorrendo indiretamente para a vitória dos ideais adversos, aquela dimensão literária que Lobato introduzira.

Mas o problema da valorização da realidade brasileira, uma das pedras de toque do Modernismo, e que redundaria na criação de um verdadeiro gênero cultural — o dos "estudos brasileiros" (históricos, sociológicos, linguísticos, etnográficos, econômicos, políticos) — tampouco foi criação absoluta do movimento de 1922. Antes dele, figuras notáveis de pensadores históricos e sociais lançaram-lhe as bases, como autênticos pioneiros, em linhas que seriam depois desenvolvidas. É assim imperioso citar, além de Gilberto Amado, já referido acima, Alberto Torres (1865-1917), Oliveira Viana (1883-1951), sem falar em Nina Rodrigues (1862-1906), e no próprio Euclides da Cunha, cujo *Os sertões* (1902) é o ponto de partida moderno dessas preocupações.[63]

Não escapava a muitos a necessidade de uma renovação da literatura brasileira. Segundo testemunho de Tristão de Athayde e Rodrigo Otávio Filho, em 1913, ainda na Europa, Graça Aranha não falava outra linguagem senão a da renovação do ambiente literário brasileiro.[64]

Em resumo, na expressão de Tristão de Athayde, "a inquietação estética borbulhava no silêncio". Só restava amadurecer o clima artístico, o que veio sendo feito aos poucos, segundo causas concomitantes e sucessivas (Tristão de Athayde). Os sinais da mudança encontram-se — insista-se — desde 1910, em manifestações isoladas.

Na fase que antecedeu o Modernismo, duas correntes se defrontam: a dos arcaizantes, presos à magia do passado e fiéis aos cânones consagrados, e a dos precursores, que o prenunciaram e prepararam. Os primeiros caracterizados segundo Wilson Martins,[65] pela literatura de evasão e fuga, seja à custa da estilização, da imaginação (fantástico) ou da simbolização, constituíram o padrão da "literatura 1900". Era o culto da forma, do verbalismo, do fraseado pomposo, da literatice, herança parnasiana agravada por certos aspectos do Simbolismo, em que tanto pecou um Coelho Neto,[66] cultuando uma literatura em que as coisas ditas têm menos valor que a maneira em que são ditas, o excesso de forma compensando a pouca densidade do conteúdo, a superstição do estilo e das habilidades florais encobrindo a indigência de ideias e emoções, e o palavreado disfarçando a ineficácia artística.

Contra essa concepção estética é que se vinham rebelando consciente e inconscientemente as mais sérias vocações artísticas, muitas sem lograr sair do impasse pela escolha de uma das direções, a parnasiana ou a simbolista, outras não conseguindo vencer a hesitação, procurando uma solução conciliatória e sincretista.

De modo que, descoordenadamente, a reação estética dos reformadores havia muito fermentava, embora no silêncio e no recesso das aspirações individuais, inquietando espíritos isolados. Não veio de súbito, mas como o produto de evolução lenta e sub-reptícia, e de germinação anterior a 1922.

A Semana de 1922 é, pois, mais do que um ponto de partida, um coroamento, um resultado (Wilson Martins), um ponto de convergência e aglutinação de forças que se vinham constituindo e forcejavam por manifestar-se. Ela foi, no dizer de Sérgio Buarque de Holanda,[67] "um toque de reunir, embora efêmero. E marcou, de fato, o primeiro encontro do 'Modernismo' com o público". Em verdade, assinalou Antônio Bento, "o público brasileiro desconhecia quase por completo o movimento, que, no terreno das artes plásticas, vinha-se processando na Europa desde o começo do século".[68]

Vindo de antes, na Semana de 1922 o movimento adquire coordenação e espírito coletivo. É assim apenas um marco, a Semana. Além disso, desse modo interpretado, o Modernismo não se reduz, como muito bem acentuou Cassiano Ricardo, a "uma ocorrência de apenas sete dias, mas [é] algo que nasceu antes dela e que, se se houvesse limitado a uma semana, não teria chegado a 1952".[69] A Semana foi apenas o abscesso de fixação de um movimento, que era antes um estado de espírito geral, e do qual participavam, por "necessidade histórica" (Tristão de Athayde), numerosos jovens intelectuais e artistas que não estiveram na Semana, e que vieram a ter papel de relevo no Modernismo.

Entre as causas ainda a considerar figuram os movimentos estrangeiros. O Modernismo surgiu também segundo aquela lei de repercussão, que Tristão de Athayde aponta na origem de todos os movimentos literários da nossa história. É uma repercussão de correntes estrangeiras.

À diferença, contudo, dos anteriores, a influência estrangeira não teve tanto o caráter de importação ou imitação como de contaminação do espírito "moderno" que varria a Europa. Por outro lado, a marca estrangeira não é muito profunda, nem extenso o ideário importado, limitado a um pouco do futurismo, do dadaísmo e do super-realismo. A influência europeia de vanguarda provinha, sobretudo, das artes plásticas e a elas é que mais deve a dinâmica do movimento. Já foi registrado acima que os primeiros sintomas da renovação, no Brasil, forneceram a pintura e a escultura, com Lasar Segall, Anita Malfatti, Di Cavalcanti, Brecheret, inclusive na ideia e constituição da Semana.

Impõe-se aqui à consideração o caso da literatura portuguesa e das relações entre o Modernismo brasileiro e o português. No século XX, a distância entre o Brasil e Portugal é maior que entre o Brasil e a França. A influência portuguesa, ainda viva no final do século XIX, havia sido substituída pela francesa, e tende a desaparecer gradativamente, à medida que avança o século presente, como se nisso estivesse implícito o reconhecimento de que se esgotara a capacidade lusa de nos dar contribuições válidas e fecundas. O que ainda sobrava era a ressonância dos simbolistas — Eugênio de Castro, Antônio Nobre —, sem falar nos influxos duradouros de Eça de Queirós, Antero de Quental e Camilo Castelo Branco e sem falar nos antigos.

Mas, naquele início de século, o que perdura é o ranço da herança classicizante na linguagem literária, veiculada ainda pela miragem do passado luso, que tanta força teve sobre toda a história brasileira, apesar das reações nativistas. O peso daquela influência era profundamente nocivo e concorria para o atraso da literatura e da língua no país novo. Foi o fraco de um Coelho Neto, um Rui Barbosa, um Euclides da Cunha, em meio a altas qualidades, esse gosto do palavreado empolado, difícil, inusitado, arcaizante que constituía antes um travesti a atravancar o processo da expressão brasileira, prolongando o divórcio entre a língua falada e a escrita.

O combate a esse vício, já então vergastado, de mistura com toda a herança portuguesa, pelo sarcasmo de Antônio Torres, é que seria um dos cavalos de batalha do Modernismo e é possível que esse fato germinasse o desapreço, a desatenção e o afastamento progressivo da cultura portuguesa contemporânea a ponto de que os dois modernismos — o luso e o brasileiro — quase nenhum contato mantivessem, e mais, o português passasse quase ignorado no Brasil.

Em verdade, há concomitância ou contemporaneidade entre os dois movimentos, ambos influenciados pelas mesmas fontes estrangeiras e tendo tido desenvolvimento independente. Houve, contudo, na fase de gestação, a partir de 1910, certos pontos comuns, mesmo coexistência, como na idealização da revista luso-brasileira *Orfeu*, no Rio de Janeiro, em 1915, pelo português Luís de Montalvor e o brasileiro Ronald de Carvalho. Foi o início do Modernismo português. No mais, caminharam paralelamente os dois movimentos, e só nos anos mais recentes é que houve maior receptividade no Brasil para as mais altas vozes do Modernismo português, máxime Fernando Pessoa, cuja extraordinária obra lírica tem despertado singular ressonância no seio das gerações novas do Brasil.[70]

Entretanto, a contribuição estrangeira foi, desde o início, contrabalançada pela tendência nacionalista, pela "procura consciente e sistemática de brasilidade" (Wilson Martins), de realidade brasileira, a ponto de exigir certa afinidade de ideais para a completa receptividade no meio brasileiro.[71]

Referem-se ainda fatores estranhos à literatura como responsáveis pelo Modernismo. Seria ele, assim, relacionado com a Guerra de 1914-1918, com a industrialização de São Paulo, até mesmo com a Revolução Russa. Sem negar a inter-relação dos fatos na trama da vida humana, todavia, não cumpre à crítica literária investigar a causa das transformações estéticas fora do próprio tecido artístico. Elas residem no esgotamento das formas, que impedia os artistas de encontrar nelas conformidade para a representação de sua visão da realidade, visão de acordo com a nova concepção da vida e do mundo que alimentavam. O Modernismo, conceito novo de estilo estético, ocupando um novo período estilístico, correspondeu, assim, a um momento da história estética ocidental, e, no nosso caso, da consciência artística brasileira. Resultou da evolução interna das formas literárias, segundo as leis da estética, para dar realização a aspirações e sentimentos, emoções e ideais, em consonância com uma diferente cosmovisão.

3. *A Semana de Arte Moderna*. A história da Semana (a 13, 15 e 17 de fevereiro de 1922 foram as representações no Teatro Municipal de São Paulo) não

é objeto do presente estudo. Cabem aqui apenas algumas considerações de ordem geral.

A Semana foi uma explosão. Longamente preparado o espírito literário para uma renovação radical, alguns espíritos de vanguarda, reunidos por anseios e pontos de vista comuns, acertaram os planos da verdadeira batalha, à custa da qual assaltariam os bastiões do "passadismo". Foi sobretudo um golpe de destruição da velha ordem. Originou-se de uma sugestão do pintor Di Cavalcanti a Paulo Prado, para que se organizasse uma semana de escândalos em São Paulo, tal como "a série de escândalos da Semana de Elegância de Deauville".

Ainda é motivo de controvérsia a iniciativa paulista ou carioca do movimento. O fato é que tanto o Rio de Janeiro como São Paulo estavam havia muito na linha da renovação, com grupos em ambas as cidades fermentando os novos ideais, tendo até no Rio saído diversos para participarem da Semana em São Paulo.[72] Estava criado o clima para a eclosão do movimento, no Rio talvez mais acentuado no terreno literário, em São Paulo no campo artístico, o Rio mais propenso à transformação evolutiva, ao passo que São Paulo à revolução. Mas o impulso final partiu de São Paulo, mais em dia, como assinalou Mário de Andrade, mais avançado no caminho da revolução, e lá é que se travou a grande peleja, "a grande operação cirúrgica necessária à eclosão definitiva do Modernismo brasileiro".[73]

Circunstâncias ocasionais, portanto, mormente o apoio que encontrou de logo nas altas rodas da aristocracia paulista, cujos salões a prestigiaram, fizeram com que a sede da rebeldia fosse São Paulo. Embora a atmosfera não diferisse da encontrada em outras regiões, o desenvolvimento do espírito moderno em São Paulo apressou-se e sobretudo ganhou em aglutinação.[74] Merece menção especial, na formação desse clima, a campanha pela imprensa desencadeada por volta de 1920, por Oswald, Mário e Menotti, "com grande celeuma e escândalo", difundindo as mudanças artísticas que se processavam na Europa e conclamando os intelectuais para a sua realização no Brasil.

Sobretudo foi em São Paulo que o movimento encontrou consciência grupal (a Semana foi o "brado coletivo principal", disse Mário) mais decidida e vigorosa,[75] de cunho artístico, pois não teve nem sentido popular, nem político-social, já estando a esse tempo consolidada a união dos artistas e intelectuais que será uma das características do movimento, desde a exposição de Anita Malfatti, e depois que, em 1920, Mário e Oswald descobriram Brecheret. Então, Oswald de Andrade lançou o artigo "O meu poeta futurista", apontando e exaltando o "desvairismo" de Mário de Andrade.

1922 foi mais que uma simples data, porquanto denota que a situação revolucionária chegara ao auge do amadurecimento, e não foi por certo casual a coincidência das revoluções estética e política, iniciada também com o levante dos 18 do Forte de Copacabana, no mesmo ano, o que mostra que a consciência do país atingira um estado agudo de revolta contra a velha ordem, em seus diversos setores. Não se trata de procurar precedência de um fator sobre os outros, o intelectual e artístico, o político, o econômico. Mas de reconhecer que era a estrutura da civilização brasileira, era o todo do organismo nacional, que mobilizava as forças para quebrar as amarras de sujeição ao colonialismo mental, político e econômico, à situação arcaica, entrando firme na era da maturidade e posse de si mesmo.

No plano intelectual, em 1922 surgiram, como apontou Tristão de Athayde, algumas obras que acentuam o divisor de águas: *Luz mediterrânea*, de Raul de Leoni, despedida do espírito simbolista; *Epigramas irônicos e sentimentais*, de Ronald de Carvalho, passagem do Simbolismo para o Modernismo; *Pauliceia desvairada*, de Mário de Andrade, a bomba modernista; *Pascal e a inquietação moderna*, de Jackson de Figueiredo, a aurora da renovação espiritualista; *A Igreja, a Reforma e a Civilização*, de Leonel Franca, a revelação do novo tomismo, para fundamento do movimento de restauração espiritualista".

Há que estudar aqui o discutido papel de Graça Aranha no movimento. Ao regressar ao Brasil, em outubro de 1921, como embaixador aposentado, vinha o autor de *Canaã* imbuído das aspirações renovadoras, que já em 1913 revelara a Tristão de Athayde e Rodrigo Otávio Filho, como ficou assinalado acima. Tinha pronta *A estética da vida* lançada em 1921, e considerava o livro uma espécie de manifesto revolucionário. Sua impressão, agora agravada em face dos contatos que teve ao chegar, era de que o país estava completamente amarrado à pasmaceira intelectual e política, e essa impressão traduziu em discurso numa festa de escritores e artistas, em 12 de novembro de 1921. Incorporou-se, então, decididamente aos jovens que representavam o espírito novo.

A respeito de sua participação discordam os grupos modernistas. Mário de Andrade era o mais infenso à sua posição, pensando que a revolução teria ocorrido com ele ou sem ele, e a sua atitude hostil está expressa na carta que dirigiu a Graça Aranha em 1926.[76] Manuel Bandeira afirma ter sido ele quem se aproximou dos moços sustentando que o Modernismo ainda prejudicou suas mais importantes qualidades. Outros, como Renato Almeida, atribuem-lhe a chefia do movimento, que não teria logrado a repercussão que obteve, não fora o prestígio e a fascinação de sua figura gloriosa.

A reação, especialmente da parte do grupo paulista, era provocada sobretudo pela intenção de Graça Aranha de impor uma unidade e coerência doutrinária, à base de suas teorias, a que não se submetiam, por não concordarem com seus pressupostos esteticistas e filosóficos. Foi o que explicou muito bem Sérgio Buarque de Holanda,[77] aduzindo a observação de que ele "ia assimilando às suas as ideias do verdadeiro Modernismo". Mas, a despeito dessa atitude de Graça Aranha e da falta de unidade do movimento, afirma ainda Sérgio Buarque de Holanda:

cairia em erro quem (...) procurasse diminuir o papel considerável, verdadeiramente decisivo, que lhe coube no desenvolvimento do Modernismo. Pode-se pensar que com ele, com o comando que foi tentado a exercer, e não conseguiu, o movimento estaria condenado a perecer. Mas é preciso frisar que sem ele, sem sua presença empolgante, dificilmente teria, como teve, um alcance verdadeiramente nacional.

Em resumo, sem ter sido o orientador nem o chefe do movimento, havendo mesmo despertado reações, Graça Aranha emprestou-lhe a sua coragem de romper com o passado, com a sua geração, incorporando-se aos jovens, emprestando-lhes o seu nome e prestígio, chamando para eles a atenção do público. Nesse sentido, é possível reconhecer-lhe certo heroísmo intelectual, como fez Renato Almeida. Foi um animador, a cujo entusiasmo muito deveu o movimento na sua fase demolidora.[78]

Quais os caracteres, objetivos e resultados da Semana?

A ideia central da Semana é a de destruir, fazer escândalo. O sentido principal é crítico. "Não sabemos definir o que queremos, mas sabemos discernir o que não queremos", foi a frase de Aníbal Machado, que poderia ter sido a plataforma. Rejeitava-se tudo o que constituísse patrimônio "passadista": a ênfase oratória, a eloquência, o hieraticismo parnasiano, o culto das rimas ricas, do metro perfeito e convencional, da linguagem classicizante e lusitanizante; advogava-se uma maior fidelidade à realidade brasileira.

Mário de Andrade, vinte anos depois, traçaria o que lhe pareceram os rumos iniciais do movimento: 1) Ruptura das subordinações acadêmicas; 2) Destruição do espírito conservador e conformista; 3) Demolição de tabus e preconceitos; 4) Perseguição permanente de três princípios fundamentais: a) direito à pesquisa estética; b) atualização da inteligência artística brasileira; c) estabilização de uma consciência criadora nacional.[79]

E não há dúvida que os objetivos visados foram atingidos. Da Semana o movimento parte em jorro e nada mais o deterá. Em 1924, alcança ainda maior repercussão e prestígio, com a batalha de Graça Aranha contra a Academia Brasileira de Letras, típica peleja de perde-ganha.

E se em torno da Semana havia certa aglutinação dos participantes, que poderia induzir o observador a crer numa homogeneidade e unidade de doutrina — o que nunca houve, mesmo porque faltou ao movimento "conteúdo filosófico e psicológico" como assinalou Peregrino Júnior, ou como disse Prudente de Morais Neto, "nunca foi uma escola, muito menos um corpo de doutrina" —, depois dela essa aparente unidade foi-se aos poucos desagregando, máxime em relação à figura de Graça Aranha. Pode-se mesmo, com Sérgio Buarque de Holanda,[80] estabelecer o número da revista *Klaxon* (janeiro de 1923), consagrado ao escritor, como o divisor de águas, depois do qual os modernistas se separaram. Ganha a batalha, o adversário se não destruído, ao menos escorraçado, ridicularizado, reduzido ao silêncio, à perda das posições de publicidade e de mando da vida literária, ao descrédito público, à solidão, os vencedores então desavêm-se, dividem-se em grupos que tomam rumos divergentes.

Mas a revolução estética estava operada, e as consequências seriam profundas e largas na mentalidade artística e literária brasileira.

4. *Depois da Semana: os grupos e correntes*. Mas o Modernismo não é somente a Semana. E depois da Semana, a relativa frente única do grupo e o caráter unitário do movimento, logrado até então pelos objetivos demolidores, que constituíam a palavra de ordem comum, foram cedendo terreno, e surgiram as divergências. Por volta de 1925, informa Prudente de Morais Neto, o Modernismo começou a dividir-se em grupos e gerações sucessivas e correntes divergentes. Graça Aranha foi a principal causa inicial da desagregação. O Modernismo como grupo desapareceu.[81]

Mas o movimento continuou, através dos numerosos grupos em que se subdividiu, nas duas cidades onde se iniciou, e, de logo, por toda a parte do território nacional. Em muitos desses pontos, onde já vinham também fermentando ideais de renovação estética, surgiram concomitantemente com os do Rio de Janeiro e São Paulo; em outros, os grupos aparecidos decorreram da repercussão que o movimento central desencadeou. As gerações novas enfileiraram-se no movimento em todas as regiões do país, naturalmente cada qual obedecendo a imperativos e variantes locais ao lado dos caracteres gerais.

Os grupos e correntes principais do movimento foram os seguintes. aproveitando os estudos de Tristão de Athayde e Peregrino Júnior,[82] além de observações de outros:

a) *Dinamista*: Do Rio de Janeiro, em torno de Graça Aranha, reunindo Ronald de Carvalho, Guilherme de Almeida, Teixeira Soares, Filipe de Oliveira, Renato Almeida, Álvaro Moreira, Villa-Lobos, Paulo da Silveira, Agripino Grieco, etc. Suas teses: culto do *movimento* e da *velocidade*, do progresso material, da grandeza técnica, rotuladas como "objetivismo dinâmico", por Graça Aranha. O livro *Velocidade*, de Renato Almeida é a síntese de suas teorias.

b) *Primitivista*: de São Paulo, com Oswald de Andrade, Raul Bopp, Osvaldo Costa, Antônio de Alcântara Machado, o Manifesto Pau-Brasil e a revista *Antropofagia*, "duas geniais invenções de Oswald", no dizer de Cassiano Ricardo. Buscavam a renovação inspirando-se nos motivos primitivos da terra e da gente brasileira. "Antropofagia é o culto à estética instintiva da terra nova", definiu Oswald.

c) *Nacionalista*: de São Paulo, com o movimento *verde-amarelo* (1926), o da *anta* (1927), o da *bandeira* (1936), com Plínio Salgado, Cassiano Ricardo, Menotti del Picchia, Cândido Mota Filho, etc., reivindicando a "nacionalização" da literatura segundo os motivos brasileiros, indígenas, folclóricos, nativos, americanos, contra a inspiração nos temas europeus. Essas duas correntes aspiravam a criar uma epopeia brasileira, iniciada com *Pau-Brasil* (1925), de Oswald de Andrade, e seguida de *Raça* (1925), de Guilherme de Almeida, *Vamos caçar papagaios* e *Martim Cererê* (1927-1928), de Cassiano Ricardo, *República dos Estados Unidos do Brasil* (1928), de Menotti del Picchia, e *Cobra Norato* (1931), de Raul Bopp.

d) *Espiritualista*: do Rio de Janeiro, em torno da revista *Festa*, com Tasso da Silveira, Andrade Murici, Murilo Araújo, Barreto Filho, Adelino Magalhães, Brasílio Itiberê e, depois, Francisco Karam, Cecília Meireles, Murilo Mendes, herdeiros do espiritualismo simbolista, ligados ao crítico Nestor Vítor, muito simpático ao grupo e suas ideias, denominadas, também, por Carlos Chiacchio, na Bahia, de "tradicionismo dinâmico" por oposição ao "objetivismo dinâmico" de Graça. Defendiam a tradição e o mistério, conciliavam o passado e o futuro.

e) *Desvairista*: é a linha inaugurada e inspirada por Mário de Andrade, a que se ligaram numerosos intelectuais por todo o país. Batia-se pela liberdade de pesquisa estética, pela renovação da poesia, pela criação da língua nacional.

Além dessas correntes devem-se mencionar: a do *sentimentalismo intimista e esteticista*, com Ribeiro Couto, Guilherme de Almeida e os mineiros; o grupo dos *independentes*, com Manuel Bandeira, Tristão de Athayde, Jackson de Figueiredo, Sérgio Miliet, Rubem Borba de Morais, Sérgio Buarque de Holanda e Prudente de Morais Neto (com a revista *Estética*), Rodrigo Melo Franco de Andrade (com a *Revista do Brasil*). É mister lembrar ainda as revistas de São Paulo *Terra Roxa e Outras Terras* e *Klaxon*, nesse caminho independente.

Era a renovação praticada por diretrizes as mais diversas e seguindo rumos às vezes desencontrados. Mas as tendências apontadas quase nunca apareceram puras; ao contrário, encontravam-se, na maioria dos casos, misturadas na mesma figura, ainda quando se tratava de um independente. Por outro lado, as tendências primitivas e nacionalistas aproximam-se sob vários aspectos, ambas consistindo numa reação oposta à primazia da civilização ocidental e sua concepção religiosa, e à tendência urbana de Mário de Andrade, em nome da brasilidade, atitude esta que Oswald de Andrade simbolizava na deglutição do bispo Sardinha pelos índios.

Além desses, alguns neles inspirados, há que referir os movimentos simultâneos ou subsequentes dos estados. Em Minas o do grupo *Verde*, de Cataguases, com Rosário Fusco, Ascânio Lopes, Guilhermina César, Francisco Inácio Peixoto, Camilo Soares, Martins Mendes, Humberto Mauro; e, em Belo Horizonte, o da *Revista*, com Carlos Drummond de Andrade, Emílio Moura, João Alphonsus, Ciro dos Anjos, Abgar Renault, Pedro Nava, Aníbal Machado, Martins de Almeida, João Domas Filho, Mário Matos, Enrique de Resende, etc. Na Bahia, Godofredo Filho, em 1926, de volta ao Rio, apresenta, em página de jornal, os novos figurinos poéticos, e imediatamente, polarizados pela personalidade exuberante do crítico Carlos Chiacchio, reúnem-se-lhes outros moços, como Eugênio Gomes, Carvalho Filho, Pinto de Aguiar, Hélio

Simões, Ramaiana de Chevalier, Pereira Reis Júnior, Queirós Júnior, criando a revista *Arco e Flecha*, na linha do "tradicionismo dinâmico". Outro grupo era integrado por Jorge Amado, Sosígenes Costa, Pinheiro Viegas, Edson Carneiro, Alves Ribeiro, Clóvis Amorim, e seguia linha independente. No Ceará, o Modernismo surgiu com a revista *Maracajá*, em 1929, e no Pará, o grupo do *Flaminaçu*, com Abguar Bastos. No Rio Grande do Sul, o grupo da *Madrugada*, com Augusto Meyer, Teodomiro Tostes, Vargas Neto, Miranda Neto, Paulo Gouveia, Moisés Velinho.

Desta maneira, é errônea a ideia de que o Modernismo foi um movimento exclusivamente paulista, que as outras regiões do país não fizeram mais que copiar, tornando-se meramente auxiliares. Nada mais falso porque resultado de observação superficial ou de propaganda bem organizada dos mentores daquele movimento.

Na verdade, o movimento iniciado com a famosa Semana de 1922 foi antes a consequência que o começo. Resultou de todo um processo de modernização do país, oriundo da República, acrescido dos "ismos" europeus do após-guerra de 1914. Além disso, o aspecto nacionalista do movimento foi a resultante de uma evolução vinda de longe, por força de uma "tradição afortunada", que se desenvolveu no curso dos séculos e que encontrou no Romantismo a sua bomba de propulsão.

Quando surgiu a Semana, por sua vez imitação de outra de escândalos ocorrida na França, o país já estava preparado para a renovação. O próprio Graça Aranha, cujo pioneirismo e liderança foram negados pelos líderes paulistas, havia muito, desde 1913, já cogitava de uma renovação, como atestam os testemunhos de Rodrigo Otávio e Tristão de Athayde. As duas primeiras décadas do século XX oferecem vários sinais de que se fomentava uma busca de novas ideias. Mário Pederneiras já empregara o verso livre que tanta celeuma viria despertar quando Manuel Bandeira a ele recorreu.

O mais importante, todavia, é que em diversas regiões do país eclodiram grupos e movimentos que, a distância, podemos considerar independentes ou mesmo hostis ao paulista. De Belém ao Rio Grande do Sul, passando pelo Nordeste, pela Bahia, por Minas Gerais e pelo Rio de Janeiro, houve muita tentativa renovadora à revelia da encabeçada pela Semana.

O fundo regionalista do movimento nordestino, exaltando as tradições brasileiras nas artes e letras, costumes e cozinha, ostenta orientação própria. Na Bahia, o grupo chefiado por Carlos Chiacchio, chamado Ala das Letras e Artes, defendia um tradicionalismo dinâmico, ausente do pensamento dos líderes paulistas. No Rio de Janeiro, o grupo de Graça Aranha, com Ronald de Carvalho e Renato Almeida, era independente, como também o da revista *Festa*, de orientação espiritualista. Em Minas, tanto o grupo de *Verde* como o da *Revista* não eram simples repercussões, mesmo levando em conta a influência de Mário de Andrade. O grupo gaúcho oferecia colorido especial, inspirado no magma regional local. É esse também o caso de Abguar Bastos e o grupo do Pará.

Naturalmente, havia coisas comuns. O sopro de modernização era geral. Mas a repercussão da Semana só se fez sentir depois da conferência de Graça Aranha na Academia em 1924. O resto do país, mesmo o Rio de Janeiro, não sentiu qualquer abalo com os "escândalos" da Semana.

Isso nos leva a concluir de maneira simples: não houve um modernismo, mas vários. Cada qual com o seu colorido especial. Foram referidos acima apenas os principais. Houve ainda outros menores. De modo geral, o que se nota é que o processo de modernização pipocou aqui e ali, com vozes próprias e ênfase nesse ou noutro aspecto. Foi um movimento brasileiro, e não apenas paulista. Não houve um Modernismo, mas vários Modernismos.

Um ponto de fundamental importância na consideração do Modernismo é o da sua relação com o regionalismo. Não obstante haver quem afirme ter sido o Modernismo "inimigo de toda espécie de tradicionalismo e de toda a forma de regionalismo",[83] parece evidente na época a tendência a fundir e conciliar o Modernismo e o regionalismo.

O regionalismo, é bem verdade, vinha de antes, como já ficou salientado. Ligava-se a uma corrente tradicional da cultura brasileira, de valorização da terra e da gente e de nativismo, a qual, depois de trabalhada pelos românticos e realistas, assumiu formas bem acabadas artisticamente, com Afonso Arinos, Monteiro Lobato, Valdomiro Silveira, e outros no plano da ficção.[84] O Modernismo, desde cedo, mostrou-se propenso a consolidar essa tradição. A sua preocupação era com as coisas brasileiras, com os motivos e temas nacionais, folclóricos, históricos, regionais, e com a linguagem brasileira.

Mas a intensificação do movimento regionalista veio emprestar caráter ainda mais profundo a tendência, ampliando-lhe a dimensão e o alcance. Sobretudo em duas áreas de mais fortes tradições regionalistas essa conciliação adquiriu maior impulso e mais nítido sentido de valorização estética moderna do elemento regional: no Nordeste e no Rio Grande do Sul. No primeiro, desde 1923, com a chegada de Gilberto Freyre após cinco anos de estudos no estrangeiro, formou-se, por sua inspiração e direção, intenso movimento regionalista, com a fundação do Centro Regionalista do Nordeste, em 1924, e a reunião do I Congresso Regionalista do Recife, em 1926.[85] As ideias difundidas por esse movimento repercutiram na poesia de Jorge de Lima e Ascenso Ferreira, no romance de José Lins do Rego e José Américo de Almeida, na pintura de Cícero Dias, Manuel Bandeira e Luís Jardim, e em diversas outras manifestações.

É, assim, das mais importantes a posição de Gilberto Freyre, não só no que respeita a esse aspecto, senão também em relação a todo o movimento de renovação moderna. Contribuindo para a mudança de moldes e de metodologia nos estudos históricos e sociais, ampliando a perspectiva em face do passado, valorizando os elementos locais ou regionais de cultura, difundindo uma atitude de simpatia acerca dos valores brasileiros, dos assuntos históricos e populares, ele exerceu uma liderança efetiva que se estendeu além das fronteiras dos "estudos brasileiros", em que é um mestre incontestado, pelas áreas literárias e artísticas, em influência marcante, que o situa como uma das principais figuras da cultura brasileira contemporânea.

No Rio Grande do Sul, onde o regionalismo foi "o único movimento característico na produção literária", como disse Augusto Meyer, o terreno estava preparado para a tarefa da geração dos modernos, Darci Azambuja, Vargas Neto, Ciro Martins, Nogueira Leiria, nos quais, afirma ainda Augusto Meyer, "é evidente o ponto de convergência entre o Modernismo e a tradição regionalística", uma consciência de motivos e certa convergência de propósitos".[86]

Assim, a renovação literária e artística encontrava na inspiração regional, nas tradições locais, nos motivos da terra e da vida brasileira, no *genius loci*, os elementos necessários para a sua execução. Era uma direção mui especial do Modernismo, e das mais fecundas em realizações felizes, segundo o antigo lema estético de que as diversidades regionais são os eternos focos de reumanização e renovação da arte.

Os grupos modernistas procuraram geralmente vazar as suas ideias e divulgar a produção da arte em revistas de vanguarda. Destas, as principais foram as seguintes: *Klaxon* (São Paulo, 1922), *Estética* (Rio de Janeiro, 1924), *Terra Roxa e Outras Terras* (São Paulo, 1926), *Revista de Antropofagia* (São Paulo, 1928), *Papel e Tinta* (São Paulo), *Revista do Brasil* (Rio de Janeiro, 1915-1926). *Festa* (Rio de Janeiro, 1927-1929, 1934), *Movimento* (Rio de Janeiro, 1928-1930, depois *Movimento Brasileiro*), *A Revista* (Belo Horizonte, 1925), *Verde* (Cataguases, 1928), *Elétrica* (Itanhandu, 1928-1929), *Novíssima* (São Paulo, 1926), *Arco e Flecha* (Bahia, 1928), *Maracajá* (Fortaleza, 1929), *Madrugada* (Porto Alegre, 1919), *RASM* (São Paulo, 1939) e outras.

A despeito da ausência de marcada preocupação filosófica que lhe comunicaria inclusive talvez certa unidade de pontos de vista, vários foram os textos em que procuraram os chefes ou os grupos defender as suas peculiaridades de orientação, São manifestos, artigos-programas, prefácios, até mesmo livros de poesia-doutrina, que são verdadeiras declarações de princípio. Pode-se fazer o seguinte levantamento dos principais:[87]

a) As conferências de Graça Aranha: "A emoção estética na arte moderna" (1922), "O espírito moderno" (1924), hoje reunidas em *Espírito Moderno*.

b) O "Prefácio interessantíssimo" ao livro *Pauliceia desvairada* (1922), de Mário de Andrade.

c) *Manifesto da poesia Pau-Brasil* (1924), de Oswald de Andrade (repr. in *Letras e Artes*. Supl. Lit. *A Manhã*. Rio de Janeiro, 17 fev. 1952).

d) Revista *Estética* (1924), com artigos-programas of Prudente de Morais Neto e Sérgio Buarque de Holanda.

e) "A revolta dos anjos", artigo de Ronald de Carvalho.

f) *Natalika* (1924), de Guilherme de Almeida.

g) "As bases da arte moderna", conferência de Ronald de Carvalho (1925).

h) A *escrava que não é Isaura* (1925), de Mário de Andrade, a arte poética modernista.

i) *Manifesto regionalista do Recife* (1926), de Gilberto Freyre.

j) *Manifesto Verde-Amarelo* (São Paulo, 1927), assinado por Plínio Salgado, Cassiano Ricardo, Cândido Mota Filho, Menotti del Picchia.

l) *Manifesto Antropofágico* (São Paulo, 1928), assinado por Oswald de Andrade, Antônio de Alcântara Machado, Raul Bopp, Osvaldo Costa.

m) Manifesto *Verde*, de Cataguases (1928).

n) "Ensaio sobre Estética Moderna" ou "Diálogo do Bárbaro com o Alexandrino"(1928), conferência de Ronald de Carvalho (Repr. in *Estudos Brasileiros*, 2ª série, Rio de Janeiro, 1931).

o) Definição do Modernismo Brasileiro (1932), de Tasso da Silveira, contendo os artigos de *Festa* (1927).

p) *Modernistas e ultramodernistas* (1951), de Carlos Chiacchio, contendo as teorias de *Arco e Flecha* (1928).

q) *Domingo dos séculos*, de Rubens de Morais.

5. *Cronologia e caracteres do Modernismo.* Como já ficou asseverado, ao contrário do que pensam alguns críticos, o Modernismo não se restringiu à Semana de 1922, nem tampouco à fase heroica de 1922 a 1928 ou 1930. *Modernismo*, no consenso crescente dos mais autorizados intérpretes da literatura contemporânea, é o período que, inaugurado pela Semana, vem até o meado do século, valorizando o espírito moderno, o atual e o novo, em detrimento do passado.[88] O nome vai perdendo o caráter ou sentido restrito da origem — sentido revolucionário de moderno, transitório, presente — para assumir o tom de uma definição de toda a época estilística. Tende, pois, a estratificar-se e convencionar-se como denominação geral.

Por isso, não é justo declarar que o Modernismo morreu. Em 1942, em resposta a um inquérito de Osório Nunes, no *Dom Casmurro*, Manuel Bandeira e Ribeiro Couto contestaram a assertiva de Menotti del Picchia, em seu discurso na Academia Brasileira de Letras, de que o Modernismo havia morrido, afirmando, com razão, o primeiro que "O Modernismo evoluiu" e o segundo que "não morreu, transformou-se". Continuou, com diferenças de geração a geração, de fase a fase.

Estudado na sua evolução, distingue-se nitidamente no Modernismo uma sucessão de fases, a que corresponderam diferenças das várias gerações em sua atitude perante a vida e a arte. Não obstante as diversidades dos grupos que viveram o movimento durante essas fases — divergências regionais ou doutrinárias —, cada camada ou fase, vista em perspectiva, ofereceu certa unidade geral.

Para Tristão de Athayde, o movimento se dividiu em três fases: O Pré-modernismo, o Modernismo, o Pós-modernismo,[89] situando-se a

Semana de 1922 no início da segunda fase, que, por sua vez, se estendera até cerca de 1930.

Consoante a conceituação adotada nesta obra, o Modernismo é todo o movimento moderno das letras brasileiras. Antes dele, deve-se registrar a fase dos antecessores ou precursores, ou Pré-modernismo, estudada em subdivisão anterior (n. 2, Antecedentes). Durante ela, que veio do início do século, mais precisamente de 1910 até 1922, data da Semana, processou-se a preparação do movimento.

O Modernismo propriamente dito compreende três fases, marcadas por três gerações diferentes e sucessivas, as de 22, 30 e 45:

a) A primeira fase, de 1922 a 1930, a que corresponde a denominação de Modernismo, de Tristão de Athayde;

b) A segunda fase, de 1930 a 1945, a que corresponde a designação de Pós-modernismo;

c) A terceira fase, de 1945 em diante, a que corresponde o rótulo de Neomodernismo, do mesmo crítico.

Não parece, contudo, haver discrepância de tal ordem entre essas fases que justifiquem os prefixos *pós* e *neo* antepostos à palavra Modernismo, que dariam a entender alterações radicais da mesma. O que ressalta ao exame a distância relativa em que nos encontramos é a unidade temporal do movimento, apesar das diferenças regionais, grupais ou geracionais, é o caráter modernista" das várias gerações literárias brasileiras, desde 1922, como bem observou Wilson Martins.[90]

Cada geração que fez o movimento, tendo trazido a sua vocação marcada, o seu colorido, era natural que as várias fases oferecessem fisionomia estética especial, em conformidade com as tendências e preferências da geração dominante.

É assim que a primeira fase é a da ruptura, executada pela geração de 22. É uma geração revolucionária, tanto na arte quanto na política. Seu objetivo é a demolição de uma ordem social e política fictícia, colonial, arcaica, uma arte e uma literatura artificiais, produzidas à custa da imitação estrangeira, desligada da realidade nacional. É uma geração "moderna", que se rebela contra toda a sorte de "passadismo", em nome dos interesses do presente e das aspirações do futuro. É uma geração que acredita no progresso, nas maravilhas da técnica, nas possibilidades de constante transformação do mundo. É uma geração crítica e anarquista, uma geração de combate, cujas armas foram a piada, o ridículo, o escândalo, a agitação, o cabotinismo, e não é de espantar que haja despertado a reação da injúria, vaia, apupo, descompostura.

Destarte, a primeira fase é heroica, aventureira, romântica, polêmica, destruidora, caótica. Seus anos mais fecundos foram, como diz Manuel Bandeira, de 1924 a 1930, "os anos de maior força e valor".[91] Ela abriu caminho para sua ânsia de pesquisa estética e de liberdade criadora, para o esplendor do movimento, na segunda. Foi uma fase predominantemente "poética", em que se firmaram as principais conquistas formais e estéticas do movimento no terreno da poesia. Seus agentes foram os que fizeram a Semana ou surgiram do remoinho por ela provocado, e estão relacionados nos diversos grupos da Semana e depois dela.

A segunda fase colheu os resultados da precedente, substituindo o caráter destruidor pela intenção construtiva, "pela recomposição de valores e configuração da nova ordem estética" (Cassiano Ricardo). Cessada a batalha, as águas assentaram, e puderam os membros da nova geração tirar os efeitos do desmonte e aplicar as fórmulas estéticas obtidas com a revolução em tentativas de novas sínteses. A poesia prossegue a tarefa de purificação de meios e formas iniciada antes, ampliando a temática na direção da inquietação filosófica e religiosa, com Vinicius de Morais, Jorge de Lima, Augusto Frederico Schmidt, Murilo Mendes, Carlos Drummond de Andrade, ao tempo em que a prosa alargava a sua área de interesse para incluir preocupações novas de ordem política, social e econômica, humana e espiritual. À piada sucedeu a gravidade de espírito, a seriedade de alma, propósitos e meios. Uma geração grave, preocupada com o destino do homem e com as dores do mundo, pelos quais se considerava responsável, deu à época uma atividade excepcional.

No entanto foi principalmente na prosa que ela mais se elevou, desde quando, em 1928, com *A bagaceira*, de José Américo de Almeida, e *Macunaíma*, de Mário de Andrade, se inicia a "década do romance" modernista,[92] início ruidoso de uma era de extraordinário esplendor, em que se distinguiu uma plêiade de artistas dotados de poderosa capacidade criadora. De um lado, a linha do estudo e do ensaio, com Gilberto Freyre, Afonso Arinos de Melo Franco, Otávio de Faria, Almir de Andrade, Euríalo Canabrava. Do outro lado, o grupo do renascimento do romance, na direção do neonaturalismo regionalista e social, a terra sobrelevando a tudo, com José Lins do Rego, Graciliano Ramos, Jorge Amado, Raquel de Queirós, Amando Fontes, ou na linha da investigação psicológica, o mundo interior monopolizando as preocupações, com Cornélio Pena, José Geraldo Vieira, Otávio de Faria, Lúcio Cardoso, Ciro dos Anjos, João Alphonsus, Eduardo Frieiro, Érico Veríssimo.

A terceira fase, iniciada por volta de 1945, assiste a um apuramento formal cada vez mais preciso, a um esforço de recuperação disciplinar, contenção emocional, severidade de linguagem, no campo da poesia, graças ao trabalho da geração de 1945. Na ficção, há certa estagnação do romance, enquanto se procura revitalizar o conto, à custa de novas experiências no plano da linguagem, da pesquisa psicológica, da técnica expressionista. O grande fato aqui é a revelação de João Guimarães Rosa.

Mas é máximo no plano da crítica a grande contribuição da fase, com a superação dos velhos métodos impressionistas e o debate em torno da nova crítica de cunho estético. Pode ser chamada a fase *estética* do Modernismo.

Diversas revistas tiveram um papel relevante nessa fase: *Clã* (Fortaleza), *Edifício* (Belo Horizonte), *Joaquim* (Curitiba), *Orfeu* (Rio de Janeiro), *Revista Branca* (Rio de Janeiro), *Sul* (Florianópolis), *Planalto* (São Paulo), etc.

Dos mais importantes movimentos do Brasil, o Modernismo, exaltação da psique moderna, não se limitou à esfera literária e artística, mas envolveu todo o complexo da cultura, e se a literatura e as artes foram radicalmente renovadas, toda a cultura brasileira foi atingida por uma transformação profunda. Como disse Graça Aranha na conferência da Academia, o espírito moderno "não se deveria limitar às letras e às artes, mas possuir uma identificação total com o povo e o país". Além disso, com envolver todas as formas da vida e atividade cultural, teve âmbito nacional. Foi um movimento de integração.[93]

Esse sentido de totalidade do movimento e da época, esse feitio multifacetário fizeram com que o mesmo espírito contaminasse todos os setores da vida brasileira, desencadeando uma vasta transformação. É assim que, além da literatura (conto, romance, poesia, teatro, crônica, ensaio, crítica) e das artes (música, pintura, escultura, arquitetura, decoração, gravura), também entraram para o ciclo de reformas desencadeadas pelo Modernismo: a Educação, com o movimento da educação nova, de Fernando de Azevedo, Anísio Teixeira, Lourenço Filho; os estudos históricos e sociológicos, com Gilberto Freyre, Roquete-Pinto, Sérgio Buarque de Holanda, segundo o gosto dos assuntos brasileiros; os estudos econômicos e políticos, graças aos quais uma nova mentalidade científica e técnica se passou a aplicar à realidade dos fenômenos de governo e administração pública; os estudos urbanísticos, responsáveis por uma nova maneira de encarar a formação, reforma e embelezamento das cidades brasileiras. O Modernismo foi toda uma concepção da vida, que gerou um estilo novo de enfrentar a realidade brasileira, fosse nos processos de dominá-la, fosse nas formas de representá-la artisticamente.[94] A civilização brasileira nesta fase contemporânea, atravessa uma profunda crise na sua estrutura, crise no sentido de inquietação espiritual, moral e intelectual, de efervescência cultural em busca de soluções para os problemas colocados pelo estágio a que atingiu. Essa crise manifesta-se na política, vida social, artes. O Modernismo foi o novo estilo surgido da consciência nacional para enfrentar e exprimir a nova atitude brasileira nas artes e letras, vida e cultura.

A uma visão panorâmica da época modernista, dentre as personalidades que dela participaram, avulta a de Mário de Andrade como a figura central. Militando no primeiro plano desde os momentos iniciais, dotado de invulgares qualidades de líder intelectual, de uma inteligência sumamente lúcida e dinâmica, com vontade firme de atuar, uma grande paixão da coisa literária, e a coragem mental indispensável aos inovadores, cresceu de tal modo até 1945, quando faleceu, que dificilmente se poderá apontar na história literária brasileira outro homem de letras com a influência que ele exerceu — influência literária, não política ou religiosa — nos acontecimentos e, depois, nos escritores mais moços, através de intensa atividade e produção intelectual, sem falar na vasta correspondência, mantida durante um quarto de século, para todos os quadrantes nacionais, debatendo problemas estéticos, literários e técnicos. Essa influência é ampla, seu papel não se limita ao poeta, ao prosador, ao animador, em cada um desses aspectos sendo, muito embora, relevante. Mas é como doutrinador, como esteta, como "escritor", como orientador, que se tornou um mestre incontestado. Haja vista o seu *A escrava que não é Isaura* (1925), a poética do Modernismo.[95] Se outros houve maiores como poetas ou romancistas, nenhum lhe sobreleva em importância, considerado como personalidade global, tão característica. Nunca houve entre nós, no entanto, uma ação de presença intelectual tão grande quanto a de Mário de Andrade", afirmou muito bem Paulo Mendes Campos.[96] E essa ação de presença fez com que ocupasse intelectualmente a sua época, por ele marcada de forma indelével. Se um movimento deve a uma grande personalidade parte significativa de seu êxito, é inegável que, no caso do Modernismo, assim na fase demolidora e heroica, que também em seu período mais construtivo, essa personalidade dirigente foi a de Mário de Andrade, que, no conto, na epopeia do *Macunaíma*, na poesia, na crítica e teoria literárias, na linguagem, nos estudos folclóricos, para não referir os vários outros setores onde sua ação se fez sentir, deixou o sinete de sua capacidade criadora e inovadora em conquistas definitivas para a inteligência brasileira, conquistas tão importantes como realizações positivas quanto como lições e exemplos da genuína e correta atitude do espírito brasileiro, de agora em diante, no que concerne à literatura, seja no aspecto temático, seja na inspiração ou na técnica.

6. *Saldo e legado*. Como consequência da dinâmica desencadeada pelo Modernismo e do seu trabalho de adensamento e aprofundamento temático no sentido brasileiro, bem como de todo o esforço de aperfeiçoamento técnico da arte literária a que deu lugar, a literatura atingiu um estádio que traduz o grau de maturidade e integração da consciência, da mente, da alma brasileira.

O Modernismo produziu uma completa mudança da mentalidade e do clima literário. O exame do estado atual da literatura revela as conquistas definitivas em grande parte devidas ao seu impulso gerador ou transformador.

i) Atualização do Brasil. O Modernismo rompeu a decalagem entre o Brasil e o resto do mundo, responsável pelo atraso mental, pela remotidão do espírito brasileiro, que nos colocava em posição sempre recuada no tempo em relação à marcha dos acontecimentos intelectuais do mundo.

ii) Libertação do colonialismo mental. Há hoje no Brasil uma saudável autonomia do espírito, o que não significa absolutamente isolamento da cultura universal, mas capacidade de pensar por si, de refletir sobre os problemas sem servidão, à luz dos interesses brasileiros. A inteligência brasileira conquistou sua maioridade, embora sem desprezar a nutrição estrangeira, o que é normal.

Mas há um modo próprio de reagir, de pensar, de formular os problemas e soluções, sem subserviência aos figurinos e receitas alienígenas.

iii) Nacionalismo. Sem adotar um nacionalismo "contra", de sentido jacobinista, a consciência brasileira atual gira em torno do Brasil, seus problemas, sua realidade, o homem brasileiro.

Afirma, com justeza, Peregrino Júnior:

> ... o movimento modernista promoveu a orientação da nossa arte e da nossa literatura num sentido nitidamente nacionalista, de base humana e social, cujas raízes se afundaram nas fontes do povo, no coração da nacionalidade, nas tradições mais puras da nossa terra e da nossa gente.[97]

A literatura e a arte brasileiras atuais são de feitio essencialmente nacional, nos motivos, temas, atmosfera. É o resultado do mais que secular esforço nativista da intelectualidade brasileira.

Tendo surgido sob o signo do nacional, o Modernismo tomou esse rumo e produziu uma verdadeira redescoberta do Brasil, criando uma consciência da realidade brasileira, libertando o país da mentalidade colonial e do fascínio da Europa. Outrora, o intelectual brasileiro vivia voltado para a Europa, dizendo-se um exilado no seu país. Os exilados regressaram, verificando que podiam vivê-lo e dar-lhe representação artística, pelo veículo de sua maneira especial de falar e não de uma língua postiça, conforme aos padrões lusos. A inteligência brasileira integrou-se, amadureceu, tomou posse de si mesma e do país, radicou-se na terra, passando a ter "participação ativa na vida nacional", graças a uma "identificação total com os problemas sociais, políticos e econômicos do Brasil" (Peregrino Júnior).

iv) Essa descoberta da terra e do ambiente brasileiro, esse movimento de "introspecção nacional" (Peregrino Júnior) trouxeram, como acentua o mesmo crítico, uma revitalização do regionalismo, do tradicionalismo, do folclore. As tradições indígena e negra, o lendário regional, a linguagem popular com as contribuições também indígena e negra passaram a ter direito de cidade incontroverso na literatura — poesia e ficção.

Por outro lado, procedeu-se a um grande inquérito do Brasil e do homem brasileiro, seu passado, sua formação, seu sistema de vida, não somente pela ficção, senão também pelos estudos históricos, sociais, etnográficos, linguísticos. A música e as artes plásticas brasileiras foram valorizadas, do que são exemplos o reconhecimento do Aleijadinho e da arquitetura colonial e o aproveitamento do acervo folclórico na grande arte musical de Villa-Lobos, Camargo Guarnieri, Francisco Mignone e outros, bem como de motivos populares e históricos na pintura de Portinari, Pancetti, Guignard. O movimento artístico do Brasil atual é um dos que mais elevam o nome do país no conceito mundial.

Em todos os setores da inteligência e da cultura, o conceito de brasilidade é a pedra de toque da criatividade. E o artista possui vivo o senso de presença no meio brasileiro, não fazendo como outrora uma arte desligada da realidade ambiente, uma arte europeizante. É um ponto pacífico esse de que o material artístico deve provir do meio brasileiro.

Por inspiração modernista, e da valorização do passado brasileiro que do movimento decorreu, encara-se com espírito científico o estudo folclórico, histórico e social, a que se deve uma completa modificação da mentalidade brasileira em relação aos problemas brasileiros e ao acervo cultural. Criou-se em consequência o Serviço do Patrimônio Histórico e Artístico Nacional (1936), no Ministério da Educação e Cultura, típica iniciativa modernista, com o objetivo de defender e resguardar o nosso patrimônio histórico e artístico, de conformidade com o ideal de síntese entre a renovação e a tradição. Índices igualmente eloquentes dessa tendência são as coleções de "estudos brasileiros", lançadas com o maior êxito por várias editoras: Brasiliana, Documentos Brasileiros, Biblioteca Histórica Brasileira, etc.

v) Descentralização intelectual, com valorização crescente da Província (Peregrino Júnior). É uma consequência dessa redescoberta da terra e do regionalismo. A literatura brasileira, que sempre foi revitalizada a partir de movimentos periféricos de inspiração regional, vivia, no entanto, presa à miragem do centro, acreditando-se que a vida intelectual não podia exercer-se fora do ambiente compensador da Metrópole. Ao metropolitanismo de Lisboa sucedera o do Rio de Janeiro, da Corte colonial para as Cortes imperial e republicana, em ambos os casos uma forma de imperialismo do centro relativamente às regiões, sobre as quais atuava como bomba de sucção, atraindo para si as reservas criadoras e estiolando em consequência as províncias. Constituía crença generalizada a de que só era possível fazer vida intelectual no centro.

O Modernismo quebrou esse preconceito, sendo como foi rico de movimentos e grupos locais, independentes, com características próprias, e que souberam reivindicar o reconhecimento público para as suas realizações. Desde então, as diversas províncias vão cada vez consolidando mais sua posição de centros regionais, com vida intelectual própria, capazes de bastar-se a si mesmas, não mais seduzidas pela miragem da Metrópole. Grandes intelectuais vivem em suas províncias de onde nem por sombra se afastariam, como um Gilberto Freyre, um Luís Câmara Cascudo, um Érico Veríssimo, um Eduardo Frieiro, sem falar em numerosos paulistas que sempre encontraram satisfação em viver na sua terra.

Um decisivo fator no fomento gradativo, de agora em diante, dessa descentralização serão as universidades e faculdades de Filosofia e Letras regionais, sobretudo à medida que forem acentuando sua capacidade de polarizar a vida intelectual local, graças à melhoria progressiva de sua atitude docente e criadora de cultura, máxime, no caso que aqui interessa, do ensino superior de letras.[98]

vi) Ao sentido autónomo da literatura brasileira, e à consciência de brasilidade, produtos do Modernismo, há que acrescentar a compreensão de seu caráter estético e da autonomia da obra de arte, noção que domina, como também acentua Wilson Martins,[99] o terceiro período do Modernismo. Foi constante a preocupação estética entre os campeões da reforma modernista, que a aliavam à atitude de combate. Os problemas da arte literária, antes, com poucas exceções, erroneamente colocados, foram reformulados — a forma, a técnica, o fenômeno literário, os problemas de poética, de forma e fatura lírica, de temática romanesca, de estrutura novelística —, em todos os seus aspectos o Modernismo refundiu a consciência dos problemas literários. Sente-se que o escritor brasileiro, de hoje em dia, domina com vantagem o artesanato do seu ofício, possui maior precisão no tamanho do material que recolhe obrigatoriamente do meio, sujeita-se cada vez mais às disciplinas fundamentais da arte, indispensáveis à plenitude da realização. A disciplina será o lema da boa produção, sobretudo graças à melhor prática do ensino literário, a decorrer das faculdades de letras.

vii) Profissionalismo e diletantismo. As novas gerações brasileiras tendem cada vez mais a renunciar, no exercício da literatura, ao espírito amadorista e diletante, ganhando em métodos e atitudes profissionais na concepção e na confecção da obra de arte literária. É o fim do autodidatismo, improvisação, falta de método, indisciplina, desregramento, imprecisão, desprezo pelas regras da composição ou da estrutura, inclusive material; da atitude falsamente romântica de só acreditar na inspiração telúrica, instintiva, de improviso, desatenta aos deveres de aprendizagem do ofício, atitude que, na maioria dos casos, visava a encobrir as fraquezas, a teorizar com o próprio erro, procurando transformá-lo em norma geral. Essa teoria era típica de um meio sem vida intelectual organizada, sem existência própria, sem os normais agentes de ensino, produção e difusão cultural.

Por esse defeito era responsável a ausência de tradição universitária e de universidade no Brasil, do que redundou o exercício da literatura ter sido marginal, parasitário de outras atividades, o intelectual vivendo na dependência de profissões estranhas ao seu ofício — a advocacia, a medicina, a burocracia, a política, o magistério não especializado. Em geral os homens de letras são profissionais dessas diversas atividades que cultivam a literatura nos momentos de ócio, quando não meros carreiristas que encontram na literatura um veículo de acesso ou salvo-conduto para projeção na política ou na administração. Ou então, como assinalou José Veríssimo, a literatura é feita pelos jovens das academias, sobretudo de Direito, os quais a abandonam logo que entram na vida prática, o que explica o caráter adolescente de muito de nossa produção, uma literatura não amadurecida, sem rigor técnico, sem terminologia específica e consciente, sem padrões e tradições normativas, sem consciência profissional, caracterizada pelo espírito boêmio e pelo diletantismo.

É o trato universitário que imprime consciência técnica a uma literatura. Todas as grandes literaturas europeias ligam-se pela tradição à universidade e ao ensino literário nelas ministrado. Deste ensino saem habitualmente os escritores. Deste ensino vivem e tiram o sustento. Assim é na França, Itália, Espanha, Inglaterra. Na França, ao lado da tradição universitária há uma forte corrente de independência da literatura em relação ao ensino, os escritores constituindo uma cleresia com vida profissional própria, que se explica pela solidez de recursos econômicos da vida literária, graças ao prestígio da literatura e ao movimento editorial que é uma das fontes de riqueza do país. Nos Estados Unidos, a grande novidade recente é a penetração dos meios universitários pelos escritores, inclusive os de vanguarda. É normal, portanto, a fusão de escritores e professores de letras. E o que merece realce é que não são apenas os eruditos, os *scholars*, os que se dedicam aos estudos de história literária, que se deixam atrair pelo magistério. Essa era, aliás, a acusação corrente contra a influência do ensino na produção literária: em vista de os professores se dedicarem ao passado, criavam uma mentalidade passadista, impermeável à compreensão da literatura contemporânea e viva. Para eles só possuía valor a literatura do passado remoto. Tinham um espírito rígido, inflexível, morto, e viviam de costas para o presente. Mas não se confunde ensino com passadismo literário.

Hoje, essa atitude, se não desapareceu de todo, pois haverá sempre os espíritos empedernidos mesmo fora do magistério, o que ocorreu foi a penetração do ambiente do ensino pela rajada fresca de genuíno espírito literário, que não se identifica com o passadismo incorrigível. Em toda a parte encontramos no exercício do ensino literário figuras de poetas, romancistas, dramaturgos e críticos, alguns dos quais responsáveis pela renovação da atmosfera literária do seu tempo, exercendo o magistério de letras, ensinando os segredos de seu *craft* a jovens que se queiram fazer escritores, procurando revelar-lhes os mistérios e técnicas da poesia, romance ou drama, ou transmitindo a sua experiência no trato do fenômeno literário, como erudito ou criador ou ainda difundindo a experiência alheia, os esforços de seus companheiros presentes e passados em busca das formas literárias. Nada mais adequado ao homem de letras. E se nos Estados Unidos encontramos uma equipe como Allen Tate, Richard Blackmur, Kenneth Burke, Robert Penn Warren, Cleanth Brooks e inúmeros outros, que se ombreiam com historiadores e eruditos no ensino universitário de letras, eles que são alguns dos maiores expoentes da literatura mais viva de seu país, vamos ver na Espanha um Damaso Alonso, um Carlos Bonsoño, um Rafael Lapesa, mestres universitários que, entre outros, constroem ao mesmo tempo a literatura de sua época. A maioria dos críticos literários de relevo, atualmente, empresta o seu concurso ao ensino literário. A obra mais importante de crítica criadora, publicada nos últimos anos, foi o *Mimesis*, de Erich Auerbach, professor universitário que a produziu no ambiente universitário.

No Brasil, a situação tende também a mudar-se com a consolidação das faculdades de Letras. Cumpre-lhes aos poucos conquistar o posto de liderança literária no país, não somente atirando na vida literária, devidamente preparados e dotados de consciência técnica e profissional, os inúmeros cultores das letras, como também, através do ensino secundário (pelos professores que formar, e se separar o ensino secundário de letras do de português) e superior, concorrendo para a produção crítica e erudita em moldes modernos. Das faculdades de Letras poderá decorrer uma profunda modificação na cena literária brasileira, dando à vida literária e à literatura um sentido e um conteúdo que até agora não tiveram, como resultado da benéfica influência do ensino, um ensino eficiente e renovado de letras em que não haja o menor conflito entre a crítica e a erudição histórica, entre o passado e o presente literário.

Já se foi o tempo em que a literatura se produzia nas mesas de café e bar.

No Brasil, doravante, nada se fará de importante no terreno literário que não seja ligado à universidade, às faculdades de letras, entrosando o país na tradição universal ilustre de identificação da universidade com a literatura.

viii) Essa profissionalização da literatura trará como consequência a inversão da fórmula antiga que caracterizava a literatura brasileira: a primazia da vida literária sobre a literatura propriamente dita. Já foi observado como era geral esse fenômeno em nossa história literária, em que a literatura vivia presa ao dilema "vida literária" e "obra literária".[100] Em vez de fazer literatura prefere-se "viver literariamente", segundo aquela frase de Oscar Wilde de que tinha dado à sua obra somente o seu talento, enquanto pusera "todo o meu gênio em minha vida". Por isso, no Brasil, a vida literária era mais importante do que a literatura, suplantava as obras, pois interessava menos aos homens de letras construir do que viver como homens curiosos, homens de espírito, dispersando capacidade, energia, talento, nas rodas, nos corrilhos, nas disputas, nas intrigas, na política literária.

Há, contudo, inclinação para superar-se essa situação com a progressiva profissionalização e a aquisição de consciência universitária e espírito científico para o trato do fenômeno literário.

ix) O problema da língua. Uma das mais fecundas consequências do Modernismo diz respeito ao problema da língua e do estilo brasileiro como legítimo instrumento da literatura aqui produzida. Até então vigorava maciça a norma portuguesa, havendo escritores, como Rui Barbosa e Coelho Neto, que se valiam de uma linguagem inteiramente em desacordo com o objeto que tinham em mira descrever ou tratar, tantas vezes verberado em Coelho Neto por Veríssimo e outros críticos.[101]

Essa estética arcaizante e lusitanizante em linguagem constituiu um dos elementos do "passadismo" mais violentamente visados pelo fogo modernista, tendo-se imaginado inclusive uma "gramatiquinha da fala brasileira"(Mário de Andrade) não levada a termo. O impacto revolucionário do Modernismo no campo da linguagem teve, como disse ainda Peregrino Júnior, uma consequência útil:

> Libertou os escritores brasileiros de uma imemorial e voluntária subordinação aos cânones clássicos de Portugal, permitindo-lhes adotar uma linguagem mais livre, mais solta, mais natural, de inspiração regional e popular, o que representou sem dúvida um enriquecimento e uma libertação para a nossa língua literária, tornando realidade aquilo que os românticos, Alencar à frente, tentaram fazer em pura perda.[102]

A propósito do problema da língua e do trabalho de purificação consequente ao Modernismo, mostrou Rubem Braga como esse trabalho resultou da libertação dos fantasmas que povoaram a mente dos nossos escritores, criados pela subordinação aos cânones lusos, e entravando a sua liberdade expressional.[103] Dessa operação de limpeza aproveitaram-se os escritores modernos, desenvolvendo uma língua que, se não se quiser chamar "brasileira", ao menos é cada vez mais diferente e distanciada dos padrões lusos tradicionais.

Os estudos de linguagem, dentro dessa mesma preocupação de valorizar o gênio linguístico brasileiro como força capaz de encaminhar a nossa capacidade expressiva, encontraram um intérprete que se colocou, sem consciência disso, na mesma linha modernista, dando cobertura à revolução modernista na linguagem, e fez de sua vida um apostolado de combate em favor da compreensão da fala viva brasileira, de sua incorporação à literatura, e de seu estudo integrado no complexo cultural brasileiro e na realidade social. Herbert Parentes Fortes profetizava a "vitória paulatina do sentido brasileiro de linguagem",[104] sentido desenvolvido através da nossa evolução histórica, em consonância com o meio; clima, realidade social, influências de outros idiomas e contribuições indígena e negra,[105] exigências sociais, biológicas, geográficas, sentimentais que dão lugar a novas formas de expressão e a desenvolver e diferenciar as existentes. Era a índole da língua materna, brasileira, que o Modernismo reconhecia.

A verificação desse fato levou Herbert Parentes Fortes, com a sua cultura de sociólogo, psicólogo, humanista, a investigar as constantes de nossa fala, muitas das quais tidas como erros à luz da tradição lusa, na intenção de preparar os estudiosos do fenômeno da linguagem para o reconhecimento de nossa peculiar realidade linguística e reivindicar a legitimidade do uso que delas fizeram e continuam fazendo os nossos escritores. Foi a tarefa do Modernismo que a linguística, à luz de critérios científicos e argumentação rigorosa, aplaudia e justificava, numa obra que ficará como o marco inicial, descontados certos exageros polêmicos, dos estudos linguísticos de orientação brasileira e da filosofia da linguagem nacional, não obstante a resistência da escola tradicionalista e historicista que ainda pesa em nossas rodas filológicas.

x) O espírito revisionista da época moderna favoreceu também a formação de ambiente para uma reafirmação dos valores espirituais, em contraposição ao império do materialismo e positivismo filosóficos, herança do século XIX e até então em vigor. Em consequência, foram por terra os preconceitos, e assistimos a um forte movimento de reespiritualização das elites e massas, com a participação de intelectuais, professores, escritores, e atingindo a ficção e a poesia. Líder inconteste do movimento, Jackson de Figueiredo desenvolveu uma atuação de envergadura, criando o Centro Dom Vital, o qual exerceria uma influência larga no país, sobretudo depois que, com o seu falecimento em 1928, a direção do movimento passou às mãos de Alceu Amoroso Lima (Tristão de Athayde), por ele, como muitos outros, convertido ao catolicismo, e tomado uma das maiores figuras da inteligência brasileira de todos os tempos.

Esse movimento está descrito em minúcias no capítulo "A reação espiritualista" do presente volume. Estuda-o também Renato Rocha no volume coletivo *Modernismo. Estudos críticos* (1954).

xi) Poesia.[106] Deixando a ordem das considerações gerais, históricas, estéticas, pela órbita mais específica da poética, também no que concerne às formas literárias o Modernismo atuou de modo sumamente profícuo.

Se perpassarmos o olhar pela história da poesia brasileira, veremos os românticos libertarem a língua das durezas clássicas e neoclássicas, sem lograr, contudo, afiná-la suficientemente, pois estão presos às vivências do passado e às influências lusas ainda bem próximas, inclusive em virtude do influxo de um Romantismo português tão marcadamente neoclássico. Só os parnasianos é que iriam purificar o vocábulo, ganhando a linguagem poética em valor estrutural, sentido arquitetônico e musicalidade. Os simbolistas herdaram dos parnasianos, além disso, o gosto do vocábulo perfeito, o senso do ritmo e da plasticidade do verso, mas amplificaram a ressonância musical da palavra, valorizando sua sugestibilidade e capacidade rítmica.

A poesia moderna, a princípio, confundiu e desprezou os gêneros; valorizou a livre associação de ideias, os temas do cotidiano, e do terra a terra, as expressões coloquiais e familiares, a vulgaridade, a desordem lógica. Era o pleno império da aventura e do intuitivismo, da poesia-experiência. A partir daí, contudo, sua contribuição, nesse terreno, foi da maior relevância, como acentua Cassiano Ricardo, enumerando, como se segue, passos dessa renovação:

> A conquista do verso livre, que não se confunde com o verso polimétrico; a incorporação do subconsciente, com a lição surrealista; a libertação do ritmo, que era escravo da métrica; a recriação das palavras que passaram a constituir o novo dialeto lírico; a livre pesquisa estética, que hoje é a pedra de toque dos novíssimos, são fatos que bastariam para caracterizar a importância do movimento moderno na poesia.[107]

Dentro dessa ordem de princípios, estende-se toda uma galeria de grandes nomes da poesia brasileira: Manuel Bandeira, Mário de Andrade, Cassiano Ricardo, Jorge de Lima, Oswald de Andrade, Raul Bopp, Carlos Drummond de Andrade, Ribeiro Couto, Guilherme de Almeida, Cecília Meireles, Menotti del Picchia, Ronald de Carvalho, Murilo Araújo, Murilo Mendes, Mário Quintana, Augusto Meyer, Augusto Frederico Schmidt, Tasso da Silveira, Abgar Renault, Vinicius de Morais, Dante Milano, Joaquim Cardoso, Emílio Moura, Henriqueta Lisboa, Américo Facó, Alphonsus de Guimaraens Filho, Mário da Silva Brito, incluindo as gerações de 1922 e 1930, a que se segue a chamada "geração de 45", compreendendo João Cabral de Melo Neto, Ledo Ivo, José Paulo Moreira da Fonseca, Geir Campos, Darci Damasceno, Péricles Eugênio da Silva Ramos, Domingos Carvalho da Silva, Afonso Félix de Sousa, Moacir Félix de Oliveira, Paulo Mendes Campos, Marcos Konder Reis, Bueno de Rivera, Mauro Mota, Ciro Pimentel, José Escobar Faria, Osvaldino Marques, Geraldo Vidigal, etc.[108]

Com a geração de 45, a poesia aprofunda a depuração formal, regressando a certas disciplinas quebradas pela revolta de 22, restaurando a dignidade e severidade da linguagem e dos temas, policiando a emoção por um esforço de objetivismo e intelectualismo, e restabelecendo alguns gêneros fixos, como o soneto e a ode.[109] É interessante mencionar que essa preocupação maior com a forma e o tratamento rigoroso do verbo, não se restringe aos elementos da geração de 1945, mas se revela também entre figuras da geração anterior, como Drummond, Jorge de Lima, Cassiano Ricardo, sendo assim uma característica geral da fase, mesmo levando-a a certos exageros formalistas, que se procuram contrabalançar, ultimamente, com uma tendência humanística.

Depois de 1950, revelando influências de Mallarmé, Pound, Cummings, Joyce, Apollinaire, Gomringer, veio surgindo um movimento poético inspirado no concretismo pictórico, caracterizado pela redução da expressão a signos concretos, que visem à apresentação direta do objetivo pela organização dos elementos básicos da linguagem em representações gráficas. É um esforço de aprofundamento visual do vocábulo, de isolamento dele em relação aos possíveis conteúdos (afasta-se da poesia "conteudística"), e como experimentalismo formal o movimento se destina a produzir resultados benéficos. Figuram entre os mais típicos praticantes e expositores da tendência: Haroldo de Campos, Décio Pignatari, Augusto de Campos, Ronaldo Azeredo, Vladimir Dias Pino, Ferreira Gullar, Mário Faustino, Oliveira Bastos, Reinaldo Jardim, José Lino Grunewald, Pedro Xisto, Edgard Braga, etc.[110]

Recapitulando a evolução da poesia modernista, podem-se apontar as seguintes tendências ou correntes até o momento:

a) Remanescentes ou resíduos da poesia anterior ao Modernismo, e que o atravessaram e vieram refletir-se até hoje em certa tendência universalista e espiritualista: do simbolismo e pós-simbolismo, através de Tasso da Silveira,

Onestaldo de Pennafort, Murilo Araújo, Cecília Meireles, Augusto Frederico Schmidt, atinge Emílio Moura, Vinicius de Morais (1ª fase), Henriqueta Lisboa, Alphonsus de Guimaraens Filho, Mário Quintana, até a última fase de Jorge de Lima;

b) Tendências desenvolvidas no seio do próprio Modernismo, como o super-realismo, o versolibrismo;

c) A poesia nacionalizante e regionalista da fase de 22 a 30, com Cassiano Ricardo, Menotti del Picchia, Oswald de Andrade e Raul Bopp;

d) A poesia do humor, expressão de inconformismo e sentimento trágico do mundo, com Oswald de Andrade no primeiro aspecto, e Carlos Drummond de Andrade no segundo;

e) A poesia socializante, comprometida, dogmática, também tendência própria, com Carlos Drummond de Andrade, Vinicius de Morais, Afonso Felix de Sousa, Osvaldino Marques, João Cabral de Melo Neto;

f) A tendência esteticista, formalista, intemporal, hermética com Péricles Eugênio da Silva Ramos, Darci Damasceno, José Paulo Moreira da Fonseca, Ledo Ivo, Olímpio Monat da Fonseca.

Deve-se ressalvar que essa classificação não é absoluta, porquanto muitos poetas passaram de um a outro grupo ou começaram segundo uma estética e mudaram de orientação.

xii) Ficção.[111] No que lhe concerne, a literatura brasileira atingiu um estágio que demonstra o quanto lucrou com a reforma libertadora do Modernismo. Enquanto a primeira fase do movimento se caracterizava pelo predomínio da poesia, ainda aí o pioneirismo revolucionário soube abrir veredas que se ampliaram na segunda fase, de 1930 em diante, período de esplendor da prosa de ficção, em que se colheram os frutos do experimentalismo anterior, de um Mário de Andrade, um Oswald de Andrade, um Antônio de Alcântara Machado, sem falar na linha proveniente do Impressionismo, um Adelino Magalhães, um Andrade Murici.

Entre 1930 e 1945, pode-se situar a etapa áurea da ficção modernista, que, depois, cai em ponto morto, sem a mesma vitalidade criadora, com os principais autores repetindo, em sua maioria, os processos em que lograram realizar-se e adquirir fama. Só os anos mais recentes, depois de 1950, é que entremostram sinais de tentativas renovadoras, sobretudo com Guimarães Rosa e Clarice Lispector, abrindo nova fase literária.

Pode-se afirmar que a ficção brasileira conseguiu uma fisionomia bem definida, que a coloca entre as mais altas expressões da literatura nas Américas.

Criada no Romantismo, consolidada no Realismo, nos seus aspectos técnico e temático, na pintura de personagens e ambientes, na fabulação e construção da narrativa, na seleção e desenvolvimento dos temas, planejamento da estrutura, caracterização estilística, é de tal modo nítida a diferenciação, a esta altura do processo evolutivo, após a contribuição modernista, que se pode falar de uma ficção "brasileira", de feitio próprio, inconfundível, peculiar.

Devendo muito aos modelos oitocentistas, máxime aos franceses, ingleses e portugueses, os seus processos técnicos ainda estavam, no século XIX, muito presos àquelas influências. Sem embargo, no que tange à temática, a marcha foi direta no sentido da incorporação do material brasileiro, através de uma série de tentativas, o indianismo, o sertanismo, o caboclismo, até atingir a grande síntese do regionalismo. Pode-se afirmar que, excluída a linha da novelística psicológica, toda a ficção brasileira é de fundo regionalista ou regional, num sentido amplo, quer na base de áreas rurais e campesinas, manipulando deliberadamente os tipismos locais, quer na fixação de cenários urbanos, de subúrbios ou pequenas cidades. Em ambas as direções, o que ressalta é o quadro, o ambiente, a terra ou a cidade, os dois elementos em franca hostilidade ao homem, devorado pelos problemas que o meio lhe opõe. Foi graças às técnicas do Realismo que a ficção brasileira logrou a vitória nessa incorporação do regional, imprimindo-lhe um valor e um significado universais.

Portanto, constituindo verdadeira linhagem, a partir do Romantismo até atingir o Modernismo, temos, de um lado, o regionalismo, mais ou menos estrito, conforme o material é fornecido pela área urbana ou pela rural.

Do outro lado, em evolução paralela, muitas vezes se confundindo as duas, uma fornecendo a base ambiental sobre a qual a outra levanta situações humanas, a linha psicológica, à qual preocupam problemas de conduta, dramas de consciência, meditações sobre o destino, indagações acerca dos atos e suas motivações, em busca de uma visão da personalidade e da vida humanas. Essa forma recebeu da técnica simbolista e impressionista um influxo poderoso.

As duas linhas temáticas da ficção brasileira — a regional e a psicológica — desenvolveram-se ao longo dos estilos estéticos do Romantismo ao Modernismo, recebendo de cada movimento uma contribuição especial. Assim, de Alencar e Manuel Antônio de Almeida, a Machado de Assis, a Aluísio Azevedo, a Raul Pompeia, a Afonso Arinos, a Coelho Neto, a Graça Aranha, a Afrânio Peixoto, a Xavier Marques, a Domingos Olímpio, a Simões Lopes Neto, a Lima Barreto, a Monteiro Lobato, a Adelino Magalhães, a ficção brasileira atinge o Modernismo, ganhando de caminho subsídios definitivos, e legando aos escritores da metade do século, após a sacudidela do experimentalismo modernista, um instrumento poderoso de realização artística em moldes brasileiros, que eles saberiam usar.

Portanto, ao atingir o Modernismo, a ficção brasileira, oriunda do Romantismo, recebera as contribuições realista, simbolista e impressionista, ficando apta a absorver as experiências revolucionárias.

Dessa maneira, desenvolveram-se dentro do Modernismo diversas correntes, algumas em prolongamento de tendências anteriores, outras resultantes de fixação de novas formas da ficção universal, a que o espírito moderno dera nascimento.

A eclosão do movimento modernista, acarretando a intensificação da consciência nacionalista, fez que ela repercutisse intensamente na ficção, imprimindo-lhe definitivamente o colorido brasileiro, ideal por que se forcejava desde o Romantismo. Todas as correntes da ficção modernista participam desse cunho brasileiro, e mesmo a tendência psicológica reflete, em muitos aspectos, preocupações ou impregnações do ambiente brasileiro, a exemplo do próprio Machado de Assis, para quem os problemas humanos existiam numa determinada "situação" histórica, tão bem estudado esse ângulo da sua obra por Astrojildo Pereira.

Podem-se destacar duas grandes correntes principais da ficção modernista, dentro das quais se enquadram diversas subcorrentes.

a) Corrente nacional e regional. O nacionalismo de 22 invadiu a ficção documental, regional e social, fundada na técnica realista. Em verdade, explora uma espécie de neorrealismo e, às vezes, neonaturalismo, através de vários grupos ou correntes.

Ao primeiro — documentário urbano-social de cunho realista — preocupa sobretudo o registro da realidade simples, à custa da observação de problemas e costumes da vida urbana da classe média. Destacam-se aqui os nomes de Érico Verissimo, Telmo Vergara, Amando Fontes, Galeão Coutinho, Dionélio Machado, Guilhermino César, Amadeu Amaral, Oswald de Andrade, Ribeiro Couto, Guilherme Figueiredo, Alcântara Machado, Orígenes Lessa, Amadeu de Queirós, Afonso Schmidt, Rosalina Coelho Lisboa, Diná Silveira de Queirós, Joel Silveira, Osvaldo Alves, Luís Martins, Dalcídio Jurandir, Atos. Damasceno, Viana Moog, Luís Jardim, Rosário Fusco, Lígia Fagundes Teles.

Ao lado dessa tendência e confundindo-se às vezes com ela, o neonaturalismo, diversamente do Naturalismo de Zola e seus adeptos, em vez de fundamentar a sua imagem da realidade em pressupostos de filosofia determinista, mecanicista e positivista, vale-se de uma ideologia política para substrato de sua concepção da realidade, com o objetivo de violentá-la e subvertê-la, usando a ficção como arma de propaganda e ação. Pertence à família do realismo ou naturalismo socialista, instrumento de atuação revolucionária através do romance, que assim não tem individualidade literária, sendo mero veículo de valores e mensagens políticas. A essa tendência pertence a primeira parte da obra de Jorge Amado.

Outro aspecto, porém, do neorrealismo é o do romance documentário regionalista, que forneceu a safra mais importante e mais original da ficção modernista. Enquadra-se nessa categoria a linha neorregionalista, que compreende os modernos "ciclos" da ficção brasileira, muitos dos quais mergulhando raízes no passado e de que participaram alguns autores não modernistas como Gustavo Barroso e Mário Sete: os ciclos da seca, do sertão, do cangaço, da cana-de-açúcar, do cacau, do café, com Raquel de Queirós, José Américo de Almeida, José Lins do Rego, Jorge Amado, Graciliano Ramos, Adonias Filho, Jorge de Lima, Clóvis Amorim, Nestor Duarte. A esses acrescenta-se o ciclo estancieiro gaúcho, com Darci Azambuja, Ciro Martins, Ivan Pedro Martins, etc.

É preciso mencionar ainda, ao lado dessa, outra tendência de regionalismo puro, sem implicações sociais, a que se filiam Amadeu de Queirós, Guimarães Rosa e outros.

b) Corrente subjetivista e introspectiva ou psicológica. Denotando acentuada impregnação esteticista, herança evidente do Simbolismo e Impressionismo, desenvolve-se a tendência na direção da indagação interior, em torno dos problemas da alma, do destino, da consciência, em que a personalidade humana é colocada em face de si mesma ou analisada nas suas reações aos outros homens. Situam-se nesse grupo Cornélio Pena, Lúcio Cardoso, Otávio de Faria, Jorge de Lima, José Geraldo Vieira, Lúcia Miguel Pereira, Josué Montello, Andrade Murici, Barreto Filho, Rodrigo Melo Franco de Andrade, Fernando Sabino, Murilo Rubião, Autran Dourado e, por um aspecto de sua obra, Graciliano Ramos, que alia a introspecção e o monólogo interior ao documentário social e à análise do destino humano, como é o caso semelhante de Adonias Filho.

Conciliando o documentário urbano com uma introspecção relativa, isto é, não desprezando a observação do lado episódico e social, com um subjetivismo moderado, há o grupo, que deve ser colocado à parte, da ficção urbana e subjetiva: João Alphonsus, Ribeiro Couto, Ciro dos Anjos, Marques Rebelo, Osvaldo Alves, Luís Jardim, Rosário Fusco, Aníbal Machado, além de outros incluídos no grupo anterior.

Em alguns casos, como em Cornélio Pena, Otávio de Faria, Lúcio Cardoso, Gustavo Corção, à sondagem psicológica soma-se a indagação religiosa e metafísica, superando a realidade tangível em procura das essências e dos valores supremos da vida espiritual, num tom de tragédia clássica.

Outra variante desse grupo valoriza os produtos do sonho e da fantasia, criando uma "atmosfera" sem densidade real, mas de forte conteúdo emotivo e usando uma linguagem metafórica. É o caso de Clarice Lispector.

O conto, dentro da ficção moderna, sofreu radicais transformações. À experiência naturalista e exterior, da família de Maupassant, e à estética psicológica, os modernos acrescentaram novas dimensões, além do enriquecimento temático devido ao regionalismo em seus vários tipos. Quanto ao aspecto técnico, que estivera, até então, preso aos cânones tradicionais, na sua estrutura de começo, meio e fim, com a narrativa condicionada ao interesse graças ao manejo do *suspense* e à intriga em crescendo, o que fez o Modernismo foi de efeito profundo. O relato seguido e objetivo de histórias vai cedendo o passo à simples evocação, ao instantâneo fotográfico, aos episódios ricos de sugestão, aos flagrantes de atmosferas intensamente poéticas. Essa renovação processa-se a partir de Adelino Magalhães, por intermédio de Antônio de Alcântara Machado, Mário de Andrade, João Alphonsus, para chegar aos contistas da etapa mais recente, como Clarice Lispector, Autran Dourado, Lígia Fagundes Teles, Osman Lins, Samuel Rawet, Homero Homem, Carlos Castelo Branco, Dalton Trevisan e numerosos outros.

De modo geral, no que concerne ao romance e ao conto, há uma diferença entre as etapas do Modernismo, que reside no problema da linguagem. Dominante a preocupação da narrativa, negligenciava-se na primeira fase o cuidado formal e estrutural, no que pecaram alguns criadores mais originais da época. Ao contrário, segundo a tendência geral da literatura presente em todos os setores, os ficcionistas das novas gerações reagem contra o descaso que caracterizou seus antecessores, em favor das disciplinas artesanais, do respeito às regras do ofício, do rigor formal, da segurança e consciência no manejo da expressão.

Chegada a essa altura de evolução, a ficção brasileira está apta a produzir a grande síntese dos elementos fornecidos tanto pela temática regional como pela pesquisa psicológica, superando as limitações locais e se integrando, brasileira embora, na estrada larga da ficção mundial com uma imagem do homem e da realidade brasileira de significado e alcance universais.

xiii) Crônica.[112] É um gênero literário que tem assumido no Brasil, mormente no século presente, além da personalidade de gênero, um desenvolvimento e uma categoria que fazem dela uma forma literária de requintado valor estético, um gênero específico e autônomo, a ponto de ter induzido Tristão de Athayde a criar o termo "cronismo" para a sua designação geral.

Realmente, se algo existe em nossa literatura, que pode ser tomado como exemplo frisante da nossa diferenciação literária e linguística, é a crônica. Dificilmente poderá apontar-se coisa parecida, mesmo na literatura portuguesa, a uma crônica de Rubem Braga. E este autor ainda apresenta esta singularidade: é um grande escritor que entra para a história exclusivamente como cronista. Fato singular da literatura brasileira atualmente. Como fato muito significativo é a posição da crônica, sua importância, o grau de perfeição a que atingiu, depois de longa evolução através da qual se especializou, se desenvolveu uma forma literária específica, inclusive com um estilo próprio, uma maneira peculiaríssima.

Em primeiro lugar, é mister ressaltar a natureza literária da crônica. O fato de ser divulgado em jornal não implica em desvalia literária do gênero. Enquanto o jornalismo tem no fato seu objetivo, seu fim, para a crônica o fato só vale, nas vezes em que ela o utiliza, como meio ou pretexto, de que o artista retira o máximo partido, com as virtuosidades de seu estilo, de seu espírito, de sua graça, de suas faculdades inventivas. A crônica é na essência uma forma de arte, arte da palavra, a que se liga forte dose de lirismo. É um gênero altamente pessoal, uma reação individual, íntima, ante o espetáculo da vida, as coisas, os seres. O cronista é solitário com ânsia de comunicar-se. E ninguém melhor se comunica do que ele, através desse meio vivo, álacre, insinuante, ágil que é a crônica. A literatura, sendo uma arte — cujo meio é a palavra — e portanto oriunda da imaginação criadora, visando a despertar o prazer estético — nada mais literário do que a crônica, que não pretende informar, ensinar, orientar. E tanto ela não é indissoluvelmente ligada ao jornal, que esse prazer decorre da sua leitura mesmo em livro, como é o caso das de Machado de Assis, Rubem Braga, Henrique Pongetti, Ledo Ivo, Manuel Bandeira, Ribeiro Couto, Carlos Drummond de Andrade, Álvaro Moreira, Elsie Lessa, Fernando Sabino, Eneida, para citar alguns mestres do gênero.

Outra característica é a natureza ensaística da crônica. É claro que se deve, para compreendê-la, distinguir o ensaio formal, crítico, biográfico, histórico, filosófico, discursivo, e que entre nós vai ficando sinônimo de estudo, e o ensaio informal, familiar, coloquial, em que são exímios os ingleses. Pois bem, esse último tipo confunde-se pelas suas características com a nossa crônica. Basta compararmos os pequenos ensaios de Steele, Addison, Hazlitt, Lamb, Chesterton, e outros da numerosa família inglesa, com as páginas de nossos cronistas, para vermos o seu parentesco. Evidentemente, não teremos que mudar de nome, pois é interessante a especialização da palavra "crônica" em português para designar o gênero.

Pois, como se sabe, o sentido antigo da palavra, que vigorava no Renascimento por exemplo, e ainda é corrente em outras línguas neolatinas, fazia da crônica um gênero histórico. Crônica, cronista (do grego *cronos*, tempo) relacionavam-se com o relato cronológico dos fatos sucedidos em qualquer lugar. Desapareceu esse conteúdo, ficando a palavra para designar as pequenas produções em prosa, de natureza livre, em estilo coloquial, provocadas pela observação dos sucessos cotidianos ou semanais, refletidos através de um temperamento artístico.

De qualquer modo, o que se deve ressaltar é a importância que o gênero vem assumindo em nossa literatura. Seguindo o seu desenvolvimento histórico, desde o Romantismo, comprova-se o esforço com que veio abrindo caminho, até lograr a personificação de um gênero, hoje literariamente bem individualizado graças ao trabalho de alguns artistas de superior categoria. Sobretudo, como salientou Álvaro Moreira, a contribuição da crônica à diferenciação da língua no Brasil é um fato relevante, a ponto de ser necessário, em Portugal, traduzir uma crônica de Elsie Lessa ou Raquel de Queirós, para fazê-la compreendida do público de além-mar. Isso resulta de que, sendo ligada à vida cotidiana, a crônica tem que valer-se da língua falada, coloquial, adquirindo inclusive certa expressão dramática no contato da realidade da vida diária.

As dificuldades em classificar a crônica resultam, como acentuou Eduardo Portela, do fato de que "tem a caracterizá-la não a ordem ou a coerência, mas exatamente a ambiguidade", que "não raro a conduz ao conto, ao ensaio por vezes, e frequentemente ao poema em prosa".[113] A crônica, insiste o mesmo crítico, vive presa ao dilema da transcendência e do circunstante. As suas condições jornalísticas e sua base urbana têm que ser superadas para que ela ganhe em transcendência, seja construindo "uma vida além da notícia", seja enriquecendo a notícia "com elementos de tipo psicológico, metafísico" ou com o *humour*, como Carlos Drummond de Andrade, seja fazendo "o subjetivismo do artista", "o seu universo interior", sobrepor-se "à preocupação objetiva do cronista", como Rubem Braga ou Ledo Ivo.

xiv) Literatura dramática. Também aqui foi benéfico o Modernismo, e podemos asseverar que um dos mais originais surtos literários dos últimos tempos tem sido no campo do teatro. Não tendo passado, até então, de tentativas isoladas,[114] graças a uma série de experimentações fomentadas pelo espírito de renovação modernista, vem a produção dramática adquirindo forma definida, em que se destacam alguns nomes de escritores, que a ela dedicam a sua carreira e o melhor de sua atividade criadora. Nelson Rodrigues, Guilherme Figueiredo, Raimundo Magalhães Júnior, Joraci Camargo, Henrique Pongetti, Ernani Fornari, Silveira Sampaio, Lúcia Benedetti, Ariano Suassuna, Pedro Bloch, Abílio Pereira de Almeida, Edgard da Rocha Miranda, José Paulo Moreira da Fonseca, Dias Gomes, Jorge de Andrade, Plínio Marcos, Gian Francesco Guarnieri, Oduvaldo Viana Filho são alguns dos autores que vêm entregando as suas peças a diversas organizações teatrais de boa categoria, as quais, por sua vez, encontram por parte de um público ávido o apoio mais entusiástico.

xv) Crítica. Sem ser um gênero literário, mas o conjunto de métodos de abordagem para a análise, interpretação e julgamento do fenômeno literário, a crítica acompanha o desenvolvimento da literatura.

Tradicionalmente vinculada ao jornalismo, a crítica brasileira, a não ser quando incorporada nos esquemas historiográficos de um Sílvio Romero, com pretensões cientificistas e filosóficas, pagou o tributo ao caráter aleatório e a superficialidade do jornalismo, o que lhe valeu não libertar-se do impressionismo, exceto em virtude de excepcionais qualidades de alguns que a exerceram, ou de deliberado esforço no sentido da interpretação sociológica ou psicológica da literatura.

A profunda subversão modernista não podia deixar de atingir a crítica. A constante preocupação com os problemas estéticos e técnicos da literatura, que é notória num Mário de Andrade, e um dos motivos de que sua figura de esteta, teórico, doutrinador, haja ocupado o centro da época modernista, a dinâmica desencadeada pelo dogma da libertação estética, o espírito de pesquisa e busca de valores estéticos e de renovação de formas literárias, a preocupação com o objeto estético, no caso a obra literária, que levou um Tristão de Athayde a formular a teoria do "expressionismo crítico",[115] tudo isso preparou o terreno para que, na derradeira fase do Modernismo. se colocassem os pressupostos da renovação da crítica literária.[116]

Essa tendência renovadora levantou-se principalmente contra a orientação historicista, sociológica ou psicológica, de cunho determinista, a que se devem os principais trabalhos da crítica brasileira anterior. Era o estudo da literatura como um *documento* de uma época, sociedade, raça ou grande individualidade, jamais como *monumento* estético. Era a herança sobretudo de Sílvio Romero, que ainda vigorava com primazia.

A reação a essa tradição começara com alguns críticos ligados ao Simbolismo, como Nestor Vítor, Henrique Abílio, Tasso da Silveira, Andrade Murici, Barreto Filho, sem falar na ação vigorosa de Mário de Andrade, no trabalho de valorização espiritualista e expressionista de Tristão de Athayde, e nos ensaios de Eugênio Gomes, que punham a ênfase nas investigações da crítica comparada.

Porém o movimento aguardaria ainda alguns anos para frutificar de modo mais significativo. Contra a teoria de que a literatura não passava de um epifenômeno da vida política e social e de que a crítica consistia em sua interpretação genética, isto é, de suas raízes e de seus elementos extraliterários, desenvolveu-se o movimento de revalorização estética da literatura, a favor de uma compreensão da autonomia do fenômeno literário e de uma crítica estética, fundada na análise da obra em si mesma e de seus elementos intrínsecos, portanto, na aplicação de critérios estéticos na aferição das obras e no planejamento de uma periodização estilística da história literária. Liga-se esse movimento a outros estrangeiros da mesma natureza, como o do formalismo ou estruturalismo eslavo, o da estilística teuto-suíça e espanhola, o do *new criticism* anglo-americano, o italiano da autonomia estética, e sua presença na literatura brasileira já produziu resultados evidentes, como o testemunha a nova geração de críticos em atividade: Péricles Eugênio da Silva Ramos, Eduardo Portela, Heron de Alencar, Osvaldino Marques, Franklin de Oliveira, Fausto Cunha, Valtensir Dutra, Mário Faustino, Oliveira Bastos, Barreto Borges, Afonso Ávila, Fábio Lucas, Othon Moacir Garcia, Darci Damasceno, Bráulio do Nascimento, José Guilherme Merquior, Rui Mourão, Maria Luísa Ramos, Roberto Schwarz, Carlos Nelson Coutinho, sem falar em trabalhos de Ledo Ivo, Cavalcanti Proença, Euríalo Canabrava.

Assim, a crítica atinge uma fase de autoconsciência de domínio metodológico e técnico, de profissionalismo, de repúdio ao autodidatismo, ao amadorismo, à improvisação, com preferência pela formação universitária. É evidente que o novo grupo não tem o campo livre. Contra ele e as novas orientações luta o rescaldo do superado impressionismo jornalístico, que forceja por manter a crítica no plano do comentário irresponsável, da divagação, do subjetivismo.

Desta sorte, apesar das deturpações,[117] com o Modernismo os principais gêneros literários e a crítica fixaram uma fisionomia própria, afeiçoaram seus instrumentos, aprimoraram suas técnicas, revalorizaram o artesanato, consolidaram uma consciência crítica e profissional, incorporaram definitivamente a temática brasileira, emprestando ao conjunto da literatura uma autonomia estética e nacional e uma indisfarçável maioridade. O Modernismo foi um grande estuário de tendências e seus resultados mostram que se reconquistou o equilíbrio entre a continuidade ou herança do passado e as mudanças e inovações, entre a tradição e a revolta.[118]

NOTAS

1. Ver o Realismo — Naturalismo — Parnasianismo, cap. 31, vol. 4, desta obra.
2. Araripe Júnior. *Movimento de 1893. O crepúsculo dos povos*. Rio de Janeiro: Tipografia da Empresa Democrática Editora, 1896. Repr. in *Obra crítica de Araripe Júnior*. Vol. III. Rio de Janeiro: Casa de Rui Barbosa, 1963.
3. Araripe Júnior, op. cit., p. 151-152. Vale a pena a leitura dessas páginas, testemunho eloquente de superioridade crítica.
4. Gente que mamou leite romântico pode meter o dente no rosbife naturalista; mas em lhe cheirando a teta gótica e original, deixa o melhor pedaço de carne para correr à bebida da infância." Crônica de 25/12/1892 (in *A Semana*, Rio de Janeiro, Garnier, 1910. p. 49).
5. Eugênio Gomes, "À margem de *Esaú e Jacó*" (in *Correio da Manhã*, 5 e 19 out. 1957. Rep. in Machado de Assis, Rio de Janeiro: São José, 1958).
6. Ver Afrânio Coutinho. *A filosofia de Machado de Assis*. Rio de Janeiro: Vecchi, 1940, p. 192-196. Nova edição: Rio de Janeiro: S. José, 1959.
7. Sobre o problema do símbolo em literatura, ver a bibliografia sobre mito e símbolo no final deste volume.
    Destacam-se aqui os seguintes trabalhos:
    Art and Symbol (número especial). *The Kenyon Review*. Summer, 1953 vol. XV, n. 3; Basler, R. P. *Sex, Symbolism, and Psychology in Literature*. New Brunswick, 1948; Bodkin, M. *Archetypal Patterns in Poetry*. Oxford, 1934; Caillet, E. *Symbolism et arts primitives*. Paris, 1936; Cassirer, E. *The Philosophy of Symbolic Forms*. 3 v., Princeton, 1953-1958; Delanglade, J., Schmalenbach, H., Godet, P., Leuba, J. L. *Signe et symbole*. Neuchatel, 1946; Feidelson, C. *Symbolism and American Literature*. Chicago, 1953; Foss, M. *Symbol and Metaphor in Human Experience*. Princeton, 1949; Fry, N. *Anatomy of Criticism*, Princeton, 1957; Langer, S. K. *Philosophy in a new Key*. Cambridge (Mass.), 1942; idem. *Feeling and Form*. Londres, 1953; Loeffler Delachaux, M. *Le symbolisme des contes de fées*. Paris, 1949; idem. *Le symbolisme des légendes*. Paris, 1950; Maritain, J. *Quatre essais sur l'esprit*. Paris, 1939; *Symbol and Symbolism* (A symposium). *Yale French Studies*, n. 9, New Haven [s.d.]; *Symbolism and Values: an Initial Study* (A symposium). New York, 1954; *Symbolism and Creative Imagination* (Número especial), *The Journal of Aesthetics and Art Criticism*. September, 1953, vol. XII, n. I; Tindall, W. Y. *The Literary Symbol*, New York, 1955; *Polarité du symmbole* (Número especial), *Études Carmélitaines*, Paris, Desclée, 1960; Murray, H. A., ed. *Myth and Mythwaking*. New York, Braziller, 1960; Slote, B., ed. *Myth and Symbol*. Lincoln, Nebraska, 1963; Vickery, J. B. *Myth and Literature*. Lincoln, Univ. Nebraska Press, 1966.
8. "After 1890 the word 'decadence' lose its suggestive note and people begin to speak of 'symbolism' as the leading artistic trend." A. Hauser, The Social History of Art. Vol. II, p. 895.
    Mas é de 1885, e, depois, do manifesto do *Figaro Littéraire*, em 18/9/1886, que data a troca de nomes por sugestão de Moréas, em resposta a um artigo de Paul Bourctée, "Les décadentes", em que este caracterizava os "decadentes" pelo misticismo pervertido, satanismo, morfinomania, à custa do que se atingia o estado mórbido de que surgia a criação literária. Ver a propósito da origem do termo: K. Cornell, *The Symbolist Movement*, p. 41; J. Chiari, *Symbolism from Poe to Mallarmé*, p. 60; G. Michaud, *Méssage poétique du Symbolism*, v. IV, p. 99.

É rica a bibliografia sobre o Simbolismo. Foram reunidas as principais obras no final deste volume, onde aparecem as indicações completas desses livros.
9   Ver, a esse propósito, Cornell, *op. cit.*, cap. I.
10 Ver o cap. 25, Realismo — Naturalismo — Parnasianismo, v. VI, desta obra.
11 *Op. cit.*, p. 2.
12 Apud Cornell, *op. cit.*, p. 5.
13 J. Chiari, *Symbolisme from Poe to Mallarmé*, cap. II.
14 Chiari, *op. cit.*, p. 41-42.
15 A. Hauser, *op. cit.*, p. 888 ss.
16 C. M. Bowra. *The Heritage of Symbolism*. New York, 1943.
17 A. Hauser. *op. cit.*, v. II, p. 896.
18 A. Hibbard, *Writers of the Western World*. Boston, 1942.
19 E. Wilson, *Axel's Castle*. New York, 1942, p. 25.
20 Oto Maria Carpeaux. *Origens e fins*. Rio de Janeiro, 1942, p. 313.
21 Oto Maria Carpeaux "Uma crítica do Simbolismo" (in *O Jornal*, Rio de Janeiro, 24 de maio de 1953).
22 Oto Maria Carpeaux. *Origens e fins*. Rio de Janeiro, 1942, p. 327.
23 A fonte fundamental e o roteiro para o estudo do Simbolismo brasileiro, conseguindo definitivamente a reabilitação do movimento em termos críticos é: J. Andrade Murici. *Panorama do movimento simbolista brasileiro*. 3 vs. Rio de Janeiro: INL, 1952 (2. ed. 1973).
    Outros trabalhos merecem consulta:
    Araripe Júnior, T. A. *Movimento de 1893. O crepúsculo dos povos*. Rio de Janeiro, 1896; Bastide, R. *A poesia afro-brasileira*. São Paulo, 1943; Carpeaux, O. M. *Origens e fins*. Rio de Janeiro, 1943, p. 313-338; Frota Pessoa. *Crítica e polêmica*. Rio de Janeiro, 1902; Murici, J. A. "Curso sobre a estética do Simbolismo e o movimento simbolista no Brasil" (in *Revista da Universidade do Rio de Janeiro*. II, n. 3).
24 O primeiro grupo, o mais antigo, foi o inaugural, reunido em torno de Emiliano Perneta, na Folha Popular: Emiliano Perneta (1866-1921), Cruz e Sousa (1861-1898), B. Lopes (1859-1916), Oscar Rosas (1861-1925), Virgílio Várzea (1862-1941), Artur de Miranda (1869:1950), Gonzaga Duque (1863-1911), José Henrique de Santa Rita (1872-1914). Alves de Faria (1871-1899), Lima Campos (1872-1920).
    O segundo grupo foi centralizado em torno de Cruz e Sousa: Cruz e Sousa, Carlos D. Fernandes (1875-1942), Tibúrcio de Freitas (?-1918), Nestor Vítor (1868-1932), Maurício Jubin (1875-1923), Artur de Miranda.
    O terceiro grupo, reunido até a morte de Cruz e Sousa (1898), contou com Cruz e Sousa, Nestor Vítor, Tibúrcio de Freitas, Maurício Jubin.
    Com a morte de Cruz e Sousa, dividiram-se os seus continuadores em dois grupos adversários: o da revista *Rosa-Cruz*, formado de Saturnino de Meireles (1878-1906), Félix Pacheco (1879-1910), Maurício Jubin, Carlos D. Fernandes, Gonçalo Jácome (1875-1943), Narciso Araújo (1876-1944), Pereira da Silva (1876-1944), Paulo Araújo (1883-1918), Cassiano Tavares Bastos (1885-), Castro Meneses (1883-1920).
    O outro grupo chefiado por Nestor Vítor, era constituído de Nestor Vítor, Tibúrcio de Freitas, Rocha Pombo (1857-1933), Gustavo Santiago (1872-?), Oliveira Gomes (1872-1917), Colatino Barroso (1873-1931), Silveira Neto (1872-1942), Neto Machado, Antônio Austragésilo (1876-1960), Carlos Fróis, Artur de Miranda.
    Por último o grupo que fundou a revista *Fon-Fon:* Gonzaga Duque, Mário Pederneiras (1868-1915), Lima Campos, a que se juntaram os neossimbolistas sul-rio-grandenses Eduardo Guimarães (1892-1928), Alvaro Moreyra (1888-1964), Filipe d'Oliveira (1891-1932).

Em Curitiba, o grupo do *Cenáculo*: Dario Veloso (1869-1937), Silveira Neto, Júlio Perneta (1869-1921), Antônio Braga, J. Itiberê (1870-1953).

Em São Paulo, em torno de Adolfo Araújo e de *A Gazeta*: Alphonsus de Guimaraens (1870-1921), Padre Severiano de Resende (1871-1931), Viana do Castelo, Freitas Vale (1870-1958), Adolfo Araújo (1875-1915).

Em Belo Horizonte, o grupo dos "Romeiros do Ideal": Álvaro Viana (1882-1936), Viana do Castelo, Horácio Guimarães, Alfredo de Sarandi Raposo, Carlos Raposo, Ernesto Cerqueira, Batista Santiago, Edgard Mata (1878-1907), Archangelus de Guimarães (1872-1934).

Na Bahia, os grupos da *Nova Cruzada* e dos *Anais:* Álvaro Reis (1880-1932), Pedro Kilkerry (1885-1917), Pethion de Vilar (1870-1924), Francisco Mangabeira (1879-1904), Domingues de Almeida (1888-?), Galdino de Castro (1882-1939), e, posteriormente, Durval de Morais (1882-1948), Artur de Sales (1879-1952), Carlos Chiacchio (1884-1947).

No Rio Grande do Sul: Eduardo Guimarães, Álvaro Moreyra, Marcelo Gama (1878-1915), Filipe d'Oliveira, Homero Prates (1890-1957), Alceu Wamosy (1895-1923). Esse quadro é transcrito de Andrade Murici, op. cit., v. III, p. 298-300. No mesmo lugar, há um vocabulário de temas, tipos e lendas, um vocabulário litúrgico e um glossário de termos típicos do Simbolismo que põem em relevo a técnica do estilo simbolista brasileiro.

25 O nome de Impressionismo decorreu do título do quadro de Claude Monet, Impression, exibido no salão de 1874. Com o livro de Louis Duranty, *Les peintres impressionistes* (1878), a designação ficou oficializada. Assim, originária da pintura, a denominação espalhou-se para as demais formas artísticas, contagiadas pelo movimento.

26 Sobre o Impressionismo em literatura, ver os seguintes trabalhos:
Alecrim, "A técnica da prosa impressionista" (in *Cultura*, Rio de Janeiro, n. 4, dezembro 1954); Bally, Ch., Richter, E., Alonso, A., Lida, R. *El Impresionismo en el languaje*. Buenos Aires, 1942; Beach, J. W. *The Twentieth Century Novel*. New York, 1932; Brunetière, F. *Le roman naturaliste*. Paris, 1883; Carter, E. *Howells and the Age of Realism*. Filadélfia, 1954; Chermovitz, M. E. *Proust and Painting*. New York, 1945; Gibbs, J. "Impressionism as a Literary Movement" (in *The Modern Language Journal*. XXXVI, 4, abril 19 52); Hatzfeld, H. *Literature through Art*. Oxford, 1952; Hauser, Arnold. *The Social History of Art*. Londres, 1951, 2 v; Hibbard, A. *Writers of the Western World*. Boston, 1942; Moser, R. *L'Impressionisme français*. Genebra, 195 2; Ricatte, R. *La création romanesque chez les Goncourt*. Paris, 1953; Sabatier, P. *L'esthétique des Goncourt*. Paris, 1920; Tyler, P. "The Impressionism of M. Proust" (in *Kenyon Review*, Winter, 1946); Falk, W. *Impresionismo y Expresionismo*. Madri: Ed. Guadarrama, 1963; Rewald, J. *The History of Impressionism*. New York, 1961; Serullaz, M. *L'impressionisme*. Paris: PUC, 1961.

27 *Impresionismo en el lenguaje*. Buenos Aires, 1942. Ver também o estudo de B. J. Gibbs, acima referido.

28 "Puede ser impresionista la experiencia representada, pero no lo es la experiencia de representara y expressar a que llamamos forma idiomática." Alonso e Lida. *op. cit.*

29 A. Hauser, *op. cit.*, II, 883.

30 Sobre o Regionalismo na prosa de ficção, ver o capítulo respectivo desta obra, vol. V, cap. 51.

31 Gilberto Amado. *Minha formação no Recife*. Rio de Janeiro, 1955, p. 355; *Grão de areia*. Rio de Janeiro, 1948, p. 170.

32 A Soares Amora. *História da literatura brasileira*. São Paulo, 1955, p. 12. Ver as Preliminares desta obra. Ver também: Afrânio Coutinho. *A tradição afortunada*. Rio de Janeiro: José Olympio, 1968.
33 Araripe Júnior. "Cantos populares do Ceará: A propósito do livro do Sr. Sílvio Romero (in *Gazeta Literária*. Rio de Janeiro, 31 março 1884). Ver *Obra crítica* de Araripe Júnior, v. I, Rio de Janeiro, 1958.
34 Sobre o assunto, ver Araripe Júnior. *Movimento de 1893. O crepúsculo dos povos*. Rio de Janeiro, 1896. As citações acima pertencem aos capítulos I e II. Ver *Obra crítica* de Araripe Júnior. Vol. III, Rio de Janeiro, 196 3.
35 Araripe Júnior. *Don Martín García Merou*. Rio de Janeiro, 1895. Prefácio, p. II. *Obra crítica*, vol. III. Ver Afrânio Coutinho. *Conceito de literatura brasileira*. Rio de Janeiro: Acadêmica, 1960; Eduardo Portela. *Literatura e realidade nacional*. Rio de Janeiro: Tempo Brasileiro, 1963.
36 Em diversas oportunidades, Araripe Júnior expôs essa lei da obnubilação brasílica, teoria própria para explicar a gênese da diferenciação e originalidade da vida e caráter do brasileiro, e consequentemente de sua história e literatura. Assim, ver: *Gregório de Matos*. Rio de Janeiro, 1894, p. 37 e 179; "Literatura brasileira" (in A Semana, 154, 10 de dezembro 1887). Obra crítica, vol. III.
37 As duas citações de Araripe Júnior pertencem a: *Don Martín García Merou*, loc. cit., e *Gazeta Literária*, loc. cit.
38 Ver o capítulo desta obra sobre o regionalismo, vol. V, cap. 51.
39 Tristão de Athayde. "O incrível sexagenário" (in *Jornal do Brasil*, Rio de Janeiro, 16 de março de 1958).
40 Ver a propósito: *B. Crémieux, Inquiétude et reconstruction*, Paris, 1931; Daniel-Rops, *Notre inquiétude*, Paris, 1927, e *Carte d'Europe*, Paris, 1928.
41 "À la volonté de connaissance pure s'oppose le désir d'une connaissance que soit en mêrne temps une direction de vie: valeurs religieuses, valeurs esthétiques, valeurs morales, valeurs sociales, héroisme et révolte, culte du moi ou culte de 'la terre et des morts'— les valeurs de la vie importent plus que 'les relations de similitude et de sucession' entre les choses." Gaetan Picon, *Encyclopédie de la Pléiade. Histoire des littératures*. Tome II. Paris, 1958, p. 190.
42 *Op. cit.*, I-V.
43 Ver Guilhermo de Torre. *Literaturas europeas de vanguardia*. Madri, 1925.
44 Para mais detalhes acerca do Expressionismo nas modernas arte e literatura, ver os seguintes trabalhos: Beach, J. Warren. *The Twentieth Century Novel*. New York; Cheney, S. A primer of Modern Art. New York, 1932; Chandler, F. W. *Modern Continental Playwrights*. New York, 1931; Chiarini, Paolo. *L'expressionismo*. Florença: Nuova Itália, 1969; Cirlot, J. E. *Diccionario de los ismos*. Barcelona, 1949; Dahlstrom, C. *Strindberg's Dramatic Expressionism*. New York, 1930. Riding, L.; Graves, R. A Survey of Modernist Poetry. Londres, 1927; Shipley, J. T. *Dicionary of World Literature*. New York, 1943; idem. *Trends in Literature*. New York, 1949. Falk, W. *Impresionismo y Expresionismo*. Madri, 1963. Garnier, J.-P. *L'Expressionisme allemand*. Paris: Salvaire, 1962; *Modern R. E. El Expresionismo literario*. Buenos Aires: Nova, 1958; *Expressionism as an International Phenomenon*. Paris: Didier, 1973; Sokel, W. H. (ed.). *An Anthology of German expressionism*. New York: Doubleday, 1963; Raabe, P. (ed.). *The Era of German Expressionism*. New York: Overlook, 1974; Palmier, J. M. *L'expressionisme comme révolte*. Paris: Payot, 1978.
45 Este balanço tem sido várias vezes feito, e é vasta a bibliografia sobre o assunto.

46 Sobre o espírito moderno, ver, entre outros, os seguintes trabalhos: Baudoin, C. *Le mythe du moderne*. Genebra, 1945, Berdieff, NN. *Destin de l'homme dans le monde actuel*. Paris, 1936; Bradbury, M. *Modernism* (1810-1930). Penguin, 1976; Calinescu. *Faces of Modernity*. Indiana UP, 1977; Crémiex, B. *Inquiétude et reconstruction*. Paris, 1931; Daniel-Rops. *Notre inquiétude*. Paris, 1927; idem. *Le monde sans Âme*. Paris, 1932; Faulkner, P. *Modernism*. Londres: Methner, 1977; *La formation de l'homme moderne*. Entretiens de Géneve, n. 5, Paris, 1935; Hodin, J. P. *The dilemma of being modern*. Londres: Rouledge, 1956; Kampf, L. *On modernism*. Cambridge: M.L.T., 1967; Howe, I. (ed.). *The idea of the modern*. New York: Horizon, 1967; Keyserling, H. *La révolution modernité*. Paris: Minuit, 1962; Spender, S. *The Struggle for the Modern*. Londres, dem Temper. New York, 1933; Lefèbvre, H. *Introduction à la modernité*. Paris: Minerif, 1962; *Modernism and Post-modernism*. *New Literary History*. Autumn, 1972; Romier, L. *L'homme nouveau*. Paris, 1929; Strowski, F. *L'homme moderne*. Paris, 1931. Ver ainda: Dasnoy, A. *Le prestige du passé*. Paris: Gallimard, 1959; Lefèbvre, H. *Introduction à la modernité*. Paris: Minuit, 1962; Spender, S. *The Struggle for the Modern*. Londres: Hamilton, 1963; Trilling, L. "On the Modern Element in Literature", *in Partisan Review*, jan.-fev. 1961.

47 A. Hibbard, *op. cit.*, p. 1128-1235.
48 *Op. cit.*, p. 195-196.
49 G. Picon, *loc. cit.*, p. 210-11.
50 Selden Rodman. *A New Anthology of Modern Poetry*. New York, 1938, p. 23-24.
51 É vasta e dispersa a bibliografia sobre a Semana de Arte Moderna e o movimento modernista. Há uma boa bibliografia de obras modernistas no volume Modernismo-Estudos críticos. Org. Saldanha Coelho. Rio de Janeiro: Revista Branca, 1954.
A seguinte lista de trabalhos não é absolutamente completa. Deve-se recorrer aos livros dos críticos da época, Tristão de Athayde, Mário de Andrade, Sérgio Milliet, Sérgio Buarque de Holanda, Álvaro Lins, Antonio Candido, etc. Procure-se também a bibliografia sobre as grandes figuras da ficção e poesia modernista. Consulte-se ainda o livro de Oto Maria Carpeaux *Pequena bibliografia crítica da literatura brasileira*. Ver sobretudo: Mário da Silva Brito. *História do Modernismo brasileiro*. 2. ed. São Paulo, 1958. 1964; Idem. *Poesia do Modernismo*. Rio de Janeiro: Civilização Brasileira, 1968; eles, Gilberto Mendonça. *Vanguarda europeia e modernismo brasileiro*. Petrópolis: Vozes, 1972. Alvim Correia, Roberto. *Anteu e a crítica*. Rio de Janeiro, 1948; idem. *O mito de Prometeu*. Rio de Janeiro, 1951; Amoroso Lima, Alceu. *Quadro sintético da literatura brasileira*. Rio de Janeiro: Agir, 1956; idem. "O pré-modernismo", "o Modernismo", "O pós-modernismo"(in *O Jornal*. Rio de Janeiro, 4/11/19 dez. 1938); idem. "Ano Zero" (in *Diário Notícias*. Rio de Janeiro, 24-31 ago. 1952); idem. *Contribuição à história do Modernismo*, I, *O Pré-modernismo*. Rio de Janeiro: José Olympio, 1939; idem, *Estudos*, 5 séries. Rio de Janeiro, 1929-1933; idem. *Primeiros estudos*. Rio de Janeiro: Agir, 1948; Andrade, Almir de. *Aspectos da cultura brasileira*. Rio de Janeiro, 1939; Andrade, Carlos Drummond de. Aqueles rapazes de Belo Horizonte" (in *Correio da Manhã*, Rio de Janeiro, 6-13 jul. 1952); Andrade, Mário de. *O movimento modernista*. Rio de Janeiro: C. E. B., 1942; idem. *O empalhador de passarinho*. São Paulo: Martins, s.d.: Andrade, Oswald, Cartas ao *Jornal do Comércio*. São Paulo, fevereiro 1922; Anselmo, Manuel. *Família literária luso-brasileira*. Rio de Janeiro, 1943; Araújo Murilo. Evolução e revolução modernista"(in *J. Comércio*. Rio de Janeiro, 10 maio 1953); Bandeira, Manuel. "O Modernismo brasileiro" (in *J. Comércio*. Rio de Janeiro, 10 mar. 1940); idem. *Apresentação da poesia brasileira*. Rio de Janeiro: CEB, 1957; idem. *Itinerário de Pasárgada*. Rio de Janeiro, 1957; Bento, Antônio. "As artes plásticas e a semana de

1922" (in *Diário Carioca*. Rio de Janeiro, 27 abr. 1952); Broca, Brito. Salões e ambientes do Modernismo" (in Letras e Artes. Supl. *A Manhã*. Rio de Janeiro, 3 fev. 1952); idem. "A Semana da Arte Moderna" (in *Letras e Artes*. Supl. *A Manhã*. Rio de Janeiro, 10 fev. 1952); idem. "A margem do Modernismo" (in *Letras e Artes*. Supl. *A Manhã*. Rio de Janeiro. 17 fev. 1952); idem. "Quando teria começado o Modernismo (in *Letras e Artes*. Supl. *A Manhã*. Rio de Janeiro, 20 jul. 1952); Buarque de Holanda, Sérgio. *Cobra de Vidro*. São Paulo: Martins, 1944; idem. "Em torno da Semana" (in *Diário Carioca*. Rio de Janeiro, 17 fev. 1952); idem. "Depois da Semana" (ibidem, 25 fev. 3-9 mar. 1952); Candido, Antonio. *Brigada ligeira*. São Paulo: Martins, s.d.; Carpeaux, Oto Maria. *Origens e fins*. Rio de Janeiro, 1943; Carvalho, Manuel T. de. "Alguns aspectos da poesia moderna" (in *Personalidade* (revista), novembro 1946; Carvalho, Ronald de. *Espelho de Ariel*. Rio de Janeiro, 1923; idem. *Estudos brasileiros*. 3 séries. Rio de Janeiro, 1930-1931; Castello, José Aderaldo: "Uma definição do Modernismo (in *O Estado S. Paulo*, 9 mar. 1957); Cavalcanti, Povina. *Ausência da poesia*. Rio de Janeiro, 1943; Cavalheiro, Edgard. *Testamento de uma geração*. Porto Alegre: Globo, 1944; Chiacchio, Carlos. *Modernistas e ultramodernistas*. Bahia: Progresso, 1951; Como nasceu o Modernismo no Brasil? (in *Jornal de Letras*. Rio de Janeiro, maio 1950); Cunha, Fausto. "O movimento de 22" (in *A Manhã*. Rio de Janeiro, 19 jun. 1949); Dantas, Pedro e Lousada, W. "Modernismo: romances e ideias" (in *Cultura Política*. Rio de Janeiro, n. 1 e segs.); idem. "Meninos, eu vi" (in *Jornal de Letras*. Rio de Janeiro, maio 1952); Eneida. "1922: Revolução modernista". Entrevista de Di Cavalcanti (in *Jornal de Letras*. Rio de Janeiro, fev. 1952, n. 32); idem. "No trigésimo aniversário da Semana de Arte Moderna" (in *Diário Notícias*. Rio de Janeiro. 10-17 fev., 2 mar. 1952; idem. "Na infância do Modernismo" (in *Diário Carioca*. Rio de Janeiro, 10 fev. 1952); "Um escandaloso tumulto na Academia" (in *Letras e Artes*. Supl. *A Manhã*. Rio de Janeiro, 12 fev. 1950); Figueiredo, Hugo de. "Retrolâmpago do Modernismo" (in *Correio da Manhã*. Rio de Janeiro, 8-15 mar. 1952); Fragoso, Augusto. "Breve história da Semana de Arte Moderna em 1922" (in *J. Commercio*. Rio de Janeiro, 17 fev. 1952); França, Antônio. "O Modernismo brasileiro" (in *Diário Notícias*. Rio de Janeiro, 3 dez. 1944); Freyre, Gilberto. "Modernismo e suas relações com outros ismos" (in *O Jornal*. Rio de Janeiro, 29 jun. 1952); Fusco, Rosário. *Vida literária*. São Paulo, 1940; idem. *Política e letras*. Rio de Janeiro, 1940: Graça Aranha. *O espírito moderno*. São Paulo, 1932; "Graça Aranha defendido dentro da própria Academia" (in *Letras e Artes*. Supl. *A Manhã*. Rio de Janeiro, 5 mar. 1950); Grieco, Agripino. *Caçadores de símbolos*. Rio de Janeiro, 1923; idem. *Vivos e mortos*. Rio de Janeiro, 1931; *idem. Gente nova do Brasil*. Rio de Janeiro, 1935; Jordão, Vera Pacheco. "Há alguma analogia entre Modernismo e Romantismo?" (in *Correio Manhã*. Rio de Janeiro, 9 ago. 1952); *Lanterna verde*. Número especial. Rio de Janeiro, novembro 1936 (artigos: Afonso Arinos, Gilberto Freyre, Jorge de Lima, Lúcia de Lima, Lúcia Miguel Pereira, Manuel de Abreu, Murilo Mendes, Otávio de Faria, Renato Almeida, Tristão de Athayde, Filipe de Oliveira); Leão, Múcio. "Roteiro de duas gerações" (in *Autores e Livros*. Rio de Janeiro, IV, n. 6, 21 mar. 1943); lembrando a Semana de Arte Moderna, *Jornal de Letras*. Rio de Janeiro, fev. 1957. n. 32); "Letras brasileiras" *Ficción* (número especial dedicado à literatura brasileira). Buenos Aires, febrero 1958: Lins, Álvaro. *Jornal de crítica*, 6 séries. Rio de Janeiro: José Olympio, 1941-1951: Martins, Wilson. *Interpretações*. Rio de Janeiro: José Olympio, 1946, Miguel Pereira, Lúcia. *Cinquenta anos de literatura*. Rio de Janeiro: MEC, 1952 (Cad. Cultura); idem. "Tendências e repercussões literárias do Modernismo" (in *Cultura*. Rio de Janeiro: MEC, n. 5): Milliet, Sérgio. São Paulo: Brusço, 1915; idem. *Diário crítico*. 9 vols. São Paulo. 1943-1957: *Modernismo. Estudos críticos*. Org. Saldanha Coelho. Rio de Janeiro. *Revista Branca*, 1954 (Reproduz o Número Especial dedicado ao 30º aniversário do Modernismo. *Revista Branca*. Rio de Janeiro, maio e junho 195 2); Murici. J. Andrade. *A nova litermura brasileira*. Porto Alegre: Globo, 1936; Neme, Mário. *Plataforma da nova geração*. Porto Alegre: Globo, 1945; Peregrino Júnior. *O movimento modernista*. Rio de Janeiro: MEC, 1954 (Cad. Cultura, n. 69); "Quem foi o dono da Semana?" *Diretrizes*. Rio de Janeiro, 17-24 jun. 1943: *Revista do Brasil*. "Inquérito sobre Modernismo", Rio de Janeiro, março 1940 ss.; Ricardo, Cassiano. "Discurso de recepção a Menotti del Picchia" (in *Discursos Acadêmicos*. Vol. XI. Rio de Janeiro, 1944); Rocha, Tadeu. "O Modernismo na Província" (in *O Jornal*. Rio de Janeiro, 31 ago., 7/14 set., 19 out. 1952): "A Semana da Arte Moderna" (in *Letras e Artes*. Supl. *A Manhã*, Rio de Janeiro, 5 fev. 1950); Sena, Homero. *República das letras*, Rio de Janeiro, 1932; idem. "Tradicionalismo dinâmico, o sentido do grupo de *Festa*" (in *Jornal de Letras*, Rio de Janeiro, maio 1952): Silveira Peixoto. *Falam os Escritores*. 2 vols. São Paulo, 1940-1941; Thillier, René. "Depoimento inédito sobre a Semana de Arte Moderna" (in *Habitat*, São Paulo, n. 1 2); Trigésimo aniversário da Semana de Arte Moderna. Série de reportagens com escritores, in *Diário Carioca*. Rio de Janeiro. 10 fev. (M. Bandeira), 2 mar. (Renato Almeida), 9 mar. (Lasar Segall). 16 mar. (Augusto Meyer) 30 mar. (Cassiano Ricardo), 6 abr. (Rosário Fusco, Ian Almeida Prado). 13 abr. (Guilherme de Almeida). 20 abr. (Augusto Frederico Schmidt). 4 maio (Peregrino Júnior), 11 maio (Rodrigo M. F. Andrade), 18 maio (Américo Facó). 25 maio (Pedro Dantas). 1952; Trinta anos de Modernismo no Brasil. Série de reportagens com intelectuais (*Tribuna das Letras*. Supl. *Tribuna da Imprensa*. Rio de Janeiro, 9/10 fev. Lourival Gomes Machado, 16/17 fev. (Prudente de Morais Neto), 1952; Velinho, Moisés. *Letras da Província*. Porto Alegre: Globo, 1944. *O Estado de S. Paulo*. 17/2/1962 e 14/4/1962: Vítor, Nestor. *Cartas à gente nova*. Rio de Janeiro, Anuário do Brasil. 1924; idem. *Os de hoje*. São Paulo: Cultura Moderna, 1938.

Adendo da 2. ed.: Bopp, Raul. *Movimentos modernistas no Brasil*. Rio de Janeiro: Livraria São José, 1966; Martins, Wilson. *O Modernismo*. São Paulo: Cultrix. 1965: Peregrino Júnior. *Três ensaios*. Rio de Janeiro: Livraria São José, 1969; Rocha, Tadeu. *Modernismo & Regionalismo*, Maceió. 1964: Nist, John. *The Modernistic Movement in Brazil*. Austin: Univ. Texas, 1967.

Adendo da 3. ed.: Azevedo, Nervaldo Pontes de. *Modernismo e Regionalismo*. Os anos 20 em Pernambuco. João Pessoa, 1984 (com bibliografia).

52 Ver cap. XV daquela obra (ed. 1916). Diz aí Veríssimo: "As ideias, nem sempre coerentes, às vezes mesmo desencontradas daquele movimento, fautrizes também nos acontecimentos sociais e políticos apontados, chamamos aqui de modernas; expressamente de pensamento moderno" (p. 338).

53 Ver o cap. "A Revolução Modernista", do Vol. V de *A literatura no Brasil*.

54 A pouca ou nenhuma simpatia dos modernistas para com Marinetti reflete-se na desatenção que lhe dedicaram na sua passagem, debaixo de vaia, pelo Rio e por São Paulo em 1926. Em carta, Mário de Andrade deu dele a seguinte impressão: sem vivacidade nenhuma, maníaco, mau recitador, gritalhão e italianissimamente francesescabertini, repetindo sempre o mesmo que fala desde 1900 e por isso dando a impressão do sujeito que fala de cor".

Em entrevista de 1952, Cassiano Ricardo recorda como houve desde o início um grupo dos que discordavam da tendência inicial do movimento, "que cheirava a futurismo. Futurismo importado com os mesmos métodos, as mesmas vaias, etc.". E acrescenta: "Marinetti, no Brasil, só podia ser um grande passadista, um mero artigo de importação. Nada de cópia dos "ismos" europeus. Queríamos, eu e os do grupo, uma arte que, sem deixar de refletir o signo da época, fosse genuinamente brasileira". Cassiano Ricardo. *Diário Carioca*. Rio de Janeiro, 30 março de 1952.

Como apresentação do aspecto doutrinário, a reação mais importante da época ao futurismo foi a de Tristão de Athayde, em artigo intitulado "Marinetti" e incluído em *Estudos*, 1ª série, Rio de Janeiro, 1927.

55 "E, também o nome de futuristas, que muito poucos aceitaram nos primeiros tempos e não tardariam em rejeitar. O único, se estou bem lembrado, que alguns anos depois da Semana ainda vi admitir de bom grado o rótulo importado da Itália de Marinetti foi Graça Aranha. Não que o autor de *Estética da vida* encontrasse qualquer afinidade particular entre suas próprias doutrinas e as que apregoava o famoso cabotino. Apenas a palavra "futurismo "parecia singularmente apta para a filosofia otimista que Graça gostaria de ver abraçada por todos os adeptos do movimento renovador. Sérgio Buarque de Holanda. "Em torno da Semana" (in *Diário Carioca*. Rio de Janeiro. 17 fev. 1952). "A má fé de quatro patas exige que eu venha publicamente matar a palavra futurismo. É tempo. Quem acompanhasse a campanha de renovamento estético que venho fazendo em São Paulo há cerca de um ano ao lado dos espíritos altíssimos de Menotti del Picchia e Mário de Andrade, veria que pelo menos por uma dúzia de vezes desmentimos o significado estreito do termo futurismo, a ele dando, quando o empregávamos, ou um sentido largo e universal que abrangia toda a revolução moderna das artes, ou o sentido paulista, de inovação dentro das nossas cerradas fileiras provincianas. Num ou noutro caso, não pode persistir a pecha idiota que alguns gazeteiros nos querem dar de que somos cangaceiros do sr. F. T. Marinetti. Não somos. O que podíamos ser (...) (antes da volta de Graça Aranha e antes da coincidência com os intelectuais e artistas do Rio), era 'futuristas de São Paulo' personalíssimos e independentes não só dos dogmazinhos do marinetismo como mesmo de qualquer outro jugo mesquinho. Futuristas apenas porque tendíamos para um futuro construtor, em oposição à decadência melodramática do passado de que não queríamos depender (...). Denominar-nos pois ainda de futuristas é renunciar à crítica pelo coice, à discussão pela cretinagem peluda". Oswald de Andrade, Carta ao Jornal do Comércio. São Paulo, 19 fev. 1922. Apud Augusto Fragoso. "Breve História da Semana de Arte Moderna em 1922". (in *Jornal do Commercio*. Rio de Janeiro, 17 fev. 1952).

56 Sobre o Modernismo espanhol e hispano-americano, ver: Chabas, J. *Literatura Española contemporanea* (1893-1950). La Habana, 1952; Diaz Plaja, G. *Modernismo frente a noventa y ocho*. Madri, 1951; Sánchez, Luís Alberto. *Balance y liquidación del novecentos*. Santiago de Chile. 1941; Ureña, Max Henriquez. *Breve historia del Modernismo*. México, 1954.

57 "Há, a partir do começo do século e, em particular, a partir de 1910, numerosos indícios de uma mudança na mentalidade coletiva e, por consequência, na mentalidade literária: a Semana de Arte Moderna (...) é antes um coroamento que um ponto de partida, ela pressupõe a maturidade de um 'espírito modernista', indispensável para a posterior criação de uma literatura modernista". Wilson Martins. "Antes do Modernismo" (in *O Estado de S. Paulo. Sup. Literário*. São Paulo, 8 março 1958).

"Com efeito, a Semana de Arte Moderna, realizada em São Paulo, em fevereiro de 1922, e da qual se costuma contar o início do Modernismo, é não só um ponto de partida, como geralmente se pensa, mas também um coroamento. Com ela, o Modernismo *tomou consciência* de si mesmo, o que significa ter compreendido a verdadeira natureza, os anseios e manifestações esparsas que se vinham repetindo, cada vez com maior insistência, desde os primeiros anos do século. Quando se realiza a Semana da Arte Moderna, o Modernismo já está *maduro*, senão no grande público, pelo menos entre os intelectuais que compunham, naquele momento, a parte mais viva e criadora da inteligência brasileira. A Semana introduziu 'oficialmente' um novo estado de espírito e foi, com toda a certeza, a mais profunda de todas as nossas revoluções literárias (...). Ora esse estado de espírito não se constituiu de repente, nem mesmo no decorrer dos meses que a precederam: é possível encontrar-lhe os primeiros sinais na insatisfação progressivamente acentuada que um Parnasianismo cada vez mais "Mecânico" e um Simbolismo pouco dinâmico provocaram na juventude literária". Wilson Martins. "Introdução à literatura brasileira moderna" (in *O Estado de S. Paulo*. Sup. Literário, São Paulo, 23 e 30 novembro, 7 dezembro 1957). A citação é do primeiro artigo.

A respeito do Pré-modernismo, ver também: Tristão de Athayde. *Contribuição à história do Modernismo*. I. *O Pré-modernismo*. Rio de Janeiro: José Olympio. 1939. A referência de Tasso da Silveira está em: "50 anos de literatura" (in *Revista Branca*. Rio de Janeiro, maio, 1952. Repr. in "Modernismo. Estudos críticos". Rio de Janeiro, *Revista Branca*, 1954). Ver também: Tasso da Silveira. *Definição do Modernismo brasileiro*. Rio de Janeiro: Forja. 1932.

58 "Todo um interessantíssimo movimento, de base simbolista, se processava no país, contendo alguns dos nossos maiores poetas, sem que tivesse qualquer espécie de repercussão na coletividade nacional. Por 1922 ainda os "novos" sublimizados pela vida brasileira eram Hermes Fontes e Martins Fontes. Coelho Neto era o grande estalão glorioso das nossas prosas, passeando nos ombros da turba, em oposição a Graça Aranha, quando foi da bagunça provocada por este na Academia. E o próprio senhor Tristão de Athayde, que seria depois o crítico lúcido do Modernismo, ainda exaltava Tarde deslumbrado, sem perceber a mediocridade geral do pensamento desse livro, e a vasta deficiência técnica, os chavões, muletas e andaimes fáceis com que construíra quase todos esses versos o grande lírico da Via Láctea. Percorra o sr. Ascendino Leite os jornais do tempo e verá que o Modernismo teve contra que e contra quem reagir", Mário de Andrade. "Modernismo" (in *O empalhador de passarinho*. São Paulo: Liv. Martins, s.d.).

E a reação foi violenta contra a Semana, em São Paulo com Mário Pinto Serva, Oscar Guanabarino, e no Rio com Osório Duque Estrada, entre outros. Ver: Augusto Fragoso. "Breve história da Semana de Arte Moderna de 1922" (in *J. Commercio*, Rio de Janeiro, 17 fev. 1952).

59 "O momento dos sincretistas (...) era diverso daquele que produziu parnasianos e simbolistas. A República se tinha consolidado. O gênio político de Prudente de Morais e, depois, de Rodrigues Alves e seus auxiliares de governo, tinha criado, com a construção de grandes portos e o saneamento e embelezamento do Rio de Janeiro, atmosfera de tranquilidade, otimismo e esperança ardente no futuro do Brasil. Caminhávamos para o primeiro centenário de nossa independência política com a inabalável certeza de que, em pouco, dominaríamos o mundo. Como não tinha acordado em nós o interesse político e social e como nenhum de nós entendia de administração e finanças, ninguém percebia as falhas graves que se ocultavam sob aparências ilusórias. E ninguém sentia o lento surdir de ansiedades coletivas (aliás, misteriosamente anunciadas pelo Simbolismo) que iriam trazer-nos a inquietação e o sofrimento.

"Num ambiente de calmaria e alegria ingênua, sem nenhum sopro forte arrastando os espíritos para direções determinadas, no interregno entre o Simbolismo e o Modernismo nenhuma corrente de estesia unificante pôde formar-se. Consequência: cada genuína vocação que surgiu, e foram muitas (havia possibilidades imensas de ócio), teve de rodopiar sobre si mesma, elaborando sua síntese própria fundindo, cada uma na unidade de sua arte, os elementos em mais profunda afinidade com o seu temperamento próprio. Foi assim que apareceram Hermes Fontes, Augusto dos Anjos, Pereira da Silva, Martins Fontes, Gilca Machado, Raul de Leoni, Da Costa e Silva, Ronald de Carvalho, Murilo Araújo, Manuel Bandeira, Raul Machado, José Oiticica, Amadeu Amaral, Cecília Meireles, Guilherme de Almeida, Humberto de Campos, Cleômenes Campos, Paulo Setúbal — para falar de alguns apenas. Está-se vendo, da lista, que vários desses poetas vieram atuar no Modernismo — quando surgiu o forte sopro formador de correntes.

"Foi, repito, esse movimento sincretista um dos fenômenos mais altamente curiosos de nossa vida do espírito, pelos surpreendentes resultados que produziu". Tasso da Silveira, loc. cit.

60   A. Soares Amora. *História da literatura brasileira*. São Paulo: Saraiva, 1955, p. 147-148. Ver Mário da Silva Brito. *História do Modernisvo brasileiro*. São Paulo: Saraiva, 1958 (2. ed. 1964).

61   Brito Broca. "Quanto teria começado o Modernismo?" (in *Letras e Artes. Sup. Lit. A Manhã*. Rio de Janeiro, 20 julho 1952, p. 9).

62   Ver "Prefácio" de Múcio Leão às *Obras* de João Ribeiro. Crítica. "Os modernos". Org. Múcio Leão, Rio de Janeiro, 1952. Mas o próprio Alberto de Oliveira, em conferência de 1916, na Academia, registrava a necessidade de renovação.

63   Ver o capítulo "A literatura e o conhecimento da terra" de *A literatura no Brasil*, vol. 1.

64   "Pois é desse mesmo ano de 1913, em Paris, que me vem a mais remota memória do Modernismo. Íamos partir para o Brasil, para prosseguir ou terminar os estudos, Temístocles, Graça Aranha, hoje embaixador no Cairo, e eu. E Graça Aranha, o pai, nos reuniu no jardim do Hotel Ritz, num pequeno chá a três, para nos dirigir um verdadeiro apelo, o mesmo afinal, apenas em palavras muito mais íntimas, que ele faria à Academia onze anos depois. 'A literatura brasileira está morrendo de academismo. Não se renova. São os mesmos sonetos, os mesmos romances, os mesmos elogios, as mesmas descomposturas, que ouço desde os tempos da fundação da Academia, quando José Veríssimo não queria me deixar entrar e Nabuco forçou a minha entrada. É preciso reformar aquilo tudo. Dar vida àquele cemitério. Vocês são moços. São estudantes. Agitem a escola. Movam com seus companheiros. Façam loucuras. Mas procurem espanar aquelas teias de aranha'. E nos fez uma proposta engraçada, que bem mostra como até então a velha sedução 'tobiática', pela cultura alemã, ainda operava em seu espírito: Por que não fundam um Clube Goethe?" Tristão de Athayde. "Ano Zero" (in *Diário de Notícias*, Rio de Janeiro, 24 agosto 1952). Ver também, do mesmo: "Posição de Graça Aranha", in *Estudos*. 5a série. Rio de Janeiro, 1933).

"Estamos, agora, em Paris, no ano de 1913, nas vésperas da Grande Guerra. Naquele ano, amiudaram-se nossos encontros com o escritor, podendo eu, então, sentir e compreender toda a pujança de sua inteligência, o poder de sua imaginação, alicerçada em sólida cultura filosófica e literária. Foi quando, julgando-se predestinado, começou a sentir, em sua alma de incontentado, o desejo ou a necessidade de revolucionar o ambiente literário brasileiro. Estava em pleno período de premeditação.

"Andava assustado — dizia — com a nossa pasmaceira literária e queria novidades, entusiasmo, revolução, liberdade, muita liberdade, toda a liberdade! Nada de peias ao espírito. Nada de formas ou atitudes estáticas.

"Sonhava com uma nova estética da vida, em cujo fundo filosófico ressaltassem os princípios de um espírito moderno." Rodrigo Otávio Filho. *Nova conversa sobre Graça Aranha*. Rio de Janeiro: MEC, 1955 (Conferência realizada na Academia Brasileira de Letras em 20 de novembro 1952).

Sobre o estado da literatura brasileira por volta de 1910, consultar o livro de João do Rio. *O momento literário*. Rio de Janeiro, Garnier, s.d.

65 Wilson Martins. "Antes do Modernismo" (in *O Estado de S. Paulo. Supl. Literário*, São Paulo, 8 de março de 1958).

66 "E é curioso o fato: as boas heranças da poesia simbolista, poucos a acolheram, enquanto as más heranças da prosa encontraram terreno fértil e propício para desenvolver-se entre nós. Desde o começo do século que se implantou em nossas revistas literárias e mundanas, com vinhetas e ilustrações, um gênero de crônica meio poemática, espécie de divagação fantasista sobre motivos abstratos, mero jogo de palavras, em que se exercitavam a habilidade e o engenho verbal dos autores. Era assimilação do pior Simbolismo pelo pior Parnasianismo, e o tipo perfeito desse mal da literatice, que se tornou um dos principais alvos dos modernistas". Brito Broca, loc. cit.

67 Sérgio Buarque de Holanda. "Em torno da Semana" (in *Diário Carioca*. Rio de Janeiro, 17 fevereiro 1952).

68 A. Bento. "As artes plásticas e a Semana de 1922" (in *Diário Carioca*. Rio de Janeiro, 27 abril 1952).

69 Cassiano Ricardo, respondendo ao inquérito sobre o trigésimo aniversário da Semana: *Diário Carioca*. Rio de Janeiro, 30 março de 1952.

70 Sobre o Modernismo português, ver: Anselmo, Manuel. *Família literária luso-brasileira*. Rio de Janeiro, 1943; Cidade, Hernani. *O conceito de poesia como expressão da cultura*. São Paulo, 1946; idem. *Tendências do lirismo contemporâneo*. Lisboa, 1938; Figueiredo, Fidelino de. *Depois de Eça de Queirós*, São Paulo, 1943; Monteiro, A. Casais. *Sobre o romance contemporâneo*. Lisboa, 1940; idem. *De pés fincados na terra*. Lisboa, 1941; idem. *O romance e seus problemas*. Rio de Janeiro, 1950; Régio, José. *Pequena história da moderna poesia portuguesa*. Lisboa, 1941; Simões, João Gaspar. *Novos temas*. Lisboa, 1935; idem. *Tendências do romance contemporâneo*. Lisboa, s. d.; idem. *Liberdade do espírito*, Porto, s. d.; idem. *Crítica*. I. Porto, 1942; *Os modernistas portugueses*. Org. Petrus. Porto: Textos Universais, 1957, 3 v.

A história do Modernismo português polarizou-se em torno de uma série de revistas: *Orfeu* (1915), *Portugal futurista*, *Contemporânea*, *Atena*, *Presença* (1927), *Cadernos de Poesia*, *Novo Cancioneiro*, *Poesia Nova* (1940), etc.

71 "O primitivismo foi a porta pela qual os modernistas penetraram no Brasil e sua carta de naturalização brasileira." Mário Pedrosa, *Correio da Manhã*. Rio de Janeiro, 6 de junho de 1952.

72 O grupo paulista compreendia: Oswald de Andrade, Mário de Andrade, Menotti del Picchia, Guilherme de Almeida, "os quatro cavalheiros andantes da cruzada", e mais, Sérgio Milliet, Luís Aranha, Agenor Barbosa, Plínio Salgado, Cândido Mota Filho.

No grupo do Rio contavam-se, entre cariocas e cariocas adotivos: Manuel Bandeira, Álvaro Moreira, Ronald de Carvalho, Renato Almeida, Ribeiro Couto e outros, a que veio juntar-se, ao voltar da Europa, em 1921, Graça Aranha, com veleidades de chefia.

73 Di Cavalcanti, respondendo ao inquérito sobre o Trigésimo Aniversário da Semana de Arte Moderna: *Diário Carioca*. Rio de Janeiro, 3 de fevereiro de 1952.

74 "... foi uma ideia espontânea que brotou naturalmente, sem pregões, nem manifestos, nem chefes, nem nada. A Semana veio por si mesma, porque veio, porque devia vir, ou antes não veio: manifestou-se, exteriorizou-se. Nós, os mocinhos de 1922, não tínhamos consciência do que então tentávamos, como agora não temos consciência do que estamos realizando." Guilherme de Almeida, in *Revista Anual do Salão de Maio* (RASM. São Paulo, 1939).

"Mas quando se faz o balanço da obra realizada pelos modernistas, verifica-se, sem esforço, que o entusiasmo nasceu no Rio, a organização pertenceu a São Paulo, enquanto os impulsos criadores vieram de Minas, do Nordeste, do Rio Grande do Sul." Peregrino Júnior. *O movimento modernista*. Rio de Janeiro: MEC, 1954, p. 20 (in Cadernos de Cultura, n. *69*).

75 "O Modernismo brasileiro nasceu do encontro e da consciência de algumas insatisfações. As artes e as letras tinham chegado a um beco sem saída. Era a própria necessidade de movimento e de vida que impunha uma demolição de barreiras, o que não se consegue elas realizações individuais, mas por um esforço coletivo. Quando um grupo de escritores e artistas, aliás não muito numerosos, tomou consciência disso, o Modernismo nasceu, procurando o modo de afirmar e viver. Sua primeira manifestação pública foi a Semana de Arte Moderna. A segunda, a revista *Klaxon*, de enorme importância." Prudente de Morais Neto, respondendo ao inquérito de *Tribuna das Letras* (Suplemento Literário da *Tribuna da Imprensa*). Rio de Janeiro, 16-17 de fevereiro de 1952.

76 Nessa carta, dizia Mário de Andrade:
"No verificar que os modernistas de São Paulo se afastaram de você vejo um engano. Não são os de São Paulo que se afastaram, são quase todos os do Brasil (...). Em primeiro lugar está o erro de vaidade com que você confundiu a função de orientador com a de tiranete e chefe político de comarca. Por onde se prova que você é um brasileiro... Deixo de lado o zelo com que foi protestar na redação de *A Noite*, contra a chefia do Modernismo que em hora errada lá se lembraram de me dar, quando não tem protestado contra a mesma chefia que tantas horas erradas deram para você. Não tem importância e é apenas dum cômico penoso. Eu fui dos que mais custaram a se convencer de que você, mal vindo da Europa, se meteu no Modernismo brasileiro por interesse pessoal e não pelo desejo de ser útil". Para Mário, Graça Aranha falhou ao seu destino, porque se acredita uma coisa quando é outra; não representa uma orientação tão variada e dispersa como a do Modernismo, e por isso falhou também como orientador do movimento; nem mesmo o brasileirismo ele representa: sua indiscrição arrogante fez com que quisesse ser o marechal da mocidade brasileira e acabasse apenas o coronel. A mocidade não pode aceitá-lo e o abandona. Apud *Correio da Manhã*. Rio de Janeiro, 16 de fevereiro de 1952.
Quanto a Manuel Bandeira, eis como se pronunciou:
"Assim, nem ele nem eu aquiescemos em tomar parte na homenagem que a revista *Klaxon* prestou a Graça Aranha, editando um número a este dedicado. Minha recusa não implicava nenhuma quebra da admiração e estima que sempre votei ao autor de *Canaã*. Pareceu-me, porém, que a homenagem iria dar ao Graça Aranha, pelo menos aos olhos do grande público, a posição de chefe do movimento modernista no Brasil. O que veio depois mostrou que eu tinha razão: o movimento passou a ser considerado obra de Graça Aranha, e embora as datas estejam aí, e as obras, como argumentou Mário comigo em carta de 19 24, não conseguimos até hoje impor a verdade, a saber, que nunca fomos discípulos de Graça Aranha. O movimento estava já em plena impulsão quando Graça Aranha chegou da Europa, em outubro de 1921, trazendo-nos a sua *Estética da vida*, que nenhum de nós aceitou. Mas, como escreveu Mário, "o que ninguém negará é a importância dele pra viabilidade do movimento, e o valor pessoal dele. É lógico: mesmo que o Graça não existisse, nós continuaríamos modernistas e outros viriam atrás de nós. mas ele trouxe mais facilidade e maior rapidez para nossa implantação. Hoje nós somos para quase toda a gente". Manuel Bandeira. *Itinerário de Pasárgada*. Rio de Janeiro: São José, 1957, p. 63.

Ver: M. Silva Brito. "Graça Aranha, chefe — ou não — da S.A.M." *Revista do Livro.* RJ. XI. 34, 1968.

77 Sérgio Buarque de Holanda. "Depois da Semana" (in *Diário Carioca*. Rio de Janeiro, 24 de fevereiro, 2 e 9 de março de 1952).

78 A atitude de Graça Aranha pode receber também interpretação psicológica, tal como fez Peregrino Júnior: "É preciso levar em conta o drama do diplomata aposentado, (...) que, depois de haver usufruído todos esses privilégios, regressa à pátria (...) para ficar mais ou menos esquecido, sofrendo ainda as consequências da desambientação, da falta de relações, e de *entourage* afetiva por ter vivido quase todo o tempo no estrangeiro. Tal seria o caso de Graça Aranha, depois de uma das existências mais luminosas nos grandes centros europeus: envelhecer solitário num quarto modesto do Hotel dos Estrangeiros. Surge o movimento modernista e ele encontra nos moços os novos companheiros, o *entourage* de que necessitava. Reúne-se a eles e vai liderá-los; seu prestígio cresce de um momento para outro, torna-se o nome do dia, discutido, atacado, louvado, e é a popularidade enfim —popularidade num grau em que nunca até então a tinha desfrutado. Índole combativa, temperamento exuberante e romântico, embora se insurgindo sempre contra o Romantismo, Graça Aranha não se conformaria à inatividade a que parecia condenado. O Modernismo deu-lhe os meios para retomar o fio de uma existência cheia, brilhante e plenamente vivida, prolongando-a numa ação intelectual que ele, como se sabe, estendeu ao plano político." Peregrino Júnior, em entrevista a Brito Broca: "Salões e ambientes do Modernismo no Rio" (in *Letras e Artes*, Suplemento Literário A Manhã. Rio de Janeiro, 3 de fevereiro de 1952).

79 Mário de Andrade. *O movimento modernista*. Rio de Janeiro, 1942. Essa formulação das teses de Mário de Andrade foi feita por Peregrino Júnior, in *O movimento modernista*, Rio de Janeiro: MEC, 1954.

80 Loc. cit.

81 Este assunto foi bem estudado por Sérgio Buarque de Holanda, in "Depois da Semana", loc. cit.

82 Tristão de Athayde "O Modernismo" (in *O Jornal*. Rio de Janeiro, 11 de dezembro de 1938); Peregrino Júnior. *O movimento modernista*. Rio de Janeiro: MEC, 1954.

83 Gilberto Freyre. *Região e tradição*. Rio de Janeiro, 1941, p. 24.

84 Ver o capítulo sobre o Regionalismo, desta obra, vol. V.

85 Ver Gilberto Freyre. *Região e tradição*. Rio de Janeiro, 1941; idem. *Manifesto regionalista de 1926*. Rio de Janeiro: MEC, 1955 (*Cadernos de Cultura*, n. 80; Tadeu Rocha. "O Modernismo na província, dois Regionalismos" (in *O Jornal*. Rio de Janeiro, 31 de agosto, 7 e 21 de setembro, 19 de outubro 1952. (Repr. in *Modernismo & Regionalismo*. Maceió, 1964).

86 Augusto Meyer, respondendo ao inquérito sobre o Trigésimo Aniversário da Semana, in *Diário Carioca*, Rio de Janeiro, 16 março 1952.

87 "... o Modernismo, movimento pletórico de teorias e de ideias, revolução que foi, nos seus tempos iniciais, uma revolução de manifestos, lançou um conjunto de programas que se realizaram pouco a pouco, parceladamente, sem aparentes ligações entre si". Wilson Martins. "Introdução à literatura brasileira moderna" (in *O Estado de S. Paulo. Supl. Literário*, São Paulo, 23 de novembro 1957).

Tasso da Silveira anunciou uma série de ensaios acerca desses diversos documentos, mas só foi publicado o primeiro sobre *Natalika*: in *Letras e Artes*. Supl. Literário *A Manhã*. Rio de Janeiro, 20 julho 1952).

Ver Gilberto Mendonça Teles. *Vanguarda europeia e Modernismo brasileiro*. Petrópolis: Vozes, 1972.

88 "O nosso século só começa, pois, em 1922, se quisermos datá-lo, como é necessário, do seu primeiro (e, até agora, único) movimento literário de importância. Toda a literatura brasileira contemporânea tem vivido, e ainda vive, sob o signo do Modernismo. (...) Isso se deve, em grande parte, ao fato de que as gerações modernistas (compreendidas, nessa expressão, todas as que se sucederam de então para cá) se tenham apresentado, cada uma, com uma nítida vocação literária". Wilson Martins. "Introdução", I, *loc. cit.*, 23 nov. 1957.

89 Ver ensaios desses títulos em *O Jornal*, Rio de Janeiro, 4, 11, 18 de dez. 1938; e mais: Quadro sintético da literatura brasileira, Rio de Janeiro, Agir, 1956.

90 Loc. cit.

91 Manuel Bandeira. *Itinerário*, p. 82.

92 "O ano de 1928 conserva, entretanto, o valor de um instante crucial na história do Modernismo: é uma 'virada' decisiva, com os livros de José Américo de Almeida, Mário de Andrade e Paulo Prado, Retrato do Brasil", Wilson Martins "Introdução", II (in *O Estado de S. Paulo. Supl. Literário*. São Paulo, 30 novembro 1957).

93 "... para a inteligência brasileira foi o início dessas conquistas que não se perdem mais e, uma vez incorporadas ao cabedal do espírito, constituem, para este, um enriquecimento definitivo." Prudente de Morais Neto. "Meninos, eu vi" (in *Jornal de Letras*. Rio de Janeiro, maio 1952).

94 "Em seus caminhos e descaminhos, os modernistas procuraram bem ou mal, e cada um a seu modo, terrenos mais largos onde seu esforço se revelou afinal atuante nos mais varia dos setores da vida brasileira. E é essa uma das circunstâncias que hoje se inscrevem no seu ativo." Sérgio Buarque de Holanda. "Depois da Semana" (in *Diário Carioca*. Rio de Janeiro, 9 março 1952).

95 A grande importância dessa obra, como texto de teoria poética, foi muito bem ressaltada por Luís Santa Cruz: "Jubileu d'A escrava" (in *Diário Carioca*. Rio de Janeiro, 26 novembro 1950), e "Atualidade d'A escrava" (*idem* 2 setembro 1951).

96 In *Jornal de Letras*. Rio de Janeiro, fevereiro 1952, p. 9.

97 Loc. cit., p. 41.

98 Ver sobre o problema do ensino literário: Afrânio Coutinho. *O ensino de Literatura*. Rio de Janeiro: MEC, 1952; idem. *Correntes cruzadas*. Rio de Janeiro: A Noite, 1953; idem. *Da crítica e da nova crítica*. Rio de Janeiro: Civilização Brasileira, 1957; idem. *Crítica e poética*. 2. ed. Rio de Janeiro: Civilização Brasileira, 1980; (Nota de 1969). Nesse particular é auspiciosa a criação, nas universidades, de faculdades e institutos de ensino literário. Ver Afrânio Coutinho. *Aula Magna de 1968*. Rio de Janeiro: Imprensa da UFRJ, 1968.

99 Loc. cit. 7 dezembro 1957. A respeito da tendência à compreensão do caráter estético da literatura, ver os trabalhos de Afrânio Coutinho, acima citados, entre outros (Nota 98).

100 Ver Afrânio Coutinho. *Correntes cruzadas*. Rio de Janeiro: A Noite, 1953, p. XVI-XX.

101 José Veríssimo, em vários ensaios sobre Coelho Neto, haja vista: o Sr. Coelho Neto" (in *Estudos de Literatura Brasileira*, 6a série. Rio de Janeiro: Garnier, 1910).

102 *Op. cit.*, p. 40.

103 "Pensemos nos pronomes. Até o modernismo quem escrevia em língua portuguesa tinha um fantasma pela frente: os pronomes. Uma das preocupações do escritor era colocá-los bem. Preocupação estéril para o escritor, porque desviava a sua atenção para um problema que não envolvia o menor interesse estético, um problema infecundo. E os modernistas? Aparentemente eles se libertaram dessa preocupação, mas apenas aparentemente. Na realidade o que eles fizeram foi libertar disso os pós-modernistas. Tanto quanto o acadêmico, o modernista foi atrapalhado pelos pronomes.

Preocupou-se em colocá-los mal — de acordo com a gramática portuguesa. Teve o trabalho de colocá-los à maneira brasileira, ou às maneiras brasileiras, e ainda de inventar meios de colocá-los. De qualquer modo preocupou-se fortemente com os pronomes. Em certas frases de escritores acadêmicos vemos um pronome, situado de acordo com as melhores regras, que estraga a frase, incomoda o leitor, dói. Em frases de escritores modernistas vemos pronomes tão abusiva e deliberadamente errados que também incomodam, que também dão na vista. Para reagir contra a linguagem de colarinho duro muitos modernistas desceram até a linguagem cafajeste. Lutando contra uma falsa dignidade da língua escreveram, às vezes, uma linguagem sem dignidade.

Ora, o pós-modernista teve esta vantagem: desconheceu os pronomes. Foi escrevendo os pronomes da maneira que lhe pareceu mais fácil, sem reparar como escrevia, sem se preocupar se estava certo ou errado. O pronome para ele ficou sendo um elemento qualquer da oração, como o advérbio, por exemplo. Enfim: o pós-modernista não teve mais o problema dos pronomes.

A língua escrita antes do Modernismo era incômoda e desconfortável. Acontecia que, para escrever com simplicidade, um escritor, que tinha a obrigação de ser correto, enfrentava problemas complicadíssimos de estilo. A maioria preferia escrever sem simplicidade. Que fizeram os modernistas? Reagindo contra a linguagem lusitana se agarraram aos barbarismos. Assim como os outros se preocupavam em embelezar a frase com palavrões clássicos e às vezes arcaicos, os modernistas se preocupavam em recheá-la de brasileirismo e palavras plebeias. Abriram as porteiras da língua, e ficaram atrapalhados com a invasão. Fizeram como crianças que, tendo aprendido algumas palavras feias, as repetem a todo momento, embora sem oportunidade, para mostrar que sabem essas palavras e que podem dizê-las. Fizeram demonstração. Demonstração e em muitos casos exibicionismo, abuso deliberado, ostentação novo-rica da língua que tinham ido buscar na boca do povo — às vezes através de livros de folclore — para meter na língua escrita.

Naturalmente, neste detalhe como em outros, o mal variou de acordo com os temperamentos pessoais. Em muitos casos chegou a um preciosismo populista mais precioso que qualquer preciosismo acadêmico. Assim fazendo, os modernistas fizeram bem (...) aos que vieram depois. A si mesmo fizeram mal, porque se preocupando tanto com a língua, com o instrumento de trabalho, prejudicaram o próprio trabalho. Já os pós-modernistas não precisaram mais se preocupar com casticismos nem com barbarismos. Quando começaram a escrever foram escrevendo, pensando apenas em dizer o que queriam dizer, em dar o seu recado. Foram escrevendo na língua que lhes pareceu mais cômoda, mais fácil de escrever e de ser entendida". Rubem Braga, "O trabalho do Modernismo" (in *Diário de Notícias*. Rio de Janeiro, 28 de junho 1942).

104 A obra importante de Herbert Parentes Fortes (1897-1953) teve publicação póstuma: *Filosofia da linguagem*. Rio de Janeiro: Edições GRD, 1956; *A língua que falamos*, idem, 1957; *A questão da língua brasileira*, idem, 1957; *Euclides, o estilizador de nossa história*, idem, 1958.

105 Há um século dizia Gonçalves Dias, citado por Herbert Parentes Fortes, em *Filosofia da linguagem*: "Acontece também que em distâncias tão consideráveis, como são as do Brasil, o teor de vida muda, e os homens que adotam essa ou aquela maneira de viver formaram uma linguagem própria sua, mais expressiva e variada. Os vaqueiros, os mineiros, os pescadores, os homens da navegação fluvial estão neste caso. Pois o romance brasileiro não há de poder desenhar nenhum desses tipos, porque lhe faltam os termos próprios no português clássico?"

106 Sobre a poesia moderna, em geral, ver:

Academia Brasileira de Letras: *Curso de Poesia*. Rio de Janeiro, 1954; Amoroso Lima, Alceu. *Quadro sintético da literatura brasileira*. Rio de Janeiro: Agir, 1956; idem. *Estudos*. 5 séries. Rio de Janeiro, 1929-1933; idem. "Poesia moderna" (in *O Jornal*. Rio de Janeiro, 1929-1933); idem. "Poesia moderna" (in *O Jornal*. Rio de Janeiro, 20/30 nov., 7 dez. 1941); idem. *Poesia brasileira contemporânea*. Belo Horizonte, 1941; Ávila, Afonso. Aspectos da poesia pós-modernista" (in *Correio da Manhã*. Rio de Janeiro, 12/19 jan. 1957); Bandeira, Manuel. *Apresentação da poesia brasileira*. 3. ed. Rio de Janeiro: C.E.B., 1957; Barros, Jaime de. *Poetas do Brasil*. Rio de Janeiro: José Olympio, 1944; Carvalho da Silva, Domingos. *Introdução ao estudo do ritmo na poesia modernista*. São Paulo: Rev. Bras. Poesia, 1950; Casais Monteiro, Adolfo. *A moderna poesia brasileira*. São Paulo: Clube de Poesia, 1956; Clube de Poesia de São Paulo. *Antologia da poesia brasileira moderna*. São Paulo, 1953; Faustino, Mário. "A poesia concreta e o momento poético brasileiro" (in *J. Brasil*. Rio de Janeiro, 10 fev. 1957); Freitas Júnior, Octávio. *Ensaios de crítica de poesia*. Recife, 1941; Grieco, Agripino. *Evolução da poesia brasileira*. Rio de Janeiro, abril, 1932; Lins, Álvaro. *Jornal de crítica*, 6 séries. Rio de Janeiro: José Olympio, 1941/1951; Lins, Édson. *História e crítica da poesia brasileira*. Rio de Janeiro: Ariel, 1937; Martins, Wilson. "Poesia de ontem e de hoje" (in *O Estado de S. Paulo*, 19/26 abril 1958); Milano, Dante. *Antologia de poetas modernos*. Rio de Janeiro: Ariel, 1935; Milliet, Sérgio *Panorama da moderna poesia brasileira*. Rio de Janeiro: MEC, 1952; *Modernismo. Estudos críticos*. Org. Saldanha Coelho. Rio de Janeiro, *Revista Branca*, 1954; Oliveira, José Osório de. *Pequena antologia da moderna poesia brasileira*. Lisboa, 1944; Pimentel, Ciro, *Breve antologia da poesia nova brasileira*. Braga, Portugal. 1956-1957; Portela, Eduardo. "A poesia brasileira de hoje" (in *J. Commerio*. Rio de Janeiro, 29 set. 16 out. 1957); Rio Branco, Miguel. *Etapas da poesia brasileira*. Lisboa, 1955; Santa Cruz, Luís. "Cinquenta anos de poesia" (in *Correio da Manhã*. Rio de Janeiro, 15 jun. 1951); Bastide, Roger. *Poetas do Brasil*. Curitiba, 1947; Loanda, F. F. de. *Panorama da nova poesia brasileira*. Rio de Janeiro, 1951; Ricardo, Cassiano, *22 e a poesia de hoje*. São Paulo, 1962; Merquior, José Guilherme. "A poesia descobre o Brasil" (in *Senhor*. Rio de Janeiro, junho 1962; idem. Falência da poesia" (in *Senhor*. Rio de Janeiro, maio 1962; idem. "Nota antifálica" in *Manuel Bandeira. Poesia do Brasil*. Editora do Autor, 1963. Silva Brito, M. de. *Poesia do Modernismo*. Rio de Janeiro: Civ. Brasileira, 1968: Silva Ramos, P. E. *Poesia moderna*. São Paulo: Melhoramentos. 1967.

107 Cassiano Ricardo. *Entrevista ao Diário Carioca*. Rio de Janeiro, 30 março 1952.

108 Sobre a "geração de 1945", ver: Amoroso Lima. A. *Quadro sintético da literatura brasileira*. Rio de Janeiro, 1956; Bandeira, M. *Apresentação da poesia brasileira*. Rio de Janeiro, 2 set. 1951); Godói Campos, Milton. *Antologia poética da geração de 45*. São Paulo: Clube da Poesia, 1966; Ivo, Ledo. "Conferência" (in *Letras e Artes. Supl. A Manhã*. Rio de Janeiro, 18 set. 1949); Melo Neto, J. Cabral de. "A geração de 45" (in *Diário Carioca*. Rio de Janeiro, 23/30 nov., 7/21 dez. 1952); Clube de Poesia de São Paulo. *Antologia da poesia brasileira moderna*. São Paulo, 1953; Loanda, F. F. de. *Panorama da nova poesia brasileira*. Rio de Janeiro, 1951; Milliet, Sérgio. *Panorama da moderna posia brasileira*. Rio de Janeiro, 1952.

109 Sobre o problema dos gêneros poéticos do Modernismo, ver: Marques, Osvaldinho. Matrizes estruturais do verso moderno" (in *Modernismo. Estudos Críticos*. Org. Saldanha Coelho. Rio de Janeiro. Revista Branca, 1954); Santa Cruz, Luís. "Os gêneros poéticos do Modernismo" (in *Jornal de Letras*. Rio de Janeiro, novembro, 1951). Mostra Santa Cruz como o Modernismo libertou a poesia brasileira dos tratados de versificação e da concepção retórica da poesia, que devíamos à educação de tipo preceptístico e mecanicamente artesanal: era só seguir as regras da versificação, da rima e da

escolha de estrofes tradicionais ou tradicionais números de versos, das espécies de estrofes e versos (brancos ou rimados), o que lhes comunicou maior plasticidade e aprofundamento do conteúdo poético. Em *A escrava que não é Isaura*, a grande arte poética do Modernismo, voltando à tradição "poética" de Aristóteles, Mário de Andrade preceituou a liberdade absoluta na escolha e tratamento dos gêneros, o "polifonismo": aceitava todos, os gregos e latinos, os italianos (o soneto inclusive), e até o "poema", a que se entregou entusiasticamente a poesia modernista, como o instrumento lírico por excelência, pois o Modernismo se incorporou também à linha tradicional da poesia brasileira, o lirismo, embora tenha havido exemplos da nota épica em alguns como *Martim Cererê* e *Cobra Norato*. Todavia, os poetas modernistas cultivaram outros gêneros líricos: elegia, ode, romance, rondó, madrigal, canção, cantata, estudo, pastoral, balada, sem falar no soneto.

110 Sobre os movimentos de Vanguarda, ver o cap. 50 vol. V desta obra, com ampla bibliografia.

111 Sobre a ficção brasileira em geral — romance e conto — e a moderna em particular ver: Academia Brasileira de Letras. *Curso de romance*. Rio de Janeiro, 1952; Adonias Filho. *Modernos ficcionistas brasileiros*. Rio de Janeiro: O Cruzeiro, 1958; idem. *O romance brasileiro de 30*. Rio de Janeiro: Bloch, 1969; Albuquerque, Moacir de. "À margem do romance". *O Jornal*. Rio de Janeiro. 22/29 ago. 5 set. 1954; idem. *Alguns romancistas contemporâneos*. Recife, 1954; Alencar Heron. "Precursores. O primeiro romance". In *A Literatura no Brasil*. Vol. I, p. 840; Almeida, Hélio Pólvora de. "O romance neorrealista...". *Para Todos*. Rio de Janeiro, n. 37, nov. 1957; Andrade, Mário de. *Aspectos da literatura brasileira*. Rio de Janeiro: Americ, 1943; Andrade, Teófilo. "Romance do café e romance do açúcar". *O Jornal*. Rio de Janeiro, 17 nov. 1957; Athayde, Tristão de. *Estudos*. 5 séries. Rio de Janeiro, 1929-1932; Barbosa, Francisco de Assis. *Romance, novela e conto no Brasil* (1839-1949, ano 1, maio-agosto, n. 3); Barroso, Gustavo. "O primeiro romance brasileiro". *O Cruzeiro*. Rio de Janeiro. 3 março 1951; Bloem, Rui. "Teresa Margarida e o primeiro romance brasileiro". *Folha Noite*. São Paulo. 26/27/28/29 ago. 1957; Braga Montenegro, J. Evolução e natureza do conto cearense, Fortaleza: Clã, 1951; Brito Broca. "Houve um romance modernista?". *Letras e Artes*. Supl. *A Manhã*. Rio de Janeiro. 15 jun. 1952; idem. "O que devemos reler nos romances brasileiros". *Letras e Artes*. Supl. *A Manhã*. Rio de Janeiro, 19 out. 1952; Bruno, Haroldo. "Notas sobre o romance. *Diário de Notícias*. Rio de Janeiro, 24 ago. e 14 set. 1952; idem. "Romance e Novelas". *J. Brasil*. Rio de Janeiro, 23 dez. 1956; Cândido, Antônio. "O nosso romance antes de 1930". *O Jornal*. Rio de Janeiro, 21/28 abril, 12 maio 1946; Carmo, Pinto do. *Novela e novelistas brasileiros*. Rio de Janeiro: Org. Simões, 1947; Carpeaux, Oto Maria. "Tendências do moderno romance brasileiro". *O Jornal*, Rio de Janeiro, 12 out. 1948; Castelo, José Aderaldo. "Como nasceu o romance brasileiro". *O Jornal*. 12 jun. 1949; idem. "Os fundadores do romance brasileiro". *O Jornal*. Rio de Janeiro, 26 jun. 1949; idem. "O romance romântico histórico". *O Estado de S. Paulo*. Supl. lit. 30 mar. 1957; idem. "Tendências do romance romântico". Ibidem 15 jun. 1957; idem. "O romance do Realismo ao Modernismo". Ibidem, 24 ago. 1957; Cavalheiro, Edgard. *Evolução do conto brasileiro*. Rio de Janeiro: MEC, 1954 (Cad. Cultura, 74); Correia Dutra, Lia. *O romance brasileiro* e *José Lins do Rego*. Lisboa, 1938; Cortesão, Jaime. "*A autoria das aventuras de Diófanes*". *O Estado de São Paulo*. 20 set., 4 out. 1953; Cunha, Fausto. "Sumário de romance brasileiro". *Folha da Manhã*. São Paulo, 3/17 nov. 1957; Dantas Pedro. "O romance brasileiro". *Revista Acadêmica*. Rio de Janeiro, n. 48-51; D'Elia, Miguel Alfredo. *El sentido de la tierra en la narrativa*. Buenos Aires, 1948; Elison, F. P. *Brasil's New Novel*. Berkeley, Los Angeles, 1954;

Freitas, Bezerra de. *Forma e expressão no romance brasileiro*. Rio de Janeiro: Pongetti, 1947; Gama e Melo, V. "Uma literatura parada". *J. Commercio*. Recife, 23 jun. 1947; Lima, Herman. *Variações sobre o conto*. Rio de Janeiro: MEC, 1952 (Cad. Cultura); Lins, Álvaro. *Jornal de Crítica*. 6 séries. Rio de Janeiro: José Olympio, 1941-1951; Lousada, Wilson. "Três paisagens do romance". *Dom Casmurro*. Rio de Janeiro, 26 nov., 19/31 dez. 1938; idem. "Modernismo, romance...". Ibidem 25 mar. 1939; Miguel Pereira, Lúcia. *Prosa e ficção* (De 1870 a 1920). Rio de Janeiro: José Olympio, 1950; Montenegro, Abelardo. *O romance cearense*. Fortaleza, 1953; Montenegro, Olívio. *O romance brasileiro*. Rio de Janeiro, 1928; Murici, J. Andrade. *A nova literatura brasileira*. Porto Alegre, 1936; Murici, J. Andrade. "A ficção no movimento modernista carioca". *J. Commercio*. Rio de Janeiro, 10 nov. 1957; Nunes, Cassiano. "Análise e problemática do romance nordestino". *Rev. Brasiliense*. São Paulo, dez. 1957; Olinto, Antônio. "Ficção no Brasil". *O Globo*. Rio de Janeiro, 14/21 dez. 1957; Oliveira, José Osório de. *Aspectos do romance brasileiro*. Lisboa, 1943; Placer, Xavier. "Panorama do moderno romance brasileiro". *Revista Academia Fluminense de Letras*. Niterói. 1953, VIII; Rizzini, Jorge. "A renovação do romance brasileiro". *A Gazeta*. São Paulo 19 jul. 1957; Rodrigues Alves Filho. *O sociologismo e a imaginação no romance brasileiro*. Rio de Janeiro, 1938; *O romance brasileiro* (de 1752 a 1930). Rio de Janeiro: O Cruzeiro, 1952; Simões, João Gaspar. "Introdução ao estudo da literatura de ficção dos novos escritores brasileiros". *Letras e Artes*. Supl. *A Manhã*, Rio de Janeiro, 21 jan. 1951; Vidal, Ademar. "O romance brasileiro". *O Jornal*. Rio de Janeiro, 8 jan. 1939; Vítor, Nestor. *Três romancistas do Norte*. Rio de Janeiro, 1915; Adonias Filho, *Modernos ficcionistas brasileiros*. Rio de Janeiro, 1958; Bruno, Haroldo. *Estudos de literatura brasileira*. Rio de Janeiro, 1957. Assis Brasil. "Ficção: últimos livros". *Jornal do Brasil*. RJ, 24, 31/12/1969, 7, 14, 21/1/1961; idem. "O romance brasileiro de hoje". *Cadernos Brasileiros*. Rio de Janeiro, Ano II, n. 4, out.-dez., 1960; Athayde, Tristão de. "Romance brasileiro moderno". *Diário de Notícias*. RJ, 30/10, 13, 27/11, 4, 11, 18/12/1960, 15, 22, 29/1/1961; Ayala, Walmir. "Romance brasileiro". *Cadernos Brasileiros*. Rio de Janeiro, V. 2, março-abril 1962; Cândido, Antônio. *Tese e antítese*. São Paulo: Cia. Ed. Nacional, 1964; Castelo, José Aderaldo. *Aspectos do romance brasileiro*. Rio de Janeiro: MEC, 1961; Gomes, Eugênio. *Aspectos do romance brasileiro*. Bahia: Publ. da Universidade, 1958; Linhares, Temístocles. *Interrogações*. II. Rio de Janeiro: Liv. São José, 1962; Lucas, Fábio. *Temas literários e juízos críticos*. Belo Horizonte: Tendência, 1963; Olinto, Antônio. *Cadernos de crítica*. Rio de Janeiro: José Olympio, 1959; Oliveira, Franklin de. *A fantasia exata*. Rio de Janeiro: Zahar Ed., 1959; Pontes, Joel. *O aprendiz da crítica*. Rio de Janeiro: INC. 1960, Portela, Eduardo. *Dimensões* I-II. Rio de Janeiro: Agir, 1959, 1960; Rego, José Lins do. *Conferências no Prata*. Rio de Janeiro: CEB, 1946; Martins, Wilson. "Velhos e novos". *O Estado S. Paulo*. 4, 11, 18, 25/11 e 2/12/1954; idem. "Romances e novelas". *O Est. S. Paulo*. 14, 21, 28/7/1955; idem. "Os romances imperfeitos". *Est. São Paulo*. 1/12/1959; idem. "Ponto morto". *Est. São Paulo*. 25/2 e 4/3/1961; idem. "Estilo e assunto". *Est. São Paulo*. 11, 18/11/1961: idem. "Estiagem". *Est. São Paulo*. 23/6/1962; idem. "Romance em crise". *Est. São Paulo*. 13/10/1962; idem, "Caminhos da ficção". *Est. S. Paulo*. 19, 26/1/1962; idem "Uma década do romance". *Est. São Paulo*. 11, 18, 25/5/1963; idem. "A ficção". *Est. São Paulo*. 10-17, 24/6 e 1/7/1964; idem. "Tendências". *Est. São Paulo*. 1/2/1964; Rabassa, G. *O negro na ficção brasileira*, Rio de Janeiro: Tempo Brasileiro, 1965.

112 Sobre a crônica, ver:

Almeida, Paulo Mendes de. "A crônica". *O Estado de S. Paulo*. 13 out. 1956; Athayde, Tristão de. "Contos e crônicas". *Estudos*. 5ª série. Rio de Janeiro, 1933; Coutinho, Afrânio. *Da crítica e da nova crítica*. Rio de Janeiro, 1957; idem. "Personalidade da crônica". *Diário de Notícias*. Rio de Janeiro, 8 dez. 1957; Gersen, Bernardo. "Grandeza e miséria da crônica". *Diário de Notícias*. Rio de Janeiro, 14 jul. 1957; Linhares, Temístocles. "Cronistas". *Diário de Notícias*. Rio de Janeiro, 6 out. 1957; Portela, Eduardo. "A cidade e a letra". *J. Commercio*. Rio de Janeiro, 15 dez. 1957. Repr. in *Dimensões* I. Rio de Janeiro, 1958. Ver ainda cap. 52, Vol. X, desta obra.

113 Eduardo Portela. "A cidade a letra". J. Commercio. Rio de Janeiro, 15 dez. 1957. Repr. in Dimensões I. Rio de Janeiro: José Olympio, 1958.

114 Ver o cap. "A evolução da literatura dramática". No cap. 54 de *A literatura no Brasil*. Ver também: Cruz, Osmar Rodrigues. "Origem da renovação no teatro brasileiro". *Revista Brasiliense*. São Paulo, nov.-dez. 1956. Ver bibliografia de 1964, no final.

115 No prefácio de seu livro Afonso Arinos (1922), depois retomado em diversas oportunidades. Repr. in *Estudos literários*. Rio de Janeiro: Aguiar, 1966.

116 Sobre esse assunto, ver: Afrânio Coutinho, *Correntes cruzadas* (1953). *Por uma crítica estética* (1953) e *Da crítica e da nova crítica* (1957); "A crítica literária no Brasil". In *Rev. Interamericana de Bibliografia*. Washington. Vol. XIV, n. 2 1964; *Crítica e poética* (1968). Ver ainda: Alceu Amoroso Lima. "A crítica literária no Brasil". In *Decimália*. Rio de Janeiro: Biblioteca Nacional, 1958.

117 É verdade que nem tudo correu às mil maravilhas, e houve deturpações que surgiram em nome da nova estética, como muito bem mostrou Murilo Araújo, "expressões secas, frias, sem plástica e sem sentimento, herméticas, incomunicáveis, vazias e assim incapazes de sobreviver". Analisa Murilo Araújo algumas dessas aberrações ou exageros da reforma artística:
"Assim a *Simplicidade* que lhe era própria degenerou às vezes em *deficiência*, a *espontaneidade*, em improvisação; o *dinamismo* que emprestava estética à máquina, se mudou em *automatismo*, que, ao contrário, empresta ao homem os gestos frios e insensíveis da máquina: a *síntese* opulenta se confunde com a *secura* vazia: a *surpresa*, *estética* com o *artifício* excêntrico; a *liberdade de construir* é interpretada como *liberdade de destruir*; o *combate às formas*; o *funcionalismo arquitetônico* é exagerado em verdadeiro mecanismo *arquitetônico*; a *libertação do ritmo* passou a ser uma *abolição do ritmo*; o apelo à subsconsciência deu lugar à *simulação da incoerência*; a *preponderância da personalidade* acabou sendo o *predomínio da arbitrariedade*; a *superação do passado* se transmudou em *renegação do passado*; e finalmente, o *controle da emoção* veio a transformar-se em *esterilização cerebral* da emoção". (Murilo Araújo. "Evolução e revolução modernista". *Jornal do Commercio*. Rio de Janeiro, 10 maio 1953. Repr. in *Quadrantes do modernismo brasileiro*. Rio de Janeiro, 1958.

118 Está superada a ideia da fase heroica do movimento, segundo a qual a literatura brasileira teria começado com o Modernismo. Os modernistas revolucionários quebraram a ligação com o passado literário brasileiro, passando sobre ele uma esponja de injustiças e negações sistemáticas.
Wilson Martins pronuncia-se da mesma maneira: "Modernismo foi não apenas uma ruptura com o passado, uma quebra brutal na "direção" estética, mas, ainda, uma interrupção da história literária: seus doze apóstolos começaram a contar de 1922 o ano I da literatura brasileira. Daí, a lista impressionante das suas injustiças necessárias, que estamos, agora, revisando, pouco a pouco: como sempre acontece nas revoluções, o Modernismo reconheceu alguns mestres longínquos, que não eram os "mestres do passado", de que falava Mário de Andrade, isso pela razão muito simples de que,

esse *passado*, era o passado imediato, contra o qual; precisamente, os Modernistas se rebelavam; mas a escolha dos Mestres, na vida como nas resoluções, jamais obedece às razões muito rigorosas ou muito racionais. Assim, alguns verdadeiros profetas do Modernismo caíram ignorados na noite dos tempos, e outros, menos dignos, foram chamados aos festins votivos. Mas, ao lado dos verdadeiros e dos falsos mestres, contavam-se muitos escritores que haviam conquistado o seu lugar, maior ou menor na vida literária. Havia os movimentos e as escolas, então como hoje mal estudados. Havia, em uma palavra, a "variedade", que os modernistas, donos de uma verdade, repudiavam em nome da "unidade". Explica-se, dessa maneira, que, por uma vintena de anos e talvez mais, a atividade literária no Brasil tenha sido exclusivamente contemporânea, tenha ignorado quase completamente o que a precedia, e tenha, por uma atitude profunda do espírito, se desinteressado do anterior: e que, do passado, como da história literária, tenhamos tido, como é natural, e por isso mesmo, uma ideia convencional e falsa." ("Poesia de ontem e de hoje". *O Estado de S. Paulo*, 19 abril 1958.)

42. *Andrade Murici*
PRESENÇA DO SIMBOLISMO

A explosão Cruz e Sousa. A primeira e a segunda gerações simbolistas. No Paraná, Minas Gerais, Bahia. Nestor Vítor, Gustavo Santiago, Oliveira Gomes, Colatino Barroso, António Austregésilo, Neto Machado, Carlos Fróis, Artur de Miranda, Silveira Neto, Tibúrcio de Freitas, Saturnino de Meireles, Félix Pacheco, Carlos D. Fernandes, Gonçalo Jácome, Narciso Araújo, Pereira da Silva, Paulo Araújo, Cassiano Tavares Bastos, Castro Meneses, Rocha Pombo, Gonzaga Duque, Mário Pederneiras, Lima Campos, Dario Veloso, Emiliano Perneta, Silveira Neto, Guerra Duval, Júlio Cesar da Silva, Leopoldo de Freitas, Venceslau de Queirós, Batista Cepelos, Jacques d'Avray, José Severiano de Resende, Alphonsus de Guimaraens, Viana do Castelo, Edgard Mata, Adolfo Araújo, Mamede de Oliveira, Pedro Kilkerry, Francisco Mangabeira, Álvaro Reis, Durval de Morais, Astério de Campos, Marcelo Gama, Ernani Rosas, Eduardo Guimaraens. O poema em prosa: Raul Pompeia. A ficção simbolista: Virgílio Várzea, Alfredo de Sarandi, Graça Aranha, Rocha Pombo, Gonzaga Duque. O teatro simbolista. Legado do movimento.

Mil oitocentos e noventa e três. O paredão maciço de mármore neo-helênico do Parnasianismo entreabriu-se. (Formou-se como um alto vitral em ogiva e por ele passou uma luz diferente.)

A EXPLOSÃO CRUZ E SOUSA*

* João da Cruz e Sousa (Desterro, SC, 1861 — Sítio, MG, 1898). Filho de escravos alforriados, foi educado pelo Marechal Guilherme Xavier de Sousa e sua esposa, antigos senhores do seu pai. Aluno do sábio alemão Fritz Müller. Professor e jornalista, foi recusado como promotor público de Laguna devido à sua cor. Percorreu o Brasil como secretário-ponto de uma companhia dramática. Fixou-se no Rio de Janeiro em 1890, ingressando no jornalismo. Casou-se, em 189 3, com Gavita Rosa Gonçalves, também de cor. Foi arquivista da Estrada de Ferro Central do Brasil.

Bibliografia

POESIA: Broquéis. 1893; *Faróis*. 1900; *Últimos sonetos*. 1905; *Obras poéticas* (*Broquéis. Faróis, Últimos sonetos, inéditos e dispersos*), Org. Andrade Murici, Instituto Nacional do Livro, 1945; *Poesias completas* (edição Zélio Valverde), 1944. PROSA: Tropas e fantasias (em colaboração com Virgílio Várzea). 1885; *Missal*. 189 3; *Evocações*. 1898; *Obras completas* (edição *Anuário do Brasil*). 1923-1924. 2 vols.: *Obras* (São Paulo: Edições Cultura). 1943. 2 vols. *Cruz e Sousa. Poesia*. Por Tasso da Silveira (Col. Nossos Clássicos, n. 4). Rio de Janeiro: Agir, 1957; 2. ed. 1960. *Sonetos da Noite* (Edições do Livro de Arte, com xilogravuras de H. Mund, Jr., Florianópolis), 1958; *Obra completa*. Edição Comemorativa do Centenário (Organização geral, introdução, notas, cronologia e bibliografia por Andrade Murici). Rio de Janeiro: Editora José Aguilar, 1961; *Poemas Escolhidos de Cruz e Sousa* (Seleção e introdução de Massaud Moisés), São Paulo: Cultrix, 1961.

Consultar

Amado, Gilberto. *A dança sobre o abismo*. 1932; Araripe Júnior. *O movimento de 1893, 1896*; Athayde, Tristão de. *Poesia brasileira contemporânea*. 1941; Bastide, Roger. *A poesia afro-brasileira*, 1943; Bandeira, Manuel. *Apresentação da poesia brasileira*. 2. ed. 1954; Caminha, Adolfo. *Cartas literárias*, 1895; Castelo, José Aderaldo. "A primeira fase da poesia de Cruz e Sousa". *Estado São Paulo*. 2 mar. 1957; idem. "Uma profissão de fé simbolista". *Estado de São Paulo*. 18 maio 1957; Couto, Pedro do. *Páginas de crítica*. 1906; Fernandes, Carlos D. *Fretana*. 1936; Figueiredo, Jackson de. *Pascal e a inquietação moderna*. 1922; idem. *Durval de Morais e os poetas de Nossa Senhora*. 1925; idem. *A coluna de fogo*. 1925; Frota Pessoa. *Crítica e polêmica*. 1902; Gama Rosa. *Sociologia e estética*. 1914; Gomes, Eugênio. "Cruz e Sousa na Bahia". *Corr. Manhã*. 14 de maio 1955); idem. "Cruz e Sousa e o mundo shakespeariano". *Rev. Livro*, I, n. 3-4, dez. 1956; Grieco, Agripino. *Evolução da poesia brasileira*. 1932; Lisboa, Henriqueta. *Convívio poético*. 1955; Magalhães Júnior, Raimundo. *Poesia e vida de Cruz e Sousa* (1961); Meireles, Cecília. *O espírito vitorioso*. 1929; Montenegro, Abelardo. *Cruz e Sousa e o movimento simbolista no Brasil*. 1954; Morais, Carlos Dante de. *Viagens interiores*. 1931; Moreyra, Álvaro. *As amargas, não...* 1954; Murici, Andrade. *Caminho de música*. 2ª série. 1951; Oiticica, José. "O poeta negro". *Corr. Manhã*. 17 mar. 1923; Oliveira, José Osório de. *Líricas brasileiras*. 1954; Pádua, Antônio de. *À margem do estilo de Cruz e Sousa*. 1946; Pinto da Silva, João. *Vultos do meu caminho*. 1918. 2ª ed. 1927; Portella, Eduardo. *Nota prévia de Cruz e Sousa* (1962). Romero, Sílvio. In *Livro de Centenário*. 1900; Santiago, Gustavo. "Cruz e Sousa". *Cidade do Rio*. 20, 22 e 29 de abr. 1899; Schmidt, A. F. "Cruz

Alguns jovens, sedentos do *frisson nouveau* baudelairiano, negavam-se ao regalado conformismo a que pareciam ter chegado os parnasianos. Também não era o equilíbrio do senso de julgamento que buscavam. O alvoroço neles causado pela estreia fulminante de Cruz e Sousa, com o *Missal*, não lhes dera tempo sequer para se refazerem do choque, e já novo impacto os atingia: no mesmo ano, o Poeta Negro lhes dá *Broquéis*. Esse título poderia lembrar Herédia, que "compreendia o soneto com uma encadernação ou uma armadura", escreveu Thibaudet. Até mesmo um discípulo fiel de Cruz e Sousa, Carlos D. Fernandes, só soube aludir a "bronze", tratando de *Broquéis*, o bronze retumbante do Parnaso, para exprimir a sua exaltada impressão. Açodadamente, foi Cruz e Sousa proclamado mero parnasiano, esdrúxulo e irregular, sem dúvida, e até, muita vez, monstruoso. As suas rimas ricas e chaves de ouro, em cachos e mancheias, contentaram aos leitores conservantistas. Sentiam-se, porém, fortemente inquietos diante do estupendo calidoscópio de matizes, dos jogos vocabulares como gratuitos, numa superabundância virtuosística que pareceu, a alguns desatentos, simples dejetos e escórias retóricas. Que coisas eram aquelas imponderáveis "melancolias e diafaneidades"? Soavam de modo insólito, com o fragor de gongo das cores, e os subitâneos entrechoques de estados de alma, expressos num jorrar, num espocar de metáforas. Sensualidade "caprina" expressa-se desde a segunda peça do livro, aquele famoso:

> Croton selvagem, tinhorão lascivo,
> Planta mortal, carnívora, sangrenta...

defrontando-se, algumas páginas adiante, com:

> ... a frescura da magnólia fresca
> Da cor nupcial da flor da laranjeira,
> Doces tons-d'ouro...

Havia, também, por lá, uns especiosos "santos óleos do luar"; o "demônio sangrento da luxúria", de "verdes gengivas de ácida salsugem... "Como poderiam aceitar aquela música de "raios fluídicos, diluentes dos Astros"; a "látea claridade que flutua"; poder sentir

> A surdina das lágrimas subindo...

---

e Sousa". *A Manhã*. 11 abril 1948; Silveira, Tasso da. "O túmulo de Cruz e Sousa". *J. Commercio*. 6 ago. 1943; Silveira Neto, *Cruz e Sousa*. 1924; Veríssimo, José. *Estudos de literatura brasileira*. 1ª série. 1901; idem. 6ª série 1907; Vítor, Nestor. *Cruz e Sousa*, 1899; idem. *Farias Brito*. 1917; idem. *A crítica de ontem*. 1919; idem. *O elogio do amigo*. 1921; idem. Introdução às *Obras completas*. 1923; idem. *Cartas à gente nova*. 1924.

Jamais se vira fazer duma jovem tuberculosa um "flébil eucaliptus", e, num risco nervoso, de sentido tão imemorial que vai alcançar os homens das eras perdidas nos milhares de milênios, gravadores de mamutes e das esbeltas renas nas cavernas primordiais, desenhá-la com

> ...a feição de ave pernalta,
> De um pássaro alvo de aparência fria.

Tudo inaudito para o Brasil, e novo no mundo. Havia em *Broquéis* um sentido virginal; do melhor daquela originalidade essencial do indivíduo dentro da espécie, que nenhuma paternidade pode explicar, milagre da "personalidade". Arte sem mescla, a da "Antífona", liminar do livro. Essa peça é uma verdadeira "abertura", no sentido musical e formal da expressão, uma abertura-sinfônica para a obra inteira de Cruz e Sousa, e para a obra inteira do Simbolismo brasileiro. O seu alcance vai atingir, para além ainda, os chamados "Penumbristas", que precederam imediatamente o Modernismo, e ao depois quase todos nele se incorporaram. Roger Bastide focalizou na "Antífona" principalmente o seu caráter psicológico. Há que acrescentar a realização expressional, a técnica empregada. Ela vale quase como uma antecipação de Debussy, só revelado ao Brasil depois de 1910. É do mesmo mundo de *Fêtes*, de *Sirenes*, da movente sinfonia *La mer*. Era o Impressionismo mais do que pressentido: em começo de realização.

> Ó Formas alvas, brancas,
> Formas claras
> De luares, de neves, de neblinas!...
>
> Formas do Amor, constelarmente puras...
>
> ...as mais azuis diafaneidades
>
> Que o pólen de ouro dos mais finos astros
> Fecunde e inflame a rima clara e ardente...
> Que brilhe a correção dos alabastros
> Sonoramente, luminosamente.
> Forças originais, essência, graça
> De carnes de mulher, delicadezas...
>
> Cristais diluídos de clarões álacres
>
> Os mais estranhos estremecimentos...
> Flores negras do tédio e flores vagas

De amores vãos, tantálicos, doentios...
Fundas vermelhidões de velhas chapas
Em sangue, abertas, escorrendo em nós...
Tudo! vivo e nervoso e quente e forte...

Esse envolvimento na cor, não acrescentada para avivar e valorizar, porém integrante da concepção mesma, desabrocha, aflora, abre-se em expressão fundamental. Irá até às derradeiras produções do poeta, mais intimamente absorvido na trama expressional, menos a nu e exclusivo do que em *Broquéis*. Resultado de sublimação psicológica, mas também fruto de intuição poderosa. Impressionismo mais amplo e vivo do que o dos surpreendentes e pioneiros "Rayons jaunes", de Sainte-Beuve.

Do ano dos *Broquéis* até à morte de Cruz e Sousa, em março de 1898, contam-se cinco anos. A sua poesia de 1890, ao chegar ao Rio de Janeiro, era ainda muito incaracterística, influenciada por Baudelaire, Gomes Leal, Guerra Junqueiro, e dentre os brasileiros, por B. Lopes, Delfina e até pelo singelo Ezequiel Freire. Se, ainda assim, reservarmos o período que vai de 90 a 92, para a matéria de *Missal* e *Broquéis*, teremos um total de sete anos para a produção da obra válida inteira do poeta. Não será muito, pouquíssimo até, esses sete anos, não digo para escrever quaisquer cinco livros, porém *aqueles* cinco livros, e ainda matéria condigna pelo menos para mais um.[1] Espetáculo impressionante, se considerarmos a intensidade, a força de paixão e de sublimação necessárias para a criação de poemas que só de raro em raro são desafogados, ou simplesmente melancólicos, quase nunca serenos. A tensão revela-se, nessa *Soma*, verdadeira hipertensão, longamente suportada, à custa da própria vida, como foi. Porque o instrumento, por fim, estalou. Tinha, ao morrer, 36 anos e 4 meses de idade. Em Baudelaire — debilitado pelos "paraísos artificiais", que Cruz e Sousa sempre repeliu —, a pressão interior foi mais cruel, destruiu primeiro a personalidade: a morte já o encontrou mergulhado num limbo de inconsciência. Cruz e Sousa sofreu lúcido até o fim. Ora, com exceção daqueles dois livros de 1893, todos os demais, não esqueçamos, são póstumos, e somente um, *Evocações*, foi por ele próprio organizado.

Essa intensidade extrema adequava-se à solenidade fundamental do seu caráter. Consciência ancestral, torturante, atuava com força no seu espírito. Não em estado de fusão ou amálgama, porém flexível e intimamente entretecidos, repontam ritmos e retumbas primordiais de África, um vertiginoso feiticismo, Tudo isso, em atmosfera ariana, fruto da educação e da cultura. Nunca repudiou a sua raça, que tantas vezes esse filho de escravos evoca altivamente. Quis, porém, ir além dela: pousou o olhar amoroso em geleiras e rosas. Casou, entretanto, e não somente por princípio, com uma mulher de cor, Gavita, depois de ter amado uma "Vênus loira", nórdica, que realmente existiu, e que era uma pianista. A ela se refere em *Missal* e na sua correspondência. Negro, teve o deslumbramento da cor branca, dominando-a, porém, como nenhum outro criador conseguiu tanto. Nenhum dela soube servir-se mais numerosamente, de modo mais compreensivo. Se fez, afinal, a poesia aristocrática do branco, não conteve as vociferações augurais, por sobre ribombo soturno dos ecos da floresta ancestral.

Foi uma voz nova na Poesia universal, expressão duma tragédia incomparável, vista, como deve ser, nos seus justos termos de essência. Mallarmé exemplificou para ele o valor do verbo, a sua força encantatória. Baudelaire ofereceu-lhe temas, e, junto com Antero de Quental, confirmou-o na dignidade da profundeza e da gravidade sacral. Gravidade, solenidade que tão fácil e espertamente empurramos para o convencional e para a tipologia do burguês, que, este, delas usa sobretudo para esconder a vacuidade interior e os vícios secretos. Observando-se a correnteza da poesia brasileira, a aparição de Cruz e Sousa faz lembrar a metáfora de Claudel sobre o surgimento tempestuoso de Isaías, o profeta: "uma explosão". Tão amado foi, tão odiado e desprezado; chamado "Dante Negro" e "Cisne Negro" por jovens entusiastas, e acusado, por Alberto de Oliveira, de agitar "chocalhos vazios"...

Cruz e Sousa a ninguém deixou indiferente, e a nada foi indiferente, o que o matou. Provido de antenas sensibilíssimas para o incomensurável passado, para as eras mortas, cujas vivências nele fermentavam, recebia, por outro lado, irradiações da luminosidade do Transcendente. "Vede profundamente, e vereis musicalmente, escreveu Carlyle. A música das cores, das correspondências em estado latente, a música da palavra — músicas complexas de afetividade e de imaginação — comunicavam-no com o Universo vivo. No seio desse oceano cósmico, sentia por todos os homens, em contato com o que estes têm de superior, de incontrastável e invencível: o espírito. A solenidade de Cruz e Sousa é a de João Sebastião Bach; mas dum Bach inquieto e revoltado. Parece ter tido a presciência de seu fim prematuro. Para ele todos os instantes eram de importância total e igual, todos insubstituíveis. Porque surpreendera dois dos seus mais fiéis amigos distraídos da leitura que o poeta, certa vez, lhes fazia — e apresentava, então, ao mundo "O emparedado"! — Cruz e Sousa chorou...[2] Suscetibilidade de quem sabia do preço único daquela hora, que nunca mais ocorreria.

Nestor Vítor, ao conhecê-lo, viu-o assim: "Deu-me a impressão de um preto estrangeiro, moço chegado de grandes viagens, bem-posto, com uma pontazinha de insolência, que achei, contudo, antes simpática do que irritante, por vir-nos não sei que prestigioso fluido, não sei que vaga eletricidade de todo o seu ser." Surpreendendo-o "andando sozinho", observou nele "um ar em que havia qualquer cousa de solene, de principesco, já como depois aqui no Rio tantos, ainda hoje, se lembram tê-lo visto caminhando, sem pensar, sem querer". Pobre príncipe! Contava Emiliano Perneta que, ao entrarem juntos, o Poeta Negro e seus companheiros, no Café do Rio ou na Havanesa, sempre algum dentre eles o interpelava com afetada cordialidade: "Entre, Cruz e Sousa! Vamos tomar qualquer coisa!" Diplomacia, para evitar que aquele homem de cor, já célebre, fosse tratado com desconsideração, naquele tempo pouco distante da Abolição, e ainda exaltado. Também, e provavelmente mais do que tudo, secreta covardia, por estarem na companhia dum preto. E acrescentava Emiliano Perneta: "O Cruz, então, nos olhava, com aqueles seus olhos muito grandes..." Este o seu drama concreto: a sua cor; o amor da "loira águia germânica"; o casamento com a sua humilde e delicada Gavita, que enlouqueceu durante algum tempo; o estéril Arquivo da Central do Brasil, com os vencimentos de 250$000 por mês; a recusa pela sociedade; e, também, os confrades de letras, que o tinham por loucamente orgulhoso — o que seria, no máximo, uma defesa —, e prefeririam vê-lo humilde e louvaminheiro, naquela era de Valentim Magalhães e o seu eficaz "elogio mútuo", em *A Semana*. Enquanto isso, enquanto queimava a sua vida irremediavelmente, esses conflitos eram, afinal, complementares do seu drama filosófico e estético. Roger Bastide escreveu: "Trata-se da transfusão da poesia de um sangue em outro sangue, de uma raça em outra raça, da poesia que seja mais nórdica, mais difícil, mais imaterial, num cérebro de africano, de filho de escravo; e tentei mostrar que, nessa passagem, tomava o Simbolismo formas novas, sonoridades inéditas, transformando-se, cristalizando-se em músicas desconhecidas."[3] Comparando-o com Mallarmé (como já o fizera em relação a Baudelaire — e os franceses como são ciosos das suas glórias!), lembra que ele fora a princípio, e sensivelmente ainda em *Broquéis*, "um parnasiano, tão apaixonado da beleza formal das palavras, tão cuidadoso das regras mais intransigentes da prosódia, tão desejoso de encher seus poemas do sabor carnal das coisas sensíveis como qualquer parnasiano. Há nele, porém, um quê de novo, não encontrado em Mallarmé!" Isto: a educação de fundo germânico, impregnada de Haeckel, Büchner e Schopenhauer, mais conforme com o pensamento dum Leconte de Lisle porque o Simbolismo "postula, ao contrário, a crença em outro mundo de ideias puras". O seu drama será "ainda mais patético do que o de Mallarmé, e sua posição vai ser de outra originalidade, pois para ele não se tratará unicamente de achar a expressão possível do inefável, de criar para si uma experiência psicológica..." "Eis por que não achamos em Cruz e Sousa a dialética de Mallarmé a série de ensaios cada vez mais aproximados de uma tradução carnal das Essências invisíveis; mas sempre, ao longo do mais áspero dos caminhos, a luta contra os mesmos obstáculos, sempre renascentes, e, por conseguinte, o drama a representar-se em dois planos ao mesmo tempo."[4] Toda a complexidade estonteante de correspondências, transparências, matrizes de cor e de alma, e resíduos ancestrais, não impossibilitou a sua quase inverossímil realização sintética. Bastide retoma: "O chefe da escola francesa (Mallarmé), por apuro supremo chegará à palavra que dá a conhecer uma ausência, enquanto o processo de Cruz e Sousa será o da cristalização. A cristalização é purificação, e solidificação na transparência, podendo assim guardar na sua branca geometria alguma coisa da pureza das Formas eternas, das Essências das coisas." E tendo chegado a integrar o nosso poeta, dando-lhe "situação à parte", "na grande tríade harmoniosa: Mallarmé, Stefan George e Cruz e Souza", assim define — em conclusão dos seus estudos, tão importantes para o Brasil, porque projetam no cenário universal mais um valor de primeira ordem — a poética de Cruz e Sousa: "Destruição das formas (no plural) nas cerrações da noite, cristalização da Forma (no singular) ou solidificação do espiritual numa geometria do translúcido, tais são, afinal, os dois grandes processos, antitéticos e complementares ao mesmo tempo, que permitiram a Cruz e Sousa trazer aos homens a mensagem da sua experiência e apresentá-la em poesia de beleza única, pois que é acariciada pela asa da noite e, todavia, lampeja com todas as cintilações do diamante."[5]

Broquéis ainda tem muitos elementos parnasianos. Sente-se presente o respeito pelas "formas duras, sólidas, de linhas bem talhadas, e da indestrutibilidade, mármore, metal, marfim" (expressões, estas últimas, de Bastide). Tudo isso, porém, foi-se transmudando em outra solidez, em outra perfeição:

> grave beleza de esplendor secreto...

O ritmo inexorável embebeu-se de "diluências"; nele se fizeram

> Largos silêncios interpretativos...

e,

> O segredo dos longes procurando...

desvendaram-se-lhe "*Brancas, imortais ressurreições*".

O seu espírito encara

> O céu estéril dos desesperados
>
> No silêncio fatal das nebulosas.
>
> Cava os abismos das eternas ânsias.

Entrevê o "negro e sinistro" báratro, sacudido

> Do vendaval da Morte ondeando, uivando...

Chega ao "Consolo amargo":

> Mortos e mortos, tudo vai passando,
> Tudo pelos abismos se sumindo...
>
> Tudo passa espectral e doloroso,
> Pulverulentamente nebuloso...

Entretanto ei-lo nas suas horas de consciência em meio do inebriamento extático:

> Vê como a Dor te transcendentaliza!

O seu "triunfo supremo", este de ter superado a tragédia interior,

> As mãos e os pés e o flanco ensanguentando.

Podemos vê-lo na sua glória maior, como

> Quem florestas e mares foi rasgando
> E entre raios, pedras e metralhas,
> Ficou gemendo mas ficou sonhando!
>
> Sorrindo a céus que vão se desvendando,
> a mundos que se vão multiplicando,
> a portas de ouro que se vão abrindo!

Fala na "Larga e búdica noite redentora". Tendência determinada pelo seu idealismo pessimista schopenhaueriano. O que havia nele de cristão, obscuramente, voltava-se sobretudo para os interesses da humanidade. Assim, em "Crianças negras", no soneto "25 de março", em "Dor negra", em "A sombra", e principalmente no ciclópico poema em prosa "Emparedado".

Mostra-nos liames cruéis do seu amor e da dor:

> Aplica o ouvido à correnteza fria
> Dos golfões da matéria
> E recorda de que lama sombria
> É composta a miséria.

E volta, e retorna, o *leitmotiv*, de irresistível sugestão:

> Recorda-te, recorda...

Assim, também quando lhe pungiam na alma tremendas "reminiscências" ancestrais, quando emergiam, do mar das idades, o "banzo", o "selvagem candomblê", o velho tumulto d'África. O hipnótico movimento de "Pressago", da "Litania dos pobres", do "Luar de lágrimas" (II), mas sobretudo de "Pandemonium" (padrão de um gênero, e arquétipo rítmico que atravessou todo o movimento simbolista), desencadeia forças elementares de alucinação, de pânico. Vai em condensação lírica progressiva até atingir o clímax: o grande choro do seu sangue — lamento complementar. de "O navio negreiro" e das "Vozes d'África" — o perfil enevoado da sua mãe escrava, a sombra da sua raça. Veja-se a culminação dessa tragédia racial na página póstuma "Consciência tranquila", de violência lancinante (*Obra completa*, 1951).

Aquele perfil passa-lhe pela mente "noite e dia":

> E ondula e ondula e palpitando vaga,
> Como profunda, como velha chaga.

Aquela "visão gerada do seu sangue"

> Quando no Horror te debateste exangue...

> Por toda a parte escrito em fogo eterno;
> Inferno! Inferno! Inferno! Inferno! Inferno!

> E os emissários espectrais das mortes
> Abrindo as grandes asas flamifortes...

> Tais são os vagos círculos inquietos
> Dos teus giros de lágrimas secretos

> Eis que te reconheço escravizada,
> Divina Mãe, na Dor acorrentada.

A sua amiga Noite recompõe, de cada vez, para ele, as suas misteriosas amplitudes, a sua comunicabilidade confidencial inumerável:

> E sons soturnos, suspiradas mágoas,
> Mágoas amargas e melancolias,
> No sussurro monótono das águas,
> Noturnamente, entre ramagens frias.

Abre-se o luar de nossa terra:

> Que encantos acres nos vadios rotos
> Quando em toscos violões, por lentas horas,
> Vibram, com a graça virgem dos garotos,
> Um concerto de lágrimas sonoras!

No mais belo "choro" do Brasil, ele lança os

> ... plangentes violões dormentes, mornos;
> Soluços ao luar, choros ao vento...
> Tristes perfis, os mais vagos contornos,
> Bocas murmurejantes de lamento.

Noites da solidão

> Que nos azuis da fantasia bordo,
> Vou constelando de visões ignotas.

> Quando lá choram na deserta rua
> As cordas vivas dos violões chorosos.

> Quando os sons dos violões soluçando
> Quando os sons dos violões nas cordas gemem,
> E vão dilacerando e deliciando,
> Rasgando as almas que nas sombras tremem.

Cruz e Sousa é, com Novalis, Baudelaire, Antero de Quental, um dos grandes poetas da Noite.

> Je t'aime à l'égal de la voûte nocturne...

diz Baudelaire.

> A noite desce, desfolhando as rosas...

murmura Antero, Baudelaire, Antero, numes tutelares de Cruz e Sousa, mais, muito mais do que Mallarmé, Rimbaud ou Villiers de L'Isle Adam. Para o fim da vida, a impetuosa maturação recozida em seiva adusta e rica, rica de angústia e de êxtase, levou-o ainda mais para o convívio daqueles seus dois graves irmãos em dolorosa sacralidade. Cruz e Sousa é mais cheio de cores e nuanças de alma do que Antero. A sua originalidade afirma-se intata devido, antes do mais, à perpétua vacilação psicológica oriunda das suas origens. A sua poesia tem transparências cristalinas, carreia "pólens de ouro", frutos duma transcendência não mais nobre, nem mais profunda do que a dos seus eminentes antecessores, porém mais vertiginosa, mais aberta para o mistério. Cruz e Sousa esteve, talvez, mais próximo do que eles de ser um "místico transviado", para usar a expressão de Claudel ao definir o poeta simbolista. Baudelaire era irremissivelmente católico; Antero, seduzido perigosamente pela dissolução no Nirvana, a que fora conduzido pela filosofia germânica. Cruz e Sousa, evolucionista e hegeliano, marchava sensivelmente para o cristianismo, por ação própria de consciência, como atestou Nestor Vítor; e mediante, como verificou Bastide: "uma conquista da vontade e nunca uma conquista completa". Pôde, ainda assim, aceitar a conformidade redentora, confrangido, sem dúvida, mas sem o estoicismo álgido, vizinho do desespero, que feriu de morte Antero. Antes, com a grande fé do "ser que é ser" e que, por isso,

> Enquanto tudo em derredor vacila
> Canta por entre as águas do Dilúvio!

"Não há nesta (a literatura brasileira) gritos mais dilacerantes, suspiros mais profundos do que os seus", declara Manuel Bandeira. Otto Maria Carpeaux (como Roger Bastide), vai mais longe: "... é certo que alguns sonetos seus — "Supremo verbo", "Caminho da glória" — são das manifestações mais fulminantes e mais sinceras da poesia moderna" (M. Bandeira, *Apresentação da poesia brasileira*, 2. ed., 1954, p. 111; O. M. Carpeaux, *História da literatura ocidental*, VI, p. 2645).

Com uma poética matizada, de luminosidade ampla e diversa, a serviço de sensibilidade de ricos, quase insondáveis contrastes. Nem tudo é drama na sua arte: acrescentou aos elementos artesanais da nossa poesia riquíssima escala de dinamismo expressional, e uma flexibilidade sem precedentes, que possibilitaram notações sutis, imponderáveis do verbo, anteriormente não suspeitados, se entrevistas foram. Atribuía caráter e função sacerdotal, pontifical ao Poeta. Na linha homérica, este era o "Vates", áugure e profeta. Sentia-o com alanceado sentimento de fatalidade ("Caminho da glória"):

> Este caminho é cor-de-rosa e é de ouro,
> estranhos roseirais nele florescem,
> folhas augustas, nobres reverdecem
> de acanto, mirto e sempiterno louro.
>
> Neste caminho encontra-se o tesouro
> pelo qual tantas almas estremecem;
> é por aqui que tantas almas descem
> ao divino e fremente sorvedouro.

> É por aqui que passam meditando,
> que cruzam, descem trêmulos, sonhando,
> neste celeste, límpido caminho,
>
> os seres virginais que vêm da Terra,
> ensanguentados da tremenda guerra,
> embebedados do sinistro vinho.

A SEGUNDA GERAÇÃO SIMBOLISTA. PEREIRA DA SILVA

Cruz e Sousa desaparecido, cindiu-se o principal agrupamento simbolista do Rio de Janeiro. Ciumadas, mas sobretudo a falta, agora, de um líder incontestável, levaram os apóstolos do Poeta Negro a formar dois aglomerados principais. O primeiro, que incluía alguns dos seus velhos amigos pessoais, reunia Nestor Vítor, Gustavo Santiago, Oliveira Gomes, Colatino Barroso, Antônio Austregésilo, Neto Machado, Carlos Fróis, Artur de Miranda, Silveira Neto. Tibúrcio de Freitas, dorido da perda do seu amigo e mestre, retirara-se para Santa Catarina, repentinamente, sem avisar a ninguém. O outro, constituía-se de gente mais nova, espécie de segunda camada do Simbolismo: Saturnino de Meireles, Félix Pacheco, Carlos D. Fernandes, Gonçalo Jácome, Narciso Araújo, Pereira da Silva, Paulo Araújo, Cassiano Tavares Bastos, Castro Meneses. O pintor e ilustrador do movimento, também poeta, Maurício Jubim, bem como Rocha Pombo, recém-chegado ao Rio, frequentavam imparcialmente ambos os grupos. Gonzaga Duque, Mário Pederneiras e Lima Campos constituíram uma tríade à parte, cordial, porém, em relação àqueles outros núcleos. Era, no entanto, o prestígio de Cruz e Sousa que representava, apesar da sua ausência definitiva, o fulcro dinamogênico único de toda a atividade simbolista. Três livros póstumos seus foram aparecendo: *Evocações* (1898), *Faróis* (1900), *Últimos sonetos* (1905). Essa publicação deveu-se, para os dois primeiros, a verdadeiros sacrifícios pessoais feitos pelo dedicadíssimo Saturnino de Meireles, e a Nestor Vítor, este sobretudo no que concerne aos *Últimos sonetos*, cuja impressão dirigiu em Paris, em edição vendida à Aillaud-Alves por 400$000, que foram empregados no levantamento do primitivo túmulo do poeta. O segundo dos grupos mencionados teve atuação senão mais fervorosa, talvez mais eficiente, na época, do que a do primeiro. Partiu dele, e principalmente de Saturnino de Meireles, a iniciativa da fundação da mais importante revista simbolista metropolitana, *Rosa-Cruz* (a palavra "cruz" apresentada, sempre, em figuração plástica).[6]

Também desse grupo Félix Pacheco, o primeiro simbolista recebido na Academia Brasileira de Letras, fundada um ano antes da morte de Cruz e Sousa, e, por então, de espírito francamente desdenhoso, senão hostil, em relação ao Simbolismo. Foi, também, Félix Pacheco quem fez a primeira apologia desse movimento dentro da Academia, ao empossar-se, em 14 de agosto de 1913, desencadeando, com isso, amplo movimento de opinião, simpática sobretudo à personalidade de Cruz e Sousa. Dois bons poetas desse grupo mereceriam referência aqui: Gonçalo Jácome e o quase legendário Narciso Araújo do Espírito Santo. Cassiano Tavares Bastos, Lucílio Bueno e Castro Meneses representaram, na época, o fenômeno da adesão da adolescência ginasiana (15 anos de idade); Carlos Nélson, a do simples operário. Enquanto no outro grupo é que se encontram personalidades culminantes do nosso Simbolismo, nesse segundo, o tempo veio a confirmar, particularmente, o merecimento de Pereira da Silva.

Pereira da Silva* esteve, jovem, no Paraná, onde se ligou a Dario Veloso, Emiliano Perneta e Silveira Neto. De lá trouxe o seu livro de simbolismo mais estrito e formal, *Vae soli!* (1903), pouco significativo. Durante uma segunda estada no Paraná produziu a matéria do livro *Solitudes*, só publicado em 1918, já de volta ao Rio de Janeiro. Esse volume apresentou-o amadurecido. Não está somente cheio de reminiscências da temática e vocabulário típicos: é na sua própria essência que a poesia está profundamente embebida do espírito do Simbolismo: a linguagem alusiva e secreta, o envolvimento em atmosfera de transcendência. Nada o demonstra melhor do que as suas poucas tentativas, bastante falhas, de descritivismo parnasiano à Emílio de Meneses (como em "A inundação", daquele livro). Entretanto, esse cantador nordestino, nos seus momentos de expansão sentimental, aproximava-se também de Fagundes Varela e Casimiro de Abreu; convivia com Marceline Desbordes-Valmore e Musset:

---

* Antônio Joaquim Pereira da Silva (Araruna, PB, 1876 — Rio de Janeiro, 1944). Preparatórios na Escola Militar da Praia Vermelha. Formado em Direito, foi Promotor Público no Paraná. Funcionário da Estrada de Ferro Central do Brasil. Fez parte do grupo simbolista da Rosa-Cruz. Pertenceu à Academia Brasileira de Letras.

Bibliografia

POESIA: Vae solis! 1903; *Solitudes.* 1918; *Beatitudes.* 1919; *Holocausto.* 1921; *O pó das sandálias.* 1923; *Senhora da melancolia.* 1928; *Alta noite.* 1940.

Consultar

Andrade Murici. *O suave convívio.* 1922; *Autores e livros.* Supl. Literário de *A Manhã.* vol. VII. n. 13. 1944; Carvalho, Elísio de. *As modernas correntes estéticas na literatura brasileira.* 1907; Grieco, Agripino. *Evolução da poesia brasileira.* 19 32; idem. *Caçadores de símbolos.* 1923; idem. *Beatitudes* (in *Holocausto*); Murat, Luís. *Solitudes* (in *Beatitudes*); Peregrino Júnior. *Discurso de posse* (in *Rev. Acad. Brasil. de Letras.* vol. LXXII. 1946); Pinto da Rocha. *Pereira da Silva* (in *Senhora da melancolia*); Rio, João do. *Solitudes* (in *O pó das sandálias):* Silveira, Paulo da. *Asas e patas.* 1926; Tavares, Adelmar. *Discurso* (in *Discursos acadêmicos.* vol. VIII, 1937); Vítor, Nestor. *Cartas à gente nova.* 1924.

> Musset, meu terno e comovente amigo...

Numerosos, na sua obra (7 volumes de poesia), os poemas francamente românticos, indo de Lamartine até à eloquência hugoana do "Sermão da angústia", do livro *Holocausto*. A singeleza de fundo daquele homem bom e sincero parece ter dado, no poema "Maria", de *Solitudes*, a sua obra mais realizada. Assim, ao acaso:

> Vede bem, nessas retinas
> Tão profundas e tão calmas,
> Há ternuras tão divinas
> Que aquelas duas meninas
> Parecem mais duas almas.

O poeta vê a sua delicada criação toda em

> Olências de violetas,
> Tristezas de lua-nova...

O Simbolismo, entanto, tornou-se-lhe mais do que uma simples "segunda natureza". Incorporou-o ao seu modo de ser, e, com ele, penetrou-o a complexidade: já não somente Musset, ou o grave Leopardi, porém já a voz "ondulante e diversa" de Antônio Nobre e Edgar Poe. E a de Baudelaire ("Charles Baudelaire"):

> De que surda e secreta ontogenia
> Herdaste esse sussurro diluviano
>
> Ritmo largo e amargo como o Oceano,
> Amplo e profundo de melancolia..,

E Cruz e Sousa ("Evocação a Cruz e Sousa"):

> Boca revel, como a de um João Batista...

A fluidez da expressão simbolista não o conduziu, entretanto, nem à diluição, nem ao informe. Pelo contrário, evitou a descaída para a vulgaridade. Numa impulsão de raro senso heroico, teve acentos destes (sob o título "Chopin... Liszt... Beethoven"):

> Vem-me da noite, e como dela oriundo,
> Um desempenho magistral ao piano.

...... E ao músico e profundo
Rumor do vosso gênio...
Levais-me soluçando, além do mundo,
Entre os maroiços vivos de outro oceano.

E a noite, a própria noite se descerra
Para escutar, silenciosa e obscura,
Os soluços sinfônicos da Terra.

Em *Beatitudes*, aparecido logo no ano seguinte ao de *Solitudes*, atingiu a sua mais perfeita capacidade de depuração expressional e de síntese. No soneto "Espelho contra espelho" a criação é límpida e nova:

Campo aberto, ar azul, céu diamantino
Espectador desse cenário imenso,
Comigo mesmo, refletindo penso
Em tão grande e tão belo descortino...

Tivesse os dons do espírito divino;
Tivesse, como um Deus, o mesmo senso
Da eternidade e o seu poder intenso
De dar forma imortal ao que imagino:

Então, livre de tudo que cativa,
À minha dor quando entidade viva,
Ébrio de Glória, como de falerno,

Oporia ao cristal da Natureza
O da minh'alma pálida, indefesa,
Mas, por igual, maravilhoso e eterno.

"Pessoal e intransferível", verdadeira ficha de identidade, este autorretrato, todo música de melancolia e de crepúsculo, e tão singularmente entretecido:

"ESTRANHO PÁSSARO"...

Pousa junto ao pomar, ao sol morrente,
Pássaro negro de plumagem feia
E lá se queda, como quem se enleia
Horas a fio misteriosamente...

À proporção que a lâmpada cadente

Do sol crepuscular mal bruxuleia,
Que estranhas coisas íntimas gorgeia
O solitário intérprete do Poente!

Ouvindo-lhe os prelúdios da linguagem,
Corre o verde nervoso da folhagem
Todo um vivo tremor de calefrio.

Voa. Enoitece. Num silêncio de Horto
Como que o bosque continua absorto
Nos trêmulos do pássaro sombrio...

O MOVIMENTO PARANAENSE. DARIO VELOSO. SILVEIRA NETO.

Três elementos contribuíram para que se formasse no Paraná o núcleo mais radical do movimento simbolista brasileiro. O primeiro, de caráter antropogeográfico: a região climatérica é temperada e de altitude, com algumas nevadas e geadas frequentes, nevoeiro denso, ventos ríspidos, predispondo a uma fácil assimilação de fenômeno que tanto se afirmou ser incompatível com o *habitat* nacional brasileiro, "terra de sol", mas também terra do minuano e da garoa, que não precisamos importar de Bruges... Isso, ligado à coexistência com imigrados germânicos e eslavos. Segundo, o violento impacto emocional causado pelos trágicos episódios locais da Revolução Federalista de 93. Outro: determinantes culturais específicas mais diretas e complexas do que as que atuaram, de início, no Rio de Janeiro, resultantes, estas, de simples comunicação de livros da nova tendência. Curitiba, além das entusiásticas exortações e dos informes enviados, do Rio de Janeiro, por José Henrique de Santa Rita (1872-1944), poeta, novelista e crítico, contou com a presença local ativa de João Itiberê da Cunha (1870-1953), poeta, compositor e crítico musical. "Jean Itiberé", o futuro "JIC" do *Correio da Manhã*, estudara na Bélgica, onde foi colega de Maeterlinck e Verhaeren, do Príncipe Alberto (o Rei-Soldado) e do Marquês Merry del Val (o Cardeal Secretário de Estado de Pio X). Participava do movimento mais importante, até hoje, da literatura belga, o da *Jeune Belgique*, revista em que colaborou, tendo publicado o livro *Préludes* (1890), no mesmo editor (Lacomblez) e no mesmo dia em que apareceu *Serres chaudes*, tido por menos importante do que o teatro do seu autor, Maeterlinck, e hoje por divinatório e pioneiro da poesia nossa contemporânea. Retomou a Curitiba em 1893, e lá difundiu as obras de Baudelaire, Mallarmé, Verlaine, Moréas, do teorista Georges Vanor, do baudelairiano Iwan Gilkin, do crítico Albert Mockel e de outros jovens belgas, seus amigos. E antes de tudo preconizou Wagner, e o wagnerismo estético e filosófico. Trouxe, também, para os moços intelectuais curitibanos, livros referentes a outros fatores do Decadentismo europeu: o magismo, o esteticismo cabalístico, do Sar Péladan, o hermetismo esotérico de Fabre d'Olivet, Stanislas de Guaita, Saint-Yves d'Alveydre, Papus, Édouard Schuré, fenômenos infrarromânticos incorporados à literatura sobretudo por Huysmans, cujo *La-Bas* tornou-se um dos livros-mestres para os simbolistas paranaenses. Logo começaram a aparecer, como ocorrera em França nos primeiros tempos do Simbolismo, as típicas *petites révues*: *Club Curitibano, O Artista, Revista Azul, Galaxia, Jerusalém, O Sapo, Esfinge, Pallium, Breviário, Turris Eburnea, Azul, Acácia, Stelario, Victrix...* E aparecera também uma grande revista, menos pitoresca na sua. apresentação gráfica do que as antes mencionadas: *O Cenáculo* (1895-1897). Esta foi realmente marcante no movimento simbolista brasileiro e emparelha, em importância representativa, com a revista carioca de Saturnino de Meireles, *Rosa-Cruz*. *O Cenáculo* foi fundado por Dario Veloso, Silveira Neto, Júlio Perneta e Antônio Braga, este um dos raros parnasianos no meio paranaense da época, com Emílio de Meneses, que, aliás, nos seus *Poemas da morte*, tem acentuadas tintas de decadentismo. Nessa revista colaboraram os confrades belgas de João Itiberê, especialmente Iwan Gilkin, depois presidente perpétuo da Real Academia Belga de Língua Francesa; simbolistas franceses, italianos e portugueses, além de escritores do Brasil inteiro. Os próprios simbolistas paranaenses colaboraram, na época, em revistas europeias. Como escreve Lúcia Miguel Pereira: "Coisa rara em revistas literárias, e particularmente nas do momento, *O Cenáculo* teve grande repercussão e durou três anos." Essa atividade chegou a interessar a opinião nacional, do que é índice esta declaração, de simpatia um pouco maliciosa, de João Luso: "A meu ver só Curitiba deu-se ares até agora de centro literário independente e forte. Mas esses brilhantes rapazes fizeram-se esoteristas, simbolistas, kabbalistas, impossibilistas, e — horresco reforens! — um belo dia surpreendi o nome do mais vigoroso e mais entusiasta, o maioral da banda, no cabeçalho dum jornal maçônico. Ai dos filhos da Viúva! Ai dos rapazes de Curitiba!" Era Dario Veloso a quem Luso designava como sendo o maioral. Ele foi, sem dúvida, senão o maior, pelo menos, e certamente, a figura central e de mais continuado e imediato prestígio no meio intelectual paranaense no período decisivo do movimento.

Dario Veloso* ficou marcado de maneira indelével, absorvente, pela já referida ilustração esotérica, abrangendo um apaixonado conhecimento "iniciático"

---

* Dario Persiano de Castro Veloso (Rio de Janeiro, 1869 — Curitiba, 1937), aprendiz de encadernador e compositor tipógrafo, transferiu-se, acompanhando a sua família, para Curitiba, em 1885, com 16 anos de idade. Tipógrafo no *Dezenove de Dezembro*; redator de debates no Congresso Legislativo do Paraná; catedrático, por concurso, de História Universal e do Brasil do Ginásio Paranaense e Escola Normal. Fundou numerosas revistas simbolistas, e, em 1908, o Instituto Neo-Pitagórico, a cuja direção e à propagação de cujas doutrinas dedicou o melhor de suas atividades, conseguindo repercussão internacional. Imprimia ele próprio os seus livros, os seus opúsculos e as revistas do mencionado Instituto, na sua residência, à qual chamou "Retiro Saudoso", nome do

do Oriente, numa soma ideológica de estranha, desconcertadora complexidade. Daí resultaram as notas sem dúvida mais extremadas do Decadentismo no Brasil, sobretudo na artificiosa prosa poética de *Esquifes* (1896); mas também na poesia de *Esotéricas* (1900), em *Alma penitente* (1897), em muitas páginas e na concepção do poema *Rudel* (1912), no livro *Cinerário* (1929), o mais variado e substancioso que deixou, e ainda num ciclópico poema póstumo, dum especioso e por vezes heteróclito sincretismo de pensamento, e dum rígido hermetismo, *Atlântida* (1938). Assim, nestes traços do poema "Palingenésia", de 1901, de ritmo agoniado e arfante:

> Ocaso! Opalas e amaranto,
> Jalne e opala;
> Curva azul dos horizontes,
> Montes...

---

local do seu nascimento, no bairro carioca de São Cristóvão. Em 1918 inaugurou, ao lado da sua mansão rural, o "Templo das Musas", onde são realizadas as reuniões e solenidades do Instituto. Grande dignitário maçônico. Orador, jornalista, poeta, romancista, contista, publicista numeroso. Adotou o nome pitagórico "Apollonius de Tyana".

Bibliografia

POESIA: *Efêmeras*. 1890; *Alma penitente*. 1897; *Esotéricas*. 1900; *Eleicon*. 1908; *Rudel*, poema, 1912; *Cinerário*. 1929; *Atlântida*, poema (edição póstuma). 1938. ROMANCE: *No sólio do amanhã*. 1905; *A trança loura*. 1924. CONTO: *Primeiros ensaios*. 1889; *Esquifes*. 1896; *Althair*. 1898; *A cabana Felah*. 1915. DIVERSOS: *Ramo de ouro*. 1911; *Psykê*, ficção pitagórica. 1912; *Do retiro saudoso*. 1915; *Mansão dos amigos*. 1918; *Livro de Alyr*. 1920; *Horto de Lysis*. 1922; *Symbolos e miragens*. 1922. *Obras*. Curitiba: Inst. Neo-Pitagórico, 1969. 3v.

Consultar

Andrade Murici. *O suave convívio*. 1922; idem. *Panorama do movimento simbolista brasileiro*. 1952; Austregésilo, Antônio. "Cruz e Sousa e o Simbolismo. *J. Commercio*. 24 out. 1948; Guido, Ângelo. *A natureza e a vida na poesia paranaense*. 1926; Leão, Ermelino de (Hermes Léo). "A propósito de um poema". *Fanai*. Abr.-maio-jun. 1913), Melo Morais Filho. *Poetas brasileiros contemporâneos*. 1903; Mongruel, Georgine. "Rudel". *Fanai*. Abr.-maio-jun. 1913 e *Sous le Charme*. Curitiba, 1947). Negrão, Francisco. *Genealogia paranaense*. vol. 2, 1927; Paraná, Sebastião, *Galeria paranaense*. 1922; Peregrino Júnior. *Origem e evolução do Simbolismo*. 1957; Perneta, Emiliano. *Prosa*. 1945; Piloto, Erasmo. *Emiliano*. 19 45; Silveira, Tasso da. *Dario Veloso — Perfil espiritual*. 1921; idem. "A literatura paranaense" (in *1ª Centenário da Emancipação Política do Paraná*. 1933); Silveira Neto. "O Paraná no Simbolismo". *J. Commercio*. 19 de jun. 1938; Vitor, Nestor. A crítica de ontem. 1919; Idem. "Dario Veloso". *A Tribuna*. 22 out. 1921; idem. "Como nasceu o Simbolismo no Brasil". *O Globo*. 26 maio 1928).

Além o sol trescala
Ânforas de óleo-santo,
Lírio e nenúfar...
Unção da Noite, prece.

E a Noite crepes magros estende,
Crepes de alma,

Luto de alma
Crepes sobre o mar!

Esperança! Esquife de hulha!

Morro de frio em minha ermida branca,
Alva de luar...
Urzes crescem na ermida,
Urzes da vida,
Urzes da ermida branca...
Que mão de piedade arranca
Urzes de bruma de meu tédio, Istar?

Alto e longe!
Minhas vestes de monge
São de chumbo, Istar. Prendem-me à terra,
Soldam-me à Terra,
Vestes de bruma: corpo, algar!

O poeta, um momento arrebatado pelo sopro lírico do Cisne Negro, Cruz e Sousa, tivera visões assim, iluminadas como um Debussy:

Flambelantes leões de áurea juba inflamada
Rugem na carne em flor, — sol de ouro a rutilar...
Soam trompas, flamejam púrpuras, fanfarras
Troam.

As cores de *féerie*, também neste painel, que lembra *Fêtes*, dos *Nocturnes*, do Mestre de *Pelléas et Mélisande*:

Passa no Azul, cantando, uma trirreme de ouro...
Velas pandas... No Azul... Que levita inspirado
Reza o ebúrneo *Missal*, de requinte ignorado...

> Rutilam brocatéis de púrpura e de prata...
> Fulgem *Broquéis*...
> Ísis! — quem te acompanha a estranha serenata
> E para o Além da Morte entre os teus braços desce?
>
> Mago! — tu vais dormir o glorioso sono
> Entre *Broquéis* de ônix...
>
> Vais dormir!... Vais sonhar!
> Segue no Azul, cantando, uma trirreme de ouro...
> Rutilam brocatéis de púrpura e de prata.

Assim celebrava Dario Veloso os funerais esplêndidos do Cisne Negro. Mas a fanfarra onírica irá aos poucos fazendo-se música de câmara:

> ...... ao cair das tardes merencórias,
> Vésper flutua nos ocasos límpidos,
> Sereno o olhar de fluidas esmeraldas...
>
> Flui do poente de ouro e sua imagem,
> Arminho e aroma...
>
> Longas praias,
> Polvilhadas do pó da lua cheia!
>
> Calma e silêncio; os astros cintilando
> Nos altos céus,
> Filtrando,
> Através dos tênues véus
> Da noite majestosa,
> O aroma das pétalas, a rosa
> Da lua branca...
>
> No alto o céu sereno, azul de seda,
> À noite — de brilhantes tauxiado;
> No litoral — as praias marulhosas
> De âmbar e cristal pulverizado.

O mistagogo, o áugure, predominavam em seu espírito. Era o guia da juventude para um mundo de alegria festiva, mas comunicando com um substrato enigmático, onde as sombras imemoriais de Orfeu e do Buda Sakyamuni, de Pitágoras e de um muito pálido Cristo renaniano, moviam-se nos campos elísios da nova Krótona... No seu imenso poema póstumo, murmurejante de antigas tradições iniciáticas, e de modernas elucubrações, interpretativas da Teosofia, Dario Veloso, no seu próprio ocaso, inscreve, em tom magoado e grave:

> Flores caídas do meu sonho, vagam
> Nos oceanos do meu sentimento;
> Frota de caravelas que se alagam
> E soçobram no próprio pensamento.

Grande orador, professor rodeado de dedicações, a fixar, em "verbo mágico", a sua poesia, de a ela abandonar-se e de servi-la, preferiu vivê-la pessoalmente, numa totalização imaginativa que lhe permitiu criar a sua nova-Hélade:

> Plenilúnio. O luar molha as colunas dóricas...
> Junto ao pronaos medito...

Uma atmosfera sedutora, não evasionismo, porém transfiguração da realidade quotidiana, segundo padrões muito particulares, sob a égide de Pitágoras, e influxo dos antigos, enevoados mistérios órficos e dionisíacos. Criou o Instituto Neo-Pitagórico (ainda hoje existente), e um belo e sugestivo Templo das Musas, edificado entre jardins, nos arredores de Curitiba, onde celebrações rituais, extremamente poéticas, reuniam discípulos e companheiros do Mestre. Realizou, com o apoio alvoroçado da juventude, Festas da Primavera de feição helênica, dum pitoresco florido, sem nada que se nos afigurasse afetado ou risível. Como a nenhum conhecedor do meio pareceu risível a cerimónia pública da coroação de Emiliano Perneta, ao aparecer *Ilusão*, um dos livros mais importantes do Simbolismo, à maneira do cerimonial idêntico nos antigos Jogos Florais da Idade Média e Renascença da Academia Romana.

O movimento simbolista, graças àquela atmosfera tão especial, durou muito mais tempo no Paraná do que em outras partes. Emiliano Perneta foi um dos promotores iniciais imediatos do movimento, porém isso no Rio de Janeiro, ao lado de Cruz e Sousa, B. Lopes, Oscar Rosas, só retornando ao Paraná em agosto de 1896. A sua influência foi muito menos ativa, nesse período, do que a dos componentes do grupo de *O Cenáculo*, e só se tornou, não somente eficaz, porém culminante, e até incomparável, no meio paranaense, depois do aparecimento de *Ilusão*, em 1911. Merecem especial menção, além de Emiliano Perneta e dos de *O Cenáculo*: Domingos do Nascimento (1863-1915); Tiago Peixoto (1876-1921); Euclides Bandeira (1877-1948); Scharffenberg de Quadros (1878-1929); José Gelbcke (1879); Adolfo Werneck (1879-1932); Cícero França (1884-1908); Clemente Ritz (1888-1935); outros ainda, como Eusébio Silveira da Mota (1847-1920), eminente filósofo, justamente considerado, então, a maior personalidade intelectual do Paraná. A atmosfera era, por lá, então — exagerando a que predominava no país inteiro — agnóstica, anticlerical, e ardorosamente liberalista pela proximidade das campanhas em prol da Abolição e da República.

Passando pelo Rio de Janeiro, em 1896, Manuel Azevedo da Silveira Neto* conviveu com Nestor Vítor e, por intermédio deste, com Cruz e Sousa. O Poeta Negro, muito suscetível, chegou a mostrar-se um tanto enciumado — como escreveu Nestor Vítor — com o entusiasmo que este crítico demonstrava pelos primeiros poemas do jovem paranaense, publicados na revista curitibana, *O Cenáculo*. Quando, em 1900, apareceram a elegia *António Nobre* e o *Luar de Hinverno*, o primeiro grande livro da poesia paranaense, viu-se que se tratava de arte bem definida e autônoma em relação à do próprio Poeta Negro. Muitos

---

* Manuel Azevedo da Silveira Neto (Morretes, PR, 1872 — Rio de Janeiro, 1942). Litógrafo, desenhista e pintor; aluno do norueguês Alfredo Andersen. Ilustrações em revistas simbolistas e no poema "Cavaleiro do luar", de Gustavo Santiago. Fundador da importante revista *O Cenáculo* (Curitiba, 1895/7). Fez crítica de arte nas revistas *Terra de sol* e *Festa*, do Rio de Janeiro. Funcionário da Fazenda. Instalou a primeira Mesa de Rendas de Foz do Iguaçu; Inspetor da Alfândega de Paranaguá. Serviu também em Mato Grosso, Curitiba, e por fim, no Rio de Janeiro.

Bibliografia

POESIA: *Antônio Nobre* (elegia, com ilustrações do autor). 1900; *Luar de Hinverno*. 1901. Nova ed. 1927; *Brazílio Itiberê* (elegia, com música de Léo Kessler). 1913; *Ronda crepuscular*. 1923; *O bandeirante* (poema libreto, com música de Assis Republicano). 1927; *Margens do Nhundiaquara* (poema regional). 1939; *Fronde ao Sol* (inédito). ENSAIO: *Cruz e Sousa*. 1924. VIAGEM: Do Guaíra aos Saltos do Iguaçu. 1914; 2. ed. 1939.

Consultar

Araújo, Murilo. "Ronda crepuscular". O *Globo*. 1º mar. 1923); Azevedo. Artur. "Crônica". O *País*. 6 jan. 1901; Balão Júnior, Jaime. *Impressões literaires*. 1938; Brion, Marcel. *La critique* (in *Les nouvelles literáries*. 10 jan. 1931); Bustamante y Bailivián. *Poetas brasileiros*. 1922; Chiacchio, Carlos. "Silveira Neto". *A Tarde*. Bahia, 29 maio, 1928; Frota Pessoa. *Crítica e polêmica*. 1902; Gomes, Raul. "Um prógono do simbolismo". O *Estado*. Curitiba, 12 dez. 1936; Lima, Augusto de. *Ronda crepuscular*. O *Imparcial*. 1º maio, 1923; Luz, Fábio. *Estudos de literatura*. 1927; Medeiros e Albuquerque. "Crônica". *A Notícia*. 16 jan. 1901); Melo Morais Filho. *Poetas brasileiros contemporâneos*. Rio de Janeiro: Garnier, 1903; Murici, Andrade. *O suave convívio*. 1922; idem. *Silveira Neto*. 1930; Oliveira, José Osório de. *Líricas brasileiras*. Lisboa, 1954; Silveira, Tasso da. "Os poetas da Provença brasileira". *O Jornal*. 6 jul. 1930); idem. "Hermetismo e poesia". *Jornal Letras*. ago. 1953; Vítor, Nestor. Prefácio a *Luar de Hinverno*, depois in *A crítica de ontem*, 1919; idem. "Como nasceu o simbolismo no Brasil". *O Globo*. 23 mar., 1928; idem. "Página paranaense". *O Globo*. 19 maio, 1930; Veiga Miranda. *Luar de Hinverno. Paulápolis*. n. 6, dez. 1906); idem. "Ronda crepuscular". *Mundo Literário*. 5 out. 1925.

tiveram a impressão de que ele seria, agora que morto Cruz e Sousa, o novo *condottiere*. O que se lhes antolhava em *Luar de Hinverno* era um decadentismo tão integral quanto o de Alphonsus de Guimaraens, afirmado no ano anterior (1899), com *Setenário das Dores de Nossa Senhora* e *Dona Mística*. Veio, entanto, paralisar o esperado influxo da sua personalidade no meio principal e decisivo do movimento, o Rio, a mesma circunstância pouco antes ocorrida a Emiliano Perneta: ambos optaram pelo Interior. Alphonsus, por sua vez, em breve fixar--se-ia, definitivamente, em Mariana.

Essa enucleação, na Província, dos poetas mais significativos do Simbolismo depois de Cruz e Sousa, concorreu para desorientar a opinião nacional, colocada entre essa dispersão, e consequente isolamento, e o coeso bloco parnasiano antes reunido em torno de Valentim Magalhães, em *A Semana* e, agora, na Academia Brasileira de Letras e na *Revista Brasileira*.

Silveira Neto demorou-se pelos extremos da Foz do Iguaçu e de Paranaguá, e somente retomou ao Rio quando a vaga simbolista originária já começava a perder-se nos díspares remuos dum sincretismo no seio do qual afirmaram--se o neoparnasianismo e o neossimbolismo, e iria mais tarde definir-se o penumbrismo.

A sua feição estética, em *Luar de Hinverno*, revelava a presença de insidiosa sedução mallarmeana, corrigida por uma concepção severa e trágica da qual Alfred de Vigny — seu poeta predileto, com o Dante, por afinidades profundas — lhe proporcionara sugestão eficaz. "Vigny", escreve Michaud, "é intelectual que procura a evasão, não em viagem a paragens exóticas ou imaginárias, mas na meditação..." Para Vigny a arte era "a do pensamento que toma, lentamente, consciência de si mesmo". "Arte, sobretudo orientada para a plástica, para uma 'poesia pura', diamante e quintessência." Vigny, em quem — já foi isso muita vez reconhecido — mais do que nos demais românticos, tudo conduzia para o Simbolismo: o seu instintivo pudor, a concentração do pensamento, e uma arte elíptica carregada "de solenes silêncios... cheios de profundos rumores". Essa influência de Vigny é sensível, por exemplo, na concepção decadentista formal, romântica, do poema "Missa Negra", de *Luar de Hinverno*. Mallarmé, esse desvendou-lhe o mundo do hermetismo, que a crítica da época excusou-se de afrontar... A leitura do ensaio "Hermetismo e poesia", análise e interpretação do soneto-pórtico de *Luar de Hinverno*, escrito por Tasso da Silveira, filho do autor,[7] afasta, de vez, o apodo ingênuo de "nefelibatismo". Certamente E. Noulet ou Mondor não considerariam enigmático esse "pórtico" que passou, entanto, despercebido no Brasil primário, de rala ou desigual cultura, do começo do século:

> Versos — mendigos de mantos reais, —
> Ide, que vos esperam sete espadas.

Fugi aos olhos d'oiro senhoriais:
Antes a prece aldeã pelas estradas...

Ide arrastar o meu burel de monge;
(Quanta saudade esse burel traduz...)
Se encontrardes o Mundo, tende-o longe,
Por que os seus braços são braços de cruz.

Direis a uns Olhos — Olhos onde a sorte
Pôs meu Ser a rezar, como em altares —
Que me vou de caminho para a Morte.

E a Morte... essa verá, na triste hosana
Do poente roxo que orla os meus olhares
Como anoitece uma existência humana.

O livro inteiro, *Luar de Hinverno*, aprofunda e acentua essa postura de revolta e gravidade, essa saudade de Deus, que tantos esoterismos e tantas negações não nos escondem mais, a nós de hoje, nostálgico inteiriçamento doloroso dos simbolistas.

Está escrito em monografia que foi publicada ainda em vida do poeta:[8] "Há em sua poesia um grande ímpeto quebrado, um ininterrupto jogo de exaltação e desalento. O ritmo ascende, violento, possante, e se desfaz nas cristas elevadas, numa espuma de melancolia, muitas vezes numa trágica desolação. Na sua poesia de mocidade sobretudo, o movimento, em alternativas de sincopamento e hieratismo, lembra as grandes vagas passionais e magnéticas de *Tristão e Isolda*, pura transfiguração da mais terrível angústia em êxtase imenso." "Um Castro Alves que desesperasse", disse dele Nestor Vítor, apresentando *Luar de Hinverno*.

"O tremendo pessimista possui, paradoxalmente, o tom heroico, o ardor dos *aedos* revolucionários: a tuba de bronze, de sonoridade, entanto, sempre temperada pelos timbres elegíacos da clarineta e do oboé. Sonoridade especial, de particular colorido, entre adusto e suavíssimo, de grave encanto aristocrático." E adiante: "A visão de Silveira Neto é de um lírico, dum pintor também, dum Turner. Dentro do *Luar de Hinverno* está ela adstrita ao branco e ao preto, ao cinza, às terra de siena e sépia, numa harmonia quente, onde um *glacis* dum verde irisado e espectral faz ressaltar os duros betumes fundamentais, e atenua alguns raros tons de escarlate."

Em realizações características do seu decadentismo ardente, Silveira Neto diz dos "Escombros" e de "A ruína":

Recordam templos de um ardor violento...
São os profetas do Aniquilamento,
Petrificados numa dor tamanha...

Quando a terra se turba a ouvir, crispada,
Gemer nas ruínas o coral dos ventos
Lembram-me a dor e todo esse deserto
Que transfiguram da alma o livro aberto
Numa panóplia de punhais sangrentos...

Metáforas de grande densidade lírica criam poderosa cinemática, como poucos exemplos há tão impressivos em nossa poesia, fora de Luís Delfino, Cruz e Sousa e Augusto dos Anjos, como este, onde se acusa, fortemente, o deslocamento dos volumes, envoltos em turva atmosfera:

Os paredões abalam-se na treva
Como duendes colossais, enquanto
A ruína toda meio que se eleva
Pela nevrose bárbara do espanto.

Como já diferia da de *Broquéis*, a "Antífona", de *Luar de Hinverno*:

Noite de inverno e o céu ardente de astros.

Frio da noite é o polo em que o uivo escuto
Do urso branco do Tédio......
É o ar glaciário que nos vem do luto
Da avalanche de todas as descrenças!

Esse réquiem da Cor pelo ar disperso
Como que encerra, num delírio infindo,
Todo o soluço extremo do Universo,
Num concerto de lágrimas subindo.

Era de estrelas um enorme alvearco
A cúpula celeste escura e goiva;
E a Via-Láctea se estendia em arco,
Branca e rendada como um véu de noiva.

...... eu surpreso via
Que, céus afora, como a voz de um órgão,
A salmodia d'astros prosseguia.

A tragédia da sua sensibilidade retém o espírito em sua órbita sombria, e o coro que os anjos entoam, para ele é desesperado e bravio, duma subjetividade escarpada.

> Vago terror congela-me o aspeito
> Nos profundos silêncios da Matéria,

exclama, tantos anos antes de Augusto dos Anjos. E ainda:

> E a luz vejo-a tão longe, céu maldito!
> Nas estrelas perdidas pelo espaço
> Como gotas geladas no infinito.
>
> O mesmo céu que nós olhamos, olho:
> Mundos gelados de saudade...

Essa algidez projetada sobre o cenário e os sentimentos não é, bem se vê, indício de alma frígida. Antes, duma contensão que força a introversão violenta, quase impossível de ser suportada. Apelava, então, como no geral faziam os decadentistas filhos de Schopenhauer, para o aniquilamento do Nada. Daí a certeza dum isolamento radical.

> Mas eu não amo para ser amado.
> Amo porque ao Destino é muito pouco
> O desterro sem nome que me é dado.
>
> Esta Sibéria cheia de almas,
> Como é deserta para mim.
>
> Mata-o a solidão hora por hora;
> A ânsia de afetos tétrica o devora,
> Como a sede de bálsamos a Jó.
> Não tem o amor que ao seu amor inflama,
> E não se pertencendo a si, porque ama,
> É na existência duplamente só.

Por transposição, que representa, reação normal no seu espírito:

> Que suprema volúpia ser estranho...
>
> A vida ter completamente só.
> Ser estrangeiro dentro do planeta,

> E não deixar de si mais do que deixa
> A memória de um átomo de pó.

Essas notas, aí reunidas, de diversas épocas, dão conta dum secreto mal, um pessimismo severo, mas também, apesar de tudo, de humano amor, em meio do trágico do seu cosmo poético. Em "Olhar de sombra", dizia:

> Vago, ele tinha, em longas penitências,
> O silêncio das praias desoladas,
> E esse vago martírio das ausências.

Matiz de espírito, logo dominado pela intensidade sinestésica, como na tela sombria e fosforescente de "O mar":

> Deserto ruge o Mar alucinado,
> E, num palor de comoção, a lua,
> Da arcada azul, soberbamente nua,
> Doira-o de um brilho fulvo e torturado.
>
> Dir-se-ia um deus enlouquecido...
>
> E o Mar o dorso estua, enorme e aflito,
> Ao ver que o enche, bárbara, a nevrose
> Que há pelos vastos ermos do Infinito.
>
> Paixão de monstro em tal egoísmo acesa
> Que para a sós senti-la o mar, sombrio,
> Entre ele e o céu fechou a Natureza...

Esse verbo de *Dies irae* mantém-se no *Luar de Hinverno* inteiro, e faz desse livro um organismo inteiriço, bloco de ônix trespassado de centelhas de pânico. O livro mais uno do Simbolismo brasileiro, e talvez o livro-padrão do Decadentismo no Brasil.

A sua poesia admitiu, por fim, ritmos mais aliviados, entreluzimentos de rápidos prazeres, compensações talvez ilusórias, porém estimulantes. Vemos no livro *Ronda crepuscular* tornar-se muito menos insistente o tom elegíaco. Em "Mater" já pode exclamar que os filhos no amor materno

> Bebem a vida, qual se a luz bebessem
> Num pedaço de céu...
>
> É o milagre da Terra!...

O seu lar:

        Amores, quem os tenha pela vida,
        Puros e imensos...

        Almas de noivos: todo o céu do amor
        Numa curva de beijos sobre a vida.

O amor por todos os sacrificados, em "Final de batalha", esta bênção:

              o sol, o demagogo
        Da luz, a orar por sobre tais delírios,
        Vai-se no cantochão do Ocaso em fogo,
        E para os mortos, fria, na esplanada,
        Cerra-se em torno a noite e ardem os círios
        Por toda a imensa abóbada estrelada.

Traços de luz elísia e fina surdem de sua alma austera, estremecimentos de frescura e duma juvenilidade nunca antes expressa:

        Para que olhos tivesse estranhamente belos
        Quando o meu Ser transfigurado voasse...
        Parti pelas montanhas, céus afora,
        Nos éteres ardentes da manhã...

Tais esplendores,

        Que eu me sentia a olhar tudo por duas
        Retinas de ouro do fulgor mais lindo...

        Olhos feitos do Azul...

        Parecia-me, então, que áureos rolavam
        Dois Infinitos dentro de meus olhos.

        E pouco a pouco as pálpebras da vida
        Por tudo se abrem...

Por cima se distende:

        Toda a colmeia côncava dos astros...

Já agora vê, de outro modo, nessa euforia que tanto lhe fora negada, o céu noturno:

> É a noite a desfazer-se em luz, fremente,
> Na sementeira d'astros pelo céu!

A nevrose cósmica, os amores embebidos de um fel nevrálgico, se foram, mansamente, transfigurando.

A imaginação, resserenada, cria esta maravilhosa metáfora:

> E a tarde chega desdobrando as velas
> Imensas do crepúsculo.

Superado o Decadentismo, esse nobre poeta solitário pôde, assim, diversificar com essas puras luminárias de alma, a sua arte, de tão alta dignidade. Dela restarão, entretanto, principalmente os acentos pascalianos do *Luar de Hinverno*.

"O luar de Curitiba é, no inverno, de inigualável suntuosidade, duma grandeza e solenidade para além de toda percepção dos sentidos. À sua vista, o secreto pentacórdio da intuição ressoa, e dentro de nós esses outros sentidos misteriosos vão desdobrando imensa polifonia — fios entretecidos de algum universo perdido, e dum universo indizível a que estamos destinados. Nunca pude pensar em mim, ante aquele calmo céu noturno, ante aquele luar de claridade metafísica." No caso de Silveira Neto, o belo grave luar que ele via, "o noturno hibernal curitibano era, por fim, uma expressão subjetiva de fervorosa, depurada morbidez".[9] Por isso, o luar, o imenso e sereno luar do planalto, é, para Silveira Neto, duma espectral algidez, todo ele feito:

> Da maior mágoa da terra...

GUERRA DUVAL E MÁRIO PEDERNEIRAS. O VERSO LIVRE.

Adalberto Guerra Duval (1872-1947) fez imprimir, em Bruxelas, um dos primeiros da enorme cópia de livros de feitios inusitados, oblongos, quadrados ou em losango (o seu era quadrado), que caracteriza, pitorescamente, a bibliografia simbolista: *Palavras que o vento leva...* (1900). Uma novidade havia nessa obra, que, em tal época, fez arrepiar de surpresa, desdém, revolta, e também agrado: o verso livre pela primeira vez tinha entrada em nossa poesia.

A arte de Guerra Duval se, por um lado, era imediatamente verlainiana, por outro, introduziu, aqui, a álgida e misteriosa *féerie* das *Serres chaudes*, de Maeterlinck. O seu poema "Graças" é rebrilhante de cristais, e duma evanescência flébil, como diria um simbolista.

Entoncava, sem dúvida, necessariamente em *Missal* e em *Broquéis*. De modo mais decidido, porém, refletia o feitio europeu, ainda mais acentuado por outro gaúcho. Eduardo Guimaraens, servido por uma extrema virtuosidade propriamente literária.

O verso-livre era, em Guerra Duval, mais inquieto, mais aventuroso também, do que em Mário Pederneiras (1868-1915). Este excelente poeta despiu-se do ritualismo e do cromatismo ortodoxos do primeiro Simbolismo, ainda presentes nas faiscações de *Agonia* (1900), onde a presença de Cruz e Sousa é evidente, e em *Rondas noturnas* (1901). *Histórias do meu casal* (1906) mostraram-no já na posse dum instrumento poético dútil, maneiroso e cordial, em verso-livre agradavelmente balanceado. O crítico do movimento, Nestor Vítor, opina tratar-se de "verso assimétrico, porém não de verso livre propriamente dito, como já um crítico, por equívoco, afirmou. Seus metros têm de uma a doze sílabas, mas nenhum que passe daí, quando, justamente, o verso livre é aquele em que o número de sílabas não importa" — e exemplifica com os do poema *Pátria*, de Guerra Junqueiro. Reconhece, entanto, que Mário Pederneiras soube evitar "o cantante dos ritmos previstos, de efeito demasiadamente material", "por conseguinte contrário às intenções altamente espirituais que a gente da escola (simbolista) trazia". E conclui: "Não haverá versos de ritmo mais sensível, e que sejam mais cantantes, mais embaladores, mais versos enfim, do que estes, irregulares na rima e no metro, como sejam das *Histórias do meu casal*." Nestor Vítor apreciava, ali, a obra liminar da nova e definitiva maneira de Mário Pederneiras. Em *Ao léu do sonho e à mercê da vida* (1912) e *Outono* (1921), o poeta não se afastou das medidas do verso verificadas pelo seu crítico. Soube, porém, infundir-lhes ainda maior flexibilidade e ainda mais penetrante doçura. Aliás, o verdadeiro verso-livre só o encontraremos, no Brasil, entre os modernistas. A sua realização extrema, ultrapassando Verhaeren, foi a de Claudel.

Essa poesia de Mário Pederneiras ressuma sabor de trópico, porém carioca, especificamente carioca. É a poesia íntima de um Rio de Janeiro hoje acuado, atravancado e afogado nos gases tóxicos dos carburantes do tráfego. Poesia de *um flâneur* amorável. O "veio" Rodenbach insinuou-se nesse verbo entretecido de matizes de um "outono" que tanto se difundiria no Penumbrisrno. A velha mangueira", as "Árvores da rua", o "Passeio público", o "Meu cigarro", constituem uma "sorna" inesquecível da alma carioca. No nosso Simbolismo pôs um ritmo de suave devaneio.

O MOVIMENTO EM MINAS GERAIS

O movimento simbolista de Minas Gerais esboçou-se, primeiro, em São Paulo, para onde iam os jovens das Alterosas a fim de formarem-se em Direito. Na capital paulistana, os estremecimentos liminares do "Símbolo" tinham-se acusado, principalmente, na produção juvenil de Emiliano Perneta, que lá se bacharelou no dia 15 de novembro de 1889, pronunciando, como orador da sua turma, um discurso republicano, posterior, de apenas algumas horas, à ainda por lá ignorada proclamação da República. O seu livro *Músicas* é daquele ano. O grupo propriamente paulista dos interessados pelo Simbolismo pode considerar-se integrado por Júlio César da Silva, Leopoldo de Freitas, Júlio Prestes, Venceslau de Queirós e Batista Cepelos, alguns deles, a rigor, não coetâneos entre si. Foi reforçado pela adjunção do gaúcho Jacques d'Avray (José de Freitas Vale), e dos mineiros Alphonsus de Guirnaraens, José Severiano de Resende, Viana do Castelo e Adolfo Araújo; mais tarde, Edgar Mata. Em 1901, apareceu, em Belo Horizonte, a revista *Minas Artística* (diretor Edgar Mata). No ano seguinte, *Horus*, dirigida por Álvaro Viana, irmão de Viana do Castelo, acentuou o movimento local, continuando, por fim, em *A Época* (1905). O influxo diretamente paulistano não chegara a ganhar corpo em Belo Horizonte, porquanto Alphonsus de Guimaraens deixara-se ficar pelo interior, e Severiano de Resende andara por São Paulo e o Rio, antes de fixar-se em Paris. Foi em torno de Álvaro Viana que se processou o mais vivaz do movimento. Os jovens mineiros receberam informações trazidas do Paraná, então, talvez, o mais ativo núcleo simbolista do país, por Alfredo de Sarandi Raposo, autor de *O malsinado*, e Carlos Raposo, autor de *Breviário do sonho*, filhos do educador mineiro Custódio Raposo, que se transferira para aquele Estado. Lá haviam formado o espírito para as letras. Reuniram-se, então, a esses já enumerados, Viana do Castelo, Afonso Pena Júnior, Edgar Mata, Batista Santiago, Ernesto Cerqueira, Horácio Guimarães, primo de Alphonsus, o irmão deste, Archangelus de Guimaraens. e Mamede de Oliveira. Chamavam-se a si mesmos "Jardineiros do Ideal".

O Simbolismo mineiro teve uma única figura audaz: José Severiano de. Resende (1871-1931). Alguns dos seus versos são de truculência que bem exprime o temperamento inconformado e bizarro do poeta. Padre, em Mariana, onde nasceu, abandonou o sacerdócio, Consequentemente a desmedidas violências de sua agressividade polêmica, que o seu Arcebispo, o eminente escritor e humanista D. Silvério Gomes Pimenta, não conseguiu sofrear. Irregular e boêmio até o fim — porém lendo diariamente o Breviário —, foi, muito tempo — residindo em Paris, onde morreu, — redator da seção de Letras Brasileiras no *Mercure de France*. Em seu único livro de versos, *Mistérios* (Lisboa, 1920), deixou alguns dos mais estranhos e transcendentes poemas católicos da língua portuguesa: "Oração à vida", "Lúcifer", "Hino ao homem venturo", entre outros. Sente-se neles o latinista e o assíduo leitor do *Apocalipse*:

> As rondas candentes das Esferas súperas,
> Serafins em brasa, Querubins claríficos,
> ver-te-ão!

As rodas iriais dos Tronos que, translúcidos,
no cosmos mantêm peso, medida e número,
ver-te-ão!

As Dominações e Senhorias célicas,
evoluindo puras sem recontros díspares,
ver-te-ão!

As Virtudes presas no imortal revérbero,
multifárias normas do esplendor prismático,
ver-te-ão!

Fecundando as Causas e as Razões, as prônubas
Potestades tensas na expansão do Arquétipo,
ver-te-ão!

Prossegue a cosmogônica ladainha, em numerosas estrofes. No desfilar das visões refulgentes, ainda estas, ao acaso:

Os Patriarcas, desde as diluviais catástrofes,
dos antigos Pactos testemunhas mêmores,
ver-te-ão!

....

Ostentando o alvor das resplendentes túnicas,
nos seus tronos de ouro, os Papas e os Apóstolos
ver-te-ão!

Até chegar a esta prodigiosa "teofania":

E ouvirás em redor como o clamor das grandes águas,
    clamor que abafa e que destrói as grandes mágoas,
    clamor que é o sangue mesmo de Cristo,
e sobre o Lenho em que morreu Jesus para perdoar
lerás, o joelho em terra e o olhar em pranto, este imprevisto
ígneo letreiro dentro da luz enorme a irradiar:

SUPEREXALTAT AUTEM JUDICIUM MISERICORDIA

Enquanto na amplidão reboa a cítara heptacórdia.
    (De "Lúcifer")

Prosador paradoxal e saboroso, no seu *O meu Flos Sanctorum* (1908). Em quase todos os demais simbolistas mineiros estão presentes uma suavidade pastoral montanhesa e uma melancolia características. São todos cantores de Ave-Marias e Trindades. Mamede de Oliveira (1887-1918) diz assim:

> Naquela tarde, ó minha Amada, quando
> O Sol nos longes, trémulo, morria,
> Vinha também caindo uma agonia...

e depois:

> A tarde tomba de pesares cheia,
> Na saudade augusta destes ermos,
> O Angelus doce pelo espaço ondeia...

e ainda:

> Lírios que sonham quando a tarde morre,
> Na languidez maviosa das Trindades...

Edgar Mata (Edgar da Mata Machado, 1878-1907) dá a mesma nota, no mesmo tom veludoso:

> Ao cair da tarde, pelos montes quedos,
>
> Vou ouvindo os tristes, vesperais segredos
> Que pelas ravinas vão dizendo as águas.
> Serras a distância, desmaiando as cores
> Num delíquio manso de quem vai morrendo...
>
> Caem folhas mortas amarelecendo...

Da obra de Edgar Mata, morto muito moço, restam, quase se pode dizer, ruínas: cópias incertas e quase infantis, de uns poucos esparsos. Chamou-lhe, porém, o poeta Emílio Moura "O Verlaine de Minas". Aquela nebulosa humilde está cheia de germes de musicalidade delicada. Foi célebre, na época, a sua heráldica "A garça":

> Na grande paz da noite a Garça branca cisma,
> Entre os velhos juncais do paludoso lago,
> Embebida num sonho eternamente vago
> — Sonolência do luar que na amplidão se abisma.

> E a ave, que a Saudade imponderada alaga
> Do triste Luar contempla o amplo sonambulismo.

E eis aqui um puro traço de poesia:

> Lembro-me desse misterioso poente
> Quando meus olhos sobre os teus poisados
> Tinham presságios de uma
> Dor latente
> E as agonias dos que são amados.
>
> E a tarde morre sonolenta e fria
> Como morreste de saudade e mágoas
> E a lua triste como a Nostalgia
> Chora na branca quietação das águas.

Assim, na Minas do Simbolismo, ninguém ombreia com Alphonsus de Guimaraens (o mais próximo em importância é Severino de Resende). Este não estava, entretanto, sozinho. Como qualidade de alma e ânimo contemplativo, alguns cantavam, que lhe eram como irmãos menores.

ALPHONSUS DE GUIMARAENS[*]

---

[*] Alphonsus de Guimaraens, nome literário de Afonso Henrique da Costa Guimarães (Ouro Preto, MG, 1870 — Mariana, MG, 1921). Filho de um português e de uma sobrinha do romancista Bernardo Guimarães. Cursou a Faculdade de Direito de São Paulo e, depois, a Academia Livre de Direito de Minas Gerais, retornando à primeira referida, onde colou grau em 1895. Promotor e depois juiz em Conceição do Serro, no mesmo ano. Casou-se com d. Zenaide Alves de Oliveira. Suprimido o cargo de juiz em 1903, foi nomeado novamente promotor, em 1904, e, em 1905, juiz municipal de Mariana.

Bibliografia

POESIA: *Septenário das dores de Nossa Senhora* e *Câmara ardente*. 1899; *Dona mística*. 1899; *Kyriale*. 1902; *Pauvre lyre*. 1921; *Pastoral aos crentes do amor e da morte* 1923 *Poesias*. 1938; *Poesias*. 1955; 2 vols. PROSA: Mendigas. 1920. *Obra completa*. Org. Alphonsus de Guimaraens Filho. Rio de Janeiro: José Aguiar, 1960.

Consultar

Alphonsus, João. Notícia biográfica e notas, in *Poesias*. 1938; Andrade, Carlos Drummond de. *Passeios na ilha*. 1952; Athayde, Tristão de. *Poesia brasileira contemporânea*. 1941; idem. *Voz de Minas*. 1945; *Autores e livros*. Sup. literário de *A Manhã*, 1942, n.

"A poesia, a música têm por missão conduzir-nos ao sublime, à água das fontes frias, ao brilho límpido do sílex e da estrela."[10] — "Sublime" é a palavra justa; está, porém, banida da linguagem da critica desde a reação antirromântica processada, no Brasil, no decênio de 1880-1890. Ressalve-se, naquele conceito, pois, o vocábulo regasto, e que será tido como tal por uns tempos ainda — porém não em definitivo. É aquela pureza que está nas próprias fundações da poesia de Alphonsus, como água clara de fontes montanhesas. No seu caso, entanto, ela escorre e murmura sob uma perene garoa de cinzas, cinza de melancolia.

É preciso conhecer o relicário maravilhoso do barroco colonial mineiro — Ouro Preto, São João d'El-Rei, Sabará, Mariana, Congonhas, Tiradentes, Diamantina — e os Profetas e os Santos do Aleijadinho, para compreender que a substância e o caráter daquela civilização deixaram raízes subterrâneas secretas e imponderáveis ramificações. Em Alphonsus de Guimaraens repontam as vivências dum mundo que não se pode ter por morto. Nele havia mais do que revivescência: descendência autêntica. A cidade de Mariana é um dos bastiões daquela cristalização de almas. É também, já agora, não somente a cidade de Dom Silvério, mas também a de Alphonsus. "Não houve acomodações entre o espírito de Alphonsus e o ambiente espiritual da cidade de duzentos anos, mas encontro perfeito de uma vida humana e de uma vida coletiva de misticismo e sossego." Esse o depoimento do seu filho e biógrafo, João Alphonsus. Sem dúvida, não há explicar o poeta pelo meio em que se absorveu, nem a este pelo seu reflexo na poesia. Impõe-se, neste caso, uma harmonia espontânea e total. Integração e representação mútuas, interpenetradas intimamente, como a de Mozart e Salzburgo, síntese-gêmea do barroco oitocentista europeu. O espírito do barroco mineiro é como repassado de exílio, perdido de esquecimento e solidão. A sua estagnada tristeza embebeu de conformidade os sentimentos de Alphonsus; não provocou nem mesmo terá, propriamente, favorecido o seu catolicismo. Foi-lhe, a rigor, como uma adequação. Ficam justificados, assim, o geral monocromismo da sua obra, e a insistência em uma temática sem

---

13 e 14; Bandeira, Manuel. "Alphonsus de Guimaraens", *Rev. Brasil*, 3ª fase, ago. 1938; *Euclides*. 1940 v. 2 t. 1 (número dedicado a Alphonsus de Guimaraens); Figueiredo, Jackson. *Durval de Morais e os poetas de Nossa Senhora*, 1925; idem. *A coluna de fogo*. 1925; Grieco, Agripino. *Evolução da poesia brasileira*. 1932; idem. *São Francisco de Assis e a poesia cristã*. 1933; Guimaraens Filho, Alphonsus de. "Notas", in *Poesias*. 1955, 2 vols; Lisboa, Henriqueta. *Vida e obra de Alphonsus de Guimaraens*. 1945; Melo Franco, Afonso Arinos de. *Espelho de três faces*. 1937; *Mensagem*. Belo Horizonte, 15 julho, 1940 (supl. consagrado a Alphonsus de Guimaraens); Oliveira. José Osório de. *Líricas brasileiras*, 1954. Resende. Enrique de. *Retrato de Alphonsus de Guimaraens*. 1938; 2ª ed. 1954; Silveira Netto "O Paraná e o simbolismo", *J. Com.* 19 jun. 1938; Vasconcelos. Agripa de Elogio de Alphonsus de Guimaraens, Rev. Acad. Mineira Letras. 1923-24. vol. 2; Veríssimo, José. *Estudos de literatura brasileira*. 2ª sér., 1901.

variedade marcada. Os ciprestes de Fiesole, as linhas delicadas das encostas que dominam Florença ser-lhe-iam, talvez, de afinidade mais sutil e mais propícia à numerosidade interior. Mariana, entanto, deu-lhe menos e mais do que isso; mais, porque não será simples "decadentismo" mencionar os véus roxos de Sexta-feira Santa que parecem, sempre, presentes na sua atmosfera moral e espiritual. Aquela "cinza", antes aludida, é como feita de lírios e de lilases. Poesia por vezes música de câmara, instrumentada de oboés e clarinetas; outras, mais frequentes, melodias íntimas. Uma pastoral no adro da velha igreja, à beira do seu pequeno cemitério limoso. As cores funéreas não são ornamentais e de artifício, como na obra de outros poetas decadentes, e sim uma condição existencial básica. Essa imobilidade não significa estupor, antes mansa uniformidade letárgica, trespassada de inesperados, vagos arrepios de *humour*, ou movida de sobressaltos breves de imaginação. A fisionomia total que nos apresenta é de natureza contemplativa: floração elegíaca por sobre húmus trágico, substrato que só viria, plenamente, à superfície nos romances de Cornélio Pena, em certos poemas de Carlos Drummond de Andrade e Henriqueta Lisboa, no *Romanceiro da Inconfidência*, de Cecília Meireles.

Se a presença desse pânico subjacente mal lhe encrespa de rápidas vertigens a toada merencória, outro elemento dinamogênico veio ritmá-la e aligeirá-la, cuja chave parece estar no poema "Meus pais". Daí adveio para a sua poesia um constante balanceamento de canção e entranhada tinta de saudade: da ascendência portuguesa imediata, do seu pai, que

> Nascera ao pé de Fafe. Ermos alagares,
> Altas escarpas de Entre-Doiro-e-Minho...

Logo no seu primeiro livro, Alphonsus cita um dístico de Villon... encabeçado paradoxalmente "São Bom Jesus de Matozinhos". Uma fresca aragem lusitana perpassa pelas trovas cantantes dessa e de outra das suas peças. No transcurso inteiro da sua obra, a forma estrófica popular predomina, sem embargo do número importante de sonetos. Cantares lusitanizantes alternam com uma ancestralidade arcádica manifesta. Talvez, entanto, mais a deixada na atmosfera pelos poetas da Inconfidência do que a que poderia beber no Setecentos lusitano. A sua poesia, com isso, mantém-se mais próxima, até do feitio da nossa música popular daquele século e do XIX, das modinhas e chulas, dos lundus, do que a grande maioria da dos outros poetas brasileiros. Há que abrir exceção, aí, para as canções de Emiliano Perneta, também filho de português, e de português cristão-novo, recolhidas na seção "Violão que chora", de *Ilusão*. Não esqueçamos (para bem nos entendermos) que aquelas expressões eram "populares" num sentido genérico, e não especial, ao contrário da música carnavalesca ou do samba de morro e favela de hoje. Eram cantadas em família, nos largos e serenos serões de dantes; e tão finas e elegantes que se podem cantar em concertos de câmara. Mantinham-se em nível representativo tão aceitável que ninguém estranhava o fato de o Padre José Maurício compor modinhas no intervalo da composição dos seus admiráveis *Responsórios* ou das suas *Matinas*; ou de o Padre Eusébio de Queirós Matos Guerra, irmão de Gregório de Matos, cantar ao violão (ainda "guitarra") os seus próprios lundus. Se não sentimos, bem nítida, nas canções de Alphonsus a nota nacionalista é porque era nele atenuada, pudica a expressão da sensualidade.

> Viver longe da carne ardente, da luxúria
> Que para nos tentar em cada peito eleva,
> Como frutos de luz, duas tetas de fúria!

exclama ele, dessa e quase única vez, com força, com um pitoresco fora do seu normal, e afim com o do *Cântico dos cânticos*. A sua poesia é casta, e, por isso, nada representativa do nosso langor tropical. O seu balouço não é o da rede, porém de alma. Uma curiosa reminiscência de Castro Alves (com referência à mais famosa estrofe de "O navio negreiro": "Auriverde pendão de minha terra") aparece em "Vaga em redor de ti..." de *Pulvis*:

> És como a folha do álamo que a brisa
> Beija e balança ao luar das noites castas.

Que diferença, porém, desse tom intimista, para a voluptuosidade daquele heroico "Andante" do poema abolicionista... Alphonsus não era recatado somente no sentido intencional do vocábulo, porém como um irmão longínquo do amorável William Cowper, também para sempre internado na singela Província. Não se deve ver nele um João de Deus brasileiro, apesar de, por vezes, a sua expressão ser, como a deste, aliviada, e, até, fragrante. Assim, em "O amor tem vozes misteriosas", em "Existem junto da fonte", ou neste melindroso:

> O cinamomo floresce
> Em frente do teu postigo:
>
> Cada flor murcha que desce
> Morre de sonhar contigo.
>
> E as folhas verdes que vejo caídas por sobre o solo,
> Chamadas pelo teu beijo
> Vão procurar o teu colo.
>
> Ai! Senhora, se eu pudesse
> Ser o cinamomo antigo

> Que em flores roxas floresce
> Em frente do teu postigo!
>
> Verias talvez, ai! como
> São tristes em noite calma
> As flores do cinamomo
> De que está cheia a minha alma!

Esses acentos (bem como os de "Ismalia", seu poema mais popularizado, e que se diria um Uhland), são da família dos que mais essenciais forem como expressão da alma da raça na sua depuração extrema, sem dúvida, comparáveis aos do mencionado João de Deus, ou aos de Antônio Correia de Oliveira. O veio do arcadismo, já referido, esse acusa-se aqui e ali, mas principalmente nas "Cantigas e voltas", da *Pastoral*:

> Por mores que os desenganos
> Se nos antolhem na vida...

O tom camoniano, em certos dos seus sonetos. Em outros destes, como os VI e VII da "Primeira dor de Nossa Senhora", do *Setenário*, com "Mors", da *Escada de Jacá*. Em "Este solar é meu", de *Pulvis*:

> — "Este solar é meu! Este castelo
> A meus avós pertence!" — disse e, quedo...
>
> Mãos nos montantes de aço, talvez belo
> Ficasse por momentos...
>
> E ela, agitando no ar os braços brancos.
> Caminhou para mim, sublime e forte...
>
> Vi que estava no reino dos defuntos.
> — se este solar é teu", disse-me a morte
> Repoisa em paz, que dormiremos juntos!"

é a grave melodia de Antero de Quental que transparece. De Cruz e Sousa, por sua vez, defluem certos elementos expressionais. Num soneto (LIII, de *Pulvis*) há estas expressões inconfundíveis:

> É branco escrínio das mais alvas pratas.
>
> Sonho arcanjos de amor ideal, fruindo

> Os beijos das paixões intemeratas...
> Os círculos fatais, ei-los transpostos:
> Abro as asas de espectro rebelado...

e o soneto "Devagar, devagar...", de *Escada de Jacó*, obra póstuma. A Antero de Quental e Cruz e Sousa refere-se ele nesta quadrinha, final duma série só agora publicada por Alphonsus de Guimaraens Filho[11]

> Ao encontrar esta lousa
> Abandonada no vai,
> Eu pensei em Cruz e Sousa,
> Mais Antero de Quental.

A aludida nota de Alphonsus Filho esclarece: Assinala-se que os poetas mencionados nesta última trova estiveram sempre entre as melhores e mais constantes admirações de Alphonsus." Quando da morte de Cruz e Sousa, Alphonsus escreveu, dedicando-lhe à memória, o soneto "Poetas exilados"[12] (transcrito, ainda, na referida "nota"), e que termina assim, aludindo a um poema do Poeta Negro:

> Chegaste enfim, magoado Eleito! Olham vermelhos
> Tons de poente num fundo azul... Dobram-se os joelhos:
> É Cruz e Sousa aos pés do arcanjo São Gabriel.

Ainda aquela "nota" consigna esta frase, extraída de crônica incluída no livro de prosa *Mendigos*,[13] e na qual combate certas tendências cientificistas que então se manifestavam, e, em Minas, sobretudo na obra de Augusto de Lima: "Basta que de estância em estância apareça um Baudelaire, resplandeça um Verlaine, um Antero ou um Luís Delfino, um Antônio Nobre ou Cruz e Sousa, para que ela de novo cintile com a sua luz astral de estrela perene." Essa nota constitui documento revelador importante: primeiro, porque indica as convivências espirituais mais gratas ao poeta, segundo, porque tais influências não lhe demarcaram, quase nunca, de modo ostensivo, a sua poesia, e eram, antes, intimamente absorvidas, mero alimento das vivências próprias da sua imaginação e da sua sensibilidade. Decisivos lhe foram o seu próprio feitio temperamental e a fé católica. Tem-se inquinado, por vezes, essa sua fé de "literária", por motivo, sobretudo, daqueles famosos versos do VII soneto da "Sétima Dor de Nossa Senhora":

> Mas fizera, Senhora, se pudesse
> Oficiar no Mosteiro de Verlaine.

Outros procuraram desculpar Alphonsus da alusão a Verlaine, e houve quem julgasse que ela o diminuía. O poeta não concordaria, estou certo, com nenhum deles. *Sagesse* é de intrínseca, indizível beleza. Tem acentos que, se não se podem considerar como os da fé tranquila, nem nascidos de alma angelical, são, por isso mesmo, valorizados; porquanto provêm de uma têmpera processada na dor de sincero arrependimento. Que importa se este era efêmero! O que vale, ali, é a força e a qualidade excepcional da efusão mística. Alphonsus rendeu singela e desprevenida homenagem, mais nada. O seu catolicismo, por outro lado, não era anquilosado. No antes mencionado soneto LIII, de *Pulvis*, há esta expansão, rara, sem dúvida nele, porém lancinante, e comparável às que tantos santos canonizados tanta vez manifestaram:

> O silêncio infinito não me aterra,
> Mas a dúvida põe-me alucinado...
> Se encontro o céu deserto como a terra!

Alphonsus atingiu, quase desde o começo da sua produção, uma feição pessoal tão iterativa, que a seu respeito é possível discriminar influências sem lhe gravar, com isso, a originalidade. A sua obra inteira é de acentuada unidade expressional, apesar das contribuições já conhecidas, que antes sublinham essa integridade. Pelo menos, elas explicam-lhe a peculiar fisionomia "decadente", que o foi como a que mais o tenha sido no nosso Simbolismo. Entranhadamente "decadente"; mas o decorativismo da tendência não lhe era exclusivamente livresco, como em quase todos os seus companheiros. A sua Minas colonial e barroca, com o seu inalienável e grande caráter, ali estava, cercando-o, circunscrevendo-lhe a visão e a sensibilidade. A terra e a alma da terra eram, por igual, "decadentes". Por isso a obra de Alphonsus é a voz mesma do seu ambiente vital, e também aquela em que mais difícil se torna destrinçar claramente o classicismo arcádico e o decadentismo seu contemporâneo, que lhe são, ambos, constitucionais. Nunca será demasiado insistir sobre essa unidade da sua obra, mantida durante mais de trinta anos de lenta produção — segregação misteriosa da pérola na concha. É extenso esse período, se o comparamos com a eruptiva expansão genial dos exclusivos sete anos concedidos a Cruz e Sousa. Unidade assim, talvez somente na produção de Machado de Assis.

O decadentismo de Alphonsus não era hermético. Nada deve a Mallarmé. Também pouco lhe interessavam os jogos gratuitos da técnica. Ateve-se à sua musicalidade, a seu ritmo interior, quase sem inquietações, o que poderia alegrar, porém só por mero equívoco, aos conservantistas e saudosistas. Foi dos menos parnasianos de expressão dentre os nossos simbolistas, os quais, aliás, como bem acentuou Tristão de Athayde, só o foram na forma, não no modo de ser, na concepção da vida e da poesia. Unidade, porém nem sempre uniformidade. Ocorre encontrarem-se expressões tensas, forçadas:

> Ah! não irei jamais ao negro volutabro
> Onde a tua alma desce e o teu corpo chafurda..

ou

> Ide, mágoas de amor, porém não vades
> Com o que vos segue triste desalento...

Imposto, esse, pago ao arcadismo ou aos tiques decadentes. Momentos de certo automatismo inevitável em tão continuada produtividade. Não são muito numerosas as andaduras pitorescas e sugestivas — tão frequentes em Emiliano Perneta — na entrada das suas peças. Esta constitui exceção:

> Os duendes, trasgos, bruxos e vampiros
> Vinham...

Nenhum arrebatamento inicial, à maneira daqueles

> Croton selvagem, tinhorão lascivo...

do Poeta Negro. O movimento é desencadeado, desde logo, em mansuetude inefável; e daí vai como serena correnteza, ora, fresca e luzente, ora refletindo os roxos poentes doloridos... Em *Dona Mística*, o mais ortodoxo dos seus livros no que concerne ao Decadentismo, ainda encontramos traços da artificialidade da tendência. Assim, em "Ouvindo um trio de violino violeta e violoncelo", apesar de finamente realizado. Mais integrados na sua maneira própria, e por inteiro decadentes, são os sonetos "Rosas", "Lírios", "Violetas", "Estão mortas as mãos...", tantas outras peças, e estes

"OLHOS"

> Olhos sublimes. sombras chinesas,
> Sob arcaria das sobrancelhas...
> Solar magnífico, onde princesas
> Passam de túnicas vermelhas...
>
> Olhos de poente, luares remotos,
> Por entre torres inacessíveis...
> Rosas e lírios, goivos e lotos,
> Roxas violetas impassíveis.
>
> Olhos viúvos, santos, blasfemos,

Ladainha dos Sete Pecados...
Nuvens doiradas de crisantemos;
Sonhos de místicos noivados...

Olhos pungentes, que chorais tanto,
Dias de luto, noites em calma...
Instrumentados por algum
Santo Para o responso da minh'alma...

Olhos profundos, florindo juntos,
Cheios do sangue dos sacrifícios...
Essas armadas para defuntos,
Dobres dos últimos ofícios...

Olhos, olhares evocadores
De espectros mudos de altivo porte...
Fechai a campa dos meus amores,
Oficiantes da minha morte!

"Os duendes, trasgos, bruxos e vampiros... "lembra uma água-forte de Dürer, ou uma bela cena final de "auto" de Gil Vicente:

Os duendes, trasgos, bruxos e vampiros
Vinham, num longo e tenebroso bando,
Os meus passos de múmia acompanhando,
Por entre litanias de suspiros...

Em tudo eu via os infernais retiros,
Onde ficava sem cessar sonhando:
E Satanás mostrava-me, mofando,
Negros sinais traçados em papiros...

Era, na sombra, o meu destino oculto,
— Sirtes, penhascos, saturnais, paludes,
Todo um mistério de um funéreo culto...

Mas, de repente, os passos meus, tão rudes,
Firmaram-se no chão, e erguendo o vulto,
Vi-me amparado pelas Três Virtudes...

A arte de Alphonsus é música de câmara. Há nela, porém virtuosidade, mesmo nessa música de intimidade, de interioridade. Se ali não encontramos a imaginação brilhante e o grande relevo, em compensação a nuança é delicada e expressiva, e de preço. Próximas uma das outras, eis esta metáfora forte:

> Na solidão dos meus olhos estancos
> Senti estertorar a horda sombria
> Dos meus pesares...

esta imagem:

> A noite, como a capa de um pedinte,
> Orla de andrajos o horizonte raso.

e esta:

> ....: a ruína
>
> É um corvo imenso que pelo ar negreja...

Vê-se: não há, nisso tudo, timidez, nem esquivança. Não recua diante do traço romanesco. Avança sem cessar para o divino:

> Ninguém anda com Deus mais do que eu ando.
> Ninguém segue os seus passos como sigo.
>
> Ah se chegasse em breve o dia incerto!
> Far-se-á luz dentro de mim, pois, minh'alma
> Será trigo de Deus no céu aberto...

"Continuada confissão, ela (a obra de Alphonsus) é entretanto de ressonância restrita e velada, animada dum sentimento místico sem arroubos nem iluminações fulgurantes" (Andrade Murici). Sentia que mais adequada lhe era a simbolização singela, sem forçar o limiar da transcendência que inebriava Cruz e Sousa. A expressividade romântica — mas do Romantismo alemão, de Uhland (já aludido) e, também, de Bürger e de Goethe — ia-lhe como luva. A balada gótica — não a formal, dos parnasianos — proporcionava-lhe os quadros, que embebia de música decadente, e ornava daqueles "crepes, sombras funerárias de ciprestes, véus de confessandas, luares de desamparo, altares quaresmais enfeitados de roxo", enumerados, a respeito do próprio Alphonsus, por outro poeta de Minas, Emílio Moura. Daí a sua como apoteose, naquele retábulo magnífico de "A catedral", para sempre ilustre:

Entre brumas, longe surge a aurora,
O hialino orvalho aos poucos se evapora,
    Agoniza o arrebol.
A catedral ebúrnea do meu sonho
Aparece na paz do céu risonho
    Toda branca de sol.

E o sino canta em lúgubres responsos:
    Pobre Alphonsus! Pobre Alphonsus!

O astro glorioso segue a eterna estrada.
Uma áurea seta lhe cintila em cada
    Refulgente raio de luz.

A catedral ebúrnea do meu sonho,
Onde os meus olhos tão cansados ponho,
    Recebe a bênção de Jesus.

E o sino clama em lúgubres responsos:
    Pobre Alphonsus! Pobre Alphonsus!

Por entre lírios e lilases desce
A tarde esquiva: amargurada prece
    Põe-se a lua a rezar.
A catedral ebúrnea do meu sonho
Aparece na paz do céu tristonho
    Toda branca de luar.

E o sino chora em lúgubres responsos:
    Pobre Alphonsus! Pobre Alphonsus!

O céu é todo trevas: o vento uiva.
Do relâmpago a cabeleira ruiva
    Vem açoitar o rosto meu.
E a catedral ebúrnea do meu sonho
Afunda-se no caos do céu medonho
    Como um astro que já morreu.

E o sino chora em lúgubres responsos:
    Pobre Alphonsus! Pobre Alphonsus!

O MOVIMENTO NA BAHIA. PEDRO KILKERRY*

De 1901 a 1917 (da data da fundação da revista *Nova Cruzada* à da morte de Padre Kilkerry), processou-se no Salvador movimento simbolista muito vivaz, o mais numeroso e significativo do Norte do Brasil. Fora dele quase só cabe menção especial ao distinto poeta Maranhão Sobrinho (1879-1915), de delicada verve. Em torno da *Nova Cruzada* e dos *Anais*, que a ela sucederam, afirmaram-se personalidades poéticas tão díspares quanto curiosas: Francisco Mangabeira (1879-1904) que teve existência breve e iluminada de legenda; Álvaro Reis, tradutor excelente de poesia; Domingues de Almeida; Galdino de Castro; Afrânio Peixoto, passageiramente; e, entre os mais jovens, Durval de Morais (1882-1948), que se fez, depois, humilde "jogral" franciscano; José Maria Leoni; Astério de Campos; Euricles de Matos. A eles se reunira um poeta piauiense de renome, Jonas da Silva (1880-1947).

A figura central foi, porém, Pedro Kilquerri ("Kilkerry", literariamente). O fenômeno representado por esse poeta, no seu meio, e no movimento inteiro do Simbolismo brasileiro, não é explicável pelo efeito exclusivo de leituras. Antes pelo princípio sociológico expresso por Denis Huisman:[14] "A obra é, sempre, o produto das reações recíprocas do indivíduo e da sociedade de que faz parte, porquanto ela pode decifrar-se seja pelo seu aspecto de criação original, seja pelo seu lado de registração passiva, seja pelo seu lado de vontade ativa." A sua personalidade, acusada, autônoma, superou os recursos expressionais do meio. Manifestava-se em ardente fecundidade representativa; e, mais, pôde criar o seu instrumento, que era insólito e novo. Não houve quem fosse capaz de declarar ou imitar a sua linguagem, e mal teve antecessor.

Este, terá sido Egas Moniz Barreto de Aragão, literariamente Pethion de Vilar (1870-1924). Dos mais antigos do movimento, Pethion, já em 1893, publicava peças que deveriam integrar um livro intitulado então "Via dolorosa",

---

*   Pedro Militão Kilkerry (Salvador, 1885 — 1917). Bacharel pela Faculdade de Direito da Bahia, foi primeiro oficial da Secretaria do Tribunal de Contas. Liderou o movimento simbolista baiano.

Consultar

Campos, Augusto de. "P. K., a harpa esquisita", *Cor. Manhã*. RJ, 18/6/1967; Chiacchio, Carlos. "Pedro Kilkerry", *Rev. Acad. Letras*. Bahia, vol. III. n. 4 e 5, junho a dezembro, 1932); Figueiredo, Jackson de. *Humilhados e luminosos*. Rio de Janeiro, 1921; idem. *Durval de Morais e os poetas de Nossa Senhora*. Rio de Janeiro, 1925: Nogueira, Hamilton. *Jackson de Figueiredo*. Rio de Janeiro, 1928: Xavier de Oliveira. "Jackson, estudante na Bahia", *A Ordem*, nov. 1938).

A poesia de P. K. tem despertado ultimamente interesse grande entre os críticos concretistas de São Paulo, que a têm valorizado. Ver: *Revisão de Kilkerry*. Intr. de Augusto de Campos. São Paulo, 1970.

e nunca publicado. O conjunto da sua obra veio a sair, postumamente, no ano de 1928, em edição de Lisboa, prefaciada pelo seu longínquo parente, o português Eugênio de Castro. Pethion de Villar é autor de marinhas", e de "pinturas a óleo", em sonetos dum cromatismo que se aproxima do dos impressionistas franceses, porém bastante distanciado do pitoresco à Herédia, padrão parnasiano. Andou parafraseando, metafraseando, frequentemente, de Byron a Verlaine. De feixão mais criativa e pessoal é, porém, a sua versão das "correspondências" (no sentido baudelairiano da expressão), sugeridas pelas "Voyelles", de Rimbaud, aplicadas ao seu próprio "O poema das vogais". Assim:

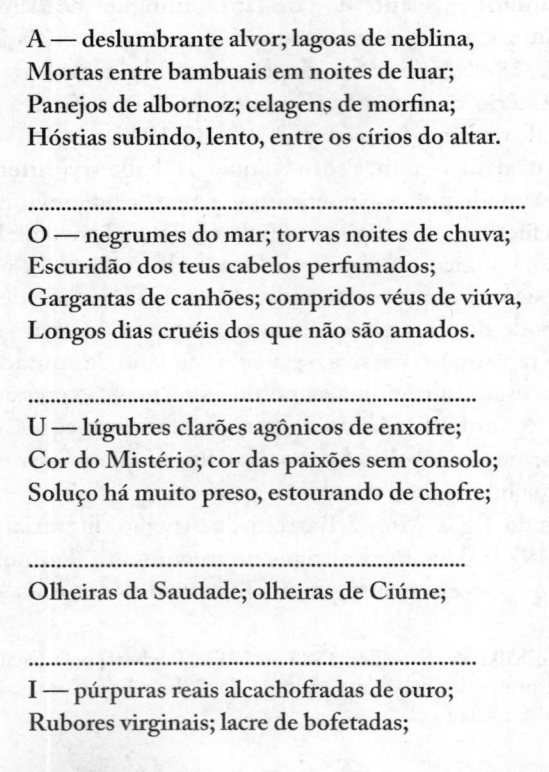

> A — deslumbrante alvor; lagoas de neblina,
> Mortas entre bambuais em noites de luar;
> Panejos de albornoz; celagens de morfina;
> Hóstias subindo, lento, entre os círios do altar.
>
> ....
> O — negrumes do mar; torvas noites de chuva;
> Escuridão dos teus cabelos perfumados;
> Gargantas de canhões; compridos véus de viúva,
> Longos dias cruéis dos que não são amados.
>
> ....
> U — lúgubres clarões agônicos de enxofre;
> Cor do Mistério; cor das paixões sem consolo;
> Soluço há muito preso, estourando de chofre;
>
> ....
> Olheiras da Saudade; olheiras de Ciúme;
>
> ....
> I — púrpuras reais alcachofradas de ouro;
> Rubores virginais; lacre de bofetadas;

Nesse poema, como em outros seus, consegue superar a tentação gratuita da virtuosidade. Serão experiências, porém do teor estético das "variações" em música: uma recriação sempre renascente. Pethion de Villar consegue atingir, ali, a força sugestiva, mercê do processo da "enumeração caótica", definido por Léo Spitzer, e tão dificilmente fecundo. Sob o influxo do chamejamento da imaginação de Luís Delfino, encontramo-lo numa ardente euforia ("Harmonia suprema"); noutros momentos, eis que o "decadente" se exprime:

> E lá vai o navio, espectral lento e lento,
> Como um negro vampiro, enorme e sonolento,
> Pairando sobre um caos de tênebras à-toa.

Pedro Kilkerry também não publicou livro. Deve-se a Jackson de Figueiredo[15] a primeira notícia da sua personalidade e da sua arte, e a divulgação de quase toda a sua produção. A poesia de Kilkerry é entretecida de símbolo, porém despida de sentimentalismo. Comparativamente, será desse impersonalismo sem o qual a obra não abandona o mundo da introversão e da confidência para projetar-se na objetividade que permite a realização da obra de arte. "El volver a sumegirse en el estado primigenio de la *participacion mystique* es el secreto de la creación artística y del efecto profundo de la obra de arte — observa Jung —, pues al llegar a esta etapa de la vivencia ya no es solamente el individuo el que la vive, sino el pueblo"[16] (na acepção da massa social inteira). A arte de Kilkerry participa daquele "estado entre el sueño y la vigilia, cuando imágines de peculiar significado y nebuloso", na expressão de Bowra.[17]

Encontramo-nos, logo, diante destes toques de sutil mobilidade colorida:

"O MURO"

> Movendo os pés doirados, lentamente,
> Horas brancas lá vão, de amor e rosas
> As impalpáveis formas, no ar, cheirosas...
> Sombras, sombras que são da alma doente!
> E eu, magro, espio... e um muro, magro, em frente,
> Abrindo à tarde as órbitas musgosas
> — Vazias? Menos do que misteriosas —
> Pestaneja, estremece... O muro sente!
> E que cheiro que sai dos nervos dele,
> Embora o caio roído, cor de brasa,
> E lhe doa talvez aquela pele!
> Mas um prazer ao sofrimento casa...
> Pois o ramo em que o vento à dor lhe impele
> É onde a volúpia está de uma asa e outra asa...

Arte elíptica e demiúrgica que vai alcançar, embora discretamente, para além do Simbolismo, o pedaço de parede, da tela de Vermeer de Delft, contemplado por Proust. Como diz bem, desse gongorismo que se ignorava, esta expressão de don Martin Vasques Sirvela, comentador de Góngora há três séculos:[18] "La danse des yeux, la disparition des objets, leur réfus de se laisser manier par n'importe quelle parition des objets, leur réfus de se laisser manier par n'importe quelle vue..." Nesses vestígios raros e inestimáveis duma obra em potencial, em que o método estatístico tem pouca presa, encontramos indicações, esboço dum verbo decididamente onírico, retemperado de *humour*, no qual a ruptura de encadeamento lógico corresponde, curiosamente, à ausência de transições mentais. A uma "riche incohérence", para usar a expressão de Mme. Noulet. A *qualidade* desse *humour* é mais imponderável e complexa do que a do de Cesário Verde, raiz de quase todo o *humour* no nosso Simbolismo. E de fantasia mais livre e alígera. O caso de Kilkerry apresenta mais afinidades com o de Laforgue. G. E. Clancier assim define esse decadentista francês: "Laforgue est ce sceptique par candeur blessée, cet ironiste par souffrance travestie, ce poete de la 'mélancolie humoristique', au langage minucieux et *clownesque*..."[19]

Há um faiscar de metáforas, dum Saint-Pol Roux muito mais singelo, nestas passagens de "Horas ígneas":

>   Eu sorvo o haxixe do estio...
>
>   Distensas, rebrilham sobre
>   Um verdor, flamâncias de asa...
>   Circula um vapor de cobre.
>
>   Tão longe levadas, pelas
>   Mãos de fluido ou braços de ar!
>
>   Cinge uma flora solar
>   — Grandes Rainhas — as velas.

e nestas, de "Harpa esquisita":

>   Bóiam-te as notas no ar, a asa no Azul diluída...
>
>   Plange... flora a zumbir, minúscula, que imita
>   A abelheira da dor, em centelha e centelha.
>
>   E é a sombra... E o instrumento a gemer, iluminado,
>
>   Por que os pétalos de ouro, a haste de prata, abrindo,
>   Um lírio de ouro se alça?
>
>   Pairas... Em frente, o mar, polvos de luz — estrelas...
>   Gemes... Dedando o Azul as magras mãos dos astros
>   Somem luzindo..

De "É o silêncio":

> Olha-me a estante em cada livro que olha.
> E a luz nalgum volume sobre a mesa...
> Mas o sangue da luz em cada folha.
>
> E a câmara muda. E a sala muda, muda...
> Afonamente rufa. A asa da rima
> Paira-me no ar. Quedo-me como um Buda
> Novo, um fantasma ao som que se aproxima.
> Cresce-me a estante, como quem sacuda
> Um pesadelo de papéis acima...

O poema "Longe do céu, perto do verde mar" insinua novos traços de claridade na sua arte inquieta:

> Oh! essas manhãs altas e quietas!
> No ar florescem as grandes borboletas.
>
> Floresce a luz, como em veludo
> E teu olhar espiritualiza tudo...
>
> Perto de mim teu verde e fundo olhar
> Longe do céu, perto de um verde Mar.
>
> Sou tua criatura! És minha criatura
> Virginalmente esguia!
> Magneticamente fria —
>
> Em minha dor escura —
> Onde ressoa uma Harpa da Vontade...
>
> Quando a minha alma vai beber-te o olhar
> Em duas taças verdes, cor do verde Mar!
>
> Perto a dança do Mar
> A dança verde e longe em teu olhar.

Há que lembrar, como fez Jackson de Figueiredo, as *Moralités légendaires*, a propósito da prosa de Kilkerry, mal conhecida e dispersa. É ali, entanto, que Kilkerry é mais imediatamente "decadente", como neste curto fragmento, de 1911, cuja curiosa ironia tanto o aparenta a Laforgue:

... E o pó impalpável da noite a cair, a cair escuro de tinta na volúpia intimidada das coisas.

Alguns olhávamos...

Uma lágrima cor de cobre, muito gorda, muito cheia, rolou pela negrura em abóbada no céu negro, tamanha, que só Deus a havia chorado, antropomorficamente piegas, monstruosamente poeta, num embuço fuliginoso de nuvens, da mesma sorte que alguns patos pretos, numa lagoa de vida estagnada, se disfarçam em brancos *cisnes*, num eterno canto de morte de literatura.

EMILIANO PERNETA[*]

[*] Emiliano David Perneta (Pinhais, PR, 1866 — Curitiba, 1921). Filho de português de origem israelita e de brasileira. Matriculou-se na Faculdade de Direito de São Paulo em 1885. Residiu no Rio de Janeiro durante os anos de 1890 a 1892. Secretário da *Folha Popular*, redator da *Cidade do Rio*, colaborou no *Novidades*. Foi promotor público em Caldas, Minas Gerais, e juiz municipal, com vara de juiz de direito, em Santo Antônio do Machado. Retornou definitivamente ao Paraná em 1895. Dirigiu jornais e fundou revistas simbolistas. Fez concurso para a cadeira de Português e Literatura do Ginásio Paranaense e Escola Normal. Acumulou esse cargo, muitos anos, com o de auditor de guerra, optando, mais tarde, por este último.

Bibliografia

POESIA: *Músicas*. 1888; *Carta à Condessa d'Eu*. 1889; *Ilusão*. 1911; *Setembro*. 1934; *Poesias completas*. 1945, 2 vols. *Poesia*, n. 43 da Coleção "Nossos Clássicos", Rio de Janeiro: Agir, 1960. TEATRO: *Pena de talião* (poema dramático). 1914; *Papilio Innocentia* (libreto de ópera, com música de Léo Kessler); *A vovozinha* (libreto de opereta infantil, com música de Benedito Nicolau dos Santos). PROSA: *O inimigo*. 1899; *Alegoria*. 1903; *Obras completas*: I *Prosa*. 1946.

Consultar

Athayde, Tristão de. "Bibliografia", *O Jornal*, 29 mar. 1920; Carvalho, Ronald de. Emiliano Perneta", *A Folha*, 16 abr. 1920; Couto, Pedro do. *Páginas de crítica*. 1906; Figueiredo, Jackson de. "Homenagem a Emiliano Perneta", *O Jornal*, 19 abr. 1921; Grieco, Agripino. "O sol dos mortos", *O Jornal*, 4 dez. 1924; idem. *Evolução da poesia brasileira*. 1932; idem. *Bol. Ariel*, mar. 1935; Linhares, Temístocles. "Evocação de Emiliano Perneta", *Rev. Brasileira*, mar. 1946; Lisboa, Henriqueta. *Vida e obras de Alphonsus de Guimaraens*. 1945; Lopes, Frei Roberto B. "Aspectos interiores de Emiliano Perneta", *Vozes de Petrópolis*, jan-fev. 1951; Más Leite, Armando. *Seleta contemporânea*. 1943; Moura, Emílio. "Alphonsus de Guimaraens e Cruz e Sousa", *Autores e Livros*. Supl. *A Manhã*, III, n. 13, 1942; Murici, Andrade. *Emiliano Perneta*. 1919; idem. *O suave convívio*. 1922; idem. *A obra póstuma de Emiliano*. 1930; idem. Introdução às *Poesias completas*. 1945; Oliveira, José Osório de. *Líricas brasileiras*. Lisboa, 1954: Piloto, Erasmo. *Emiliano*. 1945: Pontes, Elói. Emiliano", *O Globo*. 11 jul. 1945); idem. Poesias de Emiliano Perneta", *O Globo*, 28 maio 1946); Rio, João do. "Um poeta", *Gazeta de Notícias*, 26 ago. 1911; Silveira, Tasso da.

"A poesia decadente tateava na penumbra do subconsciente, na relatividade das reações individuais. Verlaine era o poeta do relativo. Mallarmé deu ao Simbolismo a sede do absoluto", assim explicou Guy Michaud a passagem do Decadentismo ao Simbolismo. Entre nós a marcha foi, por vezes, inversa, e bastante confusa. Cruz e Sousa assimilara elementos do Decadentismo, carreando-os, porém, numa caudal de absoluto, que progressivamente os atenuou e, por fim, instintivamente os excluiu. Muitos dos seus últimos sonetos e, por exemplo, o extraordinário poema "Velho vento", são bastante despidos de qualquer acessório decorativo. Emiliano Perneta, seu velho amigo, comprouve-se, também, inicialmente na arte decadente, e isso com mais insistência do que o "Dante Negro". Vinha de fase pouco significativa, contemporânea da sua vida acadêmica em São Paulo, com o livro *Músicas*, fruto de influxo para ele infecundo dos princípios parnasianos, tão inadequados à sua índole nervosa e arrebatada. Encontramo-lo no Rio, em 1891, às voltas com Mallarmé e Verlaine, tendo dado a Cruz e Sousa o seu primeiro emprego, na redação da *Folha Popular*, de que era secretário. Lançou nesse jornal, e sob a insígnia de um "fauno" (o Fauno de Mallarmé), a série de artigos-manifestos, inaugural do Simbolismo brasileiro, redigidos por ele próprio, e por B. Lopes (então o mais conhecido de todos), Oscar Rosas e Cruz e Sousa. Foi magistrado em Minas até 1895, quando retomou ao seu Paraná, de onde não mais se afastou. Vago renome seu chegava, ocasionalmente, ao Rio, e mais ainda, talvez, a São Paulo, onde deixara amigos fiéis. Não pôde passar pelo controle da crítica oficial do tempo. Sem livros seus em mão, Sílvio Romero e José Veríssimo limitaram-se a mencionar-lhe o nome. Os críticos do Simbolismo, eles próprios, conhecendo-lhe somente poesias soltas, pareciam esperar pelo livro, para pronunciarem-se, o que só ocorreu em 1911, ao aparecer *Ilusão*, contendo a sua produção de 1898 àquele ano. Sílvio Romero, por esse tempo, já não exercia a crítica ativa. José Veríssimo fechara-se, definitivamente, a qualquer percepção do fenômeno estético do Simbolismo, acabando por excluí-lo, sumariamente, em 1916, da sua *História da literatura brasileira*. Emiliano Perneta só pôde ser julgado pelos seus companheiros de tendência, e essa circunstância é arguida, até hoje, paradoxalmente, de suspeição contra ele.

O Decadentismo e o Simbolismo propriamente dito, estavam mesclados, por vezes sem se fundirem, em *Ilusão*. O seu Decadentismo era duma audácia que se não temia de nenhum hermetismo:

A igreja silenciosa. 1922; idem. A poesia de Emiliano Perneta, in *Poesias completas*. 1945); Silveira Neto, M. A., da. "O simbolismo no Paraná: Emiliano Perneta.", *J. Com.* 19 jun. 1938; Vítor, Nestor. *A crítica de ontem*. 1919; idem. "Emiliano Perneta no Paraná", *J. Com.* 19 abr. 1921; *idem. Cartas à gente nova*. 1924: Bastide, Roger. "Le Symbolisme brésilien", *Mercure de France*. Paris, 1º nov. 1953: A. A. Mello Cançado. "Perneta", *O Diário*, B. Hor. 9 mar. 1960.

> Delírio! assim no ar este sinal eu traço...
> Escarótico pois? É bem! Vibrião do Ganges?
> Combaterei, se for mister, num circo d'aço...
> Combaterei, embora eu saiba que me perdes,
> Com versos d'oiro, que reluzam como alfanjes,
> Dama! com teu orgulho! ó dama de olhos verdes!

O antológico poema "Azar" é representativo dessa experiência esteticista, que abrangeu, ainda, peças como "Desde que comecei...", "Ideal", "D. Morte", "Estátua", "De um fauno", muitas outras. Demarcavam sua obra toques de fantasiosa teatralidade, que a primaridade do ambiente literário da época repelia com irritada pudicícia. Especioso amálgama dos elementos de *humour*, tão expressivos de sua natureza, estão nestes "Versos de outrora", deflagrante e exemplar oralidade:

> Fui bom. Mas a bondade é coisa trivial.
> A infância, a infância fez-me uma guerra infernal.
>
> Fui alegre e sincero. O mundo, a rir, em troco,
> abominavelmente achou que eu era um louco,
>
> Ema, a teus pés caí, beijei-te as mãos, Ester!
> Fiz tolices de quem não sabe o que é a mulher...
>
> Com que olhar de altivez, com que fundo desprezo,
> chamaste-me coitado — olhar noutro olhar preso.
>
> Numa ideia de forma esquisita, uma vez,
> aspirei com ardor a esplêndida nudez;
>
> gente que não entende um fino gozo d'arte,
> que eu era um imoral, disse-o por toda parte.
>
> Indiferentemente eu agora caminho
> sobre rosas em flor ou sobre linho ou espinho;
>
> automático vou, sem pesar nem prazer;
> ora pois! vamos ver o que é que vão dizer...

Vestígios da temática de Baudelaire estão presentes em sua poesia, afinados com as idiossincrasias distintivas desse poeta, a quem o seu compreensivo amigo e crítico Nestor Vítor atribui "natureza irregularíssima, caprichosa, contraditória, capaz de grandes excessos, impulsiva, incompatível com o cálculo frio", "natureza aristocrática como a de um príncipe, mas ao mesmo tempo necessitada de liberdade", ele o diz, como "um selvagem nu", e complementa-lhe o perfil assinalando nele "um característico histerismo". São eles: o Satanismo e o Donjuanismo, tratados não como temas, porém nas suas correspondências simbólicas e psicológicas. O seu Satanismo, o da "Canção do Diabo", é luminoso e idealista. O seu Don Juan (numa série de oito sonetos), reflete instabilidade afetiva característica. Quando será, diz, a hora que tarda, em que

> Já fatigado, já, de tudo, sim, de tudo,
> Desses teus olhos vãos, mais caros que o veludo,
> Ansiar ao pé de ti, mas por outra mulher?...

Em *À rebours*, Huysmans fixou, em padrões dialéticos, agrupando elementos por vezes aparentemente heteróclitos, a fisionomia estética compósita do Decadentismo, regurgitante de esoterismos decorativos, de velhos prestígios legendários, do hieratismo ritual de Bizâncio, perpassada por lufadas ardentes das vozes bíblicas, acusando traços da crueldade e da angelitude medievais. Do repertório de Des Esseintes, em *À rebours*, emanava uma concepção nova: o Símbolo entrevisto em *féerie*. Implicações necessárias dessa cosmovisão: é a torre de marfim, protesto contra essa trivialidade da vida, que Laforgue caracterizou, exclamando: "Oh, como a vida é quotidiana!" Emiliano armou todas as velas para a aventura:

> Seria uma cidade, que eu não vira,
> Com tantas torres brancas para o ar,
> Cidade d'oiro antiga, de safira,
> Batida pelos ventos, pelo mar...

O poeta insiste: "quem me dera"

> Que a minha vida fosse uma grande viagem.
>
> Ver o mundo! correr o mundo! viajar...
> Poder dizer que foi a Vida uma viagem,
> Que começou no mar, que se acabou no mar...
>
> Eu não sei, eu não sei para onde fugiria,
> Eu não sei, eu não sei o que ia ser de mim,
> Quem me dera, porém, que logo fosse o dia
> De poder embarcar e de fugir d'aqui!

Entretanto, fosse assim atraente a sua viagem, eis que tudo rejeita:

>Oh! para que sair do fundo deste sonho
>
>O meu lugar não é no meio de vocês,
>Homens rudes e maus...
>
>O meu lugar é aqui, no seio desta ruína,
>Destes escombros que reluzem como lanças,
>E destes torreões, que a febre inda ilumina!
>
>Sim, é insulado, aqui, no cimo, bem o sei!
>Entre os abutres e as Desesperanças,
>E dentro deste horror sombrio, como um Rei!

É, talvez, a declaração mais altiva e radical "torre de marfim" de todo o Simbolismo brasileiro. Emiliano era um inquieto, a quem o destino encerrara em

>A prisão de ferro chamada ansiedade.

Filho de Cam e de Israel, de instabilidade racial exacerbada, a ânsia de evasão era exacerbada pelos "paraísos artificiais". A sua obra é um grito de fauno, repassada de figurações satanistas:

>Desde que te amo, vê, quase infalivelmente,
>Todas as noites vens aqui............................
>.......... Eu te invoco e tu chegas...
>
>De umas palpitações radiantemente nuas!
>
>Até, até que enfim, em carícias felinas,
>O teu busto gentil ligeiramente inclinas,
>E te enrolas em mim e me mordes a boca!

Já vemos nessa última citação umas "palpitações radiantemente nuas", que nos introduzem no seu universo metafórico. Cruz e Sousa transporta-nos para a transcendência, em grandes labaredas e relâmpagos lívidos. Emiliano Perneta semeia metáforas, ora límpidas, ora serpentinas e decadentes. Algumas, duma audácia mallarmeana, como esta, chocante quanto mais ser possa:

> Ó vício! ó Dama d'olhos verdes!
> Torcida como um caracol?

O "Soneto" (de 1902), recitado, na época, pelo Brasil inteiro, é dum movimento terrível, desvario grotesco à Callot e à Goya:

> ....eu, torcido
> O tronco nu, o gesto doido, o pé no ar,
> Hei de ver Salomé dançar como S. Guido!

Outra metáfora:

> ....O sol, como um fruto de outubro,
> Acaba de explodir no seio de uma flor...

Aí está a marcha do fenômeno natural: o fruto que sai da flor, e que é a aurora — primeira imagem verdadeiramente nova depois dos "dedos rosados", de Homero.

Adiante, esta projeção animista:

> Nos espelhos do mar, de grande voz sonora,
> Nesta manhã sutil e de um louro saxão,
> As naves, que vão partir por esse mundo fora,
> Miram vaidosamente as caudas de pavão...

Eis aí as irisadas esteiras que os navios vão deixando no mar... Esta, singularmente flexuosa:

> O furor de brandir nas mãos, como uma lança,
> Este Orgulho, que enfim é uma giesta em flor!

Os jogos sinestésicos tomam por vezes feição violenta, ou beiram o *non-sens*. Uma série de expressões em gradação saborosa, e que fez época ("Canção do diabo"):

> O teu furor pela beleza,
> Indiferente ao bem e ao mal...
>
> A tua esfaimação de oiro...
> A sede de subir, subir
> Além daquele sorvedoiro
> D'astros...

> O orgulho teu, furioso grito,
> Luxuriosamente cruel...
>
> Como essa voz tinha ferocidades,
> Como era esfaimada e era voraz...

Atente-se para isto: "um grande beijo nu" e "abraços nus". Em "O brigue", diz:

> ....empina o dorso,
> Bamboleia-se, mais gentil do que uma dama...

preludiando a um quadro surpreendentemente dinâmico, e que se diria do melhor Luís Delfino:

> Dentro a maruja acorda ao mínimo ruído,
> Deita velas ao mar, à gávea sonda, o ouvido
> Alerta, o coração batendo, o olhar aceso...
> Mas a nau continua oscilando, oscilando...

Outra metáfora luminosa:

> Di-lo tanto fulgor maravilhoso, di-lo
> Este clarim de sol rubro do meu anseio...

Sobre o outono, numa germinação de metáforas — puro esmalte sobre oiro:

> tão saboroso e rubro
> Pomo, que de maduro em favos se derrete,
>
> Tão azulado o céu, mas dum azul-ferrete,
> Cálido a enfebrecer de raiva o mês d'outubro...

Ou então:

> No meio das estradas infinitas,
> Dentro daquele manto azul infindo,
> De umas nervosidades esquisitas,
> Ia como num sonho, ia sorrindo...

A força de sugestão provém, aí, da dinâmica dessa "nervosidades". Imagens sinestésicas da écloga "Baucis e Filemon":

> Zéfiro, vendo-a, em seus vestidos sopra assim
> Da flauta rude uns sons de folha de jasmim,
> Uns sons de violeta e anêmona e açucena,
> Uns sons que são mais leves do que uma pena...

> Ó tarde como quem tocasse violino.
> Tarde de olhos azuis e de seios morenos.
> Ó tarde como quem tocasse violino.
> Tarde como Endimion, quando ele era menino.

E ainda esta, de rara perfeição:

> Como se aquele corpo fosse um lírio,
> Que se beijasse todo d'uma vez...

De "Sol", vasto painel primaveril, regurgitante de imagens, consta a célebre representação do pinheiro (*Araucaria brasiliensis*), tão popular e glosada na sua terra:

> — Eu sou como uma taça erguida para a luz...

O sol, personagem principal daquele numeroso diálogo panteísta:

> .... surgiu em rufos de alvoroço,
> Brilhantemente nu, divinamente moço...

E tanto:

> Que toda madrugada é o começo do mundo...

Virginal adágio sinfônico:

> É um murmúrio sem fim de horizonte a horizonte...
> O dia quando nasce é bem como uma fonte...
> Através da floresta e desse campo e desse
> Vale, há um rumor de luz, como água que corresse...

Repontam na sua arte toques de prosaísmo intencional, arcaísmo enigmático ("Olhos por seu gosto" ou de "Tantas vezes hei sofrido"). Muitas das peculiaridades do seu estilo parecem desnortear os críticos. Serpentino, até deslocar a cesura do alexandrino, com a divisão deste em três partes, à maneira hugoana. Tudo isso resultava inquietante, dum nervosismo dificilmente aceitável para o gosto geral, disciplinado, como esse foi, tanto tempo, pelas tirânicas usanças parnasianas. "Esse perfume", popularizado em certo tempo, é um espécime das curiosas esquivanças rítmicas frequentes na sua poesia:

> Esse perfume...
>
> Esse perfume — sândalo e verbenas —
> De tua pele de maçã madura,
> Sorvi-o quando, ó deusa das morenas!
> Por mim roçaste a cabeleira escura.
> Mas ó perfídia negra das hienas!
> Sabes que o teu perfume é uma loucura:
> — E o concedes; que é um tóxico: e envenenas
> Com uma tão rara e singular doçura!
> Quando o aspirei — as minhas mãos nas tuas —
> Bateu-me o coração como se fora
> Fundir-se, lírio das espáduas nuas!
> Foi-me um gozo cruel, áspero e curto...
> ó requintada, ó sabia pecadora,
> Mestra no amor das sensações de um furto!

A sua poesia tem muito, mas muito, de oral (não de oratória); quer dizer: pensada para ser declamada. Era um acontecimento cada apresentação de certos dos seus poemas, nas famosas "Festas da Primavera" ou em outros festivais da juventude paranaense, dos quais era considerado a figura mais sedutora. Detidamente estudado, como se impõe fazê-lo, revela-se Emiliano Perneta o mais variado e, também, o mais irregular dos simbolistas brasileiros, batendo em teclas dum pitoresco diverso, graves, trágicas, outras deliberadamente histriônicas. A sua obra está cheia de elementos por vezes mal fundidos, e gritantes, do Decadentismo. Entretanto, pôde renunciar, até certo ponto, ao artificial, ao factício, ao preciosismo, nos seus últimos tempos (faleceu aos 52 anos de idade). Acentuou-se-lhe, nessa época, a fé longamente recalcada por influência da atmosfera em que se formara. "Oração da noite"; "Setembro"; aquele revelador segundo episódio de "Oh que ânsia de subir hoje mesmo a montanha"; o fresco e breve "auto pastoril" chamado "Vamos"; "Para os que eu amo" ("Vamos rezar pelos que são felizes..."), e "Para que todos que eu amo sejam felizes" mostram-no sensível e humano, prestes a maior receptividade para a emoção religiosa. Depõe Temístocles Linhares:[20]

Mas este já é um outro Emiliano, o dos últimos poemas de *Setembro*, o Emiliano místico, que já havia superado aquele outro que estava mais enlaçado à nossa vida e cujo estado de inquietação diante das coisas do mundo, de insatisfação e de angústia, de ressentimento psicológico, era bem o do Emiliano do tempo do Simbolismo, o do Emiliano poeta paranaense por excelência, poeta do planalto curitibano, muito pouco conhecido... Poeta difícil para as sensibilidades vulgares, mas ao qual nós, paranaenses, nos sentimos ligados por afinidades sutis.

Ser autêntico poeta em algum lugar é ser poeta universal. A difusão da ciência folclórica veio demonstrar que não há regionalismos absolutos. A sensibilidade e a imaginação do homem sempre se extravasam em vasos comunicantes. O que ocorre no caso desse poeta é a resistência a uma franca tomada de conhecimento. Também, incapacidade de renunciar ao amor exclusivo do regular, do bem acabado, das costumeiras harmonias.

"Dor" e "Sombra" são de ressonância trágica que transcendem do lirismo normal do seu autor. Entreabrem horizontes de uma mística do sofrimento e de uma transcendência que o emparelham com os vastos poemas apocalípticos que encerram os *Faróis*, de Cruz e Sousa. "Palavras a um recém-nascido", pelo seu conteúdo humano, pelo vivo e gracioso movimento, tem sido selecionado para várias antologias. Esses poemas, tenho-os pelos mais importantes do Perneta.

Ainda outros: "Oração da Noite", realizado num andamento feito de doçura e mansuetude, e para o qual Basílio Itiberê escreveu música (coro e solista) de rara eficácia expressiva; "Setembro", que Hermes-Fontes chamou "virgiliano"; "Tristeza" e "Felicidade", de tão íntima e delicada textura, todos representando facetas da multiforme natureza do poeta de Curitiba, por excessivamente longos eu não os poderia aqui transcrever e analisar. Perneta é desses autores que exigem exemplificação numerosa. Aliás, certos dos seus versos e alguns dos seus sonetos representam-no significativamente.

Prazeroso e deliciado "decadente" era, no íntimo, juvenil, manso e maravilhado. Num poema ao qual Hermes-Fontes chamou "virgiliano", "Setembro", evoca os imensos e solenes acasos curitibanos; e num oceano de luz o poeta prevê será o seu transunto final, — como realmente ocorreu. Isso num antigo e chispante soneto, de 1900, "Fogo Sagrado":

> Ao pôr do Sol — que é uma falua
> de vela para o Pesadelo...
> calção de rendas amarelo,
> fino gibão, cabeça nua,
>
> Ei-lo! Não sei que sete-estrelo
> cobre-o! Não sei que azul flutua!

> Montado num ginete em pelo
> a par e passo com a lua!
>
> Seguiu; ligeiro, ligeiro; passam cavalo e cavaleiro
> um rodamoinho de escarcéus!...
>
> É como um ciclone violento!
> Olhai!... Que vão o Sol e o Vento
> Arrebatá-lo para os Céus!

No seu derradeiro soneto, "Ao cair da tarde" (1920), tem estas notas de desalento, tão raras na poesia de um tal inebriado da vida, mesmo se à custa de "ilusão", dessa "Ilusão" que deu por título ao grande livro da sua vida: "Agora nada mais. Tudo silêncio, tudo"... Sim, que nos resta mais? Já não fulge e não arde / o sol! E no covil negro deste abandono, / Eu sinto o coração tremer como um covarde!" No soneto "Lá", entrega-se à ilimitada esperança que Jesus abriu em ouro diante dos homens. O movimento é do mesmo dinamismo gracioso e alígero de "Fogo sagrado", e, a mais, afirma-se nele uma inextinguível resignação, numa entrega comovida de todo o seu ser:

> Quando eu fugir, na ponta duma lança,
> deste albergue noturno, em que me vês,
> Não sei que sonho vão, nem que esperança
> vaga de abrir os olhos outra vez...
>
> Porque a esperança doce, de criança,
> D'inda os poder abrir na placidez
> d'uma nuança mansa que não cansa,
> lá, para além dos astros, lá, talvez?
>
> Há de ser ao cair do sol. Ereto,
> tal como sou, rudíssimo de aspecto,
> mas tão humilde, e teu, e se te apraz,
>
> eu te verei entrar, suave sono,
> nesses veludos pálidos de Outono,
> ó Beatitude! Angelitude! Paz!

"Esses versos de Emiliano Perneta" — escreveu, a respeito de versos outros do "admirável simbolista", o sensibilíssimo poeta mineiro A. A. Mello Cançado — "marcam a definitiva pacificação entre o ser que ele fora e o ser que ele seria com a vitória da fé sobre a indiferença, da esperança sobre o desalento, da caridade sobre o 'poço do egoísmo'..." E no entanto é no soneto "Vencidos", o começo do século, que o poeta dos Pinhais nos deixa o seu testamento de artista, de todos os artistas. A expressão era de desesperar os bem-comportados do Parnasianismo triunfante, que atrasou a poesia brasileira por algumas décadas; a terminologia, nitidamente "decadente"; o sentido, poderia convir a um Villon:

> Nós ficaremos, como os menestréis da rua,
> uns infames reais, mendigos por incúria,
> agoureiros da Treva, adivinhos da Lua,
> desferindo ao luar cantigas de penúria?
>
> Nossa cantiga irá conduzir-nos à tua
> maldição, ó Roland?... E, mortos pela injúria,
> mortos, bem mortos, e, mudos, a fronte nua,
> dormiremos ouvindo uma estranha lamúria?
>
> Seja. Os grandes um dia hão de rolar de bruço...
> Hão de os grandes rolar dos palácios infetos!
> E glória à fome dos vermes concupiscentes!
>
> Embora, nós também, nós, num rouco soluço,
> corda a corda, o violão dos nervos inquietos
> partamos! inquietando as estrelas dormentes!

Que distância vai do tremor desse estelário magoado ao prosaísmo de "Ouvir estrelas"...

O MOVIMENTO NO RIO GRANDE DO SUL. MARCELO GAMA*

---

* Possidônio Machado, literariamente Marcelo Gama (Mostardas, RS, 1878 — Rio de Janeiro, 1915). Jornalista, conferencista. Empregado em escritório comercial no Rio de Janeiro. Vida irregular e boêmia.

Bibliografia
POESIA: *Via-sacra*. 1902; *Avatar* (poema dramático); *Noite de insônia*. 1907; *Via-sacra e outros poemas*. 1944.

Consultar
Bandeira, Manuel e Cavalheiro, Edgar. *Obras-primas da lírica brasileira*. 1943; Grieco, Agripino. *Evolução da poesia brasileira*. 1932; Moreira, Álvaro. *As amargas, não...* 1954; Pinto da Silva, João. *Vultos do meu caminho*. 1918; 2. ed., 2 vols., 1926; idem. *História literária do Rio Grande do Sul*. Porto Alegre, 1924; Vergara, Pedro. *A poesia moderna riograndense*. 1943; Veríssimo, José. *Estudos de literatura brasileira*. 5ª série, 1905.

O Simbolismo brasileiro foi quase radicalmente desprovido de *humour*. A veia acusada em Jules Laforgue, paralela à de Cesário Verde, porém, neste, de feição naturalista, pouca repercussão teve aqui. Deste último, o que mais impressionou foi a sua espirituosa indolência displicente, tal como a encontramos, porém atenuada e mais contemplativa, em Mário Pederneiras.

Coube a Marcelo Gama dar essa nota, e bastante aguda, acentuando traços também acusados em dois outros poetas gaúchos anteriores: o parnasiano Fontoura Xavier e o simbolista Guerra Duval. A raiz de legitimidade sulina, direta, é representada nele, até pelo seu nome verdadeiro: Possidônio Machado — Possidônio, com acento agudo oxítono, é, sempre, lá pelo Sul, simplificado de modo, tão saudoso e simpático, assim: "nhô Dónho"... Marcelo Gama: Marcelo um nome de boêmia parisiense... e o da sua própria irremediável boêmia.

Esse poeta cantou uma "Feia", dedicou versos "A Uma Velhinha", em estilização cruel e cheia de ternura dum Toulouse-Lautrec. Sobre aquela, alude a

>   Água fresca bebida à beira de uma fonte
>   em mau copo de folha, enferrujado e gasto...

Da velhinha, diz de suas "Cãs honestas":

>   linho corado ao sol de trinta mil manhãs.

O seu desenvolto lirismo tem, entretanto, momentos repetidos de efusão desarmada, principalmente no largo poema *Noite de insônia*, — que inspirou uma geração inteira de jovens simbolistas da sua terra, e onde encontramos este penetrante adágio:

>   Dorme serenamente a minha grande amiga
>   a que comigo sonha, a que comigo sofre,
>   a que do coração fez o pesado cofre
>   das minhas aflições.
>
>   Dorme, também sorrindo
>   essa cujo sorriso anestesia o infindo
>   amargor de minha alma.
>   E beijo-a. Ó maravilha!
>   ó meu favo de mel! Doçura! Ó minha filha!

O poema póstumo "Mulheres" deve ser considerado sua obra-prima. Peça de virtuosidade e precisão epigramática chispante, apresenta-nos uma galeria de vivazes retratos femininos, traçados, pintados, esculpidos, sugeridos com sensualidade sadia e espontaneidade irônica, tudo trabalhado pelo "afinado quinteto dos sentidos" e realçado de verve, desvendando, ora

> imperfeições ambíguas de atalhufadas ancas,
> ora ali descobrindo, entre êxtase e surpresa,
> formas definitivas de beleza.
>
> E aquela que passou é a cortante Agripina,
> que dos homens tem asco,
> fina, fria, flexível e ferina como as espadas de Damasco.
>
> O seu aroma há de ser acre,
> e há de gustar a um verde alperce
> o beijo estéril que se colha, cerce, nos seus lábios de lacre.
> E Marta...
> Toda cortada em vértices e arestas...
>
> .... uma prima-dona
> Linda... e desafinando nos agudos.
> E são...
> lívidos grumos de lutuosa cor,
> suas fundas olheiras...
>
> Grande, grave, solene, alabastral, fidiana,
> surge, desorientando a vida urbana,
> soberba em seu aprumo de obelisco,
> Eleonora..

Eis esta sugestão da puberdade, diferente da "menina e moça" clássica, e do "entreaberto botão, entrefechada rosa ", de Machado de Assis:

> põe muito ritmo para ser menina,
> e alvoroços demais para mulher,
>
> em dolências sem causa faz sentir
> as nebulosas da fecundidade.
>
> .... gloriosamente assoma
> a Vênus imortal dos amores andejos:
> Madame Hortênsia Alvim de Pais e Barros.
> Apaga-se, a seu lado, a figura da filha.
> Seu dramático vulto, airoso e alto,

> modelado em "violette" e doirado por lendas,
> a um tempo é inferno e é céu.
> Sarjam-lhe o corpo os sádicos desejos
> da açulada matilha...

Outras, ainda, admiravelmente traçadas, caracterizadas com simpática truculência, até que, por fim, a saudade fá-lo retornar para:

> a que acalenta os meus lamentos...
> a vitoriosa na postura casta
> das místicas madonas dos quinhentos...
> aquela que ficou lá na minha província...

Em Marcelo Gama reuniam-se as qualidades de generosidade e de impulsividade, banhadas de lirismo, do gaúcho sentimental, exaltado pela boêmia. Com mais livre fantasia e mais orquestrada ternura, era, ainda assim, da família poética do patriarca Zeferino Brasil. Entretanto, o que se poderia chamar "movimento simbolista no Rio Grande do Sul" caracterizou-se pelo seu requinte, e foi, sem dúvida, no conjunto do Simbolismo brasileiro, e de expressão mais imediatamente europeizada: Baudelaire, na base, com Verlaine, porém mais ainda Maeterlinck, Rodenbach e os canais de Bruges, Verhaeren, Samain... Adquiriu, por isso, fisionomia diferente, mas sobretudo levou o Simbolismo para uma região limítrofe: a do Impressionismo. Condições climatéricas — não muito diversas das que condicionaram o *Luar de Hinverno*, de Silveira Neto, no Paraná — favoreceram a invasão da bruma e do sopro noturno do minuano na poesia.

Favoreceram, também, o encontro íntimo que se deu, já no Rio de Janeiro, com Mário Pederneiras e com o dandismo crítico de Gonzaga Duque, Marcelo Gama, Álvaro Moreira, Homero Prates, Filipe D'Oliveira (1891-1932) e Eduardo Guimaraens reuniram-se à tríade Gonzaga Duque, Mário Pederneiras e Lima Campos, e formaram o núcleo primeiro do *Fon-Fon*, no qual também se integraram, entre outros, Hermes Fontes, Olegário Mariano e o juvenil sobrinho de Mário Pederneiras, Rodrigo Otávio Filho. Vem focalizada a presença desse significativo grupo em outra parte desta obra. Ficaram no Rio Grande: César de Castro, de quem se dirá adiante, e Alceu Wamosy.

Eduardo Guimaraens (1892-1928) é um nobre poeta delicado e um dos maiores artistas do Simbolismo brasileiro. Afinou o seu instrumento até uma virtuosidade estupenda na tenuidade, no quase impalpável, nas músicas de intimismo e de câmara. Foi o mais "civilizado" dos nossos simbolistas, no sentido de que lhe faltaram, sempre, traços daquela "feiura" específica que Nestor Vítor atribuía a toda a arte brasileira, e que significava uma certa primitividade canhestra, tocada de provincianismo ingênuo e autossuficiente. Pôde, por isso, traduzir de modo quase sem rival 85 das 158 peças de *As flores do Mal:* as *Fêtes galantes*, de Verlaine, o Canto Quinto da *Divina comédia*. Musical por vezes até o abandono, a sua arte é lavrada em matérias escolhidas e preciosas. Augusto Meyer tem-na por "literária", no sentido um pouco restritivo da expressão. No caso, isso significaria, mais propriamente, "torre de marfim". O que, afinal, não era inaceitável nem absurdo, dentro da tendência a que obedecia, e no seu tempo. Num ritmo famoso da sua juventude já se acusava a acuidade da expressão impressionista legítima:

> Suspensos, nos salões, dos tetos decorados,
>
> Toquem-vos docemente a sombra, a claridade...
> Nem se turbe jamais, ó lustres, o segredo
> das vibrações que em vós musicalmente dormem!

Para chegar, já senhor do seu verbo, à fluidez translúcida dum Debussy:

> Vaga, do fundo de ouro e cinza de uma vaga
> paisagem onde a sombra azul da tarde vaga,
> onde ajoelha e ora a melancolia,
> tendo às mãos de madona um lírio de agonia,
> por que me apareceste entre os ciprestes? Grave
> e doce, a tarde, além, morria como uma ave,
> como um verso de amor que apenas se murmura;
> um desejo de morte, uma dolência obscura,
> um tremor de paixão, palpitava por tudo:
> dir-se-ia que a tristeza, em torno, era um veludo
> feito para vestir de sombra a alma sofrente.
> Vinhas, como a Beatriz do grande Poema ardente,
> dos tercetos de bronze e das rimas de sangue:
> mas era ainda mais branca a tua forma exangue,
> mais celestial a fronte e o olhar mais pensativo...

ERNANI ROSAS* E O HERMETISMO

Derradeiro simbolista integral, que até bem pouco ainda vivia, imerso no "oceano do Símbolo" — filho de Oscar Rosas, um dos maiores amigos pessoais de Cruz e Sousa, e quem trouxe para o Rio o Poeta negro—, era como uma estranha sobrevivência e uma ruína sombria, o poeta Ernani Rosas. Influxo paterno, influxo de Cruz e Sousa, mas, principalmente, o contágio do decadentismo português de Eugênio de Castro, sua fase inicial, da arte de Mário de Sá Carneiro, e a amizade pessoal de Luís de Montalvor, informaram o turvo cosmo de subjetividade em que esse poeta tateia e se deslumbra obscuramente.

Marcel De Corte[21] escreve que "a obra é inseparável do ato que a engendra ou do ato que a recria", explicação do ato poético, do qual "a Poesia surde em estado puro, como essência viva e como totalidade concreta". E assinala a "simultaneidade metafísica entre a fase dialética ascendente pela qual o espírito do poeta *torna-se em todas as coisas* — quanto à existência, não quanto à essência — e a fase dialética descendente pela qual o espírito do poeta *faz todas as coisas*".[22] Para ele, pois, "a expressão poética do poeta suscita, do não conhecimento, o mundo dos *existants spirituels*". Ernani Rosas encarna, com a sua obra, essa simultaneidade de expressão em grau vertiginoso. Aquela "identidade do exterior e do interior", a que se referia William Blake (apud De Corte), resultou, nesse caso, em uma nebulosa quase impenetrável, e à qual há que se entregar e contemplar, ou renunciar ao conhecimento. Precursor de certos aspectos do verbo suprarrealista, é manifesto na sua obra um paralogismo, quase uma irracionalidade, como a duma bela planta tropical monstruosa. É o verbo encantatório em estado larval. Os paraísos artificiais da sua boêmia adensaram, na sua obra, limbos atravessados de transparências indecifráveis.

O poeta e a sua obra vivem imersos num sonho quase absoluto, onde se exalta enigmaticamente. As suas metáforas são, por vezes, quase inanalisáveis. O seu pitoresco, requintado, parece, no mais das vezes, involuntário. Ele sente que se perdeu no poeta que é:

---

* Ernani Salomão Rosas Ribeiro (Desterro, hoje Florianópolis, 1886 — Rio de Janeiro, 1954). Boêmio humilde, e simbolista característico, até o fim.

Bibliografia

Poesia: *Certa lenda numa tarde.* 1917: *Poema do ápio.* 1918; *Silêncios* [s. d.]. Deixou copiosa produção inédita.

Consultar

Andrade Murici. *Panorama do movimento simbolista brasileiro* 1952. 3 vols.

Volto a cismar, ao cais de onde parti...

num poeta em que há anos pereci!

As suas imagens, parecendo canhestras, têm "o insólito e o preciosismo, a cintilação de gemas desconhecidas", para usar de uma expressão de G. E. Clancier.[23] Estas surdem como através de cristal irregularmente iluminado de instantâneas visões:

Como ilha d'aromas e de gases,
esparsa, no silêncio que desperta...
o lírio de teu gesto, — entre lilases!
acenando do azul do meu assomo...
ou d'aérea visão que à luz deserta,
ao mágico poder que vem de um gnomo!...

Nesta passagem de "Silêncios":

Os raios d'astros são ritos
Sangrando em rubis noturnos,
euclasas e crisoprasos
ardendo em brilhos noturnos
de crepúsculos e ocasos...

Descem os últimos reflexos
num vislumbre cristalino,
cálice d'oiro e hialino
que a minha sede aguardasse,
água fria que passasse!

Um psicólogo clássico, Ribot, explica assim o símbolo: "A razão de ser do símbolo resulta da necessidade, sobretudo para aqueles a quem a abstração repugna, de representar o que é irrepresentável." Acaso não ocorrerá, também, que a expressão falte a esse poeta? E que a imagem fique, apenas, como um vago "débris de quelque grand jeu" (Valéry)? Até mesmo quando a sugestão for como nisto aqui:

Velaram-se Sudários teus Espelhos...
ante o cerrar de teu Olhar de seda,
que era um descer de lua em cedros velhos...

A força da correnteza sinestésica incide, por inteiro, sobre o qualificativo "velhos", posposto e não anteposto a "cedro". Outro exemplo:

> O meu ruivo destino às mãos da lenda enleio...
>
> Floresci, como a cor de um Poente de escarlata!
> Acordei como a luz piscinas num jardim...
> Vesti-me dum luar que um escrínio desbarata
> Todo o império estelar do azul que não tem fim!..
>
> Do parque atravessando a transparente seda
> Fui deitar sombra e luz a um Poente de rubis!

Hermetismo e *non-sens* andam *pari-passu*, ou interpenetram-se no nosso Simbolismo de linhagem mallarmeana. Iriam, por fim, entroncar no *non-sens* intencional do Suprarrealismo e no hermetismo recente da poesia brasileira. Ernani Rosas exclama:

> Vislumbro esse jardim, onde a demência erra?

Ele próprio intitulou uma das suas raríssimas plaquetas: *Poemas do ópio*. Sempre os "paraísos artificiais", sem dúvida; porém não somente isso, mas uma pureza e uma doçura expressional toldadas por ondas de inconsciente. Assim, vê-se "A Glória a constelar..."deste modo:

> A glória a constelar de vitória em vitória,
> Como um poente que à luz anoiteceu mais cedo,
> E fora a cravejar de rubis a memória
> Do teu cio sangrento às lajes de um degredo...

A sua natureza mais profunda, quando desanuviada, como poucas vezes lhe acontece, tem toques cetinosos e de singular frescura:

> Toda a alma do azul esvai-se em lua...
> nimba-lhe a face um crepe de Elegia...
> É alvor do dia numa rosa nua,
> que as minhas mãos cruéis sonham colher...
> mas no tocar desfolha-se, mais fria,
> que a sombra de meus dedos a tremer...

O que representa um encaminhamento para o Penumbrismo.

O POEMA EM PROSA

Araripe Júnior, no seu estudo sobre Raul Pompeia, na oportunidade do aparecimento de *O Ateneu*, e pela primeira vez recolhido em livro no volume II de sua *Obra crítica* (Casa de Rui Barbosa, 1960), estabelece um quadro das pesquisas e experiências estilísticas empreendidas pelos simbolistas, a quem ele chamava, como foi moda algum tempo aqui no Brasil, "decadistas", em vez de "decadentistas". Após o que, escreve: "E, coisa estranha! ao mesmo tempo que René Ghil se wagnerizava na Europa, instituindo a sua *instrumentação falada*, Raul Pompeia, adivinhando tudo aquilo, preocupava-se com uma teoria de linguagem métrica, que havia de constituir a excelência da prosa do seu livro, como proporcionar-lhe a colocação, na boca de um dos seus personagens, de um discurso que é a síntese do seu espírito." Adiante, avança que "o autor d'*O Ateneu*, deixando-se levar pelas linhas místicas do seu temperamento, terminou por encontrar-se, em plena visão ártica, com o poeta de *L'aprés-midi d'un faune*, o grande Mallarmé". No entanto, Araripe Júnior, defrontando com o Pompeia doutrinador de estilística de *O Ateneu*, vacilou ao buscar uma categoria estética para as *Canções sem metro*. Observa: "A crença na *palavra viva* põe-no, em seguida, em comunhão com o espírito Parnasiano", mas que, entretanto, a sua índole "não era a de verdadeiro parnasiano". Isto foi escrito em 1888. Eugênio Gomes, em *Prata da casa*, de 1953, exprime um sentimento de bastante tempo a esta parte muito generalizado, referindo-se a que a narrativa de Pompeia apresenta "um tom único em nossa literatura de ficção"; em *Visões e revisões*, 1958, acrescenta: "trouxe a chispa da nervosidade moderna à ficção brasileira", e observa que "o idealismo artístico de Pompeia fê-lo procurar o círculo mágico do impressionismo, nevoeiro rico de pitoresco e de sugestões..."; chama-o ainda: "introdutor da *écriture artiste* no Brasil".

Já em 1883 as primeiras *Canções sem metro* abriam picada pioneira na mata brava do grosso estilo dos naturalistas, que sucedera aos acentos e às inflexões de voluptuosa musicalidade da prosa, tão frequentemente poética, de José de Alencar. A publicação em livro daqueles poemas em prosa só se deu em 1900; e, apesar de ter interessado a alguns raros espíritos advertidos, só *O Ateneu* impressionou fortemente os simbolistas, que já de muito vinham sentindo no seu autor afinidades imprecisas com a tendência a que obedeciam. Era como uma fresca aragem estimuladora que lhes chegava, soprando de alto por sobre a planície sem mistério do Naturalismo.

Quando, poucos anos depois, Cruz e Sousa, por intermédio de Oscar Rosas, lhe foi revelado, o seu entusiasmo, transmitido ao poeta por aquele amigo, deve tê-lo estimulado grandemente. — Entretanto, nunca pareceram perceber, no autor das *Canções sem metro*, alguém que se engajasse em decidida arrancada de renovação estética. Tendo dado oportunidade para que pela primeira vez no Brasil se escrevesse sobre o assunto "decadismo", Pompeia, é irrecusável, precedeu ao novidadeiro Medeiros e Albuquerque na sua adesão efêmera às novas "modas" literárias de França: as *Canções sem metro*, em publicação dispersa, antecedem pelo menos três anos à publicação de *Canções da decadência* (1887), anteriores de um ano a *O Ateneu*. Além disso, se Pompeia não tinha conhecimento do já então pleno esplendor do "Concílio feérico", como ao Simbolismo francês chamou Guy Michaud, por sua vez Medeiros e Albuquerque dedicava a sua equivocada "Proclamação Decadente" a Olavo Bilac, que por então parafraseava, quase num decalque, o poema manifesto de Théophile Gautier, "L'Art"... Aquela chispa de nervosidade moderna, que Eugênio Gomes mencionou, uma inquietude profunda — que não acusavam somente o desajustamento que levaria Pompeia ao suicídio —, situava-o muito distante da parnasiano-ortodoxa "Profissão de Fé" bilaquiana. Se o primeiro livro, "o pioneiro da bibliografia simbolista brasileira" (Andrade Murici), continua a ser *Canções da decadência*, de Medeiros e Albuquerque, é inegável que no fenômeno literário brasileiro Pompeia inseriu, desde dez anos antes do aparecimento de *Missal* e *Broquéis*, de Cruz e Sousa, elementos expressionais que iriam ter cristalização magnífica em dispersos de sua autoria como "Paisagem", "Lágrimas da terra", tantos outros.

Referindo-se aos *Petits poèmes en prose*, Eça de Queirós escreveu que Baudelaire versejava com grande dificuldade, redigindo os seus poemas em prosa para sobre eles trabalhar penosamente, em seguida, para chegar ao verdadeiro poema. São muitos os que, ainda hoje, não aceitam a supressão dos limites entre verso e prosa, mesmo se esta estiver embebida de música, cantante e coreográfica na sua melódica e nos seus ritmos. Para os nossos simbolistas o iniciador foi aquele Baudelaire, de quem tudo saiu, do Simbolismo até agora, até à mais moderna poesia, fecundada, como tem sido, pelos subsídios mágicos do seu confesso discípulo Mallarmé. Baudelaire, fora ele quem mencionara, no prefácio dos *Petits poèmes en prose*, as sutis águas-fortes, de *Gaspard de la Nuit*, de Aloysius Bertrand, de quem Huysmans, no capítulo XIV de *À rébours*, escrevera "que transferiu os processos de Leonardo para a prosa e pintura, com os seus óxidos metálicos, pequenos quadros cujas cores vivas rebrilham como as dos lúcidos esmaltes". Assim parece ter entendido Ravel, cujo tríptico célebre ("Ondine", "Le gibet" e "Scarbo", três poemas de *Gaspard de la nuit*) é do melhor que criou. Entretanto, saíra à luz, em Portugal; no ano anterior, *Gouaches*, de João Barreira, conhecido tradutor da obra de Flaubert.[24] Portanto, já em 1893, por intermédio dessas *Gouaches*, os moços tiveram a revelação de outra dimensão do poema em prosa delicadamente lírico, mais intimista e de nuanças menos ardidas do que em *Missal*, de Cruz e Sousa, recém-aparecido. Assim confirmada a legitimidade do gênero, fervorosos jovens chegaram a declamar, secretamente — e de joelhos, as páginas tão musicais de João Barreira —, especialmente o delicioso apólogo "Perfis amigos", todas rigorosamente características do Decadentismo, muitas das quais cheias, ainda hoje, do seu viço primeiro. Entretanto crescia neles o deslumbramento causado pelo contato dos inumeráveis germes poéticos contidos em *Missal*, material borbulhante de imagens, de cores e de entressentidas músicas, onde esse plasma já se aglutinava, aqui e ali, em núcleo de cristalização.

Foi sobretudo o verbo de *Missal* que teve descendência entre nós. Longe se esteve, aliás, do poema em prosa europeu, que chegou a uma espécie de épica do inconsciente no suprarrealista precoce Lautréamont; nem se atingiram os sobressaltos escatológicos de *Une saison en enfer*, de Rimbaud, ou o hermetismo mágico das *Divagations*, de Mallarmé. Este último, ainda assim, e os contos de entono poemático de Villiers de L'Isle Adam, influenciado por Wagner e Poe; o singular *Amaidée*, anterior a 1840, de Barbey d'Aurévilly; certas "etopeias" do Sar Péladan foram lidas, fervorosamente, pelos nossos simbolistas. Estes, entretanto, parecem ter ignorado os suntuosos paradigmas do gênero, no feitio "decadente", de autoria de Marcel Schwob, prodigioso erudito do Simbolismo, autor de *Le roi au masque d'or*, *Coeur double*, e daquela extraordinária *La croisade des enfants*, de *La tampe de Psyché*. Mal terão folheado as *Moralités légendaires*, de Laforgue, que são feitas como de Wagner e Rabelais em simbiose docemente alucinada; bem como a toda demais riquíssima safra do poema em prosa francês recolhida na *Anthologie du poème en prose*.[25] Aliás, *a realização extrema e mais alta do poema em prosa, na sua confluência com o verso-livre, teve de esperar pela genialidade de Paul Claudel.*

Dos nossos, podemos mencionar Colatino Barroso; Dario Veloso, o mais elíptico e hermético, por obediência aos cânones da Kabbala e da Magigia à Péladan, sobretudo em *Esquifes* (1896); Gonzaga Duque com o famoso "Sapo" e todo o *Horto de mágoas*; Antônio Austregésilo, em *Manchas* e *Novas manchas*; Emiliano Perneta, em *O inimigo* (1899) e no profetismo do apólogo *Alegoria* (1903); Oliveira Gomes, em *Terra dolorosa* (1899); Nestor de Castro, em *Brindes* (1899). Por último, em extremos de gongorismo, inçado de neologismos de fundo helenista, César de Castro (1884-1930), autor de *Frutos do meu pomar*, *Péan*, *Ampolas de escuma* e *O esquife de Palissandra*.

Foi o poema em prosa o gênero que o caráter ornamental da estética decadentista mais atulhou de acessórios medievalistas, litúrgicos, cabalísticos e de joalheria. O ato poético defrontava-se, como em quase inibitório *steeple-chase*, com as guirlandas, os paramentos, os saltérios, a imagética bíblica.

Tocado de tudo isso, submergido aqui e ali por isso, entretanto, por fim, dominando tudo de alto, Cruz e Sousa pôde superar as convenções da tendência. Em *Evocações* há falta de medida e até, frequentemente, bem puro inebriamento lúcido; porém não retórica, não puro verbalismo. A sua rítmica é, nessa prosa, mais diretamente ancestral e primitiva do que nos seus versos. As sonoridades são sinfônicas. Um luxo, uma correnteza de nebulosidades, ardências — ênfase e doçura — muitas, muitas vezes parecendo retidas, tateantes no limbo da pré-criação.

Não há como não excetuar dessa espécie de irrealização cheia de virtualidades, páginas geniais como "Triste", "Tenebrosa", "Extrema carícia", "Balada de loucos" e, sobretudo, o molhe ciclópico incomparável do "Emparedado". Aí tudo é poesia, substância e matéria em estado telúrico e convulso. Tem, isso sim, a sua forma própria, aquela que resulta de sentir, pensar e exprimir fortemente — energia criadora, cada vez, dos verdadeiros estilos novos.

Naqueles poemas em prosa mencionados, e em alguns outros, Cruz e Sousa instilou substância da mais alta poesia da Noite, que Bastide compara à de Novalis e à de Baudelaire.

A FICÇÃO NARRATIVA

O idealismo dos simbolistas não os predispunha para a criação ficcionista. Esta tomou, por isso, também entre nós, figura e expressão inusitadas, e, com uma única exceção, não atingiu à generalidade dos leitores do gênero. Não é, contudo, desprezível a produção nesse terreno, e o *reliquat* existente não merece continuar esquecido ou deliberadamente omitido, como ocorre até em obras especializadas. A história do romance no Brasil continuará lacunosa e empobrecida enquanto não for estudada e situada devidamente a obra de ficção dos simbolistas. Arquétipos do que poderia ser o romance simbolista encontrariam os ficcionistas da primeira geração simbolista em *Louis Lambert* e *Serafitus-Serafita*, inspirados por Swedenborg, e no divinatório de *Le chef-d'oeuvre inconnu*, de Balzac; em *L'ensorcelée*, entre outros romances do inquieto e possante Barbey d'Aurévilly, um pré-Bernanos; mas, sobretudo, no espetacular decadentismo de *À rébours* e na demonologia de *Là-bas*, de Huysmans.

A primeira realização em que se apresentam até certo ponto fundidos os elementos narrativos e o tom poemático, encontra-se no volume *Signos* (1897), de Nestor Vítor. Esse livro foi discutido com agressividade juvenil pelos simbolistas da segunda geração, e na própria roda dos íntimos de Cruz e Sousa. Isso, mau grado o importante artigo do Poeta Negro, do Dante Negro, tão admirado que quase adorado, e respeitado nessa proporção: Cruz e Sousa publicou em *A República*, tendo aparecido durante três dias, entre 16 e 23 de agosto de 1897, uma apologia sem sombras de *Signos*. Cada conto é evocado e como repensado e retrabalhado num autêntico poema em prosa, formando uma série digna de ser incorporada à sua obra em prosa. Lido hoje, verifica-se que esses contos são todos concebidos com aguda intuição psicológica, da mesma espécie da que encontramos nas páginas de *Folhas que ficam*... e no seu curioso romance *Amigos* (1900). A peça liminar, verdadeiro prólogo, é francamente poemática, e dum tom decadente marcado, numa efusão lírica que encontraremos em certas passagens da sua crítica sobre Maeterlinck, sobre Carrière, sobre o *Luar de Hinverno*. Uma das peças de *Signos* é de verdadeira importância representativa no conjunto do movimento simbolista: a novela "Sapo". Nas suas 80 páginas, Nestor Vítor atinge ao equilíbrio — sem par na sua obra — das suas virtudes criadoras. Do romantismo de Poe ao simbolismo de Villiers de L'Isle Adam não há solução de continuidade estética essencial. "Sapo" está nesse caso: fundo romântico, repassado dum pessimismo alucinatório progressivo. Bruce, o "sapo", é verdadeiro tipo, com autênticas fundações de humanidade, e vertiginoso, na sua dramática recusa do cotidiano. Sofre da doença do absoluto, como diria Baudelaire; vive boêmia trágica, duma dignidade exasperada. Uma escatologia apocalíptica vai dominando-o, retirando-o da realidade imediata. Abandona sucessivamente emprego e relações. Uma vaga idealidade vai tomando densidade alucinatória, até que, um dia, o "sapo", "viu malhas amarelas e verde-escuras cobrirem-lhe o corpo, os olhos saltarem-lhe, rubros, das órbitas... "

Virgílio Várzea (1862-1941), dos primeiros e mais prezados amigos de Cruz e Sousa, empenhou-se, ao lado deste, nas primeiras arremetidas simbolistas. Nos livros *Tropos e fantasias* (em colaboração com o Poeta Negro), *Contos de amor* e *A noiva do paladino*, até mesmo em *Mares e campos* e *Nas ondas* desse marinheiro que foi, no seu tempo chamado "Loti brasileiro", a feição decadente é flagrante, apesar da sua tendência, por fim vitoriosa, para o naturalismo. Lima Campos (1872-1929) deixou contos delicadamente realizados, em *O confessor supremo* (1904), entre os quais excele "A tia Martinha", página de antologia como "Velha mangueira", tão conhecida no seu tempo. Gustavo Santiago, "mosqueteiro do Simbolismo", polemista, cronista de prestígio de *Claro-escuro*, poeta decadente de *Cavaleiro do luar* (1898, publicado em 1901), deixou alguns dos melhores contos do Simbolismo, que o crítico Elísio de Carvalho comparou aos de João Barreira. Digno de menção especial o intitulado "Sala Vazia".

Haveria lugar, aqui, para uma menção a *Malsinado* (1906), romance decadente de Alfredo de Sarandi (Alfredo Sarandi Raposo); e para a novela, cheia de iluminada ternura, *Emi*, de José Henrique de Santa Rita; ao romance autobiográfico de Carlos D. Fernandes, *Fretana* (1936), apesar de produzido fora do período e do espírito do Simbolismo, porquanto inclui insubstituíveis páginas de testemunho pessoal sobre Cruz e Sousa e seus amigos mais chegados. A atmosfera especial do tempo está, nele, bem evocada.

É sobretudo, porém, no livro *Horto de mágoas*, de Gonzaga Duque, de publicação póstuma (1914), que a fusão dos elementos formais e de sensibilidade imaginativa conjugam-se de modo mais íntimo. A referência antes feita às artes de Edgar Poe e Villiers de L'Isle Adam impõe-se ainda mais cabalmente no caso dos contos reunidos nesse livro. O tom é, sempre, decadente. Outro elemento expressional interfere: o da *écriture-artiste* dos irmãos Goncourt, mais caldeado com o decadentismo do que em *Mocidade morta*. Romantismo, decadentismo, goncourtismo, tudo isso ganhou elegância aristocrática, preciosismo extremo, nas mãos de Gonzaga Duque. "Sob a estola da Morte" é uma definitiva e típica realização da ficção narrativa simbolista.

Gonzaga Duque, pela sua ascendência escandinava e pelo seu feitio preciosista, aproximar-se-ia plausivelmente da maneira de *À rébours*, que sugeriu a Eça de Queirós a primeira parte de *A cidade e as serras*, e o tipo de Jacinto. Assim como Huysmans não se pôde acomodar, definitivamente, no Decadentismo, também Gonzaga Duque tomou por um caminho vicinal: o da *écriture artiste*, dos Goncourt, exprimindo, todavia, como estes, paradoxalmente, concepção naturalista. Apesar de certos ecos diretos do famoso "zutisme", de Charles Cros, e de outros traços oriundos do "dandysme" baudelairiano, tão do seu gosto, o romance *Mocidade morta* (de 1897, aparecido em 1899) é verdadeira criação ficcionista e um verdadeiro romance — coisa excepcional entre os simbolistas —, com personagens bem vivas e uma fabulação desenvolvida com interesse. A linguagem, devido às vacilações inatas dos fundamentos da sua estética, é desigual, ora discursiva, ora coalhada de metáforas chispantes. Os simbolistas brasileiros eram ecléticos nas suas predileções. Passavam de Villiers de L'Isle Adam para Zola, de Balzac para Jean Lombard, autor hoje obscuro, de *Bysance*, *Agonie* e *Marseille*, tão lidos aqui, na época. A dificuldade de narrar ou evocar ação novelesca era quase intransponível para eles. Daí o interesse do estudo analítico de *Mocidade morta*. Encontramos ali vários elementos: a fabulação é, por muitas e muitas páginas, lenta; parece, até certo ponto, perder-se em espirituosos traços polêmicos e numa crônica da vida artística de então. Aos poucos, entretanto, melhor se vão entretecendo os fios do enredo, que se resolve, por fim, de maneira eficaz. Afora essa desproporção, o romance é bem estruturado e suas fundações psicológicas sólidas. A expressão, já vimos, é variável e, por vezes, desigual. Afirma-se um estilo voluntariamente compósito e virtuosístico. Uma ou outra vez essa virtuosidade concentra-se em verdadeiros *morceaux de bravoure* como nas célebres páginas sobre a decomposição cadavérica, curiosa amálgama dum naturalismo minucioso, fervilhante de aflorescências oníricas; e de uma tendência para uma espécie de transfiguração e de ascensão ao Transcendente, como ocorre no final. Estilo quase sempre faiscante, na mobilidade do seu pitoresco, e dum esteticismo aparentado ao Pré-rafaelismo, como indica aquele famoso "campo de miosótis de prata". Em todo o transcurso do romance, o poeta dos poemas em prosa de *Horto de mágoas* se anuncia.

O único êxito franco beneficiando obra por certo modo ligada ao ficcionismo simbolista foi o de *Canaã* (1901), de Graça Aranha. Talvez porque marcadamente de transição. Os seus elementos estruturais apresentam-se não somente díspares, como, até, isolados: ilhas de naturalismo em estado quase puro, apesar de repassado de poesia, como na lenta abertura do livro, ou do pinturesco direto, como no episódio do inventário, que poderia ser de Aluísio Azevedo, não fosse a beleza expressional. Esta, de caráter dir-se-ia sinfônico, é de virtuosidade afim com a de D'Annunzio ou Barres, e ainda hoje plenamente vivaz nas suas páginas de passionalidade exaltada, de ideação ardente e por fim alucinatória.

Rocha Pombo,* poeta, historiador e romancista, no volume *Contos e pontos* (1911), tem duas peças curiosamente sintomáticas da indistinção, e, no mais das vezes, da interpenetração dos gêneros em mãos dos ficcionistas-poetas do Simbolismo. Os limites entre o conto-narração e o poema em prosa são pouco marcados. Frequentemente estes gêneros fundem-se numa vagueza de sonho, que já não é mais propriamente poesia em prosa, e ainda não chega à prosa impressionista, tal como criou Fialho de Almeida, por exemplo, que superou o naturalismo pela força lírica da sua visualidade. Em "A Boa Nova", Rocha Pombo evoca, em estranho painel noturno, a atmosfera do Natal de Nosso Senhor Jesus, cheia de claridade sobrenatural, e isso num arrebatado e grave

---

* José Francisco da Rocha Pombo (Morretes, PR, 1857 — Rio de Janeiro, 1933). Professor na sua cidade natal desde os 18 anos de idade, tendo iniciado a propaganda republicana em 1879, no seu hebdomadário *O Povo*. Residiu em Curitiba e em Castro, dirigindo órgãos de imprensa, em imensa atividade política. Deputado estadual na Monarquia (1886/87), teve a iniciativa da criação da Universidade do Paraná, que foi aprovada, e a primeira pedra lançada, porém só corporificada em 1912. Transferiu-se para o Rio de Janeiro em 1897. Novamente deputado estadual (1916/17). Eleito para a cadeira nº 39 da Academia Brasileira de Letras, faleceu logo após. Professor do Instituto de Educação e da Escola Superior de Comércio.

Bibliografia

ROMANCE: *A honra do barão*. 1881; *Dadá ou a boa filha*. 1882; *Petrucello*. 1892; *No Hospício*. 1905. POESIA: *A Guaíra* (poema em doze cantos). 1891; *Marieta* (poemeto). 1896. CONTOS: *Visões, contos e poesias*. 1888; *Contos e pontos*. 1911. ENSAIOS E OBRAS DIDÁTICAS: *A supremacia do ideal*. 1882; *Religião do belo*. 1883; *Nova crença*. 1887; *O Paraná no Centenário*. 1900; *O grande problema*. 1900; *Dicionário de sinônimos*. 1914; *Instrução moral e cívica*. 1927. VIAGEM: *Notas de viagem*. 1918. HISTÓRIA: *História da América*. 1900; *Nossa Pátria*. 1914; *História do Brasil*. 1915-1917, 10 vols. Edição do Centenário: 4 vols., 1922; Edição Jackson, 5 vols., *História de São Paulo*. 1918; *História do Brasil*. 1921; *História do Rio Grande do Norte*. 1922; *História do Paraná*. 1930.

Consultar

Autores e livros. Supl. literário de *A Manhã*. vol. VI, n. 8, 1944; Cardim, Elmano. "Discurso de posse", *Rev. Acad. Brasil. Letras*, n. 80. jul.-dez. 1950; Correia, Leôncio. *Meu Paraná*. 1954; Diniz, Almáquio. *Zoilos e estetas*. 1908; Garcia, Rodolfo. *Discursos acadêmicos*, vol. VIII, 1937; Luz, Fábio. *Dioramas*. 1934; Palha, Américo. "Rocha Pombo", *Diário Carioca*, 20 mar. 1947; Paraná, Sebastião. *Galeria paranaense*. 1922; Paulo Filho, M. "Rocha Pombo", *Correio Manhã*, 25 dez. 1955; Piloto, Valfrido. *Paranistas*. 1938; idem. *Rocha Pombo*. 1953; Silveira, Tasso da. *Rocha Pombo*. Discurso na inauguração do seu busto. 1950; Veira, Celso. *Rocha Pombo*. Discurso nos funerais. 1933; Vítor, Nestor. *Farias Brito*. 1917; idem. *A crítica de ontem*. 1919; idem. "Rocha Pombo no Paraná", *Terra de sol*. vol. III, 1924. Rocha Pombo no Rio (Um inédito de Nestor Vítor), *Correio da Manhã*, 7 dez. 1957.

enlevo que se coloca no polo oposto ao do compromisso cético-romântico da célebre visão de *A relíquia*, de Eça de Queirós. Adiante, entretanto, aparece um conto, verdadeiro conto, construído sobre um "instantâneo" admirável de psicologia infantil, e que poderia ser de Machado de Assis. Intitula-se "Sarica".

Terminado em 1900, o romance *No hospício*, de Rocha Pombo, só foi publicado em 1905. Trata-se do terceiro dos romances simbolistas brasileiros cuja validade persiste e se impõe, ao lado de *Mocidade morta* e de *Canaã*. Não se lhe deu a mínima atenção. Depois da tétrica *A mortalha de Alzira*, de Aluísio Azevedo, aquele título terá parecido indicar ainda outro conglomerado de fantasmagorias lúgubres. Além disso, na época, já era inaceitável, e pueril, o uso, que ali aparecia, do artifício romanesco de atribuir a obra a uma personagem fictícia, cujo manuscrito se encontrara, e que, por curioso, se publicava. Fábio Luz, crítico amigo do autor, limitou-se a estranhar que houvesse alguém ainda interessado em escrever um livro "sobre Jesus"... Mais pertinente, entretanto, acrescentava: "As neves das alturas do Paraná deram-lhe o cunho de fluidez e de brancura impoluta." Alude, também, à tendência para um espiritualismo de fundo cristão, mas do cristianismo primitivo; e conclui: "Tudo que constituía a alma de Novalis parecia ter-se transportado para a alma transparente, clara, límpida, serena desse Rocha Pombo."

Lembrar Novalis parecerá aproximativo, não é, porém, errôneo. *No hospício*, se escrito em alemão, na Alemanha de um século e meio atrás, poderia ter lugar entre os livros típicos do Romantismo germânico. Se, pelo misticismo, podemos referi-lo a Novalis, aproxima-se mais de Hoffmann pela atmosfera de mistério. Não ficaria desajustado posto de par com Eichendorff ou Chamisso, pelo pausado e grave, pelo impessoal do seu tom narrativo. Novalis é, aliás, muitas vezes mencionado, porém muitas mais Nietzsche. As afinidades são manifestas.

A expressão de Rocha Pombo apresenta frequentemente tonalidades legendárias e um sopro alevantado de profetismo bíblico. Nem verbalismo, nenhum estremecimento sensual, mas um librado voo pairante de lirismo. Sem carga alguma, também, do Naturalismo predominante, com exclusividade que só excetuava Pompeia, na ficção sua contemporânea, quer dizer: nos últimos anos do século XIX, e isso, está claro, no Brasil, onde se o público das letras ignorava profundamente *Louis Lambert* e *Seraphitus-Seraphita*, de Balzac, quanto mais Barbey d'Aurévilly e Huysmans, Villiers de L'Isle Adam e Walter Pater ou Marcel Schwob; quando muito dera alguma, porém prevenida atenção a Edgar Poe. O sereno fluxo de ideias e de germes de ideias que se acusa em *No hospício* está intimamente integrado na fabulação, que é intelectual até o trágico, sem descair para o cerebrino. O romance de ideias conquistara lugar ao sol na literatura europeia, principalmente com *Le disciple*, de Paul Bourget, hoje esquecido, e, como sempre se diz, superado, mas que permanece como documento válido e como sintoma. Em *No hospício* a atividade *penserosa* está embebida em substancial espiritualidade; a presença do mistério, chegando até o *suspense*, é insistentemente insinuada. Em nenhum outro romance brasileiro encontramos como em *No hospício* uma imaginação sensitiva projetando-se tão sem aparente esforço no transcendente. Daí apresentar traços evidentes de um impressionismo precursor que o condenou a total abstenção da crítica, excetuado um julgamento incompreensivo — como sempre que se tratava de obra simbolista — de José Veríssimo.

No romance, a personagem que narra sabe da existência, no hospício, dum moço, Fileto, que não é louco, e sim um místico radicalmente incompatível com a vida normal. Fora internado por injunção dum pai incompreensivo. Tanto lhe dizem da superioridade de pensamento do "louco" que termina — para melhor colher o fruto daquela incomum experiência espiritual — por conseguir a sua própria internação. Situação bastante hoffmanesca... No hospício, comunicam-se mutuamente os seus escritos: quase sempre sondagens na História e na Religião. Juntos, tracejam planos de reforma social. Como num enigmático jardim de Academus, dialogam com profundeza, com indescritível serenidade. O narrador mais tarde vem a conhecer a família do seu companheiro. Com a irmã deste, Alice, sente-se cheio de afinidades misteriosas. É, então, que um louco furioso vem perturbar o ambiente. Os seus urros terríveis, ouvidos durante uma das visitas da família de Fileto, faz com que Alice, a singular irmã ideal, não mais retorne ao hospício: E certa noite, de atmosfera perturbada, invadida por fenômenos premonitórios, é comunicada estranhamente a Fileto a morte de Alice. Vem-se a saber, então, que o antes aludido louco furioso era um jovem que ousara pedi-la em casamento, e também ali fora internado, criminosamente, para dele desembaraçar-se, pelo rico e poderoso pai de Fileto, e, por fim, realmente enlouquecera. Desaparecida Alice — que Fileto e, também, o narrador, cada um à sua maneira, amavam transcendente e dolorosamente —, o narrador decide salvar o seu amigo, tirá-lo de suas dúvidas e angústias metafísicas, levando-o a um grande banho de ar livre e aventura, numa grande viagem à Terra Santa. Não consegue, porém, convencer o pai, frio e monstruoso. Sai sozinho do hospício, viaja. Fileto, quando ele regressa, estava morto.

Essa fabulação tênue é bem à Hoffmann. É preciso, porém, ter em conta que o principal nesse romance é a atmosfera espiritual, de ameaça, obscura. Apesar da perfeita limpidez e serenidade do estilo, o ambiente é como sacudido por subterrânea convulsão, resolvendo-se em visão apocalíptica, tudo iluminado como num frio sonho.

A nossa literatura de ficção não apresenta *pendant* para esse livro singular — nosso primeiro romance metafísico. A timidez e a singeleza cultural da época deixaram-no em esquecimento, mais do que isso: como se nunca tivesse existido. É de lei, pura, pudica, a poesia a todo instante ali presente, e que, sem forçar, pode ser isolada em fragmentos formando um todo completo e orgânico. As gargalhadas do doido da frente eram "como estridores de desabamentos que reboassem por longas cumiadas..." Ouvindo-as, o narrador pensava: "A dor de não sofrer no meio dos que sofrem é horrível!" E então, tendo chegado à janela, anota: "Olho para o parque e não vejo mais que a massa da noite. Apenas para um lado destaco, sobre o fundo estrelado do céu, hirtas silhuetas de grandes palmeiras imóveis. Quem me dirá se aquelas árvores não clamam também para o céu contra aquela mudez e aquela escuridão..." E Fileto comenta: "O sentido ou os sentidos que se tornam os últimos refúgios da vida... esses, antes da morte, exercem o grau supremo de intensidade vital. A visão dos moribundos deve ser espantosa, meu amigo!..." Assim era aquela loucura. Assim também: "Nada mais belo do que sentir junto das ruínas a cessação da força inconsciente, e o triunfo imortal do espírito... do espírito que por ali ficou dominando — eterno — onde a turba desvairou por instantes..." E esta variante do hermetismo: "Não tolero que me obriguem a dizer tudo... Quero que me entendam por uma palavra, por um movimento, por um sinal. É por isso que uma nova arte está para vir, uma arte para os espíritos: uma arte que nos revele as grandes figuras apenas pelas diagonais." Declaração de simbolista... Aquele louco escreve: "O Estado é a força que se erigiu em ordem, é a iniquidade organizada..." Ou então esta palavra de virginal originalidade: "Eu tenho vontade de comover-me até o pranto em presença de uma alma que vai para a vida." E: "Sentiríamos por nós próprios o que tem de sagrado, de augusto, de temeroso o vasto ruído humano."

O espiritualismo de Rocha Pombo não poderia obter, na época, receptividade para notas como esta, realmente dum Novalis, ou dum Aloysius Bertrand, numa linguagem de limpidez essencial que, também hoje, o neorrealismo e o hermetismo exclusivista repelirão:

> À beira do riacho, imóvel, absorto ele tem os olhos para a corrente. Em torno — o deserto. Por cima — o esplendor da manhã. "Como é belo este espetáculo! como é bela a floresta e o céu! a natureza inteira como é bela!" — exclamei a ver se despertava o monge daquela contemplação. — Espera, filho — falou ele, sem desviar os olhos da corrente: espera... deixa-me tranquilo um instante... deixa-me pensar numa outra beleza...

Como esta:

> Estamos na região onde as almas gelam. Tudo é insondável como a noite do deserto. Só ecoam sob as abóbodas escuras os nossos passos errantes. Um grande silêncio de solidão enche as naves imensas. Num vasto recinto paramos. Há em torno de nós um vago luar de praia desolada. Nossas almas entendem-se por gestos. Lá nos confins do amplo circuito quer nos parecer que vagam lentas umas sombras esquivas. De súbito, uma estranha figura, lacerada e enferma, destaca-se lá no meio das sombras, aproxima-se de nós e no seu espanto, hirta e convulsa nos inquire: "Dizei-me que é feito do monstro?... ainda estará na cidade eterna?" E

se afasta sem ouvir-nos. Nisto um fantasma colossal passa por nós gritando como louco, perseguido de multidões de fantasmas... quanto a dor hilariante dos hospícios estrondava no meio da noite...

E ainda esta:

Vêm lá das estâncias polares os vendavais, trazendo a ruína e a morte, devastando a esplanada. Sob luar agoirento, parece que o espaço está cheio de sombras que se laceram. Há uma orquestra infernal de uivos pela campanha, e dir-se-ia que o cataclismo abala e faz gemer a natureza. Só no fundo do horizonte — colossal, ereta, inabalável — se ergue a montanha!

Rocha Pombo, apesar da sua veemente e repentina efusão ante o Catolicismo, consignada em *No hospício*,[26] não realizou nem na sua vida, nem na sua obra, a passagem para o Corpo Místico. O caso dos heróis de *No hospício* seria, entretanto, logicamente solucionado pelo claustro. O seu mistério mais profundo não era o da loucura, mesmo se curiosa e, até, empolgante, porém a ânsia de Deus. Fileto era místico, não, porém, um santo. E o autor, como Simone Weil, deteve-se no limiar insondável...

O TEATRO

A figura de Wagner é de importância fundamental na gênese e no desenvolvimento não, apenas, do teatro — seu terreno próprio — mas da poesia e do romance simbolista. Graves desvios estéticos e filosóficos foram causados pela sua doutrinação maciça, insistente, tirânica, que acabou por obscurecer e, até, por vezes macular o significado da sua própria obra. A ciência crítica de hoje pode separar as suas teorias estéticas, confusas e pesadas, consignadas em algumas dezenas de aliás poderosos volumes, da sua obra propriamente dita, a teatral, porque *Os mestres cantores*, a *Tetralogia dos "Nibelungos"*, *Parsifal* e, sobretudo, *Tristão e Isolda* constituem indestrutível monumento, único comparável, no teatro, ao acervo helênico e a Shakespeare. Independentemente da ideologia filosófico-política, e dos traços talvez indesejáveis de caráter do autor. Guy Michaud verifica: "A figura de Ricardo Wagner alteia-se, verdadeiramente, no centro do décimo nono século artístico." "Nele realiza-se e desabrocha o Romantismo europeu. Dele partem as principais correntes do fim do século. No entanto, por mais numerosos que sejam os escritores e os artistas que se basearam em Wagner, há um movimento que, acima de todos os outros, o tomou por chefe e mestre inconteste, que se inspirou fielmente de sua estética, e que se dessedentou no seu misticismo: o Simbolismo francês."[27] Baudelaire, Gérard de Nerval, Mallarmé, Villiers de L'Isle Adam, Verlaine, o próprio romântico-parnasiano Theophile Gautier e sua filha Judite, Catulle Mendes, o jovem Jules Laforgue, Théodor de Wizewa, Schuré, todos foram empolgados pela irresistível vaga de misticismo por ele desencadeada. A intuição mística de Wagner levou-o ao *Graal*, o insondável mistério legendário medieval. Levou-o, em *Parsifal*, até mais próximo do mistério da Eucaristia, apesar de todas as suas deficiências e incompreensões,[28] de fundo luterano, do que a qualquer outro grande artista. De Wagner provém a peça *Axel*, de Villiers de L'Isle Adam, iluminada de luz feérica, prenhe de musicalidade sinfônica, obra ainda não devidamente analisada, e que ultrapassa, em alcance representativo, ao próprio Maeterlinck. Foi este, entretanto, quem ousou imergir o teatro no "trágico quotidiano", em remuos e murmurações de subconsciente, ilustrados por gestos raros e esquemáticos. O quotidiano ali não tem o sentido do trivial de todas as horas, substância do Naturalismo. Significa a obscura fermentação dos limbos interiores emergindo em breves iluminações e em florações de sonho. *A intrusa*, *Interior*, *Os cegos* formam matéria dum espetáculo quase excessivamente denso, apesar de aparentemente vazio e repetido. Arte que floresceu, mais exposta já à claridade da consciência, em *Pelléas et Mélisande*. Esse teatro, de sondagem introspectiva que parece elementar, infantil, e de introversão vertiginosa, foi provocar em Gabriel d'Annunzio um esforço de interiorização e de impregnação de Mistério quase único nesse verbalista inebriado: *La città morta*. Em Oscar Wilde, com a contribuição de *À rébours*, de Huysmans, a criação da "decadente" e factícia *Salomé*. Em Eugênio de Castro, a da especiosa *Belkiss*. Dum decadentismo que, pela "magia" das imagens e gratuidade do verbo, antecedeu o super-realismo, é *Dame à la faulx* (1899), de Saint-Pol Roux.

O Simbolismo pareceria; afinal, incompatível com a ação, base do teatro, por excesso de contemplatividade lírica. Ibsen, com a sua força demiúrgica, foi senhor de uma poderosa capacidade metafísica e de simbolização, que se acusa em *Rosmerholm*, *O pato selvagem*, *O pequeno Eyolf*, no gigantesco e álgido *Brand*, e, sobretudo, em *Sofness, o Construtor*. Muitos dos seus temas (*Casa de boneca*, *O inimigo do povo*, *Espectros*) estão hoje socialmente superados, alega-se. Mais superados, ainda, estão os de Ésquilo ou Eurípedes!... O critério de valor, em tais casos, pode mudar, porém não infirmar-se. Pela sua filosofia pessimista, onde o sopro de Kirkegaard perpassa, e pela sua recusa de Naturalismo, Ibsen foi, antes de Claudel, o maior realizador do teatro simbolista. Maeterlinck, porém, como observou Tasso da Silveira, em conferência sobre "O teatro simbolista", é mais rico de virtualidades, e semeou germes de fecundidade ainda não verdadeiramente explorada. Prova disso *Pélléas et Mélisande*, de Debussy, obra única, no teatro musical, em que o sentido de inconsciente e de interioridade abismal demarcam um acrescentamento importante às conquistas wagnerianas, das quais, aliás, essencialmente provém (*Tristão e Isolda*).

Na linhagem Wagner-Ibsen, Paul Claudel realizou obra de cúpula. *L'annonce faite à Marie* foi, está verificado estatisticamente, uma das peças de mais sério e amplo sucesso do século atual até agora. Da colaboração com esses mestres da direção teatral, Lugné-Poé, Jouvet e, sobretudo, Louis Barrault, resultou como um alargamento, uma abertura insondável para o universo do sonho — na encenação de Barrault em *Partage de midi*, por exemplo — e para o sentido do divino. Escreve Tasso da Silveira: "Desde que se respirou a primeira aura tênue de mistério, desde que se começou a perceber que o mistério é tão denso no mundo, e tão substancial, quanto a própria matéria, venceu-se a resistência da razão discursiva que nos prendia à negação do transcendente. E o que então vem é a procura de Deus." Os simbolistas ousaram "levar a efeito as primeiras tentativas de exploração da vida em profundidade", acrescenta. Derradeiro, e talvez mais decisivo, dentre eles, esse Claudel que acaba, com a sua morte, de encerrar o ciclo das ondulações últimas do Simbolismo.

No Brasil, o teatro simbolista produziu ainda menos do que o ficcionismo novelesco. As peças mais adstritas aos modismos e às peculiaridades "decadentes" foram as do poeta do *Vale das sonoridades* e de *Ouro de folhas mortas*, o santo "franciscanozinho" Durval de Morais. As suas peças, em verso, inéditas, guardam o ressaibo decadente característico, o perfume de misticismo vago, que antecedeu, de muito longe, aliás, a sua conversão ao Catolicismo. São elas: *A grande pátria* (1906), *Telilhas* (1907), e principalmente a hegeliana *A pedra*, em verso livre (1910).

Em 1911, apareceu em Paris, luxuosamente editada, a "légende en trois actes", de Graça Aranha, *Malazarte*. A sólida base legendária do ciclo mediterrâneo de "Pedro de las malas artes", que teve tantas repercussões nórdicas (O Thyl Uylenspiegel flamengo, o germânico Till Eulenspiegel e Peer Gynt), prendeu Graça Aranha, periodicamente tentado pelo Naturalismo, em âmbito de mais unidade do que o atingido em *Canaã*, dentro da índole do Simbolismo. Camille Mauclair — que tão bem soube dizer de Edgar Poe, de Baudelaire, dos Impressionistas, e que, paradoxalmente, cegou diante de Cézanne — prefaciando, em 1920, a tradução para o francês de *Malazarte*, observou que essa obra "participa da comédia realista, do drama filosófico e do poema alegórico e lírico". Não foi Graça Aranha quem, como Mauclair pensava, ousou levar à cena, pela primeira vez na literatura do Brasil, "um conjunto de personagens reais e alegóricos", coisa já realizada, durante mais de um século, pelos jesuítas da catequese seiscentista e setecentista. *Malazarte*, isso sim, evolve em ambiente lírico leve e de luz suave, que permite a integração da ação no sonho. O seu autor não buscou o travo e o mordente da perversidade e do corrosivo *humour* que valorizam o brevíssimo *Pedro Malazarte*, de Mário de Andrade, anedota-libreto, com música de Camargo Guarnieri, e, sobretudo, a admirável *Vida e aventuras de Pedro Malazarte*, de José Vieira. Apesar da probabilíssima influência do *Peer Gynt*, de Ibsen, não há em *Malazarte* a feérica. mobilidade da obra norueguesa, e o próprio virtuose de *Canaã* moderou, ali, o seu jogo expressional.

Alfredo de Sarandi Raposo anunciava *Lithunia*, drama em 5 atos. Carlos D. Fernandes deixou um poema dramático, *Myriam* (1920), de tom predominantemente bíblico, sem traço de Simbolismo. *Avatar*, de Marcelo Gama, poema dramático em um ato, também não tem características simbolistas.

No geral, pouco teatral todo o teatro dos nossos simbolistas. A peça *Pena de talião*, de Emiliano Perneta, é mais propriamente uma cantata dramática, de expressão poética simbolista e concepção neo-helênica. Manifesta, a sua preparação para receber música de cena, ou "incidental", como dizem os anglo-saxões. Escrita em 1913, publicada em 1914, em Curitiba, o poeta apresentou-a no Rio, lendo-a publicamente, em reunião presidida por Alberto de Oliveira, dias antes da deflagração súbita da Primeira Guerra Mundial. Apesar dos artigos favoráveis da crítica que então se exercia, de João do Rio, de Bueno Monteiro, brilhante jornalista paulista, tão injustamente esquecido, de Nestor Vítor, e outros, a catástrofe universal suprimiu a peça, que retornou, mal desperta, ao seu casulo provinciano.

Por inspiração de Dario Veloso, o poeta de *Alma penitente* e de *Rudel*, a juventude paranaense viveu anos de imaginosa exaltação pró-Hélade antiga (1909-1913). A Grécia clássica constituía, para ela, o núcleo vital dinamogênico da História Universal, disciplina de que o poeta era professor prestigioso. De envolta com a sua doutrinação iniciática esoterista, surgiu o Instituto Pitagórico, com o seu templo grego, o seu ritual, e "Festas da primavera" em que trajes, hinos e competições atléticas evocavam a Hélade. Isso, num ambiente de alegria e mocidade, sem sombra de paródia.

Daí, a concepção de fundo helenístico, cheio de anacronismos pitorescos, de *Pena de talião*, peça em três atos, prólogo e epílogo, em verso. Enredo tragicômico, entremeando personagens mitológicas com as criadas pelo autor: Júpiter, a Aurora, ninfas, sátiros, de permeio com hetaíras, cavalheiros e escravos. A validade dessa obra reside no perpétuo fluxo dum fresco lirismo, e na sua luminosidade matinal. A declamação, apesar da variedade grande dos metros, principalmente em alexandrinos com a mobilidade de cesura e de acentos características da arte de Emiliano Perneta, é, aparentemente, natural e antes oral do que eloquente. Há lugar frequente para observações e expressões prosaicas, chocantes, que uma correnteza de límpida luz de poesia vai carreando. A imortal Aurora, apaixonada de Céfalo:

> Tudo lançou-lhe aos pés que tinha de mais belo:
> A púrpura brilhante, o ouro do seu cabelo.
>
> O seu carro de luz e os seus cavalos brancos...

Céfalo ama, e vai desposar, Prócris. Chegam os convivas para o banquete de núpcias e, por fim, o próprio Júpiter. Céfalo, porém, revelara os mistérios de

Eleusis, sacrilégio mortal. Insinua-se que os deuses se vingarão. Enquanto isso, Aminto levanta o brinde, página das mais conhecidas de Emiliano Perneta:

> Céfalo e Prócris, ergo a minha taça,
> Para beber, amigos, à saúde,
> À glória, à força, à primavera, à graça,
> À frescura, à beleza e à juventude...
> Da minha vida no correr da viagem,
> Extraordinária viagem de um artista,
> Eu tudo vi; mas a melhor paisagem,
> A que mais me feriu a alma e a vista
> Não foram cerros e não foram mares,
> Nem vales, nem cidades tumultuosas,
> Mas somente esses lúbricos olhares,
> Esse esplendor de formas voluptuosas...
>
> Como dois faunos ébrios e aloucados,
> Atirai-vos atrás dessas quimeras,
> Dessas doidas volúpias, enramados
> Das rosas, e dos mirtos e das heras...
> Envolvei vosso amor com a natureza,
> Mas envolvei-o numa tal mistura,
> Que os vossos beijos tenham a beleza,
> Tenham a graça, tenham a verdura,
> O gosto e o sabor e o próprio cheiro,
> E as mesmas festas e as mesmas cores
> Do olmo, e álamo, e cedro e amendoeiro,
> Dos campos e das frutas e das flores...
>
> E que possais dizer no fim da vida,
> Que a vida foi um luminoso beijo;
> Que os vossos dias foram como as rosas,
> E as vossas noites, lânguidas e belas,
> Noites de prata, noites radiosas,
> Inúmeras e finas, como estrelas!...

Oratória que é realmente canto. Júpiter responde com altissonante grosseria, e põe-se a abraçar as ninfas:

> Estas flores gentis, que, do modo mais brando
> do mundo, aqui me estão servindo...

O segundo ato, na casa de um mercador de joias. Evoca-se Friné. Céfalo encontra, ali, Mirto que, sabendo-o amoroso de sua esposa, propõe-lhe o velho ardil da tentação para verificar a sua fidelidade. Céfalo repele a sugestão; depois aceita. Mirto transforma-o em mercador. Ele tentará Prócris com as joias ali expostas. Saem. Prócris entra, e examina:

> Esta combinação do escuro de veludo
> Com a fina luz sutil da prata e ouro é tudo
> Que pode existir de raro e de esquisito.

Sobrevém Céfalo, e vai revestindo-a de gemas. Prócris cede, em desespero. Céfalo dá-se a conhecer.

O ato terceiro passa-se em casa duma pitonisa. Prócris vem lamentar-se da sua falta. E narra a Cloé:

> Eu corri, eu fugi do modo mais veloz.
> Fugi, como se fosse a desgraçada corça
> Acuada, que se vendo inteiramente a sós
>
> Numa planície, perde o seu ânimo forte,
> Para, vacila, e enfim sem temer nada mais,
> Extenuada cai sob as garras da morte...

Camponeses acolhem-na; entre eles vive dois meses de angústia, até que, não mais podendo suportar a sua dor, encaminha-se à ilha de Creta, onde reina a pitonisa Cloé, sua amiga. Esta, após refletir, acusa a deusa Aurora de ter maquinado tudo:

> .... Tu tens uma rival,
> Porém uma rival de uma grandeza estranha.

Penalizada, sugere-lhe outro ardil, a exercer relativamente a Céfalo, que também, inquieto, quer valer-se dos poderes mágicos de Cloé. Transforma Prócris em feiticeira, e a reveste de sedas e de joias deslumbrantes. Adverte-a:

> ....O mistério
> É mais formoso do que um ramo de lilás.

Entra Céfalo. Prócris simula prescrutar-lhe a sorte:

> Homem, tu padeceste um choque bem cruel,
> Não há muito..

Céfalo:

          Pior do que se fosse a morte.

Prócris:

          Ambos estão, porém, sofrendo...

Céfalo declara que nunca perdoaria:

          Pitonisa, se vim bater à tua porta,

          Foi só para saber notícias de uma morta...

A falsa pitonisa insinua que Prócris obedecera a uma influência estranha irresistível, de uma rival. Ele reage, apaixonadamente. Prócris insiste:

          O amor não se destrói senão quando se muda
          Num outro amor igual..................................

E sugere-lhe amar de novo, mas outra mulher. Céfalo, entretanto, sente-se atraído pela pretensa Cloé, que tanto lhe lembra Prócris. Esta leva-o à janela; e vai falando, acalmando-o:

          Olha a lua! Lá vem, radiantemente nua,
          Ansiosa por chegar não se sabe aonde, tão
          Pálida, cada vez mais pálida...

E explica:

                    É que a lua
          Ama como uma doida o jovem Endimião,
          E toda noite vai deitar-se no seu leito,
          Donde só se levanta ao leve albor da luz...
          Acorda-se, porém, com o rosto desfeito,
          De tanto beijo e de tantos abraços nus!

Céfalo:

          Que mestre te ensinou essa coisa tão vaga?

Ela, sorrindo:

PRESENÇA DO SIMBOLISMO

> Os lírios, o luar, esse belo jardim,
> Cujo aroma sutil me perturba e embriaga,
> E me alucina até me põe fora de mim...

Céfalo vai cedendo. Dialogam já num enlevo. Ele:

> Que mão leve e macia e que pele cheirosa!
> Eu era bem capaz de mastigar, assim,
> Essa mãozinha, vê, como se fosse rosa,
> Ou flor de eloendro, ou folha de jasmim...

Depois:

> Que cabelos reais!...
> Quanto seria bom vê-los aqui rolar,
> Soltos por sobre mim, em catadupas de ouro,
> Em loucos turbilhões, como se fosse o mar!

A pitonisa, no momento azado, faz com que Céfalo, envergonhado, mas feliz, reconheça Prócris.

No Epílogo, Céfalo medita sobre a persistente desconfiança, os ciúmes constantes de Prócris. Naquela hora, "num vale risonho, ao romper d'alva, Céfalo espera a caça, que tem de passar para ir beber à fonte próxima, entre árvores e moitas". Tem na mão um dardo que lhe dera Prócris. O animal que espera é ligeiríssimo. Um ruído no meio das moitas. "Arremessa o dardo. Ouve-se um grito aterrador. Céfalo corre para o local" e encontra Prócris morta. Longamente, lamenta-se, grita a sua desolação, o seu horror. E, não porque saiba ser infalível a sua condenação pelo Areópago, "desfecha um golpe sobre o coração e cai morto junto do cadáver de Prócris".

Ao morrer, Emiliano Perneta preparava outra cantata, peça dessa vez sobre Safo, a poetisa de Lesbos. Não esqueçamos que, então, Curitiba, aliás sem nenhum "parnasianismo", era a "Nova Hélade"...

CONDIÇÕES DE PRESENÇA DO SIMBOLISMO

Um humanismo de fundo jurídico e retórico predominou no Brasil até o penúltimo decénio do século XIX. Entre os românticos ele fora bastante alargado por uma ilustração universal à Victor Hugo, recentemente adquirida, e não muito caldeada. Em Álvares de Azevedo, por exemplo, encontramos riqueza de informação, manifestada em numerosas alusões, e extraordinária, dada a sua extrema juventude. A cronologia indicadora desse fato nada teria de surpreendente se nos ativéssemos ao âmbito nacional.

Devassados, porém, os horizontes, o mais imediato processo de verificação comparatista denunciará a falta, entre nós, de complexidade, de variedade, mas, principalmente, de qualquer maturidade cultural suscetível de preparar a atmosfera intelectual para a renovação iminente. Nos primeiros anos de 90, encontravam-se nossas letras ainda trespassadas do arrepio deliciado produzido pelo contato recente, ocorrido sem choques idiossincrásicos, do Parnasianismo da "Via-Láctea" e das *Aleluias*, e pela aceitação do Naturalismo de Aluísio Azevedo. Se essa poesia superou a romântica, desde logo, na receptividade geral, não ocorreu fenômeno assim incruento no que se refere ao Naturalismo. Este foi antes admitido sem quase consciência da mutação de tendência estética, e suas obras incluídas, sem mais, no repertório corrente — um pouco perdidos *O cortiço* ou a *Casa de pensão* entre *O moço louro* e *A escrava Isaura*. Indicação decisiva, porém, foi a presença de dois mestres do romance, Machado de Assis e Raul Pompeia. Pela primeira vez, entre nós, formava-se público ilustrado, capaz de sentir e julgar obras de requinte superior, sem precedente verdadeiro em nossas letras. *Quincas Borba* e *O Ateneu* exigiam formação apurada por parte do leitor. Já não pôde, entretanto, por isso mesmo, ser mantida a unidade da opinião nacional. Os leitores de Machado e Pompeia eram-no, já então, também de Zola e Eça de Queirós. Balzac passava a ser tido somente como o fornecedor de romances pouco mais interessantes, talvez, do que *Senhora* ou *Sonhos de ouro*, e não como uma espécie de demiurgo, como é, da epopeia moderna. Assim estava criada, pela primeira vez, cisão no mundo dos leitores. Deixaram de existir, marcadamente, de um lado uma classe ilustrada, a dos formados em direito, e de outro aquela boa toda gente, abrangendo fazendeiros, mercantes e pequenos funcionários, e também as senhoras e moças, que adquiriam os romances de Macedo, oferecidos às portas das casas, por escravos, em cestos e cobertos de toalhas rendadas. Sem dúvida, os velhos leitores letrados, viciados em traduzir Horácio, mesmo se não lidos em Sterne e Voltaire, poderiam penetrar, até certo ponto, na arte de Machado. O leitor do comum, esse, porém, lia os livros deste com defensivo retraimento. Foi preciso sobreviver a experiência de algumas poucas gerações, diversa e mais ricamente cultivadas, para chegar-se, como se chegou, a um julgamento menos inseguro, e de outra amplitude, sobre a sua incontrastável superioridade. No seu momento, a informação era superficial, apressada, donde um critério de valor inoperante, e afinal provinciano. Se o público ainda nem sequer realizava a significação de obra de um picaresco nada estranho à tradição latina, como *As memórias de um sargento de milícias*, só poderia desconfiar, é evidente, e com vergonha mais ou menos disfarçada, de qualquer repentina conjuntura que dele exigisse condições novas de entendimento e aferição.

Inevitável, pois, que o ano climático do Simbolismo no Brasil, 1893, produzisse equívocos dificilmente reparáveis e irredutíveis animadversões até há pouco não redimidas por completo, em torno da arte que se manifestava em os *Broquéis*, de Cruz e Sousa, a obra inicial do movimento. Brunetière — díscolo do Simbolismo, crítico quotidiano desigual e por vezes prevenido, hoje, porém, considerado um dos fundadores mais importantes da nova ciência da Literatura — explicava assim o novo ponto de vista: "... Isso quer dizer que entre a natureza e nós há 'correspondências', 'afinidades' latentes, 'identidades' misteriosas, e que é só na medida em que nós as apreendemos que, penetrando no interior das coisas, podemos, verdadeiramente, aproximar-nos da sua alma. Eis o princípio do Simbolismo, eis o ponto de partida ou o elemento comum de todos os misticismos, e eis o que seria bom que se procurasse introduzir, como um fermento novo, para fazê-lo levedar, se assim posso dizer, na pesada massa do naturalismo." Essa apreciação, escrita em 1888 — ano, aqui, da "Via Láctea"—, não teve similar equivalente na crítica brasileira antes da morte de Cruz e Sousa, em 1898. Ponderável parte da juventude de então sentiu, entretanto, fortemente, o aguilhão revelador. A leitura de algumas obras trazidas, ocasionalmente, de França e da Bélgica, e de algumas jovens revistas de lá, desencadeou mutação radical de juízos de valor, o que foi confirmado pelo conhecimento feito com os mestres portugueses, mercê das já remotas *Claridades do Sul*, de Gomes Leal, mas principalmente de *Os simples* e *Pátria*, de Guerra Junqueiro, dos *Sonetos*, de Antero de Quental, do *Só*, de Antônio Nobre, de *Oaristos* e *Horas*, de Eugênio de Castro, e das *Gouaches*, pequeno breviário (como então se dizia), de João Barreira.

O Simbolismo brasileiro, de fisionomia irrecusavelmente compósita, foi, no geral, elementar e singelo, como estrutura cultural. Raramente passou da etapa afetiva para a etapa intelectual. Não obedeceu a critérios, categorias e esquemas rigorosos. Os seus críticos mais representativos não trataram de tais discriminações.

A boêmia dos românticos e dos parnasianos desacreditara socialmente os artistas. A arte pela arte olímpica dos parnasianos, a intenção de "impassibilidade" da sua poesia, e a sujeição da prática poética a um minucioso artesanato de incansável polimento e burilamento, provocava o aparecimento de barreiras entre o que produziam e a receptividade geral. Sem dúvida, a permanência em terrenos de superfície e a generalidade acessível do sentimento, expressos em tais obras, facilitavam uma tomada de contato extensa, se bem que muito menos do que com as dos românticos, tão familiares e cordiais como as velhas modinhas sonorosas suas contemporâneas. Verificou-se depois: se, então, uma arte acusava flexibilidade e certa especial *morbidezza* musical, era por ter o caminho inconscientemente aberto para outras possibilidades estéticas, como no caso do "Plenilúnio", de Raimundo Corrêa, francamente pré-impressionista. A grande imaginação, não refugindo à profundeza, quase só a encontramos em Luís Delfino, sob certos aspectos ainda um grande romântico intato. O seu até hoje inexplorado universo de metáforas era de tal riqueza que lhe permitiu alcançar o Simbolismo. Em meio disso, o sucesso cabia a uma arte insinuante do meio-termo, amável, de sensualidade um tanto fria e intelectual, que satisfazia geralmente, acomodava-se a todos os gostos, e adormentava as sensibilidades com os seus hábeis afagos. Para que, então, sair dessa posição, como tantos fizeram, e correr novas aventuras, sobretudo quando estas se anunciavam sombrias e enigmáticas, indo tocar em desvãos insólitos do espírito e do sentimento? Que esforço para resignar-se a um tal inervamento da sensibilidade! Nem o ânimo conservantista, nem mesmo a pressurosidade habitual do esnobismo vieram favorecer a tarefa renovadora. Tudo, na tendência nova, parecia contravir ao feitio nacional. Renunciava-se, teimosamente, a procurar saber se caberiam outros matizes e ritmos de alma dentro dele. A atmosfera cultural limitada, considerando-se provida, mantinha-se incuriosa. As concepções filosóficas e religiosas apresentavam-se como vasos comunicantes onde se equilibravam o positivismo, o materialismo, um cientificismo lírico de tipo renaniano, um liberalismo inconsistente e um anticlericalismo maciço. Os hábitos da técnica artística parnasiana eram universalmente aceitas, tidos por melhores e, até, exclusivos. Tudo isso informava resistências tanto individuais quanto coletivas.

Esse o ambiente por Cruz e Sousa encontrado, naquele tão convulso ano, em que se preparava a Revolução Federalista. Passado o ardor do apostolado da Abolição e da República, as preocupações de reforma social acusaram-se, sob a forma dum vago socialismo simplesmente humanitário, sem ainda nada de normativo. Os artistas de espírito inconformado e sensibilidade virgem sentiram, de súbito, num estonteamento enfarado, o tédio que emanava de tanta vacuidade entonada e tranquila. Algumas leituras lhes entremostravam o distanciamento, o exílio (como diziam), o encastramento numa estrutura sem aberturas para o sonho total e para a transcendência. Descerravam, sobretudo, os seus próprios abismos interiores, que só faltava sintonizar com a nova prestigiosa realidade da arte universal, ignorada dos parnasianos e por estes, ocupados nos seus "grandes ateliers" de joalheiros, não buscada. A "grande promessa", à qual Nietzsche limitava o Romantismo, parecia ir realizar-se agora, com aquela livre pesquisa, que iria permitir a descida *au fond du gouffre pour trouver du nouveau* (Baudelaire). Aquela expansão da alma levava-a até a atmosfera das altitudes vertiginosas da Mística. Acessível, agora, a captação das nuanças mais evanescentes. Ficava superado o recalque do senso de profundidade e do estremecimento de mistério, recalque que fora imposto pelo regime do purismo, aliás não imaculado, do Parnaso e do Positivismo.

Tudo, neles, chocava as convicções e o gosto gerais. A Metafísica, por exemplo, é declarada morta pelo Positivismo, e considerada por este como simples mito teológico. Hoje, vivazmente, explicam-na os mestres da "doutrina perene do Ser" (Alexander, Whitehead, Höberlin, Nicolai Hartmann); e é sustentada, senão no sentido de "chegar a um Além, a Deus", mediante um salto da imaginação que abandona todo argumento controlável,[29] pelo menos no da fé vigorosa, serenamente examinada à luz da razão, por existencialistas cristãos como Gabriel Marcel, pelo filósofo do espírito, Louis Lavelle. Sobretudo, pelos representativos do tomismo contemporâneo (Garrigou-Lagrange, Jacques Maritain, Sertillanges e Etienne Gilson), "um dos movimentos filosóficos mais importantes da atualidade".[30]

A arte parnasiana — didática, formal, imitativa e, principalmente, descritiva —, ia ser substituída por "Quelque chose vague comme une musique", que Huysmans pressentia. "Tout reprendre à la musique", exigia Mallarmé. "De la musique avant toute chose", instituiu Verlaine. Música, não porém metro e ritmo estáticos. "Inimigo da declamação e da descrição objetiva", segundo o Manifesto de Moréas (18 setembro 1885), o simbolista buscava uma música para a qual Verlaine preparara caminhos de suavidade indizível; daquela espécie que Gerhardt Hauptmann tinha por essencial à própria criação poética: "deixar ouvir por detrás de cada palavra a palavra essencial".[31] O Idealismo pessimista dos simbolistas (Hegel, Schopenhauer) reagia obscuramente. Demudava, porém, o clima espiritual e levava a um tratamento instrumental direto do verbo poético. Tratava-se não de "reproduzir", mas de "representar", como intuíra, genialmente, Cézanne, em pleno Naturalismo, adiantandose, assim, de muito ao próprio Impressionismo.[32] Se, por outro lado, como também propõe Louis Cazamian,[33] "a sugestão é a alma da poesia" esta "não é um discurso, porém uma participação". Encantação, magia... Os simbolistas sentiam a arte como uma participação mística, um contato com o sagrado. O "critério único da estética e do místico é o êxtase", concluiu Denis Huisman[34] A contemplação, envolvendo a noção da *catarsis* grega, abrindo indevassados e infinitos horizontes, sensibilizando para sinestesias insuspeitadas, levava ao Símbolo. "Dar o nome a um objeto é suprimir três quartas partes da fruição do poema que é feito da felicidade de adivinhar pouco a pouco; sugeri-lo, eis o sonho", precisou Mallarmé. A intuição seria, pois, a atitude poética por excelência. Conforme o mais inesperado talvez dos julgadores de boa-fé, Brunetiere, a poesia, tal como a consideravam os simbolistas, era "uma retomada, pela alma, das suas próprias profundezas" (1888). "Intuição que não é, pois, 'irracional' como quererá Bergson, porém suprarracional, e que procura alcançar a unidade essencial do espírito e do mundo. Visão unitiva, que se assemelha singularmente à atitude dos místicos", explica Guy Michaud.[35]

Por sua vez, o teorista do Simbolismo, René Ghil: "Que é, pois, a intuição, senão a ocasião duma síntese tão rápida que o espírito não pôde apreender os termos analíticos imediatos."[36] Captação imediata duma realidade essencial, surpreendidas, as coisas "deixam de ser aparências isoladas para absorverem-se no Ser", como escreveu São João da Cruz.[37]

Segundo a expressão derivada de Baudelaire: "Realizar Deus em um mundo melhor entrevisto, num mundo total e simbólico, quer dizer que tornará a encontrar, para o homem, toda a sua significação."[38] A Arte sempre foi baseada em símbolos. Sem dúvida, porém agora, observou Henri de Régnier, tratava-se de fazer "do símbolo a condição essencial da arte".

O movimento simbolista não reflete esse magma estético de modo definido. Veremos o influxo de Baudelaire e de Antero de Quental em Cruz e Sousa; de Verlaine em Alphonsus de Guimaraens e nos neossimbolistas, "penumbristas"e impressionistas do período de transição para o Modernismo; de Mallarmé em Pedro Kilkerry, Ernani Rosas; de Rimbaud também em Kilkerry, e em Gonçalo Jácome... exemplos tomados ao acaso. Verificação, afinal, somente subsidiária e talvez inoperante. Como aliás em França, "decadentes" (aqui curiosamente, e com intenção depreciativa, cognominados "nefelibatas", expressão tirada de Rabelais) e "simbolistas" não aparecem em posição bem discriminada. Guerra Duval, Alphonsus de Guimaraens, Colatino Barroso, José Gelbcke, Silveira Neto, Dario Veloso, Gonzaga Duque teriam sido predominantemente "decadentes"; Cruz e Sousa, Emiliano Perneta, Edgar Mata, Ernani Rosas, mais propriamente simbolistas. Ainda assim ao acaso, pois seria um tanto pueril fixar, sem mais detido exame e muito matizamento, dispor as experiências individuais do movimento em esquemas rígidos.

Forçoso causasse, então, espanto e desagrado esse inopinado impacto. Hoje em dia já as perspectivas são diferentes. Por um lado certas prevenções, bastante análogas às daqueles dias de 1893, são alimentadas pela intensiva doutrinação materialista, pela decorrente recusa de Deus, pelo ceticismo amargo e dolorido causado pelas guerras apocalípticas, por tantas mutações e tantos abalos nos alicerces do humano. De par com uma pujante revivescência da consciência religiosa, eleva-se a interdição de crer, e a ablação de toda sobrenaturalidade. Como, pois, hoje, mencionar a Mística e a Transcendência ? Como dizer duma arte que queria ver "o Eterno através do Temporal", como sentia Coleridge a sua própria arte e a Arte perene? Uma Arte do "Inefável" e do "Mistério", de um mistério que não se limita às regiões ainda inexploradas pela ciência experimental, porém que quer atingir a realidade profunda e suprema? Tal atitude só pode, ainda hoje, parecer fenômeno superado a quantos não esperam da arte, e até lho interdizem, aquele dever "de dar ao homem uma revelação religiosa da Realidade transcendente", como queria Wagner. Isso apesar da presença decisiva, no mundo contemporâneo, de Rilke, de Millosz, de Claudel, de Chesterton, de T. S. Eliot, de Réverdy, de Bernanos, de Evelyn Waugh, de Graham Gree ne, de Utrillo, de Rouault — todos católicos. Não se trata, pois, de julgar dos temas, das preocupações sociais e éticas. Menos ainda de apreciar os valores expressivos do Simbolismo brasileiro pelo critério do êxito contêmporâneo, tão falível, frequentemente injusto. Trata-se, antes, de encarar de face a obra por ele realizada; e, secundariamente, aferir-lhe o merecimento relativo diante das contingências históricas.

Um panorama do movimento simbolista brasileiro é bem certo que não pode ser comparável ao "concílio feérico" (expressão criada por Laforgue) representado pelo Simbolismo francês, fulcro básico, senão totalmente originário, de irradiação do movimento em todo o Ocidente. Pelas muitas razões expostas, e também devido aos imponderáveis da vida da Arte.

A projeção desse fecundo "concílio" de Arte universal suscitou a eclosão de verdadeiras irradiações de luz-própria, como se diz dos astros, que o foram mais do que "faróis", como se exprimiu Baudelaire. Escatologicamente, um grande espetáculo. Cruz e Sousa, e alguns outros dos nossos, puderam também, então, entrever, como entreviu Mallarmé, aquele "cume ameaçador de absoluto, adivinhado ao afastarem-se as nuvens, lá bem alto, e nu, só"...

NOTAS

1. V. *Obra completa*. Rio de Janeiro: Aguilar, 1961.
2. Carlos D. Fernandes. *Fretana*. p. 126-138.
3. R. Bastide. *A poesia afro-brasileira*. p. 116.
4. *Idem*, p. 117.
5. *Idem*, p. 127-128.
6. A revista portuguesa Arte, de Eugênio de Castro e Manuel da Silva Gaio (1895-1896), refere-se aos simbolistas brasileiros; e outra, também intitulada Arte, do Porto (1898), publicou colaboração de Silveira Neto, Gonzaga Duque, Pethion de Villar, Orlando Teixeira e Antônio Austregésilo, bem como artigo de Oliveira Gomes sobre Cruz e Sousa. Preciosos informes, estes últimos, do crítico português João de Castro Osório.
7. In *Jornal de Letras*, ago. 1953.
8. Andrade Murici. *Silveira Neto*. Rio de Janeiro: Festa, 1930.
9. Andrade Murici, *op. cit*:

    Evocativas,
    silenciosas,
    Garças hieráticas e misteriosas,
    Damas Brancas e ciosas
    das virgens envultadas e cativas
    no pólen das camélias:
    — Garças ofélias;
    Garça afrodita,
    alma pálida e cativa...
    ....
    Gôndola de pluma,
    flanando no Ar o ritmo coleante,
    salmeante,
    das ôndulas d'aljôfar e d'espuma;
    ....
    Véu astral de noiva morta...
    penas abertas, como palmas
    de leite
    dum Domingo batismal de Ramos:
    coifas de linho de sóror enfermeira,
    a cabeleira,
    nos orrentes dias
    do último olhar,
    luar
    dos olhos de diamantes; almas das rosas desfolhadas,
    velais cantando, a noite em claro...
    ....
    Rosas de neve níveas como ventres de amadas...
    Estrídulos de flauta feitos ave,
    corações de harpa instrumental e grave,
    suave..
    pálidas aéreas teorias de Garças,

espalmos signos siderais das virgens de pupilas garças
e cabela loiro,
como um zimbório d'oiro....
....
pena branca, nuvem que voa e passa...

10 Max-Pol Fouchet, in *Mercure de France*, 1º set. 1954.
11 Nota 56, da 2. ed. de *Poesias*.
12 In *O Comércio de São Paulo*, 22 maio, 1898.
13 *Mendigos*, p. 18.
14 *L'esthétique*. Paris, 1954. p. 95. As expressões entre aspas, citadas por Huisman, são de Pierre Abraham.
15 In *Humilhados e luminosos*. Rio de Janeiro, 1921.
16 "Psicología y poesía", in *Filosofía de la ciencia literaria*. México, 1946, p. 351.
17 *Herencia del simbolismo*. Trad. esp. Buenos Aires, 1951. p. 35.
18 Apud Jean Cassou. *Pour la poésie*, p. 132.
19 *Panorama critique de Rimbaud au Surréalisme*. Paris, 1953. p. 118.
20 "Evolução de Emiliano Perneta", in *Revista Brasileira*, da Acad. Brasil. Letras, março, 1946. p. 65.
21 *L'essence de la poésie*. Paris, 1942. p. 17.
22 *Idem*, p. 57-58.
23 *Panorama critique de Rimbaud au Surréalisme*. Paris, 1953.
24 Publicada pela editora Lello.
25 Paris: Maurice Chapelain, 1946.
26 Nas páginas 210-211.
27 *Op. cit.*, p. 209.
28 Vide Georges Buraud, in *Lumière du Graal*. Paris, 1951.
29 S. M. Bochenski. *La filosofia moderna*. p. 215.
30 Id., id., p. 251.
31 Karl Vossler e outros. *Introducción a la estilística romance*. Buenos Aires, 1942, p. 117.
32 J. Segond. *Traité d'esthétique*. Paris, 1947, p. 182.
33 Louis Cazamian. *Symbolisme et poésie. L'exemple anglais*. Paris, p. 19.
34 Denis Huisman. *L'esthétique*. Paris, 1954. p. 122.
35 Guy Michaud. *Message poétique du Symbolisme*. Paris, 1947. p. 409.
36 *Idem*.
37 Apud Albert Béguin. *Poésie et mystique*, loc. cit., p. 417.
38 *Idem*, p. 418.

43. Xavier Placer
O IMPRESSIONISMO NA FICÇÃO

O Impressionismo: caracteres. Penetração no Brasil. A ficção impressionista: Raul Pompeia, Graça Aranha, Adelino Magalhães. Influências e repercussões.

RAUL POMPEIA, GRAÇA ARANHA, ADELINO MAGALHÃES

No Brasil, o Impressionismo não chegou a constituir escola; não tem, como o Simbolismo, mestres e discípulos. Este, na literatura brasileira, marca uma época, embora curta, alcançando o clímax nos cinco anos que vão da publicação de *Missal* e de *Broquéis* (ambos de 1893), de Cruz e Sousa, até a morte deste (1898). E, sabe-se, é um movimento mais de poesia do que de prosa, contando-se pelos dedos as obras significativas na ficção romanesca tais como: *Mocidade morta* (1899) escrito em 1896; e *Horto de mágoas*, póstumo (1914), de Gonzaga Duque; *No hospício* (1905), escrito em 1900, de Rocha Pombo; e mais Nestor Vítor, "Sapo" de *Signos* (1900). No relato curto ou na crônica poemática: Virgílio Várzea, Lima Campos e Gustavo Santiago. Mas, se não chega a formar uma escola, qual o seu aliado, não há como negar que, entre nós, o Impressionismo representa uma tendência, uma corrente.

Cabe a um crítico, filho da atmosfera espiritual do Simbolismo, mas que avançaria além, inclusive como impressionista na ficção (*A festa inquieta*, 1926), Andrade Murici, a primazia na fixação da existência do fenômeno literário no Brasil, escrevendo sobre Adelino Magalhães e nele indigitando tais características,[1] e isso em termos absolutamente conscientes na hora e válidos até hoje, apesar da data longínqua:

> O Impressionismo é nota ainda rara em nossas letras. Inconciliável com o Romantismo e com o Naturalismo, só com o Simbolismo tiveram nossos escritores intuição da representação indireta, intensiva, reduzida aos elementos primários, o que constitui, até certo ponto, a estética impressionista. Os nossos simbolistas não tiveram perfeita consciência da tendência que com eles, pela primeira vez, se manifestava no Brasil, e desleixaram um processo fecundo, com o qual poderiam ter conseguido efeitos interessantíssimos. Ainda assim, na obra de alguns dos

mais notáveis entre eles, em Cruz e Sousa, em Silveira Neto, em Gonzaga Duque, encontram-se preciosas indicações das possibilidades daqueles artistas no sentido da arte impressionista. Não levaram eles até onde lhes fora possível, se para tal houvessem tido estímulo, a prática do gênero: tentaram-no, por mera adivinhação.

E caracterizando, na palavra e em outras artes, a natureza do próprio processo artístico:

Tenho que Impressionismo consiste principalmente no processo, na expressão, importando mais em condição do que em diferença essencial de sensibilidade. A ética do artista e os motivos das suas obras podem ser idênticos aos de algum naturalista ou simbolista. Sua produção será impressionista se as notações sentimentais ou pitorescas forem analiticamente decompostas, justapostas em seguida, reduzidas cada uma delas à sua simplicidade elementar. O resultado é idêntico ao do processo pictórico do mesmo nome. As cores são estendidas na tela sem sofrerem quaisquer misturas, sem gradações em sua íntima combinação. Tal sistema exige ou grande mestria técnica ou o seu equivalente: sentimento justo, sincero e presto da harmonização das cores. As cores *justapostas* fundem-se, influenciam-se mutuamente, atenuam-se ou se acendem, produzindo *intensidade*, vibração admiráveis. A escultura de Rodin, toda *"em profundidade"*, como (observou Mauclair, vivaz e expressiva na irregularidade magistral dos seus planos, no arrojo do modelado, é caracteristicamente impressionista, pela procura da *intensidade* mais ainda do que pela síntese do movimento que constitui sua máxima virtude.

Uma das mais relevantes qualidades do impressionismo é a irradiação do *ambiente*. Toda obra de arte possui ambiente próprio que serve para completar, animar, *dar vida ao motivo*. Na pintura, o ambiente é representado pela atmosfera que envolve o *motivo*, o que se chama vulgarmente o fundo do quadro, e que é calculado cuidadosamente para se afinizar bem a cor da moldura ou com a decoração das paredes. Na pintura impressionista o ambiente irradia: não se afiniza apenas com a moldura — sai dela, prolonga o quadro até a atmosfera que rodeia o observador. Uma das grandes reformas de Rodin foi conseguir efeito análogo na escultura. Na música, o impressionismo tem consistido quase exclusivamente em formar ambiente. Já Liszt tivera a audácia de *carregar* excessivamente o colorido harmônico, não temendo nem a monotonia nem o pesado. Chopin deixou, no *presto* final da "Sonata em si bemol", op. 35, realização formidável, página de uma audácia felicíssima, que Rodin ou Claude Monet assinariam se fossem músicos: uma ânsia, uma agonia tremenda, sem forma e quase sem ritmo, de um fôlego genial. Os modernos, Debussy, Ravel, os russos, Mussorgsky principalmente, foram além ainda na aplicação do processo, os franceses mais que os russos, por mais conscientes e mais esclarecidos sobre a nova estética.

Nas letras brasileiras só iríamos ter manifestação inquestionável de Impressionismo com Adelino Magalhães. As notações impressionistas, porém, embora vagas, apontam, por intuição dos autores, dentro dos outros estilos, tanto na poesia como na prosa.

Há que assinalar fenômeno paralelo nas outras artes, no Brasil. É assim que, na pintura, ressalta o nome de Eliseu Visconti; Jogo os do marinhista Castagnetto e dos pintores de composição: Rodolfo Amoedo, Helios Seelinger e Miguel Capplonch; e já em nossos dias Henrique Cavaleiro e Manuel Santiago. No desenho, Cornélio Pena (*q.v.*) que em 1936 estreou com *Fronteira*, obra na qual o impressionista plástico se revela na prosa de ficção. Na música, Villa-Lobos, Glauco Velásquez e Henrique Oswald, este em composições como *Il neige* e outras.

Era esta a atmosfera espiritual; pelo menos no centro cultural mais importante, o Rio de Janeiro. O Simbolismo expirante cedia a favor de uma pesquisa de caráter personalíssimo levada a efeito por parte dos "novos" do tempo, na tentativa de fazer diferente daquelas conquistas já cristalizadas e bastante formais da Escola. Abandonavam-se o Símbolo e as maiúsculas, a teoria da correspondência das cores e outras, para dar à Impressão, mensagem pessoal da realidade captada através dos sentidos e analiticamente decomposta em seus elementos. É assim que, sem forçar interpretações, pode-se assinalar, tanto no estrangeiro como aqui, um Impressionismo de primeira hora: exterior, descritivo; e um de segunda fase: psicológico, onde o monólogo interior representa magna parte.

Limitando aqui a atenção ao objeto do capítulo — o Impressionismo na literatura brasileira — sem violência podem-se declinar nomes de autores e obras onde se comprova seguramente cada aspecto do que se vem de afirmar, ou seja: 1) no final do Novecentos, com Raul Pompeia, e sobretudo em *O Ateneu*, evidenciam-se as primeiras marcas impressionistas, hauridas pelo autor na familiaridade com a obra, nesse sentido significativa, dos Irmãos Goncourt; 2) no começo do século, no *Canaã*, de Graça Aranha, filho espiritual da atmosfera Naturalista-Simbolista, ainda que menos marcantes que em *O Ateneu*, identificam-se elementos de técnica estilística impressionista; 3) o mesmo fenômeno está em autores menores e até de outras escolas, que a seguir escreveram; 4) com Adelino Magalhães atinge o Impressionismo, no Brasil, o ponto alto, expressivo e inequívoco; 5) já subterraneamente, aponta no Modernismo, complicado com fatores vários em consequência de condições outras especialíssimas, em Jaime Balão Júnior (1891), sobretudo em *Seara morta* (1925); Brasílio Itiberê (1896), em publicações na revista *Festa* (1927-1928); Antônio de Alcântara Machado (1901-1935) com *Brás, Bexiga e Barra Funda* (1927) e *Laranja da China* (1928); José Américo de Almeida (1887), com *A bagaceira* (1928); Carlos da Veiga Lima (1889), com o tríptico: *Depois do paraíso* (1929), *Veneno interior* (1931), *Maria Eleonora* (1932); Teodomiro Tostes (1903) com as crônicas-poemas de *Bazar*

(1931). Mas, principalmente, Oswald de Andrade (1890-1954) com *Memórias sentimentais de João Miramar* (1924) e *Estrela de absinto* (1927); e Plínio Salgado (1901), com a trilogia *O estrangeiro* (1926), *O esperado* (1931) e *O cavalheiro de Itararé* (1933); Mário de Andrade, na prosa, sobretudo em *Macunaíma* (1928) e nos contos de *Belazarte* (1933). No Pós-Modernismo: Clarice Lispector, com *Perto do coração selvagem* (1943), *O lustre* (1946) e *A cidade sitiada* (1949).

Analisam-se a seguir os três autores — Pompeia, Graça Aranha e Adelino Magalhães — como representativos da corrente.

RAUL POMPEIA[*]

Pompeia é geralmente classificado entre os naturalistas pelos nossos historiadores literários. A sua colocação aí tem que ser *sui generis*. É que a restrita interpretação naturalística da obra deste escritor não a explica inteiramente, ela extravasa a exclusividade de tal enquadramento. Havia no temperamento hipersensível de Raul Pompeia — que muito coerentemente terminou na autodestruição — matizes de vibratilidade que só recursos artísticos mais eficazes do que os daquela escola podiam plausivelmente expressar. Tal instrumento o autor o encontrou na *écriture artiste* dos irmãos Goncourt, cujos segredos penetrou de modo perfeito, e da qual foi experimentador evidente, embora com personalidade. E quanto à técnica do romance — o que marca ainda melhor a originalidade do seu talento — inventou-a por conta e risco, como logo se verá. Naturalista, sim, nos temas; no estilo, impressionista. A feição impressionista em Pompeia não se revelaria, pelo menos tão acentuadamente como seria compreensível tratando-se de gênero poético, nas castigadíssimas *Canções sem metro* (1883; 1900). Levou anos a fio polindo-as e repolindo-as, e daí talvez aquele aspecto miúdo das *Canções*. Já nas páginas de *O Ateneu* (1888), sem preocupações microscópicas, antes senhor de todas as suas virtualidades e com a liberdade de movimentos de prosador, Pompeia acertou apaixonadamente como pintor da vida de internato e psicólogo a quente da adolescência. Para isso, como explicou, graduava proporcionalmente o estilo, segundo representava uma ideia ou uma sensação, desenho e tinta. A ênfase era dada à tinta, isto é, à Cor. "Realmente", confirma Eugênio Gomes, "a Cor era quase tudo para Pompeia e, no fazê-la prevalecer no seu estilo, agiu com a mais viva sinceridade consigo mesmo."[2] Este avatar era alcançado, por sua vez, através de um vocabulário escolhido nessa intenção, de metáforas impressivas e de uma sintaxe

---

[*] A biobibliografia de Raul Pompeia encontra-se no cap. 36, desta obra. Consultar, para aspectos outros da personalidade e obra do mesmo escritor, sobretudo o seu impressionismo, os seguintes artigos de Eugênio Gomes publicados no *Correio da Manhã*: Pompeia e a métrica (19/11/55); o lado marcial de Pompeia (31/12/55) e Raul Pompeia, contista (8/12/56). Ver, de E. Gomes, *Visões e revisões*. Rio de Janeiro: Inst. Nac. Livro, 1958.

adaptada (às vezes retorcida) ao objetivo em mira. Seria fácil multiplicar exemplos, citando a descrição dos companheiros de classe, o sonho atribulado da primeira noite de internato, a crise religiosa de Sérgio, a vingança dos cacos de garrafa do infeliz Franco na piscina e tantos outros momentos. Leia-se este fragmento da conferência do Dr. Cláudio, que evidentemente fala pelo autor, e onde as características do estilo de Pompeia se revelam, a par de sua teoria impressionista:

> O coração é o pêndulo universal dos ritmos. O movimento isócrono do músculo é como aferidor natural das vibrações harmónicas, nervosas, luminosas, sonoras. Graduam-se pela mesma escala os sentimentos e as impressões do mundo. Há estados d'alma que correspondem à cor azul, ou às notas graves da música; há sons brilhantes como a luz vermelha, que se harmonizam no sentimento com a mais vívida animação. A representação dos sentimentos efetua-se de acordo com estas repercussões. (Cap. VI.)

Dr. Cláudio-Pompeia passa a demonstrar a afirmação, pelo estudo da linguagem:

> A vogal, símbolo gráfico da interjeição primitiva, nascida espontaneamente e instintivamente do sentimento, sujeita-se à variedade cromática do timbre como os sons dos instrumentos de música. Gradua-se em escala ascendente u, o, a, e, i, possuindo uma variedade infinita de sons intermediários, que o sentimento da eloquência sugere aos lábios, que se não registram, mas que vivem vida real nas palavras e fazem viver a expressão, sensivelmente enérgica, emancipada do preceito pedagógico, de improviso, quase inventada pelo momento.
>
> Há ainda na linguagem o ritmo de cada expressão. Quando o sentimento fala, a linguagem não se fragmenta por vocábulos, como nos dicionários. É a emissão de um som prolongado, a crepitar de consoantes, alteando-se ou baixando, conforme o timbre vogal.
>
> O que move o ouvinte é uma impressão de conjunto. O sentimento de uma frase penetra-nos, mesmo enunciado em desconhecido idioma.
>
> O timbre da vogal, o ritmo da frase dão alma à elocução. O timbre é o colorido, o ritmo é a linha e o contorno. A lei da eloquência domina na música, colorido e linha, seriação de notas e andamentos: domina na escultura, na arquitetura, na pintura: ainda a linha e o colorido. (Cap. VI.)

E ainda este traço bastante definidor do temperamento de Pompeia:

> Na sua qualidade de representação primária do sentimento, depois do fato do amor, a eloquência é a mais elevada das artes. Daí a supremacia das artes literárias — eloquência escrita. (Cap. VI.)

Evidentemente, preocupações de tal natureza não são específicas de arte realista ou naturalista puras, uma voltada para o *real* em si, preconizando a impersonalidade do artista e a outra colocando o ideal no *documento* e na pincelada grossa.

Tampouco obedece à orientação dessa estética a arquitetura de *O Ateneu*. O estilo demoníaco inspirou, determinou, uma construção afim. "Crônica de saudades", subtitulou Pompeia. Crônica, isto é, narração, mas não contada cronologicamente. *O Ateneu* não é um romance cronológico. Não que o tempo esteja aí escamoteado. Percebe-se nele perfeitamente o tempo objetivo: o menino Sérgio, antes daquele presságio "Vais encontrar o mundo, coragem para a luta", que lhe diz o pai à porta do Ateneu, foi já visitar por duas vezes o colégio. Depois, numa manhã, 15 de fevereiro, à hora regulamentar, comparece. Segue-se o primeiro ano de Sérgio nesse pequeno mundo que Aristarco, o diretor, comanda com alma de especulador e de levita, tal como o representa o vaivém de sua cadeira rotativa, no escritório, à mesa de trabalho, ocupado no governo financeiro da instituição. Já nos restantes capítulos, decorre o ano seguinte, no qual se revelam ao menino outros aspectos e a obra se completa num panorama inteiriço. Mas tudo isto percebe-o o leitor como uma infraestrutura. O que sobreleva, o que ele sente realmente é a atmosfera peculiaríssima do internato, com os seus adolescentes, revoltados ou submissos, as aulas, os divertimentos e o tédio, o terror dos exames, o cadáver de um criado atirado no pátio, as provocações sensuais de Ângela, a criada canarina, as horas preguiçosas de convalescença, na enfermaria, com as visitas acariciantes de Ema, a esposa do diretor, e, em epílogo truculento — efeito cômico ou tributo ao naturalismo? —, a destruição da obra do pedagogo, num incêndio proposital. Não o tempo, pois, mas a duração psicológica. É que esta autêntica obra-prima, erguida sobre as evanescentes impressões da infância, no internato, é toda recriada em forma de evocação, de introspecção, processo de que teve perfeita consciência, como revela este trecho:

> Música estranha, na hora cálida. Devia ser Gottschalk. Aquele esforço agonizante dos sons, lentos, pungidos, angústia deliciosa de extremo gozo em que pode ficar a vida porque fora uma conclusão triunfal. Notas graves, uma, uma; pausas de silêncio e treva em que o instrumento sucumbe e logo um dia claro de renascença, que ilumina o mundo como o momento fantástico do relâmpago, que a escuridão novamente abate...
>
> Há reminiscências sonoras que ficam perpétuas, como um eco do passado. Recorda-se, às vezes, o piano, ressurge-me aquela data. (Cap. XII.)

Não é a técnica de introspecção que Proust aplicou, em massa, em *À la recherche du temps perdu*? E que James Joyce levaria a um intenso grau de expressão em *The Portrait of Artist as a Young Man*?

Pompeia conclui:

Aqui suspendo a crônica das saudades. Saudades verdadeiramente? Puras recordações, saudades talvez, se ponderarmos que o tempo é a ocasião passageira dos fatos, mas sobretudo o funeral para sempre das horas. (Cap. XII, *in fine*.)

GRAÇA ARANHA[*]

[*] José Pereira da Graça Aranha (São Luís do Maranhão, 1868 — Rio de Janeiro, 1931). Formado em direito pela Faculdade do Recife, discípulo de Tobias Barreto, passou pela magistratura, ingressando a seguir na diplomacia. Serviu em Londres com Joaquim Nabuco, foi ministro na Noruega e na Holanda, aposentando-se neste posto em Paris. Membro fundador da Academia Brasileira de Letras. Após sua morte, criou-se no Rio de Janeiro a Fundação Graça Aranha. Antes, tomou parte no movimento modernista, pronunciando, na Academia, a famosa conferência em que atacou a instituição. Ver cap. 38, desta obra.

Bibliografia

CONTO: *Imolação*, sob o pseudônimo de Flávia do Amaral. ROMANCE: *Canaã* (Rio de Janeiro: Briguiet, 1901; 2. ed., 1902; 5. ed., 1913; 7. ed., 1922, 8. ed., 1939; 9. ed., 1943, 10. ed., 1949). *A viagem maravilhosa*. 1929; 2. ed., 1930; 3. ed., 1944; ENSAIO: *A estética da vida*. 1920. *Correspondência entre Machado de Assis e Joaquim Nabuco*. 1923; *O espírito moderno*. 1925. TEATRO: *Malasarte*. Paris, 1911. MEMÓRIAS: *O meu próprio romance*, 1931 (inacabado); *Obras completas*. Rio de Janeiro: Briguiet, 19... 8 vols; *Obra completa*. Org. Afrânio Coutinho. Rio de Janeiro: Inst. Nac. Livro, 1969 (Com introdução, estudos críticos, bibliografia, cronologia, etc).

Consultar

Andrade Murici, J. C. de. "Graça Aranha" (in *O suave convívio*. Rio de Janeiro: Anuário do Brasil, 1922); idem. "Graça Aranha" (in *Panorama do simbolismo brasileiro*. Rio de Janeiro: INL., 1952, vol. l); Athayde, Tristão de. "O romance de Graça Aranha e posição de Graça Aranha" (in *Estudos*. 5ª série, Rio de Janeiro: Civilização Brasileira, 1935): Carvalho, Ronald de (in *Estudos brasileiros*. 2ª série Rio de Janeiro: Briguiet, 1931); Miguel Pereira, Lúcia (in *Prosa de ficção de 1870 a 1920*. Rio de Janeiro: José Olympio, 1950); Morais, Carlos Dante de. "Graça Aranha" (in *Viagens inferiores*. Rio de Janeiro: Schmidt, 1931); idem. "Graça Aranha e o lado trágico da vida" (in *Realidade e ficção*. Rio de Janeiro: MES, 1952); Nobre de Melo, A. L. (in *Mundos mágicos*. Rio de Janeiro: José Olympio, 1950); Soares, Orris. "Graça Aranha" (in O *romance brasileiro*. Rio de Janeiro: O Cruzeiro, 1952); Teixeira Soares. "A viagem maravilhosa" no caos brasileiro (in *Movimento brasileiro*, 1930, fev., 11/14); idem. *A mensagem de G. A*. Rio de Janeiro: Fundação Graça Aranha, 1941; Vítor, Nestor. "Canaã" (in *A crítica de ontem*. Rio de Janeiro: L. Ribeiro e Maurílio, 1919); idem. "Graça Aranha, antes da guerra, depois da guerra" (in *Os de hoje*. São Paulo: Cultura Moderna, 1938).
Sobre a história da obra é interessante ler-se esta observação de Brito Broca, in *A vida literária no Brasil*, 1900, p. 177: "Foi também a amizade de Nabuco que levou Graça

No romper do século um livro surgiu, que marcou ruidosamente o momento literário brasileiro: *Canaã* (1901), de Graça Aranha.[3]

"Foi *Canaã*" — testemunha Orris Soares[4] — "o livro de muitos *moços* de meus dias de moço." Não o foi só dos moços, mas de toda a "inteligência" do tempo, que nele se deslumbrou, que o discutiu para louvar ou condenar. A razão do êxito excepcional explica-se: era um livro revolucionário no quadro das letras nacionais, inclusive no sentido social.

Para as gerações posteriores, que viveram experiências intensas e atingiram mais nítida consciência do social, os problemas dessa natureza, que aí se colocam — embora não seja este um aspecto desdenhável — não puderam impressionar tão fortemente. Alimentado do naturalismo filosófico alemão, assimilado na Faculdade de Direito do Recife, sob a prestigiosa influência de Tobias Barreto, e vivendo a seguir na Europa, em contato com o que havia de mais culto, Graça Aranha evolui até o Socialismo. E o seu romance de estreia é um espelho da mentalidade avançada.

O enredo de *Canaã* o patenteia: Milkau, evadindo-se da civilização saturada de tradição da Europa, mais exato, de sua pátria, a Alemanha — lá "onde o demónio da terra venceu o espírito de beleza e de liberdade" —, demanda as plagas "novas e férteis" da América. Depois de receber a "impressão única" de uma passagem ligeira pelo oeste de Minas Gerais, onde não encontra facilidades para se estabelecer, penetra no interior do Espírito Santo, na região do Rio Doce. Em Porto do Cachoeiro se lhe depara uma colônia próspera de patrícios seus, dedicados sobretudo ao comércio, e na qual descobre de pronto aquela "monotonia de um precipitado único" de que fugia. O imigrante, de alma embalada de humaníssimo ideal, toma-se agricultor, "único trabalho digno do homem". Na colônia, em Jequitibá, há uma família alemã, os Kraus, onde uma moça teuto-brasileira é filha de criação. Maria é desvirginada pelo jovem Moritz Kraus. Esses amores em geral acabavam em casamento. Mas a ambição dos velhos Kraus — "não a distinção de classes, que não existe entre os colonos, quase todos de mesma origem" — quer casar o filho com uma Schenker, moça rica do lugar. Afastam o rapaz para outra colônia. E, grávida, Maria é pouco depois expulsa da casa. Uma noite, tem o filho na floresta. Desmaia. Uma vara de porcos devora a criança. O instinto materno tira-a do letargo, mas não salva o recém-nascido. Presa, é julgada. Milkau intervém a favor da infeliz, defendendo-a com ardor. Maria é condenada. Então rapta-a, e o romance termina com a fuga de Milkau e Maria através da floresta, em busca ideal da terra prometida, o país da abundância e da liberdade: Canaã.

Aranha à Academia Brasileira, em circunstâncias verdadeiramente excepcionais. Graça Aranha havia publicado na *Revista Brasileira* um capítulo do romance que tinha em esboço e se intitularia *Canaã*. Fizera-o sob o pseudônimo feminino de Flávia do Amaral e obtivera muitos elogios, inclusive do Visconde de Taunay".

Mas se não pode impressionar pelo aspecto de romance-tese, ou de ideias; se o seu filosofismo é discutível; se a sua sociologia é esquemática e genérica; e se o seu socialismo se tornou róseo à visão das novas gerações, nada disto liquidou a obra. É que, acima de tudo, traz a marca do talento do seu criador, é uma obra artística. De fato, a par das boas intenções — não garante o lugar-comum que é com elas que se perpetra má literatura? — malgrado as boas intenções, Graça Aranha realizou um bom livro. Não um bom romance, note-se. A crítica tem sido unânime em considerá-lo um péssimo romance. E não sem motivo, se se tomar o gênero em sua expressão mais autêntica: recriação da vida, através de personagens, com todas as relações possíveis no tempo e no espaço. Não; a obra-prima de Graça Aranha não reveste este sentido, por assim dizer tradicional, no romance. Conscientemente, o escritor coloca-se numa atitude mental diferente. Despojou o tema dos elementos todos que não beneficiavam a sua finalidade. E, artista, resumiu, concentrou, para ganhar em intensidade. Em resumo, teceu uma alegoria, contando-a, estilisticamente, em linguagem poemática — e neste valor intrínseco, de obra de arte, está o segredo de sua permanência.

Esteticamente, *Canaã* é uma convergência de influências.

Influências mitigadas, amoldadas ao jeito do temperamento do escritor, caldeadas numa síntese superior pela inteligência e intuição atiladíssimas do artista. Porém identificáveis. São marcas estas de Naturalismo, Simbolismo e Impressionismo — a atmosfera literária da época.

O Naturalismo de *Canaã* é uma influência subjetiva. Revela-se sobretudo na fidelidade ao mundo objetivo, quando se trata de fixá-lo. A ação desenrola-se numa cerrada sucessão de fatos, entremeados de comentários. Mas o autor sonha sem desgarrar-se, sem perder contato com a realidade. Quando chega a hora da notação exata, concreta, lá está ela. A caracterização física das personagens é feita em traços realistas. O jovem Lentz, filho de general alemão, é um *pendant* de Milkau. Este encarna os aspectos simpáticos. Lentz é assim apresentado:

> E enquanto se entretinham, Milkau admirava a mobilidade da fisionomia do jovem von Lentz e não se cansava de observar o fulgor de seus olhos fulvos, dominando o rosto sem barba cujas linhas eram acentuadas e fortes, e se projetavam de uma cabeça ampla, roliça como a de um patrício romano. (Cap. I.)

Este o vocabulário numa caracterização nobre. Em se tratando de objetividade maior, Graça Aranha usa recursos outros, como nos traços vulgares do agrimensor Felicíssimo:

Dizendo isto, indicava um moço magro, baixo e moreno, com o rosto talhado em triângulo, cheio de marcas de bexigas, com uma chata cabeça de bacurau, em que os olhos negros cintilavam vivos e secos... (Cap. I.)

A descrição das coisas é exata; a fixação de ambientes precisa, à boa maneira realista:

Encaminharam-se para uma meia-água de zinco, onde o agrimensor tinha o escritório, cujo arranjo não podia ser mais simples: alguns instrumentos de campo, ao canto, sobre uma mesa dois ou três grandes livros que eram o registro dos prazos arrendados aos colonos, e na parede um grande mapa dos lotes de terra da região. (Cap. III.)

A realidade não se esquiva, ao contrário está sempre presente em *Canaã*, repontando em toda parte, em cada capítulo. É que em Graça Aranha — outro aspecto a apreciar, pois corresponde ao "ar livre" dos pintores impressionistas — é notável o senso da paisagem, fixada sempre em traços largos e generosos:

Milkau caminhava pela grande luz da manhã, agora de todo inflamada. Os ventos começavam a soprar mais espertos e como que agitavam as almas das coisas, arrancando-as do torpor para a vida. O rio descia em direção contrária à marcha dos viajantes, e esses movimentos opostos davam a impressão de que toda a paisagem se animava e ia desfilando aos olhos do cavaleiro. A fazenda, lá no alto, sumia-se no fundo do longínquo horizonte, o imigrante notava o manso desenrolar do panorama, como de fitas mágicas: casas de moradores, homens, tudo ia passando, rolando mansamente, mas arrastado por uma força incessante que nada deixava

A estrada se alargava, outras vinham aparecendo, desconhecidas, infinitas e incertas, como são os caminhos do homem sobre a terra. A brisa fresca encanava-se pelas duas ordens fronteiras de colinas paralelas ao rio e trazia ao encontro do viajante um mugido sonoro de cascata. O rolar do Santa Maria batendo sobre pedras amontoadas, despedaçando-se como um louco nas lajes, aumentava; e as suas águas revoltas, espumantes, recolhiam e reverberavam a luz do sol, como um vacilante espelho. Milkau via ao longe, na mata ainda fumegante de névoas, uma larga mancha branca. Na frente o guia, estendendo o braço, gritou-lhe: — Porto do Cachoeiro. (Cap. I.)

A influência simbolista, em *Canaã*, não se faz sentir propriamente através do estilo. Graça Aranha não procede neste particular à maneira dos decadentes. Nada de vocabulário e sintaxe extravagantes, criação de palavras, deformações, inversões, expressões *flou* e outras peculiaridades nefelibáticas. A forma aí é escorreita e tersa, de sabor classicizante. O Simbolismo está no tema mesmo da obra, a alegoria do paraíso bíblico prometido ao homem, a terra do leite e do mel: Canaã. Equívoco seria ir de lupa em punho buscar nesses doze capítulos traços extremos de humana contingência: verossimilhança de detalhe, psicológica ou outra, nas personagens. São personificações de ideias: Milkau, o Homem; Maria, a Mulher; a paisagem, a Terra:

— Adiante... Adiante... Não pares... Eu vejo. Canaã! Canaã!

Mas o horizonte na planície se estendia pelo seio da noite e se confundia com os céus. Milkau não sabia para onde o impulso o levava: era o desconhecido que os atraía com a poderosa e magnética força da Ilusão. Começava a sentir a angustiada sensação de uma corrida no Infinito...

— Canaã! Canaã!... suplicava ele em pensamento, pedindo à noite que lhe revelasse a estrada de Promissão.

E tudo era silêncio, e mistério... Corriam... corriam... E o mundo parecia sem fim, e a terra do Amor mergulhada, sumida na névoa incomensurável... E Milkau, num sofrimento devorador ia vendo que tudo era o mesmo; horas e horas, fatigadas de voar, e nada variava, e nada lhe aparecia... Corriam... corriam...

Apenas na sua frente uma visão deliciosa era a transfiguração de Maria. Animada, transmudada pelo misterioso poder do Sonho, a Mulher enchia de novas carnes o seu esqueleto de prisioneira e mártir; novo sangue batia-lhe vitorioso nas artérias, infla mando-as; os cabelos cresciam-lhe milagrosos como florestas douradas deitando ramagens, que cobriam e beneficiavam o mundo, os olhos iam iluminando o caminho, e Milkau envolto no foco dessa gloriosa luz, acompanhava em amargurado êxtase a sombra que o arrebatava. Corriam... Corriam... E tudo era imutável na noite. (Cap. XII.)

Como se vê, a forma poemática — visionária e lírica — realiza por sua vez, à maravilha, a ideia. *Canaã* tem a verdade intrínseca ideal da pura obra de arte.

E é nesta forma que se identificam — ainda que menos marcantes do que em Pompeia — elementos de técnica estilística impressionista. O livro é todo de um visualismo plástico dinâmico:

Sob a transparência cristalina do firmamento a terra intumescida parecia, à hora do amanhecer, sair de si mesma, e querer se levantar para o céu, para o espaço, num soberbo movimento de força e desespero. (Cap. V.)

Por toda a parte anotações visual-auditivas-táteis:

As grandes chuvas dos dias anteriores tinham enchido fartamente o rio, sobre cujo dorso luzidio e dormente a brisa perpassava volátil, estremecendo num leve arrepio a úmida superfície. (Cap. IV.)

Ou visual-tátil-olfativas:

> O caminho barrento, pegajoso e úmido, cheio de sulcos de carros de boi, desprendia um cheiro de lama e estrume. (Cap. I.)

Puramente olfativas:

> Misturado com o aroma da terra, o cheiro das flores que as raparigas traziam ao cabelo e das roupas domingueiras, guardadas longo tempo nos baús, amenizava o odor forte das multidões. (Cap. V.)

Os exemplos podiam-se multiplicar. Nos trechos longos, como a leitura atenta da passagem acima revelará, colaboram todos os sentidos, numa poderosa orquestração de sensações de forma, cor, sons, odores e as mais complexas do tato, por meio de uma adjetivação expressiva, de verbos de movimento, comparações e metáforas.

Esta feição de espírito de sensibilidade, revelada em seu primeiro romance, é o traço geral de toda a obra do escritor maranhense. Graça Aranha, apesar da formação de influência germânica, do convívio europeu e da erudição latina, permaneceu sempre, no fundo, com aquela imaginação exaltada, o gosto pela palavra, pelo gesto — um filho do trópico. Trata-se apenas de constatar uma realidade. Mesmo na prosa de ensaísta, em *A estética da vida* (1920); na introdução à *Correspondência entre Machado de Assis e Joaquim Nabuco* (1923); em *O espírito moderno* (1925); na última obra de ficção, *A viagem maravilhosa* (1929). Em todos eles, discreta ou controlada, revelando-se mais no espírito que na forma, ou patente, exuberante, explorada e desenvolvida com complacência, segundo o gênero.

No ensaio, por exemplo em *A estética da vida*, manifesta-se no estilo sensual, metafórico, longe da sobriedade da linguagem de filósofo:

> Estamos na dourada habitação da luz. Do alto céu todo o vasto continente brasileiro aparecerá como um diamante a cintilar nas sombras do Infinito... A terra é perpetuamente vestida de luz. A sua refulgência... ("Vencer a nossa natureza".)

Na introdução à *Correspondência entre Machado e Joaquim Nabuco*, é famosa aquela página da recepção de Lord Salisbury, na qual a descrição dos tipos internacionais ali representados é uma festa verbal inesquecível.

Em *A viagem maravilhosa*, seu último romance, esta feição apareceria pletórica. A visão filosófico-naturalística do universo e da vida é aí a tábua de todos os valores, expressa literariamente em impressionismo. Menos (note--se) aquele afã proustiano de penetrar a realidade e pela análise exaustiva das contingências aproximar-se da singularidade de cada ser, que no criador de *À la recherche du temps perdu* atenua em parte a desolação de uma arte limitada por sua natureza mesma. Graça Aranha, na *Viagem*, a par da tersa elegância de sua prosa, do *pathos* do belo, quis introduzir aí ostensivamente as suas ideias parafilosóficas: o dinamismo, ou seja, um monismo no qual tudo se reduz ao puro movimento. E, confirmando a verdade do mesmo Proust sobre obra de arte: "Une oeuvre où il y a des théories est comme un objet sur lequel on laisse la marque du prix."[5] Graça Aranha não foi feliz. Deixando de parte julgamentos outros e ficando só no estético, há que reconhecer, tal como Tristão de Athayde caracterizou, aquelas três insuficiências básicas: a pobreza psicológica da narrativa, a falta de humanidade convincente das personagens e a linguagem frequentemente enfática e retórica.[6] Mas, na *Viagem*, reencontra-se o pintor impressionista de *Canaã*, atingindo a uma alta classe de expressão, enriquecida com aquisição de elementos novos de estilo. Este trecho final fixando o carnaval carioca dá a medida e a ideia:

> Alguns dias depois explode embaixo o Carnaval. Maravilha do ruído, encantamento do barulho. Zé-pereira, bumba, bumba. Falsetes azucrinam, zombeteiam. Viola chora e espinoteia. Melopeia negra, melosa, feiticeira, candomblé. Tudo é instrumento, flautas, violões, reco-recos, saxofones, pandeiros, latas, gaitas e trombetas. Instrumentos sem nome inventados subitamente no delírio da improvisação, do ímpeto musical. Tudo é canto. Os sons sacodem-se, berram, lutam, arrebentam no ar sonoro de ventos, vaias, claxons e aços, estrepitosos. Dentro dos sons movem-se as cores, vivas, ardentes, pulando, dançando, desfilando sob o verde das árvores, em face do azul da baía, no mundo dourado. Dentro dos sons e das cores movem-se os cheiros, cheiro negro, cheiro mulato, cheiro branco, cheiro de todos os matizes, de todas a excitações e de todas as náuseas. Dentro dos cheiros, o movimento dos tatos, violentos, brutais, suaves, lúbricos, meigos, alucinantes. Tatos, sons, cores, cheiros que se fundem em gostos de gengibre, de mendobim, de castanhas, de bananas, de laranjas, de bocas e de mucosas. Libertação dos sentidos, envolventes das massas frenéticas, que maxixa m, gritam, tresandam, deslumbram, saboreiam, de Madureira à Gávea, na unidade do prazer desencadeado. Carnaval. Tudo efemina-se. Glória da mulher. Ela, para ela e por ela. Inversão universal. Homens-fêmeas, Mulheres-machos. Retorno ancestral ao culto lunar, ao mistério noturno. Desforra da fêmea. Ressurreição das bacantes, das bruxas, das diabas. Missa negra, tragédia negra, magia negra. Triunfa a negra, triunfa a mulata. Música, fanfarra, préstito, maxixe, samba. No noturno da praça Onze o negro e o castanho dominam os vermelhões das caras, das carnes, das máscaras e das vestimentas álacres, vibrantes. Automóveis e bondes faíscam, iluminam, enfeitam. Os ranchos cantadores rompem a massa colorida, esquentada. Os cheiros doidos alvoroçam-se e embriagam. Para matar a sede dos cantadores, dos berradores, os refrescos de coco, os gelados de limão e abacaxi. Para a fome os bolos de negra-mina, pé de moleque, alcaçar, tapioca, manauê. África, Bahia, Brasil. Irrupção de benguelas, congos, carapinhas, beiçolas, ancas, peitarias. Sobre os corpos pretos a iluminação do ouro, da prata, das contas e das roupas, de onde as cores saltam em delírio,

amarelas, vermelhas, azuis, verdes. Música de coreto. Bateria. Cantoria infinita, confusa, das bocas pretas, abismais. Melopeia plangente para palavras canalhas. Fura a imobilidade ondulante um grupo de baianas, dançando, cantando, saracoteando a grossa luxúria negra, farejadas, seguidas por gorilas assanhados de beiços compridos, tocando pandeiros, pulando lascivos. As baianas cheiram a cravo, a baunilha e a fêmea. O mondronguinho também fareja, aspira, entontece, empalidece, suspira, exclama:

— Se em Portugal houvesse baianas, eu não saía de lá! As baianas suspendem as saias rodadas e dançam, nos requebros das ancas, no arranco das umbigadas. A sensualidade é religiosa. O ritmo dos ranchos é sacerdotal. É o drama sacro, grave e profundo. Na base da magia, o culto. O carnaval espiritualiza-se. No seu imenso manancial recebe as correntes das crenças, dos cultos, que se transformam em festas. Também aí deságuam os cantos e as melodias de todo o povo do Brasil. (Cap. XVII.)

De Graça Aranha escreveu Álvaro Moreira[7] que "era um entusiasta, um idealista, um exagerado. Contagiava". Foi esta parte substancial de sua personalidade que o levou, com a gente nova de 1922, como observa Tristão de Athayde ao definir-lhe a posição,[8] "àquele *gesto* que nenhum outro teria a coragem e sobretudo a autoridade de fazer, dado o nome que tinha e a marca que já havia deixado em nossas letras com o êxito formidável de *Canaã*". Refere-se à conferência de Graça Aranha, em 1924, na Academia Brasileira de Letras, onde, no final da sessão, os "passadistas", em revide, fizeram o mesmo a Graça Aranha. Esse episódio foi um divisor de águas, e o público dele tomou conhecimento. É um título a mais na obra de Graça Aranha, na obra vivida: a sua influência pessoal. fecunda, animadora.

ADELINO MAGALHÃES[*]

---

[*] Adelino Magalhães (Niterói, RJ, 1887 — Rio de Janeiro, 1969). Frequentou durante dois anos a Faculdade de Medicina. Mas formou-se em Direito, pela Faculdade Livre de Direito do Rio de Janeiro. Foi professor de História e Geografia, na Escola Técnica de Comércio Amaro Cavalcanti, da Prefeitura do Distrito Federal, aposentando-se após trinta e sete anos de magistério.

Bibliografia,

PROSA: *Casos e impressões*. 1916, 2. ed. 1928; *Visões, cenas e perfis*. 1918, 2. ed. 1932; *Tumulto da vida*. 1920, 2. ed., 1932; *Inquietude*. 1922, 2. ed., 1932; *A hora veloz*. 1926. *Os violões*. 1927; *Câmera*. 1928; *Os momentos (Os violões e Câmera)*. 1931. *Os marcos da emoção*. 1933, 2. ed., 1935; *Íris*. 1937. *Plenitude*. 1939. *Quebra-luz*. 1946. Estas edições têm editores vários. *Obras completas*. Rio de Janeiro: Z. Valverde, 1946. 2 vols.

No período que vai do começo do século até 1916, ano em que o fluminense Adelino Magalhães estreia com *Casos e impressões*, predominou na prosa de ficção a tendência para o costumismo citadino e suburbano, e sobretudo para o regionalismo. Representam a tendência: Lima Barreto, Coelho Neto, Xavier Marques, Valdomiro Silveira, Mário de Alencar, Simões Lopes Neto, Viriato Correia, Veiga Miranda, Gustavo Barroso, Hugo de Carvalho Ramos, Thomás Pompeu Lopes Ferreira (1879-1913), Afrânio Peixoto e alguns outros. Machado de Assis falecera em 1908, tendo publicado, no mesmo ano, o seu último grande livro, *Memorial de Aires*, e, em 1904, *Esaú e Jacó*, além dos derradeiros livros de contos.

Impregnações impressionistas aparecem em *No hospício* (1905), de Rocha Pombo, e na prosa vibrante do cronista e ficcionista João do Rio. Há que citar *Exaltação* (1916), da filha do Conselheiro Lafayette, Albertina Berta Lafayette Stockler, cuja publicação constituiu estreia sensacional, livro hoje esquecido, subproduto do sensualismo danunziano.

Também *Os sertões* (1902) de Euclides da Cunha se enquadra até certo ponto, quanto ao estilo, no clima impressionista.

No momento de transição em que surgiu, a obra de Adelino Magalhães, porém, se agiganta com ímpeto excepcional. Mergulha as raízes, proximamente, no Simbolismo, e, remotamente, no Naturalismo, mas, no âmbito das duas influências substanciais, o talento do autor dá-lhe nota peculiar.

INÉDITOS: *Sílvia Boêmia*. 1912; *Retrato de Marcílio Pereira*. 1913-1914; *Obra completa*. Rio de Janeiro: Aguilar, 1963 (Introduções críticas, biografia, cronologia, bibliografia).

Consultar

Andrade Murici, J. C. "Um impressionista" (in *O suave convívio*. Rio de Janeiro: Anuário do Brasil, 1922); idem. "Adelino Magalhães" (in *A nova literatura brasileira*. Porto Alegre: Globo, 1936); e in *Panorama do simbolismo brasileiro*. Rio de Janeiro: INL, 1952. vol. 3); Araújo, Murilo. "Adelino Magalhães" (in *Obras completas de A. M.* vol. 2); Athayde, T. de. "Literatura tumultuosa" (in *Primeiros estudos*. Rio de Janeiro: Agir, 1948); Gomes, Eugênio. "Adelino Magalhães e a moderna literatura experimental" (in *Prata da casa*. Rio de Janeiro, "A Noite", 1953); e in *Obras completas de A. M.*, vol. 1); Placer, X. *Bibliografia de Adelino Magalhães*. Rio de Janeiro: Margem, 1953; idem (in *Revista da Acad. Flum. de Letras*, 1956, out. vol. IX); *O precursor A. M.* Rio de Janeiro [s. ed.] 1947; Ribeiro J. (in *Os modernos*. Rio de Janeiro: Ed. da Acad. Bras. de Letras, 1952. v. IX); Silveira, T. da. "Adelino Magalhães" (in *A igreja silenciosa*. Rio de Janeiro: Anuário do Brasil, 1922); Vítor Nestor (in *Cartas à gente nova*. Rio de Janeiro: Anuário do Brasil, 1924); idem (in *Os de hoje*. São Paulo: Cultura Moderna, 1938).
(Adendo da 2. ed., "In Memoriam". *O Globo*. RJ, 2 ago. 1969 (arts. de Assis Brasil e Flávio M. Castro); Lemos, Sérgio. "A ponte Adelino Magalhães". *J. Brasil*. Supl. Lit. RJ, 16 ago. 1969.

Adelino Magalhães é um hipersensível, desdenhoso até certo ponto e bem no fundo da cultura e da tradição — embora as frequente — que parte à ventura criadora como um navegador solitário: "Não é digno do título de escritor" — está lá em nota ao *Inquietude* — "aquele que coloca os preconceitos sociais acima dos interesses da Humanidade. Abandone a arte, por covarde e inepto, quem não tiver a iluminada coragem dos Apóstolos!"

Algumas vezes se desgarrou no oceano largo, mas alcançou a "ilha Adelino Magalhães" — assim caracterizou o fenômeno seu melhor crítico, Eugênio Gomes — e, audazmente a desbravando, colheu aí frutos opimos: selvagens e ácidos, mas autênticos.

Esta obra — uma dezena de volumes — pode ser estudada sob vários prismas, como sugere Andrade Murici em *A nova literatura brasileira*,[9] o crítico que primeiro indicara as coordenadas para a sua exata posição quando escrevia em 1922:[10]

> Deixo de parte aqueles dentre os nossos jovens literatos que tentam o impressionismo por mero espírito de imitação, e passo a me referir a um tipo representativo da estética daquela corrente: Adelino Magalhães.

Encontra-se a técnica impressionista em todos os trabalhos de cada uma das partes — "Casos da roça", "Casos da vida burguesa", "Casos e perfis", "Casos e impressões" — já do primeiro livro de Adelino Magalhães, insinuada aliás desde o próprio título geral: *Casos e impressões* (1916). E aquilo a que poderíamos chamar Impressionismo puro, exterior, da primeira fase, revela-se em bloco numa peça de "Casos da vida burguesa", peça que, pela facilidade de comprovação da assertiva, escolhe-se aqui, entre as demais, para análise.

Tal peça intitula-se "A galinha", e trata-se de um conto (conto realmente, com princípio, meio e fim), de enredo assaz simples. A senhora não tem o que fazer para o jantar; consulta a criada, que lhe apresenta a fácil saída de larapiar uma galinha. Mal acaba de propor a solução, sob o olhar de pavor da patroa, já a negra saltou o muro divisório e retorna com a ave do galinheiro vizinho. A galinha é morta e preparada com cautela, comida com susto, certa de que "o pouco que eu comi mesmo, hei de pôr fora". E o resultado é uma enxaqueca terrível, acompanhada de visões, de pesadelos, numa reação de medo e vergonha. "Você, a Emília Soares, muito honesta, hein!"

Dentro deste esquema simplicíssimo, Adelino Magalhães fixa um punhado de sensações (físicas e morais) de maneira a mais feliz, convincente, artística. O relato abre sem preocupações de tempo, abruptamente pela interrogação da senhora: — "Então, Maria, que havemos de fazer?" E logo, num traço, a personagem principal e o local são vivazmente indicados:

Espremendo com a destra o peitilho do roupão cor-de-rosa, e os grandes tufos do penteado com a outra mão, a senhora falava escancarando os olhos para a mesa de mármore, cuja alvura era destoada pelo amarelecido de um pedaço de cebola e pelo rubro de três tomates, agrupados em torno de um vidro de sal, quase vazio.

O primarismo moral da criada visualiza-se através de curtas frases em vocabulário e sintaxe coloquiais, com hiatos significativos:

"Hué, gentes, o meio... o meio é furtar uma galinha... do vizinho!..." "Furtar... furtando! Espera aí, patroa, que eu lhe vou dizer como..." / "Ora, patroa, deixa a coisa por minha conta... Nós falemo depois..." / "Se eles vié cá... a patroa manda eles entrá na sala de visita... Qu'é que há nisso?"

As reações caracterizadoras da personalidade mais complexa da senhora são expressivamente fixadas nas minúcias do movimento interno (emoções) e externo (gestos, paradas, perguntas, olhares):

Depois ouvindo a resposta da rapariga, principiou a agitar as mãos. / O surto de esperança que a animara um instante desapareceu, numa dor asfixiante... Ela ficou mais suspensa mais abobalhada, acabando por desprender, em voz sumida: — "Furtar!? Mas... furtar como?" / Trocou por um olhar de pavor o olhar de asco, com que parecera dominar a audácia da outra. / Sacudida por um grande tremor, acompanhou a massa de trapos e de carapinha que, em frente ao fogão, acabara de remexer a lenha incendiada, sempre a crepitar; e depois, quando os pés negros se puseram a andar, sem ruído, no ladrilho desgastado, ela atirou-se à porta do quintal. / "Aonde vais, rapariga?"

Já aí o ambiente de cozinha apontado de início, define-se, como se vê, mais claramente, naquela notação dinâmica, visual e auditiva, da "lenha incendida, sempre a crepitar". E a criada, que aparece naquele expressionista *close-up* "quando os pés negros se puseram a andar", continua em cena, vista para o leitor (convém notar) não em ação direta, mas através da mente da patroa:

Antes que acabasse de falar, já lhe apareciam aos olhos incendidos duas pernas negras e uns molambos, sobre o muro. Sumiram logo, deixando-a muito aflita, estonteada batendo com os dedos na aresta do muro, quase sem poder dar palavra.

Não só a criada, e portanto a ação, mas a própria objetividade tempo-espaço é nesta altura também fixada através da sequência mental, momento no qual se depararia uma interferência do modo direto descritivo em autor de outro feitio:

A parede da casa vizinha um pouco lá, adiante, parecia-lhe prestes a gritar ofegante! Parecia-lhe gritar, a calmaria de espaço ensolado e ela, de respiração contida, sentia-se na angustiosa véspera de estoirar...

Oh, para que viera ali?

Ao esvoaçar e ao cacarejar das galinhas, um calafrio rasgava-lhe o corpo! Trôpega, foi acompanhando a crioula que, dali a instantes, corria para a cozinha, com uma gorda carijó, suspensa pelas asas retesas.

Sempre nesse estilo pitorescamente expressivo, com vocabulário ajustado à finalidade, deformado, ou inventado *ad-hoc* e sintaxe direta ou indireta, tendo em vista sempre o efeito, caminha a narrativa sincopadamente: a ave é morta, com o pescoço "esticado à beira do prato fundo, sob a mão da rapariga"; enquanto a patroa, "tonta de inferioridade agradecida", "quase encostou os seus aos lábios grossos da molecota"; e enquanto a ave era depenada, "irrequieta, ansiosa, teve precauções de assassino". E num paroxismo, onde os elementos de realidade se contaminam da trepidação nervosa da protagonista:

Às grandes penas; às penas menores e à penugem ela catava, uma por uma... Com um pano, limpava o ladrilho da cozinha em todos os sentidos, muitas vezes; arremessou por fim os trapos encharcados ao fogo, e tudo sem parar, fatigante, insuportável, com detalhes novos, mais ridículos cada vez. Recomendava à rapariga em voz baixa, lúgubre, com os olhos escancarados para as portas, "que tivesse muito cuidado com algum gato, que aparecesse... que enterrasse as penas e os ossos, tudo o que sobrasse..."

Para que o cheiro não fosse lá, para fora, pôs a tranca ao batente, na porta que dava para o quintal.

O traumatismo moral estraga as delícias do furto: a galinha é mal comida. Aqui o sentido do gosto principalmente triunfa:

Ela achou na primeira coxa de galinha que levou da terrina ao prato fundo um gosto pérfido, monstruoso, sádico, como o que sente o criminoso na coisa roubada, pensando na inútil tentativa do dono em readquiri-la.

....

Que sarcasmo havia nos besuntados e afunilados beiços dela, enquanto chupavam o alongado osso!

....

E como a rapariga, passando, observasse, muito pasma, que ela havia deixado toda a canja, ordenou asperamente:

— Leva, leva esta canja!

E depois:

— O pouco que eu comi mesmo, hei de pôr fora... É como que um... como que um filho... natural, que eu tenho dentro de mim.

O acerto artístico é completo; no exato lugar, por sua vez, aparecem as notações auditivas:

Pôs-se de novo a girar loucamente pela sala de jantar, acabando por se dirigir à sala de visitas porque o barulho das panelas e das caçarolas que a rapariga lavava; o cacarejar das galinhas *lá*, no quintal: vozes não longínquas, talvez de lá também... tudo metia-lhe um pavor tétrico, incomensurável!

Ao fixar nesta altura o sentimento de medo que perturba a personagem, diante da, ideia da descoberta do furto, Adelino Magalhães fá-lo em frases breves, exclamativas e interrogativas, num processo muito seu e eficaz, que explorará de futuro em todas as possibilidades:

Oh! ela estava descoberta! O negócio acabaria na polícia!... polícia!...
E que estupidez! que estupidez... tudo por causa de uma galinha!
Para que foi ela ouvir o diabo daquela rapariga? E ela teria de mudar de casa!... Imediatamente! Mas como?
Como, se ela... não tinha dinheiro?!

O conto termina num delírio, pesadelo de visões, resultante das próprias condições físicas. A fisiologia não é escamoteada, antes colabora explicativamente:

Os calafrios aumentavam; a enxaqueca surgia com ímpeto desconhecido; o estômago tinha vãos desejos de vomitar; um mal-estar insuportável, enlouquecedor, aniquilador... um inferno, tomava-lhe todo o corpo e ela não podia sair do lugar...

Termina, materialmente, o enredo; mas a impressão se prolonga, a atmosfera continua expandindo-se indefinidamente, como um fumo envolvente. É que não se opera aí o corte nítido da narrativa à feição naturalista. O trecho final é uma síntese muito bem dosada de todos os recursos da maneira impressionista:

Surgiam-lhe visões...
E as visões que lhe surgiam eram pernas de galinha... gatos... risos do diabo... bocas de velha, soldados... forca... galinhas de pince-nez; galinhas com cara de megera; galinhas a ameaçar, medonhas!
Eram também pernas negras... molambos... um muro... asas retesas por um braço negro... uma gorda carijó, e tudo isto se embrulhava, se embrulhava pavorosamente, enquanto ela se ia sentindo, com langor, mais febril, a desfalecer...

Num momento, mui vagamente, pareceu-lhe ouvir bater palmas... Sentiu um longínquo revolver de sua sensibilidade apagada, quase nula e mal, muito mal, a visão percebeu de uma carranca... a carranca do vizinho!

Despertou um pouco. Não havia ninguém...

E, de novo, gatos; e pernas negras; e bicos e pince-nez, e asas de galinha carijó, suspensas no ar... e lá ia vendo, menos distintas, contudo menos... numa confusão crescente! A cabeça lhe ia andando em torno; o estômago lhe pesava, num grande enjoo; um calafrio contorcia-lhe pelo corpo; soava um extenso chiado no ouvido...

Ela se sentia cair, atordoada, mais uma vez!

Ainda nesse mesmo livro de estreia, na última parte, "Casos e impressões", vão-se encontrar quatro trabalhos ("Francisco", "Gari", "Na encruzilhada" e "Sonho acordado de uma noite de estio"), nos quais meridianamente se identifica aquilo a que chamaríamos Impressionismo psicológico, interior, da segunda fase. Atingiram-no os autores estrangeiros: atingiu-o também Adelino Magalhães: aqueles como este através do monólogo interior.

Em ensaio sobre Adelino Magalhães,[11] depois de indigitar, em sua ficção o processo impressionista, Eugênio Gomes se detém na caracterização teórica do monólogo interior e analisa magistralmente esse recurso na obra adelínica:

> O impressionismo em função de análise introspectiva, ordinariamente em termos de monólogo interior ou silente, tornou possível a Adelino Magalhães comunicar à sua obra o mesmo poder atribuído por Valery Larbaud à de Joyce.

Não só o faz, como também, debatendo a questão do emprego do monólogo interior na literatura (em doses maciças, porque como recurso acidental é prática antiga), assinala a prioridade de nosso escritor, indiscutível pelo menos nas letras brasileiras:

> Como quer que seja, pode-se admitir algum debate sobre a prioridade da adoção do "monólogo interior", em outra parte, salvo no Brasil, onde é de inteira justiça que seja conferida a Adelino Magalhães.[12]

Então, identifica o trabalho "Francisco", de *Casos e impressões*, como o ponto de partida de Adelino na exploração do monólogo interior. Este, sabe-se, literariamente consiste, tal como o conceituou o simbolista francês, Édouard Dujardin, como sendo:

> ... aquela forma inaudível e silente pela qual a personagem exprime os seus mais íntimos pensamentos (os que estão mais próximos do inconsciente) sem se preocupar com a ordem lógica, ou seja, em seu estado original, por meio de sentenças

diretas reduzidas ao mínimo de síntese e de modo a dar a impressão de reproduzir os pensamentos tal como eles surgem no espírito.

Modernamente — e é ainda Eugênio Gomes quem observa[13] — chamou-se a esse método (não tão novo como se julgava, pois data de 1887) de apreensão artística, que é uma espécie diferente de realismo, o realismo meticuloso (cuja natureza não deve, entretanto, ser confundida por causa do nome com o da escola naturalista), chamou-se pitorescamente de *put-every-thing-in*.

Lá está, realmente, em "Francisco", e nos três outros referidos trabalhos de *Casos e impressões*, a aplicação segura dessa técnica. Examine-se "Francisco", que por si dá a medida do que se constata nos outros:

— Goteja! Goteja!
   Pan! Pan! Pan!...
   Enquanto a chuva cai, como um colosso de farelo através de monstruosa peneira, numa toada impertinente, choramingas e lúgubre; enquanto uma fiada apertadinha de pingos fisga o cimento lá, do outro lado da porta, fechada; enquanto no ralo se estira o som oco e diluído da água a cair — goteja, goteja mais forte lá, em cima no teto, sob a fresta de alguma telha partida.
   Pan! Pan! Pan!...
   E eu penso:
— Onde estará? Viverá ainda?
   Nas noites de chuva, como esta, é que eu tinha mais pena do mísero! Oferecia-lhe a varanda, mas ele rejeitava com um *não* muito seco, alheio, importunado...
   E lá se ficava, assentado ao portão, como se a noite fosse estrelada, como se a noite fosse a hospedaria dos mendigos, das outras vezes, em que há lamparinas pelo céu. Em que é a terra um grande colchão, duro, um tanto mais seco, contudo!
   Despeitado, voltava eu, com o eco daquela arrogância de vagabundo, com o eco daquela minha derrota ante a possibilidade de fazer o bem; voltava envolto no cobertor, pois ando o cimento encharcado do jardim, apanhando a chuva fria e fisgadora.
   Pan! Pan! Pan!...
   Goteja! E assim, mais um prego, mais outro prego e... outro, fechem o vasto caixão das coisas idas, das misérias idas; daquelas, que na fúria de uma pertinácia minuciosa e incansável, sob a macabra fatalidade da luta, tal qual a toada desta chuva, foram rompendo o tempo, foram se afundando no infinito...
   Oh! eu me lembro o dia em que, ao lado do guarda, ele desceu a ladeira, mais indiferente do que trôpego, numa despersonalidade idiota...
   E se foi para nunca mais voltar...

Como se verifica, trata-se de alguém que, numa noite de chuva, possivelmente em seu quarto, enquanto o ouvido capta a música da chuva a gotejar monótona, pensa. E pela maneira como pensa, não parece encontrar-se em puro estado de vigília, mas naqueles momentos fronteiriços, marginais, que, ainda vigília, já avançam para o sono. Quer dizer, é uma semiconsciência, com os fenômenos característicos desse estado: ressonâncias, reminiscências, imagens imprecisas, fragmentos de imagens, torpor mental, tendência ao sentimentalismo.

E realmente, no trecho subsequente, se confirma e acentua essa primeira constatação. Do limbo interior, emerge menos *flou* a imagem do mendigo, objeto de lembrança na cabeça do sonolento protagonista:

Depois, remexendo-me apagadamente sob as cobertas, num deslumbramento sinfônico de largas recordações surgidas em cortejo:
— Ei-lo! Ei-lo em suas muletas, desengonçado, à beira da calçada! Ei-lo com sua cartolinha tombada para a direita, sem cor, em estilhaços; incrível cartolinha, espectral, acentuando em circunflexo o hiato da furiosa cabeleira, achatada, pedindo os horizontes, nos seus enfarruscados anéis abertos, cor de ouro velho!

E debaixo dela, no rosto longo, a barba em ponta — ei-lo! — e a barba exige a direta, numa atitude gritadora de libertação! E os olhos verdes são de um brilho triste, como dois destroços de consciência, naufragando na oceânica miséria, apática, do resto...

Ei-lo, e o resto é um monturo de lixo que tem dois olhos verdes, de um brilho triste!...

Como é extensa a dolorosa confusão desses trapos, em agonia extrema!... Essa muleta, a se despencar, é lama até lá, em cima! E ele nunca se lavou, por certo; os pés estão encapsulados numa reforçada crosta de terra seca, rija...

A cara, essa é de um amorenado à madeira envernizada, lustroso, escorregadiço a alheios olhos que diante dessa miséria se escancaram, enquanto o curioso faroleiro deles tem o estômago revolto...

Ei-lo!...

Pedaço de lixo, em carne, que foi abraçado por Mãe, por noiva talvez; pedaço de lixo que foi talvez um mundo de honrarias, mais ainda um mundo de Sonhos, quem sabe!?

A pensar na diferença dele para mim, invade-me um calafrio; e na diferença dessa minha cama para a cama dele, a pensar...

Vendo uma nebulosa de maior negror no negror das sombras, dela sinto o eco emotivo da desigualdade entre os que ficaram, como ele, no limiar dos tempos e no limiar da vida e os que, como eu, alcançaram a meta dos Civilizados e dos Venturosos!

Vendo uma nebulosa de maior negror... em modorra, ao som da chuva...

Agora onde estará ele?

Ainda insiste o autor, a seguir, na comparação de tipo social; um cão perpassa, associado à imagem de humildade triste — "longínqua humildade" — do mendigo. E de novo a realidade física, embora vaga, apenas apreendida nas repercussões internas, comparece. Tal como no início, tal como ao longo do relato inteiro:

Goteja! Goteja! Pan! Pan! Pan!...
E a chuva cai... Em pranto de salgueiro, cai a chuva; corre o pranto em pálido rosto, tombado numa voluptuosa resignação sobre o regaço da fatalidade.
Ei-lo!
Eu não pensava talvez nada, aquele dia...
Sem dúvida, não pensava em nada quando eu o vi levado pelo guarda, naquela sua atitude trôpega, in diferente, idiota... À janela, com o queixo entre as mãos, eu olhava, inconsciente também, para o manso azul, para a rua sossegada, para o guarda, para ele...
Há quanto tempo, não falava com ele, não pensava nele, não o via!...
Ele não saíra entanto, um dia que fosse, dessa rua em que moro; sobre cujo calçamento escuto o teimoso pingar da chuva...
Pan! Pan! Pan!...
E lá, em cima, no teto do quarto, goteja! goteja!

Importante é agora reiterar a atenção para isto: é na primeira obra publicada por Adelino Magalhães, exatamente em 1916, que vamos encontrar essas provas dos dois aspectos (descritivo e psicológico) do Impressionismo. E é inteiramente dentro dessa técnica que se realizariam os livros subsequentes. A sua aplicação estende-se com efeito por toda a obra, explorada em todas as virtualidades, num *crescendo* de intensidade e domínio magistrais, até o limite da capacidade de comunicação. *Visões, cenas e perfis* (1918) está, quase todo, vazado nesse processo. *Tumulto da vida* (1920) é um volume de obras-primas no gênero. Dentro dele, o monólogo trágico sobre a gripe espanhola no Rio: "Um prego! Mais outro prego!", tem sido, com razão, citado como o ponto mais alto do livro. Sobre *Inquietude* (1922) Eugênio Gomes chama a atenção, como em Virgínia Woolf de *The Waves*, para "a particularidade de representarem a vida como uma realidade atômica", particularmente no monólogo "Ontem" (a sinfonia de uma metrópole do Século)". Síntese perfeita, no gênero, da capacidade do escritor, é o "As 21 noites de Paulo Cláudio", de *A hora veloz* (1926) do qual afirma o mesmo crítico: "Não me parece que haja em nossa literatura uma página introspectiva de mais viva intensidade dramática do que a desse grande monólogo."

Distinguindo entre estilo e língua, por outro lado, deu ênfase ao estilo, obrigando a língua a adaptar-se à expressão das nuanças idiossincrásicas de sua sensibilidade.

Adelino Magalhães mantém respeito a toda prova pela inspiração; é escritor espontâneo, de primeiro jato. Linguagem em estado nascente. Daí, a alta carga de poesia que corre, veio subterrâneo, em seu estilo impressionista, com ressaibos lusitanos e traços bíblicos, vivaz e saboroso, embora se exija certa iniciação ou disposição de espírito. É o avesso da arte de escrever, para escrever adelinicamente, isto é, expressar a coisa na sua realidade individualíssima: frases breves, parágrafos curtos, citação entre aspas de linguagem coloquial, por vezes macarrônica, ordem indireta quase sempre, exclamações, reticências. Curioso também é observar a invenção de novos termos, sobretudo verbos de movimento, alterações de sentido, vocábulos arcaicos, de gíria, combinações unidas por hífen, emprego de maiúsculas e itálicos.

Não cabe nos limites do presente capítulo aprofundar este aspecto, por amplo demais. Os especialistas hão de aí encontrar com alvoroço colheita abundante de matéria para estudo.

Alguns exemplos respigados ao acaso:

Ora eis que o Vencido tornou-se desiluso por não haver desviado os olhos, jamais, do Incanto. ("As 21 noites de Paulo Cláudio").

Através da bruma de um fastio morno, a se alonginquar tudo: cada segundo a se alonginquar... ("Instável!... Glória ao transitório!").

A caricaturista horizontalizava os gestos e as palavras, alargando-as tão debochativamente, que as outras mulheres, meio a sorrir, todas espumosas, olhavam para a porta; para a janela; para as paredes, acompanhando o voo do verbo e das polpudas mãozinhas da amiga!... ("O clister").

Fez-se silêncio, vigiliado pela luz azulmente apática dos focos elétricos. ("Aquela... por detrás").

Oh! quem me livrará das garras da Morbidez?

Um silvo! São os comboios que voraginam a sofreguidão de querer, sem demora, o alontanado... No estrondo surdo, convulso, pelo tamanho de desvairantes pressas... ("Balada da inquietação").

Empregando aquele processo que o Surrealismo exploraria sistematicamente e batizaria de automatismo psíquico, isto é, "dictée de la pensée, en l'absence de tout contrôle exercé par la raison, en dehors de toutes préoccupations esthétique ou morale" (André Breton, *Manifeste du Surréalisme*, 1924), Adelino Magalhães fez de sua literatura um instrumento de libertação. Ora, como o autor é uma personalidade rica de conteúdo, temos aí um documento psicológico de primeira ordem, onde, através do eu, encontramos a expressão do humano.

Subconsciente, libido, sublimações, sonho, erotismo recalcado, impressões pré-lógicas, lapsos, associações, toda a teoria psicanalítica está aí explorada sem rigor, mas com acerto instintivo, como convém à obra de arte.

Apesar, porém, de fortemente interiorizado, esse autor solitário não era alheio aos problemas sociais.

Quando Adelino Magalhães escrevia sua obra, começavam no Brasil os primeiros movimentos políticos de caráter social. Intitulavam-se maximalistas, e eram, no fundo, anarquistas. Um vago idealismo reivindicatório, que se manifestava em greves mal organizadas, que a polícia dissolvia à pata de cavalo, exatamente como se deveria resolver a questão social no Brasil, segundo a solução famosa de uma autoridade do tempo.

A simpatia íntima do homem Adelino ia para aqueles: "Para ele, a burguesia era como o bafio de um quarto fechado com roupas sujas."

Ilustram esta esclarecida posição de forma inequívoca: "A greve", "Na redação de 'O Justiceiro'", "Avante! Avante!", e, indiretamente, como protesto filosófico: "Raiva a maldição", "Balada da inquietação" e "Dies irae".

Outro aspecto interessante a observar é o do cronista. O Rio está todo na obra de Adelino Magalhães. Não fixado à maneira verista, mas em equivalente transposição estética.

É a paisagem típica de Sebastianópolis, cidade de funcionários e atmosfera de cosmopolitismo provinciano, com a presença eufórica do mar, antes do arranha-céu, do rádio e da televisão que vive em suas páginas. Mais particularmente: a feeria das luzes da cidade maravilhosa ("De Santa Teresa, à noite"); aspectos fugitivos das ruas e das praças ("A rua", "Ontem"); o *bas-fond* carioca ("O suicídio da Engole-homem", "O ventre da Maroca Cabe-tudo", "O proxeneta"); a pequena burguesia suburbana ("A festa familiar em casa do Teles"); o elemento lusitano ("Lembranças à Matilda"); os tipos singulares e boêmios ("Uma alemã de Santa Teresa", "A agonia do Venâncio").

Não se pode rigorosamente dizer que Adelino Magalhães tenha escrito contos ou novelas. Ele esquiva-se intencionalmente aos gêneros. E escreve casos, impressões, perfis, crônicas, "manchas", instantâneos, monólogos, devaneios, visões, caprichos de temas, pequenos poemas em prosa, prosa à imitação musical — exercícios, sonatilhas, rapsódias, sinfonias verbais. Esta fuga do gênero definido para o fragmentário acentua-se de maneira definitiva a partir de *Os violões* (1927), prosseguindo em *Câmera* (1931), *Íris* (1937), *Plenitude* (1939) e *Quebra-luz* (1946). Quanto a *Os marcos da emoção* (1933) trata-se de uma coletânea de pensamentos soltos de caráter muito pessoal. Em síntese, esquematiza tudo em função de *seu* tratamento.

Este caminho foi interpretado posteriormente como uma involução, pedindo-se dele, talvez com base num conceito rígido dos gêneros literários, obras mais construídas. Tasso da Silveira, opinando sobre *Os marcos da emoção* chama a atenção para o "hábito antigo das construções sinfónicas", em Adelino Magalhães:[14]

Os *marcos da emoção* é um livro de fragmentos. Mas de tal modo se compõe que citar isoladamente um desses fragmentos é, só por isso, desvirtuá-lo. Adelino tem o hábito antigo das construções sinfônicas, como são tantas de suas maiores realizações. Este livro, escrito aos pedaços, em momentos diversíssimos, obedece, contudo, àquele hábito.

O que aí se afirma de *Os marcos* aplica-se à obra inteira. É evidente que um imperativo fundamental de temperamento levou esse instintivo a escrever fragmentário. Tentou dois romances, *Sílvia Boêmia*, em 1912, e *Retrato de Marcílio Pereira*, em 1913-1914, que não publicou. Estreou no conto, que é, pela natureza breve e sintética do gênero, uma fatia de vida. Depois, a inteligência constatou que esse processo, além de convir ao temperamento, imitava artisticamente a vida, era uma transposição feliz do real e do vivido. Então seguiram-se os livros de "contos" onde o caráter sinfônico foi explorado e, posteriormente, os últimos livros, onde a palavra se subordina à intenção, e o leitor encontra andantes, adágios, alegros, todas as partes de que se compõe uma sinfonia.

Ele próprio, previamente, se explicara:

A obra "completa", sistematizada, é, por sua natureza, a mais restrita: é bem, apenas, uma face de qualquer questão. A obra mais para desordenada, um tanto saltitante, algo almanáquica, é de mais ampla eficácia por estar mais de acordo com a variedade universal. *(Os marcos da emoção.)*

E em "Trechos de uma biografia":

Para que sua obra tivesse o cunho característico da vida, ele se sujeitava a não ter nada de característico.

E porque teve a coragem de fugir aos padrões em voga e seguir a sua própria medida, Adelino Magalhães construiu uma obra ponderável. Mais: a eloquência dos fatos e das datas (*Casos e impressões*, 1916) provam que ele se antecipou às conquistas literárias europeias e, em relação às modernas letras brasileiras, está nele "um precursor que é por gente autorizada reconhecido também como um realizador", de várias de suas tendências, particularmente do Impressionismo.

NOTAS

1. "Um impressionista", in *O suave convívio*. Rio de Janeiro: Anuário do Brasil, 1922. pp. 267-281.
2. Raul Pompeia, nesta obra, vol. IV cap. 36.
3. Sobre a história da obra é interessante ler-se esta observação de Brito Broca, in *A vida literária no Brasil*, 1900, p. 177: "Foi também a amizade de Nabuco que levou Graça Aranha à Academia Brasileira, em circunstâncias verdadeiramente excepcionais. Graça Aranha havia publicado na *Revista Brasileira* um capítulo do romance que tinha em esboço e se intitularia *Canaã*. Fizera-o sob o pseudônimo feminino de Flávia do Amaral e obtivera muitos elogios, inclusive do Visconde de Taunay".
4. Graça Aranha: o romance-tese e *Canaã*, in *O romance brasileiro*. Rio de Janeiro: O Cruzeiro 1952, p. 212.
5. *Le temps retrouvé*. 49. ed. Paris: NRF., 1933. v. 2, Cap. III *Suite*.
6. "O romance de Graça Aranha", in *Estudos*. 5ª série. Rio de Janeiro, 1933.
7. *As amargas, não*. Rio de Janeiro, 1954.
8. "Posição de Graça Aranha", in *Estudos*. 5ª série. Rio de Janeiro, 1933.
9. Adelino Magalhães, p. 189-203.
10. Um impressionista, p. 275.
11. "Adelino Magalhães e a moderna literatura experimental", introdução à *Obra completa*, ed. Aguilar, cit.
12. Apud Eugênio Gomes, op. cit.
13. Idem.
14. "Os marcos da emoção", Tasso da Silveira, in *Diário de Notícias*. Rio de Janeiro, 1935.

44. *Andrade Murici*
A CRÍTICA SIMBOLISTA

Os críticos do Simbolismo. Nestor Vítor. A crítica de arte: Gonzaga Duque, Colatino Barroso. Outros críticos: Gustavo Santiago, Frota Pessoa, Elísio de Carvalho, Pedro do Couto, Severiano de Resende, Tristão da Cunha, Félix Pacheco, etc.

Há perspectiva, agora, para verificar que esta observação de Nestor Vítor, anotada à sua volta de Paris, em 1905, não representava simples ressentimento:

> No movimento simbolista tivemos mais uma vez sinal de como somos tardígrados. O Brasil é o único país da América do Sul em que os parnasianos ainda têm direito de cidade, ainda predominam como senhores das posições. Rubén Darío só por si conseguiu revolucionar literariamente toda a América espanhola. É certo que lá, como na Europa, já se passou adiante. Mas no Brasil ainda aparecem muitos *novos* estonteados, boquiabertos diante dos efeitos de arte e dos poucos conceitos que aqui se andaram catando como foi possível ao Bocage, a Gautier, a Leconte, a Heredia, a Stecchetti e outros assim. Tais *novos* tomam para seus mestres ainda hoje os representantes de uma sensibilidade quase que protozoária, parados faquires cheios de lêndeas — metaforicamente, é bom explicar — se se compararem com um Verhaeren, até mesmo com um velho Whitman, da América do Norte.[1]

Era, porém, de ressentido que o acusavam, e aos seus pares do Simbolismo. Quando se tem conhecimento, como hoje, não somente da amplitude de horizontes espirituais, como também da paixão, diga-se como os românticos, vulcânica, característica do nosso movimento simbolista nas suas expressões mais altas e duradouras, já não se pode negar que o contraste entre a preservação do sentido essencial desse movimento, dentro das novas gerações, até o limiar do Modernismo, e a sua deslocação formal na política literária teriam de forçar, como forçaram, os simbolistas a uma atitude de combate.

Uma observação do crítico português João de Castro Osório fornece elementos favoráveis a uma formulação nítida do problema. Parece-lhe, segundo escreve em importante artigo,[2] que o movimento simbolista, no Brasil, não constituiu "uma reação contra um outro, anterior, de Parnasianismo". É imensa a documentação comprovadora do contrário dessa assertiva. A explicitação dialética necessária ao estudo do movimento simbolista, tal como este se processou no Brasil, não pode prescindir da verificação daquele antagonismo, em parte circunstancial, sem dúvida, mas que foi vivaz até o inverossímil e à injustiça, e teve repercussões decisivas de caráter político-literário ainda não de todo amortecidas. No que João de Castro Osório chegou a acerto mais cabal do que quase toda a crítica brasileira (e talvez no primeiro caso, antes referido, ter-lhe-ão faltado elementos informativos acerca de rancores e desdéns muito ativos, muito reais, até há pouco ainda bem acesos), foi em ter declarado ver a nossa poesia daquele momento mais ampla e rica do que vinha sendo apresentada em panoramas críticos e antologias de feição necessariamente unilateral, como o *Panorama do Movimento Simbolista Brasileiro* (PSMB), ou em outros simplesmente fechados a aspectos válidos da realidade. É compreensível que o PSMB ficasse restrito ao Simbolismo, porquanto a matéria não era somente omitida, porém também desconhecida de quase todos. O mesmo não se poderia dizer de tantos florilégios, seletas e antologias, aparecidas até nestes últimos anos, cujos autores, por inércia, incuriosidade, ou melhor, estreito conformismo, ainda se não moveram a uma revisão do setor reservado ao Simbolismo. Continuam vários deles a considerar só dois nomes como merecedores de registro ali: Cruz e Sousa e Alphonsus de Guimaraens. Mencionam, entanto, numerosas figuras menores do Romantismo, Naturalismo, Parnasianismo e, até, do Modernismo. "Na literatura brasileira, escreve João de Castro Osório, o Simbolismo e o Parnasianismo foram dois movimentos paralelos, com sincronismo perfeito, impressionante mesmo, assim revelando alguma coisa de mais profundo e significativo do que um e outro isoladamente exprimem." Enquanto uma testemunha assim imparcial aprecia o panorama, focalizando-o do Ultramar, a crítica brasileira do tempo encarou o movimento ora com simpatia um tanto arisca, como no caso de Araripe Júnior; ora manifestando inesperada intuição axiológica, como no de Sílvio Romero. A reação, até o fim, esteve representada por José Veríssimo, julgador tantas vezes excelente, equilibrado, atento, porém ao qual Agripino Grieco pôde referir-se nestes termos: "Suas páginas sobre Cruz e Sousa e Alphonsus de Guimaraens são milagres de incompreensão. Esse inimigo pessoal do Simbolismo..."[3] Tratou com frio desdém Alphonsus de Guimaraens, Mário Pederneiras, Nestor Vítor, Gonzaga Duque, outros e outros, a todos aqueles em quem vislumbrava "nefelibatismo", e a Cruz e Sousa principalmente, apesar de se ter mostrado, por fim, a respeito desse último, mais contrito e receptivo.[4] Em artigo muito posterior, encontra-se ainda esta restrição: "Do que se chamou Simbolismo — e que nunca ninguém soube o que em verdade fosse",[5] e, a propósito do simbolista baiano Domingues de Almeida, isto: "Como Cruz e Sousa, o Sr. Domingues de Almeida, é deveras poeta, mas, como aquele, poeta de expressão insuficiente"; acrescentando uma observação sintomática: "Estará Cruz e Sousa postumamente fazendo escola?" Isso já em 1913. Crítico sereno e seguro dos poetas românticos; aceitando os parnasianos mercê do seu amor à moderação expressional e ao que, nestes últimos, representava remanescência dos clássicos (de Bocage, por exemplo, nitidamente, em Bilac), por isso mesmo é digno de assinalar-se a surpreendente observação que transcreve Rodrigo Otávio Filho: "Comparando os versos do Sr. Jaime Guimarães com os do Sr. Mário Pederneiras, se não pode deixar de sentir o lucro que à nossa poesia veio do Simbolismo, como este lhe deu mais plasticidade, mais música, e como ao mesmo tempo começa a livrá-la das repetições enfadonhas do descritivo parnasiano."[6] Mostrar-se-á Veríssimo menos atilado e honesto ao consignar essa verificação do que em outros momentos da sua atividade julgadora? Não seria, antes, de comparar-se essa sua postura com a de Brunetière, considerado reacionário em seu tempo, e que, entanto, abriu caminhos para a crítica mais significativa de hoje em dia, em afirmação de crédito por ele ao Simbolismo, e que vai mencionada em outra parte desta obra?[7]

Os aspectos estéticos e artesanais do Parnasianismo — o qual, entretanto, no Brasil, com Alberto de Oliveira, Raimundo Correia, Delfino e Bilac, foi muito menos uma "poesia de bibliotecários" (expressão de Thibaudet), do que no caso dos seus prógonos franceses Leconte de Lisle e Heredia — eram repelidos pelos entediados simbolistas. Essa recusa representava condição definidora de sua própria atitude estética, e afirmação de vivências inconciliáveis, das quais dependia a sua realização e a própria conservação. Verificá-lo hoje não significa aplicação dum critério de valor que possa representar a não aceitação do reconhecimento da presença vitoriosa, na nossa poesia, dos grandes parnasianos, como parece ter inferido João de Castro Osório.

É de importância básica acentuar que não se deve chamar simbolista à crítica dos díscolos ou dos indiferentes; porém à que foi feita pelos próprios simbolistas, e até hoje não estudada. Desde a campanha inicial, lançada por um grupo de choque de que participavam Oscar Rosas, Virgílio Várzea, Emiliano Perneta, Artur de Miranda; B. Lopes, Gustavo Santiago, Oliveira Gomes e outros, a crítica simbolista foi predominantemente "de sustentação" ("la critique de soutien", expressão de Albert Thibaudet), quer dizer, de doutrinação, de luta. Dadas as circunstâncias, não poderia exercer-se como se fora um sereno testemunho, ou uma meditação ordenada para classificação e para a busca de uma hierarquia dos valores.

Uma rápida pesquisa de literatura comparada viria justificar as posições dessa crítica. O Simbolismo europeu foi menos propagado do que explicado, numa campanha por assim dizer de guerrilhas, empreendida pelas *petites revues*: *Revue Indépendante*, *Revue Wagnérienne*, *Décadent*, *Symboliste*, *Vogue*, *Jeune Belgique*, *Wallonie*, muitas outras, e por fim, pela mais famosa dentre elas, o *Mercure de France*, de "cor episcopal", única ainda viva até pouco. Nas suas páginas, e em livros hoje raríssimos, exerceu-se uma atividade crítica antes de tudo doutrinária, no terreno estético. *Traité du verbe*, de René Ghil, com "Avant-dire" de Mallarmé; *L'art symboliste*, de Georges Vanor; *Symbolistes et décadents* e *Les origines du Symbolisme*, de Gustave Kahn; *La littérature de tout à l'heure*, de

Charles Morice; *Propos de littérature*, do belga Albert Mockel; *La melée symboliste*, de Ernest Raynaud; constituem o melhor do repertório bibliográfico que tentou definir e constituir um fundo estético padrão. Acrescentados, está claro, a esse acervo, manifestos estrondosos como o de Jean Moréas, no *Figaro*; os do curioso "Sar" Péladan; e livros como *Le trésor des humbles*, de Maeterlinck; *Les poetes maudits*, de Verlaine; e, ainda, os célebres capítulos de *À rebours* (V, XII e, sobretudo, XIV) nos quais Huysmans traçou um admirável quadro, ainda hoje válido, representativo do gosto "decadente". Tudo isso, movido, alerta, combativo, como comprova a obra talvez mais significativa em que se refletiu a campanha: *Enquête sur l'évolution littéraire*, do grande repórter Jules Huret, modelo do gênero, aparecida em 1892. Posteriormente, a crítica simbolista serenou, meditou, balanceou as proporções e a qualidade das contribuições do movimento, graças, principalmente, à penetração e à finura estilística de Rémy de Gourmont, o mais importante crítico francês posterior a Taine, antecedendo a Charles Du Bos e Albert Thibaudet.

É preciso, está claro, no caso do Brasil, não reduzir a importância dos elementos da crítica do Simbolismo, porém medi-los por um estalão francamente provinciano, condicionando-os à estreiteza e ao vazio cultural do meio.

NESTOR VÍTOR[*]

---

[*] Nestor Vítor dos Santos (Paranaguá, PR, 1868 — Rio de Janeiro, 1932). Fundador do Clube Republicano de Paranaguá (1887), ainda hoje existente; e, em Curitiba, secretário da Confederação Abolicionista do Paraná (1888). Em 1891, fixou residência no Rio de Janeiro. Foi professor e vice-diretor do Colégio Pedro II, tendo lecionado ainda na Escola Normal, na Escola Superior de Comércio e no Liceu Francês. Atuou na Campanha Civilista e na Liga pelos Aliados. Viajou pela Europa, em 1902, residindo depois em Paris até 1905. Colaborou nas principais revistas simbolistas, e, assiduamente, no *Correio da Manhã*, do Rio de Janeiro, tendo exercido a crítica literária na revista *Os Anais*, dirigida por Domingos Olímpio, e no jornal *O Globo* (Rio de Janeiro), desde a fundação desse órgão até o seu falecimento.

Bibliografia

CRÍTICA: *Cruz e Sousa*. 1899; *A hora*. 1900; *Três romancistas do Norte*. 1915; *Farias Brito*. 1917; *A crítica de ontem*. 1919; *Cartas à gente nova*. 1924; *Os de hoje*. 1938. ENSAIOS E PENSAMENTO: *O elogio da criança*. 1915; *Folhas que ficam*. 1920; *O elogio do amigo*. 1921. VIAGEM: *Paris.*1911; *A terra do futuro*. 1915. POESIA: *A Cruz e Sousa*. 1900; *Transfigurações* (1888-1898). 1902. FICÇÃO NARRATIVA: *Signos* (Contos). 1897; *Amigos*. (Romance). 1900; *Parasita*. (Novela) in *Feira Literária*. São Paulo. 1928. TRADUÇÃO: *A sabedoria e o destino*, de Maurice Maeterlinck (Com Introdução). 1903; *Prosa e poesia*, Coleção "Nossos Clássicos", Apresentação de Tasso da Silveira. Rio de Janeiro: Agir, 1957. A PUBLICAR: *Brasileiros* (Crítica). 3 vols. *Estrangeiros* (Crítica). *Dispersos e correspondência*. Sua *Obra crítica* está sendo republicada, sob a direção de Andrade Murici,

Nestor Vítor nasceu e iniciou a sua formação intelectual na velha Paranaguá, cujos habitantes provinham dos reinóis primitivos, e, em grande número, de imigrados das ilhas portuguesas de África (açorianos). Talvez por esse motivo, e pelo marasmo e isolamento em que se mantinha aquela população, a linguagem ali usada, até bem pouco, conservava-se bastante cheia de arcaísmos, que pareciam ou afetados ou cômicos aos habitantes do planalto curitibano.

Dessa resistente herança de retardado classicismo terá resultado, até certo ponto, a expressão meditada do crítico, cheia de complementos interlocutórios destinados a bem medir as coisas, e uma meticulosidade excessiva que

---

pela Casa de Rui Barbosa (1969). Ver ainda: J. Galante de Sousa. Notícia biobibliográfica. *Revista do Livro*. Rio de Janeiro: INL, XI, 34, 1968.

Consultar

Amoroso Lima, Alceu (Tristão de Athayde). "O crítico do Simbolismo", *Primeiros estudos*. 1948; idem. "O elogio do amigo", *O Jornal*. 22 jan. 1921; idem. "Nota sobre a evolução da crítica literária no Brasil", *Jornal do Commercio*. 8 nov. 1936; Carvalho, Ronald de. "Folhas que ficam", *O Imparcial*. 14 out. 1920; idem. "Crítica construtiva", *A Folha*, 20 jan. 1921; Costa Filho, Odilo. "A propósito da romaria hoje ao túmulo do grande chefe de fila do Simbolismo, o saudoso escritor Nestor Vítor", *Jornal do Commercio*. 15 out. 1933; Coutinho, Afrânio. "A crítica intrínseca", *Diário de Notícias*. 24 jan. 1954; Cruz e Sousa. "Os signos", *Gazeta da Tarde*. 8 out. 1897; Fernandes, Carlos D. "Os nossos grandes figurantes da arte e da literatura de ontem", *O País*. 21-22 nov. 1925; Figueiredo, Jackson de. "Discurso no banquete a Nestor Vítor", *O Farol*. Juiz de Fora. 11 de maio 1919; idem. "Prefácio" a *Cartas à gente nova*. 1924; idem. *Correspondência*. 2. ed. 1946; Frota Pessoa. "Coisas literárias", *Gazeta de Passos*. Sul de Minas. 18 jun. e 18 jul. 1899; idem. *Crítica e polêmica*. 1902; Lima Barreto. "A crítica de ontem", *Revista Contemporânea*. 10 maio 1919; idem. "Vários autores e várias obras. Folhas que ficam", *Gazeta de Notícias*. 6 dez. 1920; idem. "O elogio do amigo" (recorte). 5 ago. 1922; Lins; Álvaro e Buarque de Holanda, Aurélio, *Roteiro literário do Brasil e de Portugal. Antologia da língua portuguesa*. 1956; Medeiros, Maurício de. "Nestor Vítor (Reminiscências)", *O Imparcial*. Rio de Janeiro, 16 out. 1932; Monteiro Lobato. "A crítica de ontem", *Revista do Brasil*. São Paulo, março 1919; Oliveira Gomes. "A monografia "Cruz e Sousa", *Máscara*. Rio de Janeiro, 20 abr. 1899; idem. "A hora", *A Tribuna*. 4 dez. 1901; Peregrino Júnior. "A crítica literária do Simbolismo", *Jornal do Commercio*. 4 set. 1955; Pereira, Astrojildo. "Ontem e hoje", *Diretrizes*. 15 abr. 1943; Ribeiro, João. "Signos", *A Notícia*. 10 set. 1897; idem. "Farias Brito", *O Imparcial*. 1º out. 1917; idem. "A crítica de ontem", *O Imparcial*. 14 abr. 1919); idem. "O elogio do amigo", *O Imparcial*. 8 fev. 1922); Rio, João do. "Um livro", *O País*. 7 out. 1901; idem. *O momento literário*. 1908); idem. "Um livro", *O País*, 25 maio 1920; Romero, Sílvio. *História da literatura brasileira*. 3. ed.; Santiago, Gustavo. "Cruz e Sousa", *Cidade do Rio*. 20, 22 e 29 abr. 1899; Santiago, Gustavo "Paris", *Correio da Manhã*. 5 fev. 1912; Schmidt, Augusto Frederico. "No cinquentenário da morte de Cruz e Sousa", *Letras e Artes*. Supl. *A Manhã*. 11 abr. 1948; Torres, Antônio. "Farias Brito", *A Notícia*. 24 set. 1917; idem. "Um pouco de literatura. A Crítica de ontem", *Gazeta de Notícia*. 21 abr. 1919.

sobrecarregavam e ralentavam o discurso. O que explica sua perene frequentação de Montaigne. O estilo é o homem. O professor de português e de francês que foi a vida inteira Nestor Vítor levava para as letras uma preocupação quase mórbida de pontuar, de sublinhar intenções e nuanças. Estas apareciam bem mais claras e evidentes — porque o acento oral as aligeirava, na palestra. A sua era cheia de repentes de espírito e de modismos, alguns deles tornados famosos, e também nas suas aulas. A marcha sinuosa do discurso apresentava-o como em plena pesquisa expressional; e, depois, nem retrabalhava, nem polia. Observou Tristão de Athayde — após analisar com rigor o seu estilo — que Nestor Vítor mostrava mais amor à verdade do que à expressão literária. Isso parece certo; convém, porém, não esquecer: o fenômeno da complexidade intelectual, unido ao de profundeza, tem sido raríssimo entre nós — como aliás também em Portugal —, escassez que vai sendo corrigida nestes últimos lustros, graças aos estudos universitários e à tendência intelectualista das novas gerações. Complexidade exige predisposição e treino intelectual intensivo. Poucos vestígios de tal exercício poderão ser encontrados por nossas letras anteriores ao Simbolismo. Na verdadeira complexidade em profundeza, a sensibilidade, a imaginação, o sentido de logicidade e a intuição representam condições existenciais necessárias. Com a exceção gloriosa de Machado de Assis, cuja sutileza expressional e complexidade psicológica relegavam-no, aliás, na preferência do público da época, depois de Alencar, Macedo, Taunay e, até, de Bernardo Guimarães, a expressão reinante nas nossas letras era, então, quase exclusivamente linear. Foram Frias Brito, na crítica filosófica; Raul Pompeia, Rocha Pombo e Gonzaga Duque, no romance; Cruz e Sousa, na poesia; e Nestor Vítor, na crítica e no pensamento moralista, que abriram rumo insuspeitado, precursor da crítica filosófica de hoje, no Brasil; do romance de Cornélia Pena, Otávio Faria, Adonias Filho, Lúcio Cardoso, Barreto Filho e do Graciliano Ramos de *Angústia*; da poesia do período sincrético, do Penumbrismo, e de muitos modernistas e modernos de hoje; dos processos de análise textual, por assim dizer divinatório, de Henrique Abílio, em *Crítica pura;* da crítica de arte e de letras tão variada, rica informada, que se está exercendo entre nós, aliás sem continuidade, nem verdadeiro espírito de vigilância.

Nestor Vítor foi um desbravador. Se assim não for encarado, continuará incompreendido, apesar de francas reivindicações em seu favor por parte de Sílvio Romero,[8] Ronald de Carvalho,[9] Alceu Amoroso Lima,[10] ou Afrânio Coutinho.[11]

Diga-se que Nestor Vítor nunca teve por normativo o seu estilo. Em *Folhas que ficam* há esta anotação que o demonstra: "O estilo simples, propriamente dito, é como a cor branca, que encerra em si todas as cores: hão de compreender-se nele todas as belezas, sem que nenhuma se sacrifique, todavia, pelo realce das outras".[12] Isso é de pura clarividência; mas Nestor Vítor era de temperamento inquieto; entre melancólico e imperioso; e de espírito facilmente sarcástico. Sofria dessa espécie de timidez mal superada que torna, por vezes, arestoso, e ocasionalmente duma rudeza nervosa compensada por muito amor, fidelidade, e uma busca incansável de compreensão. Os casos pessoais tanto como os literários interessavam-no, tais fossem eles, até à paixão, ao gesto de intervenção cordial ou à incontida agressividade. Tal foi, como homem, o principal crítico do Simbolismo. Como o seu estilo, ele era uma natureza por vezes indomável e agreste.

O seu estilo, como o nobre caráter do homem, carreava substância intelectual e psicológica incomum e nova para o Brasil. Já o ensaio *Cruz e Sousa*, escrito em 1896, e publicado depois da morte do Poeta Negro, em 1899, apresenta-o de modo decisivo. Primeira apreciação significativa da personalidade e da obra de Cruz e Sousa, pouco há nele que retificar; muito maior a proporção do que a posteridade confirmou. Quantos se têm limitado a celebrar a memória de Nestor Vítor somente como a dum incansável apologista, teriam surpresa se tomassem conhecimento daquela monografia flagrantemente iluminada pelas noturnas claridades das *Evocações*. O poeta — declara Nestor Vítor no prefácio — "teve-o em suas mãos por dilatado tempo". Entretanto, de par com altos encômios, repontam frequentes restrições, por vezes bem severas, mas que representam tentativas, feitas com honestidade rara, de explicar os defeitos apontados, dando-os como índices duma transmutação radical e genial de valores estéticos. Depõe, assim, acerca de peculiaridades expressionais mais tarde acoimadas, por alguns, de vazio verbalismo e, até, de representarem "escórias retóricas": "Na forma, a construção, por exemplo, da frase e a criação de certos neologismos são muitas vezes contra todas as convenções estabelecidas, a adjetivação, ora tautológica, ora de acepções inteiramente novas e talvez não raro diametralmente avessas à índole léxica da palavra."[13] Tais defeitos ele os via em grande, num plano em que as medidas comuns eram superadas. Escreve: "Ele é muitas vezes duma concepção monstruosa, de uma audácia selvagem, irreverente, e tais que elas assumirão o caráter de incongruências estéticas perante todas as civilizações, diante de todos os homens cultos do mundo". Essa restrição, é evidente, resulta, assim, afinal, num elogio, porquanto é proposta numa projeção de alta universalidade, e expressa em ênfase quase romântica. Dezoito anos mais tarde, no ensaio *O Poeta Negro*, Nestor Vítor chega a ser de uma severidade que a crítica desta hora só pode ter por excessiva. Roger Bastide, e tantos críticos das gerações pós-simbolistas, já quase sempre se dispensam de investigar acerca das tais disformidades expressionais e outras, relativamente a Cruz e Sousa, quanto mais de fazê-lo com o espírito de negação antes quase unânime. A projeção de Cruz e Sousa, de cuja ocorrência futura nunca duvidou Nestor Vítor, eles já a vão entrevendo sem os ressentimentos e o ressaibo das dolorosas experiências que acabaram por quase tolher o julgamento do crítico, principal testemunha do "grande espetáculo", como diria Théophile Gautier, que foi o Cisne Negro. Nestor Vítor parece, até, suscitar propositadamente sombras no desenho; isso, porém, por estranho escrúpulo. Essa página de *A crítica de ontem* demarca não uma hora de vacilação: um trabalho pungente de autoexame, mais do que uma revisão de juízos; procura tirar contraprova que lhe permitisse prosseguir no seu apostolado. Confessa afigurar-se-lhe desconforme, muitas vezes, a visão do poeta, "sem medida, sem precisão"; chega a referir-se à aberração anacrônica do que constitui o fundo de sua mentalidade"; à "deficiência da sua cultura", "arriscado, por tudo isso, até a cair no ridículo". Entretanto, numa premissa, por ele estabelecida, ainda dessa vez resolve as antinomias da sua ansiosa severidade. Assim: "Cruz e Sousa, negro sem mescla, foi uma cerebração de primitivo genial, foi como a revivescência de um núbio contemporâneo de Davi..."; depois: "negro descendente de escravos e um pária social no tocante à sua situação econômica... "Anacronismo que não é, porém, como se vê, de se lhe imputar como pejorativo e amenorador. "A arte, aos seus olhos, exigia o sacerdócio de um devotamento, de uma gravidade, de uma pureza de intenções, mas também de uma inexorabilidade, semelhantes às que Javeh impunha ao seu povo eleito." Por tudo isso, "ele era quase que apenas, em parte, um órgão à procura, mas embalde, da sua função integral, era uma emoção épica em busca de assunto, cruzado cuja formosa Jerusalém representava apenas uma miragem."[14]

Nove anos depois desse ato de penitência inexorável, encontramo-lo já serenado, ao redigir a introdução às *Obras completas* do poeta, na modelar edição do Anuário do Brasil — esgotada em poucos meses. Nesse ensaio, biografia, história literária e apreciação crítica fundem-se eficazmente.

Já antes disso, em 1921, Monteiro Lobato editara o ensaio *O elogio do amigo*. Nessa obra como que revivem em Nestor Vítor esquecidas cadências de estilo e espírito clássicos de que se abeberaram a sua infância e adolescência, entre os descendentes dos derradeiros e segregados seiscentistas intatos dos Açores, Cabo Verde e Madeira. Através de pertinentes evocações da Antiguidade, das experiências juvenis do *Jean Christophe*, de Romain Rolland, e detendo-se num notável paralelo entre os abolicionistas Joaquim Nabuco e José do Patrocínio, chega à região da sua própria e estupenda experiência da amizade. Em páginas sóbrias, evoca a figura daquele que trouxera para a vida, escreve, "uma natureza de apóstolo feita de um só bloco", Cruz e Sousa. Dá testemunho, assim, desse afeto: "Transportava-nos para os velhos tempos dos grandes visionários integrais"; e o poeta, por sua vez, dedicara-lhe a exaltada suíte ternária que encerra os *Últimos sonetos*. Nestor Vítor, quando ainda bem jovem, e logo após os seus primeiros encontros com o poeta e a sua obra, escrevera: "Não basta que se leia, é preciso privar com ele, de braços abertos, de alma aberta, translúcidos em todos os recantos da nossa alma, estabelecer-se com ele a comunhão intelectual mais absoluta que se pode dar entre dois espíritos humanos, para colocarmo--nos no ponto de vista de que melhor se pode abranger sua individualidade estranha e transmitir aos outros a profunda emoção que nos fica dessa convivência formidável."[15]

A sua vida inteira confirmou-o nessa postura de espírito em relação a Cruz e Sousa. Raras páginas suas que não incluem alguma alusão ao poeta. De tal modo que — afinal colocado o Poeta Negro em plano e lugar merecidos, entre os maiores expoentes mundiais do Simbolismo: Baudelaire, Mallarmé e Stefan George, por quem tinha autoridade para fazê-lo,[16] e isso sem mais provocar revides acrimoniosos e negativistas,[17] — já ninguém estranha seja a amizade Cruz e Sousa-Nestor Vítor, tida por exemplar e memorável.

"Crítica de sustentação", quase sempre, a sua. Quanto escreveu acerca de Silveira Neto, Emiliano Perneta, Gonzaga Duque, Graça Aranha, Francisco Mangabeira, Farias Brito, Rocha Pombo, Pereira da Silva e outros, põe-no sempre, talvez muitas vezes inconscientemente, em postura defensiva no referente ao Simbolismo. Poucas vezes, entretanto, tomou-se de verdadeira intenção polêmica, como fez ao rebater a interpretação ardilosa dada pelos adversários de Cruz e Sousa ao sufrágio generoso de Sílvio Romero, no limiar deste século. Alberto de Oliveira, a quem Nestor Vítor tanto queria e admirava, endossara, como tinham feito muitos e outros fizeram depois, a opinião de que se tratava de simples anedota emocional, de mera adesão afetiva da parte do colosso sergipano, comovido com a doença e a miséria do Poeta Negro. De um simples sentimento de comiseração circunstancial passar à afirmação com a qual pela primeira vez, e em meio de geral indignação, alguém declarava Cruz e Sousa "a muitos respeitoso melhor poeta que o Brasil tem produzido",[18] seria inverossímil. Haverá quem lembre os célebres retornos de Sílvio, no referente a Machado de Assis e a Luís Delfino. Entretanto, não ocorreu nenhum movimento posterior da sua parte, desfavorável a Cruz e Sousa, a quem admirou até o fim. Nestor Vítor, então vice-diretor do Colégio Pedro II, convivia assiduamente com Sílvio Romero, professor ali. Teve oportunidade de narrar a este as condições trágicas em que vivera e morrera o Poeta Negro. Sobretudo, como declara Sílvio, deu-lhe a ler a obra inédita (era quase toda...) do poeta, e o resultado foi ter aquele podido afastar de si a rede de preconceitos estéticos e político-literários de que nunca se desenredaram, a respeito de Cruz e Sousa, outros julgadores ilustres da época.

Essa linha defensiva estende-se até ao importante artigo introdutório de *A crítica de ontem*, no qual atualizou e reafirmou a sua atitude de pensador e crítico; e à amarga, sarcástica e estranha página "Os novos", do mesmo livro, onde focalizou virtualidades sintomáticas da vida literária do tempo. Dessa sua postura, parece índice importante o artigo "Olavo Bilac", ainda do livro citado, escrito em 1902, quando o poeta de "Via Láctea" empolgara a opinião da maioria enorme dos literatos, digamos, de direita e o público em geral. Monteiro Lobato, em artigo publicado na *Revista do Brasil*, em 1919, acentuava o acerto das observações nada cautelosas que esse artigo continha acerca da arte e do prestígio do poeta. Esse artigo, na data de sua publicação, poderia parecer expressão de ressentimento. Tantos anos depois, ao autor de *Urupês* pareceu indicar como que um julgamento da posteridade. O consenso, frequentemente externado, dos homens de letras destes últimos decênios, ora explícito, ora implícito, tem confirmado aquele parecer dum contemporâneo que tinha de caminhar, para externá-lo, "ao arrepio da correnteza do sentir geral". Prova da isenção do crítico é, por exemplo, o seu ensaio sobre Alberto de Oliveira, adversário intransigente do Simbolismo, um dos dois melhores estudos sobre o cantor de *Alma em flor*, com o de Oliveira Viana. Também, quanto escreveu sobre o patriarca Luís Delfino, tão simpatizado pelos simbolistas, porém não comprometido, politicamente, com estes. No caso de Pompeia havia mais do que simpatia: afinidades. Acusam-se estas nas delicadas flores alpestres como se afiguram ser as *Canções sem metro*, e estão também assinaladas na prosa de *O Ateneu*, tão nova para as letras brasileiras, e em páginas dispersas. Nelas repontam curiosidades e inquietações de estilo que o isolam em meio do Naturalismo. Eugênio Gomes, em análise detida e penetrante, pode estabelecer esse diagnóstico, já entrevisto, como de passagem, porém argutamente, por Araripe Júnior.[19]

Isenção não fácil mostrou ao fazer, por mais de uma vez, referências admirativas a Luís Murat, desabrido inimigo pessoal de Cruz e Sousa. Também digno de serem sublinhados, ainda como indicativos de isenção, os seus estudos da obra de Coelho Neto, um dos mais decididos antagonistas do Simbolismo. Registre-se aqui, entretanto, que Coelho Neto, no seu pequeno *Compêndio da literatura brasileira*, fez louvável esforço de justiça no referente ao Cisne Negro.

Crítica de sustenção, Nestor Vítor era forçado a fazê-la, com mais frequência do que a de qualquer outro gênero. Não encontrara o terreno preparado e a opinião assentada, como acontecia a José Veríssimo relativamente ao Naturalismo e ao Parnasianismo. Incumbiam-lhe funções múltiplas e complexas: doutrinar, e, com isso, tentar a criação dum ambiente intelectual diferente. Com serenidade que, hoje, talvez surpreenda aos que ainda se recordam da sua legenda de agitado, de intratável obsedado de Cruz e Sousa, Nestor Vítor, nos anos derradeiros do século XIX e iniciais destes, e praticamente sozinho, reuniu e divulgou, no espírito próprio dessa tendência, os elementos culturais do Simbolismo universal. A estes elementos fechavam-se, quase sempre, os adversários do movimento.

Quando alguns destes tentaram a aproximação, resultou uma objetividade fria, incapaz de estabelecer verdadeiro contato com a nossa vida cultural, tal como ocorre nas séries, sob tantos outros aspectos, significativas, de *Homens e coisas estrangeiras*, de José Veríssimo; e até mesmo, porém com outro espírito de sedução e de numerosidade, como no *Ibsen*, de Araripe Júnior. Aqueles elementos, tais os apresentou Nestor Vítor, foram influir, no Brasil inteiro, tanto sobre os *novos* do Pós-Simbolismo como, também, nos chamados penumbristas;

portanto sobre todo o curioso e rico "sincretismo" (na expressão sugerida por Tasso da Silveira) que preparou o advento do Modernismo.

Encontram-se alusões por vezes (porém nem sempre) simpáticas e, até, generosas a Nestor Vítor, entanto quase exclusivamente ao apóstolo incomparável duma admiração comovedora.

Essa *diminutio* que (nem sempre malevolamente), por vezes, lhe infligem, não resiste a um estudo da biografia, mas, principalmente, da obra do crítico, o que está, ainda, por ser empreendido. Augusto Frederico Schmidt recordava, simpaticamente (como sempre em relação a Nestor Vítor), um tempo em que a campanha do crítico, pró Cruz e Sousa, parecia, a tantos, a quase todos, inocente e risível.[20] O próprio Félix Pacheco, tão devotado ao Poeta Negro, acoimou, em hora de passageiro dissídio, aquela campanha de "trapalhona, negativa e malfeita".[21] Ela durou, entretanto, quarenta e seis anos, e não foi baldada.

Não menos significativa para a nossa literária é sua obra de moralista. O Brasil naturalista e parnasiano considerou inaceitável o tom dessa obra, o seu lento movimento, a sua própria profundeza, e gravidade. A penetração estética e psicológica nela acusada representou fenômeno ímpar no quadro ainda bastante ralo da nossa cultura. Parece necessário tomar em consideração a data em que começou a ser escrita (1896); as condições do ambiente social e político, fruto das primeiras decepções dos "republicanos históricos" e dos abolicionistas; e as posições da áspera política literária de então. Também seria útil apelar para um critério de literatura comparada, porque Nestor Vítor inaugurava, no Brasil, outra espécie de crítica "impressionista".

No caso de Nestor Vítor, "impressionista" poderia ser substituído por "simbolista", se a crítica deste movimento não tivesse tido, como teve, profundas afinidades com o grande movimento *impressionista* da pintura, e com o da escultura com Rodin e Bourdelle; quer dizer: não fosse predominantemente *estética*. Deixara de consistir em exercício dum agradável diletantismo hedonista, mas acusava nova espécie de percepção da vida, num condicionamento desta pelo predomínio das "correspondências" e da "impressão", sem sujeição estrita, desta, ao conceitual, ao discursivo, ao descritivo, ao controle rigoroso da razão, antes com larga intervenção do subconsciente. Pela primeira vez usaram-se em crítica, no Brasil, elementos propriamente simbolistas, tais como Cruz e Sousa os propusera nos seus poemas em prosa. Nestor Vítor encontrou apoio e esclarecimento nas obras ensaísticas de Carlyle e Emerson; na prosa de Mallarmé; no teatro e nos ensaios de Maeterlinck; no misticismo de Ruysbroeck; no teatro de Ibsen; no pensamento poético de Novalis; na crítica de Georges Brandes; na poesia de Whitman e Verhaeren; na obra escultória de Rodin (sobre a qual, nos seus últimos tempos preparava um ensaio); na pintura de Carrière. O grande impacto intelectual que recebeu foi, porém, o de Nietzsche. Desses encontros resultaram os ensaios: "H. de Balzac" (1899); "H. Ibsen" (1900; anterior de 5 anos ao atraente estudo de Araripe Júnior); "Os desplantados", de Maurice Barres" (1899); "Cyrano de Bergerac" de Maurice Rostand (1899); "M. Maeterlinck" (Introdução à sua tradução de *A sabedoria e o destino,* que lhe valeu a amizade do autor de *Pelléas et Mélisande,* e o convívio mais tarde, com este, em Paris); e *"Os discípulos de Sais,* de Novalis"; "*Os sete ensaios,* de Emerson"; "Um livro de Hello"; "F. Nietzsche", outros ainda. Tasso da Silveira, no seu ensaio "Antena",[22] analisa, assim, a feição representativa desses ensaios: "O que vem ali de mais impressionante não são as considerações de simples crítica literária. São os golpes fundos de sonda no íntimo do pensamento do mundo àquele instante, são as definições sutilíssimas de essências quase secretas de realidades espirituais que espontavam apenas".

Com essas páginas entrava na nossa crítica um novo elemento: a já antes mencionada *complexidade,* servida por um apelo frequente à intuição. Daí a novidade, no Brasil de há 60 e 50 anos, de movimentos expressionais nos quais não se buscavam os lineamentos nítidos da latinidade sóbria, precisa. Por força, em parte, das correntezas predominantemente nórdicas do pensamento da época (Carlyle; Emerson; Maeterlinck, Ruysbroeck; Novalis; o crítico G. Brandes; Kirkegaard, através de Ibsen; Nietzsche, etc., já mencionados) — Nestor Vítor procedia como por meio de experiências de nuançamento, por sucessivas aproximações de toque. Imprecisão não inibitória; um descosimento, um desalinho, afinal, bem brasileiros, e tantas vezes fecundo: tateamento, decorrente de difíceis, variadas pesquisas na profundidade do subconsciente. Nessa atitude ele estava sincronizado muito mais com o momento intelectual europeu da época do que com o nosso.

Deve ter sido difícil, aos novos, por volta de 1910, entrarem por esse cosmo intelectual diferente. Leituras poderiam ser feitas, de obras então recentes do pensamento europeu, capazes de prepararem os espíritos para aquela espécie de crítica, que já ia evidenciando, para alguns, a sua contextura eminentemente sinfônica, no sentido genérico dessa expressão musical. Como, por exemplo, nesta "abertura", bem representativa da sua "maneira":

> H. Ibsen é uma crença firme na evolução da natureza, na sábia destinação das coisas, no movimento ascensional do Homem aqui mesmo dentro do planeta, mas uma crença amarga e dolorosa, porque ela implica uma ideia de necessidade, de luta nas provas da produção, nos atributos da lapidação, nas angústias das metamorfoses, dos misteriosos avatares, ainda mais implacável do que a própria ideia darwiniana.[23]

Tratando de Maeterlinck, no ensaio talvez mais belo e importante que escreveu, tem numerosas notas assim, dum tom simbolista característico, do tipo Laforgue:

E de tudo isso falam as *Serres chaudes*, como vivas sugestões, no vagar dos gestos, quase que só implícitos, intencionais, com que se nos dirigem, na brancura de Efialtos por noites de luar das imagens em que tumultuam, no reclinar de colo, meio sonolento, que há ali, lembrando brancos cisnes no meio de um verde lago tranquilo, belos e grandes, ainda dourados pela luz de um doce crepúsculo, e, no entanto, já tão lassos, dir-se-ia, até, meio enamorados da morte.

Ou isso, tomado ao acaso:

Os místicos como Maeterlinck são deste feitio: mesmo à taça que o destino lhes pôs nas mãos como indiscutivelmente sua, eles chegam os lábios com tal suavidade, que parecem produzir apenas a ilusão de um movimento; e a libação é ligeira, quase que apenas simbólica: no entanto basta isso para os saciar, para até lhes causar ebriedade, para pô-los num estado de beatitude por fim.[24]

Peça capital da nossa crítica simbolista é "O elogio do *Luar de Hinverno*" (de Silveira Neto) datada de 1900. Começa neste tom:

este é, na verdade, mais um poeta que aí vem. Tem uma visão própria, tem um dizer próprio, tem um fazer que é bem seu. Atentai, além disso: há música nos seus versos, e esta ainda não tínheis ouvido propriamente em outrem.

Outra música, também, a dessa crítica, em que o lirismo tem parte e é inseparável do julgamento de razão. Referindo-se aos *Fragmentos*, de Novalis, que faleceu aos 29 anos, quase sem biografia, "tal qual um desses seres que aí passam balbuciando, pestanejando, tateando (...), sem terem certeza de que vivem, de que são um ser..." verifica, como de súbito:

Os *Fragmentos*, no entanto, representam uma autobiografia formidável. Ele viu tudo, ele viveu tudo, ele foi tudo quanto é preciso ser-se para ser-se propriamente um homem. Apenas, ele viveu na atmosfera da fé, numa convicção tão tranquila que se confunde com a alucinação, viveu nas cumeadas da vida, frente a frente com a grandeza das coisas, sem os altos e baixos por que andamos todos nós.[25]

O seu encontro com Nietzsche foi decisivo para reforçar certos traços do seu temperamento. Referiu-se o próprio Nestor Vítor ao seu "ar desajeitado e talvez árido",[26] que possivelmente afastou dele a muitos, e fez com que se lhe cerrassem muitas portas, as da Academia, por exemplo. É que, intimamente generoso, afetuoso, afirmara: "Nietzsche é o sentimento da probidade intelectual levada até a loucura. Depois de nos havermos encontrado com ele, qual o de nós que se não sente mais ou menos cabotino?"[27] A sua própria probidade era inatacável. Nunca transigiu. Diz dos olhos de Nietzsche: "Para quem tenha valor, eles serão sempre uns olhos duros, implacáveis, mas amigos..."Assim julgava-se a si próprio; essa à atitude espiritual que a si mesmo queria impor — com certa ingenuidade — ao findar a fase heroica do Simbolismo. A sua crítica ainda veio a ter cristalizações significativas, como no importante estudo sobre o pintor Eugene Carrière, onde o processo estético é evidente, e transporta a técnica analítica do Impressionismo, em grau rigoroso de adequação, para o terreno literário.

Entretanto ocorrera uma grande aventura na sua vida: a sua prolongada residência em Paris. O que de mais decisivo dela lhe resultou foi o livro *Paris* (1911; 2. edição, 1913), tendo por subtítulo: "Impressões de um brasileiro". Essa obra — recebida com unanimidade de encômios pela crítica, à frente da qual Sílvio Romero, e que obteve grande sucesso de público — é muito mais do que um livro de impressões. Das obras do gênero em língua portuguesa, é a mais ilustre, excluindo, está claro, Fernão Mendes Pinto. No Brasil, então, nenhuma se lhe aproxima sequer, em porte e densidade. Não tivemos, ainda, um Tocqueville, nem um Gobineau; e nem mesmo, em outro nível, um Pierre de Coulevain (da célebre *L'île inconnue*) ou um Jules Huret, cuja obra, nesse setor, aliás empalideceu. As próprias *Viagens*, de Eduardo Prado, tomam-se, lidas agora, do aspecto de meros relatos, sumários e frios. *Paris*, pelo contrário, coloca-se em plano de generalidade humana permanente. O pinturesco, ali, é apenas subsidiário; o anedótico, apenas ilustrativo. Nestor Vítor intitulou "Prefácio" a um magistral ensaio de psicologia comparada, um dos mais penetrantes escritos no Brasil, no qual estabelece o critério diretor da obra, um critério de estrita modéstia (julgava-se, em face da civilização francesa, simples provinciano), porém de alta consciência na capacidade de superação das suas insuficiências críticas. *Paris* é um estudo das "constâncias" do caráter francês e da alma da Cidade-Luz. Não envelheceu, devido a essa preocupação dominante com os substratos básicos, desdenhoso da sedução dos espetáculos, e certo da irremediável mutabilidade das aparências. *Paris* é, pois, a seu modo, a mais importante obra de crítica de seu autor, depois dos grandes ensaios simbolistas.

Folhas que ficam são para Nestor Vítor o livro-testemunha, o livro-chave da sua vida. Aparecido em 1920, foi sendo escrito desde o começo do século até 1915. A primeira parte, "Horas heroicas", corresponde ao período que precedeu a sua partida para a Europa em 1902. De lá trouxe as "folhas" que reuniu sob o título: "A Sabedoria do exílio", espécie de comentário, em profundidade, de *Paris*. "A exasperação da volta", parte mais amarga e ressentida da sua obra inteira, fixa aspectos das reações nele provocadas pela verificação do atraso do meio intelectual quando do seu retorno da Europa, e pela persistência atuante de velhos rancores e preconceitos. Termina com páginas redigidas já sob o signo da "Serenidade". Notas fragmentárias, no geral, ligadas intimamente à linha da autobiografia intelectual que, na realidade, aquele livro representa. Em obras desse gênero, sempre desiguais, uma seleção impõe-se, e nesta há bastante que escolher. Páginas como "Jesus e Epicteto" ou "O maribondo metafísico", tantas outras, são do mais elevado e nobre pensamento dentre as escritas por brasileiros, e dignas de emparelharem com os seus admiráveis ensaios *O elogio da criança* e *A viagem*, que são, ambos, dum moralista e dum sábio, e, por outro lado, da escrita mais desafogada que deixou.

Várias notas dessas *Folhas que ficam* são definidoras da sua atitude crítica. Valem pelo esboço fragmentário da obra de fôlego, no terreno da estética literária, que o Brasil nunca lhe deu estímulos para realizar. Certas das *Cartas à gente nova* (1924) também merecem atenção. Nelas já se indica um interesse pelos "novos", que se acentuou quando, beirando os 60 anos, se defrontou com os tumultos do Modernismo. Pareceu não participar deles diretamente. A própria revista modernista *Festa*, criada por íntimos amigos seus (Tasso da Silveira, Andrade Murici, Adelino Magalhães, Barreto Filho, Cecília Meireles, Brasília, Itiberê, Gilca Machado, Henrique Abílio, Murilo Araújo, e outros), constituiu, para ele, uma surpresa. Foi intencionalmente preparada e lançada sem que tivesse conhecimento da iniciativa, para evitar de forçá-lo a um compromisso. Sempre evitou, aliás, com o máximo escrúpulo, intervir na sua orientação. Crítico titular de *O Globo*, e já bastante enfermo, ainda se fez testemunha amorável e carinhosa, por vezes um pouco, porém cordialmente, divertida, do movimento modernista. Enquanto isso, ia estudando figuras e obras como as de Matias Aires (o velho moralista ressuscitado por Solidônio Leite), o que fez com absoluta prioridade na crítica em língua portuguesa; do arcádico Corrêa Garção, em trabalho grandemente louvado por João Ribeiro,[28] de Alberto Torres, Euclides da Cunha, Oliveira Lima, Nabuco, Junqueira Freire, Justiniano da Rocha, José do Patrocínio Filho, tantos outros brasileiros; sem prejuízo de ler e comentar Emily Brontë; *O Bovarysmo*, de Jules Gaultier; as obras de Keyserling, Tomas Mann, Berdiaeff, Maurras, Elemir Bourges, Samuel T. Coleridge, Southey, Whitman, Tolstoi; Rubén Darío, a Ibarbourou, Delmira Agostini, Francisco Espinola, hijo, e vários outros latino-americanos. Sobretudo, voltou-se para os novos, os "futuristas", os "antropófagos", vivamente interessado. Alceu Amoroso Lima deu este depoimento (ele fora por vez tratado com certo rigor por Nestor Vítor): "Li ou reli essas páginas com saudade, emoção e respeito por essa velha e digna figura de homem que escrevia com a necessidade na ponta da pena, com uma espontaneidade e uma simpatia pelos *novos* que fomos há vinte anos (vi que digo mal, trinta sussurra-me a voz da consciência...), que não excluía a proclamação das mais categóricas repulsas. Belo exemplo."[29] Como também Oto Maria Carpeaux acentuou, Nestor Vítor não hostilizou os novos. Pelo contrário, aí estão os seus artigos sobre Mário de Andrade, Jorge de Lima, Adelino Magalhães, Cassiano Ricardo, Menotti del Picchia, Ronald de Carvalho, Augusto Meyer, Oswald de Andrade, Tasso da Silveira, Gilca Machado, Murilo Araújo, Barreto Filho, Raul de Leoni, Tristão de Athayde, Rodrigues de Abreu; os baianos Carlos Chiacchio, Eugênio Gomes, Carvalho Filho, e todo o movimento *Arco e Flexa*; Guilherme de Almeida, Herman Lima e tantos outros. Terá errado muitas vezes, mas por falta de perspectiva, não por antipatia. O movimento animava-o, porque uma luta, e ele nunca fora de outra coisa. Não pôde, como era natural, pressentir o desenvolvimento que certas personalidades viriam a ter, e com as quais foi severo; isso, porém, à vista do material que então alguns deles lhe apresentavam. Impõe-se, aqui, referência à campanha que sustentou, contrapondo-se a Oscar Guanabarino, no próprio terreno deste, em favor de Villa-Lobos, pelo *Correio da Manhã*. À negação e à incredulidade do velho crítico musical ante o sucesso, então recente, do criador das *Cirandas* e dos *Choros* em Paris, Nestor Vítor, valendo-se de documentário decisivo e consagratório que encontrava na imprensa francesa, reagiu afirmando, serenamente, a jovem glória do nosso compositor.

Entre a incompreensão teimosa e desanimada ironia manifestadas por homens dentre os mais inteligentes, como Carlos de Laet (autor de paródias inoperantes da poesia então chamada "futurista") e Afrânio Peixoto (que divulgou e glosou tais elucubrações), João Ribeiro não deve ser, portanto, considerado o único de sua geração a ter recebido afavelmente os modernistas, como se tem afirmado.

Tal como foi possível a Nestor Vítor sorrir, no seu cansaço final, em meio ao seu desencanto, nos intervalos de tantas lições que dava ainda, ao morrer, até às 22 horas, ele o fez.

A CRÍTICA DE ARTE. GONZAGA DUQUE. COLANTINO BARROSO.

No Simbolismo, ao lado de Nestor Vítor, o crítico mais significativo foi Gonzaga Duque.* O seu estilo era eminentemente literário, experimentado já

---

* Luís Gonzaga Duque Estrada (Rio de Janeiro, 1863-1911). Jornalista desde os 17 anos de idade. Pintor e crítico de arte. Romancista e contista. Cronista. Foi segundo-oficial da Diretoria do Patrimônio da Prefeitura do Distrito Federal; primeiro-oficial da Fazenda da Prefeitura, servindo como secretário do diretor-geral. Depois disso, diretor da Biblioteca Municipal até o seu falecimento. Colaborou em numerosos jornais e periódicos; sobretudo memorável a sua atuação nas revistas *Kosmos* e *Renascença*.

Bibliografia

ROMANCE: *Mocidade morta* (1897). 1899. CONTOS: *Horto de mágoas*. 1914. HISTÓRIA E CRÍTICA DE ARTE: *A arte brasileira*. 1888; *Graves e frívolas*. 1910; *Contemporâneos (pintores e escultores)*. 1929. HISTÓRIA E BIOGRAFIA: *Marechal Niemeyer*. (s.d.); *Revoluções brasileiras*. 1898.

em gêneros não passíveis de serem acoimados, como a crítica das artes em geral, de híbridos, porquanto não ocupam territórios interartísticos: o romance, o conto, o poema em prosa. Com esse instrumento, versou superiormente acerca de pintura e escultura. A sua crítica tinha ademanes requintados que abriram caminho, por exemplo, para a prosa cintilante de João do Rio, e sobretudo para o sentido ornamental, o chamejar de imagens e de colorido da de Agripino Grieco, Baudelaire, Huysmans, os Goncourt, Fialho de Almeida e Ramalho Ortigão, Wagner e Puvis de Chavannes formam como a constelação de suas admirações, enfeixando as influências mais determinantes que recebeu como crítico. Ele cita Georges Vanor *(L'Art Symboliste)*: "Inscrever um dogma num símbolo, escolher no vocabulário os termos raros e preciosos, construir um estilo superior e compósito, traduzir as sensações pela música das sílabas, vincular estreitamente o ritmo à ideia e repelir toda descrição (Parnasianismo) para procurar toda a música (Simbolismo)..." Refere-se Gonzaga, em seguida, aos decadentes e aos simbolistas (então distinguiam-se estreitamente essas tendências uma da outra), e explica: "Em muito pouco tempo as duas escolas inovadoras, que se combatiam para a conquista da supremacia, fundiram-se quase insensivelmente, tão de acordo estavam em seus princípios. O Simbolismo abrangeu todos os grupos de poetas e escritores novos ampliando preceitos, tornando--se, a bem dizer, a escola dos apaixonados da *écriture artistique* que preocupou

---

Consultar

Amado, Gilberto, *Careta*. Rio de Janeiro, 15 abr. 1911; *Autores e Livros*. Supl. Lit. *A Manhã*. Vol. III, ano II, n. 15. Rio de Janeiro, 15 nov. 1942; Campos, Humberto de. *Crítica*. Vol. III. 1935; Chiacchio, Carlos. Gonzaga Duque. Trecho de estudo, in *Autores e Livros. A Manhã*. 15 nov. 1942; Flexa Ribeiro. "Gonzaga Duque" (Trecho de artigo). *Autores e Livros. A Manhã*. 15 nov. 1942; Frota Pessoa. *Crítica e polêmica*. 1902; Grieco, Agripino. *Evolução da prosa brasileira*. 1933; Laet, Carlos de. "Microcosmo", *Jornal do Commercio*. 9 jan. 1888; Leão, Múcio. "Notícia sobre Gonzaga Duque", *Autores e Livros. A Manhã*. 15 nov. 1942; Lima Campos. "Mocidade morta", *O País*. 4 fev. 1900; idem. "Gente de um tempo. Toda uma época. Gonzaga Duque. Mário Pederneiras. Os Simbolistas", *A Noite*. 29 jul. 1921; idem "Gonzaga, o Magnífico", 1921, *Autores e livros. A Manhã*. 15 nov. 1942; Luís Edmundo. *O Rio de Janeiro do meu tempo*. Vol. II. 1938; Morais, Péricles. *Figuras e Sensações*. 1923; idem. *Legendas e águas fortes. Ensaios críticos*, Manaus. 1935; Moreira, Álvaro, *Fon-Fon*. 6 nov. 1915; *idem*. Discurso, *Autores e Livros. A Manhã*. 15 nov. 1942); idem. *As amargas, não...* 1954; Otávio Filho, Rodrigo. *Velhos amigos*. 1938; Pederneiras, Mário. "Mocidade morta", *Imprensa*, Rio de Janeiro, 20 fev. 1900); Pederneiras, Mário, *Fon-Fon*. 12 nov. 1910; Ribeiro, João. "Registro literário", *Jornal do Brasil*. 25 set. 1929; Silveira Neto. "O Paraná e o Simbolismo", *Jornal do Commercio*. 19 jun. 1938; Vítor, Nestor. Carta a Gonzaga Duque (sobre *Mocidade morra*), *Autores e Livros. A Manhã*. 15 nov. 1942; idem. Carta a Gonzaga Duque (sobre *Graves e frívolos*), *Autores e Livros. A Manhã*. 15 nov. 1942; idem. *Cartas à gente nova*. 1924; idem. "Como nasceu o Simbolismo no Brasil", *O Globo*. 26 mar. 1928; idem. A crítica de arte na obra de Gonzaga Duque", *O Globo*. 4 nov. 1929; idem. *Os de hoje*. 1938.

os Goncourt ou, como disse Gustave Kahn, *d'écriture expressive et de forme nouvelle.*"[30]

Essa observação diz da sua atitude crítica e da sua arte, melhor do que faria longa e detida análise. Os simbolistas, sobretudo aqueles em quem preponderava o decorativismo decadente, obedeciam a uma tendência acentuada para uma concepção plástica da arte. O emprego, tão frequente entre eles, e principalmente no Simbolismo paranaense, do qualificativo *hierático*, parece, representava longinquamente uma busca de filiação na estética bizantina. Deve ter-se em conta, por outro lado, que a expressão *decadência* era aceita no sentido de extremo requinte, nascida, como foi, do verso de Verlaine: "L'Empire à la fin de la décadence". Buscavam "une beauté visuelle qui s'ajoute à la beauté sonore", como escreve Paul Maury.[31] Para eles era integrante do sentido da obra a disposição tipográfica especial e por vezes enigmática, o formato desusado dos livros, a impressão em várias cores. As rimas visuais, as maiúsculas, os hifens e travessões, as chaves aliterativas, queriam ser expressivos como são as pausas na grafia musical. Será isso resultado de "um índice do gosto literário que ama embelezar o objeto", como pensa o citado Maury? Esse autor observa, generalizando: "A poesia de Racine atinge toda a sua amplitude se se lhe restitui a grafia contemporânea, negligenciada pela maior parte dos editores de hoje, se não por todos". No caso do Simbolismo brasileiro, transcritos os seus textos na ortografia de hoje e despidos de certas convenções pitorescas, essa falta torna-se sensível. Não esqueçamos que as iluminuras, os filetes de enquadramento, dos velhos pergaminhos, eram eles próprios obra de arte.

Graves e frívolos é representativo legítimo dessa tendência estética, e o primeiro livro civilizado, refinado, da nossa crítica de arte. Mantém-se, até hoje, de leitura sedutora e insinuante, graças à expressão vivaz, mas meditada, e a uma ironia maneirosa, que chega, entretanto, aqui e ali, ao sarcasmo. Com isso, uma visualidade que, em parte, tem sido atribuída à sua hereditariedade nórdica, europeia, e sempre alerta e penetrante.[32] É útil lembrar: a sua estética é impressionista, e da sua crítica não se deve exigir que estivesse armada, como a de hoje, dum complexo aparelhamento técnico e especulativo. Foi o primeiro dos nossos a frequentar os ateliês de artistas, e pôs a mão na massa, pintando também, e desenhando, como fez, pertinentes ilustrações picarescas para *D. Carmen*, de B. Lopes. Certos dos seus estudos são excelentes, e, não precisaria acrescentar, cheios de espírito: "A ironia de Rops", "As mulheres de púvis", "Exposição Malhoa", "Castagneto", "Três imagens de Wagner", "Imagistas nefelibatas", "Princesas e pierrôs", "A estética das praias". Até mesmo passados os tempos heroicos do Simbolismo, está ainda em plena forma em certos dos seus estudos, como nos consagrados a Hélios Seelinger e a Eliseu Visconti, por exemplo, de *Contemporâneos*, livro póstumo, onde também os perfis de caricaturistas, Raul Pederneiras e Kalixto Cordeiro, mostram intata a sua vivacidade. Os seus "Salões", também, os primeiros escritos no Brasil, são cheios de cor e atilamento, por vezes acusando desânimo diante do inumerável espetáculo da mediocridade...

Colatino Barroso (1873-1931) foi, como crítico, talvez mais ortodoxo do que Gonzaga Duque no referente à identificação expressional com a estética decadente e impressionista, na feição assumida por essas tendências entre nós. Em Gonzaga Duque ela só dominou, francamente, nas páginas de *Horto de mágoas*. Entretanto, a obra de Colatino Barroso foi antes a de um poeta enamorado das artes plásticas. Limitava-se a afirmar imprecisos postulados estéticos. O melhor da sua produção consta de apenas duas conferências, aglomerado de materiais para ensaios impressionistas. São fervilhantes de metáforas, inebriadas de cores e de formas. Ambas, tumultuárias e desiguais, e dum verbalismo poemático. Parecem subentender prolongado represamento da vida imaginativa, que se resolve em extravasada torrente, onde há acúmulo de sensações e conceitos. Tudo isso necessitando de desenvolvimento, de proporções mais harmoniosas, e de transições discursivas mais eficazes. Remuo longínquo e final da caudalosa correnteza lírica de Cruz e Sousa. Unilateral, aliás, no seu sentido quase único do decorativo. Como tal, sob o prisma doutrinário, pouco mais do que inoperante. Em *Da sugestão do belo e do divino na natureza* (1917), e em *A beleza e suas formas de expressão* (1918), o tom é, quase sempre, o destes curtos fragmentos delas extraídos: "Vede como a contextura branda desse limbo verde-malva tem a delicadeza de uma morena epiderme virginal." Ou: "A Arte, como uma caudal de águas claras, passa através do tempo refletindo paisagens de alma." E ainda: "Notai a bruta montanha áspera. Ela não está isolada da música da Natureza: Juntai-a à massa orquestral do arvoredo, tão rica de timbres na sua infinita variedade, juntai-a à melodia do céu azul e vereis que ela tem o relevo justo de um valor cromático".

Discípulo do pintor norueguês Alfredo Andersen, patriarca da pintura paranaense, o poeta Silveira Neto deixou dispersos numerosos artigos de crítica de arte, orientados por uma visão grave e ardente da plástica. Devem-se-lhe, também, numerosos retratos desenhados de seus companheiros literários, e as curiosas ilustrações de *O cavaleiro do luar*, de Gustavo Santiago.

AINDA A CRÍTICA LITERÁRIA

Em parte por efeito da deficiência de informação cultural na maioria dos simbolistas brasileiros que fizeram crítica, é manifesta, neles, a ausência de nítida consciência dos aspectos doutrinários da tendência. Eram frequentes o elogio e a defesa, muitas vezes apaixonados, de certas personalidades, sobretudo de Cruz e Sousa. Este se tomara em personificação do nosso Simbolismo, era visado, quase com exclusividade, pelos adversários. Tinham, aliás, ficado ilhados no interior — com exceção de Mário Pederneiras, cuja produção mais valiosa é posterior a essa época — as demais personalidades de primeira plana do movimento simbolista inicial: Alphonsus de Guimaraens, Emiliano Perneta, Dario Veloso e Silveira Neto. Apesar disso, raríssimos, dentre aqueles, conseguiam superar uma espécie de timidez, quase de vergonha no tocante aos modismos e peculiaridades estéticas do movimento, em face da insistentemente proclamada derrota deste e da campanha de silêncio e obstrução a ele movida.

Nestor Vítor menciona, com especial relevo, dois destemidos defensores dos princípios simbolistas: Gustavo Santiago e Oliveira Gomes.

Gustavo Santiago (1872-?), poeta decadente do melodioso *O cavaleiro do luar*, onde apareciam uns "campos feitos de erisipela" que causaram escândalo enorme, e de ostensivas "saladas de violetas" à Des Esseintes, recebeu de Nestor Vítor o título de "guerreiro *elohim* da nova geração".[33] Era jornalista de feitio polêmico. Por vezes empenhou-se em rijos combates. Há uma amostra desse seu feitio na sua contribuição ao documentário de João do Rio, *O momento literário* (1908) e em *O Rio de Janeiro do meu tempo* (1938), de Luís Edmundo. Deixou numerosos artigos e crônicas, dispersos em revistas e jornais, alguns dos quais dignos de serem enfeixados em livro; assim, o importante estudo sobre Cruz e Sousa e Nestor Vítor;[34] e outro, acerca do *París*, de Nestor Vítor.[35] Oliveira Gomes (1872-1917), prosador decadente de *Terra dolorosa*, onde se acusa forte influência de *Gouaches*, de João Barreira,[36] e fundador de *A Notícia*, fez também, pela imprensa, crítica de sustentação do movimento, inclusive em revistas portuguesas. Lembrem-se ainda: um dos fundadores de *O Globo*, Neto Machado; o paulista Leopoldo de Freitas; o "espadachim" Carlos Dias Fernandes, dos mais fiéis combatentes até o fim, e cujo romance, *Fretana* (1936), inclui páginas de definitiva importância acerca de Cruz e Sousa[37] e seus companheiros, bem como no referente à atmosfera especial do Simbolismo; José Henrique de Santa Rita; Pereira da Silva; Rocha Pombo, e o legendário poeta espírito-santense Narciso Araújo. Saturnino de Meireles (1878-1906), o mais dedicado e fiel discípulo de Cruz e Sousa, que promoveu a edição de *Evocações* e de *Faróis* ao lado de Nestor Vítor, foi uma vocação rara de ensaísta. Ressalta isso dos artigos ardorosos, de sustentação, que escreveu para a revista mais importante do Simbolismo brasileiro: *Rosa-Cruz*, por ele fundada e com os seus próprios recursos mantida, mas principalmente do livro *Intuições*. Rocha Pombo, em importante prefácio, aliás uma das suas mais belas páginas, acentua a significação dos largos ensaios ali reunidos, e intitulados "epístolas", em número de sete. Refletem eles uma das mais acabadas culturas dentre a dos simbolistas brasileiros, e uma rara capacidade de pensamento, a serviço duma bela vida interior, de tendência mística. Sem levar a sua adesão até aceitar, incondicionalmente, os cânones decadentes, Frota Pessoa (1875-1951), foi dos críticos mais assíduos e capazes do movimento. O seu livro *Crítica e polêmica* (1902) inclui estudos sobre Cruz e Sousa, Nestor Vítor, Gonzaga Duque e Silveira Neto. Muitos outros artigos seus mereceriam estar nele incluídos. Elísio de Carvalho, tradutor de Wilde: *Balada do enforcado* (1899), *Poemas de Oscar Wilde* (1900) e *Poemas em prosa* (1920), correspondia-se com simbolistas europeus, e deixou vários volumes: *Rubén Darío* (1905); *As modernas correntes estéticas na literatura brasileira* (1907), que inclui interessante retrato literário de Gustavo Santiago; *Bárbaros e europeus* (1909), de uma crítica não muito definida na sua atitude estética. Pedro do Couto foi dos primeiros a colocarem condignamente alguns prógonos simbolistas no quadro da nossa poesia, nas suas *Páginas de crítica* (1906). Muito mais significativa, pela data e pela simpatia, a apreciação do naturalista Adolfo Caminha, em *Cartas literárias* (1895), por motivo da qual foi censurado por José Veríssimo.[38] Antônio Silva Marques, professor, jurista, musicista, educado na Bélgica, onde participou, com João Itiberê da Cunha, do movimento da *Jeune Belgique*, escreveu ensaios de doutrinação estética simbolista, de certa densidade, nas revistas da época, sobretudo em *Vera-Cruz* (1898-1899).

O poeta Severiano de Resende (1871-1931), grande amigo e companheiro de Alphonsus de Guimaraens, residindo em Paris, onde faleceu, teve a seu cargo, durante muitos anos, a rubrica "Lettres Brésiliennes", do *Mercure de France*. Sucedeu-lhe, nesse encargo, Tristão da Cunha (1878-1942). É possível que haja nas coleções daquela revista, sob a assinatura desses brasileiros, matéria que incluía vistas e julgamentos acerca do nosso movimento já no fim. Entretanto, dos livros em prosa de Tristão da Cunha, *Coisas do tempo* (1922) e *À beira do Stix* (1927), somente do primeiro constam umas poucas páginas extraídas do *Mercure*. De expressão límpida, inteligente, impessoal, dum equilíbrio clássico sem afetação, não se encontram, porém, neles, quaisquer vestígios de "crítica de sustentação" pró-Simbolismo. Ausentes deles quase por completo (com exceção de no artigo "O romance de Laforgue" e no referente a Raimundo Correia), alusões ao Simbolismo, que, entanto, informou integralmente a sua obra poética, tão distinta. Menos ainda ali aparece o movimento simbolista brasileiro. Talvez simples critério ocasional de seleção, e também, por que negá-lo, talvez o implícito julgamento de um convertido.

Esta atitude de retração, tomada quase unânime, refletia uma espécie de complexo de inferioridade diante do fenômeno compressivo e excludente de política literária, auxiliada pela lerdeza e atraso cultural do meio (que só o Modernismo, até certo ponto, pode sacudir), o qual Alceu Amoroso Lima assim apreciou: "Basta ver como o Simbolismo de 1890 ou mesmo de 1900 foi conservado à margem e seus maiores representantes sistematicamente afastados da Academia, em 1897, que pretendia ser, como quase foi — salvo esse erro capital dos maiores, como Machado de Assis ou Joaquim Nabuco — uma seleção de toda a elite intelectual da época. O Simbolismo foi considerado, pela gerontocracia parnasiana, naturalista ou simplesmente intelectual, como sendo uma minoria desprezível". E adiante: "...ficamos assombrados como foi possível conservar à margem um movimento que, por falta de estímulo, deixou perecer, provavelmente, muitas vocações estéticas em botão. Mas foi essa a ação da gerontocracia que dominou os arraiais literários até 1920"[39]

Tornaram-se, por isso, memoráveis o discurso de recepção de Félix Pacheco na Academia Brasileira de Letras, e o de Sousa Bandeira, recebendo o novo acadêmico. Pela primeira vez, alguém afirmava valores estéticos do Simbolismo na fortaleza parnasiano-naturalista. Cruz e Sousa foi calorosamente evocado e louvado pelos dois oradores, no que foram secundados, de modo mais reticente, pela imprensa de então, com exceções raras. Iria, aliás, caber a Félix Pacheco (1879-1935), simbolista da segunda geração, o exercício duma atividade final de sustentação, em terreno de erudição e de requinte. Parecerá um tanto marginal essa atividade livresca ao lado da confiança tenaz de Nestor Vítor. Entretanto, representou sintoma legítimo de vitalidade persistente da mentalidade simbolista específica entre nós, manifestada na parte mais ignorada talvez, porém de mais acentuada valia, da obra do autor de *Via Crucis*. É o caso da série de volumes dedicados, principalmente, à apresentação de traduções de peças de *Les fleurs du mal*, de Baudelaire. Traduções do autor são, neles, comparadas com grande liberalidade e equanimidade às de outros tradutores, sendo louvadas, de referência, as devidas a Eduardo Guimaraens. Comentários vários e complexos, e farta e curiosa documentação, dão a esta série porte de obra crítico-estética, digna de especial atenção: *Baudelaire e os milagres do poder da imaginação*; *Paul Valéry e o monumento a Baudelaire em Paris*; *O mar, através de Baudelaire e Valéry*; *Do sentido do azar e do conceito da fatalidade em Charles Baudelaire*; todos de 1933; e, ainda, *Baudelaire e os gatos*, de 1934. Nesses livros, a fidelidade aos princípios estéticos do Simbolismo, e total admiração por Cruz e Sousa são frequente e fortemente declaradas, sem prejuízo da estima, bastante paradoxal aliás, e talvez pragmática, pelos cânones parnasianos expressa na edição definitiva de suas *Poesias* (1932).

Silveira Neto, o poeta do *Luar de Hinverno*, convicto e caloroso, dispondo de cultura geral e de toda a referente ao Simbolismo, deixou volume ainda não editado, que enfeixa estudos e depoimentos pessoais de efetivo valor. Entre eles, a conferência "Cruz e Sousa" (1923), bem como, contendo subsídios ainda mais preciosos para a história do movimento simbolista no Brasil, a conferência "O Paraná e o Simbolismo",[40] uma das páginas capitais da nossa crítica simbolista, e ainda o artigo "Trecho de crônica."[41]

Páginas de recordações, contendo subsídios importantes, deve ainda o Simbolismo a Virgílio Várzea, o mais antigo amigo e companheiro de Cruz e Souza, "Impressões da Província — 1882-1889. A Tribuna Popular e a guerrilha literária catarinense";[42] e Cruz e Sousa";[43] a Lima Campos, que sobreviveu a Gonzaga Duque e Mário Pederneiras, com os quais formava famosa tríade: "Gente de um tempo. Toda uma época. Gonzaga Duque. Mário Pederneiras. Os Simbolistas",[44] a Carlos Fernandes: "Os nossos grandes figurantes da arte e da literatura de ontem";[45] o romance *Fretana* (1936), testemunho de grande significação; "O anão das pedras negras" e "Não foi um meneur";[46] a Luís Edmundo: *O Rio de Janeiro do meu tempo* (1938) a Antônio Austregésilo, em sucessivos e valiosos depoimento;[47] e a Cassiano Tavares Bastos, autor quando adolescente de 15 anos, da tão sintomática *Ermida:* "Como surgiram os místicos da *Rosa-Cruz*".[48]

NOTAS

1. *Folhas que ficam*, p. 113.
2. *Ocidente*, Lisboa, março 1954.
3. "Alguns livros de 1906", *Anuário Brasileiro de Literatura*: Rio de Janeiro, Pongetti, 1937.
4. *Estudos de literatura brasileira*. 6ª série, Rio de Janeiro, 1907. p. 167-185.
5. *Letras e Literatos*, Rio de Janeiro, 1936. p. 190, 199 e 200.
6. *Velhos amigos*. Rio de Janeiro, 1938, p. 225 — A nota é extraída de um artigo do *Jornal do Commercio*, Rio de Janeiro, 20 jun. 1901.
7. Ver, neste volume, o capítulo "Presença do Simbolismo".
8. Sílvio Romero. *História da literatura brasileira*. 3. ed. Vol. V. Rio de Janeiro.
9. Ronald de Carvalho. "Crítica construtiva", *A Folha*, 20 jan. 1921.
10. Alceu Amoroso Lima. "Nota sobre a evolução da crítica literária no Brasil", *Jornal do Commercio*, Rio de Janeiro, 8 de nov. 1936.
11. Afrânio Coutinho. "A crítica intrínseca", *Diário de Notícias*. 24 jan. 1954. Repr. In *Crítica e Críticos*. Rio de Janeiro: Simões, 1969.
12. *Folhas que ficam*, p. 159-60.
13. *Cruz e Sousa*, p. 39.
14. *A crítica de ontem*, p. 349-50.
15. *Cruz e Sousa*, p. 9.
16. Roger Bastide, *A poesia afro-brasileira*. São Paulo: Martins. 1943. p. 87-128.
17. Escreve Oto Maria Carpeaux que "alguns sonetos seus", e exemplifica: "'Supremo verbo', 'Caminho da glória' — são das manifestações mais fulminantes e mais sinceras da poesia moderna" (*História da literatura ocidental*, VI, p. 2645).
18. Sílvio Romero. *A literatura. 1500-1900*. Separata do *Livro do Centenário*. Rio de Janeiro: Imprensa Nacional, 1900. p. 110.
19. *Literatura brasileira — Movimento de 1893*. Rio de Janeiro, 11896.
20. "Panorama do Simbolismo", *Correio da Manhã*, 17 jun. 1953.
21. In "A monografia do Sr. Sílvio Romero". *Rosa-Cruz*. Ano I, n. 1, junho 1901. Félix Pacheco fez mais tarde, a esse respeito, amende honorable, desculpando-se cavalheirescamente em *Paul Valéry e o monumento a Baudelaire em Paris* (Rio de Janeiro, 1933. p. 8), e incluindo o nome de Nestor Vítor, já falecido, entre os dedicatários de *Do sentido do azar e do conceito da fatalidade em Charles Baudelaire* (Rio de Janeiro, 1933).
22. *Festa*. 2ª fase. Rio de Janeiro, outubro 1934.
23. "H. Ibsen" (1900), in *A hora*. p. 137-261; cit. p. 139.
24. *A sabedoria e o destino*, p. XII-LXI.
25. *A crítica de ontem*, p. 127.
26. *Cartas à gente nova*, p. 135.
27. *A crítica de ontem*, p. 141.
28. Esse estudo constituía o primeiro painel de um díptico, completado por um "Machado de Assis". Por escrúpulo, e porque fossem os simbolistas acusados de adversos ao autor de Brás Cubas, deixou inédita a parte referente a este último. No seu feitio singular e um tanto enigmático, foi essa página publicada por Barreto Filho, que a qualificou "vigorosa e penetrante", em apêndice à sua *Introdução a Machado de Assis*. Rio de Janeiro: Agir, 1947. p. 235-270.

29 Em carta a Andrade Murici, de 22 de junho 1948, referindo-se ao volume *Os de hoje*. São Paulo, 1938.
30 *Graves e frívolos*, p. 79-80.
31 *Arts et litterature comparées*. Paris, s.d.
32 Deve-se a Gama Rosa, o protetor de Cruz e Sousa na sua mocidade, esta feliz evocação de Gonzaga Duque: "Gonzaga Duque é, pelo lado paterno, de origem sueca, o que facilmente se percebe, por sua elevada estatura setentrional, pela nitidez e pureza de linhas fisionômicas e pela gravidade cerimoniosa e cortês, tenuemente estrangeira, de suas maneiras, contrastando com hábitos banalmente familiares da nossa raça portuguesa e mestiça" (*Folha do Dia*, 16 nov. 1910).
33 *A crítica de ontem*, p. 63.
34 *Cidade do Rio*, Rio de Janeiro, 20, 22, 29 abril 1899.
35 *Correio da Manhã*, Rio de Janeiro, 5 fev. 1912.
36 Escreve Nestor Vítor: "Gouaches, inesquecíveis páginas de João Barreira. Foram elas, ao chegarem ao Rio, que me despertaram, a Cruz e Sousa e a outros para o Simbolismo." (*Os de hoje*, p. 300). E Antônio Austregésilo: "João Barreira havia publicado um livrinho em prosa Gouaches que impressionou vivamente os simbolistas brasileiros. Cruz e Sousa quedou-se encantado com o escritor lusitano. "Diálogo outonal", "Monólogo de um crânio", "A rosácea da capela gótica" eram repetidos como salmos da nova orientação literária. *Jornal do Commercio*, Rio de Janeiro, 24 out. 1948.
37 Exceto no referente a extravagantes opiniões e julgamentos por ele, ali, atribuídos ao Cisne Negro, que provocaram gerais refutações, e foram considerados inautênticos.
38 Muito significativa a carta à *Gazeta de Notícias*, "Em defesa própria", e que consta desse livro.
39 "O Neo-Modernismo. II. O valor do tempo", *Diário de Notícias*. Rio de Janeiro, 26 fev. 1956.
40 *Jornal do Commercio*, Rio de Janeiro, jun. 1938.
41 *O Globo*, Rio de Janeiro, out. 1927.
42 *Correio da Manhã*, Rio de Janeiro, 10 mar. 1907.
43 *A Pátria*, Rio de Janeiro, 18 mar. 1923.
44 *A Noite*, Rio de Janeiro, 29 jul. 1921.
45 *O País*, Rio de Janeiro, 22 dez. 1925.
46 *Autores e Livros* (*supl. liter. A Manhã*), Rio de Janeiro, vol. III, n. 18, 13 dez. 1942.
47 Ver: Discurso na Academia Brasileira de Letras, *Jornal do Commercio*, 30 dez. 1938); Oliveira Gomes, *Jornal do Commercio*, 25 jun. 1941; Discurso na ABL, 27 out. 1927; "Reminiscências do Simbolismo", *Autores e Livros*. vol. III, 18 out. 1942; "Cruz e Sousa", conferência na ABL, *Jornal do Commercio*, 24 out. 1948.
48 *Jornal do Commercio*, 14 mar. 1937.

45. *Rodrigo Otávio Filho*
SINCRETISMO E TRANSIÇÃO: O PENUMBRISMO

O fenômeno da transição em história literária. Sincretismo. Epígonos do Parnasianismo e do Simbolismo. Penumbrismo. Ronald de Carvalho, Mário Pederneiras, Gonzaga Duque, Lima Campos, Álvaro Moreira, Filipe D'Oliveira, Eduardo Guimaraens, Homero Prates, Guilherme de Almeida, Ribeiro Couto, Rodrigo Otávio Filho.

Há perspectiva, agora, para verificar que esta observação de Nestor Vítor, anotada à sua volta de Paris, em 1905, não representava simples ressentimento:

Fenômeno facilmente observado na evolução da história literária é o que se verifica nos períodos de transição ou zonas intermediárias: o aparecimento de escritores e poetas de valor incontestado, em cujas obras se infiltram tendências de escolas antagônicas, chocam-se a princípios que se contradizem, sentimentos e emoções que se contrariam. E isso porque são atingidos pelas influências e reflexos do fim e do princípio de *escolas* que se sucedem. Sofrem tais escritores e poetas de uma inconsciência literária tão compreensível e perdoável, que em nada lhes desmerece o valor global da obra.

Alceu Amoroso Lima observa que tais escritores e poetas, as mais das vezes, não atinam com os verdadeiros móveis que os animam. O crítico fundamenta a impossibilidade de designar o traço que limita o inconsciente histórico do subconsciente lógico, no fato de que o papel da posteridade é justamente divisar aquilo que os homens do passado, pela proximidade dos acontecimentos, não puderam discernir.[1]

O que parece certo, porém, é serem eles dominados por uma indecisão instintiva. Balançam-se entre o mar e a areia. São ao mesmo tempo crepúsculo e madrugada. E a duplicidade que os caracteriza é quase sempre fonte de originalidades. Daí as dúvidas em bem julgá-los e classificá-los.

Outro fenômeno amplamente observado é que as escolas que se sucedem, apesar dos impactos que sofrem e dos panoramas inéditos que oferecem, possuem inevitáveis pontos de contato. Assim é que o Romantismo, o Parnasianismo, o Simbolismo e o Modernismo, dentro de suas diferenciações de forma e expressão, revestem-se de uma *tradição poética*, e representam, apesar de avanços e recuos, de choques e contrachoques, por vezes puramente formalísticos ou emocionais, a ânsia de espíritos privilegiados na luta pela libertação da vida cotidiana. É a procura e a fixação de um ponto de apoio entre a poesia e a realidade, assunto que levou Guillermo Díaz-Plaja a estudar em seu livro *Poesía y realidad* os vários e complexos aspectos do fenômeno literário, assinalando a importância e a transcendência intelectual que a poesia conquistou no panorama mental de nosso tempo.[2]

A verdade é que adotando-se como norma, para o estudo da história literária, o critério de dividi-la por períodos determinados ou qualquer outro dos muitos indicados, damos razão ao Cônego Fernandes Pinheiro, o que primeiro se dedicou ao estudo sistemático de nossa historiografia literária, quando diz ser difícil discernir as ideias que se findaram com determinado período e as que se insinuam com o outro que vai surgindo. O que se observa é que as ideias dominantes em um prolongam-se, insensivelmente; no outro.[3]

A propósito lembra ainda Alceu Amoroso Lima que o conjunto de idas e voltas, de marchas e contramarchas, entre o espírito de contradição de uma em relação à anterior, de um grupo em relação a outro, de um indivíduo em relação ao meio ou a outro indivíduo, tem, na história literária, muito mais importância do que qualquer evolução em um sentido só.[4] Para ele não há solução de continuidade entre os *tempos* e as gerações.

O que parece certo, no entanto, é admitir-se que entre o fim e o princípio de escolas ou tendências literárias existe um momento *respiratório*, talvez um tanto sutil, uma tomada de fôlego, um período de transição ou intermediário, uma espera entre o que vai se extinguindo e o que esboça os primeiros traços, antes de fixar-se em linhas definitivas. É sabido que José Veríssimo colocava um *período de transição* entre as duas épocas extremas de nossa literatura — a colonial e a nacional.

O que, pois, se pretende aqui focalizar é o período de transição entre o fim do Simbolismo e os primeiros passos do Modernismo, lembrando figuras e obras literárias de alguns de seus poetas e escritores mais representativos.

Períodos como esse sugerem a negação e a destruição de tudo o que tenha sido considerado norma literária definitiva. É ânsia e coragem de acabar com tabus. Neles brotam os pré-revolucionários, anunciadores de inevitáveis mudanças no que fora preestabelecido e aceito. É a clássica luta entre o *velho* e o *novo*, natural incompreensão de manifestações literárias ou artísticas oriundas de sentimentos nascidos em épocas diferentes. Lembre-se a propósito uma página antiga, simples tentativa de definição entre escolas *antigas* e *novas*:

> São as cores vivas e as linhas retas da pintura geométrica a se contraporem no colorido esbatido dos impressionistas. É a poesia livre de peias e medidas, como que construída de volumes de imaginação e feita de palavras que se arrumam como brinquedo de armar, a olhar com superioridade para a poesia dos símbolos obscuros ou das rígidas formas parnasianas. É a arquitetura, transformando casas em

"máquinas de morar", a rir-se, maliciosa, dos acolhedores casarões de estilo colonial, agasalhados por largos telhados de beiral de azulejo e a zombar dos vastos palácios que refletem o sentimento arquitetônico da época de qualquer dos Luíses. É o esporte e a vida ao ar livre, dando mais músculos, mais saúde e mais agilidade ao corpo do homem, e maior harmonia e flexibilidade ao corpo da mulher. É a educação ativa a tornar mais rapidamente compreensível às crianças, os segredos, as maravilhas e os mistérios da vida. E é finalmente a melhor compreensão da justiça humana, que não mais permite, na organização da vida coletiva, princípios antidemocráticos, antiliberais ou antissociais.[5]

As épocas de transição são geradoras daqueles que virão, um pouco mais tarde, realizar o movimento destruidor e revolucionário, em cuja base de renovação se aglutinam elementos que por vezes figuraram em escolas anteriores. E a história se repete: concretizada a *revolução* em normas, princípios, gostos e tendências diferentes, os paredros da nova ordem literária espantam-se com a renovação que provocaram, deslembrados do que fizeram e pregaram pouco antes. Esse fato justifica as palavras que Guilherme de Almeida pronunciou na Academia Brasileira de Letras, ao lembrar as primeiras horas do Modernismo brasileiro surgido, quase por combustão espontânea, na Semana de Arte Moderna:

E como nos renovamos! Estouvada e irreverente, porque moça e, porque moça, sincera e entusiástica, formou-se a sorridente *"Legião dos ex"*. Ex-clássicos, uns; ex-parnasianos, outros; estes, ex-simbolistas; aqueles ex-penumbristas... Renunciando às facilidades proveitosas da popularidade, todos nos alistamos na incompreendida Legião; a que alegremente queria fazer de sua poesia uma expressão de sua pátria.[6]

As épocas de transição são traços de união dos *ciclos artísticos*, elementos fatais e permanentes da evolução literária.

Referindo-se ao que se passou no Brasil, em certa época de transição, produtora de uma literatura intermediária, escreveu Alceu Amoroso Lima, focalizando, objetivamente, os anos de 1919 a 1921, que foram os da vigília do movimento modernista, expectativa que desde o fim da guerra começara a trabalhar todos os espíritos da nova geração. "Esperava-se alguma coisa. Não se sabia bem o quê." "Sentia-se o fim de outras. Não se sabia bem quais fossem. Notávamos, apenas, o silêncio, que não se parecia de estagnação, mas de espera. Sentíamos a imobilidade, não da morte, mas de uma renovação ainda misteriosa. Estávamos maduros para o início de uma nova fase literária. Era o Modernismo, cuja aurora se anunciava, na primeira palidez do horizonte."[7]

A verdade é que de longa data vinha a literatura brasileira à procura de um sentido novo, através do claro-escuro de uma época de transição, de uma época de incertezas, como são, na vida literária, os períodos intermediários entre duas escolas.

Estudo fascinante e objetivo seria o que focalizasse a obra poética de Ronald de Carvalho, numa parábola que tivesse como pontos de partida e de chegada, os livros de poemas *Luz gloriosa* (1913) e *Toda a América* (1926). Obra de cultura e poesia, percorre a zona intermediária através dos *Epigramas irônicos e sentimentais* (1921) para explodir com pleno espírito modernista em *Jogos pueris* e *Toda a América*, publicados, ambos, em 1926. Múltipla e vária, criou raízes no Parnasianismo (*Poemas e sonetos*, 1919, é dedicado a Alberto de Oliveira) e liga duas escolas, a simbolista e a modernista.

Em poesia Ronald de Carvalho é eclético, pois adaptou o espírito e a sensibilidade a todos os gêneros literários que influenciaram sua grande e limitada vida. Ronald figurará em nossas letras como um dos escritores mais cultos da sua geração. Realizou, como historiador literário, ensaísta, crítico e poeta, um conjunto de obra, definitivo.

Outro caso que deve ser citado é o de Filipe D'Oliveira, autor de apenas dois livros de versos e que também são pontos de partida e de chegada, respectivamente, das escolas simbolista e modernista. Trajetória singular a desse poeta que, tendo atuado em duas escolas, atravessou a zona que as separa quase silencioso.

Filipe D'Oliveira, cuja cultura rivalizava com a de Ronald, era mais dispersivo, homem esportivo e de sociedade. Sua vida foi mais que um simples poema de beleza e de energia: foi uma eterna criação a ascender em equilíbrio.[8]

O que a crítica não poderá negar é que, pela substância e altura poética, os dois livros de Filipe D'Oliveira se tornaram marcos que definem nitidamente as diferenças e divergências de duas escolas literárias: *Vida extinta* (1911) é obra-prima do Simbolismo; *Lanterna verde* (1926) é obra-prima do Modernismo.

*

A zona intermediária acima lembrada, espécie de terra de ninguém, reflexo de certo "dandismo", passou à história literária com o nome um tanto fugaz, mas significativo, de *penumbrismo*, que é uma espécie de fumaça ou poeira do Simbolismo, e que exerceu, em dado momento, em nosso campo poético, a mesma função que, sob certos aspectos, a de algumas obras de Debussy, anteriores à sua definitiva afirmação no Simbolismo da música moderna.

O *penumbrismo* encontra sua origem em um artigo que Ronald de Carvalho escreveu sobre *O jardim das confidências* de Ribeiro Couto (1921) intitulado a "Poesia da penumbra".

A súmula das ideias contidas naquele artigo foi condensada em um dos capítulos dos *Estudos brasileiros*,[9] no qual, com certo exagero (que se justifica, uma vez que a literatura brasileira vivia, então, uma hora de *combate*), Ronald afirma que no Brasil "a poesia era pura eloquência" e que o poeta que desejasse triunfo rápido "tinha que se transformar num pirotécnico hábil, capaz de pôr bichas e bombas chilenas nos seus endecassílabos, busca-pés, salta-moleques nas suas redondilhas, foguetes de assobio nos seus alexandrinos".[10]

Felizmente outra é a entonação de seu pensamento, quando, referindo-se ao livro de Ribeiro Couto, confessa a existência de alguns artistas bastante corajosos, que chegam a trocar o verso reluzente e a rima fatal por uma entidade quase metafísica, desconhecida da maioria dos nossos versejadores oficiais. São, continua Ronald, poetas tentados pela sombra, fascinados pelo mistério. A sombra e o silêncio influenciam a verdadeira poesia nova do Brasil, e "o brilho do mundo contingente não lhe encontra um eco favorável".[11] Mais tarde, em *Epigramas irônicos e sentimentais*, procura dar corpo a uma nova "arte poética", tornando-se, também, um legítimo poeta penumbrista. Abafa, então, a clara voz, para assim cantar:

> Nos jardins solitários desce a penumbra
> Suavemente
> Desce a penumbra nos jardins calados.

Em outro passo do mesmo livro e no mesmo tom, podemos ler:

> A lua sobe na alameda.
> Sons d'água, entre tons de penumbra, luxo
> De folhagem de pérolas e de seda.

E mais:

> A sombra desce sobre o mundo.
> A sombra é um lábio silencioso, silencioso...

Ronald de Carvalho não foi, bem sabemos, um caso isolado, pois não foram poucos os poetas brasileiros que, durante uma certa época, andaram esquecidos de que viviam em uma terra de sol e céu azul. E animados pelos sentimentos de uma mocidade livresca, perguntavam à poesia: Quando serás penumbra? E a ela entregaram-se de corpo e alma.

Esses dados, porém, não autorizam, como pretendem alguns, a acreditar-se na existência de uma escola *penumbrista*. O que houve foi uma atitude, um movimento emocional, uma coincidência temática, tendente a um acentuado *intimismo* poético, já nitidamente manifestado em certa fase da obra de Mário Pederneiras, e que pode ser definido, numa tentativa de enquadramento em nossa história literária, como nítido exemplo de literatura de transição ou intermediária. Foi uma espécie de flecha de voo lento que, vindo de um decadentismo um tanto mórbido, influenciada por certo nefelibatismo passageiro, e por hermetismo que esteve em moda, atravessasse brilhantemente a zona simbolista para, ao fim do voo, criar e alimentar o Modernismo.

Durante essa fase, com maior ou menor relevo, destacaram-se, na prosa, Gonzaga Duque e Lima Campos, e na poesia, Mário Pederneiras, Álvaro Moreira, Filipe D'Oliveira, Ronald de Carvalho, Guilherme de Almeida, Eduardo Guimaraens, Homero Prates, Ribeiro Couto, e mais alguns outros, entre os quais José Picorelli, que cedo se afastou dos meios literários, escondendo, lamentavelmente, uma rara vocação de poeta.

Falta lembrar José de Freitas Vale, professor e político paulista, que por trás do pseudônimo de Jacques d'Avray, escreveu, em francês, poemas simbolistas e penumbristas. Sua casa, em São Paulo, a *Vila Kyrial*, ficará na história literária brasileira como um dos mais célebres redutos de reuniões dos poetas simbolistas, neossimbolistas e penumbristas, que de todos os quadrantes do Brasil vinham se agasalhar sob o teto da artística e movimentada residência do poeta Jacques d'Avray, principalmente os que surgiram nos primeiros quinze anos deste século.

MÁRIO PEDERNEIRAS[*]

---

[*] Mário Pederneiras (Rio de Janeiro, 1867-1915), filho do grande médico e jornalista do Império, o Dr. Manuel Veloso Paranhos Pederneiras, teve onze irmãos, entre os quais Raul Pederneiras, jurista, teatrólogo e famoso caricaturista (Raul). Fez o curso secundário no Colégio Pedro II e iniciou o curso de direito na Faculdade de Direito de São Paulo, abandonando-o pelo jornalismo e literatura.
Com Gonzaga Duque e Lima Campos formou a famosa trindade literária da época. Fundou assim vários periódicos: *Rio Revista* (1895), *Galáxia* (1897), *Mercúrio* (1898), *Fon-Fon!* (1908). Foi também redator da *Gazeta de Notícias*, taquígrafo do Senado e funcionário da Companhia Sul-América. Em concurso realizado em 1913, para príncipe dos poetas brasileiros, classificou-se em terceiro lugar após Olavo Bilac e Alberto de Oliveira.

Bibliografia

POESIA: *Agonia*. 1900; *Rondas noturnas*. 1901; *Histórias do meu casal*. 1906; *Ao léu do sonho e à mercê da vida*. 1912; *Outono*. 1921. (Versos de 1914). INÉDITOS: *Dona Bernarda* (Revista teatral, não representada, em colaboração com Lima Campos); o *Dr. Mendes Camacho* (Comédia, cujos originais se perderam); *Caderno de notas literárias* (1900), além de numerosas crônicas e notas em *Tagarela*, *Novidades*, *Gazeta de Notícias*, *Fon-Fon!* etc.

A obra de Mário Pederneiras foi apresentada em antologia, organizada e prefaciada por Rodrigo Otávio Filho, na coleção Nossos Clássicos. Rio de Janeiro: Agir, 1958.
O presente capítulo é baseado nos estudos que publicou anteriormente Rodrigo Otávio Filho sobre a vida e obra do poeta.

Mário Pederneiras ainda não encontrou quem lhe fizesse, definitivamente, o levantamento do ternário poético, das rimas que mais frequentou, do glossário de assuntos mais ligados ao seu temperamento. Mocidade de espírito e espontânea comunicabilidade constituíram o facho de sua lide, rança literária.

De poucos anos para cá é que sua obra vem despertando maior interesse em nossos cursos de literatura. No entanto, foi sensível a influência de seus versos na formação literária das penúltimas gerações. E o fenômeno se justifica porque a sensibilidade estética de Mário Pederneiras correspondia a horizonte novo no cenário de nossa paisagem literária. Poeta livre, irreverente e insubmisso às normas parnasianas, implantou, com Adalberto Guerra Duval,[12] o verso livre no Brasil, dando-lhe a plasticidade necessária e inerente à nova poesia. Em Mário Pederneiras, o que há a notar é que a sua obra, desde o livro *Agonia* (1900) até *Outono* — livro póstumo, de versos escritos em 1914, mas publicados em 1921, seis anos depois de sua morte —, sofreu uma transformação lenta, sem tropeços, sem artificialidades, oriunda, naturalmente, dos passos que o poeta foi dando *ao léu do sonho e à mercê da vida*, e dos encontros que teve com a felicidade, o amor, o sofrimento, a doença, a morte.

Cada livro de Mário Pederneiras é marco da própria vida, florada de ventura, cicatriz viva de sofrimento, reflexo de sua biografia humana e intelectual. A verdade é que, como já foi muitas vezes lembrado, seu nome e sua obra ainda não conquistaram o lugar que lhes compete em nossa literatura. Poucos, muito poucos, foram os estudos e críticas que se aventuraram a exame mais

---

Consultar

Araripe Júnior. *Gazeta de Notícias*. Rio de Janeiro, 5 set. 1900; *Autores e Livros* (Supl. *A Manhã*). Rio de Janeiro, III, 12, 22 nov. 1942; Barreto, Paulo. *O Dia*. 7 jun. 1901; idem. *O momento literário*. Rio de Janeiro, s.d.; Barroso, Zeferino. *Publicações da Academia Carioca de Letras*. Rio de Janeiro, Vol. I, n. 2. 1935; Batista Júnior. *Gazeta de Notícias*. Rio de Janeiro, out. 1912; Beltrão, Heitor. *Lâmpada votiva*. Rio de Janeiro. s.d.; Bocaiúva, Félix. *O País*. Rio de Janeiro, 15 ago. 1900; Carvalho, Ronald de. *O País*. Rio de Janeiro, 19 nov. 1912; Fontes, Hermes. *Jornal do Commercio*. nov. 1912; Gonzaga Duque. *Carta a Emiliano Perneta*. Rio de Janeiro, 1900; idem. *Comércio São Paulo*. 20 jun. 1906; Itiberê, J. *Correio da Manhã*. Rio de Janeiro, jun. 1906; Lima Campos. *Gazeta de Notícias*. Rio de Janeiro, 22 fev. 1915; Luso, João. *Jornal do Commercio*. Rio de Janeiro, nov. 1912; Maya, Alcides. *Correio do Povo*. Porto Alegre, jun. 1906; Medeiros e Albuquerque. *A Notícia*. Rio de Janeiro, 1900; Moreira, Álvaro. *As amargas, não...* Rio de Janeiro, 1953; Murici, J. Andrade. *Panorama do movimento simbolista brasileiro*. vol. I, Rio de Janeiro, 1952; Otávio Filho, Rodrigo. *O poeta Mário Pederneiras*. Rio de Janeiro, 1933; idem. *Velhos amigos*. Rio de Janeiro, 1938; Pacheco, Félix. *Jornal do Commercio*. Rio de Janeiro, ago. 1900; Pereira da Silva. *Jornal do Commercio*. Rio de Janeiro, 7 jun. 1901; Sampaio, Leonel (Alcindo Guanabara). *A Tribuna*. Rio de Janeiro, 20 jun. 1901; Veríssimo, José. *Jornal do Commercio*. 9 jul. 1901; idem. *Estudos de literatura brasileira*. 4ª série. Rio de Janeiro, 1910.

profundo do poeta, de cuja obra (guardada em livros de edições esgotadas e de tiragens limitadíssimas), ressalta e ressoa permanente amor à liberdade do espírito. É essa uma constante atitude na obra do artista. E isso explica por que o poeta palavroso e rebuscado, inventor de palavras difíceis e sonoras, dominado por símbolos nevoentos, se tenha tomado o mais simples, o mais íntimo, e dos mais suaves e meigos poetas brasileiros. Homem sem revoltas, sem desesperos ostensivos, sempre encarou, conformado; a existência e suas surpresas:

> Eu preferia ter nascido
> Um pesado burguês, redondo e manso,
> Alimentado e rude;
> Desses que vivem a vender saúde,
> Cuja vida incolor e sem sentido
> É um cômodo vale de descanso.
> ....
> Não maldigo, entretanto, o Destino Culpado
> Que ingênuo me ensinou este Caminho Errado.

Ao *intimismo* da sua poesia, antecipara-se outra, de névoa e bruma, espiritual e mística, irmã, sob vários aspectos, da de Cruz e Sousa e Alphonsus de Guimaraens. Em *Agonia* há versos assim:

> Horas primeiras, mórbidas brumáceas,
> Fofas do fofo flácido d'arminhos,
> Da redolência pulcra das Acácias,
> Baças, do baço dos primeiros linhos.
> ....
> Lua de páscoa, transparente e franca,
> — Velha Campônia numa aldeia em festa —
> Resplendorando toda a terra branca
> De uns ares castos de velhice honesta.
> ....
> Belo tempo o da messe.
> Do sol que a terra e as espigas doira...
> Para quem passa nos trigais, parece
> Que a terra é toda loira...

Dos poetas do seu tempo Mário Pederneiras foi dos mais originais, humanos e duradouros. A evolução de sua obra representa uma parábola, que vai do mais exagerado nefelibatismo de intenções destruidoras e iconoclásticas à mais pura e comovedora simplicidade. O seu lugar está marcado na história da poesia brasileira. Dono de grande simpatia pessoal, viveu cercado de amigos mais moços: Álvaro Moreira, Filipe D'Oliveira, Homero Prates, Rodrigo Otávio Filho, Eduardo Guimaraens, José Picorelli, Olegário Mariano, Hermes Fontes. E de alguns outros, ainda mais moços, como Alfredo Cumplido Sant'Ana, Heraldo Pederneiras, Lauro Moutinho, Álvaro de Carvalho.

Já foi lembrado[13] que Mário Pederneiras se sentia compensado "da maldade da crítica dos velhos medalhões", por ter franco e lisonjeiro aplauso da crítica nova da época, representada, entre outros, por Paulo Barreto, Gonzaga Duque, Félix Pacheco, Félix Bocaiúva, João Luso.

Fato que pode ser integrado em nossa história literária é que, até o evento do Modernismo, a poesia de Mário Pederneiras influenciou a geração que durante anos viveu em torno dele. A "gente moça" frequentava sua casa, a redação do *Fon-Fon!*, onde ele estivesse, sempre desambicionado de glória e popularidade.

A influência informal e nada autoritária que exerceu sobre os jovens poetas que em torno dele viviam, e que sentiam os reflexos das últimas sombras do Simbolismo e das incertezas de uma poesia intermediária, um tanto indecisa, fruto da leitura de autores belgas, franceses e portugueses, fazia-se sentir também pela admiração respeitosa que todos lhe tributavam. E nele não só admiravam a cadência, a sinuosidade, a novidade do verso, mas também o amor à língua portuguesa por ele manejada com sabedoria e respeito.

Mário Pederneiras, ao contrário do que em geral acontece com grandes poetas, não renegou os primeiros livros — *Agonia* (1900) e *Rondas noturnas* (1901) —, nos quais é perceptível a influência de Cruz e Sousa. Visível é também, no resto de sua obra, a leitura de poetas portugueses, principalmente Cesário Verde, Antônio Nobre, Eugênio de Castro e mais tarde o Macedo Papança (Conde de Monsaraz) da *Musa alentejana*, bem como o de alguns franceses e belgas.

Em seus três últimos livros — *Histórias do meu casal*, *Ao léu do sonho e à mercê da vida* —, e em *Outono*, fixou facetas significativas do Simbolismo brasileiro e construiu, nitidamente, decisiva ponte de ligação, cujos aspectos estéticos prepararam a fase pré-modernista.

Em carta que escreveu a João do Rio[14] disse, textualmente, que *Agonia* representava a iniciação do seu sentimento de poeta, naquele agitado período de transição, e trazia, na expressão do verso novo e trabalhado, um grande feitio de apuramento de toda a sua alma de sentimental. E acrescenta: "Bastava isso para que dedicasse à minha modesta *plaquette* (*Agonia*) um carinho especial e esta grande afeição que ainda hoje lhe dedico."

Prova do seu encantamento pelo primeiro livro está nas notas que escreveu, em 13 de agosto de 1900, em caderno de lembranças íntimas:

> Saiu hoje do prelo o meu primeiro livro de versos. Palavra que estou comovido e sinto uma alegria estranha. Vejamos como sou recebido. Não fui precipitado ou ambicioso; deixei passar, atropelada em fantasia, a época barulhenta e insubmissa

das primeiras manifestações literárias... Há de desagradar aos *velhos* e aos *polainas*: àqueles pela rebeldia que representa e impõe, e a estes pela inveja da impotência em que vivem.[15]

O que a leitura da poesia de Mário Pederneiras revela, em primeiro lugar, é uma absoluta sinceridade. Já se escreveu mesmo que, em *Agonia* e *Rondas noturnas*, Mário Pederneiras é poeta que não hesita exibir toda a flora exuberante que em seu espírito nascia: são livros em que o talento do poeta surge límpido como um dia claro,[16] embora revestido do simbolismo arroxeado, então dominante.

Histórias do meu casal[17] já é livro diferente, talvez o mais pessoal e íntimo, onde a *ventura* é a canção de sua vida simples, numa velha morada, à sombra de grandes árvores amigas, junto à mulher e aos filhos pequenos:

> Outros que tenham com mais luxo o lar,
> Que a mim me basta, Flor, o que aqui tenho,
> Árvores, filhos, teu amor e o mar.

E mais adiante, dirigindo-se ao amigo Gonzaga Duque:

> Vem conhecer amigo esta locanda,
> Toda aromada de jardins e horta.
> Um jasmineiro em flor sobre a varanda
> E cantigas de mar chorando à porta.
>
> O mar fica fronteiro,
> À nossa honesta e plácida vivenda.
> Um mar de lenda
> Apertado em eterna calmaria,
> Na mais linda baía,
> Na mais linda, talvez, do mundo inteiro.

Os encantos de *Dona Iolanda* e de *Dona Leonora* vivem em baladas de ritmo dolente. Mas a morte, um dia, levou Iolanda e levou Leonora.

Ao léu do sonho e à mercê da vida (1912) já é um livro sem revoltas, todo saudade, saudade de um tempo que passou, saudade das árvores, ecos dos momentos tristes ou alegres, fluido que consola e faz sofrer.[18]

Mário Pederneiras, quando não canta a própria ventura ou desventura, o amor, a alegria dos filhos, o lar, a casa dos pais, a sombra das árvores, tudo, enfim, que era o reflexo de sua vida íntima, inspira-se na simplicidade calma dos jardins públicos, nas árvores da rua, nas cigarras chilreantes, no assovio do garoto.[19]

Outono é livro de sonho e realismo. Impressiona pelo que transmite da última fase da vida do poeta. É o comentário dos últimos meses de vida, derivativo com que procurou alimentar as misérias físicas de moléstia implacável.

Nesse livro, que também é livro de amor, escreveu um de seus mais belos poemas, que assim começa:

> Teu olhar é tão manso,
> Tão de ardências febris desprevenido e leigo,
> Tão suave, tão bom, tão cheio de descanso;
> Tão sereno é teu beijo,
> Tão leve, tão sutil o teu próprio desejo...

E assim são todos os versos de amor de Mário Pederneiras. Não resvalam nunca para a banalidade de um namorico alambicado ou para a vulgaridade de um sensualismo quase sempre brutal.[20]

A maturidade aristocratizou o pensamento, selecionou as emoções, simplificou o frasear do poeta do verso rebuscado e de inspiração original. A intimidade com as coisas simples tomou-o um fabulista e, mais do que nenhum outro, o cantor de sua cidade natal.[21]

"A cigarra e a formiga", "Germana" e outras fábulas podem ser consideradas como das melhores de nossa literatura. Não lhes ficam atrás em ternura os versos que escreveu sobre a terra em que nasceu. "Terra carioca", "A rua", "As árvores da rua", "Árvores da cidade", "Elogio da cidade", "O Corcovado", "O Passeio Público", este último tão sombrio e tão romântico, onde velhas árvores parecem lembrar toda a sentimental história da cidade:

> Calmo jardim fechado e antigo
> Que o sol, de leve, aquece,
> E em que a sombra é um abrigo
> Onde o corpo descansa e o espírito repousa...
> Aqui dentro, parece,
> Vive um pouco da minha mocidade
> E alguma cousa
> Da vida primitiva e ingênua da cidade.

E termina com estes versos, que foram os últimos escritos pelo poeta:

> Jardim de ocaso, de ternura e afago,
> De indolência e triste,
> De vida interior, serena e quieta,
> Sem rigores de sol que o queime e tisne,
> Sempre na sombra de um Outono imerso

> E onde, eternamente, existe, Poeta!
> Para exemplo e ritmo do verso,
> O orgulho de um cisne
> E a água triste de um lago.

Mário Pederneiras conquistou, dentro da escola que enfrentou o Parnasianismo, um lugar marcado, visto como em toda a sua obra os exageros e as mais características expressões do sentimento simbolista pairam alto dentro dos postulados escolares, que se impõem ao crítico ou ao simples estudioso de assuntos literários como dos mais valiosos e marcantes.[22]

GONZAGA DUQUE[*]

Gonzaga Duque podia ter deixado obra de maior fôlego, isto é, mais numerosa, se a vida lho tivesse permitido. Possuía vasta cultura histórica, literária e artística. Crítico literário e crítico de arte, era senhor de duas qualidades essenciais: penetração adquirida através de estudos conscienciosos e um gosto, uma maneira toda pessoal. Como romancista e contista teve a imaginação agilmente auxiliada por senso estético bastante revolucionário, sincero e espontâneo.

A obra de Gonzaga Duque tem lugar marcado no passado de nossa história cultural, toda ela elaborada em época de experiências e especulações literárias.

Relembrá-la é reviver um passado literário dos mais interessantes. Aliás, o passado é a revivescência, boa ou má, de tudo o que a vida nos deu; é a ressurreição dos homens e das coisas, das paisagens e dos sentimentos, de tudo, enfim, que paira em nossa memória, lembrando a beleza ou a tristeza do cenário em que representamos, com maior ou menor êxito, talvez com encantamento, nosso papel na dolorosa e por vezes inexplicável comédia humana.

O presente é a incerteza: o momento de encontro entre o que passou e o que está por vir, é a linha imaginária entre o que foi e o que será, e não é, ainda. Para bem viver a vida de todo o dia, é preciso um otimismo capaz de manter em equilíbrio os dois momentos que se tocam. E esse equilíbrio raramente é percebido.[23]

Foi em momento assim que Gonzaga Duque compôs e publicou parte de sua obra. Focalizar-lhe a figura literária, das mais injustamente esquecidas, é evocar a época em que, com Mário Pederneiras e Lima Campos, constituía a interessante e extravagante companhia literária, que nos fins do século passado e princípios deste, deu, de certo modo, expressão nova às letras nacionais.

Murilo Araújo, poeta de sensibilidade, e genro de Gonzaga Duque, deixou-lhe em traços singulares o perfil do espírito: "Era a reflexão que cria mundos, a dor que se transforma em cânticos, a tristeza que se faz glória e cresce

---

[*] Ver nota biobibliográfica neste volume, cap. 44.

e esplende em silêncio; era a Beleza, a Bondade, a Nobreza, Ânsia Artística, Predestinação, Boêmia Sonhadora e iluminada, o exílio da alma que se fez perfeita." Atrás do Simbolismo desse perfil espiritual, está definida a mentalidade de Gonzaga Duque.

Quanto ao ambiente em que viveu e agiu o autor de *Mocidade morta*, Lima Campos o descreve em página memorável publicada em *A Noite* (29 de julho de 1921), da qual, como ilustração histórica, vale transcrever alguns trechos que definem o orgulho daqueles moços, a fé com que pregavam ideias novas, um tanto nubladas, e esperavam dias diferentes para a vida literária brasileira:

> Como os Decadentes de Paris, já imitados pelos nossos irmãos os Nefelibatas de Lisboa, que tinham então, à frente, Eugênio de Castro, o cintilante do *Oaristos e Belkiss*, criamos, também, aqui, nós os Simbolistas do Rio, o nosso *François I*, que foi, então, o célebre e celebrizado *Cabaret Pelotense*, já antes da nossa existência frequentado pelos *Insubmissos*, grupo de pintores a que pertencera, também, Gonzaga Duque, quando, preocupado exclusivamente de pintura e crítica de arte (...). Aclamávamo-nos, com convicção de que se alheia a modéstia: *Magnificentes da palavra escrita* e nos subtitulávamos: *Romeiros da estrada de Santiago* (...). Éramos ao todo uns vinte, uns vinte exóticos, vinte malucos, vinte belezas. E daí foi que partimos, unidos, para a escalada das evidências de que necessitávamos e se faziam precisas: os jornais, as revistas, os editores, os palcos, que conquistamos por fim, começando, três a quatro anos depois, a dispersão, a triste, a pungente, a dolorosa dispersão, tomando, porém, por caminho mais solitário e mais estreito, por isso mesmo, talvez, se menos visível, mais tranquilo — o caminho que jamais deixaram de seguir —, três de nós: Gonzaga Duque, Mário Pederneiras, e deles o mais apagado, quem isto aqui, com pungência, recorda e escreve.

Valiosa é para a nossa história literária; esta transcrição do artigo de Lima Campos que, apaixonado, pinta o perfil e lembra atitudes de vários corifeus e paredros de movimentada época revolucionária de nossa vida literária, e oferece o atestado de nascimento de uma trindade que muito concorreu para modernizar nossa literatura.

Não é difícil um passeio pela obra de Gonzaga Duque. Ao longo dela o crítico e o artista se confundem. Como crítico nunca foi um destruidor, à maneira de alguns, cuja maldade resvala para a ofensa. Seu espírito crítico era criador. Descobria, no estudo, no exame da obra de arte, não somente o bom ou o mau, o certo ou o errado, senão também os elementos de orientação e criação que teriam levado o artista a determinadas manifestações e, criticando, tirava conclusões capazes de dar mais vida à criação inicial.

Gonzaga Duque, como crítico, previu a evolução dos sentimentos universais e gravou-lhes os efeitos no ambiente brasileiro.

A *Arte brasileira* (1888), primeiro livro publicado, foi mal recebido por Carlos de Laet, que lhe dedicou, em 1888, um dos célebres "Microcosmo", crônica semanal de grande repercussão nos meios literários da época.

Trata-se, porém, de livro criterioso, não sendo de desprezar, uma vez que se considere a pouca idade do autor, a utilidade de suas páginas. Numa crônica, de autor não autenticado, o jornal *A Época* (23 de fevereiro de 1888) registrou o aparecimento da *Arte brasileira*, de modo irônico, mas amável, e em termos que merecem ser conhecidos:

> Em regra dizem que os literatos são feios, notadamente os poetas. Há, no entanto, nítidos exemplares que não se conformam com a regra; e sem receio de abrir concurso para os poetas mais formosos da Terra de Santa Cruz, cumpre dizer que Duque Estrada reúne a um talento de elite uma das mais belas cabeças compatíveis com a proverbial bela cabeça literária. O seu livro *Arte brasileira* suscitou críticas violentas, descomposturas, corrigendas, remoques e outras manifestações ardentes de entusiasmo patriótico. Ao que parece, os defeitos principais do livro ficaram resumidos em vários erros cronológicos que esperam errata em edição segunda, e em certas opiniões que não agradaram nem ao político brasileiro nem ao público português (...). Ora, Gonzaga Duque Estrada ignora a mais vulgar das regras de juros intelectuais: nenhuma operação se funda senão sobre a taxa luso-brasileira no Brasil e extra-mar (...). Quem não é luso-brasileiro, que diabo! não é nada. Quem diz que o Brasil não presta é um tolo; que o Brasil e Portugal não prestam, um tolíssimo. Vociferem os sábios, clamem os geógrafos; para mim, em matéria literária, ainda existe o Reino Unido do Brasil, Portugal e Algarves.[24]

Valentim Magalhães, impressionado com a beleza física de Gonzaga Duque, dedicou-lhe, a propósito do aparecimento da *Arte brasileira*, uma de suas *Notas à margem*,[25] onde se lê: "O Duque é um rapaz louro, amável, mais que bonito: formoso, uma bela cabeça artística de nazareno amorável e sorridente.[26] Foi sempre o crítico das belas-artes da *Semana*, onde escrevia com o pseudônimo de *Alfredo Palheta*." E referindo-se ao livro de Duque, conclui que o plano da obra é vasto, quase completo, pois estuda a arte no Brasil, desde 1695, dos tempos coloniais até os nossos dias; desde Frei Ricardo do Pilar até Belmiro de Almeida.

Arte brasileira é um livro de grandes qualidades. Historiando as artes, descreve o meio e a gente de nossa terra. Tanto assim que o próprio Duque o enquadra na conhecida frase de Taine: "Telle est en ce pays la plante humaine; il nous reste avoir l'art qui est la fleur." Epígrafe bastante romântica para um espírito tão revolucionário...

Dez anos mais tarde, com o mesmo espírito investigador, publica Gonzaga Duque o livro, hoje raro, *Revoluções brasileiras* (1898). Nesse livro, as revoluções que explodiram em nossa terra foram encaradas em seu aspecto social, e ao autor não faltou certo poder de estilo claro e incisivo, única forma de tomarem-se atraentes e menos massudos os estudos históricos.

Todos os movimentos revolucionários que se sucederam, desde o *Quilombo dos Palmares* até a *Proclamação da República*, estão neste livro, que é de história política e social, erudição e psicologia. E, principalmente, é um livro brasileiro.

A propósito já se escreveu que, se Gonzaga Duque pudesse ainda tomar da pena, e nele prosseguir, muitos e longuíssimos capítulos teria que acrescentar. Da fertilidade e variedade com que elas, as revoluções, se sucederam, surgiriam novos e admiráveis capítulos. É assunto que não se esgota. E que em geral traz o traço original das renovações.

Foi com o romance *Mocidade morta* (1900) que Gonzaga Duque realmente se firmou na vida literária do país. É a história da vida boêmia de alguns artistas, que desiludidos e incompreendidos vivem com inteligência e desembaraço, ombro a ombro com as injustiças e os imprevistos das realidades da vida de todos os dias.

A propósito de *Mocidade morta*, vamos mais uma vez ouvir Lima Campos, talvez o mais suspeito dos seus comentadores, mas homem de absoluta honestidade intelectual. Em *O País* (4 de fevereiro de 1900), o autor do *Confessor supremo* lembra que geralmente o valor específico de uma obra literária está expresso no título; no caso presente, porém, diz ele a pujante ironia da designação, que é de um significativo e doloroso sarcasmo, não se pode ter como designativa do assunto do romance. Não se trata, também, de um livro místico, pois revela grandes sentimentos humanos. E do primeiro ao décimo capítulo, desperta e prende a atenção do leitor, não só pela violência da sátira, como pelo ridículo, pela revolta e pelos bruscos desânimos que nele palpitam e se desenvolvem através do estilo difícil e rebuscado do autor.

Mário Pederneiras, uma das parcelas da ilustre trindade literária, em seu diário íntimo escreveu uma nota interessante, datada de 5 de janeiro de 1900, e que desprovida de maior interesse literário, reflete o afeto que tinha pelo amigo mais velho e a alegria em vê-lo publicar seu primeiro livro. Diz a anotação de Mário:

> Gonzaga Duque dá-nos a *Mocidade morta*, seu primeiro trabalho de arte. Deste pequeno grupo de rebeldes com que convivo e onde formei o meu espírito, é o primeiro que publica um livro. Gonzaga Duque é, portanto, um triunfador: já documentou a poderosa feição artística de seu glorioso espírito. Há de vencer! Tem mérito para isso. Em outro meio, em outra terra, a sua estreia seria um sucesso, uma consagração.

Convenhamos em que não deixam de ter algum interesse para a historiografia literária certas cenas que se passam nos bastidores, longe do público, isentas de qualquer espírito ou intenção crítica, mas que demonstram a sincera atração de criaturas amigas, que se compreendem e se admiram, como se vê da pequena nota de Mário Pederneiras.

É de crer que, se Gonzaga Duque pudesse ter dado uma segunda edição do seu romance, simplificaria o exagero nefelibata do estilo, que é de uma preciosidade simbolista excessiva, uma vez que em seus últimos livros, notadamente em *Graves e frívolos* e em *Contemporâneos*, a língua não mais se perde no cipoal do frasear complexo ou na nebulosidade de certos prosadores que lhe foram contemporâneos, entre os quais não pode ser esquecido o Cruz e Sousa das *Evocações*.

Depois de sua morte foi publicado um de seus melhores livros: *Horto de mágoas* (1916), no qual surge o contista imaginoso, perfeito contador de histórias. Sobre ele fala Álvaro Moreira, um dos amigos mais moços de Gonzaga Duque:

> Dos trabalhos que deixou, *Horto de mágoas* é, entre todos, o que mais revela a sua feição. Puros de forma, estes contos são marcados duma ânsia, quase nervosa, seja na inteligência, seja na sensibilidade. "Posse suprema", "Agonia por semelhança", "Ciúme póstumo", "Confirmação", "Aquela mulher", "Idílio roxo", "Sob a escola da morte", "Miss Fatalidade", uma comoção doentia anda por eles, lenta ou brusca, angustiadamente.[27]

Passemos a vez ao próprio Gonzaga Duque, para que se possam apreciar as qualidades do seu escrever e a originalidade de sua imaginação. Eis um pequeno trecho do conto "A morte do palhaço"

> A Morte passou!... A Morte passou!... Zuniu por todos um frio de covardia e apreensão: A morte passou!... (...) Nada mais se viu. Então, irrompeu do povo um hurra de ovação, sob o barulho das palmas. Mas um baque seco repercutiu no extremo da galeria. Sommers perdera num voo a barra do trapézio, atravessou o vácuo, foi arrebentar o crânio numa arquitrave do teto.
>
> Houve uma paralisia momentânea em todo o circo, gritos, que se estrangularam em gargantas febris, olhares esgazeados numa alucinação estática. E os trapézios oscilavam vazios, vagarosamente, em vaivéns sinistros.

Merecem menção os contos "Benditos olhos", "Sapo" e "Ruínas". Neste último como que Gonzaga Duque entrosou ou simbolizou a sua própria vida. Parece que na vida do velho Pero Luís está ela — a vida fechada, no que ainda lhe restava: a arte, o *cravo* antigo... tudo, tudo se transformando em torno de uma cidade que surgia dos escombros da cidade de outrora.

Mais dois livros de Gonzaga Duque devem ser lidos: *Graves e frívolos* (1910) e *Contemporâneos* (1929), sendo que este último, embora póstumo, foi organizado pelo autor, e contém estudos publicados nas revistas *Kosmos* e

Renascença e nos jornais *Diário de Notícias* e *O País*. Esses estudos eram matéria que Gonzaga Duque destinara aos livros que anunciou: *Os de hoje* e *Caricatura no Brasil*. Neles estão focalizados todos os momentos artísticos, há quarenta anos vividos em nossa terra.

Em *Graves e frívolos*, surge o interesse de Duque por artistas estrangeiros, principalmente franceses.

Felicien Rops mereceu-lhe estudo dos mais acurados, no qual deduz que foi com o buril e as chapas de cobre do água-fortista, que ele, em sôfrega concorrência com ilustradores e desenhistas célebres, lançou, em plena Paris, o tipo de mulher não sentimental, emancipada, requinte sexual dos vícios que as taras adubam na miséria germinadora das grandes capitais.[28] É nelas, escreve Gonzaga Duque, que afloram as *demanes* venenosas e cruéis, sorrindo através das aspas de carmim, e olhando de entre a sombra do bistre, "qual se fosse perfeita criação de meticulosa indústria de manequins dinâmicos, com a vantagem de estar modelada em carne viva, sobre arcabouço de ossos, tendo em lugar de coração, um pêndulo de relógio americano".[29]

Puvis de Chavanne, que também tinha, como muitos pintores franceses do século XIX, culto e predileção pelo nu feminino, encontrou em Gonzaga Duque um crítico que examinou, como mestre, sua obra de artista dos mais notáveis do Simbolismo.

Para Gonzaga Duque, o nu de Puvis de Chavanne não é simbólico como o de Burne Jones, nem excitante como o de Gervez, e bem longe do poema carnal de Rubens, como da voluptuosidade do Renascimento italiano. A nudez na sua arte é um complemento da forma simplificada da beleza que ele procurou e conseguiu expressar.[30]

Sob os olhos do crítico brasileiro passaram muitos outros artistas: Teixeira Lopes, Malhoa, Panchinetti, Castagneto, o enamorado do mar brasileiro e que, para Gonzaga Duque, "possuía, como os improvisadores, a forma pronta e elegante; se fosse poeta, isto é — se escrevesse — daria para as redondilhas simples, para o verso correntio e musical".

Graves e frívolos termina com a "Estética das praias", uma das mais belas páginas que escreveu Gonzaga Duque: tem cor e luz, saudade e tristeza. É encantadora a evocação que faz das praias cariocas, que se insinuavam, extensas, pelo litoral, desde os lados do Caju até "o pendor granítico da Urca"; desde as areias claras de Copacabana, espumejante e vasta, até as costas maravilhosas da Tijuca, "toda verdejante de toscos pomares e lavouras pobres". Sua leitura obriga-nos a fazer uma longa viagem ao passado, onde vamos encontrar, junto às brancas praias cariocas, paisagens provincianas.

Como são belas as nossas praias, evocava ele! E em palavras de comovente previsão, lembra que, ainda por muito tempo, os nossos hábitos casmurros, a nossa índole primitiva, e sobretudo a nossa hipocrisia — resultado funesto de uma educação à maneira de D. Maria I — "nos impedirão de levar às nossas praias a alegria de um povo que tem o justo desejo de viver e não menos desejo de bem gozar a vida".

Mas vale ler o que ele mesmo escreveu:

> Ora, decente quer dizer lexicologicamente: conforme a honestidade, ao decoro. — E o fato de um indivíduo, de qualquer dos dois sexos, pôr a descoberto o seu pescoço, ter desnudos os seus braços e trazer em pele um palmo ou pouco mais de suas panturrilhas, não prova nem desrespeito ao decoro, nem intenção desonesta. É claro que, em um banho que se toma medicinalmente, ou mesmo por simples precaução higiênica, quanto mais direto for o contato do corpo com a água, tanto maior será o pretendido resultado.

Esses conceitos hoje perfeitamente conselheirais, não o eram há mais de cinquenta anos. E Gonzaga Duque explica por que o emitiu:

> Mas os nossos milhares de catões moralistas, assim não entendem. Uma senhora, e já não é preciso dizer tanto — uma menina impúbere que vá ao banho de mar, deve, a bem da decência, vestir enormes pantalonas talares e blusa tão cingida ao pescoço quanto, sobre folgada, comprida a circular os joelhos. E isso, de grossa baeta escura. Aos homens permitem, apenas, as canelas e braços nus, mas o menos que fosse possível.

Não é difícil imaginar que largo sorriso de felicidade seria o de Gonzaga Duque — inconformado com o vestuário conventual e fúnebre das banhistas e dos banhistas de antanho — se pudesse hoje contemplar a nudez movimentada das praias cariocas...

Se vivo fosse aplaudiria a mocidade cheia de vida, vigor e alegria que, inspirada naquele "cenário de louça e de cristal" que resplandece na *Lanterna verde*, de Filipe D'Oliveira, vive em pleno sol e em contato com as ondas.[31]

Ninguém melhor falou de Gonzaga Duque do que Mário Pederneiras nos versos que publicou no pórtico do livro *Ao léu do sonho e à mercê da vida*, e dedicados a Lima Campos:

> Nessa trindade irmã
> Que formamos na Vida,
> Para a rude escalada à mansão da quimera,
> Era
> Dele que vinha
> O estímulo eficaz para o esforço da lida,
> Se, às vezes, um de nós o seu passo detinha
> No inglório caminhar dessa rota malsã.
> Ele era, de nós três, o mais velho de idade

> E se tinha, talvez,
> O aspecto de quem acha esta vida um deserto,
> Entretanto, em vigor de trabalho e vontade,
> Ele era, decerto,
> O mais moço dos três.

LIMA CAMPOS[*]

Lima Campos é autor de um só livro: *Confessor supremo*. Dele poucos se lembram. Trata-se, no entanto, de livro cuja leitura é necessária ao conhecimento de uma época de nossa literatura. Livro de esteta, escrito em prosa poética, um tanto preciosa, na qual o estilo simbolista, com a neblina de suas metáforas, se infiltra em quase todas as páginas, testemunhando e documentando o espírito da época de transição em que foi escrito. Lima Campos deixou, porém, muitos outros trabalhos de valor literário, esparsos e perdidos em vários jornais e revistas, e que merecem perpetuidade em páginas de livro: faltou-lhes, até agora, a paciência de um devotado pesquisador. E deixou, organizado, um livro inédito, *Vitrais*, crônicas e contos escritos em 1915.

Com Mário Pederneiras e Gonzaga Duque, foi um dos crentes da renovação literária, batalhando, com os dois amigos, por uma estética nova. E mesmo depois da morte dos inseparáveis companheiros, manteve-se fiel às ideias que juntos pregavam.

---

[*] César Câmara de Lima Campos (Rio de Janeiro, 1872-1929) foi aluno do Colégio Aquino e da Escola Militar da Praia Vermelha, da qual se desligou no 3º ano. Na Escola Militar é que se revelou escritor, colaborando no jornalzinho *A Cruzada*, com o pseudônimo de "Pama". Casado com uma sobrinha, deixou cinco filhos. Faleceu tendo nos lábios os nomes de seus grandes amigos Gonzaga Duque e Mário Pederneiras. Em 1912, foi levada à cena, no Theatro Municipal, pela Companhia Nacional, dirigida por Eduardo Vitorino, sua peça em um ato *Flor obscura*. Jornalista militante, colaborou em *Cidade do Rio*, *O País*, *Rio-Revista*, *Galáxia*, *Mercúrio*, *Fon-Fon!*, *Gazeta de Notícias*, *O Malho*, *Kosmos*, *A Noite*. Foi redator de debates do Conselho Municipal do Rio de Janeiro.

Bibliografia

PROSA POEMÁTICA: *Confessor supremo*. 1904. INÉDITO: *Vitrais* (contos e crônicas de 1915).

Consultar

Autores e Livros (Supl. *A Manhã*. Rio de Janeiro, III, 17, 6 dez. 1942; Rodrigo Otávio Filho. *Velhos amigos*. Rio de Janeiro, 1938.

É curioso lembrar que os três amigos, Duque, Mário e Lima Campos, nunca divorciaram o sentido estético, que animou os seus escritos, dos encantos da cidade natal, o Rio de Janeiro. Gonzaga Duque escreveu sugestivas páginas sobre as praias cariocas; Mário foi o verdadeiro poeta de sua cidade, o primeiro cantor das cigarras que chilreiam em pleno verão, o encantado dos quintais caseiros, das montanhas, dos aquedutos, das enseadas, dos garotos, de tudo, enfim, que para ele era a vida, a intimidade e a graça da terra carioca; Lima Campos não lhes ficava atrás no encantamento por *Mestre-Rio*, termo que criou para louvar-lhe os arrabaldes tranquilos, os costumes, as ruas, as árvores. Como Mário Pederneiras, também foi devoto de uma velha mangueira, árvore simbólica das chácaras da cidade:

> Era uma alta, uma velha, uma robusta árvore — à boca umbrosa de uma mata espessa e à margem quieta de uma estrada triste...[32] Quando no céu, na linha tênue do nascente, roseava a manhã — ela era toda uma orquestra; quando o sol, a pino e forte, arqueava a luz em cúpula e causticava o estial sobre a terra — ela era toda uma ânfora de aromas a tressuar o âmbar da resina e a recender o cheiro acre, acidulado dos frutos, tonteando o moscardo e perfumando os caminhos; e quando plangiam sinos, pela hora suave da velhice do dia e da pubescência da noite — ela era toda um balbucio brando de aconchegos, um vozear baixo e sonolento, um murmurar tímido de ninhos que adormecem e que se vão calando na paz do silêncio... E os seus largos, os seus fortes braços de cerradas ramas[33] guardavam-lhe, então, o tronco num agasalho de sombras, pendidas para o solo... Velha mangueira, solitária e tranquila!...[34]

Acontece, também, que o estilo simbolista de Lima Campos é, por vezes, sugestivo, gracioso, ligeiramente aportuguesado:

> ...mas, João Fabrício, se é assim, se ela é assim, é porque assim a fez a fatalidade do destino... Há frutos saborosos que careiam os dentes e flores deliciosas que intoxicam, João...
>
> Se tu a tivesses visto como eu ontem a vi — linda, doentiamente pálida, na sua *toilette* fresca, leve, folgada, abundante de finas rendas caríssimas, lembrando uma figurinha delicada e galante de marfim velho a emergir a cabecinha do meio de uma escumilha alva de claras d'ovos batidas, num espumejo alto e solto de ponto de *Suspiros* — se a tivesses visto assim como eu a vi — sob a cúpula bege de uma *ombrelle* de seda, à plena irradiação do sol das duas, na arquibancada do Derby —, terias dito sem dúvida, com a iconoclastia do teu espírito e as irritabilidades do teu celibatarismo: Sebo!... Aquilo é *pose*!...
>
> Um amanuense de secretaria pública que ali estivesse, abafando na pobreza do seu terno surrado os desesperos da sua carne que jamais alcançará aquele fino,

aquele ambicioso gozo, perguntaria ao primeiro conhecido, com insofrível curiosidade platônica e, afinal, inútil: — Sabes tu onde ela mora?...[35]

A impossibilidade do encontro de textos de Lima Campos justifica mais uma citação, necessária ao conhecimento de outro aspecto do seu estilo. Descrevendo uma tourada, assim pinta o touro:

> Eh! Touro:... E ele imóvel, estacado à entrada, imóvel a pedir o granito de um embasamento para a decoração de uma praça de Atenas; imóvel, quedo, como uma escultura suntuosa, talhada em ônix, no aspecto soberano de um búfalo — a cabeça arrogante, enorme, de um leão sem juba e a cor luzidia de uma pantera negra Dos sarrafos e dos metins de um coreto explode, boçal e mole, a bamboche de um tango; a multidão apupa-o, de chapéus à nuca e de *badines* de cana, e ele deixa-se estar tranquilo à entrada da arena, à boca do *curro*, recordando a glória da beleza antiga, a olhar alto e surpreso, com o largo peital aberto na poeira do sol.[36]

Cheio de páginas em que o estilo poético sugere e dá vida a paisagens, cenas e emoções é todo o *Confessor supremo*, onde uma prosa cheia de sensibilidade torna interessante a leitura de páginas como: "Na fronteira", "A expressão mais exata", "O grande Sataninium", "Esta 'úrbis' arcaica", "A tia Martinha", "Há o Aboo longínquo", etc...

No *Trio da vida*, para quem se lembrar do antigo *guarda-noturno*, que tranquilizava o sono da população e que atendia aos que dele precisavam, há uma página antológica, pela beleza e verdade. E é assim que ele o evoca:

> Tu és o homem diante de cujos olhos passa toda a trilogia da vida!... Não seres tu um filósofo, nem seres tu um artista!... A vida!... A vida!... Ninguém tão de perto lhe assiste o cortejo, ninguém a vê melhor do que tu a vês... O Natal, o Amor, e essa ironia epilogar e lúgubre da Morte... Enquanto velas, os outros nascem, os outros amam, os outros morrem... Todo o drama se desenrola aos teus olhos e tu o contemplas, emudecido e alerta, na quietude de uma rua erma...[37]

Lima Campos trabalhou, incessantemente, como jornalista. No jornalzinho *A Cruzada*, dos alunos da Escola Militar da Praia Vermelha, iniciou sua atividade literária. E colaborou com assiduidade na *Cidade do Rio*, em *O País*, na *Rio-Revista*, que fundou em 1895 com Gonzaga Duque, na revista simbolista *Galaxia* (1897), no *Mercúrio*, na *Fon-Fon!*, que também fundou com Mário Pedernerias e Gonzaga Duque em 1908, na *Gazeta de Notícias*, em *O Malho*, na *Kosmos* e em *A Noite*.

Foi neste último jornal que publicou, em 29 de julho de 1921, o artigo "Gente de um tempo, toda uma época", documento essencial para o estudo dos grupos que atuaram no Simbolismo brasileiro. Nesse artigo traçou em poucas linhas, o perfil literário das principais figuras do seu tempo. Além de Gonzaga Duque e Mário Pederneiras, lá estão: Cruz e Sousa, Nestor Vítor, Félix Pacheco, Carlos Dias Fernandes, Saturnino Meireles, B. Lopes, Emiliano Perneta, Araújo Figueiredo (inseparável de Cruz e Sousa), Oscar Rosas, Félix Bocaiúva, Azevedo Cruz, Alphonsus de Guimaraens, e outros que com ele formavam o já citado "grupo dos Novos Simbolistas, Magnificentes da Palavra Escrita, Romeiros da Estrada de San-Tiago", e que tão bem define a literatura excêntrica, o nefelibatismo em que viviam os escritores de então, mais nas nuvens do que na terra, alheios às realidades da vida, sonhando os mais belos sonhos da mocidade.

Mas, com a fatalidade do tempo que foi passando, a literatura mudou... Hoje o Brasil está todo dentro dela. E, com esse ponto de apoio, talvez não entre, tão cedo, em nova fase de transição.

Poeta que não escrevia versos, Lima Campos foi um suave cantor, cuja prosa poetizava todas as coisas boas ou más da vida. Para Álvaro Moreira, ele era um sábado d'Aleluia, barulhento, que trazia nos olhos um reflexo de Sexta-feira da Paixão... E João do Rio via nele um artista que vivia *goncourtizando* as horas da existência com apuro e encanto.

Assim definindo-o, disse uma verdade.

ÁLVARO MOREIRA[*]

---

[*] Álvaro Moreira (Porto Alegre, RS, 1888 — Rio de Janeiro, 1964), filho do cronista e autor teatral João Moreira (Areimor), estudou com os jesuítas, em São Leopoldo, interno, tirando o curso de ciências e letras em 1907. Diplomou-se em direito, em 1912, no Rio de Janeiro. Viajou à Europa, em 1913, em companhia de Filipe D'Oliveira e Rodrigo Otávio Filho. Foi redator da *Fon-Fon!* no tempo de Mário Pederneiras, diretor com J. Carlos da *Ilustração Brasileira* e do semanário *Para Todos* (1917-1931). Fundou o Teatro de Brinquedos (1928) e a Companhia de Arte Dramática (1937). Cronista, colaborou em vários jornais e revistas. Comentarista da Rádio Globo até 1945.

Bibliografia

POESIA: *Degenerada*. 1908; *Casa desmoronada*. 1909; *Elegia da bruma*. 1910; *Legenda da luz e da vida*. 1911; *A lenda das rosas*. 1916 (2. ed., 1928). CRÔNICA E PROSA VÁRIA: *Um sorriso para tudo*. 1915 (3. ed., 1922); *O outro lado da vida*. 1921; *A cidade mulher*. 1923; *Cocaína*. 1924; *A boneca vestida de arlequim*. 1927; *Circo*. 1929; *Tempo perdido*. 1936; *O Brasil continua*. 1933; *Porta aberta*. 1944; *O dia nos olhos*. 1955.

TEATRO: *Noé e os outros*. 19; *Adão, Eva e outros membros da família*, 1927. PARA CRIANÇAS: *Caixinha dos três segredos*. 1933. MEMÓRIAS: *As amargas, não...* 1954 (3. ed., 1955). ENSAIO: *O Teatro espanhol na Renascença*. 1946. INÉDITOS: *Humildade* (prosa); *Teatro que foi e que será* (história do teatro).

Álvaro Moreira nunca mudou. Foi sempre o mesmo homem, o mesmo escritor, o mesmo poeta. Inteligência e coração, ironia sem maldade, seriedade e bom humor. Desde a *Legenda da luz e da vida* (1911), até *As amargas, não...* (1954) oferece ao leitor a mesma sensibilidade, a mesma filosofia. Mais do que excelente poeta, Álvaro Moreira é um excepcional artista, considerando-se o termo na sua significação mais alta. Em Álvaro tudo é estesia. Dá relevo estético às palavras que pronuncia, às coisas que explica, aos sentimentos que revela. Sempre fez da alegria e da dor uma obra de arte. Desde pequeno guarda a saudade no coração: "Esqueci o berço. Não esqueci o colo", escreveu ele. E de longe também lhe vem o sentido da felicidade: "A felicidade não morre toda. A gente é sempre um pouco feliz da felicidade que teve." Ou ainda: "O tempo feliz é sempre o tempo que passou. Embora, nesse tempo, se tivesse sido muito desgraçado..."

As ambições do poeta sempre foram diferentes, modestas: "Para fazer um céu basta uma estrela..." Sorrindo à ilusão chegou a escrever: "A ilusão, além do mais, nos torna melhores do que os outros homens..." Atua o silêncio, porque "o silêncio é o sonho que não dorme..."E nunca se queixou da monotonia da vida: "Há certas paisagens sempre novas: aquelas por onde passamos todos os dias!..."

O autor de *Um sorriso para tudo* foi o amável filósofo dos poetas da sua geração, aquele que encarou a vida com mais otimismo: "Vamos sorrindo sempre, envelhecendo devagar... Um sorriso de êxtase para a beleza, um sorriso de esperança para o amor, um sorriso de encanto e de mofa para a vida... triste ou alegre, um sorriso para tudo..." E examinando-se a si mesmo, filosofou: "Cada homem tem em si mesmo um mestre e um discípulo... O mestre aparece menos, é compassivo e triste; o discípulo aparece mais e é quase sempre um mau discípulo... Estas palavras são do meu mestre e do meu discípulo..."

Quem ler a obra de Álvaro Moreira, verificará ser toda ela epigramática. Ninguém melhor do que ele soube dizer em frases rápidas, claras e sintéticas o que quis. Em sua geração foi voz de comando. Sua pregação tinha serenidade e sentido. Fez do paradoxo um jogo de palavras, base da sua arte. Comentou e criticou. No comentador está o homem em que a ironia se torna elemento de surpresa, espontâneo, inesperado. No crítico surge o homem que sabe discernir.

Álvaro Moreira teve sempre bons olhos para ver as coisas boas e as coisas más da vida, e sentir, pelos homens, mais pena, mais piedade, do que admiração ou entusiasmo.

Viu a vida passar como um menino que vê as nuvens no céu movimentando-se, mudando de forma. É um homem feliz porque nunca anda só; e saberá envelhecer:

> Todos nós na nossa vida — escreveu — temos um poeta e um músico que nos acompanham. Felizes ou desgraçados nunca andamos sozinhos. Eu tenho Verlaine e Schumann. Vão os dois comigo. Não preciso chamá-los. Vão agora

como antigamente, quando eu tinha vinte anos. Faz uma noite muito branca. Vaga um perfume de primavera distante em torno da minha casa. Fico a pensar nas outras primaveras que chegaram, floriram e lá se foram. Como é bom envelhecer! Oh! minha vida! minha fita cinematográfica! Abro a porta que dá para a varanda. Em frente há um canteiro com um cipreste, umas rosas, umas magnólias. Os cenários mudam, os atores repetem sempre o eterno papel... Estou alegre? Estou triste? Não sei. Estou feliz. Tenho vontade de ligar o telefone para toda a gente... Alô! Desculpe-me perturbar o seu sono. Mas a noite é linda, e eu me sinto tão feliz... tão feliz!... Desando a representar para mim mesmo... De repente, a memória acorda a *Rêverie* de Schumann... longe... E exalam-se depois de minha voz uns versos trêmulos de Verlaine...[38]

Este trecho, tão característico da antiga prosa de Álvaro Moreira, que tanto é poeta escrevendo como vivendo, é padrão literário que mostra bem o escritor e o homem, o escritor emotivo e o homem isento de egoísmo.

Não será fácil encontrar em nossa literatura prosa mais musical do que a de Álvaro Moreira. Sempre diferente na interpretação, é o mesmo escritor harmonioso, calmo e humano, poetizador de paisagens e sentimentos.

Páginas admiráveis são as introdutórias do livro *O Brasil continua* (1933); e terrivelmente verazes e maliciosas as caricaturas da parte do livro intitulada "Guarda-roupa" onde dá asas à sua ironia sem maldade.

O prosador Álvaro Moreira, bem como o teatrólogo, o poeta, o homem, não são diferentes. E ao longo da vida foram sempre os mesmos. Para bem conhecê-los basta ler as "lembranças" que reuniu em *As amargas, não...* Nelas, conta tudo. Não oculta nada. Transborda sinceridade. Confessa que sua educação sentimental veio toda do século XIX, daquele fim do século XIX, com Naturalismo, Parnasianismo, Simbolismo e ainda, Romantismo.[39]

Álvaro Moreira fez parte do grupo dos sete rio-grandenses que de Porto Alegre partiram para o Rio de Janeiro, onde se integraram na literatura brasileira na fase final do Simbolismo, sala de espera do Modernismo que vinha perto. Os sete do grupo foram *fichados* por Eduardo Guimaraens, em versos humorísticos, que objetivavam a faceta original e mais extravagante de cada um. *A ficha* de Álvaro Moreira termina assim:

... Vêde-o: é o mais conhecido e atacado dos sete!
E para que da crítica o estilete
Definitivamente o sangre, o espete, o esmague,
Vai nos mostrar por uma sexta-feira,
A claridade estética da *Sombra*.[40]

Álvaro Moreyra conta-nos que do colégio dos padres, em São Leopoldo, foi diretamente para o jornal em Porto Alegre. E desde então outra coisa não tem sido senão escritor. E confessa não saber a que escola literária pertence. "Ribeiro Couto fichou-me por uns tempos na escola *penumbrista*." Em 1914 foi posto na escola futurista. "Em 1934, para Tristão de Athayde, minha escola era a católica. Ora, eu não pedi matrícula em nenhuma destas escolas."

Definindo-se com certo pitoresco, não deixa de fazer um bom autorretrato ou melhor uma excelente caricatura, à qual falta, apenas, acrescentar uma dose de Romantismo: "Eu me pareço mesmo é com essas ampolas de injeção de bismuto. Tenho em mim as coisas necessárias. Mas preciso de ser sacudido, para que todas se misturem e, então, eu possa ser usado utilmente. A vida tem me sacudido bem..."

Apesar de escritor moderno atualizado, Álvaro Moreira foi grande ledor de clássicos portugueses. Sobre Camões, escreveu: "Abandona-se Camões. Briga-se com os sonetos. E, um dia, de repente, é por um soneto que se volta a Camões."[41]

Por ter um sorriso para tudo, Álvaro é escritor e poeta da mais alta sensibilidade, e que tem o seu lugar certo em nossa história literária. Em sua poesia existe sensibilidade e verdade. Em todos os seus versos uma infinita ternura:

> Quero de ti a promessa:
> quando vier o último sono,
> hás de poisar-me a cabeça
> em folhas mortas de outono...
> para que sonhe (tão lindo!
> o sonho dos sonhos vãos!)
> que vou sereno dormindo
> no amparo das tuas mãos...[42]

Para encerrar, anote-se o epitáfio revelador:

> Acreditei na Vida, e a Vida em mim. Depois,
> desandamos a rir de nós mesmos os dois.[43]

Desaparecido Mário Pederneiras, Álvaro Moreira, mesmo involuntariamente, tornou-se o chefe do grupo do *Fon-Fon!*

FILIPE D'OLIVEIRA[*]

Vitório de Castro foi redator e secretário da revista *Fon-Fon!* na fase de sua indiscutível influência literária. Orientada, primeiramente, pela trindade — Gonzaga Duque, Lima Campos e Mário Pederneiras —, posteriormente dirigida por este último, reunia em sua redação os *novos* mais em evidência, e que, desde então, integraram a geração da *Fon-Fon*.[44] Entre eles estava Filipe D'Oliveira.

Apontado como discípulo de Gonzaga Duque, Vitório de Castro desligou as amarras que o uniam aos companheiros de redação e geração, e, silenciosamente, voltou para o Pará, sua terra natal, de onde não mais mandou notícias ou escritos. Abriu, em 1933, uma exceção: escreveu sentida página para o *In memoriam* publicado poucos meses depois da morte de Filipe D'Oliveira. Nela lembra que sua vida se desenvolveu entre dois lances de tragédia. E pensa que melhor fora não tivesse Filipe vivido, ele "que possuía o saber e a sensibilidade artística dos iluminados, que era bom, dessa bondade de criança que fascina e

---

[*] Filipe Daudt de Oliveira (Santa Maria da Boca do Monte, RS, 1891—Paris, 1933) começou os estudos na cidade natal, completando os preparatórios em Porto Alegre, na Escola Brasileira, aluno distinto. Fez o curso de Farmácia, transferindo-se para o Rio de Janeiro, onde ficou à frente da firma Daudt, Oliveira & Cia. Com precoce vocação literária, ainda menino publicou artigos de crítica literária e versos em *O combatente*, da cidade natal. Por volta dos vinte anos, em Porto Alegre, foi das principais figuras literárias da geração, com Álvaro Moreira, Eduardo Guimaraens, Homero Prates, Carlos Azevedo, Francisco Barreto, Antonius. A estreia, em 1911, no Rio de Janeiro, foi coroada de aplausos da crítica e do público. Escreveu no *Fon-Fon!* de 1910 a 1915, com o próprio nome e o pseudônimo de Gavarni. Colaborou também, com contos e crônicas, na *Gazeta de Notícias*, *O País* e *A Imprensa*.
Aderiu ao movimento modernista, publicando em 1927 a *Lanterna verde*. Era dos fundadores da "Fundação Graça Aranha". Cultor do esporte, principalmente remo, esgrima e automobilismo. Tomou parte na Aliança Liberal, em 1930 e na Revolução Paulista, de 1932, e estava exilado, em Paris, em 1933, quando morreu vítima de desastre de automóvel.

Bibliografia

POESIA: *Vida extinta*. 1911 (2. ed., 1937); *Lanterna verde*. 1926 (4. ed., 1950); *Terra cheia de graça*. 1934; *Alguns poemas*. 1937; *Livro póstumo*. 1938.

Consultar

Carvalho, Ronald de. *Estudos brasileiros*. 2ª sér. Rio de Janeiro, 1931; Moreira, Álvaro. *As amargas, não...* Rio de Janeiro, 1954; Rodrigo Otávio Filho. *Velhos amigos*. Rio de Janeiro, 1938; *In memoriam de Filipe D'Oliveira*. Rio de Janeiro: Sociedade Filipe D'Oliveira, 1933.

que nos põe a alma em festa". Via nele um jovem pastor que cantasse na solidão a sua mágoa, a saudade do pai que não conhecera.[45]

Realmente duas tragédias marcaram o início e o fim da vida de Filipe D'Oliveira: onze dias antes do seu nascimento, o pai, Dr. Filipe Alves de Oliveira, pernambucano e juiz em Santa Maria da Boca do Monte, no Rio Grande do Sul, foi covardemente assassinado, quando passeava por uma das ruas da cidade de braço com a mãe de Filipe, D. Adelaide Daudt de Oliveira.[46] E em 17 de fevereiro de 1933, com 42 anos de idade, em pleno fulgor de sua inteligência e amor à vida, faleceu em desastre de automóvel ao sair de Auxerre, na estrada que o levaria a Paris, onde vivia em exílio político, depois da revolução constitucionalista de 1932, na qual tomara parte ativa.

Ao morrer, Filipe D'Oliveira deixou pequena bagagem literária, dois livros de poemas: *Vida extinta* (1911) e *Lanterna verde* (1927).

Fundada em 1933, a Sociedade Filipe D'Oliveira[47] editou as obras completas de seu patrono, tendo sido publicados os diversos volumes: *Terra cheia de graça* (1934), pastoral poética, teatral e bucólica, escrita em 1915, cujo ambiente é um "panorama soalheiro de um trigal em época de colheita". Obra de eloquência simbólica e romântica, hino à terra e ao amor, peça destacada e única na obra de Filipe D'Oliveira.

Cláudio, a principal personagem, com entonação vitoriosa, repete, como últimas palavras da pastoral, "o canto religioso de iniciado no culto da terra e da alegria", ouvindo ao longe a melodia monótona dos ceifadores que voltam à lavoura:

> Ave terra, cheia de graça! O Senhor é convosco! Bendita sois vós entre estas árvores! Bendito é o fruto do vosso outono...

Em 1937, publicou nova edição de *Vida extinta*, conservando a epígrafe de Leonardo da Vinci, adotada, na primeira, por Filipe:

> ... E se tu sarai solo, tu sarai tutto tuo.

É de Álvaro Moreira o prefácio, em que lembra que os versos de *Vida extinta* tinham quase trinta anos. E sobre Filipe, depois de dizer que o homem que foi impediu o autor que devia ser, interpreta-lhe a personalidade, escrevendo:

> Eça de Queirós lhe trouxera o sarcasmo. Machado de Assis, o ceticismo. Anatole France estilizou os dois. D'Annunzio veio acordar todos os sentidos. Maeterlinck pôs entre a realidade e o sonho uma garoa tristonha. Nietzsche não conseguiu mexer no que Dostoiévski já desarrumara. Mestres? Companheiros. Amigos mais velhos. Distantes. Os maiores. Dos menores, Cesário Verde era queridíssimo, longe também. Um íntimo que estava perto, fazia as ligações: Marcelo Gama.

Este livro talvez não fosse reeditado se Filipe vivesse. Na ausência dele, acrescenta Álvaro Moreira, é um documento pessoal e de toda a geração, a geração da guerra antes da guerra, dominada por uma melancolia artificial, tornada mais tarde a mais natural das melancolias.

Vida extinta é, sem dúvida, um dos livros mais característicos da última fase do Simbolismo brasileiro. Nele sente-se clara influência de Cesário Verde; principalmente em *Desafinamentos*:

> Eu hoje estou com as crises de Cesário...
> Abafo ímpetos bruscos, esquisitos...
> O meu temperamento tumultuário
> É um desconchavo doido de ais e gritos.

Reflete, também, o simbolismo romântico, espécie de nova *decadência* de uma escola que preparava o advento de outra:

> ... E tu ficaste lá... longe... na minha vida...
> E eu tão só! Como pesa este abandono...

Ou então:

> Meia tinta brumal, dúbia, de sonolência...
> Tenho-te ao lado: — "Eu te amo!"... E, adormecendo, sinto
> que tu te evolas na alma branca de uma essência...

No entanto o principal da poesia de Filipe D'Oliveira, é ser forte e original, diferente, sonora como a sua própria voz:

> Eu tive a iniciação para a alegria
> num templo primitivo de paisagem,
> em que, num fundo aberto de baía,
> da argila das montanhas, emergia
> a forma azul de um ídolo selvagem
> ....
> A vida então, logo me deu meu fado,
> — meus maus desígnios e meus bons misteres —
> e, no decurso desse tempo andado,
> os homens quase todos tenho odiado
> e tenho amado todas as mulheres.

"Miss Alva" é poema em que também se encontram as características da poesia de Filipe D'Oliveira:

> Assim, ao ver-te, num dorido assomo,
> ante a tua figura de aguarela,
> triste, fico a te olhar, magoadamente, como
> um sapo enamorado de uma estrela...

No mesmo ano de 1937, a Sociedade Filipe D'Oliveira reuniu, também apresentados por Álvaro Moreira, *Alguns poemas*, quase todos inéditos, entre os quais deve ser salientado, além de "O menino coxo e o menino que queria ser coxo" alguns, em francês, sendo de guardar-se, o *Faut-il vivre?*

Finalmente a Sociedade publica em 1938, em *Livro póstumo* (com um prefácio do próprio Filipe, escrito em 1925), as principais páginas que escreveu em prosa: uma novela inacabada — "Ruína" — alguns discursos, inclusive o pronunciado, em 1931, por ocasião da inauguração da Avenida Graça Aranha, entrevistas sobre o "Modernismo e arte brasileira", e "O que pensam e sentem os homens moços do Brasil" — nas quais Filipe define nitidamente sua posição literária. E finalmente o delicioso conto: "Magui, senhorita impura", primeiro dos que pretendia reunir em volume que não realizou.

No início deste capítulo foi dito que se *Vida extinta* é obra-prima do Simbolismo, *Lanterna verde* é obra-prima do Modernismo. Realmente, só encontraremos poesia que se iguale à da *Lanterna*, em *Toda a América* de Ronald de Carvalho,[48] em cujo louvor Filipe escreveu o "Magnificat", canto de heroísmo e perfeição vocabular, canto do Homem Moço, que canta a terra que "tem riso de sol na boca e perfume de mato no hálito", que "tem fulgor de estrelas e veludo de noite morna nos olhos" e "todas as forças nos músculos e todas as sementes nas entranhas".

É nesse livro que Filipe D'Oliveira levanta mais alto sua voz de poeta, quando em linguagem pura, forte e rica, lembrando no poema "Recuo nostálgico", a lenda do Negrinho do Pastoreio, tão acreditada em sua terra natal, evoca, na querência longínqua,

> o tropel das patas das cavalhadas soltas;
> o entrechoque de cornos, os mugidos roucos;
> a algazarra da faina rude, nos rodeios;
> o silvar das boleadeiras, nos tiros certos;
> o zunir dos laços nos pealos de cucharra;
> o tinir das chilenas arrastadas;
> o tilintar das pratarias dos aperos;
> o rascar dos arados e das charruas;
> o linchar das carretas transbordando a fartura das safras;
> a exclamação alarmada dos quero-queros;
> o grito perdido do tajã, vincando a madrepérola da tarde:
> o ruflar das codornas estirando voos horizontais;

> o compasso das polcas nos fandangos;
> o vozerio da peonada nos galpões, contando casos à luz das
> brasas e mais longe na respiração verde dos pastos,
> o gemido das gaitas que as vozes agravam
> com o queixume das chimarritas e dos bois barrosos...

E termina o canto, com a mais íntima de suas páginas:

> Recordação
> vela que acendo ao Negrinho do Pastoreio
> e que me dá de novo o meu pago perdido.

Em *Lanterna verde* Filipe oferece ao Modernismo brasileiro o que ele tem de mais equilibrado. Pondo de lado originalidades descabidas, ouropéis que não enganam, trocadilhismos literários, dá-nos uma poesia que, sem ser cerebral, é pensamento estético apresentado em formas novas. No "Circo", por exemplo, vemos um *clown* que vive "sem apoio", solto na expectativa impaciente do irresistível e que trabalha.

> Bloqueado pela ameaça circular
> dos cobradores de jocoso, dos
> famintos de angústia
> *grotesca*.

E que:

> Sem trapézio como os trapezistas.
> Sem halteres, como hércules.
> Sem o aparato dos músculos, como o acrobata.
> Sem refúgio e sem armas desafia o risco manejando apenas a
> desarticulação do jeito humano,
> a deformação da máscara idiota onde a graça estoura como um
> [pontapé nas nádegas.

E o *Domador*, "feld marechal herzegovino", cujo chicote canta a lira de Orfeu,

> e as feras submissas espremem na pauta da jaula, rugidos cavos, de
> [pedal,

dá lugar a *Los Krupinos*, irmãos da mesma idade, parelhos com a mesma cabeça reluzente de cosmético, e que se empilham:

> Cinco. Quatro. Três. Dois. Um.
> A face da Pirâmide Humana
> Inscreve no cone refletor
> Um triângulo cintilante.

É um brinquedo de armar que deleita as crianças e as governantas acha m graça... "Parece um soneto".

O ponto mais alto, porém, da poesia de Filipe D'Oliveira está em "Epitáfio que não foi gravado":

> Todos sentiram quando a morte entrou
> com um frêmito apressado de retardatária...

Nesse poema não está, apenas, a poesia de Filipe; está toda a poesia, a que surge do mistério dos sentidos e das palavras, a que encara a vida e a morte, a que poucas vezes toca o coração humano, abençoando ou amaldiçoando sentimentos diante do milagre da existência:

> A que tinha de morrer fechou os olhos para sempre
> e os que a choravam
> nunca souberam de alguém que foi de todos junto ao leito à hora do
> [exausto coração parar,
> o mais distante,
> o mais imóvel,
> o que não pôde erguer as pálpebras pesadas,
> o que sentiu clamar no sangue o desespero de sobreviver,
> o que estrangulou na garganta o grito dilacerado do solitário,
> o que depôs, sobre a serenidade da morte purificadora,
> a redenção do silêncio,
> como uma pedra votiva de sepulcro.

Álvaro Moreira, a propósito de *Lanterna verde*, referindo-se ao autor e ao homem, diz que ela trouxe, em 1927, a integração harmoniosa dos dois, dando à nossa poesia alguma coisa que não tinha: a sensibilidade da inteligência, a realidade e a sugestão unidas, envolvendo, entontecendo, maravilhando. E, no entanto, Filipe não chegou ao seu termo. "Interrompeu-se e ficou entre o céu e a terra, como queria."

Lanterna verde, escrito em época de revolução literária e de balbúrdia destruidora, revela que "o poeta, na vanguarda, não permitiu que os gritos o perturbassem, não perdeu a atitude serena, e enquanto os companheiros arrasavam, tranquilamente erguia da terra as estátuas mutiladas. Entre aquelas velhas pedras talvez estivesse a poesia..."[49]

Ronald de Carvalho dedicou a Filipe D'Oliveira um capítulo de seus *Estudos brasileiros*.⁵⁰ Compreendendo o poeta e sua poesia, a força e a substância mágica da sua criação, julga que a sensação do inesperado, em sua obra, provém dos elementos de energia que se ajustam inopinadamente, "para deflagrar em surpresa".⁵¹

Filipe é poeta de riqueza vocabular, de imaginação excitada, e que tem — como lembra ainda Ronald de Carvalho — a originalidade de construir muitas vezes a imagem pelo som, pela mola disciplinada dos ritmos. E a prova está em que não pode haver plágio mais belo do mar, do que este verso:

> A onda bate a cadência do seu gongo líquido.

Como um grego integrado na civilização moderna, Filipe D'Oliveira cultivou a força física e a ginástica do espírito. E disso resulta a feição personalíssima de toda a sua obra.⁵²

EDUARDO GUIMARAENS*

Andrade Murici reconhece, com razão, que Eduardo Guimaraens foi, dentre os poetas brasileiros, o de feição mais assiduamente fiel às raízes

---

* Eduardo Guimaraens (Porto Alegre, RS, 1892, Rio de Janeiro, 1928) fez os estudos primários em escola pública e o secundário no Colégio Rio-Grandense e no Ginásio Júlio de Castilhos. Poeta precoce, aos 16 anos seu pai publicou o seu primeiro livro de versos. Jornalista, colaborou no *Jornal do Commercio*, *Folha da Manhã*, *Diário* e sobretudo na *Federação*, e, no Rio de Janeiro, na *Fon-Fon!*, *A Imprensa* e *Boa Hora*. Funcionário da Biblioteca Pública de Porto Alegre, foi seu diretor. Falecido no Rio de Janeiro, em 1933 o corpo foi transladado para Porto Alegre.

Bibliografia

POESIA: *Caminho da vida*. 1908; *A divina quimera*. 1916. (Em 1944 o mesmo título reuniu as poesias completas, em edição organizada, com prefácio crítico-biográfico, por Mansueto Bernardi, incluindo ainda: *Poemas à bem-amada*, *La gerbe sans fleurs*, *Cantos da terra natal*, *Estâncias de um peregrino* e *Rimas do reino dos céus*). Deixou ainda numerosas traduções, inclusive do "Canto V" do "Inferno" de Dante.

Consultar

Bernardi Mansueto, Prefácio (in *A divina quimera*. Porto Alegre. 1944); Maia, Alcides. *A Federação*. Porto Alegre, 9 de abril 1934; Moreira, Álvaro. *Revista do Globo*. Porto Alegre, 5 janeiro 1929; idem. *Letras e Artes*. Supl. *A Manhã*. Rio de Janeiro, 5 outubro 1941; Murici, J. Andrade. *Panorama do movimento simbolista brasileiro*. Rio de Janeiro, 1952, vol. III.

europeias do Simbolismo.⁵³ Em sua obra, das melhores do Simbolismo brasileiro, cintila, aqui e ali, acentuado sentimento penumbrista, um intimismo encantador.

Quem estudou, com amor e sabedoria, a vida e a obra de Eduardo Guimaraens foi o poeta e escritor sul-rio-grandense Mansueto Bernardi, no prefácio crítico-biográfico da edição definitiva de *A divina quimera*, na qual incluiu mais cinco livros inéditos, escolhidos no espólio do autor: *Poemas à bem-amada*, *La gerbe sans fleurs*, *Cantos da terra natal*, *Estâncias de um peregrino* e *Rimas do reino dos céus*.⁵⁴ Poucas vezes um poeta falou tão bem e tão certo sobre outro poeta. É que ambos se compreendiam e tinham almas irmãs. Foram grandes e fraternais amigos. O próprio Mansueto Bernardi epigrafou o prefácio que escreveu, com uma significativa frase de Stephane Mallarmé: *Un homme au rêve habitué, vient ici parler d'un autre qui est mort.*

Segundo o prefaciador e crítico de *A divina quimera*, Eduardo Guimaraens foi talento poliédrico, plástico e brilhante, que cultivou com êxito, simultânea e sucessivamente, a crônica, a crítica, a conferência, o conto, a novela, o drama, a comédia.⁵⁵

Foi em 1916 que Eduardo Guimaraens iniciou, efetivamente, sua atividade literária, que não teve interrupção até 1928, quando faleceu.

Durante sua curta vida Eduardo Guimaraens sentiu de perto as sutilezas e a realidade das várias tendências literárias, que então se cruzavam e chocavam. Presenciou o apogeu e a glória do Parnasianismo, infiltrou a alma e o coração nas metáforas do Simbolismo, não aderiu, mas não foi hostil ao Modernismo.

Com relação à estreia de Eduardo, que pode ser fixada, como foi dito, em 1916, Mansueto Bernardi conta um episódio que mostra a sua precocidade poética. O menino Eduardo fora, muitos anos antes, à redação do *Jornal da Manhã*, de Porto Alegre, e entregou ao diretor e ao redator do jornal, pedindo que o publicassem, um soneto intitulado "Aos lustres". Os dois jornalistas, que eram Alcides Maia e Marcelo Gama, ficaram perplexos e puseram em dúvida fosse aquele menino o autor de tão belo soneto. Tornou-se preciso que o pai de Eduardo Guimaraens, o jornalista Gaspar da Costa Guimaraens, testemunhasse ser o filho o autor do soneto, para que o publicassem. É fácil imaginar a vitória literária do menino. É o seguinte o último terceto do poema:

> Toquem-vos docemente a sombra e a claridade...
> Nem se turbe jamais, o lustre, o segredo
> Das vibrações que em vós, musicalmente dormem!

A chave do soneto — aquelas vibrações que musicalmente dormem nos lustres de cristal pênseis dos tetos, lustres que por isto a claridade e a sombra só deviam tocar docemente — informa Mansueto Bernardi — impressionou muito a Alcides Maia e Marcelo Gama, "visto denunciar, no autor, um temperamento precoce de músico e de poeta ao mesmo tempo, músico e poeta já preocupado, apesar da tenra idade, não com a superfície, mas com a própria essência das coisas".[56]

O grupo literário mais frequentado por Eduardo Guimaraens era o da Praça da Misericórdia, em Porto Alegre, o qual firmou amizades que ainda duram, apesar de muitos dos que a ele pertenciam já terem desaparecido. Naquela praça se reuniam Álvaro Moreira, Filipe D'Oliveira, Homero Prates, Carlos Azevedo, Antonius e Francisco Barreto.

Sobre esse grupo, que ficou célebre nas rodas literárias de Porto Alegre, escreveu Álvaro Moreira página que deve ser recordada. Aliás, o autor de *Um sorriso para tudo...* e *As amargas, não...*, refere-se ao grupo que se reunia na Praça da Caridade, em frente da Santa Casa, o que, na realidade, era o mesmo local.

Lembra Álvaro Moreira que todas as noites uns rapazes ali se juntavam e ali se despediam, conversando, declamando, discutindo, pondo no ar irreverências e fanatismos. Reuniam-se todas as noites e em todas as estações.

> Naquele tempo, as estações marcavam principalmente sentimentos literários, apesar do frio de julho e do calor de janeiro. Sete rapazes. Carlos Azevedo, o nosso músico. Antonius, o nosso pintor, Francisco Barreto, o nosso crítico. Eduardo Guimaraens, Filipe D'Oliveira, Homero Prates, eu, os nossos poetas. Cada um com o seu jeito. Nenhum influía em nenhum. Gabriel d'Annunzio influía em todos. Filipe sabia de cor *La nave* inteira e imitava os homens dos *Romances da rosa*. Homero, envolvia as suas horas no ritmo do corpo da mulher fatal da *Gioconda*, que caminhando, desmanchava uma harmonia para criar uma harmonia nova. Eduardo escrevia as *Argilas*, no molde dos poemas do homem divino. Antonius desenhava, nas mesas dos cafés e noutras mesas, a máscara sem cabelos e de cavanhaque do nosso Criador. Carlos só tocava Wagner porque D'Annunzio estava em Veneza quando Wagner morreu. O Chico expunha a ideia de um livro sobre o teatro italiano, culminando no *Città morta*. Eu escondia uma paixão desvairada pela *Sirenetta...*[57]

Era assim o grupo literário, a que pertenceu Eduardo Guimaraens, em Porto Alegre.

Para Mansueto Bernardi, que reuniu em seu prefácio a opinião de vários críticos sobre a poesia de Eduardo Guimaraens, ela tinha como característica, motivo central e cor mais forte, o ser vaga, "dessa vaguidade que distingue os sonhos; triste, dessa tristeza que se confunde com a saudade do céu". Desanimanos a encontrar no poeta "que torceu o pescoço à eloquência", como queria Verlaine, o conceito exato, a ideia clara, a visão direta, a construção lógica, o pão, pão, queijo, queijo — dos realistas e dos parnasianos, postos na mesa, ao alcance da mão de todos os leitores. Para compreendê-la precisa-se apurar os olhos e os ouvidos. Sua atmosfera é diferente.[58] Ele é, como seu ídolo, Dante

Alighieri, acima de tudo, o poeta do amor. E dentro de sua poesia também vive o sentimento da morte:

> Se a vida é bela, ardente e forte,
> Febre e delírio, ânsia e paixão,
> Por que, sem causa, adoro a morte
> E, um grito ao lábio, espero em vão?
> (D.Q., I, 1)

> Por que te afastas sempre do meu passo?
> Sou o mudo exilado do teu seio.
> Não sentirás jamais o meu anseio?
> Levam-me o Amor e a Morte, pelo braço.
> (D.Q., III, 6)

Sobre este poeta que havia "de estreitar contra o seio a tristeza da vida/e perfumar de amor a miséria do mundo" — e que em "La gerbe sans fleurs", foi o mais francês dos poetas brasileiros, e onde se podem ler relíquias como esta:

> Je rêve, crois-le bien, je rêve,
> Je rêve d'une douce fleur...
> Je rêve d'une fleur de rêve...

inúmeros foram os contemporâneos que sobre ele depuseram. Alcides Maia lembrou-o na Academia Brasileira de Letras:

> Quando o evoco, Eduardo Guimaraens, se me retraça, de golpe, na memória, como um lindo perfil, pensativo, quase absorto, em devaneios pairantes sobre o seu plano de vida social. Vejo-o e revejo-o, através da minha retina, o puro intelectual que ele foi. Um poeta, Eduardo Guimaraens, um poeta.[59]

Moisés Velinho, por ocasião de instalar-se a fundação Eduardo Guimaraens (que segundo Mansueto Bernardi teve vida efêmera) lembrou que Eduardo Guimaraens é, sem favor, uma das vozes mais altas da poesia brasileira.

> Ninguém a elevou mais do que ele, ninguém a sentiu com mais profundeza. Quem mais entranhadamente do que ele se deixou impregnar de essência poética? Sua posição na literatura brasileira, é por certo, ao lado das maiores e melhores expressões que o Simbolismo nos legou.

Do mesmo modo pensa Andrade Murici:

Eduardo Guimaraens foi um *artista*, no sentido. profissional, de *métier*, da palavra. A sua arte é minuciosamente lavorada; trabalhada, em matérias escolhidas e preciosas; com uma expressão, direi, como Augusto Meyer, cerebral, "literária"; e com um sentido de europeísmo evidente.[60]

Por outro lado, Álvaro Moreira escrevia que Eduardo lia tudo, sabia tudo, não tendo a cultura imensa perturbado a originalidade feita de ternura e de melancolia.[61] E Ribeiro Couto, sob o título "Janela iluminada" e o subtítulo "A propósito da morte de Eduardo Guimaraens", publicou uma crônica na qual, comovidamente, proclama que ninguém, mais do que Eduardo Guimaraens, soube cantar a deliciosa angústia dos primeiros frios, do cair da tarde no outono, dos passeios solitários, as ruas em que um poeta vai sonhando entre árvores.

> Penso que há pelo espaço um longo adeus, o aceno
> De um lenço, o último abraço, o olhar ainda sorrindo
> De alguém que parte, um choro imenso: e tudo é findo!

Para Ribeiro Couto, Eduardo Guimaraens foi essencialmente um poeta do êxtase e da ternura. Íntimo em seu penumbrismo. Observa que nele jamais uma ironia perturbou a sua atitude de anjo doente. E acrescenta: tudo nele era contemplação, do mundo interior e do mundo exterior. Sentiu que em sua poesia os dois planos se sobrepunham, substituindo-se, trocando-se "de maneira que uma pintura rápida da realidade ambiente sucede frequentemente um angustioso movimento de alma. Era um homem que se olhava sofrer. As cores mortas, as meias-tintas, as nuanças indecisas, combinavam docemente com sua subjetividade".[62]

Este poeta, cuja obra é volumosa, deixou também grande número de traduções, quase todas inéditas: 83 poesias de Baudelaire e muitas de Verlaine, Heine e outros de sua predileção, além do Canto V do Inferno de Dante.

Eduardo Guimaraens foi poeta que ficou marcado na memória dos que o conheceram e o leram. Conquistou lugar de destaque na história da poesia brasileira. Seus poemas são iluminados reflexos de sua alma cristã. Encerremos estas notas com este *Fim de viagem*:

> Que vos importa ouvir a voz de um peregrino?
> Pouco vale saber se cantei ou chorei;
> Se fiz mal, se fiz bem; se amei ou se odiei.
> Sou uma sobra a mais no caminho divino...
> E como apareci, desaparecerei.

HOMERO PRATES[*]

Homero Prates pertenceu ao grupo de poetas neossimbolistas sul-rio-grandenses, que em sua quase maioria se transportou para o Rio de Janeiro e incorporou-se depois de 1911 ao chamado Grupo do *Fon-Fon!*

Em 1912, com a publicação de seu primeiro livro de versos, *As horas coroadas de rosas e de espinhos*, Homero Prates conquistou o lugar que lhe competia entre os jovens poetas do seu tempo. Poeta de alta inspiração e eloquência verbal, daquela eloquência de palavras redondas tão do gosto dos simbolistas, Homero Prates deu e continuou dando aos seus poemas feição muito pessoal. Nesse seu primeiro livro, em que há beleza poética e declamação, o poeta lançou a semente de seu canto e de sua caminhada através da poesia. Sempre foi um fidalgo do verso, um aristocrata encastoado em sua própria vida, encantado com o país de sonho em que vivia e sempre viveu. Quando a morte veio buscá-lo aos 67 anos de idade, tinha Homero Prates o mesmo sorriso da adolescência e os mesmos sonhos lhe povoavam o espírito.

Esse seu primeiro livro, muito louvado por Mário Pederneiras, começa por um "Hino às violetas", dedicado a Álvaro Moreira, no qual, logo na primeira estrofe, o poeta diz de onde veio e para onde vai:

> Venho do ignoto azul de longínquas paragens.
> Ó Violetas! Ó Irmãs da alma triste dos poentes,

---

[*] Homero Prates (São Gabriel, RS, 1890 — Rio de Janeiro, 1957), formou-se em direito pela Faculdade de Porto Alegre, em 1912, depois de ter terminado o curso secundário no Colégio Júlio de Castilhos, em 1908. Foi juiz municipal de D. Pedrito, RS, advogado em São Paulo e no seu estado natal, auditor de guerra ainda no Rio Grande, e juiz do Tribunal Regional do Trabalho do Distrito Federal. Em São Paulo, dirigiu, com Guilherme de Almeida, a revista *Panóplia*. Foi membro da Academia Carioca de Letras.

Bibliografia

POESIA: *As horas coroadas de rosas e de espinhos*. 1912; *Torre encantada*. 1917; *No jardim dos ídolos e das rosas*. 1912; *Orfeu*; 1923; *História de D. Chimango*. 1927; *Ao sol dos pagos*. 1939; *Morte de Ariel*. 1947; *O sonho de D. João*. 1951. PROSA: *Paraísos interiores*. 1919. Deixou ainda trabalhos jurídicos e numerosos inéditos.

Consultar

Bruzzi, Nilo. "Homero Prates, o Magnífico" (in *O cofre partido*. Rio de Janeiro, 1951); Carvalho, Ronald de. Sobre *Paraísos interiores*, "O movimento literário", *O País*. 1919; Leão, Múcio. "Morte e ressurreição de Ariel", *Jornal do Brasil*. Rio de Janeiro, 17 abril 1948; Murici, J. Andrade. *Panorama do movimento simbolista brasileiro*. Rio de Janeiro, 1952, vol. III, p. 101; Neves, Berilo. "A Morte de Ariel", *Jornal do Commercio*. Rio de Janeiro, 1948.

> Onde os Anjos da Dor, da Sombra e das Paisagens,
> Diante de um velho mar de rochedos selvagens,
> Vão ouvir, no Silêncio, a voz dos lírios doentes.

Ronald de Carvalho, na coluna de crítica que durante algum tempo manteve sob o título de "Movimento literário", ocupando-se de *Paraísos interiores*, livro de prosa que, publicado em 1919, depois que o poeta se consagrara com a *Torre encantada*, livro de versos publicado, em São Paulo, dois anos antes, não teve dúvidas em afirmar, com sua jovem e já consagrada autoridade, que Homero Prates, entre os novos, era um poeta excepcional, de temperamento otimista, cheio de claridade e sinceras exaltações. Ele não canta — escreveu Ronald — à maneira dos abatidos, para enganar a vida, mas principalmente para abençoá-la, para enaltecê-la. E conclui: "É um deslumbrado. Sua obra evidencia um sentimento de êxtase permanente em face da natureza, um panteísmo sem profundidade, porém amável, um panteísmo mais próximo do instinto que da inteligência, mais oriundo da sensibilidade que da razão." A obsessão em atingir a beleza fez com que Homero Prates não fosse, como alguns poetas com que convivia, um decadente. Seu olhar procurava e suas mãos ansiavam tocar a beleza. Seguia, como discípulo, a lição de Plotino: o supremo objetivo das almas é a contemplação da Beleza.

O que se pode lamentar em Homero Prates é que o isolamento literário em que viveu, depois dos contatos da mocidade, o tenha levado a conservar-se dentro de uma redoma poética, que foi, com o andar dos tempos e da vida moderna, posta inteiramente de lado. O próprio Ronald de Carvalho, ao ocupar-se da personalidade de Homero Prates, observou ainda que os *Paraísos interiores* revelam mais um temperamento de intuitivo, possuindo fracas defesas contra a realidade. E mais adiante lembra que, vivendo solitário ou, pelo menos, criando um ambiente de isolamento para a sua psique, o poeta confinou-se num egocentrismo exaltado, que lhe não permite outra atitude diante dos seus semelhantes senão uma doce e altiva tolerância. E cita o próprio poeta: "Olha para a turba humana com simpatia ou indiferença; com ódio, nunca; ela não merece esta glória."

Escrevendo em prosa, Homero Prates era, pela emoção que transmitia e pela riqueza vocabular, o mesmo poeta integral e sincero. Exemplo:

> Assinalando o chão que pisas, como uma sombra, transmite ao coração dos passantes vindouros pelo menos o eco dos teus passos! Mas deixa, ainda que nos espinhos e nos cardos da Estrada, alguma lembrança tua. Pouco importa que seja uma lágrima, um sorriso ou uma gota de sangue.

Poetando em uma época de transição, na oferenda de seu livro *No jardim dos ídolos e das rosas*, dirige-se a algo que ainda não chegou e que ele pressente, espera e proclama em sua bela linguagem:

> Ao Ideal ainda por vir; às fontes; às estátuas e aos jardins futuros; aos poemas não sonhados, aos desejos nunca saciados de perfeição e de ventura; aos poetas e aos heróis por nascerem; às auroras e às primaveras que estão por despertar; a todas as flores fechadas do Porvir, com a minha alma, meu sangue, minha carne, este Canto.

Substancialmente poeta, Homero Prates fez uma pergunta que contém a afirmação do que foi a sua poesia: "Onde mais belo poema que a vida mesma do poeta?" E por ter esse sentido, não penetrou o Modernismo. Ao contrário: ficou onde nasceu, cercado de imagens que lhe iluminaram a adolescência. Nunca forçou a forma e o estilo que Deus lhe deu, envolvendo-se em certo classicismo, com o olhar voltado para Grécia, o que se sente no poema *Orfeu* (publicado em 1923, depois da eclosão do movimento modernista) cujo prêmio é uma profissão de fé:

> Foi lá, no seu solo sagrado, à sombra dos loureiros, de cujas folhas verdes a glória tecia a coroa dos Heróis e dos Poetas, na paz dos seus bosques floridos rumorejantes dos murmúrios da água onde as ninfas se banhavam e sonoras ainda da alegria divina dos deuses que pisavam a Terra, foi lá, nesse jardim de símbolos perfeitos, que a Deusa fugitiva dos mortais pela vez primeira sorria, como uma aparição, aos olhos maravilhosos dos homens.

Com essas ideias poéticas viveu Homero Prates a vida toda. Múcio Leão,[63] referindo-se à *Morte de Ariel*, poemas publicados em 1947, lembra que ele soube manter-se em trinta e seis anos (pois tantos transcorreram entre a publicação das *Horas coroadas de rosas e de espinhos* e a *Morte de Ariel*), perfeitamente igual em si mesmo.

Homero foi um poeta que se exilou em seu próprio país, e por certo em sua própria vida. É aliás, o que diz, retratando-se no soneto "No exílio":

> Não nasci neste mundo. O meu país natal
> fica além, muito além da terra triste e escura,
> lá sob a paz de um céu de infinita doçura,
> onde não morre nunca a flor azul do Ideal.
>
> Misterioso país do Sonho e da Ventura
> onde reina a Beleza absoluta e imortal,
> lá só chega o clamor deste mundo mortal

> como o eco vão de um mar de vasa torva e impura.
>
> Triste, nos fins de tarde, eu vejo a flor das águas,
> as torres de ouro e a luz dessa cidade d'Is
> que no alto-mar do Sonho emerge dentre as fráguas...
>
> Senhor de um Reino ideal, eu me sinto feliz,
> mas não disfarço a dor — quando esqueço outras mágoas —
> de viver exilado em meu próprio país.

O último livro de Homero Prates, *O sonho de D. João* (1951), é poema de alta inspiração, concebido e mentalmente terminado em fins de 1938, quando já pesava sobre a humanidade a ameaça da Segunda Guerra Mundial. Merece leitura atenta, porque ficará em nossa literatura como obra em que a concepção e a forma fixam o valor literário de seu autor, e completam o ciclo de exaltação poética que caracteriza o conjunto de sua obra.

É curioso lembrar que Homero Prates por duas vezes excursionou pela poesia satírica e regional, tendo publicado a *História de D. Chimango* (1927) e *Ao sol dos pagos* (1938). O que o caracteriza, porém, dentro do panorama literário, é ter sido, em uma época de transição, um poeta de pensamento helênico. Virtuoso do verso e esteta da poesia. Toda a sua prosa é também poesia.

Nilo Bruzzi dedica a Homero Prates talvez o mais acurado estudo que sobre o poeta se publicou.[64] Lembra que ele tem grande culto pela forma, obedece ao ritmo, cultiva o idioma, usando no poetar as clássicas maneiras de baladas e rondós, vilanetes e vilanelos.[65]

Homero Prates foi diante da vida e da poesia um contemplativo. Vivia em estado permanente de entusiasmo.

É dele, este verso:

> Sinto-vos dentro em mim, ó alma dos panoramas!

GUILHERME DE ALMEIDA[*]

[*] Guilherme de Andrade e Almeida (Campinas, SP, 1890-1969) passou grande parte da infância em Rio Claro, onde residia a família, aí fazendo os estudos primários. Fez o curso secundário em Campinas, no Ginásio São Bento de São Paulo, no Diocesano de São José, em Pouso Alegre, Minas Gerais, e finalmente no N. S. do Carmo, em São Paulo, onde se bacharelou em ciências e letras, em 1907. Diplomou-se em direito pela Faculdade de São Paulo, em 1912, estreando nas letras em jornais e revistas estudantis da época. Advogou com o pai em São Paulo, até 1923, quando contraiu casamento no Rio de Janeiro. Abandonou a advocacia, dedicando-se inteiramente ao jornalismo e à literatura. Estreou em livro, em 1917, com *Nós*. Ingressou então na redação de *O Estado de S. Paulo*. Publicou desde então cerca de 50 volumes em prosa e verso.

Em 1922, foi um dos promotores da Semana de Arte Moderna. Foi membro, até 1930, da Academia Brasileira de Letras, e da Academia Paulista de Letras, até 1928.

Tendo tomado parte na Revolução Paulista, de 1932, passou um ano exilado na Europa, quando foi recebido pela Academia das Ciências de Lisboa.

Ocupou os seguintes cargos públicos: Secretário da Escola Normal "Padre Anchieta", da Capital; Chefe da Divisão de Expansão Cultural do Departamento Municipal de Cultura de São Paulo; adido ao Gabinete do Interventor Fernando Costa; Secretário do Conselho Estadual de Bibliotecas e Museus; e Presidente da Comissão do IV Centenário de São Paulo.

Foi Presidente da Associação Paulista de Imprensa no biênio 1937-1939. Em 1937 chefiou a missão cultural que o Serviço de Cooperação Intelectual do Ministério das Relações Exteriores enviou ao Uruguai, para a inauguração da herma de Olavo Bilac, em Montevidéu.

Foi diretor dos jornais *Folha da Manhã*, *Folha da Noite* e fundador do *Jornal de São Paulo*.

Usou os seguintes pseudônimos: Guida!, G., Gui, G. de A., G. A.

Para a fase modernista de Guilherme de Almeida, ver o capítulo "O Modernismo na Poesia" desta obra.

Bibliografia

POESIA: *Nós*. 1917; *A dança das horas*. 1919; *Méssidor*. 1919; *Livro de horas de Sóror Dolorosa*. 1920; *Era uma vez...* 1922; *A frauta que eu perdi*. 1924; *Meu*. 1925; *A flor que foi um homem*. 1925; *Encantamento*. 1925; *Raça*. 1925; *Simplicidade*. 1929; *Carta a minha noiva*. 1931; *Você*. 1931; *Poemas escolhidos*. 1931; *Cartas que eu não mandei*. 1932; *Acaso*. 1938; *Cartas do meu amor*. 1941; *Tempo*. 1944; *Poesia vária*. 1947; *O anjo de sal*. 1951; *Toda a poesia* (6 vols.). 1952; *Acalanto de Bartira*. 1954; *Camoniana*. 1956; *Pequeno romanceiro*. 1958. PROSA VÁRIA: *Natalika*. 1924; *Do sentimento nacionalista na poesia brasileira*. 1926; *Ritmo, elemento de expressão*. 1926; *Gente de cinema*. 1929; *O meu Portugal*. 1933; *A casa*. 1933; *Gonçalves Dias e o Romantismo*. 1944; *Histórias talvez*. 1948. TRADUÇÕES: *Eu e você*, de Paul Geraldy. 1932; *Poetas de França*. 1936; *Suíte brasileira*. 1936; *O jardineiro*, de Rabindranath Tagore. 1939; *O Gitanjoli*, de Rabindranath Tagore. 1943; *O amor de Bilitis*, de Pierre Louis. 1943; *Flores das flores do mal*, de Baudelaire. 1944; *Paralelamente a Paul Verlaine*. 1945; *As palavras de Buda*. 1948; *Entre quatro paredes*. 1950; *Antígona*, de Sófocles, 1952.

Quando Guilherme de Almeida, em 1919, publicou a *Dança das horas*, livro ilustrado por Di Cavalcanti, certo cronista literário escreveu em *O Malho*, que, sob a direção de Álvaro Moreira atingira elevado prestígio cultural, um artigo no qual dizia que, para sua anatomia sentimental, coração e alma são a mesma coisa. Principalmente, se considerarmos que nos poetas as emoções se sucedem cadenciadamente, sem que eles percebam as diferenças da influência do coração e da alma. E é graças a este pequeno mistério que, para tudo, o poeta encontra uma desculpa amável, naquele sorriso que é a filosofia literária de Álvaro Moreira.

Naquela data, jovens eram o cronista, o poeta e o filósofo do sorriso para tudo... A distância dos anos percorridos talvez não tenha tirado o sabor de verdade e ternura do que disseram aqueles distantes penumbristas... E as horas que passaram (rápidas umas, mui o lentas outras), num bailado, ora calmo, solene ou desvairado, confirmaram em toda a sua plenitude, a: altura e a sensibilidade dos versos de Guilherme de Almeida:

> E quando as doze dançarinas, feitas
> De pluma, vão recuar,
> Levam as frontes claras e perfeitas,
> Circundadas de espinhos, a sangrar...

Consultar

Almeida, Martins de. "A frauta que eu perdi", *Revista do Brasil*, 1ª fase, IX, dez. 1924; Andrade, Mário de. "Guilherme de Almeida", *Estética*. I, 3, abril-jun. 1925; Athayde, Tristão de. "Um grande poeta e outros" (in *Primeiros estudos*. Rio de Janeiro, 1948); idem. "Brasileirismo", *Estudos*, 1ª série, Rio de Janeiro, 1927; idem. *Contribuição à História do Modernismo*. I. Rio de Janeiro, 1939; Bandeira, Manuel. *Crônicas da Província do Brasil*. Rio de Janeiro, 1937; idem. *Poesia e prosa*. II. Rio de Janeiro, 1958; Bastide, Roger. *Poetas do Brasil*. Curitiba, 1947; Carvalho, Ronald de. *Estudos brasileiros*. 2ª série, Rio de Janeiro, 1931; Ferraz, Bueno. Bibliografia (*Sóror Dolorosa*), *Revista Brasil*. São Paulo. nov. 1920, n. 59; Galvão, Francisco. "Guilherme de Almeida" (in *Academia de Letras na intimidade*. Rio de Janeiro, 1937); Grieco, Agripino. *Evolução da poesia brasileira*. Rio de Janeiro, 1932; Medeiros e Albuquerque. *Nós* (in *Páginas de Crítica*. Rio de Janeiro, 1920; Milliet, Sérgio. *Términus seco e outros coquetéis*. São Paulo, 1932; idem. *Diário Crítico*. Vol. V. São Paulo, 1948; Morais Neto, Prudente de. "Guilherme de Almeida", Estética, I, 1, set. 1924; Otávio Filho, Rodrigo. "Livros e autores", *O Malho*. Rio de Janeiro, 22 mar. 1919; Ribeiro, João. *Crítica. Os modernos*. Rio de Janeiro: Academia Brasileira, 1952; Silva, João Pinto da. "Guilherme de Almeida" (in *Fisionomia de Novos*. São Paulo, 1922); Vita, Dante Alighieri. "Guilherme de Almeida, um poeta intimista e delicado", *Pensamento e Arte*. São Paulo, 9 ago. 1953, n. 64.
(Adendo da 2. ed.: Ricardo Cassiano. "Guilherme de Almeida e suas antecipações".
Ver *Est. São Paulo*, Supl. Lit., 19/7/1969; Silveira Alcântara. "Um Guilherme de Almeida pouco conhecido", *Est. São Paulo*, Supl. Lit., 2/8/1969; Marcelo Dantas. "O poeta de São Paulo", idem. ibid.

> Assim, depois que a estranha sarabanda
> Na sombra se dilui,
> Penso, vendo outro bando que ciranda
> Em torno do que fui,
>
> Que há uma alma em cada gesto e em cada passo,
> Das horas que se vão:
> Pois fica a sombra do seu véu no espaço,
> Fica o silêncio dos seus pés no chão...

Aí está uma pequena mostra da alvorada poética de Guilherme de Almeida. Dono de virtuosismo raras vezes alcançado na poesia brasileira e mantido, inalterado, durante toda a caminhada que fez, através de sua variadíssima obra, enfrentou, penetrou e resolveu os mais variados problemas e aspectos das múltiplas experiências que neste meio século têm agitado todos os setores da poesia.

A par de um virtuosismo notável, Guilherme de Almeida dominou a poesia em todos os seus sentidos e dela fez o que bem quis ou entendeu. Poetando à maneira antiga, à maneira dos gregos (*A frauta que eu perdi*, 1924), foi um mestre. Camões gostaria, por certo, de ser o autor de muitos dos sonetos de Guilherme de Almeida, vazados no mais puro e clássico português. É que sabe lidar com o idioma, como se ele lhe fosse um simples brinquedo. Tanto lhe vai bem ao verso a linguagem quinhentista, clássica, romântica, parnasiana, simbolista ou modernista, como a dos cantores populares portugueses de séculos longínquos. A poesia de Guilherme de Almeida tanto está nos livros *Nós* e *A dança das horas*, publicados em 1917 e 1918, mais tarde reunidos em *Méssidor*, como no *Camoniana*, publicado em 1956. O mesmo Guilherme de Almeida está nos poemas da *Suave colheita*, parte inédita incluída em *Méssidor* (1919), como no *Livro de horas de Sóror Dolorosa* (1920), como em *Meu* e *Raça* (1925), e no *Pequeno romanceiro* (1957).

Não falhou a visão crítica de João Ribeiro, quando, em 1919, afirmou que Guilherme de Almeida não é um poeta "que sacrifique a toleimas de mecanismo ou de falsos artifícios a riqueza de naturalidade, sempre espontânea nas páginas que escreve".[66]

E o mesmo crítico, dez anos mais tarde, em 1929, observa que o autor de *Simplicidade* "grande poeta paulista", não conversou muito tempo com a "modernidade" da sua terra. Achou-a exagerada e inadaptável à música dos seus versos. Como consequência "ajeitou-se à inspiração própria, criando a modernidade que lhe parecia estar no máximo limite das concessões revolucionárias".[67]

Quando estreou com o livro de sonetos *Nós*, conseguiu Guilherme de Almeida um instantâneo movimento de admiração que o consagrou como poeta. Crítico anônimo escrevia em *O Estado de S. Paulo* (21 junho 1912) que o coeficiente pessoal do poema é considerável, num assunto tratado por legiões de poetas. "Estes sonetos não se parecem com os sonetos de ninguém, estes versos não têm ressaibo nenhum de versos alheios." E o malogrado Hermes Fontes, a propósito do mesmo livro afirmou ser Guilherme de Almeida, "jovem glorioso autor de um pequeno evangelho de bondade e ternura".[68]

Ao ler *A dança das horas*, Mário de Andrade descobriu no autor um poeta de sentimento, e, o que é melhor, um poeta que é um alguém inconfundível.[69]

Alceu Amoroso Lima encontrou no autor de *A dança das horas* naturalidade e proporção. O encanto imponderável, onde dois mundos se revelam: o mundo interior e a vida dos fenômenos. Sente-o solicitado de preferência pelo mundo íntimo, desde os primeiros sonhos de amor à dúvida melancólica de mais tarde. "Ao falar do que vê, diz, apenas, a imaginação sensível e atual. É sincero, também, e natural. Tanto em um como em outro momento, não foge à proporção. Conserva o domínio de si próprio e a lucidez das impressões. Pode assim realizar, na forma, a harmonia de uma sensibilidade disciplinada." E reconhece o véu de intimidade que lhe reveste o pensamento.[70]

No conjunto da obra de Guilherme de Almeida, o que timbra como característica é o impressionismo das imagens, e a vida interior do poeta. O penumbrismo e o intimismo refletem contato e convivência com o cotidiano, com a simplicidade de tudo que acalenta e envolve a ternura do coração humano. Tudo que o cerca é dele, a ele pertence, integrado em seu ser, no seu eu. Exemplar perfeito desse modo de ser de Guilherme de Almeida encontra-se no "Prelúdio nº 1" de seu livro de estampas, *Meu*:

> Os pássaros coloridos e as frutas pintadas
> na transpiração abafada das florestas.
> E estas folhas transparentes como esmeraldas
> e esta água fria nesta sombra quieta
> e esta terra trigueira cheirosa como um fruto:
> este grande ócio verde isto tudo isto tudo
> que um deus preguiçoso e lírico me deu
> senão é belo é mais que isso — é Meu.

Um dos aspectos que precisam ser sempre focalizados na obra de Guilherme de Almeida, e que já foi aflorado linhas atrás, é o seu conhecimento do idioma em todas as épocas de sua evolução, e em todos os seus aspectos e dificuldades. No seu último livro, *Pequeno romanceiro*, a espantosa comunhão da simplicidade poética com a riqueza verbal tornou-o uma preciosidade literária, uma obra-prima no gênero. Guilherme não parece, então, um poeta do século XX. Afirma-se como cantor de romances populares dos séculos X ao século XVI. Lembra, entre outros, o "Filha de reis guardando patos foi coisa que eu nunca vi".

É do *Pequeno romanceiro* este trecho do "Romance do reino antigo":

Era um reino tão antigo
Que o não sabiam lembrar
nem os homens por ter lido
ou ter ouvido falar,
nem os livros que escreveram
para fazer recordar,
nem as baladas dos poetas
que tudo sabem contar,
nem as falhas indiscretas,
nem os segredos do luar,
nem os gemidos das grutas,
nem as gargantas do mar,
nem os ecos faladores,
nem as línguas soltas do ar,
nem mesmo as pedras das ruínas
que têm sempre o que contar.

Para chegar a esse ponto alto da sua poesia, foi longa a estrada percorrida pelo poeta, que não deu descanso ao coração, nem deixou secar a pena com que escreve. Vai longe o tempo em que Guilherme, considerado também um dos mestres do soneto brasileiro, assim estreava com seu livro *Nós*:

Falam muito de nós. Quanta maldade,
Quanta maledicência, quanta intriga!
"É um pobre sonho de felicidade..."
"É um romance de amor à moda antiga!"

"Isso não passa de uma história, que há de
acabar como todas..." E há quem diga:
"Já são muito mal vistos na cidade
aquele moço e aquela rapariga!"

Diz-se... E eu sinto, num trêmulo alvoroço,
que vou ficando cada vez mais moço,
que vais ficando cada vez mais bela...

Nosso mundo (fale o outro: pouco importa!)
Fica todo entre o quadro de uma porta
e o retângulo azul de uma janela.

Estes versos são irmãos dos de Mário Pederneiras na sua fase intimista. Guilherme de Almeida é, sem dúvida alguma, um dos maiores poetas entre os poetas brasileiros. E não será exagero afirmar que é dos maiores da língua portuguesa.

RIBEIRO COUTO*

* Rui Ribeiro Couto (Santos, SP, 1898 — Paris, 1963), depois de fazer o curso secundário em São Paulo, bacharelou-se em direito na Faculdade de Ciências Jurídicas e Sociais do Rio de Janeiro, em 1919. De 1915 a 1918, foi jornalista, em São Paulo, e de 1919 a 1922 no Rio de Janeiro. Foi promotor público em São Paulo de 1924 a 1925 e em Minas Gerais de 1926 a 1928. Entrou para o Ministério das Relações Exteriores, sendo nomeado vice-cônsul em Marselha (1929-1931), de onde foi transferido para o Consulado Geral em Paris (1932). Depois de um estágio no Itamarati, foi designado para servir como 2º Secretário de Legação na Holanda (1935-1940). Em 1942, era 1º Secretário de Legação. De 1944 a 1946, foi Encarregado dos Negócios do Brasil, em Portugal; e, em 1947, já Ministro Plenipotenciário, exercia suas funções na Iugoslávia, quando foi promovido, *sur place*, a Embaixador, cargo que exerceu desde 1952.
Membro da Academia Brasileira de Letras, desde 1934. Em 1958, conquistou em Paris, com o livro *Le jour est long*, o prêmio internacional de poesia; aposentado no cargo de Embaixador do Brasil em Belgrado, faleceu em Paris.
Para a fase modernista de Ribeiro Couto, ver o capítulo "O Modernismo na Poesia" desta obra.

Bibliografia

POESIA: *O jardim das confidências*. 1921; *Poemetos de ternura e de melancolia*. 1924; *Um homem na multidão*. 1926; *Canções de amor*. 1930; *Noroeste e outros poemas do Brasil*. 1933; *Correspondência de família*. 1933; *Poesia*. 1934; *Província*. 1934; *Cancioneiro de D. Afonso*. 1939; *Cancioneiro do ausente*. 1943; *Dia longo*. 1944; *Rive étrangere*. 1951; *Entre mar e rio*. 1952; *Lungo giorno*. 1952; *Le jour est long*. 1958; *Jeux de l'apprenti animalier*. 1955. ROMANCE: *Cabocla*. 1931; *Prima Belinha*. 1940. CONTO: *Circo de cavalinhos*. 1922; *A casa do gato cinzento*. 1922; *O crime do estudante batista*. 1922; *Baianinha e outras mulheres*. 1927; *Clube das esposas enganadas*. 1933; *Largo da Matriz*. 1940; *Uma noite de chuva e outros contos* (seleção) 1944. VIAGEM, ENSAIO, CRÔNICA: *Cidade do vício e da graça*. 1924; *Espírito de São Paulo*. 1932; *Presença de Santa Teresinha*. 1934; *Conversa inocente*. 1934; *Chão de França*. 1935; *Barro do Município*. 1956. TEATRO: *Nossos papás*. 1921.
Sua obra, poesia e prosa, tem sido traduzida para o francês, húngaro, sueco, italiano, servo-croata.

Consultar

Aita, Giovanna. *Due poeti brasiliani contemporanei: M. Bandeira — Ribeiro Couto*. Nápolis, 1953; Almeida, Renato. "A inquietação na poesia", *Revista Brasil*. São Paulo, n. 72, dez. 1921; Ameal, João. "Ribeiro Couto", *Diário Manhã*. Lisboa, 12 jan. 1944; Andrade, Mário de. "Ribeiro Couto, um homem na multidão", *A Manhã*. Rio de Janeiro, 18 e 25 set. 1926; idem. "Um cancioneiro" (in *O empalhador de passarinho*. São Paulo, 1946); idem. *Diário de Notícias*. Rio de Janeiro, 12 maio 1940); Andrade, Rodrigo Melo Franco de. *Estética*, l, 2, jan.-mar. 1925; Athayde, Tristão de. "À margem de dois poetas", *Estudos*. 1ª série. Rio de Janeiro, 1927; idem. "O nosso Vildrac", *Estudos*. 3ª série. Rio de Janeiro, 1930; idem. *Poesia brasileira contemporânea*. Belo Horizonte, 1941; Aubarêde, Gabriel d'. "R. C. prix international de poésie", *Nouvelles Littéraires*. Paris, 6 fev. 1958; *Autores e livros* (Supl. *A Manhã*). Rio de Janeiro, 11 abril 1943; Bandeira,

Quando Ribeiro Couto publicou o *Jardim das confidências*, Ronald de Carvalho escreveu um artigo em que falou de uma poesia nova, a poesia da penumbra. É, pois, Ribeiro Couto, o principal responsável pelo *penumbrismo* no Brasil: atitude intelectual, que, segundo ele próprio escreveu,[71] não deve ser considerada como *escola* literária. Foi, sem dúvida, atitude puramente poética, traduzida em obras de real valor, cujos sintomas marcantes deixaram lembrança em leitores e críticos da época.

Ribeiro Couto chegou ao Rio, vindo de São Paulo, em abril de 1918, trazendo os originais de seu primeiro livro de versos[72] que, completados com algumas novas poesias, seriam entregues à editora Monteiro Lobato, em 1919.

Manuel. *Apresentação da poesia brasileira*. Rio de Janeiro, 1946; idem. "Couto em francês", *J. Brasil*. 16 mar. 1958; idem. *Revista Sousa Cruz*. 1924; Barbosa, Francisco de Assis. "O poeta Rui Ribeiro Couto", *Boletim Ariel*. Rio de Janeiro, dez. 1934; Barros, Jaime de. "O poeta do frio e da chuva", *Espelho dos Livros*. Rio de Janeiro, 1936; idem. *Poetas do Brasil*. Rio de Janeiro, 1944; Barros, João de. "R.C.", *Primeiro de Janeiro*. Porto. 25 jan. 1935; Bloem, Rui. "Ribeiro Couto, poeta da ternura" (in *Palmeiras do Litoral*. São Paulo, s.d.); Buarque de Holanda, Sérgio. "Ribeiro Couto", *Estética*, I, 1, set. 1924); idem. "R.C., um homem na multidão", *Revista do Brasil*. 2ª fase, I, 1, 15 set. 1946); idem *(in Literatura*. Rio de Janeiro, 1933); Calderón, Ventura García. Intr. *La nuil Tropicale*; Casais Monteiro, A. *A poesia de Ribeiro Couto*. Lisboa, 1935; Carvalho, Ronald de. "R.C.", *Estudos Brasileiros*. 2ª série, Rio de Janeiro, 1931); Chiacchio, Carlos. *A Tarde*. Bahia, 24 abril 1940; Correia, Roberto Alvin. "R.C." *A Manhã*. Rio de Janeiro, 23 dez. 1943; idem. *Anteu e a crítica*. Rio de Janeiro, 1948; Costa, Dante. "Ribeiro Couto", *Diário Notícias*. 12 nov. 1943; Costa Filho, Odilo. "Pequena biografia de dois amigos", *Jornal Brasil*. Rio de Janeiro, 13 abril 1958; Dantas, Pedro. "Um homem no mundo", *A Manhã*. Rio de Janeiro, 25 set. 1956; idem. "Crônica literária", *A Ordem*. Rio de Janeiro, VII, 26 abril 1932; Freire, Laudelino. "Discurso de recepção", *Discursos acadêmicos*. vol. 8. Rio de Janeiro, 1937; Galvão, Francisco. "Ribeiro Couto" (in *A Academia de Letras na intimidade*. Rio de Janeiro, 1937); Grieco, Agripino. *Evolução da poesia brasileira*. Rio de Janeiro, 1932; *Jornal do Brasil*. (Página especial, comemorativa dos 60 anos, com colaboração de Rodrigo Melo Franco de Andrade, Tristão de Athayde, etc.) Rio de Janeiro, 13 mar. 1958; Martins, Wilson. "O pudor de falar alto", *O Estado de S. Paulo*. 20 set. 1958; Matos, Mário. "O cronista sentimental viajou" (in *O personagem persegue o autor*. Rio de Janeiro, 1945); Melo, Luís Correia de. *Dicionário de autores paulistas*. São Paulo, 1954; Milliet, Sérgio. *Diário Crítico*. 1ª série. São Paulo, 1946; Montalegre, Duarte de. "Ribeiro Couto", *Brasília*. Coimbra, IV, 1949; Murici, J. Andrade. *A nova literatura brasileira*. Porto Alegre, 1940; Peregrino Júnior. "A propósito da poesia de R.C.", *Boletim Ariel*. Rio de Janeiro, jan. 1935*; idem. "R.C.", *A Careta*, Rio de Janeiro, 24 nov. 1934; Pontes, Elói. *Obra alheia*. Rio de Janeiro, s.d.; Poppa, Enzio. "R.C., poeta della doppia nostalgia" (Intr. *Lungo Giorno*. Siena, 1952; Ribeiro, João. *Crítica. Os modernos*. Rio de Janeiro, 1952; Rossi, Giuseppe Cario. "Ribeiro Couto nella letteratura brasiliana d'oggi", *América Latina*. Milão, n. 1, 1952; Silveira, Tasso da. "Ribeiro Couto", *Festa*. Rio de Janeiro, 1935; Simões, João Gaspar. "Ribeiro Couto, Homem familiar", *Letras e Artes*. Rio de Janeiro, 260, 17 ago. 1952; idem. "R.C.", *Diário*. Lisboa. 30 dez. 1943; Vita, Dante Alighieri. "Ribeiro Couto, poeta das penumbras", *Pensamento e Arte*. São Paulo, n. 74, 18 out. 1953.

Em o *Jardim das confidências* existe uma reação formal, e mesmo frontal, contra os austeros clichês do Parnasianismo. Nesse livro a linguagem se identifica com os temas, que são melancólicos, contemplativos, um tanto doentios, brumosos, penumbristas, de acordo com o ambiente em que o poeta havia vivido os anos de 1915 a 1918, em São Paulo.

A dedicatória do livro é chave que lhe mostra as intenções:

A São Paulo, às suas manhãs nevoentas de sol frouxo; às tardes nostálgicas, as suas noites de garoa erma e de luar gelado, etc...

É dentro da penumbra desta dedicatória, isenta de sol e céu azul, que entramos no livro encantador, que trouxe, como novidade, a insistência do cotidiano na poesia, o que já fora feito, antes, por Mário Pederneiras.

Para bem fixar Ribeiro Couto no início de sua vida literária, nada melhor do que o seu próprio depoimento, confissão transbordante de sinceridade: "Se eu cantava *assim*, é porque sentia *assim*. E por sentir *assim*, é que (como um caco de ferro atraído por um ímã possante) me liguei ao grupo de *Fon-Fon!*, ao grupo que correspondia às minhas preferências poéticas e à minha sensibilidade. A rigor, portanto, na fase *penumbrista* da minha poesia (a fase de meus começos de vida como poeta) eu não sou mais do que um jovem companheiro daquele grupo — o grupo de Álvaro Moreira, Filipe D'Oliveira, Rodrigo Otávio Filho, Ronald de Carvalho, Eduardo Guimaraens, Paulo Godói (cedo falecido), Antonius (cedo roubado à razão) e alguns outros. Sem o grupo de *Fon-Fon!* eu não teria sido o que fui então, nem o que fui depois."[73] Ribeiro Couto sente suas raízes literárias pregadas naquele chão pisado por uma geração — a geração de *Fon-Fon!*,[74] que, depois de morto Mário Pederneiras, foi com Álvaro Moreira para a *Ilustração Brasileira* e *Para Todos*.

O que a crítica e a história literária têm que reconhecer, é que a novidade que Ribeiro Couto trouxe em sua poesia foi uma série de "temas humildes", do humilde cotidiano. E isso tudo em forma inspirada e vestida de Simbolismo, numa linguagem musical, de tons imprecisos, reticentes, num certo *smorzando* que correspondia, sinceramente, ao seu modo de ser e de sentir.

Os dois primeiros livros de versos de Ribeiro Couto, *O jardim das confidências* (1921) e *Poemetos de ternura e de melancolia* (1924),[75] são dos melhores documentos poéticos da época, estilizando temas da rua e das estradas, a moça da estaçãozinha pobre, a chuva da velha praça, o serão em família, os meninos de roupa nova que vão ao cemitério com as mães no dia de finados, o enterro do afilhadinho do senhor vigário no arraial, a menina gorda que se olha no espelho, o bar (em que Milonguita. não apareceu certa noite), enfim, uma porção de coisas que sempre existiram, mas que não eram consideradas *temas nobres* para a poesia.

Rebelou-se, pois, o poeta Ribeiro Couto, opondo aos temas nobres, os temas *cotidianos*, os temas da vida ao alcance do olhar de qualquer "homem da multidão". E tudo isso em linguagem discreta e em meio tom. A conclusão a tirar-se, porém, é que não foram os temas cotidianos que fizeram falar de uma "*escola penumbrista*", e sim um certo jeito, um tom, um clima de expressão poética. O importante é que Ribeiro Couto contribuiu, com sua obra em verso e em prosa, para incorporar à nossa literatura motivos da vida simples, da vida de todos os dias, da vida vivida na rua, nos quintais, no quarto do estudante Batista, na contemplação dos pombos voando assustados com o passar do trem do subúrbio. E mais: o pudor das aspirações obscuras, a mãe fatigada que espera, até altas horas, o filho boêmio; o rumor cadenciado e surdo de passos na rua deserta, enfim a vida de toda gente, gente grande, gente pequena, alta, baixa, gorda, magra, boa ou má, inteligente ou medíocre, dentro da dignidade do cotidiano autêntico, natural, humano, sem nenhuma ênfase e nenhuma oratória. E o próprio poeta se explica:

> Minha poesia é toda mansa
> Não gesticulo, não me exalto...

Do exposto, se conclui que Ribeiro Couto, principal responsável pela presença do *penumbrismo*, nunca o considerou uma escola. Mas em certa fase de sua mocidade nele acreditou. Leia-se em *A cidade do vício e da graça* (1924), relato das vagabundagens de Ribeiro Couto pelo Rio noturno, aquele trecho em que o amigo provinciano lhe entra pelo quarto, onde, de janelas fechadas, trabalhava o poeta:

> — Por que não deixas o sol entrar pelo quarto adentro?
> — Para poder-trabalhar. O sol atrapalha-me. Gosto dessa penumbra. Tenho a ilusão de que é um resto do dia. Sou penumbrista...

Do ponto de vista formal, tudo o que se pode apontar como penumbrismo não passou de um *contágio* poético. E na carta citada, diz textualmente: "Decerto, como escreveu Jean Cocteau, no *Manual profissional* (cito de memória) não há escolas, há poetas contagiosos."

Ribeiro Couto, que se considerou um *contagiado*, entrará para nossa história literária como um dos poetas mais *contagiantes* da sua geração, que tanto custou, em certa época intermediária, a encontrar rumo certo. "Segundo a minha experiência," — escreve Ribeiro Couto, na frase final de sua carta — "a maior ou melhor de todas as '*influências*' não é a que vem de um livro inteiro, mas sim, às vezes, de um pequeno poema, e até mesmo de um só verso". E cita: *Les sanglots longs des violons de l'automne...*

Em toda a sua obra, Ribeiro Couto mantém a mesma linha literária.

Tanto em poesia como em prosa. A diferença é que os anos vividos, a cultura adquirida e a inteligência e a memória que Deus lhe deu, amaciaram-lhe as arestas da mocidade e dele fizeram o poeta e o prosador que é. Mantém, porém, até hoje, fidelidade aos temas prediletos, simples episódios da vida que vive, ora em contemplação, ora agitado, emocionado, inquieto.

Depois do sucinto estudo de Ronald de Carvalho sobre Ribeiro Couto,[76] é recomendável a leitura do substancioso trabalho que sobre a poesia do poeta escreveu Adolfo Casais Monteiro. O crítico português, com acuidade e sensibilidade, penetra o sentido da obra do poeta brasileiro, sua maneira, sua influência e ressonância. E afirma, com palavras claras, que bem podem servir de fecho a este estudo, que Ribeiro Couto é uma das personalidades mais curiosas da moderna literatura do Brasil.

> Nele, ao contrário, por exemplo, do que sucede com Jorge de Lima ou Mário de Andrade, a poesia não assume formas de violência torrencial, de áspera luta com as palavras: é, pelo contrário, um canto doce, seja alegre ou melancólico, como se ao fundo da garganta latejasse sempre um soluço de emoção contida.[77]

> Talvez fosse, por assim também pensar, que Graça Aranha, que em 1922 o olhava desconfiado, o tenha batizado de Casimiro de Abreu do Modernismo...[78]

*

O presente capítulo, dedicado à fase do penumbrismo, ficaria incompleto se não se fizesse menção a Rodrigo Otávio Filho (Rio de Janeiro, 1892-1969). Participou ativamente do grupo de poetas que, continuadores do Simbolismo, em torno de Mário Pederneiras, constituíram o Grupo do *Fon-Fon!* Seu livro de poemas *Alameda noturna* (1922), de nítida nota intimista, é típico daquela fase de transição do Simbolismo para o Modernismo, e no volume *Velhos amigos* (1938), através de estudos sobre os principais elementos do grupo, Mário Pederneiras, Gonzaga Duque, Ronald de Carvalho, Filipe D'Oliveira, etc., pintou um retrato do período que é o mais completo que existe em informações sobre os fatos, as doutrinas e as intenções dos poetas que emprestaram ao momento um colorido tão especial.

NOTAS

1   Alceu Amoroso Lima. *Introdução à literatura brasileira*. Rio de Janeiro: Agir, 1956, p. 69. *A produção poética da fase de transição está reunida em: Panorama da poesia brasileira.* Vol. V. Org. Fernando Góes. Rio de Janeiro: Civilização Brasileira, 1960.
2   Rodrigo Otávio Filho. "Reflexos do Simbolismo na poesia brasileira". *Curso de poesia.* Rio de Janeiro: Academia Brasileira de Letras, 1954, p. 73-74.
3   Cônego Fernandes Pinheiro. *Resumo de história literária.* Rio de Janeiro, 1873, tomo II, p. 413-419.
4   Alceu Amoroso Lima, *op. cit.*, p. 37.
5   Rodrigo Otávio Filho. *Velhos amigos.* Rio de Janeiro: José Olympio, 1938. p. 73-74.
6   Guilherme de Almeida. "Poesia romântica brasileira". *Curso de poesia.* Rio de Janeiro: Academia Brasileira de Letras, 1954, p. 62.
7   Alceu Amoroso Lima. *Primeiros estudos* (prefácio). Rio de Janeiro: Agir, 1948.
8   Ver Rodrigo Otávio Filho, *op. cit.*, p. 17-39.
9   Ronald de Carvalho. *Estudos brasileiros*, 2ª série. Rio de Janeiro: Briguiet, 1931.
10 Idem, ibid., p. 69.
11 Idem, ibid., p. 70-71.
12 Autor de *Palavras que o vento leva*. 1900.
13 *Mário Pederneiras (Antologia)*. Org. Rodrigo Otávio Filho. Rio de Janeiro: Agir, 1958 ("Nossos clássicos").
14 *O momento literário.* Rio de Janeiro, s.d. (Ideias e opiniões de Mário Pederneiras).
15 Caderno em poder de Rodrigo Otávio Filho.
16 Rodrigo Otávio Filho. *Velhos amigos.* p. 221.
17 Publicado em 1906, bem recebido pela crítica, tendo dele se ocupado, entre outros, Gonzaga Duque, Júlia Lopes de Almeida, Nestor Vítor, Medeiros e Albuquerque, Pedro do Couto, Alcides Maia.
18 Ver *Antologia* da coleção "Nossos Clássicos". Sobre o livro *Ao céu do sonho e à mercê da vida*, escreveram alguns críticos e escritores da geração de 1912; Ronald de Carvalho, Hermes Fontes, Batista Júnior, Adelmar Tavares, Elói Pontes, Gustavo Barroso, Filipe D'Oliveira.
19 *Velhos amigos*, p. 233.
20 *Velhos amigos*, p. 238.
21 A cidade do Rio de Janeiro.
22 Ver *Antologia* de "Nossos clássicos".
23 Ver Rodrigo Otávio Filho. *Velhos amigos*, p. 53-54.
24 Apud Rodrigo Otávio Filho, *op. cit.*, p. 75-77.
25 Ano I, Nota 3, de 31 janeiro 1888.
26 A beleza física de Gonzaga Duque justifica o grande número de retratos que dele existem, sendo de notar os da autoria de Eliseu Visconti, Rodolfo Amoedo, Belmiro de Almeida e Presciliano Silva. Foi também amplamente caricaturado por Calixto Cordeiro e Raul Pederneiras.
27 *Fon-Fon!*, 6 novembro 1915.
28 Rodrigo Otávio Filho, *op. cit.*, p. 108.
29 *Graves e frívolos*, p. 7.
30 *Graves e frívolos*, p. 16.
31 Ver Rodrigo Otávio Filho, *op. cit.*, p. 114.

32 É comum na prosa de Lima Campos o encontro com versos perfeitamente metrificados, como os dois decassílabos do trecho citado: "à boca umbrosa de uma mata espessa e à margem quieta de uma estrada triste..."
33 Outro decassílabo: "seus fortes braços de cerradas ramas".
34 *Confessor supremo*, p. 45-46.
35 *Confessor supremo*, p. 24-25.
36 *Confessor supremo*, p. 74-75.
37 *Confessor supremo*, p. 64-65.
38 *Cocaína*, p. 47.
39 *As amargas, não...*, p. 46.
40 *As amargas, não...*, p. 28.
41 *As amargas, não...*, p. 33.
42 *A lenda das rosas*, p. 15.
43 *A lenda das rosas*, p. 25.
44 Em *As amargas, não...* de Álvaro Moreira, p. 52-53, lê-se o seguinte: "Geração do *Fon-Fon!* A revista tinha sido fundada por Gonzaga Duque, Lima Campos e Mário Pederneiras. A ela se juntaram, quando Mário Pederneiras ficou sozinho, Filipe D'Oliveira, Olegário Mariano, Homero Prates, Rodrigo Otávio Filho, Hermes Fontes, Ronald de Carvalho, Rui Pinheiro Guimarães, Paulo Godói, Ribeiro Couto e eu. A Geração de Fon-Fon! era tida por simbolista. Na verdade era maníaca." "Cada um dos iniciadores e dos incorporados, sem nenhuma combinação, adorava o Outono, o Poente, o Incenso, Polaire, Napierkowska, Monna Delza, os Pierrots de Willette, a Boêmia de Puccini, os Noturnos de Chopin, Bruges com todos os canais, Paris com todas as canções... Geração estrangeira. Estávamos exilados no Brasil. Achávamos tudo ruim aqui. Vivíamos de cor." "Foi a geração de *Fon-Fon!* que espalhou o verso livre pelo Rio e pelos Estados. O verso de Mário Pederneiras."
45 *In memoriam de Filipe D'Oliveira*, p. 229.
46 Ver João Daudt Filho. *Memórias*. Rio de Janeiro, 1936.
47 A Sociedade Filipe D'Oliveira foi fundada por iniciativa do Dr. João Daudt de Oliveira, irmão de Filipe, no Rio de Janeiro, em 23 de agosto de 1933, data do nascimento do seu patrono. Foram seus sócios fundadores: Álvaro Moreira, Assis Chateaubriand, Augusto Frederico Schmidt, Jacques d'Avray (José de Freitas Vale), João Daudt de Oliveira, João Neves da Fontoura, Manuel de Abreu, Otávio Tarquínio de Sousa, Renato Almeida, Ribeiro Couto, Rodrigo Otávio Filho, Ronald de Carvalho e Tristão da Cunha.
Publicou, a Sociedade, ainda em 1933, o livro *In memoriam de Filipe D'Oliveira*.
A Sociedade publicou oito números de seu boletim *Lanterna verde*.
O primeiro livro, premiado pela Sociedade Filipe D'Oliveira, em 1933, foi o romance *Os corumbas*. de Amando Fontes.
48 Álvaro Moreira, em *As amargas, não...*, p. 138, observa: "Filipe D'Oliveira teve uma grande influência sobre a feição inicial de Ronald de Carvalho. Ronald de Carvalho teve uma grande influência sobre a última feição de Filipe D'Oliveira."
49 Álvaro Moreira. As amargas, *não...*, p. 133-137.
50 Ronald de Carvalho. *Estudos brasileiros*. 2ª série. Rio de Janeiro, 1931, p. 61.
51 Ronald de Carvalho, *op. cit.*, p. 63.
52 Rodrigo Otávio Filho. *Velhos amigos*, p. 38.
53 Andrade Murici. *Panorama do movimento simbolista brasileiro*. Vol. III. p. 119-138.
54 Mansueto Bernardi. Prefácio da edição de *A divina quimera*.
55 Mansueto Bernardi, *op. cit.*, p. 13.

56 Mansueto Bernardi. *op. cit.*, p. 17.
57 Álvaro Moreira. *Suplemento Literário de A Manhã*, Rio de Janeiro, 5 out. 1941.
58 Mansueto Bernardi, *op. cit.*, p. 32.
59 Alcides Maia. *A Federação*. Porto Alegre, 2 abril 1934.
60 Andrade Murici, *op. cit.*, p. 121.
61 Álvaro Moreira. *Revista do Globo*. Porto Alegre, 5 jan. 1929.
62 Apud Mansueto Bernardi, *op. cit.*, p. 112-113.
63 *Jornal do Brasil*, 17 abril 1948.
64 Nilo Bruzzi, "Homero Prates, o Magnífico" (in *Cofre partido*, p. 55-76).
65 Nilo Bruzzi, *op. cit.*, p. 60.
66 João Ribeiro. *Crítica — Os modernos*. Rio de Janeiro: Academia Brasileira de Letras, 1952, p. 117.
67 João Ribeiro, *op. cit.*, p. 125.
68 *Correio Paulistano*, 22 junho 1917.
69 *A Cigarra*. São Paulo, 1919, ano 6, n. 110.
70 Alceu Amoroso Lima. *Primeiros estudos*. Rio de Janeiro, 1948. p. 155-156.
71 Carta de Ribeiro Couto a Rodrigo Otávio Filho. Belgrado, 1º março 1957.
72 *Jardim das confidências*.
73 Carta citada.
74 Alexandre Gasparoni e Giovani Fogliani, proprietários de *Fon-Fon!*, homens inteligentes, compreensivos, deram toda a liberdade de ação aos seus diretores literários.
75 Em 1934, a Civilização Brasileira publicou, de Ribeiro Couto, o volume *Poesia*, composto dos dois primeiros livros de versos do poeta.
76 *Estudos Brasileiros*, 2ª série, p. 69-77.
77 Adolfo Casais Monteiro. *A poesia de Ribeiro Couto*. Lisboa: Presença, 1935.
78 Peregrino Júnior, *Jornal do Brasil*, 13 abril 1938.

46. Darci Damasceno
SINCRETISMO E TRANSIÇÃO: O NEOPARNASIANISMO*

Os epígonos do Parnasianismo e o Neoparnasianismo. Júlia Cortines, Francisca Júlia, Carlos Magalhães de Azeredo, Belmiro Braga, Amadeu Amaral, Luís Carlos, Martins Fontes, Humberto de Campos, Da Costa e Silva, Artur de Sales, Gilca Machado, Hermes Fontes, Augusto dos Anjos, Raul de Leoni, Olegário Mariano, Adelmar Tavares, Batista Cepelos, Catulo Cearense, Luís Edmundo, Múcio Leão, Nilo Bruzzi, Bastos Tigre, José Albano.

Na interpretação das tendências da poesia brasileira entre fins do século XIX e começos do século XX convém, com objetivos estritamente didáticos, levantarem-se alguns marcos cronológicos, mercê dos quais se deslinde não só o problema resultante da concomitância de atitudes estéticas, mas também o da convivência de gerações.

Em que pese a ressonância lograda pelo Simbolismo durante e ainda por alguns anos após o fenômeno Cruz e Sousa, parece indiscutível que a última geração do século XIX, bem como a seguinte, orbitou em volta do sol parnasiano, dele refletindo uma e outra a luz crepuscular. Crepuscular, mas ainda assim intensa.

Quando, em 1893, o Poeta Negro desfere, com *Missal* e *Broquéis*, o duplo golpe contra a arquitetura da arte pela arte, a percussão do impacto prolonga-se em demoradas ondas, mas longe estava de abalar-lhe àquela os fundamentos. Firmando-se, como firmara em 1888, com as *Poesias* de Olavo Bilac, e revelando nos anos posteriores, pela atração exercida por esse mais Raimundo Correia e Alberto de Oliveira, o vigor de seus princípios, o Parnasianismo apresentava a rara circunstância de, em apenas quinze anos (1883-1898), empreender a luta antirromântica e galvanizar o gosto artístico.

Ao se produzirem as primeiras manifestações inconformistas, toda uma geração de jovens encontrava-se ainda fascinada pela arte serena, equilibrada; não só a artesania do verso motivava tal fascínio, mas igualmente postulados

---

* Toda a produção poética da fase de transição — simbolista ou parnasiana — está selecionada em: *Panorama da poesia brasileira*, Vol. V. Org. Fernando Góes. Rio de Janeiro: Civilizaçção Brasileira. 1960 (Introdução, antologia e notas biobibliográficas).

estéticos que importavam numa visão diferente da realidade e na qual se fazia abstração do sentimento religioso. Compreende-se desse modo que a insatisfação simbolista ecoasse em grupos reduzidos, cuja afinidade maior consistia na contemplação do mundo através do prisma espiritualista.

EPÍGONOS PARNASIANOS

Em 1898, Raimundo Correia inicia a prestação de contas do Parnasianismo com a publicação de suas Poesias; em 1908 os *Poemas e Canções* de Vicente de Carvalho atingem uma das eminências da escola. Entre as duas datas, surgem as *Poesias completas* de Alberto de Oliveira (1900), as 2ª e 3ª edições, aumentadas, das *Poesias* de Bilac (1902 e 1904) e, em 1906, nova tiragem da produção raimundiana. Durante uma década, portanto, os mestres parnasianos, alheios ao astro negro que riscara o céu da poesia, cuidaram do acabamento de sua obra, selecionando-a, limando-a, dando-lhe feição definitiva.

Nesse mesmo período, alguns jovens iniciam-se nas letras. Nascidos na década de 70, era natural que se inclinassem para os preceitos poéticos difundidos pelos artistas parnasianos, senhores então dos meios publicitários — jornais, revistas, almanaques —, ao contrário dos simbolistas, que restringiam às revistas ortodoxas a divulgação de sua escolástica e aos grupos iniciados o conhecimento daquelas.

Em 1894, um ano após o aparecimento, em livro, da poesia de Cruz e Sousa, Júlia Cortines, estimulada por um prefácio vaziamente encomiástico de Lúcio de Mendonça, abre o desfile dos epígonos parnasianos, estampando os seus *Versos*. Surpreendente pela nota pessoal, pela autenticidade de motivos; imbuído de indisfarçável pessimismo e trescalante de influências germânicas, o livro merece ser contemplado como ponto de referência no estudo dos poetas jovens de então.

Transcorrido um decênio — ainda coincidentemente, ao mesmo tempo em que aparecem os *Últimos sonetos* de Cruz e Sousa (1905) a poetisa publica *Vibrações*, onde os traços dominantes no livro anterior iriam acentuar-se. Cristalização da dor, impulso confessional, apuramento de recursos técnicos e expressivos garantiriam a *Vibrações* posição singular em meio à proliferação de opúsculos em verso. Certa filosofia de vida, resultante do malogro de experiências afetivas, traduzia-se, nesse segundo momento de sua arte, por um seco negativismo, conforme se observa em "Eternidade":

> Eternidade d'alma! ilusória miragem,
> Que a alma busca através de crença e do terror,
> A idear uma calma ou sombria paragem
> De infinito prazer ou de infinita dor!

> Por que há de haver além, noutro mundo distante,
> Um prêmio eterno para a virtude mortal?
> E para o ser que vive apenas um instante
> Por que há de ser eterno o castigo do mal?
>
> Que outros pensem que um dia a efêmera ventura
> Eterna possa ser, e o efêmero pesar.
> Que outros pensem que irão na constelada altura
> Co' outra forma e essência, a vida renovar...
>
> A minha alma debalde essa ilusão convida.
> Sem crença e sem terror, é-lhe grato saber
> Que por destino tem, sobre as ondas da vida,
> Um instante boiar, e desaparecer...

Com Júlia Cortines pode-se delimitar o arco de tempo dos epígonos parnasianos, entre os quais merecem registro os nomes de Francisca Júlia, já estudada nesta obra;[1] Antônio Sales, autor de *Versos diversos* (1890), *Trovas do Norte* (1895) e *Poesias*, cuja edição definitiva é de 1902; Jaime Guimarães (*De Amor*, 1901; *Segunda messe*, 1903); Carlos Magalhães de Azeredo, cujas experimentações no campo formal foram também anteriormente apontadas;[2] Belmiro Braga, mais afeito à suavidade lírica (*Montesinas*, 1902; *Rosas*, 1911; *Redondilhas*, 1934), e Amadeu Amaral.[*]

Mais prolongada no tempo que a dos demais foi a produção desse último. Iniciada em 1899 (*Urzes*), distende-se até 1924 (*Lâmpada antiga*), marcando uma trajetória de experiências estéticas que vai do formalismo nobre, equilibrado, à conjugação de recursos parnasianos e simbolistas, evidente sobretudo em *Espumas* (1917). Com Amadeu Amaral o verso passa a representar, ao mesmo tempo que um objeto de perfeição, um elemento do todo poemático. Refugindo

---

[*] Amadeu Ataliba Arruda Amaral Leite Penteado (Capivari, SP, 1875 — São Paulo, 1929).

Bibliografia

Urzes. 1899; *Névoa*. 1910; *Espumas*. 1917; *Lâmpada antiga*. 1924; *Poesias*. 1936, 1946.

Consultar

Almeida, Guilherme de. "Discurso de recepção" (*in Discursos acadêmicos*. vol. 7. Rio de Janeiro, 1937); Azeredo, Carlos Magalhães de. "Saudação" (*in Discursos acadêmicos*. Vol. 4. Rio de Janeiro, 1909); Melo, Luís Correia de. *Dicionário de autores paulistas*. São Paulo, 1954.

a frieza formal dos mestres do Parnaso e o arroubo de seus antagonistas, a composição de *Espumas* se resolve de maneira sincrética, daí originando-se um verso de temperada medida, como em "Tapera":

> Numa curva da estrada, onde a luz reverbera
> num tanque de ervaçais, aparece uma casa.
> Pombas voejam no oitão, sobre a cumeeira rasa.
> Tudo ali tem um ar de quem convida, e espera.
>
> Sigo. Chego ao pomar: o capim prolifera;
> a guaxima ao juá bravo, alta e rija, se casa.
> Silêncio. E, no silêncio, o som mole de uma asa
> e o fremente chiar da cigarra. É a tapera.
>
> Bato à porta. Ninguém. Olho por uma fresta:
> tudo escuro; e no escuro, a descer do telhado,
> longas fitas de sol. Nada mais ali resta.
>
> A velha casa morre. Apenas, sobre as lombas
> do teto a desabar caminham sem cuidado,
> nos pequeninos pés, turturinando, as pombas.

Essa tendência para o tratamento de motivos paisagísticos em que a natureza se apresenta discretamente matizada de emoção iria acentuar-se num segundo grupo de poetas, como adiante se verá; não só aumentaria a frequência dos motivos como a intensidade emocional de sua representação.

PERÍODO DE TRANSIÇÃO

Durante a primeira década do século XX, irreconciliáveis, atuam no campo da poesia dois grupos distintos: o dos epígonos parnasianos e o da segunda geração simbolista. São ainda tempos de ortodoxia e intransigência. Entretanto, a rigidez de postulados, a observância de cânones e a fidelidade aos mestres iriam ceder ao imperativo do sentimento, à solicitação dos meios expressivos e ao alargamento do campo temático, quando, nos anos seguintes, novos nomes se inscrevessem na república das letras. Nascidos entre 1880 e 1890, esses poetas, embora em sua maior parte bebendo na fonte parnasiana, vão iniciar uma espécie de relaxamento da disciplina escolástica, aceitando o ecletismo como atitude estética e permitindo o aparecimento de algumas figuras alheias ao enquadramento em grupos.

Se do campo parnasiano se eliminarão características como a impassibilidade, a impessoalidade, o rigor formal, no setor simbolista será moderado o culto verbal, o jargão de tribo e certa temática desesperante e alucinatória. De um lado, a nota subjetiva, emocional, abrirá caminho aos temas amorosos, saudosistas, evocatórios e paisagísticos; de outro, o verso livre, a irregularidade estrófica e a expressão de sentimentos íntimos tomarão mais amplas as possibilidades de aliciação entre jovens.

Isso explica a convivência de poetas como Luís Carlos, Martins Fontes, Humberto de Campos, bem como a de Da Costa e Silva, Artur de Sales, Gilca Machado ou Hermes Fontes, explicando também o aparecimento de Augusto dos Anjos ou Raul de Leoni. De modo geral, a época se distingue pelo afrouxamento do rigor métrico, tanto da parte dos poetas que tendem para a representação da natureza circundante, como da parte dos que preferem a exteriorização de sentimentos e estados de alma.

Nesse campo da liberdade de meios expressivos, decorrência natural da intransigência que distinguira os mestres parnasianos e simbolistas, vários rumos se abrem, então. Mirada inicial merecem os poetas que, ferventes adeptos do Simbolismo, orientam posteriormente sua atividade sob nova bússola, formando ao lado dos que se inclinavam por uma retomada de certos valores parnasianos; ou os que do decadentismo elegerão sobretudo requisitos formais, como inovação léxica, musicalidade ou liberdade rítmica.

RESSONÂNCIA SIMBOLISTA

Quatro poetas caracterizam por excelência o reflexo simbolista durante o período de transição que terminaria com o advento do Modernismo: Artur de Sales, Da Costa e Silva, Hermes Fontes e Gilca Machado. Em cada qual, um elemento denunciador da alteração dos dogmas da escola, ou do abandono da severa disciplina tribal.

Artur de Sales,* cuja atuação entre os jovens da segunda geração simbolista foi das mais intensas, colaborando, em sua terra natal, em revistas partidárias,

---

*   Artur Gonçalves de Sales (Salvador, 1879-1952).

Bibliografia

Poesias. 1920; *Sangue mau.* 1928; *Poemas regionais.* 1948; *Obra poética de Artur de Safes.* Salvador: Sec. Educ. Cult., 1973; *Sangue mau.* Salvador: Univ. Fed. Bahia, 1981 (ed. crít. dir. N. Vasco da Gama).

Consulta

Chagas de Oliveira, E. "Discurso de posse", *Rev. Acad. Letras Bahia.* Vol. XIX. 1953; Gomes, Eugênio. *Prata de casa.* Rio de Janeiro, 1953; Veiga, Cláudio. *Sete tons de uma poesia maior.* Rio de Janeiro: Record, 1984.

somente em 1920 publica as suas *Poesias*. Bem antiga, entretanto, era sua participação na vida literária da província, vindo dos tempos de revistas como *Nova Cruzada* e *Os Anais*. O aparecimento de *Poesias*, que enfeixava peças compostas entre 1901 e 1915, revelou a evolução de um espírito refinado e aberto a novas modalidades de apreensão e representação das coisas, o qual, embora caminhando do campo simbolista para o parnasiano, permaneceu fiel a um vocabulário insólito e a uma sintaxe extremamente culta. O poema inicial do livro ("*per viam vitae*") é amostra do rebuscamento de expressão que marcava a primeira fase da poesia de Artur de Sales:

>Feres a Harpa que tens, ora revolta e ruda,
>Ora trêmula e branda. E feres corda a corda.
>Um lamento, um soluço, um grito: é o que transborda,
>Como sanha de mar, na noute absconsa e muda.
>
>Glória da vida, o Sonho. Ele fugiu-te um dia,
>Palescente farol, eco desmaiado de harpa,
>Por vão de esfera plúmbea ou por montanha, escarpa
>A escarpa, esmorecendo... E a fecunda Alegria,
>
>Sorveu-a atro singulto. E a Vida, o chão maninho,
>Bates. Treme-te, às mãos, essa de voz amara,
>Então de cordas de ouro, Harpa radiosa e clara.
>Não mais, taça, em teu seio, o áureo fervor do vinho
>
>À alma dando o esplendor e a glória do canto.
>Canto que era, disperso, onda aos flavos golfejos,
>Espraiando, espraiando; asa de ouro, aos revoejos,
>Labaredando o Azul; tírio, púrpuro manto.
>
>Arremessados aos leões de hirsuta e crespa juba
>— Desejos — aos teus pés, ebrifestantes; que era
>Por luras e alcantis, rosa de primavera...
>E a brônzea lança, o escudo, aérea, retorsa tuba.
>
>...

Na segunda fase, volta-se a inspiração de Artur de Sales para os motivos campestres, cantando a natureza, o casario roceiro, os tipos humanos e as lendas sertanejas; vez por outra, entretanto, o elemento paisagístico tem valor meramente simbólico e funciona como deflagrador da carga evocatória, como em "O rio" (IV):

O rio!... A Vida — um rio: águas turvas e lentas,
Rolando na mudez das margens despovoadas.
Dias: — a flor, o fruto eivados, que às rajadas,
O tédio arranca, e atira a essas águas ascoentas...³

Era o Xanto e o Simóis das pelejas incruentas,
E o Caístro... Ilusões, esperanças aladas,
Sacros cisnes do sonho! — E em taças de ouro, amadas,
Sorvendo-o, o canto abria, e das chagas sangrentas

A rubra flor fechava. Alma, o rio bendito,
Glória do céu, do sol! Hoje: — roídas barrancas,
Rudo e torvo aguaçal, rugitando, maldito.

Mas, certas noutes, quando o luar flui luz dorida,
Surges, visão amada: as lágrimas estancas...
E um momento és de luz, rio escuro da Vida.

No ano de 1908, ao mesmo tempo em que os *Poemas e canções* de Vicente de Carvalho encerravam a prestação de contas dos mestres parnasianos, surgiam dois livros cuja importância na história literária foi desde o primeiro momento reconhecida: *Sangue*, de Da Costa e Silva, e *Apoteoses*, de Hermes Fontes.*

---

* Hermes Martins Fontes (Buquim, SE, 1888 — Rio de Janeiro, 1930).

Bibliografia

Apoteoses. 1908; *Gênese*. 1913; *Ciclo da perfeição*. 1914; *Miragem do deserto*. 1917; *Epopeia da vida*. 1917; *Microcosmo*. 1919; *A lâmpada velada*. 1922; *Despertar!*, 1922; *A fonte da mata*. 1930; *Poesias escolhidas*. s.d.

Consultar

Athayde. Tristão de. "Vozes de longe", *Estudos*. 5ª série. Rio de Janeiro, 1935; *Autores e Livros*. Supl. liter. *A Manhã*. Rio de Janeiro, ano 3, vol. V, n. 11, 3 outubro 1943; Cavalcante, Povina. *Hermes Fontes*. Rio de Janeiro, 1933; Grieco, Agripino. "Hermes Fontes", *Caçadores de símbolos*. Rio de Janeiro, 1923; Leão, Múcio. "A verdadeira vocação de H.F.", *Autores e Livros*, 3 out. 1943; Medeiros e Albuquerque. "Hermes Fontes", *Páginas de crítica*. Rio de Janeiro, 1920; Murici, J. Andrade. "Hermes Fontes", *Alguns poetas novos*. São Paulo, 1918; idem. "Hermes Fontes", *O suave convívio*. Rio de Janeiro, 1922; idem. *Panorama do movimento simbolista brasileiro*. Rio de Janeiro, 1952, vol. III; Oiticica, José. "Hermes Fontes", *Revista Americana*, IV, out.-dez. 1913; Ribeiro, João. "A poesia de H. Fontes", *Autores e Livros*, 3 out. 1943; idem. *Crítica*. Vol. II. Rio de Janeiro, 1957; Romero Filho, S. "Hermes Fontes", *Revista Americana*, II, 2 maio 1911); Vítor, Nestor. "Hermes Fontes", *A crítica de ontem*. Rio de Janeiro, 1919).

O acolhimento de que gozou o último decorreu de sua aparente originalidade: imaginação verbal e conceptismo, virtuosismo de forma, rebuscamento léxico, neologismo, inovações rítmicas caracterizam os versos de *Apoteoses*. Com esse livro abria Hermes Fontes a estrada da popularidade, que se alargaria ainda mais com duas ou três obras seguintes.

As experiências a que no campo formal se lançou, se não constituíam algo de novo na poesia da época, tomavam-se respeitáveis pelo empenho com que a elas se dedicava. A assimetria estrófica, o verso polimórfico, os efeitos aliterantes, o colorido vocálico, a fruição do léxico raro ou inventado apareciam pela primeira vez em nossa poesia como fruto de ambiciosa pesquisa, e não raro chegaram ao exagero. Do ponto de vista emocional, entretanto, pouco ficava de tudo isso. Foi preciso sobrevir a madureza e os reveses da vida para que a poesia de Hermes Fontes atingisse, ao fim de sua existência, certa sobriedade lírica, uma interiorização por vezes comovedora, que denunciavam a sensibilidade maltratada pelo infortúnio. *A fonte da mata* (1930), livro derradeiro e de sofrida simplicidade, pode ser tido como o canto de cisne do artista.

Bem diferentes são as notas dominantes em *Sangue*, de Da Costa e Silva.[*] Livro de inegável ortodoxia simbolista, revelava entretanto um artista consciente de seus recursos e curioso por outras possibilidades expressivas. Da Costa e Silva, se a temática o prende aos moldes grupais, não chega a levá-lo a cega subordinação; ao contrário, limita-se ele a alguns tópicos de tratamento universal, como a solidão, o infortúnio, o sonho, a contemplação. Recorrendo a certas

---

E, também: Azevedo Filho, Leodegário. "Hermes Fontes e a Crítica..." *Diário de Notícias*. RJ, 10/2/1963; idem. "Revisão de H.F.", idem. 2/5/1965; Cavalcante, Povina. *Hermes Fontes. Vida e Poesia*. Rio de Janeiro: José Olympio, 1964; Lima, Herman. "H. F. em carne e osso", *J. Commercio*, RJ, 27/12/1964); Martins, W. "Lâmpadas e Apoteoses", *Estado de* S. Paulo. Supl. Lit., 7/8/1965); Pólvora, Hélio. "H.F.", *Diário Carioca*. RJ, 30/12/1964).

[*] Antônio Francisco da Costa e Silva (Amarante, PI, 1885 — Rio de Janeiro, 1950).

Bibliografia

Sangue. 1908; *Zodíaco*. 1917; *Verhaeren*. 1917; *Pandora*. 1919; *Verônica*. 1927; *Antologia*. 1934; *Poesias completas*. 1950.

Consultar

Athayde, Tristão de. *Contribuição à história do Modernismo*. Rio de Janeiro, 1939; *Autores e livros* (Supl. *A Manhã*. Rio de Janeiro, VI, n. 10, 19 mar. 1944); Grieco, Agripino. *Evolução da poesia brasileira*. Rio de Janeiro, 1932; Ribeiro, João. *Crítica*. Vol. II. Rio de Janeiro, 1957; Rodrigues, Mário. "Elogio de Da Costa e Silva" (in *Verônica*); Torres, Antônio. *Verdades indiscretas*. Rio de Janeiro, 1920; Vítor, Nestor. *Cartas à Gente Nova*. Rio de Janeiro, 1924.

expressões caracterizadoras da filiação simbolista, fá-lo o poeta sem constrangimento, mas evita a exageração cultista, o rebuscamento gratuito. Tomou-se antológico, no livro, o soneto "Saudade", que entretanto, pela singeleza de expressão, pela autenticidade dos motivos evocados, esquiva-se a qualquer classificação escolástica:

> Saudade! Olhar de minha mãe rezando,
> E o pranto lento deslizando em fio...
> Saudade! Amor da minha terra... O rio
> Cantigas de águas claras soluçando.
>
> Noites de junho... O caboré com frio,
> Ao luar, sobre o arvoredo... piando, piando...
> E ao vento as folhas lívidas cantando
> A saudade infeliz de um sol de estio.
>
> Saudade! Asa de dor do Pensamento!
> Gemidos vãos de canaviais ao vento...
> Ai! mortalhas de névoa sobre a serra.
>
> Saudade! O Parnaíba — velho monge
> As barbas brancas alongando... E ao longe,
> O mugido dos bois da minha terra...

Como se deu em relação a Artur Sales, também Da Costa e Silva se desprendeu da disciplina de escola, adquirindo visão nova do mundo e valendo-se de outros meios de expressão. *Zodíaco*, publicado nove anos após o livro de estreia, mostra o paciente trabalho de renovação que se realizara na arte do poeta. Voltando-se para os motivos inspiradores da natureza agreste, da paisagem natal, seguia o rumo de não poucos moços de então, os quais, simplificando o aparelhamento técnico da oficina parnasiana, eliminavam a rigidez do verso e abriam na fria temática da escola as janelas ensolaradas que revelavam a natureza brasileira.

Tecnicamente, a renovação da poesia desse grande lírico apresentou resultados bem superiores aos conseguidos por outros artistas seus contemporâneos e igualmente ambiciosos. A fluência do verso, em *Zodíaco*, a riqueza de imagens, os efeitos sonoros, não encontram paralelo dentro de sua geração; o paciente perscrutar, a apreensão súbita traduziam a marca do poeta autêntico, o sinete do artista consumado. Veja-se a coletânea de poemas dedicados à fauna, por exemplo, onde figura "O sapo":

> Feio e fátuo a fingir de grande, gordo e guapo;

> Hediondo e humilde a inchar de impáfia e ocioso orgulho,
> Viscoso de vaidade, entronado no entulho,
> Cisma na solidão sorna e soturno o sapo.
>
> Os bugalhos em brasa, a palpitar o papo,
> Acocorado, absorto, ao mínimo barulho
> Que o sossego lhe suste, em súbito mergulho
> Se atasca no atascal; e ei-lo escondido e escapo.
>
> Patriarca do pau!, pelo pântano parco
> De água, a arfar e a imergir no lodo liso e imundo,
> O batráquio bubuia, o corpo curvo em arco...
>
> E sobe à superfície o rei das rãs, rotundo,
> Glabro e inchado, a coaxar no lamaçal do charco,
> Como o ser mais soberbo e singular do mundo.

Espírito inquieto, Da Costa e Silva não se limitou ao trabalho dos metros tradicionais: cultivou com entusiasmo o verso livre verhaereniano, que já ocorre em *Zodíaco* e se faz mais frequente nos livros posteriores.

Ressonância simbolista digna também de referência é a que se observa na poesia de Gilca Machado (*Cristais partidos*, 1915; *Estados de Alma*, 1917; *Mulher nua*, 1922; etc.), poesia mais de sugestões que de definições, onde se conjugam sensualidade e transcendência, musicalidade e concepção. A repercussão alcançada entre os leitores comuns pelos seus versos é devida, entretanto, mais ao circunstancial de uma temática não bem compreendida do que à avaliação de qualidades realmente artísticas.

O NEOPARNASIANISMO

A representação da realidade foi sempre, entre nós, uma tendência que se sobrepunha à interiorização e à perscrutação dos refolhos da alma. O excessivo subjetivismo da poesia simbolista não poderia assim ser de longa duração, como tampouco poderia ser duradoura a ideal impassibilidade parnasiana. Desse modo, surgiu aos jovens que nos primeiros decênios deste século se exercitaram nas letras a necessidade de conciliarem o natural pendor para o sentimentalismo com um instrumento expressional que, sem a fria arquitetura parnasiana, refletisse a vida circundante e as emoções dela decorrentes. Da lição parnasiana foi aproveitado o respeito ao aspecto formal do poema, sem que, entretanto, a forma se instituísse em objeto final; a libertação do sentimento, que fazia olhasse o mundo humanamente e humanamente a ele se reagisse, outorgou aos neoparnasianos a fluência emocional; o afrouxamento do rigor versificatório, se por um lado perigava de abastardar o verso, pela excessiva utilização de elementos apoéticos (conectivos, advérbios, polissílabos), por outro dava-lhe certa maleabilidade de ritmo, que fazia do poema um todo não só admirativo, mas também comunicativo. Aqui, certamente, devemos ver a razão da popularidade de que gozaram e gozam os principais representantes da época.

O neoparnasianismo vem a ser sensual, por excelência: O verso está intimamente ligado ao canto; há no versificar um gozo, uma euforia, mesmo, que jamais existiu no Parnasianismo. Elemento de ordem temática, já apontado entre os poetas dessa geração e que convém relembrar, é o interesse pela paisagem.

Aos primeiros tempos da produção neoparnasiana pertencem os livros de Mário de Lima (*Ancenúbios*), Humberto de Campos (*Poeira...*), Agripino da Silva (*Ácromos*), Alberto Ramos, Olegário Mariano, Martins Fontes, vindo mais tarde Luís Carlos, Adelmar Tavares, Moacir de Almeida, Aníbal Teófilo, Aristeo Seixas, Bastos Tigre, Batista Cepelos, Belmiro Braga, Castro Menezes, Catulo Cearense, Faria Neves Sobrinho, Goulart de Andrade, José Oiticica, Leal de Sousa, Luís Edmundo, Múcio Leão, Nilo Bruzzi e muitos outros.

De Olegário Mariano,* cuja reputação como lírico esteve sempre ligada à lembrança de seus versos às cigarras, é imperiosa a menção do livro *O enamorado da vida*, publicado a uma altura em que a posição neoparnasiana frente ao problema poético podia ser, já, considerada inatual. No conjunto da obra de Olegário Mariano, entretanto, *O enamorado da vida* (1937) goza de singularidade. Voltando-se para a infância, para a terra natal, relembrando tipos e episódios de uma vida prenhe de lirismo, logra o poeta emprestar a seu canto

---

* Olegário Mariano Carneiro da Cunha (Recife, 1889-1958).

Bibliografia

Ângelus. 1911; XIII *Sonetos*. 1912; *Evangelho da sombra e do silêncio*. 1913; *Água corrente*. 1917; *Últimas cigarras*. 1920; *Castelos na areia*. 1922; *Cidade maravilhosa*. 1923; *Bataclã*. 1927; *Canto da minha terra*. 1913; *Poemas de amor e de saudade*. 1932; *Destino*. 1931; *Poesias escolhidas*. 1932; *O enamorado da vida*. 1937; *Cantigas de encurtar caminho*. 1949; *Toda uma vida de poesia*. 1957.

Consultar

Barroso, Gustavo, "Discurso de recepção", *Discursos acadêmicos*. vol. 6. Rio de Janeiro, 1936; Campos, Humberto de. *Crítica*. 1ª série, Rio de Janeiro, 1933; Grieco, Agripino. *Evolução da poesia brasileira*. Rio de Janeiro, 1932; Leão, Múcio, "Roteiro de duas gerações", *Autores e Livros*. Supl. *A Manhã*. Rio de Janeiro, IV, n. 6, 21 mar. 1943; Ribeiro, João. *Crítica*. Vol. II. Rio de Janeiro, 1957.

Sobre a produção poética do grupo, ver: Fernando Góes. *Panorama da poesia brasileira*. Vol. V. O Pré-modernismo. Rio de Janeiro: Civilização Brasileira, 1960.

uma pureza inusitada e aos versos fluência e riqueza conceituai. "Evocação", "O poço da panela", "Tempo que se foi..." são peças que desde então se tornaram antológicas.

Artista fino e culto, Luís Carlos* atingiu, em 1920, com a publicação de *Colunas* um lugar da maior evidência entre os poetas do tempo. Por longos anos trabalhou paciente e humildemente seus versos, arredio às solicitações da glória momentânea, dando à poesia brasileira, afinal, um monumento duradouro. Mestre do verso, manejando com igual rigor técnico o alexandrino e o decassílabo, foi poeta dotado de singular poder de perscrutação, alimentando seus versos das reações de um temperamento frente ao mundo, ao mesmo tempo que buscava nos mais variados aspectos da natureza um motivo de reflexão. Sem a ortodoxia parnasiana, foi um plástico, um castiço; espiritual e emotivo, andou bem longe, porém, do nefelibatismo seu contemporâneo. "Igreja de raposas" (*Colunas*) dá ideia de sua arte.

Imaginação ardente, exuberância verbal, impulsos épicos e assomos de visionário são as notas dominantes em *Gritos bárbaros*, livro de publicação póstuma, com que Moacir de Almeida (1902-1925) asseguraria seu arrolamento entre as grandes figuras de sua geração.

É mister ainda mencionar Rosalina Coelho Lisboa,** cujo lirismo, expresso nos livros *O rito pagão* (1922) e *O desencantado encantamento* (1927), evidencia,

---

* Luís Carlos da Fonseca (Rio de Janeiro, 1880-1932).

Bibliografia

Colunas. 1920; idem. 2. ed. 1926; *Astros e abismos*. 1924; *Amplidão*. 1933.

Consultar

Pereira da Silva. A. J. "Discurso de Recepção", *Discursos acadêmicos*. Vol. 8, Rio de Janeiro, 1937.

** Rosalina Coelho Lisboa (Rio de Janeiro). Iniciando a carreira intelectual em 1920, foi redatora do *Jornal do Brasil*, *A Noite*, *Revista da Semana*, etc. Primeira mulher premiada pela Academia Brasileira de Letras.

Bibliografia

O rito pagão. 1922; *O desencantado encantamento*, 1927; *Passos no caminho*. 1932; *A seara de Caim*. 1952 (Romance histórico, 5. ed., 1955, traduzido para o francês, espanhol, polonês, italiano, alemão e dinamarquês).

Consultar

Maranon, G. "Prefácio", à edição espanhola de *A seara de Caim*; Maurois, A. Idem à edição francesa; Ribeiro, João. *Crítica*. Vol. II. Rio de Janeiro, 1957.

como salientou João Ribeiro, uma fina sensibilidade aliada a um rigor de arte poética beirando a perfeição. Inclina-se para temas exóticos e indianos, fugindo ao contemporâneo e às vezes dando a impressão de impassibilidade. A beleza é a suprema aspiração:

> Pensa... No pensamento exulta e goza.
> Nele procura as sensações opimas,
> E sintetiza, na arte real que animas,
> O tumulto da vida rumorosa...
>
> Transforma a dor na ideia vitoriosa...
> E, para o altar em que teu sonho encimas,
> Nas garras de ouro de quatorze rimas,
> Engasta a maravilha luminosa.
>
> Castigando a expressão, buril em riste,
> Interpreta em teu canto a natureza...
> Busca a invisível luz à sombra triste,
>
> O bem secreto ao mal, força à fraqueza.
> — Que a suma glória de viver consiste
> Em desvendar aos homens a beleza!

FIGURAS INDEPENDENTES

Os temas científicos, que já ao tempo do Parnasianismo haviam interessado a alguns poetas, vieram a encontrar em Augusto dos Anjos* o seu grande

---

* Augusto de Carvalho Rodrigues dos Anjos (Engenho Pau d'Arco, PB, 1884 — Leopoldina, Minas Gerais, 1914).

Bibliografia

Eu. 1912; *Eu e outras poesias*. 1919; idem, 3. ed. 1920.

Consultar

Almeida, José Américo de. "Augusto dos Anjos no 30.0 dia do falecimento". (in *Almanaque do Estado da Paraíba para 1917*. Paraíba do Norte, 1917); Athayde, Tristão de. *Primeiros estudos*. Rio de Janeiro, 1948; Bandeira, Manuel. *Apresentação da poesia brasileira*. Rio de Janeiro, 1946; Carvalho, Álvaro de. *Augusto dos Anjos e outros ensaios*. João Pessoa, 1946; De Castro e Silva. "Augusto dos Anjos, poeta da morte e da melancolia". Curitiba, 1944; Freire, Gilberto. *Perfil de Euclides e outros perfis*. Rio de Janeiro, 1944; Grieco, Agripino. *Evolução da poesia brasileira*. Rio de Janeiro, 1932; Jobim,

explorador. Assenhoreando-se de um vocabulário pertencente às ciências e às técnicas, incorporando a temática do macabro, imbuindo-se de filosofia materialista, Augusto dos Anjos caldeou tudo isso em argamassa de extremado pessimismo e fez do lado sórdido, negativo ou carcomido da vida a fonte de seu canto. A obsessão do próprio eu, a penetração a fundo na própria personalidade foi a constante de toda sua atividade criadora, e a consciência da morte, ou melhor, do aniquilamento absoluto era a soturna voz que lhe perpassava poema a poema. Assim produziu ele uma poesia cuja feição constituiu por muito tempo um óbice ao enquadramento nesta ou naquela tendência estética.

A influência de Baudelaire em seus temas é tão evidente que desnecessário se toma qualquer exemplificação. O desprezo pelo cotidiano, a descrença amorosa, a revolta contra o mundo, a podridão que via em todas as coisas e que o fez servir-se ao exagero de um vocabulário deletério (*feridas*, *úlceras*, *peçonha*, *carniça*, etc.) não lhe tolhiam, porém, ocasionais impulsos líricos, como na lembrança de sua ama ("*Ricordanza della mia gioventú...*"), em "Vandalismo" ou nos dois primeiros sonetos ao pai:

I

A meu Pai doente
Para onde fores, Pai, para onde fores,
Irei também, trilhando as mesmas ruas...
Tu, para amenizar as dores tuas,
Eu, para amenizar as minhas dores!

Jorge. "Três poetas", *Rev. Americana*. Rio de Janeiro, VI-4, jan. 1917); Kopke, Carlos Burlamaqui. *Fronteiras estranhas*. São Paulo, 1946; Lins, Álvaro. "Augusto dos Anjos, poeta moderno", *Jornal de Crítica*. 6. série, Rio de Janeiro, 1951; Machado, Raul. *Dança de ideias*. Rio de Janeiro, 1939; Medeiros e Albuquerque. "O livro mais estupendo, o *Eu*", *J. Commercio*. Rio de Janeiro, 30 set. 1928; Montenegro, Túlio Hostílio. *Tuberculose e literatura*. Rio de Janeiro, 1949; Nobre de Melo, A. L. *Augusto dos Anjos e as origens de sua arte poética*. Rio de Janeiro, 1942; Nóbrega, José Flósculo da. "Elogio de A. A.", *Rev. Academia Paraibana de Letras*. I, 1, 1947); Oiticica, José. "Augusto dos Anjos", *Autores e Livros*. Supl. *A Manhã*. Rio de Janeiro, 30 nov. 1941; Rego, José Lins, do. *Gordos e magros*. Rio de Janeiro, 1942; Ribeiro, João. "O poeta de *Eu*", *O Imparcial*. Rio de Janeiro, 22 mar. 1920; Santos Neto. *Perfis do norte*. Rio de Janeiro, 1910; Silveira, Tasso da. *A igreja silenciosa*. Rio de Janeiro, 1922; Soares, Orris, "Elogio de Augusto dos Anjos" (Prefácio de *Eu e outras poesias*); Torres, Antônio. "O poeta da morte" (Prefácio de *Eu e outros poemas*).

Adendo: Almeida, H. *Augusto dos Anjos. Razões de sua angústia*. Rio de Janeiro, 1962; De Castro e Silva. *Augusto dos Anjos. O poeta e o homem*. Belo Horizonte, 1954; Martins. J.O. *Introdução à poesia de Augusto dos Anjos*. São Paulo: Liv. Brasil, 1959; Nóbrega, H. *Augusto dos Anjos e sua época*. João Pessoa: Edit. Universidade, 1962; Proença, M. Cavalcanti, *Augusto dos Anjos e outros ensaios*. Rio de Janeiro: José Olympio, 1959; Vidal, Ademar. *O outro eu de Augusto dos Anjos*. Rio de Janeiro: José Olympio, 1967.

Que cousa triste! O campo tão sem flores,
E eu tão sem crença e as árvores tão nuas,
E tu, gemendo, e o horror de nossas duas
Mágoas crescendo e se fazendo horrores!

Magoaram-te, meu Pai?! Que mão sombria,
Indiferente aos mil tormentos teus
De assim magoar-te sem pesar havia?!

— Seria a mão de Deus?! Mas Deus enfim
É bom, é justo, e, sendo justo, Deus,
Deus não havia de magoar-te assim!

I

A meu Pai morto
Madrugada de Treze de Janeiro
Rezo, sonhando, o ofício da agonia.
Meu Pai nessa hora junto a mim morria
Sem um gemido, assim como um cordeiro!

E eu nem lhe ouvi o alento derradeiro!
Quando acordei, cuidei que ele dormia,
E disse à minha Mãe, que me dizia:
"Acorda-o!" deixa-o, Mãe dormir primeiro!

E saí para ver a Natureza!
Em tudo o mesmo abismo de beleza,
Nem uma névoa do estrelado véu...

Mas pareceu-me, entre as estrelas flóreas,
Como Elias, num carro azul de glórias,
Ver a alma de meu Pai subindo ao Céu!

José Albano* representa na época em estudo a fuga ao tempo e ao meio. De sólida formação humanística, vivendo parte de sua vida na Europa, onde

---

* José de Abreu Albano (Fortaleza, 1882 — Paris, 1923).

Bibliografia
   Rimas de José Albano, Redondilhas, Alegoria, Canção a Camões, Ode à língua portuguesa, 1912; *Antologia poética de José Albano*. 1918; *Comédia angélica*. 1918. OBRAS

publicou suas obras, e voltou-se para o lirismo de inspiração quinhentista, escrevendo com graça e apuro. Seu valor como poeta independente é dos maiores de nossa literatura: foge, entretanto, a qualquer tentativa de arrolamento entre as figuras de sua geração, visto não representar uma tendência nem herança próxima do Parnasianismo ou do Simbolismo.

Nota singular na poesia brasileira constitui a obra de Raul de Leoni.˙ Numa literatura em que predomina a representação da realidade concreta, o clássico de *Luz mediterrânea* introduziu a especulação da inteligência, os jogos da abstração, o exercício filosófico. Cultura prenhe de antiguidade, espírito voltado para um mundo luminoso e harmônico, o poeta manteve sua independência estética em meio a grupos estranhos, isso mercê do encontrado equilíbrio de conceito e meios expressivos. Ronald de Carvalho definiu bem sua poesia:

> Apesar da intensa melodia dos seus versos, da largueza das suas construções métricas, seu lirismo não transborda, não vem à tona. Fica entre as luzes do cristal, dentro do próprio vaso em que circula sem se derramar. Palpita, assim, num estofo de cambiantes, contido nas paredes translúcidas de uma forma exigente e severa.[4]

COMPLETAS: *Rimas de José Albano*. Rio de Janeiro: Pongetti, 1948 (Org. Manuel Bandeira). ANTOLOGIA: *José Albano* (Col. "Nossos Clássicos", Agir. 1958).

Consultar

Braga Montenegro, J. (Introdução da antologia "Nossos Clássicos"); Ribeiro, João. *Crítica*. Vol. II, Rio de Janeiro, 1957.

* Raul de Leoni Ramos (Petrópolis, RJ, 1895-Itaipava, RJ, 1926).

Bibliografia

Ode a um poeta morto. 1919; *Luz mediterrânea*. 1922; idem, 2. ed. (acrescida da *Ode...* e de cinco poemas inéditos). 1928.

Consultar

Athayde, Tristão de. *Estudos*. 3ª série, Rio de Janeiro, 1930; *Autores e livros*. Supl. *A Manhã*. Rio de Janeiro, vol. I n. 15, 23 nov. 1941; Bandeira, Manuel. *Crônicas da Província do Brasil*. Rio de Janeiro, 1937; Carvalho, Ronald de. *Estudos brasileiros*. 2ª série, Rio de Janeiro, 1931; Grieco, Agripino. *Caçadores de símbolos*. Rio de Janeiro, 1923; Melo Franco, Afonso Arinos de. *Espelho de três faces*. São Paulo, 1937; Melo Franco de Andrade, Rodrigo (Prefácio à *Luz mediterrânea*). 2. ed., Rio de Janeiro, 1928; Silveira, Tasso da. "A poesia de R. L.", *Vozes de Petrópolis*, ago./nov. 1942); Vítor, Nestor. *Os de hoje*. São Paulo, 1938. Medeiros e Albuquerque. "R. L.", *Vamos Ler*. RJ, 9/11/1944; Novais G. *Raul de Leoni*. Porto Alegre, 1956.

Raul de Leoni surge para a literatura com a *Ode a um poeta morto* (1919), dedicada à memória de Olavo Bilac. Em 1922 apresentava *Luz mediterrânea*, livro dionisíaco, onde ao veio meditativo se casava o sensualismo verbal e a modernidade de ritmos. O poema "A alma das cousas somos nós... "exemplifica bem essa aliança:

> Dentro do eterno giro universal
> Das cousas, tudo vai e volta à alma da gente,
> Mas, se nesse vaivém tudo parece igual,
> Nada mais, na verdade,
> Nunca mais se repete exatamente...
>
> Sim, as cousas são sempre as mesmas na corrente
> Que no-las leva e traz, num círculo fatal;
> O que varia é o espírito que as sente,
> Que é imperceptivelmente desigual,
> Que sempre as vive diferentemente,
> E, assim, a vida é sempre inédita, afinal...
>
> Estados de alma em fuga pelas horas,
> Tons esquivos e trêmulos, nuanças
> Suscetíveis, sutis, que fogem no Íris
> Da sensibilidade furta-cor...
> E a nossa alma é a expressão fugitiva das cousas
> E a vida somos nós que sempre somos outros!...
>
> Homem inquieto e vão que não repousas!
> Para e escuta:
> Se as cousas têm espírito, nós somos
> Esse espírito efêmero das cousas,
> Volúvel e diverso,
> Variando, instante a instante, intimamente,
> E eternamente,
> Dentro da indiferença do Universo!...

Empenho constante na expressão de ideias abstratas é o que caracteriza a poesia de Raul de Leoni; dessa preocupação do espírito decorria a resposta ao apelo feito a sua alma pelo mundo clássico. Em meio ao arabesco do pensamento filosófico, em que se mesclam tintas platônicas e senequistas, o vislumbre de um mundo passado impõe à sua imaginação as concreções da beleza: daí o enamoramento pela Grécia e pelas cidades da Renascença italiana.

Lucidez de inteligência, pureza de ritmos, elegante simplicidade de expressão e sóbrio metaforismo permitem seja aplicado a Raul de Leoni o epíteto com que em sua *Ode a um poeta morto* celebrou a memória de Bilac: "Semeador de harmonia e de beleza."

NOTAS

1   Cf. vol. 4, cap. 34.
2   *Ibidem*.
3   Neologismo, formado de aséo + sufixo ento, assim como de nojo temos nojento. Conserva-se a feição original do vocábulo, que a rigor se deveria grafar asquentas.
4   Em "A poesia metafísica de Raul de Leoni", *Autores e Livros*, vol. 1. n. 15.

47. Alceu Amoroso Lima
A REAÇÃO ESPIRITUALISTA

A reação espiritualista e seus antecedentes. A Companhia de Jesus e o humanismo espiritualista. A educação na Colônia. Desenvolvimento das letras. Sentido religioso da vida. Espiritualismo definido e indefinido. Romantismo: ecletismo e sentimentalismo espiritual. A Escola do Recife e a desespiritualização da inteligência. A Questão Religiosa. Início da Reação Espiritualista: Carlos de Laet, Padre Júlio Maria. No Simbolismo. Farias Brito. No Pré-Modernismo. No Modernismo. Leonel Franca, Jackson de Figueiredo. O grupo de Festa. *Durval de Morais. O espiritualismo contemporâneo. Alceu Amoroso Lima.*

ANTECEDENTES

1. Denomina-se Reação Espiritualista o movimento de renovação da primazia dos valores espirituais, tanto na poesia como na prosa e tanto na prosa de ficção como na prosa de ideias, que, contra o espírito naturalista e antiespiritualista do século XIX, se processou, em nossas letras, de 1890 aos nossos dias. Antes, porém, de se apontarem os nomes e as posições ideológicas e estéticas dos principais representantes desse movimento de autonomia e liberdade do espírito em face da natureza física, nos últimos sessenta anos, durante o Simbolismo, o Pré-Modernismo e o Modernismo, faz-se mister dizer algumas palavras sobre os antecedentes dessa reação.

2. As letras, no Brasil, nasceram no século XVI sob o signo da maior reação espiritual dos tempos modernos, trazida ao Novo Mundo pela recém-formada milícia religiosa, que tomou o nome expressivo de Companhia de Jesus. Esta se formara não só para combater a Reforma ou para revigorar o sentimento religioso dos católicos, mas ainda para operar a *síntese entre humanismo e cristianismo*, que ameaçavam dissociar-se irreparavelmente. O amor das letras, portanto, era por natureza um dos elementos essenciais desse apostolado missionário, que não só introduziu a literatura no Brasil, sob a dupla forma pedagógica e dramática, mas ainda manteve por dois séculos uma jurisdição incontrastável sobre toda a vida cultural da Colônia. O humanismo espiritualista dos jesuítas, bem como as formas de espiritualidade mais popular das

outras Ordens religiosas, principalmente franciscanos e beneditinos, foram portanto os elementos básicos da formação inicial de nossas letras, durante os três primeiros séculos de nossa história, imprimindo-lhe um feitio barroco.[1] Foi sobre esse duplo fundamento cultural, em que se conjugavam a renovação do fervor cristão dentro da Igreja e o cultivo das humanidades clássicas pelo gosto das boas letras, que a literatura brasileira começou a nascer das sementes que os europeus espalhavam sobre um solo quase virgem, tal a pobreza da contribuição indígena à formação inicial dessas raízes. Com o tempo, tanto os afluentes autóctones como as correntes africanas e europeias não latinas trouxeram suas contribuições, por vezes antitéticas, a essas sementes iniciais. Mas foi sob o signo da primazia dos valores espirituais que se formaram as raízes iniciais de nossas letras. Toda reação nesse sentido, ao longo de nossa história intelectual, é uma volta às fontes e possui, portanto, além do seu mérito intrínseco de respeito à hierarquia natural dos valores, um índice de fidelidade histórica que não pode ser desprezado.

3. Essa atuação da Igreja Católica e das suas grandes ordens religiosas, no sentido de patrocinarem invariavelmente o desenvolvimento das letras no Brasil e particularmente a educação das novas gerações, comunicando a ambas um sentido religioso da vida, não impediu, entretanto, por motivos que não vêm ao caso investigar neste momento, que o espírito religioso do povo e de modo particular das elites se conservasse muito à flor da pele. A superficialidade tem sido apontada, com razão, como um dos sinais característicos da nossa religiosidade, tomada naturalmente em sentido geral. Essa falta de penetração é que explicaria, nas elites culturais, a fácil contaminação, especialmente durante o século passado, do indiferentismo, do agnosticismo e finalmente do naturalismo antirreligioso, bem como, na massa da população, o surto crescente do espiritismo, da feitiçaria, do politeísmo, de todas as formas esdrúxulas e individualistas ou paramaterialistas de religiosidade.

4. Logo no início da nossa independência literária, com o Romantismo, vemos o humanismo *definido*, da formação colonial católica, se diluir num espiritualismo *indefinido* que caracteriza não só a filosofia do Romantismo, mas a sua estética. Nossos românticos foram espiritualistas, especialmente os da primeira geração, como Gonçalves Dias, Magalhães, Porto-Alegre, Dutra e Melo. Foram, por vezes, intensamente religiosos, como ocorreu com este último poeta. O próprio Pré-Romantismo se caracterizou por uma primeira reação espiritualista, contra o Arcadismo de feição mitológica e de espírito racionalista do fim do século XVIII, tal como inspirara os poetas da Plêiade Mineira. Homens como Sousa Caldas, Frei Francisco de S. Carlos, Elói Otoni, Mont'Alverne prepararam o fundo espiritualista do Romantismo. Mas foi principalmente o ecletismo dos filósofos franceses, como Victor Cousin ou mesmo dos seus epígonos como Charmat, que forneceu aos românticos o seu fundo de sentimentalismo espiritual. De modo que ao fim do Romantismo,

enquanto um Fagundes Varela — depois de uma mocidade impregnada de espírito revolucionário e racionalista, mas principalmente anticlerical, que animava os seus companheiros de geração — escrevia com o *Evangelho nas selvas* um poema épico de espírito profundamente cristão e religioso, da Bahia nos vinham, pela boca de Junqueira Freire e mais tarde de Castro Alves, ora imprecações antimonásticas que ecoavam a fundo nessa geração, ora inovações apenas deístas, que significavam uma ruptura real com todo o passado católico do período colonial, anterior às academias e sobretudo às sociedades literárias dos fins do século XVIII.

5. Quando veio a chamada Escola do Recife, com sua importação do monismo germânico, visceralmente anticristão, não havia uma ruptura brusca e radical com o espiritualismo colonial. Já o passado revelava uma dupla ondulação nesse jogo de influências espirituais: o racionalismo da geração mineira, nos fins do século XVIII e a reação de espiritualismo indefinido e sentimentalista, do Romantismo, com sua gradual desespiritualização. O Naturalismo era menos uma reação que um desdobramento. Reação fora a conversão de um Sousa Caldas, por exemplo, nos fins do século XVIII, no Paris de 1789. Continuação ia ser o deísmo de um Tobias Barreto, figura primacial dessa Escola do Recife, introdutora do espírito naturalista em nossas letras, tanto de pensamento como de expressão. O positivismo francês e o evolucionismo inglês penetraram a fundo na vida cultural do país, ao mesmo tempo que o movimento germânico, tanto de tipo hegeliano (monismo idealista) como de tipo haeckeliano (monismo materialista).

6. Tivemos assim a chamada Geração de 1870, que se caracterizou pela intensa desespiritualização da inteligência brasileira. Quando, por essa época, se desencadeou a Questão Religiosa, e em 1874 Dom Vital, bispo de Olinda e Dom Antônio de Macedo Costa, bispo do Pará, foram presos e chamados pelo governo imperial a responder, perante os tribunais, por sua "desobediência" à lei, a geração literária ao tempo dominante se pronunciou pode-se dizer unanimemente contra os bispos e a favor do Estado imperial, no choque tremendo que agitou, de sul a norte, não só os meios religiosos e políticos, mas ainda os meios propriamente intelectuais do país. Era o teste formal do movimento de profunda desespiritualização que se vinha processando, a despeito da inspiração romântica da Geração de 1840 e que marcou de modo indelével a geração naturalista, que ia dominar as letras brasileiras até o fim do século.

7. Tanto o Realismo na prosa, como o Parnasianismo na poesia, foram escolas literárias fundadas numa filosofia naturalista da vida. Toda a literatura brasileira, nos meados do século e particularmente entre 1850 e 1890, foi agnóstica, céptica, quando muito deísta, ou conscientemente anticristã e sobretudo anticlerical. Só no fim do século, depois da República, é que começamos a notar movimentos de reação espiritual, que representam os pródromos de uma corrente que se vem, desde então, avolumando até hoje.

Em 18 de junho de 1855, por exemplo, escrevia o jovem romancista ainda inédito Manuel António de Almeida, tão prematuramente falecido em 1864: "Entre os monumentos do passado que desabam nestes tempos de grandes reformas e de grandes destruições, desaba também o claustro; lança-o por terra o anacronismo de sua construção. Assustam-se os espíritos tímidos com a queda do altar (*sic*). O que lhe provocou porém a derrota, não é senão a grande vitória... O claustro caiu. Antes de cair tinha-se desnaturado e isto apressou sua queda, que abafou a memória de muitos crimes. Não resta mais para ele senão a história... O claustro, que tanto produziu, nada mais hoje produz."[2] Um século mais tarde, em 1955, o movimento mais moderno na vida cultural é o renascimento da vida monástica, tanto no Brasil, onde os claustros femininos e mesmo masculinos são pequenos para conter o número de pretendentes, quase todos vindos dos estudos universitários e mesmo da vida literária, mas ainda em países como os Estados Unidos, onde a figura de Thomas Merton, convertido e trapista, está entre os da vanguarda nas letras.

8. Mas em 1855 e até fins do século passado o estado de espírito dominante é o que se lê naquelas palavras do futuro autor de *Memórias de um sargento de milícias*. Uns guardavam, quando muito, como Machado de Assis, a nostalgia de sua formação cristã e um grande respeito pelas coisas religiosas. Outros, como Rui Barbosa, se encaminhavam para uma volta gradativa à região do mistério, podendo escrever, do fundo de seus desenganos políticos, em janeiro de 1897: "Hoje quase que só creio em Deus e este não sei por que caminhos agora nos quer conduzir."[3] Joaquim Nabuco, esse se convertera, poucos anos antes, depois de ter, como toda a sua geração, perdido a Fé, pela leitura de Renan, como outros pela de Spencer, Comte, Hegel ou Haeckel. Só um homem de letras *da primeira plana* se declarava então francamente católico. Só um, em toda a literatura da época. Era o jornalista Carlos de Laet (1847-1927), que enfrentou sozinho a sua geração, a qual, na quase unanimidade dos seus membros, se deixara arrastar pelo movimento antiespiritualista que a Escola do Recife havia desencadeado no Norte e espalhado por todo o Brasil.

A república e a abolição vinham de ser feitas por uma geração completamente divorciada do humanismo cristão, sob cujo signo se operara a gestação da cultura brasileira. No fim da Monarquia um dos filhos dessa geração naturalista, convertido com tal fervor que se fizera não só sacerdote mas religioso redentorista, Júlio César de Morais Carneiro (1860-1916), que se tornou famoso como Padre Júlio Maria, podia terminar uma série de sermões em 1888, apostrofando os católicos brasileiros com as palavras candentes de um Catão de batina: "Precisamos catolizar o Brasil."[4]

Era o apelo à reação espiritualista que ia começar com a aurora do novo regime e sob o sinal de uma nova escola literária, que a geração naturalista desdenhou, como sendo apenas um grupelho de "nefelibatas" marginais, não incluindo nenhum dos seus membros no cenáculo das letras, que então pretendia reunir toda a elite intelectual brasileira, e que no entanto ia representar, na realidade, a primeira vaga do vasto movimento de reação espiritualista que vem dominando, até certo ponto, as letras brasileiras, a partir de 1890, isto é, da aurora do Simbolismo.

NO SIMBOLISMO

1. Nas fontes desse movimento de transmutação de valores intelectuais, que iria colocar o século XX na história da inteligência brasileira, em contradição com o século XIX, está uma figura da mais alta nobreza intelectual: Farias Brito (1862-1917).

Homem do Norte, como Tobias Barreto, sofreu como toda a sua geração a influência profunda do causídico de Escada. Mas, em vez de permanecer siderado pelo ídolo de sua mocidade, pôde libertar-se do. seu jugo e sob a influência de dois grandes pensadores europeus, Kant e Bergson, e a atração final que uma figura ainda superior na hierarquia do Logos, São João Evangelista — iria operar no pensamento brasileiro um verdadeiro mas invisível terremoto. Aquilo que Machado de Assis tinha feito, em face de José de Alencar, deslocando o eixo da literatura brasileira da natureza para o homem, era o que Farias Brito ia empreender, em relação a Tobias Barreto. O naturalismo de Tobias e de toda a sua geração, marcado pelo culto à Ciência e de modo particular às ciências naturais, havia deslocado, do espírito humano para o mundo exterior, o eixo da vida intelectual. Era o determinismo da Natureza que passava a governar o homem e não a liberdade do Espírito que se impunha, pelo indeterminismo, embora sem as negar, ao jugo das realidades externas.

Farias Brito, depois de sofrer o impacto dessa mesma formação objetivista, foi pouco a pouco operando uma revolução espiritual no sentido oposto, sob a ação do idealismo kantiano que restaurava pela Razão Prática o que a Razão Pura julgara ter destruído; e, de modo particular, pelo intuicionismo e pelo criacionismo bergsonianos, à luz dos quais era ultrapassada a etapa racionalista e determinista. O que essa resolução significava, portanto, era um neo-humanismo. Era uma volta à primazia dos valores do espírito. A princípio, à primazia do próprio espírito humano. Mas, aos poucos, numa vitória gradativa sobre o antropocentrismo, à primazia do Espírito Divino, do Logos incriado que o filósofo do *Mundo interior* foi conhecer, quase ao fim da vida, na grande inspiração que lhe comunicaram a leitura e a meditação de São João Evangelista no seu *Evangelho*, nas suas *Epístolas* e no *Apocalipse*.

O pensador cearense, porém, na sua obra de enorme recuperação interior, não se limitava aos domínios puramente filosóficos, embora fosse nesses que realmente mais se firmou e mais influiu, direta e indiretamente, sobre o futuro. Antes mesmo de se entregar a mais profundos estudos filosóficos, no meio do drama quotidiano de sua patética pobreza, já lançava, em 1889 — no ano mesmo em que ruía o regime imperial que havia visto o esplendor e a queda do espiritualismo vago da geração da independência nacional —, os fundamentos estéticos de uma revolução literária, no prefácio de seu volume inicial de poemas. Os versos são medíocres, mas as ideias estéticas proclamadas nesse prefácio já indicam uma radical oposição ao exteriorismo estético, que em nome da realidade ou da natureza, desespiritualizara a poesia, o romance e a crítica no Brasil. E representam como que o manifesto de uma reação espiritualista, que iria tomar corpo e assumir feição definida no movimento simbolista.

Era uma reivindicação estética, antecipada à metafísica, dos direitos do *mundo interior*. Quando o Simbolismo, quatro anos mais tarde — pois de 1893 é que se costuma datar o lançamento da nova escola — vier colocar no *sujeito* e não mais no *objeto* o centro da expressão poética, em verso ou prosa, a figura de renovador, que está por detrás dessa revolução do espírito, é a de Farias Brito.

2. Ele próprio, porém, como ficou dito, sofrera profundamente a influência de autores estrangeiros. O pensamento brasileiro, até hoje, tanto em filosofia como em literatura propriamente dita, ainda não pôde incluir-se entre os que exercem uma ação operativa sobre outros ambientes. Sua posição tem sido sempre a de receber influências e não a de transmitir. É provável que estejamos entrando numa fase nova. E o êxito ultimamente alcançado pelas traduções de Machado de Assis, por exemplo, já fazem augurar a possibilidade de uma ação direta em resposta às influências recebidas. Até agora, porém, a posição é de receber e não de comunicar. E assim como a posição naturalista, que dominou o século XIX, ao menos em seu centro, foi fruto de pensadores como os já citados e de escritores como Victor Hugo, Zola, Flaubert, Renan, Eça de Queirós, Antero de Quental — a nova posição espiritualista que se desenhava era inicialmente influenciada por pensadores e escritores como Bergson, Schopenhauer, Hartman, Maeterlink, Verhaeren, Whitman, Verlaine, Antonio Nobre, Eugênio de Castro, Rodembach, Ruskin e outros. Era no próprio centro da cultura universal que se operava essa mudança de rumo nas correntes filosóficas, que são sempre a fonte metafísica dos novos rumos estéticos. Pois as formas de beleza variam em função de nossa concepção geral da vida.

3. O Simbolismo era mais do que uma escola literária. Era uma nova tomada de posição em face da realidade total do universo. Ao Brasil, aonde chegava através da França e de Portugal, suas fontes imediatas, o que trazia era precisamente uma afirmação da subjetividade da arte e da acentuação dos valores ocultos, do mistério contido por detrás das aparências sensíveis, que a estética realista colocara como medida de valor estético. Ao verismo das superfícies sucedia um verismo das profundidades. As aparências eram apenas *símbolos* de realidades mais profundas. As palavras valiam mais pelo que evocavam do que pelo que significavam.

4. A poesia simbolista, que superou de muito a prosa, se iria desdobrar por três fases mais ou menos distintas: a primeira por volta de 1890, a segunda em torno de 1900 e a última já nos limites do Modernismo, cerca de 1910.

Os dois grandes nomes da primeira fase simbolista são, como se sabe, Cruz e Sousa e Alphonsus de Guimaraens. O estudo analítico de cada uma de suas obras, como aliás de nenhum dos autores aqui mencionados, é objeto de outro capítulo. O tema desta parte é a reação espiritualista considerada em suas linhas gerais, ao longo de mais de meio século de nossas letras e não o modo particular pelo qual se realizou essa reação nos autores e em suas obras.

Cruz e Sousa é um caso único na literatura brasileira e mesmo nas letras latino-americanas. Ele está para o africanismo racial como Garcilaso de la Vega para o indianismo. Com a vantagem de ser um negro puro, sem mescla de raça, e por isso mesmo tanto mais significativo na sua perfeita integração intelectual e sensitiva às grandes correntes do pensamento universal. Ele mesmo sofreu uma profunda evolução em seu pensamento. e em suas influências estéticas da mocidade para a maturidade. Participou na mocidade do estado de espírito naturalista então dominante, mas foi depois que a leitura de alguns filósofos da reação antinaturalista, especialmente Schopenhauer e Hartman, lhe comunicou uma visão objetiva do mundo, que a sua estética encontrou o caminho que o levou a ser, tanto em prosa como em verso, o verdadeiro fundador do Simbolismo no Brasil.

Alphonsus de Guimaraens não sofreu nenhuma transição ideológica. Foi diretamente levado à expressão espiritualista e já antes de Cruz e Sousa, em 1891, os versos que só mais tarde iria publicar começavam a cair de sua pena de estudante, na Faculdade de Direito de São Paulo, nitidamente marcados pelo espírito neorromântico e pela influência direta de Verlaine, que manteria até o fim da vida, já na aurora do Modernismo.

Tanto um como outro, e ainda um terceiro B. Lopes, que mais do que os outros dois é um poeta de transição, nessa primeira geração simbolista, mostram-se ainda profundamente influenciados pelo formalismo parnasiano de sua geração. Todos eles são mestres do soneto e se mantêm fiéis ao ritmo regular e mesmo à rima rica e às onomatopeias parnasianas. Mas o seu parnasianismo já se apresenta penetrado de um subjetivismo neorromântico de feição nitidamente espiritualista.

5. Na segunda fase do movimento, por volta do início do nosso século, aparece outro poeta, na mesma linha subjetiva, mas levando avante a tendência à libertação formal. É Mário Pederneiras que introduziu de modo sistemático o "verslibrisme" dos simbolistas franceses e trouxe a poesia para o terreno da simplicidade quotidiana. Sua poesia, profundamente influenciada por Maeterlink, é marcada por um profundo sentimento de espiritualidade, especialmente doméstica.

6. Já na terceira vaga simbolista, com o grupo chamado "penumbrista", pela influência da poesia de Rodenbach e das paisagens esfumadas da Bélgica e da Bretanha, com poetas que já se enquadram mais no pré-modernismo, essa nota subjetiva se acentua.

7. A prosa simbolista foi fraca. Nem por sombra se compara à poesia. Nela encontramos, entretanto, o único romance que esse neorromantismo ia deixar à posteridade, a *Mocidade morta*, de Gonzaga Duque, escritor cujo espiritualismo se fixou em tendências ocultistas e que trouxe à literatura um elemento muito típico da estética simbolista: a interpenetração das artes. Gonzaga Duque foi um critico de arte apreciável, que pôs em relevo essas "correspondências" que Baudelaire acentuara, esse Baudelaire, fonte genial da reação espiritualista em França, em sua luta dramática num mundo interior marcado pelo debate sangrento entre o angelismo e o satanismo.

8. Como estamos longe do verismo puramente espetacular do Naturalismo, para o qual toda a verdade era revelada diretamente pelos sentidos! O Simbolismo abria realmente rumos novos. E os próprios epígonos do movimento, como Lima Campos ou Virgílio Várzea já indicavam que os valores do espírito começavam a reagir contra o marginalismo a que haviam sido condenados durante a fase anterior de nossas letras. O que, aliás, seja dito de passagem, não é um critério de valor estético. A prosa de Voltaire e tão bela quanto a de Chateaubriand. A verdade não arrasta consigo necessariamente a beleza da expressão. Podemos dizer coisas falsas de modo primoroso, como acertar em estilo desastrado. Gide ia longe demais, sem dúvida, quando diz ser *"avec de bons sentiments qu'on fait de la mauvaise littérature"*. Mas podemos condenar o seu "imoralismo" sem desconhecer que os maus sentimentos sabem por vezes revestir-se da mais bela das máscaras, como Lúcifer foi o mais belo dos anjos... Literariamente o espiritualismo nem sempre é um critério de valor estético. Assim como filosoficamente pode ser, também, um semeador de ambiguidades. Nada se parece mais com o erro do que a verdade. Há, porém, um perigo maior do que essa proximidade. É a indistinção. É um engano mais fatal do que considerar o espiritualismo como um critério de valor estético: o de contestar a sua intrínseca superioridade sobre a negação da primazia e autonomia do Espírito sobre a natureza exterior.

NO PRÉ-MODERNISMO

1. O Pré-modernismo, como o nome indica, é a fase que precedeu, de modo imediato, a revolução modernista. Caracteriza-se precisamente, por ser uma fase conservadora, mais ou menos apática, mas em que alguns grandes valores individuais aparecem, sem que um movimento coletivo se delineie, e continuando, em geral, a orientação impressa pelas gerações anteriores. O Simbolismo continuava. Como continuava o Parnasianismo. Como continuava o Realismo. Do

ponto de vista que aqui interessa, o das tendências à primazia da vida interior sobre as influências externas, o movimento de renascença espiritual, provocado pelo Simbolismo, não sofreu solução de continuidade, embora dele não participassem os grandes nomes de prosadores ou mesmo de poetas surgidos durante esse período inicial do século XX, um Euclides da Cunha, um Lima Barreto, um Afrânio Peixoto, um Hermes Fontes, um Martins Fontes. Todos eles, ao contrário, se integraram ou na poética parnasiana ou na corrente naturalista, em sentido lato, ora nitidamente libertária com Lima Barreto (o que em nada prejudicou, e antes acentuou, a profunda humanidade dos seus romances); ora socialista ou nacionalista com Euclides da Cunha; ora céptica com Afrânio Peixoto. Na poesia temos mesmo, em 1912, o caso estranho de Augusto dos Anjos, que põe em versos candentes uma filosofia agressivamente materialista, sem poder esconder, entretanto, as suas secretas nostalgias espiritualistas. Hermes Fontes estreia em pleno parnasianismo pagão, em 1908, mas ao desaparecer, em 1930, havia sofrido, por sua vez, uma profunda evolução espiritual, como se vê em seus últimos livros *A lâmpada velada* ou *A fonte da mata*. Em sentido contrário, temos o aparecimento, também em 1912, dos poemas de um José Albano que aparecia solitário, reagindo contra o ambiente "nefelibato" ou "libertário", no seu sentimento puramente católico e na sua poética puramente camoniana.

  Era que o movimento de reação iniciado por Farias Brito e levado avante pelos simbolistas, a despeito do sarcasmo da gerontocracia naturalista dominante, longe de desaparecer, crescia. O próprio romancista mais famoso ou pelo menos mais fecundo da época, Coelho Neto, acentuava de livro para livro a sua reação antirrealista. As mesmas inclinações ocultistas de um Gonzaga Duque o inclinavam ao espiritismo superior, de que há reflexos em vários dos seus romances, como *Esfinge*, por exemplo (1908). Um cronista dessa época pré-modernista, Paulo Barreto, que sob o pseudônimo de João do Rio ficou sendo um dos espelhos fiéis das preocupações fúteis, dominantes nesse momento do *Rio civiliza-se* e do *Bota abaixo*, época de mundanismo, afetação e futilidade, não deixou de fazer, junto ao seu famoso inquérito sobre *O momento literário* (1904), o primeiro do gênero que se fazia entre nós, não deixou também de fazer uma reportagem análoga sobre *As religiões do Rio*, como que a mostrar o interesse que prosseguia, desde o Simbolismo, por esse marginalismo religioso.

  Mas enquanto os "altos topos da floresta espessa" ficavam mais ou menos fiéis aos deuses antiteístas do século XIX, toda uma nova geração, mais ou menos descendente da reação simbolista, começava a aparecer. Ainda não era um movimento articulado. ou pelo menos com certa unidade de propósitos, como seria depois de 1920, o Modernismo. Mas já era o aparecimento de certos nomes, ainda apegados ao formalismo estético dominante, simbolista, parnasiano ou realista, mas já penetrados de uma consciência, mais ou menos vaga, da autonomia do Espírito, que iria ser um dos elementos capitais da revolução modernista, em nossas letras.

Ainda aqui é a poesia que predomina sobre a prosa. Poderíamos mesmo distinguir entre os poetas três grupos, o nortista e carioca, o paulista, e o sulista, ao passo que entre os prosadores só podemos incluir duas ou três personalidades isoladas, no romance, no conto, na crítica.

2. No grupo nortista e carioca, que preparou o advento do modernismo, com espírito já desliga o do naturalismo anterior, podemos incluir o nome dos poetas Artur de Sales na Bahia, e no Rio, embora alguns também filhos do Norte: Manuel Bandeira, Ronald de Carvalho, Raul de Leoni, Olegário Mariano, Pereira da Silva.

Alguns iriam ter os seus nomes diretamente ligados ao advento do Modernismo. Outros, como Pereira da Silva, seriam fiéis ao Simbolismo. Outros, como Raul de Leoni, que a morte tão cedo levou, ficariam apenas na despedida a um mundo que desaparecia, sem terem podido integrar-se no continente novo que surgia. Outros, como Olegário Mariano, ficaram fiéis às formas anteriores. E em todos o espiritualismo é mais latente que patente. Ficaram como que no limiar do mundo novo, desse mundo do espírito, que as gerações positivistas, evolucionistas, mecanicistas, materialistas ou agnósticas do século XIX tinham relegado, consciente ou inconscientemente, para o epifenomenicismo a que o condenou um dos filhos do empírio-criticismo germânico e pai de uma larga geração antiespiritualista no século XX: Karl Marx.

3. No grupo paulista do Pré-modernismo aparecem dois grandes poetas, ambos os quais iriam ter uma atuação marcante no Modernismo, cada um a seu jeito e bem diferentes um do outro, mas sempre mantendo a sua poesia no plano de uma autonomia espiritual, mais ou menos indefinida, mas inequívoca: Guilherme de Almeida e Ribeiro Couto.

4. Quanto ao extremo sul, continuava fiel à revelação da última década do século XIX. O Simbolismo, com Cruz e Sousa, Dario Veloso, Silveira Neto, Emiliano Perneta (*q.v.*), trouxera para o palco das letras nacionais essa região sulista, entre Paraná e Rio Grande do Sul, que parecia puramente votada ou ao espírito rigidamente militar ou, quando muito, ao regionalismo folclórico. O Simbolismo revelou ao Brasil a sensibilidade sulista. E já no decorrer das primeiras décadas do século XX, a revelação de Cruz e Sousa se confirma e vemos surgir uma nova geração que se incorpora a essa feição penumbrista e final do Simbolismo, mas alguns de cujos corifeus iriam figurar, vitoriosamente, no desenrolar do movimento modernista, com Filipe D'Oliveira, Álvaro Moreira, Marcelo Gama, Homero Prates, principalmente os dois primeiros que, participando do espiritualismo vago da escola simbolista, podemos incluir entre aqueles que pertencem à reação antinaturalista.

5. Quanto à prosa, três personalidades merecem referência: Xavier Marques, Adelino Magalhães Nestor Vítor.

Xavier Marques comunicou aos seus romances praieiros ou históricos não só o grande cuidado estilístico que o caracterizou e a fidelidade aos costumes baianos que estudou, mas ainda uma atmosfera de grande pureza moral, significativa da sua concepção de vida, produto da mente cristã.

Adelino de Magalhães (*q.v.*) foi o precursor da corrente nitidamente espiritualista do Modernismo e um adversário radical do academismo realista, que dominava, no início do século, a prosa brasileira. Estreando em 1916, pouco antes do advento ruidoso do Modernismo em 1922, ficou sempre um solitário, um transbordante, um precursor do "suprarrealismo", o iniciador, entre nós, do "monólogo interior", como notou Eugênio Gomes, um verbalista dinâmico, sempre fiel ao subjetivismo idealista que o Simbolismo tinha lançado em nosso meio, combinando realismo e espiritualismo numa forma profundamente pessoal.

Quanto a Nestor Vítor (*q.v.*), foi o crítico do Simbolismo, o homem que revelou Cruz e Sousa e ficou à margem da gerontocracia, realista e parnasiana, dominante em nossas letras, na transição dos dois séculos, em virtude de sua corajosa fidelidade aos "heréticos", insubmisso ao dogmatismo acadêmico, que o Naturalismo vinha perpetuando em nossas letras, através da apostasia religiosa das elites e do gosto do público pelo sensualismo literário, parnasiano ou realista.

6. Portanto, no subsolo da literatura dominante no princípio do século XX, e como continuação da subversão marginal do Simbolismo, contra os ídolos do foro literário, apareceu uma geração nova cujo espírito recessivo e ainda inconsciente, já demonstrava alguns dos caracteres definidos e categóricos da autêntica reação espiritualista, com que uma parte considerável dos modernistas vai entrar na luta pela renovação das formas estéticas e das atitudes filosóficas e religiosas em face da existência, depois de 1920.

NO MODERNISMO

1. No advento dessa nova era que foi o após-guerra de 1918, três espécies de revolução se operaram no Brasil: a política, a literária e a espiritual.

Pode-se dizer que nasceram no mesmo ano, esse ano de 1922 que, por tantos motivos, é aquele de que podemos datar o advento cultural do século XX, como uma nova fase da nossa história social. Foi o ano do Centenário e, como tal, um momento de tomada de contas, de exame de consciência, de decisões para o futuro. Foi, por isso mesmo, um ano essencialmente revolucionário, e portanto típico do século XX. Foi o ano em que ocorreu o primeiro movimento civil e militar contra os "governos fortes" dos fins da Primeira República, e culminou com o famoso e simbólico episódio épico dos "18 do Forte", semente da revolução política vitoriosa em 1930. Foi o ano em que ocorreu a "Semana de Arte Moderna" em São Paulo, acontecimento inicial e público do movimento modernista nas letras. Foi o ano em que se publicaram algumas obras capitais do fim da era anterior e do advento do modernismo declarado, como a *Luz mediterrânea*, de Raul de Leoni, os *Epigramas irônicos e sentimentais*, de Ronald de Carvalho e sobretudo *A pauliceia desvairada*, de Mário de Andrade. Foi ainda o ano em que apareceram duas obras-mestras, como demonstração positiva de uma nova fase de renascimento espiritual e precisamente católico: *A Igreja, a Reforma e a civilização*, do Padre Leonel Franca, S.J. e *Pascal e a inquietação moderna*, de Jackson de Figueiredo.

Não se podem confundir os três movimentos, sem dúvida. Mas também não há que dissociá-los. Os três revelam uma ruptura com posições passadas, uma quebra de rotina, um renascimento formal, tanto no campo político das instituições públicas, como no terreno propriamente literário ou propriamente espiritual. E as ligações entre os três são inegáveis.

A revolução política foi de 1930. Logo em 1931 se quebrava uma praxe da República Velha, o laicismo pedagógico rigoroso, e se introduzia o ensino religioso nas escolas públicas, embora em caráter facultativo. E poucos anos depois, quando o país voltou à legalidade constitucional, os postulados da Liga Eleitoral Católica foram integralmente incorporados à nova Constituição de 1934. Era a prova patente de que a revolução espiritual exercia uma influência direta sobre a revolução política.

E o mesmo se pode dizer em relação à revolução literária. Se alguns dos líderes da revolução espiritual se conservaram alheios e até avessos ao Modernismo estético (como Jackson de Figueiredo por exemplo, mas que apesar: disso Graça Aranha inclui, com razão, na lista dos "renovadores" e "antipassadistas", na sua famosa conferência na Academia Brasileira de Letras, em 1924), a maioria deles, ao contrário, participou ativamente do movimento, na linha das tendências já manifestadas ao longo da evolução do Simbolismo ou mesmo provindo de setores completamente alheios à tradição neorromântica.

Há, portanto, um laço profundo entre as três manifestações do mesmo espírito conscientemente renovador e inovador, que animou, de modo violento e radical, os meios políticos, intelectuais e espirituais brasileiros ao terminar a guerra de 1914. Esta foi o choque social necessário, como que a explosão de um cartucho de dinamite na rocha do conformismo histórico, para fazer passar as águas represadas no fundo das consciências.

2. Esse movimento, no domínio das ideias e das formas estéticas não se processou alheio a influências universais, por mais que a nota nacional e mesmo nacionalista, que já se manifestara na fase imediatamente anterior, tenha também marcado profundamente as instituições e as obras da primeira geração modernista.

Escritores e pensadores de todos os tipos e países, como Péguy, Bloy, Maritain, Berdiaeff, Bergson, Eucken, Boutroux, Claudel, Mauriac, Max Jacob, Romain Rolland, Kierkegaard, Rabindranath Tagore, Bernanos,

Chesterton, Belloc, Dawson, Gilson, Unamuno, Papini, Peter Wust, Theodor Haecker, Karl Adam, Romano Guardini, Keiserling, Thomas Merton, Fulton Sheen, Gabriel Marcel, Charles Maurras, Maurice Blondel, Benedetto Croce, Emmanuel Mounier, Arnold Toynbee, T. S. Eliot, para se falar nos mais famosos, e até mesmo a conversão em Portugal de um Leonardo Coimbra, a evolução crítica de Fidelino de Figueiredo, através de Kant, ou a nova visão política de Antônio Sardinha, tudo influiu poderosamente na mentalidade das novas gerações. Não havia só os católicos do grande movimento renovador que vinha do princípio do século, em França, com Bloy, Péguy ou Maritain. Havia judeus como Bergson. Pagãos como Tagore. Ortodoxos como Berdiaeff. Heterodoxos como Unamuno. Protestantes como Kierkegaard. E até positivistas como Maurras. Havia homens vindos de todos os quadrantes culturais do Velho Mundo, do Novo Mundo e até do Oriente. Havia homens da direita e homens da esquerda. Havia latinos, germanos, eslavos e anglo-saxões. Era uma onda de fundo da consciência universal, que repelia violentamente, sem consenso prévio e sem o mais remoto unilateralismo ou mesmo confessionalismo, a limitação aos direitos supremos do Espírito que uma falsa concepção da verdade tinha instaurado como um dogma da inteligência humana, desde a decadência do romantismo. Era um movimento universal, que veio encontrar no Brasil um ambiente extremamente receptivo, numa geração que recebera da lição antiespiritualista dos seus mestres, um Anatole France, um Gide, um Eça de Queirós, um Sílvio Romero, não uma posição de irredutibilidade sectária, mas ao contrário uma atitude de *disponibilidade* favorável aos novos evangelhos da inteligência, alguns dos quais conduziam aos quatro simples e eternos Evangelhos da Verdade, que vieram insuflar vida nova em tantas consciências precocemente desiludidas da verdade.

3. Duas personalidades, antes referidas, vieram abrir novos rumos para a nossa cultura e marcar o advento formal da renovação espiritualista *definida*, com a nova geração. Foram Leonel Franca e Jackson de Figueiredo. Antes deles, e na mesma linha da recuperação de um patrimônio perdido, deve--se registrar a abertura em São Paulo de uma Faculdade de Filosofia, ligada à de Louvain, e por iniciativa de um abade beneditino, D. Miguel Kruse, O.S.B. Era o movimento tomista que chegava ao Brasil, com homens como Monsenhor Sentroul, cuja tese sobre *Kant e Aristóteles* fora premiada pela Kant-Gesellschaft, Alexandre Correia, Leonardo Van Acker, belga mais tarde naturalizado, que muito influíram nessa radical mudança de rumos, contra a inclinação natural do Naturalismo ao materialismo ou ao cepticismo absoluto, que se vinha processando.

No terreno das letras; a publicação dos dois livros de Leonel Franca* e de Jackson de Figueiredo** e, de modo particular, a ação pessoal de um e de outro

* Leonel Edgard da Silveira Franca (S. Gabriel, RS, 1893 — Rio de Janeiro, 1948). Ingressou na Companhia de Jesus, em 1908, ordenando-se sacerdote em 1923. Doutor em Teologia e Filosofia, fundador da Universidade Católica (1940).

Bibliografia

Noções de História da Filosofia. 1918; Apontamentos de química geral. 1919; A Igreja, a Reforma e a civilização, 1923; Relíquias de uma polêmica. 1926; Ensino religioso e ensino leigo. 1931; O divórcio. 1931; Catolicismo e protestantismo. 2. ed., 1933; Lutero e o Sr. Frederico Hansen. 1934; A psicologia da fé. 1934; O protestantismo no Brasil. 1938; A crise do mundo moderno. 1941; Imitação de Cristo. trad., 1944; Livro dos Salmos. trad., 1947; Pensamentos espirituais, 1949; O método pedagógico dos jesuítas, trad., 1952; Obras completas. 1952.

Consultar

Elboux, S.J., Luís Gonzaga da Silveira d'. *O Padre Leonel Franca*, S.J. Rio de Janeiro, 1953.

** Jackson de Figueiredo Martins (Aracaju, SE, 1842 — Rio de Janeiro, 1928). Bacharel em Direito, professor de Humanidades e jornalista, foi o fundador do Centro Dom Vital e da revista *A Ordem*. Órgão do Centro, ambos em 19 21, no Rio de Janeiro, os quais seriam os centros mais fortes do movimento de reespiritualização.

Bibliografia

POESIA: *Bater de asas*, 1908; *Zíngaros*. 1910; *Incenso e oiro*. 1917; *Crepúsculo interior*. 1918. ENSAIO E CRÍTICA: *Xavier Marques*. 1913; *Garcia Rosa*. 1915; *Algumas reflexões sobre a filosofia de Farias Brito*. 1916; *Em defesa de Sergipe*. 1918; *A questão social na filosofia de Farias Brito*. 1919; *Humilhados e luminosos*. 1921; *Do nacionalismo na hora presente*. 1921; *A reação do bom senso contra o demagogismo e a anarquia militar*. 1922; *Pascal e a inquietação moderna*, 1922; *Aura de Sousa*, 1924; *Literatura reacionária*. 1924; *Durval de Morais e os poetas de Nossa Senhora*. 1925; *A coluna de fogo*, 1925; *Afirmações*. 1928. CONFERÊNCIAS: *Pelo Brasil*. 1917; *Boa imprensa*. 1919; *As ideias gerais de Fidelino de Figueiredo*. 1922; *São Luís de Gonzaga e a nossa mocidade*. 1926. CORRESPONDÊNCIA: *Cartas*. 1929; *Correspondência*. 1939. ROMANCE: *Aevum*. 1932.

Consultar

Almeida Magalhães. "Um sôfrego da luz incriada", *Cadernos da Hora Presente*. São Paulo, maio 1939; Athayde, Tristão de. *Estudos*. 3ª série. Rio de Janeiro. 1930; idem. "Introdução da *Correspondência*." Rio de Janeiro, 2 nov. 1941; Barreto Filho. "Introdução da *Correspondência*." Rio de Janeiro, 1938; *Autores e Livros*. Supl. *A Manhã*, Vol. 1, n. 12, Rio de Janeiro, 1938; Carneiro, J. Fernando. "Jackson de Figueiredo", *A Ordem*, Rio de Janeiro, jan./fev., 1946); Faria, Otávio de. "O romance de Jackson de Figueiredo", *Boletim de Ariel*, Rio de Janeiro, jun. 1932; Gomes, Perilo. *Jackson de*

sobre a nova geração, é que vinham dar realmente o passo decisivo, não só para uma reaproximação entre a Igreja Católica e a Literatura, mas ainda para a reconciliação entre a Cultura e o Espírito, como força autônoma e suprema e não como epifenômeno marginal e secundário em face do determinismo cego das leis naturais ou da evolução social.

A ação pessoal de Leonel Franca e de Jackson de Figueiredo, tão diferentes entre si, de temperamento e de formação filosófica, mas tão ligados pela mesma adesão total à Verdade Revelada e ao magistério da Igreja Católica, foi considerável. Um pela sua calma, pela solidez dos seus conhecimentos, pela harmonia de sua formação, pela arrumação ordenada, como ninguém, do seu espírito, pela sua imensa penetração psicológica; o outro, pela sua veemência, pela sua bravura, pelas suas aventuras filosóficas, pela sua curiosidade intelectual; ambos desempenharam um papel decisivo na modelagem espiritual da nova geração. Direta ou indiretamente, não houve nos primeiros trinta anos do século, quem tomasse parte nessa reação espiritualista que avassalou tantas consciências das novas gerações e marcou indelevelmente os novos rumos das letras e do pensamento no Brasil moderno, e não tivesse sofrido qualquer influência, próxima ou remota, aceita ou repelida, dessas duas grandes figuras, tão diferentes e tão semelhantes, que devemos colocar no pórtico da revolução espiritual de 1922. Ambos fizeram passar a inquietação espiritualista e o descontentamento com o Naturalismo, do terreno das aspirações indefinidas, que havia sido típico do Simbolismo, para o das posições definidas, das opções formais, que pareciam para sempre banidas do domínio das letras, pelo dogma da disponibilidade gidiana, e no entanto longe de impedir o surto da originalidade literária, vieram marcar a diferença específica de alguns dos mais originais criadores poéticos das novas gerações, como Jorge de Lima ou um Murilo Mendes.

4. Tanto na poesia como na prosa de ficção e na prosa de ideias esse movimento de reação espiritualista, ora nitidamente católico desde a famosa Pastoral de Dom Sebastião Leme, ainda então Arcebispo de Olinda (1916), ora de sentido mais indefinido, veio a processar-se sem cessar, de 1922 a nossos dias. Pois não se pode falar do Modernismo como de um movimento único, nem mesmo localizá-lo, como por vezes se faz, entre 1920 e 1945, mas como uma série de *approaches*, de ondulações ou de gerações — ao menos a primeira de 1920, a segunda de 1930 e a terceira de 1945 — que variam entre si, como

---

Figueiredo, o doutrinário político, Rio de Janeiro, 1933; Guaraná, Armindo. *Dicionário biobibliográfico sergipano*, Rio de Janeiro, 1925; Marques, Xavier. *Letras Acadêmicas*, Rio de Janeiro, 1933; Morais, Carlos Dante de. *Realidade e ficção*. Rio de Janeiro, 1952; Nogueira, Hamilton, *Jackson de Figueiredo*, o doutrinado católico, Rio de Janeiro, 1952; Nogueira, Hamilton, *Jackson de Figueiredo*, o doutrinário católico, Rio de Janeiro, 1923; Silveira, Tasso da. *Jackson de Figueiredo*, Rio de Janeiro, 1945; *In Memoriam*, Jackson de Figueiredo, Rio de Janeiro, 1939.

obedecem a certos impulsos comuns. Os diversos grupos são marcados por algumas tendências estéticas, que abrangem por vezes personalidades das três gerações, aqui sempre consideradas, repita-se, sob o aspecto particular de sua fidelidade profunda a essa reação espiritualista, tão marcante em nossas letras modernas.

Podem-se assim dividir os poetas modernistas em três categorias: os impressionistas, os imaginistas, os formalistas. Como os nomes estão indicando, nos primeiros predomina a nota subjetiva; nos segundos a imaginativa; e nos terceiros a construtiva. Mas em todos, o que assinala a sua qualidade de poetas espiritualistas é a mesma primazia de valores preter ou sobrenaturais, que tanto enriquecem o seu mundo poético.

5. Na primeira categoria e logo no limiar da revolução espiritual modernista, nos domínios da estética, deve-se colocar o chamado grupo de *Festa*, assim chamado porque se manifestou pela revista do mesmo nome, em suas duas fases de 1928 e 1929 e de 1934 e 1935. Três correntes foram indicadas como típicas da primeira vaga modernista: a corrente primivitista, a corrente nacionalista e a corrente rústica, ou espiritualista em sentido estrito. Esta última é que era representada pelo grupo de *Festa*, embora em todas as três houvesse elementos que se enquadrassem perfeitamente nesse setor espiritual da revolução estética.

O grupo de *Festa* era constituído por um conjunto de poetas e prosadores com Tasso da Silveira (1894), Andrade Murici (1895), Cecília Meireles (1901-1964), Barreto Filho (1908), Gilca Machado (1893), Murilo Araújo (1894), Brasílio Itiberê (1848-1913), Henrique Abílio (1893-1932), Wellington Brandão (1895), colaboradores permanentes, além de outros como Abgar Renault (1901), Luís Delgado (1906) Ribeiro Couto (1898-1963), ou mesmo Carlos Drummond de Andrade (1902), que ali colaboraram esporadicamente.

Tasso da Silveira foi o grande animador dessa corrente, junto a Andrade Murici, ambos herdeiros legítimos do patrimônio simbolista. Em editoriais sucessivos, Tasso da Silveira, poeta e prosador, mais tarde ainda romancista, ia dando o tom do movimento e de suas aspirações, prendendo-o às suas fontes legítimas, como continuador do Simbolismo sob novas modalidades; como reivindicador de nomes injustamente silenciados pela crítica oficial, como Nestor Vítor ou Adelino de Magalhães e sempre acentuando, como nota típica do grupo, a importância do elemento *místico*, cuja omissão ou pelo menos marginalidade, no movimento modernista, havia sido apontado.

Ao grupo de *Festa*, nesse primeiro momento do Modernismo, que veio francamente trazer às letras renovadas a primazia do elemento espiritual, poderíamos acrescentar dois outros grupos, de tendências espirituais semelhantes, embora mais próximos dos imaginistas que dos impressionistas, e ambos de Minas Gerais: o grupo Verde, de Cataguases, com Rosário Fusco (1910-1977), Enrique de Resende (1899-1973), Francisco Inácio Peixoto (1909-1986), Ascânio Lopes (1906-1929) e o grupo *Revista*, de Belo Horizonte, já por volta de 1930, com figuras que se iriam tomar de primeira plana nas letras modernas, como os poetas Carlos Drummond de Andrade (1902-1987), Emílio Moura (1902-1971), Abgar Renault ou mesmo o prosador Martins de Almeida. Os "mineiros" não podiam deixar de participar da reação espiritualista, se queriam permanecer fiéis à alma de Minas, tão "naturaliter christiana". E mesmo um Carlos Drummond de Andrade, que aparentemente repeliu essa marca tradicional, pode-se dizer que voltou a ela mais tarde, de modo indireto, em sua genialidade poética, através da revolta contra a miséria humana e as injustiças sociais e até ultimamente através do apelo da voz profunda da sua consciência ou do seu... itabirismo.

6. Entre os "imaginistas" contam-se poetas tão distintos entre si como Mário de Andrade e Menotti del Picchia, paulistas da primeira geração modernista, o primeiro geralmente classificado como "primitivista" e o segundo como malabarista de imagens poéticas. Há em ambos, porém, e mormente em Mário de Andrade, uma acentuada vocação espiritual. O autor de *Pauliceia desvairada*, a despeito de suas aventuras do espírito, sempre conservou um profundo laço com sua formação católica. No Rio de Janeiro, Augusto Frederico Schmidt (1906-1965), foi o grande neorromântico da "geração de 30", em 1928, que se tornaria uma das maiores vozes poéticas das nossas letras contemporâneas, sempre animado do sopro lírico cristão mais amplo. Jorge de Lima e Murilo Mendes, tão diversos em sua inspiração, se singularizaram ambos por inspiração nitidamente católica, "restaurando a poesia em Cristo", e chegando, como o Jorge de Lima das vésperas da sua morte em 1953, com *Invenção de Orfeu*, a uma altitude poética que já pode ser chamada de "camoniana". E ainda se pode incluir nesta categoria o poeta, ensaísta e crítico rio-grandense Augusto Meyer (1902), que, embora permanecendo em sua disponibilidade filosófica, deixou-se penetrar em sua poesia pela mais clara liberdade espiritualista.

7. Quanto ao terceiro grupo, "formalista", inclui em primeira plana a figura singular de Cassiano Ricardo. Vindo do Parnasianismo do *Jardim das Hespérides* (1915) para o nacionalismo do *Martim Cererê* (1928), foi sobretudo em sua terceira fase, a maior de todas, depois de 1940, que tomou uma posição dir-se-ia superpsiquista, como Leonel Franca chamou Farias Brito de "panpsiquista", que o incorpora definitivamente como uma das maiores figuras poéticas da reação espiritualista. Evolução contrária, no sentido clássico, operou um dos mais puros poetas do espiritualismo católico da geração de 20, Durval de Moraes,* vindo da poética livre do Simbolismo, na sua repercussão

---

* Durval Borges de Morais (Maragogipe, BA, 1882 — Rio de Janeiro, 1948). Formou-se em Química e Farmácia e foi assistente de Química da Escola Politécnica e do Instituto Agrícola de S. Bento das Lajes. Colaborou na *Nova Cruzada* e nos *Anais*. Era membro da Academia de Letras da Bahia.

baiana, a conversão ao catolicismo o levou a uma poesia profundamente religiosa, de inspiração franciscana e de moldes clássicos.

Ainda da Bahia, e na mesma corrente, há que citar os nomes de Godofredo Filho (1904-1992) e Carvalho Filho (1908-1994); no Rio de Janeiro o de Francisco Karam (1902-1969) cuja inspiração espiritual de *Hora espessa* se clareou mais tarde numa poesia definidamente católica de inspiração.

A mesma combinação harmoniosa de uma profunda espiritualidade, de essência religiosa, com uma forte capacidade construtiva é que anima algumas das obras mais recentes da terceira vaga modernista, com poetas como Mauro Mota (1912-1984), José Paulo Moreira da Fonseca (1922-2004), ou Marcos Konder Reis (1922-2001). A figura de Ledo Ivo (1924-2012), reivindicador de Olavo Bilac e um dos restauradores da dignidade do soneto, poderia porventura incluir-se entre os inquietos da reação espiritualista, na Geração de 1945.

Entre os mineiros, não se deve omitir, entre os "imagistas", mas com um poder de poética construtiva muito forte, uma poetisa como Henriqueta Lisboa, ou Alphonsus de Guimaraens Filho (1918-2008) tão poderoso na elaboração do verso quanto essencialmente místico na inspiração da poesia.

8. A prosa de ficção, da tendência aqui estudada, também conta, desde os primeiros momentos do Modernismo, com representantes de primeira água.

Nas duas correntes não explicitamente espiritualistas, da primeira geração modernista, encontra-se Antônio de Alcântara Machado, incluído geralmente entre os "primitivistas", mas cujos contos, mesmo quando puramente satíricos, estão impregnados da mesma inquietação espiritual, que o levava a comentar as obras de Anchieta e a declarar-se "torcedor" da Ação Católica...[5] Também Plínio Salgado (1901) criador mais tarde do movimento político integralista, mas que estreou como poeta e romancista, impregnado de um misticismo não só nacionalista mas ainda religioso e católico, especialmente manifesto na sua *Vida de Jesus* (1943).

Ainda nessa primeira geração de romancistas e contistas, deve-se mencionar Oswald de Andrade, que mais tarde iria repudiar violentamente todo espiritualismo, mas que começou terminando os seus primeiros romances com

---

Bibliografia

Poesia: *Sombra fecunda*. 1913; *Lira franciscana*. 1921; *Cheia de graça*. 1924; *Rosas do silêncio*. 1926; *O poema de Anchieta*. 1929; *Conquistador do infinito*. 1924; *Solidão sonora*. 1943. Conferência: *De Rui Barbosa*. 1947.

Consultar

Figueiredo, Jackson de, *Durval de Morais e os poetas de Nossa Senhora*. Rio de Janeiro, 1925; Murici, Andrade, *Panorama do movimento simbolista brasileiro*. Rio de Janeiro, 1951, vol. II. pp. 346-352.

a invocação "Laus Deo", e faleceu dizendo[6] que "se não se havia convertido, estava entretanto doidinho por isso" (sic), como se realmente o seu repúdio à Fé nunca tivesse satisfeito o seu coração, mesmo de escritor, quanto mais de homem, arrastado pelo poder dos sentidos.

Em Minas Gerais, entre os romancistas marcados profundamente pela Fé religiosa e pela compreensão da vida profunda das almas, destaca-se Cornélio Pena, seguramente um dos mais sugestivos e humanos dos nossos romancistas de todos os tempos.

9. De setores completamente estranhos ainda a toda influência da tradição simbolista, e no entanto profundamente marcados pela reação espiritual, há os nomes de Lúcio Cardoso e Otávio de Faria, e mais recentemente os de Antonio Calado (1917-1997), Gustavo Corção.* Lúcio Cardoso, como Cornélia Pena, não pode negar a origem mineira. A espiritualidade como que poreja, inconscientemente, das páginas de seus romances. Já com Otávio de Faria, defrontamo-nos com um dos muitos casos de recuperação moral e religiosa, depois de crise profunda. O extraordinário mural romanesco de Otávio de Faria, o maior de nossa história literária, *A tragédia burguesa* é uma das demonstrações mais palpáveis e até patéticas do efeito da revolução espiritual sobre a revolução literária em nossas letras modernas.

10. Quanto a Gustavo Corção, foi também o fruto de uma radical conversão, que veio trazer para as letras um estilo novo, absolutamente inédito, uma fusão de espírito científico, de espírito artístico e de espírito litúrgico, que fazem de sua personalidade de escritor um caso à parte e porventura o mais extraordinário da moderna reação espiritualista na história de nossa literatura.

11. Há ainda a mencionar dois nomes e duas obras que aparentemente escapam a este capítulo por se filiarem a uma corrente literária a que se costuma chamar de "nordestina", em nosso Modernismo, que representa antes uma nova fase do Naturalismo do que uma expressão nova da corrente espiritualista.

---

* Gustavo Corção (Rio de Janeiro, 1896-1978). Professor da Escola Técnica do Exército e da Escola Nacional de Engenharia (Telecomunicações). Colaborador do *Diário de Notícias*, do Rio de Janeiro, de *O Estado de S. Paulo*, de São Paulo, etc.

Bibliografia

MEMÓRIAS: *A descoberta do outro*. 1944. ENSAIO: *Três alqueires e uma vaca*. 1946; *As fronteiras da técnica*. 1952. ROMANCE: *Lições de abismo*. 1951. CRÔNICAS: *Dez anos*. 1957.

Consultar

Menezes, Djacir. *Evolução do pensamento literário no Brasil*. Rio de Janeiro, 1954; Perez, Renard. "Escritores Brasileiros Contemporâneos", *Correio da Manhã*, Rio de Janeiro, 3 ago, 1957.

Trata-se de Raquel de Queirós e José Lins do Rego. A obra de ambos, cada um a seu jeito, é capital para o conhecimento e apreciação da riqueza estética, não só da geração modernista, mas de toda a inteligência brasileira. Nenhum dos dois se caracteriza, em sua obra propriamente dita, pelas tendências a que chamamos espiritualistas. Mas cada um deles, em seu coração, em sua inteligência, está de tal modo marcado pelo amor de Cristo e pela compreensão da verdadeira caridade, que podemos colocá-los, à vontade, como fiéis invisíveis do mesmo primado espiritual.

Outra escritora marcada também pelas mesmas tendências, embora em outra clave, é a romancista Dinah Silveira de Queirós, cujo amor da aventura é uma marca inequívoca de espiritualidade como o é o mistério latente nos escritos dessas outras duas grandes contistas e romancistas: Helena Silveira (1911-1984) e Clarice Lispector (1920-1977), personalidade singular, esta última, em nosso romance moderno.

E Érico Veríssimo? É certo que se confessa agnóstico e seus livros se mantêm no plano da narrativa exterior ou psicológica, sem qualquer passagem ao terreno da verdadeira espiritualidade, que supõe uma abertura para o preternatural. Mas não se pode negar, em toda a sua obra, uma forte disponibilidade para ouvir as vozes do mistério, que em sua novela, *Noite*, a despeito de sua morbidez, como que começam a se tornar mais insistentes.

Não pretende essa enumeração ser um registro exaustivo, mas apenas uma exemplificação pela rama e pelos valores supremos, daqueles escritos em cuja obra mais ou menos definidamente se tem manifestado, depois do advento modernista, uma tendência ao desdobramento da realidade ou antes do reconhecimento que a realidade do espírito transborda, infinitamente, da realidade dos nossos sentidos. Não é uma volta ao idealismo romântico e sim a passagem a um realismo mais completo, o único verdadeiramente completo.

12. Passando à prosa de ideias, podemos desde logo fazer uma distinção entre os que atuaram no Rio de Janeiro e os que atuaram nos estados, sempre sob o pressuposto de que o movimento modernista se operou a partir do eixo São Paulo-Rio.

Já foram mencionados os nomes de Leonel Franca e Jackson de Figueiredo, que se colocam como dois esteios da nova espiritualidade, no momento inicial de sua atuação transmutadora.

Dois outros nomes deveriam ainda ser referidos, ambos de primeira plana, mas nenhum dos dois nitidamente integrado no movimento de reação espiritualista, se tomarmos a expressão em sentido estrito e definido: os de Graça Aranha e Agripino Grieco (1888-1973).

Ambos, entretanto, devem ser incorporados a ele, no sentido lato da expressão. Graça Aranha, com sua filosofia "espetacular" do universo, de 1921, se filia antes ao monismo espiritualista, de origem hegeliana. E por isso mesmo, apesar de sua confessada filiação à "Escola do Recife", não é ao Naturalismo e sim, pelo contrário, ao antinaturalismo, que sua obra se filia. Por mais que seu apregoado "objetivismo dinâmico" e o amoralismo de sua *Viagem maravilhosa* (1929) o afastem do curso estreito da reação espiritualista, com o seu desdobramento de realidades, suas exigências éticas e sua inspiração cristã, mesmo em sentido aconfessional — participa do sentido geral dessa tendência, que ele conserva a despeito das aparências. Sua filiação literária é mais simbolista que realista,[7] apesar da feição social de *Canaã*. E no ecletismo de sua colocação ideológica e histórica no limiar do Modernismo e como seu principal animador, não pode ser excluído pelo estado de espírito que anima os nomes, as obras e os movimentos que participam da considerável reação aqui esboçada.

Quanto a Agripino Grieco, foi e continua a ser o grande crítico independente de nossas letras modernas. Sem se filiar a nenhuma corrente modernista e antes se conservando num plano de isolamento e equidistância; sem, por outro lado, fazer praça de suas convicções religiosas, todos sabemos que foi um católico e que seus juízos estéticos não só se destacam pela independência, pelo sarcasmo ou pelo picante do estilo, mas ainda por uma valorização constante dos valores mais puramente espirituais. A figura que considera central em nossas letras é mesmo a de José de Alencar, como expressão do nosso lirismo congênito, tão próximo da supremacia do espírito sobre os sentidos, que caracteriza a corrente aqui estudada e predominante nas letras brasileiras, particularmente a partir da dupla revolução estética e espiritual de 1922.

13. No mesmo terreno da crítica literária os nomes a mencionar cronologicamente, em seguida ao de Agripino Grieco, como ligados ao modernismo crítico, de tendência espiritualista, são os de Sérgio Milliet (1898-1966), Roberto Alvim Correia (1898-1983), Álvaro Lins (1912-1970), Afrânio Coutinho (1911-2000), Temístocles Linhares (1905-1993) e Wilson Martins (1921-2010).

O primeiro, sem se filiar especialmente à corrente definidamente espiritualista, tem sempre revelado em sua larga atuação, como poeta e como crítico do Modernismo, uma tal sensibilidade apreciativa dos mais finos valores do espírito, que não pode ser deixado apenas entre os agnósticos. O mesmo se poderia dizer, aliás, de outro independente, Plínio Barreto (1882-1958).

Roberto Alvim Correia, esse sem dúvida alguma se inclui nessa corrente, como discípulo do mais espiritual dos críticos modernos, Charles Du Bos, cuja argúcia e cuja estesia substancialmente religiosa soube trazer para a apreciação de nossas letras.

Quanto a Álvaro Lins foi a grande revelação crítica da segunda geração modernista, com uma obra já hoje considerável, de crítica militante e biografia, e cuja crise religiosa recente, vinda discretamente a lume, é de esperar não afete a sua posição em face e dentro da reação espiritualista. A posição de Afrânio Coutinho não variou desde que se revelou, com Álvaro Lins, como o grande crítico da geração. Ligado, nos primeiros anos da década de 1930, ao movimento personalista francês de *Ordre Nouveau e Esprit*, foi através deles reconduzido ao espiritualismo cristão e depois, por influência de Jacques Maritain, ao humanismo integral, católico, pregando sempre pela primazia dos valores espirituais. Mais tarde, depois de 1948, tomou-se, entre nós, introdutor incansável e inteligente dos métodos do "new-criticism" e outros das novas correntes da crítica cuja acentuação do *estético* e do *incomensurável*, no ajuizamento das obras de arte literárias, representam uma garantia da boa hierarquização de valores.

14. Do grupo imediatamente ligado a Jackson de Figueiredo, há que destacar os nomes de Sobral Pinto (1893-1991), Hamilton Nogueira (1897-1981), Perilo Gomes (1890-1952), além de Barreto Filho (1908-1983), já mencionado, e J. Fernando Carneiro (1908-1965). Sobral Pinto é o nosso maior jurista católico, cuja atuação no cenário político brasileiro tem sido considerável desde 1930, sempre como um baluarte da mais pura espiritualidade cristã. Hamilton Nogueira, por sua atuação no Senado Federal e por sua obra de magistério e de tribuna, vem sendo, no campo especial das ciências naturais e no mais amplo do cenário político e literário, um dos grandes representantes do Centro Dom Vital, fundado por Jackson de Figueiredo, em 1921, juntamente com a revista *A Ordem*, para serem os instrumentos da renovação católica lançada pelo gênio singular de Jackson, cuja conversão em 1918 foi um dos elementos centrais dos novos rumos do pensamento brasileiro. Outro dos seus discípulos que continuou a sua obra em vários volumes de crítica doutrinária e apostolado ético foi Perilo Gomes, cujo livro, *Penso e creio* (1921), foi um acontecimento intelectual.

No terreno da filosofia, haveria que citar nomes de representantes de duas gerações de altos conhecedores da língua, ligados por suas convicções ao movimento espiritualista moderno. Na geração anterior, os nomes de Augusto Magne, S.J., Sousa da Silveira; Clóvis Monteiro, e, na nova geração, os de Mário Casassanta, Aires da Mata Machado Filho, Gladstone Chaves de Melo, Serafim Silva Neto, Sílvio Elia, Orlando Carneiro. No das letras didáticas o de Teobaldo Miranda Santos.

No jornalismo, a conversão de Carlos Lacerda, vindo da extrema esquerda, foi um acontecimento para o movimento espiritualista. Como na política militante, nomes como os de Otávio Mangabeira, Adauto Lúcio Cardoso, Aluísio Alves, do malogrado Xavier de Oliveira, de Raul Pila, Armando Câmara são de personalidades ligadas intelectualmente à mesma reação do espírito contra a herança cética e agnóstica.

Na ciência, podem-se citar nomes como de Joaquim da Costa Ribeiro, Carlos Chagas Filho, Paulo Sawaya, Paulo Sá, Francisco Magalhães Gomes e uma plêiade de jovens cientistas, incorporados à mesma linha espiritual.

Cada um desses setores daria, por si só, para marcar a profunda repercussão dessa revolução espiritualista em nossa cultura moderna.

Foi do Centro Dom Vital e mais particularmente do grupo de estudantes dele derivado, a Ação Universitária Católica (AUC), que veio a sair ainda um grupo de universitários de Engenharia, Direito, Medicina, Letras. que ingressaram na vida religiosa, por volta de 1940, alguns dos quais sem renunciarem e antes incentivando a sua vocação literária, como Lauro de Araújo Barbosa (1915-1997) (hoje Dom Marcos de Araújo Barbosa, O.S.B., que renovou a arte dramática de base litúrgica, com o seu volume *Teatro* (1947); ou como Dom Estêvão Bittencourt (1919-2008), O.S.B., hoje provecto teólogo, ou Dom Irineu Pena, O.S.B., tomista de primeira ordem. Nesse terreno filosófico e teológico impõe-se o nome do Padre Maurilo T. L. Penido (1895-1970), de renome internacional, ex-professor universitário na Suíça e autor de obras de teologia, filosofia e psicologia religiosa. No ano de 1955 anuncia-se a entrada para o sacerdócio de um jovem romancista maranhense, que sucessivamente nos anos de 1951, 1952 e 1953 publicara três livros (dois dos quais romances) que alcançaram largo êxito: *O outro caminho, Sofrer e amar* e *Maria da tempestade*. No clero seria lícito ainda citar, além do Cardeal Leme, o arcebispo de Cuiabá, Dom Aquino Correia (1885-1955), Dom Helder Câmara (1909-1999), o Padre Álvaro Negromonte (1901-1964), o Padre Antônio de Oliveira Godinho (1920-1963), o Padre Heliodoro Pires (1888-1971), o Padre Jorge O'Grady de Paiva (1909-2001) e outros, que na esteira deixada pelo Padre Leonel Franca, SJ, representam a presença do clero nessa reação em favor dos valores de fundo religioso em nossas letras.

Além da revista *A Ordem*, fundada por Jackson de Figueiredo para apoiar a revolução espiritual em suas origens, outras revistas católicas, nos últimos decénios, se vêm consagrando a tarefa semelhante, cada uma com sua tendência particular, dentro do denominador comum. Assim *Fronteira* de Recife, fundada por Manuel Lubambo (1904-1943), ou *Norte*, de José Maria de Albuquerque Melo (ambas desaparecidas); *Vozes de Petrópolis*, dos padres franciscanos, e cujo principal redator é o escritor Mesquita Pimentel, ou *Renovação*, de São Paulo, com Plínio Correia de Oliveira, José Pedro Galvão de Sousa e outros.

Outro escritor, indiretamente ligado a Jackson por sua posição de ideias, embora muito mais jovem que ele e que iria revelar-se, dentro da mesma idealidade católica, é Odilo Costa Filho (1914-1979), um dos melhores cronistas de nossa imprensa. Barreto Filho (1908-1983), que pertenceu ao grupo de *Festa*, estreou como poeta, continuou como pensador e novelista, com *Sob o olhar malicioso dos trópicos*, para dar-nos enfim uma grande obra de crítica literária, com um estudo primoroso sobre Machado de Assis. Tudo isso na plena fidelidade às linhas filosóficas e religiosas lançadas por Jackson de Figueiredo. O mesmo se pode dizer de Fernando. Carneiro, que no seu livro *Revolução, reação e catolicismo* formulou a discriminação perfeita dos terrenos, tão frequentemente confundidos e sempre na linha da mais pura hierarquia de valores espirituais.

Duas escritoras, ambas rigorosamente fiéis ao primado dos valores espirituais e religiosos, escreveram biografias paternas, com muita fidelidade e segurança: Carolina Nabuco (1890-1981) e Laurita Pessoa Raja Gabaglia.

15. Fora do Rio, o movimento dos escritores que naturalmente se inscrevem, pela importância de suas obras, na linha dos que defendem a hierarquia dos valores espirituais ou especificamente religiosos, é impressionante.

Já foram referidos Alexandre Correia e Leonardo Van Acker, de São Paulo, esteios de renovação tomista. Em Minas Gerais há toda uma plêiade, mais ou menos agrupada em torno de *O Diário*, de Belo Horizonte, o jornal católico mais bem-feito de toda a América, e em cuja constelação de valores encontramos nomes como os de Oscar Mendes (1902-1983), Henrique Hargreaves, Edgar da Mata Machado (1913-1995), Aires da Mata Machado Filho (1909-1985), Etienne Filho (1918-1997), João Camilo de Oliveira Neto (1892-1954) e outros que representam um grupo da maior importância para a compreensão da força do movimento moderno de reação espiritualista no Brasil. Cada um deles mereceria uma menção à parte. Pois nenhum se confunde com os demais. Ainda em Minas, e no mesmo sentido de primazia espiritual, não seria lícito omitir o nome de Mário Matos, alto crítico de Afonso Arinos e Machado de Assis.

Em Recife haveria que estudar as figuras capitais de Luís Delgado, de Manuel Lubambo, de Willy Levin, hoje vivendo no Rio de Janeiro, como na Bahia a de Herbert P. Fortes (1897-1953), ou, no Rio Grande do Norte, a de Luís da Câmara Cascudo (1898-1986). Uns já desaparecidos, outros em plena atividade, todos representam elementos valiosos nessa considerável legião de escritores, que, a partir de 1929, imprimiram às letras brasileiras um rumo espiritualista, em radical antítese àqueles profetas da decadência e morte do espiritualismo religioso ou intelectual, que se delineavam em 1855, com a morte de Junqueira Freire e tomaram conta da literatura nacional, desde então e especialmente depois de 1870 e até 1922, com o desencadeamento das três referidas revoluções, a espiritual, a estética e a política.

16. Para terminar, é mister referir duas consequências políticas das ideias e sentimentos de 1922.

Trata-se de dois movimentos políticos que a partir da década de 1930 um (1932) e da década seguinte, o outro, marcaram, em nossa vida política, o reflexo de algumas das ideias que animaram a dupla revolução, espiritual e estética, de 1922.

O primeiro foi o movimento integralista. Como o nome está indicando, suas origens foram, ao menos nominalmente, portuguesas, pois foi essa a denominação que Antônio Sardinha dera a idêntico movimento que, como antítese ao jacobinismo da Revolução de 1910, ali se desenvolveu e veio a triunfar com o regime salazarista. Já com Jackson de Figueiredo ou Manuel Lubambo se fizera, no Brasil, a apologia das ideias reacionárias, da contrarrevolução, das ideias de Joseph de Maistre, De Bonald, Augusto Comte, Renan, Maurras, Léon Daudet e outros, apresentados no livro famoso de Louis Dimier, como *Mestres da Contrarrevolução*. O exemplo da reação anticomunista do fascismo na Itália e mais tarde do franquismo, na Espanha, com base espiritualista, animou um grupo de escritores modernistas a lançar-se nesse movimento da extrema-direita, enquanto outro se lançava, ao contrário, na extrema-esquerda, no comunismo, de base dialético-materialista.

O segundo movimento — que surgiu na década de 1940, em face dos desastrosos resultados do totalitarismo direitista na Europa e da separação dos extremismos —, apoiado nos ensinamentos da "primauté du spirituel", na frase famosa de um dos seus mestres, Jacques Maritain, foi o movimento *democrata--cristão*, que em vez de exaltar a Autoridade, como os movimentos reacionários, mesmo de base espiritualista, procurou mostrar a necessidade de defender a Liberdade, como o valor mais ameaçado pelo surto dos modernos totalitarismos, tanto da direita como da esquerda. Movimentos semelhantes ocorreram no Uruguai, com o chamado "Movimento de Montevidéu"; na Argentina, com vários grupos "democrata-cristianos" perseguidos pelo peronismo; no Chile, com a "Falange Nacional"; na Venezuela, com o partido "Copei", etc. No partido "Democrata-Cristão" do Brasil, destacam-se, como representantes das ideias mais puramente católicas do movimento democrata-cristão, Antônio de Queirós Filho e André Franco Montoro, em São Paulo, e Hildebrando Leal, no Rio.

Tanto o movimento integralista, da década de 1930, como o movimento democrata-cristão, da década de 1940, no Rio de Janeiro, em São Paulo e um pouco por todo o Brasil, são movimentos — embora contraditórios em alguns dos seus ideais (como a defesa ora da Autoridade, ora da Liberdade, como problema mais urgente) e sobretudo em seus métodos (ditatoriais ou eleitorais) — com raízes ideológicas embebidas, embora com resultados opostos, na mesma reação espiritualista aqui delineada.

17. Como se vê, a tríplice revolução de 1922 — a espiritual, a estética e a política — tem as mesmas raízes, a despeito de suas recíprocas idiossincrasias. Todas três mergulham no mais remoto passado nacional, nesse humanismo cristão sob cujo signo nasceu o Brasil. E só poderão trazer ao povo brasileiro, como às nossas letras, alguma coisa de realmente perene, como aliás já o têm feito, se forem realmente fiéis a essa autonomia e a essa primazia do Espírito, que não é apenas um valor histórico do nosso passado, mas uma hierarquia ontológica de valores que dá a Deus o que é de Deus e ao homem o que é do homem, como criatura feita por Ele, à Sua imagem e semelhança.

Essa reação espiritualista, ocorrida principalmente durante o movimento modernista, com raízes no Pré-modernismo, no Simbolismo, no Romantismo e nas fontes iniciais da nossa cultura, não foi uma escola à parte, um grupo compacto e unificado, com um programa único, chefes, tribuna, sede, etc. Houve, acima de tudo, uma exigência geral e espontânea, uma sede de espiritualidade e uma reação contra o Naturalismo, o cepticismo ou o puro nacionalismo, que vinham dominando as letras brasileiras desde meados do século XIX. Houve, em seguida, a influência de um movimento universal de ideias, que modificou em grande parte, a partir dos fins do século passado, o estado de espírito também dominante, de modo especial, na cultura do Ocidente. Vieram então as grandes personalidades isoladas, que pessoalmente sofreram ou uma conversão radical ou uma acentuação a tendências inatas, de caráter intelectual ou francamente religioso. E houve enfim alguns grupos, algumas instiuições, alguns focos de concentração espiritual, como a revista *Festa*, como o Centro Dom Vital, como o jornal *O Diário*, de Belo Horizonte, como as outras publicações mencionadas, especialmente como as Universidades Católicas, que representaram ou continuam a representar centros de aglutinação dessas ideias e de muitas personalidades que a elas vêm aderindo e com isso constituindo, no curso da evolução intelectual brasileira, uma corrente que se prende, simultaneamente, às fontes primitivas da nossa cultura e aos seus movimentos mais avançados.

*

A descrição do movimento de reespiritualização na vida intelectual brasileira estaria incompleta sem o registro, em lugar de relevo, de Alceu Amoroso Lima (Tristão Athayde) (1893-1983). Crítico literário militante desde 1919, após formação europeia dentro da atmosfera do ceticismo e disponibilidade da *belle époque* de antes de 1914, com atuação destacada no movimento modernista, de que foi o crítico literário, após ligar-se a Jackson de Figueiredo por laços de profunda amizade, de 1923 a 1928, converteu-se ao catolicismo por sua influência, em 1928, escrevendo então um *Adeus à disponibilidade* (1929), que constitui o divisor de águas de sua evolução intelectual. Desde então, e morto Jackson de Figueiredo, assume o seu posto, na direção do Centro Dom Vital e de *A Ordem*, e, mais do que isso, torna-se o líder incontestado da inteligência católica do Brasil. Como tal, dificilmente se apontará antro intelectual brasileiro que, em qualquer época, se lhe possa equiparar em influência, que não é apenas literária, mas cultural, espiritual, e que não se limita a uma região, abrangendo todo o país.

Deixando a crítica literária pura, alarga o âmbito de sua atividade intelectual, toma-se guia e apóstolo, e todas as gerações de jovens, surgidas depois de 1930, receberam a marca de sua ação, inclusive pela conversão e adoção da vida religiosa. De 1930, especialmente, em diante, esse trabalho apostolar se exerce de toda forma: pela imprensa, pela cátedra, através do Centro Dom Vital, do Instituto Católico de Estudos Superiores (1932), que fundou, e que foi o germe da Pontifícia Universidade Católica, pela Ação Católica, de que foi presidente, por nomeação eclesiástica, de 1932, ano da instalação, até 1945. Atividade apostolar e intelectual intensíssima, graças a uma grande capacidade de trabalho e energia mental, através de mais de meio século ininterrupto, descontando-se os dez anos anteriores de crítica literária.

Essa poderosa inteligência não conheceu segredos nos domínios do espírito, e durante esse tempo não houve problema, de qualquer natureza, que não fosse objeto de sua perquirição ou esclarecimento, de conformidade com os postulados doutrinários que defendia. Daí resulta uma obra vastíssima, cuja edição completa está programada para 35 volumes, incluindo estudos sobre problemas religiosos, sociais, jurídicos, políticos, econômicos, filosóficos, psicológicos, pedagógicos, problemas brasileiros e de atualidade, sem falar na parte de crítica e história literária.

Na figura de Alceu Amoroso Lima culminou o movimento de cristalização das elites culturais brasileiras, através do gigantesco esforço de toda uma vida de nobre apostolado e por meio de uma das maiores figuras da inteligência brasileira.

(Em outra parte desta obra, a personalidade intelectual de Alceu Amoroso Lima será encarada pelo prisma do crítico literário, onde se encontrarão também as informações biobibliográficas.)

NOTAS

1 Ver, desta obra, Vol. I cap. 8, "O Barroco".
2 In *Correio Mercantil*, Rio de Janeiro, 18 junho 1855.
3 Apud Américo Jacobina Lacombe, in *Obras completas de Rui Barbosa*, "A Imprensa", vol. XXV, t. I (1898), Rio de Janeiro, 1947. Prefácio, p. X.
4 In *Apóstrofes* (1898).
5 Em carta a Alceu Amoroso Lima.
6 A Alceu Amoroso Lima.
7 Ver cap. "O Impressionismo na ficção", deste volume.

BIBLIOGRAFIA SOBRE O SIMBOLISMO

I. SIMBOLISMO. OBRAS GERAIS

Autour du Symbolisme. Paris: Corti, 1955; Bernard, S. *Le poème en prose.* Paris: Nizet, 1959; Binni, W. *La poetica del decadentismo.* Firenze: Sansoni, 1961; Bowra, C. M. *The Heritage of Symbolism.* New York, 1943; Brémond, Henri. *La poésie pure.* Paris: Gresset; Carter, A. E. *The idea of Decadense in French Literature 1830-1900.* Toronto: Univ. Press, 1958; Chiari, J. *Symbolism from Poe to Mallarmé.* Londres: Rockliff, 1956; Clouard, H. *Histoire de la littérature française du Symbolisme à nos jours.* Paris: A. Michel, 1947; Cornell, K. *The Symbolist Movement.* New Haven: Yale Univ. Press, 1952; idem. *The Post-Symbolist Period.* New Haven: Yale Univ. Press, 1958; Dinar, André. *La croisade symboliste.* Paris: Mercure de France, 1943; Got, M. *Théâtre et symbolisme.* Paris: Le Cercle du Livre, 1955; Johansen, S. *Le Symbolisme,* Copenhague: Munsgoard, 1945; Kahn, Gustave. *Symbolistes et décadents.* Paris: Vanier, 1902; Kahn, G, *Les origines du Symbolisme.* Paris: Messein, 1936; Lehmann, A. G. *The Symbolist Aesthetic in France.* Oxford: Blackwell, 1950; Martino, P. *Parnasse et symbolisme.* Paris: Colin, 1930; Michaud, G. *Méssage poétique du Symbolisme.* 4 vols. Paris: Nizet, 1947; Mockel. *Esthétique du Symbolisme.* Bruxelles: Palais des Académies, 1962; Munro, T, "Suggestion and Symbolism in the Arts", in *Journal of Aesthetics and Art Criticism.* Dec., 1956; Praz, M. *The Romantic Agony.* Londres: Oxford Univ. Press, 1957; Quenell, P. *Baudelaire and the Symbolists.* Londres: Weidenfeld, 1929; Raymond, M. *De Baudelaire au Surréalisme.* Paris: Corrêa, 1934; Robichez, J. *Le symbolisme au théâtre.* Paris: J'Arche, 1957; Rudler, M. G. *Parnasiens, symbolistes, décadents.* Paris: Messein, 1938; Schmidt, A. M. *La littérature symboliste.* Paris: PUF, 1947; Stromberg, R. N. *Realism, Naturalism and Symbolism.* 1848-1914. New York: Walker, 1968; Symons, A. *The Symbolist Movement in Literature.* New York: Button, 1919; *The Romanic Review.* Poetics of French Symbolism. New York: Columbia, XLVI, 3 oct. 1955; *The Symbolist Movement in Comparative Literature S1udies.* Maryland: Univ. Press, Vol. IV, 1-2, 1967; Wilson, E. *Axel's Castle.* New York: Scribner's, 1931.

II. PROBLEMAS DO MITO E DO SÍMBOLO EM LITERATURA

"Art and symbolic: a symposium", in *Kenyon Rev.* XV, 3. summer 1953; Blackmur, R. P. "Between myth and philosophy", in *Southern Rev.* VII, 1942; Bodkin, M. *Archetypal patterns in poetry.* Oxford, 1934; Burke, K. *The Philosophy of literary form.* Baton Rouge, 1941; Bush, D. *Mythology and the Renaissance tradition in English poetry.* Minneapolis, 1932; idem. *Mythology and the Romantic tradicion in English poetry.* Cambridge: Harvard Univ. Press, 1937; Caillet, E. *Symbolisme et âmes primitives.* Paris: Boivin, 1936; Caillois. R. *Le mythe el l'homme.* Paris: Gallimard, 1938; Campbell, J. *The hero with a thousand faces.* New York: Pantheon Books,

1949; Cannabrava, E. Sobre "Le mythe et l'homme" de R. Caillois, *O Jornal*, 1938; Carpeaux, O. M. "Mitos literários", *O Jornal*. 11 fev. 1951; Caldwell, C. *Illusion and realiyy*. Londres, 1937; Cassirer, E. *Language and myth*. New York: 1946; idem. *The myth of the state*. New Haven: Yale Univ. Press, 1953-1955. 2 vols. Chase, R. *Symbolic forms*. tr. ingl. New Haven: Yale Univ. Press, 1953-1955. 2 vols. Chase, R. "Myth as literature" (in *English Institute Essays: 1947*. New York: Columbia Univ. Press, 1948); idem. "Mith revisited", *Partisan Rev.* XVII, 1950; idem. *Quest for myth*. Baton Rouge, 1949; idem. "What's myth", *Partisan Rev.* summer 1946; *Chimera*: special issue on Myth. New Jersey, IV, 3, Spring 1946 (Art.: H. Broch, The heritage of myth in literature; N. Colas, Myth and initiation; E. Kahler, The persistence of myth; W. Troy, Myth, method and the future, etc.); Cornford, F. M. *The origin of attic comedy*. Cambridge, 1934; Douglas, W. W. "The meaning of myth in modern criticism", *Modern Philology*. L, 4, may 1953; Edelstein, L. "The function of myth in Plato's philosophy", *J. of the History of Ideas*. X, 4, oct. 1949; Fergusson, F. *The idea of a theater*. Princeton: Univ. Press, 1949; Foss, M. *Symbol and metaphor in human experience*. Princeton: Univ. Press, 1949; Fromm, E. *The forgotten language*. New York: Rinehart, 1951; Frye, "The archetypes of literature", *Kenyon Rev.* XIII, 1951); Gaster, T. H. *Thespis*. New York: Shuman, 1950; Gove, P. B. *The imaginary voyage in prose fiction*. New York, 1941; Graves, R. "The language of myths", *Hudson Rev.* Spring 1951; Gusdorf, G. *Myth et métaphysique*. Paris: Flammarion, 1953; Harrison, J. E. *Ancient art and ritual*. New York: Holt, 1913; Hertz, R. *Chance and symbol*. Chicago: Univ. Press, 1948; Hooke, S. H. *Myth and ritual*. Oxford: 1933; Hyman, S. E. *The armed vision*. New York: Knopf, 19 48; idem. "Myth, ritual and nonsense", *Kenyon Rev.* XI, Summer 1949); Knight, Q. W. *The Wheel of fire*. Londres: Oxford, 1930; Krappe, A. H. *La genese des mythes*. Paris: Payot, 1938; Langer, S. M. *Philosophy in a new key*. New York, 1949; idem. *Feeling and form*. New York, 1933; Malinowski, A. *Myth in primitive psycology*. Londres, 1926; Murray, G. *Aristophanes*. Oxford: Clarendon, 1933; idem. *Aeschylus*. Oxford: Clarendon, 1940; idem. *The rise of greek epic*. Londres, 1924; idem. *Euripides and his age*. New York, 1913; "Myth and literature: a symposium", *English Institute Essays, 1947*. New York: Columbia Univ. Press, 1948; Neumann, E. *The origins and history of consciousness*. New York: Pantheon Books, 1954; Prescott, F. C. *Poetry and myth*. New York: 1927; Raglan, Lord. *The hero*. Londres, 1937 (2. ed. Londres: Thinker's Library, 1949); Rahv, P. "The myth and the powerhouse", *Partisan Rev.*, nov./dec. 1953; Riley, W. *From myth to reason*. New York: Appleton, 1926; Rourke, C. *The roots of American culture*. New York, 1942; Singleton, C. S. "Dante and myth", *J. of the History of Ideas*, X, 4 oct. 1949; Stauffer, D. A. "The modern myth of the modern myth" (in *English Institute Essays, 1947*. New York: Columbia Univ. Press, 1948); Stewart, J. A. *The myths of Plato*. Londres, 1905; "Simbol and Symbolism: a symposium", *Yale French Studies*. n. 9, New Haven: Yale Univ. Press (sd.); "Symbolism and creative imagination: a Symposium", in *J. of Aesthetics and Art Criticism*. XII, 1, sept. 1953; *Symbols an avalues: an initial study*. 13 Conference on Science, Philosophy and Religion, 1952. New York: Harper, 1954; Tindall, W. Y. *The literary symbol*. New York: Columbia 1955; Watt, I. "Robinson Crusoe as myth", in *Essays* in *Criticism*. I, 2, apr. 1951); Weston, J. L. *From ritual to romance*. New York: P. Smith, 1941; Wheelwright. P. "Notes on Mythopoeia", in *Sewanee Rev*, LIX Autumn 1951); idem. "Poetry, myth and reality" (in A. Tate. *The language of poetry*. Princeton, 1942); *Myth: a symposium*. Philadelphia: American Folklore Society, 1955.

III. SIMBOLISMO NO BRASIL

Fonte fundamental:

J. Andrade Murici. *Panorama do movimento simbolista brasileiro*. 3 vols. Rio de

Janeiro: Instituto Nacional do Livro, 1952 (Introdução, notas, seleção, biobibliografias, iconografia, apêndices).

Antologias:
Fernando Góes. *Panorama da poesia brasileira.* Vol. IV. O Simbolismo. Rio de Janeiro: Civilização Brasileira, 1959. (Introdução, seleção, notas, biobibliografias). Péricles Eugênio da Silva Ramos. *Poesia simbolista.* São Paulo: Melhoramentos, 1965 (Introdução, seleção, notas, biobibliografias).

Obras diversas:
Araripe Júnior. *Movimento de 1893. O crepúsculo dos povos.* Rio de Janeiro, 1896 (Repr. in *Obra crítica*. III. Rio de Janeiro: Casa de Rui Barbosa, 1963); *Autores e Livros.* Supl. Lit. *A Manhã.* RJ (ver diversos números do vol. III, 1942); Bastide, Roger. *A poesia afro-brasileira.* São Paulo, 1943; Broca, Brito. *A vida literária no Brasil — 1900.* 2. ed. Rio de Janeiro: José Olympio, 1960; Caminha, Adolfo. *Cartas literárias.* Rio de Janeiro: Aldina, 1895; Carpeaux, O. M. *Origens e fins.* Rio de Janeiro, 1943; Carvalho, Elísio de. *As modernas correntes estéticas na literatura brasileira.* Rio de Janeiro: Garnier, 1907; Castelo, José Aderaldo. "Apontamentos para a história do Simbolismo no Brasil", *Revista da Universidade de São Paulo.* I, 1, 1950; Couto, Pedro. "*Páginas da crítica*". Rio de Janeiro: Livr. Clássica, 1906; Isgorogota, Judas. "O movimento simbolista em São Paulo e a mocidade acadêmica do fim do século", *A Gazeta,* SP, maio-set. 1956; Moisés, Massaud. *O Simbolismo.* Vol. IV de *A literatura brasileira.* São Paulo: Cultrix, 1966 (Com abundante bibliografia); Murici, J. Andrade. "Curso sobre a estética do simbolismo", *Revista da Universidade do Rio de Janeiro,* II, 3; Peregrino Júnior, "A crítica do Simbolismo", in *Curso de Crítica.* Rio de Janeiro: Academia Brasileira de Letras, 1956; Pessoa, Frota, *Crítica e polêmica.* Rio de Janeiro, 1902; Vítor, Nestor. *Crítica de ontem.* Rio de Janeiro: Leite Ribeiro, 1919; idem. *Os de hoje.* São Paulo: Cultura Moderna, 1938; idem. *Obra completa.* Rio de Janeiro: Casa Rui Barbosa, 1969 (1º vol.).